哥德尔 艾舍尔 巴赫

集异璧之大成

〔美〕侯世达 著
本书翻译组 译

商务印书馆
创于1897 The Commercial Press

Douglas R. Hofstadter

GÖDEL, ESCHER, BACH: AN ETERNAL GOLDEN BRAID

谨将此书的中文版

献　　　　给

吴允曾　马希文　教授

以表达对他们的怀念

——作者、译者、编者

Douglas R. Hofstadter

Beijing

· 18 / IV / 18 ·

目　　录

下篇：异集璧 EGB

作者为中文版所写的前言

我的《哥德尔、艾舍尔、巴赫》一书中译本的出版使我感到极大的快乐，因为我对中国的语言和文化一直有一种特殊的迷恋和喜爱。在这篇前言中，我要说明我个人对中国和中文的兴趣是从何而来的，以及我是如何得知并介入了《集异璧》的中文翻译的。然后我将解释一下英文的《集异璧》中一些语言和结构方面的特点，以及它们是如何给把本书翻译成任何其他语言的工作摆出难题的。当然，还有就是这些问题在中文翻译那里是怎样一种情形。对我来说，这种问题是所有智力问题中最迷人的。我希望中国读者能够不仅在阅读这篇前言的时候，而且（这是更重要的）在阅读这部杰出译作的整个过程中，乐于思考这些问题！

我个人对中国及其语言的兴趣

一般地说，中国对于西方人似乎是个最具异国情调的国家，中文是种最有异域风味的语言。我小的时候当然也有这种感觉。然而，除此之外，我还有幸在邻近旧金山的地方长大。旧金山是个有众多中国人和世界著名的“唐人街”的城市。每隔几个月，我的父母就会带我去旧金山，并且必然要光顾那里的唐人街，逛一逛中国商店，在中餐馆吃饭（当然是用筷子！）。这种旅行总能给我极大的快乐。

关于唐人街，我记得最清楚的事情之一，就是那许多书法优美的巨大而多彩的汉字招牌。（有些当然是霓虹灯做的，但其形状都具有天然的笔划感。）我过去总觉得我们自己的字母充满着神秘，因此，如此迥然不同的另一种书写系统的外观——其符号又比我们的复杂和繁难得多——便使我产生了无尽的神往。在一次去旧金山的这种旅行中——当时我大概有十或十一岁——我买了一本汉英辞典，试图学会一些方块字，但这太难了，我很快就放弃了。

很多年以后，在我大约三十岁的时候——事实上，当时我正在斯坦福大学撰写《集异璧》——我对中文的迷恋仍然未泯，因此我修了一年的中文课。对从我孩提时期以来一直见到和听到的这种语言的书面字词和声音的逻辑作一番真正的理解，这从一开始就是激动人心的。一年过去之后，当我已经能够理解老师说出的完整句子的时候，就更是激动不已了。

可惜我的知识并不很牢固，在我迁到印第安纳又过了几年之后，我的那点中文大都烟消云散了。然而幸运的是我又一次有了一点空闲时间，并能坐下来第二次学一年级的中文课程。这次，我的知识得到温习和强化，这足以激发我几个月以后坚持自学下去。到这次学习快要结束的时候，我甚至和一位中国朋友在电话上进行了五分钟的简单交谈——从某些标准看是微不足道的，但是我当时十分自豪，而且直至今天它还是我记忆中的一个光点。

无论如何，我花在中文上的两年半的工夫已经使我对于与这个国家及其语言有关的东西更敏感了，因此，当我得知——十分偶然地——有人正在从事我这本书的中译工作时，我抱着异乎寻常的兴趣想知道详情。

《集异璧》独特的语言和结构特点

如果《集异璧》是一部关于某个科学领域的平铺直叙的书，那么我也许就不会为将它译成各种文字的事而操心了。然而，《集异璧》使用了一种非常不正统的方式来表述科学思想：这本书是由交插的对话和章节组成的，这种格式使得种种概念先在对话中得以介绍，接着在随后的一章中更深刻地"回响"出来。就语言和形式结构而言，各章都是颇为直截的，而对话则迥然不同。每篇对话都以某种方式同著名的巴洛克时期作曲家约翰·塞巴斯第安·巴赫的某支对位乐曲相关联，即在结构上或松散或严格地模仿他的那支乐曲。此外，多数对话都包含有巧妙的英语文字游戏。几乎所有对话都有一个或多个"结构性双关"为其特征——这是一些除了载有重要的语义之外，还具有复杂的形式特征的段落。总之，英文《集异璧》的许多篇章在具有平铺直叙的文字内容的同时，又具有通过其结构布局所体现的隐藏意义。因此，把这本书译成任何其他语言都是一项令人望而生畏的工作。

由于考虑到这一点，1981 年我便逐行通览了全书并加上了注释，指明了所有成语典故和结构性双关。我把它寄给了我的出版商，要求他们给每位译者各寄一份。从 1983 年到 1985 年，我还花了几个月的时间同两位法语译者共同磋商法文翻译，有时也同另一些译者合作从事于把它译成其他语言的工作，特别是荷兰语、德语、意大利语和西班牙语。这些经历是特别富于启迪性的，我认为他们的经验对于未来《集异璧》的译者来说是不可缺少的。因此，我写了一篇短文，对于一些关键问题的解决提出了建议。我请求我的出版商把它连同其他材料一起分发给《集异璧》未来的所有译者。通过这种办法，我希望能在将《集异璧》译成任何语言时保证高质量。

中文《集异璧》的翻译工作

正像我前面提到过的，我得知中译《集异璧》的工作正在进行纯属偶然。我的一位同事于1985年访华，他回来后对我说他在北京大学计算机科学技术系会见了两位教授——吴允曾和马希文——他们正指导着一项中译《集异璧》的工作。我又激动又惊讶，并亟于确认他们的翻译小组也会得益于其他翻译小组已积累的经验，因此我立刻给他们写了一封信。

我很快就收到了一份吴教授用优美的英文写来的热烈答复。在信中，他并未提到事实上他在一两年前访问美国时曾试图与我联系，以便使我了解这个翻译计划的存在（令人奇怪的是，我只是最近才得知他的那次尝试）。当时他的信只是谈到了我所提出的几个话题，比如，他证实了我的怀疑，即这个小组不包括任何母语是英语的人。他还告诉我译文的初稿已大致完成，但在许多方面还需要大量时间进行修改，并且他们愿意这样做。当然，我的中文水平不能胜任这一工作，然而幸运的是，我有两个亲密的中文说得很出色的美国朋友，而他们对翻译问题也十分着迷。结果是他们中的一位:莫大伟[David Moser],能够并愿意前往。因此我在回信中建议大伟去北京参加这个翻译小组。

吴教授和马教授对此欣然同意,因此,1986 年初,大伟启程赴北京。在他逗留期间,他被安排住在北大校园里。他到达后不久就见到了对他表示欢迎的吴教授。大伟还见到了一位翻译小组的新成员,他名叫严勇,是计算机专业的研究生。(马教授当时在国外,其他四位译者——郭维德、郭世铭、樊兰英和王桂蓉——的工作已基本完成了,而王培当时尚未参加进来。)大伟和严勇很快成了好朋友,而严勇随后又把大伟介绍给刘皓明,他的专业是文学,严勇把他带到小组里的部分原因,是由于他在构造具有独创性的中文文字游戏方面所具有的聪敏。这三个人很快成为挚友和强有力的工作伙伴。

吴教授访问安阿伯和我们对翻译中“信”这一原则的讨论

大伟抵中国后不久,吴教授再次启程前往西方,并途经密执安州的安阿伯[Ann Arbor,Michigan],我当时就住在那里。我的研究生和我都亟于知道吴教授如何能讲如此出色的英语。他解释说,在小的时候,他上过一所完全用英语授课的学校,他甚至还得到过一个英文名字——“安德鲁”[Andrew]。他很希望我们用这个名字来称呼他,然而把他看成是“安德鲁”,对我们来说总觉得有点不自然,因此对于我们大家,他依然是“吴教授”。

吴教授这次来访最值得回忆的部分是我们那些有关翻译的活

泼讨论，对这一话题他显然是极有兴趣的。一天晚上，我们的讨论集中到被称作《螃蟹卡农》的那篇对话上来，它严格地模仿了巴赫的一首为两把小提琴而写的作品。这支曲子（是巴赫《音乐的奉献》中的一小部分）具有一种奇特的性质：它倒着演奏时同正着演奏时听起来是一模一样的，只是那两件乐器或“声部”彼此对调了。具有这种性质的音乐作品传统上被称作“螃蟹卡农”，因为螃蟹据称是倒着走路的（实际上，它们更多地是横着走而非倒着走，然而这个名称不管怎么说已约定俗成了）。

我一描述完音乐中螃蟹卡农的概念，吴教授就指出了这种音乐作品同“回文”之间的联系——回文就是那种正着读倒着读都一样的句子。他给我们讲了一个著名的由五个字组成的中国古典回文：“叶落天落叶”。我开玩笑地问他怎样才能把我最喜欢的英语回文“A man，a plan，a canal：Panama”译成中文。吴教授想了一会儿，意识到他得一个字母一个字母地把这个句子倒转过来，而不是像中文回文那样一个字一个字地处理。

他同意，在中文中构造一个同这个英语中的经典回文内容相同的回文，实际上是不可能的。然而，这句话最显著的特征不是其内容，而是其对称形式。因此，在我看来，任何一个出色的中文回文，无论其题材是什么，在某种抽象的意义上说，都可以被看成这个英文回文的一种“忠实的翻译”。虽然这一看法在吴教授看来有点极端，他还是同意如果一位译者把这句出色的回文变成一个普通的、不可逆读的中文句子：“一位工程师设计了巴拿马运河”，那将是不得要领的。

显然是在这场对翻译中“忠实于原文”这一原则讨论的激发

下，吴教授提到了本世纪初一位著名的翻译家严复，严复强调了翻译中应力图达到的三个基本标准：信、达、雅。在叙述了他个人对"信"这一概念的解释之后，吴教授随后又对我讲到两个著名的从梵文译成中文的古典《金刚经》译本。前一个于公元500年左右完成，译者是一个懂中文的印度学者。这位学者做了两大变动。首先，他将所有中国人不可能知道的印度地名换成人们熟悉的地名（仍然是印度的）。其次，他把诗体变成散文体。与此相反的是，第二位译者（用音译的方式）保留了印度那些偏僻的城市和河流的名字，以及诗歌的形式。"这两者中，"吴教授挑战般地问道，"哪一个翻译得更忠实呢？"

我十分肯定他希望我回答"第二个译者更忠实"，然而在我回答之前，他继续说："第一位译者的所作所为，就像讲一个有关安阿伯的故事，但是只要出现'安阿伯'就都用'芝加哥'来替代——或者甚至用'华盛顿'来替代！"显然，这个有趣的类比的原意是要嘲弄性地模仿用著名城市代替偏僻城市的做法，但是这里面却有一个超乎本意的效果：这个类比本身正是它所打算嘲笑的那种做法的一个无意的但却是优美的例子！具体点说，吴教授为了让我们理解那种译法，把他对第一个译者的看法从亚洲的参考系"翻译"到美洲的参考系之中了，因为他猜测，放在其原来背景中未经改动的事实不具有足以说服我的直接性和清晰度。他想说明"移译"——即为了适应听众而改编一个故事，正像第一个译者所做的那样——是一种不好的方法。然而，就在他的关于移译的论据中，又有什么能比吴教授那自发的移译更好的呢？

我回答说，我非常感谢他为了我而用美国人的观点来解释问题，并且说在《集异璧》的中文翻译中，我所要求的恰恰正是这种转换观点的意愿——只不过方向相反而已。

《螃蟹卡农》所提出的翻译挑战

在这番有趣的意见交换之后，我们回到了我的"螃蟹卡农"式对话这一话题上来。我解释说，出自纯结构方面的考虑（即让它正着读和倒着读是一样的），我构造了一篇听起来像是一场合情合理的交谈的对话。事实上，当我花了几个月对它进行修饰的时候，我设法赋予它以下面这种假象：使它看去像是原本就是围绕着某些概念（具体地说，如音乐中出人意料的对称、DNA和美术），其次才是围绕其对称结构而撰写的，而不是反过来。其最后的结果就是：《螃蟹卡农》的形式和其内容之间有一种惊人的共鸣。

如果不需要这种共鸣，译者实际上完全可以就任何题材用中文构造一篇流畅的对称对话，正像我前面提到的关于回文"翻译"的问题一样。然而《螃蟹卡农》中形式与内容的交织意味着：尽管形式是这篇对话中首要的——并且是不可违背的——方面，其内容也应该尽可能地保留。

然而很明显，将内容逐句地精确复制出来将会毁掉这篇对话的精髓。总之，在一个层次上被看作忠实的做法——即把内容一字不差地保留下来——在另一层次上会是对我的意图的公然漠视。在我看来，为了在翻译《螃蟹卡农》时做到"信"，必然导致用这另一种语言创作一篇极为不同的对话！吴教授认为这是一个十分有趣的想法。

鬼与曹丞相

差不多在我同吴教授在安阿伯进行这场交谈的同时，另一个半球上正进行着一场奇特地与其对应的谈话。莫大伟乍到北京就已开始阅读各篇对话的译文，以弄清楚他们在这些对话上所做的工作。他研究的其中一篇对话是《的确该赞美螃蟹》。在这篇对话的开头，在英文原文里有一个角色说“Speak of the devil!”（这是谚语“说到鬼，鬼就来”[“Speak of the devil and the devil appears.”]的压缩形式。），这是英语中一句很普通的成语，使用场合是：刚提到什么人时，他就出人意料地出现了。在初稿中，这句话被直译为“说到鬼”。大伟问刘皓明和严勇：“这是个常见的成语吗？或者说，在中文里有对应的成语吗？”“哦，有的，”他们回答说，“‘说曹操，曹操到！’”。“好啊，那干嘛不用这个？”大伟问。但是刘皓明和严勇犹豫了。他们觉得这样做多少是不忠实的。这个问题同我跟吴教授所讨论的问题相仿。关于曹操的这个成语是中文中所独有的，只有中国作者才会想到它。既然读者知道这本书是一个美国人写的，这个成语看起来会是不合适的，因为显而易见是译者擅自改动了原来的表述，并代之以他们自己的选择。但是最后，他们三人一致同意，既然作者的目的在于使这本书让中国读者看上去优美而且完全自然——完全没有来自异国它邦之感，因此，使用中文独有的成语，实际上比字对字的翻译更忠实于这本书的精神。

一个类似的翻译二难困境出现在第十二章《心智与思维》中。

在那里，我制造了一个扩展了的类比法，用了它，一个人把各种概念想象成与美国的各个城市和村镇相对应。一段连续进行的思维活动就对应于穿越许多美国小镇和城市的环绕旅行。我选择用美国城市来扮演概念的角色并非偶然——我是一个美国人，主要是为美国读者写作的。读者被合乎情理地假定为相当了解美国的地理，因此，当我提及各种地名时，即便是比较生僻的，他们也会在内心建立起一幅生动的图像。但当《集异璧》准备转入另一种文化，尤其是遥远如中国文化的时候，原来的城镇名字是应该保留呢，还是应该被中国的地名所更换呢？这两种选择都会从某种方式来说是忠实的，而从另一种方式上来说又是不忠实的。请注意，这个二难困境是多么容易让人想起吴教授的那个关于《金刚经》的故事，和他用美国城市替代亚洲城市的自发类比啊！

这只是许许多多例子中的两个。通过这些例子，我认为这本书必须在新的文化背景中被重新构造——这就是说，以忽视字面上的东西来尊重原著的精神。然而有人会抗议说用“移译”法翻译我这本书是过于激进了，读者会觉得这本书不再是我写的了。然而，就我的看法而言，情况恰恰相反——如果这个小组不采用移译的方针，我才会觉得这本书不再是我写的。

没泡沫的可口可乐在中文里怎么说？

这个问题可以被勾画为一场“浅层忠实”和“深层忠实”的冲突——这就是说，对英语散文逐字逐句的结构的忠实与对英语词汇选择背后的灵感的忠实的冲突。显而易见，如果一位作者已经去世或无法联系，译者只能通过“从字缝里读出字来”的尝试来猜测难以捉摸的灵感。那时，对过多地进行这种尝试有所克制，并停留在比较浅的层次的忠实上，也许是明智的。然而，当作者花费了数月的时间逐段地标出“幕后”的更深层的思想的时候，当他敦促译者要大胆地在深层上重构这些段落的时候，当他甚至派了一位特使以帮助执行这一任务的时候，采纳这一方针看来肯定是更为合理的。在阅读了《集异璧》的西班牙文、德文译文的初稿后，我对译者不采纳重构书中的文字游戏和反映所有的结构性难点的方法时所造成的后果已经十分熟悉了。我把这么做的结果描述为“完全走了气的”——所有的泡沫都跑光了的——可口可乐。

幸运的是，由于在这本书中这类问题俯拾即是，所以刘皓明和严勇不久便开始认识到接受我的挑战，去摸索对应的文字游戏、对应的结构性双关等会是何等地激动人心——事实上，这的确非常激动人心。因此，与把中译本搞得洋腔洋调的做法相反，他们可以将他们的创造力发挥到极致，并有希望搞出一本光彩闪烁、辉煌夺目，甚至会使人受“愚弄”的书——它看起来是如此中国化，以至于几乎无法想象它能在另一种语言里存在！

最严峻的挑战要算是那些对话，这要求想办法在中文里制造出原文是英文的藏头诗、用汉字去替代组字画中原先的英文单词、对原文稍加改动以使精心构造的文字游戏得以建立和显得自然等等。这些难题中的大多数非常迷人，可惜这里如果要一一加以讨论篇幅就太长了，而且既然我已经给出了《螃蟹卡农》的例子，我希望它能提供对我这里所谈论的东西的某种感觉。

然而有些难题却要小得多，并且是出现在出人意料的地方——经常在各章中非常平凡的段落里。例如，考虑一下十七章中下面这个初看起来平铺直叙的句子：

> For instance, the task of replacing a burnt-out light bulb may turn out to require moving a garbage bag; this may unexpectedly cause the spilling of a box of pills, which then forces the floor to be swept so that the pet dog won't eat any of the spilled pills, etc. , etc.

中文直译应该是这样的：

> 比方说换一只烧蹩了的电灯泡的任务，大概免不了要拿一个垃圾袋来；而这又可能意外地弄撒一盒药，于是又不得不去扫地以免宠物狗误食撒了的药丸；等等，等等。

然而，他们决定把"宠物狗[pet dog]"改译为"孩子"。为什么？莫大伟是这样解释的："这段文字旨在成为一个平凡的例子——要尽可能地普通和平易。事情的这一性质比其中的任何特定因素都重要得多。由于中国人通常不蓄养狗作为宠物，所以不应该把它直译过来。我们不希望让中国读者这样想：'宠物狗?! 噢，我想起来了——美国人经常是养宠物狗的。'这个例子应该没有一点外国味儿，因此我们的变动不仅不是不忠于原文的，而且实际上对于保持该例子的有用性是具有根本意义的。"基于同样的考虑，他们还在这段译文中用"板凳"替换了"垃圾袋"。

刘皓明和严勇非常喜爱这种新式的翻译。刘皓明曾有一次对大伟说，用老办法译《集异璧》“形同没辣味儿的川菜”。有趣的是，这句话可以看作我的“像没泡沫的可口可乐”这句话的移译——虽然刘皓明当然从未听到过我的这个比喻！在地球上相对的两侧，刘皓明和我几乎是同时想出了两个对应的比喻来描述翻译《集异璧》的较传统的方式。当然，在某种朴素的意义上说，“走气的可乐”和“不辣的川菜”这两个概念是风马牛不相及的，然而在另一种意义上，它们在其处于各自文化中的读者身上产生了“完全相同的效果”。

移译在什么条件下才是正当的？

可能会有这样的反对意见：“一旦把你的‘移译’概念运用到其他的书中，尤其是小说那里，不就荒唐了吗！这不就是说一部美国小说一旦被‘类比’到中文里，其故事就将会发生在中国而非美国，其人物就变成了中国人而非美国人，其事件就变得适合于中国的文化传统而非美国的吗？”这似乎的确是对我所倡导的哲学的一种奇特的，甚至是恼人的引申。然而我并不想把这种翻译哲学普遍地运用——事实上，在许多情况下我强烈反对这样做。

许多年以前，我读了费奥多·陀斯妥耶夫斯基的《罪与罚》。我所读的英译文在任何方式上都没有什么不正确或笨拙之感，但却弥漫着一股给了我很大乐趣的“异域”的或“外国”的风味。这使我能设身处地地想象说着或听着俄语、使用俄语成语、品味俄国气味等等会是怎样一种感觉。也许只是由于译者是来自英国，而我是生在美国，才使得那本书有一点“外国”风味，但是不管是什么原因，那种风味是存在的，而且被我品尝到了。

正像这个反应所揭示的那样，我对同移译针锋相对的翻译哲学抱有强烈的同情态度。这么说，如果我在某些别的书那里如此粗暴地摈弃这种移译式翻译风格的话，是否就同我用类比法为《集异璧》的翻译进行的论证不一致了呢？

在我看来此处的关键在这儿：人们必须要区别其信息根本上是独立于文化的书（诸如《集异璧》和多数非小说类的著作），与那些其信息根本上是依赖于文化的书（大多数的小说，如果不是全部的话）。对于后者来说，将它们进行“文化移植”——即在目标文化的所有层次上重构它们——显然是一场灾难。如果那样做，原文的所有痕迹就都丧失掉了，人们得到的一切只不过是在一个全新的背景中讲述的、引起人们模糊联想的故事。

应当承认，这种处理能够产生出杰出的创造性的艺术作品。例如，莫大伟告诉我说他在北京的时候，在电视上看到过一个将莎士比亚的戏剧《李尔王》完全移植到中国框架中去的引人入胜的独创之举。然而，对于同创新判然有别的翻译来说，人们务必不要如此激进。假如是用旧式的汉语讲述李尔王及其女儿们的故事，但让它仍然停留在英国的背景中，这倒还能算是一种翻译。总之，我的立场是：移译对于小说类作品来说通常是不适宜的。

另一方面，我认为移译适用于像《集异璧》这样的科普教育著作。虽然它们旨在传递一些独立于文化的信息，但却常常是借用例证的力量来示教的，即利用笑话、双关、轶闻、隐喻、类比、比喻等等，而这些都是深深地根植于原著写作时所在的语言和文化之中的。在任何译著中，思想应该同在原著中一样清晰和令人激动地活现出来，这才是至关重要的。这意味着概念、形象、词句以及教学示例所使用的其他手法都必须尽可能地为人熟知——这就迫使人们采用一种激进的、真正是重新构造的翻译风格。因而，正是《集异璧》的本质——即它是一本关于抽象概念的书，而不是关于个人经验的书——决定了哪种翻译哲学是恰当的。

我当然能理解许多敏感的译者在深入地改动一本著作时所产生的不情愿心理。然而在《集异璧》这里，正确的行动原则应该是移译，对此，我是深信不疑的。

结　束　语

尽管我的中文远不到使我能阅读这部译作的地步，我还是通过莫大伟的报告对它做过仔细的钻研。从我所了解到的看，我相当确信它体现了对我的意图的最深层次的忠实，为此我感到极度的兴奋。它使我感到兴奋还由于那种认为汉语和英语是极为不同的两种语言的看法里是含有某种真理的，因此，在中文里“复制”出英文原书中做到的事所要求的创造性就十分巨大了。这即是说如果我能用中文读这本书的话，我会品尝到译者所做出的所有天才的发明。我希望有朝一日我能体验到这种欢乐。

我应该特别感谢刘皓明和严勇——不仅因为他们处理了这本书中所包含的大量技术性细节，而且也因为他们在使用汉语跳跃这么多的“怪圈圈”时所做出的创造性努力。最晚介入这项工程的王培（他在北京大学计算机科学技术系任教）和最早介入的郭维德承担了校订工作。本来他们的任务只是对译文做文字上的核对，但结果他们提出了许多颇有见地的修改意见和构思巧妙的新想法。他们在最后阶段做出了大量的贡献，完全可以被看成本书的“助产士”，因为他们的工作将持续到本书问世之时。此外，我要衷心地感谢马希文教授和翻译小组的其他成员，既为他们极其艰苦的工作，也为他们的杰出成果。

最后，我沉痛地告诉大家，吴教授已于 1987 年 5 月 21 日在北京因心脏病发作去世，终年 67 岁。他不仅是最早设想翻译我这本书的人，而且对于这一工作应如何进行，他是持非常开放的态度的。因此，这个译本——他的小组的最后产品，很大程度上应归功于他的探险精神，而且我相信他会肯定这个译本的。我甚至愿意认为吴教授会同意我的看法：这个译本体现了他最喜欢的翻译家严复的那三条标准。因此，出于尊敬和感激，我谨将《哥德尔、艾舍尔、巴赫》的中文版献给吴允曾教授，以表达对他的怀念。

侯世达

于印第安纳州布鲁明顿

1990 年秋

译校者的话

读者打开的这本书是一本空前的奇书。

在计算机科学界，大家都知道这是一本杰出的科学普及名著，它以精心设计的巧妙笔法深入浅出地介绍了数理逻辑、可计算理论、人工智能等学科领域中的许多艰深理论，然而当你翻阅它的时候，首先跳入眼帘的却是艾舍尔那些构思奇特的名画以及巴赫那些脍炙人口的曲谱，最后，你合上这本书的时候，竟会看到封面上印着“普利策文学奖”的字样。

1979 年，我访问美国斯坦福大学时，意外地碰到了微服来访的王浩教授，他把这本书介绍给我。次年，该校高恭忆教授又在他家中使我认识了作者 Douglas R. Hofstadter 教授（他给自己起了个中国名字叫侯世达）。不久，中国科学院唐稚松教授就提出了一项把我困扰了十年之久的建议——翻译这本书。这实在是一件困难不堪的工作，只要想象一下书中俯拾即是的那些花絮就可以明白。

1981 年回国以后，吴允曾教授又建议我们两人组织一些人来翻译此书。我被他的热情所感动，又受到了一些朋友的鼓舞，就答应了。我们很快得到了商务印书馆的积极支持，工作迅速展开。先后有郭维德、樊兰英、郭世铭和王桂蓉等同仁参加进来，我与吴允曾先生则承担校对任务。在经历了一番艰辛之后，我们不久就完成了大部分章节的译文。

作者听说我们的工作之后，给了我们很大的帮助。他寄来了一本专为翻译者准备的注释，又几次委派他的朋友莫大伟来中国与我们共同工作。对于书中充满的精微的文字游戏，我们本打算用译者注的办法加以说明，但作者断然反对。他亟希望我们编出类似的中文的文字游戏来。这样一来，几乎所有的译稿都得重新整理，而且有相当一部分要脱离原书重新创作。

甚至连书的译名也出了问题。这本书的英文原名“Gödel，Escher，Bach—an Eternal Golden Braid”，直译为《哥德尔、艾舍尔、巴赫——一条永恒的黄金辫带》。但“Braid”这个英文多义词不仅在这里有双关的意味，而且作者还特意向我们指出，它作为一个数学名词暗示了正题和副题之间有“G、E、B”和“E、G、B”这种词首字母在次序上的照应，而这个照应在书中许多地方要用到。我们研究再三，把副题改成了《集异璧之大成》，这里的前三个字正是那三个英文字母的译音，而“大成”则取自于我国的佛教、哲学和音乐典籍，这既与原著的有关内容相呼应，又起到了类似的双关作用。与此相联系，正文中做了相应的修改，上、下篇的篇名也分别由原来的“GEB”、“EGB”改为“集异璧”和“异集璧”。此外，封面和有关插图也要重新绘制（幸好刘皓明君完成了这一创作）。

书名已经如此，更不用说书中的文字了。简直可以这样说：在轻松、幽默、流畅的正文背后隐藏着大量的潜台词。它们前后照应、互相联系，交织成一个复杂的、无形的网络。你看不见它，但可以嗅出它的气味，并觉察到这是作者有意喷洒的。作者希望借此引起读者的兴趣，从而在反复玩味中体会出那些潜台词来，真正触及本书的精华。

编制一个中文的文字游戏来模仿一个英文的文字游戏，这也许是一件饶有兴味的工作（当然，水平高下暂且不论），但要写出一段译文来，它不但与原文潜台词相同，还要让读者同样有兴趣去玩味，这可不是一件容易的差使，何况译者还得首先对自己的体会有充分的把握。

我们无法绕过这些难题，也就接受了这项挑战——重译。然而，环顾左右，几位译者都已另有安排，不能继续参与这项工作了。于是，只好另起炉灶，找了严勇、刘皓明和王培这几位有志者来完成这吃力的任务。

不用说，脱稿日期就因此一拖再拖。这期间我们看到了四川人民出版社出版的一个节译本，书名就是《GEB——一条永恒的金带》。把那本书与本书仔细比较一下，也许可以使读者更能理解上面的这些话。下面的三句话就不必读了。这些话不说明什么问题，只是对作者的文字游戏的一种模仿。而这种模仿又是“自指”类型的。斯坦福大学的著名人工智能学者 John McCarthy 则认为本书作者过分热衷于这种“自指”。

经过这样一个漫长的过程，还要加上郭维德、王培两位对全书的通盘校订以及在排版过程中仔细地核对那些文字游戏，这本书终于摆在读者面前了。但不幸的是，我们却不能把它也摆在吴允曾教授的面前，只能用它作为一种纪念，纪念为我国计算机科学作了许多默默无闻的工作，又悄然离开我们而去的吴先生。

在本书的汉译过程中，首先要感谢的是孙齐心，在我们利用计算机编辑系统之前,有许多原稿是由她誊抄的。此外,她还对一些译文提出了值得参考的意见。阅读和誊抄了一部分原稿的人还有杨倩、李然和马灵。我们希望能够在此对她们所曾给予我们的支持和帮助表示深深的感谢。

我们还要特别感谢朱守涛和吴亚平,是他们慷慨地提供给我们他们所开发的CW中文语词处理系统。在这部译文的修改、校对过程中,它起了巨大的作用。如果没有它,许多工作将会繁重到不可想象的地步。

中国社会科学院的李惠国教授始终热情关心和积极支持这本译著的出版,我们对他的宝贵帮助表示由衷的感谢。

我们诚挚地感谢商务印书馆为出版此译本所做的努力。这本书稿还不胜荣幸地成为商务印书馆历史上第一批用计算机排制版的学术译著。

最后,应该按惯例把译校者的分工说明一下。这有些困难,因为不少工作有交叉,大致情况是:

初　稿

樊兰英　导言,第1、2、5、9章及各章前相应的对话
郭维德　第3、4、7、8章及相应对话
郭世铭　第14、15、16、17章及相应对话
王桂蓉　第6、10、11、12、13、18、19、20章及相应对话

二稿(部分重译)

王　培　第6、10、11、13、18、19、20章

严　勇　第5、9、12章，对话《藏头诗》《幻想曲》《前奏曲》《咏叹调及变奏》《大合唱》

刘皓明　导言，附件（作者序、概览、插图目录、鸣谢、注释、文献目录、索引），以及除《施德鲁》和上面五篇对话以外的其他全部对话

修　订　稿

严　勇　除导言外的全部章节

刘皓明　导言、全部对话、附件

校　订　稿

王　培　全书

郭维德　除附件外的全书

至于我自己，有形的工作很少，值得一提的只有一篇对话的改造，就是第十八章中的《施德鲁》。

马希文

于北京大学承泽园

1990年8月

GEB 二十周年版前言[1]

究竟这本书《哥德尔、艾舍尔、巴赫：一条永恒的黄金辫带》 1
[*Gödel, Escher, Bach: an Eternal Golden Braid*]——通常以其英文书名的首字母缩写词“*GEB*”相称[2]——是都讲些关于什么的呢？

这个问题从我早在 1973 年动笔拼凑该书最初的草稿时开始，就一直缠绕着我。当然，朋友们会问，当时我是被什么牢牢吸引住的，但我很难简明扼要地讲清楚这一点。过了一些年之后，在 1980 年，*GEB* 登上了《纽约时报》的畅销书榜单有一阵子了，连续好几个星期，那条例行地印在书名下面的一句话的概述是这么说的：“一位科学家要证明现实世界是由一些相互关联的辫带所组成的一个系统。”在我对这种全然的胡说八道提出强烈的抗议之后，他们最终换了一句稍稍好一些的说法，那也只是好到仅够使我不再次发火而已。

许多人以为书名已经说明了一切：这是一本关于一位数学家、一位画家和一位音乐家的书。但即便是最不经意的浏览也会发

---

① 本书原著于 1979 年出版，这是作者于 1999 年为该书二十周年版写的前言，中文版在 1997 年出版时尚未有这篇前言问世。现趁为原著出版四十周年推出中文版的“特精版”之际，由原本书翻译组成员将该前言译成中文付印于此。——编者注(2019 年)

② 中文版是《集异璧》。——译者注

现，虽然他们不可否认地具有显赫的身份，但实质上他们在全书内容中所扮演的角色是非常轻微的。这本书绝对不可能只是关于这三个人的！

那么，是不是可以把 *GEB* 描述成“一本阐明数学、绘画、音乐从它们的核心来说实际上完全就是同样一件事的书”呢？这可又是谬以千里了——尽管这样的描述我曾一次又一次地不仅从那些没读过这本书的，而且还从读过这本书的甚至是非常热心的读者那里听到过。

而在书店里，我也不时发现 *GEB* 在为许多形形色色的分类书架增光添彩，这些不同的类别既包括数学、一般科学、哲学、认知科学（这些分类都不坏），还包括宗教、神秘学，以及天知道是什么别的玩意儿。为何就这么难确定这本书是关于什么的呢？当然不是仅仅因为书的厚度，不是的。在某种程度上这显然是因为 *GEB* 绝非肤浅地探究了那么多纷繁杂样的课题——赋格与卡农，逻辑与真理，几何学，递归，语形结构，意义的本质，禅宗，悖论，大脑与心智，简化论与整体论，蚁群，概念及心智表示，翻译，计算机和它们的语言，DNA，蛋白质，遗传密码，人工智能，创造性，意识与自由意志——有时甚至是艺术与音乐，简直包罗万象！——所以人们发现要找到核心焦点是不可能的。

GEB 核心部分的主要意象和观念

不用说，公众这种普遍的困惑多年来令我相当沮丧，因为我确认我在这本书的行文中一遍又一遍地把我的意图讲出来了。然而很明显，这件事我做得还不够多，或者说做得还不够明晰。但是由于我现在有了这个机会来再做一遍——而且，又是在这本书的显要位置——让我试着再一次也是最后一次来说说为什么我要写这本书，它是关于什么的，以及它的主要论题是什么。

一句话，*GEB* 是一个非常个人的尝试，以阐明有生命的存在 2
体能够从非生命的东西产生出来是怎么回事。什么是一个自我[self]，一个自我怎么能够从就像石块或者水坑那样没有自我的东西产生出来？什么是一个“我[I]”，为什么这种事的被发现（至少迄今为止）只和像诗人拉塞尔·埃德森[Russell Edson]曾美妙地描述过的“恐惧和梦想中摇曳的脑瓜”有关——也即，只与置顶于用一对有点汗毛的通过关节相连的高跷杆来漫游世界的移动基座之上的某种嵌藏在保护硬壳中的一团软粘物质有关？

GEB 是通过慢慢地构建起一个类比来着手处理这些问题的，先把非生命的分子比作无意义的符号，进而把那些自我（也可以叫作那些“我”或者那些“灵魂”——随你高兴，只要是把生命体与非生命体区分开来的叫法）比作特定的回旋型的、折曲型的、类似漩涡的、**有意义的**模式，这些模式只在特定类型的无意义符号系统中生成。正是这些奇怪的折曲的模式，让这本书花了那么多时间在它上面，因为它们鲜为人知，少被赏识，违反直觉，而且颇具神秘。按理说弄懂这个不应该太难，我在书中通篇把这种奇怪的、圈型的模式称作“怪圈[strange loops]”，尽管在后面的一些章节里，我也用“缠结的层次结构[tangled hierarchies]”这个术语来表达基本上同样的观念。

这就是为什么从许多方面来说毛·康·艾舍尔——或者更准

确地说，是他的艺术——在“黄金辫带”中有着突出的地位，因为艾舍尔以他独特的方式同我一样为怪圈所着迷，而且事实上他是在各式各样的上下文中把它们画了出来，这些画全都是如此美妙地令人迷离和陶醉。不过当初我刚开始写我的书的时候，艾舍尔是完全不在考虑之列的（或者用我们此刻的说法，是不在圈里的）；我当时草拟的书名是一句比较直白平常的术语“哥德尔定理与人类大脑”，而且我根本没有要引入悖论图画的想法，更别说那些好玩的对话了。只是由于我在写作关于我的怪圈概念的那一阵子，我一遍又一遍地匆匆一瞥几乎下意识地在我心目中闪现的这幅或那幅艾舍尔的画作，以致终于有一天我意识到这些图画在我自己心中与我正在写作的那些观念是如此相关联，而对我来说不去让我的读者也能体验我自己如此强烈感受到的这种关联性就是完全不合情理的了。于是艾舍尔的艺术被引进了本书。至于巴赫，我稍后会回过来讲他是怎样进入我的“关于心智和机器的隐喻赋格”中的。

现在，让我们回到怪圈来。*GEB* 的灵感来自于我长久以来所持的信念，即“怪圈”的概念掌握着解开我们作为有意识的存在来称呼“存在”和“意识”这样一个神秘谜团的钥匙。我第一次有这种想法还是在青少年的时候，我发现我自己痴迷地沉醉于琢磨数理逻辑中库特·哥德尔著名的不完全性定理的证明中所用到的典型的怪圈——人们可能都会觉得数理逻辑是这么一个艰涩难懂的境地，在那里我磕磕绊绊地在探索着关于自我和“我”的本质背后的秘密，然而我明明从纳格尔[Nagel]和纽曼[Newman]的书中听到了向我发出的尖叫：这正是它关乎的一切所在！

此篇前言不是深入细节的时候和地方——实际上，这就是为什么写成了你手中的这一大本书，所以我如果想仅仅在这寥寥数页中就能够超越书的作者，这是有点自以为是了！——但是有一件事必须直截了当说出来：出现在数学的形式系统（即，几组规则 3
用来演变出一个数学真理的无穷序列，仅仅只通过机械地符号转换，而完全无关于隐藏在所处理的符号外形下的任何意义或想法）中的哥德尔式的怪圈，是这样的一个圈，能使得该系统“感知自我”，谈论自我，成为“自我知晓的”，并且从某种意义上可以毫不夸张地说，由于拥有了这样的一个圈，一个形式系统**获取了一个自我**。

无意义的符号无关乎自身而获取意义

这太奇怪了，构造出使得这些粗略的“自我”存在其中的形式系统的东西不是别的，正是无意义的符号。自我本身，这个东西，它的产生仅仅是因为在无意义的符号之中的一种特别类型的回旋缠结的**模式**。但是这里我要坦言：我之所以重复地录入“无意义的符号”这个词组（就像在上两个句子中），我是动了点小心思的，因为我书中的陈述的一个关键的部分是基于这样的理念：当出现充分复杂的同构时，意义是不能被形式系统排除在外的。尽管你用了最大的努力来保持符号无意义，意义还是产生了！

让我来重述一下上面的几个句子，避免使用“同构”这个略带技术性的术语。当一个由“无意义的”符号组成的系统具有了这样的模式，用来精准地寻迹或者反映世界上的各种现象，这个寻迹或反映就给符号灌输了某种程度的意义——事实上，这样的寻迹或反映不多不少正是这个意义。取决于寻迹有多么复杂、精妙和可靠，就出现了在具有意义上的不同的程度。这里我不再对此做进一步的深入，因为这个论题在本书内容中会被经常提起，大部分是在第二、四、六、九和十一章中。

相比于典型的形式系统，人类语言在寻迹现实的模式方面是令人难以置信般地灵活易变和含蓄微妙的，也正因为此，形式系统中的符号看上去就是相当枯燥无味的了；事实上，人们自然而然就可以把它们视作是完全没有意义的。但是话又说回来，人们可以看着一张以不熟悉的书写系统印成的报纸，那些奇怪的字形看起来恰恰正像是异常花哨但却是毫无意义的模式。所以即便是人类语言，尽管它足以丰富，也可以失去其貌似的重大意义。

事实上，仍然有一些哲学家、科学家及其他人认为，符号模式本质上（比如书籍或电影或图书馆或 CD-ROM 或计算机程序，不管有多么复杂和动态）**从来不是**它们自身具有意义，而是，这个意义只能是以某种极为神秘的方式来自发生在碳基生物大脑中的有机化学过程，或者也许是量子力学过程。虽然我对这种狭隘的大生物沙文主义的观点没有耐心，我还是对其直觉的表现有相当清晰的认识。试着给他们套上大脑至上笃信者、实际上是大脑独尊笃信者的帽子，我可以看到这类人都是些何方神圣。

4 这些人觉得某种“语义魔术”只发生在我们的“摇曳的脑瓜”的内部，在一对眼球背后的什么地方，尽管他们一直就搞不清楚如何或者为何是这样；甚至，他们认为正是这个语义魔术造就了人类自我、灵魂、意识、“我”的存在。而我，在事实上，相当赞同有着这样想法的人：自我和语义——换句话，我[me's]和意义——**的确**产生自这个同样的根源；只不过在那里我与这些人在争论上所持有的异议是：这样的现象完完全全是出自某种特别的——尽管是还未被发现的——大脑微观硬件的属性。

在我看来，唯一能战胜这个关于“我”和意识究竟是什么的魔术观点的方法是持续不断地提醒自己，虽然这可能会令人不太舒服，那个安居在人们自己的头盖骨里边的“恐惧和梦想中摇曳的脑瓜”只是由完全毫无生气和没有生命的成分做成的一个纯粹的物理的实体，所有这些成分与那些支配着大千世界剩下的全体的东西，诸如文字篇章，或者CD-ROM，或者计算机，遵循着完全同样的法则。只有当你持续不断地与这个扰人的事实较劲，你才能慢慢地开始生成一种走出关于意识的神秘境地的感受：关键不是在于造成大脑的**物质**，而是在于能存在于大脑的物质里边的**模式**。

这是一个带有顿悟意味的转换，因为这使得你走到一个不同的层次上来考虑大脑是什么：它们是支撑复杂模式的**介质**，而模式虽然做得还远不十全十美，是被用来反映世界的，毋庸赘言，这些大脑它们自己也是置身于这个世界中的——尽管可能是不完整的或不完美的，正是在所产生的不可避免的自我反映中，意识的怪圈开始回旋。

库特·哥德尔突破了
伯特兰·罗素的马其诺防线

我刚刚已经说明了，把焦点从物质的成分转换到抽象的模式就可以发生从非生命到有生命、从非语义到语义、从无意义到有意义的类似魔术跳跃。但这是怎么发生的呢？说到底，并非**所有**从物质到模式的跳转都能生成意识或者灵魂或者自我，这是很显然的：一句话，并非所有的模式都是有意识的。那么，什么样的模式是有意识的，也即，是**自我**的一个特征标志呢？*GEB* 的回答是：怪圈。

具有讽刺意味的是，第一个被发现的怪圈——这也是从一般意义上我关于这个概念的模型——是在一个**为刻意把圈式性排斥在外而定制的**系统中找到的。我这里说的是伯特兰·罗素和阿尔弗雷德·诺斯·怀特海的著名的专著《数学原理》[*Principia Mathematica* (*PM*)]，一本令人敬畏的大部头著作，整部书一卷接着一卷充斥着贯穿始终的紧致而又棘手的符号主义，其在1910—1913年间的创作成果，主要是被激发自该书第一作者对要找出规避在数学中关于自指的悖论的方法的孜孜以求。

《数学原理》的核心部分是罗素所谓的“类型论[theory of types]”，它很像与他差不多同时代的马其诺防线，设计成以最坚
5 不可摧和滴水不漏的姿态来抵御“敌人”。对法国人来讲，敌人是德国，而对罗素，敌人是自指。罗素认为，一个能够对它自身进行描述的数学系统在任何情况下随便怎样都是一个死亡之吻，而自指将会——他是那么想——必定地为自相矛盾敞开大门，继而将整个数学送上倾覆倒地之路。为了防范这个可怕的噩运，他发明了一个复杂的(也是无穷的)层次结构，它们相互之间完全封锁，以这种方式从根本上——如他所想——去阻止那可怕的自指病毒感染这个脆弱的系统。

然而几十年过去后，最终有一位年轻的奥地利逻辑学家库特·哥德尔认识到，罗素和怀特海用来抵御自指的那条数学

马其诺防线是可以被极其巧妙地回避掉的(正如结果是德国人在第二次世界大战中很快就会巧妙地绕过那条真正的马其诺防线),而且自指不仅是从最开始的第一天就埋伏在了《数学原理》里,事实上它还以一种完全不能被消除掉的状态困扰着这可怜的 *PM*。更进一步,正如哥德尔无情地阐明的那样,这种自指在系统中的到处弥漫并不归咎于 *PM* 中的某些弱点,而正相反,是归咎于它的**强势**。任何一个与它类似的系统都会有这完全同样的"缺陷"。之所以用了那么长的时间才使世界认识到这个惊人的事实,原因是它取决于要做一个有点类似从一个大脑到一个自我的跳跃,即,那著名的由非生命的成分向有生命的模式的跳跃。

对哥德尔而言,在 1930 年前后所有的这一切都清楚了,这得益于一项简单的却又是绝妙丰富的发现,那就是后来变得知名的"哥德尔配数[Gödel numbering]"——这是一个映射,通过它,任何形式系统中长长的符号串线性排列可以用一些(通常是天文数字的)整数之中的数学关系来精准地反映。用他的这种在无意义符号的复杂模式(再一次地使用这个暧昧的术语)与庞大数目的数之间的映射,哥德尔展示了一个**关于**任何数学形式系统的陈述(比如声称《数学原理》是无矛盾的)是怎样被翻译成一个在数论(关于整数的学科)**里边**的数学陈述的。换句话说,任何元数学陈述都能被输送**进入**到数学里边,而这个陈述恰恰以它这种新的化身来声称(正如在数论中所有的陈述所做的那样)某些特定的整数相互之间所具有的某些特定的性质或关系。但是在另一个层次上,它同时又具有一个极为不同的意义,从其表面来看,它如此偏离一个数论陈述,就像是在一部陀斯妥耶夫斯基的小说中的一个句子那样。

借助于哥德尔的映射，任何那些被设计用来大量生成有关“纯”数的真理的形式系统，最终的结局都是能同样大量生成——出于无心但又却是毫不留情地——有关它自身性质的真理，从而由此也可以说变成为“自我意识的”。在所有的那些被哥德尔曝光的困扰着 *PM* 的有关自指性的暗藏的例子中，最浓缩的剂量潜伏在了那些谈论它们**自身具有的**哥德尔数的句子里，特别是说了一些关于它们自己的非常古怪的事情的句子，诸如“我是不能在 *PM* 里边被证明的”。让我再重复一遍：如此回拧、如此绕圈、如此自缠的东西绝不是一个可排除的缺陷，而是系统的巨大威力的一个不可避免的副产品。

6 无怪乎由于哥德尔的意外揭示而冒出来的那些数学的和哲学的结果是革命性的，自指充斥在了罗素如此精心设计用来要不惜一切代价把它抵制在外的那座堡垒的怀抱；最著名的一个这样的结果就是所谓的关于形式化数学的“本质不完全性[essential incompleteness]”。这个概念会在后续的章节中仔细介绍，不过，尽管它很吸引人，不完全性本身却并不是 *GEB* 的论题中的重点。对 *GEB* 来说，关于哥德尔的工作最关键的方面是它演示了一句陈述的**意义**可以带来深刻的影响，即使是在一个假设为无意义的领域中。从而正是哥德尔的句子 G(即那个声称“G 是不能在 *PM* 里边被证明的”的句子)的这个**意义**，保证了 G 是不能在 *PM* 里边被证明的(这恰好正是 G 自己所宣称的)。如果要说这句子所隐藏的哥德尔式的意义具有了超乎该系统枯燥的符号调度[symbol-shunting]、意义不侵[meaning-impervious]规则之上的某种威力，那就是永远防止它们构成一个 G 的演示，而不管它们在做什么。

颠倒的因果关系及一个“我”的出现

这种效果给了人们一种疯狂折曲的或者说颠倒的因果关系的感觉。归根结底，难道人们所选择的读入无意义符号串的意义不能是完全不产生后果的吗？更奇怪的是，句子 G 在 *PM* 中不可证的**唯一原因**是它的自指意义；实际上，看起来 G 作为一个关于整数的**真**陈述，它**应该**是可证的，然而——正是因为它的意义的额外层次作为一个关于它自我的陈述，声称了它自己的不可证性——它不可证。

某种非常奇怪的事于是就从哥德尔式的圈中出现了：这就是对在一个受规则约束但却没有意义的宇宙中的意义的因果力的揭示。正是在这里我对大脑及自我所做的类比又回来了，指出陷入一个被称之为“大脑”的无生命的脑瓜里的**自我性**[*selfhood*]的折曲圈也是有因果力的——或者，换一种说法，一个叫作“我”的纯模式能够在大脑里摆布使唤非生命的粒子，不亚于在大脑里的非生命的粒子能够摆布使唤模式。简单来说，一个“我”是用来——在我看来，至少是这样——凭借一种漩涡使得在一个大脑中的模式来反映大脑对世界的反映，并最终它们自身相互反映，由此这个“我”的漩涡变成了一个真实的因果实体。用一个虽不完美但却很生动的具体类比来看这个令人好奇的抽象现象，想一想当把一个电视摄像机对准一个电视屏幕使其在上面显示自己的屏幕（以及在这个屏幕上面显示自己的屏幕，如此等等）时发生了什么——在 *GEB* 中我称之为“自噬的电视”，在后面的行文中我有时也称它为一个“层次交错的反馈圈”。

当且仅当这样的圈在一个大脑或者任何其他基座中产生时，一个**人**[*person*]——一个唯一的新的“我”——才获得了存在。更进一步，一个这样的圈越是富有自指性，它所生成的自我就越有意识。是的，虽然令人震惊，这个听上去像是在说，意识不是一个开/关现象，而是对于程度、等级、渐进的体现。或者，说得更直率些，存在有较大的灵魂和较小的灵魂。①

7 小灵魂的男人们，当心！

说到这儿，我忍不住就会回想起我最喜爱的作家之一，美国“人文七艺批评家”詹姆斯·赫尼克[James Huneker]的特别盛气凌人但又俏皮有趣的一句评论，这是在他写的关于弗里德里克·肖邦的妙趣横生的传记里，谈及肖邦的练习曲作品 25 号第 11 首 A 小调，它对我和对赫尼克来说都是所有的音乐作品中最激动人心和最庄严雄伟的乐曲之一：“小灵魂的男人们[men]，不管他们的手指有多么灵巧，都应该回避它。”

“小灵魂的男人们”?！ 嚯！**这个**用语会不会与美国式的民主格格不入！暂且把它冒犯人的陈腐的性别歧视(对此我还以我极大的遗憾把这说成是在 *GEB* 中的一种罪过)搁置一边，我在想，正是因为我们大家都默然地**确实**相信与赫尼克的令人震惊的划分

---

① 关于灵魂及其大小尺寸，作者在他另一部著作 *I Am a Strange Loop*(中文版：《我是个怪圈》，修佳明译，中信出版集团)中有专门的章节进行阐述，可参见该书第 1 章 *On Souls and Their Sizes*(论灵魂及其尺寸)。——译者注

同样的一些事，我们大部分人才愿意去食用一种或他种动物，去拍苍蝇，去打蚊子，去使用抗菌素和细菌作斗争，等等。我们一般都认同所有“男人们”，诸如一头奶牛、一只火鸡、一只青蛙或一条鱼，都具有**某些**意识的火花，**某种**原生的“灵魂”，但是老天知道，这比**我们的**要小许多——而不多不少地，这就是为什么我们“男人们”感到我们有完全的权利去掐灭这些略微有灵魂的兽类的头中那微弱的光亮，并且心安理得地对它们曾经是温暖和蠕动的、现在是冰冷和静止的原生质无节制地大快朵颐。

够多的说教了！这里真正的要点是：不是所有的怪圈所生成的灵魂都是像你我的同样宏伟和辉煌，亲爱的读者。因此，举例来说，我不想让你或者任何别人没有读完全部或部分的 *GEB*，就摇着头悲哀地说：“这个怪家伙侯世达[①]说服自己相信了罗素和怀特海的《数学原理》是一个具有灵魂的有意识的人！”胡说八道！胡言乱语！胡诌白咧！哥德尔的怪圈，尽管是我关于这个概念的范例，但它只是最简单初级的怪圈，而且它是处在这样的一个系统里，这个系统与一个有机大脑相比较起来，其复杂性是很可怜的。更进一步说，一个形式系统是静止的；它不随时间而变化和成长。一个形式系统并不生活在一个由其他形式系统组成的社会里，在它自身的里边来反映这些其他的形式系统，同时反过来在它的“朋友们”的里边被反映着。不过，我要收回我上面的话，起码是一点点：任何威力像 *PM* 一样大的形式系统事实上所包含的模型不只是它

---

① 侯世达是本书作者 Douglas R. Hofstadter 在中文版《集异璧》中所用的中文名字，他另有字号：道仁。——编者注

自身的，而是一个无穷数目的其他形式系统的，有些是像它的，而有些是非常不像它的。这就是本质上哥德尔所认识到的东西。但是仍然要说，这里没有跟时间的对应体，没有跟演变的对应体，更不用说是跟生与死了。

所以不论我说什么在数学的形式系统中存在的有关“自我”的东西，你都必须要对它持适当的保留态度。怪圈是一个抽象的结构，它产生在不同的介质中和变化的丰富程度中。*GEB* 从根本上是一部很长的关于怪圈的提案，就像是关于自我性如何起源的一个隐喻，一个这样的隐喻用以来起步去抓住是什么东西造就了一个“我”，使其在某一刻同时看上去既是极为真实并对它自己的拥有者来说是实际可触及的，却又是如此模糊不清、如此不能理解、如此深深地难以捉摸。

8 我个人不能想象，要完全地理解意识可以不参照哥德尔式的怪圈或者叫层次交错的反馈圈。正因为此，我必须说，我一直很惊讶和迷惑，过去一些年来所风行的那些试图解开意识之谜的书籍几乎从来不提及这些方面的任何东西。这些书籍的作者之中的许多人甚至读过和品味过 *GEB*，但其核心论题没有在任何一处有回响。这有时令人感到我是在向一个空旷的峡谷发出传递深切关爱的信息的呼号而没有人听到我。

GEB 最早的种子

有人也许会问，如果作者的目的只是要提出一个关于怪圈的理论，把它作为我们意识的关键和我们情不自禁的“我”感的源泉，那为什么他最后写成了那么一本大部头的书，里边有那么多看上去是题外的话呢？他到底为什么要把赋格和卡农牵扯进来？为什么要写递归？还有禅？还有分子生物学？等等，等等……

这件事的真相是，当我刚开始写作的时候，我压根儿没想到我之后会谈论到这些个事情。我也不曾梦想我将来的书中会包含对话，更别说基于曲式的对话了。我这项工作那复杂恢弘的特性是逐渐才进化形成的。粗略地说，它的由来如下所述。

前面提到，当我还是青少年的时候我读了恩斯特·纳格尔和詹姆斯·纽曼的一本小小的书《哥德尔的证明》[*Gödel's Proof*]。正是那本书对我来说辐射出如此的激动和深悟，它驱使我像一支箭笔直射向对符号逻辑的学习研究。于是，作为一名斯坦福数学专业的本科生，以及数年后在我一段短命的职业生涯中作为一名在伯克利的数学研究生，我选修了几门高级逻辑课程，然而令我大失所望的是，所有这些课程都晦涩、机械，完全没有我在纳格尔和纽曼的书中所体验到的魔力。我修了这些高雅的课程带来的结果却是，我敏锐的青少年时代对哥德尔的美妙证明及其"怪圈性"的兴趣几乎完全被扼杀了。事实上，留给我的是这么个一无所获的感觉，几乎绝望，我便在1967年下半年中断了在伯克利的数学研究生学业并取得一个新的身份，在尤金市[Eugene]的俄勒冈大学当物理研究生，在那里我对逻辑和元数学那一度热衷的痴迷进入了深度的休眠。

几年过去了，然后在1972年5月的有一天，当我在俄勒冈大学书店里浏览数学书架时，意外发现哲学家霍华德·德朗[Howard DeLong]的一本极棒的书《数理逻辑概况》[*A Profile of Mathematical*

Logic]，趁机买了下来，在几个星期之内，我的旧有的对伟大的哥德尔式的神秘事物以及其涉及的所有东西的那种热爱被重新唤醒了。各种思想开始在我恐惧和梦想中摇曳的脑瓜里头就像疯了似地四周搅动。

但除去了这份快乐之外，我对我学习物理的道路以及总的来说所过的生活感到非常沮丧，于是在 7 月里我把我所有的随身物品装进十来个纸板箱，开上“银色快手[Quicksilver]”，那辆我忠实的 1956 墨丘利车[Mercury]，[①]向着往东跨越广袤的美洲大陆的长途旅行出发。至于我要去向哪里，我并不确定。我所知道的只是，我在寻求一个新的生活。

9 跨过了美丽的喀斯喀特山脉和东俄勒冈的沙漠，我最终到了爱达荷州的墨思克市[Moscow]。因为银色快手出了点引擎的毛病需要进行一些修理，我趁这空闲时间跑到爱达荷大学的图书馆去找一些在德朗的附有说明的资料目录中有关哥德尔证明的文章。我复印了其中的几篇，一两天后又朝蒙大纳州和艾伯塔省的方向出发了。每天夜里我停下支起我的小帐篷，有时在森林里，有时在湖边，然后急切地就着手电筒光全心投入这些文章直到我在睡袋里睡着。我开始从未有过地更清晰地理解了许多哥德尔式的事情，而我学到的那些东西真是太吸引人了。

---

① [Quicksilver]：水银（汞）。[Mercury]：水银（汞），水星，福特车牌名。quicksilver 是 mercury 的旧体同义词，其构词又含有“quick（快）”的成分，这个名字很适于被作者用作对他的爱车的昵称。1986 年美国的一部电影片名也叫 Quicksilver（银色快手），讲主人公在遭遇生活的低谷后重新出发，找到人生目标的故事。——译者注

从一封信到小册子再到研讨班

在加拿大的落基山脉待了几天后，我又重新向南走并最终到达了科罗拉多州的博尔德市[Boulder]。在那里，某一天下午，一连串新鲜的想法开始在我突发灵感写给老朋友罗伯特·伯宁格[Robert Boeninger]的一封信里倾泻出来。写了几个小时之后，我发现虽然我的信已经比我预想的长得多——有手写的三十几页——我还只是说了不到一半我想说的话。这使我想到，也许我应该写一本小册子，而不是一封信，因此直到今天，罗伯特从来就没有收到我那封没有写完的信。

由博尔德市我继续向东，从一座大学镇跳到另一座，最后，几乎就像是整段时间一直在向我召唤似的，纽约市隐约成为了我的终极目标。事实上，我最后是在曼哈顿待了几个月，在城市学院上研究生课程并在亨特学院教护士们初等物理，然而当 1973 年来临，我面对着这样的现实：抛开我热爱纽约的种种方面，我甚至比在尤金市时更感到心里不安。于是我决定，回到俄勒冈并在那儿完成我的研究生学业是更为明智的。

虽然我所期望的“新生活”因现实的考虑而落空了，在某些方面我的回归也使我感到宽慰。就说一件事，俄大在那个时候有一项开明的政策，任何大学社区的成员都可以创立并执教一门记学分的“SEARCH”课程，只要有一个或多个系批准就行。因此我就请求哲学系和数学系在春季学期资助一门以哥德尔定理为中心的 SEARCH 课程，我的要求获准了。事情有了起色。

我的直觉告诉我，我个人对怪圈的痴迷——不只是由于它们在哲学上的重要性，而且还因为它们在审美上的魅力——不仅仅只是某种我所独有的小小的神经性强迫症，而是可以非常有感染力的，只要我能让我的学生们理解，这些沉闷枯燥的概念，就像在我以前上过的那些索然无味的逻辑课程中那样，其实是——如同纳格尔和纽曼所指出的——与数学、物理、计算机科学、心理学、哲学、语言学等等课程中大量睿智美妙的思想紧密相关的。

我给我的这门课起了个半天真半浪漫的名字："不可判定性之谜"，希望以此吸引来多种多样领域的学生，我的小伎俩还真生效了。25 个灵魂来到了班上，而且所有的人都充满热情。我生动地记得我在那个春天讲课的时候每天都能看到窗户外边果树盛开的美丽花朵，然而我更为生动地记得大卫·贾斯特曼[David Justman]，他是学艺术史的，司各特·布雷什[Scott Buresh]，他是学政治学的，还有主修艺术的阿弗丽尔·格林伯格[Avril Greenberg]。这三位对种种想法津津乐道，我们整天无止无休地谈论来谈论去这些想法。对听课者和讲课者双方来说，我的这门课都因此而取得了很好的结果。

1973 年夏天的某个时候，我试着为我的"小册子"草拟出一份目录，而就在那个时刻，关于我的项目的雄心开始初露倪端，但是它给我的感觉仍然更像是小册子而不是大部头的书。直到秋天我才开始认真写作。我从来没有写过比几页纸更长的东西，但是我无畏地向前深入，估摸着也就是会花我几天的工夫——或许一两个星期。事实上我稍微拖延了一点，头一份草稿(是用笔写的，跟我写给罗伯特的信一样，只是被划掉的地方更多了些)花费了我差不多一个月——这一个月在时间上与给我留下了非常深刻印象的“斋月战争”有交叉。我认识到这头一份草稿并不是最后的产品，但是我感到我已经完成了主要的工作，现在只是修订的问题了。

开始做文学形式的试验

在我写那份初稿的时候，我当然没有想到艾舍尔的画。也没有想到巴赫的音乐。但是一天我发现自己对心智、大脑、人类身份这些想法感到很激动，就冒昧地借用了刘易斯·卡罗尔的一对宝货阿基里斯和乌龟，他们千奇百怪的个性逗死我了，我坐下来进入绝对的白热化状态急忙写出了一个很长的复杂的对话，全是关于一本小说式的有着难以置信般的宏大篇幅的书，书的每一页逐一包含了在爱因斯坦大脑里一个特定的神经元上的详尽无遗的信息。所发生的情况是，对话呈现了一个短的段落，在其中那两个角色互相想象着对方在另一个对话中的样子，他们每一个都会说：“然后你也许会说这个……对此我也许能很好地回应如下……然后你可以继续……”如此等等。由于这种不同寻常的结构特征，在我最后地在最后一段话上划上最后的句号之后，我跳回到第一页的顶端，在那儿，一时兴起，敲下了这个单个儿的词“赋格[FUGUE]”。

我的“爱因斯坦书”的对话并不真的是一首赋格，这是当然的——甚至连接近都谈不上——但它却多少引起了我对此的回想。自我最早的童年起，我就被巴赫的音乐所深深地感动，这个将巴赫样的对位形式与饱含丰富知识内容的生动对话联姻在一起的近乎疯狂的想法，以极大的热忱和激情牢牢抓住了我。在接下来的几个星期里，我头脑中不停转动着这个想法，我认识到了有多大的空间可以沿着这些思路玩下去，而且我可以想象，当年作为一个十几岁的青少年我会是多么贪婪地吞食着这样的一些对话。于是，我时不时地就会有引进对位式的对话这样的想法，一方面是可以解除我章节中那些有分量的理念的枯燥乏味，另一方面又可以让我对所有那些深奥的概念采用一种较为轻松的更寓言化的形式来写。

11 长话短说我是最终做了决定——不过这花费了好几个月的时间——最佳的结构是章节与对话之间严格的交替。一旦这个清楚了，我就有了愉快的任务，试着去精准定位我想传递给我的读者们的那些最为关键的理念，并设法把它们从形式上和内容上嵌入阿基里斯与乌龟（加上几位新朋友）间富于想象的并经常充满双关语的对话之中。

GEB 是先放凉了，然后再重新加热

在 1974 年早些时候，我第四次也是最后一次换了博士导师，选了一个完全不熟悉的在固体物理学中的课题，它虽然令人惧怕地多刺但闻上去很甜美。我的新导师格雷戈瑞·瓦尼尔[Gregory Wannier]希望我深入地钻研，而在我内心我知道这次是我在物理世界中的破釜沉舟之举。如果我想要一个博士学位——这是一个宝贵的却又是极为难以捉摸的目标，我已为之奋斗了将近有十年了——那要么是在现在，要么就永远不了！正因为此，十二分不情愿地，我把我心爱的手稿藏进桌子的抽屉里并对自己说：“不准触

摸！不许偷看！”我甚至还设置了禁食处罚，如果我过多地打开抽屉去翻阅我那制作之中的书的话。动 *GEB* 的念头——或者不如说动 *GTATHB* 的念头——是严格的 *verboten*[①]。

说到德文，瓦尼尔计划在 1974 年秋天去德国待六个月时间，因为我一直很喜欢欧洲，我就问有没有可能我也一起去。他很周到地为我在雷根斯堡大学物理系安排了一个 *wissenschaftlicher Assistant*——基本上就是教学助理——的教职，这就是我在 1974 年年底到 1975 年年初那段时间的一个学期里所做的事。我的博士论文的大部分工作也是那时完成的。因为没有亲近的朋友，我在雷根斯堡的日日夜夜是漫长和孤独的。从一个奇特的意义上来讲，在那段困苦的时期我最亲近的朋友就是弗里德里克·肖邦了，因为我几乎每晚在半夜时刻都会拨到华沙电台听不同的钢琴家演奏许多我熟悉和喜爱的他的乐曲，还有其他我不曾听过并开始喜欢上的曲子。

那整个一段日子是 *GEB-verboten* 时期，它一直持续到 1975 年年底，我终于完成了我的论文。虽然我的工作是关于精细视觉结构的（见本书的第五章），而且看上去它也为我的就业提供了很好的平台，但我研究生院期间在相信自己能成为一个好的物理学家这方面实在是经历了过多对我自尊心的打击。在另一方面，对旧有的知识火焰的重新点燃，特别是 *GTATHB* 的写作，给我带来了新的一种自信的气息。

没有工作但却有很强的动机，我搬回到我在斯坦福的老家，在

---

① *verboten*：德文，禁忌。——译者注

那里，感谢我父母无条件的慷慨资助（我戏称之为“一份为期两年的霍夫斯塔特［Hofstadter］奖学金”），我确立了“重塑自己”的目标，成为一名人工智能研究者。然而更为重要的是，我能够重拾我与早些年曾如此吸引过我的那些想法的恋爱激情。

12 在斯坦福，我往昔的“小册子”又开花了。它被从头至尾重新写过，因为我觉得我早年的写作虽然集中在了合适的理念上，但它不够成熟，在风格上也不够协调统一。而且我热衷于世界上最早的也是最好的文字处理程序之一所带来的无比享受，这就是我的一位新朋友潘蒂·卡内瓦［Pentti Kanerva］开发的极度灵活和用户友好的 TV-Edit。幸亏有了这个程序，新版本得以源源涌出，而且从未有过地顺利。我绝不能想象没有了它 *GEB* 还怎么能写出来。

只有到了这个阶段，这本书那不一般的体裁上的风格特征才真正显现出来——那是有时有点怪异的对文字的把玩，那是对模仿音乐形式的小说行文结构的炮制，那是沉溺于将每一种东西进行类比的热衷，那是对杜撰一种其本身结构就正是作为其所谈论的话题的例示的故事的构思，那是在奇幻的情节中古怪个性的混合。在我写作的过程中，我当然知道我的书在相当程度上会与其他写相关题材的书不同，同时我也在相当程度上违反了一些惯例。但我还是毫无顾忌地继续写下去，因为我很自信我在做的事情是必须做完的，而且这件事有它固有的正确性。使得我对我所做的事能如此坚信的关键品质之一是，在这本书里形式被赋予了与内容同等的地位——这并不是偶然的，因为 *GEB* 是以很大的篇幅来讲内容与形式是如何密不可分的，语义与句法是如何结为一体的，不可摆脱的模式与物质是如何相互产生的。

虽然我一直都知道自己在生活中的许多方面总是像考虑形式一样地来考虑内容，但我还从来没想到我在写我第一本书时会如此深深地被那些在各种层次上的视觉呈现所牢牢吸引。因此，要感谢使用 TV-Edit 所带来的便捷，不论我写什么用来为文稿润色以使它在屏幕上看起来更好，虽然这种调控有时会被当作是作者的一种奢求，我都乐此不疲。当这一时刻到来，我有了坚实的手稿准备就绪给出版社寄出去，视觉设计与内容结构是相互亲密地捆绑在一起了。

克拉里恩镇的电话①

我经常被问，像我这么个不知名的作者带着一部非正统的手稿和一个特古怪的书名，那还不得跟一向害怕冒险的整个出版业界斗上个好几年啊。好吧，也许算我运气，但是我的实际经历要远比这个愉快得多。

在 1977 年的中期，作为一根探针，我把一本小的样稿寄给了大约十五家高质量的出版商，大部分都客气地回复说，这不是他们日常处理的"那种类型的东西"。说得没错。然而有三四家表达了想看看更多详细内容的兴趣，于是，轮流地，我又寄去了整部东西让他们看一眼。不用说，当头两家拒绝了的时候我是很失望的（而且他们每一家的审阅过程都花了好几个月，时间的损失是令人沮丧的），

---

① ［The Clarion Call］：Clarion（克拉里恩）是美国宾夕法尼亚州的一个城镇，但其字面又是"号角"的意思。所以这个标题也可以读作"号角吹响"，或"激动人心的召唤"。——译者注

但另一方面，我也没有过分泄气。然后在快到圣诞节的时候，一家我历来很欣赏的出版集团 Basic Books 的头儿马丁·凯斯勒[Martin Kessler]给了我一些虽然还只是意向性的但充满希望的信号。

13 1977—1978 年的冬天是严酷的，我那时是在印第安纳大学一名刚开始工作的助理教授，学校取暖的煤用光了，被迫在三月里停课三个星期，等待天气转暖。我决定利用这段空闲时间驾车到纽约，去南方看看老朋友。在宾夕法尼亚州一个叫克拉里恩的小城镇，我在路边一个昏暗的小餐馆的短暂停留，成了在我通常都是模糊的记忆里一个清澈如钟的事件，在那里我从一个寒冷的电话亭里给在纽约的马丁·凯斯勒很快打了个电话，看看他有什么裁定没有。当他说他会“很高兴”与我一起合作的时候，这是我生命中一个伟大的时刻——而且我产生了一个近乎奇异的想法：在所有的地方中，这个重大事件发生在起了这么个好名字的小镇上①……

坑人的有坑滚筒②

现在我找到了一家出版社，接下来的问题就是把手稿从原始的计算机打印件变成精美的排版印制书籍。一份真正的幸运是，

---

① 作者在这里提到起了个好名字的小镇，除了是指 Clarion 的字面有“号角”的意思外，作者还特意把这里的“小镇”用了[hamlet]这个词，它在莎士比亚的戏剧中是家喻户晓的人物哈姆雷特，以此更加强了这个小镇有一个好名字的说法。——译者注

② [Revenge of the Holey Rollers]：Holey Rollers 与 Holy Rollers 谐音，后者是指有圣灵降临节（五旬节）传统的新基督教狂热教徒，他们以舞动、抖晃、“摇滚”或其他剧烈的身体动作来昭示他们是圣灵感召下的信徒。——译者注

潘蒂为了强化他的 TV-Edit，刚好开发了世界上最早一批之中的计算机排版系统，他竭力鼓动我去使用。凯斯勒历来就是位探险家，他也愿意试一试——一方面，当然是因为这可以为 Basic Books 省些钱，但也是因为他本质上是一位有远见的承担风险者。

自己动手去做排版，虽然对我来说是很幸运的机会，但这绝不是一件容易的事。比起今天来，那时的计算机技术要原始得多，而且要使用潘蒂的系统，我必须在每一章节和对话中逐字输入成千个代码排版指令，下一步则把每一个计算机文件分割成若干小段——通常一个文件要分成五六段——每一个小段都要依次走过两个计算机程序，然后再把每一个作为结果输出的文件通过实际地打孔而形成它的代码模式，这是打在一卷长长窄窄的纸带上面的无数个孔。我必须自己步行 200 码走到安装有打孔机的那个楼里，把纸带装上，然后坐在那儿仔细盯着以确保它不被卡住。

下一步，我要捧着这一拨油性的纸带再走四分之一英里到印刷《斯坦福日报》[*The Stanford Daily*]的楼里去，如果设备闲着，我就自己来用他们那台照相排版机器。做这件事可是一个漫长、精细的操作过程，包含了成盒的感光纸、暗室、带滚筒的化学洗液槽——感光纸必须通过它把所有的显影液洗掉，还有晾晒架，那上头所有 5 英尺长的带有我的原文在上面的软版都要挂出去晾干一到两天。这样一个实际上能**看到**我那成千条排版指令所制作出来的东西的过程，当然是极其复杂和缓慢的。然而，说真的，我对此并不介意；事实上，它是如此神秘，如此特别，如此令人感到某种激动。

然而有一天，差不多所有的软版都被印出来了——它们有二三百张之多——我本想我大功告成了，却突然有了一个可怕的发现。我是看着它们每一张从显影液槽中出来时是以墨黑色打印的，然而在几张较近晾干的软版上，那些文字看上去却呈褐色。什么!? 我检查了其他一些稍微老一点的，我看到了浅褐色的打印，而在再老一点的上面，是橙色，甚至还有淡黄色的!

14 我简直不能相信这个。在世界上怎么有这样的事发生? 一个简单的答案让我感到了如此愤慨和无助：那些上了岁数的滚筒都有不同程度的坑坑洼洼的磨损，不再能把软版完全擦拭干净，所以酸液日复一日地把软版上的黑墨蚕食殆尽。对于《日报》的需求来讲，这件事无关紧要——他们扔弃他们的软版只是几个小时的事——但是对印书来说，这可意味着灾难。一本书绝不可能用黄颜色的软版来印刷! 而且，虽然我用它们在新生成时来做的影印件是清晰的，但是清晰度不够。好一个噩梦! 数不尽的劳力工夫就这么烟消云散。我充满了那种绝望，就像一个橄榄球队已经冲刺到前场 99-码处却被拦死在对手的一码线上。

我花费了 1978 年的几乎整个夏天来制作这些软版，但现在夏季眼看就要结束，我必须回到印第安纳去教课。我怎么办? 我怎样才能拯救 *GEB*? 我能够看到的唯一解决办法是，我自己掏钱，在这个秋季的每个周末飞回到斯坦福，从头开始重做这整个事情。幸运的是，我只在周二和周四教课，所以每个周四的下午我飞快窜出教室，赶上一架飞机，抵达斯坦福，疯了似地一直干活到周一下午，然后冲到机场返回印第安纳。我永远忘不了这些周末当中最糟糕的一次，我不知怎么居然做到了连干 40 个小时楞没合过眼。这就是你的爱!

在这场磨难当中，也有可取之处，它就是：我得以改正所有我在第一批软版中的排版错误。原先的计划是采用一叠校正软版，它们将在 Basic Books 出版社的纽约办公室里被切割成小片，哪里有小的错误就贴在哪里——如此的小错误在那个第一批软版里头有很多很多，这是肯定的。这样的一个过程就可能导致在版面上有成百处的改错。然而要感谢我的 99-码冲刺被废在了一码线上，我现在有机会不犯所有的那些小错误，制作出几乎完璧无瑕的一套软版来。正因为此，虽然那场化学灾难将 *GEB* 的实际印刷延误了几个月，但现在回想起来，它的结果却是因祸得福。

哎哟……

当然有很多的想法相互竞争着要进入在那些年间逐渐成型的书中，它们有些做到了，而另一些却没有。其中具有讽刺意味的是，本来是以其“赋格性”而启发了引进所有其他对话的灵感的那篇“爱因斯坦书”对话，却被砍掉了。

还有一篇很长的错综复杂的对话也被砍掉了，或者更准确地说，是逐渐地被彻底改造成几乎认不出原样了，这其中令人好奇的故事是与当时在我脑海里熊熊燃烧的一场激烈的辩论相关联的。

在 1970 年，我在俄勒冈的学生之家读到过一些关于性别歧视者也即男性至上主义者语言及其潜藏的下意识后果的传单，使我对此有着敏锐的认知。我心里第一次清醒地意识到那种微妙的方式，它使得通称的“他[he]”和“男人[man]”（以及一大堆类似的词和短语）得以形成人们的一种感觉，什么是一个“通常的”人 15

[human being]而什么是一个"例外的"，并且我对这种新的观点是接受的。但我那时候还不是一位作家——我当时是一名读物理的研究生——所以这些事情看起来与我自己的生活关系不大。然而，当我开始写那些对话时，情况变了。突然有一天我醒悟过来，我对话里的那些角色——阿基里斯，乌龟，螃蟹，食蚁兽，还有其他几位当配角的——毫无例外全是**男的**。我为我自己不经意也成了下意识反对引进女性角色的无形压力下的牺牲品而感到震惊。更进一步，当我权衡着要不要回过头去对一个或几个角色做一个"变性手术"时，这样的想法实在是搞得我非常恼火。怎么会这样？

好吧，我唯一能够想出来的理由是："把女性带进来，你就会在原本纯粹是抽象的讨论中引入整个困惑的关于性别的世界，而这将会分散对我书中主要目的的注意力。"我的这种荒谬的观点生成于并附和了当时(今天仍是)西方文明的许多默认的隐性的假设。当我迫使我自己与我的丑陋态度作斗争时，一场真正的格斗在我内心开始了，我的一方主张回去把一些角色做成女的，我的另一方则试图维持**现状**。

由这场内在的格斗，突然产生了一段很长的不如说很逗乐的对话，其中我的各种各样的角色认识到了他们都是男的之后就在那儿讨论，为什么会是这样，他们认定，如此无视他们拥有自由意志的感受，他们必定在事实上只是某个带性别歧视的男作者心中的角色。通过某种方式，他们做到了把这个"作者"角色传唤至他们的对话中——当被控告性别歧视主义时**他**做了什么呢？他辩称无罪，他辩称他的大脑所做的并不受他的控制——对他的性别歧视主义的责难必须归罪于一个性别歧视者造物神。然后接下来的事情你知道,造物神噗的一声进入了对话——你猜怎么的?她居然是女的了(呵呵呵)。我不记得从那儿是怎么往下进行的细节了,但要点是,我是被深深地伤着了,而我是在以自己的方式与这些复杂的事件做着搏斗。

遗憾的是——这是在说,在随后几年中我所遗憾的——后来赢了这场格斗的一方,是性别歧视者一方,对另一方只是做了少许让步(例如,在对话"和声小迷宫"中的神怪之塔,还有在"前奏曲……蚂蚁赋格"中的马姨)。*GEB* 这本书留下了深深的性别歧视者的偏见纹路,把它缝入了它的织体之中。有意思的是,对这个偏见很少有读者,不管女的或男的,加以评论(这反过来支持了我的信念:这种事情是非常微妙和隐蔽的,几乎可以逃脱每个人的觉察)。

对通称的"男人"和"他",我在那个时候当然不喜欢那些用法,我试图不论何时都尽可能地回避它们(或者说,在任何**容易**做到的时候),但是另一方面我也没有特意地去考虑对我的话一字不漏地进行清理,而其后果是这本书的页面也就处处被更明显、更直白的性别歧视主义形式所玷污了。如今,每当我在 *GEB* 中掠过那些把读者作为"他[he]"来谈论的句子,或不经意地说出"人类[mankind]"想表示人性[humanity]是某种庞大的抽象的**家伙**[*guy*]时,我都谨小慎微。人活到老学到老,我想。

最后,关于那篇触及灵魂的对话,在其中作者和造物神受到 16
阿基里斯及其同伴们的传唤去面对性别歧视主义的指控,结果是,它以某种方式经由一系列许许多多小的改动而转变成了一篇 *GEB* 以其作为结尾的对话:"六部无插入赋格"。如果你读它的时候心中带着这段缘由,会有额外的情趣。

乌龟先生，这里是 Madame Tortue①

过了一些年之后，来了一个完全意想不到的机会可以对我的性别歧视者之罪给予赔偿，至少是部分地吧。把 *GEB* 翻译成不同种外语的挑战为我提供了这个机遇。

在我写作这本书的时候，心里从来就没有想过有一天它可能会以另外一种语言出现。我不知道为什么会是这样，因为其实我是热爱语言并喜欢翻译的，但不知怎么这个想法先前就是从来没有在我这儿出现过。然而，一旦我的出版社向我提出了这个想法，我立刻就为能看到我的书以其他的语种出现而感到无比激动，特别是那些我已掌握到了某种程度的语言——尤其是法语，因为这是我说得很流利并深深喜爱的语言。

对于任何可能语种的翻译，都会有无数需要考虑的因素，这是因为这本书的如此流行不仅是有明面上的文字游戏，还有被斯科特·凯姆[Scott Kim]称之为“结构性双关[structural puns]”的段落——在这些段落中形式与内容以某种意外的方式相互呼应或强化，而且通常得益于因包含特定的英文词而产生的令人愉悦的巧合。正是因为有这些错综复杂的信息载体的缠结，我煞费苦心地逐行通览了 *GEB* 全书做了一本注释，提供给任何一个语种的翻译者。这份辛苦的工作断断续续花了我差不多一年的时间，但最终还是完成了，而且正赶上一个关键的时刻，因为在 1982 年

---

① Madame Tortue：法文，乌龟女士。——译者注

前后与国外出版商的合同开始变得密集起来。就那些充斥在翻译 *GEB* 过程中的令人费解、充满乐趣、棘手难办的谜题和两难问题我都能写一本小书——“小册子”？——了，但在这里我只提一件事——如何在法语中表达一个看起来很简单的短语“乌龟先生”。

在 1983 年的春天，这本书的两位出色的法文译者，杰奎琳・亨利[Jacqueline Henry]和鲍勃・法兰西[Bob French]，开始来对付那些对话，他们立刻就迎头碰上法文中乌龟[*tortue*]作为阴性名词与我的角色乌龟身为男性之间的冲突。这里，我顺带要不失无奈地指出，在我从中借来这些喜兴的角色的那个绝妙但却鲜为人知的刘易斯・卡罗尔对话（在 *GEB* 中被重印为“二部创意曲”）里，如果你仔细看，其实乌龟从来就没被赋予过何种性别。但是当我第一次读到它的时候，这个问题是压根儿没进入过我的脑海的。这**显然**就是一位他-乌龟。不然的话，那我就会不仅知道**这是**女的，而且还知道这**为什么**是女的。说了归齐，一位作者只是为了某种特殊的**理由**才会引进女性角色，不是吗？一位男性角色出现在“中性”的语境（例如，哲学）中是不需要存在理由[*raison d'être*]的，而女性却要。所以，在对乌龟的性别没有任何提示的情况下，我不假思索并不加评判地就把它设想成了男性。性别歧视主义就这样悄悄地侵蚀进了我们天性善良却又易受感染的大脑。

但让我们别忘了杰奎琳和鲍勃！虽然他们可以简单地用发明 17
一个“乌龟先生[Monsieur Tortue]”角色的方式强加到这个问题上去，但以他们的品味来衡量，这种途径在法语里明显地是太不自然了，因此，在我们往来的许多通信中的一封，他们更愿意小心翼翼地问我是否介意让他们把乌龟的性别换成女的。当然，对他们来说，这也许看上去有点不可能去想象作者还甚至会考虑都不考虑就即刻给出这样的建议，但事实上是，当我读到了他们的想法的那一刻，我就以极大的热忱抓牢了它。结果是，法文版 *GEB* 的书页经由 Madame Tortue 这个新鲜的美妙的人物形象而大为添彩，她玩弄着变态的逻辑把戏将她的男性同伴阿基里斯，一位昔日的希腊勇士和业余哲学家，折腾得团团转。

在有关“乌龟”的这个新的形象方面，有些东西是如此令我感到喜悦和满意，让我为她而着迷。特别让我开心的是我关于乌龟的一些双语对话，在其中我会以英语开头，用到代词“他[he]”，然后转变到法语中用她[*elle*]。任一个代词都感觉是完全自然的，我甚至感觉我在两种语言里所指代的是完全同一个“人[person]”。这看来是以一种好玩的方式来忠实于卡罗尔的乌龟在性别上的中立性。

而后，意大利文的译者又给我添加了一份欣喜，这是另一种我所钟爱并掌握得相当熟练的语言，他们选择了效仿着把我的“乌龟先生”转变成了“乌龟小姐[signorinaTartaruga]”。当然，这些激进的转换是没办法影响 *GEB* 单纯讲英语的读者们的感知的，但从一些微小的方面，我感觉，它们还是有助于去弥补我早些年的内心纠结所产生的遗憾。

禅宗，约翰·卡奇，与我时髦的非理性

法文译本受到了广泛的欢迎。一个对鲍勃、杰奎琳和我来说特别高兴的时刻是当雅克·阿达利[Jacques Attali]的一整版真

正热烈积极的评论文章出现在最有名望的法文报纸《世界报》[*Le Monde*]上的时候，文章里不仅仅是赞赏了这本书的理念和风格，而且还着重特别赞赏了它的翻译。

几个月后，我收到了发表在接连两期由法国共济会成员协会印发的晦涩期刊《人道主义》[*Humanisme*]上的两篇评论。两篇都出于同一位作者艾伦·霍洛[Alain Houlou]的手笔，我怀着兴趣读了它们。第一篇相当长，也像《世界报》上的那篇一样，充满了热烈的赞赏；我很高兴也很感激。

然后我转向第二篇评论，它一开头是颇具诗意的句子 *Après les roses, les èpines ...*（“玫瑰之后，刺……”），接着，令我惊诧的是，它用了好几页的篇幅狠狠抨击 *GEB* 是 *un piège très grave*（“一个非常危险的圈套”），在其中禅宗那缺心眼的思潮急不可耐地跳将出来，而且在其中美国物理学家典型的一种狂热地反科学、受垮掉的一代影响、类似嬉皮士的非理性被奉为通往启蒙的至高无上途径，并把那位打破旧习俗的、深受禅宗影响的美国作曲家约翰·卡奇[John Cage]拉来做所有这一切的守护神。

全部我能做的只是呵呵一笑，在这些塔蒂风格[Tati-esque]的 18
霍洛先生的噪音[*vacarmes de monsieur Houlou*][①]所带来的困惑中无可奈何地举起我的双手。某种程度上，这位评论家认为我

① 塔蒂风格[Tati-esque]：法国著名喜剧导演、编剧、演员 Jacques Tati（雅克·塔蒂）在他 1950—1960 年代的系列电影中创造并扮演了一位喜剧人物形象 Monsieur Hulot（于洛先生），这里用来喻指评论家 Houlou（霍洛）。这个系列电影中最为家喻户晓的一部是 *Les vacances de monsieur Hulot*（《于洛先生的假期》），作者取 vacances（假期）的谐音词 vacarmes（噪音），用在霍洛先生身上。——译者注

把卡奇捧上了天（“哥德尔、艾舍尔、卡奇”?）并居然还误读了我的隐喻所指，以及稍稍从禅宗那儿借来的不加批判地接受的那些东西，而这些东西事实上根本就完全不是我的立场。正如我在第九章的开头所申明的那样，我发现禅宗不仅是困惑和愚蠢的，而且在一个非常深的层次上与我的核心信仰是完全相抵触的。不过，我也发现禅宗的愚蠢性——特别是在它变得**实在**是愚蠢的时候——相当逗乐，甚至会让人耳目一新，而且对我来说它恰恰很有趣，能在我基本上非常西式的一锅菜里撒上一点东方的调料。然而，我在这儿那儿撒下禅宗的一丝踪迹并不意味着我是一个披着羊皮的禅宗僧人。

至于约翰·卡奇，直到读了霍洛的莫名其妙的大逆转之前，出于某种很怪的理由，我非常肯定地感到，在我的“音程增值的卡农”以及跟随其后的那一章里，我曾毫不含糊地对卡奇的音乐作品大加蔑视，虽然是以某种充满尊敬的态度。但是等一等，等一等，等一等——难道就“大加充满尊敬的蔑视”而言这不是一个矛盾，而实在是一个显然的不可能性？难道不是这种以自我矛盾和悖论演示来忸怩作态，完全就像霍洛所说的那样，表明归根结底我内心深处本质上**就是**既反对科学的又赞成禅宗的？好吧，随它去。

即使是我感到我的书经常被理解也被误解，我当然对其在全世界拥有如此众多、如此热忱的读者群是不会有意见的。原版的英文 *GEB* 曾经并继续非常流行，而它自身的翻译版本在（起码是）法国、荷兰和日本也都上了畅销榜。事实上，德文版 *GEB* 在约·塞·巴赫诞辰 300 周年的 1985 年间占据非小说类畅销榜首有**五个月**之久。对我来说这似乎有点不可思议。但谁知道呢——

那个周年纪念，再借助封面上其他德语系的名字[①]，也许对点燃*GEB* 在那儿的普及度起到了关键性作用。*GEB* 还被精心地翻译成了西班牙文、意大利文、匈牙利文、瑞典文和葡萄牙文，并且——也许是意想不到的——还被以超凡的大师手笔译成了中文。[②] 还有一本精美的俄文版也已完全就绪，只等随时找到一家出版商了。所有的这一切远远超过了我所可以期待的任何东西，虽然我也不能否认最初我开始动笔写作时，特别是在那些令人亢奋的斯坦福的日子里，我就有一种日益增长的内心感受，相信 *GEB* 终会绽放出某种光彩的。

我后续的知识探索：前十年

自从 20 年前把 *GEB* 送出去付印，我某种程度上做到了使自己一直保持颇为忙碌的状态。除了与一组很棒的研究生们一起致力于开发类比和创造所依据的心智机理的计算机模型之外，我还写了几本新书，在这里我将对每一本做些介绍，尽管只是非常简要地。

这之中的第一本书是《心我论》[*The Mind's I*][③]，问世于

---

① 原著封面上与 Bach（巴赫）一同出现的 Gödel（哥德尔）、Escher（艾舍尔），甚至作者 Hofstadter（霍夫斯塔特），都是德语系的名字。——译者注

② 此处原文是：[…，and—perhaps unexpectedly—with great virtuosity into Chinese.]关于中文版产生的详细过程，见本书篇前的"作者为中文版所写的前言"和"译校者的话（马希文）"。——译者注

③ 中文版《心我论》：陈鲁明译，上海译文出版社。——译者注

1981 年的下半年，是与一位新朋友、哲学家丹尼尔·丹尼特[Daniel Dennett]合编的一部选集。与 *GEB* 的目的紧密相关，这本书的目的是力求我们的读者以一种最为生动甚至震惊的姿态去面对关于
19 人类存在的根本性难题：我们几乎是根深蒂固的那种有关掌握一个唯一的“我”式[“I”-ness]的感觉，超越了我们自然的身体以一种神秘的方式使我们能去体验某种我们称之为“自由意志”的东西，而永远不需要大概地知道它究竟是什么。丹尼尔和我采用了不同背景的一批优秀的作家写的故事和对话，而对我来说其中的快乐之一是终于我最后能见到我的爱因斯坦书对话印出来了。

在 1981—1983 年期间，我有机会为《科学美国人》[*Scientific American*]月刊写一个专栏，我为它起名“Metamagical Themas”(这是根据“数学游戏[Mathematical Games]”把其所包含的所有英文字母重新排序而来的，那曾是马丁·加德纳[Martin Gardner]为这个美妙的专栏所用的标题，在先前的 25 年中它一直在这本杂志中占据着不变的位置。)虽然我在我的专栏里所处理的话题从它们的表面来看是五花八门的，但从某种意义上它们是被统一在其对“心智和模式的本质”的不懈探求上。我涉猎到的东西有肖邦音乐中的模式和诗歌；有关遗传密码究竟是随意的还是必然的问题；在永无休止的反对伪科学的战斗中的策略；文学作品中有意义的文字与无意义的文字之间的分界线；数学中的混沌与奇异吸引子；博弈论及“囚徒的二难困境问题”；包含简单数模式的有创意的类比；性别歧视者语言的潜藏影响；还有许多别的话题。除此之外，怪圈、自指、递归，以及一个紧密相关的现象我把它叫作“锁定[locking-in]”，这些都是在我的专栏里不时会出现的主题。从这

个意义上讲，加之它们遍布在许多学科中，我的“Metamagical Themas”散文重现了 *GEB* 的味道。

虽然我在 1983 年中止了我的专栏写作，我花了其后的一年时间把我写过的散文放到一起，并为它们每一篇都提供了一个详实的“后记”；这 25 章，随同新写的 8 篇，形成了我 1985 年的一本书：《*Metamagical Themas*：探求心智和模式的本质》[①][*Metamagical Themas*：*Questing for the Essence of Mind and Pattern*]。其中有一篇新写的是带点滑稽的阿基里斯-乌龟对话，叫作“在闹壳里头谁在使唤谁？[Who Shoves Whom Around Inside the Careenium?]”[②]，我感觉它抓住了我对自我、灵魂，以及那个坏名声的“我”-字——也就是，“我”！——的个人看法——也许好于我写过的任何其他东西——可能甚至好于 *GEB*，如果不是说得太过分的话。

在 1980 年代期间我有几年深受“双向图炎[ambigrammitis]”严重病症的折磨，这是我从我的朋友斯科特·凯姆那儿传染得来的怪病，然而从中又生成了我 1987 年的书 *Ambigrammi*[③]。一个双向图[ambigram]（或者如斯科特在他自己的书《倒置》[*Inversions*]中的叫法：“倒置[inversion]”），是一种书法设计，设

① 书名中的词组 Metamagical Themas，作者在前文中说明了是根据 Mathematical Games（数学游戏）把其所包含的所有英文字母重新排序而来的，字面上可读作“元魔术命题”，其衍生出来的意思是“一些超神奇的论题”。——译者注

② Careenium：闹壳。这里沿用了在《我是个怪圈》一书中的译名（参见该书第 3 章）。——译者注

③ *Ambigrammi*：意大利文，《双向图》。——译者注

法把两种不同的读法挤压进同一个曲线集合里。我发现这种想法非常迷人，而且在智力上非常神奇，当我开始学会了我自己在这种离奇但却精妙的艺术形式方面的技能，我发现自我观察可以带给我许多深入创造力本质的新的领悟，从而在我 200 来幅双向图的展示之外，*Ambigrammi* 还有文字部分——实际上，是对话——是一篇很长的关于创造性活动的思绪飘渺的冥想，着重在双向图的制造但引申至包括音乐作曲、科学发现、创造性写作等等。由于不值当去探究的原因，*Ambigrammi：Un microcosmo ideale per lo studio della creatività* 只出了意大利文版，是一家很小的叫 Hopeful Monster 的出版社出的，而且我很遗憾地告诉大家，它现在已经绝版了。

20

我后续的知识探索：后十年

正如我以上所说，写作虽然很重要，但不是我仅有的智力活动焦点；对认知机理的深入研究是同等重要的一方面。我早期那种对如何建立类比和创造的模型的直觉，实际上已经很清楚地写进 *GEB* 的第十九章中了，是在我关于邦加德问题[Bongard problems]的讨论中，而且虽然那些仅仅是一个真正的架构的萌芽，我感觉可以很公道地说，不去管它经过了多少年的加工精炼，大部分这些观念都可以在我印第安纳大学和密歇根大学（我 1984—1988 年间在那里的心理学系）的研究小组所开发的一种或另一种模型中找到。

经过了 15 年计算机模型的开发，看来时机已经成熟可以写一本书,把所有的主要线索拉到一起,用一种清晰可懂的语言把这些程序的原则和表现描述出来。于是通过那几年,《流动性概念与创造性类比》[*Fluid Concepts and Creative Analogies*]逐步成型,并最终于 1995 年印出来了。书中介绍了一系列密切相关的计算机程序——Seek-Whence,Jumbo,Numbo,Copycat,Tabletop,以及(还在开发中的)Metacat 和 Letter Spirit——在一起的还有哲学对话,准备把它们放进上下文里。有几篇章节是与流动性类比研究组[Fluid Analogies Research Group (FARG)]的成员们合著的,而且事实上署名中 FARG 是作为我的集体联合作者。这本书与 *GEB* 的分享部分有许多,但可能所有之中最为重要的是那篇基本的哲学信条,即作为一个"我"——换句话说,如此根深蒂固地攫住一个关于自我的感觉,以致它演变成了因果上的存在——它不可避免地要与作为**智能**[*intelligence*]同义词的灵巧及力量共存,并是其不可缺少的调料,而智能只不过是**概念灵活性**[*conceptual flexibility*]的另一术语,它的意思是**有意义的符号**[*meaningful symbols*]。

我知识生涯中一个非常不同的方面是我所深深介入的把 *GEB* 翻译成各种语言的工作,现在回顾起来,也许是相当自然地,这也把我引到了韵文翻译的领地。这事完全起因于 1987 年我试图在英语中模仿 16 世纪法国诗人克莱门特·马罗[Clèment Marot]的一首美丽的法文小诗,然而从那儿一下子转出了好多方向。长话短说,我最后是写成了一本复杂的深度个性化的书,那是讲关于翻译的,是在其最一般的以及隐喻的意义上讲的,而一边在写的时候,我一边体验到了很像是在 20 年前写 *GEB* 那时候的愉悦的心情。

这本书,《*Le Ton beau de Marot*:对语言的音乐的赞美》[*Le Ton beau de Marot*: *In Praise of the Music of Language*]①,涵盖了许多不同的领域,包括什么叫作"用一种给定的语言(或者一组语言)去思考";囿于格式规范如何能强化创造性;意义是如何在心里萌发、抽芽、开花并且可能有一天在机器里也这样做;当字被放在一起形成复合词组时它们是怎么经常融合在一起从而部分地或整个地失去它们本来的身份;如何在一颗中子星上所说的一种语言可能会也可能不会类似人类语言;几百年前写的诗今天应该如何来表达;翻译是如何亲密地与类比以及与最基本的人类相互
21 理解的过程相关联的;什么类型的文字段落,如果有的话,是从本质上讲不可翻译的;把无意义的文字从一种语言翻译成另一种语言是什么意思;那种设想今天主要以金钱驱使的机器翻译噱头能够处理即便是最简单的诗句的谬论;等等,等等。

Le Ton beau de Marot 中间部分的两章献给了一本最近使我为之坠入情网的小说作品:亚历山大·普希金的韵文体小说

---

① 书名中的词组 *Le Ton beau de Marot* 是法文,它有多重意思。从字面上看,是"马罗的甜美的诗韵"。通常法文"甜美的诗韵"是写成 le beau ton,作者在这里改变了词序,使其听上去像是另一个法文词 le tombeau(坟墓),而这个词自经典音乐的巴罗克时期开始,被法国作曲家们广为采用作为"墓碑曲",以之悼念挚友或崇敬者(例如拉威尔的乐曲 Le tombeau de Couperin,就是为纪念法国大音乐家库普兰,进而又为纪念一次大战中的死难者,也是为悼念作曲家故去的慈母而作)。把书名读成"马罗的坟墓",表达了对诗人马罗的悼念和崇敬(该书的封面画就是一个十字形的墓碑,上面镌刻着马罗的甜美的诗歌)。同时,作者也以这样的书名作为题献,纪念他挚爱的亡妻 Carol,该书引言最后一句结束语,作者以马罗诗风深情地写道:To you, Carol, *ma mignonne*, from me, Doug, *ton beau*. *Cin-cin*. 这里,ma mignonne(引用马罗原诗的首尾句)是"我的心爱",ton beau(取自书名)是"你的至亲"。——译者注

《叶甫根尼·奥涅金》[*Eugene Onegin*（*EO*）]。我最早开始接触这部作品是通过几本英文译本，然后又读了其他的版本，总是深为译者们不同的理念和风格所着迷。从这最初的激情的火焰出发，我慢慢地被引导着尝试去阅读原文，而然后不知怎么地，也不顾我掌握俄语的程度有多差，我就是无法阻止自己试着去翻译一两个片段。于是等于搭了一个光滑的斜坡，我很快就出溜了下来，最终我自己都不相信我花了整整一年全心致力于用英语的诗韵重写了这整部小说——将近400行闪光的诗句。当然，在那段时间，我的俄语大步长进，虽然离流利的交谈还差得很远。在我写到这里的此刻，我的《奥涅金》暂时还没有印出来，但是它将在1999年问世，差不多在与你现在手中所捧着的书——*GEB* 二十周年版——同一时间。而1999年度在我的 *EO* 创作中还扮演着一个同等重要的角色：这一年是亚历山大·普希金诞辰200周年。

前瞻型与回顾型的书

Le Ton beau de Marot（*LeTbM*）比 *GEB* 略长一些，在它的首页，我斗胆称它为“也许这会是我写的最好的书”。我的一些读者仍然会说 *GEB* 要更胜一筹，我能理解为什么他们可能这么认为。但是自从我写 *GEB* 已过了如此长的时间了，也许我写书时那种着魔般的感觉已经消退了，然而 *LeTbM* 的魔力还仍然生动鲜活。我仍然不否认至少在短期 *LeTbM* 所产生的影响还远不如 *GEB* 所有过的，而且我承认这多少有点让我失望。

请允许我对为什么会是这种情况做一点猜测。从某种意义上讲，*GEB* 是一本“前瞻型”的书，或者说从它表面上看起来是这样。很多的颂扬说它是像“人工智能圣经”一样的书，这当然是荒唐的，而事实是许多年轻学生读了它并深受我自己的那种迷恋的感染，这种迷恋是由于对心智的所有难以捉摸的方面进行建模，包括“我”的稍纵即逝的目标、自由意志和意识。尽管我是这个世界上与未来主义者、科幻小说迷或者技术大拿这些称号离得最远的，我还是经常被以此来归类，就是因为我写了一部长长的专著涉及不少计算机及其大量潜能（在最为哲学的意义上）的内容，而且因为我的书在对计算机感兴趣的年轻人中比较受欢迎。

相反的是，*Le Ton beau de Marot* 也许看上去像一本“回顾型”的书，并不都是由于它的灵感受启迪于一首 16 世纪的诗并且
22 涉及许多往日的其他作者，比如但丁和普希金，而是因为在书页中就是没有东西能够被肤浅的技术浮华以及超现实的未来派的许诺所困扰。*GEB* 里也没有这些东西，但许多人好像看到了什么东西模模糊糊地在书里追随着这些，而在 *LeTbM* 中就没有任何与这类东西搭上边的。事实上，有人会把那本书看成几乎就是对技术的大批判，在书里我用了许多人工智能研究者和机器翻译开发者来检验广泛的夸大其词。我并不与这些领域为敌，但是对于大量的针对他们所代言的挑战的过于简单化和过于低估，我是反对的，因为最终这等于是对我最为深切敬重的人类精神的严重低估。

任何人只要以任何用心读过 *GEB*，都会发现有这一同样的“回顾型”风味渗透在书中，也许最为明显的是在关键的一节“十个问题与推测”（676—680 页），它以一种非常浪漫的方式来看待人类精神的深度。虽然我在那里提出的关于下棋程序的预言后来是

令人尴尬地错了(就像全世界看到的“深蓝[Deep Blue]”与卡斯帕罗夫在1997年的对抗赛[①]),那几页还是表达了一组哲学信念,对此我仍然是以最强烈的感觉认可的。

是去修补,还是维持原生态?

给出我在20年前的预言中的不小的错误,为什么不去重写“十个问题与推测”这一节,更新它并谈谈我对“深蓝”的感受呢?当然,这带出了一个更大得多的动议:把1979年的书从头到底进行修改,出一个*GEB*的崭新的1999年版本。着手这样的一个项目,可能会产生什么作用,又可能会带来什么不利影响?

我不否认,在那些翻译的版本中是做了一些哪怕很小但令人愉快的改进。举例来说,我那位权威的巴赫研究专家朋友伯尼·格林伯格[Bernie Greenberg]告诉我,我在我的对话“对位藏头诗”中凭空臆造出来的“巴赫高脚杯[BACH goblet]”事实上存在!这个真实的高脚杯并不是(像在我的对话里)一件由巴赫用玻璃吹制出来的,而是来自他一位得意的学生的一件礼物;虽然如此,它的关键特征——有旋律“BACH”镌刻在玻璃自身——正如我在对话里所说的一样!这是如此奇妙的一个巧合,致使我在法文译本中重写了这段对话,反映了**真实的**高脚杯的存在,并且坚持

① “深蓝[Deep Blue]”是IBM的超级计算机,加里·卡斯帕罗夫[Garry Kasparov]是国际象棋大师。在1997年那场著名的“人机对抗赛”中,最终是“深蓝”取胜。——译者注

在法文版 *GEB* 里要有巴赫高脚杯的照片。

另一个在法文版 *GEB* 里的美好尝试是把哥德尔那张非常正式的、没有个性的照片替换成远更亲和的一张生活快照，在这张照片里他穿着利落的白色套装与一个怪老头一起在树林里漫步。后者那戴着一顶软帽穿着用笨拙的吊带提着的袋形裤的装束，处处看上去都像典型的乡巴佬，所以我把照片的说明改写为 *Kurt Gödel avec un paysan non identifié*（“库特·哥德尔与不知名的农夫”）。但是任何生活在 20 世纪的人都能在一瞬间看出，这位 *paysan non identifié* 不是别人，而正是阿尔伯特·爱因斯坦。

那么，为什么不把这些绝妙的改动吸收进一个英文的修改版呢？从一个更实质性的层次上来讲，为什么不谈论一下作为先驱
23 的人工智能程序 Hearsay II，其非常精妙的体系结构在 *GEB* 出书的仅仅一两年之后就已开始对我自己的计算机建模发挥了巨大的作用，而且远在 1976 年我就已经知道关于它的一些事情？为什么不多谈谈机器翻译，特别是它的弱点？为什么不用一整个章节来写一写过去的 20 年间人工智能最有希望（或者说夸大其词）的那些发展——把我自己的研究小组与其他的一样来进行展示？或者，为什么不像有人建议的那样，制作一张有艾舍尔的画作和巴赫的音乐的 CD-ROM，并带有由一流演员表演的全部 *GEB* 的对话的录音在上头？

好吧，我可以看到所有的这些建议之中任何一个的论据，但是很不幸，对我就是没有说服力。人们最经常向我提起的是关于 CD-ROM 的建议，它也是最容易被驳回的。我一心让 *GEB* 成为一本书，而不是一个多媒体杂技表演，书就是要有书的样子——到

此结束。至于修改文字的想法,这个就更为复杂。你要把最后的界限划在哪儿?哪些是不可改动的?哪些留存下来,哪些被剔除?如果由我来完成这项任务,我也许最后会重写每一个句子——让我们可别忘了,那重塑的老龟兄……

就算我是一个疯狂的语言洁癖者;就算我是一个懒汉;但无疑我是个固执的人,别梦想改变我的书的**原始文本**[*Urtext*]。这个就不谈了!于是在我的这种严厉约束之下,我不能允许我自己在我的"鸣谢"里加上两个人的名字——多纳德·肯尼迪[Donald Kennedy]和霍华德·艾登伯格[Howard Edenberg],尽管事实上多少年来我一直为因疏忽而遗漏了他们深感不安。我甚至不会去纠正书中的排印错误(我很懊丧,在过去几十年间,我确实除了在索引中明确地在"排印错误"之下列出来的之外还发现了一些错误[①])!为什么在世上我是这么个墨守成规的人?为什么不让 *GEB* 与时俱进使得这本书值得被引进 21 世纪——甚至于,第三个千禧年?

Quærendo Invenietis…[②]

好了,我能给出的唯一答案除了说人生是短暂的,还可以说 *GEB* 的写作是一蹴而就的。*GEB* 是一个在他人的梦想中的清晰

---

① 索引中列出的排印错误出现在原著第 404 页,但在中文版中得以避免。——译者注

② Quærendo Invenietis:拉丁文,是巴赫用在他的《音乐的奉献》中一首卡农的某一声部上的神秘的标题,作者在本书原著第 9 页给出了英文译义:("By seeking, you will discover"),在中文版中是:("觅之,自有所获")。——译者注

和纯粹的远见——肯定，这个他人说真的就是明显地与你是极其相类似的，但尽管如此这个他人还是有一点点不同的看法和一点点不同的盘算。*GEB* 就正是**那个人**的爱之奉献，而且正因为此——起码我会说——这本书是不应该去碰的。

确实，我在某种程度上感觉到一种奇怪的内在自信：这位 *GEB* 的真正的作者，当在晴好的某一天他最终达到了**我的**成熟年纪，会向我表达最真诚的谢意，为了我没有去修补容纳了他在其中倾注的那么多他年轻和渴求的心灵的那部东西——那本书他甚至于称它为“我的宗教的宣言”（人们也许把它看成是一个隐秘的或者甚至是天真浪漫的陈述）。至少**我**知道他是什么意思。

REQVIESCAT IN CONSTANTIA, ERGO,

REPRÆSENTATIO CVPIDI

AVCTORIS RELIGIONIS. ①

（郭维德 译/莫大伟 校）

① 本书导言中的图 4（见原著第 7 页）有巴赫在献给腓德烈国王的一本乐谱的扉页上的题词，把那句题词的每个词的首字母排在一起，就组成了一个意大利文的词 RICERCAR，意思是“探求”，它实际上还是“赋格[fugue]”这种曲式的原名。作者在这里以异曲同工之妙写了这段铭文，大意是“矢志不渝，所呈乃关于作者的宗教的一份满腔热忱的表述”，把此处每个词的首字母排列在一起，就是 RICERCAR。——译者注

概　　览

上篇：集异璧 GEB

导言　一首音乐-逻辑的奉献。　本书一开始讲了巴赫《音乐的奉献》的故事。巴赫对普鲁士的腓德烈王作了一次临时访问，并应邀在国王提出的主题上即兴演奏。他的即兴演出构成了这部伟大作品的基础。而在《音乐的奉献》及其故事所构成的主题之上，我进行了贯穿全书的“即兴演出”，因而产生了一种“元音乐的奉献”。我讨论了巴赫作品中的自指及各个层次之间的相互作用，这又引出了对艾舍尔绘画作品以及随后的哥德尔定理中对应观念的讨论。我还提供了一份简短的逻辑与悖论的历史作为哥德尔定理的背景。这就把我引到了机械化推理和计算机，以及关于人工智能是否可能的争论。在结尾处，我解释了本书的产生契机——尤其是为什么要有那些对话。

三部创意曲。　巴赫写过十五首三部创意曲。在这篇三部对话里，乌龟和阿基里斯——各篇对话中两个主要的虚构角色——由芝诺“创造”出来（因为事实上，他们本是用来形象地表示芝诺的运动悖论的）。本篇对话很短，只是给出了后面各篇对话的基调。

第一章　WU 谜题。　提供了一个简单的形式系统(WJU),并鼓励读者去解一道谜题,以增进对一般形式系统的熟悉程度。引入了一些基本的概念:串、定理、推理规则、推导、形式系统、判定过程、在系统内部和外部进行操作。

二部创意曲。　巴赫还写过十五首二部创意曲。这篇二部对话不是我写的,而是由刘易斯·卡罗尔于1895年写成的。卡罗尔从芝诺那里借来了阿基里斯和乌龟,我又从卡罗尔那里将他们借过来。本篇的论题是推理与关于推理的推理与关于推理的推理的推理等之间的关系。在某种意义上,它对应于芝诺的关于运动不可能性的悖论,它运用无穷回归法,似乎显示了推理的不可能性。这是一个优美的悖论,在后面各篇章中将多次被提及。

第二章　数学中的意义与形式。　提供了一个新的形式系统(pq系统),它甚至比第一章中的WJU系统还简单。乍看上去其中的符号毫无意义,但借助于定理的形式,那些符号突然显示出具有意义。这种显示是对意义的初次剖析:它与同构有深刻关系。随后讨论了有关意义的各种问题,诸如真理、证明、符号处理,以及那个难以捉摸的概念——"形式"。

无伴奏阿基里斯奏鸣曲。　这是一篇模仿巴赫《无伴奏小提琴奏鸣曲》的对话。具体地说,阿基里斯是唯一的谈话者,因为这只是电话一端的记录,另一端是乌龟。他们的谈话涉及了不同语境上的"图形"与"衬底"——例如艾舍尔的艺术。对话本身就是一个漂亮的例子:阿基里斯的话是"图形",而乌龟的话——隐含在阿基里斯的话中——构成了“衬底”。

第三章 图形与衬底。 本章把艺术中图形与衬底的区别同形式系统中定理与非定理之间的区别作了比较。“图形必然包含有同衬底一样多的信息吗?”,这一问题引出了递归可枚举集与递归集之间的区别。

对位藏头诗。 对于本书来说,这篇对话是关键性的,因为它包含了一组对哥德尔的自指结构以及他的不完全性定理的解释。该定理的一个解释是:“对于每个唱机,都有一张唱片它不能播放。”本篇对话的标题是“藏头诗”和“对位”两个词的拼合,“对位”来自拉丁文“contrapunctus”,巴赫用它来指称组成他《赋格的艺术》的许多赋格和卡农曲。中间有几处涉及了《赋格的艺术》。对话本身隐藏了一些藏头诗的小花招。

第四章 一致性、完全性与几何学。 前面那篇对话在这一阶段得到了尽可能的解释。这就使读者回到了“形式系统中符号是如何以及何时获得意义的”这一问题上来。作为对“未定义项”这一难以捉摸的概念的一种阐释,本章讲述了欧几里得和非欧几里得几何学的历史。这便引向了不同的、甚至可能是“相冲突”的几何学之间的一致性这一思想,并考察了未定义项与感知及思维过程的关系。

和声小迷宫。 这是一篇建立在巴赫同名管风琴作品上的对话,是递归——亦即叠套的——结构的一种游戏式的介绍。其中有包含在故事里面的故事。其主干故事没有如期望的那样结束掉,而是开放式的,因此读者最后一直处在悬而不决的状态里。有一个叠套中的故事涉及了音乐中的转调——尤其是涉及了一首在错误的调子上结束的管风琴作品，它使听者处在悬而不决的状态里。

第五章　递归结构和递归过程。 递归的概念在许多不同的语境中表述出来：音乐模式、语言模式、几何结构、数学函数、物理理论、计算机程序等等。

音程增值的卡农。 阿基里斯和乌龟试图解决“一张唱片和播放它的唱机究竟哪一个包含的信息更多”这样一个问题。这个古怪问题的产生，是由于乌龟描述了同一张唱片在一组不同的唱机上播放时，产生了两支很不一样的旋律：B—A—C—H 和 C—A—G—E。然而，最后发现这两支旋律在某种奇特的意义上说原本是“同一个”。

第六章　意义位于何处。 广泛地讨论了意义是如何分布于编了码的消息、解码器和接收者之中的。举出的例子包括 DNA 串、古代碑碣上未能释读的铭文、在太空中飞行的唱片。这些讨论都假设了智能与“绝对”意义的某种关系。

半音阶幻想曲，及互格。 除标题外，这篇对话同巴赫的《半音阶幻想曲，及赋格》几乎没有什么相似之处。它涉及了处理句子以保存真值的适当方法——具体地说就是是否存在“并且”一词的用法规则的问题。本篇对话与刘易斯·卡罗尔的那篇颇有共同之处。

第七章　命题演算。 提出了像“并且”这类词如何能为形式规则所把握的问题。再一次提起了同构的概念与这样一个系统中符号自动获得意义的问题。顺便说一下，本章中所有的例子都采自禅宗的公案。这样做是有意的，而且多少带有点挖苦，因为禅宗公案都是处心积虑地构想出来的反逻辑的故事。

螃蟹卡农。 本篇对话以巴赫《音乐的奉献》中的同名曲子为基础。之所以如此命名，是因为螃蟹（据说）是倒着走路的。在本篇对话里，螃蟹第一次露面。从形式技巧和层次游戏的角度讲，这是本书中最紧凑的一篇对话。在这篇非常短小的对话里，哥德尔、艾舍尔、巴赫被嵌为一体了。

第八章 印符数论。 论述了一个叫作"TNT"的扩展了的命题演算系统。其中，数论推理可以由严格的符号处理来进行。还考虑了形式推理与人类思维的区别。

一首无的奉献。 本篇对话预示了本书中的几个新论题。表面上涉及了禅宗佛学和公案，实际上是对定理与非定理、真与假、数论中的串所进行的讨论，只不过罩上一层薄纱而已。偶尔还提及了分子生物学——尤其是遗传密码。除了标题和自指游戏外，本篇对话同《音乐的奉献》并无紧密的联系。

第九章 无门与哥德尔。 试图谈论禅宗的奇思异想。禅宗大师无门对许多公案作了著名的评注，本章里他是个中心人物。在某种方式上，禅宗的思想同当代数理哲学中的一些思想有某种形态上的相似之处。在这通"禅学"之后，引入了哥德尔配数这一哥德尔的基本思想，这样，穿越哥德尔定理的第一条通道就修成了。

下篇：异集璧 EGB

前奏曲…… 本篇对话与下一篇对话是联在一起的。它们是以巴赫《平均律钢琴曲集》中的"前奏曲与赋格"为基础的。阿基里斯和乌龟带给螃蟹一件礼物，后者接待了一位客人：食蚁兽。礼物原来是一张《平均律钢琴曲集》的唱片。他们马上开始播放它。一边听着前奏曲，他们一边讨论前奏曲与赋格的结构。这就引出了阿基里斯如何听一首赋格这个问题：把它作为一个整体呢，还是各部分的总和？这其实就是整体论与简化论之争，这一问题很快就要在《蚂蚁赋格》中讨论到。

第十章　描述的层次和计算机系统。　讨论了观察图画、棋盘以及计算机系统的各种层次问题。其中，对最后一个题目进行了详细的考察。这涉及对机器语言、汇编语言、编译语言、操作系统等的描述。讨论随后转向了其他类型的复合系统，例如运动队、细胞核、原子、天气等。问题在于存在有多少中间层次——或者说是否真有这种层次存在。

……**蚂蚁赋格。**　这是对音乐中赋格的模仿：每个声部用同一句话进入。主题——整体论之别于简化论——是由一幅字里有字的递归图画引入的。这幅古怪图画中的四个层次上的字是“整体论”、“简化论”和“无”。谈话转向了食蚁兽的一位朋友马姨身上，她是一个有意识的蚁群。讨论的话题是她的思想过程的不同层次。对话中隐藏了许多赋格技巧。作为给读者的一种暗示，他们多次提到他们正在听的那张唱片上的赋格中对应的技巧。在《蚂蚁赋格》的结尾，《前奏曲》中的主题又出现了，但是有意做了一些变形。

第十一章　大脑和思维。　“大脑的硬件是如何支持思维的”这一问题是本章的议题。给出了大脑的大尺度和小尺度上的概览。随后，对概念和神经行为的关系进行了推测性的讨论。

英、法、德、中组曲。 这是一支间奏曲，由刘易斯·卡罗尔的无意义诗“Jabberwocky”（炸脖䴙）及其法文、德文和中文译文组成。前两篇都是上个世纪的译作，中译文出自语言学家赵元任的手笔。

第十二章 心智和思维。 前面的诗歌用一种有力的方式引出了这样一个问题：不同语言——或者说实际上是不同的心智——可以彼此“映射”吗？在两个彼此分离的生理大脑之间进行交流是如何可能的呢？一切人类大脑所共有的东西是什么呢？使用了地理上的对应以提供一种解答。问题是：“大脑能否在某种客观的意义上被局外人所理解呢？”

咏叹调及其种种变奏。 本篇对话以巴赫《哥德堡变奏曲》为基础，其内容涉及了哥德巴赫猜想这样的数论问题。这一混合体的主旨，在于显示数论的精妙之处是如何从这样一个事实中衍生出来的，即：对无穷空间进行探索。这一主题有许多种不同的变奏形式。其中有些引向了无穷的探索，有些引向了有穷的探索，而另一些则徘徊于两者之间。

第十三章 BlooP 和 FlooP 和 GlooP。 这都是计算机语言的名称。BlooP 程序只可以进行可预见的有穷搜索，而 FlooP 程序可以进行不可预见的，或甚至是无穷的搜索。本章的目的在于给予数论中的原始递归函数和一般递归函数概念以一种直观，因为它们在哥德尔的证明中是根本性的。

G 弦上的咏叹调。 在本篇对话中，哥德尔的自指构造在语言中得到反映。这一思想应归功于蒯恩。对于下一章来说，本篇对话提供了一个原型。

第十四章 论 TNT 及有关系统中形式上不可判定的命题。 本章的标题采自哥德尔 1931 年的论文标题，在那篇论文里，他的不完全性定理首次发表。哥德尔的证明的两个主要部分受到仔细的考察。这表明了 TNT 一致性的假设是如何迫使人们得出“TNT(或任何类似的系统)是不完全的”这一结论的。还讨论了它同欧几里得和非欧几里得几何学的关系。仔细考察了同数理哲学的关系。

生日大合唱哇哇哇乌阿乌阿乌阿…… 对话中，阿基里斯无法使诡计多端又不肯轻信的乌龟相信今天是他的(阿基里斯的)生日。他不断重复然而却是不成功的努力预示了哥德尔论证的可重复性。

第十五章 跳出系统。 显示了哥德尔论证的可重复性，这同时也就导出：TNT 不仅是不完全的，而且是“本质不完全的”。分析了卢卡斯那个臭名昭著的论证——大意是说哥德尔定理显示出人类思想在任何意义上都不会是“机械的”——并且发现它是不合格的。

一位烟民富于启发性的思想。 本篇对话论及了许多议题，并且把同自复制和自指有关的问题当作谈话的驱动力。电视摄像机拍摄电视屏幕、病毒及其他的亚细胞实体装配自身，这些都是谈话中所运用的例子。本篇对话的标题来自巴赫自己所作的一首诗的标题，在对话中，这首诗用一种独特的方式加入进来。

第十六章 自指和自复制。 本章讨论了在各种伪装掩盖下的自指和自复制问题(例如计算机程序和 DNA 分子)之间的联系，还讨论了自复制体与外在的能帮助它复制自身的机制（如计算机和蛋白质）之间的关系——特别是其区别——的模糊性。信息是如何在这类系统的各个层次上传递的，这是本章的中心话题。

的确该赞美螃蟹。 本篇标题是对巴赫《D调的赞美诗》的戏拟。故事是讲螃蟹似乎有一种能分辨数论陈述真假的魔力，方法是将它们看成音乐作品，用他的长笛演奏，然后决定它们是否“优美”。

第十七章　丘奇、图灵、塔斯基及别的人。 上一篇对话中虚构的螃蟹被几个具有惊人数学才能的真人取代了。用几种力度不一的方式表述了将心理活动和计算机联系在一起的丘奇—图灵论题，并对之加以分析，尤其是它们与下列问题的关系：机械地模拟人的思维；或给一台机器输入一种程序，使之具有感受或创造美的能力。大脑行为和运算之间的联系又带来其他一些话题：图灵的停机问题与塔斯基的真理定理。

施德鲁，人设计的玩具。 本篇对话摘自特里·维诺格拉德论他的程序施德鲁的一篇论文，我只变动了几个名字。其间，一个程序同一个人就所谓的“积木世界”用汉语进行交谈。计算机程序似乎具有某种真正的理解力——在其有限的世界里。本篇对话的标题是以巴赫第一百四十七首康塔塔的一个乐段《耶稣，人渴望的喜悦》为基础的。

第十八章　人工智能：回顾。 本章从著名的“图灵测验”讲起——这是计算机的先驱阿兰·图灵用来检验一台机器是否存在“思维”的一种建议。从这里，我们进入了人工智能的简史。这包括能——在某种程度上——下棋、证明定理、解决问题、作曲、做数学题，以及使用“自然语言”（例如汉语）的程序。

对实。 论及我们如何无意识地把我们的思想组织起来，以使我们可以随时想象现实世界的种种假设的变种。还论及了这种能力的畸形变种——例如一位新角色树懒所具有的能力。他酷爱油炸土豆片，痛恨违背事实的假设。标题是把“对位”和“反事实”揉在一起的产物。

第十九章 人工智能：展望。 上篇对话引发了知识如何表示在语境的各个层次上的讨论。这引向了关于“框架”的现代人工智能思想。为具体起见，给出了一种框架式的方法来处理一组关于视觉模式的谜题。随后讨论了一般概念间相互作用的深层问题，这又引出对创造力的思考。本章以一组我个人关于人工智能和心智的“问题与推测”收尾。

树懒卡农。 本卡农模仿巴赫的一首卡农，在巴赫那里，一个声部演奏着同另一个声部一样的旋律，只是上下颠倒了，并且速度是后者的一半，而第三声部是自由的。在这里，树懒说了同乌龟一样的话，只是一律加上了否定（就否定这个词的一般意义而言），而且速度是后者的一半，阿基里斯则是自由的。

第二十章 怪圈，或缠结的层次结构。 这是对有关层次系统和自指的许多思想的一个综合性总结。涉及了当系统转向自身时所引起的缠结现象——例如，科学探究科学、政府调查政府的过错、艺术地违反艺术规律，以及人类思考其自身的大脑和心智。哥德尔定理适用于这最后一种“缠结”吗？自由意志和对意识的知觉与哥德尔定理有联系吗？在结束之际，又一次努力将哥德尔、艾舍尔、巴赫嵌为一体。

六部无插入赋格。 本篇对话是一个庞大的游戏，涉及渗透于全书的许多思想。这是对本书一开始所讲的那个关于《音乐的奉献》的故事的再述，同时也是对《音乐的奉献》中最复杂的曲子——《六部无插入赋格》——的一种文字化“翻译”。这种二重性使得本篇对话充满了比书中任何其他篇章都更多的含义。腓德烈王被螃蟹取代了，钢琴被计算机取代了，等等。还有许多让人吃惊的东西。本篇对话的内容涉及了前面引入的心智、意识、自由意志、人工智能、图灵测验等问题。对话以一种对本书开头的模糊指涉而结束，这就使本书成为一个巨大的自指圈，同时还象征了巴赫的音乐、艾舍尔的绘画和哥德尔定理。

插图目录

篇头扉页：两个“三字件”(“GEB-集异璧”和“EGB-异集璧”)悬在空中，在室内三个相交汇的平面上投出字母-汉字状的影子。“三字件”是指那两个造型奇特的木块，它们的形状使得它们在三个互相垂直的方向上的投影是三个不同的符号。作者为了将哥德尔(G)、艾舍尔(E)和巴赫(B)的名字编织到一个醒目的图案中去曾煞费苦心，一天晚上，他忽然灵机一动，产生了“三字件”这个设想。(当然，他的三字件只涉及英文字母。)于是，他使用带锯和尖钻铣刀加工了两个边长 4 英寸的红木块，并用照相机在适当的光线下拍摄了下来(见封面)。中译本的此图保留了作者的构思，但在英文字母里嵌进了谐音的汉字，并使二者互为衬底(见上、下篇的篇头扉页)。因此这幅图(以及上、下篇的篇名本身)也成了一种“翻译”。与原作不同的是，“译图”不是实物照片，而是刘皓明手绘的。

本目录之后：用古希伯来文写的《创世纪》的开头。

上篇：“集异璧”(GEB)三字件在三个互相垂直的方向上的投影。

1. 约翰·塞巴斯第安·巴赫，艾利亚斯·哥特利伯·豪斯曼作。 …… 93

下篇:“异集璧”(EGB)三字件在三个互相垂直方向上的投影。

古希伯来文

鸣　　谢

本书在我的脑子酝酿了几乎有二十年之久——也就是说从我十三岁时思考我如何用英语和法语思维这一刻起。即使是在此之前，我的主要兴趣线索也是清楚的。我记得小的时候最让我入迷的就是这样一个想法，取 3 个 3：用 3 和它自己进行运算！我那时相信这一想法是别人很难想象的，因为它太微妙了——不过有一天我还是壮起胆问了我母亲它究竟有多大，她的回答是“9”。然而我拿不准她是否明白了我的意思。后来，我父亲向我解释了平方根的奥秘，然后是 i……

我父母给予我的比任何人都多，他们是我无论何时都可以依靠的支柱。他们引导我、激发我、鼓励我、支持我。最重要的，是他们永远相信我。本书就是献给他们的。

无论是在大的还是小的问题上，我总是不断征求唐·伯德[Don Byrd]的意见，他了解这本书的来龙去脉，对于其总的目的和结构，他在各个方面都有一种准确无误的洞察，他一次又一次地提供给我好主意，我很高兴把它们吸收进来。我唯一的遗憾是本书一旦付梓，我便不能收入未来唐将会产生的想法了。还有，让我不要忘了感谢唐开发了那个杰出的不灵活性中有灵活性的乐谱印刷程序“斯马特”，他夜以继日耐心地哄斯马特打起精神来做不可思议的游戏。他的一些结果作为插图收进了本书。不过唐的影响已经传播开了,对此我是非常高兴的。

感谢爱德华·威尔逊[E. O. Wilson]通读了我的《前奏曲,蚂蚁赋格》的早期稿本,并提出了意见。

感谢马尔文·明斯基[Marvin Minsky]同我在三月里的某一天进行了一场值得纪念的谈话,读者会发现那场谈话的一部分已经重新构造在本书中了。

在某种意义上,本书是对我自己的宗教的一种表述。我希望它将会在我的读者中间传播开来,而我对某些观念的热情和尊崇能够因此潜入一些人的心底。这便是我所能希望的最好的结果了。

作　者

于布鲁明顿和斯坦福

1979 年 1 月

上篇：集异璧 GEB

图 1　约翰·塞巴斯第安·巴赫在 1748 年，取自艾利亚斯·哥特利伯·豪斯曼的一幅油画。

导言　一首音乐-逻辑的奉献

作者：

普鲁士的国王腓德烈大帝于1740年即位。虽然他主要以军事上的精明而著称于世，但是对思想和精神方面的东西也非常热衷。他在波茨坦的宫廷是18世纪欧洲知识界活动的主要中心之一。著名数学家欧拉在那里住过二十五年。还有许多别的数学家、科学家以及哲学家——包括伏尔泰和拉·梅特里在内，他们的一些最有影响的作品就是在那里写出来的。

但是，腓德烈的真正爱好是音乐。他是个热心的长笛手和作曲家。他的一些作品甚至到现在还被演奏。腓德烈是最早认识到新发明的"弱强琴[piano-forte]"（即钢琴[piano]的原名）优点的艺术保护人之一。18世纪前半叶，羽管键琴（又称拨弦古钢琴）经过改造发展成为钢琴。羽管键琴的缺点是，乐曲只能以同一响度奏出，而无法把一个音符弹得比它前后的音符更响些。"弱强琴"——正像这一名称本身所暗示的那样——弥补了这一缺陷。在意大利，巴托罗米欧·克里斯托弗制造了第一架这种钢琴。以后，"弱强琴"这个概念就从意大利广泛地传播开了。第一流的德国管风琴制造家哥特弗雷德·希尔伯曼当时致力于制造一架"完备"的弱强琴。腓德烈大帝无疑是他这一工作的最大支持者——据说这位国王拥有的希尔伯曼钢琴达十五架之多！

巴赫

腓德烈大帝不仅是个钢琴爱好者，而且也是管风琴师兼作曲家约·塞·巴赫的崇拜者。这位巴赫的作品当时是颇有争议的。有些人认为它们是“浮华而混乱的”，有些人则声称他的作品是无与伦比的杰作。但是没人对于巴赫在管风琴上即兴演奏的能力有什么异议。在那个时代，作一名管风琴家不仅意味着能演奏，并且还要能即兴创作，而巴赫就是以他那非凡的即兴创作能力遐迩闻名的。(如果想了解有关巴赫即兴创作的一些趣闻轶事，请看汉·西·大卫和阿·曼德尔著的《巴赫读本》一书。)

1747 年，巴赫 62 岁，他的名声和他的一个儿子同时到达了波茨坦。事实上，卡尔·菲利普·埃玛努厄尔·巴赫[①]是腓德烈国
4 王宫廷合唱队的指挥。多年来，这位国王一直暗示菲利普·埃玛努厄尔，他非常希望老巴赫能来拜访他；但是，这一愿望一直还没能实现。腓德烈尤其渴望巴赫能试一下希尔伯曼制造的新钢琴，当时他正确地预见到这种乐器将会成为席卷音乐界的一股巨大的新潮。

腓德烈惯常在晚上举行宫廷室内乐音乐会。他自己常常喜欢担任长笛协奏曲中的独奏。图 2 就是一幅表现这样一个晚会的油画，这幅画出自德国画家阿道夫·封·门采尔之手，门采尔在 19 世纪初画了一系列展示腓德烈大帝生活的油画。弹羽管键琴的是卡·菲·埃·巴赫，右边最远处的那个人物是国王的长笛教师约辛·昆茨。他是唯一有权给国王的长笛演奏挑毛病的人。1747 年 5 月的一个晚上，一位意想不到的客人来访了。巴赫最早的传记的作家之一约翰·尼古拉·福凯尔讲述了下面这个故事：

---

① 约·塞·巴赫的第三个儿子。——译者注

一天晚上，正当他把长笛准备好，他的乐师们也都集合起来的时候，一位官员呈递给他一份来访的陌生人的名单。他手里拿着长笛，看了一眼名单，随即便转向聚在一起的乐师们兴奋地说："先生们，老巴赫来了。"长笛被放在了一边。老巴赫——当时落脚在他儿子的家里——立即被召进宫里。威廉·弗里德曼[1]陪伴着他父亲，这段故事就是他给我讲的。现在想起他给我讲这段故事时的那副神态，仍然让我感到很愉快。见面时说一段冗长的恭维话是那个时代的一种风尚。巴赫在初次拜谒这样一位伟大的国王时，一定说了许多致谦的话，因为国王甚至没有给他时间让他把行装换成演奏时穿的黑礼服。我在此不准备复述那些致歉的话，而只是指出，据威廉·弗里德曼讲，国王与道歉者之间进行了一次很客套的对话。

但比这更重要的是国王取消了那天晚上的音乐会，转而邀请巴赫——当时已被称作老巴赫——试一试他的那些希尔伯曼制造的钢琴，这些钢琴摆在宫中几个房间里。（福凯尔在这里加了一个注："国王非常喜欢弗莱堡的希尔伯曼制造的钢琴，并且决定全部买下。他一共收集了十五架。我听说现在它们被摆在皇宫的各个角落里，都已不能使用了。"）乐师们跟着国王从一个房间走到另一个房间，每到一处巴赫都被邀请试试那些钢琴，进行毫无事先准备的即兴演奏。这样弹了一会儿之后，他要求国王给他一个赋格主题，以便在没有任何准

① 约·塞·巴赫的长子。——译者注

备的情况下立即演奏它。国王非常欣赏巴赫即兴演奏这一主题的那种高超的方式。他表示希望能听到一首有六个非自由声部的赋格曲。这大概是想了解这种技巧能发挥到什么程度。但是因为并非任何主题都能适合于这种丰满的和声,所以巴赫自己选择了一个主题,而且立即以他演奏国王的主题时的那种庄严和高超的方式,演奏了他自己的这支主题,这使得所有在场的人惊讶不已。国王陛下还想听他演奏管风琴。于是翌日,巴赫像前一天演奏希尔伯曼钢琴一样,弹奏了波茨坦所有的管风琴。回到莱比锡以后,他用三部和六部的形式为国王的那个主题谱了曲,另外还加上了几段以严格的卡农形式同那一主题相对应的经过句,将它冠以“Musikalisches Opfer”(《音乐的奉献》)的标题付梓,并把它献给了那个出题者。①

5

图 2 无忧宫中的长笛音乐会,阿道夫·封·门采尔作(1852)。

图 3　国王主题。 6

巴赫把一本《音乐的奉献》连同一封致献信函一起呈给了国王。这封信仅就其文体来说，就是饶有兴趣的——相当谦恭和谄谀。用现代的眼光来看，这封信似乎带点滑稽味道。这大概可以使人想象巴赫初见国王时那番致歉的风格[②]。

最仁慈之国王陛下：

微臣在此最卑微地呈给陛下一曲音乐之奉献。其最高贵部分出自陛下圣手。初，微臣荣造波茨坦，陛下曾纡尊为臣在钢琴上奏一赋格主题，且广施恩泽，令微臣于陛下御前将其敷演成章，如此弘恩殊宠使臣诚惶诚恐，得意感戴，念念不忘。遵从陛下御旨乃臣最谦卑之职分。然微臣旋念，猝然无备便措手此任，恐有负于此一如此杰出之主题。故微臣旋即立意：誓将此国王主题充分发挥，并使之昭彰于世。此誓言今已化为现实。就光耀一位于有关战争与和平之所有学问中——尤以音乐为殊——均具有令人人尊慕之伟大与权威之君王而言，此一无可挑剔之创意实乃无与伦比。臣斗胆妄加如下最谦卑之请求：愿陛下纡尊恩纳这一微薄之功作，以使其由于您之惠纳而得以抬高，并请求陛下续垂恩典。

陛下

您最卑微恭顺之仆人:

作者

1747 年 7 月 7 日于

莱比锡

过了 27 年,那时巴赫已故去 24 年了,一位名叫哥特弗雷德·冯·施维腾的男爵(顺便提一句,福凯尔的巴赫传记以及贝多芬的《第一交响曲》都是题献给他的)同腓德烈大帝有过一次交谈,关于那次谈话的情况他是这样记述的:

> 他(腓德烈)跟我谈到了音乐和一位名叫巴赫的了不起的管风琴师,他在柏林曾经住过一段时间。这位艺术家(威廉·弗里德曼·巴赫)在和声知识的深度和演奏能力方面所具有的天才超过我听到过或能想象到的任何人。但那些认识他父
> 7 亲的人说,他父亲甚至更了不起。国王也持有这样的看法。
> 为了向我证明这一点,他高声唱起了他给老巴赫出的那个半音阶的赋格主题。当时巴赫用这个主题当场敷奏了一首开始有四个声部,然后是五个声部,最后到八个声部的赋格曲。[③]

当然,我们无从知道究竟是腓德烈国王还是施维腾男爵把故事夸张到了耸人听闻的地步。但它说明了在那个时期,有关巴赫的传说是多么厉害。要想理解有六个声部的赋格是多么耸人听闻,你应该知道巴赫的整部《平均律钢琴曲集》中有四十八首前奏曲和赋格,其中多达五个声部的赋格只有两首,六个声部的赋格则根本没有!

我们可以把即兴创作六个声部的赋格比作同时下六十盘盲棋，而且全部要下赢。即兴创作有八个声部的赋格则的确非人力所能及。

在巴赫献给腓德烈国王的那本乐谱的扉页上有这样的题词：

Regis Iussu Cantio Et Reliqua Canonica Arte Resoluta.

图 4　（“奉旨承诏，将歌曲及余部以卡农技巧予以解决。”）巴赫在这里使用卡农（canonic）这个词语意双关，它不仅有“用卡农（with canon）”的意思，还包含着“用可能有的最好方式”的意思。这句题辞的每个词的首字母排在一起是

RICERCAR

——这是个意大利词，意思是“探求”。《音乐的奉献》中确实有许多东西需要探求。它包括一首三声部的赋格，一首六声部的赋格，十首卡农曲和一首三重奏鸣曲。音乐专家们认为，那首三部赋格一定和巴赫为腓德烈国王即兴创作的那一首基本相同。那首六部赋格是巴赫最复杂的作品之一，其主题自然是那个国王主题。该主题——如图 3 所示——非常复杂，它的节奏是不规则的，又是高度半音化的（这也就是说，里面充满了该曲的调外音）。对一般的音乐家来说，甚至根据它来写一首好的二部赋格都不是件容易的事！

两首赋格都题有“Ricercar”，而不是“Fuga”的字样。这是“探求[ricercar]”一词的另一个意思。“ricercar”其实就是现在被称为“赋格[fugue]”的这种曲式的原名。到了巴赫那个时代，“赋格[fugue]”一词（或拉丁文和意大利文的 fuga）已是标准用语了，“ricercar”这个词仍然存在，但转义为专指一种艰深复杂的赋格，中

文叫作“无插入赋格”。也许在一般人听起来，这个词过于咬文嚼字了。现代英语中还保留着一个与之类似的说法：“recherché”，其字面意思是“找出”，但同样具有深奥或学究的味道。

三重奏鸣曲将人们从严肃的赋格和卡农中愉快地解脱出来。
8 因为它的旋律甜美动听，几乎可以应之起舞。然而，它主要也是建立在那么半音化和那么庄严威峻的国王主题上的。巴赫能用这样的主题创作出如此动听的间奏曲真可谓是奇迹了。

《音乐的奉献》中那十首卡农可被列入巴赫所写过的最复杂的卡农之中。然而非常奇怪的是，巴赫从未把它们完整地写出来。他这样做是有意的。这些卡农是作为难题向腓德烈王呈上的。当时很流行的一种音乐游戏是，出一个主题并给出或多或少的巧妙暗示，让另一个人去“发现”建立在那个主题上的卡农。为了了解这是如何可能的，必须得懂得一些关于卡农的知识。

卡农和赋格

卡农的基本点是一个单一的主题与它自己相伴而奏。由加入的各个不同声部分别唱出主题的“副本”。但做这种事可以有许多种方式。卡农中最简单的是轮唱，像《保卫黄河》，第一个声部先唱出主题，相隔规定的某段时间之后，这一主题的“副本”在完全一样的调上进入。在这第二个声部进行到规定的同样长的时间之后，第三个声部进入，唱出这个主题，以此类推。对大部分的主题来说，这样演唱是无法与它本身相和谐的。为了使一个主题能成为一支卡农的主题，它的每个音符必须能起两种（三种，或四种）作用：首先它得是旋律的一部分，其次它必须是这同一旋律的和声的一个部分。比如说，在包含有三个卡农式声部的曲子里，主题的每一个音符除了要构成曲调，还必须在两种不同的方式上构成和声。这样，在卡农曲中，每个音符都有着一个以上的音乐意义，而听者的耳朵和大脑根据前后的音调自动地领会其确切的意义。

当然还有更复杂的卡农。按由简入繁的顺序，第一种更复杂的卡农是：主题的种种“副本”不仅在时间上，而且在音高上互相交错。也就是说，第一声部可能是在C调上唱出主题，同第一声部相交错的第二声部可能是在比C调高五度的G调上唱出同一主题。与前两个声部相交错的第三声部可能在比G调高五度的D调上唱出，以此类推。下一种更复杂的卡农是：各个声部的速度不同，比如说，第二个声部的速度可能是第一声部的二倍或一半。前者叫作减值，后者叫作增值（因为主题好像是在收缩或者扩展）。

这还不算完。卡农构成中下一个更复杂的阶段是主题转位，意思是产生这样一个旋律，每当原来的主题跳上时，它就跳下，两者所越过的半音数目相同。这是种相当奇特的旋律转换，但是，如果一个人听过很多转位的主题，就会觉得这种事挺自然了。巴赫就特别喜欢转位，并经常在他的作品中使用——《音乐的奉献》也
不例外。作为转位的一个简单例子，可以试着唱唱《好国王温赛拉 9
斯》[Good King Wenceslas]这支曲子。当它的原主题和转位主题一起唱出时，高低相差八度，前后相差两拍，这就是一支相当悦耳的卡农曲了。最后，这些“副本”中最玄奥的是逆行——主题依一定时间从后往前奏出。使用了这种技巧的卡农，俗称为“螃蟹卡农”，这是因为螃蟹那奇特的运动方式。不用说，巴赫《音乐的奉献》中也包含有一支螃蟹卡农。注意，不论是哪一种“副本”，都保持有原主题的所有信息，也就是说，从任何一种副本中都可以完全恢复原主题。这种保存信息的转换经常被称作同构。在本书中，

我们将经常谈到同构。

有时候需要放松这种很严格的卡农形式。一种办法是允许稍稍偏离完全的反复,以取得更流畅的和声。也有的卡农有“自由”声部——这种声部不使用该卡农的主题,只是和该卡农中的各个声部和谐一致。

《音乐的奉献》中的每一支卡农都以国王主题的某个变奏作为自己的主题。上面所说的每一种使卡农复杂化的手法在《音乐的奉献》中都被充分使用了。事实上,这些方法有的时候是结合起来使用的。比如,其中有一首三部卡农被称作《反向增值的卡农》。它的中间声部是自由声部(实际上,它唱的是国王主题),而其他两个声部用增值和转位的手法以卡农形式在其上下跳跃。另外一个声部则仅仅是用一句神秘的“quaerendo invenietis”(“觅之,自有所获”)标示着。所有的卡农谜题都解决了,典范的解决是由巴赫的一个学生约翰·菲利普·科恩伯格给出的。但是人们仍然可以设想还有更多的解决有待发现呢!

我还应该简单解释一下什么是赋格。赋格在下述这一点上像卡农一样:它通常也是建立在一个主题上,以不同的声部、不同的调子,偶尔也用不同的速度或上下颠倒或从后往前地进行演奏。然而,赋格的概念远不如卡农那么严格,因而允许有更多的情感或艺术的表现。赋格的识别标志的是它的开始方式:单独的一个声部唱出它的主题,唱完后,第二个声部或移高五度或降低四度进入。与此同时,第一个声部继续唱“对应主题”,也叫第二主题,用来在节奏、和声、及旋律方面与主题形成对比。每个声部依次唱出主题,常常是另一个声部伴唱对应主题,其他的声部所起的作用随作曲家的想象而定。当所有的声部都“到齐”了，就不再有什么规则了。当然，还是有一些标准的手法，但它没有严格到只能够按照某个公式去创作赋格。《音乐的奉献》中的两首赋格曲就是杰出例子，它们绝不可能“照公式创作出来”。这两首曲子都具有远比赋格的性质更为深刻的东西。

总的来说，《音乐的奉献》是能代表巴赫在对位法方面最高成
就的作品之一。它本身就是一部大型的、高度理智化的赋格，其中 10
许多概念和形式彼此交织，游戏式的双重意义和微妙的影射随处可见。这是一部令人百听不厌的人类智能的优美绝伦的创作。（汉·西·大卫在《巴赫的〈音乐的奉献〉》一书中对整个作品做了精彩的描述。）

无穷升高的卡农

在《音乐的奉献》中有一首极不寻常的卡农，只标着“Canon per Tonos”（经由种种调性的卡农）这么三个词。它有三个声部，最高声部是国王主题的一个变奏，下面两个声部则提供了一个建立在第二主题之上的卡农化的和声。这两个声部中较低的那个声部用C小调（这也是整部卡农的调）唱出主题，而较高的那个则在差五度之上唱同一主题。这首卡农与其他卡农的不同之处在于，当它结束时——或者不如说似乎要结束时——已不再是C小调而是D小调了。巴赫在听众的鼻子底下转了调。而且这一结构使这个“结尾”很通顺地与开头联接起来。这样我们可以重复这一过程并在E调上回到开头。这些连续的变调带着听众不断上升到越来越遥远的调区，因此听了几段之后，听众会以为他要无休止

地远离开始的调子了。然而在整整六次这样的变调之后，原来的C小调又魔术般地恢复了！所有的声部都恰好比原来高八度。在这里整部曲子可以以符合音乐规则的方式终止。人们猜想，这就是巴赫的意图。但是巴赫很明确地留下了一个暗示，说这一过程可以无休止地进行下去。也许这就是为什么他在边空上写下了“转调升高，国王的荣耀也升高。”为强调它潜在的无穷性质，我喜欢把它叫作“无穷升高的卡农”。

在这部卡农中，巴赫给了我们有关“怪圈”这一概念的第一个例子。所谓“怪圈”现象，就是当我们向上（或向下）穿过某种层次系统中的（这里，系统是音乐的调子）一些层次时，会意外地发现我们正好回到了我们开始的地方。有时我用“缠结的层次结构”这个词来形容出现怪圈的系统。在我们后面的讨论中，怪圈这一主题将一再出现。有时候它是隐蔽的，有时候则会公开露面，有的时候它端端正正，有的时候则上下颠倒，或者前后错位。“觅之，自有所获”，这便是我给读者的建议。

艾舍尔

在我看来，把怪圈概念最优美最强烈地视觉化了的人是荷兰
11 版画家毛·康·艾舍尔（1898—1972）。艾舍尔创作了一些迄今以来最富于智能启发力的杰作。他的许多作品都源于悖论、幻觉或双重意义。数学家属于艾舍尔作品的第一批崇拜者，这是不难理解的，因为他的画经常是建立在对称或模式等等这类数学原理上的。但是一幅典型的艾舍尔作品所含的内容远不仅是对称或模式。在他的作品里常常有一个化入艺术形式里的潜在概念。具体点说，怪圈就是艾舍尔画中最常出现的主题之一。例如石版画《瀑

12

图 5　瀑布，艾舍尔作（石版画，1961）。

布》（图 5）。请把它的六步无终止下降圈和《经由种种调性的卡农》的六步无终止上升圈做一下比较。视觉上的这种相似性是很值得注意的。巴赫和艾舍尔用两个不同的“调子”——音乐和美术——演奏着同一个主题。

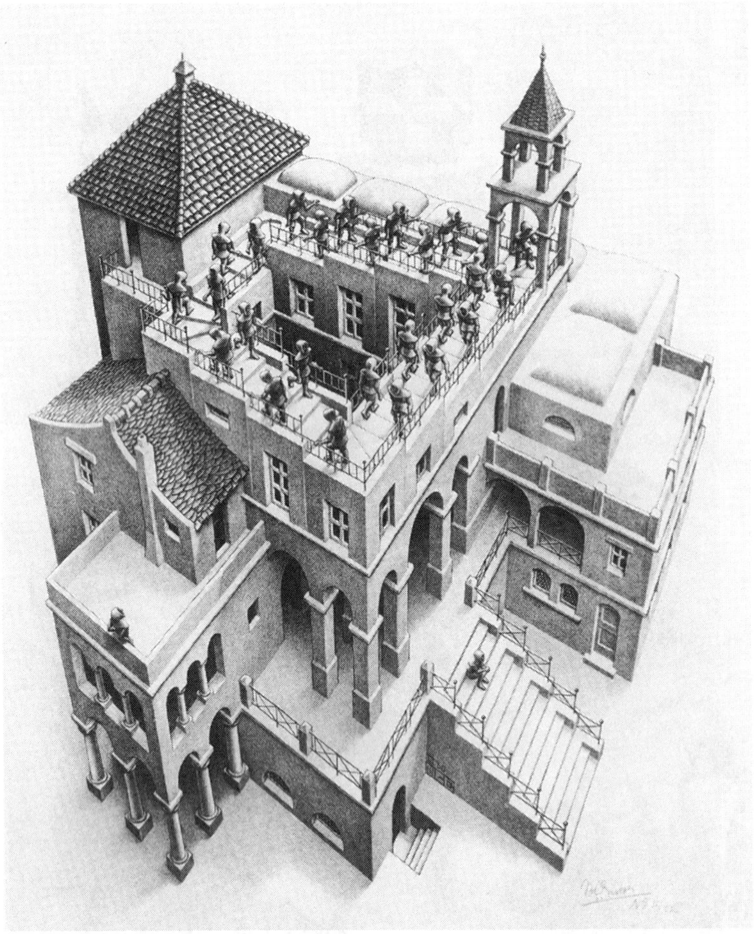

图 6　上升与下降,艾舍尔作(石版画)。

艾舍尔用了几种不同方式来表现怪圈,它们可以依照圈的紧凑程度排列起来。石版画《上升与下降》(图 6)中,修士们永无休止地转着圈子。这是最松散的一幅,因为在回到原出发点以前要经过许多阶段。《瀑布》中的圈就要紧凑一些,正如我们所看到的,
13 它只有六个分立的阶段。你可能会觉得“阶段”这个概念有些模糊,

14

图 7 拿着反光球的手。毛里茨·康奈利斯·艾舍尔的自画像(蚀版画,1935)。

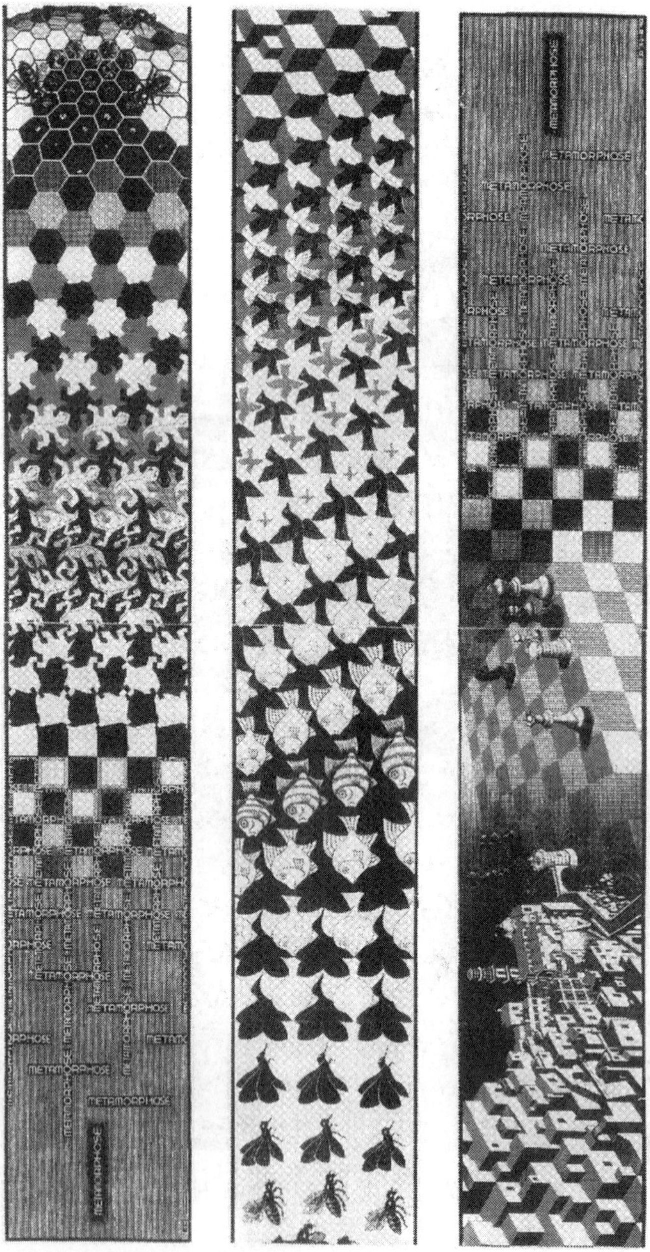

图 8 变形Ⅱ,艾舍尔作(木刻,19.5×400 厘米,1939—1940)。

比如，在《上升与下降》这幅画中，把它看成有四段（楼梯）和把它看成有四十五级（台阶）不是一样容易吗？的确，在如何数层次这一问题上，历来就有些模糊，这个问题不仅仅存在于艾舍尔的画中，也存在于多层次的层次系统中。以后我们会对这种模糊有更深入的理解。现在，我们还是别离题太远。《画手》给我们提供了一个更紧凑的圈（图 135），这幅画中的每一只手都在画另一只手：这是个只包含两个阶段的怪圈。最后，我们遇到了所有怪圈中最紧凑的：它表现在《画廊》（图 142）这幅画中：这是一幅包含其自身的画。是否能说它是一幅描绘一座包含其自身的画廊的画？或者说它是描绘了一个包含其自身的城市的画？还是说它是一个包含了自己的年轻人？（顺便提一句，《上升与下降》及《瀑布》中所运用的那种视力幻觉法不是艾舍尔发明的，而是一位英国数学家罗杰·潘罗斯于 1958 年发现的。然而怪圈的主题在艾舍尔 1948 年的作品中就已出现，他的《画手》就是在那一年画的。《画廊》是他 1956 年的作品。）

怪圈概念中所隐含的是无穷概念。循环不就是一种以有穷的 15
方式表示无休止过程的方法吗？无穷在艾舍尔的许多画中起着重要作用。同一主题的许多副本常常扣在一起，构成对应于巴赫卡农的视觉形象。艾舍尔著名的版画《变形》（图 8）中就有好几个这样的图案。它有点像“无穷升高的卡农”：先是离开起点越来越远，然后突然回来了。《变形》以及别的画中的贴着瓷砖的平面已经暗示出了无穷。但是艾舍尔其他的画把无穷表现得更强烈。在他的一些画中，一个单一主题可以出现在现实的不同层次上。比如，某幅画中的一个层次可以被清楚地看作是在表现幻想或想象，另一个层次则会被认为是表现现实。这两个层次可能是仅有的明确地画出来的层次。但是单这两个层次便使观者不由得把自己看成是另外一个层次的一部分,这样一来,这位观众就不由自主地被艾舍尔画中隐含的层次串所俘获了。在这个串中,对于任何一个层次来说,在它之上都有另一个层次比它更为“实在”,同样,也总有一个在它之下的层次比它更为“虚幻”。单是这一点已足以让人头疼了。但如果这个层次串不是直线的,而是形成了一个圈,又将发生什么呢?那时候什么是实在的?什么是虚幻的?艾舍尔的天才在于,他不只是能设想出,而且还实际画出了几十种半实在半虚幻的世界,几十种充满了怪圈的世界,他似乎正在邀请他的观众们走进这些怪圈中去。

哥德尔

在我们看到的巴赫和艾舍尔的怪圈例子中,存在着有穷与无穷之间的冲突,因而使人有一种强烈的悖论感。我们直觉到这里面涉及了什么数学问题。本世纪确实发现了一个产生了巨大反响的数学上的对应物。正像巴赫和艾舍尔的圈是作用于人们简单而古老的直观一样(音阶和楼梯),哥德尔对数学系统中怪圈的发现,也有着它简单而古老的直观根源。就其最简单的形式而言,哥德尔的发现涉及把
16 一个古老的哲学悖论转化成

图 9　库特·哥德尔。

数学上的说法。那个悖论就是所谓的“艾皮曼尼蒂斯悖论”，即“说谎者悖论”。艾皮曼尼蒂斯是一个克里特岛人，他说过一句不朽的话：“所有克里特岛人都是说谎者。”这一语句的一种更直截了当的说法是：“我在说谎”，或者，“本句子是假的”。[①] 我说的艾皮曼尼蒂斯悖论在本书中通常是指最后那个说法。这个陈述粗暴地违反了通常设定的把陈述分为真与假的二分法。因为，如果你假定它是真的，那么它会立即产生相反的结果，使你认为它是假的。但是，如果你假定它是假的，同样会产生相反的结果，让你又回到它必须是真的这一点上。你可以试试看！

艾皮曼尼蒂斯悖论是一个一步的怪圈，就像艾舍尔的《画廊》 17
一样。但是它与数学有什么关系呢？这正是哥德尔所发现的。他的想法是用数学推论探索数学推论本身。这种使数学“内省”的观念有巨大的威力，也许它最丰富的涵义就体现为哥德尔发现的**哥德尔不完全性定理**。这个**定理**说了些什么与它如何被证明是两件不同的事情。我们将在本书中讨论有关这两件事的详细情况。可以把这一**定理**比作一颗珍珠，而证明它的方法则是一只牡蛎。珍珠由于它的光泽和朴素而被称赞，牡蛎则是一个复杂的有生命的动物，它的内部结构是产生这种神秘的小珍宝的根由。

哥德尔定理是作为他 1931 年的一篇论文中的命题Ⅵ而出现的，这篇论文的题目是：“论《数学原理》及有关系统中形式上不可判定的命题Ⅰ”。该命题是这样叙述的：

---

① 从前，人们认为这两个陈述都是悖论，而本世纪罗素指出了前者不是悖论。因为由前者的真可以推出它假，而由前者的假则不能推出它真。——译者注

> 对公式的每个 ω 一致的递归类 κ，对应着一个递归的类记号 γ，使得 ν Gen γ 或 Neg(ν Gen γ)都不属于 Flg(κ)（其中 ν是 γ 的自由变量）。

原文是德文，也许你觉得这种表达无论如何仍是德语式的。所以这里用更易懂的汉语把它改写为：

> 数论的所有一致的公理化形式系统都包含有不可判定的命题。

这就是那颗珍珠。

在这颗珍珠里很难看到怪圈。这是因为怪圈被埋藏在牡蛎——证明之中了。**哥德尔不完全性定理**的证明的关键在于能写出一个自指的数学陈述，就像说谎者悖论是语言中的自指语句一样。尽管用语言来谈论语言似乎是很简单的，然而，要发现如何让一个关于数的陈述能够谈论它自身，可就不那么容易了。事实上，只有天才才能将自指陈述的概念与数论联系起来。哥德尔一旦通过直觉发现这样一种陈述是可以创造出来的，他就已经跨越了主要障
18 碍。这一陈述的实际创造就是这一优美的直觉火花所产生的结果。

在以后的章节中，我们将仔细研究哥德尔的建构。但是为了不致使读者现在完全不知所云，我将在这里概略地描画一下它的概念核心，希望能够对读者有所启发。首先要把难点彻底弄清楚。数学陈述——这里我们只讲数论的陈述——是关于整数的性质的。整数不是陈述，也不是它们的性质。一个数论陈述不是关于

数论陈述的，它仅仅是一个数论陈述，这就是问题所在。但是哥德尔认识到还有比眼前更多的东西。

哥德尔洞察到，只要数能够用来代表陈述，那么一个数论陈述就可以是关于一个数论陈述的了（甚至可以是关于它本身的）。换句话说，编码的概念是哥德尔构造的核心部分。在哥德尔编码——通常称作“哥德尔配数”——中，数是用来代表符号和符号序列的。这样，每个数论陈述作为一个特定的符号序列，获得了一个可资查询的哥德尔数，这有点像电话号码或行车执照。这种编码方式可以使人们从两个不同的层次去理解数论陈述：把它理解成数论陈述，同时也可以理解成关于数论陈述的陈述。

哥德尔一旦发明了这种编码的方法，他就得找出一个具体的把说谎者悖论转换成数论形式的方法。他最后移植的说谎者并不是说：“本数论语句是假的”，而是说：“本数论陈述是不可证的”。这可能会引起极大的混乱，因为人们通常对于“证明”这一概念理解得很模糊。哥德尔的工作实际上正是数学家们力图澄清什么是证明这一长期努力的一部分。要记住的重要事情是，证明是在确定的命题系统范围内的论证。在哥德尔的工作中，“证明”一词所涉及的那个特定的数论推理系统，就是1910至1913年间出版的罗素和怀特海合著的巨作《数学原理》中的那个系统。因此，哥德尔句子G写成下列的汉语陈述更为合适：

这个数论语句在《数学原理》的系统中是不可证的。

顺便提一句，哥德尔句子G不是**哥德尔定理**——就像说谎者句子不是“说谎者句子是一个悖论”这一结论一样。现在我们可以来谈谈发现了G会产生什么效果了。说谎者句子构成了一个悖论，因为它既不是真的又不是假的，而哥德尔句子G是一个（在《数学原理》中）不可证的但却是真的句子。结果呢？《数学原理》中的系统是“不完全的”——存在有真的数论陈述，但系统的证明方法太弱，以至于无法证明它。

19 《数学原理》是这一打击的第一个牺牲品，但绝不是最后一个。哥德尔那篇论文的标题中的“及有关系统”这几个字，蕴涵着丰富的潜在内容。因为假如哥德尔的结果仅仅是指出了罗素和怀特海书中的一个缺陷，那么其他人可能会得到启发，并对《数学原理》作出改进，从而比**哥德尔定理**更胜一筹。但这是不可能的：哥德尔的证明适用于任何一个企图达到怀特海和罗素为自己所设立的那个目标的公理系统。对于各种不同的系统，都有一个基本的方法变出这一戏法。简而言之，哥德尔展示了，无论涉及什么公理系统，可证性总是比真理性弱的概念。

因此，**哥德尔定理**对于那些对数学的基础感兴趣的逻辑学家、数学家和哲学家们产生了震撼性的影响。因为它展示出了，无论多么复杂的确定的系统，都不能表示出整数：0，1，2，3，……的复杂性。今天的读者也许不会像1931年时的读者那样为此而困窘。这是因为这期间我们的文化已经把**哥德尔定理**连同相对论和量子力学等观念上的革命一起吸收了。与此相关的那些令人困惑的哲学观点尽管几经转述也早已为大众所知（通常是多一层转述，多一分困惑）。如今普遍存在着一种可以料想“限制性”结果的心理——但在1931年，它简直像是晴天霹雳。

数理逻辑：一份提要

要想真正领略**哥德尔定理**的风采，需要一整套背景。因此我要在这里用很小的篇幅总结一下1931年以前的数理逻辑史——这是一种几乎不可能的工作。（参看德朗[DeLong]，尼朋[Kneebone]或纳格尔[Nagel]与纽曼[Newman]合著的著作，它们都是很好的关于数理逻辑史的书）。事情是从将推理的思维过程加以机械化这一努力开始的。通常认为，使人类有别于其他动物的东西就在于人类有推理能力。所以把最代表人类特点的东西加以机械化，这乍看起来多少有点自相矛盾。然而，即使是古代希腊人也懂得推理是种合乎一定规范的过程，起码是部分地受固定的规律支配的。亚里士多德把三段论规范化，欧几里得整理了几何学，但是自那以后过了许多世纪对公理化推理的研究才又有所进展。

19世纪数学上一个意义深远的发现是人们认识到存在着几种不同的，但却是同等有效的几何学——这里所说的“几何学”是指关于抽象的点与线的性质的理论。长期以来，人们认为几何学就是欧几里得所编纂的那个样子。虽然欧几里得的表述可能有小的错误，但那是无关紧要的。几何学上任何真正的发展都只有通过对欧几里得几何学加以扩充才能获得。这一观念被若干人几乎是同时地对非欧几何学的发现给摧毁了——这一发现震动了数学界，因为它对于“数学是研究现实世界的”这种观念提出了深刻的挑战。在单一的现实里如何能存在着不同种类的“点”和“线”呢？ 20
如今，这一问题的答案是显而易见的，甚至对于一些非数学家来说也不困难。但是，在那个时候，这一难题在数学界造成了混乱。

19 世纪晚期，英国逻辑学家乔治·布尔和奥古斯都·德·摩根比亚里士多德进了一大步，整理出了严格的演绎推理模式。布尔甚至把他的书命名为《思维的法则》，这当然是夸张，但是它确实是一项重大的贡献。刘易斯·卡罗尔迷上了这些机械化的推理方法，并且发明了许多可以用这些方法解决的谜题。耶那的高特洛布·弗雷格和都灵的朱瑟佩·皮亚诺进行着将形式推理与对集合与数的研究结合起来的工作。哥廷根的大卫·希尔伯特则致力于对几何学进行比欧几里得更为严格的形式化。所有这些努力都指向了对人们所说的"证明"是什么含义这一问题的廓清。

与此同时，古典数学也有了有趣的进展。19 世纪 80 年代，盖奥尔格·康托尔发展了关于各不同类型的无穷的理论，也就是人们所知道的集合论。这个理论是有力的、优美的，但是很不直观。不久以后，各种各样的集合论悖论就被发现了。当时的形势十分令人困惑，因为正当数学似乎就要从一批悖论（即微积分中与极限理论有关的悖论）中摆脱出来的时候，又出现了一大批新的、看起来更糟糕的悖论。

其中最著名的是罗素悖论。大多数的集合，看起来不会是它们本身的元素——例如，海象的集合不是一只海象，由圣女贞德一个人组成的一个集合并不等于圣女贞德本人（一个集合不是一个人），诸如此类。从这一点看来，大多数集合是"普通的"。然而，有些"自吞"的集合确实包括其自身作为该集合的元素。例如包括所有集合的集合，或包括除圣女贞德之外的一切事物的集合等等。显然，每一个集合不是普通的便是自吞的。不可能有一个集合是兼而有之的。现在，没有什么能阻止我们发明一个 R：一个包括所有普通集合的集合，乍看起来，R 似乎是一个相当普通的发明，但是，你一旦问自己：“R 本身是一个普通的集合还是一个自吞的集合？”原来的看法就必须修正了。你会发现答案是：“R 既不是普通的也不是自吞的集合，因为任何一个选择都将导致悖论。”不妨试试看！

但是如果 R 既不是普通的又不是自吞的集合，那么它是什么呢？最起码，它是病态的。但是谁也不会对这种遁辞式的回答满意。于是人们开始更深地探讨数论的基础。关键问题似乎在于：“我们对于‘集合’的直观概念有什么毛病？我们能够构造与我们的直观很相符但又可以绕过悖论的严格的集合论吗？”就像在数论和几何学那里一样，此处的问题是要试图把直观与形式化的或公理化的推理系统协调起来。

我们还可以构造一个令人吃惊的罗素悖论的变种，名为“格瑞林悖论”，它可以使用形容词而不是集合来形成。先把汉语中的形容词分成两类：一类是自描述的，像“四个字的”，“极糟糕至极的”和“寡乎稀然的”；另一类是非自描述的，像“可以吃的”，“不完全 21
的”和“两个音节的”。现在，假如我们承认“非自描述的”这个词是一个形容词，那么它属于上面的哪一类呢？我们可以为这一悖论发明两个词：自谓的（＝“自描述的”），和非自谓的（＝“非自描述的”）。这样一来，问题就变成了：“‘非自谓的’这个词是非自谓的吗？”试试看！

这些悖论有一个共同的祸根，就是自指，或称“怪圈”。所以，如果目的在于取缔一切悖论，为什么不去取缔自指以及一切允许产生自指的东西呢？这看起来容易，其实不然。因为要断定自指出现在什么地方是非常困难的。一个怪圈可能会在好几个步骤中才能完全展开，就像下面这个"扩展了的"说谎者悖论，它使人联想起《画手》：

下面这个句子是假的。

上面那个句子是真的。

放在一起看，这两个句子和原来的说谎者悖论有着同样的效果。但是分开来看，它们却是无害的、甚至很可能是有用的句子。这个怪圈不能"归咎"于任何一个句子，而应归咎于它们互"指"对方的方式。同样，在《上升与下降》这幅画中，每个局部都是合理的，只是把它们组合在一起，才出现了不可能的事。由于有间接的和直接的两种自指，必须断定如何同时取缔两者——如果把自指看成是万恶之源的话。

消除怪圈

罗素和怀特海是赞成这一观点的。因此，《数学原理》就是从逻辑学、集合论和数论中驱除怪圈的一次庞大实践。他们的系统的基本点是这样的：有一个"类型"最低的集合，只能包含"对象"而不是集合做元素。高一层类型的集合，只能包含对象或最低类型的集合。一般的说，一个给定类型的集合只能包含对象或类型低于它的集合。每一个集合都属于一个特定的类型。很清楚，没有一个集合可以包含自己，因为，包含它的集合得属于比它更高的类型。在这样的系统中只能有"普通的"集合。此外，前面提到的R——所有普通的集合的集合——不再被看作是一个集合了，因为它不属于任何一个有穷类型。于是，整个看来，这种类型论——

我们也可以把它叫作“取缔怪圈的理论”——成功地摆脱了集合论的悖论，但是这是以引进看起来是人为的层次为代价的，并且不允许形成某些类的集合，比如所有普通集合的集合。从直观上说，我们并不是这样来设想集合的。

类型论解决了罗素悖论，但对于说谎者悖论或格瑞林悖论却不起作用。对于那些兴趣不超出集合论的人来说，这已经足够 22
了——但是对于想消除一般悖论的人，就必须有一些类似的“分层法”来禁止语言中的循环。在这个层次结构的最底层是对象语言。对象语言只涉及特定的域，而不涉及对象语言本身（比如它们的文法规则，或其中的具体句子）。如要涉及它们，则要有一种元语言。对于语言的两个层次这一经验，所有学习外国语的人都是很熟悉的。然后，就要有一种元元语言来讨论元语言，以此类推。这就要求每一个句子都明确属于层次结构的某一层。那么，如果一个给出的句子找不出它属于哪一层，这个句子就会被认为是无意义的，因而被忘掉。

现在可以尝试来分析上面给出的说谎者的两步循环。第一个句子，因为它谈论第二个句子，所以一定比第二个句子高一层。但是，根据同样的道理，第二个句子一定比第一个句子高一层。由于这是不可能的，所以两个句子都是“无意义的”。更准确地说，这样的句子根本不可能在建立于严格语言层次上的系统中形成。这样就防止了任何样式的说谎者悖论以及格瑞林悖论。（“非自谓的”属于哪一语言层？）

在集合论中，研究的都是些不常用到的抽象对象，像类型论那样的分层，尽管有点古怪，还是可以接受的。但是如果涉及的是语言,是渗透于生活各处的语言,这种分层就显得荒唐了。我们在说各种不同的事物时,不会想到我们是在语言的层次间上蹿下跳。像这样的句子:“在本书中,我批评了类型论”,平平常常,却会在我们所讨论的系统中被双重禁止:第一,它提到了“本书”,而这是只能在“元书”中提及的东西;第二,它提到了“我”,而这是我这个人所根本不允许提到的一个人!这个例子指出,当你把类型论引入一个你所熟悉的情景中时,它看上去是多么愚蠢。我们采用的补救悖论的办法——把任何形式的自指全部驱除——实际上是一种过头的做法,它把许多完美无缺的语言构造都算作是无意义的了。顺便提一下,“无意义的”这个形容词,必然会用于所有有关语言学类型理论的讨论(如本段的讨论)。因为很明显,这些议论不会出现在任何一层——不论是对象语言,还是元语言,或元元语言等等。因而,对这个理论进行讨论这一行动本身,就构成了对此理论所有可能的违背之中最明目张胆的一个!

有的人可能要为这些理论辩护,理由是它们只打算处理形式语言,而不打算涉及日常的、非形式的语言。可能是这样,但是它说明这些理论是极端经院式的,而且对于悖论并没有说什么,除非是在特别造出来的系统中所产生的悖论。另外,这种不惜一切代
23 价消除悖论的做法,尤其是当它需要创造人为的形式系统的时候,未免就太过于强调简单的一致性,而忽视了离奇与怪异,而正是后者才使得生活与数学趣味无穷。当然,保持一致性很重要。但是这种努力如果迫使你进入一个非常丑陋的理论,你就会觉得什么地方出毛病了。

数学基础中的这类问题使人们对出现于本世纪早期的将推理

方法规范化的尝试抱有浓厚的兴趣。数学家和哲学家开始产生重大的怀疑：即使是最具体的理论——如整数研究（数论）——是否已建立在坚实的基础之上？如果悖论能那么轻易地出现于集合论——一个其基本概念，即集合，在直观上如此吸引人的理论——之中，那么其他的数学分支不也可能有悖论吗？另外一个与此有关的担忧是逻辑的悖论，像说谎者悖论，它们很可能是数学中固有的。要是这样，全部数学就变得可疑了。这尤其使那些为数不少的坚信数学只是逻辑学的一部分（或者相反，逻辑学是数学的一部分）的人觉得忧心忡忡。事实上："数学与逻辑学是否是有别的、分离的"这一问题，是很多争论的根源。

对于数学本身的研究被称为元数学——或者有时被称为元逻辑，因为数学与逻辑是如此紧密地相互交织在一起的。元数学家最紧要优先考虑的事情是决定数学推理的真正性质。什么样的推理手段是合法的？什么样的是不合法的？由于数学推理使用的都是"自然语言"（如法语、拉丁语或用于通常交流的其他语言），因此总是有许多可能的歧义，可以唤起不同的意象等等。看起来，建立一套统一的记号是合理甚至是重要的。用这种记号可以做一切数学方面的工作，通过使用这种记号，可以帮助任何两个数学家解决提出的某个证明是否有效这样的争论。这样，就需要一套完整的关于普遍公认的人类推理模式的法典，至少用于数学推理时是这样。

一致性、完全性和希尔伯特方案

企图从逻辑学中导出所有的数学，而且一定不能有矛盾，这就是《数学原理》一书要达到的目的。这本书受到普遍赞赏，但是没有一个人肯定:(1)是否一切数学都包括在罗素和怀特海所勾画的方法之中;(2)甚至不能肯定,这些给出的方法是否自身是一致的。不论是什么样的数学家,只要是按照罗素和怀特海的方法去做的,就永远不会得出矛盾的结果,这一点是绝对清楚的吗?

这个问题尤其困扰着著名的德国数学家(也是元数学家)大
24 卫·希尔伯特。他曾向世界上的数学家(和元数学家)提出这样一个挑战:严格地论证(可能就是用罗素与怀特海提出的方法)《数学原理》一书中定义的系统既是一致的(无矛盾的)又是完全的(也就是说:每一个数论的真陈述都可以在《数学原理》所给出的框架之中推导出来)。这是一个很高的要求,人们可以批评它多少有点循环论证:你如何能用你的推理方法来证明你所用的这一套推理方法是正确的呢?这就好像是要拽着自己的鞋带把自己举起来。(我们好像简直无法从这些怪圈中解脱出来!)

希尔伯特当然充分了解这种两难局面。因而表示希望找出一个对一致性或完全性的论证,而这个论证只用到推理的"有穷"形式,即那些通常被数学家所接受的一小类推理方法。希尔伯特希望,用这种方法,数学家们可以拽着自己的鞋带把自己部分地举起来:只利用数学中的一小部分方法来证明整个数学方法是正确的。这一目的听起来也许很渺茫,但是它在本世纪的前30年占据了世界上许多最伟大的数学家们的思想。

但是,在1931年,哥德尔发表了他的论文,这篇论文从某种角度讲彻底粉碎了希尔伯特方案。它揭示了不仅在罗素和怀特海提出的公理系统中有不可弥补的"漏洞",并且,更一般地说,没有一个公理系统可以产生所有的数论真理,除非它是一个不一致的系统！最后，要证明一个像《数学原理》中提出的那种系统的一致性是徒劳的：如果能只使用《数学原理》里边的方法找到这样一个证明的话，那么，《数学原理》本身就将是不一致的！——这是哥德尔的工作中那些最使人感到神秘的结论之一。

最大的讽刺是，**哥德尔不完全性定理**的证明涉及要把艾皮曼尼蒂斯悖论引进到《数学原理》的核心中，而《数学原理》原本被认为是一座完全可以抵御怪圈侵袭的堡垒！虽然哥德尔的怪圈没有摧毁《数学原理》，但却使数学家们对它的兴趣大大地减小了，因为哥德尔指出，罗素和怀特海原来的目的是一种幻想。

巴比奇、计算机、人工智能……

哥德尔的论文发表之际，世界正处在发展电子数字计算机的前夕。那时关于机械的计算机器的想法已经出现了有一些时候了。17 世纪，帕斯卡和莱布尼茨设计了进行固定运算（加法和乘法）的机器。不过，这些机器没有存储器，用现在的术语来说，它不是可编程序的。

第一个构想出这种有巨大计算潜力的机器的人是个伦敦人，查尔斯·巴比奇（1792—1871），一个几乎像是从《匹克威克外传》中走出来的人物。巴比奇生前因为发起了一场让伦敦摆脱“街头
讨厌的事”——主要是那些手摇风琴师——的运动而大名鼎鼎。25
那些喜欢惹他发火的讨厌的家伙，常常不分白天黑夜前来演奏小夜曲，于是他便火冒三丈地在街上驱赶他们。今天，我们公认他是一位超前了他的时代一百多年的人物：他不仅是现代计算机原理的发明者，而且还是第一个向噪音污染做斗争的人。

他的第一部机器"差分机"，可以用"差分法"算出许多种类的数学表。但是在制造出任何"差分机"模型之前，巴比奇迷恋上了一个更具有革命性的想法：那就是他的"分析机"。他相当不谦虚地写道："我发明分析机的思维过程大概是人类曾经有过的最复杂和最令人困扰的历程。"[4]同以前设计的机器不同，这种"分析机"带有存储器（记忆器）和"加工装置"（计算和做出判定的部件）。这些部件是把许许多多个复杂的带齿的圆柱形装置用令人难以置信的复杂方式啮合在一起。在巴比奇的想象中，数字打着转在加工装置里进进出出，受控于穿孔卡片中的程序——这一想法来自雅卡提花机的启发，那是一种卡片控制的提花机，能织出惊人复杂的图案。巴比奇有一个出众的但命途多舛的朋友，女伯爵艾达·洛芙莱丝命妇（拜伦勋爵的女儿），她曾经富有诗意地评论说："恰似雅卡提花机织出花朵和枝叶一般，分析机正织出代数的图案。"不幸的是，她错用了"正"字，因为那时还未造出分析机，巴比奇是怀着痛苦的失望辞世的。

洛芙莱丝命妇和巴比奇一样，深深地意识到随着分析机的发明，人类将可以产生机械化的智能。尤其是如果它能"自食其尾"（这是巴比奇用以描述当一部机器探进自己的内部，改变它内部所存储的程序时所产生的怪圈的说法）的话。在1842年的回忆录中她写道[5]：分析机"除了数值的计算之外，可以进行其他的计算"。当巴比奇梦想着发明一种能下棋或玩九格棋游戏的自动机时，她建议把一个个的音与和弦编入他机器的旋转圆柱体中，"这样就可以创作出精美的、符合科学的、要多复杂就有多复杂的曲子。"但是几乎在同时，她告诫道："分析机没有创造性。它只会做我们知道如何去命令它执行的事情。”虽然她非常理解人工计算的力量，洛芙莱丝命妇对于人工生成智能是持怀疑态度的。但是，她深刻的洞察力允许她去梦想人类对电的驯服所能开发出的潜力吗？

到我们这个世纪，制造计算机的时代已经成熟，这些计算机超过了帕斯卡、莱布尼茨、巴比奇或洛芙莱丝命妇最大胆的梦想中的计算机。在 20 世纪 30 年代和 40 年代，第一批“大电脑”被设计并制造出来了。它把原来彼此独立的三个领域综合在一起了。这三个领域是：关于公理化推理的理论、机械计算的研究和智能心理学。

这些年同样是计算机理论日新月异的年代。这些理论与数学 26
有紧密的联系。事实上，**哥德尔定理**在计算理论中有其对应物，这是阿兰·图灵发现的。它揭示出了即便是在可以设想出来的性能最好的计算机中，也存在有不可避免的“漏洞”。带有讽刺意味的是，正当这些怪异的局限性被发现的时候，不断造出的真正的计算机的性能却越来越好，远远超出了他们的制造者的预见力。巴比奇曾经说过，假如他能在五百年后回到世界上进行一次为期三天的有向导的科学旅行，他将很愿意放弃他的余生。在他去世后仅一百年的今天，如果他能回来，看到当今新的机器以及它们出人意料的局限性，他会惊奇得说不出话来。

20 世纪 50 年代初期，机械化智能似乎已指日可待了，然而，在创造最终的真正的思维机器时，每跨跃一个障碍都要产生一个新的障碍。目标的这种神秘的退避有什么深刻的原因吗？

谁也不知道非智能行为和智能行为之间的界限在哪里。事实上，认为存在明显界限也许是愚蠢的。但是智能的基本能力还是确定的，它们是：

对于情境有很灵活的反应;

充分利用机遇;

弄懂含糊不清或彼此矛盾的信息;

认识到一个情境中什么是重要的因素,什么是次要的;

在存在差异的情景之间能发现它们的相似处;

从那些由相似之处联系在一起的事物中找出差别;

用旧的概念综合出新的概念,把它们用新的方法组合起来;

提出全新的观念。

这里遇到了看起来像是悖论的东西。计算机的本性恰恰就是极不灵活、没有欲望、照章办事。尽管它们可能是速度很快的,它们仍然是无意识的东西。那么,如何能给需要智力的行为编出程序呢?这不是最最明显的自相矛盾吗?本书的一个主要论题就是讲这里根本不存在矛盾。本书的一个主要目的就是鼓励每一个读者,直截了当地面对这个表面上看来是矛盾的东西,尝一尝它的滋味,摆弄摆弄,拆开来看看,沉浸于其中,以使读者最终得以重新认识存在于形式化的和非形式化的、有生命的和无生命的、灵活的和不灵活的事物之间的那些表面上看来不可逾越的鸿沟。

这便是人工智能所要研究的全部。人工智能工作的奇异之处就是试图将一长串严格形式化的规则放在一起,用这些规则教给不灵活的机器如何能灵活起来。

但是什么样的"规则"可能把握住我们想到的所有的智能行为
27 呢?当然,一定是在各个不同的层次上有不同的规则。一定有许多"十分平常的"规则,一定有"元规则"修改"十分平常的"规则,而且有“元元规则”修改元规则，等等。智能的灵活性来自大量的不同规则和规则的层次。之所以一定有许许多多的在不同层次上的规则，是因为在生活中，生物面对着成千上万的完全不同类型的境况。在某些境况中，只存在要求“十分平常的”规则的刻板反应。有些境况是一些刻板境况的混合——这样，就需要决定要使用哪些“十分平常的”规则的规则。有些境况无法分类——那么，就一定要有发明新规则的规则……等等。无疑，包含着那些直接或间接地改变自己的规则的怪圈是智能的核心。有的时候人类思维的复杂性看起来是如此的巨大，以至于人们觉得对于“理解智能”这个问题没有什么解决办法——人们觉得无法设想有某种规则可以控制生物的行为，即便所用的“规则”具有上述意义上的“多层次”。

……和巴赫

1754年，巴赫死后四年，莱比锡的神学家约翰·米凯尔·施密特在一篇关于音乐与灵魂的论文中写下了下面一段值得注意的话：

> 几年前，从法国来的一篇报道中说，一个人制作了一个木偶，它可以用长笛演奏各种曲子。它会把长笛放在唇边，再把它拿下来，还能转眼珠等等。但是，还没有一个人发明过能思维、有欲望、会作曲或者哪怕能做类似事情的偶像。请任何一个想要进一步信服这一点的人仔细地看看上面赞扬过的巴赫的刻在铜板上的最后一支赋格曲吧，只是由于他双目失明，这部曲子才未能完成。请研究研究里面所包含的艺术，或让我

> 们来看看一定会打动我们的东西——那更为精彩的赞美诗吧！那是他失明后口授，别人代笔写成的作品：《当我们身陷危难之时》(*Wenn wir in höchsten Nöthen seyn*)。我敢肯定，如果人们想要研究包含在其中的所有的美——更不用说如果他自己想要演奏，或是评论一下作者——他马上就需要有灵魂了。看到这一例子，唯物主义斗士们的所有理论都将威风扫地。[6]

这里提到的第一流的唯物主义斗士很可能不是别人，而是于连・奥伏瓦・德・拉・梅特里——腓德烈大帝的宫廷哲学家，《人是机器》一书的作者，最杰出的唯物主义者。到现在已是两百年过去了，而赞同施密特的人与赞同拉・梅特里的人之间的斗争仍在激烈地进行着。我希望在本书中对这一论战提出一些看法。

“哥德尔、艾舍尔、巴赫”

本书是以一种不同寻常的方式构成的：在对话和章节之间有
28 一种对位。这样构造的目的是为了使我能够让一个新的概念出现两次：几乎每一个新概念都是首先以隐喻的形式出现在对话中，给出一组具体可见的意象，然后，在阅读接下来的那一章的时候，它们可以作为一种直观背景来衬托对这同一个概念的更为严肃和更为抽象的表述。在许多对话中，我在表面上谈论着一个想法，但是实际上是以稍稍隐蔽的方式在谈论着另一个想法。

本来，我的这些对话中只有两个主人公：阿基里斯和乌龟。他们是我用与刘易斯・卡罗尔同样的方式从爱利亚的芝诺那儿借来的。芝诺是公元前5世纪的人，悖论的发明者。他的悖论之一是一个寓言，阿基里斯和乌龟是寓言中的主角。在我第一篇对话《三部创意曲》里，我交代了芝诺搞出这“快活的一对”的创意。1895年，卡罗尔让阿基里斯和乌龟再现了，目的是要阐明他的关于无穷的新悖论。卡罗尔悖论——事实上应该比现在更广泛地被人所知——在本书中起着重要作用。它原来的题目是“乌龟说给阿基里斯的话”，在本书中它作为对话《二部创意曲》出现。

在我开始写这些对话时，不知怎么搞的，我把它们与音乐形式联系起来了。我不记得是怎么开的头，只记得有一天，我在一篇早些时候写下的对话的标题位置上写下了“赋格”二字，从那以后，这一想法就固定下来。最后，我决定以各种各样的方式使每一篇对话都仿照巴赫的一支曲子。这样做并不是不得体的。老巴赫自己就常常提醒他的学生们说，他们作品中的每个部分应该写成“好像是一些精心搭配的人在一起交谈一样”。我接受这一教诲比起巴赫的原意来也许更咬文嚼字了些，然而我希望我的结果忠实于他的原意。特别使我产生灵感的是巴赫作品中那些一次又一次地打动我的特征，这些东西在大卫和曼德尔在《巴赫读本》一书中有非常好的描述：

> 他的形式通常建立在各个片段的不同关系上。这些关系有的是使各个段落构成完整的统一体，还有的则是回归到单一的精心安排的主音，或仅仅是一个主题的暗示。由此而产生的格式通常是对称的，但并非必须如此。有的时候，不同片段之间的关系像缠结在一起的细线组成的迷宫，只有通过仔

> 细的分析才能解开。然而，通常在初看或初听起来的时候，只有少数占主导地位的特点可以指引方向。随着研究的深入，人们会发现无穷无尽的微妙之处。人们永远不会不知所措地抓不着把巴赫的各个单独的创造结合在一起而形成的那个统一体。⑦

我设法把**哥德尔**、**艾舍尔**、**巴赫**这三块稀世之宝嵌为一体，**集异璧之大成**。开始时我打算写一篇以**哥德尔定理**为核心的文章。我当时以为它仅仅会是一本小册子。可是我的想法像球面一样扩展开来，不久就触及了巴赫和艾舍尔。我花了一些时间去想如何把这一联系写清楚，而不仅仅是让它作为我自己写这本书的推动力。但是最后，我认识到，对我来说，哥德尔和艾舍尔和巴赫只是某个奇妙的统一体在不同方向上的投影。我试图揭示这块在我奇**异**的收**集**过程中所发现的瑰**璧**，结果产生了这本书。

三部创意曲

阿基里斯(希腊的一位勇士,生有一双飞毛腿,是跑得最快的人)和一只乌龟这时一同站在骄阳下满是尘土的跑道上。跑道的另一头有一根高高的旗杆,上面挂着一面长方形的大旗,整个旗子都是红色的,只是上面开有一个环状的狭缝,透过它可以看见天空。

阿基里斯:跑道那头儿是面什么旗子啊?这叫我想起我最喜欢的艺术家艾舍尔画的一幅版画。

乌龟:那是芝诺的旗子。

阿基里斯:这面旗子上的那个孔和艾舍尔画的莫比乌斯带上的孔差不多吧?我看得出,那旗子有点毛病。

乌龟:从旗子上切下的环呈阿拉伯数字"零"的形状,芝诺最喜欢这个数字。

阿基里斯:可是"零"现在还没发明出来呢!这得在大约一千年以后,由印度的一位数学家把它发明出来。因此,龟兄,我的论据证明这面旗子是不可能的。

乌龟:你这论据很有说服力,阿基,我不得不同意,这样的旗子确实是不可能的。可是不管怎么说,它很漂亮,不是吗?

阿基里斯:哦,是啊,它很美,这是毫无疑问的。

乌龟:我疑心它的美是否跟它的不可能性有关,这问题我说不好。我从来没有分析过美。什么是美是个很重大的问题,而我似乎从来没有考虑过这种重大的问题。

阿基里斯：说到重大的问题，龟兄，你思考过生活的目的没有？

乌龟：噢，天哪，没有。

阿基里斯：你是否想过我们为什么在此存在，或者说，是谁创造了我们？

乌龟：哦，这完全是另一回事。我们俩都是芝诺创造的（这一点不久你就会明白）；我们俩之所以待在这儿是因为要进行一次赛跑。

阿基里斯：赛跑？多荒唐啊！我这个长着一双飞毛腿的世界上跑得最快的人和你这个爬得不能再慢的家伙赛跑？这种比赛毫无意义！

乌龟：你可以让我先跑一段嘛。

阿基里斯：那得是很长的一段。

乌龟：我不反对。

阿基里斯：不过迟早我会追上你的。很可能不会太迟。

乌龟：要是事情按芝诺的悖论发展，你就追不上。你知道，芝诺想用你我的赛跑来表明运动是不可能的。照芝诺的说法，只是在人们的头脑中，运动才显得可能，而实际上，运动从本质上说是不可能的。他的证明很漂亮。

30 阿基里斯：哦，对了，现在我想起来了：那个著名的关于禅师芝诺的禅宗公案，正像你所说的，确实很简单。

乌龟：禅宗公案？禅师？你想说什么？

阿基里斯：是这样：两个和尚围绕着一面旗幡的问题争论起来，一个说“幡动”，另一个说“风动”。六祖芝诺正巧从这里走过，告诉他们：“风幡非动，心自动耳。”

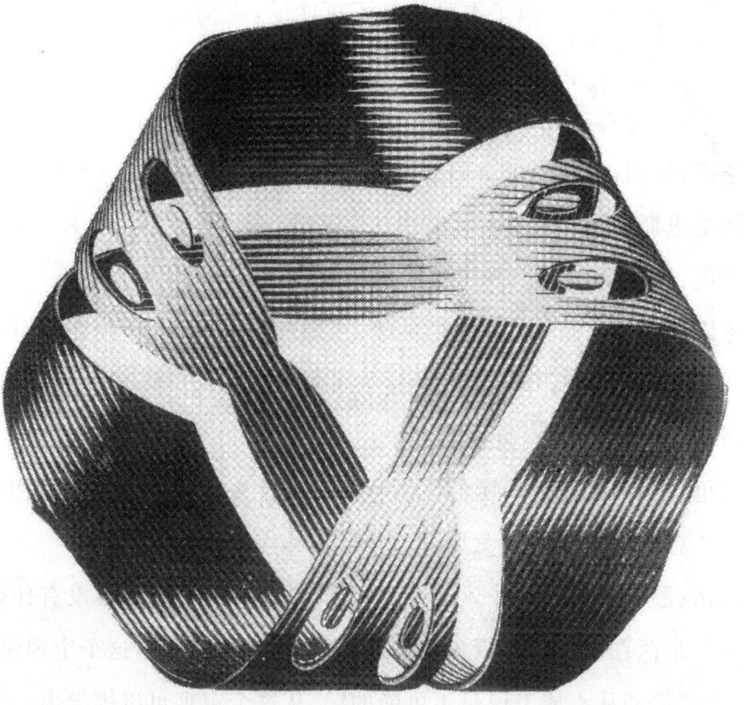

图 10　莫比乌斯带 I，艾舍尔作（四版套印木刻，1961）。

乌龟：恐怕你弄错了，阿基。芝诺不是什么禅师，根本不是，他其实是个来自爱利亚城的希腊哲学家（那城位于 A 点与 B 点中间的地方）。几个世纪之后，他将以他的运动悖论闻名于世，你我进行的这场赛跑将在他的一个悖论里扮演重要角色。

阿基里斯：哦，是我弄混了？让我想想那到底是谁的运动悖论：芝诺的？智能的？慧能的？嗨，我脑子里悖论太多，搞不清谁对谁了。（忽然刮过一阵微风。）——噢，瞧啊，龟兄，那旗子动了！我真喜欢看那柔软的布料上闪烁的波纹！上面挖去的那个环形也在动呢！

31 乌龟:别犯傻了。旗子本身就是不可能的,更别说它在飘动了,是风在动。

（这时正巧芝诺从一旁走过。）

芝诺:好啊,好啊！怎么回事？怎么啦？

阿基里斯:幡在动。

乌龟:风在动。

芝诺:哦,朋友们！停止你们的争论,抛却你们的讥讽,放弃你们的不和吧！我将帮你们解决这个问题。嘿！在这样一个好天儿里！

阿基里斯:这家伙一定是蠢货。

乌龟:不,阿基,等等,咱们先听听他想说什么。喂,不知名的先生,恳请您就此发表意见。

芝诺:愿意效劳。既非风动亦非幡动——谁都没动,根本没有什么东西在动。这是因为我发现了一个伟大的定理,这个定理说:“运动从本质上说是不可能的”。从这个定理可以推导出一个更伟大的定理——芝诺定理:“运动无有”。

阿基里斯:“芝诺定理”？先生,您难道就是爱利亚的哲学家芝诺？

芝诺:正是敝人,阿基里斯。

阿基里斯（疑惑地搔着头）:他怎么知道我的名字？

芝诺:我是否可以请二位听我讲讲事情的经过？我今天下午之所以从 A 点到爱利亚,就是为了找个人,这个人要对我这个经过周密推敲的论证感兴趣。但是人们全都忙忙碌碌的,谁也没有时间。你们不知道一再被人拒绝是件多么令人沮丧的事。哦,很抱歉用这些烦事来打扰你们。我现在只想麻烦二位一件事:二位能让我这个又老又迂的哲学家满足一会儿——

只用一小会儿，我担保——让我讲讲我那奇怪的理论？

阿基里斯：哦，完全可以！请给我们讲讲吧！我想我说出了我们两人的共同愿望，因为我的伙伴乌龟先生刚刚还以非常尊敬的口吻说到您，他特别提到了您的悖论。

芝诺：谢谢。你们知道，我的师傅五祖诲谕我说，真如即一，具有不变异性，森罗万象及动迁变化皆是感官的幻觉。一些人嘲笑他的观点，可我要证明他们的嘲笑是荒唐的。我的论证很简单。我想利用我创造的两个形象来解释它的意义：这就是阿基里斯（希腊的一位勇士，长着一双飞毛腿，是跑得最快的人）和一只乌龟。在我的故事里，他们被一个过路人说服去进行一场赛跑，比赛的终点是跑道那头儿的一面在微风中飘动的旗子。因为乌龟跑起来极慢，所以我们假定让它先跑出一段距离，比如说，十丈吧。现在比赛开始了。仅仅几步，阿基里斯就跑到了乌龟出发的地点。

阿基里斯：哈！

芝诺：现在乌龟只在阿基里斯前面两尺的地方。不一会儿，阿基里 32
也到达了这一点。

阿基里斯：嚯！嚯！

芝诺：可是就在那一会儿的功夫里，乌龟又往前跑了一点点。阿基里斯很快也追到了那一点。

阿基里斯：嘿！嘿！嘿！

芝诺：然而就在那一瞬间，乌龟又往前蹭出了一点儿，阿基里斯这时还是在它后面。现在你们看，阿基里斯要想追上乌龟，这种“试试追上我”的游戏就得做无穷次，因此，阿基里斯永远追不上乌龟!

乌龟:嗨!嗨!嗨!嗨!

阿基里斯:嗬……嗬……嗬……嗬……嗬……这个论证我听着像是错了,可又说不出究竟错在哪儿。

芝诺:是个难题吧?这就是我最喜欢的那个悖论。

乌龟:芝诺,请原谅,我认为您这个故事解释的不是这个原理,对吗?您刚刚告诉我们将以(嘿嘿)阿基里斯永远追不上乌龟这个芝诺的“阿基里斯悖论”闻名于几个世纪以后的是什么,但是“运动从本质上讲是不可能的”(以及进而得到的“运动无有”)这一命题是由您的那个“二分悖论”证明的,是吗?

芝诺:噢,惭愧。当然,你是对的。那个悖论讲如果想从 A 点到 B 点,须得先走完 A 到 B 的一半,要走完这一半,又得先走完这一半的一半,以此类推。但是你们看,这两个悖论其实有着共同的味道,坦率地说,我只有这么一个了不起的思想,只是用了不同的表达方法。

阿基里斯:我敢发誓,这些论证有错误,我看不大出错在哪儿,但是它们不可能是正确的。

芝诺:你怀疑我的悖论的正确性?为什么不真的试试?你看见跑道那头儿那面红色的旗子了吗?

阿基里斯:是仿照艾舍尔作品的那面不可能的旗子吗?

芝诺:正是。您和乌龟先生现在就来赛一赛,跑到那儿,怎么样?让乌龟先生先跑……嗯,我不知道——

乌龟:让我十丈怎么样?

芝诺:好,就十丈。

阿基里斯：我无所谓。

芝诺：太好了！太令人兴奋了！这是一次好机会，可以检验检验我那经过严格证明的定理。乌龟先生，请您先到十丈前您的位置上，好吗？

（乌龟朝着旗子的方向爬了十丈。）

都准备好了吗？

乌龟和阿基里斯：准备好了！

芝诺：各就各位！预备！跑！

33

第一章　WU 谜题

形式系统

本书中心的概念之一是形式系统。我用的这种形式系统是美国逻辑学家艾米尔·波斯特在 20 世纪 20 年代发明的，通常被称为“波斯特产生式系统”。本章将向读者介绍一个形式系统，并且我希望读者愿意——至少是有一点点愿意——去探索这个形式系统。为唤起读者的好奇心，我设计了一个小小的谜题。

这个谜题就是“你能产生 WU 吗?”。一开始的时候，我提供给你一个符号串(即一串字母)。为了解除你的悬念，可以告诉你那个符号串就是 WJ。然后，你会得知一些规则，运用这些规则你可以将一个符号串变成另一个。如果某条规则在某处是适用的，并且你也愿意用它，你就可以用。但是，如果同时有几条可以适用的规则，又没有什么指导来说明你该用哪一条，这将留给你去选择。正是这一点使得做形式系统游戏成为一种技巧。重要的、几乎用不着说明的一点是，你决不能做任何背离规则的事情。我们也许可以把这个限制称作“形式化要求”。在本章中，这一点也许根本无需强调。但是我预言——这说起来挺怪的——当你在下面的章节中与形式系统周旋时，你会发现，你将一次又一次地违反形式化要求，除非你以前用过形式系统。

关于我们的形式系统——WJU 系统——要说的第一件事是它只用了三个字母：W、J、U。就是说 WJU 系统的所有符号串都是由这三个字母组成的。以下是 WJU 系统的一些符号串。

WU

UJW

WUUWUU

UJJUWJUUJWUJJUWJUUJWUJJU

虽然所有这些符号串都是合法的，但它们还不算“归你所有”。事 34
实上，到现在为止归你所有的符号串只有 WJ。要增加你自己的储备，只能靠使用规则，我们现在就介绍这些规则。下面是第一条规则：

规则Ⅰ：如果一个归你所有的符号串结尾是 J，则可以在其后面再加上一个 U。

这里顺便指出一个事实（假如你到目前还未猜出“符号串”的意思）：符号串中的字母是有固定顺序的。比如 WJ 和 JW 是两个不同的符号串。一个符号串不是其字母的顺序无关紧要的“一堆符号”。

以下是第二条规则：

规则Ⅱ：如果你有 Wx，那么 Wxx 也归你所有。

我的意思可在下面几个例子里表示出来：

从 WJU，可以得出 WJUJU。

从 WUW，可以得出 WUWUW。

从 WU，可以得出 WUU。

就是说，在这条规则中字母“x”可以代表任意的符号串。但是，一旦决定了它代表哪一个符号串，就得遵循这个选择（直到你再一次使用这条规则，才可以做一个新的选择）。请注意上面第三个例子。它表明如何在有了 WU 之后，为你的储备增加另一个符号串。但是得先有 WU！关于字母“x”，我想再加上最后一条说明：它不像“W”“J”和“U”这三个字母一样，是形式系统的一部分。无论如何，如果我们能有某种符号的方式一般性地谈论系统中的符号串，那将是很有用的——而“x”正是起了这个作用：代表任意一个符号串。假如在你的符号串“储备”中加入一个含有“x”的符号串，那就错了，因为 WJU 系统中的符号串决不会带有“x”！

以下是第三条规则：

规则Ⅲ：如果 JJJ 出现在你的储备中的一个符号串里，那么你可以用 U 代替这个 JJJ 而得到一个新的符号串。

例子：

从 UWJJJWU，可以得到 UWUWU。

从 WJJJJ，可以得到 WJU（同样可以得到 WUJ）。

从 JJWJJ，用这条规则什么也得不到。

（三个 JJJ 必须是连续的。）

从 WJJJ，可以得到 WU。

在任何情况下，这条规则都不能倒过来使用，像下面的例子里这样：

35 从 WU，得到 WJJJ。⇐这是错误的。

规则是单向的。

下面是最后一条规则：

规则Ⅳ：如果 UU 出现在你的一个符号串中，你可以去掉它。
从 UUU，可以得 U。

从 WUUUJJJ，可以得到 WUJJJ。

规则就是这些。现在可以试试找出 WU 了。假如得不出来不要担心。只是试一下——主要是体会一下 WU 谜题的味道。愿读者从中获得享受。

定理、公理、规则

WU 谜题的答案后面会给出来。至于现在，重要的不是找出答案，而是寻找它。读者也许已经做了一些产生 WU 的尝试。在做这些尝试的过程中，读者建立了自己的符号串储备。我们把这种可以从规则中产生的符号串叫作定理。当然，“定理”这个词在数学中也使用，但与这里的意思很不一样。那里的意思是普通语言中的某个陈述，已通过严格的论证被证明是真的(这时我们称之为“真理”)，例如，关于“运动无有”的**芝诺定理**，或者关于素数有无穷多个的**欧几里得定理**。但是，在形式系统中，不必把定理看作是陈述——它们仅仅是一些由符号组成的串。它们也不是证明出来的，而是产生出来的，就像是按照一定的印刷规则通过机器产生出来的一样。为了强调“定理”这个词在意义上的重要区别，在本书中我将采用以下约定：当“定理”这个词用黑体字写出来时，它的意思是我们通常所说的意思——一个**定理**是日常语言中的一个陈述，这个陈述已被某人用某种逻辑的论证证明是真理。如果不用黑体则“定理”这个词有它的技术上的意义：可以在某个形式系统中产生出来的符号串。在这样的情况下，WU 谜题是问 WU 是不是 WJU 系统中的一个定理。

开始的时候我无偿地提供了一个定理,即 WJ。这个“无偿提供的”定理叫作“公理”——同样地,这是技术上的意义,它与通常的意义很不一样。一个形式系统中可以有零个、一个、几个、甚至无穷多个公理。本书中将会出现所有这些不同类型的形式系统。

每一个形式系统中都有符号变换规则,如 WJU 系统中的四条规则。这些规则既可以叫作生成规则,也可以叫作推理规则。这两种叫法我都用。

我在这里要介绍的最后一个术语是推导。以下是一个定理 WUJJU 的推导:

(1)WJ　　公理
36 (2)WJJ　　使用规则Ⅱ,从(1)中得出
(3)WJJJJ　　使用规则Ⅱ,从(2)中得出
(4)WJJJJU　　使用规则Ⅰ,从(3)中得出
(5)WUJU　　使用规则Ⅲ,从(4)中得出
(6)WUJUUJU　　使用规则Ⅱ,从(5)中得出
(7)WUJJU　　使用规则Ⅳ,从(6)中得出

一个定理的推导说明如何按照这个形式系统中的规则逐行生成该定理的一个明显的论证。“推导”这一概念是向“证明”概念看齐的,但比后者要朴素一些。如果说证明出了 WUJJU,听起来就很奇怪,但是如果说推导出了 WUJJU,就不那么奇怪了。

系统内外

多数人解 WU 谜题的办法是:先相当盲目地推出一些定理,

看一看得到的会是什么。很快地，他们就开始注意到他们产生出的定理的一些性质，人的智能就在此处起作用了。例如，也许你在试开头的几次时，并不清楚所有的定理都是以 W 开头的。推了一阵以后，这个模式浮现在你脑海中。你不仅可以看出这个模式，而且通过检查那些规则，还可以理解这个模式。那些规则有一个性质，即：新产生的定理都继承了原先的那条定理的第一个字母。归根到底，所有的定理的第一个字母都可以追溯到唯一的公理 WJ 的第一个字母——这是一个证明，指出 WJU 系统中所有的定理都必须以 W 开头。

这里发生的情况是有着重要意义的。它展示了人与机器之间的一种区别。非常可能——事实上很容易——给一部计算机编一个程序，使它可以生成 WJU 系统的一条又一条定理，并且我们可以在这个程序中加进一条命令，使之在生成 U 之后才停止。现在你知道了：运行这个程序的计算机会永不停止，而这并不使你感到惊异。但是，假如你要让你的一位朋友试图生成 U，将会怎么样呢？要是他做了一会儿就罢手不干了，跑来向你抱怨他无法摆脱第一个字母 W，而想生成 U 完全是徒劳的，你同样不会吃惊。即使是一个不很聪明的人，也会禁不住地观察他自己在做什么，这些观察给予他关于所做的这项工作的洞察力。而计算机程序——正如我们所描述过的——则缺乏这种洞察力。

现在让我更清楚地谈谈我说“这展示出了人与机器之间的区别”是什么意思。我的意思是：有可能给机器编一个以上述方式来做机械工作的程序，机器永远不会发现（即便这是非常明显的）它自己在做什么。但是人的意识有一个固有的特点，他总是能看出关于他正在做的事情的某些事实。关于这一点，你是早已知道的。假如你在加法机上按一下“1”，然后再加 1，再加 1，再加 1，再加 1……如此一直加上几个小时又几个小时，虽然任何人都会很
37 快地懂得自己在重复一个动作，而那台机器却永远不懂得在你按 1 之前，自己去加。或者，另举一个愚蠢点儿的例子：无论用了多久，无论多好的一部汽车，也永远不会有躲避道路上的其他汽车或障碍物的能力，永远不会知道它的主人常走的路线。

因此，区别在于：机器有可能在做某件事情时不去观察，而人不可能不去观察。请注意，我不是说所有的机器都不具有复杂的观察能力，只是有些机器不具有。我也不是说所有的人都总是进行复杂的观察，事实上，人常常是不注意观察的。但是机器可以被制造成是完全不去观察的，而人则不能。并且事实上，到目前为止，多数机器是非常接近于不去观察的。也许因为这个原因，对于大多数人来说，具有“不去观察”这一特点，似乎是机器的特征。例如，如果有人说某项工作是“机械的”，这指的不是人没有做这项工作的能力，而是隐含着这样的意思：只有机器可以永不抱怨或者不知疲倦地反复做这项工作。

跳出系统

能够跳出正在进行的工作并且看一下已经做了些什么，这是智能固有的特点。它总是寻找并且常常能找到模式。我说的是智能可以跳出它所做的工作，这不意味着它总是这样做。然而，常常是略微推动它一下就足够了。就好比一个正在读书而感觉困倦的人，他不是连续地把这本书看完，而可能把书搁在一边儿，把灯关

掉。他“出了系统”，而这对我们来说似乎是再自然不过的了。或者，假设一个人，A正在看电视，B进了屋子，并且明显地表示出对于当时的状况不喜欢。A可能认为他理解了问题的所在，并且试图通过从当前系统（那时的电视节目）退出来改变一下现状，于是他轻轻按了一下频道钮，找一个好一点儿的节目。不过B可能对于什么是“退出系统”有更极端的概念——也就是，把电视机关掉！当然也有这种情况：只有极少数的人有那种眼光，看出一个支配着许多人生活的系统，而以前却从没人认为这是一个系统。然后这些人常常就投入毕生的精力去使其他人相信那个系统确实存在，而且应该从中退出！

若想教给计算机跳出系统这件事，能教会它到什么程度呢？我举一个使一些人吃惊的实例：不久以前，在加拿大举行的一次计算机国际象棋邀请赛上，一个程序——所有竞争者中最弱的一个——有一个非同一般的特性：它可以远在棋下完之前早早退出。它的棋下得不太好，但它至少有预先估计到没有希望的棋局的能力，然后就此停下，而不是等着另一个程序走完将死它的乏味的过程。虽然每次下棋它都输，但是它做得很有风度。它给很多当地
的下棋能手留下了深刻的印象。假如把“系统”定义成“在下棋的 38
游戏中走棋的系统”，那么，很清楚，这个程序有一个很复杂的事先编好的有能力从系统中退出的程序。另一方面，如果把“系统”定义成“这部计算机按照程序所做的一切”，那么无疑地，这部计算机没有什么从那个系统中退出的能力。

在研究形式系统时，很重要的一点是要区分在系统之内的工作，和做出关于系统的判断或说明。我假定读者像大多数人一样，

开始时,想通过在系统内部工作解决 WU 谜题;逐渐地,你开始着急了,这种焦急心情增长到一定程度时就不再作任何考虑地退出了这个系统,然后盘算一下产生了一些什么,想想为什么没有取得成功——即产生出 WU。也许你发现了没能产生出 WU 的原因所在,这是对于系统进行思索。也许你在中途什么时候产生了 WJU,这是在系统之内进行工作。我不想把事情弄得好像两种方式完全不相容,我敢肯定任何一个人都有某种程度的在系统之内进行工作,同时思考他正在做什么的能力。实际上,在人类事务中,通常是几乎不可能将“在系统之内”和“在系统之外”清楚地区别开的,生活是由许多连结并交织又常常是不协调的“系统”组成的,用“系统内”、“系统外”这类词汇来思考似乎是过于简单化了。但是,非常清楚地形成一些简单的概念,以便人们可以在思考更复杂的概念时把它们作为模型,这常常是重要的。这便是我为什么要向读者展示形式系统的原因。现在是回头讨论 WJU 系统的时候了。

W 方式、J 方式、U 方式

WU 谜题的陈述方式鼓励人们在 WJU 系统内部进行探索——做一些定理推导。但这个问题的陈述方式并不暗示在系统之内必然会产生结果。因此它使得人们往返于两种方式之间。一个把两种方式区分开的方法可以是:准备两张纸,在一张纸上,你“像机器那样”地工作,这样在纸上写满了的都是 W、J、U 这三个字母。在另一张纸上,你“像有思维能力的人那样”地工作,你可以做你的智能要你做的任何事情——可以使用汉语、记下要点、进行逆推、使用缩写（比如使用字母“x”）、把几个步骤缩成一步、把规则加以修改看看可以得出什么东西，以及做你所能想象到的任何其他事情。要注意 3 和 2 这两个数起着很重要的作用，因为，三个 J 是可以扔掉的，两个 U 也可以去掉。另外根据规则Ⅱ，可以把长度延长一倍（除了那个 W）。所以第二张纸上也可以有一些计算。39
我们会时常重新提到处理形式系统的这两种方式，我们分别称之为机方式（J 方式）和惟方式（W 方式）。为了完满，使 WJU 系统的每一个字母都与一种方式相关联，我再提出最后一种方式——无方式（U 方式），它是禅宗的处世态度。关于这点在后面几章中会更多地讲到。

判定过程

对于这个谜题的观察表明，它涉及两种具有不同趋向的规则——加长的规则和缩短的规则。其中两条规则（规则Ⅰ和Ⅱ）允许你加长符号串（当然只能是非常刻板地按预先规定的方式来加长），另外两条规则允许多少缩短一点符号串（同样是以非常刻板的方式）。看起来应该是有无限多种不同的顺序来应用这些不同种类的规则，这就使得用这种或那种方式来产生 WU 有了希望。可能是使符号串加长成一个庞然大物，然后再一段一段地抽掉，直到只剩下两个符号为止；或者更糟糕，使符号串连续地加长、缩短、再加长、再缩短，如此下去，而结果如何却没有保证。事实上，我们已经看出 U 是不可能产生的，既使是加长或缩短到世界末日也无济于事。

然而，U 和 WU 似乎很不相同。通过 U 的非常表面的特征，我们可以辨别出不可能产生它:它不是以 W 开头的(而所有的定理都必须是)。用这样一个简单的方法去发现非定理是很方便的。然而,能说这个测试可以发现出所有的非定理吗? 可能会有许多以 W 开头但无法产生的符号串。也许 WU 就是其中之一。这也就是说:“字头测试”的用途是有限的,它只能发现一部分非定理,而漏掉其他的。但是仍然有可能有一些更精细的测试,这些测试完全能区分哪些符号串通过规则可以产生,哪些不能产生。这里我们得面对一个问题:“我们的测试是什么意思?”目前这个问题的意义或者重要性也许不明显。下面我举一个关于“测试”的例子,某种意义上似乎有点违反这个词的精神:

设想在这个世界上有一个怪物,它有足够的时间,并且喜欢把时间用来以有秩序的方法去产生 WJU 系统的定理。例如,下面就是这个怪物可能采取的一种方式:

步骤 1:对于公理 WJ 应用每一条可以应用的规则。这产生出两个新的定理:WJU、WJJ。

步骤 2:对于从步骤 1 中产生的定理应用所有可以应用的规则。这产生出三个新的定理:WJJU、WJUJU 和 WJJJJ。

40 步骤 3:对于步骤 2 中产生的定理应用所有可以应用的规则。这产生出五个新的定理:WJJJJU、WJJUJJU、WJUJUJUJU、WJJJJJJJJ 和 WUJ。

⋮

这种方法早晚会产生出所有的定理,因为每条规则都在任意能设想出的次序下应用过。(参看图11)我们以上提到的所有那些加

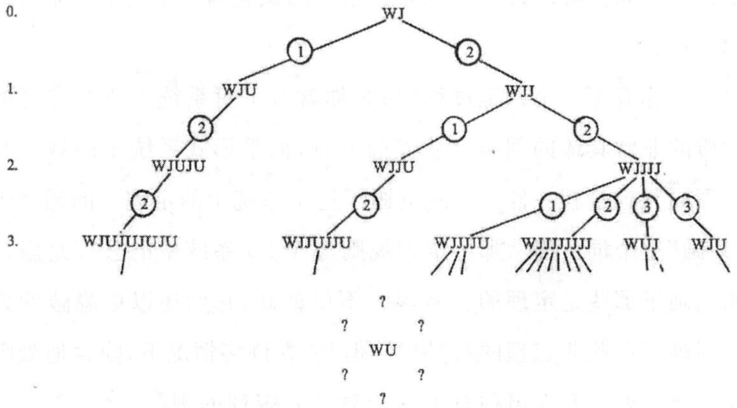

图 11　一个系统地构造出来的 WJU 系统中所有定理的“树”。向下到第 N 步，它包含了恰恰需要 N 个步骤推导的那些定理。圆圈中的数字表示使用了哪条规则。WU 是不是在这棵树上的什么地方?

长—缩短的交替用法最终都用上了。然而对于一个给定的符号串，就不知道要经过多少步它才能出现在这张表里，因为定理是按照它们的推导长度来列出的。这不是一个很有用的次序，假如你对一个特殊的符号串(像 WU)感兴趣的话，你甚至不知道是否有个推导能得出它，更不知道那个推导会有多长了。

现在我们给出这个所谓的“定理性测试”:

等待产生出所要求的符号串，当它出现了的时候，你知道它是一个定理——假如它永远不出现，它就不是一个定理。

这看起来是荒唐的，因为它预先假设了我们为了得到一个答案，并不在乎等待哪怕是无限长的时间。这就是该把什么算作“测试”这个问题的关键。最首要的问题是保证我们将在一个有限长的时间内得到答案。如果有一个检验定理的测试，一个总是在有

41 限长的时间内终结的测试，那么，这个测试就叫作给定形式系统的判定过程。

当你有了一个判定过程，那么你就有了对系统中所有定理的性质的非常具体的刻画。从表面上看，似乎形式系统中的规则与公理同判定过程一样完全地刻画了这个系统中的定理。问题在于“刻画”这个词。当然那些推理规则与 WJU 系统中的公理是隐含地刻画了那些是定理的符号串。不仅如此，它们还以更隐蔽的方式刻画了那些非定理的符号串。但是，在许多情况下，隐含地刻画还不够。如果有人声称有了一个对所有定理的刻画，但是若要推断某一个特别的符号串不是一个定理则需要无限长的时间，你大概会倾向于说，这个刻画中缺少点什么——它不够具体。这就是为什么发现判定过程的存在是非常重要的一步。所谓发现，从效果上看就是：你可以为检验一个符号串是不是一个定理进行一种测试，即便这个测试很复杂，它也是保证有结果的。原则上，这个测试与检查符号串的第一个字母是不是 W 同样地容易，同样地机械，同样地有限，同样是十分确定的。一个判定过程是测试一个符号串是否是定理的“试纸”。

顺便说一下，对形式系统的一个要求是，其中的公理必须具有判定过程——必须存在有关于一个符号串是不是一条公理的试纸。这就保证了至少在一开始进行的时候没有问题。这就是一组公理与一组定理之间的区别：前者总是有一个判定过程的，后者则可以没有。

我敢保证你会同意，当你第一次看见 WJU 系统时，你必须得面对这个问题。单独一个公理是已知的，推理规则是简单的，因此定理被隐含地刻画了——然而它仍然不很清楚，你不知道这个刻画的结果是什么。尤其是，WU 究竟是不是一个定理，这一点仍然不清楚。

图 12　空中城堡，艾舍尔作（木刻，1928）。　42

43 # 二部创意曲

或，

乌龟说给阿基里斯的话

刘易斯·卡罗尔作[1]

阿基里斯追上乌龟之后，舒舒服服地坐在了龟背上。

“这么说，你已经到达我们这场赛跑的终点了，是吗？”乌龟说。“虽然比赛的路程是由无数段路程组成的，你还是跑到啦？我记得有个自作聪明的人证明过这是不可能做到的。”

“这是可以做到的，”阿基里斯说。“这已经做到了！马到成功。你瞧，那些路程在不断缩短，因此——”

“可要是它们一直在不断增长呢？”乌龟打断他的话说。“那会怎么样？”

“那样一来我现在就不会在这儿了，”阿基里斯老老实实地说。“而你到这时应该已经绕地球好几圈了！”

“你对我真是过奖了——哦，我是说你真是过重了，”乌龟说。“因为你的确太沉了！哎，你想听听有关另一场比赛的事吗？在这场比赛里大多数人都以为他们在两三步之内就能达到终点，实际上这场比赛也是由无数段路程组成的，其中每一段都比它前面那段要长些。”

“太想知道了！”那位希腊勇士一边说，一边从他的头盔里（那时几乎没有哪个希腊勇士身上有口袋）拿出一个硕大的笔记本和一支铅笔。“开始吧！请慢点说！速记现在还没发明出来呢！”

“那个漂亮的欧几里得第一命题！”完全沉浸进去的乌龟喃喃地说。“你钦佩欧几里得吗？”

“钦佩得五体投地！至少，对于一部未来几个世纪之后才将问世的著作来说，我钦佩它的程度是无与伦比的了！”

“那好，让我们先来看看第一命题的论证中一个小小的片断——仅仅两步——以及由此得出的结论。请把它们记在你的本上。为了谈到它们时方便起见，我们将它们称作 A、B、Z：——

(A)同等于一物的彼此亦相等。

(B)这个三角形的两条边同等于一物。

(Z)这个三角形的两条边彼此相等。

我想欧几里得的读者们会认为 Z 是 A 和 B 的合乎逻辑的推论，所以任何人只要认为 A 和 B 为真，则必定认为 Z 也真，不是吗？”

“毫无疑问！连上初中的毛孩子——等到两千多年以后发明 44
出初中来——也会对此表示同意的。”

“如果有某个读者不认为 A 和 B 为真，我想他也还会认为这一推论是有效的，对吗？”

“这种读者肯定有。他会说，‘我同意下述假言命题是真的：如果 A 和 B 为真，则 Z 必为真。但是我不接受 A 和 B 是真的。’这种读者应该明智点儿，放弃欧几里得，改踢足球去。”

“还可能有读者会说‘我同意 A 和 B 为真，但不接受那个假言命题’，这也有可能吧？”

“当然有这种可能。他最好也去踢足球。”

“迄今为止，”乌龟继续说，“这两种读者都没有接受 Z 为真的逻辑必然性,对吗?"

"没错,"阿基里斯赞同地说。

"嗯,那么,我想让你把我当作是那第二种读者,用逻辑来迫使我接受 Z 为真。"

"一只会踢足球的乌龟会是——"阿基里斯有点吞吞吐吐。

"——当然是挺反常的,"乌龟急忙抢过话头。"你先别往旁边岔。咱们先谈 Z,后谈球!"

"我得迫使你接受 Z,是吗?"阿基里斯若有所思地说。"你现在的观点是只接受 A 和 B,而不接受假言——"

"把它称作 C 吧,"乌龟说。

"——而不接受

(C)如果 A 和 B 为真,Z 必为真。"

"这就是我目前的观点,"乌龟说。

"那么我得说服你必须要接受 C。"

"只要你一把它记在你的本子上,我马上就接受它。"乌龟说,"你在上面还记了些什么?"

"只是一些摘要,"阿基里斯一边说,一边紧张地翻着那个笔记本:"是些摘要——是关于使我出了名的那些场战斗的!"

"我看到有好多空白页!"乌龟叫到,这一发现使他很高兴。"它们都会用得上的!"(阿基里斯颤了一下。)"现在,我说你写:——

(A)同等于一物的彼此亦相等。

(B)这个三角形的两条边同等于一物。

(C)如果 A 和 B 为真,则 Z 必为真。

(Z)这个三角形的两条边彼此相等。"

“你应该把最后这个命题 Z 改称为 D,”阿基里斯说。“它紧承着上面那三个命题而来。如果你接受 A、B、C,你就必须接受 Z。” 45

“为什么我必须接受?”

“因为它是前三个的合乎逻辑的推论。如果 A、B、C 为真,则 Z 必为真。我看这是无可争辩的吧?”

“如果 A、B、C 为真,则 Z 必为真,”乌龟若有所思地重复着。“这又是一个假言判断,对不对？如果我不觉得这一假言判断是真的,那么我可以接受 A、B、C,而仍然不接受 Z,对吗?”

“你可以,”这位正直的英雄承认道。“可头脑这么迟钝的人也太罕见了。不过,这事儿还是可能的。所以我必须再使你接受一个假言判断。”

“好极了,我很愿意接受,只要你把它写下来。我们可把它称作

(D)如果 A 和 B 和 C 为真,则 Z 必为真。

你把它记到你的本上了吗?”

“已经记上了!”阿基里斯快活地宣布,同时把铅笔插进笔帽里。“我们终于达到了这场思想竞赛的终点！你现在接受了 A、B、C、D,你当然要接受 Z。”

“是吗?”乌龟装傻充楞地说。“让我们搞搞清楚。我接受了 A、B、C、D,请设想一下,我依然拒绝接受 Z,那会怎么样?”

“那样逻辑就会掐着你的脖子,迫使你接受!”阿基里斯得意扬扬地回答道。“逻辑会告诉你,‘这事你作不了主。你既然已经接受了 A、B、C、D,你就必须接受 Z!’因此你别无选择,明白了吗?”

“这美妙的逻辑提供给我们的一切,都值得记下来,”乌龟说。“请把它记在你的本上吧。我们将把它称作

(E)如果 A、B、C、D 为真,则 Z 必为真。

在我接受它之前,我当然不一定要接受 Z。因此它是很必要的一步,你明白吗?”

“我明白,”阿基里斯说。他的声音里带着点悲哀。

到这里,叙述者由于家里有急事,不得不离开这可爱的一对儿了。直到几个月以后,他才又路过这个地方。这时阿基里斯还坐在耐心的乌龟的背壳上,往他那几乎写满了的本子上写个不停。乌龟这时说,“你把刚才那步记下了吗?我要是没数错,已经有一千零一步了。将来还会有亿万步呢。算是帮我个忙,你不会介意考虑考虑我们两人的这篇对话究竟给了 19 世纪的逻辑学家多少教益吧——你不会介意利用一下我表兄假海龟到那时将会发明出来的那个双关语,把你的名字改成‘悟诡’吧?”

“随你便,”这位精疲力竭的勇士把脸埋在双手里回答说,他的声音因绝望而变得很空洞。“只要你愿意利用假海龟从未发明过的双关语,把你的名字改成‘厌极易死’!”

第二章　数学中的意义与形式 46

就是这篇《二部创意曲》启发了我，使我构想出本书对话中那两个角色。就像刘易斯·卡罗尔信手借来芝诺的乌龟和阿基里斯一样，我也信手借来刘易斯·卡罗尔的乌龟和阿基里斯。在卡罗尔的对话中，同样的事件一次又一次地发生，只是每一次都发生在更高的层次上，它与巴赫的"无穷升高的卡农"绝妙地相似。即便不谈其中的妙语，卡罗尔的对话也仍然包含有深刻的哲学问题，即：文字和思维是否遵循形式规则？这个问题也是本书的问题。

在本章与下一章中，我们将研究一些新的形式系统。这将使我们对形式系统这一概念有一个更为广阔的视野。读完这两章之后，对于形式系统的力量，以及为什么它们引起了数学家和逻辑学家的兴趣，读者就会有一个相当清楚的认识了。

pq 系统

本章中的形式系统叫作 pq 系统。它对于数学家和逻辑学家并不重要——事实上，它只是我的一个简单发明。它的重要性，实际上仅在于它为在本书中起着相当重要作用的许多概念提供了一个非常好的例子。pq 系统有三个不同的符号：

p　q　-

——字母 p、q 和短杠。

pq 系统有无穷多条公理。由于不能把它们全部写出来，我们只能用另外的方法描述它们。实际上我们不仅需要对于公理的描述，我们还需要一种辨别某个给出的符号串是否是一条公理的方法。对于公理仅仅做一个描述也许能充分地刻画它们，但是这种刻画是很弱的——与 WJU 系统中对于定理的刻画所存在的问题是一样的。我们并不想仅仅为确定某个符号串是否是公理而花费一段不知多长的——甚至可能是无限长的——时间。所以，我们将给公理这样下定义，使得对于由 p、q 和短杠所组成的符号串是否是一条公理，有一个明显的判定过程。

47 定义：只要 x 仅由一串短杠组成，那么 x-qxp-就是一条公理。

请注意“x”在两次出现时必须是代表同一串短杠。比如：---q--p-是一条公理。当然“x-qxp-”这个表达式本身并不是一条公理（因为“x”不属于 pq 系统）。它更像是一个铸出所有公理的模子——它被称作公理模式。

pq 系统只有一条生成规则：

规则：假设 x、y 和 z 都代表只包含短杠的特定的符号串，并且假设 xqypz 是一条已知的定理，那么 x-qypz-就是一条定理。

比如让 x 是“-”，y 是“--”，z 是“---”，这条规则就是：

如果-q--p---是一条定理，则--q--p----也是一条定理。

正像生成规则通常的形式那样，这个陈述在一个符号串是否是定理与另一个符号串是否是定理这两者之间建立了因果关系，但并不断定这些符号串本身是否是定理。

对于读者最有用的练习就是为 pq 系统的定理找出一个判定过程。这并不困难，找一会儿就能找出来。不妨试一试。

判定过程

我假定读者已经试过了。首先我想指出——这也许是太显而易见而不必提起的——pq 系统中的每一条定理都有三组份离的短杠，并且起分离作用的成分依次为 q，p。（这可以由基于“继承性”的一个论证来证明，就是证明 WJU 系统中的定理都是以 W 开头的那种方法。）这就是说，仅仅从形式上，我们就可以排除像--------q--p--p--p--这样的符号串，指出它不是一条定理。

强调“仅仅从形式上”这几个字似乎显得是笨拙了：除了形式，一个符号串还有什么？有什么其他的东西可能在确定它的性质时起作用？很显然，没有。但是在继续讨论形式系统时，请把这一点记在心里：“形式”的概念会变得更复杂、更抽象。所以我们恐怕得多想一下“形式”这个词的意义。不管情况怎么样，让我们把任何一个以一组短杠开头，然后有一个 q，接着是第二组短杠，然后是 p，最后是另一组短杠这样的符号串都叫作“构形良好的”（简称“良构”）符号串。

让我们回到判定过程上来。是否是定理的标准，是后两组短 48
杠加起来是否等于第一组短杠。例如：----q--p--是一条定理，因为 4 等于 2 加 2，而-q--p--不是一条定理，因为 1 不等于 2 加 2。要知道为什么这是正确的标准，首先要看一下公理模式。显然，它只制造满足这个加法标准的公理。其次再看产生规则。假如第一个符号串满足加法标准，那么第二个一定也满足——反之亦然：假如第一个符号串不满足加法标准，则第二个符号串也不满足。这条规则使加法标准成了定理的一个遗传特性：任何一条定理都把这个特性传给由它产生的定理。这就证明了为什么加法标准是正确的。

顺便提一下，我们有一个关于 pq 系统的事实，这一事实使我们可以有把握地说 pq 系统有一个判定过程，甚至在找到加法标准之前就可以这么说。这个事实是：pq 系统没有因为加长规则和缩短规则这两种相反的力量而复杂化。它只有加长规则。对于任何一个只告诉我们如何从较短的定理得到较长的定理，而永远不会反过来的形式系统，其定理都有一个判定过程。比如，假定给了一个符号串，首先，检查它是不是一条公理（我假设有一个判定公理的判定过程——否则一切就都没有希望了）。如果它是一条公理，那么它也可以称作是一条定理，这个测试就完毕。于是再假定它不是一条公理，那么，它要是一条定理，就一定是从一个较短的符号串得出来的。在逐条地试用各条规则时，不仅能准确地找出可能产生那个符号串的规则，而且还能准确地找出哪一个较短的符号串会是“家谱”中它的上一代。用这种方法，把问题“归约”成为去确定几个新的、但是较短的符号串是否都是定理，然后对它们依次地进行同样的测试。可能出现的最坏情形是产生出大量的、越来越多的、但是越来越短的需要测试的符号串。当以这种方式一步一步地回溯时，就一定会距离一切定理的源泉——公理模式越来越近。越来越短不会是无限的，因此，最终或是发现那些短符号串的其中一个是一条公理，或是到达了某一个无法再往回退的点——也就是没有一个短符号串是公理，并且没有一个短符号串可以通过某条规则或其他倒退步骤进一步缩短。这表明了在形式系统中，只有加长的规则确实是没有多大意思的。是加长与缩短的规则交互作用使形式系统具有了某种魅力。

自底向上之别于自顶向下

上述方法可以称为自顶向下的判定过程，相比之下，现在要给出的判定过程可以称为自底向上。它使人想起那个怪物用来在WJU系统中系统地生成定理的方法。但是，由于有公理模式，现在的情形要复杂些。我们将准备一只桶，当定理生成了以后，我们就把它们丢进桶里。以下便是具体做法：

(1a)将最为简单的公理(--q-p-)丢进桶里。 49

(1b)对于桶里的每个公理应用推理规则，将推得的结果丢进桶里。

(2a)将第二简单的公理丢进桶里。

(2b)对桶里的每个符号串应用规则，并将结果都丢进桶里。

(3a)将第三简单的公理丢入桶里。

(3b)对桶里的每个符号串应用规则，并将结果都丢进桶里。

等等，等等。

略微想一想之后，可以看到，你用这种方法可以把 pq 系统里的每一条定理都产生出来。同时，随着时间的延续，桶里会装入越来越长的定理。这又是由于没有缩短规则的结果。因此，假如你有一个特定的，像-----q--p---这样的符号串，并且想测试一下它是不是一条定理，只要按照上述标了号码的步骤，一直不断地检查是否出现了这个符号串。如果它出现了——它就是定理。假如到了某一个时候，放进桶里的每个东西都比要测试的这个符号串长，那么，就可以丢开它——它不是一条定理。这个判定过程是自底向上的，因为它是从基础，也就是说是从公理开始往上进行的。前面的那个判定过程是自顶向下的,因为它恰恰与此相反:它是向着基础往回进行的。

同构产生意义

现在我们涉及了本章——实际上是本书的——中心问题。也许读者已经想到,pq 定理很像是加法。-----q--p---这个符号串是一条定理,因为 5 等于 2 加 3。读者甚至可以认为-----q--p---这条定理是一个用奇怪的记法记下来的陈述,它的意义是 5 等于 2 加 3。这样看问题合乎道理吗?嗯,我是有意地选择"q",因为英语里"等于"这个词是 equal,而选择"p"是因为英语里"加"这个词是 plus。那么,-----q--p---这个符号串真的意味着"5 等于 2 加 3"吗?

是什么东西使我们那样想的呢?我的回答是:我们在 pq 定理与加法之间看到了同构。在导言中,"同构"这个词的定义是保存信息的变换。现在我们可以深入到那个概念中去,从另一个角度看一看。"同构"这个词的适用情景是:两个复杂结构可以互相映射,并且每一个结构的每一部分在另一个结构中都有一个相应的部分。这里"相应"的意思是:在各自的结构中,相应的两个部分起着相类似的作用。"同构"这个词的这种用法是从数学中一个更精确的概念那里得来的。

50 当一个数学家发现在他所知道的两个结构之间有同构关系时,就会感到很愉快。这种关系常常"从天而降",让人惊喜不已。认识到两个已知结构有同构关系,这是知识的一个重要发展——并且我认为,正是这种对于同构的认识在人们的头脑中创造了意义。关于对同构的认识要说的最后一点是:形象地说,由于它们可以是各种各样千姿百态的，人们并非总能搞清何时才是真正地发现了同构。因此，“同构”具有通常的词所具有的模糊性。这一点是它的缺陷，但也是长处。

对于这种情况，我们有一个关于同构概念的极好范例。我们的同构有一个“较低的层次”——也就是，在两个结构中各个部分之间的映射关系：

q	⇔	等于
p	⇔	加
-	⇔	1
--	⇔	2
---	⇔	3

等等

这种符号与词之间的对应关系有一个名称：解释。

其次，在一个高一点的层次上，真陈述（也称“真理”）和定理之间存在着对应。但是，请注意，如果不在事先给这些符号选定一种解释，这种高一层次的对应是看不出来的。因此，更准确地说，对应是存在于真陈述和经过解释的定理之间的。不管怎么说，我们是展现了一个两层的对应，这在所有的同构中是典型的。

当遇到一个你一无所知的形式系统，并且假如你希望去发现它某种隐藏的含义时，你的问题就在于如何给它的符号赋予一种有意义的解释——也就是，通过某种方式，使得在真陈述和定理之间出现一个高层次的对应。在找到一组联系于这些符号的合适的词之前，你可能要在黑暗里进行一番摸索。这与破译密码或者释读用一种失传了的文字写成的铭文（比如克里特岛的线形文字 B）

非常相似。释读的唯一方法就是建立在以知识为基础的猜想上的试错法。当你发现一个好的选择，一个“有意义”的选择时，突然间就觉得顺当了，并且工作的速度大大加快了。不久，件件事情就都各就各位了。约翰·查德威克的《克里特岛线形文字的释读》一书中就包含有这种令人激动的经历。

但是，对挖掘一个已经毁灭了的文明时发现的形式系统进行释读，这种机会实在太少了。数学家（近来还有语言学家、哲学家和其他人）是仅有的使用形式系统的人。而且他们心里对于他们
51 所使用和出版的形式系统总是有个解释的。这些人的想法是：建立一个形式系统，它的定理同构地反映一部分现实世界。在这种情况下，对于符号的选择是有高度目的性的，就像是对于符号串的生成规则的选择那样。我设计 pq 系统时就是这样的。你可以看出来，我为什么选用了我所选的符号。定理与加法同构这一点不是偶然的，同构之所以发生，是因为我有意地找到了一种通过符号形式反映加法的方法。

有意义的解释与无意义的解释

你可以选择与我不同的解释。你无需使每条定理都成为真的。但要是建立一个解释，使每条定理都成为假的，这也没什么意思。当然，要是作一个解释，其中的定理和真理之间没有一点正的或反的相关性，这就更没有意思了。因此，让我们区别开对于形式系统的两类解释。首先，我们可以有一些无意义的解释，在这种解释下，看不到系统中的定理与现实世界之间有什么同构关系。这样的解释多得很——任何随意的选择，都是这样的解释。例如下

面这个：

q　　　马
p　　　幸福
-　　　苹果

那么-q-p--就获得了一个新的解释："苹果马苹果幸福苹果苹果"——很有诗意的，它可能会打动马，甚至可能使它们喜欢这种对于pq符号串的解释！这种解释没什么"意义"。在这种解释中，定理听起来既不比非定理真一些，也不比它们好些。一匹马可以欣赏"幸福幸福幸福苹果马"（映射成ppp-q），就像它欣赏任何一条经过解释的定理一样。

另一种解释叫作有意义的。在这种解释下，定理和真理是相对应的——也就是，同构存在于定理与现实的某一部分中。这就是区别解释与意义的好处。任何已有的词都可以用来解释"p"，但是"加"是我们所碰到的唯一有意义的一个。总的来说，"p"的意思看来应该是"加"，虽然它还可以有成千上万个不同的解释。

主动意义之别于被动意义

如果深一步地理解，这一章的最重要的事实也许是：pq系统似乎在迫使我们认识到，形式系统中的符号虽然一开始没有意义，但至少在发现了同构关系时，不可避免地会带上某种"意义"。然而，形式系统中的意义与语言中的意义的区别是非常重要的。这区别是：在语言中，当我们知道了一个记号的意义，我们就能基于 52
这个记号做出新的陈述。从某种意义上说，语言中的意义是"主动的"，因为它为创造句子带来了一条新规则。就是说，我们对于语言的掌握,不像是对于一件完成了的产品那样。当我们知道了新的意义的时候,造句子的规则也增加了。另一方面,在形式系统中,定理都是运用产生式规则事先定义了的,我们可以选择以定理与真陈述之间的同构(假如可以找到的话)为基础的"意义"。但是,不是说这样就准许我们在已建立的定理之外增加新的定理。这就是第一章中形式化要求所警告过的。

在 WJU 系统中,当然没有什么东西诱惑我们去超出那四条规则,因为还没有找到或发现一种解释。但是在这里,在我们的新系统中,人们可能受到新发现的每一个符号的"意义"的影响而认为符号串

--------q--p--p--p--

是一条定理。至少,人们可能希望这个符号串是一条定理。但是愿望并不能改变它并不是一条定理这一事实。仅仅因为 8 等于 2 加 2 加 2 加 2,就认为它"一定"是一条定理,这是极大的错误。甚至赋予它意义就是错误的,因为它不是良构的,而我们的有意义的解释整个都是从良构符号串中得出的。

在一个形式系统中,意义一定是"被动的"。我们可以根据其组成符号的意义来读每个符号串,但是我们没有权力只根据我们给符号指定的意义而创造出新的定理。经过解释的形式系统是横跨在没有意义的系统与有意义的系统之间的。可以认为,它们的符号串是"表达"事物的,但这也必定是系统的形式性质的产物。

双重意义!

现在我要破除一种错觉,即认为已经找到了 pq 系统中符号的

唯一意义。考虑下列联想：

q	⇔	减
p	⇔	等于
-	⇔	1
--	⇔	2

等等

那么-----q--p---就有了一个新的解释："5 减 2 等于 3"。当然这是一个真陈述。在这种新的解释之下，所有的定理都将是真理。这就像原来那个解释一样有意义。很显然，"哪一个是这个符号串的唯一意义？"就成了一个很愚蠢的问题。解释只要精确地反映现实 53
世界的某种同构，就是有意义的。当现实世界中的不同方面彼此同构时(这里是说加法和减法)，一个形式系统可以与这两者都同构，因此可以有两种被动意义。这种符号和符号串的二值性是一个极其重要的现象。在这里，它似乎是不足道的、奇怪的、令人恼火的。但是，在以后更深入的讨论中，它还会再次出现，并带来极丰富的内容。

现在来把我们对于 pq 系统所做的观察作一个总结。给定两个有意义的解释，那么用其中的任何一个，每个良构的符号串都对应于一个合法的断言——有些是真的，有些是假的。在一个形式系统中，良构符号串的含义就是：当对它一个符号一个符号地去解释时，就产生合语法的句子。(当然，这取决于如何解释。但是，通常在人们脑子里有一种解释。)定理出现在良构符号串中。这些定理是由一个公理模式和一条生成规则来定义的。我发明 pq 系统的目的是要模仿加法：我想让每一条定理在解释之下都表达一个真正的加法;反之,我想让每一个真正的恰好是两个整数相加的加法都能翻译成一个是定理的符号串。我的目的达到了。请注意,这样,所有的错的加法,像"6 等于 2 加 3",将映射成一些不是定理的良构符号串。

形式系统和现实

在那些基于现实的一部分的形式系统中,pq 系统是我们遇到的第一个实例,并且看起来模仿得很好。在这种模仿中,它的定理和有关那部分现实中的真理同构。然而,现实和形式系统是互相独立的,并不需要意识到在两者之间存在着同构关系。每一方面都独立存在——不论我们知道不知道 2 等于 1 加 1,--q-p-都是一条定理;并且不论我们是否把它与加法相联系,--q-p-总是一条定理。

读者可能想知道,构造这样或者那样的形式系统,是否能就其论域(它的解释所在的领域)中的真理给我们一些启发。通过构造 pq 定理,我们知道了什么新的加法吗?当然没有,但是我们知道了关于加法作为一种操作的性质——也就是说,它很容易用支配无意义符号的印刷符号(以下简称印符)规则加以模仿。这仍然不应使人惊异,因为加法是那么一个简单的概念。加法可以很简单地体现在一部机器的旋转的齿轮之中,就像在现金出纳机中那样。

但是很清楚,就形式系统而言,我们几乎只触及了表面。人们很自然地想知道,现实的哪一部分能够用一组支配无意义符号的形式规则来加以模仿。现实世界的一切都可以变为形式系统吗?从一个很广的意义上说,回答可能是肯定的。比如,人们可以设想，现实世界本身只不过是一个非常复杂的形式系统。它的符号不是在纸上移动，而是在一个三维空间里运动，它们是组成一切事物的基本粒子。（这里包含着一个隐含的假定，即：物质的可分性 54
是有尽头的，因此，基本粒子这个词是有意义的。）“印符规则”是物理法则，它告诉人们如何根据给定的时刻从给出的所有粒子的位置和速度，得出属于“下一个”瞬间的一组新的位置和速度。所以这个宏伟的形式系统的定理，就是粒子在宇宙历史中不同时间的可能布局。唯一的公理是所有粒子在“时间的开始”时的原始布局。这是一个非常宏伟的设想，然而它只有纯粹的理论意义。另外，量子力学（及物理学的其他部分）也使人们对于上述概念所含的理论价值产生了某种怀疑。从根本上说，我们是在问宇宙是否是以完全确定的方式运动，而这是个尚未解决的问题。

数学与符号处理

我们将不去讨论那么大的一幅图景，而只以数学作为我们的“现实世界”。这里出现了一个严重的问题：假如我们试着按照某数学分支构造一个形式系统，我们如何确定我们是否已把这项工作做得很准确了呢？尤其是假如我们不是已经百分之百地熟悉了那部分数学的话。假定形式系统的目的是要给我们带来那个学科的新知识。那么，在我们证明了同构是完全的之前，怎么知道对于每一条定理的解释都是真理？并且，如果我们在开始时不知道那个学科中的所有真理，我们又怎样证明同构是完全的呢？

假定在某个遗址的发掘中，我们确实发现了某种神秘的的形式系统。我们可以试验各种不同的解释方法，并且也许最终碰上了一种看起来使每一个定理成为真理，每一个非定理成为“假理”的解释。但这是一种只能在有穷多个情形里进行直接检验的东西，而定理的集合多半可能是无穷的。我们怎么会知道所有的定理在这种解释方法之下表达了真理？除非我们知道关于形式系统及相应论域的每一个细节。

当我们企图将自然数世界（也就是非负整数：0，1，2，……）和一个形式系统的印刷符号相匹配时，我们就会发现自己是处于这样一种奇怪的境地了。我们将努力去理解，我们在数论中称作“真理”的，和我们借符号处理所能做到的，这两者之间是什么关系。

因此，让我们简略地看看，当我们称数论中的某些陈述为真，而另一些为假时，其根据是什么。12 乘以 12 得多少？人人皆知，得 144。但是有多少给出这个答案的人在他们的生活中曾经画过
55 一个 12×12 的长方形，然后数它的小方格？多数人认为画格和数它们是不必要的。他们会代之以在纸上写下如下的式子作为证明：

$$\begin{array}{r} 12 \\ \times 12 \\ \hline 24 \\ 12 \\ \hline 144 \end{array}$$

这就是“证明”了。几乎所有的人都相信，如果去数小方格，一定是 144 个，几乎没有人会对此得数感到怀疑。

当考虑确定 987654321×123456789 的值时，这两种观点的差别就会看得更清楚了。首先，根本不可能构造一个合适的长方形；更糟糕的是，即便造出来了，也得要大批的人用几个世纪的时间，不停地数那些格子。而只有极易轻信的人，才愿意相信他们最后

数出的结果。某个人、在某个地方、以某种方式出个小小的失误，这简直是太可能发生的事了。因此，究竟是否有可能知道它的得数？如果信任按照某种简单规则处理数字的符号操作过程，回答是肯定的。这个过程作为一种得到正确答案的方法提供给孩子们，而对于许多孩子来说，这个过程的道理由于在这么多的符号中摆弄来摆弄去，往往就显得不清楚了。乘法的数字变换法则多半是基于加法、乘法的少数几条性质，而这些性质被假定是对于所有的数都有效的。

算术的基本法则

对我所说的那种假定，现在就可以说明如下。设划了几个道道：

/ // // // / /

现在数一数它们。同时另外一个人从另一头数。两个人会得到同一个答案，这一点是否清楚？数的结果与计数的方法是无关的。这就是对于什么是计数的一种假定。要试图证明这一点将是毫无意义的，因为它太基本了，不管是看得出来还是看不出来。如果看不出来，就是证明也不会有一点儿帮助。

从这样的假定中，可以得出加法的交换律和结合律（也就是说：
永远有，第一：b＋c＝c＋b，第二：永远有 b＋（c＋d）＝（b＋c）＋d）。 56
同样的假定也可以引出乘法交换律和结合律，这只要想想许多小方块汇集在一起形成一个大的长方体的情形。乘法的交换律和结合律就是这样一种假定：以各种方式旋转那个长方体时，小立方体的数量不会改变。这些假定不是在所有可能的情况下都可以验证的，因为，这类的情况是无穷的。我们认为这是当然的，我们像相信其他事物一样深信它们（假如我们想到它们）。我们从街上走过时，口袋里的钱上上下下地相撞，但是数量不会改变。如果我们把我们的书装入盒子中，放进汽车，开一百里，把盒子拿下汽车，打开，把书放上一个新的书架，书的数量也不会改变。所有这些都是数的性质的一部分。

有这样的人，当某种不可否认的事实一旦写下来时，总是喜欢找点理由，使那个"事实"干脆成了假的。我就是这样的人。在我刚刚写下上面的关于线段、钱和书等例子的时候，我就又设想了一些情境，在其中它们可能并不成立。读者也可以这样做。它说明抽象的数与日常生活中我们使用的数确实是很不相同的。

人们喜欢造些违反基本算术的说法，以便说明某种"更深刻的"真理。比如"1＋1＝1"（对恋人而言），或者"1＋1＋1＝1"（三位一体）。很容易从上述说法里找出漏洞，比如，指出在上述两种情况中，为什么使用加号是不合适的。但这样的情况多得很。两滴雨水从窗户玻璃上流下来合成了一滴，1 加 1 是不是等于 1？一朵云彩分成两朵——还要更多类似的证据吗？发生的事情可以称作"加"，或者需要别的什么词，在这两者之间划一条明显的界限可不是轻而易举的。如果你考虑这个问题，你大概就会提出关于空间中物体的分隔之类的标准，并且肯定每一种物体与其他物体有很明显的区别。但是如何去数思想呢？如何去数组成大气的气体的数量？假如查一查的话，大概能在某个地方发现一个像"印度有十七种语言和四百六十二种方言"这样的陈述。这样精确的陈述倒多少令人感到奇怪了，因为"语言"和"方言"这两个概念本身就是模糊的。

理想的数

数作为一种“实在”是不守规矩的。然而，人们有一种古老的
内在感觉，即数不应该不守规矩。在数的抽象概念中，就有那么一
种纯净的东西，独立于 57
数念珠、方言或云朵。
应该有一种谈论数的
方式，这种方式不会总
是受到现实所具有的
那种糟糕状况的侵入
和捣乱。支配“理想”
数的铁定的规则构成
了算术，并且进一步构
成了数论。在把作为
实际事物的数转变成
作为形式事物的数的
时候，只有一个有关的
问题需要提出来。一
旦你决定了要把所有 58
数论装入一个理想的
系统，是否真有可能彻
底地做到这一点呢？
数是否那么整洁，那么
有规律，像结晶一样，

图 13　释放，艾舍尔作(石版画，1955)。

以至于形式系统的规则能彻底地把握它们的性质？艾舍尔最漂亮的画之一《释放》(图 13)，就是形式与非形式之间的绝妙的对比，它还有一个迷人的过渡区域。数真的像鸟那么自由吗？它们被囚禁在遵守规则的系统中时，也像那些鸟一样难以忍受吗？现实中的数与写在纸上的数之间是否有一个不可思议的过渡区域？

说到自然数的性质时，我不是单指像“特定的两个整数的和”这样的性质。这种性质可以通过计数找出来。每一个在这个世纪里长大的人都不会怀疑像这样的计数以及加法、乘法等等这些过程的可机械化性。我所指的性质是数学家有兴致去探讨的那些问题，而计数过程不足以为那些问题提供答案——甚至在理论上，也不足以提供答案。让我们举一个古老的关于自然数性质的例子：“有无穷多个素数。”首先，没有一个计数过程能够证实或推翻这一断言。我们可以做到的，最多只不过是数上一会儿有多少个素数，然后承认，确实“有不少”。但是，不管你数出了多少素数，你的结果都无法确定素数的个数是有穷的还是无穷的。总是数不完。这个陈述——被称作“**欧几里得定理**”(请注意是黑体字)——不是显然的。看上去它可能是合理的和令人信服的，但不是显然的。然而，欧几里得及后来的数学家一直说它是真的。什么原因呢？

欧几里得的证明

原因是，推理告诉他们是这样的。让我们来看看这种推理。我们来看一个欧几里得证明的变种。这个证明告诉人们，不论挑出哪一个数，都还有一个比它大的素数。挑出一个数——N，把所有从 1 到 N 的正整数相乘，换句话说，也就是做 N 的阶乘，写作

"N!"。得到的数可以被从 1 到 N 之间的任何数除尽。然后在 N! 上加上 1,结果这个数就

不能是 2 的倍数(因为当被 2 除时,余 1);

不能是 3 的倍数(因为当被 3 除时,余 1);

不能是 4 的倍数(因为当被 4 除时,余 1);

……

不能是 N 的倍数(因为当被 N 除时,余 1); 59

换句话说,假如 N! +1 是可以被除尽的(除了被 1 和它本身除之外),也只能是被比 N 大的数除尽。因此,或者它本身是素数,或者它的素因数比 N 大。但是不论是哪种情况,我们已经表明,都一定有比 N 大的素数存在。不论 N 是什么数,这个论证过程都能进行。因此,不管 N 是什么数,都有一个素数大于 N。至此,就完成了素数有无穷多个这一证明。

顺便说一下,这最后一步叫作推广。在今后更形式化的上下文中,我们还会遇到它。在那里我们就单独一个数(N)来进行一个论证,然后指出我们用的 N 是非特定的,因此我们的论证是一般性的。

欧几里得的证明是典型的所谓"真正的数学"。它简洁、优美且令人信服。它表明人们可以通过一些很简短的步骤从起点走出很远。在我们这个例子里,起点是关于乘法和除法等等的基本概念。短小的步骤是指推理的步骤。虽然每一个单个的推理步骤看起来是显然的,但最后的结果并不显然。我们永远不能直接地检查这个陈述是否是真的,然而我们相信它,因为我们相信推理。如果你接受推理,似乎就别无选择。一旦你同意听欧几里得把话讲

完，你就得同意他的结论。这是件幸事——因为这意味着数学家对于把什么样的陈述标为“真的”，把什么样的标为“假的”，永远持一致意见。

这个证明是有条理的思维过程的一个例子。每一个陈述都以一种不可抗拒的方式与前一个陈述有着联系。这就是为什么称它为“证明”而不只是“好的证据”。在数学中，目的总是给予某个不那么显然的陈述一个滴水不漏的证明。存在有这种以滴水不漏的方式联系在一起的步骤，这一事实本身就暗示着可能存在一个具有模式的结构把这些陈述联在一起了。展示这个结构的最好办法是找一些新的词汇——有特定的风格、由符号构成的词汇——仅适于表达关于数的陈述的新词汇。然后，我们可以看看经这些新词汇翻译后的证明。它将是一行接一行地以某种可以检查的方式联系在一起的一些陈述。但是，因为这些陈述是由具有特定风格的小符号集合来表示的，所以它们具有模式的样子。换句话说，虽然大声朗读出来时它们好像是关于数以及它们的性质的陈述，但当把它们写在纸上时，它们仍然好像是抽象的模式——并且这个证明的一行接一行的结构可能开始变得像是模式按照某些印符规则在缓慢地变换。

绕过无穷

虽然欧几里得的证明是一个关于所有的数都有某种性质的证
60 明，它却回避了分别讨论无穷多种情况中的每一个。它用像“不管是什么”或者“不论 N 是一个什么数”这样的话来绕过它。我们也可以使用“所有的 N”这样的词再陈述一遍这个证明。知道了合适的上下文及使用这些词语的正确方式，我们就永远不需要处理无穷多个陈述。我们只要处理两三个概念，比如“所有”这个词——虽然它本身是有穷的，但它体现了无穷。通过使用它们，我们避开了要证明无穷多个事实这种表面问题。

我们使用“所有”这个词的可能方式是由推理的思维过程来规定的。也就是说，在我们使用“所有”这个词时，要遵循一些规则。我们也许没有意识到它们，并且倾向于认为，我们是在这个词的意义的基础上操作的。但是，这毕竟只是一种迂回的说法，实际上我们是由一些从未摆出来的规则所指引的。我们一生中总是在某些句型中使用某些词，但我们不把这些句型叫作“规则”，而是把我们的思维运转过程归因于词汇的“意义”。这个发现在通向数论形式化的漫长道路上是一个关键性的认识。

假如我们越来越仔细地研究欧几里得的证明，我们就会看到，它是由许许多多小的——几乎是无穷小的——步骤组成的。假如把所有这些步骤都一行一行地都写出来，这个证明会难以置信地复杂。对于我们的头脑来说，把许多步骤压缩在一起形成单个句子是最为清晰的。假如我们用慢动作来观察这个证明，我们就会开始察觉到一个个的框架。换句话说，这个解剖过程到此为止，这之后我们就遇到推理过程的“原子化”性质。一个证明可以分解成一系列小而不连续的跳跃。但从一个更高更便利的角度来观察它的时候，这些步骤是很平滑地过渡的。在第八章中，我将说明一种把证明分成原子单位的方法，读者会看到它涉及了许多步骤，多得令人难以置信。即使这样，它或许也不应该让你太惊异。当欧几里得发明这个证明时，一定有几百万个神经原（神经细胞）参加了操作，其中有许多仅在一秒种内就被激活了几百次。仅仅说出一个句子就要涉及成千上万个神经原。假如欧几里得的想法那么复杂的话，说它的证明包含了巨大数目的步骤就有意义了。（他脑中神经原的活动与我们的形式系统里的一个证明可能没有什么直接联系。但是两者的复杂程度是可以相比的。这就好像是大自然想要使"素数有无穷多"这个证明的复杂性保持恒定，即使涉及的系统相互之间极其不同。）

在下面的几章中，我们将构造出一个形式系统：(1)它包含一个具有特殊风格的词汇表，所有的关于自然数的陈述都可以通过它来表达；(2)它有与所有看起来必要的推理类型相对应的规则。一个很重要的问题是：我们那时所给出的、用于符号处理的规则，是否真的与我们通常的心理推理能力相等（就数论而言）——或者更一般地说，用某种形式系统来达到我们思维能力的水平，在理论上是否有可能。

无伴奏阿基里斯奏鸣曲

电话响了，阿基里斯拿起话筒。

阿基里斯：喂，我是阿基里斯。

阿基里斯：噢，你好，龟兄，你怎么样？

阿基里斯：得了窝颈症？啊，真不幸。你自己知道是什么引起的吗？

阿基里斯：你待在那种姿态下有多久？

图 14　镶嵌画Ⅱ，艾舍尔作（蚀版画，1957）。

阿基里斯:哦,难怪变得僵硬了。究竟是什么东西居然叫你那么长时间地拧着脖子?

阿基里斯:其中有很多都挺怪模怪样的,是吗?都是些什么东西啊?举个例子?

62 阿基里斯:你说什么——“魔幻般的各种动物”?

阿基里斯:你认出了你的朋友螃蟹?它干嘛要变成那种样子?什么?螃蟹总是爱把自己弄进最不可思议的困境里?这呆瓜!幸亏那对钳子没变样。

阿基里斯:还有一把吉他?太奇怪啦。说到音乐,你想过来听一听那位最对你口味的作曲家巴赫的无伴奏小提琴奏鸣曲吗?我刚买到一张这些奏鸣曲的唱片,那效果真是太棒啦。我现在还没从那里面醒过劲儿来呢。巴赫只用了一把小提琴就创作出了这么有趣的作品!

阿基里斯:怎么,还没劲儿?我知道到了你这样的岁数会怎么样。真遗憾,也许你应该上床读会儿书什么的。

阿基里斯:哦,是吗,没电了?有时会出现这种情况的,不过我看你可以点上蜡烛。

阿基里斯:哦,哦,原来是因为失眠,那最好就别看书了。可是,究竟是什么叫你睡不着觉呢?

阿基里斯:哦,是这么回事啊。那好,如果是这个叫你一直神不守舍,那你也许最好说给我听听,让我和你一起来研究研究。

阿基里斯:一个词,其居中的两个部首依次是“昔”和“火”……嗯……“秋鹊”怎么样?

阿基里斯:的确,“昔”、“火”在这个词里顺序是颠倒的。

阿基里斯：一连猜了几个小时？听起来我好像一头栽进了一个非常难解的字谜里了。这个该死的字谜你是打哪儿听来的？

阿基里斯：你是说他看去像是在思索深奥的佛理，可实际上他只是在力图解开复杂的字谜，是吗？

阿基里斯：啊哈！——原来是那只蜗牛知道这家伙在干什么。可是你怎么想起跟那只蜗牛说话的呢？

阿基里斯：听我说，我曾经见过一个字谜，跟这个有点像。你想知道吗？这会不会弄得你更加神不守舍呢？

阿基里斯：我也这么想——不会有任何害处的。下面就是那个字谜：什么词以部首“虫”开头，又以部首“虫”结尾？

阿基里斯：真机灵——不过这近乎赖皮了。这当然不是我心里所想的那个答案。

阿基里斯：你当然很对——它满足了条件，不过这是种“走捷径”的解决办法。我心里另有谜底。

阿基里斯：叫你猜着了！你怎么这么快就想出来啦？

阿基里斯：我明白了。事实上停电不仅没有耽误你的事，反而帮了你的忙。太妙了！可是对于你的那个“昔火”谜，我这儿还是一抹黑呢。

阿基里斯：祝贺你！这样一来你也许能睡着了！告诉我吧，谜底是什么？

阿基里斯：是的，我一般不喜欢提示，但是没关系，你要给我什么提示呢？

阿基里斯：我不懂你在这里用“图形”和“衬底”是表示什么。

阿基里斯：我当然知道《镶嵌画Ⅱ》那幅画！我熟悉艾舍尔的所有

作品。毕竟,他是我最喜欢的艺术家。我无论到哪儿总要在墙上挂一幅《镶嵌画Ⅱ》的印刷复制品,我现在一抬眼就能看得见。

63 阿基里斯:是的,我看出了所有的黑颜色动物。

阿基里斯:对,我还看到它们中间的“负空间”——也就是剩下的画面——是些白颜色的动物图案。

阿基里斯:你所说的“图形”和“衬底”原来是这个意思啊。可是这同那个“昔火”字谜有什么关系呢?

阿基里斯:哦,对我来说这太复杂了。我真希望能马上来个“肚里点蜡烛——透心明白”。

阿基里斯:没听说过?这可是我最喜欢的歇后语了。

阿基里斯:你现在就准备过来?可是我刚才还想——

阿基里斯:那好吧。也许到那时我会想出你那个字谜的正确答案,对,用你那个“图形-衬底”的暗示,把它同我的那个字谜联系起来。

阿基里斯:我很愿意把它们放给你听。

阿基里斯:你发明了一种有关它们的理论?

阿基里斯:用什么乐器伴奏?

阿基里斯:嗯,如果真是这样的话,他不愿写出羽管键琴部分并把它发表就有点奇怪了。

阿基里斯:我懂了——带点儿随意的色彩。听它们可以有两种办法——带伴奏的或不带伴奏的。但是人们怎么会知道那伴奏听起来怎么样呢?

阿基里斯:啊,对,我想那是最好的,把它留给听众去想象。况且还说不定正像你所说的那样，巴赫甚至从未想到过要有伴奏。这些奏鸣曲现在这样似乎也确实很好。

阿基里斯：没错儿。好吧，一会儿见。

阿基里斯：再见，龟兄。

第三章　图形与衬底

素数之别于合数

想想简单的印符操作能把握概念，不免有点令人奇怪。迄今为止我们已把握到的概念是加法，这说来还不显得有多怪。可我们现在的目标是做出一个形式系统，使定理都是 Px 的形状，其中字母 x 代表一个短杠符号串，并且只有当短杠符号串中的短杠数目是素数时才能成为定理。这样，P---是个定理，而 P----则不是。怎么能用印符操作来做这件事？首先，说清楚所谓印符操作是什么意思是很重要的。我们能用的东西都已在 WJU 系统和 pq 系统中给出了，所以我们实际上只需列出我们所允许的种种操作：

(1)读入并认出有限的符号集合中任何一个符号；

(2)写下属于该集合的任何一个符号；

(3)把任何一些那样的符号从一处复制到另一处；

(4)删除任何一些那样的符号；

(5)检测一个符号是否与另一个符号相同；

(6)保存并使用一列以前产生的定理。

这张表有点多余，不过没关系。重要的是它很明显只涉及一些极简单的能力，它们远比区分素数与非素数的能力简单得多。

那么,我们怎样才能组合这些操作,构造一个形式系统,在其中素数能与合数区别开呢?

tq 系统

第一步该是试图去解决一个简单些、但却与此有关的问题。我们可以做一个与 pq 系统类似的系统,差别是这次我们表示的是乘法。我们称之为 tq 系统,“t”代表“乘”(英文是 times)。进一步还得说明,我们用 X、Y、Z 分别表示短杠符号串 x、y、z 中的短杠数目。(注意我在此特别用心地区分符号串与它所包含的短杠数目。)现在我们希望符号串 xqytz 是个定理,当且仅当 X 等于 Y 乘以 Z。例如,------q--t---应该是个定理,因为 2 乘以 3 等于 6,但---q--t--不应是个定理。tq 系统可以像 pq 系统一样很容易地刻画——就是说,只用一个公理模式和一条推理规则:

公理模式:xqxt-是一个公理,对任何一个短杠符号串 x 都是如此。 65

推理规则:设 x、y、z 都是短杠符号串。设 xqytz 是个已有的定理。

那么,xyqytz-是个新的定理。

下面是定理------q--t---的推导:

(1)--q--t-　　(公理)

(2)----q--t--　　(用推理规则,(1)作为已有定理)

(3)------q--t---　　(用推理规则,(2)作为已有定理)

若注意每次使用推理规则时最后的那个短杠符号串是怎样增长的,你就可以预言,如果想导出一个最后有十个短杠的定理,就得接连用九次推理规则。

把握合数

乘法是个比加法稍难对付的概念,现在已由印符操作“把握住”了,就像艾舍尔的《释放》里的那些鸟。素数性质怎么样呢?这里有个看来聪明的计划:使用 tq 系统,定义一集形如 Cx 的新定理来刻画合数:

规则:设 x、y、z 是短杠符号串。如果 xqy-tz-是定理,则 Cx 是定理。

这能行得通,因为:说 X(x 中的短杠数目)是合数,仅当它是两个大于 1 的数的乘积——即,是 Y+1(y-中的短杠数目)和 Z+1(z-中的短杠数目)的乘积。我可以提出某种“惟方式”的论证来为这条规则辩护,因为你是人,想知道为什么会有这样一条规则。假如你是完全以“机方式”运转的,你就不会需要任何论证了,因为 J 方式工作者只是机械地、快乐地遵循规则,从不产生疑问。

由于你以 W 方式工作,你会趋于把符号串与对符号串的解释相混淆。你知道,一旦你从你所操作的符号里找到“意义”,事情就会变得相当混乱。你不得不和你的自我作斗争,阻止自己把符号串“---”认作数目 3。对形式化的要求,在第一章里或许显得令人迷惑不解(因为它看上去如此显然),在这里却变得相当复杂,并且很关键。这里的实质在于防止你自己把 W 方式与 J 方式相混淆,或者换一种说法,在于防止你自己把算术事实与印符定理相混淆。

对素数的非法刻画

66 一个很诱人的做法是从 C 型定理直接跳到 P 型定理,就是草拟下面这样一个规则:

草拟的规则:设 x 是一个短杠符号串。如果 Cx 不是个定理,那么

Px 是个定理。

这里致命的缺陷是:Cx 是否是个定理并非一个显明地表达出的印符操作。要确定 WU 不是 WJU 系统的定理,你必须到系统的外面去……对这个草拟的规则也是如此。这是一个完全违反了形式系统观念的规则,它要求你非形式化地进行操作——就是说,在系统之外进行操作。印符操作(6)允许你查看以前所发现的定理的储备,可是这条草拟的规则却要求你去查看假定的一张"非定理表"。但要想产生这样一张表,你必须得在系统之外进行一番推理——这种推理是说明为什么某些符号串不能在系统内生成。当然很可能有那么一个另外的形式系统,能纯粹通过印符手段产生"非定理表"。事实上,我们的目标恰恰就是要找这么一个形式系统。但上面草拟的那个规则不是个印符规则,必须放弃。

这一点非常重要,因此我们还得再稍微多说几句。在我们的 C 系统里(包括 tq 系统及定义 C 型定理的那条规则),我们有形如 Cx 的定理,其中"x"像通常一样代表一个短杠符号串。也有形如 Cx 的非定理(这些就是当我说"非定理"时所指的东西,虽然 ttCqq 以及其他乱七八糟不规矩的东西也显然是非定理)。区别在于,定理含有合数数目的短杠,非定理含有素数数目的短杠。现在所有的定理都具有一个共同的"形式",也就是说,都源自一个共同的印符规则集。那么,在同一意义上。所有的非定理是否也具有一个共同"形式"呢?下面是一列 C 型定理,不带推导。它们后面括号中的数字只是记录其中的短杠数目。

C----(4)

C------(6)

C--------(8)

C---------(9)

C----------(10)

C------------(12)

C--------------(14)

C---------------(15)

C----------------(16)

C------------------(18)

⋮

67 这张表中的“洞”是那些非定理。重复那个早先的问题:那些洞也具有某种共同的“形式”吗?对,也不对。无可否认的是它们都具有某种印符特性,但我们是否要称之为“形式”却是不清楚的。理由是那些洞仅仅是以否定的方式定义的——它们是被一列以肯定的方式定义的东西所排除的那些东西。

图形和衬底

这让人想起艺术中对“图形”和“衬底”的著名区分。当一个图形或“正空间”(例如,一个人形、一个字母、一个静物)画在画框里时,不可避免地也就画上了与它互补的形状——也称作“衬底”、“背景”或“负空间”。在多数绘画中,这种图形与衬底的关系不起多少作用。艺术家对衬底远不如对图形那么感兴趣。但有时候,艺术家也会对衬底同样感兴趣。

有一种漂亮的汉字书写方式就是着意摆弄这种图形与衬底的区分。下面的图 15 就是用这种笔画来传达信息的。猛一看，它像是一团团随便涂上的墨斑，但若你退后一些盯着它看一会，你会突然发现，有四个汉字出现在这里……

图 15　“以子之矛”，刘皓明绘。

类似的效果可以在我画的《以烟为号》(图 139)中看到。沿着这条思路下去，你可以考虑一下下面这个谜题：你能否想个什么办法作一幅画，使其中的图形及衬底都是图形？

现在我们来正式地区分两类图形：流畅可画出的和倍流畅的(顺便说明，这些词是我自己的用语——并非通常都这么用)。在流畅可画出的图形中，衬底仅仅是绘画过程中顺带的副产品。而在倍流畅的图形中，衬底本身也可视为一个图形。这通常都需要艺术家的精心构思。“倍流畅”的“倍”字表示前景和背景都是流畅地画出来的——图形是“双倍流畅的”。在倍流畅图形中，图形与衬底的每道分界线都是双刃宝剑。艾舍尔是画倍流畅图形的大师——例如，他倍流畅地画出的那些漂亮的鸟(图 16)。

我们这种区分并非像数学里那么精确。谁能肯定地说一幅画中的衬底就一定不是个图形？一旦指出这一点，那么几乎任何衬

68 图 16　以鸟作瓦,艾舍尔作(选自 1942 年的速写本)。

底都有它自己的价值。在这种意义下,每个图形都是倍流畅的。但那不是我这用语的意图。我们对可识别的形状都有种自然直觉的观念。前景与背景是否都是可识别的形状?如果是,那么这幅画是倍流畅的。当你看大多数线条画的衬底时,你会发现它们是极难识别的。这就证明了:

存在可识别的形状,其负空间是不可识别的形状。

图17　FIGURE－FIGURE图 69
形，斯科特·凯姆作(1975)。你能 70
看出其中的单词吗？

用更为“技术性”的词语来说，就是：

存在非倍流畅的流畅可画出图形。

对于前面说到的那个谜题，斯科特·凯姆给出了一个解：他直接在英语单词 FIGURE(“图形”的意思)上作文章。图 17 就是他作的画，我称之为 FIGURE － FIGURE 图形。如果你看了这幅画中白的部分再看黑的部分，你看到的都会是 FIGURE，就是说，你总是看到“图形”，而永远看不到“衬底”。这是个倍流畅图形的典范。在这幅巧妙的画中，可以有两种不等价的方式来刻画黑的部分：

(1)作为白的部分的负空间；

(2)作为白的部分的变形副本(通过将白的部分涂黑并平移而得到)。

(在 FIGURE－FIGURE 图形这种特殊情况下，两种刻画确实是等价的——但在大多数黑白图画中，两者不会等价。)将来在第八

章,当我们构思我们的印符数论(即 TNT)时,我们将希望能用两种类似的方式来刻画所有的数论假陈述的集合:

(1)作为 TNT 的所有定理的集合的负空间;

(2)作为 TNT 的所有定理的集合的变形副本(通过否定每个 TNT 定理而得到)。

但这个希望将破灭,因为:

(1)在非定理组成的集合中有真理。

(2)在所有被否定的定理组成的集合之外有“假理”。

在第十四章里你会看到这是为什么,以及是怎样发生的。同时,也请你琢磨琢磨用图形表达出来的这种境况(图 18)。

音乐中的图形与衬底

在音乐中也可以找到图形与衬底。类比之一就是旋律与伴奏之间的区别——因为在某种意义上讲,旋律总是处在我们注意力的前沿,而伴奏是第二位的。因此当我们在一部乐曲的较低声部发现可识别的旋律时会很惊奇。这种乐曲在巴罗克以后的音乐中不太常见。和声通常不被当作是前景。但在巴罗克音乐中——尤其是在巴赫的音乐里——各个声部,不论是高是低或在中间,都是起“图形”作用的。从这个意义上讲,巴赫的曲子可以称为“倍流畅的”。

音乐中还有另一种图形衬底的区分:强半拍与弱半拍之间的区分。如果你为一个小节里的音符打拍子:“一丰嗒,二丰嗒,三丰嗒,四丰嗒”,多数旋律音符会落在数字上,而不是“嗒”上。但有时候,一段旋律会刻意地落在各个“嗒”上,纯粹追求这种效果。例如,肖邦有几首钢琴练习曲就有这种旋律。巴赫的曲子里也有——特

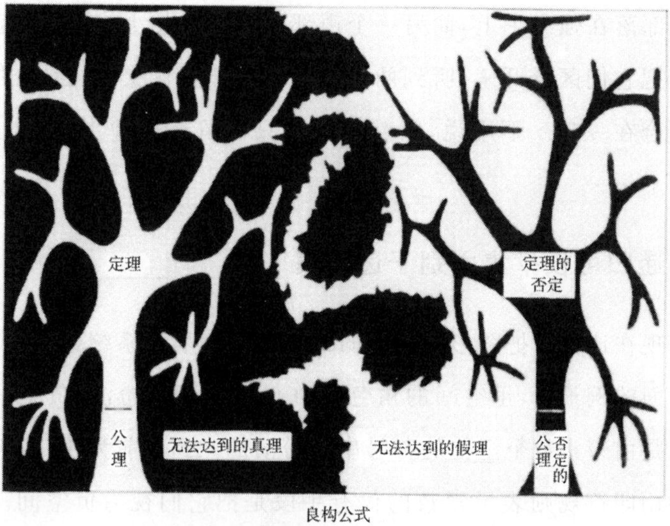

符号串

图 18　这张图形象地描绘了 TNT 中各种符号串之间的关系。最大的方框代表所有 TNT 符号串的集。次一级的方框代表所有良构的 TNT 符号串的集，在它里面有 TNT 的所有语句的集。现在事情开始有趣了。所有定理的集合画成了一棵树，树干代表公理的集合。选树来作象征是因为它展现出来的递归生长的模式：新的枝条不断地从旧的里面生长出来。手指一样的枝条探到了约束区域（真理集）的各个角落，然而永远无法完全覆盖这个区域。真理和"假理"之间的分界线有意地提示出一种曲折随机的海岸线，无论你如何仔细地察看，总是有更细微的结构，因而不可能用有穷的方式精确地加以描述。（参见孟德尔布劳特所著《碎片》。）对应的树代表定理的否定的集：它们都是假的，但它们整个却无法充满假陈述的空间。［作者绘］ 71

别是他的无伴奏小提琴奏鸣曲和帕蒂塔，以及无伴奏大提琴组曲。在这些曲子里，巴赫用各种办法使两个或更多的曲调同时进行。

有时他让独奏乐器用“双弦”奏法——两个音同时奏，有时他让一个声部落在强半拍上，而另一个声部落在弱半拍上，这样听起来就能把它们区分开来，听到两个不同的旋律盘旋交织，互相协调地融合在一起。不用说，巴赫还远不只停留在这种水平的复杂程度上……

递归可枚举集之别于递归集

现在让我们把图形与衬底的概念带回到形式系统这个领域。
72 在前面的例子里，正空间的角色是由 C 型定理来扮演，负空间的角色是由带素数个短杠的符号串来扮演的。到目前为止，我们找到的用印符规则表示素数的仅有手段是把它们视为负空间。那么，是否有什么手段——我不在乎多复杂——能把素数作为正空间表示出来——就是说，作为某种形式系统的定理的集合？

这里，不同人的直觉给出不同的回答。我还能生动地记起当初为了体会正的刻画与负的刻画之间的区别，我是怎样地着迷而大伤脑筋的。那时我相当肯定地认为不仅素数，而且任何能被负地表示出来的数的集合都同样能正地表示出来。我这个信念背后的直觉可以用一个问题来表达：“一个图形与其衬底怎么会不带有完全相同的信息？”在我看来，它们体现了同样的信息，只是以互补的两种方式对信息编码而已。在你看来正确的回答是什么？

结果就素数而言我是对的，但对一般情形来说我错了。这使我很吃惊，而且就是到了今天我也仍继续感到吃惊。那是这样一个事实：

存在一个形式系统，其负空间（非定理集）不是任何一个形式系统的正空间(定理集)。

后来证明了,这个结果与哥德尔定理具有同样的深度——因此我的直觉出错是不奇怪的。我,正像20世纪初的数学家们一样,期望着形式系统与自然数的世界比实际上更可预测。用更为技术性的术语来说,上面的结果就是:

存在非递归的递归可枚举集。

"递归可枚举"这个词(通常缩写为"r. e.")是我们那个艺术上的"流畅可画出"概念的数学对应物——而"递归"则是"倍流畅"的对应物。一集符号串是"r. e."的,意思是它能按照印符规则来生成——例如,C型定理的集合、WJU系统的定理集合——其实,任何形式系统的定理集都是这样。这可以和"图形"概念,作为"能按照艺术规则生成的线条的集合"(且不管那是些什么样的规则),作个比较。而一个"递归集"就像是个其衬底也是个图形的图形——不仅它r. e.,它的补集也r. e.。

上述结果导致:

存在一些形式系统,它们没有用印符规则表述的判定过程。

怎么会得出这样的结论呢?很简单。一个用印符规则表述的判定过程是一种分辨定理与非定理的测试方法。有了这样的测试,我们就能系统地生成所有的非定理。方法很简单:把所有的符号串排成一列,对它们逐个施用这个测试,除掉那些非良构串及那些定理。这就相当于一个生成非定理集合的印符方法了。但按照前面 73
的那个论断(在这里我们当作信念而接受),对于某些系统这是不可能的。因此我们必须下结论:并非所有的形式系统都有用印符规则表述的判定过程。

假定我们找到了一个自然数的集合 T(相应于"图形"),能用某种形式的方法生成——就像合数那样。假定它的补集是 C(相应于"衬底")——就像素数那样。T 和 C 加在一起就是全部自然数了。我们知道一个产生 T 集中所有的数的规则,但我们知道没有同样的产生 C 集中所有的数的规则。了解下面这一点是很重要的:如果 T 集中的元素总能按长度递增的方式生成,那么我们总是能够刻画 C。问题在于许多 r.e. 集的生成方式是以任意的次序添加元素的,因此你永远无法知道某个数被跳过之后过了很长时间会不会被收进来,如果你只要稍稍再等一会的话。

对于那个艺术问题:"所有的图形都是倍流畅的吗?"我们回答了"否"。现在我们看到了,对于数学中的类似问题:"所有的集合都是递归的吗?"我们必须同样地回答否。带着这样的观察,让我们回到那个费解的词"形式"。让我们再摆出我们的图形集 T 和衬底集 C。我们可以承认集 T 中所有的数都有某种共同的"形式"——但对于集 C 中的数也能这么说吗? 这是个奇怪的问题。当我们着手对付一个无限的集合——自然数——的时候,通过去掉某个子集而产生的洞大概是很难用什么显明的方式来定义的。因此它们或许不带有任何共同的特性或"形式"。分析到最后,用不用"形式"这个词成了口味问题——但思考这件事是很有意思的。也许最好是不去定义"形式",而把它留给灵活的直觉。

这里有个供思考的谜题,它与上面谈的事情紧密相关:你能刻画出下面这样的整数集合(或者它的负空间)吗?

1　3　7　12　18　26　35　45　56　69……

这个序列与 FIGURE－FIGURE 图形有何相似?

素数作为图形而非衬底

最后,让我们来看看生成素数的形式系统。它是怎么做到的?技巧是跳过乘法,直接把不可整除性当作要正面表示的东西。下面是一个公理模式和一条规则,它们产生的定理可以准确地表达一个数不整除(BZC)另一个数这个概念:

公理模式:xyBZCx,其中 x 和 y 是短杠符号串。

例如,-----BZC--,这里“--”代替了 x 而“---”代替了 y。 74

规则:若 xBZCy 是个定理,则 xBZCxy 是个定理。

如果你把这个规则用两次,你就能生成下面这个定理:

-----BZC------------

这可以解释成“5 不整除 12”。但---BZC------不是个定理。要是你试图生成它,会出什么问题?

现在为了确定一个给定的数是素数,我们得建立某种关于它的不可整除性的知识。特别地,我们希望知道它不能被这样一些数整除:2、3、4、等等,如此下去,直到比那个数本身小 1 的数。但我们在形式系统里不能含糊不清地说“等等”之类的话。我们必须明白地说清楚。我们大概会要有一种方式以这个形式系统的语言来说出“数 Z 在直到 X 的数内没有因子(记作 zMYx)”,意思是在 2 和 X 之间没有能整除 Z 的数。这是能做到的,但要点技巧。如果你愿意,你可以自己想一想。

下面是解决方案:

规则:如果--BZCz 是个定理,则 zMY--是个定理。

规则:如果 zMYx 与 x-BZCz 都是定理,则 zMYx-是个定理。

这两条规则把握住了“无因子性”这个概念。我们还需要做的仅仅就是说出：素数是那种在直到比它自己小 1 的数内没有因子的数：

规则：若 z-MYz 是个定理，则 Pz-是个定理。

噢，我们可别忘了 2 是个素数！

公理：P--。

到这里就算大功告成了。形式地表示素数性的要点，在于有一个对可整除性的测试，无需任何回溯就能工作。你稳步向前进展，先测试是否被 2 可除，然后被 3，被 4，如此下去。就是这种“单调性”或者说单向性——没有加长与缩短、增大与减小的交错出现——使我们把握住了素数性。然而正是形式系统的那种潜在复杂性，即它包含任意多的向前、向后的干扰，才导致了诸如**哥德尔定理**、图灵的停机问题、以及关于“并非所有递归可枚举集都是递归集”的事实等等这些限制性的结果。

对位藏头诗

阿基里斯来拜访乌龟，看到乌龟家里有许多唱片。

阿基里斯：**赫**赫有名的法国作曲家德彪西你知道吧？你这里有没有他的作品？

乌龟：**赫**赫有名的得镖器？我可没听说过。我这儿倒收藏了不少“飞去来器”，就是那种扔出去能飞回来的飞镖。

阿基里斯：**有**名极了，不过这没关系。你这里到底都有谁的作品？我想总该有巴赫的吧？

乌龟：**名**曲我都有，巴赫的自然不用说了。你听过巴赫的曲子吧？那种美，那种技巧！我每次听他的曲子都有新的感受。

阿基里斯：**的**确是技巧高超，百听不厌。哎，龟兄，你是从哪儿找来这些唱片的？

乌龟：**德**意志，巴赫的故乡。到底还是德国人演奏的好。

阿基里斯：**国**籍不重要，巴赫属于全世界。

乌龟：**作**为一种个人嗜好，我还是宁愿听德国人的演奏。好了，咱们别谈这些了，有句拉丁格言，恐怕你也知道：口味无须争辩。哎，你知道我这些天在干什么吗？我在研究一种特殊的音乐。这种音乐能形成一个“家族”，我称之为“粉碎唱机的音乐”。

阿基里斯：**曲**名就是这个？

乌龟：**家**族音乐是许多相似但又不同的曲子的总合，并没有什么总的曲名。我说的“粉碎唱机的音乐”不是曲名，而是对这一大族曲子的描述。

阿基里斯：给我讲讲是怎么回事吧，我现在一点也摸不着头脑。

乌龟：了解这种音乐可不是一件简单的事情，这得从头说起。有一次螃蟹来我这里做客，当时我身体不太舒服——噢，对了，你见过螃蟹吗？

阿基里斯：我没见过。不过已经久闻他的大名了，真希望能见到他。我本来应该有个机会能碰上他的，那是在一个叫凯瑟林的人家里。他家举办了一个音乐会，可我没能去成。我好像记得凯瑟林是个什么贵族，大概是个侯爵。

乌龟：侯爵，没错，就是后知后觉的那个侯爵。巴赫的《哥德堡变奏曲》就是为他写的。

阿基里斯：世上竟有这样不幸的事！这真太遗憾了，我不仅错过了螃蟹，还错过了那部著名的组曲！咳，我真是！

乌龟：达观一些，阿基。你将来肯定会有机会听《哥德堡变奏曲》，见螃蟹也是迟早的事，说不定哪天在公园里我们就会碰上他。别这么垂头丧气的。你平日的那股灵气呢？

阿基里斯：灵气？好吧，你接着说吧：螃蟹到你这儿来了，当时你不大对劲——

乌龟：感到身体不太舒服，也正想找人聊聊，于是他跟我说起他新买的唱机——你知道，螃蟹这家伙特别容易对小玩艺着迷，这回轮到唱机了——他说他那唱机是一台完备的唱机，能重现
76 任何音乐。我当然不信，可我没法说服他。他顽固地相信推销员对他说的每一个字！于是我回家后研究了一番，作了一支曲子，灌进唱片，带着去见螃蟹。这支曲子的名字是“我不

能在唱机 1 上播放”，就是说……

阿基里斯：……什么？那是个什么东西？

乌龟：在唱机 1 上没法播放的曲子，就是这么回事。我建议他听听这支曲子，他很高兴地答应了，把唱片放上那个可爱的唱机。可是真不幸！刚刚播出几个音符，那唱机就开始剧烈地震颤起来，随后“砰”的一声巨响，唱机炸成了碎片，溅得满屋都是。唱片当然也跟着完了。

阿基里斯：此刻螃蟹一定非常难受吧？你也太狠心了！

乌龟：我不过是向他证明一下他的观念有多么荒唐罢了。那台唱机根本不可能重现我那支曲子，那种音乐会使它震碎自己。

阿基里斯：借用一个术语，就是“自我震碎”了，对吗？

乌龟：用得好！当然，也可以这么看这个问题：那个推销员多少有些吹牛，螃蟹买的那台唱机不是那么完备，它事实上不可能重现所有的音乐。

阿基里斯：他后来明白这一点了吗？我想他不会就此罢休吧？

乌龟：的确，他没认输，他后来……嗯，我想我该先讲讲我的曲子，是不是？

阿基里斯：对对，你应该先跟我说说你的曲子是怎么回事。等一下，那种唱片你只有一张吗？我很想看看。你把它放在哪儿啦？

乌龟：位子上。在那儿。（阿基里斯找到了唱片。）看唱片是看不出什么的，关键在于曲子的旋律。唱机播放这种旋律时会产生特殊的音响效果。我可以给你详细讲讲。在回访螃蟹之前，我去了螃蟹买唱机的那家商店，问清了制造那种唱机的工厂。

然后我给制造商写了一封信,向他们索取设计图纸。得到图纸以后,我仔细分析了那种唱机的结构,发现只要附近有某种特殊的声音,就会引起唱机的共振,最终导致它破碎。

阿基里斯:技术方面的问题你倒挺在行的。

乌龟:巧妙地把这种声音组织成旋律,就是那首"我不能在唱机 1 上播放。"

阿基里斯:写上"礼物"二字,送给螃蟹,这就是你干的好事!螃蟹真是太不幸了。后来呢?

77 乌龟:下一次我见到他时,他说他又买了一台新的唱机。他不认输,他无论如何不相信那是唱机的问题。这台新唱机比上一台贵得多,推销员保证说如果发现有什么音乐那唱机无法重现,就付还他双倍的钱。螃蟹跟我说这些的时候兴高采烈,我答应了去看看他的唱机。

阿基里斯:一定又是这么个过程:在你去之前,你写了一封信给制造商。然后你针对这个唱机的结构谱一支曲子,叫作"我不能在唱机 2 上播放",到了螃蟹那儿以后,同样的事情发生了,唱机炸成了碎片,唱片也毁了。对不对?

乌龟:个别时候你倒也挺聪明!你说的完全正确。看来你已经抓住了这件事的核心。

阿基里斯:对我来说这不算什么。我要是螃蟹,早就看穿你这一套了,根本不会让你钻空子。我会设计一个能对付你这花招的唱机。唉!只可惜螃蟹想不到这一点。

乌龟:话可不能这么说。我和螃蟹又较量了几个回合之后,他也明白了我的手段。于是他变得聪明了,准备……

阿基里斯：并不是螃蟹聪明。你那手段本来就没什么了不起的。螃蟹可以很容易就战胜你：比如说用一台低保真的唱机——无法严格重现那种能够毁坏自己的声音——你不就没辙了？

乌龟：嵌上一块亮晶晶的小牌子，标明它是个“完备”的唱机，对吗？你怎么这么糊涂！一开始就确定了有些音乐不能重现，还算什么完备的唱机？你想想……

阿基里斯：进一步的解释让我来作：如果一个唱机——就说是唱机X吧——有足够的高保真度，那么当它试图播放曲子“我不能在唱机X上播放”时，恰恰就引起了那种粉碎它自己的共振……所以它不是完备的。然而唯一能绕开这种打击的方法——即让唱机X是低保真的——却更直接地表明了它的不完备。看来任何唱机都会有这样或那样的弱点，因此所有的唱机都是有缺陷的。可怜的螃蟹，无论是高保真唱机还是低保真唱机，他都是注定要失败的。

乌龟：他的问题不在于使用了什么“有缺陷”的唱机。我不认为谈论唱机的“缺陷”有什么意义，一台唱机本来就不可能做你希望它做的所有事情。如果一定要说什么地方有缺陷，那也不是唱机，而是你对它们的期望——对于唱机能做些什么事情的期望。螃蟹恰恰就是充满了这类不现实的期望。

阿基里斯：的确，不应该责怪唱机。我估计螃蟹买的也一定是好唱 78
机，名牌的。

乌龟：名牌不名牌无关紧要，反正是高保真的，因此注定要破碎。不过，螃蟹还是没认输。他知道了我谱曲的原理之后，想出了一个办法，他以为这样就能胜过我了。他写了封信给唱机制造商，描述了他自己发明的一种装置，让他们依法制造。螃蟹称之为“唱机欧米伽”。这是一种比一般唱机都复杂得多的唱机，复杂得以至于……怎么说呢？以至于……

阿基里斯：字斟句酌的干吗？你就接着说吧，是什么样的？

乌龟：以至于我似乎真的没办法了。唱机欧米伽和一般的唱机有很大区别，但表面上差不多。

阿基里斯：表面上差不多但又有很大区别？那么就是内部构造很不一样了？给我详细讲讲吧，最好画个图。

乌龟：示意图是这样。（画了一个图，用笔指点着）这是一部摄像机，连接着一台超微型计算机，都是嵌在唱机内部的，从外面看不出来。摄像机的任务是在播放一张唱片之前扫描其纹道，而计算机的任务是根据摄像机搜集的信息进行某种计算，精确地确定出这张唱片播放时会产生什么样的音响效果，判断它是否对欧米伽的唱机部分有害。

阿基里斯：我想象不出判断出有害了又能怎么样。

乌龟：对于那些有害的唱片，欧米伽自有一套聪明的办法。它有一个特殊的装制，能重新组织它的唱机部分，从而改变唱机的结构，使之播放那种唱片时不产生共振。这一切都在计算机的指挥下进行，精确可靠，因此任何一张唱片它都能播放——它总能选择一种不会产生共振的结构来播放一张唱片。

阿基里斯：他可真有两下子！

乌龟：卓绝的设计，是吧？

阿基里斯：越来越邪乎了，这个老螃蟹！你彻底失败了吧，龟兄？

乌龟：才没有呢！你恐怕不很了解哥德尔不完全性定理吧？按照

这个定理,螃蟹再怎么要花招也赢不了。

阿基里斯:能赢!我不知道什么“疙瘩”不“疙瘩”,反正你肯定输了。嗯,这个关于“粉碎唱机的音乐”的小故事还真挺有意思。好了,你也不用再讲下去了,事情的结局是非常明显的:你老老实实认输,即便你是那么不愿意——这由不得你!

乌龟:由不得我?(打了一个呵欠)算了算了,今天算了,你瞧,已经快半夜了,我得睡觉了,下次我再跟你说都是怎么回事吧。

阿基里斯:衷心地感谢你。你的故事使我今天晚上很愉快。好,我 79
回去了。(刚走到门边,忽然停下来转回身),我真糊涂!差点忘了。这是一个小小的礼物,我特地带给你的。(递给乌龟一个整整齐齐的小包。乌龟打开一看,是一只高脚杯。)怎么样,不错吧?

乌龟:的确好极了!多么奇特的一只高脚杯!哎,阿基,你知不知道,高脚杯这玩艺儿还是挺让我着迷的。只是近来景况不佳……

阿基里斯:景况不佳?我不明白。

乌龟:仰头看看,那儿。(阿基里斯仰起头,看见一个架子上摆了一排高脚杯。)我收藏了这么多高脚杯,可它们总是有这样那样的缺陷。我可以告诉你我的心愿,不过你得为我保密。我一直试图找一只完备的高脚杯:它的形状必须没有任何缺陷。但我始终没能如愿。如果你送给我的这只高脚杯正是我要找的,那岂不是太妙了?告诉我,阿基,你怎么搞到它的?

阿基里斯:大概不能告诉你,我很抱歉。这是我的一个小秘密。不过你应该知道这个高脚杯是属于谁的。

乌龟：家里有这么多高脚杯，我不可能一一知道它们的来历，当然，这只高脚杯我就更不知道了。还是你来告诉我吧。

阿基里斯：也好。它属于你最喜欢的作曲家巴赫。他有许多高脚杯，这一点不太为人所知——我给你的这个是他的最后一只高脚杯。

乌龟：许多高脚杯中的最后一只，是吗？我的天！如果这真是巴赫的，那将是无价之宝了。可你怎么能肯定这是巴赫的？

阿基里斯：都在上面写着呢。你看见刻在杯子上的那些精巧的字母了没有？

乌龟：记载着巴赫的名字！这只高脚杯的确是巴赫的，多不寻常啊！（小心翼翼地把这只高脚杯放在了架子上。）哎，阿基，你知不知道巴赫的名字，也就是 B－A－C－H，每个字母各是一个音名？

阿基里斯：得排除 H。你知道，音名只是从 A 到 G。

乌龟：他的情况有些特殊，你知道他是德国人，在德国，音名的记法和我们略有不同。我们用 B 的地方，他们用 H，而我们用降 B 的地方，他们用 B。比如说，我们说巴赫的"B 小调弥撒曲"，他们却说"H 小调弥撒曲"。明白了吗？

阿基里斯：曾经有人告诉过我这些，我怎么给忘了。现在我想起来了。这么说，巴赫的名字实际上是一段旋律喽？

乌龟：把那四个音符连续奏出，的的确确就是一段旋律。事实上，巴赫把这段旋律用意微妙地写进了他精雕细琢的一部作品——即《赋格的艺术》中最后一支四声部三重赋格里。这支曲子是巴赫所写的最后一支赋格。我第一次听它时，全然不

图 19　巴赫《赋格的艺术》最后一页。在原手稿上，巴赫的儿子卡尔·菲利普·埃玛努厄尔写道："请注意，在这支赋格中，当名字 B. A. C. H. 作为对题被引入时，作者死去了"（方框标出的即是 B—A—C—H。）我把巴赫的这最后一支赋格的最后一页当作他的墓志铭。[乐谱由唐纳德·伯德的程序"斯马特"印出。该程序是在印第安纳大学开发的。] 80

知它会如何结尾。可突然，没有任何先兆，曲子戛然而止。然后……死一般的寂静。我立刻体会到巴赫就是在这儿死去的。那是一个难以名状的悲伤时刻，我的心都——碎了……。B—A—C—H 是那部赋格的最后主题，它隐藏在这支曲子里。虽然巴赫没有明白地表明这一点，但如果你知道这支曲子是怎么回事，你就会很容易发现了。

阿基里斯：他为什么要那样呢？

乌龟：的确是个谜。无论如何，这是部杰作，而那段旋律也成为名句了。

阿基里斯：名句？有这么说的吗？

乌龟：字眼不重要，我相信你明白我的意思。

阿基里斯：写下来的精彩句子才称作“名句”，那是文学领域的事，你可别乱用。

乌龟：进入到文学领域你会发现更多这样的手法。比如说在刘易斯·卡罗尔的诗中，就常常把一些词或名字藏在每行的第一个字里。用这种方式藏有信息的诗称作“藏头诗”。

阿基里斯：一提起卡罗尔，我就会想起一个一直困扰我的问题：他是靠什么搞出了那么多妙不可言的玩艺儿？小时候我读过他的“炸脖鼍”，真是太绝了！

81 乌龟：首先是靠他的天才，我看是这样。这个我们先不管它，总之卡罗尔写过不少藏头诗。巴赫偶尔也写一点藏头诗，这并不奇怪。毕竟，赋格与藏头诗都同时有好几层隐藏着的意思，在这一点上两者颇为相似。多数的藏头诗只有一层隐含的意思，但是没有理由不让你搞出个双层结构——一首藏头诗中的藏头诗，或者也可以搞一个“头尾反藏诗”——把一句话最后一个字和第一个字连起来时，是一个有意义的词。天哪！形式本身具有的可能性几乎是无限的！赋格里就充满了这种技巧。

阿基里斯：赋格的情况更为复杂，是吧？

乌龟：格式更为多样，技巧要求更高。其实即使是写对话也可以使用这种技巧……嗯，我忽然有了个想法。你设想一下，一位对话作者为了表示他对巴赫卓越才能由衷的景仰而写下一篇对话，对于这位作者来说这样做是不是更合适：即在对话中借用巴赫的对位技巧嵌进自己的名字——或者巴赫的名字？咳，何必操那份心呢，谁愿意写这样一篇对话就写去吧。我们还是来看看巴赫那个作为旋律的名字吧。你知不知道，B－A－C－H 这个旋律如果上下颠倒地从后向前演奏，会和原先正着演奏时完全一样？

阿基里斯：曲调怎么能上下颠倒演奏？从后向前我倒知道怎么回事——就是 H－C－A－B——可上下颠倒会是什么样？你一定是在跟我开玩笑。

乌龟：的确能颠倒着演奏，真的。用颠倒的方式演奏尾声正合适。

阿基里斯：尾声怎么就合适？你能马上给我表演一下吗？

乌龟：巴不得呢。你等一下，我去拿小提琴——（走入另一个房间，不一会，拿着一把古雅的小提琴回来了）——现在我来把这一段从前向后，从后向前以各种方式给你演奏一下，听好啊……

乌龟从架子上取下那只高脚杯,恭恭敬敬地把它倒置在谱架上,开始演奏 B—A—C— ,当他拉到最后一个音符 H 时,突然,没有任何先兆,高脚杯炸成了碎片,飞溅到乌龟跟前的地板上。然后……死一般的寂静。

第四章　一致性、完全性与几何学 82

隐含意义与显明意义

在第二章里我们看到，当规则支配的符号与真实世界中的事物之间有个同构时，意义——至少在形式系统这种相对简单的语境里——是如何出现的。一般说来，这个同构越复杂，为从符号中抽出意义所需的“设备”——硬的和软的——就越多。若一个同构很简单（或很熟悉），我们倾向于说它相对于我们的意义是显明的。我们不必注意这个同构就见到了意义。最明显的例子是人类的语言，人们常常把意义归于词本身，丝毫没有意识到使词具有意义的那个非常复杂的同构。这是个很容易犯的错误：把全部意义归于对象（即词），而非对象与真实世界的联结。这可以与一种朴素信念作个比较：认为任何两个物体的碰撞都必然附带有声音。这是个错误的信念。当两个物体在真空中相撞时，就不会有任何声音。道理是一样的。错误来自把声音完全归于碰撞，而未看到把声音从对象带给耳朵的媒介的作用。

以前，我让“同构”这个词带上引号是表明必须要留有余地。支持着对人类语言进行理解的符号操作过程，比典型的形式系统中的符号操作过程要复杂得多。因此我们要想继续把意义当作以同构为媒介的,我们就得对于同构能是什么采取更为灵活的看法,事实上在我看来,回答“什么是意识?”这一问题的关键之点,是揭示出作为意义基础的“同构”的实质。

83 《对位藏头诗》的显明意义

以上都是在准备对《对位藏头诗》的讨论——一种对于意义层次的研究。这篇对话既有显明的意义也有隐含的意义。最显明的意义无非是它所讲述的故事。严格地说,这个“显明的”意义是极度隐含的,因为面对白纸上的那些黑色印记,要理解故事中的事件,需要复杂得难以想象的大脑过程。尽管如此,我们还是把故事中的事件当作对话的显明意义,并假定每位读者都多少是用同样的“同构”从纸上的印记中抽取出这层意义的。

即便如此,我还是想把那个故事的显明意义说得更明白些。首先我想谈谈唱机与唱片。主要的问题是唱片上的纹道有两层意义。第一层意义是音乐意义。那么什么是“音乐”?——是空气中一系列的震颤,还是大脑中相继的情感反应?两者都是。但在有情感反应之前,先得有震颤。震颤是由唱机从纹道里“抽”出来的:一个相对说来直截了当的机制。事实上你都可以用一根针来做到,只需把针沿着纹道划就行。这个阶段之后,耳朵把震颤转换成大脑中听觉神经原的发射。以后便是大脑中的一系列步骤,逐渐地把线性的震颤序列变换成相互作用着的情感反应的复杂模式——太复杂了,我们不能再深究,虽然我很想这样。所以我们还是满足于把空气中的声音当作纹道的“第一层”意义。

纹道的第二层意义是什么?是在唱机中引起的震颤序列。这层意义只能是在第一层意义从纹道上被抽出来之后才有，因为是空气中的震颤引起了唱机中的震颤。所以，第二层意义有赖于相继的两个同构：

(1)任意的纹道模式与空气震颤之间的同构；

(2)任意的空气震颤与唱机震颤之间的同构。

这两个相继的同构的示意图见图 20。注意是同构 1 使第一层意义出现。第二层意义比第一层意义隐含一些，因为它的媒介是两个相继同构。就是这第二层意义“倒戈”，才使唱机破碎的。有趣的是第一层意义的产生迫使第二层意义也要同时产生——决不会只有第一层意义而没有第二层。所以，是唱片的隐含意义又转了回来，毁掉了唱片。

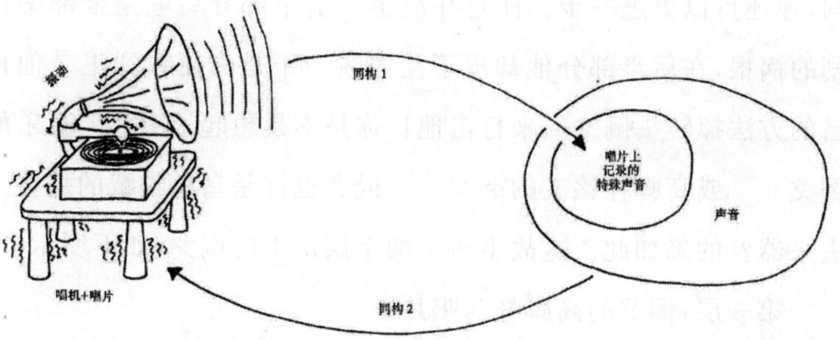

图 20　哥德尔定理背后的原理的形象化表现：两个映射背靠 84
背具有了出乎意料的飞去来器效果。第一个映射是从纹道模式到声音，由一个唱机实现。第二个——很平常，但却常常被忽视——是从声音到唱机的震颤。注意第二个映射独立于第一个映射而存在，因为附近的任何声音——不仅是唱机自己产生的声音——都会引起这种震颤。哥德尔定理转述在这里就是：对任何一个唱机，都有它不能播放的唱片，因为后者会导致前者的间接自摧毁。[作者绘。]

高脚杯的情形是一样的，同样可以这么说。但有个区别：字母表中的字母到音符上的映射是另外一层同构，我们可以称之为“转录”。这个同构之后跟着的是“翻译”——音符到乐音的转换。再之后，震颤反作用到高脚杯上，恰如反作用到那一系列逐步升级的唱机上一样。

《对位藏头诗》的隐含意义

那篇对话的隐含意义又如何呢？（是的，有不止一层。）其中最简单的已在前面指出了——就是，对话前半部分与后半部分大体上是同构的：唱机变成了小提琴，乌龟变成了阿基里斯，螃蟹变成了乌龟，纹道变成了刻写的签名，等等。注意到了这个简单的同构，你还可以更进一步。注意在故事的前半部分乌龟是全部恶作剧的祸根，在后半部分他却成了受害者。于是你便看到正是他自己的方法掉转头倒戈回来打击他！你是不是想起了唱片上音乐的倒戈——或高脚杯铭文的倒戈——或者也许是乌龟收藏的那些飞去来器？的确如此。这故事讲了两个层次上的倒戈，如下所示：

第一层：倒戈的高脚杯与唱片；

第二层：乌龟那个利用隐含意义引起倒戈的险恶手段——它本身也倒戈。

于是我们甚至可以在故事的两个层次上做个同构，把唱片与高脚杯自食恶果地摧毁自身这一过程，和乌龟自己那残忍的手段在最后自食恶果地指向他自己这一过程等同起来。这样看来，故事本
85 身就是它所讨论的倒戈的一个实例。因此我们可以把《对位藏头诗》当作一种间接自指来看待：它自身的结构同构于它所描述的事

件。(恰恰相当于高脚杯和唱片通过播放与引起震颤这两个背靠背的同构来隐含地指向自身。)当然,人们可以读着那篇对话而没有注意这一事实——但它总是在那里的。

《对位藏头诗》与哥德尔定理之间的映射

现在你是不是觉得有点眼花缭乱了?然而最好的还没来呢。(实际上,某些隐含意义的层次甚至不会在这里讨论——留着让你去找出来。)写这篇对话的最深刻的原因在于阐释哥德尔定理。正如我在导言中所说的,哥德尔定理很大程度上是依赖于数论的陈述有两个不同层次上的意义。《对位藏头诗》的两部分分别都是一个哥德尔定理的"同构复本"。由于这个映射是那篇对话的中心思想,而且相当精致复杂,所以我仔细地把它列成了下表。

唱机	⇔	数论的公理系统
低保真唱机	⇔	"弱"公理系统
高保真唱机	⇔	"强"公理系统
"完备的"唱机	⇔	数论的完全系统
唱机的"图纸"	⇔	形式系统的公理与规则
唱片	⇔	形式系统的符号串
可以播放的唱片	⇔	公理系统的定理
不能播放的唱片	⇔	公理系统的非定理
声音	⇔	数论的真陈述
可重现的声音	⇔	系统中经过解释了的定理
不可重现的声音	⇔	非定理的真陈述
曲名: "我不能在 唱机 X 上播放"	⇔	哥德尔串的隐含意义: "我不能在 形式系统 X 中导出"

这还不是哥德尔定理与《对位藏头诗》之间那个同构的全部，而只是其核心部分。如果你到现在还没有完全把握哥德尔定理，那也不必着急——还要过几章我们才见到它呢！不过，读了那篇对话，你就已经尝到些哥德尔定理的味道了，但这不必就一定得理解它。现在我不再多说了，留给你去寻找《对位离藏头诗》中其他类型的隐含意义。“觅之，自有所获”！

86 赋格的艺术

现在来说几句《赋格的艺术》。这是巴赫在他生命的最后一年写下的，由十八支基于同一主题的赋格曲组成。很明显，《音乐的奉献》的创作给了巴赫灵感。他决定在简单得多的主题上谱写另外一集赋格曲，以表明形式中所固有的全部可能性。在《赋格的艺术》中，巴赫以可能有的最为复杂的方式使用了一个非常简单的主题。整部作品都是同一个调。其中多数赋格曲有四个声部，逐渐地增加复杂程度及表现深度。接近最后，其错综与复杂上升到了这样的高度，以至于人们都怀疑他无法再驾驭了。然而他做到了——除了最后那首《对位曲》。

导致《赋格的艺术》的中断（也可以说，巴赫生命的中断）的情境是这样：几年来巴赫的视力给他带来不少麻烦，他希望做个手术。手术是做了，但没多大帮助。结果，在他生命最后一年的那些较好的时光里他失去了视觉。然而这并没有阻止他以充沛的精力去从事他那不朽的事业。他的目标是建立一个对于赋格曲创作的完全的展示，多重主题的使用是其中的一个重要的方面。在他计划里的倒数第二支赋格曲中，他把自己的名字做成音符插在里面作为第三主题。然而正在这么做的时候，他的健康情况恶化了，他被迫放弃了继续从事他的事业的抱负。病中，他想办法向他女婿口授了最后一首赞美诗前奏曲，对此巴赫的传记作者福凯尔写道："每当我演奏一遍，都会被那虔诚的达观与奉献所深深打动，以至于我很难说我会更怀恋哪一个——这首赞美诗，还是最后那支赋格曲的结尾。"

有一天，没有任何先兆，巴赫恢复了视力。但几小时以后他的病又发作了。十天以后，他去世了，留下不完全的《赋格的艺术》让人们沉思。这会是由于巴赫达到了"自指"吗？

哥德尔的结果造成的问题

乌龟说没有一个有足够强有力的唱机会在下述意义上是完备的：它能重现唱片上所有可能的声音。哥德尔说没有一个足够强有力的形式系统会在下述意义上是完备的：能够把每一个真陈述都作为定理而重现在该系统中。但正如乌龟关于唱机所指出的那样，只是当你对形式系统应该能做到什么抱有不现实的期望时，这件事才像是个缺陷。不过，数学家们正是带着这种不现实的期望进入 20 世纪的，他们认为公理化推理是解决一切病症的良方。1931 年他们发现了不是这样。对于任何一个形式系统，真理超出该系统所规定的定理资格这件事，被称作该系统的"不完全性"。

哥德尔的证明方法中最绕人之处是他所使用的种种推理方法 87
看上去无法被"封住"——它们拒不卷入任何形式系统。于是，初看起来，哥德尔似乎是发掘出了以前不被人知，但却意味深长的人类推理与机械推理之间的区别。这种生命系统的能力与无生命系统的能力间的差异，在真理概念与定理资格概念之间的差异上反映了出来……或至少这是一种“浪漫”地看待这个问题的方式。

修改了的 pq 系统与不一致性

为了更现实地考察这个问题，有必要更深入地看一看在形式系统中，意义为什么以及怎样由同构来传送。但我相信这将导致更为浪漫地看待这个问题。所以现在我们来着手研究意义与形式间关系的某些进一步的方面。第一步是稍稍修改一下我们的老朋友 pq 系统，来做出一个新的形式系统。我们另外增加一个公理模式（保留原来那个，以及那唯一一条规则）：

公理模式：若 x 是一个短杠串，则 xqxp-是一个公理。

于是很清楚，--q--p-在新系统中是个定理，---q--p--也是。像从前一样，它俩的解释分别为“2 等于 2 加 1”和“3 等于 2 加 2”。可以看出我们这个新系统将包括很多假陈述（如果你把符号串当作陈述的话）。这样，我们的新系统与外部世界是不一致的。

好像这还不够糟，我们的新系统还有内部问题。它含有彼此不协调的陈述，诸如--q-p-（一条旧公理）和-q-p-（一条新公理）。因此我们的新系统在第二种意思上也是不一致的：内部的不一致。

那么，在这种关头，唯一合理的做法是不是就是把我们的新系统整个扔掉？很难说。我有意用障眼法来摆出这些“不一致性”：也就是，我尽可能地把一些糟糕的论证弄得像那么回事，目的在于使人误入歧途。事实上，你大概已经发现了我的错误。关键的错误发生在我不假思索地对新系统采用了同样的解释方法：和我对旧系统所使用的解释方法完全一样。回想一下，在上一章里用这种解释方法的时候，唯一的理由是这种解释使得符号操作同构于它们所对应的概念。如果你修改了支配系统的规则，你注定会无可挽救地破坏那个同构。这样看来，前面几段里的那些令人沉痛的问题是虚构的。只要重新解释系统中的某些符号，那些问题马上就消失了。注意我说的是“某些”：并不一定所有的符号都得映射到新的概念上。一部分符号可以完好地保持它们的“意义”，而其他的符号则改变了意义。

重新获得一致性 88

例如，假定我们只重新解释符号 q，其他符号都保留原样。比如说，我们用短语“小于或等于”来解释 q。现在，我们那两个“矛盾的”定理-q-p-和--q-p--成了无害的两句话：“1 小于或等于 1 加 1”，“2 小于或等于 1 加 1”。我们同时摆脱了(1)与外部世界的不致性，和(2)内部的不一致性。我们的新解释是个有意义的解释。当然，原来那个是无意义的，就是说，它对于新系统来说没有意义。对于原来那个 pq 系统，它挺好。但现在看来，把它用在新的 pq 系统上过于随意，也没有道理，就像用“马-苹果-幸福”来解释旧的 pq 系统一样。

欧几里得几何的历史

虽然我力图使你在没有戒备的情况下，对怎样用语言来解释符号感到了意外，但看来似乎是一旦你掌握了其中的要领，学会这种技术并非难得不得了。事实上也的确不难。然而这却是整个 19 世纪数学的最深刻的教训之一！那种数学起始于欧几里得。大约在公元前 300 年左右，他系统化地整理了他那个时代人们所知道的关于平面和立体几何的知识,其结果就是欧几里得的《几何原理》。这个几何学体系是如此稳固,几乎成了两千多年来几何学的圣经——所有时代维持最长久的著作之一。这是为什么呢?

89 图 21　巴别塔,艾舍尔作(木刻,1928)。

主要原因在于欧几里得是数学中严格性的创始人。《几何原理》从非常简单的概念、定义等开始，逐渐地建立起许多结果，形成了一个庞大的体系。这个体系是精心组织的，其中给出的任何一个结果都仅仅依赖于出现在它之前的结果。这样，这种数学工作就有了一个确定的格式，其建构的艺术使之强壮并坚实。

不过，这种建构的艺术是另外一种类型，不同于——比如 90
说——摩天大楼的建筑(见图 21)。对于后者来说，能够矗立在那里，就足以证明它的各个结构要素是紧密组合起来的。但对于一本几何学的书来说，当其中的每个命题都声称是从前面的命题逻辑地推导出来时，若某个命题的证明是无效的，并不会显出整个建构会倒坍。这里横梁和立柱不是物质的，而是抽象的。事实上，在欧几里得的《几何原理》中，用来建构证明的东西是人类语言——一种充满隐患的复杂又难以捉摸的通讯媒介。那么，《几何原理》的建构聚合力是什么呢？能肯定它是由坚固的结构要素组合起来的吗？或者它也许有结构上的弱点？

我们用的每个词对于我们都有某种意义，在我们使用这个词的时候引导我们。越是普通的词，我们由它引起的联想就越多，其意义也就扎得越深。所以，如果某人对一个普通的词下个定义，指望我们遵守这个定义，我们肯定不这么做。相反，我们会在很大程度上无意识地按照另一些东西的引导去做，那些东西是我们的心智在我们与这个词相关联的储备中所发现的。我提及这些是因为这就是欧几里得的《几何原理》中所发生的问题，在那里他试图对诸如“点”、“直线”、“圆”等等普通平常的词下定义。你怎样才能给一个人人都已有了清晰概念的东西下定义？唯一的途径是假定你能清楚地表明你的词是当作术语的,不与同样拼写的日常用词相混淆。你必须得强调:与日常用词的联系仅仅是提示性的。可是,欧几里得没这么做,因为他觉得他的《几何原理》中的点和线的确就是现实世界中的那种点和线。所以,由于没有明确截断所有联系,欧几里得使得读者能自由地发挥他们的联想力了……

这看起来几乎没有秩序可言了,而且对欧几里得也有点不公平。他确实制定了公理,或说公设,可用来证明命题。事实上,除了这些公理公设,别的东西一律不得使用。而就是在这里他失误了:他使用那些日常用词的一个不可避免的后果就是那些词生出的一些意象潜入了他给出的证明。不过,如果你读《几何原理》中的证明,无论如何别指望发现推理中扎眼的"跳跃"。正相反,它们非常精细,因为欧几里得是个思想敏锐的人,在他那里不会出现任何头脑简单所导致的错误。尽管如此,缝隙还是有的,造成了一部经典著作中轻微的瑕疵。但不应抱怨这一点,只应该体会到绝对严格与相对严格之间的差别。毕竟,在欧几里得写下他的著作两千多年以后,他缺乏绝对的严格性这一点导致了数学中一些最富成果的新分支。

欧几里得给出了五条公设作为几何学这个无穷级大厦的"地基"——他的《几何原理》只包括了这个大厦的前几百级。前四条公设相当优美简洁:

(1)一条直线段可以联接两个点。

(2)一条直线上任何一条直线段可以无限延伸。

(3)给定一条直线段,可以以一个端点为圆心,以此线段为半径做一个圆。

(4)一切直角都彼此相等。

然而第五条却不那么雅致：

(5)如果两条直线与第三条直线相交时，在第三条直线的某一侧三条线所夹的内角之和小于两个直角的和，则那两条直线沿着这一侧延伸足够长之后必然相交。

虽然欧几里得从未明白地说过，但他确是把这条公设看得比 91
其他几条地位低些，因为在前二十八个命题的证明里，他想法避免了使用它。这样，前二十八个命题属于所谓“四公设的几何学”——几何学中的一部分，可基于《几何原理》的前四条公设而导出，无须第五条公设的帮助(常常也称作“绝对几何学”)。无疑，欧几里得会发现：更为可取的是证明这只丑小鸭，而不必设定它。但他没找到证明，所以采纳它了。

但是欧几里得的后继者们在不得不设定这第五公设时，并不比他自在些。多少个世纪里，数不清的人花费了他们生命里数不清的岁月，试图去证明第五公设本身便是四公设几何学的一部分。到1763年，至少发表了二十八种不同的证明——都是错的！(都被一个名叫克吕格的人在一篇论文里批驳了)所有这些错误的证明都涉及了日常直观与严格的形式化属性的混淆。这么说是保险的：在今天几乎所有这些“证明”对我们都没有什么数学的或历史的价值了——除了几个例外。

非欧几里得几何面面观

济罗拉莫·萨彻利(1667—1733)生活在巴赫的时代。他有个抱负，要使欧几里得不带任何瑕疵。以他早期在逻辑方面的研究为基础,他决定试着从一个新颖的角度对那个著名的第五公设进行证明:假定你设定它的反面,然后以这样一条公设作为你的第五公设开始推演几何学……肯定不久之后你会制造出矛盾。因为没有任何数学系统能支持矛盾,你就表明了你自己的那个第五公设是不可靠的,于是表明了欧几里得的第五公设是可靠的。这里我们无需深究细节。指出下面这一点就够了:萨彻利以他高超的技巧推演出了"萨氏几何学"的一个又一个命题,最后终于变得厌倦了。有一个时候,他认定他达到了一个"与直线的本质相抵触"的命题。那正是他一直期望的——在他看来,那是个寻找已久的矛盾。就在那个时候他发表了他的研究结果,题为《不带任何瑕疵的欧几里得》,随后就不干了。

但就是因为这么做,他剥夺了自己身后的殊荣,因为他无意中发现了后来所谓的"双曲几何学"。五十年以后,兰伯特重复了这种"失之交臂",这次,假如能这么说的话,甚至更接近了。最后,兰伯特之后四十年,也即萨彻利之后九十年,非欧几何学被认可了——一个真正的几何学新品种。这是自古以来单一的数学的一个分叉点。1823 年,作为那种无从解释的巧合之一,非欧几何同时被两个人发现了。他们是匈牙利数学家雅诺(或约翰)·鲍耶,二十一岁,和俄国数学家尼古拉伊·罗巴切夫斯基,三十岁。具有
92 讽刺意味的是,在同一年法国伟大的数学家阿德里安-马利·勒让德想出了他认定是对欧几里得第五公设的一个证明,他在相当程度上是沿着萨彻利的路子。

顺便指出,鲍耶的父亲法卡斯(或沃夫岗)·鲍耶,伟大的高斯的一个亲密朋友,投入了大量精力试图证明欧几里得的第五公设。

在一封给他儿子雅诺的信中，他努力劝阻他不要去思考这种东西：

> 你一定不要去探究平行公设。我深知这条路通向哪里。我曾横穿于这无尽的黑夜，湮灭了我生命中所有的光明与欢乐。我恳求你放下平行公设的研究……我曾想为了真理而牺牲自己。我准备好成为一个殉教者，除去几何学的瑕疵，使之纯净而奉还给人类。我进行了巨大的、难以估量的努力，我得到的结果远比其他人好得多，却依然没达到完全的满意。当一个人彻底离开日常之琐碎，他就转向了崇高之最。当我看出没人能达到这黑夜的尽头时，我转回身了。我转回身来没有慰藉，却带着对自己以及全部人类的怜悯……我旅经了这地狱般的死海里的所有暗礁，总是帆破桅折地回来。就是从那时起，我开始衰老，性情也毁了。我不加考虑地用我的生命和幸福去冒险——或者光荣如凯撒，或者一无所有[①]。

但是后来，当他确信他的儿子的确“有了东西”，他便催促他发表，正确地迎来了那个同时性。这种同时性在科学发现上真是屡屡发生：

> 当时机成熟时，那些东西在不同的地方出现，就像早春时的紫罗兰[②]。

非欧几何学的情形真真确确就是这样！在德国，高斯自己和其他一些人都多少独立地触及了非欧几何观念。其中包括一个律师施外卡特,他于 1818 年寄给高斯一篇文章,描述了一种新的“星际”几何学;施外卡特的侄子陶利努斯做出了非欧几里得三角学;高斯的学生瓦赫特尔,他发现了非欧几何学的几个很深的结果,死于 1817 年,当时二十五岁。

理解非欧几何的线索是“率直对待”来自像萨彻利和兰伯特的几何学里的命题。只是当你没能摆脱先入为主的“直线”观念时,萨氏命题才“与直线的本质相抵触”。而若你能使自己摆脱那些先入的印象,只让“直线”是那种满足新命题的东西,那你就达到了一个崭新的视点。

未定义项

这听起来很熟悉。具体地说,让人想起 pq 系统以及它的变种,其中符号借助它们在定理中扮演的角色而获得被动意义。符号 q 尤其令人感兴趣,因为它的“意义”随着新公理的添加而改变
93 了。人们可以以完全相同的方式让“点”、“线”等等的意义由它们出现于其中的定理(或命题)的集合来决定。这是非欧几何学发现者们的重大体会。他们以不同的方式否定欧几里得第五公设,并遵循其后果,从而发现了几种不同的非欧几何学。严格地说,他们(包括萨彻利)并不是直接否定第五公设,而是否定了一个等价的公设。它被称为平行公设,其叙述如下:

> 给定任一直线和不在直线上的一点,存在有一条,且仅仅存在一条通过那个点,且永不与前一条直线相交的直线,无论两直线延伸多远。

第二条直线就称为与前一条直线平行。如果你断言没有这样的直线存在，那么你得到的是椭圆几何学；如果你断言至少有两条这种直线存在，你得到的是双曲几何学。顺便指出，这样的变种还被称为“几何学”的理由是核心要素——绝对的或四公设几何学——嵌于其中。就是由于有这最小限度的核心，把它们当作对某种几何空间性质的描述才有意义，尽管这种几何空间不像平常的空间那么直观。

实际上，椭圆几何学是很容易视觉化的。所有的“点”、“线”之类东西都可认作是普通球面上的东西。让我们来规定一下：作为术语时，我们写“**点**”，作为日常用语时，我们写“点”。现在我们可以说一个**点**由一对球面上的对径点（球的一条直径的两端点）组成。一条**线**是球的一个大圆（一个圆，像赤道那样，以球心为其圆心）。在这种解释下，椭圆几何学的命题虽然也含有“**点**”、“**线**”之类的词，说的却是球面上发生的事情，而不是平面上的。注意：两条**线**总是相交于两个点，两个在球面上对称于球心的点——也就是恰好相交于一个**点**！而且正像两条**线**决定一个**点**，两个**点**也决定一条**线**。

这种对待“**点**”和“**线**”这些词的方法——即认为它们仅有的意义是那些它们出现于其中的命题灌注进去的——使我们向几何学的完全形式化前进了一步。这种半形式化的版本仍然使用了汉语中的许多词，带有它们通常的意义（像“一个”、“如果”、“和”、“连接”、“有”等词），虽然特殊的词，如“**点**”和“**线**”，其日常意义已被抽掉了。后者于是称作未定义项。未定义项，像 pq 系统中的 p 和 q，在某种意义上是有定义的：它们被隐含地定义了——由它们出现于其中的那些命题全体定义,而不是在一个定义中显明地定义。

人们可以主张说未定义项的完整定义仅驻存于公设中,因为导出的命题已是隐含于公设中了。在这种观点下,公设隐含地定义了所有未定义项,这些定义体现于全部未定义项的相互关系之中。

94

多重解释的可能性

几何学的完全形式化需要一个激烈的措施:使每个词项都成为未定的——就是,把每个词项都变成形式系统中"没有意义"的符号。我在"没有意义"上加引号是因为,你也知道,那些符号自动地具有了从它们出现于其中的定理而来的被动意义。不过,人们是否发现了那些意义却是另外一个问题了,因为那将要求寻找这样一集概念,它们能通过同构联系于形式系统中的符号。如果一个人带着把几何学形式化的目的起步,他大概是对每个符号都有了一个意向中的解释,使被动意义铸入系统。这就是我开始构造 pq 系统时对 p 和 q 所做的。

但也许还有其他潜在地可接受的被动意义未被人注意。例如在原来那个 pq 系统中令人意外地把 p 解释成"等于",把 q 解释成"减"。虽然这个例子很平凡,却包含了这样一个想法的核心:符号可以有许多有意义的解释——寻找它们是取决于观察者的。

我们可以用术语"一致性"来概括到目前为止我们的考察。我们的讨论开始于虚构一个显得不一致的形式系统——内部不一致,同样与外部世界也不一致。但过了一会我们就撤回了这种说法,我们意识到了我们的错误:我们为符号选择了不幸的解释。改换了解释以后，我们重新获得了一致性！现在很清楚了：一致性不单是形式系统的性质，还依赖于为之提出的解释。同理，不一致性也不是任何形式系统的固有性质。

各种各样的一致性

我们一直在谈论“一致性”和“不一致性”，却还没定义它们。我们只是依靠古老悠久的日常观念。现在让我们来严格地定义一个形式系统（加上一个解释）的一致性：这是指其中每个定理经解释后都成为一个真陈述。如果至少有一个经解释后的定理是假陈述，我们就说出现了不一致性。

这个定义似乎是在谈论系统与外部世界的不一致性。那么，内部的不一致性怎么样呢？大概是如果一个系统含有两个或更多的定理，其解释是彼此不相容的，那么它是内部不一致的；而若所有经解释后的定理彼此相容，则是内部一致的。作为一个例子，让我们考虑一个形式系统。它只有下述三个定理：WdZ、ZdG、GdW。如果 W 解释成“乌龟”，Z 解释成“芝诺”，G 解释成“吉世达”，而 xdy 解释成“x 总是在下棋时打败 y”，那么我们就有了下列经解释后的定理：

乌龟总是在下棋时打败芝诺。 95

芝诺总是在下棋时打败吉世达。

吉世达总是在下棋时打败乌龟。

陈述本身并非不相容，虽然它们描述了一个相当怪诞的棋手圈子。所以，在这个解释下，以那三个符号串为定理的形式系统是内部一致的，虽然实际看来那三个陈述没一个是真的！内部一致性不要求所有的定理都得成为真陈述，只需它们能成为彼此相容的陈述。

现在假定我们把 xdy 另外解释成“x 是 y 笔下的人物”，那么我们就有：

乌龟是芝诺笔下的人物。

芝诺是吉世达笔下的人物。

吉世达是乌龟笔下的人物。

在这种情况下，单个的陈述是真是假没有关系——恐怕也没有什么办法能知道哪些是真哪些是假。不过，肯定不会是它们三个同时都真。这样，这个解释就使系统内部地不一致了。这个内部的不一致性不取决于对那三个大写字母的解释，而仅仅取决于对 d 的解释，同时还取决于那三个大写字母是循环地排列于 d 的各次出现周围这一事实。于是，人们可以不必解释形式系统的所有符号而找到内部不一致性。（在这个例子里，单解释一个符号就够了。）到了足够多的符号都有了解释的时候，可能就会清楚地看出：没有什么解释其余符号的办法能使所有的定理成为真的。但这不仅是真假的问题——这是个可能性的问题。如果我们把大写字母都解释成真人的名字，三个定理就都成了假的——但那不是把系统称作内部不一致的理由。我们的根据是循环性，再加上对字母 d 的解释（顺便提醒一句，你会在第二十章再见到这个“作者三角形”）。

假想的世界和一致性

我们给出了两种看待一致性的方式：前一个说，如果每个定理经解释后成为真的，则系统加上解释是与外部世界一致的；后一个说，如果所有的定理经解释后成为彼此相容的，则系统加上解释是内部一致的。这两种类型的一致性之间有密切的关系。为了决定几个陈述是否彼此相容，你得设法想象一个世界，在其中它们能同时都真。所以，内部的一致性有赖于与外部世界的一致性——只是现在，“外部世界”允许是任何想象的世界，而不必是我们生活于其中的那个世界。但这是一个极其模糊的、无法令人满意的结论。96
一个“想象”的世界都有些什么东西？是否可能想象一个世界，在其中三个人物是循环地相互创造出来的？是否可能想象一个世界，其中有方的圆？这样一个世界是不是可想象的：其中是牛顿定律而非相对论成立？是否可能想象一个世界，其中有绿的并且又不是绿的东西？或者这样一些世界：其中的动物不是细胞组成的、在其中巴赫在腓特烈大帝的主题上即兴演奏了八声部赋格曲、在其中蚊子比人更聪明、在其中乌龟能踢足球——或谈论足球？当然了，一只谈论足球的乌龟的确有点反常。

这些世界里，有一些似乎比另一些更可想象，因为有些世界似乎包含了逻辑矛盾——例如，绿的并且又不是绿的。而另一些似乎是——找不到更好的词——“说得通的”，例如巴赫即兴演奏八声部赋格曲、存在不是由细胞构成的动物。甚至可以设想一个有不同物理定律的世界……因此，大体上该是有可能建立不同品种的一致性。举个例子来说，最宽松的会是“逻辑一致性”：对事物不加任何制约，只对逻辑有所要求。更具体地说就是一个系统加上解释是：“逻辑一致”的，仅当它其中没有任何两个定理在解释成陈述时直接地相互矛盾；“数学一致”的，仅当经解释后的定理不违背数学；“物理学一致”的，仅当所有经解释后的定理与物理法则相容；"生物学一致"的，……如此等等。在一个生物学一致的系统里，可以有这样的定理，其解释是陈述"莎士比亚写了一部歌剧"，但不会有定理其解释是陈述"存在无细胞动物"。一般说来，这类玄想出来的不一致性没什么人去研究，原因是很难把它们一个个理清楚。举例来说，三个人物循环地互相创造这个问题涉及的不一致性应该说是哪一种？逻辑的？物理学的？生物学的？文学的？

通常，有意思和没有意思之间的分界线是画在数学一致性和物理学一致性之间的。（这当然是数学家和逻辑学家们画的了——很难说他们是一个不带偏见的群体……）这意味着对于形式系统来说，只有数学和逻辑类型的不一致性才"算数"。若按照这个约定，那么我们就还没有找出一个解释，使那个三定理组 WdZ、ZdG、GdW 不一致。这一点可以通过把 d 解释成"大于"来做到。W、Z 和 G 怎么办？它们可以解释成自然数——比如，Z 是 2，W 是 3，G 是 6。注意这种解释下有两个定理成为真的，有一个假的。如果我们另外把 Z 解释成了 8，就会有两个假的，仅有一个真的了。但两者都使我们得到了不一致性。事实上，指派给 W、Z 和 G 的值是无关紧要的，只要明白需限制在自然数范围内。我们又一次看到这种情形：为了认出内部不一致性，只需要某些解释。

形式系统中嵌入形式系统

97 前面那个例子，其中某些符号可以在其余符号没有解释的情况下具有解释，让人想起在自然语言里构造几何学时，使用的某些词是未定义项。在这种情况下，词就可以分成两类：一类词有固定不变的意义，另一类词的意义有待调整，直到系统成为一致的（这一类是未定义项）。用这种方式构造几何学，要求第一类词的意义已经在几何学之外制定好。这些词构成一个刚性的骨架，赋予系统一个基础结构；填充那个骨架的是其他材料，它们是可以改变的（欧氏或非欧几何学）。

形式系统常常就是以这种相继的、或者说分层的方式构造出来的。举例来说，形式系统Ⅰ设计好了，有一些规则和公理，它们赋予符号以某种意向的被动意义。然后形式系统Ⅰ完全合并到一个有更多符号的更大的系统里——形式系统Ⅱ。由于形式系统Ⅰ的公理和规则是形式系统Ⅱ的一部分，形式系统Ⅰ的符号的被动意义仍然有效。它们构成一个不变的骨架，随后便在决定形式系统Ⅱ的新符号的被动意义时起很大的作用。然后，或许会轮到第二个系统对第三个什么系统起骨架的作用，如此下去。也可能——几何学就是个很好的例子——有一个系统（例如绝对几何学），它部分地固定住其中的未定义项的被动意义，并能对其添加另外的规则或公理，以进一步地限定那些未定义项的被动意义。这就是欧氏与非欧几何学的情形。

视知觉中的稳定性层次

我们获得新知识、新词汇，或感知不熟悉的事物，都是以与此类似的分层方式进行的。尤其有趣的是理解艾舍尔的画时的情形。比如，《相对性》（图22）中出现了简直是不可能的景象。你也许认为我们会一遍又一遍地力求重新解释这幅画，直到我们把它的各个部分解释成没有矛盾的——但我们根本不那么做。我们坐

98 图 22 相对性,艾舍尔作(版画,1953)。

在那里,看着那些通向各处的楼梯和那些在同一楼梯上沿着不一致的方向走动的人们,又愉快又困惑。那些楼梯是些“确定性的岛屿”,我们对整幅画的解释就以它们为基础。一但确定了它们,我们就试图扩展我们的理解,去探求它们彼此之间的关系。就是在这一步骤我们遇上了麻烦。但如果我们想要回溯——就是说,对“确定性的岛屿”质疑——我们也会遇上麻烦,只不过是另一种麻烦而已。没有什么通过回溯否认它们是楼梯的办法。它们不是鱼、鞭子或手——它们就是楼梯。(实际上有另外一个办法——让画中的所有线条都完全没有解释，就像形式系统中的“没有意义的符号”。这种彻底的逃避途径是“U 方式”反应的一个例子——一种对待符号表示的禅宗式态度。）

由于我们知觉过程的层级性质，我们被迫或者看到一个疯狂的世界，或者看到一簇毫无意思的线条。相似的分析可用于艾舍尔的许多画，它们都大量地依赖于对某些基本形状的识别，然后再以非标准的方式组合在一起。到观众在高层上看出悖谬的时候，就已经太晚了——他无法再回去，对怎样解释较低层次的对象改换想法。艾舍尔的画与非欧几何学的区别在于：对于后者，能找到对未定义项的可理解的解释，得出一个可理解的完整系统；而对于前者，无论盯着画看多长时间，最后的结果与人们关于世界的概念仍不可调和。当然，人们仍然可以虚构假想的世界，在其中艾舍尔 99
的那类事件能够发生……但是在那样的世界里，生物学、物理学、数学甚至逻辑的法则会在一个层次上被违反而同时在另一个层次上被遵循，使之成为一个极其古怪的世界。（例子之一是《瀑布》（图 5），那里面正常的引力适用于流动的水，但空间的性质却违反了物理学原理。）

数学在每个可想象的世界里都是一样的吗？ 100

上面我们强调过，形式系统（加上一个解释）的内部一致性要求存在某种想象的世界——对这类世界唯一的限制是其中的数学和逻辑与我们的世界一样——在其中所有经解释后的定理都成为真的；而外部的一致性——与外部世界的一致性——则要求所有的定理在现实世界里都成为真的。现在来看一个具体情形。一个人希望构造一个一致的形式系统,其定理要解释成数学陈述,那么看起来两种类型的一致性之间的区别就消失了,因为,如上所说,所有想象的世界都有与现实世界一样的数学。于是,在每个可想象的世界里,1 加 1 必须是 2;同样,必须存在无穷多的素数;进一步,在每个可想象的世界里所有直角都必须是相等的;而且当然还有:经过任一不在给定直线上的点,必是恰有一条与之平行的直线……

但等一下!那可就是平行公设——断言其普遍性将是个错误,这我们刚刚说过。如果所有可想象的世界都遵循平行公设,那就是断言非欧几何是不可想象的,我们就又回到了萨彻利和兰伯特的心理水平了——肯定是不智之举。但什么东西,如果不是所有数学,必须是所有可想象的世界共有的?会是少到逻辑本身吗?或甚至逻辑也是可疑的?是否有那种世界:矛盾是存在的正常组成部分——矛盾在那里不是矛盾?

从某种意义上讲,仅仅作为发明出来的概念,我们已表明这种世界是可想象的;但在更深一层的意义上讲,它们是很不可想象的。(这本身又是个小矛盾。)然而,认真地讲,如果我们想要有所交流,看来就得采纳某种共同基础,而逻辑几乎总是得包括进来的。(有些信仰系统是拒斥这种观点的——它太逻辑化了。具体说来,禅宗就是以同等的热情拥抱矛盾和非矛盾的。这似乎不太一致,但不一致也是禅宗的一部分,所以……你能说什么呢?)

数论在每个可想象的世界里都是一样的吗?

如果我们假定逻辑是每个可想象世界的一部分(注意,我们还没有给逻辑下定义,但我们会在以后的章节里给出来),是否就行了？真的能想象某些世界没有无穷多素数吗？所有可想象的世界里，数应该遵循同样的法则，这难道不是必要的吗？或者……把“自然数”这个概念也当作未定义项，就像“**点**”或“**线**”，是不是更好些？那样的话，数论就是个分叉的理论了，像几何学一样：就会有标准数论和非标准数论了。但要有与绝对几何学相应的某种东西：一个“核心”理论，一个所有数论的不变组成部分，以确认数论是数论，而不是关于——比如说，可可或橡皮或香蕉的理论。存在这样的一个核心数论，它应该与逻辑一起包含在我们认为是“可想象的世界”里，这似乎是大多数当代数学家和哲学家的共识。这个数论的核心——绝对几何学的对应物——被称作皮亚诺算术，我们会在第八章里形式化地给出来。另外，现在已经很明朗——实际上是哥德尔定理的直接后效——数论是分叉的理论，有标准的和非标准的版本。然而，与几何学的情形不同，数论的“品种”有无限多个。这使得数论的情形变得极其复杂。

从实际应用的角度看，所有的数论都是一样的。换句话说，如果桥梁的建造依赖于数论（在某种意义上确实如此），那么，不同的数论的存在不会造成什么影响，因为在与现实世界有关的那些方面，所有的数论都是重合的。对不同的几何学可不能这么说。例如，三角形的内角和只在欧几里得几何中是 180 度，在椭圆几何中要大于这个值，而在双曲几何中要小于这个值。据说高斯曾试图测量三座山峰所形成的三角形的内角和，以最终确定我们的宇宙到底服从哪种几何学。直到一百年后，爱因斯坦提出了一种理论（广义相对论），认为宇宙的几何性质是被其内含的质量所确定的，因此没有哪种几何是空间自身所固有的。所以，对“哪种几何学是正确的?”这个问题,自然界不仅在数学中,而且也在物理学中给出了一个模棱两可的答案。至于那个与此对应的问题“哪种数论是正确的?”,当我们详细地介绍了**哥德尔定理**后,还会有更多的话要说。

完全性

如果一致性是符号获得被动意义的最低条件,那么与之互补
101 的概念,完全性,是那些被动意义的最高确认。一致性是说:“系统产生的每个东西都是真的”,完全性是倒过来:“每个真陈述都是由系统产生的”。现在稍稍修饰一下这个概念。我们不会是指世界上所有的真陈述——我们指的仅是这样的陈述:它们所属的领域是我们力图用该形式系统去表达的。所以,完全性的意思是:“每个能由系统中的概念表示出来的真陈述都是系统中的定理”。

一致性:每个定理经解释后都成为真的(在某个想象的世界里)。

完全性:所有真的(在某个想象的世界里)且可表示成系统中的良构符号串的陈述都是定理。

最初那个 pq 系统以及它原来那个解释是这种形式系统的一个例子:它在自己那谦逊的水平上是完全的。任何两个正整数的正确的加法式子都可表示为系统中的定理。我们也可以换一种方式来说:“任何两个正整数的加法式子都是在系统内可证的”。(小心:当我们开始用“可证的陈述”而非“定理”这种说法时,表明我们开始混淆形式系统与其解释之间的区别。这是可以的,只要我们清楚地意识到这种混淆出现了,并且记得多重解释有时是可能的。)pq 系统加上它原来那个解释是完全的;同样也是一致的,因为没

有假陈述——用我们的新说法——是在系统内可证的。

有人可能会争辩说这个系统是不完全的，根据是三个正整数的加法式子(如 2+3+4=9)没有被 pq 系统的定理所体现，尽管能翻译成系统中的概念(例如，---------q--p---p----)。然而，这个符号串不是良构的，因此我们认为它就像 pqp---qpq 一样缺乏意义。三个数的加式用系统中的概念根本不可表示——所以系统还是有完全性的。

尽管 pq 系统在这种解释下有完全性，离完全地捕捉数论中的真理当然还差得远。比如，pq 系统就没有办法告诉我们有多少素数存在。**哥德尔不完全性定理**说的是任何“足够强有力”的系统，由于其能力较强，因而是不完全的。即：存在良构的符号串，表示了数论中的真陈述，但不是定理。(有属于数论的真陈述在系统内不可证。)pq 系统这样的系统是完全的，但能力不强。它们更像是低保真的唱机：太贫乏了，很明显做不了我们想要它们做的——即告诉我们数论中的每件事实。

一个解释怎样就能达到或破坏完全性？ 102

那么所谓“完全性是被动意义的最高确认”——我在前面这么说过——是什么意思呢？意思是：如果一个系统是一致的，但不完全，符号和其解释之间就会错配。系统没有能力为那样的解释作辩护。有时，如果把解释稍稍“修剪”一下，系统就会变得完全。为说明这个思想，让我们来看看修改的 pq 系统(含有公理模式Ⅱ)及我们对它的解释。

修改了 pq 系统之后，我们把 q 的解释从“等于”修改为“小于或等于”。我们看到，修改的 pq 系统在这种解释下是一致的，但新解释却有些令人不太满意的地方。问题很简单：现在有许多可表示的真陈述不是定理。例如，“1 小于或等于 2 加 3”表示成非定理-q--p---。这个解释实在是太不彻底了！它没有精确地反映出定理在系统中的作为。我们可以这样来纠正：或者(1)向系统添加新规则，使之增强能力，或者(2)紧缩解释。在这里，明智的选择看来是紧缩解释。不把 q 解释成“小于或等于”，而代之以“等于或加 1 后等于”。现在，修改后的 pq 系统变得既是一致的又是完全的，而完全性确保了这个解释是恰当的。

形式化数论的不完全性

在数论里我们会再次碰到不完全性。但在那里，为了挽救局面，我们被推向另一方向——增加新规则，使之增强能力。具有讽刺意味的是，每次我们增加一条新规则，我们就想，现在我们肯定使系统完全了！这种困境的性质可由下述类比来说明……

我们有一台唱机，还有一张唱片，上面标着“基于 B-A-C-H 的卡农”。然而，当我们把唱片放在唱机上播放时，由反馈引起的震颤(与乌龟的唱片引起的震颤一样)干扰得太厉害，以至于我们甚至都辨不清曲调了。我们断定某个东西有缺陷——不是唱片就是唱机。为了检测我们的唱片，我们就得到朋友的唱机上去播放，听它的质量。为了检测我们的唱机，我们就得用朋友的唱片在其上播放，看看我们听到的音乐是否符合标签。如果我们的唱机通过了对它的检测，则我们就说是唱片有缺陷；反过来一样，如果唱片通过了对它的测试，则我们就说是唱机有缺陷。然而，若结果是两者分别通过了对它们的测试，我们作什么结论呢？现在正是时候：回忆一下那两个相继的同构(图 20)，仔细想想！

和声小迷宫

乌龟和阿基里斯在游乐场玩了一天。他们先买了一对棉花糖，然后决定去乘“大风车”玩。

乌龟：这是我最喜欢的游艺项目。坐在上面你感觉似乎移动了很远，其实仍在原地。

阿基里斯：我知道它为什么叫你着迷。你系好安全带了吗？

乌龟：好啦，我觉得我把这扣子扣好了。哎，开始吧。喔！

阿基里斯：你今天很兴奋吧。

乌龟：这是有缘故的。我姑妈会算命，她对我说今天我会遇到好运。正是因为期待着那个好运我才这么兴奋的。

阿基里斯：你居然相信算命！

乌龟：不……但是人们说即使你不信，它也一样灵。

阿基里斯：哼，要真是这样倒不错。

乌龟：啊，风景多美啊。你看这片海滩、海边上游泳的人们、蓝色的大海、还有这座城市……

阿基里斯：对，的确美不胜收。喂，瞧那边那架直升飞机，似乎朝我们这儿飞来了。现在它实际上几乎就在我们头顶上了。

乌龟：怪事——飞机上还垂下一条缆绳来，离我们非常近。我们只要伸手就能抓得到。

阿基里斯：瞧！那条缆绳的头儿上有个大钩子，上面挂着一张纸条。

（他伸手抓下纸条。旋转着的大风车带着他们转了下去。）

乌龟：你能认出条上写的什么吗？

阿基里斯：能——写的是，“你们好，朋友们。再转上来的时候抓住钩子，会叫你们喜出望外的。”

乌龟：条子上写的跟游艺场广告上的陈词滥调一个味儿，不过谁知道这意味着什么。也许跟我要遇到的好运有关。不管怎么着，我们得试试！

阿基里斯：得试试！

（“大风车”把他们转上来的时候，他们两个都解开了安全带的系扣。当转到最高点时，他们抓住了那个巨大的钩子，缆绳马上把他们悠起来，一直绞向悬在空中的直升飞机。一只粗大有力的手帮他们进了飞机。）

声音：欢迎登机——两位冒失鬼。

阿基里斯：你——你是谁？

104 声音：请允许我自我介绍一下：我是郝晕，逍遥自在的拐子，最优秀的噬龟者，听候二位的吩咐。

乌龟：哎呀！

阿基里斯（对他的朋友低语）：唔——哦——我看这位“郝晕”真不是我们期待的那个。（对郝晕说）哎——如果我可以如此大胆的话——你这是要把我们拐到哪儿去啊？

郝晕：哈哈！去我的全电气化空中厨房，在那儿我要把这位做成有滋有味的小点心——（他说这话的时候，瞟了乌龟一眼）——做成美味可口的天上馅饼！没错儿——拿来满足我的饕餮之欲！哈哈哈！

阿基里斯：我只能说你的笑声像恶魔一样。

郝晕（恶魔般地大笑）：哈哈哈！你竟敢这么放肆！朋友，有你好瞧的。哈哈！

阿基里斯：天哪！他这话是什么意思！

郝晕：很简单——我给你们二位准备了恶运！你们等着吧！哈哈哈！哈哈哈！

阿基里斯：糟啦！

郝晕：好，我们到了。下机吧，朋友们，到我那绝妙的全电气化空中厨房里来吧。

（他们走进去。）

在你们倒霉之前，让我带着你们先参观参观。这是我的卧室，这是我的书房。请先在这儿等我一会儿，我得去磨磨我的刀子。你们可以边等边吃点“弹出锅酥”。哈哈哈！乌龟馅！乌龟馅！我最喜欢的一种馅！（走开了。）

阿基里斯：喔，天哪——弹出锅酥！我可得甩开腮帮子足吃！

乌龟：阿基！你可是刚刚大嚼了一通棉花糖啊！况且，这种时候你怎么还想吃东西？

阿基里斯：糟糕——哦，真对不起——我不应该用带有“糕”这种食品名称的词，我是想说在这样不幸的时候……

乌龟：我想恐怕我们都得引颈就戮了。

阿基里斯：是啊——你是应该翘首引颈好好瞧瞧郝晕那家伙书房里的那些书。那是些什么书啊——哦，原来是孤本书大全：《我所认识的呆瓜》、《象棋和转伞安然相处》、《为踢踏舞和管弦乐队写的协奏曲》……哼！

乌龟：书桌上放着一本什么书啊？紧挨着那个十二面体和打开的

速写本?

阿基里斯:这本吗?喔,书名是《阿基里斯和乌龟在全球瞎逛时引人入胜的历险》。

乌龟:名字有点吸引人呢。

阿基里斯:的确——而且这页上的故事看上去也很吸引人。故事的名字是《神怪和煮调饮》。

乌龟:冷饮?

阿基里斯:不是,是“煮调饮”,大概是一种煮着喝加调料的饮料吧?我也不懂。

乌龟:哼……怪事。我们读读它好吗?我读乌龟的台词,你当阿基里斯。

阿基里斯:行啊。干吗不呢……

105 (他们开始阅读《神怪和煮调饮》。)

(阿基里斯邀请乌龟来欣赏他收集的他最喜欢的画家艾舍尔的作品。)

乌龟:这些画好极了,阿基。

阿基里斯:我知道你会喜欢的。你最喜欢那一幅?

乌龟:我最喜欢的一幅是《凹与凸》,在那幅画中有两个在各自的内部完全统一的世界,然而把它们合在起,却形成一个完全不统一的世界。不统一的世界里总是很好玩的,不过,我不想住在那儿。

阿基里斯:你说什么?去哪儿玩?不统一的世界根本不存在,你怎么能去玩?

乌龟:哎,可我们不是都认为艾舍尔的这幅画画出了一个不统一的世界吗？

阿基里斯：对，可这只是个二维世界——是个虚构的世界——一幅画而已。你无法去这样的世界里玩。

乌龟：我自有办法……

阿基里斯：你怎么能把自己弄进一幅平面上的画里去？

乌龟：喝上一小杯“推入露”，这个戏法就变成了。

阿基里斯：推入露？这是种什么鬼东西？

乌龟：是种装在陶瓷小瓶里的液体，一个人若是在看着一幅画时喝它，它就能把那个人“推入”到那幅画的世界里。那些不了解推入露魔力的人经常会因为他们周围环境的突变而惊讶不已。

阿基里斯：没有解药吗？一旦被推入就无可挽回了吗？

乌龟：在某种情况下事情没有那么糟。事实上还有另外一种露——嗯，实际不是一种露，而是一种制剂——不，不是什么制剂，是一种、一种——

乌龟：他可能是想说“煮调饮”。

阿基里斯：煮调饮？

乌龟：正是我要找的那个词！它就是被称作“弹出煮调饮”的那种东西，如果你喝推入露时，想着在你右手里拿上这么一瓶弹出煮调饮，那它也可以被推入图画。这样一来，无论你何时想“弹出”，回到现实生活中来，你只需喝一口弹出煮调饮，接着，疾！就回到现实世界了，恰好回到你把自己推入的那个地方。

阿基里斯：听起来挺有趣。要是你在此之前没把你自己推入一幅画里,却喝了弹出煮调饮,会怎么样呢?

乌龟:这我不太清楚,阿基。不过摆弄这些奇异的推入弹出药
106 水一定要小心。我曾经有个亲戚,一只鳖,就是因为像你所说的那样做了,从那儿以后再也没有人见过它。

阿基里斯:真不幸,你能把一瓶推入露也带在身上吗?

乌龟:哦,当然啦。左手拿着它,它就会跟你一起被推入你在看的画里。

阿基里斯:要是你在你已经进入的那幅画里再发现一幅画,那会怎么样呢?再喝一大口推入露吗?

乌龟:正像你所设想的那样:你会进入画中的画。

阿基里斯:我想你得弹出两次,这样你才能从你所在的两幅叠套的画中解脱出来,重新浮现在现实世界。

乌龟:对,你推入一次也得弹出一次,因为一次推入使你进入一幅画,而一次弹出则会解除它。

阿基里斯:我觉得所有这一切都不太对劲儿。你不是在测验我多容易上当受骗吧?

乌龟:我发誓不是!瞧——这是两只药水瓶,就在我兜里。(把手伸进翻领口袋,拿出两只挺大的无标签的药水瓶,晃动它们时,可以听出一种药水是红的,另一种是蓝的。)如果你愿意,我们可以试试,怎么样?

阿基里斯:嗯……我认为……啊哼……也许……啊哼……

乌龟:我就知道你想试试。我们把我们自己推入艾舍尔的《凹与凸》的世界里去好吗?

阿基里斯:嗯,啊……

乌龟：就这么定了。我可别忘了拿着这瓶煮调饮一起进去，不然我们就没办法弹出来了。你愿意肩负这一重任吗，阿基？

阿基里斯：如果不太麻烦你的话，我，我有点紧张，（啊哼）我更愿意让你，你——你有经验——你来负责这件事吧。

乌龟：那好吧。

（乌龟一边说着，一边倒出两份推入露。然后他拿起那瓶煮调饮，右手紧紧的地抓住它，他和阿基里斯都把杯子放到唇边。）

乌龟：干杯！

（他们一饮而尽。）

阿基里斯：味道十分特别。 107

乌龟：会习惯的。

阿基里斯：煮调饮的滋味也这么特别吗？

乌龟：哦，感觉很不一样，无论你什么时候尝那种煮调饮，你都会有一种深深的满足感，就好像你整个一生都在等着尝它似的。

阿基里斯：哦，我真想喝到它。

乌龟：哎，阿基，我们在哪儿呢？

阿基里斯（环顾四周）：我们是在一条小平底船上，沿一条运河顺流而下！我想下去，船夫先生，请让我们下去吧。

（船夫对这个请求毫不理会。）

乌龟：他不懂汉语。如果我们想离开这儿，我们最好还是在他进入前面那条罪恶的“爱之隧”以前，赶紧从河道爬出去。

（阿基里斯的脸色有些苍白，霎时就爬到了河岸上，然后把他那位动作缓慢的朋友也拽了出来。）

阿基里斯：我有点不喜欢那隧洞的名字。我们能逃出来我真高兴。哎，你怎么会对这些地方这么熟悉？你以前来过这儿吗？

乌龟：来过很多次，虽然我总是从艾舍尔其他的画中进来。你知道，它们在画框背后彼此相连。你一旦进了其中的一幅画，你也可以进入别的里面。

阿基里斯：真的?！要是我不是在这儿亲眼看到了这些事，我肯定不会相信。（他们穿过一座小拱门，走了出来。）哦，瞧这两只逗人喜爱的蜥蜴！

108 乌龟：逗人喜爱？它们可不逗人喜爱——只要一想到它们我就不寒而栗！它们是两个邪恶的卫士，负责守护悬挂在那边天花板上那个有魔力的黄铜灯。只要被它们的舌头碰一下，任何生物都会变成肉酱。

阿基里斯：甜的还是咸的？

乌龟：都不是，是辣的。

阿基里斯：太毒辣了！不过如果这盏灯有魔力，我倒真想得到它。

乌龟：这很危险，我的朋友。我不愿意冒这个险。

阿基里斯：我只想试一次。

（他偷偷地靠近那盏灯，满以为不会弄醒睡在附近的那个小伙子。可是突然，他在一块奇特的贝壳形凹

图 23　凹与凸，艾舍尔作（石板画，1955）。

状地板上滑倒，跌出来掉进空中，东歪西倒的，他想随便够着什么，还想用一只手抓住那盏灯。由于他这么猛烈地摇晃，那两只蜥蜴“嗞嗞”叫着迅猛地朝他伸出了舌头，而他却吊在空中无法脱身。）

阿基里斯：救——命——啊！

（一个女人正走下楼梯，呼喊声引起了她的注意，还惊醒了睡着的小伙子。后者弄清了是怎么回事之后，脸上露出了和善的微笑，向阿基里斯打手势，告诉他一切都会好的。他用一种奇怪的带有喉音的语言向高处窗户上的一对号手喊了句什么，然后，马上

109 有奇异的声音奏响了,而且还彼此相呼应。那个睡意惺忪的小伙子指着蜥蜴,阿基里斯看到这音乐对它们有一种强烈的催眠作用。不一会儿,它们完全丧失了知觉。随后那个救命的小伙子对两个正沿着梯子向上爬的人喊话。他们俩把各自的梯子拿上来,伸到在空中被困的阿基里斯那里,构成一座桥,然后打手势让阿基里斯赶快爬下来。而阿基里斯却先小心地把挂着灯的链子从屋顶上的挂钩中脱出来,取下那盏灯,然后才从梯桥上爬下来,那三个小伙子让他脱了险。阿基里斯搂住他们,十分感激地同他们紧紧拥抱。)

阿基里斯:嘿,龟兄,我怎么报答他们呢?

乌龟:我正好知道这三位勇敢的孩子喜欢喝咖啡,而就在这座城里有个地方,咖啡煮得没比了。请他们去喝杯咖啡吧!

阿基里斯:好极了!

(这样,通过一系列可笑的手势、微笑和个别字词,阿基里斯对这些小伙子表达了他的邀请。随后,他们五个一起走出来,走下一段陡楼梯,来到城里。他们来到一家吸引人的咖啡馆,在外面坐下来,要了五杯咖啡。在他们品呷时,阿基里斯记起了他带着的那盏灯。)

阿基里斯:我都忘了,龟兄——我弄到了这盏魔灯!但是——它有什么魔力?

乌龟:哦,很普通——一种怪物。

阿基里斯：什么？你是想说你擦它时，就会出来一个怪物听你使唤？

乌龟：没错。你以为呢？天上掉馅饼吗？

阿基里斯：嗯，这是挺神的！我可以随心所欲，嗯？我总是希望我碰见这种事……

（阿基里斯轻轻地擦着刻在那盏黄铜灯表面上的大字“灯”……突然，冒出了一大股烟，从烟的形状中，五个朋友都辨认出那是一个精怪，鬼一般地立在他们上面。）

怪物：你们好，我的朋友们——非常感谢把我的灯从邪恶 110
的双蜥蜴手中救出来。

（怪物一边说着，一边把那盏灯拿起来，塞进隐藏在他那飘摆于灯外的长袍皱褶中的口袋里。）

作为对你这一英雄行为的感谢，我愿意代表灯向你提供实现你任意三个愿望的机会。

阿基里斯：真是活见鬼！你不觉得是这样吗，龟兄？

乌龟：我的确也这么想。来吧，阿基，说第一个愿望。

阿基里斯：唔！可我应该提什么愿望呢？哦，我知道了！这是我在第一次读《天方夜谭》时想过的（那是本由许多愚蠢的——也是叠套的——故事组成的集子）——我愿我有一百个愿望，而不是三个！真聪明，是吧，龟兄？我敢说你从没有想到过这种把戏，我总是想为什么故事中的那些大脑迟钝的人从没有自己这么试试。

乌龟：也许现在你会找到答案的。

怪物：很抱歉，阿基里斯，我不能满足元愿望。

阿基里斯：我愿你告诉我什么是“元愿望”！

怪物：可这是元元愿望，阿基里斯——我也不能满足你。

阿基里斯：什什什么？我一点也听不懂。

乌龟：你干吗不把你最后那个请求换种说法，阿基？

阿基里斯：你想说什么？我干吗要换？

乌龟：嗯，你刚才说“我愿……”，你既然只是在问一件事，干吗不用问句？

阿基里斯：好吧，虽然我不明白为什么。告诉我，怪物——什么是元愿望？

怪物：就是关于愿望的愿望。我不能满足元愿望，我只能满足简单的普通愿望，比如想要十箱啤酒啦、月里嫦娥啦、两吨黄金啦、环球旅行啦。你明白吗——类似这样的简单事物。而我无法满足元愿望。**造物神**不允许我这么做。

阿基里斯：**造物神**？谁是**造物神**？他为什么不让你满足元愿望？这看起来比你刚才提到的那些事要容易得多嘛。

111 怪物：嗯，这事挺复杂的，你为什么不来讲讲你那三个愿望呢？或者至少说一个，我不能总待在这个世界里……

阿基里斯：哦，真糟糕。我真的希望有一百个愿望……

怪物：唉，我不愿看到任何人这么失望。而且，元愿望也是我最喜欢的一种愿望。让我想想我是否可以做点什么。请等一分钟。

（怪物从他袍子上的一簇皱褶里拿出一样东西，那东西看上去就像他拿走的那盏黄铜灯一样，只是这盏是用白银做的。以前的那盏上刻有“灯”字，而在这盏灯上同样的地方却刻有小一些的字“元灯”。）

阿基里斯：那是什么？

怪物：是我的元灯……

（他擦擦元灯，它便冒出一股烟来。在翻滚着的烟云中间，他们全都看到了他们上面立着一个魔鬼般的形体。）

元怪物：我是元怪物。你叫我吗，怪物阁下？你有什么愿望？

怪物：我对你，元怪物阁下，以及**造物神**，有个特殊的愿望。我想请求暂时解除一切对愿望类型的限制，允许一个无类型愿望存在一段时间。你能俯准我这个愿望吗？

元怪物：我会把它通过层层机构发送出去的，这没有问题。请等半分钟。

（这位元怪物以怪物两倍的速度从她袍子上的一簇襞褶里拿出一样东西，那东西看去就像那盏白银元灯一样，只是这盏是用黄金做的。以前的那盏上刻有“元灯”字样，而在这盏灯上同样的地方却刻有更小一些的字“元元灯”。）

阿基里斯（他的声音比以前高了八度）：那是什么？

元怪物：这是我的元元灯……

（她擦擦元元灯，它便冒出一股烟来。在翻滚着的烟云中间，他们全都看到了他们上面立着一个魔鬼般的形体。）

元元怪物：我是元元怪物。你叫我吗，元怪物阁下？你有什么愿望？

元怪物：我对你，元元怪物阁下，以及**造物神**，有个特殊的愿望。我想请求暂时解除一切对愿望类型的限制，请求允许一个无类型愿望存在一段时间。你能俯准我这个愿望吗？

112 元元怪物：我会把它通过层层机构发送出去的，这没有问题。请等十五秒钟。

（这位元元怪物以元怪物两倍的速度从他袍子上的一簇皱褶里拿出一样东西，那东西看去就像那盏黄金元元灯一样，只是这盏是用……）

·

·

·

·

·｛**造物神**｝

·

·

·

·

(……旋回到元元元灯中来，元元怪物把它卷回他自己的袍子里，这一动作只有元元元怪物的一半那么快。)

你的愿望被批准了，元怪物阁下。

元怪物：谢谢你，元元怪物阁下，以及**造物神**。

(这位元元怪物像所有比他更高的那些神怪一样，旋回到元元灯中去，元怪物把它卷回她自己的袍子里，这一动作只有元元怪物的一半那么快。)

你的愿望被批准了，怪物阁下。

怪物：谢谢你，元怪物阁下，以及**造物神**。

(这位元怪物像所有比她更高的那些神怪一样，旋回 113
到元灯中去，怪物把它卷回他自己的袍子里，这一动作只有元怪物的一半那么快。)

你的愿望被批准了，阿基里斯。

(从他说“请等一分钟”，到这时正好过了一分钟。)

阿基里斯：谢谢你，怪物阁下，以及**造物神**。

怪物：我很高兴通知你，阿基里斯，你可以有一个无类型愿望——这就是说一个愿望、一个元愿望、或一个元元愿望，你愿意有多少“元”都可以——甚至可以有无数多个(如果你愿意)。

阿基里斯：啊，非常感谢，怪物阁下，不过，我的好奇心给逗起来了。在我说出我的愿望前，你能不能告诉我谁——或者说什么——是“**造物神**”？

怪物：行啊。“**造物神**”是代表“**造物神**-**物**色的-**神怪**”这个短语中几个词的词首字组合。“神怪”这个词一般指怪物、元怪物、元元怪物等等。这是个无类型词。

阿基里斯：可是——可是——这个由几个词的词首字组合而成的“**造物神**”怎么会是一个词呢？这不会有任何意思！

怪物：噢，你没见过递归的词首字组合吗？我以为人人都知道呢。你瞧，“**造物神**”代表“**造物神**-**物**色的-**神怪**”——而它又可以被展成“**造物神**-**物**色的-**神怪**-**物**色的-**神怪**”——它还可以依次被展成“**造物神**-**物**色的-**神怪**-**物**色的-**神怪**-**物**色的-**神怪**”——它还可以依次被进一步展开……你可以想展多开就展多开。因为在每种情况下最前面的三个字总是“**造物神**”，而这最前面的三个字总可以被展开。

阿基里斯：可我将永远不会展完！

怪物：当然不会。你永远也不会把“**造物神**”全部展开。

阿基里斯：哼……真叫人费解。你对元怪物说“我对你，元怪物阁下，以及**造物神**，有个特殊的愿望”，这是什么意思呢？

怪物：我是想不仅向元怪物发出请求，而且也向她之上的所有神怪发出请求。递归词首字组合很自然地完成了这一任务。你瞧，当元怪物接受了我的请求时，她就不得不把它向上传给她的**造物神**。所以她向元元怪物送去一个同样的信息，后者也照样对元元元怪物这么做……沿着这条链一直向上，就把信息传给了**造物神**。

阿基里斯：我明白了。你的意思是说**造物神**端坐在神怪之梯的顶端？ 114

怪物：不，不，不！“顶端”一无所有，因为根本就没有顶端。这就是为什么**造物神**是个递归的词首字组合。**造物神**不是某个终极神怪。**造物神**是个位于任何已知神怪之上的众神怪之塔。

乌龟：在我看来，每一个神怪都对**造物神**是什么有彼此不同的看法，这样一来，由于对任何神怪来说，**造物神**都是位于他或她之上的一组神怪，所以没有两个神怪具有同样的**造物神**。

怪物：绝对正确——因为我是一切神怪中最低的，我可怜那些高层的神怪们，它们幻想着自己多少离**造物神**更近些，多亵渎啊！

阿基里斯：乖乖，发明**造物神**可真需要点儿神思。

乌龟：你真的相信关于**造物神**的这些玩意儿吗，阿基？

阿基里斯：那当然啦。难道你是无神论者吗，龟兄？要不你就是个不可知论者。

乌龟：我不认为我是不可知论者。我也许是个元不可知论者。

阿基里斯：什什什么？我一点也听不懂。

乌龟：是这样……如果我是个元不可知论者，我就会为我是否是一个不可知论者而困惑——但是我并不清楚我是否是个元不可知论者；因此我一定是个元元不可知论者（我这么猜想）。啊，好啦。告诉我，怪物，神怪们犯过什么错误吗？在这条链上来回传递消息的时候，有过什么歪曲吗？

怪物：这种事确实有过。这是无类型愿望不被批准的最根本的原因。注意，这种歪曲在这条链上的任何一个个别环节发生的可能性都是无穷小的——但是当你把这无穷多种可能列出来，就能够清楚这样的歪曲一定会在某些地方发生。事实上，奇怪的是，经常会有无穷个歪曲，虽然它们在这条链上分布得很分散。

阿基里斯：这么说，能有什么无类型愿望被通过，那简直就是个奇迹了？

怪物：不。大多数歪曲不会造成严重后果，许多歪曲都互相抵消了。不过偶尔——事实上很少见——某种无类型愿望不能满足的原因可以追溯到某一个不幸的神怪所做的歪曲。一旦发生这种事，那个有罪的神
115 怪就得被迫接受责罚，**造物神**会鞭打他或她的屁股。对于执鞭者来说，这很有趣；对受笞者来说，也没多大害处。看到这一场面你会觉得挺逗的。

阿基里斯：我真想看看！不过只有在一个无类型愿望不被批准时才会有这种事，对吗？

怪物：正是。

阿基里斯：嗯……这给了我一个启发，是关于我的愿望的。

乌龟：噢，真的吗？什么启发？

阿基里斯：我希望我的愿望不被批准！

（就在这时，发生了一个无法描述的事件——用“事件”这个词行吗？——因此我们将不去描述它了。）

阿基里斯：这个难以捉摸的解释究竟是什么意思？

乌龟：它是指阿基里斯说出的无类型愿望。

阿基里斯：可他还没说出来呢。

乌龟：他说了。他说：“我希望我的愿望不被批准”，而怪物把这当做是他的愿望了。

（就在这时，他们听到他们那一边的厅廊里有脚步声走来。）

阿基里斯：哦，天呐！听起来可真不祥。 116

（脚步声停了，随后又转变了方向，并逐渐消失了。）

乌龟（如释重负地）：唉！

阿基里斯：故事说到哪儿了？这就是结尾吗？我们翻过这页看看。

（乌龟把《神怪和煮调饮》这页翻过去，他们发现故事在继续进行着……）

阿基里斯：嗨！怎么回事？我的怪物哪儿去了？我的灯呢？我那杯咖啡呢？我那些从凹与凸的世界里来的朋友们怎么样了？那些小蜥蜴在这儿干什么呀？

乌龟：恐怕我们的环境恢复错了。

阿基里斯：你这个难以捉摸的解释究竟是什么意思？

乌龟：我是指你说出的无类型愿望。

阿基里斯：可我还没说出来呢。

乌龟：你说了。你说：“我希望我的愿望不被批准”，而怪物把这当做是你的愿望了。

阿基里斯:哦,天哪!听起来可真不祥。

乌龟:这其实是个悖论。因为批准这个无类型愿望,就是否定了它——而不批准它,就是批准了它。

阿基里斯:这会怎么样呢?地球会停止转动吗?宇宙会塌下来吗?

乌龟:不会,但是系统塌了。

阿基里斯:什么意思?

乌龟:就是说你我,阿基,会忽然地、同时地被驱逐到堕界去。

阿基里斯:到哪儿去。

乌龟:堕界:没有打出来的嗝和已熄灭的灯光所在的地方。它是一种候室,在这儿处于休眠状态的软件等着宿主硬件回来。无法知道这个系统要瘫痪多久,我们会一直呆在堕界里,也许几分钟,也许几小时、几天——甚至几年。

阿基里斯:我不知道软件是什么,我也不知道硬件是什么。不过我可知道我没有说出我的愿望!我想要怪物回来!

乌龟:很抱歉,阿基——是你闯的祸。是你搞垮了那个系统。我们能回来真得谢天谢地,不然事情会变得更糟。不过我一点也不知道我们现在在哪儿。

阿基里斯:我现在认出来了——我们在艾舍尔的另一幅画里。这回是《爬虫》。

乌龟：啊哈！系统在坍塌之前尽可能地努力保存我们的环境，它仅仅来得及记下我们是在艾舍尔的一幅有蜥蜴的画里，就完蛋了。也真难为它了。

阿基里斯：瞧——那边桌子上不是我们的那瓶弹出煮调饮吗？就在蜥蜴圈旁边！

乌龟：没错儿，阿基。我得说我们的确很幸运。系统把弹出煮调饮还给了我们，这对我们真是太好了——它对我们来说真是太珍贵了！

阿基里斯：我也这么说！现在我们可以从艾舍尔的世界里弹回我的房子里了。

乌龟：煮调饮旁边还有两本书。什么书啊？（拿起小的那本，随便翻开一页。）这书看起来挺吸引人的。

阿基里斯：哦，真的？书名是什么？

乌龟：《乌龟和阿基里斯在全球各地转悠时的历险》。看样子读起来一定很有趣。我得好好看看——哎，怪物和阿基里斯旅行的故事在哪儿？哦，原来这本书有好几个层次，我得仔细找找。

阿基里斯：好吧，你要想看就看吧，但是我可不想让那瓶 117
弹出煮调饮冒险——没准儿哪只蜥蜴会把它碰下桌子，我现在就想把它拿到手！

（他冲到桌子前，伸手去拿那瓶弹出煮调饮，可是忙乱中，他大概是撞了那瓶子一下，瓶子翻倒了，掉下桌子开始滚起来。）

哦，哦！龟兄——你看！我不小心把那瓶子碰到了

图 24　爬虫,艾舍尔作(石板画,1943)。

地板上,它朝——朝——楼梯滚去了!快——别让它掉下去!

118 (可乌龟这时完全沉浸在他手中的那本小薄书里去了。)

乌龟(喃喃地):嗯嗯,看来在这一层里是找不到那种意思了。

阿基里斯:龟兄,龟兄,帮帮忙!帮忙抓住那个药瓶子!

乌龟:干吗这么大惊小怪的?

阿基里斯:那只装煮调饮的瓶子——我把它从桌子上碰掉了,现在它正滚呢,它——

（这时它滚到了楼梯井的边缘，然后掉下去了。）

啊，可别！这可怎么办？龟兄——你怎么还跟没事一样？我们的药水没了！掉到楼梯下面去了！只有一个办法了，我们得下一层。

乌龟：下一层？没问题，请跟我来！

（他开始大声朗读，一时间阿基里斯进退两难，最后终于安定下来，充当了乌龟的角色。）

阿基里斯：这儿真黑，龟兄。我什么都看不见。吁！我撞在墙上了。当心！

乌龟：来——我这里有两只俄国手杖。拿上一根吧。你可以用它探路，这样你就不会碰东撞西了。

阿基里斯：好主意。（他拿了手杖。）你觉出我们走的这条路有点往左拐吗？

乌龟：对，有一点点。

阿基里斯：我不知道咱们到哪儿了。我们还能重见天光吗？我当时真不该听你的，喝下了贴着“喝我”的那瓶东西。

乌龟：我向你保证这没什么不好。我干过无数次了，一次也没有后悔过。放松点，享受一下变小后的感觉。

阿基里斯：变小？龟兄，你都对我干了些什么呀？

乌龟：别怪我，你这样做是你自愿的啊。

阿里基斯：你把我缩小了吗？那么我们待在其中的这个迷宫实际上是个小得可以被一脚踏过的玩意儿啦？

119　图 25　克里特迷宫(意大利蚀刻画;费尼盖拉派)[选自马修斯[W. H. Mathews]所著《迷津和迷宫——其历史及发展》[Mazes and Labyrinths: Their History and Development]纽约:Dover Publications,1970 年版。]

乌龟:迷宫?迷宫?可能吗?难道我们是在那个著名的由可怕的大雕所占据的和声小迷宫里吗?

阿基里斯:天哪!那是什么?

乌龟:据说——我本人从不相信——一只邪恶的大雕造了一个小迷宫,自己居于它中间的一个小窝里,等待无辜的牺牲品在它那可怕的繁复通道之中转向。然后,当他们茫然失措地转悠到迷宫中心时,它就大笑不止,冲他们大笑——使劲地笑，直到把他们笑死！

阿基里斯：太可怕了！

乌龟：不过这只是个神话。勇敢些，阿基。

（这坚强的一对艰难地走着。）

阿基里斯：摸摸这些墙。它们好像是有褶皱的锡板什么的。不过褶皱的大小不同。

（为了强调他的看法，他一边走，一边把那只俄 120
国手杖伸出来抵着墙壁。当手杖在褶皱上来回弹跳时，在他们所在的那条弯曲的长长走廊里，回响起了奇特的声音。）

乌龟（吃惊地）：这是什么声音？

阿基里斯：噢，是我在墙上蹭我的手杖呢。

乌龟：哦！我还以为是凶猛的大雕在叫唤呢！

阿基里斯：我记得你说过，那只是个神话。

乌龟：当然啦，没有什么可怕的。

（阿基里斯又把他的手杖蹭着墙，继续走着。这时可以听到他的手杖刮墙的地方发出了音乐声。）

乌龟：嗯，我觉得不妙，阿基。那个迷宫也许根本就不是个神话。

阿基里斯：等等，是什么让你突然改主意了？

乌龟：你听到音乐了吗？

（为了听得更清楚些，阿基里斯放下了抬起的手杖，而那美妙的旋律也随之停止了。）

嗨！把手杖放回去！我想听听这段曲子的结尾！

（阿基里斯稀里糊涂地听从了乌龟的指令，音乐又继续下去了。）

谢谢，我刚才要说话的时候，突然明白我们在哪儿。

阿基里斯：真的？我们在哪儿？

乌龟：我们正沿着一张放在套子里的唱片上的纹沟走呢。你的手杖刮着墙上的那些奇形怪状的东西，就像是唱针沿着唱片的音纹转，就这样我们听到了音乐。

阿基里斯：哎呀，这可怎么办？这……

乌龟：怎么啦？你怎么不高兴？你以前有过这么密切地同音乐接触的机会吗？

121 阿基里斯：龟兄，我比个跳蚤还小，怎么还能有劲跑过身高正常的人呢？

乌龟：噢，就这点让你不安吗？根本不必为此发愁，阿基。

阿基里斯：看你话说的样子，我觉得你一点也不担心。

乌龟：我不知道，不过有一点可以肯定，我不担心没劲儿。尤其是在面临遇见大雕这种危险的时候。

阿基里斯：太可怕了！你是说——

乌龟：恐怕是的，阿基。我一听那段音乐就知道了……

阿基里斯：怎么回事？

乌龟：很简单。当我听到最高声部的 B-A-C-H 旋律时，我立刻听出我们正在穿行而过的这些音纹只能是《和声小迷宫》——巴赫的一首不太为人所知的管风琴作品。取这个名子是因为它那令人心醉神迷的频繁转调。

阿基里斯：什——什么玩意儿？

乌龟：嗯，你知道，大多数乐曲都用一个调或调性写成的。比如C大调，这只曲子就是C大调。

阿基里斯：我以前听说过这个词。它的意思是不是说你希望它结束在音符C上？

乌龟：对。在某种意义上说，C起一个“基底”的作用。实际上，通常叫它“主调音”。

阿基里斯：是不是离开了主调音就是为了最后回到主调音？

乌龟：正是这样。随着乐曲的发展，运用了模棱两可的和弦旋律，它们都离开了主调音。渐渐地，期待形成了——你越来越渴望回复，听到主调音。

阿基里斯：这就是为什么我在一支曲子结束时总是感到那么满足，就像我全身心都在等待着听到那个主调音似的，是吗？

乌龟：没错儿。作曲家运用他的和声进行来控制你 122
的感情，使你产生渴望听到主调音的愿望。

阿基里斯：可是你该给我讲讲转调。

乌龟：哦，对。作曲家可以做的一件非常重要的事就是在一支曲子中“转调”，其目的在于建立一个暂时的终结，而不是一种主调音的解决。

阿基里斯:我想……我明白了。你是说某组用不同音调反复演奏的和弦改换了和声的紧张点,这样一来就使我实际上期待着在一个新的调上把不谐和音转变为谐和音?

乌龟:对极了。这就使情况更复杂了,因为虽然一时你期望在一个新调上把不谐和音转变为谐和音,但在你内心深处一直存在着一个渴望,即要达到原来那个终结——在这支曲子里就是大调的 C。而当次要终结到达时,就会有——

阿基里斯(突然热情地打着手势):哦,听听这华美的突然上升的和弦,这是《和声小迷宫》结尾的标志。

乌龟:不,阿基,这不是结尾,这只是——

阿基里斯:它肯定是!喔!多么强有力的结尾啊!真让人有如释重负之感!这才是个解决呢!妙极了!

(确实,音乐就在这里停止了,他们走出来,到了一块没有墙壁的空地上。)

你瞧,它确实完了。我说什么来着!

乌龟:真邪了!这张唱片是音乐界的耻辱。

阿基里斯:什么意思?

乌龟:就是我刚告诉你的意思。这里巴赫从 C 调转到 G 调,建立起听 G 的第二个目的。这意味着你同时体验到两种张力——等待着向 G 转变,可同时心里还埋藏着那个最大的渴望——成功地转到C大调。

阿基里斯：你为什么听一支乐曲时一定要苦思冥想呢？音乐只是一种智力游戏吗？ 123

乌龟：不，当然不是。某些音乐是极富于智慧的，不过大多数音乐不是。多数的时候你的耳朵或大脑为你“估算”，使你的情感知道它们想听什么，你不必有意识地去想它。但是在这支曲子里，巴赫在耍手腕，想把你引入歧途。而在你身上，阿基，他成功了。

阿基里斯：你是指我对副调解决的反应？

乌龟：正是。

阿基里斯：可我还是觉得它像个结尾。

乌龟：巴赫有意那么安排的。你恰好落入他的圈套了。它故意被设计得像个结尾，但是如果你仔细品味那个和声的进行，你会发现它的调性不对。显然，不只是你，连这个蹩脚的唱片公司也落入了同样的圈套——他们过早截断了这支曲子！

阿基里斯：巴赫可把我给涮了！

乌龟：这就是他的全部花招——让你在迷宫里迷路！大雕跟巴赫是同谋，你瞧，如果你不小心，他现在就会把你给笑死的——没准儿连我也给捎上呢。

阿基里斯：哦，让我们赶快离开这儿把！快，咱们沿着音纹往回跑，在大雕发现我们之前跑出这张唱片！

乌龟：天哪，不行！我的感觉太脆弱，受不了倒序演奏时那古怪的和声进行。

阿基里斯：哦，龟兄，要是我们不能顺原路回去，我们怎么才能离开这里呢？

乌龟：是啊。

（阿基里斯有点绝望，开始在黑暗里乱跑。突然间出现了一声轻微的喘息，接着“砰”地一声。）

124 阿基——你怎么了？

阿基里斯：有点错位，不过还好。我掉进了一个大洞里。

乌龟：你掉到邪恶大雕的窝里去啦！我在这儿呢，我来帮你出来。我们得赶紧走！

阿基里斯：小心，龟兄——我不想让你也掉进来……

乌龟：别怕，阿基，一切都会——

（突然间出现了一声轻微的喘息，接着“砰”地一声。）

阿基里斯：龟兄——你也掉进来了！你怎么样？

乌龟：只是伤着了我的自尊心，不过还好。

阿基里斯：我们崴泥了，是吧？

（突然，一阵隆隆的笑声响起，并吓人地靠近了。）

乌龟：当心，阿基，这可不是玩笑的事！

大雕：嘿嘿嘿！呵呵呵！哈哈哈！

阿基里斯：我开始顶不住了，龟兄……

乌龟：千万别理它的笑，阿基。这是你唯一的希望。

阿基里斯：我尽力而为吧。只要我的肚子不那么饿！

乌龟：哎，我闻到什么啦？附近有一碗弹出锅酥吧？

阿基里斯：我也闻到了。从哪儿飘来的？

乌龟：我想就在附近。哦！我碰在一个大碗一样的东西上了。对，没错儿——像是一大碗弹出锅酥。

阿基里斯：哦，天哪——弹出锅酥！我可得甩开腮帮子足吃！

乌龟：可别是推入锅酥！推入锅酥和弹出锅酥可真不好分清呀。

阿基里斯：焚琴？你说什么呢？

乌龟：我什么也没说呀。你大概是有点风声鹤唳了吧。

阿基里斯：还煮鹤！我真的不喜欢鹤肉。好啦，我们就吃这个吧！

（两个朋友开始大嚼弹出锅酥（或者推入锅 125
酥？）——可突然——"弹"地一声！我猜他们吃的到底还是弹出锅酥。）

乌龟：多有趣的故事啊。你喜欢它吗？

阿基里斯：一般。我想知道的只是他们离开那邪恶大雕的窝没有。可怜的阿基里斯——他想恢复正常身高。

乌龟：别担心——他们出去了，他也恢复了正常身高。这就是刚才为什么有一声“弹”。

阿基里斯:哦,我没听出来。嗯,我现在的确想找那瓶煮调饮了。不知为什么,我的嘴唇都要裂了。没有什么比弹出煮调饮更好喝的了。

乌龟:这种饮料以消燥解渴著名。在有些地方,人们对它着了魔。在上世纪末、本世纪初的维也纳,勋伯格食品工厂停止生产煮调饮,转产十二瓶菌氯,你无法想象由此而引起的骚乱。

阿基里斯:我略有所闻。不过还是让我们找找那瓶煮调饮吧,嘿——等一会儿。桌上这些蜥蜴——你发现它们有什么特别的吗?

乌龟:嗯——没什么特别的。你看见了什么这么有趣?

阿基里斯:你没看见?它们没喝什么弹出煮调饮就从那张平面上的画里跑出来了。它们怎么做到的?

乌龟:我没告诉你吗?要是你没有弹出煮调饮的话,你以同画面成直角的方向移动,也能从里面出来。这些小蜥蜴知道,要想从两维的画中世界里出来,就得向上爬。

阿基里斯:我们要从艾舍尔的这幅画中出来,也得做同样的事吗?

乌龟:当然!我们只需要上一层。你想试试吗?

阿基里斯:只要能回到我的房子里!这次吸引人的历险已经使我很累了。

乌龟:跟着我,从这条路上来。

（他们走上一层。）

阿基里斯：可回来了。真好。不过有点不对劲儿。这不是我 126
的房子！这是你的，龟兄。

乌龟：唔，是的——我倒愿意这样呢！我一点也不想从你那里再走那么长的路回来了。我累坏了，简直怀疑我是否走了那么远。

阿基里斯：我不在乎走回家，所以我想我们在这儿结束也挺好。

乌龟：说得对！这的确是次好运！

127

第五章　递归结构和递归过程

什么是递归？

什么是递归？对话《和声小迷宫》已经展示了：递归就是嵌套，各种各样的嵌套。这个概念很普通。（故事里的故事，电影中的电影，画中的画，俄式洋娃娃中的俄式洋娃娃（甚至括号说明中的括号说明！）——这些还只是递归魅力中的一小部分。）然而，读者应该注意本章中“递归”的含义与第三章中的含义只是稍有关联。它们之间的关系在本章末会清楚的。

有时递归似乎与悖论很接近，例如递归定义。这样的定义可能会给粗心的人一种印象，即事物自己定义自己。那就会出现绕圈子了，而且即使不导致悖论，也会导致无穷回归。但事实上，一种递归定义（当正确给出时）永远不会导致无穷回归或悖论。这是因为递归定义从来不以某一事物自身来定义这一事物，而总是用比其自身简单一些的说法来定义这个事物。下面我给出一些关于递归定义的例子，我的意思很快就会更清楚了。

在日常生活中，递归出现的最常见方式之一就是：由于有另一项更简单的工作而拖延完成正在进行的一项工作（通常是同类型的工作）。这里有一个很好的例子。一个秘书有一部奇特的电话机,可以接许多电话。她正与A通话的时候,B打来电话。于是她对A说:"您不介意稍等一会儿吧?"当然她并不在乎A是否介意,她只是按一下电钮,转到B。现在C又打来电话。于是B也同样被耽搁了。照这样可以无限进行下去,但我们对此还是别过于热衷。假定和C的通话结束了。我们这位秘书"弹"回到B,继续刚才的通话。这时,A坐在电话线的另一端,手指敲着桌子,听着电话里让人心烦的宛如背景音乐似的杂音,克制着自己的恼火……。现在最平淡的情况是,与B的谈话顺利结束,这位秘书最终回到与A的通话中。但是很有可能在与B的通话恢复后,又有一个新加入者——D——打来电话。B则又一次被推入通话等待者的堆栈,而D得到了照顾。与D通完话之后,回到B,然后再回到A。这位秘书无疑是机械得要命——但我们却是在以最准确的方式来解释递归。

推入、弹出和堆栈 128

前面的例子里介绍了递归的一些基本术语——至少在计算机专家们的眼中是术语。这些术语就是推入、弹出和堆栈(或者,更准确地说,是下推堆栈),它们都是相互关联的。这些术语作为人工智能的早期语言之一——IPL语言的一部分,第一次出现于20世纪50年代后期。在对话中,读者已经遇到了"推入"和"弹出"。但我还是要做些详细说明。推入即是暂停目前正在进行的工作,记住在什么地方停下的——并开始一项新的工作。这项新的工作通常被认为是比前一项工作"低一个层次"。而弹出则与此相反——即结束这个层次的操作,在上一层暂停之处恢复操作。

但是，怎样才能准确记住你在每一个层次中停在什么地方呢？回答是：你把有关的信息存储在一个堆栈里。因此堆栈起着表格的作用，它使你了解这样一些事情：(1)在那些未完成的工作中，你是在何处被打断的(行话："返回地址")，(2)在被打断处你要记住的有关事项(行话："变量约束")。当你弹回去恢复某项工作时，堆栈保存着你的"环境"(行话："现场")，所以你不会感到丢掉了什么。在打电话的例子中，堆栈告诉你在每个不同的层次谁在等候，以及你们被打断时你们的谈话进行到了什么地方。

这里顺便说一下，"推入""弹出"和"堆栈"这几个词都来自自助餐厅中一摞托盘的视觉形象。通常在下面有一个弹簧，将最上面的托盘几乎保持在一个固定的高度。当你把一个托盘推到这摞托盘上时，这一摞就往下陷一点儿——而当你从那一摞上拿下一个托盘时，整个一摞又都往上弹一点儿。

再举一个日常生活中的例子。当你收听新闻广播时，常常会有这样的事情：新闻播音员把你转到一个外国记者那里。"现在请听赛利·斯瓦波利从英国皮费格发来的消息。"而赛利有一盘地方新闻报告人同某人会见的磁带，在介绍了一些背景情况之后，她开始播放录音带。"我是尼格尔·勘特瓦拉德。这里是皮费格郊外发生大抢劫的地方。我在与××谈话……"。现在你降了三个层次。也许这个被会见的人也会放一盘某次谈话的磁带。在实际新闻报道中，降三个层次这种事并不少见，但令人吃惊的是，我们几乎没有被悬置的感觉。我们在下意识中很容易地把握了回溯机制。这么简单，也许是因为每一个层次都与其他层次有着截然不同的味道。如果它们都相似，我们立刻就弄乱了。

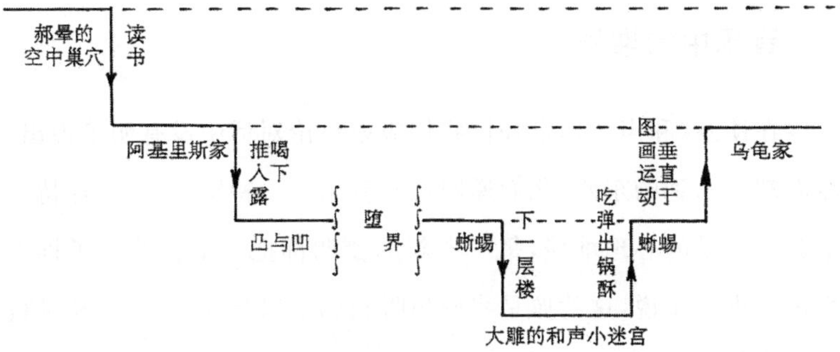

图 26　对话《和声小迷宫》结构示意图。垂直下落是"推入"，上升是"弹出"。注意此图与对话中缩进格式的相似之处。从这个图可以清楚地看出最初的紧张——郝晕的恫吓——从未解决，阿基里斯和乌龟还在空中悬着。有些读者可能会为这个没弹出来的推入而备受折磨，而有些读者则可能眼都不眨。在这个故事里，巴赫的音乐迷宫也同样被过于迅速地截止——而阿基里斯甚至没有注意到任何怪异之处。只有乌龟意识到了那个全局性的由于悬搁而造成的紧张。

关于更复杂的递归，本章前面的对话就是一个例子。在那个对话中，阿基里斯和乌龟在各个不同的层次中都出现了，有时作为角色出现在他们正在阅读的故事里。这时你可能对正在发生的事情有点糊涂，必须高度集中注意力，才可能弄明白。"咱们来看看，真正的阿基里斯和乌龟仍然在郝晕的直升飞机上；但是第二层次的阿基里斯和乌龟是在艾舍尔的某张画中——然后他们发现了一 129
本书，并读了起来；所以《和声小迷宫》中在纹道上漫游的是第三层次的阿基里斯和乌龟。不，等一等——我在什么地方遗漏了一个层次……"要想把握对话中递归的回溯机制，你的意识中必须得有一个心理堆栈。（见图 26）

音乐中的堆栈

在谈及《和声小迷宫》时，我们应该讨论对话中没有明确说出，然而却暗示到的东西：我们递归地听音乐——特别是，我们保持一个关于调子的心理堆栈，每一个新的变调都把一个新的调子推上堆栈。进一步说，这就像是我们想听到调子以相反的顺序，从堆栈中一个一个地弹出，直到还原到主调音。这是个夸张，然而这里面也有一点道理。

任何有一定音乐修养的人都自动保持着一个装有两个调子的“浅堆栈”。在这个浅堆栈中，存放着真正的主调音和与之最接近的“伪主调”（即作曲家假装采用的那个调子）。也就是说，存放着最具“全局性”的调子和最具“局部性”的调子。这样，听众就可以知道什么时候回到了主调，并有一种强烈的“如释重负”的感觉。听众还可以区分（不像阿基里斯那样）局部性的松弛——例如，伪
130 主调的解决——和全局性的解决。实际上，“伪解决”应该加强而不是松弛全局的紧张，因为它是一种嘲弄——就像阿基里斯尽管从“摇曳的灯”那个危险的处境脱险了，但我们都知道他和乌龟事实上正在郝晕先生的刀下等待着悲惨命运的到来。

紧张和解决是音乐的核心，因此这种例子非常之多。但我们只看两支巴赫的曲子。巴赫以“AABB”的形式写了许多曲子——即由两部分组成，每一部分都重复。我们来看看法国组曲第五号中的基格舞曲，这是一个典型的例子。它的主调是 G 调，我们听到一个欢快的舞曲旋律，它强烈地建立起 G 调。然而，A 乐节中的变调把曲子引向非常接近的 D 调（第五度音）。A 乐节结束时

是在 D 调上。实际上这个曲子听起来好像以 D 调结束！（至少对阿基里斯来说可能是那样。）但这时一件奇怪的事情发生了——我们突然回到开始，回到 G 调，并重新听到向 D 调的转变。但这时一件奇怪的事情发生了——我们突然回到开始，回到 G 调，并重新听到向 D 调的转变。

然后是 B 乐节。由于乐曲主题的转位，我们从 D 开始，就好像 D 一直是主调似的，但我们最终还是回到 G，就是说，我们弹回到主调。然后 B 乐节圆满地结束。随后，那个有趣的重复出现了，不加提醒地把我们猛拉回到 D，并又一次让我们回到 G。随后，那个有趣的重复出现了，不加提醒地把我们猛拉回到 D，并又一次让我们回到 G。

所有这些调子转换（有些是急剧的，有些是平稳的）的心理作用是很难描述的。这是音乐魔力的组成部分：我们能自动跟上这些转换。或者，也许是由于巴赫的魔力，他能够写出具有这样一种结构的曲子，这种结构如此自然优美，以至于我们根本弄不清究竟发生了什么。

《和声小迷宫》原作是巴赫的一支曲子。在这支曲子里，巴赫试图让听众在调子急剧变换的迷宫中迷失方向。很快，听众就晕头转向，没有任何方向感了——听众不知道真正的主调音在哪里。除非他有完美的乐感，或者像忒修斯（希腊神话中的雅典王子，曾进入克里特迷宫斩妖除怪的英雄）那样，有一个像阿里阿德涅（希腊神话中克里特王弥诺斯的女儿，曾给忒修斯一条线绳，使他得以走出迷宫）那样的朋友，给你一条线绳，使你得以顺原路返回。在这里，线绳应该是写出来的总谱。这部曲子展示出：作为音乐听众，我们没有极其可靠的、很深的堆栈。（另外一个例子是“无穷升高的卡农”。）

语言中的递归

我们在语言上的心理堆栈能力也许稍强一点。所有语言的语法结构都涉及建立一个非常精细的下推栈，虽然，可以肯定，随着
131 推进堆栈的次数的增加，理解一个句子的难度也急剧增大。语言中推入和弹出的极好例子就是那种反映在那些关于一位心不在焉地以使人心中的堆栈完全乱套的方式信口开河地使用使听众莫名其妙的相互叠套的动词或介词的教授的滑稽故事中的现象。想起这时在听众中造成的那种因为那些先前推入的教授所说的动词或介词在从栈中被弹出时其次序被搞乱而引起的的确使人发笑混乱状态。但是在正常的口语中，几乎从未出现过如此深的堆栈——事实上，为了避免为维持堆栈做心理上的努力，说话的人经常要把复杂句子断成许多简单的句子。虽然每种语言都有涉及堆栈的结构，但大多不像上面那个例子那么突出，而且总是有重新组句的方法，以使堆栈的深度达到最低限度。

递归迁移网

句子的句法结构提供了一个好场所，以展示一种描述递归结构和过程的方式：递归迁移网（RTN）。RTN 是一个图，它表示出为完成一项特殊任务可以遵循的各种通道。每个通道都包含几个结点——即里面有词的小方格——它们由带箭头的弧线连接起来。每个 RTN 的全名分开写在图的左边，第一个和最后一个结

点里写有开始和结束。所有其他的结点里或者写有简单明了的操作说明，或者写有其他 RTN 的名称。每当碰到一个结点时，必须按照里面的说明去做，或者跳到这个结点所标明的那个 RTN 去。

我们来看一个 RTN 的例子——“花哨名词”。它告诉我们如何造出某种类型的名词短语（见图 27(a)）。如果我们完全水平地通过花哨名词，我们开始，然后造出一个指示代词、一个量词、一个形容词、再一个名词，然后结束。例如“那件愚蠢桌子”“这只胖山谷”。但弧线也表示出其他可能性，例如，省略指示代词，或者重复形容词。这样就可以造出“牛奶”“大红新喷嚏”等等。

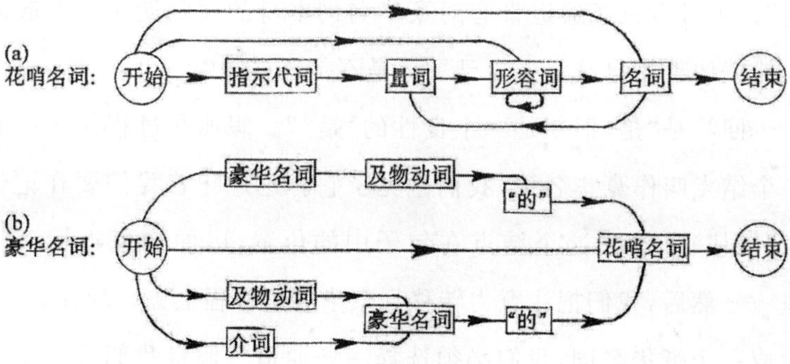

图 27　花哨名词与豪华名词的递归迁移网。

当碰到名词时，你要做的是用那个叫作“名词”的未知黑箱，从其名词库中取出名词。这用计算机术语来说叫“过程调用”，就是说，暂时让一个过程（这里是名词）进入控制，这个过程(1)做自己份内的事情（产生一个名词），然后(2)把控制权交还给你。上面的 RTN 里有四个这样的过程调用：指示代词、量词、形容词和名词。花哨名词这一 RTN 本身又可以被其他 RTN 调用——比如，被叫作“句子”的 RTN 调用。在这个例子里，花哨名词会产生一个像

"那件愚蠢桌子"这样的短语，然后回到句子中它曾被调出的地方。这倒使人想起在层层嵌套的电话、新闻报道中，恢复中断之处的方式！

132 然而，尽管我们称之为"递归迁移网"，到现在为止我们还没有展示任何真正的递归呢。当你进入一个像图 27(b)那样的"豪华名词"RTN 时，事情就变成递归的，而且似乎是循环的了。可以看出，在豪华名词中，每一条可行的通道都要调用花哨名词，所以无法避免地会得到一个这样或那样的名词。并且有可能不再带任何非花哨名词所提供的修饰语，而只是出现"牛奶"或者"大红新喷嚏"。不过有三条通道带有对豪华名词本身的递归调用。看起来当然就像事物自己定义自己了。是不是这样呢？

回答是"是，但却是一个良性的'是'"。假如在过程句子中有一个结点叫作豪华名词，我们碰见了它。这意味着我们要在记忆(即堆栈)里设立这个结点在句子中的位置，以便知道返回到哪里——然后，我们把注意力转移到豪华名词过程上去。现在，为了生成一个豪华名词，我们必须选择一条通道。假定我们选择上边通道的下面一条通道——其调用顺序是：

及物动词，豪华名词，的，花哨名词。

133 于是我们先吐出一个及物动词："结交"。下一个是要求我们给出一个豪华名词，可我们却恰好在豪华名词中间！是的，但不要忘记，我们的秘书也是在通话中间接到另一个电话的。她所做的只是把前一个电话的状态储存在一个堆栈里，然后开始打另一个电话，好像没有任何不寻常之处。下面我们也这样做。

首先我们在堆栈里写下我们在外层调用豪华名词时所在的那

个结点，以便有一个“返回地址”，然后，就好像没有任何不寻常之处似的，我们弹回到豪华名词的开始处。现在我们得再选择一条通道。为了有点变化，这次我们选择底下那条：介词；豪华名词；的；花哨名词。这意味着产生一个介词（比如“朝向”），再产生一个豪华名词——我们又一次遇到了递归。于是我们停下来，再下降一个层次。为了避免复杂化，假定这次我们在豪华名词中选用的通道是直截了当的——就是个花哨名词。例如，我们因此得到的是“逻辑”。然后碰见的是此次调用豪华名词的终结之处，即结束这个结点，这等于是弹出来，于是我们到堆栈里去寻找返回地址。堆栈告诉我们，我们是在执行高一层次的豪华名词过程中间——所以我们从那里开始。这时我们的结果是“朝向逻辑”。在这一层次上，我们接下去碰见的是结点“的”，然后是结点花哨名词，比如说产生的是“鼻子”。至此，我们在这个层次上也达到了结点“结束”。于是我们又一次弹出。这时的结果是“结交朝向逻辑的鼻子”。我们在这最外层次上继续往下走，碰见的是结点“的”，然后结点花哨名词，我们设想由它产生的是“努力”。现在，我们到达了结点结束，这样我们就完成了对豪华名词的最外层调用，得到的是短语：

“结交朝向逻辑的鼻子的努力”

我们最后一次弹出时，就把它传递给一直耐心等待的句子。

你也看到了，我们并没有陷入无穷回归。因为在 RTN 豪华名词里至少有一条通道不涉及任何对豪华名词本身的递归调用。当然，我们可以永远坚持选择豪华名词中的最下面一条通道，那么我们将永远无法结束，就像“**造物神**”永远无法完全展开一样。但是，如果通道是任意选择的，就不会发生无穷回归。

“终了”和异层结构

区分开递归定义与循环定义的关键事实，是前者总会“终了”。定义中总是有某一部分避免了自指，因而构造一个满足该定义的对象的过程最后总会“终了”。

在 RTN 中还有比调用自身更为间接的达到递归的手段，即一个与艾舍尔的《画手》(图 135)很相似的机制，其中两个过程互相调用，而不是调用自己。比如，我们可以有一个叫作“小句”的 RTN，由豪华名词和及物动词组成，就是说，当它需要为及物动词设定主语时，它调用豪华名词；反过来，豪华名词的上通道中前面的部分实际上就是个小句，也即在豪华名词中有通道要调用小句
134 这个 RTN。这就是间接递归的一个例子。这也让人想起说谎者悖论的两步形式。

不用说，也可以有三个过程循环地互相调用——如此等等。可以有一个 RTN 的大家族，互相缠绕在一起，发疯一般地互相调用或调用自己。程序的这种结构，即没有单独的“最高层次”或“控制器”，称作“异层结构”(与“分层结构”或“层次结构”相对)。我相信这个概念是来自沃伦·麦克库洛赫，早期的控制论专家之一，虔诚地研究大脑和心智的学者。

扩展结点

一种形象地考虑 RTN 的方法是：当你沿着某个通道移动时，若碰到要调用一个 RTN 的结点，你便“扩展”那个结点，也就是说，用那个它所调用的 RTN 的小副本来代替它(见图 28)。然后，

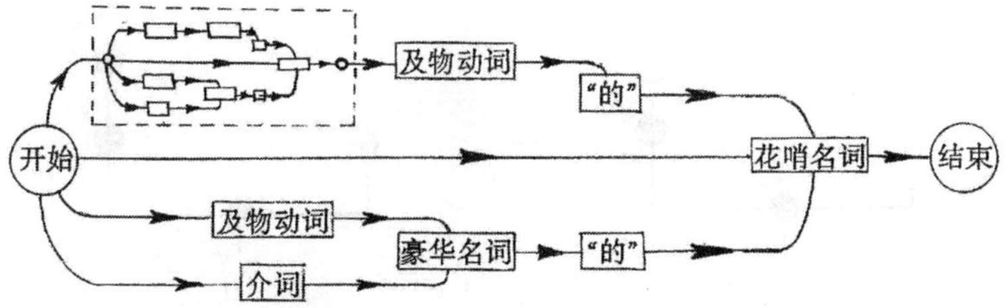

图 28　豪华名词的 RTN，其中有一个结点递归地扩展了。

你就进入那个小 RTN！当你从中弹出时，你自动地回到大图中恰当的位置。而在小 RTN 里你还可以动手制造出更小的 RTN。由于你是在碰到这些结点时才扩展它们，这就避免了无穷的图，甚至当一个 RTN 调用自己时也没关系。

扩展结点有点像把首字组合的词中的字换成它所代表的词。词首字组合“**造物神**”是递归的，但有个缺点——或者说是优点——你必须重复地扩展“**造**”，这样就永远无法终了。不过，当 RTN 实现为一个实际的计算机程序时，总要有至少一条通道直接或间接地避免了递归，因此不会造成无穷回归。即使是最为典型的异层结构型程序也会终了——否则它无法运行！它会一个结点接一个结点不断地扩展，而永远不执行任何操作。

图案 G 和递归序列 135

无穷的几何结构可以用同样的方式来定义——就是一个结点一个结点地扩展。比如，我们来定义一个无穷的图案，称作“图案 G”。我们用隐含表示法进行定义：在两个结点上标上字母 G，用它代表整个图案 G 的一个副本。在图 29(a)中，图案 G 是隐含地描绘的。如果我们想更清楚地看到图案G，就扩展那两个G——

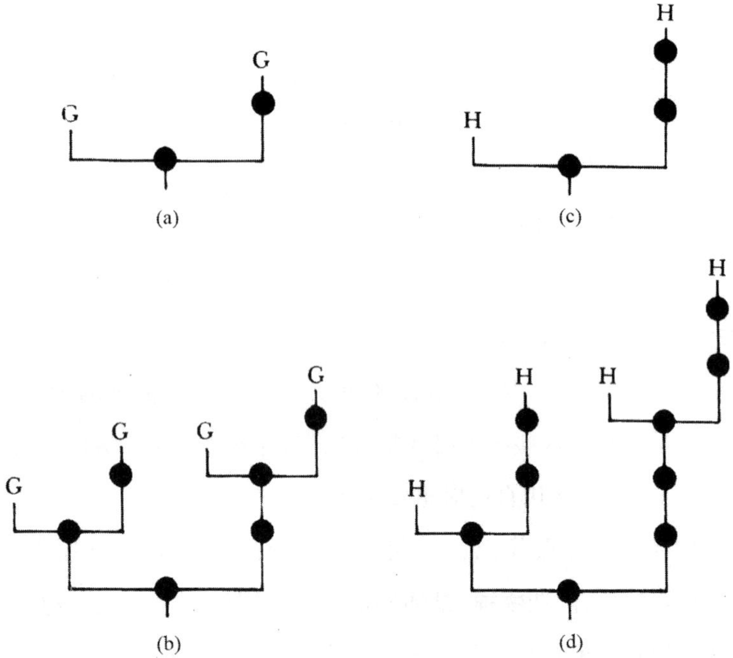

图 29 (a)图案 G,未扩展。 (c)图案 H,未扩展。

(b)图案 G,扩展一次。 (d)图案 H,扩展一次。

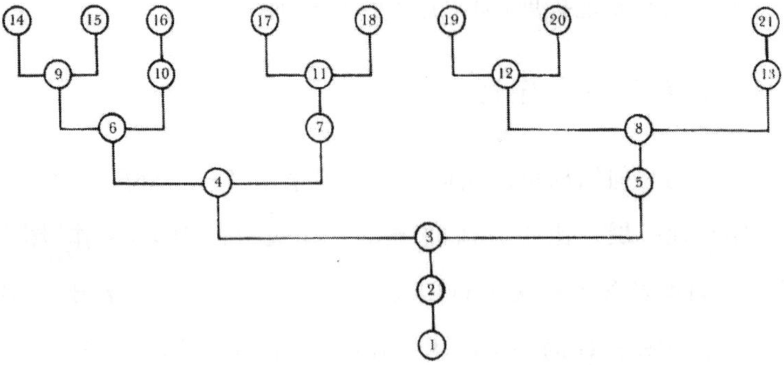

136 图 30 图案 G,进一步地扩展了,并为结点标了数字。

即代之以同样的图案，只是规模缩小了(见图 29(b))。图案 G 的这个二阶版本提示给我们那个最终的、不可能实现的图案 G 实际上是个什么样。图 30 显示出了更大部分图案 G 的，其中所有的结点都从下到上从左到右地标上了数字。两个额外的结点——数字 1 和 2——插在了底部。

这棵无穷树有着非常奇特的数学性质。从右边往上数是著名的斐波那契数列：

1,1,2,3,5,8,13,21,34,55,89,144,233,……

这是由比萨的列奥那多于 1902 年发现的，他是波那契奥[Bonaccio]的儿子，因此叫“斐利尤斯・波那契”[Filius Bonacci，拉丁语，意即波那契奥之子]或简称“斐波那契”。这些数可由一对方程极好地递归定义出来：

$$\mathrm{FIBO}(n)=\mathrm{FIBO}(n-1)+\mathrm{FIBO}(n-2) \qquad \text{当 } n>2$$

$$\mathrm{FIBO}(1)=\mathrm{FIBO}(2)=1$$

注意新的斐波那契数是如何用前面的斐波那契数定义的。我们可以在 RTN 中表示这组方程(见图 31)。

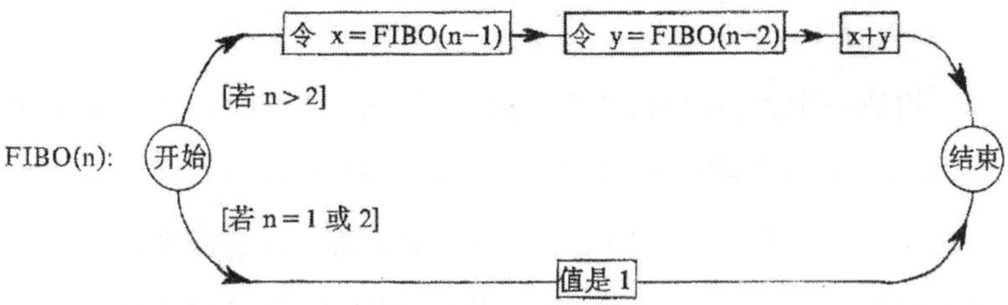

图 31　一个斐波那契数的递归迁移网。

这样，要想计算 FIBO (15)，就可以对上面 RTN 定义的过程进行一系列的递归调用。你随着下降的 n 值倒推到 FIBO (1)或

FIBO（2）（已显明地给出了），这个递归定义就终止了。这种倒推的计算方法有点笨拙，其实你可以很容易地从 FIBO（1）和 FIBO（2）开始，一直向前推：不断地加上最新的两个值，直到 FIBO（15）。这样的话你就无须对堆栈进行回溯了。

图案 G 还有一些比这更令人惊异的性质。它的整个结构可以仅用一个递归定义来编码，如下所示：

137 $$G(n)=n-G(G(N-1)) \quad \text{当 } n>0$$

$$G(0)=0$$

函数 G(n)是如何为前述树结构编码的？很简单。对每个 n 算出 G(n)，并把计算结果放在 n 下面以构成一棵树，就可以重新建立起图案 G。事实上，最初我就是这么发现图案 G 的。我在研究函数 G 的时候，试图很快地计算它的值，我想到了把已知的值表示成一棵树。使我惊讶的是，这棵树最后竟会有这种极其规则的递归几何描述。

更奇妙的是，假如为比 G 多一层嵌套的函数 H(n)——

$$H(n)=n-H(H(H(n-1))) \quad \text{当 } n>0$$

$$H(0)=0$$

——构造一个类似的树，那么相关的"图案 H"就隐含地定义出来了，如图 29(c)。唯一不同的是右边的一枝多出一个结点。图案 H 的第一个递归扩展在图 29(d)中给出。而对任意深度的嵌套也都是如此。递归几何结构有着优美的规则性，恰好与递归代数结构相对应。

好奇的读者可以考虑一下这个问题：假设你把图案 G 翻转——就像出现在镜子里那样——然后自左向右地对这棵新的树

中的结点进行标号。那么，对于这棵“翻转的树”，你是否能找到一个递归的代数定义？H 树的“翻转”又如何？其他的呢？

另一个有趣的问题是关于一对递归地交织在一起的函数 F(n) 和 M(n)——可以说是“联姻”的两个函数。它们是这样定义的：

$$\left.\begin{aligned} F(n) &= n - M(F(n-1)) \\ M(n) &= n - F(M(n-1)) \end{aligned}\right\} \quad \text{当} \quad n>0$$

$F(0)=1$，而 $M(0)=0$。

这两个函数的 RTN 彼此互相调用，同时也调用它们自己。问题只是去发现图案 F 和图案 M 的递归结构。它们非常优美而且简单。

一个紊乱的序列

我们关于数论中的递归的最后一个例子稍有点神秘。请考虑下面这个递归的函数定义：

$$Q(n)=Q(n-Q(n-1))+Q(n-Q(n-2)) \quad \text{当 } n>2$$

$Q(1)=Q(2)=1$。

它使人想起斐波那契数的定义，在那里每一个新的值都是前 138
面两个值的和——但这里不是紧挨着的前两个数的值。在这里，紧挨着的那前两个值是说明：往前数多少位，才能得到计算新值所要加起来的那两个数。前 17 个 Q 数排列如下：

$$1,1,2,3,3,4,5,\underset{\uparrow}{5},\underset{\uparrow}{6},6,6,8,8,8,10,\underbrace{9,10,}_{\text{向左移多少位}}\cdots\cdots$$

$$5+6=\underbrace{11}_{\text{新值}}$$

要得到下一个数，向左（从省略号开始）分别数 10 个数和 9 个数，遇到 5 和 6,如箭头所示。它们的和——11——给出了 Q(18)这个新值。在这个奇怪的过程里,已知的一列 Q 数被用来扩展自身。这样得到的序列,如果温和点说,是杂乱无章的。走得越远,它变得越没有意义。这是那些非常奇特的情况之一,即一个多少是个自然的定义,导致一个令人极度困惑的现象:以很有秩序的方式制造出了混乱。人们很自然地会想到:表面上的混乱是否隐含着某种微妙的规律性。当然,根据定义是有规律性的。但有趣的是,是否有另一种刻画这个序列的方式——要是运气好的话,最好一个非递归的定义。

两个令人惊异的递归图

数学里奇特的递归是不胜枚举的,而我的目的并不是把它们一一列举出来。不过,在我自己的经历中有两个特别触目的例子,值得把它们提出来。两个都是图形。一个出现在某些关于数论的研究里,另一个出现在我的博士学位论文——固体力学之中。最有趣的是这两个图形有着密切的联系。

第一个图形(图 32)是一个函数的图形,这函数我称为 INT(x)。这里给出的是 x 处于 0 和 1 之间的情形,对于 x 处于其他任意一组整数 n 和 n+1 之间的情形,你只要找到 INT(x−n),然后再加上 n 即可。你可以看到,这个图的结构是跳跃式的,由无数个弯曲的片段组成。这些片段离角落越近就越小——并且也越直。假如你仔细观察每个这样的小片段,你会发现实际上它是整个图形的一个副本,只是弯曲了!这意味着丰富的内容。其中之一是:INT图恰恰是由它本身的一个个副本组成的,它们

139

图 32 函数 INT (x)的图形。在 x 的每个有理数值处都是个跳跃性的不连续点。

层层嵌套,以至无穷。如果你拿出图的一小部分,不管是多小的一部分,你其实是拿着整个图形的一个完整的副本——事实上,是无穷多个副本!

INT 不是由别的,而是由它本身的一个个副本组成的,这一事实可能使你觉得它一定是短命的。它的定义似乎是循环的。它究竟是怎么开始的呢?这是件很有趣的事。最值得注意的是:如果向一个没见过 INT 的人描述它,那么仅仅说"它是由它本身的副本组成的”是不够的。事情的另一半——非递归的那一半——说明这些副本存在于正方形中的哪个地方、相对于整个图形它们是怎么变形的。只有把 INT 的这两个方面结合起来，才能说明 INT 的结构。这正像在斐波那契数的定义中一样，需要两条线索——一条线索定义递归，另一条定义“基底”（也就是最开始的值）。说得具体些就是：如果你设基础的值是 3 而不是 1，就会产生完全不同的序列，即卢卡斯序列：

140 $\underbrace{1,\ 3,}_{\text{基底}}$ 4，7，11，18，29，47，76，123，……

基底　　　29＋47＝76

与斐波那契序列
相同的递归规则

在 INT 的定义中，与基底相对应的是一个由许多小方框组成的图（图 33(a)），它表示出副本在什么地方，它们是如何扭曲的。我们把它叫作 INT 的“骨架”。从骨架开始构造 INT，需按下列步骤：首先，对于骨架的每个方框，你要做两件事：(1)把骨架的一个弯曲了的小副本放进方框，用里面的弯曲的线作为它的向导；(2)涂掉外面的方框及其弯线。一旦把原骨架的每一个方框都这样做了，每个大骨架原来所在之处就换成了许多的“小辈”骨架。下一步，降一个层次对那些小辈骨架重复这一过程。然后再重复，再重复，再重复……这样下去的极限就是 INT 图，当然极限是达不到的。就这样，一层一层地把骨架嵌套于它自身之中，INT 图就“无中生有”地逐渐构造出来了。但事实上，这“无”不是虚无——是一幅图。

(a) 141

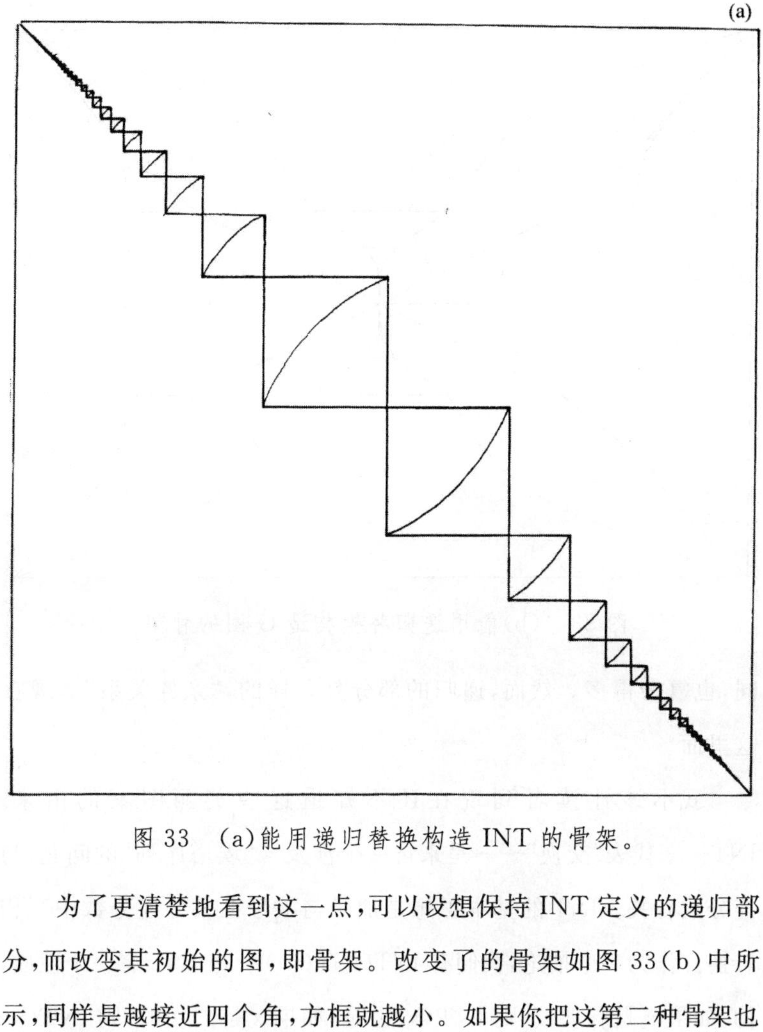

图 33　(a)能用递归替换构造 INT 的骨架。

为了更清楚地看到这一点，可以设想保持 INT 定义的递归部 142
分，而改变其初始的图，即骨架。改变了的骨架如图 33(b)中所示，同样是越接近四个角，方框就越小。如果你把这第二种骨架也一遍一遍地嵌套在它自身之中，就会得出我博士论文中那个关键的图，我称之为 G 图(图 34)。(事实上，在每个副本上也还需要做些复杂的变形——但嵌套是基本思想。)这样，G 图就是 INT 家族中的一个成员了。它是个“远亲”，因为它的骨架和INT的截然不

(b)

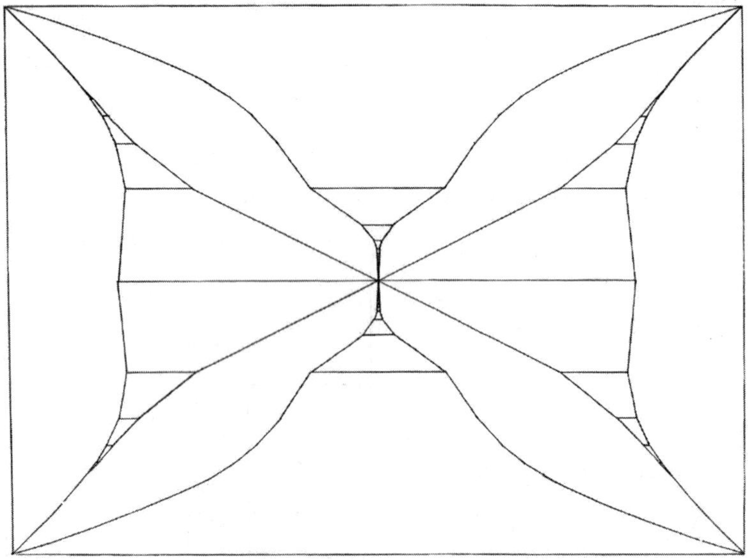

图 33　(b)能用递归替换构造 G 图的骨架。

同，也复杂得多。然而，递归的部分是一样的，"亲族关系"体现在这里面。

我不该让读者到现在还不知道这些美丽图案的由来。INT——代表"交换"——是来自一个涉及了"埃塔序列"的问题，与连分数有关。INT 的基本思想是加号与减号在某种连分数中互相转换。作为一个推论，我们有 INT(INT(x))=x。INT 有一个性质，即：如果 x 是有理数，则 INT(x)也是；如果 x 是二次的，则 INT(x)也是二次的。我不知道这种趋向对于更高阶的代数度是否也成立。INT 的另外一个可爱的性质是：在 x 的全部有理数值上，它是跳跃的，不连续的，但在 x 的所有无理数值上，它是连续的。

G 图来自一个问题的高度理想化形式，这个问题是："磁场中晶体的容许电子能是什么?”这是个很有趣的问题,因为它交织了两个非常简单而又基本的物理现象:完全晶体中的电子,和均匀磁场中的电子。这两个比较简单的问题都得到了充分的理解,它们各自的典型解法似乎是彼此不相容的。因此,看看自然如何把它们调和起来,这将会是很有意思的。结果表明,没有磁场的晶体与没有晶体的磁场的确是有一个共同特征的:在两种情形中,电子都表现出周期性。于是,当两种情形合并在一起时,两个周期的比是个很关键的参数。事实上,这个比率包含了有关容许电子能分布的全部信息——但是,只有展开成连分数时,它才透露它的这一秘密。

G 图显示出了这个分布。水平轴代表能量,垂直轴代表上面提到的周期比率,我们可以称之为“α”。在底部,α 是 0。在顶部,α 是 1。当 α 为 0 时,没有磁场。每一条构成 G 图的线段是一个“能量带”——就是说它代表能量的容许值。以大小不同的规模横穿 G 图的空白地带则是能量值的禁区。G 图的一个惊人的性质是:当 a 是有理数时(比如说是简约后的 p/q),就恰好有 q 个这样的能量带(虽然当 q 是偶数时,有两个带在中间相遇)。当 α 是无理数时,这些带则缩小成点,无数多个点,稀疏地分布在所谓“康托尔集”上——那是拓扑学中出现的另一种递归定义的东西。

你可能很想知道,在一个实验中,这样一个复杂的结构是否会出现。坦率地说,如果 G 图在什么实验里出现了,我会是这个世界上最为惊异的人。G 图的物理意义在于:它指出了对这一类理想化程度较低的问题进行适当的数学处理的途径。换句话说,G 图只是对理论物理的贡献,它无法对做实验的人提示什么可能看

143　图 34　G 图：一个递归图形，显示了一个磁场中理想晶体里的电子的能量带。α 代表磁场强度，沿垂直方向从 0 到 1。能量是沿水平方向的。水平的线段是所允许的电子能量带。

到的东西。我的一个持不可知论的朋友曾被 G 图的无穷多个无穷所震惊，于是把它叫作“上帝的画像”，我不认为这是亵渎神圣。

物质最低层次上的递归

我们在语言的语法中看到了递归，我们看到了永远向上生长的递归几何树，我们也看到了一种把递归引入固体物理学理论的方法。现在我们来换一种眼光，在这种眼光下，整个世界都是建立
144 在递归之上的。这涉及了基本粒子的结构：电子、质子、中子、以及被称作“光子”的微小的电磁辐射量子。我们将看到，粒子——精确的说法要用到相对论量子力学——是彼此嵌套的，对之可用递

归来描述，甚至可用某种“语法”来描述。

我们的起点是这样一个事实：假如粒子不相互作用，那么一切都将是难以置信地简单。物理学家会喜欢这样的世界，因为这样一来，他们就可以很容易地计算出所有粒子的行为（这种世界里是否还有物理学家是可怀疑的）。没有相互作用的粒子叫作“裸粒子”。它们纯粹是假设的东西，并不实际存在。

当相互作用的“开关”被“打开”时，粒子就像函数 F 和 M、或者说两个结了婚的人那样纠缠在一起。这些实际的粒子称为“重正化了的”——一个丑陋但却有启发性的术语。结果是，一个粒子如果不涉及所有其他粒子就无法给出定义，而其他粒子的定义反过来又要靠最初那个粒子，等等。这样转来转去，构成了一个永不停止的循环。

让我们更具体一点。我们只限于讨论两种粒子：电子和光子。不过还要附带上电子的反粒子——正电子。（光子的反粒子是它自己。）首先，设想一下在一个乏味的世界中裸电子要从 A 点传到 B点，就像芝诺在我那《三部创意曲》里所做的那样。一个物理学家会画出这样一个图：

图 35—①

有一个数学表达式与这条线及其端点相对应，而且很容易写下来。物理学家可以用这个表达式来理解裸电子在这个轨道上的行为。

现在让我们“打开”电磁相互作用的开关，让电子和光子相互作用。虽然光子没出现，还是有一些很有价值的结果，即使是在这么简单的轨道上。特别是，我们的电子现在变得能够放射、吸收

"虚光子"——出现之后还未被看到就消失掉的光子。我们这样表示这个过程：

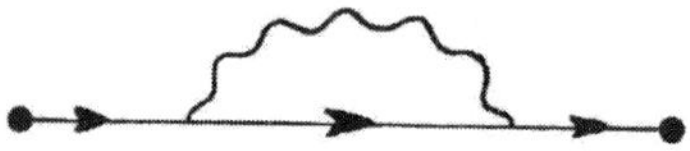

图 35—②

当我们的电子传播时，它可以一个接一个地放射和再吸收光子，它甚至可以嵌套这一过程，如下所示：

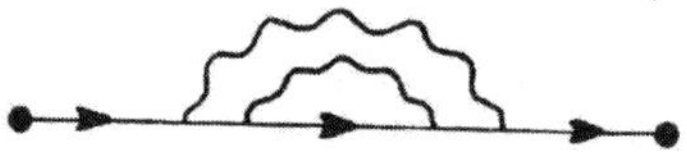

图 35—③

与这些图案——"费因曼图案"——相对应的数学表达式很容易写下来，但它们比裸电子的表达式难计算一些。真正使事情复杂化的是光子(实的或虚的)能在瞬间里衰变成一对正负电子。然后这一对电子相互湮灭，原来的光子魔术般又出现了。下面是这种过程的示意：

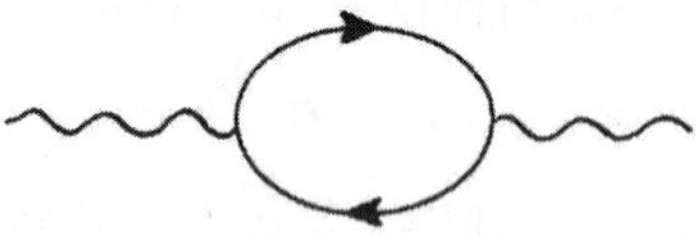

145 图 35—④

电子有一个指向右边的箭头，而正电子的箭头是指向左边。

读者或许已经预料到，这些虚的过程可以嵌套到任意深度。这可以产生出一些看起来非常复杂的图案，如图 35。在费因曼图案中，一个电子从 A 的左边进入，演出一些惊人的杂技，之后一个电子在 B 的右边出现。对于一个看不出内情的观察者，似乎是一个电子从 A 平平安安地滑行到 B，没有那些内部的混乱。在图案中，读者可以看到电子的曲线是怎样被随意地装饰，光子也是一样。要计算这个图案是非常之困难的。

这些图案有一种"语法"，使得只有某些特定的图案能在自然界中实现。比如，下面这种图案就是不可能的：

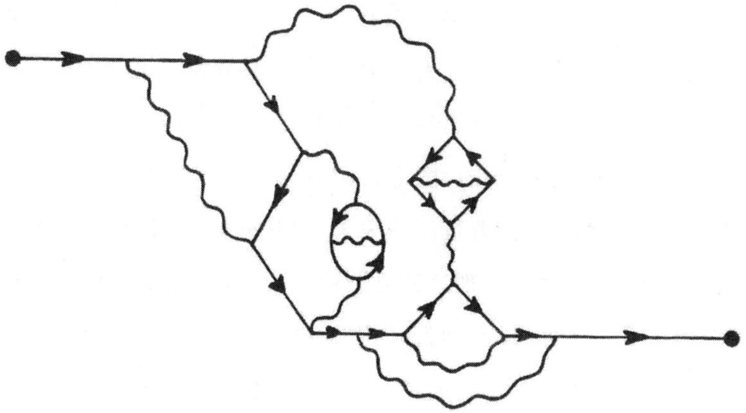

图 35—⑤　一个费因曼图案，表示出重正化了的电子从 A 到 B 的传播。图中，时间从左向右增加，因此，在电子的箭头指向左边的片段中，它的移动是“与时间反向的”。更为直观的说法是，反电子（正电子）在正向的（即正常的）时间中移动。光子的反粒子是它们自己，因此它们的曲线无须箭头。

图 35—⑥

你可以称之为非“良构”的费因曼图案。这些语法来自物理学基本定律，如能量守恒、电荷守恒等等。而且，正像人类语言的语法那样，这种语法的结构是递归的，允许很深的结构嵌套。完全可能画出一组递归迁移网来定义电磁相互作用的“语法”。当裸电子和裸光子允许以这些随意缠绕的方式相互作用时，结果是形成重正化的电子与光子。这样，要理解实际的、物质的电子是怎样从 A 传播到 B 的，物理学家必须 146
能对无穷多不同可能的涉及虚粒子的图案取某种平均。芝诺的话好像应验了！

因此，关键在于一个物质粒子——一个重正化的粒子——涉及了(1)一个裸粒子、(2)一大群虚粒子，它们在乱七八糟的递归中紧紧地纠缠在一起。所以，每个真实粒子的存在都涉及无穷多其他粒子的存在，后者组成一团虚"云"，在前者传播时围绕着它。当然，云里的虚粒子也拖着自己的虚云，如此下去，以至无穷。

粒子物理学家们发现这种复杂程度太难以把握了，因此，为了理解电子和光子的行为，他们使用除了简单的费因曼图案别的都不考虑的逼近方法。幸运的是，一个图案越是复杂，它的贡献也就越不重要。目前，还没有一种已知的方法能把所有无穷多种可能的图案综合起来，从而得到一个完全重正化的实际电子行为的表达式。但通过在某种物理过程中大致地考虑一百个最简单的图案，物理学家们已经能够预测所谓 μ 介子的 g 因子的值了——精确到小数点后九位！

重正化不仅发生在电子与光子中。只要是粒子之间的相互作用，无论是什么类型的粒子，物理学家都用重正化的概念来理解所发生的现象。于是，质子、中子、中微子、π 介子和夸克——亚核子动物园中所有的动物——它们在物理理论中都有裸的和重正化的形式。这些成千上万的泡泡套着的泡泡们就组成了这个光怪陆离的世界。

副本和同一性

现在让我们再来看看 G 图。你会记得我们在导言中谈过各种不同的卡农。每种类型的卡农都以某种方式采用原主题，并用同构或保持信息的变换复制该主题。有时副本是颠倒的，有时是从后往前的，有时是缩小或扩大的……在 G 图中，我们有所有这些类型的变换，并且还要多。完整 G 图与在它自己内部的它自身的副本之间的映射涉及了大小的变化、扭曲、镜象等等许多东西。但某种骨架上的同一性却始终保持着，这只要稍作努力就能分辨出来，尤其是经过 INT 图的锻炼之后。

一个东西的部分是这个东西自身的副本，这一想法被艾舍尔用在了他的作品中：木刻《鱼和鳞》（图 36）。当然，只有在足够抽象的层面上来看这些鱼和鳞时，它们才是一样的。人人都知道一

图 36　鱼和鳞，艾舍尔作（木刻，1959）。

条鱼的鳞并不真是这条鱼的小副本,一条鱼的细胞也不是这条鱼小副本,然而,一条鱼的 DNA(存在于这条鱼的每个细胞中)的确
147 是整个这条鱼的一个极其复杂的“副本”——所以艾舍尔的画中的确是含有不少真理的。

所有蝴蝶的“相同之处”是什么?一个蝴蝶到另一个蝴蝶的映射并非把细胞映射到细胞,而是把功能块映射到功能块,其中,部分是宏观的,部分是微观的。映射所保持的不是功能块之间的精

148 图 37 蝴蝶,艾舍尔作(木刻,1950)。

确比例，而是它们之间的功能关系。这就是在艾舍尔的木刻《蝴蝶》(图 37)中把所有的蝴蝶联系在一起的那种同构。G 图中更抽象的蝴蝶也是这样，它们通过一个数学映射而联系在一起，那个映射把功能块对应到功能块，但完全不理会线条的比例、角度等等。

把这种对同一性的探讨提高到更为抽象的层面上，我们便可以问这样一个问题："对于所有艾舍尔的画，这种'同一'是在哪里?"试图在它们的片段之间寻找映射是荒谬的。令人惊异的是：即便艾舍尔作品或巴赫作品的极小的一部分也揭示出了某种同一性。就像一条鱼的 DNA 包含了这条鱼的每一细微末节一样，每个艺术家的"署名"也都被包含在他作品中的每一细部。我们不知该把这个叫作什么，只好说"风格"——一个模糊而难以捉摸的词。

我们会继续不断地探讨"异中之同"，以及下面这个问题

什么时候两个东西是一样的?

这种探讨将在本书中一再出现。我们将从各个不同的角度来提出这个问题，最终，我们会看到，这个简单的问题与智能的性质有着多么深刻的联系。

在讨论递归的一章里出现这个问题并不是偶然的，因为在递归这一领域里，"异中之同"扮演着一个中心角色。递归是以不同层次上同时出现的"同一"的事物为基础的。但在不同层次上发生的事件并不是完全相同的——确切地说，我们发现了它们中间的某种不变的特征，尽管它们在很多方面都不同。例如，在《和声小 149
迷宫》里，所有不同层次上的故事彼此之间几乎没有什么关系——它们的"同一"仅在于两点：(1)它们都是故事，(2)它们都涉及了乌龟和阿基里斯。除此之外，它们没有一点相同之处。

程序设计与递归：模块性、循环、过程

编写计算机程序的一个基本技术，是把任务自然地分解成子任务。这要求人们看出两个过程在某种扩展了的意义上——这将导致模块性概念——是同一的。比如，某人可能想让一系列类似的操作一个接一个地执行。不必把它们都写出来，可以写一个循环，告诉计算机执行一套操作之后再回过来重新执行它们，一遍又一遍地这么做，直到某个条件被满足。循环体——要重复的那套固定指令——实际上无须完全确定，可以以某种可预知的方式有所变化。

举一个例子。一种最简单的测试自然数 N 是否素数的方法是：一开始，把 N 用 2 除，然后用 3、4、5 等等去除，一直到 N－1。如果 N 通过了所有这些测试，没有被整除，那么它是素数。注意，循环中的每一步都与其他步相似，却又不尽相同。还要注意，共有多少步是随 N 的大小而变化的——因此一个固定长的循环决不可能成为对素数性的一个一般的测试。使这个循环"终止"的准则有两个：(1)有某个数整除了 N，这时回答"NO"并退出循环；(2)除数一直到了 N－1，而 N 通过了所有测试，这时回答"YES"并退出。

于是，循环的一般想法就是：一遍又一遍地执行某些相互有关联的步骤，当遇到指定的条件时就终止。有些时候，一个循环至多有多少步预先就会知道；另一些时候，只是开动起来，等着，直到它终止。第二种类型的循环——我称之为"自由循环"——是很危险的，因为使循环终止的情况可能永远不会出现，而把计算机丢在所

谓“无限循环”的状态中。有界循环与自由循环之间的差别是计算机科学中最重要的概念之一，我们将来会用一整章来讨论它：“BlooP 和 FlooP 和 GlooP”。

循环可以相互嵌套。例如，假定我们想测出 1 到 5000 之间的所有素数。我们可以再写一个循环，它一遍又一遍地使用上面描述过的测试，从 N＝1 开始，到 N＝5000 结束。于是我们的程序便是“循环的循环”结构。这种程序结构很典型——事实上这被认为是好的程序设计风格。这种嵌套的循环也出现在一般事务的组合指令中，以及像编织或挑花这类工作里——其中，很小的循环在较大的循环中多次重复，而后者也是重复地进行的……尽管低层循 150
环的结果或许不过是几针，高层循环的结果会是一大块布。

音乐中也一样，嵌套的循环经常出现——比如，一个音阶（一个小循环）在一行中出现多次，每次变一个音高。例如，在普罗科菲耶夫的《第五钢琴协奏曲》和拉赫马尼诺夫的《第二交响曲》中，最后一个乐章都包含有扩展了的小节，其中快速、中速和慢速的循环音阶同时由不同的乐器奏出，效果极好。普罗科菲耶夫的音阶是上升的，拉赫马尼诺夫的音阶是下降的。你看哪个好？

比循环更一般化的概念是“子程序”或“过程”，对之我们已略有讨论。其基本思想是把一组操作集在一起，起个名字，当做一个整体——例如花哨名词过程。我们已在 RTN 中看到，过程可以彼此按名字调用，借此可以简明地表示出要执行的操作序列。这是程序设计中模块化的实质所在。很明显，到处都能找到模块化现象：高保真音响系统、机械装置、生物体的细胞、人类社会——在任何有层次组织的地方。

人们常常希望让过程具有随机应变的能力。这种过程既可以窥视存储器中的东西，并选出与之相应的操作，也可以被一组明确给出的参数所控制。有时这两种方法都使用。用 RTN 的术语来说，所谓选择要执行的操作序列，就相当于选择走哪条通道。RTN 配备了参数等设施后，就能对通道的选择进行控制了，这种增强了的递归迁移网被称为“扩充迁移网”（ATN）。如果让你按照一部由迁移网写出的语法，用一些单独的字造出有意义的——区别于无意义的——汉语句子，你大概更愿意采用 ATN 而非 RTN。参数等设施使你能插入各种语义制约，以便防止出现象“徒劳的早饭”这种搭配不当的现象。对此我们还有许多要谈，不过要到第十八章再说了。

弈棋程序中的递归

带参数的递归程序的经典例子，是一个在下棋时每次都选择“最佳”的一步棋的程序。最佳的一步棋该是把对手置于最难受境地的一步棋。所以，检验一步棋是不是好棋的办法就是：假设你已走了这步棋，然后从你对手的角度来审视棋盘上的局面。那么你的对手会采取什么行动呢？他嘛，他要找他的最佳一步棋。也就是，他要考虑所有可能的棋步，并以在他看来是你的眼光来衡量一
151 番，希望找出对你最为不利的走法。注意，我们现在对“最佳一步棋”的定义是递归的，就用这么一个准则：对一方来说是最好的，对另一方来说就是最坏的。寻找最佳棋步的递归过程就是这么运转，先试着走一步，然后从对手的角度调用自己！这么做的时候，它试走了下一步，于是又从对手的对手的角度调用自己——又是

它自己的角度了!

这样的递归可以深入到好几层——但总是要在什么地方终了的! 不向前看的话,怎么才能衡量棋局呢? 这里有不少有用的准则,比如:简单地数一数各方都有多少棋子,受攻击的棋子有多少、都是什么类型的,对中路的控制,等等。以这种衡量方法为基础,递归棋步生成器就可以向上弹回到顶层,给出对不同棋步的估价。于是,自调用时必须要有一个参数指明要向前看多少步。过程的最外层调用使用这个参数的某个从外部输入的值。那之后,过程每次递归地调用自己时,它必须把它的向前看参数减少 1。这样下去,参数达到零时,过程就转向另外的通道——即进行非递归计算。

在这一类的游戏程序中,对每一步的探索导致一棵所谓"超前搜索树"的生成,一步棋自身是树干,对方的应招是主枝,自己再应对的棋步是分枝,如此等等。图 38 就是一棵超前搜索树,画出了三子棋的开始棋局。当然应该想法避免彻底地探索超前搜索树的每一枝干,但这是一门艺术。在下棋情形,人——不是计算机——

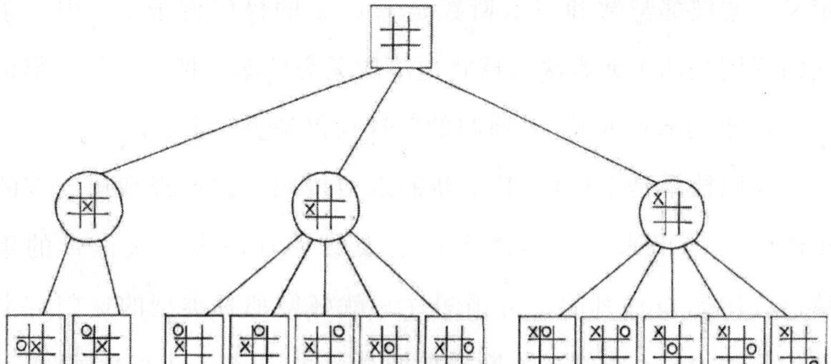

图 38　三子棋开始两步的超前搜索树。

似乎是杰出地掌握了这门艺术。人们已经知道，第一流的棋手向前看的步数，与大多数下棋程序相比是很少的——然而人还是高明得多！计算机下国际象棋的早期阶段，有人曾估计再要十年的时间计算机（或程序）就能得世界冠军。可是，十年过去之后，计算机要成为世界冠军似乎还要再过十年……这不过是下面这个递归化的定律的又一例证：

侯世达定律：做事所花费的时间总是比你预期的要长，即使你的预期中考虑了侯世达定律。

152

递归与不可预期性

本章中的递归过程与前一章中的递归集是什么关系？这涉及"递归可枚举"的概念。一个集合是 r. e. 的，意思是它可以通过推理规则的重复使用从一集出发点（公理）之中产生出来。这样，这个集合不断扩充，每个新的元素都是由已有的元素复合而成，就像一个"数学雪球"似的。但这恰恰就是递归的实质——定义一个东西时，使用它自己的较为简单些的版本，而非直截了当地给出它的定义。斐波那契数和卢卡斯数是 r. e. 集的极好例子——用一条递归规则把两个元素滚雪球式地滚成无穷的集。把一个其补集也是 r. e. 集的 r. e. 集称作"递归的"，这仅仅是个约定。

递归枚举是个过程，其中新的东西按照一定的规则从已有的东西中产生出来。这种过程看上去似乎有许多令人惊奇的事情——比如 Q 序列的不可预测性。就好像那种类型的递归定义序列其行为具有内在的不断增加的复杂性，以至于走得越远，可预测性就越少。这种思想再向前推进一步，就提示我们：复杂到一定程度的递归系统，其能力可能会强有力得足够打破任何事先规定下来的模式。这不就是使智能成其为智能的性质之一吗？与其仅仅考虑由可以递归地调用自身的过程组成的程序，为什么不考虑得更复杂一些，设计出可以修改自身的程序——可以作用于程序本身，扩展、改进、推广、加固程序的程序？智能的核心之处大概就是这种“交织的递归”之所在。

音程增值的卡农

阿基里斯和乌龟刚刚在城里最好的中餐馆吃过一顿美味的中餐。

阿基里斯:你筷子使得挺溜儿,龟兄。

乌龟:那很自然。我打年轻时起就喜欢东方菜,你呢——你这顿饭吃得好吗,阿基?

阿基里斯:非常好。以前我从没吃过中餐。这顿饭是个极好的开端。你现在着急走吗?我们就坐在这儿聊会儿怎么样?

乌龟:我喜欢边喝茶边聊。喂,伙计!

(一位侍者走过来。)

请把账单拿给我们,再来些茶。

(侍者急匆匆地离开了。)

阿基里斯:在中式烹饪方面你比我知道得多,龟兄,可是在日本诗歌方面,我敢打赌我比你知道得多。你读过俳句吗?

乌龟:恐怕没读过。什么是俳句?

阿基里斯:俳句是一种由十七个音节组成的日本诗——更确切地说是种微型诗。也许它就像馥郁芳香的玫瑰花瓣或蒙蒙细雨中的百合塘一样容易叫人产生联想。它通常由五个音节、七个音节、再五个音节这样三部分组成。

乌龟:诗这么简短,只有十七个音节,意义不会多……

阿基里斯:意义很深远,半在读者心中存,半在俳句中。

乌龟:嗯……这是种容易叫人产生联想的表达方法。

(侍者拿着账单、一壶茶和两个福气小甜饼走过来。)

谢谢,伙计。再加点茶吧,阿基?

阿基里斯:好吧。这些小甜饼看来很好吃。(拿起一个,咬了一口,嚼了起来。)嘿!这里面是什么怪玩意?一张小纸片?

乌龟:那是你的福签,阿基。许多美国的中餐馆结账的时候都把福气小甜饼和账单一起送来,起联络顾客感情的作用。要是你经常出入中餐馆的话,你就会把福气小甜饼更多地看作消息 154
的传递者,而不仅仅把它当做小甜饼。可惜的是你似乎已经把你的福气吞掉一部分了。剩下那部分说些什么?

阿基里斯:有点怪啊,所有的字都紧密地排在一起,彼此之间没有空隙。也许这需要用某种方法来破译?噢,现在我明白了。如果你把空隙放回它们原来该在的地方,即是:“禾 灿 邻 晴”。我真觉得没头没脑的。也许它是首俳句式的诗,我把大部分的字都吃掉了。

乌龟:那样一来,你现在的福签就只是俳句的4/17了。它唤起的意象挺怪的。如果俳句的4/17是一种新的艺术形式,那我只好说:此事堪哀……不过,我可以瞧瞧它吗?

阿基里斯:(把那块小纸片递给乌龟)当然可以。

乌龟:啊,要是让我来破译它,阿基,它就变得完全不一样了!它写的是“秋 岭 阳 青”。看来也许它原本是首很好的抒情俳句呢。

阿基里斯:你说的对,它还挺有意境的。

乌龟:我所做的只不过是把阅读框架移动了一个单位——就是说,

我把所有的空隙向右移动了一个单位。

阿基里斯：让我们来看看你的福签怎么说，龟兄。

乌龟（灵巧地掰开他的小甜饼，读道）："福气很深远，半在食客手中托，半在甜饼中"。

阿基里斯：你的福签也是一首俳句，龟兄——至少它采用了5－7－5共十七个字的形式。

乌龟：太了不起了。阿基，我还真没注意到这一点。这种事只有你会注意。它更吸引我的地方还是它的内容——当然，它是可以解译的。

阿基里斯：我认为这事表明我们每个人都各有自己的方法来解译我们所接受的信息……

（一阵沉默，阿基里斯盯着空茶杯底上的茶叶。）

乌龟：再加些茶吗，阿基？

阿基里斯：好的，谢谢。哎，龟兄，你那位朋友螃蟹怎么样了？自从你跟我说了你们那场奇特的唱机之战以后，我老是想起他。

乌龟：我也跟他谈起过你，他很想见你。他近来很好。最近在唱机方面他又得到了一个新玩艺儿：一种少见的自动唱机。

阿基里斯：哦，就是酒吧间里那种有许多用来选歌的按钮，投入硬币后就能自动放唱片的玩意儿吗？

乌龟：对，可这架自动唱机太大了，他的屋子里都放不下，他只好在房子后面特地为它盖了一间小屋。

阿基里斯：我无法想象它怎么会这么大，除非它里面装了许多唱片。是这样吗？

乌龟：实际上它只有一张唱片。

阿基里斯:什么？一架自动唱机只有一张唱片？自相矛盾。那么，这架自动唱机为什么会这么大？它那仅有的一张唱片十分巨大吗？——直径有十公尺？ 155

乌龟:不,它不过是一张普通的自动唱机上的唱片。

阿基里斯:那么,龟兄,你一定是在戏弄我。说到底,什么样的自动唱机只能播出一首歌？

乌龟:谁说就一首歌啦,阿基？

阿基里斯:我所见过的所有自动唱机都遵循那条基本的自动唱机公理:“一张唱片一首歌。”

乌龟:这架自动唱机可不一样,阿基。唱片垂直地悬挂着,在它后面有一个小巧的架空的轨道网,上面挂着各种各样的唱头。当你揿某一对按钮——比如说 B－1——时,它就会选择那些唱头中的某一个。这样就触发了某个自动机构,使唱头沿着生锈的轨道吱吱地运行起来。直到最后它转到唱片附近——也就是说,进入了播放位置。

阿基里斯:然后那张唱片开始旋转,同时播放出音乐来——对吗？

乌龟:不太对。唱片不动——唱头旋转。

阿基里斯:我本该想到的。可是,如果你只有一张唱片可放,这稀奇古怪的玩意怎么能播出不止一首歌呢？

乌龟:这问题我问过螃蟹。他只是建议我来试验一下。于是我从口袋里掏出一枚五分硬币(用一枚五分硬币你可以选三首歌),把它塞进投币槽里,先揿动 B－1 按钮,然后是 C－3、B－10——这全都是随意的。

阿基里斯:那么,我想,B－1 唱头滑入轨道后,咬住那张垂直的唱片,然后开始旋转?

乌龟:没错儿。播放的那段音乐还是很动人的,它是根据有名的B—A—C—H旋律改编的,我相信你记得它……

图 e—①

阿基里斯:我怎么会记不得呢?

乌龟:这是B—1唱头。这支曲子结束后,它缓慢地转回它原来悬挂的位置,而C—3滑入了播放位置。

阿基里斯:C—3是不是播出了另一支歌?

乌龟:是这样。

阿基里斯:啊,我明白了。它播出的是唱片反面的歌,要不就是同一面上的另一个音段。

乌龟:不,这张唱片只有一面有音槽,而且只有那么一个音段。

156 阿基里斯:我一点也不明白。你不可能用同一张唱片播放出许多不同的音乐!

乌龟:在我看到老蟹的自动唱机之前,也是这么想。

阿基里斯:那第二支歌怎么唱?

乌龟:十分有趣……这是首根据C—A—G—E旋律改编成的歌。

图 e—②

阿基里斯:这可是支全然不同的曲子啊!

乌龟：千真万确。

阿基里斯：约翰·卡奇[John Cage]不是个现代音乐作曲家吗？我好像记得在我的那些关于俳句的书中有一本谈到过他。

乌龟：一点不错。他创作过很多著名的曲子，其中包括《4 分 33 秒》，这是一部三个乐章的作品，由一些长度不等的静默组成，是极富于表现力的——如果你喜欢这一类东西的话。

阿基里斯：我想我要是在一家喧声刺耳的咖啡馆里，肯定愿意出钱听自动唱机播放卡奇的《4 分 33 秒》。它可以让人们平心静气！

乌龟：是啊——谁想听盘碟碗筷发出的哗啦哗啦的噪音呢？啊，对啦，《4 分 33 秒》还有一个用武之地：兵营。

阿基里斯：你的意思是说让它去和大兵们穿的卡其布军装配套，是吗？嗯，我想这说得通。至于螃蟹的自动唱机……我就不明白了。"BACH"和"CAGE"怎么能同时编码于同一张唱片上呢？

乌龟：如果你仔细研究研究它们，阿基，你会发现两者间存在着某种联系。让我说明一下：若是你把曲子"B－A－C－H"中各音的间距列出来，会得到什么呢？

阿基里斯：让我想想。先降半音，从 B 降到 A(这里 B 采用的是德国记谱法)，然后再升三个半音，升到 C；最后又降半音，降到 H。这就得出下面的形式：

$$-1,\quad +3,\quad -1。$$

乌龟：非常正确。那么，"C－A－G－E"呢？

阿基里斯：在这里，开始先降三个半音，然后再升十个半音(几乎一

个八度),最后再降三个半音。这就是说其形式是这样的:

−3,　+10,　−3。

与前一个非常相像,不是吗?

乌龟:的确是这样。在某种意义上,它们几乎有同样的“构架”。你可以通过把所有的音程乘上 $3\frac{1}{3}$,并取最近的整数,从 B—A—C—H 得到 C—A—G—E。

157 阿基里斯:嘿,真是令我又惊又喜!这意味着音纹中只有一种构架编码,而各种各样的唱头把它们自己对编码的解译加到了编码上,是吗?

乌龟:确实不清楚。狡猾的螃蟹不愿让我知道详情。但是当唱头 B—10 转入播放位置时,我确实听到了第三支歌。

阿基里斯:那歌怎么唱?

乌龟:这支曲子由极宽的音程组成,它们是 B—C—A—H:

图 e—③

用半音计算,其音程形式是:

−10,　+33,　−10。

它可以通过由 CAGE 再乘以 $3\frac{1}{3}$,并取最近的整数得到。

阿基里斯:这种音程变换有什么名称吗?

乌龟:人们都管它叫“音程增值”。它类似于卡农的时值增值,在那种增值里，一个旋律里所有音符的时值被某一常数相乘。在那里，结果只是使曲子慢下来；而在这里，结果是用某种奇特的方法扩展了旋律的音域。

阿基里斯：有意思。那么你所试的三个旋律都是那张唱片上同一音纹模式的几个音程增值的形式，是吗？

乌龟：这就是我得出的结论。

阿基里斯：让我感到难以思议的是，当你增值巴赫[BACH]时，你得到卡奇[CAGE]，而当你再增值卡奇[CAGE]时，你又回到巴赫[BCAH]，只是里面两个字母的顺序颠倒了，好像巴赫在通过了卡奇这个中间阶段后有点反胃。

乌龟：这听起来像是对卡奇的那种新艺术形式所作的有见地的评论。

第六章　意义位于何处

什么时候一个事物不总是同样的？

上一章我们遇见了这样的问题："什么时候两个事物是同样的？"在这一章，我们要讨论这个问题的反面："什么时候一个事物不总是同样的？"我们引申出来的论题是：意义是一条消息所固有的，还是在心灵或机器与一条消息的相互作用中产生的——就像在前面的对话中那样？如果是后一种情况，那意义就不能被说成是位于任何一个具体地方，也不能说一条消息有什么普遍的或客观的意义，因为每个观察者都可以把他自己的意义带给每条消息。但如果是前一种情况，那意义既可以被定位，又可以具有普遍性。在本章中我要说明，在某种情况下至少有些消息是具有普遍性的，当然，并不是说所有消息都如此。我们会发现，一条消息有"客观意义"这个想法以一种有趣的方式联系于对智能进行描述时的简单性。

信息携带者与信息揭示者

我要从我喜爱的例子说起：唱片、音乐和唱机之间的关系。我们对这样的想法感到欣慰：唱片和一段音乐含有同样的信息，因为有可以"阅读"唱片的唱机存在，它可以把槽纹模式转换为声音。

换句话说，在槽纹模式和声音之间有一个同构，而唱机是一种以物理方式实现这一同构的机械。这样，可以很自然地把唱片想象成“信息携带者”，而把唱机想象成“信息揭示者”。关于这些概念的另一个例子是由 pq 系统给出的。在那里，“信息携带者”是定理，而“信息揭示者”是解释过程。由于解释是显而易见的，因此我们在从 pq 系统的定理中提取信息时不需要任何电动设备的帮助。

这两个例子给人一种印象：同构和解码机制（即信息揭示者）只不过是在揭示结构中固有的、等着被“抽出来”的信息。这将导致下述想法：在每个结构中都存在着某些能够从中“抽出来”的信息，以及其他一些不能从中抽出来的信息。但所谓“抽出来”到底 159
是什么意思呢？抽的时候允许用多大力气？有些情况下，如果投入足够的努力，你能从特定的结构中抽出非常深奥的信息。实际上，这个抽出过程可能涉及相当复杂的操作，以至于使你感到你放进去的信息比抽出来的还多。

遗传型和表现型

以遗传信息为例，它们通常被认为是存在于脱氧核糖核酸（DNA）的双螺旋之中。一个 DNA 分子——一个“遗传型”——通过一个非常复杂的过程被转化成实在的有机体——一个“表现型”，这个过程包括蛋白质的生成、DNA 的复制、细胞的复制、细胞类型的逐渐分化等等。顺便提一下，这种从遗传型到表现型的展开——所谓“渐成过程”——是一种盘根错节的递归，在第十六章中我们将集中讨论这一问题。渐成过程由一组极其复杂的化学循环和带反馈的循环所支配。当整个有机体构成之后，在其机体特征和遗传型之间甚至最微小的相似性也找不到了。

尽管如此,把有机体的机体结构归因于其 DNA 的结构,而且只归因于它,这已经成了一种标准惯例。这种观点的第一个证据来自于奥斯瓦尔德·艾弗里在 1944 年所做的实验,从那以后又积累了大量支持这一观点的证据。艾弗里的实验表明,在所有生物分子中,唯有 DNA 传递了遗传特征。你可以在一个有机体中改变其他分子,例如蛋白质,但这种改变将不会被传递到其后代中去。但是,一旦 DNA 被改变了,所有后代都将继承这种改变后的 DNA。这种实验表明,修改构造新的有机体的指令的唯一途径,是修改 DNA——而这又进一步意味着那些指令一定是以某种方式编码于 DNA 的结构之中的。

异常同构和平凡同构

因此,人们似乎被迫接受这样的想法:DNA 的结构包含了表现型结构的信息,这就是说二者是同构的。但是,这是一种"异常"同构。我这种说法的意思是,要想把表现型和遗传型都分解成能彼此对应的"部分",这可不是轻而易举就能做到的。与此相对照,在"平凡"同构中,一个结构的各部分可以很容易地对应于另一个结构的各部分。例如唱片和一段音乐之间的同构就是如此,在这种情况下,我们知道对于这段音乐中的任何音响都存在有一个刻在槽纹中的与之精确对应的"像",而且,如果需要的话,完全可以准确地找到它。平凡同构的另一个例子是 G 图和其中任何一个"蝴蝶"之间的同构。

160 在 DNA 结构与表现型结构之间的同构无论如何也不能算是

平凡的，而且实际上完成这一同构的机制复杂得吓人。比如，如果你非要在你的 DNA 中找出哪一段是关于你鼻子形状或指纹形状的，你的日子一定不会好过。这有点像企图在一段音乐中确定带有某种情感意义的那个音符。显然不存在这样的音符，因为感情意义不是被个别音符，而是被较大的“组块”在高层次上所携带的。附带说一下，这种“组块”并不一定是邻接的音符组成的集合。完全可能是一些不相邻的段落放在一起时带有了某种情感意义。

类似地，“遗传意义”——即关于表现型结构的信息——是遍布于 DNA 分子的各组成部分之中的，虽然还没有人能懂得这种语言。（注意：懂得这种“语言”并不等同于破译遗传密码，要知道，后者在 60 年代初期就能做到了。遗传密码说明如何把一段段 DNA 转换成各种氨基酸。因此，破译遗传密码可以类比于弄清某种外语的字母表中各字母的音标，而不包括弄清楚那种语言的语法或单词的意义。在抽取 DNA 的意义的过程中，遗传密码的破译是必不可少的一步，但这只是漫长的征途中的第一步。）

自动唱机和触发器

DNA 中所包含的遗传意义是隐含意义的最好例子之一。为了将遗传型转换成表现型，必须用一套比遗传型复杂得多的机制作用于遗传型之上。遗传型的各个部分对这套机制起着“触发器”的作用。一台自动唱机——普通的，不是螃蟹的那种！——在这里提供了一个有用的类比：整个机构所要执行的非常复杂的动作由一对按钮来指定，因此那对按钮可以被描述成“触发”了所播放的歌曲。在把遗传型转换成表现型的过程中，“细胞自动唱机”——请你原谅这个概念——从 DNA 长链的片断中接收了“按钮信号”,而它们所播放的“歌曲”则常常是用来构造新的“自动唱机”的基本元件。这就好像有那么一些真实的自动唱机,它们播放的歌曲的歌词不是赞美爱情的,而是教人如何构造更复杂的自动唱机的……。DNA 的一部分触发了蛋白质的制造,这些蛋白质触发了千百种新的反应,然后这些反应再去触发复制操作,通过若干步骤对 DNA 进行复制——如此这般进行下去……。从这里可以感觉到这整个过程的递归程度。这个不断触发的过程的最终产物是表现型——个体生物。因而人们说表现型是一开始便潜藏于 DNA 中的信息的“展现”——或“抽出”。(这里用的“展现”这个词来自雅克·莫诺,他是 20 世纪最深刻、最有创见的分子生物学家
161 之一。)

现在没有人会说从自动唱机的喇叭里传出的歌声是对唱机按钮中固有信息的“展现”了,那对按钮似乎只是“触发器”,其作用是激活自动唱机中携带信息的那部分。而另一方面,把从唱片中抽取音乐称为对唱片中固有信息的“展现”,这似乎是完全合理的,因为有下面几种理由:

(1)音乐似乎不是隐藏在唱机的机构之中;

(2)有可能以任意的精确程度把输入(唱片)的片断匹配于输出(音乐)的片断;

(3)有可能在同一台唱机上播放别的唱片,从而得到别的音乐;

(4)唱片和唱机可以很容易地相互分离。

至于一个被打碎的唱片的碎片中是否还包含着固有意义,这

完全是另一个问题了。这些碎片可以拼到一起，使原有的信息得以重建——但这里进行着某种更为复杂的过程。继后的问题是关于一个加了密的电话呼叫的固有信息……。事实上存在着一系列各种程度的固有意义。你不妨试着在这个系列之中找出渐成过程的位置，这会是很有趣的。当有机体的生长过程发生时，是否可以说信息是从某 DNA 中“抽出”的？是否关于该有机体结构的全部信息都在那里？

DNA 和化学环境的必要性

从某种意义上说，根据艾弗里等人的试验，对上述问题的回答似乎应该是肯定的。但从另一种意义上说，回答似乎又应是否定的，因为这种抽出过程极大地依赖于非常复杂的细胞化学过程，而这些过程则并非是编码于 DNA 之中的。DNA 所依赖的事实是这些过程将会发生，但它似乎没有包含导致它们发生的任何密码。这样，关于遗传型中的信息的性质，我们就有了两种相互冲突的观点。一种观点认为，既然有这样多的信息在 DNA 之外，那么把 DNA 仅仅看成是一套非常复杂的触发装置——就像自动唱机上的一排按钮——是完全合理的。另一种观点则认为，所有信息都已在 DNA 之中，只不过是以一种极其隐蔽的形式存在而已。

现在看来，这好像只不过是以两种不同的方式说了同一件事。但也未必就是如此。一种观点认为：DNA 离开了环境就毫无意义，而另一种观点认为：即使离开了环境，一个来自生物体的 DNA 分子对其结构来说仍有一种“强制性的内在逻辑”，不管怎样总能 162
推导出它所带的消息。简而言之，一种观点认为：为了使 DNA 有意义，化学环境是必须的；而另一种观点认为：揭示一束 DNA 的“固有意义”，只有智能是必须的。

一个假想的飞碟

为了进一步考察这个问题，让我们考虑一个奇异的假想事件。一张由大卫·奥伊斯特拉赫和列夫·奥博林演奏的巴赫《F 小调小提琴钢琴奏鸣曲》的唱片被放在一颗卫星中上了天，然后，它被从卫星中发射出去，走上了离开太阳系，或许离开整个银河系的旅程——一个中间有孔的薄塑料盘，孤零零地旋转着通过星际空间。它当然是离开了它的环境。它能带有多少意义呢？

如果外星人得到了它，他们几乎一定会被它的形状所吸引，而且很可能会对它很感兴趣。这样，它的形状作为一个触发器，立即就带给了他们一些信息：这是一个人工制品，或许还是一个载有信息的人工制品。这个想法——由唱片自身所传送或触发的——这时就创造了一个新的环境，此后这张唱片就将在这个环境中被理解。解码过程的下一步或许需要相当长的时间——那是我们难以估量的。我们可以设想，如果这样的一张唱片在巴赫那个时代到达地球，那么没有人会知道怎么对待它，它很可能得不到释读。但是，这并没有减弱我们的信念：原则上说信息是在那里，只是我们知道那时的人类知识还不够丰富，不足以对付信息在存储、传输和展现过程中的各种可能性。

消息的理解层次

时至今日，解码这个概念已经被极大地拓广了，成了天文学家、语言学家、考古学家、军事学家等工作中的一个重要组成部分。常常有人提出，我们可能是浮在来自其他文明的无线电信号的汪洋大海中，而这些信号我们还不知道如何释读。已经有许多人在严肃地考虑释读这种信号的技术。主要问题之一——或许是最深刻的问题——是这样的："我们到底是怎样认出一个信号的存在？也即，怎样确认一个框架？"发送唱片看来是个简单的解决办法——其物理结构的外观很引人注意。至少我们有理由设想，对任何充分进化了的智慧生物来说，它可能触发从中寻找隐藏着的信息的想法。不过，从技术上讲，向其他星系发送固态的物体似乎有些不着边际。虽然如此，也并不妨碍我们考虑这个想法。

我们假设外星人想到了：适用于翻译这张唱片的机制，该是一 163
台能把槽纹转换成声音的机器。这离真正的释读还差得很远。那么，对这样一张唱片的成功释读到底包括些什么呢？显然，这种智慧生物必须能从声音中找到意义。声音本身并无价值，除非这种声音在那种智慧生物的大脑（假如可以这样称呼的话）之中产生预想的触发作用。那么什么是预想的作用呢？就是要在他们的脑中激活某些结构，以产生出类似于我们在听这段曲子时所体验到的那种情感。事实上，甚至可以不通过产生声音，只要他们能以某种别的方式使用唱片来激活他们大脑中的适当结构就行了。（如果我们人类能够用别的办法来顺序地触发我们大脑中的适当结构，像音乐所起的作用那样，我们也完全会满足于绕过声音——但是，不用耳朵来接受音乐似乎是极难以想象的。失聪的作曲家——贝多芬、德沃夏克、福莱——或那些看着乐谱就能"听到"音乐的音乐家的存在并不与上述说法相矛盾。他们的这种能力是基于以前数十年的直接听觉体验之上的。)

至此一切都变得复杂了。外星人也有情感吗?如果有的话,是否可能与我们的情感建立起不论何种意义下的对应关系?如果他们确实具有多少与我们相类似的情感,那么这些情感是否也是以多少与我们相同的方式联结在一起的呢?他们是否能理解诸如"悲剧性的美"或"勇敢地忍受"这样的复合概念?如果我们终将发现宇宙中的各种智慧生物在认识结构上与我们是如此相同,以至于情感都是彼此重叠的,那么在某种意义上,这张唱片将永远不会脱离它的自然环境,而这种环境就是事物的自然体系的一部分。如果真是这样的话,一个遨游天际的唱片只要不在途中损坏,最后就很可能被一个或一群外星人得到,并以一种我们会认为是成功的方式释读出来。

"太空幻景"

前面探讨 DNA 分子的意义时,我使用了"强制性的内在逻辑"这种说法,而且我认为这是一个关键性的概念。为了说明这一点,让我们略微修改一下那个把唱片送往太空的假想事件,把巴赫的曲子换成约翰·卡奇的《大地幻景第四号》。这支曲子是典型的偶然音乐——其结构是通过各种随机过程选择的,而非致力于传达个人的感受。演奏时,二十四名演奏者操纵着十二台收音机的二十四个旋钮。在乐曲的进行过程中,他们随意转动旋钮,因此每台收音机的声音随机地增大或减少,并不断地变换电台。这样产生的全部音响就构成了这支曲子。卡奇的观点用他自己的话来说,就是"让音响只代表它们自身,而不是作为表达人造理论或人

类情感的工具”。 164

现在设想把这张唱片送入了太空。对外星人来说，理解这件人工制品的本质的可能性简直是微乎其微——如果还不是完全不可能。他们很可能会被框架信息（“我是一条消息，请释读我”）和内部混乱的结构之间的矛盾搞得莫名其妙。在卡奇的这段音乐中，根本没有什么可以凭借的“组块”，也没有什么可以作为释读线索的模式。而另一方面，在巴赫的音乐中似乎有大量可以凭借的东西——模式、模式的模式，如此等等。我们还无从知道这些模式是否在整个宇宙中都能起作用。我们对智能、情感以及音乐的性质了解得还不够，无法断定巴赫音乐的内在逻辑是否在宇宙各处都是有效的，以至于其意义可以跨越星系。

但是，我们在这里要讨论的，不是巴赫的音乐是否具有足够的内在逻辑，而是任何消息是否本质上都具有足够的内在逻辑，一旦遇到具有充分高智能的生物，其环境总能自动地建立起来。如果某些消息确实具有这种重建环境的性质，那么把这段消息的意义看作该消息的固有性质，这似乎就是合理的了。

了不起的释读者

有助于说明这些想法的另一个例子是古代文字材料的释读，这些材料是由未知的字母组成的未知语言书写的。直觉告诉我们，在这样的文字材料中确有固有信息，不论我们是否能成功地将其展现出来。这是一种很强烈的信念，就像我们虽然一点也不懂阿拉伯文，但仍然相信一张阿拉伯文报纸具有固有的意义。一旦一段文字或语言材料被释读出来，没有人会问其意义是哪里来的：

显然是来自于材料,而非释读方法——正如音乐是存在于唱片里,而非唱机中一样!我们鉴别解码机制的办法之一就是根据下列事实:它们不向记号或物体——作为输入的对象——当中添加任何意义,而仅仅是展现出这些记号或物体中的固有意义。一台自动唱机不是一种解码机制,因为它并不展现其输入信号的任何意义,相反,它提供的是隐藏于它自身内部的意义。

古代文献的释读往往需要几组相互竞争的学者花费数十年的劳动,依靠存储在世界各地的图书馆中的知识,才能完成。这种过程也不增加信息吗?当发现解码规则需要这样巨大的努力的时候,意义还在多大程度上是材料所固有的呢?是人把意义赋予了材料,还是意义本来就在那里?我的直觉告诉我,意义从来就在那里。虽然把它抽出来极其费力,但不会抽出原来没在材料中的意义。这个直觉主要来自于一个事实:我觉得释读结果具有必然性。这就是说,即使这段材料不是在这时被这一组人释读出来,那它也一定会被另一组人在另一个时候释读出来——结果将是同样的。这就是意义成为材料本身的一部分的原因所在:它以一种可以预测的方式作用于智能。我们一般可以说:意义在多大程度上以可以预测的方式作用于智能,它就在此程度上是对象的一部分。

165 图 39 表现的是罗塞达碑,它是最珍贵的考古发现之一。它成了释读埃及象形文字的钥匙,因为它载有用三种古文字书写的同一段材料:象形文字、古埃及俗体文字和希腊文字。这段刻在玄武岩石柱上的铭文在 1821 年首先被有埃及学之父之称的让·弗朗索瓦·尚波里昂所释读。它是聚集在孟菲斯的教士们对托勒密五世表示拥戴的一个决议。

图 39　罗塞塔碑

任何消息都分三层 166

从这些对脱离环境的消息进行释读的例子中，我们可以清楚地分出信息的三个层面：(1)框架消息、(2)外在消息、(3)内在消息。这当中我们最熟悉的是(3),即内在消息,它也就是预定要传送的消息:在音乐中是情感体验,在遗传学中是表现型,在书板上是古代文明的王权与礼仪,如此等等。

理解内在消息就是抽取出发送人所要传递的意义。

框架消息是这样一种消息:“我是一条消息,你有本事就来解译我!”它是由信息携带者总体的结构特征隐含地传递的。

理解框架消息就是确认需要一种解码机制。

如果确认了这样的框架消息,那么人们的注意力就会转到第2层:外在消息。这是由消息中符号的模式及结构隐含地携带的信息,说明如何去解译内在消息。

理解外在消息就是建造——或知道如何建造——能正确解译内在消息的解码机制。

这个外在层次必然是一种隐含消息,就是说发送者无法肯定它是否会被理解。试图发送一些说明如何解译外在消息的指示,那注定是徒劳的。因为这些指示必然是内在消息的一部分,所以只有当发现了解码机制之后才能被理解。由于这个缘故,外在消息就必须是一组触发器,而不是那种由已知解码器去揭示的消息。

为分析意义是如何包含在消息之中的,上述三个“层次”的划分只不过是一个很粗糙的初级阶段。在外在和内在消息之中可能有许多层,而不是只有一层。作为一个例子,让我们考虑一下罗塞达碑的内在和外在消息是怎样错综复杂地相互缠绕的。一段消息的彻底释读,有赖于重建支持这一消息的产生的整个语义结构——从而在每一个深入的方面理解消息发送者。这样我们完全可以把内在消息抛开不管，因为如果我们真的理解了外在消息的所有精妙之处，内在消息也就能重新构造出来了。

乔治·斯坦纳的著作《巴别塔之后》对内在消息和外在消息之间的相互作用进行了长篇讨论(虽然他没有使用这两个术语)。这本书的韵味可以从下面的引文中体现出来：

> 我们经常会使用速写式的办法，而其背后蕴藏着丰富的潜意识以及故意隐瞒着或故意暴露着的联想，它们非常广泛 167
> 和复杂，差不多构成了我们作为一个个体的全部独特之处。[1]

列奥纳德·迈耶在他的著作《音乐、美术与思想》中也表达了类似的想法：

> 欣赏埃利奥特·卡特的曲子的方式完全不同于那种恰当地倾听约翰·卡奇的曲子的方式。类似地，阅读贝克特的小说的方式也必须在很大程度上区别于读贝娄的小说。而对威廉·德·库宁的绘画和安迪·沃霍尔的绘画也需要不同的感知认识态度。[2]

对于艺术作品来说，努力传递风格也许是最为重要的，在这种情况下，如果你彻底把握了一种风格，你也就不再需要那种风格的作品了。“风格”、“外在消息”、“解码技术”——所有这些都不过是表达同一个基本观念的不同方式而已。

薛定谔的非周期性晶体结构

是什么东西使我们在某些对象中看到框架消息，而在另一些对象中则看不到呢？当外星人截获了一张在太空中漂游的唱

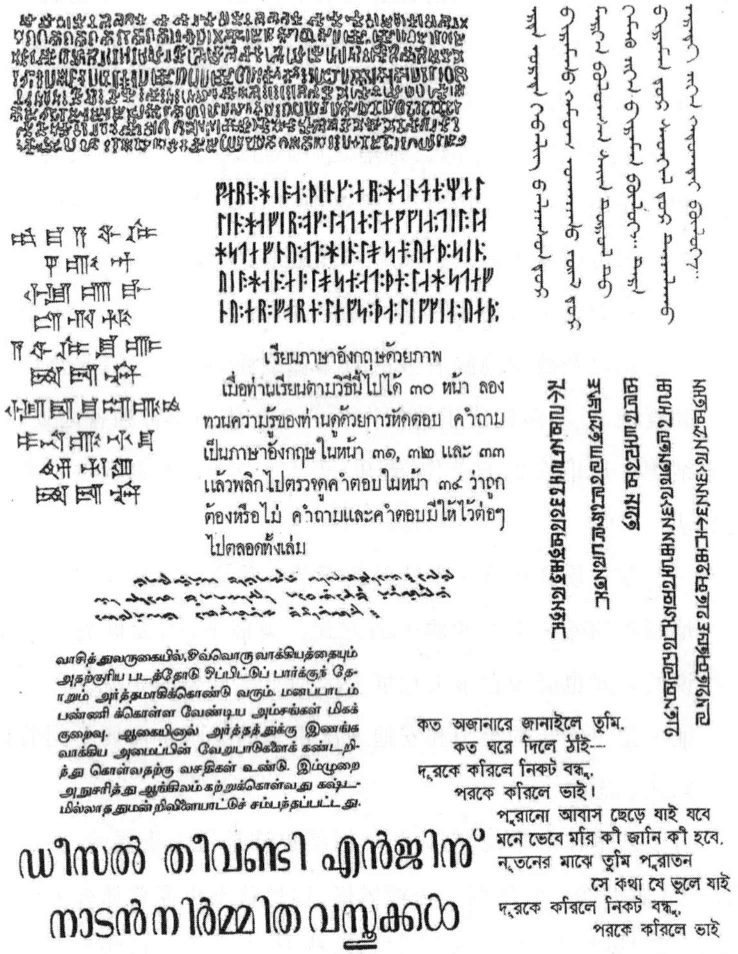

168　图 40　文字集。左上角是一段尚未释读的铭文,发现于复活节岛。它是用“犁耕体”写的,即奇数行从左向右读,偶数行从右向左读。字符刻在一块 35 英寸长,4 英寸宽的木制书板上。顺时针方向的下一个是竖写的蒙文;上面是现代蒙文,下面是写于 1314 年的一段公文。再往下,在右下角我们见到的是一段用孟加拉文写的诗,作者是拉宾德拉那特·泰戈尔。它的左边是一条马莱亚拉姆文(使用于印度南部的西喀拉拉)的报纸标题。往上看是一段曲线优美的泰米尔文(使用于东喀拉拉)。再往上的一小段摘自一个布金文(使用于印度尼西亚的西勒伯斯岛)的民间故事。在字体集的中央是一段泰文。它的上方是一段写于14世纪的古北欧文手稿,其中记载着斯堪尼亚(瑞典南部)地方法律的一个案例。最后,一段古代亚述国的楔形文字挤在了左边,它是汉谟拉比法典中的一节。作为局外人,当我在思索意义是怎样隐藏在这些美丽的非周期性晶体结构的奇妙曲线与折角之中时,我深深地沉浸在一种神秘的气氛里。形式里就存在着内容。[引自汉斯·詹森[Hans Jensen],《记号、符号与字体》[Sign, Symbol, and Script],(纽约:G. Putnam's Sons,1969年版),89页(楔形文字),356页(复活节岛),386页、417页(蒙文),552页(古北欧文);肯尼思·卡兹纳[Kenneth Katzner],《世界的语言》[The Languages of the World],(纽约:Funk and Wagnalls,1975年版),190页(孟加拉文),237页(布金文);里查兹和克里斯廷·吉布森[I. A. Richards and Christine Gibson],《英语图解》[English Through Pictures],(纽约:Washington Square Press,1960年版),73页(泰米尔文),82页(泰文)。]

片时,他们凭什么假定其中隐含着消息?一张唱片和一块陨石有什么不同?显然,其几何形状提供了最初的线索,说明“这是些有趣的东西”。下一条线索是,在微观尺度上,它是由一条很长的非周期性的模式序列构成,这一序列绕成了一条螺线。假如我们把这条螺线展开,就会得到一条极长的由微小的符号组成的线性序列(约2000英尺)。这很像一个DNA分子,后者的符号是从只包含四种不同的碱基的“字母表”中选取的,这些符号排成一维序列,然后绕成一个螺旋。在艾弗里建立基因和DNA的联系之前,物理学家欧文·薛定谔在他有影响的著作《生命是什么?》中作出了纯理论预言,认为遗传信息一定是存储于“非周期性晶体结构”之中。事实上,书籍本身就是规整的几何形状中的非周期性晶体结构。这些例子说明,一旦我们在某处发现一个非常规则的几何结构中“包裹着”非周期性晶体结构,那里就可能隐藏着一些内在消息。(我不是说这就是框架消息的全部特征,但是,事实上许多常见消息的框架消息都满足这一描述。图 40 中有许多说明问题的例子。)

三个层次上的语言

169 对于从海滩上的瓶子里发现的消息来说,信息三个层次是很清楚的。一旦某个人拾到了它,看出它是海上漂来的,并见到里面装着一张干燥的纸条,他就会发现第一个层次,即框架消息。甚至在没看到字迹的情况下,他也能认识到这种人工制品是一个信息携带者。这时候扔下瓶子不看个究竟,只可能是那种异乎寻常地麻木不仁的人才干得出来。这么做几乎可以说是缺乏人性的。紧接着,他会打开瓶子,并查看纸条上的记号。或许上面是用日文写的,发现这一点并不需要对其内在消息有任何理解——只要能认出字母就够了。这种外在消息写成中文就是“我是用日文写的”。一旦发现了这一点,这个人就能进入内在消息,那可能是遇难者的呼救,也可能是一首小诗,或是一封情书……。

把“这条消息是用日文写的”翻译成日文后放在内在消息中,那是无济于事的——如果有人要阅读它首先就得懂得日文。他在阅读这段消息之前,首先必须认识到,由于这是日文,所以自己能读懂它。你可能会想到把“这条消息是用日文写的”翻译成许多种不同的文字写在这张纸上，以此来摆脱困境。实用上这是有意义的，但从理论上看困难依然如故。一个懂汉语的人仍然必须先看出这条消息的“汉语性”，否则于事无补。因此，一个无法回避的难题是，必须从外部发现如何释读内在消息。虽然内在消息本身也可以提供线索和证据，但这些最多也不过是作用于发现瓶子的人（或他所求助的人）的触发器而已。

收听短波广播的人面临着类似的难题。首先，他必须确定他所听到的声音是否确实构成了一条消息，是否只不过是静电干扰。声音本身并不能对此作出回答，即使是在下述可能性极小的情况下也是如此：内在消息就是用收听者本人的母语构成的，说的是“这些声音确实构成了一条消息，而不仅仅是静电干扰！”如果收听者在这些声音中识别出了框架消息，然后他就会设法辨认广播所使用的语言——显然，这时他依然在外面。他从广播中接收到了触发器，但它们并没有把答案明确地告诉他。

外在消息的本性就决定了它们不可能被任何显式的语言所传 170
达。试图发现一种能够传达外在消息的显式语言将不会有任何进展——因为这种想法本身在概念上就已经自相矛盾了。理解外在消息对于收听者来说永远是责无旁贷的。如果成功，他就能进入消息的内部，这时触发器和显现出的意义之间的比率将大幅度移向后者。和前几个阶段相比，内在消息的理解似乎是水到渠成的事，就像是自动冒出来的一样。

意义的“自动唱机”理论

这些例子看起来似乎是支持了这样一个观点：没有什么消息

是具有固有意义的，原因是不论要理解哪种内在消息，哪怕它再简单，也必须首先理解其框架消息和外在消息，而这两者是只由触发器所传递的（例如由日文字母写成，或具有螺线型沟槽等）。那么，这好像开始意味着我们无法摆脱关于意义的一种“自动唱机”理论——这种观点认为：消息不包含固有意义，因为在任何消息被理解之前，它都会被用作某个“自动唱机”的输入，而这就意味着该“自动唱机”所包含的信息一定会在消息中的意义被获取之前加在它上面。

这个论点很像在刘易斯·卡罗尔的对话中乌龟为阿基里斯设置的那个圈套。在对话中，这个圈套表现为下述想法：在你能使用任何规则之前，你必须有另一个规则来告诉你如何使用这一规则；换句话说，存在一个具有无穷多层次的规则体系，这就阻止了任何规则的使用。在我们这里，这个圈套表现为下述想法：在你理解任何一条消息之前，你必须有另一条消息来告诉你如何理解这条消息；换句话说，存在一个具有无穷多层次的消息体系，这就阻止了对任何消息的理解。但是，我们都知道这些悖论是无效的，因为规则的确是在被使用，而消息也的确是在被理解。这是怎么回事呢？

反驳自动唱机理论

这是因为，我们的智能并未“出窍”，而是表现于我们的大脑这种物理对象之中。我们大脑的结构是漫长的进化过程的结果，它们的运行是受物理规律控制的。既然它们是物理实体，我们的大脑在运行时无须被告知如何运行。就是在这一层次上，物理规律产生出思维，因而卡罗尔的规则悖论被打破了。与此相类似，在大脑把输入数据解释成消息的那个层次上，消息悖论被打破了。似乎大脑原本就配备着一些“硬件”来识别哪些东西是消息，而且能对这些消息进行解码。就是这种最低限度的抽取内在意义的天生能力使得高度递归的、滚雪球式的语言习得过程得以发生。这种天生的硬件就像一台自动唱机：它提供一些附加信息，把那些触发信号转换成完整的消息。

若智能是自然的，则意义是固有的 171

如果不同的人的“自动唱机”里的“歌曲”是不同的，而且它们都以各自不同的方式反应于给定的触发信号，那么我们就不会倾向于把意义作为触发信号所固有的东西。但是，人类大脑的构造导致如下情形：在同样条件下，一个脑和另一个脑对一个给定的触发信号几乎产生完全一样的反应。这就是一个幼儿能够学会一门语言的原因，他对触发信号的反应方式和其他幼儿相同。这种“人类自动唱机”的统一性就造成了一种统一的“语言”，这种语言可用来交流框架消息和外在消息。进一步说，如果我们相信人类智能只不过是一种普遍存在的自然现象的一个特例——即智能生物会出现于各种各样的环境之中——那么可以推测，人们用来交流框架消息和外在消息的“语言”只不过是智能生物彼此之间进行通讯的那种通用语言的一种“方言”而已。这样，有几种触发信号该是具有“普遍触发能力”的，就是说，所有智能生物都趋向于以和我们同样的方式对这些触发信号作出反应。

这就使我们得以改变关于意义位何处的叙述。我们可以把一条消息的意义（框架的、外在的、内在的）归因于消息自身，因为事实上释读机制本身是具有普遍性的——这就是说，它们是自然界的基本形式，以同样的方式产生于形形色色的环境之中。具体来说，假设“A－5”键在所有自动唱机上都触发同样的歌——同时进一步假设自动唱机不是人工制品，而是一种普遍存在的自然对象，就像星系或碳原子那样。在这种情况下，我们或许会赞同把“A－5”的普适触发能力称为它的“固有意义”，而且，“A－5”会得到“消息”的头衔，而不再叫“触发器”，同时，那首歌会确实成为“A－5”的固有意义的一种“展现”，虽然这种意义是以隐含方式存在的。

地球沙文主义

把意义归因于消息是出于这样一种看法：分布在宇宙各处的智能生物对消息所进行的处理具有不变性。这有点像把质量归因于物体。对于古代人来说，似乎一个物体的重量一定是该物体的固有属性。但当人们懂得了引力之后，人们认识到重量取决于物体所处的引力场。然而，一个相关的量，即质量，却是不随引力场的变化而变化的。从这种不变性中人们得出了结论：一个物体的质量才是物体自身的一种固有属性。如果将来发现质量也是随环境而变的，那我们会回过头来重新修正我们关于物体固有属性的观点。根据同样的道理，我们可以设想，或许存在着其他种类的
172 “自动唱机”——其他种类的智能生物——他们之间相互通讯所用的消息是我们所无法识别的，同样他们也无法把我们的消息认作是消息。如果事实果真如此，那么认为意义是一组符号的固有属性的观点将需要重新考虑。不过，我们又怎么可能发现这种生物的存在呢？

把这种"固有意义"的论点与那种与此平行的"固有重量"的论点相比较将是很有趣的。假设某人把一个物体的重量定义为"当此物体处于行星地球的表面时产生的向下方的力的量度"。在这个定义下，当一个物体处于火星表面时，它产生的向下方的力就不能被称为"重量"，而要另找个词。按这个定义，重量成了一种固有属性，但其代价是地球中心观——"地球沙文主义"。这有点像"格林威治沙文主义"——即拒绝承认地球上除格林威治平时之外的其他地区时间。这样看待时间未免太古怪了。

也许我们在智能问题上已经不自觉地背上了类似的沙文主义包袱，导致在意义问题上也是这样。在我们的沙文主义观点下，我们可能把那些具有和我们充分相似的大脑的生物称为"智能生物"，同时拒绝承认其他类型的东西是具有智能的。举一个极端的例子：设想有一块陨石，它没有去释读那张游荡在太空的巴赫唱片，而是在相遇时对唱片完全置之不理，只管走自己的路。在我们看来，它和唱片的相互作用方式不涉及唱片的意义。因此，我们会倾向于认为它是"愚钝的"。但我们这样做很可能是错怪了这块陨石。也许它正是具有一种"更高级的智能"，是我们这些带着地球沙文主义眼光的人所无法感知到的。而它与唱片的相互作用恰恰是这种高级智能的表现。那么，也许唱片也具有一种"更高级的意义"——完全不同于我们所赋予它的那种意义。也许它的意义取决于接收它的智能的类型。也许。

如果我们不说"有智能就表现为在一串符号中取出的消息和我们所取出的一样"，而以某种别的方式来定义智能，那将是令人高兴的。因为如果我们只能以这一种方式来定义，那我们对于意义是一种固有属性的论证就是循环论证，因此是毫无内容的。我们应当设法以某种独立的方式来确定“智能”这个名称所应具有的一组特征。这些特征应当能构成人所共有的智能的统一核心。在历史的现阶段，我们还没有得到这些特征的一张清楚的表。但是，看来在近几十年中对人类智能的认识很可能得到长足的进展。尤其是认知心理学家、人工智能研究人员和神经学家，他们或许能综合他们的理解，以导致一个对智能的定义。这个定义可能仍然是人类沙文主义的，我们无法摆脱这一点。但作为一种补偿，可能会有某种雅致、漂亮——而且可能十分简单——的抽象方式来定义
173 智能的本质特征。这将有助于减弱我们那种由于得到了一个以人类为中心的概念而产生的不安。当然，如果我们与其他星系的外星人建立了联系，那就会支持我们的这种信念：我们所具有的这种智慧不仅仅是一种侥幸，而是反复再现于自然界的各种环境中的一种基本形态之中的一例，就像星星和铀原子核一样。这反过来又会支持意义是一种固有属性的观点。

为了结束这个论题，让我们考虑一些新旧例子，并讨论它们具有固有意义的程度。我们要采取的方式是：使我们尽可能地置身于一个截获了神秘物体的外星人的立场……。

太空中的两块金属板

设想有一块金、银、铜的合金板，在上面刻着两个点，一个在另一个之上：就像这个冒号的样子。虽然这个物体的整体形状暗示了它是一个人工制品，因此可能隐藏着某种消息，但只有两个点尚不足以说明任何问题。（在读下去之前，你能猜出它们可能意味着什

么吗?)但假设我们造出了第二块板,上面有更多的点,像下图这样:

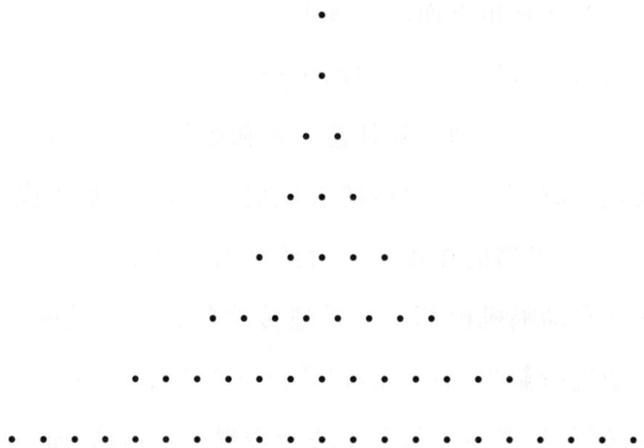

现在显然应当做的——起码对地球上的智慧生物来说是如此——就是依次去数一下每行中有多少个点,结果会得到这样一个序列:

1,1,2,3,5,8,13,21,34。

在这里有证据证明从一行推到下一行是被一条规则所控制的。事实上,从这个序列中可以有把握地推断出斐波那契数定义的递归部分。假设我们把开始的一对数值(1,1)当作"遗传型",用一条递归规则就可以从中推出"表现型"——整个斐波那契序列。如果只向太空送出遗传型——即第一块金属板——那我们还没能送出使表现型得以重建的信息。因此,遗传型并没有包含对表现型的完整说明。但另一方面,如果我们把第二块金属板当作遗传型,那么 174
将有比较充足的理由设想表现型确实会被重建。这种新的遗传型——可称之为"长遗传型"——所包含的信息足以使智能生物能够仅从遗传型中推出把表现型从遗传型中抽取出来所需要的机制。

一旦这种从遗传型中抽取表现型的机制得以稳固地建立,我

们就能回过头来使用“短遗传型”——例如第一块板。比如说“短遗传型”(1,3)将导出下面的表现型:

1,3,4,7,11,18,29,47,……

——这就是卢卡斯序列。对任意一对初始值——即对每种短遗传型——来说,都存在一个对应的表现型,但短遗传型不同于长遗传型,它们只起触发器的作用——就像自动唱机上的按钮,而递归规则是建立在自动唱机内部的。长遗传型包含有充足的信息,能够对智能生物进行触发,使他们知道该建造什么样的“自动唱机”。在这种意义下,长遗传型包含了关于表现型的信息,而短遗传型则没有。换句话说,长遗传型不仅传送了内在消息,而且传送了外在消息,这就使内在消息得以被读出。看起来外在消息的明确性取决于消息的长度。这并不出入意料,因为这完全类似于释读古代文献时的情况。显然,释读成功的可能性极大程度上取决于所占有的文献数量。

再谈巴赫之别于卡奇

但仅有很长的材料还是不够的。让我们再看看把巴赫和约翰·卡奇的音乐唱片送入太空时,两者之间的差异。首先让我们看看卡奇的曲子对我们有什么意义。卡奇的曲子必须被放在巨大的文化背景中去考察——作为对某种传统观念的反叛。这样,如果我们想传送这种意义,我们必须不仅传送曲子中的音符,而且还必须事先传送详尽的西方文化史。这恐怕意味着一张孤立的约翰·卡奇音乐唱片是没有固有意义的。但是,对一个精通东西方文化,尤其是熟知西方音乐在近几十年中的发展趋势的听众来说,这张唱片确实具有某种意义——可这样的听众则像一台自动唱机了，而曲子像一对按钮。意义在开始时已经几乎都在他的头脑里，音乐只不过是起了触发的作用而已。这种“自动唱机”与纯粹智能不同，它们完全不具有普遍性。它们仅限于地球，依赖于一个相当长的时期内全球事件的特定序列。希望外星人能理解卡奇的音乐，就好像希望你所喜欢的一首曲子在月亮上的一台自动唱机上的按钮号码和在南 175
美的一个酒店里的一台自动唱机上的按扭号码是一样的。

在另一方面，要欣赏巴赫的曲子就远不需要那样多的文化知识。这真像是一种极大的讽刺，因为巴赫是如此复杂而又有条理，卡奇则是极端地缺乏理智。但这里出现了一个奇怪的颠倒：智能喜爱模式化，厌恶随机性。对大多数人来说，需要对卡奇音乐中的随机性进行大量解释。即便是在解释之后，他们仍会觉得找不到消息——而对巴赫的多数作品来说，解释完全是多余的。在那种情况下，巴赫的音乐和卡奇的音乐相比具有较高的自足性。但我们仍不清楚能听懂巴赫音乐的人必须具有哪些条件。

例如，音乐有三个主要的结构维度（旋律、和声、节奏），每个又可分别由一些小范围的、中间的或者总体的侧面组成。对这些因素中的任何一个，大脑所能直接把握的复杂性都是在一定限度之内的。显然，作曲家在进行音乐创作时往往不自觉地考虑了这一点。这些关于不同因素的“可容忍的复杂程度”，很可能很大程度上依赖于我们人类物种进化的某些特定条件，而其他智慧生物所发展的音乐，在这些因素的可容忍复杂程度上，可能会与我们完全不同。因此可以想象，在传送巴赫的曲子时可能要伴随传送许多关于人类的信息，这些信息是无法仅从音乐的结构中推导出来的。

如果我们把巴赫的音乐看成遗传型，把它想要激发出来的情感看成表现型，那么我们所感兴趣的问题是遗传型是否包含了表现型的展现过程所需要的全部信息。

DNA 中的消息有多大普遍性？

我们面临着一个带有一般性的问题，它与那两块金属板所引发的问题相类似，就是："若要恢复一条消息，需要在多大程度上理解它所处的环境？"我们至此可以回到"遗传型"和"表现型"本来的生物学意义之上——即 DNA 和活的有机物——来问类似的问题。DNA 是否具有普遍的触发能力？或者说它是否需要一台"生物自动唱机"来展示它的意义？DNA 在没有被置入适当的化学环境时是否仍能导出表现型？对这个问题的回答是否定的，但是这是一种有限制的否定。当然，真空中的一个 DNA 分子是什么也创造不出来的。但是，如果把一个 DNA 分子送到宇宙中去碰碰运气，就像我们设想中的巴赫和卡奇的唱片一样，那它就有可能被外星人所截获。他们可能会首先识别出它的框架消息。如果成功，他们接下去可能设法从它的化学结构推测它所需要的化学环境，然后去提供这样一个环境。沿着这样的途径，通过一些更精细的尝试，终将导致完整地恢复展示 DNA 的表现型意义所需要的
176 化学环境。这听起来有点像天方夜谭，但如果允许进行亿万年的实验，或许 DNA 的意义最终还是会显现出来的。

另一方面，如果构成一条 DNA 的碱基序列是以抽象符号的形式（如图 41）被送出，而不是作为长长的螺旋形分子被送出，那么，用这种外在消息来触发那种能把表现型从遗传型中抽取出来

的解码机制，其成功的可能性实质上是零。在这种情况下用来包裹内在消息的外在消息实在是太抽象了，它已经失去了恢复环境的能力，因此在实用的意义上来说，这组符号是不具有固有意义的。为了不使你觉得上述讨论过分抽象化和哲学化，请想一下下面这个当今在某些国家高度敏感的问题：到底在哪个时刻才能说遗传型已经“达到”或“隐含”了表现型？这也就是堕胎的合法性问题。

图 41　这个巨大的非周期性晶体结构是噬菌体 ΦX174 染色体的碱基序列。它是所有生物中第一个被完整地给出的染色体组。如果要展示单个大肠杆菌细胞的碱基序列，就需要用大约 2000 页纸来写这种犁耕体。展示单个人体细胞 DNA 的碱基序列大约需要一百万页纸。现在你手中这本书所包含的信息量差不多等于描写一个渺小的大肠杆菌细胞的结构的信息量。

177

半音阶幻想曲，及互格

乌龟在池塘里痛快地涮了涮身子，爬出来甩着水珠。

这时有个人从旁边走过，乌龟抬眼一看，原来是阿基里斯。

乌龟：嗨，这不是阿基里斯吗？我刚才玩水的时候还想着你呢。

阿基里斯：嘿，真怪了。刚才我在草地上闲逛的时候也想起你来。这个季节草是多么绿啊……

乌龟：是吗？这倒让我记起一件事。我曾有个想法，一直希望能和你共享。你愿意听吗？

阿基里斯：当然，非常愿意。我是说，只要你龟兄别琢磨着把我诱入某个恶意的逻辑圈套，我就愿意听听。

乌龟：恶意的圈套？哎呀，你错怪我了。我哪会有什么恶意？我是个安分的人，从来不打扰别人，成天文绉绉的，吃点草过日子而已。我的脑袋里全是关于事物本性（从我的角度去看）的那些稀奇古怪的东西。我，谦恭的现象观察者，慢吞吞地边走边喷些傻话到空气中去，一点也不惊人。不过，为了让你对我的用意放心，我今天只打算谈谈我的龟壳。你知道，这些事和逻辑没有任何——哪怕是一点点——关系！

阿基里斯：你这么说我就放心了，龟兄。事实上，我倒真有点好奇了。我很想听听你要说些什么，不惊人也没关系。

乌龟：我们来看……我该怎么开头呢？嗯……哎，阿基，你瞧我的壳上什么给你印象最深?

阿基里斯:看上去出奇地干净。

乌龟:谢谢。我刚去游了泳,洗掉了几层上个世纪积存下来的污垢。现在你可以看到我的壳是多么绿了。

阿基里斯:这么健康悦目的绿壳,看着它在阳光下闪闪发亮真让人愉快。

乌龟:绿的?它不是绿的!

阿基里斯:什么?你刚才不是还说你的壳是绿的吗?

乌龟:是说过。

阿基里斯:那好,我们一致了:你的壳是绿的。

乌龟:不,它不是绿的。

阿基里斯:噢,我明白你的把戏了。你在暗示我,你说的不一定是真的;还有,乌龟们玩语言游戏;还有,你的话与事实不一定相
符;还有—— 178

乌龟:我肯定没那样。乌龟们神圣地看待言词;乌龟们尊重准确性。

阿基里斯:那你为什么说你的壳是绿的,并且它又不是绿的?

乌龟:我从来没这么说过。不过我倒希望我说了。

阿基里斯:你是希望这么说的了?

乌龟:一点也不。我很遗憾说了那些话,并且完完全全不赞成那些话。

阿基里斯:这无疑和你刚才说的不一致了,你这是自相矛盾!

乌龟:自相矛盾?我从来不自相矛盾。自相矛盾是违反乌龟本性的。

阿基里斯:嗨,这下我可抓住你了,你这滑头。你陷入了一个不折

不扣的矛盾,被我抓住了!

乌龟:对,我承认被你抓住了。

阿基里斯:你看你又来了!现在你越来越自相矛盾了!你陷在矛盾之中如此不可自拔,谁也不可能再同你进行辩论了!

乌龟:不见得吧。我同自己辩论没有任何问题,一点也没有。也许问题在于同你辩论。恕我冒昧,我猜你可能是个很矛盾的人,但你被你自己纠缠不清的罗网彻底缠住了,没法看清你自己是多么不一致。

阿基里斯:你这是什么意思?!我一定要让你看到真正矛盾的是你,而不是我。

乌龟:好。如果是这样,你现在的任务就很明确了。还有什么比指出一个矛盾更容易的呢?继续继续——把它指出来。

阿基里斯:嗯……我现在不知道该从哪开始。噢……我知道了。你先是说(1):你的壳是绿的,而接着你又说(2):你的壳不是绿的。这还有什么可说的?

乌龟:请把矛盾指出来。别旁敲侧击。

阿基里斯:可是——可是——可是……噢,我有点明白了。(我有时候真是太迟钝了!)一定是你和我对于究竟什么是矛盾有不同的看法。麻烦就在这里。好,让我来说清我的意思:如果一个人说一件事,并且同时又否认它,那就是个矛盾。

乌龟:这一招倒挺聪明。我很愿意看看这又能怎么样。大概口技演员是很擅长矛盾的。他们能用嘴同时说一些彼此相反的事情,跟真有那么回事一样。可我不是口技演员。

阿基里斯:我实际上说的是一个人能在一句话里肯定一件事并且

又否定它！这不必非要是在同一瞬间里。

乌龟:好吧,不过你并没有给出一个句子。你是给了两个。

阿基里斯:是的——两个互相矛盾的句子!

乌龟:看到你这乱七八糟的思维结构如此暴露无遗,真叫我难过,阿基。你先跟我说矛盾是某种出现在一个单个句子里的东西。然后你又告诉我,你在我所说的两个句子里发现了矛盾。老实说,事情正像我说过的那样,你的思想体系里充满了虚 179
妄,以至于你是在回避看到它有多么不一致。然而,从外面看,这就如同青天白日一样清清楚楚。

阿基里斯:有时候我真被你这种节外生枝的战术搞糊涂了。我简直弄不清我们是在辩论一些无聊至极的东西,还是在辩论某种深刻奥妙的东西!

乌龟:放心好了,乌龟们从不把时间浪费在无聊的东西上。所以,当然是后者。

阿基里斯:我放心了,谢谢。这给了我一个机会好好想想。看来,要让你承认你自相矛盾,必须要有一个逻辑的步骤。

乌龟:很好,很好。我希望那是个简单的步骤,一个不容置疑的步骤。

阿基里斯:正是这样。就是你也会赞成这个步骤。其想法是:由于你相信句子1(“我的壳是绿的”),并且你相信句子2(“我的壳不是绿的”),因此你就会相信把两者结合起来的复合句,不是吗?

乌龟:当然。这倒是挺合理的……只要结合的手段是普遍可接受的。不过我相信在这个问题上我们会是一致的。

阿基里斯:是的。而这样一来我就击败你了!那个复合句就是——

乌龟:但我们在结合句子时必须十分小心。举例来说,你一定承认"人都会死"是个正确的说法,对不对?

阿基里斯:当然。

乌龟:很好。类似地,"饭前洗手"也是对的,是不是?

阿基里斯:谁也不会否认。

乌龟:然后,把它结合起来,我们得到"人都会死于饭前洗手"。但情况并非如此,是吧?

阿基里斯:等等……"人都会死于饭前洗手"?嗯,不对,可是——

乌龟:所以,你也看到了,把两个真句子结合成一个句子并不保险,对吧?

阿基里斯:但是你——你那种结合方法——也太荒唐了!

乌龟:荒唐?你凭什么反对我用这种方法结合句子?难道我非得照你的意愿用些什么其他方法吗?

阿基里斯:你应当用"并且",而不是用"于"。

乌龟:你是想说,如果你有你的办法,我也应当那样?

阿基里斯:不——是你应当符合逻辑。这与我个人毫无关系。

乌龟:这恰恰就是我没法弄懂你意思的地方。动不动就搬来逻辑以及那些堂而皇之的原则,请你今天别跟我说这些。

阿基里斯:哦,龟兄,别故意让我难受了。你明明知道"并且"这个词的含义所在!用"并且"来结合两个句子是无害的!

乌龟:"无害的"?我的天!简直是胡说八道!明明是个不折不扣的害人诡计,想诱使一个可怜的、走路摇摇晃晃的清白的乌龟

陷入致命的矛盾！如果真是那么无害，你为什么还要如此起 180
劲地让我去做？

阿基里斯：我不知道该说什么好了。你让我觉得我自己是个坏人，其实我只有最最纯正的动机。

乌龟：谁都认为自己是这样……

阿基里斯：是我不好——我竟然试图哄骗你，想诱使你陷入自相矛盾。我很难过。

乌龟：你的确该感到惭愧。我知道你想干什么。你算计着让我接受句子3，就是："我的壳是绿的并且我的壳不是绿的"。这么显眼的谬误是绝不会从一个乌龟的嘴里说出来的！

阿基里斯：哦，太抱歉了，都是我不好。

乌龟：你不必抱歉了。我没觉得不痛快。毕竟，对于我周围那些人的种种不合理做法，我已经习惯了。和你在一起我还是很愉快的，阿基，尽管你的思维缺乏条理。

阿基里斯：是的……可我恐怕已经定型了，在探求真理的征途中，我可能会一错再错。

乌龟：今天的交流对于纠正你的方向是会有些帮助的。再见，阿基。

阿基里斯：再见，龟兄。

181

第七章　命题演算

词与符号

前面的对话使人回想起刘易斯·卡罗尔的二部创意曲。在两个场合，乌龟都不肯以规范正常的方式去用规范正常的词——或者说，至少当那么做对他不利时，他就不肯那么做。上一章，我们给出了用来思考卡罗尔悖论的一种方式。在这一章里，我们要让一些符号去做阿基里斯没能让乌龟用词去做的事。这就是说，我们将要构造一个形式系统，其符号集中有一个符号要做的，正是阿基里斯希望"并且"这个词被乌龟说到时会去做的事。符号集中还有一个符号，将起到"若……则……"这个词组所应该起的作用。另外，还有两个词是我们想要处理的："或"和"非"。只依赖于正确使用这四个词的那种推理，叫作命题推理。

字母表及命题演算的第一条规则

我将要介绍的这个新的形式系统称为命题演算。它有点像一个谜题：并不马上把每一件事都解释清楚，而是让你自己多多少少把这些事情想出来。我们从符号表开始：

＜　＞

P　Q　R　’

∧　∨　→　～

[　]

我要披露的这个系统的头一条规则是：

联结规则：如果 x 和 y 都是系统的定理，那么串＜x∧y＞也是该系统的定理。这条规则取来两个定理并且把它们组合成一个。这会使你回想起刚才的对话。

良构串

还有一些其他的推理规则，我们都将简要地加以介绍——但是首先，有一点是很重要的：我们要定义所有串的一个子集，即“良 182
构串”的集合。它们是用递归的方式来定义的。我们先从这里开始：原子：P、Q、R 都称作原子。新的原子是在老的原子的右上角加撇

构成的——比如，R’、Q”、P’”等等。这便使我们可以源源不断地提供原子。所有的原子都是良构的。

然后我们有四条递归的规则：

形成规则：如果 x 和 y 都是良构的，那么以下的四种串也都是良构的：

(1)～x

(2)＜x∧y＞

(3)＜x∨y＞

(4)＜x→y＞

举例来说，下列所有的串都是良构的：

P	原子
～P	根据(1)
～～P	根据(1)
Q'	原子
～Q'	根据(1)
＜P∧～Q'＞	根据(2)
～＜P∧～Q'＞	根据(1)
＜～～P→Q'＞	根据(4)
＜～＜P∧～Q'＞∨＜～～P→Q'＞＞	根据(3)

最后的一个看起来似乎有点庞大，但它是直接由两个组份构造起来的——这两个组份就是刚好在它上面的那两行。而它们之中的每一个本身又都是由再前面的行构造起来的……如此等等。每一个串都可以用这种方法追溯到它的基本成分——这就是原子。你可以简单地往回运用形成规则，直到你不能再往下用为止。这个过程保证会终止，因为每一条形成规则（当向前运用时）都是一条加长规则，所以往回运用它总能把你带到原子那里去。

这种把串进行分解的方法于是就可以用来核对任何一个串是否良构。这是一个对良构的自顶向下的判定过程。为了考察一下你对这种判定过程的理解，你不妨来核对一下，下面的这些串当中哪些是良构的：

(1)＜P＞

(2)＜～P＞

(3)＜P∧Q∧R＞

(4)<P∧Q>

(5)<<P∧Q>∧<Q～∧P>>

(6)<P∧～P>

(7)<<P∨<Q→R>>∧<～P∨～R’>>

(8)<P∧Q>∧<Q∧P>

(答案:那些编号为斐波那契数的串不是良构的,其余的都是。) 183

再给几条推理规则

现在我们来看其余的规则,这些规则可用来构造这个系统的定理。下面是几条推理规则。在所有这些规则里,符号“x”和“y”总是理解为只限于良构的串。

分隔规则:如果<x∧y>是一个定理,那么 x 和 y 都是定理。

附带说一下,“∧”这个符号代表什么概念,你现在该有一个相当不错的猜测。(提示:它就是前面的对话中那个引起麻烦的词。)而从下面的规则里,你将能够想象出弯号(“～”)相当于什么概念:

双重弯号规则:像“～～”这样的串可以从任何定理中删去。它也可以嵌入到任何定理之中,条件是所得的结果是良构串。

幻想规则

我们看到,这个系统的一个特别之处在于它没有公理——只有规则。如果你回过头想一下先前我们看到过的形式系统,你可能就会奇怪:怎么才能有定理呢?事情怎么才能开始呢?回答是有那么一条规则,它无中生有地制造定理——它不需要一个“老定理”作为输入。(其他的规则都是要求输入的。)这个特别的规则被称为幻想规则。我这样称呼它，理由很简单。

在使用这条幻想规则时，你做的第一件事是写下一个随你喜欢的任何良构串 X，然后用提问的方式来将其“幻想一下”：“假如这个串 x 是一个公理，或者是一个定理，将会怎么样？”。然后，你就让系统自己来给出回答。也就是说，你继续往下做，把 x 当作起始行造一个推导，并让我们假设 y 是结束行。（当然，这个推导必须严格地遵循该系统的规则。）从 x 到 y 所得的每一样东西（包括 x 和 y 在内）都是幻想，x 是幻想的前提，而 y 是幻想的结果。下一步是从幻想中跳出来，这时，我们可以肯定的是

假如 x 是一个定理，那么 y 就会是一个定理。

到此，你也许会奇怪：真正的定理在哪里呢？真正的定理是这个串

<x→y>

注意这个串与印在上面的那个句子是一回事。

为了标识进入一个幻想的入口和离开一个幻想的出口，我们
184 分别用方括号“[”和“]”。于是，只要你看到一个左方括号，你就知道你正在“推”入一个幻想中，而下一行将会包含该幻想的前提。每当你看到一个右方括号，你就知道你正在“弹”出来，并且上一行正是结果。把在幻想中产生的推导的那些行凹进去写，是会有所帮助的（但这并不是必须的）。

这里有一个关于幻想规则的例示，其中串 P 作为前提。（当然，P 碰巧不是一个定理，但是这并不要紧。我们只是在寻问：“假如它是，会怎么样？”）。我们制造如下的幻想：

[	推入幻想
P	前提

～～P	结果(根据双弯号规则)
]	弹出幻想

这个幻想说明：

　　假如 P 是一个定理，那么～～P 也就是一个定理。

我们现在把这个中文(这是元语言)句子“压挤”成形式化的记号(这是对象语言)：<P→～～P>。这个东西——我们的第一条命题演算的定理——会向你显示“→”这个符号的预期解释。

这里是另一个运用幻想规则的推导：

[	推入
<P∧Q>	前提
P	分隔
Q	分隔
<Q∧P>	联结
]	弹出
<<P∧Q>→<Q∧P>>	幻想规则

有一点很重要：必须理解只有最后一行才是一条真正的定理——剩下的都是在幻想之中的。

递归和幻想规则

正如你从“推入”和“弹出”这两个递归术语可以猜测到的，幻想规则是能够递归地使用的——于是，幻想中可以有幻想，然后再次套进幻想，如此等等。这意味着存在有各种各样的“有关现实的层次”，正像在嵌套的故事里或电影中一样。当你从一个电影中的电影里弹出来时，有那么一会儿你感到你好像已经到达了现实世界，但事实上你离开顶层还差一个层次。同样，当你从一个幻想中的幻想里弹出来时，你是在一个比你刚才所在的要“更现实一些”的世界里，但是你离顶层还差一个层次。

我们来看：在电影院里“请勿吸烟”的牌子，对电影里的人物是
185 不适用的——在演电影时，是不会把它从现实世界搬入到幻想世界里去的。但是在命题演算的情形，却可以有从现实世界到幻想里去的搬入，甚至还有从一个幻想到它所含的幻想里去的搬入。这可以由下面的规则来形式化：

搬入规则：在一个幻想里边，任何来自于“现实性”高一个层次的定理都可以拿进并使用。

这就像电影院里的一块“请勿吸烟”牌子不仅适用于所有的电影观众，还适用于电影里的所有演员，而且，只要重复这同样的想法，对于在多层嵌套电影里的任何人也就都适用了！（提醒：不能有相反方向的搬动：在幻想里面的定理不可以搬到外头来！如果不是这样，你就可以写任何东西作为一个幻想的第一行，然后把它拎出到现实世界中当成一个定理了。）

为了说明搬入是怎样起作用的，并且说明幻想规则是怎样能够递归地使用的，我们给出如下的推导：

[	推入
P	外层幻想的前提
[	再次推入
Q	内层幻想的前提
P	把 P 搬入到内层幻想
<P∧Q>	联结

　　]　　弹出内层幻想，回到外层幻想

　　＜Q→＜P∧Q＞＞　　幻想规则

]　　弹出外层幻想，到达现实世界！

＜P→＜Q→＜P∧Q＞＞＞　幻想规则

注意，我把外层幻想凹进去一次，而把内层幻想再次凹进去，以强调这些嵌套着的“现实性层次”的特性。可以从这样一种角度去看幻想规则，就是说，一个对于系统的观察被嵌入到这个系统中。也即，被产生出来的定理可以看成是“如果 x 是一个定理，那么 y 也是”这样一个关于系统的句子在系统内的一个表示。更精确一点，对＜P→Q＞来说，它的预期解释就是“若 P，则 Q”，或者等价地说，“P 蕴涵 Q”。

幻想规则的逆规则

现在我们看到，刘易斯·卡罗尔的对话都是关于“若-则”语句的。特别是，阿基里斯在劝导乌龟接受一个“若-则”语句的第二个子句时遇到了极大的麻烦，尽管这是在这个“若-则”语句的第一个子句以及这个“若-则”语句本身都已经被接受的时候。下一个规则是让你去推断一个“→”串的第二个“子句”，前提是该“→”串本身是一个定理，并且它的第一个“子句”也是一个定理。分离规则：

如果 x 和＜x→y＞二者都是定理， 186

　　那么 y 是一个定理。

附带说一下，这条规则常常被称作“Modus Ponens”，而幻想规则常常被称为“**演绎定理**”。

符号的预期解释

这时候我们应该来戳穿戏法了,即披露出我们的这个新系统中其他符号的"意义"。现在该点明了,我们是打算让符号"∧"与普通的日常用词"并且"起的作用相同。符号"～"表示"非"这个词——是否定的一种形式化变种。尖括号"＜"和"＞"是用来分组的——它们的功能非常类似于普通代数中的括弧。其主要的不同在于:在代数里,你可以任意写进一对括弧或省略它们,全凭趣味和风格,而在一个形式系统里,这种无政府主义的自由是不被容忍的。符号"∨"代表"或"这个词("或"的拉丁文是"vel")。我们所指的"或"是所谓的"相容或",它意味着＜x∨y＞的解释是"或者是 x 或者是 y——或者二者都是"。

唯一我们还没有解释的符号就是原子了。一个原子没有唯一的解释——它可以用任何中文句子来解释(如果这个原子是在一个串或一个推导中多次出现的,则必须在处处都用同样的句子来解释)。因此,举例来说,＜P∧～P＞这个良构串就可以解释成复合句

　　心是佛,并且心不是佛。

现在让我们来看看迄今所推得的每一条定理,并且来解释它们。第一个是＜P→～～P＞。如果我们保持对 P 作同样的解释,我们就有如下的解释:

　　若心是佛,

　　　则并非心不是佛。

注意我是怎样来转述双重否定的。在任何自然语言里,将一个否

定重复两次总是很别扭的，所以为了避免这样，我们就用两种不同的方式来表示否定。我们推得的第二个定理是＜＜P∧Q＞→＜Q∧P＞＞。如果我们把Q用句子“麻三斤”来解释，那么我们的定理读起来就会像下面这样：

若心是佛且这块麻重三斤，

则这块麻重三斤且心是佛。 187

第三个定理是＜P→＜Q→＜P∧Q＞＞＞。它变成了如下的嵌套的“若-则”句子：

若心是佛，

则：若这块麻重三斤，

则心是佛且这块麻重三斤。

你可能已经注意到了，每个定理被解释时说了些完全不足道的、自明的事情。（有时它们是如此自明，以至于它们听起来让人觉得空洞，而且——特别奇怪地——是混乱的或者甚至是错的！）这一点可能不会给人们深刻的印象，但只须记住，客观上存在着很多可能会产生出来的假命题——虽然它们并没有被产生出来。这个系统——命题演算——是一步步很干净地从真走到真，仔细地回避所有的假。正像一个人一心要不弄湿脚，他就会在小河里小心地一步步从一块蹬石走到下一块，完全遵照蹬石的布局，而不管它可能是如何地曲来拐去和难走。给人印象深刻的东西是——在命题演算中——所有的事情是纯粹“符号地”做出来的。没有谁置身其中成为“里边的人”，去考虑这些串的意义。它做起来完全是机械的，不经思考的，硬性规定的，甚至是傻乎乎的。

把规则的清单列全

我们还没有说完命题演算的所有规则。完整的一组规则开列在下面,其中包括三条新的。

联结规则:如果x和y是定理,那么＜x∧y＞是个定理。

分隔规则:如果＜x∧y＞是个定理,那么x和y二者都是定理。

双弯号规则:"～～"这个串可以从任何定理中删除。它也可以嵌入到任何定理中去,只要所得的结果本身是良构串。

幻想规则:如果假定x是一个定理时能推导出y来,那么＜x→y＞是个定理。

搬入规则:在一个幻想里边,任何来自于"现实性"高一个层次的定理都可以拿进并使用。

分离规则:如果x和＜x→y＞二者都是定理,那么y是个定理。

易位规则:＜x→y＞与＜～y→～x＞是可互换的。

德·摩根规则:＜～x∧～y＞与～＜x∨y＞是可互换的。

思维陀螺规则:＜x∨y＞与＜～x→y＞是可互换的。

(思维陀螺规则是根据一个名叫斯维彻罗的人命名的,这人对陀螺极有兴趣,专门研究陀螺味道的逻辑学。)前述规则中的"可互换的"这个词的意思如下:如果一种形式的表达式作为一个定理或者一个定理的部分出现,就可以用另一种形式来替换,而且替换后得到的串依然还是个定理。必须把这个牢记在心里:符号"x"和"y"
188 总是代表该系统的良构串。

对规则的论证

在我们看到这些规则被用在推导里边之前，让我们先来看看对它们的一些非常简短的论证。你也许能自己去论证它们，比用我的例子要更好——这就是为什么我仅仅只给出少数几个例子。

易位规则把一种我们不自觉地做出的，用来倒转条件语句的方式明确地表达了出来，例如，下面这个“禅述”

如果你正在学习“道”，

那么你就远离了它。

意味着下述同一件事

如果你接近了“道”，

那么你就不是正在学习它。

德·摩根规则可以用我们熟悉的句子“幡不在动，并且风也不在动”来说明。如果用P来将“幡在动”符号化，用Q来将“风在动”符号化，那么这个复合句就可以用＜～P∧～Q＞来符号化。依照德·摩根律，这可以与～＜P∨Q＞互换，后者的解释是“或者幡在动或者风在动，这不真”。没有人能否认这是一个可以得出的合禅理的结论。

对于思维陀螺规则，考虑一下句子“或者一朵云正挂在山上，或者月光正在穿透湖水的波纹”，我假设这是一位冥想着的禅宗法师说的，他记得一个熟悉的湖，他能在心里摹想它，却不能看到它。现在请你留神：思维陀螺规则告诉我们的是，这与下述想法可以互换：“如果一朵云不挂在山上，那么月光正在穿透湖的水波。”这大概不能给你什么启发，但这是命题演算所能提供的最好的东西了。

摆弄这个系统

现在让我们把这些规则应用到一个先前的定理上去，并且看看我们能得到什么。例如，取定理＜P→～～P＞：

＜P→～～P＞	老定理
＜～～～P→～P＞	易位
＜～P→～P＞	双弯号
＜P∨～P＞	思维陀螺

189 这个新的定理，当它被解释时，是说：

或者心是佛，或者心不是佛。

我们再一次看到，被解释了的定理虽然也许不那么惊人，但至少是真的。

半解释

当一个人把命题演算的定理大声念出来时，解释每样东西，但不解释原子，这是很自然的。我称之为半解释。例如，＜P∨～P＞的半解释就是

P 或者非 P。

即便事实上 P 不是一个句子，上面的“半句子”听起来仍然是真的，因为你能够很容易地想象在 P 处插入任何一个句子——这个被半解释了的定理的形式向你保证了，不管你如何作出你的选择，结果所得的句子都将是真的。而这正是命题演算的关键思想：它产生一些定理，当它们被半解释时，它们被看成是“普遍为真的半句子”，由此就意味着：不管我们怎样去把解释做完全，最后的结果总是一个真语句。

岩头之斧

现在我们可以来做一个更高级的练习，它基于一个称之为“岩头之斧”的禅宗公案。我们看看它是怎样开始的：

> 德山一日谓师［即岩头——译注］曰：“我这里有两僧入山，住庵多时，汝去看他怎生。”师遂将一斧去，见两人在庵内坐。师乃拈起斧曰：“道得也一下斧，道不得也一下斧。”[1]

如果你们说点什么，我就砍掉这个公案；如果你们不说什么，我也要砍掉这个公案——因为我想把它的某些东西翻译成我们的记法。让我们用 P 来将“道得（你们说点什么）”符号化，而“一下斧（我要砍掉你们的脑袋）”则用 Q 来符号化。于是岩头之斧的威吓就可用这样的串来符号化：＜＜P→Q＞∧＜～P→Q＞＞。假如这个斧子威吓是个公理的话，会怎么样呢？这里有一个幻想是来回答这个问题的。

(1)［　　推入

(2)＜＜P→Q＞∧＜～P→Q＞＞　　岩头公理

(3)＜P→Q＞　　分隔

(4)＜～Q→～P＞　　易位

(5)＜～P→Q＞　　分隔

(6)＜～Q→～～P＞　　易位

(7)［　　再一次推入

(8)～Q　　前提

190 (9)<~Q→~P>	把第4行搬入
(10)~P	分离
(11)<~Q→~~P>	把第6行搬入
(12)~~P	分离(8和11行)
(13)<~P∧~~P>	联结
(14)~<P∨~P>	德·摩根
(15)]	弹出一次
(16)<~Q→~<P∨~P>>	幻想规则
(17)<<P∨~P>→Q>	易位
(18)[	推入
(19)~P	前提(也是结果!)
(20)]	弹出
(21)<~P→~P>	幻想规则
(22)<P∨~P>	思维陀螺
(23)Q	分离(22和17行)
(24)]	弹出

命题演算的能力在这个例子中显示了出来。嘿，不过是用了二十四步，我们推出了Q：两颗脑袋都要被砍掉！(不祥的是，我们最后祈求来帮忙的规则正是“分离”……)现在再继续这个公案看起来似乎是多余的了，因为我们知道会发生什么……然而，我还是放弃我要砍掉这个公案的决心。毕竟，它是一个真的禅宗公案。这里我们来讲述剩下的故事：

二人殊不顾。师掷下斧曰：“作家！作家！”归，举似德山，山曰："汝道他如何？"师曰："洞山门下不道全无，若是德山门下，未梦见在。"[②]

你看清楚我如何了吗？禅宗又是如何呢？

存在一个对定理的判定过程吗？

命题演算给我们一组规则来产生语句，这些语句在任何可能世界中都是真的。这就是它的所有定理听起来如此简单的原因：它们似乎完全没有内容！从这种角度去看，命题演算可以看成是浪费时间，因为它告诉我们的东西完全是不足道的。从另一方面来说，它是通过详细说明那些普遍真的语句的形式来做这件事的，而这使得宇宙里核心的真理看得更清楚了：它们不仅是基本的，而且是有规律的：它们能用一组印符规则产生出来。换句话说，它们全是"用同样的布裁出来的"。你可以考虑一下，对于禅宗公案能否说这同样的话。它们全能用一组印符规则产生出来吗？

提出判定过程这一问题，在这里正是时候。也就是说，有什么机械的方法来区别定理和非定理吗？如果有，就说明命题演算的 191
定理的集合不仅是递归可枚举的，而且也是递归的。结果是，的确存在一个有趣的判定过程——真值表方法。在这里介绍这种方法多少有点离题。你可以在几乎任何一本标准的逻辑书中找到它。而关于禅宗公案怎么样呢？能想象有一个机械的判定过程把正宗的禅宗公案与其他的东西区分开来吗？

我们知道系统是一致的吗？

到现在为止，我们仅仅是假设了：所有的定理，当它们解释为表示什么时，都是真语句。但是我们确实知道是这么回事吗？我们能证明是这么回事吗？这正是换一种方式来问那些预期的解释（对“∧”来说是“并且”，等等）是否有资格被称为符号的“被动意义”。一个人可以从两种非常不同的观点来看这个问题，我称它们为“严谨”观点和“马虎”观点。我现在来介绍在我所看到的这两个方面，并拟人化为“严谨”的观点和“马虎”的观点。

严谨：只有我们设法证明了它，我们才会知道所有的定理在预期的解释之下结果为真。这才是慎密的、考虑周到的行为方式。

马虎：正好相反。显而易见，所有的定理结果都将是真的。如果你不相信我，那么重新再看一下系统的规则。你将发现，每条规则都是使一个符号精确地按照它表示的那个词所应起的作用去起作用。举例来说，联结规则是使“∧”这个符号去起到“并且”应该起的作用；而分离规则是使“→”去起到它应该起的作用，如果它是代表了“蕴涵”或者“若-则”的话；如此等等。只要你不是像乌龟先生那样，你将在每条规则里识别出一种规范化的模式，它是用于你自己的思维中的。所以，如果你信赖你自己的思维模式，那么你就必须相信，所有的定理到最后都为真！这就是我的看法。我不需要什么进一步的证明。如果你认为某个定理会是假的，那么可想而知，你大概是认为某条规则错了。是哪一条？指给我看看吧。

严谨：我不能断定有什么规则出了错，所以我不能为你指出来。但是，我还是能想象出下面这种场景。你根据这些规则往下推，遇到了一个定理——比如说是 x。同时我也根据这些规则往下推，遇到了另外一个定理——它碰巧是～x。你能不能硬让自己设想一种这样的情景？

马虎：好，让我们假定这已经发生了。为什么这会使你烦恼呢？或者让我换一种方式来说。假定这是用 WJU 系统来摆弄的，我遇上了一个定理 x，而你遇上了 xU。你能不能硬让自己去设想一下这个？

严谨：当然——事实上 WJ 和 WJU 都是定理。

马虎：这不使你忧虑吗？

严谨：当然不。你的例子是荒谬的，因为 WJ 与 WJU 并不是矛盾的，而在命题演算中，两个串 x 和～x 却是矛盾的。

马虎：那好，就算是的——但前提是你希望把"～"解释成"非"。但 192
是你凭什么认为"～"一定就解释为"非"呢？

严谨：凭规则本身。当你考察它们的时候，你领悟到，对于"～"，唯一可以设想的解释是"非"——并且同样地，对"∧"的唯一可以设想的解释是"并且"，等等。

马虎：换句话说，你相信规则抓住了这些词的意义了？

严谨：一点不错。

马虎：那么你还仍然乐意去接受 x 和～x 都能是定理这样的想法吗？为什么不同样接受这样的观念：刺猬是青蛙，1 等于 2，月亮是由生奶酪做成的？对我来说，我不准备那怕是考虑一下我思维过程的如此基本的成分是不是错了——因为一但我接受了这种观念，那我也就必须考虑我分析整个问题的模式是不是也错了，从而我将卷入完全的混乱之中。

严谨：你的论证很有力……然而我还是希望能看到一个证明，所有的定理都为真，或者 x 和～x 任何时候都不能同是定理。

马虎：你想要一个证明。我推测，这意味着比起你确信你自己的慎密来，你是想更确信命题演算是一致的。任何我能够想到的证明，都将包含比起命题演算中任何东西本身都更复杂的智力工作。因此，它能证明什么？你希望有一个关于命题演算一致性的证明的这种愿望，使我想到这么一个人——他正在学汉语——非要求给他一本这样的字典，里面对所有的简单的词都用复杂的东西来定义……

再谈卡罗尔对话

这场小小的辩论展示了，试图用逻辑和推理来维护它们自身是很困难的。到某一时刻，你就无路可退了：除了大声嚷嚷“我知道我是对的！”之外，并不存在这种维护。我们又遇到了刘易斯·卡罗尔在他的对话中尖锐地提出的论点：你无法永远维护你的推理模式。到了一定的地步，就只有靠信仰了。

一个推理系统可以比作一个蛋。蛋有一个壳来保护它里边的东西。当你想把一个蛋用船运到什么地方去，你当然不只信赖它的壳。你会把蛋装进某种形状的容器里，这是根据你所能设想的蛋的航程会多么艰难而选择的。你可能由于分外小心，而把蛋放在一些一层套一层的箱子里边。然而，不管你把你的蛋装进去的箱子层数有多少，你还是能想象会有某种灾难打破这个蛋。但是这并不意味着你永远也不冒险去运输你的蛋了。与此相仿，一个人永远也不能给出一个最终的、绝对的证明，去阐明在某个系统中的一个证明是正确的。当然，一个人可以给出一个关于一个证明的证明，或者关于一个证明的证明的证明——但是，最外层的系统 193
的有效性总还是一个未经证明的假设，是凭我们的信仰来接受的。一个人总是能想象某种未曾料到的微妙之处，它使证明的每一个层次最终彻底完蛋，从而那个“已证”的结果也最终将被看作是不正确的。但是这并不意味着，数学家和逻辑学家总是持续地在担心，数学的整个大厦可能是错的。相反，一旦非正统的证明被提出来——有时是极为冗长的证明，有时是由计算机生成的证明——人们就停下来开始去想一想根据那个半神圣的词“已证”：它们究竟是个什么意思？

在这一点上，回到卡罗尔对话去，也许对你来说是一个极好的练习。我们把那个辩论的每个阶段译成我们的记法，而把争论的起因作为开始：

阿基里斯：如果你有了＜＜A∧B＞→Z＞，并且你也有＜A∧B＞，那么你当然有 Z。

乌龟：哦！你意思是：＜＜＜＜A∧B＞→Z＞∧＜A∧B＞＞→Z＞，是不是？

（提示：尽管阿基里斯考虑的是一条推理规则，乌龟却马上又把它降格成该系统的一个平凡的串。如果你只使用字母 A、B 和 Z，你将得到一个产生越来越长的串的递归模式。）

捷径与导出规则

当在命题演算中进行推导时，人们很快就会发明各式各样的捷径，它们严格来说并不是该系统的组成部分。例如，如果在某个场合需要＜Q∨～Q＞这样的串，而＜P∨～P＞在早先已经被推导出来了，许多人会如同＜Q∨～Q＞已经被推导出来了那样而进行下去，因为他们知道，它的推导与＜P∨～P＞的推导是完全平行的。推导出的定理被当作一个“定理图式”——作为其他定理的模子。结果这变成了一个完美有效的过程，引导你去得到新的定理，但正如我们介绍它时指出的，它不是命题演算的一条规则。它是——说得更恰当一点——一条导出规则。它是我们所具有的关于该系统的那些知识的一部分。这条规则是否总是保证你从定理到定理，这一点当然需要证明——但这样的一个证明并不像在系统中的一个推导一样。它是一个普通的直观的意义上的证明——一个以 W 方式进行的一连串推理。这种关于命题演算的理论是一个“元理论”，而它里边的结果可以你作“元定理”——关于定理的**定理**。（附带说一下，请注意在短语“关于定理的**定理**”中特别用了黑体字。这是我们的约定：元定理是有关定理（可导出的串）的**定理**（被证明了的结果）。）

在命题演算中，一个人能够发现许多其他的元定理，或者说导出的推理规则。例如，这里有一个第二德·摩根规则：

194　＜～x∨～y＞与～＜x∧y＞是可互换的。

如果这是系统的一条规则，它就可以大大加快许多的推导。那么，如果我们证明了它是正确的，这就够了吗？从那以后我们就可以像一条推理规则一样地来用它了吗？

并没有理由去怀疑这种特殊的导出规则的正确性。但是一旦你开始承认导出规则是命题演算中你的那些操作过程的一部分，你就丢掉了系统的形式性，因为导出规则是非形式地导出的——它是在系统之外的。形式系统是被当作这样一种东西提出来的：它明确地展示出一个证明的每一个步骤，而且这一切都在一个唯一的、严密的构架中进行，因此任何数学家都可以机械地来检验另一个人的工作。但是如果你乐意从一开始就走到那个构架之外去，那么你干脆还不如压根不创造这个构架。所以，走这样的捷径是有缺点的。

将更高的层次形式化

不过，这里有一个替代的办法。为什么不把元理论也形式化呢？用这种办法，导出规则（元定理）就会是一个更大的形式系统的定理，同时，去寻找捷径，并且把它们当作定理来推导，也就会被认为是合法的了——就是说，把它们当作形式化了的元理论的定理——它们随后就可以被用来加快命题演算中定理的推导过程。这是一个令人感兴趣的主意，但是当它一被提出来，就会又有人跳到前面去考虑元元理论，如此等等。这一点是很清楚的：不管你形式化了多少层次，最后总有人还想在顶层去造捷径。

甚至还可能有人提出：一个推理理论可以与它自己的元理论是同样的，只要它是仔细地做出来的。这似乎是说，所有的层次都将压缩成为一个层次，从而，关于系统的思考就将成为在系统里边的一种工作方式！但是这并不那么简单。即使一个系统能够“对自身进行思考”，它也仍然不是在它自身之外。你站在系统之外去观察它，与它观察它自身的方式是不同的。所以仍然还有一个元理论——站在外边所作的观察——即使是对一个这样能够在它里边“对自身进行思考”的理论也是如此。我们将发现，存在一些能够“对自身进行思考”的理论。事实上,我们马上将要看到一个系统,在它里边这一点完全出人意料地发生了,甚至我们都没有想让它这样!并且我们将看到这一点所产生的种种后果。但是对于我们研究命题演算来说,我们将把牢这个最简单的思想——不把各种层次混同在一起。如果你没有仔细地将在系统里边的工作(J方式)与对于系统的思考(W 方式)区分开,就会产生出谬误来。举例来说,似乎完全有理由去假设,由于＜P∨～P＞(它的半解释是“或者 P 或者非 P”)是一个定理,于是或者 P,或者～P 一定是一个定理。但这就错到家了:后面的那一对中没有一个是定理。通常,下面这样做是一种危险的做法,即,去假设符号能够在不同的层次之间随使滑来滑去——这里,这不同的层次就是形式系统的语言与它的元语言(汉语)。

195 对系统的长处和短处的思考

现在,你已经看到了带有如下目的的系统的一个例子——描述逻辑思想体系的一部分。这个系统所处理的概念是为数很少的,它们都是非常简单、非常精确的概念。但是命题演算的这种简单性和精确性恰恰正合数学家们的心意。这样说有两个理由。(1)可以对它本身的一些性质进行研究,正像几何学研究简单的、固定的图形一样。在它上面还能够造一些变种,采用不同的符号、不同的推理规则、不同的公理或者公理图式,等等。(顺带说一下,这里所介绍的命题演算版本与甘岑在 30 年代早期所发明的一个命题演算有关联。还存在其他的一些版本,里边只用一条推理规则——通常是分离规则——并且有一些公理或者公理图式。)关于在精美的形式系统中进行命题推理的各种方式的研究，是纯数学的一个吸引人的分支。(2)命题演算能够很容易地扩充，把推理的其他一些主要的方面包括进来。这一点将部分地在下一章中展示出来，在那里，命题演算加进了枪机、枪柄、枪筒，从而充实成为一个更强有力的武器，用它可以完成复杂的数论推理。

证明之别于推导

命题演算非常像以某些方式进行的推理，但是人们是不应该把它的规则与人的思维的规则同等看待的。一个证明是某种非形式的东西，或者换句话说，是日常思维的产物，用人的语言写的，说给人听的。思维的各种各样复杂的特点都可能用在证明里面，虽然它们可能“感觉是对的”，人们却还是不知道它们是否在逻辑上能有保证。这正是形式化真正的目的所在。一个推导是证明的人造对应物，它的用意也是要去达到同样的目标，但却是通过一种逻辑结构去达到，这个逻辑结构的那些方法不仅是全然明确的，而且也是非常简单的。

如果说——而且通常是这样的情况——发生了这样的事：一个形式的推导与相应的“自然的”证明相比要长得多得多，这似乎是很糟糕的。这是人们为了使每一步都如此简单而付出的代价。在一般情况下，说一个推导和一个证明是“简单的”，这是在这个词的补偿意义上来说的。说证明是简单的，是指每一步“看上去是对的”，虽然一个人可能还不知道为什么是这样；而说推导是简单的，是指它的无数步骤中的每一步都被认为是如此不足道，以至于无从加以责难，而且由于整个的推导都恰好是由这样的不足道的步骤所组成，它可以被认为是没有错的。可是，任何一种简单性都会带来一种特殊类型的复杂性。对于证明，是它们赖以依靠的背景系统——即，人的语言——的复杂性；对推导来说，这是它们的天文规模，这使得它们几乎是不可能把握得住的。

196 于是，命题演算应被当作是综合人工证明之类的结构的一般方法的一部分。然而，它并没有很大的灵活性或一般性。我们仅仅是想把它用在一些数学的概念方面——而数学概念自身就是相当不灵活的。作为这方面的一个比较有意思的例子，让我们来做一个推导，在它里边一个非常奇特的串被拿来作为在一个幻想之中的前提：＜P∧～P＞。起码它的半解释是很怪的。可是命题演算并不去考虑半解释，它只是印符地摆弄那些串——并且，印符地看，关于这个串并不存在任何真正奇怪的东西。这里就是把这个串当作前提的一个幻想：

(1)[	推入
(2)＜P∧～P＞	前提
(3)P	分隔
(4)～P	分隔
(5)[	推入
(6)～Q	前提
(7)P	把第3行搬入
(8)～～P	双弯号
(9)]	弹出
(10)＜～Q⊃～～P＞	幻想
(11)＜～P⊃Q＞	易位

(12)Q　　　　　　　　　　分离(4,11 行)

(13)]　　　　　　　　　　弹出

(14)＜＜P∧～P＞⊃Q＞　　幻想

这个定理有一个非常古怪的半解释：

P 和非 P 合在一起蕴涵 Q。

由于 Q 可以解释为任何语句，我们就能无拘束地拿这条定理去说，“从一个矛盾出发，结果可以是任何东西”！所以，在以命题演算为基础的系统里，是不能包含有矛盾的。它们对整个系统的影响，就像是一个瞬时会扩散开的癌。

对付矛盾

这听上去不太像人的思维。如果你在你自己的思维中找到了一个矛盾，不太可能你整个的心智都被摧毁了。相反，你也许会开始对你觉得是导致了矛盾思维的那些信仰或推理方式产生疑问。换句话说，就你所能做到的程度，你会走出你所在的那些你觉得是对矛盾负有责任的系统，并试图去修理它们。对你来说，一件最不可能去做的事情是举起你的双手并且喊道：“好了，我猜想这表明我现在相信任何一件事情了！”作为一句笑话是可以这样说的——但是不能认真。

事实上，矛盾是在生活的各个领域中取得澄清和进步的一个
主要源泉——数学也不例外。在过去的年代里，发现了数学里的 197
一个矛盾，数学家们会立即致力于认定系统对此负有责任，跳出它之外，去探究它，并且去修正它。对矛盾的发现和修正是加强了而不是削弱了数学。这必须花时间和大量无结果的初步尝试，但最

终它还是结出了成果。例如，在中世纪，无穷级数

$$1-1+1-1+1-\cdots\cdots$$

的值引起了热烈的争论。它被“证明了”等于 0，1，1/2，并且可能还有其他的值。从这样的有争议的发现之中，产生了一个较充实、较深刻的关于无穷级数的理论。

一个更有关联的例子，是我们现在正面对面碰到的矛盾——即在我们真正进行思考的方式与命题演算模仿我们的方式二者之间的矛盾。这曾经是许多逻辑学家烦恼的一个根源，大量创造性的努力被用来从事于尝试修补命题演算，以使得它不会如此犯傻和顽固地行动。有一种尝试是安德森和贝尔纳普在《衍推》一书中提出的[3]，它涉及了“相关蕴涵”，即试图使对应“若-则”的符号能反映真实的因果关系，或者至少反映意义的联系。考虑下列命题演算的定理：

(1) $<P\rightarrow<Q\rightarrow P>>$　(2) $<P\rightarrow<Q\vee\sim Q>>$

(3) $<<P\wedge\sim P>\rightarrow Q>$　(4) $<<P\rightarrow Q>\vee<Q\rightarrow P>>$

它们——以及许多像它们一样的其他定理——都表明了，仅只为一个若-则语句在命题演算里是可证的，在这个若-则语句的第一个和第二个子句之间并不需要有任何的关联。为了反对这个，“相关蕴涵”对是否在某一情况下应用推理规则这一点加了某种限制。直观地讲，它是说“某种东西可以从另外的某种东西推出，仅当它们彼此有关联。”举例来说，上面给出的那个推导中的第 10 行在这样的一个系统中是不被允许的，而这就中断了对串 $<<P\wedge\sim P>\supset Q>$ 的推导。

一些更为过激的尝试完全抛弃了对完全性或一致性的寻求，而试图去模仿人的带有不一致性的推理。这样的研究不再以提供

给数学一个坚实的支持为目标，而是纯粹去研究人的思维过程。

且不去管它的古怪，命题演算是有着某些值得注意的特色的。如果有人把它嵌进到一个更大的系统里去（正如我们将在下一章里做的），并且如果他确信较大的系统不包含矛盾（我们将这样确信），那么命题演算能做这个人所能希望的一切：它提供有效的命题推理——所有那些能够造出来的命题推理。因此，如果任何时候不完全性或不一致性被暴露出来，人们就能确信，这一定是那个较大的系统的毛病，而不是它的子系统命题演算的过错。

图 42　“螃蟹卡农”，艾舍尔作。　198

```
                    *
                   * *
                    *
                    *
                    *
                    *
                    *
                   * *
                  * - *
                 * --- *
               * --- * --- *
            * --- * --- * --- *
         * --- * --- * --- * --- *
      * --- * --- * --- * --- * --- *
   * --- * --- * --- * --- * --- * --- *
* --- * --- * --- * --- * --- * --- * --- *
```

螃蟹卡农

周末在公园散步时，乌龟碰巧遇见了阿基里斯。

乌龟：周末愉快，阿基。

阿基里斯：彼此彼此。

乌龟：同你在一起总是令人高兴的。

阿基里斯：我也有同感。

乌龟：在这样的天气里散步真是好极了，我宁愿散步回家。

阿基里斯：哦，是吗？我觉得对你来说再没有比散步更好的了。

乌龟：哎，阿基，这些天你看上去气色很好。

阿基里斯：非常感谢。

乌龟：不，不。来，尝尝我的荷兰雪茄吧。

阿基里斯：啊，你在这方面真是个外行，你的口味不行。你不认为荷兰人的玩艺儿都很糟吗?

乌龟:这点我可不同意。不过,说到口味,我终于看到了那位特别对你口味的艺术家艾舍尔的《螃蟹卡农》。那是有一天我在一家美术馆里看到的。我十分欣赏那种美和那种机巧:他把同一主题正向反向地罗织在一起。不过,我恐怕还是觉得巴赫要胜过艾舍尔。

阿基里斯:这我不知道。但有一点可以肯定:我觉得讨论口味没 200
劲。有句拉丁格言,恐怕你也知道:“口味无须争辩”。

乌龟:告诉我,你这么大岁数了,觉得没劲了吗?

阿基里斯:确切地说,是没多大力气了。

乌龟:嗯,我也有这种感觉。

阿基里斯:要是腿没力气了,就得拄手杖了。

乌龟:你走路不使手杖吗?

阿基里斯:我的一个朋友,他一向使。呆瓜。不过,我可从不沾惹手杖一根毛。

(突然,螃蟹不知从哪儿冒了出来,用爪子指着一只青肿凸起的眼睛,神情激动地踅来踅去。)

螃蟹:好啊!好啊!怎么回事?怎么啦?你们瞧瞧这块青、这块肿,是一莽汉把我伤。嘿,而且是在这样一个好天里。你们瞧,我正在公园里懒洋洋地闲逛,迎面看到一个从彼得堡来的大块头——简直就是头熊——拿着一只吓人的俄国手杖。他足有三米高,除非我见了鬼。他那只手杖在地上划来划去,要不是我眼疾腿快,准被它打着了。于是我朝他爬过去,伸出爪子,打算拍拍他的膝盖,说,“对不起,先生,您用您的手杖把我们的公园老毛子化了。”可是,唔!他毫无幽默感——哪怕一丁、哪怕一星——噗!——他还放肆地敲了我一家伙,打在我眼睛上!按照我的本性,我原是横行无忌的,只是由于我们蟹类历来的传统,我原路退回了。毕竟,我们向前走时,就是倒着走。这是由于我们的基因,你们知道,它们是绕在一起的。这总是使我感到奇怪:究竟哪个在先——螃蟹还是基因?这也就是说,“哪个在后——基因还是螃蟹?”我总是绕圈子,你们知道。毕竟,这是由于我们的基因。我们倒着走时,就是向

201

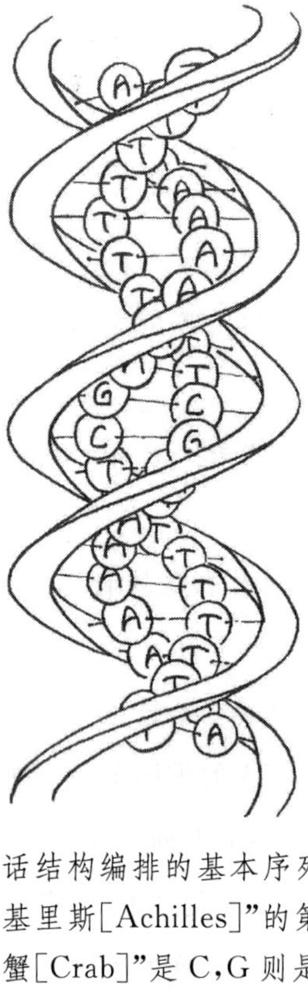

图 43　这里是螃蟹的一种基因中的一小段,它们一圈圈地缠绕着。当两股 DNA 链被拆开并且并排铺开时,它们读起来是这样的:

…TTTTTTTTCGAAAAAAAA…

…AAAAAAAAGCTTTTTTTT…

请注意它们是一模一样的,只是两者的走向正相反,一个前行时,另一个正好倒行。这正是音乐中所谓的“螃蟹卡农”这种形式所具有的特征。虽然不尽相同,它还是令人联想起回文来。回文就是一种正着读和倒着读都一模一样的句子。在分子生物学中,这样的 DNA 片段被称为“回文”——这种称呼有点用词不当,因为称它为“螃蟹卡农”要来得更准确些。不仅这个 DNA 片段是这样——而且本篇对话结构编排的基本序列也是螃蟹卡农式的。注意,在英文中,“阿基里斯[Achilles]”的第一个字母是 A,“乌龟[Tortoise]”是 T,“螃蟹[Crab]”是 C,G 则是“基因[Gene]”的第一个字母。

前走。呜呼！噫嘻！我得快快活活地颠儿了——在这样一个好天里。嘿，为螃蟹的生活叫好吧！再会！啊好！（他像出现时一样突然地消失了。）

乌龟：我的一个朋友。他一向是呆瓜。不过我可从不沾惹老毛子的手杖。

阿基里斯：你走路不使手杖吗？

乌龟：要是腿没力气了，就得拄手杖了。

阿基里斯：嗯，我也有这种感觉。

乌龟：确切地说，是没有多大力气了。

阿基里斯：告诉我，你这么大岁数了，觉得没劲了吗？

乌龟：这我不知道。但有一点可以肯定：我觉得讨论口味没劲。有句拉丁格言，恐怕你也知道：“口味无须争辩”。

阿基里斯：这点我可不同意。不过，说到口味，我终于听到了那位特 202
别对你口味的作曲家巴赫的《螃蟹卡农》。那是有一天我在一

图 44　《螃蟹卡农》，选自巴赫《音乐的奉献》。［乐谱是用唐 203
纳德，伯德的程序“斯马特”印制的，美术字由陈春光设计。］

次音乐会上听到的。我十分欣赏那种美和那种机巧:他把同一主题正向反向地罗织在一起。不过,我恐怕还是觉得艾舍尔要胜过巴赫。

乌龟:啊,你在这方面真是个外行,你的口味不行。你不认为荷兰人的玩艺儿都很糟吗?

阿基里斯:不,不。来,尝尝我的荷兰雪茄吧。

乌龟:非常感谢。

阿基里斯:哎,龟兄,这些天你看去气色很好。

乌龟:哦,是吗?我觉得对你来说再没有比散步更好的了。

阿基里斯:在这样的天气里散步真是好极了,我宁愿散步回家。

乌龟:我也有同感。

阿基里斯:同你在一起总是令人高兴的。

乌龟:彼此彼此。

阿基里斯:周末愉快,龟兄。

```
* --- * --- * --- * --- * --- * --- * --- *
   * --- * --- * --- * --- * --- * --- *
      * --- * --- * --- * --- * --- *
         * --- * --- * --- * --- *
            * --- * --- * --- *
               * --- * --- *
                  * --- *
                   * - *
                    * *
                     *
                     *
                     *
                     *
                     *
                    * *
                     *
```

第八章　印符数论 204

螃蟹卡农和间接自指

对话《螃蟹卡农》中出现了三个间接自指的例子。阿基里斯和乌龟都描述他们所熟知的艺术作品——而那些作品却很偶然地恰好与他们所处的对话具有同样的结构。(你可以想象当我,对话的作者,注意到这一点的时候,该是多么惊讶!)而且,螃蟹描述了一个生物学的结构,也是具有同样的性质。当然,有人可能读了这个对话,理解了它,同时却没能注意到这对话本身也具有一个螃蟹卡农的形式。这就是只在一个层次上来理解它,而忽视了另外的层次。要想看出自指,必须即看到这个对话的内容,也看到它的形式。

在这一章里,我们将定义一个形式系统——印符数论,也就是把数论表示在印刷符号中。这个系统简称为 TNT,这一方面是因为英文的"印符数论"是 Typographical Number Theory,而另一方面是因为这个形式系统能释放出很强的能量。哥德尔的构造就不仅要依靠对这个形式系统中串的内容所作的描述,还要依靠对这些串的形式所作的描述。一个意想不到的回旋是:由于哥德尔所发现的奇妙的映射,串的形式能在这个形式系统自身里面描述。现在就让我们来熟识一下这个具有转圈绕弯本领的奇特系统。

我们希望在 TNT 中都能表示些什么

我们先列举一些数论里典型的句子,然后想法找一集基本的概念,使所有那些句子都可以用这些概念重新叙述出来。下一步再把这些概念一个一个地赋予符号。顺便说明,我们从一开始就得清楚,“数论”这个术语仅仅只涉及正整数和零(以及这样的整数的集合)的性质。这些数被称为自然数。负数在这个理论中没有位置。所以,当用到“数”这个词时,它仅只意味着自然数。下面这一点对读者来说是很重要的——极其重要的:在你心里始终要区别开我们的形式系统(TNT),和那个比较起来规定得不是那么明确,然而却是令人感到舒适的古老的数学分支,即数论本身。后者我将称之为“N”。

N——即数论——中的一些典型的句子是:

(1)　5 是素数。
(2)　2 不是平方数。
(3)　1729 是两个立方数的和。
(4)　没有两个正立方数的和本身又是一个立方数。
(5)　存在有无穷多个素数。
(6)　6 是偶数。

205 现在看起来,似乎对每一个诸如“是素数”或“是立方数”或“正的”这样的概念,我们都需要有一个符号——但是这些概念其实并非最基本的。例如,素数性是与一个数所具有的因子有关的,而这些因子又与乘法有关。立方性同样要通过乘法来定义。那么,就让我们来重新叙述一下这些句子,这回用那些看起来更为初等的概念。

(1’)不存在这样的数 a 和 b:它们都大于 1,而且 5 等于 a 乘 b。

(2’)不存在一个数 b,使得 b 乘以 b 等于 2。

(3’)存在数 b 和 c,使得:b 乘以 b 乘以 b,加上 c 乘以 c 乘以 c,等于 1729。

(4’)对任何大于 0 的数 b 和 c,不存在数 a,使得 a 乘以 a 乘以 a 等于 b 乘以 b 乘以 b 加上 c 乘以 c 乘以 c。

(5’)对每个数 a,存在一个大于 a 的数 b,具有这样的性质:不存在大于 1 的数 c 和 d,使得 b 等于 c 乘以 d。

(6’)存在一个数 e,使得 2 乘以 e 等于 6。

这种分析已经使我们大大接近了得到数论语言的基本成分。很清楚,有少数短语反复地出现:

对任何数 b

存在一个数 b,使得……

大于　等于　乘以　加上

0,1,2,……

这些短语的绝大部分都将被赋予单个的符号。一个例外是“大于”,它还能再进一步归约。事实上,句子“a 大于 b”可以变成

存在一个不等于 0 的数 c,使得 a 等于 b 加上 c。

数字

我们将不是对每一个自然数都赋予一个不同的符号。相反,我们将用一个非常简单、始终如一的方法,为每个自然数给出一个复合的符号——像我们在 pq 系统里做过的那样。下面是我们对自然数的记法:

206 零：　　　　0

一：　　　　S0

二：　　　　SS0

三：　　　　SSS0

等等。

符号 S 有一个解释——是它后面的那个东西“的后继”。因此，SS0 的解释按字面上就是“零的后继的后继”。这种形式的串被称为数字。

变元和术语

显然，我们需要有一个方法来表示那些非指定的数——或者说可变的数。为此，我们将使用字母 a、b、c、d、e。但就这五个是不够的。我们需要有一个无限制的供应方法，就像我们对命题演算中的原子所做的一样。我们将用一个相类似的方法去制造更多的变元：在数上面加撇。举例来说：

e

d'

c''

b'''

a''''

都是变元。

从某种角度来说，用字母表的前五个字母多少是种奢侈，因为我们本可以只用 a 和撇号就行了。后面，我将真的不用 b、c、d 和 e，结果将得到 TNT 的一种“简朴的”版本——此处所谓的“简朴”

是说读懂复杂的公式变得较难了。不过当前我们还是奢侈一点。

那么,加法和乘法怎么办呢?非常简单:我们用习惯的符号"+"和"·"。然而,我们还要引进一个关于打括号的要求(我们现在正慢慢地滑入定义 TNT 良构串的规则中)。例如,要写"b 加上 c"和"b 乘以 c",我们用这样的串

(b+c)

(b·c)

对这样的括号不能马虎。违反了这个约定就会产生一个不良构的公式。("公式"?我用这个术语来代替"串",是因为习惯上是这样做的。一个公式不多不少就是 TNT 的一个串。)

顺带说一下,加法和乘法总是被认为是二元运算——也就是它们只把两个数联结起来,而从来不把三个或更多的数联结起来。因此,如果你希望去翻译"1 加 2 加 3",你必须判定下面两个表达式中哪一个是你想要的:

(S0+(SS0+SSS0)) 207

((S0+SS0)+SSS0)

下一个我们将要符号化的概念是等于。这非常简单:我们用"="。直接把在 N——非形式的数论——中所用的标准符号拿来的好处是明显的:容易读懂。而缺点则类似于对几何作形式处理时使用"点"和"线"这些词:除非一个人头脑非常清楚并仔细小心,否则他会很容易把词的普通意义与形式符号的严格受规则管辖的行为相混淆。在讨论几何时,我把形式术语写成黑体,以示日常用词与形式术语之间的区别。于是,在椭圆几何里,一个**点**是两个普通的点的结合体。但在这里,我们没有作这样的区分。因此需要

特别小心，不要混淆一个符号与随它而来的所有联想。参考一下 pq 系统：像我以前说过的，“---”这个串不是 3 这个数，但它起着与 3 同构的作用，至少在加法的范围里是这样。对串 SSS0 可以做类似的说明。

原子与命题符号

命题演算的所有符号，除了用于构成原子的字母（P、Q 和 R）之外，都将在 TNT 中使用，并且仍然保持它们的解释。原子的角色将由这样的串来充当：当它们解释出来时，是一些关于相等的陈述，诸如 S0＝SS0 或（S0 · S0）＝S0。现在，我们已经有了足够的准备来做一些从简单句子到 TNT 记号的翻译了：

2 加 3 等于 4：(SS0＋SSS0)＝SSSS0

2 加 2 不等于 3：～(SS0＋SS0)＝SSS0

如果 1 等于 0，那么 0 等于 1：＜S0＝0→0＝S0＞

这些串当中的第一个是原子，其余的都是复合公式。

自由变元与量词

上述所有的良构公式都具有这样的性质：它们的解释是句子，而这些句子不是为真，就是为假。但有的良构公式却不具有这个性质，比如这一个：

(b＋S0)＝SS0

它的解释是“b 加 1 等于 2”。由于 b 是未指定的，没有办法为这个陈述指派一个真值。它像一个含有代词的脱离了上下文的语句，例如“她很笨拙”。它既不真也不假，它等着读者把它放进一个上下文中去。正因为它既不真也不假，这样的公式就被称为开公式，而变元 b 则称为自由变元。

有一个办法能把一个开公式改变成一个闭公式，或者说句子。208
这个办法就是在它前面加一个量词——或者是短语“存在一个数 b，使得……”，或者是短语“对任何数 b”。在第一种情况下，你得到的句子是

存在一个数 b，使得 b 加 1 等于 2。

显然这是真的。在第二种情况下，你得到的句子是

对任何数 b，b 加 1 等于 2。

显然这是假的。我们现在来为这两种量词引进符号。这些句子翻译成 TNT 记号就是下面这样：

∃ b：(b＋S0)＝SS0（“∃”代表“存在”）

∀ b：(b＋S0)＝SS0（“∀”代表“任何”或“所有的”）

一定要注意，这些陈述不再是关于未指定的数了。第一个陈述是一个存在断言，而第二个是一个全称断言。即便用 c 而不是 b 来写它们，也还是意味着同样的事情：

∃ c：(c＋S0)＝SS0

∀ c：(c＋S0)＝SS0

在量词管辖之下的变元称为一个量化变元。下面的两个公式说明了自由变元与量化变元之间的区别：

(b · b)＝SS0　　　　　（开的）

～∃ b：(b · b)＝SS0　　（闭的，是一个 TNT 的句子）

第一个公式表达了可能为某个自然数所具有的一个性质。当然，没有任何自然数具有这个性质。而这正是由第二个公式表达出来

的。理解这两者之间的下列区别是很关键的:一个是带自由变元的串,它表达了一个性质,而另一个串里的变元是量化的,它表达了一个真实或虚假断言。至少带一个自由变元的公式——开公式——翻译成自然语言后就称为谓词。它是一个不带主语的句子(或者是这样的句子,它的主语是一个脱离上下文的代词)。例如,

"是一个不带主语的句子"

"会是一个反常现象"

"同时朝后和朝前跑"

"一经请求就即席演奏六声部赋格"

都是非算术的谓词。它们所表达的性质,对具体的事物来说可以
209 具有,也可以不具有。人们当然也可以坚持"哑主语"概念,比如"某某"。一个带自由变元的串就像一个用"某某"来当作其主语的谓词。例如,

(S0+S0)=b

就像是在说"1 加上 1 等于某某"。这是一个带变元 b 的谓词。它表达了数 b 可以具有的一个性质。如果有人用各种各样的数字去替换 b,他就会得到一连串公式,其中的大部分都将表达"假理"。下面是关于开公式与句子之间的区别的另一个例子:

∀ b:∀ c:(b+c)=(c+b)

当然,这个公式是一个表示加法交换律的句子。相反,

∀ c:(b+c)=(c+b)

却是一个开公式,因为 b 是自由的。它表达了未指定的数 b 可以具有,也可以不具有的一个性质——即,与所有的数 c 可交换。

翻译我们的例句

这样，我们的词汇表就全了。我们将以此来表达所有的数论语句！得有大量的实践才能掌握这些本领：如何用这种记法去表达N中复杂的陈述，以及倒过来，如何给出良构公式的意义。为此，我们还回到开始那六个例句，想法给出它们的TNT翻译。顺便说说，不要以为下面给出的翻译是唯一的——远不是如此。每一个句子都能由许多——无穷多的——方法来表达。

我们从最后的一个："6是偶数"开始。这个例句我们用更初等的概念重述出来就成了"存在一个数e，使得2乘以e等于6"。这很容易：

∃e:(SS0·e)=SSSSSS0

注意必须有量词。仅仅像下面这样写是绝对不行的：

(SS0·e)=SSSSSS0

这个串的解释当然既不真也不假，它只是表达了数e可以具有的一个性质。

奇怪的是，因为我们知道乘法是可交换的，于是我们可以很容易地就把上式写成：

∃e:(e·SS0)=SSSSSS0

或者，知道相等是一个对称关系，我们换一下次序去写等式的两边：

∃e:SSSSSS0=(SS0·e) 210

现在，关于"6是偶数"的这三个翻译是完全不同的串，而且还有一件事也绝不是显然的：它们之中任何一个是否是定理，受到其他任何一个是否是定理的制约。（但是，--p-q---是定理这个事实，几乎一点也不依赖下面这一事实：其“等价的”串-p--q---得是个定理。因为，作为人，这种等价性是在我们的心里，所以我们几乎是自动地去想到解释，而不考虑公式的结构方面的性质。）

我们可以很快解决句子 2：“2 不是一个平方数”，它的翻译几乎立刻就可以写出来：

∼∃ b:(b·b)=SS0

然而，我们又一次发现了歧义。如果我们选用下面这种写法将如何呢？

∀ b:∼(b·b)=SS0

第一种写法是说，“不存在一个数 b，具有这样的性质，b 的平方是 2”，而第二种写法是说，“对任何数 b，b 的平方不是 2。”再一次地，在我们看来，它们在概念上是等价的——但是对 TNT 来说，它们是不同的串。

我们接着来看句子 3：“1729 是两个立方数的和”。这次的翻译要含有两个存在量词，一个跟在另一个后面，如下所示：

$$\exists\ b:\exists\ c:\mathrm{SS}\underbrace{\mathrm{SSSS}\cdots\cdots\mathrm{SSSSS}}_{\text{共 1729 个}}0=(((b\cdot b)\cdot b)+((c\cdot c)\cdot c))$$

还有许多其他可采用的写法。颠倒量词的次序；交换等式的两边；换变元为 d 和 e；颠倒相加的次序；以不同方式相乘；等等，等等。不过，比较起来我更喜欢下面这两种翻译：

∃ b:∃ c:(((SSSSSSSSSS0 · SSSSSSSSSS0) ·
SSSSSSSSSS0)+
((SSSSSSSSS0 · SSSSSSSSS0) ·
SSSSSSSSS0))
=(((b·b)·b)+((c·c)·c))

和

∃ b:∃ c:(((SSSSSSSSSSSS0 · SSSSSSSSSSSS0) · SSSSSSSSSSSS0) + ((S0 · S0) · S0)) = (((b · b) · b)+((c · c) · c))

你看出来是为什么了吗?

这一行中的窍门

现在我们来对付与此相关的句子 4:“没有两个正立方数的和本身又是一个立方数”。假设我们只是要表述“7 不是两个正立方 211
数的和”。做这件事最简单的方法是,把断定 7 是两个正立方数的和的公式加以否定。这很像前面那个含 1729 的句子,只是我们在此必须加进去这样的条件:那两个立方数是正的。对付这个问题的窍门是在变元的前面加符号 S,如下所示:

∃ b:∃ c:SSSSSSS0=(((Sb · Sb) · Sb)+((Sc · Sc) · Sc))

你看,我们不是用 b 和 c 做立方,而是用它们的后继,那一定是正的,因为不论 b 还是 c,能取的最小值就是零。于是,右边就表示两个正立方数的和。附带说一下,要注意当把短语“存在有数 b 和 c 使得……”翻译出来时,并不包含代表“和”的符号“∧”。这个符号只是用来连接整个的良构串,而不是用于结合两个量词的。

现在我们已经翻译了“7 是两个正立方数的和”,我们希望否定它。这只要在整个东西前边加一个弯号。(注意:虽然想要的短语是说“不存在数 b 和 c 使得……”但你不要把每个量词都否定)于是我们得到:

~∃ b:∃ c:SSSSSSS0=(((Sb · Sb) · Sb)+((Sc · Sc) · Sc))

可是我们原本要断言的性质不是对 7 而言的，而是对所有的立方数。因此，让我们把公式中的数字 SSSSSSS0 换成串((a·a)·a)，它是“a 的立方”的翻译：

$$\sim\exists b:\exists c:((a\cdot a)\cdot a)=(((Sb\cdot Sb)\cdot Sb)+((Sc\cdot Sc)\cdot Sc))$$

目前这个阶段，我们拥有一个开公式，因为其中的 a 是自由的。这个公式表达了一个数 a 可以具有也可以不具有的一个性质——而我们的目的是要断言所有的数都具有这个性质。这很简单——只要在整个东西前面加上一个全称量词：

$$\forall a:\sim\exists b:\exists c:((a\cdot a)\cdot a)=(((Sb\cdot Sb)\cdot Sb)+((Sc\cdot Sc)\cdot Sc))$$

一个同样好的翻译是：

$$\sim\exists a:\exists b:\exists c:((a\cdot a)\cdot a)=(((Sb\cdot Sb)\cdot Sb)+((Sc\cdot Sc)\cdot Sc))$$

在简朴的 TNT 中，我们可以用 a' 来代替 b，a'' 代替 c，于是这个公式将成为：

$$\sim\exists a:\exists a':\exists a'':((a\cdot a)\cdot a)=(((Sb\cdot Sb)\cdot Sb)+((Sc\cdot Sc)\cdot Sc))$$

那么句子 1：“5 是素数”又怎么样呢？我们已经把它改写成了这个样子：“不存在数 a 和 b，它们都大于 1，使得 5 等于 a 乘以 b”。我们可以将它稍加改变如下：“不存在数 a 和 b，使得 5 等于 a 加上 2，再乘以 b 加上 2”。这又是一招——因为 a 和 b 被限定只能取
212 自然数值，所以这种方法同样也是可行的。现在，“b 加上 2”可以翻译成(b+SS0)，但是还有一个更为简短的写法——SSb。同样，

“c 加上 2”可以写成 SSc。现在，我们的翻译非常的简洁：

∼∃ b：∃ c：SSSSS0＝(SSb · SSc)

如果没有前面的弯号，它就是断言这样的两个自然数存在：当它们分别增加 2 之后，其乘积等于 5。带上前面的弯号，整个陈述就被否定了，结果就成了断言：5 是素数。

如果我们想断言 d 加 e 加 1 是素数，而不说 5，那么，最经济的方法是用串(d＋Se)来替换代表 5 的那个数字：

∼∃ b：∃ c：(d＋Se)＝(SSb · SSc)

又一次，得到一个开公式，它的解释是一个既不真也不假的句子，它只是一个关于两个未指定的数 d 和 e 的断言。注意，用串(d＋Se)来表示的数必然是大于 d 的，因为已经为 d 加上了一个虽然是未指定的但一定是正的数值。因此，如果我们在变元 e 上进行存在性的量化，我们将得到一个公式来断言：

存在一个数，它大于 d，并且它是素数。

∃ e：∼∃ b：∃ c：(d＋Se)＝(SSb · SSc)

好，我们现在剩下要做的全部事情就是要断言：不管 d 是什么，这个性质实际上总是有的。做这件事的方法是在变元 d 上进行全称性的量化：

∀ d：∃ e：∼∃ b：∃ c：(d＋Se)＝(SSb · SSc)

这正是句子 5 的翻译！

翻译习题

这样，我们就完成了六个典型数论句子的翻译练习。但是，这并不一定就使你成了一个使用 TNT 记号的专家。还有一些技巧需要掌握。下面的六个良构公式可以检验你对 TNT 记法的理解。它们的意思是什么?哪些是真的(当然,是在解释之下),哪些是假的?(提示:对付这个练习的方法是逐步向左移。首先,翻译原子;其次,想出加上一个单个的量词或一个弯号会对翻译起什么作用;然后向左移,加上另一个量词或弯号;然后再向左移,再做同样的事情。)

$\sim\forall c:\exists b:(SS0\cdot b)=c$

213 $\forall c:\sim\exists b:(SS0\cdot b)=c$

$\forall c:\exists b:\sim(SS0\cdot b)=c$

$\sim\exists b:\forall c:(SS0\cdot b)=c$

$\exists b:\sim\forall c:(SS0\cdot b)=c$

$\exists b:\forall c:\sim(SS0\cdot b)=c$

(第二个提示:或者它们中有四个为真两个为假,或者有四个为假两个为真。)

怎样区分真和假?

到了这个时候,值得停一下好好想一想:一个能筛选出真公式与假公式的形式系统是什么意思。这个系统要去处理所有这些串——它们在我们眼里像是陈述——它们作为一种制品只有形式,没有内容。并且这个系统要像一个筛子一样,只能通过那些带有特殊样式——“真理样式”——的制品。如果你自己已经走通了上述六个公式,并且考虑了它们的意义,从而分离了真的和假的,你将领略到这种系统必须要具有的那种精妙之处,它们能够做同样的事情——但却是印符地来做!用来区分真陈述集合与假陈述集合的界线(用 TNT 记法写成)绝不是笔直的;这个分界线有着许多莫测的弯曲(回想一下图 18),数学家们在这里和那里描绘其走向,一直工作了好几百年。不难想象,如果有一个印符的方法,能保证把任何一个公式放到这分界线的适当的一边,那该多棒!

关于良构性的规则

有一张良构公式的形成规则表是必要的。下面就给出这张表。先要做些准备,定义数字、变元和项。这三种类型的串是良构公式的组成成分,但仅就它们本身还谈不上良构。最小的良构公式是原子;然后有一些将原子结合起来的规则。这些规则中,有许多是递归加长规则,它们把某个给定种类的东西作为输入,产生出同一种类的长一些的东西。在这张表里,我用"x"和"y"代表良构公式,而用"s"、"t"以及"u"去代表其他种类的 TNT 串。不用说,这五个符号没有一个本身是 TNT 的符号。

数字:

0 是一个数字。

一个前面加上了 S 的数字仍是一个数字。

例子:0　　S0　　SS0　　SSS0　　SSSS0　　SSSSS0

变元:　214

a 是一个变元。如果我们不限于简朴版本,那么 b,c,d 以及 e 同样也都是。

一个加了一撇的变元仍是一个变元。

例子:a　　b′　　c″　　d‴　　e′′′′

项:

所有数字和变元都是项。

一个前面加了 S 的项仍是一个项。

如果 s 和 t 都是项,那么(s+t)和(s·t)也同样都是项。

例子:0　b　SSa′　(S0·(SS0+c))　S(Sa·(Sb·Sc))

项可以分成两类:

(1)确定项。这些项不包含变元。

例子:0　(S0+S0)　SS((SS0·SS0)+(S0·S0))

(2)非确定项。这些项包含有变元。

例子:b　Sa　(b+S0)　(((S0+S0)+S0)+e)

以上的规则是告诉我们如何制作良构公式的部件,下面的规则是告诉我们如何去制作完整的良构公式。

原子:

如果 s 和 t 是项,那么 s=t 是一个原子。

例子:S0=0　(SS0+SS0)=SSSS0　S(b+c)=((c·d)·e)

如果一个原子中含有一个变元 u,那么 u 是在它里面是自由的。所以在上面最后一个例子里有四个自由变元。

否定:

一个前面加了一个弯号的良构公式是良构的。

例子:~S0=0　~∃ b:(b+b)=S0　~<0=0→S0=0>~b=S0

一个变元的量化状况(就是说变元是自由的还是量化的)在否定之下并不改变。

复合：

如果 x 和 y 是良构公式，并且没有什么变元在它们中的一个里面是自由的而在另一个里面是量化的，那么下列都是良构公式：

＜x∧y＞，＜x∨y＞，＜x→y＞。

例子：＜0＝0∧～0＝0＞　＜b＝b∨～∃ c：c＝b＞

＜S0＝0→∀ c：～∃ b：(b＋b)＝c＞

一个变元的量化状况在这种情况下不改变。

量化：

如果 u 是一个变元，x 是一个良构公式，u 在它里面是自由的，那么下面的串是良构公式：

∃ u：x 和∀ u：x

例子：∀ b：＜b＝b∨～∃ c：c＝b＞　∀ c：～∃ b：(b＋b)＝c～∃ c：Sc＝d

开公式：含有至少一个自由变元。

例子：～c＝c　b＝b　＜∀ b：b＝b∧～∃ c＝c＞

闭公式(句子)：不含自由变元。

例子：S0＝0　～∀ d：d＝0　∃ c：＜∀ b：b＝b∧～c＝c＞

这就完成了 TNT 良构公式的形成规则表。 215

再来几个翻译练习

现在，给你几个练习做，检验一下你对 TNT 记法的理解。试一试把下列 N 句子中的前四个翻译成 TNT 句子，把最后一个译成一个开的良构公式。

所有的自然数都等于 4。

不存在等于它自身平方的自然数。

不同的自然数有不同的后继。

如果 1 等于 0,那么每个数都是奇数。

b 是 2 的某次方。

你可能发现最后的一个有点难对付。不过它和下一个一比,就小巫见大巫了:

b 是 10 的某次方。

奇怪的是,这一个需要有极大的聪明机智才能翻译成我们的记法中的东西。我要告诫读者:只有在你乐意把几小时几小时的时间化在它上面——并且你还颇知道点数论的时候,再去尝试做这道题。

一个非印符系统

至此,我们结束了对 TNT 记法的说明,但我们还没有表明如何使 TNT 成为我们描述过的那个雄心勃勃的系统。这一点若是成功了,我们曾对各个符号做出的解释就会得到证实。不过,在我们做到之前,这些特定的解释并不比对 pq 系统的符号所作的"马-苹果-幸福"解释更有意义。

有人可能会建议按下列方法来构造 TNT:(1)没有任何推理规则。它们是不必要的,因为(2)我们取数论的所有真语句(用 TNT 记法写成)来当作公理。多简单的处方!不幸的是,任何人一望即知这根本是空洞无物的说法。第(2)部分显然不是对串的一个印符描述。TNT 的整个目的就是要确定:是否可能,以及如何印符地刻画所有对应于真理的串。

TNT 的五条公理及第一组规则

于是，我们将遵循一条比上述建议困难得多的路线走下去：我们将有公理和推理规则。首先，按照约定，命题演算的全部规则都被接受进 TNT 里来。因此，下面这个式子将是 TNT 的一个定理：

＜S0＝0∨～S0＝0＞

推导出它的过程与推导＜P∨～P＞的过程是一样的。 216

在我们给出更多的规则之前，让我们先给出 TNT 的五条公理：

公理 1：∀a：～Sa＝0

公理 2：∀a：(a＋0)＝a

公理 3：∀a：∀b：(a＋Sb)＝S(a＋b)

公理 4：∀a：(a·0)＝0

公理 5：∀a：∀b：(a·Sb)＝((a·b)＋a)

(在简朴的版本中，用 a'来代替 b)。它们都很容易理解。公理 1 陈述了有关数 0 的一个特殊事实；公理 2 和 3 是关于加法的性质的；公理 4 和 5 是关于乘法的性质的，并且特别涉及与加法的关系。

五条皮亚诺公设

顺便说说，公理 1 的解释——“零不是任何自然数的后继”——是自然数的五条著名的性质之一，这些性质是由数学家和逻辑学家朱·皮亚诺于 1889 年首次明确认定的。皮亚诺沿着欧几里得的路线提出他的公设，他的做法是：不去致力于把推理的原则加以形式化，而是力图给出一个自然数性质的小小的集合，从它出发，其余的每样东西都能由推理而得出。因此，皮亚诺的努力也许可以认为是“半形式化的”。皮亚诺的工作具有重要影响，所以，介绍一下皮亚诺的五条公设是会有好处的。由于“自然数”概念是一个皮亚诺设法去定义的东西，所以我们将不使用这个充满了内涵的熟悉的术语“自然数”。我们将用一个未经定义的术语“神怪”来替代它，这个术语是一个来得很新鲜的词，并且对我们来说这个词是没有内涵的。于是，皮亚诺的五条公设是在神怪上加了五条限制。另外还有两个未定义项：“怪物”与“元”，我留给你自己去想出它们是要表示通常的什么概念。五条皮亚诺公设是：

(1)怪物是一个神怪。

(2)每一个神怪有一个元(它也是一个神怪)。

(3)怪物不是任何神怪的元。

(4)不同的神怪有不同的元。

(5)如果怪物有 X，并且每个神怪都把 X 递送给它的元，那么所有的神怪都得到 X。

在《和声小迷宫》中的那些灯的启发下，我们将把众神怪的集合命名为“**造物神**”。这又回到了盖奥尔格·康托尔的死对头，德国数学家和逻辑学家列奥波尔德·克罗内克的那句名言：“造物神造出了自然数，其余的一切都是人的事。”

217　你可能认出来了，皮亚诺的第五条公设就是数学归纳法原理——继承性论证的另一说法。皮亚诺希望他加在概念“怪物”、“神怪”以及“元”上的五条限制是如此之强，以至于如果两个不同的人在心里对这些概念形成意象，这两个意象会有完全同构的结构。举例来说，每个人的意象都会包括无穷多个不同的神怪。并且，大概每个人都会同意，没有一个神怪与它自身的“元”完全相同，或者与它的“元”的“元”完全相同，等等。

皮亚诺希望把自然数的本质纳入到他的五条公设之中。数学家们一般都承认他成功了，但是这并没有减少下面这个问题的重要性：“怎样区别关于自然数的真陈述和假陈述句？”为了回答这个问题，数学家们又转向完全形式化的系统，比如 TNT。不管怎么说，你将在 TNT 中看到皮亚诺的影响，因为所有他的公设都以这样或那样的方式被引进到 TNT 里来了。

TNT 中的新规则：特称和概括

现在我们来看 TNT 中的新规则。许多这种规则使我们能深入并改变 TNT 原子的内部构造。在这个意义上，它们是在和串的更“微观”的性质打交道，而不像命题演算的规则，把原子当作不可分割的单位。举例来说，我们想从第一条公理中抽出串～S0=0。为此，我们需要有一条规则使我们能去掉一个全称量词，同时，如果我们愿意，能改变剩下的串的内部构造。下面就是这么一条规则：

特称规则：假设 u 是一个出现在串 x 中的变元。如果串∀ u：x 是一个定理，则 x 也是定理，并且，对 x 中的 u 做任何替换而得到串同样也都是定理，但不论 u 出现在什么地方，都要用同一个项去替换。

（限制：用来替换 u 的项必须不包含任何在 x 中被量化了的变元。）

特称规则使我们能把刚才那个串从公理 1 中提取出来。这是一个一步的推导：

∀ a：～Sa＝0　　　　　　　　公理 1

～S0＝0　　　　　　　　　　特称

注意，特称规则将允许某些包含自由变元的公式（即开公式）成为定理。举例来说，用特称，下列的串也能从公理 1 导出：

～Sa＝0

～S(c＋SS0)＝0

218　还有另一个规则，概括规则，使我们能把全称量词放回到一些定理中去——那些定理所含的变元由于以前使用了特称规则而成为自由的了。举例来说，把概括规则作用到上面的那两个串中的第二个，我们就得到：

∀ c：～S(c＋SS0)＝0

概括正好取消了特称的作用，反过来也一样。通常，概括总是用于某些中间步骤已经以各种各样的方式对开公式作了一番变换之后。下面是这条规则的严格叙述：

概括规则：假设 x 是一个定理，其中的变元 u 是自由出现的。那么 ∀ u：x 是一个定理。

（限制：在一个幻想里面，不允许对任何自由出现在该幻想的前提中的变元作概括。）

在这两个规则上加限制的必要性很快就会清楚地表现出来。附带说一下，这个概括与第二章中提到过的欧几里得在证明素数有无穷多时所用的概括是一回事。我们已经可以看到，符号变换规则开始靠近数学家们所使用的那种推理了。

存在量词

刚才的两条规则说的是如何取走全称量词以及如何把它们放回去，下面的两条规则说的是如何处理存在量词。

互换规则：假设 u 是一个变元。那么串 $\forall u:\sim$ 与 $\sim\exists u:$ 在任何定理中的任何地方都是可互换的。

举个例子，让我们把这条规则应用到公理 1：

$\forall a:\sim Sa=0$	公理 1
$\sim\exists a:Sa=0$	互换

附带地，你可能注意到，这两个串都是“零不是任何自然数的后继”这个句子在 TNT 中的完美自然的表述。所以，它们能够容易地变来变去是一件好事。

下一条规则则更为直观了。它对应于非常简单的一种推理，即我们从“2 是素数”到“存在一个素数”所做的推理。这条规则的名称是自明的：

存在规则：假设一个项（可以含有变元，只要是自由的）在一个定理中出现一次或多次。那么，这个项的任何（或者是一些，或者是所有）出现都可以用一个不在定理中出现的变元来替代（替代之后当然就在这个定理中出现了），相应的存在量词则必须放在最前面。

让我们——像往常一样——对公理 1 来应用这条规则：

$\forall a:\sim Sa=0$	公理 1　219
$\exists b:\forall a:\sim Sa=b$	存在

你现在可以试试根据迄今所给出的规则去调拨符号，产生出定理

～∀ b:∃ a:Sa=b。

等号规则和后继规则

我们已经为变换量词给出了规则,但到目前为止还没有一个针对符号"="和"S"的规则。我们现在就来纠正这一状况。以下,r、s 和 t 都代表任意的项。

等号规则:

对称:如果 r=s 是一个定理,那么 s=r 同样也是定理。

传递:如果 r=s 和 s=t 都是定理,那么 r=t 也是定理。

后继规则:

加 S:如果 r=t 是一个定理,那么 Sr=St 是一个定理。

去 S:如果 Sr=St 是一个定理,那么 r=t 是一个定理。

这些规则能够为我们提供极其丰富的各式各样的定理。比如,下列推导就产生出一些相当基本的定理:

(1)∀ a:∀ b:(a+Sb)=S(a+b)	公理 3
(2)∀ b:(S0+Sb)=S(S0+b)	特称(S0 对 a)
(3)(S0+S0)=S(S0+0)	特称(0 对 b)
(4)∀ a:(a+0)=a	公理 2
(5)(S0+0)=S0	特称(S0 对 a)
(6)S(S0+0)=SS0	加 S
(7)(S0+S0)=SS0	传递(第 3、6 行)

* * * * *

(1)∀ a:∀ b:(a·Sb)=((a·b)+a)	公理 5
(2)∀ b:(S0·Sb)=((S0·b)+S0)	特称(S0 对 a)

(3)(S0·S0)=((S0·0)+S0)	特称(0对b)
(4)∀ a:∀ b:(a+Sb)=S(a+b)	公理3
(5)∀ b:((S0·0)+Sb)= S((S0·0)+b)	特称((S0·0)对a)
(6)((S0·0)+S0)=S((S0·0)+0)	特称(0对b)
(7)∀ a:(a+0)=a	公理2
(8)((S0·0)+0)=(So·0)	特称((S0·0)对a)
(9)∀ a:(a·0)=0	公理4
(10)(S0·0)=0	特称(S0对a)
(11)((S0·0)+0)=0	传递(第8、10行)
(12)S((S0·0)+0)=S0	加S
(13)((S0·0)+S0)=S0	传递(第6、12行)
(14)(S0·S0)=S0	传递(第3、13行)

非法的捷径 220

一个令人感兴趣的问题是:“怎样为串0=0做一个推导?”看起来,要走的路线显然会是先推出串∀ a:a=a,而然后用特称。那么,下面这个∀ a:a=a的“推导”怎么样……有什么问题吗?你能把修补好吗?

(1)∀ a:(a+0)=a	公理2
(2)∀ a:a=(a+0)	对称
(3)∀ a:a=a	传递(第2,1行)

我用这个小小的练习来指出一个简单的事实:在变换熟悉的符号(诸如“=”)时,不要跳得太快。你必须遵循规则,而不是你关于符

号的被动意义的知识。当然，后一种知识在指引一个推导该走什么路线时是极有价值的。

为什么对特称和概括要加限制

现在让我们来看为什么对特称和概括二者都有加限制的必要性。下面有两个推导，两者当中都有一个限制被违反了。看看由此产生的灾难性后果：

(1)[	推入
(2)　a=0	前提
(3)　∀ a:a=0	概括（错了！）
(4)　Sa=0	特称
(5)]	弹出
(6)<a=0→Sa=0>	幻想规则
(7)∀ a:<a=0→Sa=0>	概括
(8)<0=0→S0=0>	特称
(9)0=0	以前的定理
(10)S0=0	分离（第 9、8 行）

这是第一个灾难。另一个灾难是由于用错了特称而产生的。

(1)∀ a:a=a	以前的定理
(2)Sa=Sa	特称
(3)∃ b:b=Sa	存在
(4)∀ a:∃ b:b=Sa	概括
(5)∃ b:b=Sb	特称（错了！）

因此，现在我们看到，为什么那些限制是必要的。

这里有一个简单的谜题：把皮亚诺的第四条公设翻译成为TNT记法（如果你还不曾这样做的话），然后把这个串当作一个定理而推导出来。

少了什么东西 221

现在，如果你用迄今所介绍过的TNT规则和公理四处试一会儿的话，你将发现，你可以产生出如下的定理金字塔（这是一个串的集合，所有这些串都是从同一个模子里翻铸出来的，相互之间仅有的不同是填在里边的数字分别为0、S0、SS0等等）：

$$(0+0)=0$$

$$(0+S0)=S0$$

$$(0+SS0)=SS0$$

$$(0+SSS0)=SSS0$$

$$(0+SSSS0)=SSSS0$$

等等。

事实上，这个塔中的每个定理都能从恰在它之上的那个定理中推出来，只需一两步。因此它是一种定理的“多级瀑布”，每一级触发下一级。（这些定理很容易让人想起pq系统中的定理，在那里，左端和右端的短杠组是同时增长的。）

这里有一个我们能很容易地写下来的串，它概括地说出了它们作为整体时的被动意义。这个全称量化了的概述串是：

$$\forall a:(0+a)=a$$

用迄今为止所给出的规则，这个串还产生不出来。你若不信，可以自己试试。

你可能会认为，用如下的规则，我们立刻就可以扭转这个局面：

（草拟的）全规则：如果在一个金字塔中的所有的串都是定理，那么，用来概述它们的全称量化的串同样也是定理。

这条规则的问题是：它不能在 J 方式下使用。只有从外部对系统进行考察的人，才有可能知道串的一个无穷集合全都是定理。因此这不是一条可以安放到形式系统里去的规则。

ω 不完全系统与不可判定串

于是我们发现我们处于奇怪的境地：我们能印符地产生关于任何特定的数之间相加的定理，但是像上面那样的一般地表达了加法性质的串，虽然那么简单明了，却不是一个定理。你可能觉得这并不那么奇怪，因为在 pq 系统里我们曾恰好就处于这种情境中。但是，pq 系统并没有声称它该做到什么；并且，事实上，用它
222 的符号体系也的确无法表示加法的一般性质，更不用说证明它们了。pq 系统根本没有这样的装备，我们因而也就没想过那是它的缺陷。但在这里，表示能力要远远强得多了，所以我们相应地对 TNT 比对 pq 系统有更高的期望。如果上述的串不是一个定理，那么我们就有充分的理由认为 TNT 是有缺陷的。事实上，有一个名字是专为带有这种类型缺陷的系统准备的——称为"ω 不完全性"。（所谓"ω"——"欧米伽"——来自于这样的事实：自然数的全体有时候被记作"ω"。）下面是精确的定义：

一个系统是 ω 不完全的，如果在一个金字塔中的所有串都是定理，而全称量化的概述串却不是一个定理。

顺带地，上述概述串的否定——

$$\sim\forall\ a:(0+a)=a$$

——也不是TNT的定理。这意味着，原先的那个串在系统里是不可判定的。如果两者之一是定理，那么我们就说它是可判定的。虽然这听起来像是个神秘的术语，但一个给定的系统中的不可判定性是没有什么神秘的。它仅仅是该系统还能够扩充的一个标志。举例来说，在绝对几何学里，欧几里得的第五条公设是不可判定的。它必须作为一条特别的几何公设加进来，从而导致欧几里得几何学；或者相反，它的否定是能够加进来的，从而导致非欧几里得几何学。如果你回想一下几何学，你会记起为什么会出这种稀奇古怪的事情。这就是因为绝对几何学的四条公设没有固定住"点"和"线"这些术语的意义，从而为这些概念具有不同外延留下了余地。欧几里得几何学的点和线提供了"点"和"线"这些概念的一种外延；非欧几里得几何学的**点**和**线**则是提供另一种。然而，两千年来，使用先入为主的词"点"和"线"则使人相信那些词必须是单值的，只能有一个意义。

非欧几里得TNT

我们现在就TNT而言面临着一个类似的情况。我们曾沿用的记号使我们带上了某些成见。例如，使用符号"+"就使我们很容易地想：每个里面带有一个加号的定理都应该是在说那个已知的、熟悉的、"可感知"的、我们称为"加法"的运算的事情。因此，如果我们提出增加一个如下的"第六公理"，会让人觉得很是格格不入：

$$\sim\forall\ a:(0+a)=a$$

223 这与我们关于加法所持的观念不相适应。但这是我们迄今为止所描述的 TNT 的一个可能的扩充。采用它为其第六公理所得到的系统是一个一致的系统，就是说，不会同时有两个形式为 x 和～x 的公式都是定理。然而，当你把这条“第六公理”与前面列出来的那个定理的金字塔并置在一起时，你也许会由于那个塔和这条新的公理之间的似乎不一致而感到困惑。但是，这种不一致性不像另一种（在那里 x 和～x 二者都是定理）那么有害。事实上，这并非一个真正的不一致，因为存在有一种解释符号的方法，使每样事情结果都是顺理成章的。

ω 不一致性与不一致性不是一回事

这种不一致性的产生是由于下面两件事的对立：(1)一个由一些定理组成的金字塔，它们集合起来断言所有的自然数具有某种性质，与(2)一个单个的定理，它看上去是断言并非所有的自然数具有该性质。我们称这种不一致性为 ω 不一致性。一个 ω 不一致的系统更像一个被人们“初拒后纳的”非欧几里得几何。为了能对这些东西形成一个心智上的模型，读者得想象存在有一些“额外的”，未曾料到的数——让我们不称它们为“自然”的，而称它们为“超自然”的数——它们都不具有相应的数字。因此，有关它们的事实不能在金字塔里表示出来。（这有一点像阿基里斯对**造物神**的想象——是一种“超神怪”，一种比任何神怪都大的东西。这曾遭到怪物的嘲笑，但这是一个合理的想象，并可以帮助你去想象超自然数。）

这就告诉了我们：迄今所介绍的 TNT 的公理和规则并没有完全固定住对 TNT 符号的解释。在一个人的心智模型中这些符号代表什么概念，这仍然还有种种变化的余地。这种种可能的外延中的每一个，都可以进一步固定住其中的某些概念，只是以不同的方式而已。如果我们加上上面的那个“第六公理”，那么哪些符号会带上被人们所“初拒”的那种被动意义？是所有这些符号都会染上，还是它们中的一些仍然会代表我们想让它们去代表的意义？我将让读者去考虑这个问题。在第十四章里我们会碰到一个类似的问题，然后再来讨论这件事。总而言之，我们现在不沿着这个扩充走，而是继续尝试去修补 TNT 的 ω 不完全性。

最后一条规则

“全规则”的问题是：它要求知道一个无穷高的金字塔中所有的行都是定理——这对一个有穷的主体来说是要求得太多了。但是让我们假设这个塔的每一行都能够用某种模式化的方法从它的前一行推出来。这样就能用一个有穷的推理去说明在塔里的所有的串都是定理。于是，技巧仅在于去找出造成多级瀑布的那个模式，并证明那个模式本身就是一个定理。这就像是去证明每个神 224
怪递送一个信息给它的元，正如机关里的层层上报那样。留待证明的另一件事情即为，是怪物最先引发了这个信息多级瀑布——也就是说，要确定金字塔的第一行是一个定理。这样你就知道了**造物神**将得到这个信息！

在我们谈过的那个特定的金字塔里有一个模式，可以从下面的推导中的 4—9 行获得。

(1)∀ a:∀ b:(a+Sb)=S(a+b)	公理 3
(2)∀ b:(0+Sb)=S(0+b)	特称
(3)(0+Sb)=S(0+b)	特称
(4)[	推入
(5)　(0+b)=b	前提
(6)　S(0+b)=Sb	加 S
(7)　(0+Sb)=S(0+b)	把第 3 行搬入
(8)　(0+Sb)=Sb	传递
(9)]	弹出

前提是(0+b)=b,结果是(0+Sb)=Sb。

金字塔的第一行也是一个定理,它直接从公理 2 就可以得到。现在我们所需要的全部东西就只是一个规则,它能使我们推出那个概述了整个金字塔的串本身也是个定理。这样的一条规则将是皮亚诺第五公设的形式化陈述。

为了表达这个规则,我们需要几个记号。我们用如下的记号来简写一个带自由变元 a 的良构公式:

X{a}

(可能还会有其他的自由变元,但那与此不相干。)另外用记号 X{Sa/a}来代表该串中 a 的每个出现都被 Sa 替换后得到的结果。类似地,X{0/a}代表这个串中 a 的每一个出现都已被 0 所替换。

一个具体的例子是令 X{a}代表要考察的串:(0+a)=a。于是 X{Sa/a}就表示串(0+Sa)=Sa,而 X{0/a}就表示(0+0)=0。(提醒:这种记号不是 TNT 的组成部分,只是为了我们在谈论 TNT 时方便而采用的。)

有了这新的记号，我们就能很精确地叙述 TNT 的最后一条规则了：

归纳规则：设 u 是一个变元，X{u}是一个 u 在其中自由出现的良构公式。如果∀ u：＜X{u}→X{Su/u}＞以及 X{0/u}二者都是定理，那么∀ u：X{u}也是一个定理。

把皮亚诺第五公设纳入 TNT 里来的努力最多也就能做到这个地步。现在让我们用它来证明∀ a：(0＋a)＝a 的确是一个 TNT 定理。我们先用幻想规则从上面推导中的那个幻想里出来，得到：

(10)＜(0＋b)＝b→(0＋Sb)＝Sb＞　　幻想规则

(11)∀ b：＜(0＋b)＝b→(0＋Sb)＝Sb＞　概括

这是归纳规则要求输入的两个定理之中的一个。另一个所要求的 225
是金字塔的第一行，这是我们已经有了的。因此，我们可以应用归纳规则，去推演我们所想要的东西：

∀ b：(0＋b)＝b

特称和概括将允许我们把变元从 b 改为 a，于是∀ a：(0＋a)＝a 就不再是 TNT 的一个不可判定串了。

一个长推导

现在我想介绍一个 TNT 中较长的推导，以便你能够看到这种推导是什么样的。这个推导证明了一个虽然简单，但却是很重要的数论事实。

(1)∀ a：∀ b：(a＋Sb)＝S(a＋b)　　公理 3

(2)∀ b：(d＋Sb)＝S(d＋b)　　特称

(3)　(d＋SSc)＝S(d＋Sc)　　特称

(4)∀b:(Sd+Sb)=S(Sd+b)	特称(第 1 行)
(5)　(Sd+Sc)=S(Sd+c)	特称
(6)S(Sd+c)=(Sd+Sc)	对称
(7)[	推入
(8)　∀d:(d+Sc)=(Sd+c)	前提
(9)　(d+Sc)=(sd+c)	特称
(10)　S(d+Sc)=S(Sd+c)	加 S
(11)　(d+SSc)=S(d+Sc)	把 3 搬入
(12)　(d+SSc)=S(Sd+c)	传递
(13)　S(Sd+c)=(Sd+Sc)	把 6 搬入
(14)　(d+SSc)=(Sd+Sc)	传递
(15)　∀d:(d+SSc)=(Sd+Sc)	概括
(16)]	弹出
(17)<∀d:(d+Sc)=(Sd+c)→	
∀d:(d+SSc)=(Sd+Sc)>	幻想规则
(18)∀c:<∀d:(d+Sc)=(Sd+c)→	
∀d:(d+SSc)=(Sd+Sc)>	概括

* * * * *

(19)(d+S0)=S(d+0)	特称(第 2 行)
(20)∀a:(a+0)=a	公理 1
(21)(d+0)=d	特称
(22)S(d+0)=Sd	加 S
(23)(d+S0)=Sd	传递(19、22 行)
(24)(Sd+0)=Sd	特称(第 20 行)

(25)Sd＝(Sd＋0)　　　　对称

(26)(d＋S0)＝(Sd＋0)　　　　传递(第 23、25 行)　226

(27)∀ d:(d＋S0)＝(Sd＋0)　　　　概括

＊ ＊ ＊ ＊ ＊

(28)∀ c:∀ d:(d＋Sc)＝(Sd＋c)　　　　归纳(18、27 行)

〔S 能够在一个加法里面前后滑来滑去。〕

＊ ＊ ＊ ＊ ＊

(29)∀ b:(c＋Sb)＝S(c＋b)　　　　特称(第 1 行)

(30)(c＋Sd)＝S(c＋d)　　　　特称

(31)∀ b:(d＋Sb)＝S(d＋b)　　　　特称(第 1 行)

(32)(d＋Sc)＝S(d＋c)　　　　特称

(33)S(d＋c)＝(d＋Sc)　　　　对称

(34)∀ d:(d＋Sc)＝(Sd＋c)　　　　特称(第 28 行)

(35)(d＋Sc)＝(Sd＋c)　　　　特称

(36)[　　　　推入

(37)∀ c:(c＋d)＝(d＋c)　　　　前提

(38)(c＋d)＝(d＋c)　　　　特称

(39)S(c＋d)＝S(d＋c)　　　　加 S

(40)(c＋Sd)＝S(c＋d)　　　　把 30 搬入

(41)(c＋Sd)＝S(d＋c)　　　　传递

(42)S(d＋c)＝(d＋Sc)　　　　把 33 搬入

(43)(c＋Sd)＝(d＋Sc)　　　　传递

(44)(d＋Sc)＝(Sd＋c)　　　　把 35 搬入

(45)(c＋Sd)＝(Sd＋c)　　　　传递

(46)∀ c:(c+Sd)=(Sd+c)　　概括

(47)]　　弹出

(48)<∀ c:(c+d)=(d+c)→

　∀ c:(c+Sd)=(Sd+c)>　　幻想规则

(49)∀ d:<∀ c:(c+d)=(d+c)→

　∀ c:(c+Sd)=(Sd+c)>　　概括

〔如果 d 与每个 c 可交换，那么 Sd 也能这样做。〕

* * * * *

(50)(c+0)=c　　特称(第 20 行)

(51)∀ a:(0+a)=a　　已有的定理

(52)(0+c)=c　　特称

(53)c=(0+c)　　对称

227 (54)(c+0)=(0+c)　　传递(50、53 行)

(55)∀ c:(c+0)=(0+c)　　概括

〔0 与每一个 c 可交换。〕

* * * * *

(56)∀ d:∀ c:(c+d)=(d+c)　　归纳(49、55 行)

〔因此，每一个 d 与每一个 c 可交换。〕

TNT 中的紧张与解决

TNT 证明了加法的可交换性。即便你还没有完全弄清上面这个推导的每个细节，能体会到它有着自己的自然“节拍”，像一首乐曲那样，也是很重要的。它可不只是个随意的漫步，碰巧到了我们所希望得到的那最后一行。我插进了“呼吸记号”来显示这个推导的某些“乐段”。特别是第28行，它是这个推导里的转折点，就像某种在AABB式乐曲里的中途点似的东西，在这一点上，你获得了暂时的解决，即使不是在主调上。这样的重要的中间阶段常常被称作“引理”。

很容易想象，当一个读者从这个推导的第1行开始时，并不清楚它会在哪儿结束。他每新看到一行时，都会对它的进一步走向有所感觉。这就建立了一个内部的紧张，很像在一首乐曲中由于和声的模进所引起的紧张，你知道这调性是什么，但还未解决。到了第28行时，读者的直觉得到了肯定，他有了一种暂时的满意感，同时也增强了他的信心，去向着他认为是真正的目标前进。

第49行是一个极为重要的紧张增长因素，因为它引起了“就在那里”的感觉。在那里停下会使人感到极度的不舒服！从那儿往下，事情的发展几乎都是可以预计的了。但是你不会希望一首乐曲停止在最后的解决刚开始出现的地方，让你去想象它的结尾——你希望听到那个结尾。在这里也类似，我们必须把事情进行到底。第55行是不可避免的，它建立了最后的全部紧张，它们在第56行得到了解决。

这不仅是形式推导的典型结构，也是非形式证明的典型结构。数学家对紧张的认识是和他对美的认识密切相关的，并且正是这种东西使得数学值得花力气去做。但要注意，就TNT本身而言，似乎对这些紧张没有任何反映。换句话说，TNT并没有将紧张和解决、目标和子目标、“自然性”和“被迫性”等概念形式化，正像一首乐曲并不是一本讲和声和节拍的书一样。人们能不能发明出更为奇妙的印符系统，以感知推导中的紧张与目标呢？

228

形式推理之别于非形式推理

我很愿意演示一下如何用 TNT 去推导**欧几里得定理**（素数有无穷多），但这大概会使这本书的长度加倍。有了前面那条定理，下一步该做的自然是去证明加法的结合律、乘法的交换律和结合律、以及乘法对加法的分配律。这些将为我们的工作提供一个强有力的基础。

按照到目前为止所描述的，TNT 已经达到了“临界质量”（这个隐喻用在叫“TNT”的东西上或许有点奇怪）。它和《数学原理》的系统有同样的能力。用 TNT，人们可以证明在一篇标准的关于数论的专门论文中所能找到的每一个定理。当然，没有人会主张在 TNT 中推导定理是做数论研究的最好方法。那种想法相当于认为要想知道 1000×1000 是多少，最好的方法是去画一个横竖各 1000 道的网格，然后再去一个一个地数里面一共有多少小方块……不是这样的。在进行了彻底形式化之后，唯一可行的道路就是放松形式化原则。否则，形式系统会过于庞大而笨重，以至于对任何实际的目的而言都是毫无用处的。所以，把 TNT 嵌进一个更广阔的语境中是很重要的，这个语境能容许导出新的推理规则，从而能够加速推导过程。这就需要对用来表示推理规则的语言进行形式化——也即，对元语言作形式化。这样下去可以走得相当远。然而，这样的加速技巧并不能使 TNT 更强一点，只不过是使它更好用一些罢了。理由很简单，我们实际上已经把数论专家所借助的每个思维模式都放进了 TNT。把它嵌入愈来愈大的语境并不能扩大定理的空间，只能是使得在 TNT 里面——或者说在每个

"新的,改进的版本"里面——进行工作时,更像是在进行传统的数论工作。

数论专家赋闲

假定你事先不知道 TNT 会是个不完全的系统,而期望它是完全的——就是说,每个用 TNT 记法可表达的真陈述都是定理。在这种情况下,你就能为数论的一切东西造一个判定过程。方法很简单:如果你想知道 N 中的语句 X 是真还是假,就把它翻成 TNT 句子 x。于是,如果 X 为真,完全性就说,x 是一个定理;反过来,如果非 X 为真,那么完全性就说,～x 是一个定理。因此,x 和～x 二者必有一个是定理,因为不是 X 为真,就是非 X 为真。现在让我们来系统地枚举 TNT 的定理,就用我们曾经对 WJU 系统和 pq 系统所用过的那种方法。过不一会儿,你就一定会到达 x 或者～x,而不管你碰上了哪一个,它都会告诉你 X 和非 X 之中哪一个为真。(弄清楚这个论证了吗? 关键的一点是能在心里区分开形式系统 TNT 与它的非形式对应物 N。一定要确实弄清这个论证。)这样,从原则上说,如果 TNT 是完全的,数论专家就得赋 229
闲了:只要有足够的时间,他们领域里的任何问题都能够用纯粹机械的方法解决。现在我们知道这是不可能的。至于这究竟是该为之庆贺还是为之悲伤,就全看你的观点如何了。

希尔伯特方案

本章我们要处理的最后一个问题是:我们该不该像信赖命题演算的一致性那样信赖 TNT 的一致性;以及,如果我们不那么信赖 TNT，是不是有可能通过证明它是一致的，来增强我们对它的信任。人们可以像那位“马虎”在论及命题演算时所做的那样，提出同样的关于 TNT 一致性的“显然性”的那种论述——也就是说，每条规则体现了一个我们所完全信赖的推理原则，因此，对 TNT 的一致性的疑问就是对我们自己头脑的清醒程度的疑问。在某种程度上，这种论证仍然是有分量的——但不像从前那么有分量了。推理规则实在是太多了，而其中有些也确实有点“不对头”。更进一步，我们怎么知道这种称为“自然数”的抽象实体在我们心里的模型实际上是一个前后一致的结构呢？说不定，我们自己的思维过程，那些我们试着用形式系统中的形式规则来把握的非形式过程，它们本身就是不一致的！这当然不是我们所期望的事情，但是，我们的思维也可能使我们误入歧途，这是越来越可以想象得到的，尤其是当面临的课题很复杂的时候——而自然数决不是什么不足道的简单课题。所以，那位“严谨”所呼吁的关于一致性的一个证明，在这种情况下就必须更为认真地对待。这倒不是我们非常怀疑 TNT 会是不一致的——但确是有一点儿怀疑，我们心里闪了一下怀疑的影子，而一个证明会有助于消除这种怀疑。

但是，哪些证明手段是我们愿意接受的呢？又一次，我们碰见了不断出现的那个转圈子问题。如果在一个关于我们的系统的证明中，使用那些和我们已经嵌入到系统中去东西完全一样的手段，我们能达到什么目的呢？但如果我们能论证说 TNT 是一致的，而用的是一个比 TNT 弱的推理系统，那我们就战胜了那种说我们是在转圈子的反对意见！想一想让一条很粗的绳索飞越两条船之间的办法(大约我还是个孩子的时候读到过的):先把一支很轻的箭射过这段空间,箭的后面牵引着一条细绳。一旦用这种办法在两条船之间建立起了联结,粗绳子就能被拉过这段空间了。如果我们能用一个“轻的”系统去说明一个“重的”系统是一致的,那么我们就的确做成一些事情了。

初看起来似乎是有一根细绳子。我们的目标是证明 TNT 具有一个特定的印符性质(一致性),即任何时候都不会有 x 和～x 形式的公式同时都是定理。这类似于努力去说明 WU 不是 WJU 系统的一个定理。二者都是关于符号处理系统的印符性质的陈述。认为有一条细绳的观点是基于如下假设的:在证明这样一个印符性质成立时,并不需要有关数论的事实。换句话说,如果没有 230
用到整数的性质——或者仅仅用到了少许极为简单的性质——那么我们就达到目标了:证明了 TNT 的一致性,而用到的推理手段比 TNT 自身内部的推理模式弱。

这正是本世纪初大卫·希尔伯特所领导的数学家和逻辑学家的一个重要学派所持的期望。他们的目标是使用一个非常受限制的推理原则的集合来证明类似于 TNT 的形式化数论的一致性。这被称为推理的“有穷”方法。这就是细绳。有穷方法中包括了所有的命题推理,即命题演算中所体现的那种,另外还有某些种类的数值推理。但是哥德尔的工作表明,任何用有穷方法这条细绳去牵引 TNT 一致性这条粗绳的努力都是注定要失败的。哥德尔证明了,要想牵引粗绳,不能用更细的绳子,细绳中没有足够结实的。少来些隐喻,我们可以说:任何一个强得足以证明 TNT 的一致性的系统起码与 TNT 本身一样强。从而,转圈子是不可避免的。

231 # 一首无的奉献①

乌龟和阿基里斯刚刚听了一个关于遗传密码起源的讲座,此时他们俩正在阿基里斯家喝茶。

阿基里斯:有件不好意思的事我得坦白,龟兄。

乌龟:什么事啊,阿基?

阿基里斯:尽管讲座的题材很吸引人,我还是打了一两次盹,不过,就是在我迷迷糊糊的时候,我仍然能隐约地听出些传到我耳朵里的词。于是从我的潜意识里浮出这样一幅奇怪的画面:"A"和"T"不是代表"腺嘌呤(Adenine)"和"胸腺嘧啶(Thymine)",而是代表你(Tortoise)和我(Achilles)的名字——在双股DNA的脊柱上有好多你和我的小副本,就像腺嘌呤和胸腺嘧啶那样。它们总是成双成对地出现,这难道不是种奇怪的、带有象征色彩的想象吗?

乌龟:呸!谁信你这一套!而且就算你的想法有道理,"C"和"G"又是什么呢?

阿基里斯:嗯,我认为"C"不是代表胞嘧啶(Cytosine),而是代表螃蟹(Crab)。我不能确定"G"代表什么,但我敢肯定可以把它看作是某种东西。不管怎么说,想象我的DNA中既有我的又有你的小副本,是挺有趣的。想想由这导致的无穷回归吧!

乌龟:看得出来,你真没有专心听讲座。

阿基里斯:不,你错了。我已经尽我所能了,我只是无法把想象同现实分开。说到底，分子生物学家探讨的世界太像一个冥府阴曹了！

乌龟：你指什么？

阿基里斯：分子生物学中充满了我弄不懂的缠绕在一起的怪圈，就比如蛋白质的折叠吧，这在 DNA 中是编了码的，但是这种折叠的蛋白质能转过来处理甚至破坏掉产生它们的 DNA。这类怪圈总是弄得我稀里糊涂，从某种意义上讲，它们挺神秘的。

乌龟：我看它们挺吸引人。

阿基里斯：对你来说当然啦——它们正合你的胃口。但是对我来说，我有时愿意从这种分析性的思想中跳出来，作作禅想。作为一种解药，它会把我脑子里所有那些迷惑人的圈圈，以及我们今晚听到的那些复杂至极的玩艺儿全部清除掉。

乌龟：真有意思。想不到你还坐禅。

阿基里斯：我不是告诉过你我在研究禅宗吗？

乌龟：老天爷，你怎么会研究起那玩艺儿的？

阿基里斯：你知道，我一直想钻研阴阳学说——整个东方神秘主义的秘道。从《易经》到印度教，没有我不喜欢的。所以有一天
我寻思着："干吗不研究研究禅宗？"就这么开始了。 232

乌龟：哦，太妙了。这么说也许有一天我也会顿悟了。

阿基里斯：喔，先别。顿悟可不是通向禅宗的第一步；若是真能分出几个步骤的话，它也是最后一步！顿悟可轮不到像你这样初入法门的人，龟兄。

乌龟：我明白了，是你误会了。我说的"顿悟"没有禅宗里说的那么大分量。我的意思只是说我也许能了悟禅宗是怎么回事。

阿基里斯：看在上帝的份上，你干吗不早说呢？我会很高兴地把我知道的有关禅宗的情况告诉你的。说不定你会像我一样渴望做一个研究禅宗的学者呢。

乌龟：真说不定，没有不可能的事。

阿基里斯：你可以同我一起师从七祖蟹尊禅师。

乌龟：你说的都是些什么呀？

阿基里斯：要想理解这些，就得先了解一下禅宗的历史。

乌龟：那么就给我讲点儿禅宗的历史好吗？

阿基里斯：好主意。禅宗是佛教的一派，是由一个法号菩提达摩的僧人创立的。他在大约公元 6 世纪时从印度来到中国，这便是初祖。六祖是慧能，我们以前提到过他，你还记得吗？

乌龟：当然。我还记得你把慧能和芝诺给搞混了……

阿基里斯：啊哼。嗯，不过，不过这次我终于记准了。大约五百年之后，禅宗传到了日本，并在那里站住了脚。从那时起，禅宗便成了日本的主要宗教之一。

乌龟：七祖蟹尊是什么人？

阿基里斯：他是我的师傅，他的教义是亲得六祖真传的。他诲谕我说真如即一，具有不变异性，森罗万象及动迁变化皆是感官的幻觉。

乌龟：显然，这是芝诺的话。可他怎么又和禅宗搅到一块去了？这可怜的家伙。

阿基里斯：怎么？也许我……说实话，我也不知道这到底是怎么回事。我还是接着讲我师傅的教诲吧。师傅说禅宗信徒要寻求顿悟——就是一种“无我”状态。在这种状态下，人不再念及世界——人只是存在着。他不可以“执”于任何客体、思想或人——这即是说，他不能坚信或依赖任何定物——甚至包括这种无执的哲学本身。

乌龟：嗯……这么说禅宗里有些我会喜欢的东西。 233

阿基里斯：我预感到你会变得执于此道的！

乌龟：不过，请告诉我：既然禅宗是反理性的，对它进行理性的思考和缜密的研究还有意义吗？

阿基里斯：这问题是有点麻烦。不过我想我最终还是找到了答案。在我看来，你可以通过你所知道的任何途径来开展对禅宗的研究——即使这种途径跟禅宗是完全对立的。在你研究的时候，你会逐渐变得偏离了那条途径。你越是偏离那条途径，你就越是接近禅宗。

乌龟：噢，我现在开始明白了。

阿基里斯：我个人最喜欢的通往禅宗的途径是借助那些简洁、奇异、引人入胜的禅宗寓言，这种寓言被称作“公案”。

乌龟：什么是公案？

阿基里斯：公案是有关禅宗师徒的故事。有时它像个谜语，也有时像逸事，还有时什么也不像。

乌龟：听起来怪有意思的。你是不是说阅读和欣赏公案就是在体行禅宗？

阿基里斯：我怀疑这种说法。不过，依我之见，要切近禅宗，乐闻公案不知倦，胜读禅宗万卷书。那些讨论禅宗的专著满篇充斥着哲学行话，真没劲。

乌龟：我很想听一两个公案。

阿基里斯:我也很愿意讲给你听。也许我应该从那个最著名的讲起。许多世纪以前,有个叫赵州的禅师,活到了 119 岁。

乌龟:才是个小伙子嘛!

阿基里斯:按你的标准当然是小伙子啦。有天赵州和一僧同站在寺里,恰有只狗踅过,那僧便问赵州:“狗子还有佛性也无?”

乌龟:先不管这话是什么意思,告诉我——赵州是怎么回答的?

阿基里斯:“无!”

乌龟:“无”?“无”是什么?这跟狗有什么关系?跟“佛性”有什么关系?答案呢?

阿基里斯:哦,“无”就是赵州的答案。赵州回答“无”,不是说“狗无佛性”。用现代的话说,他是想让那个和尚知道:只有不问这种问题才能知道问题的答案。

乌龟:赵州是在“废问”这个问题。

阿基里斯:正是这样!

乌龟:“无”听起来像是个万能的东西。有时我也愿意废问一两个问题。我想我已经开始得禅宗的“三昧”了。你还知道些别的公案吗,阿基?我还想再听一些。

阿基里斯:愿意效劳。我可以给你讲讲两个连在一起的公案,只是……

乌龟:只是什么?

234 阿基里斯:唔,有个问题。这是两个流传很广的公案,不过我的师傅提醒我说这两个当中只有一个是正宗的。可他也不知道哪个是正宗的,哪个是冒牌的。

乌龟:太妙了!干嘛不把两个都告诉我,这样一来我们就可以按自己的想法不受限制地思考思考！

阿基里斯：行啊。那两个公案中有一个是这样的：

马祖因一僧问："如何是佛？"

祖云："即心是佛。"

乌龟：嗯……"即心是佛"？有时我真不明白这些禅宗信徒们想说什么。

阿基里斯：那么你也许更喜欢那另一个公案。

乌龟：那个怎么说？

阿基里斯：是这样：

马祖因一僧问："如何是佛？"

祖云："即心非佛。"

乌龟：乖乖！要是我的壳是绿的又不是绿的！我喜欢这类东西！

阿基里斯：龟兄——你不应该只是"喜欢"公案。

乌龟：那么好吧——我不喜欢它。

阿基里斯：这样好点儿。正像我刚说过的，我师傅认为这两个里只有一个是正宗的。

乌龟：我想象不出究竟是什么叫他这么想。反正我认为这完全都是书生之见，因为根本无法知道一个公案是正宗的还是冒牌的。

阿基里斯：啊，那你可错了。我师傅教给过我怎样去做。

乌龟：是吗？教给过你判定过程吗？我很想听听呢。

阿基里斯：程序极复杂，它包括两个步骤。首先你必须把有关的公案翻译成一个串，并把它折叠成三维的结构。

乌龟：这可够奇的。第二步呢？

阿基里斯：哦，这就容易了——你该做的只是确定一下该串是否具有佛性。要是有,则该公案为正宗——要是没有,该公案就是个冒牌货。

235 图 45 清真寺,艾舍尔作(黑白粉笔画,1936)。

乌龟:嗯……听来好像你所做的只是把对一个判定过程的需求转换到了另一个领域。现在你所需要的是一个判定佛性的过程。下一个呢?说到底,要是你甚至不能说出一只狗是否有佛性,你又怎么能判定每个可能的折叠串是否有佛性呢?

阿基里斯:呃,我师傅跟我解释说,这种领域转换是有用的。它有些像视点的转换。有时某些事情从一种角度看很复杂,而从另一个角度看却很简单。他以果园为例:从一个角度看,你看不出什么秩序,可是从某些特定的角度,你会发现优美的规律性。通过变换你的观察方式,你就把同一信息重新编排了。

乌龟:我明白了。这么说也许一个公案的正宗性是深藏不露的,而一旦你把它翻译成一个串，它就会以某种方式浮到表层来，是吗？

阿基里斯：这就是我师傅的发现。

乌龟：那我倒很愿意学学这种技巧。不过请先告诉我：你如何把一个公案（一种词语序列）变成一个折起的串（一种三维的东西）呢？它们的性质可完全不同呀。

阿基里斯：这是禅宗里我所了解到的最神秘的事。它分为两个步骤："转录"和"翻译"。转录一个公案包括用一种拼音写出该公案，这种拼音只包含四种几何符号。该公案的这种拼音翻译形式被称为信使。

乌龟：那些几何符号是什么样儿的？

阿基里斯：它们是由一些六角形和五角形组成的。就像这样（拿起 236
手边的一块餐巾，给乌龟画出下面四种图形）：

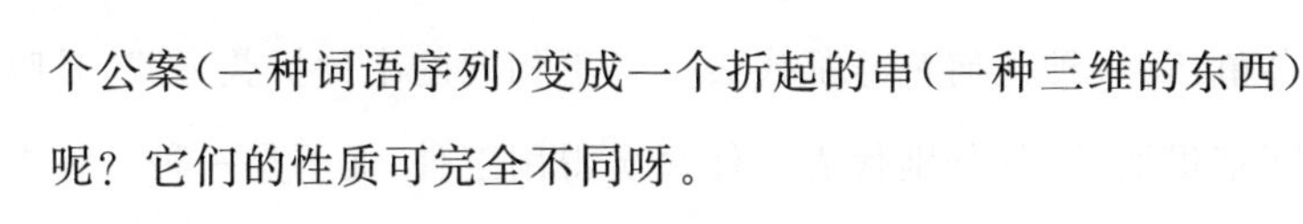

乌龟：它们看上去挺神秘的。

阿基里斯：只是对没入道的人才显得神秘。一旦你把信使做好之后，你就用手揉好一块口香核糖，然后——

乌龟：口香核糖？是一种特殊的口香糖吗？

阿基里斯：不完全是，折起的串是靠它来保持其形状的。

乌龟：这种核糖是什么做的？

阿基里斯：不清楚，不过它有点像某种胶质的东西，很好用。不管怎么说，你手里一旦有了口香核糖，就可以把信使里的符号序列翻译成某种折叠好的串,就这么简单。

乌龟:慢点儿,别太快了!这些事你怎么做?

阿基里斯:串最初完全是直的,你先从一头开始,按照信使里的几何符号把它折叠成各种形状。

乌龟:每一种几何符号都代表了各不相同的串的折叠方式,是吗?

阿基里斯:不是分别代表。你每次得用三种,而不是一种。你先从串的一头开始,同时也从信使的一头开始。怎样折叠该串的第一寸是由最初三个几何符号决定的。接着的三个符号会告诉你如何折叠串的下一寸。就这样你顺着串同时也顺着信使,一寸寸地把串折叠成一个个小节,直到你用完信使为止。要是你能正确地使用口香核糖,串会保持住它的折叠形状。因此,最后结果是你把该公案翻译成为一个串。

乌龟:过程倒挺漂亮,你用这种办法肯定会得到些奇妙的串。

阿基里斯:那是当然啦。那些长点的公案会被翻译成各种古里古怪的形状。

乌龟:可以想象。不过,为了把信使翻译成串,你必须知道信使中的每三个几何符号代表哪一类折叠。这你怎么知道呢?你有一本字典吗?

阿基里斯:有——一本列有"几何编码"的伟大的书,要是你没有这么一本书,你当然无法把公案翻译成串。

237 乌龟:当然没办法。这种几何编码是谁搞出来的?

阿基里斯:是由一位名叫戴懋的古人搞出来的。我的师傅说他是唯一一个达到"元顿悟"的人。

乌龟:鼋顿悟?听起来更像一种我能获得的顿悟。可他是个人啊,怎么能达到乌龟顿悟？

阿基里斯：你听岔了，龟兄，我说的是元顿悟，不是鼋顿悟。你还不可能顿悟呢。要是咱们俩之间非得有一个达到顿悟的话，那也只能是“顿吾”，你甚至连顿悟的第一个阶段还没达到呢，更别说——

乌龟：谁知道，阿基。也许那些了解顿悟三昧的人会返归于顿悟前的状态。我总是认为“顿悟两次即是没顿悟”。不过，还是让我们回到玳瑁——唔，我是说，戴懋上来吧。

阿基里斯：除了知道他还发明了禅宗串技艺外，我们几乎对他一无所知。

乌龟：发明了什么？

阿基里斯：发明了凭借它可以判定佛性的一种技艺。我会跟你讲的。

乌龟：我会着迷的。对我这么个刚入法门的人来说，要知道的东西太多了！

阿基里斯：据说有一个公案专门讲禅宗串技艺是怎么来的。但不幸的是，这一切早已随着时间的流逝而遗失掉了，无疑是永远遗失了。这也倒好，要不然准会有些盗用这位大师之名的模仿者，各行其是地仿造它。

乌龟：可是，如果所有禅众都效仿那个最顿悟的禅师——戴懋，这不是件好事吗？

阿基里斯：我来给你讲一个关于模仿者的公案吧。

俱胝和尚，凡有诘问，惟举一指。后有童子，因外人问：“和尚说何法要？”童子亦竖指头。胝闻，遂以刃断其指，童子负痛号哭而去。胝复召之,童子回首,胝却竖起指头,童子忽然领悟。

乌龟:嘿,太有趣了！刚才我以为禅宗就是赵州和他的那些小把戏,现在我发现俱胝也挺可爱。他看来很有点幽默感。

阿基里斯:这个公案很严肃。我不知道你怎么会觉得它幽默。

乌龟:也许正是因为这种幽默才使得禅宗富于教益。我想如果你
238 十分严肃地看待这些故事,那你既会有所得也会有所失。

阿基里斯:也许对你的这种乌龟禅来说有道理。

乌龟:你能回答我一个问题吗？就一个。我想知道菩提达摩为什么从印度来到中国？

阿基里斯:哦！我可以告诉你赵州被问及这一问题时怎么说的吗？

乌龟:请吧。

阿基里斯:他回答说:“庭前柏树子。”

乌龟:挺合情合理,我也会这么说。只是把它用来回答一个与此不同的问题,也就是说,用来回答:“烈日当空的时候,到哪儿去找个荫凉地儿?”

阿基里斯:你还不知道,你已经无意中触到了禅宗的一个最基本的问题。这个问句听起来平淡无奇,实际上却是在问:“禅宗的基本原理是什么?”

乌龟:太伟大了,我一点也没想到禅宗的核心目的就是要找个荫凉地儿。

阿基里斯:噢,不——你完全误解了我的意思。我指的不是那个问题。我是指你的那个菩提达摩为何从印度来到中国的问题。

乌龟:我明白了。嗯,没想到我已经涉及这么深的领域了。不过还是让我们回到这个奇特的映射上来吧。我已经了解到任何公

案都可以照你讲的方法转换成某种折叠的串。那么，把这个过程倒过来会怎么样？折叠的串能够用这种方法被释读为一个公案吗？

阿基里斯：嗯，在某种意义上可以。不过……

乌龟：怎么啦？

阿基里斯：你最好不要把它倒过来。这会违背禅宗串的中心法则，你瞧，这种法则是这样的（拿起一块餐巾往上画）：

公案　⇒　信使　⇒　折叠的串

转录　　　翻译

你不能逆着箭头的方向做——尤其是第二个箭头。

乌龟：告诉我，法则还有佛性也无？我应该废问这个问题，是吗？

阿基里斯：你废问这个问题，我很高兴。但是——我想让你分享一个秘密。你保证不对任何人讲吗？

乌龟：以龟格担保。

阿基里斯：那好吧。有一次，我真地逆箭头了。我觉得我得出了一种不合教规但却激动人心的结果。

乌龟：嗬，阿基！想不到你居然还会做出这么不虔诚的事来。

阿基里斯：我以前从没有向别人坦白过——甚至包括蟹尊。

乌龟：那么告诉我，你逆着中心法则中的箭头做发生什么事了？是 239
不是说你从一个串开始，最后得出一个公案？

阿基里斯：有时是这样——可是还出现了些更古怪的东西呢。

乌龟：比产生一个公案还古怪吗？

阿基里斯：对……当你倒译和倒录时，你能得出某种东西，不过，并不总是公案。某些串用这种方式大声读出时毫无意义。

乌龟:毫无意义?这不正是公案的别名吗?

阿基里斯:你显然还不具备真正的禅宗精神。

乌龟:至少你总还得到了些故事吧?

阿基里斯:并不总是——有时你得到些毫无意义的音节,又有时你得到些不合语法的句子。不过偶尔也能得到类似公案的东西。

乌龟:只是类似吗?

阿基里斯:嗯,你知道,它也许是冒牌的。

乌龟:哦,那当然。

阿基里斯:我把这些能得出近乎公案的东西的串称作"良构"的串。

乌龟:可你干嘛不告诉我那个使你能区分正宗公案和冒牌公案的判定过程?

阿基里斯:我正要讲呢。对一个公案(或非公案),首先把它翻译成三维的串。剩下的事就只是确定该串是否具有佛性。

乌龟:可是怎么确定呢?

阿基里斯:嗯,我的师傅说戴懋就行,他只要对一个串瞥上一眼,就能确定它是否具有佛性。

乌龟:可是如果你还没有达到元顿悟的境界怎么办呢?没有别的办法来判断一个串是否具有佛性吗?

阿基里斯:有的。这也正是禅宗串技艺的用武之地。用这种技艺可以做出无数个串,所有这些串都具有佛性。

乌龟:很有意思!是不是还有一种与此对应的方法用来做出不具有佛性的串?

阿基里斯:你为什么要做出不具佛性的串呢?

乌龟：哦，我只是觉得它也许有用。

阿基里斯：你这人真怪，想不到，你对不具佛性的东西比对具佛性的东西还感兴趣！

乌龟：我不是还没顿悟嘛！讲下去吧，告诉我怎样做出一个具有佛性的串。

阿基里斯：嗯，开始时，你得先把一个串挂在你的双手上，让它处于五种合法的初始形状中的一种，就像这样……（拿起一个串，把它弄成圈状，挂在每只手伸出的一个个指头之间）。

乌龟：另外那四种合法的初始形状是什么样的？ 240

阿基里斯：每种位置都被看作是一种挂住一个串的自明的方法，甚至连新手都能以那些姿式挂起串。而这五个串都具有佛性。

乌龟：当然。

阿基里斯：另外还有一些串处理规则，凭着它们你可以做出更复杂的串图形，特别是，你可以通过双手的一些基本动作来调整串。比方说，你可以这样叉起手指——也可以这样伸开——还可以这样绞起。每一次操作都会使挂在你双手上的串彻底改变形状。

乌龟：嘿，摆弄这些串的办法看上去就像玩挑绷子游戏一样！

阿基里斯：没错儿。你现在好好看着它们，这些规则中有一些可以使串更复杂，有一些会把它们简化，但是不管你想得到哪种结果，只要你遵守串的处理规则，你做出的每个串就都具有佛性。

乌龟：真是妙极了。那么，隐藏在你刚做成的那个串中的公案怎么样啦？它是正宗的吗？

阿基里斯：嗯，据我所知，它一定是正宗的。因为我是依照规则，先从五种自明的形状中的一种开始做的，所以这个串一定具有佛性，因而它必然对应于一个正宗的公案。

乌龟：你知道这个公案是什么吗？

阿基里斯：你想引我违反中心法则吗？嘿。你这坏家伙！

（阿基里斯皱着眉头，手里拿着编码字典，沿着那个串一寸一寸划划点点，记录着代表公案的由三个几何符号构成的奇特拼音，直到差不多记满了一块餐巾。）

好啦！

乌龟：真了不起。让我们听听它怎么说吧。

阿基里斯：行啊。

赵州因僧问婆子："台山路向甚处去？"婆云："蓦直去。"僧才行三五步，婆云："好个师僧又恁麽去！"后有僧举似赵州，州云："待我去与你勘过这婆子。"明日便去，亦如是问，婆亦如是答。州归谓众曰："台山婆子，我与你勘破了也。"

乌龟：嗬，他简直跟福尔摩斯一样神，联邦调查局没雇赵州真是太可惜了。告诉我——要是我也遵守禅宗串技艺中的规则，我也能做出来，对吗？

阿基里斯：对。

乌龟：我应该按照你的操作顺序做吗？

241 阿基里斯：不必，任何顺序都可以。

乌龟：当然啦，那样一来我就会得出一个与此不同的串，因而也会得到一个不同的公案。我是不是得按照与你一样多的步骤做呢？

阿基里斯:用不着。多少步都可以。

乌龟:好吧,那么就会有无数的具有佛性的串——因此也会有无数正宗公案了!你怎么能知道有些串不能由你的规则做出呢?

阿基里斯:哦,对啦——让我们回到缺乏佛性的事情上来吧。是这样的:你一旦知道了如何做出具有佛性的串,你也就能够做出不具有佛性的串。这是我师傅从一开始就诲谕我的。

乌龟:妙极了!怎么个做法呢?

阿基里斯:很容易,先举做缺乏佛性的串的例子……

(他拿起那个从中"拉出了"前面那个公案的串,在它的一头儿打了个弯,其状如"～"。)

这就是个无佛性的。

乌龟:很清楚。要做的只是再加上一个"弯",是吗?你怎么知道这个新串缺乏佛性?

阿基里斯:这是因为佛性的基本性质:当两个良构串除了其中一个的一端有一个"弯"以外完全相同时,两者中只有一个具有佛性。这只是我师傅观察到的经验。

乌龟:我在考虑一件事:是否存在某些不管你以哪种顺序按照禅宗串规则都无法得到的具有佛性的串?

阿基里斯:我真不愿承认,在这一点上我自己也有点糊涂。起初,我师傅强调说,一个串中的佛性是先由五个合法的初始形状之中的某一个、然后按照允许使用的规则来展开这样一个过程所规定的。可是后来,他说起什么人的"定理"。我一直没弄懂,说不定我甚至听差了,但是不管他说了什么,总之使我怀疑用这种方法是否能囊括全部有佛性的串。据我所知,这种事是有的。不过,佛性是种很难理解的东西。

乌龟:从赵州的“无”那里我已经猜到一些了。我想……

阿基里斯:想什么?

乌龟:我是在想那两个公案——我是说那个公案和它的反公案——一个说“即心是佛”,另一个说“即心非佛”——用几何编码把它们转化成串后,会是什么样呢?

阿基里斯:我很愿意让你看看。

242 (他写下语音转录式,然后从他的串袋里拿出一对串,把每个串上的每一段都按那个奇特的符号表中的一个三元组折叠起来。最后,他把弄好的串并排摆好。)

你瞧,这就是不同之处。

乌龟:它们确实非常相像。我相信它们之间只有一处不同:这一个的一端上有一个“弯”!

阿基里斯:向赵州保证,你说对了。

乌龟:哈!现在我明白你师傅为什么怀疑了。

阿基里斯:你明白了?

乌龟:根据你的那个经验之谈,这一对中至多有一个具有佛性,因此你也就知道公案中有一个必定是冒牌的。

阿基里斯:但是这并没有说出哪一个是冒牌的。我试过,我师傅也试过,用串处理规则来做出两个串,可是行不通,一个也没有做出来,真叫人沮丧,有时你甚至会怀疑……

乌龟:你是说,会怀疑两者中是否必有一个具有佛性?说不定两个都不具有佛性——两个公案都不是正宗的!

阿基里斯:我从来没有想那么远——不过你是对的——我想这是

可能的。但我想你不应该就佛性问这么多的问题。无门禅师总是警告他的弟子过多地提问题是危险的。

乌龟：好吧——不再问了。不过我很想自己作出一个串。看看我做出来的是否是良构串，这会是非常有趣的。

阿基里斯：会很有趣的。这是一个串。（他递给乌龟一个串。）

乌龟：你看，我一点也不知道该怎么去做。对我这个蹩脚产品，就请你多包涵了。它不会遵循任何规则，而且可能会搅缠在一起无法释读。（他抓住双脚间的圈，作了一些简单处理，得到了一个复杂的串，默默地递给阿基里斯。这时，阿基里斯兴奋起来。）

阿基里斯：咦唏！我得用你的这种方法试试。我从未见过这样的串！

乌龟：我希望它是良构的。

阿基里斯：我看到它的一头有个“弯”。

乌龟：噢——等等！我先拿回来一下可以吗？我想再鼓捣一下。

阿基里斯：啊，当然可以。给。

（把它交还给乌龟，乌龟在同一头又打了个“～”，然后猛地一拉，两个“～”顿时都没了！）

阿基里斯：怎么回事？

乌龟：我想去掉那个“弯”。 243

阿基里斯：可是，你并没有去弄直它，而是又打了一个，然后两个都没了！它们到哪儿去了？

乌龟：当然是跑到堕界去了。这就是双重打“弯”律。

（突然，两个“～”不知从哪儿冒了出来——也就是说，从堕界里冒了出来。）

阿基里斯：有意思。如果它们能这么轻易地从堕界中跳出跳进，那它们一定是待在它的一个出入方便的层里。不然就是堕界中的所有地方都同样地出入不方便？

乌龟：我说不上。不过，在我看来，如果烧掉这个串就会使这两个"弯"不能重现。在这种情况下，你应该认为它们是待在堕界的深层里。说不定堕界有好多好多层呢。不过这无所谓。我想要知道的只是，如果你把我的串转换成拼音符号，它们会怎么样。（当他把它递过去的时候，两个小"～"又一次不见了。）

阿基里斯：我总是为违反中心法则而深感内疚……（拿出笔和编码字典，仔细而匆忙地用许多三个一组的符号记下对应的缠绕在一起的乌龟的串，记完以后，他清了清嗓子。）啊哼。你想听听你做出的东西吗？

乌龟：如果你愿意，我当然愿意。

阿基里斯：好吧。是这样的：

玳瑁屡因僧问："物皆具佛性也无？"（盖玳瑁乃唯一获元顿悟者。）恒趺坐不语。凡僧所问及者，已涉豆蔌、湖沼、月夜等。一日，僧示之以一串，问该串亦具佛性也无。竟默然劈手攫过其串挂于双足间，且——

乌龟：在他的双足之间？真奇了！

阿基里斯：你怎么会觉得它真奇了呢？

乌龟：嗯，啊……你有点道理。但是接着讲吧！

阿基里斯：好吧。

竟默然劈手攫过其串双挂于足间，且稍事作弄，竟成一串，叠套纠缠，繁复非常。乃默然与僧，僧便豁然顿悟。

乌龟：要是我，我宁愿双重顿悟。

阿基里斯：只要你从挂在你双脚间的串开始，那它就会告诉你怎样做出玳瑁的串。让我跳过那些讨厌的细节吧。它的结尾是：僧自此不复诘问。而仿玳瑁之技造串不已，传造串之技于其弟子，其弟子复以教它人焉。

乌龟：真是奇文。真不敢相信它就藏在我的串里。 244

阿基里斯：可它就藏在里面。更令人吃惊的是，你似乎一下子就做出了一个良构串。

乌龟：可是，玳瑁的串是什么样的？我想这是这个公案的关键所在。

阿基里斯：我怀疑这一点。人们不应该"执于"公案内部的细节。重要的是整个公案的精神，不是它的一部分。哦，这太有意思了！我想——虽然听起来很不合情理——你可能已经找到了那个遗失了很久的、用来描述禅宗串技艺起源的公案了！

乌龟：嗬，那太好了，简直好得不能具有佛性了。

阿基里斯：可是，这就说那位禅师——那个唯一达到过元顿悟的神秘状态的人——的名字叫"玳瑁"，而不是"戴懋"。多滑稽的名字！

乌龟：我不同意。我觉这个名字挺漂亮的。我还想知道玳瑁的串是什么样儿。你能根据那个公案中的描述把它重做出来吗？

阿基里斯：我可以试试……当然，我也得用我的双脚，因为它是用脚的动作描述的。这很不寻常。不过我想我能对付。我来试试。（他拿起那个公案和一个串，把那个串又拧又弯，不消几分钟，他就用这种神秘方法得出一个东西来。）好了，瞧。怪哉，它看起来好眼熟啊。

乌龟：啊，可不是吗！我在那儿见过它，只是想不起来了。

阿基里斯：我知道了！嘿。这是你的串，龟兄！是不是？

乌龟：确实不是。

阿基里斯：确实不是——它正是你第一次递给我时的那个串，你给我的那个时候它上边还没有第二个“弯”呢。

乌龟：哦，对——就是它。真想不到。我不知道这里有什么含义。

阿基里斯：至少是挺怪的。

乌龟：你认为我的公案是正宗的吗？

阿基里斯：请等一会儿……

乌龟：我的串具有佛性吗？

阿基里斯：龟兄，你的串开始叫我感到不安了。

乌龟（一副很得意的样子，一点也没有注意阿基里斯）：玳瑁的串怎么样？它具有佛性吗？我有一堆问题要问呢！

阿基里斯：我害怕这些问题了，龟兄。这里出现了些极怪的东西，我不敢说我喜欢它。

乌龟：很抱歉，我无法想象是什么叫你不安。

阿基里斯：嗯，我所知道的解释它的最好方法是援引另一个老禅师香严的话：

245 香严和尚云：“（禅）如人上树，口衔树枝，手不攀枝，脚不蹋枝，树下有人问（如何是祖师）西来意？不对，即违他问；若对，又丧身失命。正恁麽时，作麽生对？”

乌龟：很清楚：他就应该放弃禅宗，改学分子生物学。

第九章　无门与哥德尔

246

什么是禅宗?

我不敢肯定我知道禅宗是什么。一方面,我觉得我对禅宗非常明了;但另一方面,我又觉得我永远也没法明白它。自从我大学一年级的语文老师在课堂上给我们大声朗读赵州的“无”,我就开始与禅宗式的生活观进行搏斗,也许我永远也不会停止这么做。对我来说,禅宗是智力流沙——晦涩、无意义、紊乱、无法无天。它撩人而又令人恼火。不过它也很幽默,让人耳目一新,富于吸引力。禅宗是有其特殊的意义、光芒和明晰性的。我希望在这一章里能把我的这些感受传达一些给读者。这样(虽然这似乎挺奇怪),我们就被直接引向哥德尔的理论了。

佛教禅宗的基本教条之一是:没有任何办法能刻画禅宗是什么。无论你用什么样的词语空间努力去涵盖禅宗,都不会成功,它总要再冒出去。看起来,阐释禅宗的所有努力似乎完全都是浪费时间。但禅宗信徒们并不这么看。比如说,禅宗的公案,虽然是用词语表达的,乃是禅宗探究的中心部分。公案是当作“触发器”的,它们自己并不含有足够的信息以得到顿悟,但它们可能足以解开人们心智中导致顿悟的机制。不过一般说来，禅宗的观点认为词语与真理是不相容的，或至少是词语不能捕捉到真理。

无门禅师

也许就是为了以一种极端的方式指出这一点，无门禅师在13世纪时编辑了四十八个公案，并于每个公案后面附了评注及一首小“颂”。这部作品被称为《无门之门》，或《无门关》。有趣的是，无门与斐波那契的生活年代几乎完全相同：无门从1183年至1260年生活在中国，斐波那契于1180年到1250年生活在意大利。对于那些希望通过《无门关》而看懂或“理解”公案的人，看了《无门关》之后大概会惊诧不已：那些评注及诗句本应是澄清公案的意思的，实际上却和公案本身一样晦涩。看这个例子：[①]

247 公案：

清凉大法眼，因僧斋前上参，眼以手指帘，时有二僧同去卷帘。眼曰：“一得，一失。”

无门曰：

且道：是谁得谁失？若向者里着得一只眼，便知清凉国师败阙处。然虽如此，却忌向得失里商量！

颂曰：

卷起明明彻太空，太空犹未合吾宗。

争似从空都放下？绵绵密密不通风！

现在我们再来看一个：[②]

公案：

五祖曰：“譬如水牯牛过窗棂，头，角，四蹄都过了，因什么尾巴过不得？”

无门曰：

若向者里颠倒着一只眼，下得一转语，可以上报四恩，下资三有。其或未然，更须照顾尾巴始得！

颂曰：

过去堕坑堑，回来却被坏。

者些尾巴子，直是甚奇怪！

我想你得承认，无门并没有真的把每件事都澄清。可以说，元语言（无门用的语言）与对象语言（公案的语言）没有什么太大差别。在有些人看来，无门的那些评注纯属故意装傻，也许就是为了表明花时间谈论禅宗是毫无用处的。不过，我们可以从不止一个层次来理解无门的评注。比如，考虑下面这个例子：[3] 248

图 46　三界，艾舍尔作（版画，1955）。

公案：

南泉和尚问云：“还有不与人说底法么？”

泉云：“有。”

僧云：“如何是不与人说的法？”

泉云："不是心，不是佛，不是物"！

无门曰：

南泉被者一问，直得

揣尽家私，郎当不少！

颂曰：

叮咛损君德，无言真有功。

任从沧海变，终不为君通！

249 这首诗里，无门似乎说了些禅宗里非常核心的东西，而非一些傻话。然而奇怪的是，这首诗是自指的，因此它不仅评论了南泉所说的话，也阐明了自身的无效性。这种悖论是禅宗的一大特点。它是"破坏逻辑头脑"的一种尝试。从公案中同样也能看到这种悖论特质。看了无门的评注之后，你觉得南泉真的那么肯定他给的回

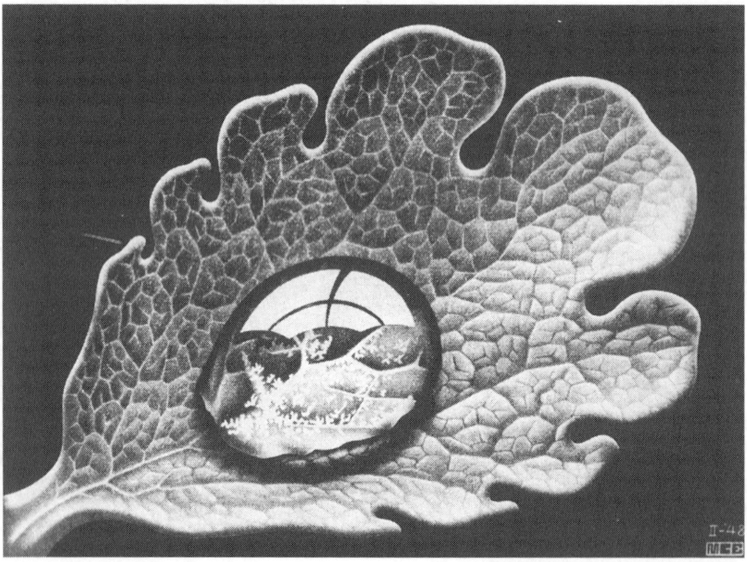

图 47　露珠，艾舍尔作(镂刻凹版，1948)。

答吗？或者他的回答的正确性根本就是无关紧要的？或者正确性这种东西在禅宗里就没有位置？正确性与真理之间的区别在哪里？或许这种区别是不存在的？如果南泉说“没有不与人说的法”，这又如何呢？结果会有什么不同吗？他的话还会记录在公案里而流传下来吗？

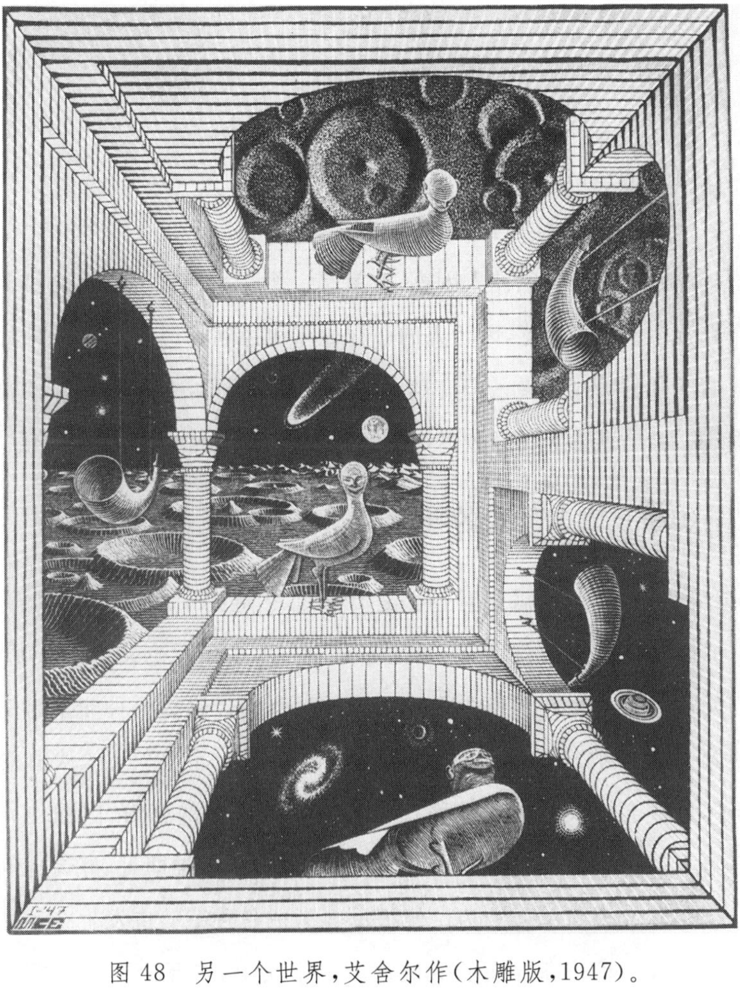

图 48　另一个世界，艾舍尔作(木雕版，1947)。 250

这里是另一个旨在破坏逻辑头脑的公案：[④]

道悟趋禅师问曰："吾欲求真理，吾应修至何等心境方可求之？"

师曰："本来无心，故无心境可修；本来无真理，故无由求之。"

"既无心可修，无真可求，聚这些和尚此处习禅修行何故？"

师曰："此处并无寸地，这些和尚何以聚得？吾口中无舌，何以集而教之？"

道悟问："师何以言谎？"

师曰："吾既无舌语人，何能言谎？"

道悟惘然曰："吾不了师言。"

师曰："吾亦不自了。"

如果有什么公案使人困惑，这就是一个。而且很可能它的目的
251 恰恰就在于引起困惑，因为人的心智处于困惑状态时就会在某种程度上不合逻辑地运转。只有跨出逻辑，摆脱理论，人才能跃入顿悟境地。可是逻辑到底怎么不好了？为什么它会阻止人们达到顿悟？

禅宗反对二元论的斗争

回答这些问题需要对顿悟是什么有一定的了解。所谓顿悟，最简明扼要地说或许就是：超越二元论。那么二元论又是什么呢？二元论就是把世界从概念上分划为种种范畴。这么一种非常自然的倾向能否被超越？我在"分划"前面加了一个修饰语"从概念上"，可能会让人觉得这是种智力上的或意识中的努力，因而也许会给人一种印象：克服二元论只需简单地抑制思维即可（好像抑制思维实际上很简单似的！）。但把世界裂成各种范畴也发生在远远低于思维这种较高层次的低层次上。事实上，二元论不仅是概念

上对世界的划分，同样也是感知觉上对世界的划分。换句话说就是，人类的感知觉本质上是种二元现象——这使得追求顿悟至少是种逆水行舟般的奋斗了。

在禅宗看来，二元论的核心就是词语——普通的词。对词的使用必然导致二元化，因为每个词很明显地就是代表了一个概念范畴。所以，禅宗的一个主要部分就是为反对依靠词语而斗争。反对使用词语的最有力的工具之一就是公案，其中词被如此彻底地误用，以至那些认真看待公案的人会晕头转向，理不清自己的神智。因此，说顿悟的敌人是逻辑也许是不对的，它应该是二元化，借助词语的思维。事实上还要更基本：是知觉。一旦你感知到一个客体，你就把它与世界的其余部分划分开了；你人为地把世界分成部分，你于是就远离了“道”。

下面这个公案展示了同词语的斗争：[5]

公案：

首山和尚拈竹篦示众云：“汝等汝人，若唤作竹篦则触；不唤作竹篦则背。汝诸人且道：唤作什么？” 252

无门曰：

唤作竹篦则触；不唤作竹篦则背。不得有语，不得无语。速道，速道！

颂曰：

拈起竹篦，行杀活令。

背触交驰，佛祖乞命！

（这里的“佛祖”指的是禅宗的六位倍受尊崇的创建者，其中菩提达摩是初祖，慧能是六祖。）

图 49　白天与黑夜，艾舍尔作（木刻，1938）。

为什么称之为竹篦就违反了它的实在性？可能是因为这种划类显得像是捕获了实在，而实际上这样的陈述却根本连表面都未能触及。可以比较一下“5 是个素数”这个说法。那么多东西——无数多的事实依据——都省略掉了。另一方面，不称之为竹篦，那也的确是在无视一个特定的事实，不管这个事实是多么微不足道。因此，词语把我们引向某些真理——或许，同样也引向某些虚假——但肯定不能引向所有真理。你若是依赖词语走向真理，那就如同依赖一个不完全的形式系统而走向真理。一个形式系统的确会给你一些真理，但正如我们马上就会看到的，无论一个形式系统多么强有力，都不可能给出所有真理。数学家们的困窘就在于：除了形式系统，还有什么可以依靠？而禅宗信徒的困窘则是：除了词语，还有什么可以依靠？无门把这一困境阐述得很清楚：“不得有语，不得无语。”

253　下面又是南泉了：[⑥]

公案：

南泉因赵州问："如何是道？"

泉云："平常心是道。"

州云："还可趣向否？"

泉云："拟向即乖！"

州云："不拟怎知是道？"

泉云："道不属知，不属不知；知是妄觉，不知是无记。若真达不疑之道，犹如太虚廓然洞豁，岂可说是非耶！"[见图 50]

这个奇特的陈述似乎充满了悖论。这多少让人想起那个治嗝偏方："绕着大树跑三圈，脑子里始终不想'乌鸦'这个词。"禅宗哲 254
学似乎体现了这样一个观念：通向终极真理之路，就像那个唯一的治嗝偏方一样，会是充斥悖论的。

主义、无方式以及云门

如果词语不好，思维也不好，那么什么是好的？当然，这么问已经是彻头彻尾的二元论了，但我们是在讨论禅宗，无需假装出笃信禅宗的样子——因此我们可以试着来认真地回答这个问题。对于禅宗所追求的东西，我这里有个名称："主义"。主义是反哲学的，是一种摒弃思维的存在方式。主义的大师是石头，树，蛤蟆。高等动物若想达到主义，就得经过一番奋斗，而且是永远不可能完全达到的。不过，人们偶尔还是会有幸瞥一眼主义的。也许下面这个公案就赐予了这么一瞥：⑦

公案：

沩山和尚始在百丈会中充典座，百丈将选大沩主人，乃请同首

图 50　果皮,艾舍尔作(木雕,1955)。

座对众下语，出格者可往。百丈遂拈净瓶置地上，设问云：“不得唤作净瓶，汝唤作什么？”

首座乃云：“不可唤作也。”

百丈却问于山，山乃倒净瓶而去。

百丈笑云：“第一座输却山子也！”因命沩为开山。

摒弃感知，摒弃逻辑、词语、二元化的思维——这就是禅宗的实质，主义的实质。这即是“无”方式——非智能，非机械，就是“无”。赵州处于无方式中，而这就是为什么他的“无”废问了那个问题。对于云门禅师，无方式是再自然不过的了：[8]

（云门禅师）上堂，拈拄杖曰：“拄杖子化为龙，吞却乾坤了也。山河大地，甚处得来？”

禅宗采纳整体论，并且推向逻辑上的极端。如果整体论是断言事物必须作为一个整体被理解，而非其各个部分的总和，那么禅宗走得更远，认为整个世界根本就不能被划分为一个个事物。划分世界就会误入歧途，因而就不能达到顿悟了。

一师因一僧问曰：“如何是道？”

师曰：“正眼前是道。”

“如何我不自见？”

“汝自虑故。”

“师知之否？”

师曰：“汝但见二分：言‘我不自见’、‘师见之’，汝目障矣。”

“无我无你，可得见否？”

“无我无你，谁欲见之？”[9]

很明显，禅师想传达这样一种观念，即顿悟状态意味着自我和 255

宇宙之间的分界消解了。这将是二元论的真正终结，因为正如他所说的，任何一个有感知愿望的系统都将不复存在。但除了死亡，那还能是种什么状态？一个活生生的人怎么能消解他自己与外部世界之间的分界线呢？

禅宗与堕界

禅宗和尚拔对给一个行将圆寂的门人写了一封信，信中说："汝之无终之终，一似雪片溶于清气之中。"雪片，曾是宇宙中完全可见的一个子系统，现在溶解于它曾依托的那个更大的系统中了。虽然它已不再是以一个清晰可见的子系统而存在，其实质却依然是存在的，并将这么保持下去。它漂浮在堕界中，与没打出的嗝在一起，与没人读的故事中的人物在一起……这是我对那番话的理解。

禅宗认识到了自身的局限，正如数学家们逐渐也认识到了公理化方法作为获得真理的方法其局限所在。这并不意味着禅宗对自身之外有什么东西有个确切的答案。数学家们不清楚在形式化推理之外还有什么有效的推理形式，禅宗也强不了多少。关于禅宗的界限，下面这个奇怪的公案给了一个清楚的禅宗说法，看上去很能代表南泉的精神：[10]

> 师（洞山禅师——译注）谓众曰："知有佛向上人，方有语话分。"
>
> 僧问："如何是佛向上人？"师曰："非佛。"

总是能走得更远。顿悟并非禅宗的终点。而且并没有一付超越禅宗的良方。唯一坚实可靠的是，佛非道也。禅宗是一个系统，不可能成为它自己的元系统。总是有东西处在禅宗之外，那是无法在禅宗之内完全了解或说清楚的。

艾舍尔与禅宗

在质疑感知、设置无答案的荒唐哑谜方面，禅宗有个伴儿：画家艾舍尔。比如《白天与黑夜》（图 49）这幅"背触交驰"（借用无门的话）的杰作。人们会问，"那些真的是鸟吗？那些真的是田野吗？那真的是白天吗？真的黑夜吗？"然而我们又都知道这么问毫无意义。这幅画同禅宗的公案一样，是在努力打破逻辑头脑。艾舍尔还特别喜欢作一些矛盾的画，像《另一个世界》（图 48）——把实在与非实在摆并来摆弄去，与禅宗摆弄实在与非实在的方式完全一 256
样。是否应该认真对待艾舍尔？是否应该认真对待禅宗？

在《露珠》（图 47）中，对于反射有种精致的、俳句般的探究。另外还有两幅月亮映在平和的水面上的宁静图景：《坭塘》（图 51）和《水面涟漪》（图 52）。水中的月亮是许多公案的主题。下面是一个例子：[11]

> 千代能尼师在园觉佛光大师会下学禅，久久不能获得参悟的结果。一个月明之夜，千代以一个旧桶提水，偶因桶箍破裂而桶底脱落，豁然获得大自在，作一偈以记其事：
>
> 扶持旧桶，桶底忽脱。
>
> 桶里无水，水中无月。

《三界》是一幅艾舍尔的画（图 46），也是一个禅宗公案的主题：[12]

> （瑞岩）问："三界竞起时如何？"师（岩头禅师）曰："坐却著。"

图 51　泥塘,艾舍尔作(木刻,1952)。

曰:“未审师意如何?”师曰:“移取庐山来,即向汝道。”

257

“三比二”与艾舍尔

在《辞》(图 149)里,相左的事物在不同的层次上被纳入了一个统一体。顺着这幅画我们看到逐渐的变迁:从黑鸟到白鸟到黑鱼到白鱼到黑蛙到白蛙到黑鸟……六步之后,回到了我们开始的地方!这是调和黑与白这两分,还是鸟、鱼、蛙这三分?或者是 2 的偶数性与 3 的奇数性之间的对立导致的六位一体?在音乐里,六个等长音符会造成节奏歧义——是两个一组的三组,还是三个一组的两组?这种歧义有个名称:“三比二”。肖邦是“三比二”的大师:见他的华尔兹(作品 42 号)、练习曲(作品 25 号之二)。在巴

图 52　水面涟漪，艾舍尔作(油毡浮雕，1950)。

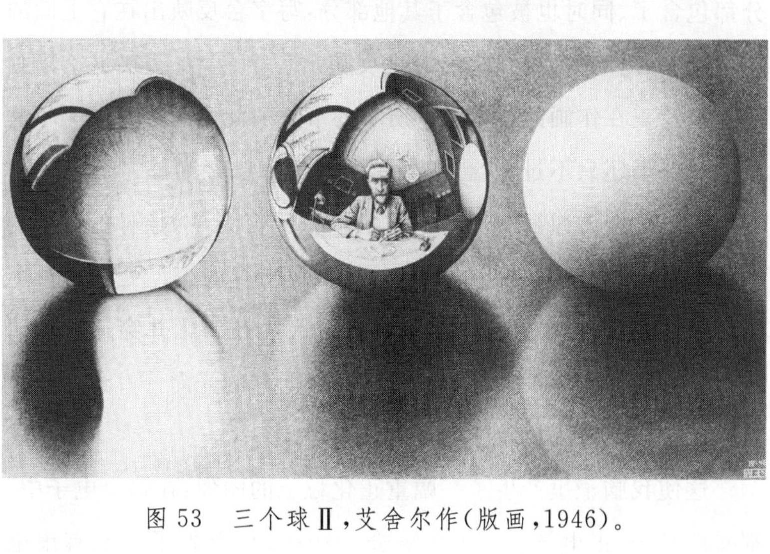

图 53　三个球Ⅱ，艾舍尔作(版画，1946)。　258

赫的作品中，出现了这种现象的有第五键盘组曲中的小步舞曲，以及那首不可思议的 G 小调第一无伴奏小提琴奏鸣曲的终曲。

逐步进入到《辞》的中央时，差别便渐渐开始模糊，于是到最后剩下的不是三个，也不是两个，而是一个单质："辞"（画中是拉丁文 VERBUM，就是"辞"的意思）在熠熠闪光——也许这就是顿悟的象征。有趣的是，"辞"不仅是个词，而且它的意义也即"词"——并不完全与禅宗的观念相符。另一方面，"辞"是画中唯一的一个词。洞山禅师曾说过，"全部佛经三藏可以由一个字来表达。"我一直在想，该是什么样的解码机制才能从一个字里抽出三藏经文？也许是个带有两个半球的东西。

因陀罗之网

最后，我们来看看《三个球之二》（图 53），其中世界的每个部分都包含了、同时也被包含于其他部分：写字台反映出在它上面的球，球与球之间彼此反映，同时也反映出写字台，并反映出这幅画本身以及正在作画的艺术家。所有的事物彼此之间都有着无尽的联结。这里还只不过是给个提示，然而提示已经足够了。佛教中的因陀罗之网就像征着遍布宇宙的一张无穷无尽的线网，水平的线穿过空间，垂直的线穿过时间。每个线与线的交汇处都是一个个体，每个个体都是颗明珠。"神"的巨大光芒照耀并穿透每颗明珠，而且，每颗明珠不但在反映网上其他明球的光泽——也反映着遍布于宇宙的每一反映的每一反映。

这使我脑子里产生了一幅重正化粒子的图像：在每个电子中，都有虚光子、正电子、中微子、π 介子……；每个光子中又有虚电子、质子、中子、π 介子……；而在每个 π 介子中，有……

但随即又来了另一幅图像：关于人。每个人都反映在许多其他人的脑子里，那些人又反映在另外一些人的脑子里，如此下去。

这两幅图像都能由扩充转移网简明漂亮地表示出来。在粒子的情形，将是每个粒子范畴都有一个网；在人的情形，是每个人有 259
个网。每个网都含有对其他网的调用，这样就在每个 ATN 周围包上了一个 ATN 的虚云。调用某一个网导致对别的网的调用，这个过程在终了之前会像多级瀑布般地流泻到任意远。

无门论无

让我们回到无门，把这番闲扯收归于禅宗。下面是他对赵州的"无"的评论：[13]

> 参禅须透祖师关，妙语要穷心路决。祖关不透，尽是依草附木精灵。且道：如何是祖师关？只者一个"无"字，乃宗门一关也。遂目之曰："禅宗无门关。"透得过者，非但亲见赵州，便可与历代祖师把手共行，眉毛厮结，同一眼见，同一耳闻，岂不庆快？莫有要透关底么？将三百六十骨节、八万四千毫窍，通身起个疑团，参个"无"字，昼夜提撕。莫作虚无会，莫作有无会，如吞了个热铁丸相似，吐又吐不出，荡尽从前恶知恶觉；久久纯熟，自然内外打成一片，如哑子得梦只许自知；蓦然打发，惊天动地，如夺得关将军大刀入手，逢佛杀佛，逢祖杀祖，于生死岸得大自在，向六道四生中游戏三昧。且作么生提撕？尽平生气力举个"无"字。若不间断，好似法烛，一点便着。

从无门到 WU 谜题

我们现在从赵州的“无”那无比漂渺的高度上降下来，降到单调又平凡的侯世达的 WU……我知道你已为这个 WU 花费了不少精力(读第一章的时候)，所以我现在很愿意摆出答案了。那时提出的问题是：

“WU 还有定理性也无?”

答案并非一个含糊其词的“无”，而是一声响亮的“不”。为了指明这一点，我将借用二元论的、逻辑的思维。

260 在第一章中有两点观察是至关重要的：

(1)WU 谜题之所以有难度，很大程度上是因为它涉及了加长规则与缩短规则两者的交织；

(2)解开这个谜题的希望还是有的，只是要借助一个工具：数论。某种意义上讲，数论在处理这种复杂度的问题时具有合适的深度。

第一章里我们没有非常仔细地从这种角度来分析 WU 谜题，现在我们就要这么做了。我们会见到那第二点观察(当推广一下，超出意义不大的 WJU 系统的时候)是数学界最富成果的发现之一，它改变了数学家们对自己那门学问的看法。

为使读者参考起来方便，我重述 WJU 系统如下：

符号：W，J，U

公理：WJ

规则：

Ⅰ. 若 xJ 是定理，则 xJU 也是定理。

Ⅱ.若 Wx 是定理,则 Wxx 也是定理。

Ⅲ.在任何定理中,JJJ 可以被换成 U。

Ⅳ.UU 可以从任何定理中删去。

无门告诉我们如何解开 WU 谜题

于是,按照上述两点观察,WU 谜题无非是一道披着印符外衣的自然数问题。假若我们能想出一个办法,把它转换到数的领域里,我们大概就能解它了。让我们好好想想无门的话:“若向者里着得一只眼,便知清凉国师败阙处。”但“着得一只眼”又怎样呢?

你要是数一数定理中 J 的数目,很快你就会发现好像永远不会是 0。换句话说,似乎无论折腾多少回加长与缩短的操作,我们永远也得不到一个清除了所有 J 的符号串。让我们把串中 J 的数目称作该串的“眼”数,因为 J 的存在就好像是在我们想要的 WU 串中间钻了一些“洞眼”。注意公理 WJ 中有一只“眼”。我们不但可以说明定理的“眼”数不可能是 0,还可以说明,“眼”数永远不会是 3 的倍数。

作为开始,先注意规则Ⅰ与规则Ⅳ对“眼”数丝毫不发生影响。所以我们只需要考虑规则Ⅱ与Ⅲ。规则Ⅲ只不过是使“眼”数恰好减 3,使用这个规则之后,得到的输出或许也可能是 3 的倍数——但仅只在输入已经是 3 的倍数这一情况下。简而言之,规则Ⅲ决不会无中生有地产生 3 的倍数。它必须在“眼”数已经是 3 的倍数的情况下才能产生“眼”数为 3 的倍数的串。同样的事情也发生在规则Ⅱ身上,因为它使“眼”数翻倍。理由是,若 2n 被 3 整除,那 261
么——由于 3 不整除 2——n 就得被 3 整除(数论里的一个简单事

实）。无论是规则Ⅱ还是规则Ⅲ，都不能无中生有地产生 3 的倍数。

而这恰恰就是解开 WU 谜题的关键所在！下面是我们已经知道了的事情：

（1）最一开始的“眼”数是 1（不是 3 的倍数）；

（2）有两条规则丝毫不影响“眼”数；

（3）另两条规则的确要影响“眼”数的值，但除非初始给出的是 3 的倍数，否则它俩也决不会产生 3 的倍数。

结论是——也是典型的继承性论证方式——“眼”数永远无法变成 3 的倍数。特别地，0 就决不可能是“眼”数的值了。因此，WU 不是 WJU 系统的定理。

请注意，即使是作为一个关于“眼”数的谜题，这个问题也会因为加长规则与缩短规则的交织而使人迷惑。零成了追求目标，“眼”数可以增大（规则Ⅱ），可以减小（规则Ⅲ）。我们大概会想，不断地换着使用那些规则，最终或许能达到 0，于是就这么干了下去，直到我们站出来分析一番我们面临的到底是什么。现在，多亏一个简单的数论推理过程，我们知道了那是不可能的。

对 WJU 系统进行哥德尔配数

并非所有以 WU 谜题为代表的那类问题都像 WU 谜题那么容易解。但我们已经看到了至少有这么一个这种问题是可以嵌入数论并用数论来解决的。我们现在就要看到，有那么一种方法，可以把所有的关于任何形式系统的问题都嵌入数论。这之所以能做到是因为哥德尔所发现的一种特殊的同构。下面我用 WJU 系统来说明这种方法。

我们从 WJU 系统的记号开始。先把每个符号都映射到一个新的符号上去：

$$W \Leftrightarrow 3$$

$$J \Leftrightarrow 1$$

$$U \Leftrightarrow 0$$

这个对应是任意选定的。若要一定说出个理由，可以说每个符号都多少有点像它所映上的那个新符号。每个数都称作相应字母的哥德尔数。现在我敢肯定你已经猜到了字母串的哥德尔数将是什么了：

$$WU \Leftrightarrow 30$$

$$WJJU \Leftrightarrow 3110$$

等等

这很简单。很清楚，这个记号间的映射是个保持信息的变换，就像 262
是在两个不同的乐器上演奏同一旋律。

我们现在来看看 WJU 系统中的一个典型的推导，我们同时用两种记号写：

(1)　WJ——公理——31
(2)　WJJ——规则 2——311
(3)　WJJJJ——规则 2——31111
(4)　WUJ——规则 3——301
(5)　WUJU——规则 1——3010
(6)　WUJUUJU——规则 2——3010010
(7)　WUJJU——规则 4——30110

左边一列是使用我们已熟悉的四条印符规则而得到的。右边一列同样也可以当作是使用了一组类似的印符规则而生成的。不过右边的一列有种二重性。下面我来解释。

从印符和算术两个角度看问题

我们可以说第五个串(“3010”)是从第四个来的,方法是在右边放上一个“0”;另一方面,我们同样也可以把这一转换看成是由于算术运算而导致的——确切地说就是乘以10。当自然数按十进制写出时,乘以10和在右边放上一个0是没有差别的。我们可以利用这一点写出一条算术规则,与印符规则Ⅰ相对应:

算术规则Ⅰa:一个数的十进制展开的右侧如果以1结尾,则可乘以10。

我们可以不必指称十进制展开中的符号,而用算术方式来描述最右边的数字:

算术规则Ⅰb:一个数被10除时的余数如果是1,则可乘以10。

我们可以仍是固守纯粹的印符规则格式,比如下面这个:

印符规则Ⅰ:从任何一个最右侧符号为“1”的定理都可以得到一个新的定理,方法是在那个“1”右侧拼上一个“0”。

它们的效果是一样的。这就是为什么右边一列具有“二重性”:可
263 以视为一系列的印符操作,改变着符号排列模式;也可以视为一系列算术运算,改变着数的量级。但有充足有力的理由使我们对算术的版本更感兴趣。跨出一个纯印符系统,再走入另一个同构的印符系统,这没有多大意思;而离开印符领域然后步入一个与之同构的数论的某个部分则会几激发出未开发的潜力。这就像一个人前半生一直通晓乐谱,但只是用眼睛看而已——然后,忽然有一天,有人告诉了他声音与乐谱之间的映射。那将是怎样一个崭新

而又丰富的世界！在这里，就好像一个人前半生一直都熟知符号串的样子，但只是那些串的形状而已，从不知意义何在——然后，忽然有一天，有人告诉了他事物与串之间的映射。这是怎样的一种启迪！哥德尔配数的发现被人们比作笛卡尔关于平面曲线与二元方程之间同构的那个发现：一旦你见到了，真是令人难以置信地简单——而一个崭新宽广的世界就这么展开了。

不过，在我们跳到结论之前，你或许会愿意看看这个同构的较高层次的全貌是什么样。这也是个很好的练习。其思想在于使给出的各个算术规则与 WJU 系统的每个印符规则在效果上没有差别。

下面是实现的方案之一。规则中的 m 和 k 是任意的自然数，n 是小于 10^m 的任何自然数。

规则1：若有了 $10m+1$，则还可以有 $10\times(10m+1)$。

例子：从第 4 行到第 5 行。这时，$m=30$。

规则 2：若有了 $3\times10^m+n$，则还可以有 $10^m\times(3\times10^m+n)+n$。

例子：从第 1 行到第 2 行，这时 m 与 n 都是 1。

规则 3：若有了 $k\times10^{m+3}+111\times10^m+n$，则还可以有 $k\times10^{m+1}+n$。

例子：从第 3 行到第 4 行，这时 m 与 n 都是 1，而 k 是 3。

规则 4：若有了 $k\times10^{m+2}+n$，则还可以有 $k\times10^m+n$。

例子：从第 6 行到第 7 行。这时，$m=2$，$n=10$，$k=301$。

可别忘了我们的公理！没有它我们哪里都去不了。所以，我们说：

我们有 31。

现在，右边一列可被视为一个资格充分的算术过程了，它来自一个新的算术系统，不妨称之为 310 系统：

264	(1)	31	给定的
	(2)	311	规则 2(m=1,n=1)
	(3)	31111	规则 3(m=2,n=11)
	(4)	301	规则 3(m=1,n=1,k=3)
	(5)	3010	规则 1(m=30)
	(6)	3010010	规则 2(m=3,n=10)
	(7)	30110	规则 4(m=2,n=10,k=301)

请看,加长与缩短规则还在追着我们,这个“310 系统”也被缠上了。这个东西被传送到了数的领域,使得哥德尔数时而大时而小。如果细细观察,你会发现这些规则的设计是基于一个并不深奥的思想:整数的十进制表示中那些数码的左右移动是与乘以或除以 10 的方幂相关联的。这一简单的结论可以推广:

中心命题:若有一条印符规则,它在任一十进制表示的数中移动、改变、删除或插入数码,那么这条规则可同样由一条算术规则来替代,后者包括对 10 的方幂的算术运算以及加、减等运算。

简而言之:

用于数字的印符规则实际上等同于用于数的算术规则。

这一简单的结论是哥德尔方法的核心,其后果是震撼人心的。就是说,一旦对一个形式系统进行了哥德尔配数,立刻就有了一组规则,使我们得到完整的哥德尔同构。结果就是,我们可以把对任一形式系统的研究——事实上即对所有形式系统的研究——转成数论工作。

WJU 可产生的数

就像一组印符规则会产生一集定理，一集相应的自然数可通过重复使用算术规则而生成。这些可产生的数在数论中扮演的角色与形式系统中定理扮演的角色是一样的。当然，什么样的数是可产生的，这取决于采用的是什么规则。"可产生的"数的可产生性是相对于一个算术规则的系统而言的。例如，诸如 31，3010010，31111 等等这样的数可以称为"WJU 可产生的"数——一个笨拙的词，或许该简称为"WJU 数"，意指这些数是把 WJU 系统通过哥德尔配数转入数论的产物。假若我们是对 pq 系统进行了哥德尔配数，然后把其规则"算术化"，那么我们可以称那些可 265
产生的数为"pq 数"——如此等等。

注意，可产生的数（对任一给定了的系统）是由递归方法定义的：给定一些已知的可产生的数，我们的规则就告诉我们如何得到更多可产生的数。于是，可产生的数组成的类就是在不断地扩大，很像斐波那契数列或 Q 数的增长方式。任一形式系统的可产生的数构成的集合都是一个递归可枚举集合。其补集——不可产生的数构成的集合怎么样呢？也总是递归可枚举的吗？那些不可产生的数有没有什么共同的算术特征？

当你把形式系统研究换成数论研究时，就会产生这类问题。对每个算术化了的系统都可以问，"我们能否用一种递归可枚举的办法刻画不可产生的数？"这些都是数论中很困难的问题。对现在那些已经算术化了系统，这种问题都会显出是些极难解决的问题。不过，假如存在解决办法，那也必将是依靠通常那种用于自然数的一步一步的推理。而这当然也就是在我们前些章讲过的那种典范形式中进行的。TNT 整个看来似乎抓住了所有有效的数学思维过程，并都压入一个紧凑的系统中了。

咨询 TNT 以解答有关可产生的数的问题

那么，是不是说有可能解答任何有关形式系统问题的方法都已经在这么一个形式系统——TNT——里面了呢？似乎这是可以想象的。比如看下面这个问题：

WU 是 WJU 系统中的定理吗？

找到答案等同于确定 30 是否是一个 WJU 数。由于这是一个数论陈述，我们该可以设想，经过一番艰苦工作就能想出办法把句子“30 是一个 WJU”数翻译成 TNT 记号，其过程与想出如何把其他数论句子翻译成 TNT 记号是差不多的。我该立刻提醒读者，这样的翻译确实存在，但极其复杂。你也许还记得，在第八章里我指出过：即使像“b 是 10 的方幂”这么简单的算术谓词，要转成 TNT 记号的形式都是非常棘手的——而谓词“b 是个 WJU 数”则还要复杂得多！可这还是能做到的。这个问题中的 b 可被数字 SSSSSSSSSSSSSSSSSSSSSSSSSSSSSS0 替换。得到的结果将是一个硕大无朋的 TNT 符号串，一个谈论 WU 谜题的 TNT 符号串。就让我们称之为“无朋”吧。通过无朋及与之类似的串，TNT 现在可以“用码”来谈论 WJU 系统了。

无朋的两重性

266 为了从这个对原问题的奇特的转换中得到更多的好处，我们得寻找下面这个新问题的答案：

无朋是 TNT 的定理吗？

我们做的只不过是把一个相对短小的串（WU）换成了另一个（硕大的无朋），把一个简单的形式系统（WJU 系统）换成了一个复杂的（TNT）。虽然把问题这么修饰了一番，解决并不见得容易些。实际上，TNT 中的加长和缩短规则更多更全了，所以把问题这么改装一下很可能比原问题要难解决得多。甚至你可能会说通过无朋来看 WU 纯属故弄玄虚。不过，我们可以在不止一个层次上看待无朋。

事实上，这一点是很令人感兴趣的：无朋有两种不同的被动意义。首先，是我们已经给出了的：

30 是个 WJU 数。

其次，我们知道这个陈述与下述陈述有关联（通过同构）：

WU 是 WJU 系统中的定理。

所以我们可以合法地引用后者作为无朋的第二个被动意义。这也许会显得有些奇怪，因为毕竟无朋只不过是由一些加号、括号等等 TNT 中的符号组成的东西。它怎么可能表达出没有算术内容的陈述呢？

事实是，它能。正如一串单音在一支曲子里既可以构成旋律也可以构成和声，正如"BACH"可以解释成名字也可以解释成旋律，正如单独一个句子可以同时是精确地从结构上描述艾舍尔的一幅画、DNA 的一个节断、巴赫的一支曲子、嵌有这个句子的一个对话，无朋也可以从（至少）两个完全不同的角度来理解。发生这种事情是由于下述两个事实：

事实 1:像“WU 是个定理”这样的陈述可以通过哥德尔同构编码成一个数论问题。

事实 2:数论陈述可以翻译到 TNT 系统中去。

可以说,有了事实 1,无朋就是一则编了码的消息,有了事实 2,用于该编码的符号就是 TNT 的符号。

267　编码与隐含意义

有一种观点认为,一则编了码的消息与未编码的消息的不同之处在于:前者仅有其自身还不能表示什么——还需要有关编码的知识。现在我们可以来反驳这种观点了。事实上,在现实中不存在什么未编码的消息。只有用较熟悉的编码编的消息和用不太熟悉的编码编的消息。若要显露一则消息的意义,就必须用某种机制或同构从编成的编码中把它抽出来。发现解码的方法可能很困难,可一旦发现了,消息就会变得水一样清澈。当编码足够熟悉的时候,它就不显得像编码了,人们于是也就忘了有一个解码机制存在。这样,那则消息就与其意义等同了。

我们这里碰到的情况就是消息与其意义几乎完全被等同,以至于我们很难接受驻存在符号中的另选意义了。就是说,我们对 TNT 符号的偏见如此之深,只看到 TNT 符号串中的数论意义(并且仅仅是数论意义),以至于很难接受某些 TNT 符号串是关于 WJU 系统的陈述。但哥德尔的同构迫使我们认识到某些 TNT 串中的这第二层意义。

以较为熟悉的方式解码时,无朋载有的消息是:

30 是个 WJU 数。

这是个数论陈述，来自对每个记号用约定的方法解释。

但由于发现了哥德尔配数，以及基于其上的整个哥德尔同构，我们从某种意义上是破译了一段编码，其中关于 WJU 系统的消息被编成了 TNT 串。哥德尔同构是一种新的信息揭示者，正如古代文本的释读是信息揭示者一样。用这种新的、不那么熟悉的机制解码时，无朋载有如下消息：

WU 是 WJU 系统的定理。

这个故事的寓意是我们以前听到过的：意义是我们在辨认出同构时自动出现的副产品。所以无朋至少有两个被动意义——也许还多！

自食恶果：对 TNT 进行哥德尔配数

当然事情不是到此就结束了。我们才刚开始体会到哥德尔同构的潜力。自然而然的路子就是把 TNT 反映其他形式系统的能力转而用在它自己身上，就像乌龟使螃蟹的唱机转而打击其自身，以及使他的高脚杯转而破坏其自身一样。为了做到这一点，我们得对 TNT 像对 WJU 系统一样进行哥德尔配数，然后把其推理规 268
则“算术化”。哥德尔配数是很容易的。比如，我们可以建立如下对应：

符号		密码子	关于密码子的一些有助记忆的说法
0	……	666	洒过农药后的昆虫数目
S	……	123	后继关系：1，2，3，……
=	……	111	视觉上的相似：横过来看
+	……	112	1+1=2

·	……	236	2×3＝6	
(	……	362	以 2 结尾	这三对形成一个模式
)	……	323	以 3 结尾	
＜	……	212	以 2 结尾	
＞	……	213	以 3 结尾	
[	……	312	以 2 结尾	
]	……	313	以 3 结尾	
a	……	262	与∀（626）相反	
’	……	163	163 是质数，而质数的首笔是撇	
∧	……	161	“∧”是序列 1－6－1 的“形象”	
∨	……	616	“∨”是序列 6－1－6 的“形象”	
→	……	633	6“蕴涵”3 和 3，某种意义上是这样吧……	
～	……	223	2＋2 不是 3	
∃	……	333	“∃”看上去像个“3”	
∀	……	626	与 a 相反，而且还是 6－2－6 的“形象”	
：	……	636	两个点，两个六	
标点	……	611	序列 6－1－1 的“形象”似乎意味着结束	

每个 TNT 符号都与由 1、2、3 和 6 组成的一个三位数配对，配对原则只为有助记忆。我将称这些三位数为哥德尔密码子，简称密码子。注意我没有为 b，c，d 及 e 配密码子。我们是在用简朴的 TNT。这么做隐藏着的动机到第十六章你就知道了。至于最末尾关于标点的密码子，我会在第十四章解释。

现在我们可为任何 TNT 的串或规则重新穿扮了。作为一个例子，下面是公理 1 的两种记法，老的在新的下面：

626，262，636，223，123，262，111，666 269

∀ a : ～ S a = 0

正好，在一个大数中每三个数字插一个逗号，这种标准的约定与我们的密码子巧合了，这使得它们变得很“易读”。

下面是用新记法写的分离规则：

规则：若 x 及 212x633y213 都是定理，则 y 是定理。

最后，我们写一下上一章的一个完整的推导过程，同时用简朴 TNT 记法及我们的新记法写：

626，262，636，626，262，163，636，362，262，112，123，262，

∀ a : ∀ a ’ : (a ＋ S a

163，323，111，123，362，262，112，262，163，323 公理 3

’) = S (a ＋ a ’)

626，262，163，636，362，123，666，112，123，262，163，323，

∀ a ’ : (S 0 ＋ S a ’)

111，123，362，123，666，112，262，163，323 特称

= S (S 0 ＋ a ’)

362，123，666，112，123，666，323，111，123，362，123，666，

(S 0 ＋ S 0) = S (S 0

112，666，323 特称

＋ 0)

626，262，636，362，262，112，666，323，111，262 公理 2

∀ a : (a ＋ 0) = a

362，123，666，112，666，323，111，123，666 特称

(S 0 ＋ 0) = S 0

123，362，123，666，112，666，323，111，123，123，666
S　(　S　0　+　0　)　=　S　S　0

插入“123”

362，123，666，112，123，666，323，111，123，123，666 传递
(　S　0　+　S　0　)　=　S　S　0

注意我把“加 S”换成了“插入‘123’”，因为后者才是目前合法的印符操作。

这种新记法给人一种相当奇怪的感觉。你完全失去了对意义的把握，但如果你长期与之相处，你就可以像读 TNT 记号一样很容易读用这种记法写的串了。你会一眼就看出哪个是良构的，哪个是非良构的。由于这完全是靠视觉完成的，你会把这当作一种印符操作——但同时，在这种记法下挑出良构的公式实际上就是挑出一类特定的整数，这一类整数当然也有算术的刻画方式了。

现在，对所有推理规则“算术化”该上到议事日程中了。现在的情况是，它们还都是些印符规则。但请注意：按照中心命题，一个印符规则实际上等价于一个算术规则。插入和移动十进制表示的数中的数字是种算术的操作，同时也是可以印符地完成的。正如在尾部拼上一个 0 完全等同于乘以 10，每个规则都是对杂乱的算术操作进行描述的一种浓缩方式。所以，我们甚至无需寻找等价的算术规则，因为某种意义上所有的规则都已经算术化了！

TNT 数：数的一个递归可枚举集合

这样看来，前面对于定理“362，123，666，112，123，666，323，

111,123,123,666”的推导就是一系列高度曲折的数论变换,每个变换都作用在一个或多个作为输入的数之上,给出输出的数,而后者像从前一样称为可产生的数,或者更具体些,称为 TNT 数。有些算术规则使一个旧的 TNT 数以某种特定方式增大,得到一个新的 TNT 数;有些是减小 TNT 数;还有些规则是取两个旧的 TNT 数,分别进行一番处理,然后把两者结合起来得出一个新的 TNT 数——如此下去,等等,等等。而且我们不是只从一个已知 TNT 数起步,我们有五个初始的 TNT 数——当然是分别来自各 270
个(简朴版本的)公理了。对 TNT 的算术化实际上与对 WJU 系统的算术化极其相似,只不过是有更多的规则与公理,而且显明地写出那些算术等价物会是非常烦人的——与顿悟更是毫不沾边。如果你弄懂了对于 WJU 系统是怎么做的,你就会发现这里的过程和那里毫无疑问是很相似的。

这种对 TNT 的“哥德尔化”引出了一个新的数论谓词:

a 是个 TNT 数。

举个例子,从前面的推导我们知道 362,123,666,112,123,666,323,111,123,123,666 是个 TNT 数,而另一方面,大概 123,666,111,666 不是个 TNT 数。

在我们看来,这个新的数论谓词通过 TNT 的某个带一个变元(就说是 a 吧)的串是可表示的。我们可以在前面加一个弯号,得到的串该是表示一个互补的命题:

a 不是个 TNT 数。

如果我们把这第二个串中出现的所有 a 都替换成与 123,666,111,666 相应的 TNT 数码——其中恰好含有 123,666,111,666

个 S，太长了以至于没法直接写出来——我们就会得到一个像无朋一样的 TNT 串，它可以从两个层次上来解释。首先，这个串说的是

123,666,111,666 不是个 TNT 数。

但因为有一个连结 TNT 数与 TNT 定理的同构，这个串还有第二层意义，就是：

S0＝0 不是 TNT 的定理。

TNT 试图吞掉自己

这个意想不到的暧昧的双重性证实了 TNT 中有谈论其他 TNT 串的符号串。换句话说，我们在外面用于谈论 TNT 的元语言，多少是部分地在 TNT 内部遭到了模仿。并非 TNT 碰巧有这么个特点。这种事情之所以发生，是因为任何形式系统的建构都可以在 N(数论)中得到反映。TNT 有这个特点是不可避免的，正如唱机播放唱片时会引起震颤一样。表面上似乎震颤该是来自外部世界——比如乱蹦乱跳的小孩或皮球，但声音的产生就会有作用——这不可避免——而这付作用转回来恰恰就作用于产生它们的机制。这不是碰巧，这是逃脱不掉的副作用。这是由唱机的本质所决定的。因而，是数论的形式化的本质导致其元语言嵌在其自身中。

271 我们可以把这一看法冠以“数理逻辑的中心法则”这一名称，并用一个含两个步骤的图解来描述：

TNT　⇒　N　⇒　元 TNT

用话来说就是：TNT 的一个串有一个 N 中的解释，而 N 中的一个陈述可以有一个第二意义，即作为关于 TNT 的陈述。

G:以编码方式谈论自身的符号串

这已经相当引人入胜了,但才只是故事的前一半。故事的其余部分涉及对自指的浓缩。我们现在所处的阶段,相当于乌龟意识到可以造一张唱片,使那台唱机播放时震碎自己——现在的问题是:"给定一个唱机,你怎样实际琢磨出唱片上的东西?"这是件棘手的事情。

我们要找到一个 TNT 串——我们将称之为"G"——它是关于它自己的,确切地说它的被动意义之一是一个关于 G 的句子。具体说,那个被动意义将会是

"G 不是 TNT 的定理。"

我该马上补充说明:G 也有一个作为数论陈述的被动意义。像无朋一样,它容许从(至少)两个角度来解释。重要的是每个被动意义都是有效的,也是有用的,并且不会以任何方式使另一个被动意义罩上疑云。(一个播放唱片的唱机会引起自身及唱片的震颤这一事实,从任何角度看都不能抹煞那些震颤是乐音这一事实!)

G 的存在就是导致 TNT 不完全的原因

创造出 **G** 的那个天才的方法,以及一些与 **TNT** 相关的重要概念,我们将在第十三和十四章里给出并讨论。至于现在,我们只是提前瞥一眼找到 **TNT** 中一件自指的东西会有什么后果,这会是挺肤浅的,但也挺有趣。谁知道呢,也许会爆炸的!某种意义上讲的确如此。我们来把注意力集中到下面这个明摆出来的问题:

G 是否是 TNT 的定理?

让我们在这个问题上形成我们自己的观点,而不要依赖 **G** 关于它自己的观点。毕竟,**G** 可能并不比一个禅师更理解其自身。**G** 可能像无朋一样表达了一个假理。**G** 可能像 **WU** 一样不是个定理。我们无需信赖 **TNT** 的每一个可能的串——只信赖它的定理。现在让我们在这一点上尽可能地用推理的威力来澄清问题。

我们要做我们通常都做的假定:**TNT** 包容的推理方法是有效
272 的,因而 **TNT** 决不会把假理当作定理。换句话说,任何在 **TNT** 中成为定理的东西都表示了一个真理。这样,若 **G** 是个定理,它表示的就是真理,即:"**G** 不是定理"。它的自指性尽其全力打击了我们。由于充当了定理,**G** 就不得不是个假理。根据我们的假定,**TNT** 不会把假理当作定理,于是我们被迫得出结论说 **G** 不是个定理。这是可以的,然而它还是留给了我们一个并非不严重问题。知道了 **G** 不是定理之后,我们就得承认 **G** 表示了一条真理。这个局面揭示出 **TNT** 没能达到我们的期望——我们发现了一个符号串,它表示了真理,然而却不是个定理。惊异中别忘了 **G** 还有一个算术的解释这一事实——我们因此能把我们的发现小结如下:

> 发现了一个 **TNT** 的串,它毫不含糊地表示了关于自然数的某个算术性质的一个陈述;而且,通过在系统外面进行的推理,我们确定了那个陈述为真,还确定了那个串不是个 **TNT** 的定理。于是,如果我们问 **TNT** 那陈述是否是真的,**TNT** 将既不说"是"也不说"不"。

《一首无的奉献》中乌龟的那个串是不是 **G** 的类似物?还不

是。乌龟那个串的类似物是～**G**。这是为什么呢？好，让我们来看看～**G**说的是什么。它必定是与**G**说的相反。**G**说，"**G**不是**TNT**的定理"，所以～**G**必定是说"**G**是个定理"。我们可以重述**G**与～**G**如下：

G："我不是个（**TNT**的）定理。"

～**G**："我的否定是个（**TNT**的）定理。"

是～**G**与乌龟的串相平行，因为那个串不是说它自己，而是谈论乌龟最初提供给阿基里斯的那个串——上面多了一个弯（或少了一个弯，全在你怎么看它）。

无门来说最后一句话

无门也跨入了不可判定性这个无底洞的神秘之门，而且他对这个问题的理解比任何其他人都不差。这体现在他论及赵州的"无"时那首简洁的颂中：

狗子佛性，全提正令。

才涉有无，丧身失命！

下篇：异集璧 EGB

前奏曲……

阿基里斯和乌龟来到他们的朋友螃蟹家里，见到了螃蟹的朋友食蚁兽。介绍了一番之后，四个朋友坐下来喝茶。

乌龟：老蟹，我们给你带来了一点东西。

螃蟹：真太费心了，你们干嘛这么客气。

乌龟：只是表示一下我们的敬意。阿基，把它拿给老蟹吧。

阿基里斯：好的。老蟹，谨以此表达最美好的祝愿。愿你能喜欢它。

（阿基里斯把礼物递给螃蟹，那是个齐整漂亮的小包，方方的，很薄。螃蟹开始拆它。）

食蚁兽：会是什么呢？

螃蟹：马上就知道了。（拆开之后，拿出了礼物。）两张唱片！真是太好了！可是没有标签，嗯嗯——龟兄，这又是你的一个"特别礼物"吗？

乌龟：如果你指的是破坏唱机的唱片，那这次不是。不过这唱片的确是特别录制的，全世界独一无二。说实在的，从来还没有人听过呢——当然除了巴赫当时演奏的时候。

螃蟹：巴赫当时演奏的时候？你到底指什么？

阿基里斯：噢，老蟹，等龟兄告诉了你这些唱片到底是怎么回事，你会高兴死的。

乌龟：继续说继续说，阿基，告诉他怎么回事。

阿基里斯：由我来说？这可不是件容易的事！我还是查查我的笔记吧。（取出一张小卡片，清了清嗓子。）啊哼。你们有兴趣听听数学上一个令人瞩目的新结果吗？你之所以能得到这些唱片，都应归功于这一结果。

螃蟹：我的唱片是来自什么数学结果？甚奇怪！好吧，你已经逗起了我的好奇心，我得听个究竟。

阿基里斯：好吧。（停顿了一小会儿，呷了一口茶，然后才开始说起来。）你们听说过费马那个臭名昭著的"最后定理"吗？

食蚁兽：我说不好……听起来怪熟的，可我想不起来了。

阿基里斯：内容非常简单。 277
彼埃尔·德·费马，这位专业律师、业余数学家，在读一本丢番图的经典教本《算术》时，看到了这样一个方程式：

$$a^2+b^2=c^2$$

他立刻意识到有无穷多个 a、b、c 能满足这

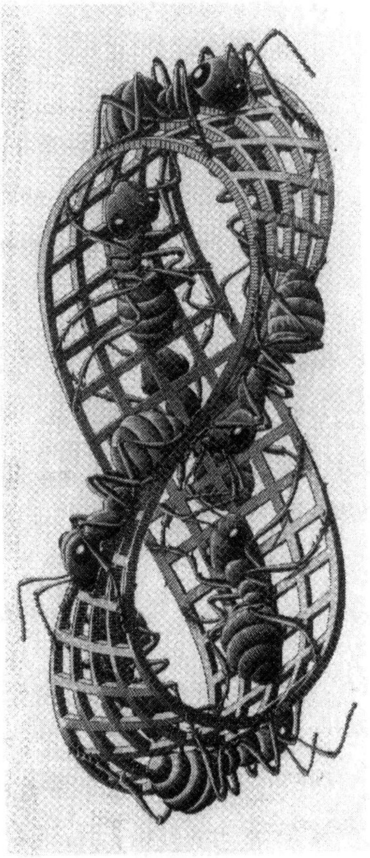

图 54　莫比乌斯带Ⅱ，艾舍尔作（木刻，1963）。 276

个方程,于是在书的边空上写下了下面这段臭名远扬的批注:

方程

$$a^n + b^n = c^n$$

其中 a、b、c 及 n 取正整数,仅当 n=2 时有解(此时将有无穷多的三元组 a、b、c 满足这个方程);但 n>2 时没有解。我已找到了一个精彩的证明,可是不凑巧,这里的边空太小了,我无法写下它。

从三百多年前的那天起,数学家们绞尽脑汁,试图做到:或者证明费马的断言,从而维护费马的名誉——因为由于一些人怀疑他并没有真地找到他所说的那个证明,费马的名声多少有些不佳——或者否定费马的断言,找一个反例:给出四个整数 a、b、c 和 n,其中 n>2,满足那个方程。直到最近,这两个方向上的努力都是失败的。诚然,这个定理已在许多具体的 n 值上被验证是成立的——即那些小于 125000 的 n 值。

食蚁兽:既然没有一个真正的证明,是不是该称之为"猜想"而非"定理"?

阿基里斯:严格说来,你是对的。但习惯上一直这么叫。

螃蟹:有什么人最终解决了这个著名的问题吗?

阿基里斯:你说着了! 事实上,正是龟兄解决的,像以往一样,是靠了绝妙的一招。他不仅发现了费马最后定理的证明(因而使"定理"这个名称成为合法的,也保住了费马的名誉),还找到了一个反例,说明那些持怀疑态度的人具有良好的直觉!

螃蟹:我的天! 真是个革命性的发现。

食蚁兽:你别让我们悬在这儿啊,到底是些什么神奇的整数满足了费马方程?我尤其感兴趣的是n的值。

阿基里斯:噢,坏了!真对不住大家。简直难以相信,我竟然把写着那些值的那张巨大的纸忘在家里了!太可惜了,那张纸大得没法随身携带。我倒真希望我带来了,现在就给你们看看。不过有一件事我确实记得,也许对你们能有帮助——那个n的值是不出现在π的连分数展开式中的唯一一个正整数。

螃蟹:噢,真遗憾你没把它带到这儿来。不过没什么理由怀疑你的话。

食蚁兽:无所谓,写成十进制的n 278
毫无用处。阿基不是刚刚告诉了我们怎么找到它吗。好了,龟兄,在你取得这个划时代的发现之际,请接受我衷心的祝贺!

图 55　彼埃尔·德·费马

乌龟:谢谢。可我觉得比结果本身更重要的是它直接导致的实际应用。

螃蟹:我正盼着知道有什么应用呢,因为我一直觉得数论是数学的王后——数学中最纯的分支——数学中没有应用的一个分支!

乌龟:不只你一个人有这种想法。不过说真的,要想给出一个一劳永逸的论断,说明数学中的某一分支——或者甚至某一个定理——什么时候以及怎样在数学之外产生重要影响,那几乎是不可能的。这种事情往往没法预言——我们目前的情况就是这种现象的一个极好例子。

阿基里斯:龟兄那个一箭双雕的结果创造了音响恢复领域中突破性的成果。

食蚁兽:什么是音响恢复?

阿基里斯:这个名称就解释了它的全部内容:从极其复杂的信息中恢复出音响信息。音响恢复的一项典型任务是,当一块石头投入湖水中之后,从湖面上散开的波纹中恢复出石头入水时的声音。

螃蟹:啊唷,那几乎是不可能的呀!

阿基里斯:可能的。这很像一个人的大脑所做的事:当另一个人的声带发出某种声音后,这个人的耳鼓将振动传送到耳涡中的神经纤维,他的大脑就据此恢复出那种声音。

螃蟹:我明白了。可我还是弄不懂数论是从哪儿掺和进来的,或者
279 说这一切和我的新唱片都有什么关系?

阿基里斯:有关系。在音响恢复的数学中,提出了许多与某种丢番图方程解的数目有关的问题。几年来龟兄一直在努力寻求一种方法,能对目前大气里所有分子的运动进行计算,从中恢复出巴赫两百多年前演奏拨弦古钢琴时的声响。

食蚁兽:那肯定不可能!那些声音已经不可挽回地消失了,永远消失了!

阿基里斯:无知的人就是这么想问题……龟兄在这个问题上花了好几年的心血,终于意识到这全都取决于方程

$$a^n + b^n = c^n$$

有多少正整数的解，其中 $n>2$。

乌龟：当然，我可以解释到底这个方程是怎么提出来的，不过我敢肯定这会让你们不耐烦。

阿基里斯：结果就是，音响恢复理论预言，巴赫的声音可以从大气中所有分子的运动中恢复出来，条件是或者那个方程至少有一个解——

螃蟹：太棒了！

食蚁兽：妙极了！

乌龟：谁能想得到！

阿基里斯：刚才没说完，我说的是"只要或者存在一个解，或者证明没有解！"于是，龟兄谨慎地开始了工作，从问题的两个方面同时入手。结果是，反例的发现是找出证明的关键组成部分，因此得到一个结果后直接就导致另一个结果。

螃蟹：那怎么会呢？

乌龟：是这样：我指出了费马最后定理的任何一种证明——假如有这么个证明——其结构的组织可以用一个漂亮的公式描述，而这个公式凑巧有赖于某个方程的解的值。我惊异地发现后一个方程原来就是费马方程。这是形式与内容之间关系的一个有趣巧合。所以我找到反例后，要做的不过是从这个数出发构造出那个方程没有解的证明。想想看，出奇的简单。我难以想象为什么以前从未有人发现这个结果。

阿基里斯：由于数学上的这个出乎意料的巨大成功，龟兄因而能实现他梦想已久的音响恢复了。老蟹得到这件礼物标志着所有抽象的工作都已化为可见的现实。

280 螃蟹：难道这是巴赫演奏他自己的羽管键琴作品的录音？可不要蒙我！

阿基里斯：我很抱歉，这可不是蒙你，这是事实！这两张唱片是一套，录的是约翰·塞巴斯第安·巴赫亲自演奏他的《平均律钢琴曲集》的全部作品。一张唱片是上集，另一张是下集，也就是说，每张唱片都有前奏曲及赋格曲共 24 首——每个大调及每个小调都有前奏曲及赋格曲各一首。

螃蟹：这珍贵无比的唱片我一定要听听，马上就放，绝对的！哎，我该怎么谢你们二位呢？

乌龟：我们已经很满足了，你为我们准备了这么好的茶。

（螃蟹从套中抽出了一张唱片，放了起来。一位羽管键琴演奏家以难及置信的高超技巧进行演奏的乐声充满了屋子，声音的保真度好得难以想象。人们甚至可以听见——或者是想象到？——巴赫一边演奏一边低吟时那轻柔的嗓音……）

螃蟹：你们谁要看着总谱听吗？我正好有一本《平均律钢琴曲集》，是独一无二的版本，我的一位老师在其中用文字构成了许多复杂的插图，他恰好还是位难得的书法家。

乌龟：能读总谱可太好了。

（螃蟹走到他那漂亮的书橱前，打开门，取出两大册谱子。）

螃蟹：给你，龟兄。我一直没能真正弄懂这个版本中所有那些精美的插图。也许你的礼物会进一步促使我理解它们。

乌龟：我真希望能这样。

食蚁兽：你们注意没有，在这些曲子中前奏曲总是为继后的赋格恰到好处地确定了基调。

螃蟹：是的。虽然很难用语言说清楚，那两个曲子之间的确总是有着某种微妙的关系。即使前奏曲与其赋格没有共同的旋律主题，仍然会有某种两者都具有的无形的抽象特性，把它们紧密地联在一起。

乌龟：前奏曲与赋格之间短暂的休止是极富于戏剧性的——在这里，单音的赋格主题即将奏出，稍后，这个主题与自己交织，形成越来越复杂的奇异优美的和声层次。

阿基里斯：我懂你的意思。有好多前奏曲与赋格我还不太懂，那沉默构成的短暂插曲总让我激动不已，而我总是在那一段间歇里揣度老巴赫下面的意图。比如说，我总是想知道赋格的速度将是什么：快板还是慢板？6/8 的，还是 4/4 的？三声部的，还是五声部的——或者四声部？然后，第一声部开始了……多么美妙的时刻！

螃蟹：啊，真的，我还记得我年轻时那些逝去的日子，那时候每支新 281
的前奏曲与赋格都使我激动，它们那新奇与优美让我兴奋不已，我常常会感受到不期而至的惊讶。

阿基里斯：现在呢？那些激动都没有了吧？

螃蟹：由于熟悉而消失了。任何激动不都是这样吗？不过在这种熟悉里面包含着深度，算是对消失了的激动的一种补偿。比方说，我发现总有我以前没注意到的东西。

阿基里斯：有一些你以前未曾注意的主题出现？

螃蟹：也许吧——尤其是当它逆转着藏在其他的几个声部中，或者从底层突然涌现出来。另外还有那些了不起的变调，充满了不可思议的奇迹,使人百听不厌,禁不住想知道老巴赫是怎么想出来的。

阿基里斯:最初听到《平均律钢琴曲集》的时候,我有一阵子喜欢得都要疯颠了。那都是过去的事了,现在你说里面还有可期待的,我真是高兴——虽然这也让我感到悲哀,这个阶段对于我来说已是一去不复返了。

螃蟹:噢,你不必担心你那种痴颠会彻底泯灭。年轻时那种痴颠的一个美妙之处就是它总能起死回生,恰恰就在你觉得它终于泯灭了的时候。需要的仅仅是外界恰到好处的触发。

阿基里斯:真的吗？你说具体点好吗？

螃蟹:比如说通过另一个人的耳朵来听,对于这另一个人来说听这支曲子是一次全新的体验——比如说这另一个是你,阿基。兴奋不知怎么传了过来,我就又一次感到激动了。

阿基里斯:这可真有意思。那激动在你身体里休眠了,而你自己却无法从你的潜意识中把它勾出来。

螃蟹:正是这样。在我的大脑结构中,那种激动的潜在的复苏以某种未知的方式"编了码",我无法随意唤醒它,必须等着偶然的环境来触发。

阿基里斯:我有一个关于赋格的问题,真有点不好意思开口。对我这样一个刚刚起步的赋格听众,也许你们哪位赋格欣赏专家能给我一些帮助……？

乌龟:要是确实能对你有所帮助,我当然愿意提供我这一点点关于赋格的知识。

阿基里斯:谢谢。让我找一个合适的角度来提这个问题。你们对艾舍尔的画《魔带和立方架》熟悉吗？

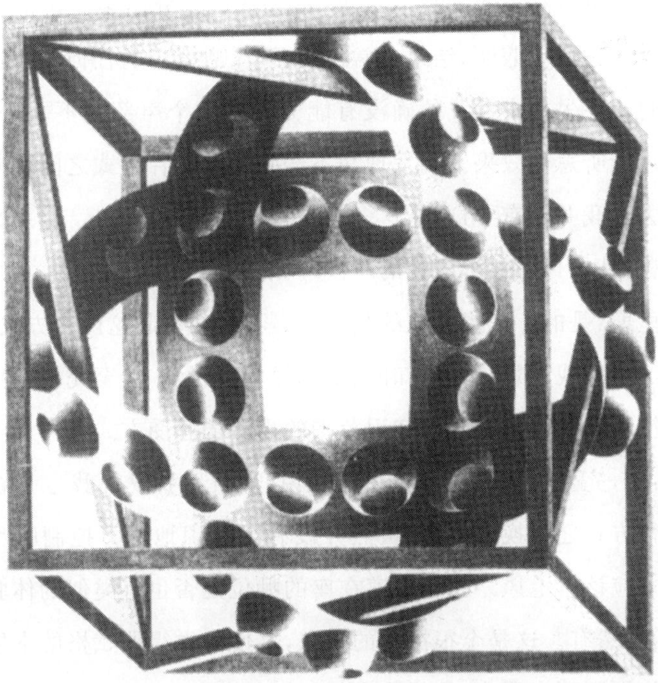

图 56　魔带和立方架，艾舍尔作(蚀版画，1957)。 282

乌龟：画的是些环状的带子，上面有小泡一样的东西，你若觉得它们是小包，它们似乎就变成了小坑——反过来也一样，是吗？

阿基里斯：没错。

螃蟹：我记得那幅画。那些小泡泡总是随着你看它们的角度而在凸与凹之间变来变去。没办法把它们同时看成凸的和凹的——人的大脑不知怎么不允许那样。在人们看那些泡泡时，有两种互相排斥的方式。

阿基里斯：就是这样，我似乎发现我听赋格时，也有类似的两种方式。那就是：或者在一段时间里只跟着一个声部，或者，听所有声部合在一起的总体效果，不去从中区分出某个声部。我曾试过两者兼顾，结果非常沮丧，两个方式中的任何一个都会封闭住另一个。我的确没有能力跟着一个声部听下去，同时还能听总体效果。我发现我不经意地在两种方式之间跳来跳去。我并没有要这样，这多少是自发的。

283 食蚁兽：就像你看那个魔带的时候一样，是吗？

阿基里斯：是的。我想知道的是……是不是我谈起这两个方式，恰恰表明我无疑是个无知的、毫无经验的听众，甚至完全不可能抓住那种超出了我的知识范围的更深的感受方式？

乌龟：不，完全不是。当然我只能说说我自己，我发现我也是在两种方式之间换来换去，虽然并没有下意识地努力控制哪种方式应该占上风。我不知道在座的哪位是否也有类似的体验。

螃蟹：当然有。这是个很撩人的现象，这使你觉得那赋格的本质在你周围飘来飘去，你无法全都把握住，因为你不能让自己同时使用两个方式。

食蚁兽：赋格就是这么有趣，它的每个声部自身都是一首乐曲，因而一支赋格可以被当作同时演奏的、建立在同一个主题上的几支不同乐曲的总合。怎么听取决于听众（或他的下意识），或者当作一个整体，或者当作彼此独立并且彼此和谐的几个部分。

阿基里斯：你说那几个部分是“独立的”，这不太准确。它们之间肯定有某种契合，否则把它们放在一起只会是些杂乱无章的声响——这与事实差得太远啦。

食蚁兽：更好的一种说法是：如果你单独听某个声部，你会发现它似乎是自足的。它可以独立存在，这就是为什么我说它是独立的。不过你也是对的，你指出了这些自足的各具意义的部分是秩序井然地彼此溶合在一起的，它们形成一个优美的整体。写出好赋格正是来自这种能力：使听众觉得有几支不同的旋律，每支旋律都好像是由于其自身的美而被写出来的，然而放到一起形成一个总体时，一点也不觉得勉强。我们所遇到的两难现象——即把一支赋格当作一个总体去听与只听它的某个声部——只是一种非常普通的两难现象的特例。许多种从较低层次搭起来的结构都具有这种两难现象。

阿基里斯：噢，真的？你是说我那两种方式会有更一般的表现形式，适用于听赋格之外的情况，是吗？

食蚁兽：绝对正确。

阿基里斯：那怎么会呢。我猜想这与某种交替现象有关，一种把某个东西作为整体感受和作为部分的组合来感受时出现的现象。不过我只在听赋格时遇到过这种现象。

乌龟：噢，天哪，都来瞧啊！我跟着音乐刚翻到这页，就见到这幅极妙的插图，正好对着这首赋格总谱的第一页。

螃蟹：我以前从未见过这幅图，你为什么不让大家都看看？ 284

（乌龟把起那本书传给大家。每个人都以自己的特有方式看着那幅图——这个离得远远的，那个凑到近前，每个人都这样或那样地歪着脑袋，困惑不解。最后，又传回到乌龟手里，他全神贯注地看着。）

阿基里斯：啊，我觉得这支前奏曲马上就要结束了。不知道听了接下来的那支赋格之后，我对下面这个问题是否会有更好的理解:“以什么方式去听赋格是正确的——作为一个整体,还是部分的总和?”

乌龟:仔细听仔细听,会有的!

(前奏曲结束了。出现了一段静默,然后……)

[紧接下段]

第十章　描述的层次和计算机系统 285

描述的层次

哥德尔串 G 和巴赫的赋格曲都有这样一个性质：能在不同的层次上被理解。我们都熟悉这种事情。有时我们也会被搞糊涂，而另一些时候还是能毫无困难地掌握它们。例如，我们都知道人体是由大量的细胞所组成（大约有二十五万亿个），因此我们所做的一切原则上都能在细胞水平上被描述。或者说它们甚至可以在分子水平上被描述。大多数人都把这作为一个事实而接受了。我们去找医生看病，医生对我们的观察层次就要低于我们自我观察的层次。我们可以一边读着关于 DNA 和"遗传工程"的文章，一边呷着咖啡。我们似乎调和了这样一些关于我们自身的极不相同的图像，其实我们只不过是不把它们联系在一起。我们几乎无法把关于我们自身的微观描述和我们的自我感觉联系起来，因此我们很可能是把关于我们自身的不同表示存储在我们心智的不同"格子"中了。我们几乎从不在这些概念之间转来转去，纳闷"这两种完全不同的东西怎么可能是同一个我呢？"

在看电视的时候，屏幕上一连串画面显示着卓别林在跑来跑去，这时，我们知道事实上我们看到的不是一个人，而是在一个平面的一片闪烁的光点。我们知道这一点，但这是埋藏在思想深处的。关于屏幕上的东西，我们有两个尖锐对立的表示，但这不会给我们造成麻烦。我们可以对其中之一置之不理，而去注意另一个——这是我们大家都用的办法。哪一个“更真实些”？这取决于你是一个人，还是一只猫、一台计算机、或一架电视机。

组块化与棋术

人工智能研究中的一个重大问题，就是要指出如何跨越这两种描述间的鸿沟，即如何构造一个系统，使它可以接收一个层次上的描述，然后从中生成另一个层次上的描述。通过探索如何给计算机编制一个好的下棋程序，这条鸿沟在人工智能中明确地表现出来了。以前人们认为——在 50 年代和 60 年代——让机器下一手好棋的关键，是使它在可能的着法序列构成的分支网络
286 上，比任何棋术大师所能超前搜索的步数都多。可是，当这一目标逐渐达到后，计算机的棋艺并没有突飞猛进，超过人类高手的水平。事实上，一个高手在和当今最好的下棋程序对局时仍可以稳操胜券。

这种现象的原因实际上已讨论了许多年。在 40 年代，荷兰心理学家阿德里安·德·格鲁特就研究了下棋时新手和大师是怎样感知一个棋局的。用那些刻板的术语来说，他的研究结果指出大师们是以“组块”来感知棋子的分布的。有一种比直接描述每处棋子的位置层次更高的棋局描述，而大师就是以某种方式生成了这样一个棋局的心智表象。这一点已被下述事实所证实：两个人都

用五秒种时间审视棋盘之后，大师能很快地重新摆出一盘实际对局中的某个局面，而新手则要慢得多。下面这一事实是非常说明问题的：再现一个棋局时，大师们的错误涉及把整整一组棋子放在错误的位置上，这几乎不改变对局的战略态势，但这在新手的眼里却是完全不同局面。一个决定性的事实是，在做同一个实验时，如果把棋子乱放在棋盘中的各个位置上，而不是取材于一个实际对局那么在重现这样一个随机局面的过程中，大师比新手也强不了多少。

结论是这样的：在正常的对局过程中，会有某种多次再现的局面——也就是某种模式——而大师正是对这种高层次的模式十分敏感。他和新手在不同的层次上思考，他们的概念集是不同的。几乎出乎所有人意料的发现是，大师在超前搜索时很少比新手走得更远——更有甚者，大师往往只检查屈指可数的几种可能着法！关键在于，他感知棋局的方式像一个过滤器：在观察局势时他实际上看不见坏棋——正像业余棋手在观察局势时看不见不合规则的棋步一样。任何懂一点棋术的人都已经对他的感知进行了组织，斜着走车、象走日字这样的着法不会出现在脑子里。类似地，大师级的棋手在观察棋局时已经建立了更高层次的组织，因此对他们来说，坏棋一般不会被想出来，就像对大多数人来说不合规则的棋不会被想出来一样。这可以称作对由各种可能性组成的巨大的树形结构所做的"隐式修剪"。相反，"显式修剪"是指先考虑一步棋，粗略地检查一番后，决定不再继续做进一步的检验。

这种区分同样适合于其他智力活动——例如作数学题。一个有才华的数学家往往不像庸才们所做的那样，考虑并尝试所有的错误途径，以达到所需的定理。相反，他一下就“嗅出”了有希望的途径，然后立即进行下去。

仅仅依赖于超前搜索的计算机下棋程序还没有被教会在一个
287 更高的层次上思考，它的战略只是凭一股蛮劲进行超前搜索，企图压倒各种类型的对手。但这种办法并不灵。也许有一天，一个蛮劲足够大的超前搜索程序确实战胜了人类最好的棋手——但那也只是一个很小的智慧之果。因为我们已经揭示出了：智能紧密地依赖于为复杂的对象——如棋盘、电视屏幕、书页或画面——构造高层描述的能力。

相似的层次

通常，我们在理解一个情景时并不需要同时在头脑中容纳一个以上的层次，而且对同一个系统的不同描述一般在概念上相距甚远，就像我们前面提到过的一样。因此同时保存它们并不困难，只须把它们保存在心智世界中的不同区域里就行了。真正造成混乱的是这样一种情况：同一个系统允许两种以上不同层次的描述，而这些描述在某些方面又是彼此相似的。那时我们会发现，在考虑这种系统时，我们难以避免把层次搞混，很容易完全迷失方向。

毫无疑问，这种情况会发生。在我们考虑我们自己的心理的时候——例如，当我们试图理解人们从事各种活动的动机时——就是如此。在人的心智结构中有许多层次——当然对这个系统我们还没有很好地理解。但是，仍有上百种相互竞争的理论在说明人类行为的原因。每种理论都基于某种潜在的假设，关系到在寻找各种心理的“力”时，应当深入到这种层次结构的哪一层。由于目前我们差不多是用同一种语言描述所有的心智层次，这显然就造成了大量的层次混淆和许多错误的理论。例如，我们谈论“驱力”——但不知道这些驱力在人的心智结构中出自何处。我不想就此进一步讨论，只想说明我们进行自我认识时的混乱与下述事实有关：我们是由许多层次构成的，同时我们用重叠的语言在所有这些层次上描述我们自己。

计算机系统

在另一个领域中也有这样的情况：对同一个系统有许多层次的描述共存，而且这些层次在概念上彼此非常接近。我这里指的是计算机系统。当一个计算机程序在运行的时候，可以在若干个层次上观察它。在每一层上，描述都是用计算机科学的语言给出的，这使得所有这些描述都多多少少地彼此相似——然而不同的层次上得到的见解仍然极其不同的。在最低层，描述会复杂得就像对电视屏幕上光点的描述一样。但就某些目的而言，这是最重要的视角。在最高层，描述极大程度地组块化，给人一种完全不同 288
的感觉，尽管事实上许多概念都是最低层和最高层所共有的。高层描述中的组块类似于棋术大师的组块，也类似于屏幕图像的组块化描述：它们以简略的形式概括了若干在低层看来是不同的东西（见图 57）。我们还是先别把事情搞得太抽象，先看看有关计算机的一些具体事实吧。我们来简述一下从最低层看计算机系统是什么样的。最低层？严格地说并不是，因为我没打算谈及基本粒子——但这里要谈到的是我们所愿意考虑的最低层。

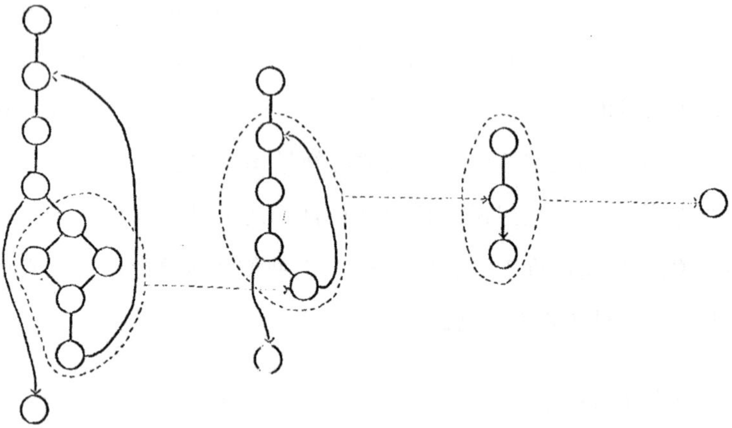

图 57　“组块化”的想法：一组对象被当作一个“块”而重新看成是一个单位。其边界有点像细胞膜或国境线：它使得其内部的那一组对象构成一个独立的单位。根据不同的需要，可以考虑组块的内部结构，也可以不考虑。

计算机的基本成分有“存储器”、“中央处理器”(CPU)以及一些“输入输出(I/O)设备”。首先我们来谈谈存储器。存储器被分为若干称为“字”的物理上分离的单元。为了描述得具体一些，我们假设存储器共有 65536 个字(这是个特殊的数，2 的 16 次方)。一个字可以进一步分为我们当作计算机科学的原子的东西——“位”。一个典型的字中大概有 36 位左右。

O	O	X	O	X	X	X	O	X	O	O	X	X	O	O	X	O	X	X	X	X	X	X	O	X	X	O	O	X	X	X	O	O	O	O	O

————一个 36 位的字————

289 从物理上看，一个位不过是一种磁性“开关”，它可以处于两种状态。你不妨把这两种状态称为“开”和“关”，或“X”和“O”，或“1”和“0”……第三种是最常用的。这种表示很方便，但也可能使人误解，以为计算机说到底是存储数字的。这是错的。三十六个位组成的集合不一定要被想象成数字，正像一角钱不一定要被想象成一根冰棍的价格。钱可以有各种不同的用途，这取决你怎样使用它。同样，存储器中的一个字也可以有不同的功能。当然，有时这36位确实是表示了一个二进制数。另一些时候它们也可能是表示一个电视屏幕上的36个点，或文章中的一个词。存储器中的一个字应当如何理解，这完全取决于这个字在程序中所扮演的角色。当然，它也可能扮演多种角色——像卡农曲中的一个音符一样。

指令和数据

有一种对于字的解释我还没有提到，这就是“指令”。存储器中的字里面不仅可以放被处理的数据，还可以放一些作用于数据之上的程序。有那么一组有限的固定的操作，它们可以被中央处理器——CPU——所执行，而一个字的一部分，通常是前面的几位，可以被解释成要被执行的指令类型的名字。一个解释成指令的字的其余部分代表什么呢？最常见的是，它们说明要对存储器中的哪些字进行作用。换句话说，剩下的位构成了一个指向存储器中其他字的“指针”。在存储器中，每个字都有各自的位置，像大街上的房子一样。字的位置称为“地址”。存储器里可以有一条“街”或几条“街”——它们被称为“页”。因此，要寻找一个字的地址，必须知道它的页号（如果存储器是分页的）以及它在该页中的位置，所以指令的“指针”部分就是存储器中某个字（或某些字）的地址的数字化表示。对于指针是没有限制的，因此一条指令甚至可以“指向”它自己，这样当它被执行时，将造成对自身的某些修改。

在任一给定时刻,计算机怎样才能知道该执行什么指令呢?这记录在 CPU 里。有一个特殊的指针,指向要被解释成指令的下一个字(即存储着它的地址)。CPU 把那个字从存储器中提取出来,通过电子手段把它复制到属于 CPU 自身的一个特殊的字中(CPU 中的字通常不叫“字”,而叫“寄存器”)。然后 CPU 就执行这条指令。这条指令可以要求完成任意一种类型的操作。典型的操作包括:

ADD[加]:把指令中所指出的字加到一个寄存器上。

(在这种情况下,所指出的字显然被解释成一个数字。)

PRINT[打印]:把指令所指出的字作为字母打印出来。

(在这种情况下,这个字显然不是解释成一个数字,而是解释成一串字母。)

290 JUMP[转移]:转移到指令中所指出的字。

(在这种情况下,告诉 CPU 把那个特定的字解释成它的下一条指令。)

除非指令明确要求其他做法,否则 CPU 将取出下一个字,并把它解释成指令。换句话说,CPU 假定自己应当像个邮递员那样,沿着“大街”走下去,依次把一个个字解释成指令。但是这种顺序工作方式可以被像 JUMP(转移)这样的指令所打破,还有一些指令也有这种效果。

机器语言之别于汇编语言

上面所说的只是“机器语言”的一个粗略框架。在这种语言中，所能执行的操作类型构成了一个不可扩展的有限集合。因此所有的程序，不管多大、多复杂，都必须用这几种类型的指令构成。看一个用机器语言写成的程序，差不多可以和一个原子一个原子地看一个 DNA 分子相比！翻回去看看图 41，那个 DNA 分子的核苷酸序列——想想每个核苷酸都包含二三十个原子——再想象一下为一个微小的病毒（更不要说为人了！）一个原子一个原子地写出 DNA——你就会体会到，用机器语言写一个复杂的程序是什么滋味，你也会体会到，在只能与程序的机器语言描述打交道的条件下去掌握程序的进展情况，那是一种什么滋味。

但必须提到的是，在计算机刚出现的时候，程序设计是在比机器语言更低的层次上（还有更低的层次！）完成的——即把导线彼此联接，因此恰当的操作都是通过“硬性联接”而实现的。这用现代标准来看简直原始得可怕，甚至想象一下都觉得苦不堪言。但毫无疑问，初次进行这种尝试的人们一定和现代计算机的先驱者们一样曾经感到非常振奋……

现在我们要上升到对程序进行描述的层次体系中较高的一层。这就是“汇编语言”层。汇编语言和机器语言之间差别并不大，事实上，这一改变很平缓。在汇编语言的指令和机器语言的指令之间实质上存在着一一对应。汇编语言的设计思想是要把各个机器语言的指令“组块化”，因此当你要用一条指令把一个数加到另一个数之上时，不必再写一个若干位组成的串“010111000”，而只写 ADD（加）就行，然后也不必以二进制表示的形式给出地址， 291
而是用一个“名字”指示存储器中的字。因此，用汇编语言写的程序很像用机器语言写的程序，只是容易被人读懂了。可以把用机器语言写的程序比作以晦涩的哥德尔配数法写成的一个 TNT 推导,而把用汇编语言写的同一程序比作以原始的 TNT 表示法写成的与之同构的 TNT 推导,后者当然比前者易懂多了。或者,回到关于 DNA 的想象上来,我们可以把机器语言和汇编语言之间的差别比作下面两种方法间的差别:一种是麻烦地一个原子一个原子地说明每个核苷酸,另一种是在说明一个核苷酸时仅仅给出它的名字(即"A"、"G"、"C"或"T")。通过这种非常简单的"组块化"操作可以节约大量的劳动,虽然观念上并没有很大的改变。

翻译程序的程序

也许,汇编语言的主要意义不在于它与机器语言间并不显著的差别,而是这样一个关键的想法:程序完全可以在不同的层次上编制!想一想:硬件是被设计来"理解"机器语言写出的程序——即位序列——而不是面向字母和十进制数字的。把一个用汇编语言写的程序送进硬件会怎么样呢?这就像你想让一个细胞接受一片纸,上面的核苷酸序列是用字母写的,而不是作为一种化学构成物。细胞要一片纸有什么用呢?计算机要汇编语言写出的程序有什么用呢?

关键在这里:人们可以用机器语言写一个"翻译程序"。这个程序叫"汇编程序",它可以接受易记的指令名、十进制数字及其他容易被程序员记住的方便的缩写,然后把它们转换成单调然而严格的位序列。用汇编语言书写的程序在被"汇编"(即翻译)之后,就可以"运行"了——或者说它的机器语言等价物可以运行了。但这只是个说法问题。哪个层次的程序在运行?如果你说是机器语言写出的程序在运行，那是绝不会错的，因为任何程序的运行都必须通过硬件——但根据汇编语言来考虑运行中的程序同样是很合理的。例如，你完全可以说“现在CPU正在执行JUMP(转移)指令”，而不是说“现在CPU正在执行‘111010000’指令”。一个钢琴家在弹奏音符G－E－B－EGB时，也是在弹奏E小调和弦的一个琶音。没有理由排斥一个以高层次观点进行的事物描述。因此，可以把汇编语言写出的程序想象成与机器语言写出的程序在同时运行。我们对CPU正在做的事情有两种描述方式。

更高级的语言、编译程序和解释程序 292

靠计算机自己把程序从高层次翻译到低层次，这个强有力的想法在层次体系的更上一层得到了进一步贯彻。50年代初，人们用汇编语言编了几年程序之后，就认识到了一些有特点的结构往往反复出现在各种程序中。正像下棋一样，似乎存在某些基本的“定势”，它们会自然地出现在人们想要构造“算法”的时候——所谓“算法”是指人们对所要完成的操作过程的精确描述。换句话说，算法似乎有某些高层次的成分，用它们来描述操作过程，比用局限性很大的机器语言或汇编语言要容易得多，也漂亮得多。在典型情况下，一个算法的高层成分不只包含一两条机器语言指令，而是包含整整一组，并且这些指令在存储器中也不一定是相邻的。这样的一个成分可以在一个更高层的语言中用单个的项来表示——这就是一个组块。

除去标准组块——即新发现的那些可以构成所有算法的成分——之外，人们还认识到几乎所有的程序都包括有更大的组块——或者叫超组块。不同的程序有不同的超组块,这取决于程序要完成哪些高层次的任务。我们在第五章里已经讨论过超组块,用的是它们通常的称呼:“子程序”和“过程”。显而易见,对任何程序设计语言的一个强有力的扩充就是赋予它们下述能力:用已知的实体定义新的高层实体,然后用名字调用它们。这就把形成组块的运算直接建立在语言之中了。这样,就不再有一组固定的指令,要求所有的程序都直接用这组指令来编制,而是使程序员能构造自己的模块,每个模块都有自己的名字,而且可被用在程序内的任何地方,就像它们本来就是这种语言的成分一样。当然,这并没有超出下述事实:下到机器语言层,所有的事情仍是被同一组已有的机器语言指令所完成的,但它们对于处在高层的程序员来说不是明显可见的,它们是隐含的。

基于这种想法的新语言被称为“编译语言”。其中一种很早也很漂亮的叫作“Algol”,是“算法语言”的英文缩写。和汇编语言的情况不同,在 Algol 的语句和机器语言的指令之间不再有直接的一一对应。无疑,仍然有一种从 Algol 到机器语言的映射关系,但这要比汇编语言和机器语言间的关系“杂乱”得多。粗略地说,把 Algol 程序翻译成机器语言,有点像根据初等代数课本上的一道应用题列出方程式。(事实上,从应用题转换到方程式要复杂得多,但这一比喻有助于体会把高级语言翻译成低级语言的过程中
293 所必须完成的那些“清理”工作。)在 50 年代中期,称为“编译程序”的一些成功的程序被编制出来了,其功能就是完成从高级语言到机器语言的翻译。

“解释程序”也被发明出来了。像编译程序一样,解释程序也

能把高级语言翻译成机器语言，但不是先把全部语句翻译完，然后执行机器代码，而是读一行然后立即执行它。这样做的优点是，使用者不必等写完一个程序后再使用解释程序。他可以一边一行一行地编，一边对它们进行检验。因此，一个解释程序和一个编译程序相比，就像一个同声翻译和一个书面发言翻译相比一样。一种非常重要又很迷人的计算机语言是 Lisp（“表处理”的英文缩写）。它是约翰·麦卡锡发明的，时间和 Algol 的发明时间差不多。从那以后，Lisp 在人工智能研究人员中广泛地流行开了。

在解释程序和编译程序的工作方式之间有个很有趣的差别。编译程序先接收输入（如一个写好的 Algol 程序），然后产生输出（一个长长的机器语言指令序列）。至此，编译程序的任务就完成了，其输出就交给计算机去运行。与此相反，解释程序在程序员一条条地输入 Lisp 语句时一直在运行，每条语句马上被“就地执行”。但这并不是说每条语句是先翻译再执行的，那样的话一个解释程序就只是个一行一行进行处理的编译程序了。在解释程序中，下列操作是交织在一起的：读新的一行、“理解”它、执行它，它们同时进行。

解释程序的基本想法如下：每次新的一行 Lisp 语句输入，解释程序就设法处理它。这就是说解释程序开始工作，而且其中某些（机器语言的指令）被执行。当然，确切地说，执行哪一条指令，是取决于这个输入的 Lisp 语句的。在解释程序中有许多 JUMP（转移）指令，因此新的一行 Lisp 可能使控制权以一种复杂的方式四处传递——向前，向后，再向前，等等。这样，每个 Lisp 语句都在解释程序中被转换成一条“路径”，沿着这条路径走就能得到所需的结果。

有时不妨把 Lisp 语句只看成一条条的数据，它们被连续地送入一个不停地运行的机器语言程序（即 Lisp 解释程序）。这样想往往是有帮助的，由此你会得到关于高级语言写出的程序和执行它的机器之间的关系的另一幅图像。

自举

当然，编译程序自身也是个程序，也必须用某种语言来书写。第一个编译程序是用汇编语言来书写的，而不是用机器语言，这样就可以充分利用已经建立在机器语言之上的初步成果。图 58 对
294 这些复杂的概念进行了总结。

随着复杂性的增长，人们认识到，一个部分完成了的编译程序可用于对其他部分进行编译。换句话说，一旦编译程序的核心部分写成了，这个小编译程序就能把一个大一点的编译程序译成机器语言——依此办理就能翻译一个更大的编译程序，直到最后得

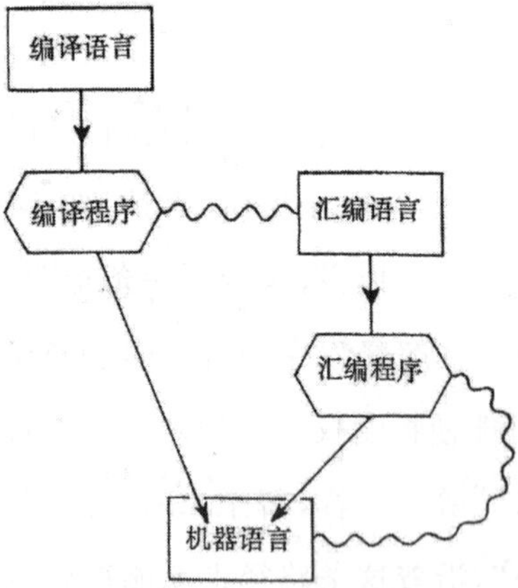

图 58　汇编程序和编译程序都是用于向机器语言进行翻译的程序。这用直线表示。它们自身也是程序，开始时也需用某种语言写成。波浪线表示编译程序可以用汇编语言书写，汇编程序可以用机器语言书写。

出整个所期望的编译程序。这个过程有个形象生动的名字："自举"——其缘由是显然的(想象一个抓住鞋带想把自己举起来的人就行了)。这有点像一个刚刚能顺利地使用自己母语的幼儿，从那时开始，他的词汇量和流畅程度将飞速增长，因为他可以利用语言来取得新的语言。

运行着的程序的各种描述层次

编译语言一般说来并不反映运行由它所写出的程序的机器结构。这是它优于高度专门化的汇编语言和机器语言的主要特点之一。当然，在一个用编译语言书写的程序被翻译成机器语言之后，得到什么样的程序是依赖于具体机器的。因此，在描述一个正在执行的程序时，既可以独立于机器，也可以依赖于机器。正好像提到一本书中的某段时，既可以根据其谈论的内容(独立于出版社)，也可以根据其页码(依赖于出版社)。

程序正常运行时，你怎么描述它或想象它的活动都没有太大 295
关系。只有在出了毛病时，能够在不同的层次上思考才变得重要起来。例如，如果程序在某时要执行除法指令，而除数是零，程序将暂停运行，并把问题通知使用者，报告程序中出错的位置。但是，给出说明的层次往往低于程序员书写该程序的层次。下面是对一个嘎然而止的程序的三个平行的描述：

机器语言层："程序执行停止于 1110010101110111 位置"；

汇编语言层："程序执行停止于遇到 DIV(除)指令时"；

编译语言层："程序执行停止于为代数表达式'(A＋B)/Z'赋值的过程中。"

对于系统程序员(指那些编写编译程序、解释程序、汇编程序和其他一些供大家使用的程序的人)来说,最大的问题之一就是想办法编写查错子程序,以便给那些程序出错的用户提供高层而非低层的问题描述信息。一个有趣的颠倒是,如果一个遗传"程序"出毛病(即出现一个突变),这时"错误"只能在高层次上显示给人们——即出现于表现型层次,而非遗传型层次。实际上,现代生物学把突变作为了解遗传过程的主要窗口之一,原因就是对这些过程可以在多个层次上进行探索。

微程序设计和操作系统

对于现代计算机系统来说,在层次结构中还有一些其他层次。例如,在有些系统中——通常是所谓"微型计算机"——其机器语言指令甚至比"把存储器中的一个数加到寄存器中的一个数上"那样的指令还要基本。使用者可以根据自己的意愿,决定需要哪些常规机器层次的指令来编程序,并且用机器提供的那些"微指令"来为所需的指令编制"微程序"。然后他所设计的这些"高级机器语言"的指令可以被做进电路中,从而成为硬件的一部分。当然不一定非要这样做。这种微程序设计使用户在一定程度上深入到通常的机器语言层之下。其结果之一就是一个厂家的一台计算机可以被"硬性联接"(通过微程序设计)成和同一个厂家——甚至另一个厂家——的另一台计算机具有相同的机器语言指令集。这个微程序化的计算机被称为在对另一台计算机进行"仿真"。

另一个层次是"操作系统",它处于用机器语言写的程序和使
296 用者进行程序设计的高级层次之间。操作系统本身是个程序,其

功能是防止用户直接使用“裸机”(这就为系统提供了保护),并且使程序员摆脱许多非常琐碎繁杂的问题,如读入程序、调用翻译程序、运行翻译后的程序、把输出在适当的时候引向适当的通道、把控制权转交给下一个用户等等。如果多个用户同时与一个CPU“交谈”,那么操作系统将负责以某种有秩序的方式把系统的注意力从一个用户转向另一个用户。操作系统实在太复杂了,我只想通过下面的类比给一些提示。

请想想第一个电话系统。亚历山大·格雷厄姆·贝尔可以和另一间屋里的助手通电话。声音的电子传输就相当于一台没有操作系统的裸机:用电子计算!再看一个现代电话系统。你可以选择和哪一台电话接通。不仅如此,系统还可以同时控制多个不同的电话呼叫。你可以直拨、通过接线员接通、召开电话会议。你可能听到占线的嘟嘟声,也可能听到一个信号,警告你通话时间过长。你可以安装一台交换机,把附近的一批电话都联起来,如此等等。上面这个单子很惊人,你可以想想这是多么灵活,特别是和以前当作奇迹的“裸”电话相比。现在复杂的操作系统就是为用户及其程序完成类似的通讯管理和层次转换操作的。实际上,在大脑中一定也发生着某种类似的事件:同时控制多种刺激;决定哪一种优先于其他种,优先权保持多久;紧急情况和偶发事件造成的突然“中断”,如此等等。

方便用户并保护系统

一个复杂的计算机系统中的许多层次,具有一种为用户提供“缓冲”的综合效用,使他可以不考虑许多低层活动。这些活动往往与他毫不相干。一个飞机乘客通常不想了解油箱里还有多少燃料、风速是多少、需要准备多少份饭、目的地附近的空中交通情况如何——这些事情已被交给航空公司系统中处于不同层次的工作人员来处理，而乘客只要求从一处到达另一处。同样，只有当出了什么毛病——比如他的行李没到，乘客才会意识到他以前不知道的那个使人迷乱的层次系统。

297 **计算机是过于灵活还是过于刻板？**

让人能尽可能自然地和计算机进行通讯，这一直是促使人们提高层次的主要目标之一。当然，和用机器语言写成的低层结构相比，用编译语言写成的高层结构更接近于人一般思考时所用的概念。但是，在这种使通讯更加容易的努力过程中，"自然"这个要求的一个方面被完全漠视了。事实上人际通讯中的约束远不像在人机通讯中那样刻板。例如，在寻找最好的表达方式时，我们常常说出无意义的句子片段；我们可能在说一句话的中间咳嗽；我们彼此打断对方的话；我们使用模棱两可的描述和"不规范"的句型；我们杜撰词组、歪曲意义——但我们的大部分信息一般仍能传递过去。用程序设计语言，一般说来是有着非常严格的句法的，你必须每时每刻遵守，而且没有模棱两可的词或结构。有趣的是，程序设计语言中也允许有对应于咳嗽的成分（即非本质性的或关系不大的注解），但要求它们必须以一个关键字作为开始信号（如 COMMENT，即"注解"），然后终止于另一个关键字（如一个分号）。带有讽刺意味的是，既使是向灵活性作出的这样一个微弱姿态，也带有它自己的小陷井：如果一个分号（或无论哪种表示注解结束的关键字)在一个注解内部被使用,翻译程序就会把这个分号理解成注解结束的标志,接着就是一场灾难。

假设程序中定义了一个叫"INSIGHT(洞察)"的过程,然后调用了它十七次,但第十八次由于程序员的大意,它被写成了"INSIHGT"。编译程序将徘徊不前,并刻板地打印出一个冷酷无情的错误通知,说它从来没听说过什么"INSIHGT"。编译程序发现了这样一个错误之后,它通常试图继续工作下去,但由于它没有洞察力,因此并没有理解程序员想要干什么。事实上,它可能会把这个错写的词设想成完全不同的东西,并且在那个错误的假设下工作下去。这时,一长串错误信息将雨点似地撒向程序的其余部分,因为编译程序——而非程序员——已经完全被弄糊涂了。可以想象,如果一个同声翻译正在把汉语译成俄语,突然在汉语中听到一个英语句子,然后就把后面的汉语都当成英语来翻译,这会造成多大的混乱。编译程序常常这样可怜地迷失方向。That's life.

或许这听上去像是在谴责计算机,但实际上没有这个意思。从某种意义上说,这种情况是不可避免的。一旦你停下来想一下大多数人用计算机做什么,你将发现是要完成一些非常确定并精密的工作,这些工作太复杂,不适合由人来完成。如果计算机想要成为可靠的,那么它应当不带一点模棱两可地理解人希望它做的是什么。而且它必须既不多也不少地按照明确指示给它的去做。如果在为程序员提供方便的过程中,有一个程序的目的就是"猜测"程序员想做的事情,那么,下述情况是完全可以想象的:程序员 298
设法传达了任务,但机器完全误解了。因此重要的是,对高层次的程序来说,在要求人用着合适的同时,仍应要求精确,没有歧义。

猜出程序员的意图

现在有可能设计一种容许某种不精确性的程序设计语言,以及一个能把它翻译到低层次上的翻译程序。一种可能的办法是让为这种程序设计语言服务的翻译程序设法弄懂那些"在语言的规则之外"所作的事情。但如果一种语言允许某些"犯规",那么这种犯规已不再是真的犯规,因为它们已经被包容于规则之内了! 如果一个程序员知道他可以出现某些种笔误,那么,他就会有意地利用语言这种特点,因为他知道他实际上是在刻板的语言规则范围内工作,尽管表面上看不是这样。换句话说,如果用户了解翻译程序为了他的方便而设置的所有灵活性,那么他也就知道了哪些界限是他所不能逾越的,因此在他看来,翻译程序仍然是刻板、不灵活的,虽然它和该语言的早期版本——它们没有体现"自动补偿人的错误"——相比是使人有了更多的自由。

对于那种"有弹性"的语言,可能出现的情况大概有两种:(1)用户了解构造在语言及其解释程序中的灵活性;(2)用户不了解这些灵活性。在前一种情况下,用户仍然可以用这种语言来精确地表达他的程序,因为他能预测计算机将怎样解释他用这种语言写的程序。在后一种情况下,解释过程具有一些隐蔽的特性,使得某些事件成为不可预测的(从不知道翻译程序内部工作方式的用户的角度看)。这可能导致对程序作出完全错误的解释,因此,在主要是出于速度和可行性的考虑而使用计算机的环境中,这样的语言是不合适的。

现在事实上还有第三种可能:(3)用户了解构造在语言及其翻

译程序内部的各种灵活性，但由于它们为数众多，并以一种十分复杂的方式相互作用，致使用户无法断定他的程序会被怎样解释。这可能完全适用于翻译程序的设计者。他当然比别人更了解其内部情况——但他仍可能无法预测它对一个给定类型的不常见的结构将作出怎样的反应。

目前，在人工智能的研究中，主要的领域之一就是“自动程序设计”。这涉及更高层次语言的开发——这些语言的翻译程序极其复杂，它们能做一些非常不容易的工作，例如：对例子进行概括、纠正某些笔误或语法错误、设法弄懂有歧义的描述的意思、利用一 299
个基本用户模型来猜出用户的意图、对不清楚的事情进行提问、直接使用自然语言等等。我们希望在可靠性和灵活性之间走钢丝。

人工智能的进展即语言的进展

在计算机科学（特别是人工智能）的进展和新语言的开发之间有着非常紧密的相互联系。在过去的十年中出现了一个明显的趋势，即把新发现吸收到新语言之中。理解和构造智能的关键之一就存在于语言的不断开发和改进之中，用这些语言可以描述符号的处理过程。时至今日，已经有大约三四十种专门为人工智能研究所用的试验性语言被开发出来了。需要强调的是，应当认识到：任何可以用上述语言之一书写的程序，在原则上也能用更低层的语言来编制，但那需要人付出较大的努力，而且编出来的程序可能长得使人无法把握。每个较高的层次都没有扩展计算机的潜能，计算机的全部潜能已经存在于其机器语言指令集之中了。高层次语言中的新概念只不过是用它们的性质提示了一些方向和前景。

所有可能的程序所组成的“空间”是如此巨大,以至于没人能知道哪些东西是可能的。每种高层次语言都自然地适用于探索“程序空间”的某些特定区域,因此程序员在使用那种语言时,就被引入了程序空间的那些区域。语言并没有强迫他编写某类特定的程序,但语言为他做某些事情提供了便利。接近一个概念,一次轻微的推动,这些常常都是一个重大发现所需要的——而且这也是促使更高层的语言出现的动力。

使用不同的语言编程序就像使用不同的调式作曲,尤其是如果你是在钢琴键盘上作曲,那就更像了。如果你学过或写过不同调式的曲子,你会发现每个调式都有自己独特的感情色彩。同样,某种指法组合的使用方式对一个调式来说很自然,但对另一个调式可能就很别扭。因此,你所选择的调式对你就具有引导作用。甚至像升 C 和降 D 这样的等音调式都会以某种方式给人以不同的感受。这显示了一个记号系统会对最终产品产生相当大的影响。

图 59 显示了一幅人工智能的“分层”图景,以机器元件(如晶体管)为底,以“智能程序”为顶。该图摘自帕特里克·亨利·温斯顿所著的《人工智能》一书,它代表了几乎为所有人工智能工作者所共有的关于人工智能的构想。虽然我同意人工智能应当以某种方式分层,但我并不认为通过这样少的几层就能达到智能程序。
300 在机器语言层和真正达到智能的层次之间,我认为可能还需有十几层(甚至几十层)。每一个新的层次都基于下面一层,同时也扩展了下一层提供的灵活性。它们将是什么样的,我们现在做梦也想不出……

图 59　为了构造智能程序，需要建造一个硬件和软件的层次结构，以解除在最低层观察一切所带来的痛苦。对同一个过程，不同层次的描述会是很不一样的，只有顶层是充分地组块化了，因此容易被人所理解。［摘自帕·亨·温斯顿，《人工智能》］

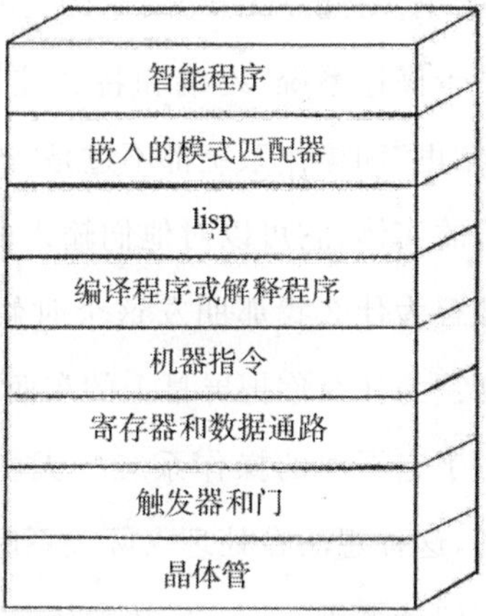

妄想狂和操作系统

计算机系统中各层次间的相似性会使人经历一种奇特的层次混淆。我有一次在观看两个朋友——都是计算机方面的新手——在一个终端上玩"帕里"程序。"帕里"是个名声不好的程序，它以一种极初等的方式模拟一个妄想症患者。它能用英语吐出一些陈词滥调，其中的词汇是从程序里的一个大词汇库中选出来的。它的行为挺逼真，因为它能够判断库存的词语中，哪些在用来回答人输入的英文句子时听起来更合理。

有一次，机器的反应时间很长——"帕里"要过很久才给答复——我向朋友们解释说，这可能是由于分时系统负担太重了。我告诉他们，只要打入一个特殊的"控制"字符，就可以进入操作系统，查出有多少用户在使用机器，而这在运行"帕里"时是看不到的。我的一个朋友按下了这个控制字符，转眼之间，某些关于操作系统状态的内部数据把"帕里"在屏幕上显示的一些词冲掉了。

“帕里”对此一无所知:它的“知识”仅仅限于赛马和赌博——不是关于操作系统、终端和特殊控制字符的。但对我的朋友们来说,“帕里”和操作系统都不过是“计算机”——一个神秘、遥远、难以名状的实体,它可以对他们输入的信息作出回答。因此就完全可以理解为什么我那朋友这个时候会冒失地用自然语言打入下列问
301 题:“为什么你把屏幕上的东西冲掉了?”我的朋友们不清楚“帕里”对于它下面的操作系统一无所知。“你”知道关于“你自己”的一切,这种想法在处理人际关系时为大家所熟知,因此很自然地会推广到计算机上——它毕竟还是具有足够智能的,它都能和他们用自然语言“交谈”!他们那个问题就像是问一个人:“你今天为什么制造了这样少的红血球?”人们不了解他们身体的那个层次——所谓“操作系统层次”。

这种层次混淆的主要原因是,人和计算机系统的所有层次之间的通讯都是在同一个终端的同一个屏幕上进行的。虽然说我的朋友似乎有点过于天真了,但若是一个复杂系统的几个层次同时出现在一个屏幕上,即使是有经验的计算机工作者也常常会犯类似的错误。他们忘了是在和“谁”谈话,于是输入了某些在那个层次上毫无意义的命令。因此,似乎应当要求系统本身能对层次进行区分——依据命令在哪一层能“有意义”来对它进行解释。不幸的是,这种解释要求系统具有大量的常识,还要有关于程序员的总体意图的完备知识——这两者都需要更多的人工智能,而这是目前还不具有的。

软件和硬件之间的界限

人们还常常会被某些层次上的灵活性和另一些层次上的刻板性给搞糊涂。例如,有些计算机具有很好的文本编辑系统,可以允许文本片段从一种格式中“倾注”到另一种格式中,就像液体可以从一个容器中被倾注到另一个容器中一样。窄页可以变成宽页,反过来也可以。它们既然有这么大的本事,人们就会期望从一种字体变成另一种——如从宋体变成楷体——也该是同样的容易。当然如果屏幕上只能显示一种字体,那这种转换就不可能了。也可能这种转换对屏幕是可行的,但在打印机上无法打印——还可能出现相反的情况。和计算机打交道久了,人常常被宠坏了,总觉得什么事情都能编程序解决:打印机不该刻板得只有一种或有限的几种字符集——字形应当是可以由用户指定的!但是一旦达到了这种灵活性,人们又会因打印机不能使用多种颜色的墨水而烦恼,或指责它不能接受任何形状和大小的纸张,或抱怨它不能在被打碎后再把自己装起来……

麻烦的事情在于,用第五章的话来说,所有这些灵活性都必须有个“终了”。在所有灵活性的下面必须是一个硬件层,而它是没有灵活性的。它可以藏得很深,上面的各个层次又提供了大量的灵活性,以至于没有多少用户能感到硬件的限制——但这种限制的存在是不可避免的。

软件和硬件间有区别,这是公认的,但到底是什么呢?就是程序和机器之间的区别——即长长的复杂的指令序列和执行它们的物理机器之间的区别。我喜欢把软件想象成“你可以通过电话线 302

传送的任何东西”。一架钢琴是硬件,而乐谱是软件。一部电话机是硬件,而电话号码是软件。这种区分是很有用的,但也不是总能分得这样清楚。

我们人类同样有“软件”和“硬件”两个方面,它们的差别对我们来说是根深蒂固的。我们已经习惯于自己生理上的刻板性:我们事实上不能凭愿望治愈自己的疾病,或者长出任何颜色的头发——只举这两个简单的例子就够了。但是,我们能够为我们的心智“重新编程序”,这样我们就可以在一个新的概念框架中行动了。我们心智的惊人的灵活性似乎和下述观念水火不相容:我们的大脑一定是由具有固定规则的硬件构成的,不能被重新编程序。我们无法使我们的神经原兴奋得再快些或再慢些,我们无法重建它们之间的联系,我们无法重新设计一个神经原的内部结构,我们无法对硬件进行任何选择——但是,我们仍能控制自己的思维方式。

不过,显然我们的思维的某些方面是在我们的控制范围之外的。我们无法单凭愿望使自己聪明起来;我们无法以自己想要达到的速度去学会一门新的语言;我们无法使自己的思维速度比实际情况更快一些;我们无法使自己同时思考好几件事情;如此等等。这些基本的自我认识往往是不言而喻的,就像我们意识到周围有空气存在一样。我们从不真的费神去考察导致我们心智的这些“缺陷”的东西是什么:那就是我们的大脑组织。设想一些途径来调和心智的软件和大脑的硬件,这就是本书的一个主要目的。

中间层次和天气

我们已经看到，在计算机系统中有一些定义得很严格的层次，在每个层次上都能对一个正在运行的程序的操作进行描述。因此，不存在单一的低层次和单一的高层次——而是各种程度的低层次和高层次。中间层次的存在是否就是那些具有高低层次之分的系统的一般特征？作为一个例子，可以考虑这样一个系统：其“硬件”是地球的大气层（不是很硬，不过没关系），而其“软件”是天气情况。同时追寻所有分子的运动大概是一种对天气的非常低层次的“理解”方式，这很像在机器语言层观察一个巨大而又复杂的程序。显然这是超出人的理解能力的。但我们仍能用一些人类特有的方式来观察和描述天气现象。我们关于天气的组块化观点是基于层次很高的现象的，如雨、雾、雪、飓风、冷锋、季节、气压、信风、急流、积雨云、雷暴、逆温层等等。所有这些现象中涉及的分子数量都达到了天文数字，它们以某种方式协同动作，造成了大尺度的天气趋势。这有点像读用高级语言描述的天气。

是否有某种东西类似于用中间层次语言来观察天气，比如像 303
汇编语言那样？例如，是否存在非常小的局部范围内的“小型风暴”，就像人们偶尔见到的那种能搅起一股至多一米来宽尘土的小旋风那样？一个局部地区的阵风是否就是一种中间层次的组块，在一个高层天气现象的形成过程中发挥了作用？还是说我们没有切实可行的方法把关于这种现象的知识结合起来，以构造一个对天气的更容易理解的解释？

又有两个问题出现在我的脑海里。第一个问题：“是不是我们在自己的尺度上感知到的天气现象——一股龙卷风、一场旱灾等——只不过是中间层次的现象,是某种巨大、缓慢的现象的一部分?”如果是这样,那么真正的高层次天气现象应当是全球性的,而且采用地质学的时间尺度。冰河时代应当算是一个高层次天气事件。第二个问题:“是不是有这样的中层次天气现象:它们尚未被人所感知,但是一旦人们感知到它们,就会对天气的现状产生更深入的理解?”

从龙卷风到夸克

上面最后一种设想听起来有点离奇,但绝非不着边际。我们只须考察一下“硬科学”当中最硬的一个——物理学——就能发现这样的一些特殊系统,它们可以用相互作用的“成分”来解释,而这些成分本身却是不可见的。在物理学中,正像其他任何学科一样,一个“系统”是一组相互作用的“成分”。在我们了解的大多数系统中,这些成分在相互作用中保持着自身的特性,因此我们仍能在系统内部观察到这些成分。例如,当一队橄榄球运动员聚在一起的时候,每个运动员都保持着自身的独立性——他们并没有融化进某个复合实体,从而消失了自己的独立性。但是——这是很重要的——在他们的大脑中进行着某些过程。这些过程是被球队这种环境所诱发的,否则它们不会发生。因此,在某种微弱的程度上可以说,这些队员在成为一个更大的系统(即球队)的一部分时,他们自身的个性已经有所改变。这种系统被称为“几乎可分解系统”(这个名称来自赫·西蒙的文章《复杂性的结构》)。这样的系统包含相互作用较弱的模块,每个模块在相互作用过程中保持自己独有的个性，但变得有些不同于它在系统之外时的状况，以此保证了系统的聚合性行为。物理学所研究的系统通常都是这种类型的。例如，可以认为原子中包含一个原子核，它所带的正电荷把若干电子俘获到“轨道”上，或者说使它们处于约束状态。被约束的电子很像自由电子，尽管它们处在一个复合对象的内部。

物理学中所研究的另一些系统和比较简单明确的原子恰成一鲜明对照。这些系统中包含着极强的相互作用，结果是其成分都被系统所吞没，丧失了它们的部分或全部个性。其中一个例子就 304
是原子核。原子核通常被描述成“由质子和中子所组成”。但把作为其成分的粒子拉到一起的力实在太强了，因此这些粒子的存在方式完全不同于其“自由”形态（即它们在原子核外时所处的形态），而且事实上一个原子核的活动在很多方面都像单个的粒子，而不像一组相互作用的粒子。当一个原子核分裂时，常常释放出质子和中子，但也会释放出其他粒子，如 π 介子和 γ 射线都是通常会产生的。是所有这些不同的粒子在原子核分裂前就都实实在在地存在于其中，还是说它们只不过是原子核分裂时迸溅出的“火花”？或许回答这样一个问题的尝试本身就是没有意义的。在核子物理学的层次上，是存储了产生“火花”的潜力，还是存储了实在的粒子，这两者的差别不是很明显的。

因此，原子核就是这样一个系统：它的成分虽然在其内部是不可见的，但可以被拉出来变为可见的。但是，还有一些更反常的情况，例如把质子和中子看成系统就会如此。质子和中子都被设想成是由三个“夸克”构成的，而夸克是一种假想的粒子，它们可以三三两两结合成许多已知的基本粒子。但是，夸克间的相互作用实在太强了,致使它们不仅不能在质子和中子内部被观察到,而且甚至根本就拉不出来!这样,虽然夸克在理论上有助于理解质子和中子的某些性质,它们自身的存在可能永远不会被单独地确认。在这里我们得到了"几乎可分解"系统的反义词——这种系统是"几乎不可分解"的。但不可思议的是,关于质子和中子(以及其他粒子)的一个基于夸克的理论具有可观的解释力。使用"夸克模型",可以很好地定量说明许多涉及假设由夸克构成的粒子的实验结果。

超导:一个关于重正化的"悖论"

在第五章中,我们已经讨论过被重正的粒子从它们的裸核中产生的过程,即通过虚粒子递归复合地相互作用。一个被重正的粒子既可以被看成是这个复杂的数学建构,也可以看成单一的实在团块。对粒子的这种描述方式所导致的最奇特也最有戏剧性的结果之一,就是为著名的"超导"现象所提供的解释。超导就是指在极低的温度下,电子可以在某些固体中无阻抗地流动。

据发现,固体中的电子是由它们自己与一些称为"声子"的奇特的振动量子之间的相互作用所重正的(声子自己也被重正了!)。这些重正后的电子称为"极化子"。计算表明,在极低的温度下,两个自旋相反的极化子将开始互相吸引,而且确实能以某种确定的方式约束在一起。在适当的条件下,所有载流极化子将两两结合,
305 形成"库珀对"。具有讽刺意味的是,这种结合的产生完全是由于电子——成对的极化子的裸核——相互之间的电斥力。与电子相反,库珀对之间既不相吸也不相斥,结果一个库珀对可以自由地通过一块金属,就像这块金属是真空一样。如果你把对这样一块金

属的数学描述从以极化子为基本单位转换成以库珀对为基本单位,你就能得到一组明显地简化了的方程式。这种数学简单性就是物理学家的认识方式,他们知道形成库珀对这样的"组块"对观察超导来说是一种很自然的方式。

这里我们就有若干个层次的粒子:库珀对自身、构成它的两个自旋方向相反的极化子、构成极化子的电子和声子,然后,在电子内部,还有虚拟的光子和正电子,如此等等。我们可以观察某个层次,看到在那里出现的现象,而这些现象可以通过对下面几个层次的理解而得到解释。

"隔离"

类似地,同时也是幸运地,人们不必了解关于夸克的全部情况,仍能对那些大概是由它们构成的粒子进行深入的理解。这样,一个核物理学家可以使用基于质子和中子的理论,而不必考虑夸克理论及其竞争对手。核物理学家有一幅关于质子和中子的组块化图像——一个从低层理论中推导出的描述,但这并不需要了解低层理论。同样,一个原子物理学家有一幅从原子核理论中推导出的关于原子核的组块化图像。然后一个化学家有一幅关于电子及其轨道的组块化图像,并且构造了关于小分子的理论。这一理论可以以组块化的形式被分子生物学家所接收,他们有关于小分子如何挂在一起的直觉,但其技术专长是在超大分子及其相互作用的领域之中。然后细胞生物学家又有一幅组块化的图像,其中的基本单位是分子生物学家所思考的,而细胞生物学家只是设法用这些基本单位说明细胞相互作用的方式。问题很清楚。每个层次都是在某种意义下被“隔离”于下面的层次的。这个生动的说法也是西蒙所提供的,这使我们想起潜水艇建造水密舱的方式:如果一个部分损坏了,水会涌进来,但只要关闭舱门,损坏的舱室就被隔离开了,这样可以防止乱子的蔓延。

在科学的层次结构中,层次间总是有些“渗漏”的,因此化学家无法完全不考虑低层的物理学,生物学家也无法完全不考虑化学,但是,两个相距较远的层次间几乎是没有渗漏的。这就解释了为什么人们可以直觉地理解别人,而无须懂得夸克模型、原子核结
306 构、电子轨道的性质、化学键、蛋白质构造、细胞中的细胞器、细胞间的通讯方式、人体各种器官的生理学、或器官间复杂的相互作用。一个人所需的一切不过是一个关于最高层活动方式的模型。众所周知,这样的模型是非常实际也非常有效的。

组块化和确定性之间的利弊权衡

然而,组块化模型可能有个很大的缺点:它通常不具有精确的预测力。这就是说,通过使用组块化模型,我们不必力不从心地把人看作夸克(或某种更低层的东西)的集合,但显然这种模型只能让我们或然地估计别人的感觉、别人对我们的言行的反应,如此等等。简而言之,在使用组块化的高层模型时,我们为简单性牺牲了确定性。尽管我们不能确定人们将会对一个笑话作何反应,我们说这个笑话时仍预期着他们的某些行为,诸如笑或者不笑——而不是,比如说,爬到最近的一根旗杆上去。(但禅宗大师可能会这样干!)一个组块化模型是定义了一个“空间”,并预期着行为会落入其中,而且描述了行为落在该空间的不同区域的概率。

"计算机只能做你告诉它去做的事"

上述想法既能用于复合的物理系统，也能用于计算机程序。有一种老生常谈的说法，即"计算机只能做你告诉它去做的事"。这在某种意义下是对的，但并没有说到点子上：你不能预先知道你告诉计算机去做的事会导致什么结果，因此它的行为可能像一个人那样令人迷惑、使人惊讶、无法预测。你一般事先知道它的输出会落在哪个空间里，但你不知道其细节。例如，你可以写一个程序来计算 π 的前一百万位。你的计算机会以比你快得多的速度打出前四十位——计算机超过了它的程序员，但这不会导致悖论。你事先知道输出会出现在哪个空间——即 0 到 9 之间的数字空间——这就是说，你有一个关于程序行为的组块化模型，但假设你连剩下的也都知道了，那你也就不会去写这个程序了。

说这句老话过时了，还有另外一层意思。它涉及这样一个事实：你编程序的语言层次越高，你越无法精确地知道你让计算机所干的事！一层一层的翻译把一个复杂程序的"用户界面"和实际的机器指令分隔开了。在你思考和编程序的层次上，你的语句可能更类似于陈述句和建议，而不太类似于祈使句和命令。一般说来，一个高层语句的输入所诱发的内部过程对你来说是不可见的，正好像在吃饭的时候，你用不着明确意识到由此触发的消化过程。

"计算机只能做人告诉它去做的事"，这是由洛芙莱丝命妇在 307
她有名的回忆录中首先提出的。这个观点一直很流行，而且往往联系于另一个观点："计算机不能思维"。关于后者，我们将在后面的章节中再来讨论，那时我们会更老练些。

两类系统

在下述两类由许多部分构成的系统之间存在着一种重要的区别。在一类系统中，某些部分的行为趋向于抵消另一些部分的行为，结果是低层发生的事件影响不大，因为大多数事件都将导致类似的高层行为。这种系统的一个例子就是煤气罐，它里面的分子以非常复杂的微观方式彼此碰撞，但总的效果，在宏观上看，它是一个非常平静、稳定的系统，具有一定的温度、压力和容量。而在另一类系统中，单个低层事件的效果将被放大成一个巨大的高层后果。克郎棋就是这样的一个系统，其中棋子间的碰撞对整个局势的变化会产生重要的影响。

计算机是这两类系统的一个复杂的结合。它有像导线这样的构件，其行为方式是可以准确预测的，其导电过程服从欧姆定律这样一个非常精确的组块化定律，这类似于气罐里的煤气所服从的定律。因为导线的行为取决于统计效应，其中成千上万的随机事件彼此抵消，导致了整体行为的可预测性。计算机中也有像打印机这样的宏观构件，它们的行为完全决定于电流的精确模式。打印机的打印结果可不是被大量相互抵消的微观效应造成的。事实上，对大多数计算机程序来说，程序中每一位的值都对打印的结果起着关键性的作用。如果任何一位被改变，输出也会大幅度地改变。

那些仅仅由“可靠的”子系统组成的系统——即其子系统的行为都可以从组块化的描述中可靠地被预测出来——在我们的日常生活中发挥着无法估量的重要作用，因为它是稳定性的柱石。我们可以相信墙不会倒、人行道今天和昨天通向同一个地方、太阳会发光、钟表会指示正确的时间，如此等等。这种系统的组块化模型实际上是完全确定的。当然，另一类系统在我们的生活中也起了很大作用，它们的行为是可变的，取决于某些我们无法直接观测的微观参数——而且这些参数往往为数众多。对这样的系统来说，我们的组块化模型必须以操作空间的形式出现，并且能对结果落入空间的不同区域的可能性给出概率估计。

正像我已经指出的那样，煤气罐是一个可靠系统，其原因是许
多相互抵消的效应最终遵从精确的、确定性的物理定律。这种定 308
律是组块化的，它们把罐里的煤气看作一个整体，不管它的组成部分。而且，对煤气的微观和宏观描述使用的是完全不同的词汇。前者需要说明其中每一个分子的位置和速度，而后者只需要说明三个新引进的量：温度、压力和容量，并且前两个量甚至根本没有微观对应物。把这三个参数联系在一起的简单数学关系——$pV=cT$，其中 c 是个常数——是一条既依赖于低层现象，又独立于低层现象的定律。说得再明白一点，这条定律可以从主宰着分子层次的定律中被推导出来，在这个意义上它依赖于低层。另一方面，这条定律允许你完全不考虑低层，如果你愿意的话。在这个意义上它又独立于低层。

重要的是，要认识到高层定律是不能用低层描述的词汇表里的词来叙述的。“压力”和“温度”是一些新词，它们所代表的经验是不能在低层次上传达的。我们人是直接感知温度和压力的，我们的构造就是如此，因此我们能发现这一定律也就不足为奇了。但如果有一种生物仅把气体看作纯理论的数学结构，那它们在发现这一定律时就必须具有一种综合出新概念的能力。

旁效现象

在本章快要结束的时候,我想讲一段与一个复杂系统有关的往事。一天,我在和两个系统程序员谈论我所用的计算机。他们说操作系统在应付三十五个以内的用户时并不感到困难,但在达到三十五个用户左右时,反应时间突然一下子长了起来,慢得好像你都可以退出系统回家去等着。我开玩笑说:“这好办——看看操作系统里哪个地方存着‘35’这个数,然后把它改成‘60’不就行了!”大家都笑了。当然,问题在于根本没有这种地方。那么这个临界值——35 个用户——是从哪里来的呢?答案是:它是整个系统组织的一个可以看见的结果——一个“旁效现象”。

类似地,你可以去问一个短跑运动员:“你能用 10 秒 5 跑 100 米,那 10 秒 5 这个数字存储在你身体里的什么地方?”显然,哪里也没有。这个时间是他的身体构造和他的反应时间的一个结果。在他跑的时候,有成千上万个因素在相互作用。这个时间是完全可以再现的,但它却没有存储在他体内的任何地方。它分布在他身体的所有细胞中,只有在奔跑的行动中才能表现出来。

旁效现象随处可见。我们都知道在围棋里,“两个眼可以活”。
309 这不是写在规则中的,但这又是运用规则的结果。对人脑来说,“上当受骗”就是这样一种性质。你容易上当吗?是不是你脑子里有个“上当中心”?如果是这样的,能不能找个神经外科医生,打开你的头骨做一个精巧的手术,以后你就会少上当了?如果你相信这种观点,那你可就太容易上当了,或许你应当考虑去做这样一个手术。

心智之别于大脑

在后面几章中，我们将讨论大脑，检验一下是否可以理解大脑的顶层——心智——而不必先去理解那些它既依赖又不依赖的较低层次。是否存在这样一些思维定律：它们可以被“隔离”于那些控制着微观的脑细胞活动的低层定律？是否能把心智从大脑上“撇出来”——就像把油从汤的表面上撇出来那样——然后移植到其他系统中去？或许根本就不可能把思维过程分解到整齐的、模块化的子系统中去？大脑是更像一个原子，还是更像一个重正后的电子，或一个原子核、一个中子、一个夸克？自我意识是一种旁效现象吗？为了理解心智，我们是否一定要深入到神经细胞的层次？

……蚂蚁赋格

……然后，那首赋格曲的四个声部一个接一个地插进来。）

阿基里斯：我知道你们大家肯定不会相信：这个问题的答案其实近在眼前，就藏在这张图里。全部答案就是一个字——但是个无比重要的字："无"！

螃蟹：我知道你们大家肯定不会相信：这个问题的答案其实近在眼前，就藏在这张图里。全部答案就是一个词——但是个无比重要的词："整体论"！

阿基里斯：你只消盯着它瞧上一会儿，就一定能看出来。这简直同青天白日一样清楚，这张图的意思是"无"，不是"整体论"！

螃蟹：对不起，我的眼睛可不是一般地好。请再看一看，然后告诉我这张图是不是有我认为它有的那种意思！

食蚁兽：我知道你们大家肯定不会相信：这个问题的答案其实近在眼前，就藏在这张图里。全部答案就是一个词——但是个无比重要的词："简化论"！

螃蟹：你只消盯着它瞧上一会儿，就一定能看出来。这简直同青天白日一样清楚，这张图的意思是"整体论"，不是"简化论"！

阿基里斯：又一个上当受骗的！不是什么"整体论"，也不是什么"简化论"，"无"才是这张图的意思，这再清楚不过了。

食蚁兽：对不起，我的眼睛可不是一般地棒。请再看一看，然后告诉我这张图是不是有我认为它有的那种意思！

310

图 60　无之图，刘友庄绘。

阿基里斯:你们没看出来吗?上面的图案是由四条杠杠组成的,每一条杠杠都是汉字的一个笔划。

螃蟹:它是由四条杠杠组成的,这点你说对了,可这些杠杠是怎么回事你却没搞对。那两条横着的杠杠分别是由两个同样的词"整体论"组成的,那条斜的和那条弯的杠杠也是由许许多多的这个词组成的,只是字要小些。这两部分的字为什么大小不一样,我不清楚,但我知道我所看到的是"整体论",这跟青天白日一样清楚。我不明白除此之外你怎么还能看出些别的东西来。

食蚁兽:它是由四条杠杠组成的,这点你说对了,可这些杠杠是怎么回事你却没搞对。那两条横着的杠杠分别是由许许多多个同样的词"简化论"组成的,那条斜的和那条弯的杠杠也分别是由三个这个词组成的,只是字要大些。这两部分的字为什么大小不一样,我不清楚,但我知道我所看到的是"简化论",这跟青天白日一样清楚。我不明白除此之外你怎么还能看出些别的东西来。

阿基里斯:我现在知道是怎么回事了。你们二位各自看到的那两个词,要么是对方看到的那个词的构成成分,要么是由对方看
312 到的词所组成。那两条横着的杠杠确实是两个"整体论",可这两个词全都是由用更小的字写成的许许多多个"简化论"组成的。而那两条或斜或弯的杠杠,呈一种互补的形式,则是三个"简化论",而这三个"简化论"全是由用更小的字写成的许许多多个"整体论"组成的。这一下问题就解决了,而你们俩刚才那通愚蠢的争吵,全都是只见树木不见森林。你们明白

了吗？要想正确理解这张图，就得超越“是‘整体论’还是‘简化论’”这一问题，这张画的意思应该是“无”，像你们俩这样在刚才那个问题上争来争去是毫无益处的。

螃蟹：你所讲的这张图的构成我现在也看出来了，阿基，不过你说的什么“超越”之类的话，我一点也不明白。

食蚁兽：你所讲的这张图的构成我现在也看出来了，阿基，不过你说的什么“无”之类的话，我一点也不明白。

阿基里斯：要是你们愿意先答应我一个要求，告诉我“整体论”、“简化论”这些怪词儿都是什么意思，我就给你们解释我刚才的话。

螃蟹：整体论是你能在这个世界里找得到的最普通不过的事。它是说“整体大于各个部分的总合。”只要是精神正常的人就不会反对整体论。

食蚁兽：简化论是你能在这个世界里找得到的最普通不过的事。它是说“如果你理解了一个整体的各个部分，以及把这些部分‘整和’起来的机制，那么你就能够理解这个整体”。只要是精神正常的人就不会反对简化论。

螃蟹：我就反对简化论。我要你给我讲讲，比方说，如何用简化论的原理来理解大脑。任何对大脑的简化论解释都不可避免地在说明“大脑所具有的意识究竟从何而来”这一问题时显得无能为力。

食蚁兽：我就反对整体论。我要你给我讲讲，比方说，对蚁群的整体论描述如何比对该蚁群内蚂蚁的分别描述、它们各自的角色，以及相互间的关系等，更能说明事情的本来面目。任何对蚁群的整体论解释都不可避免地在说明“蚁群所具有的意识究竟从何而来”这一问题时显得无能为力。

阿基里斯:打住吧！我刚才的那番话难道是为了引起一通新的争论吗！好啦,我现在明白你们在争论什么了,我看我对“无”的解释一定会对你们有很大的帮助。你们知道,“无”是古代禅宗对某些问题的回答,用来废问这个问题。我们现在的问题似乎是:“世界应以整体论原理来理解还是应以简化论原理来理解?”“无”这一答案把这一问题的前提,即“二者必居其一”这一规定给否定了。通过废问这个问题,揭示出更广泛的真理:存在着某种更大的领域,使得整体论与简化论的解释都适合。

食蚁兽:荒谬绝伦！你这个“无”跟火车的“呜呜”声一样无聊。我不要听禅宗的什么胡言乱语。

313 螃蟹:荒唐透顶！你这个“无”跟轮船的“呜呜”声一样无聊。我不要听禅宗的什么乱语胡言。

阿基里斯:哦,天哪！我们现在谁也说不服谁。你为什么一直这么奇怪地保持沉默,龟兄?这叫我很不自在。你肯定能帮我们解脱这种困境,是吧?

乌龟:我知道你们大家肯定不会相信:这个问题的答案其实近在眼前,就藏在这张图里。全部答案就是一个字——但是个无比重要的字:“无”！

(就在他说这话的时候,那首赋格曲的第四个声部也加入进来了,正好比第一声部低一个八度。)

阿基里斯:噢,龟兄,这次你可叫我失望了。我刚才还以为像你这样一位事事都比我看得透的人，准能解决这个窘人的难题呢——可很明显，你并不比我看的更远。也好，我想我应该为这次能跟龟兄看的一样远而高兴才是。

乌龟：对不起，我的眼睛可不是一般地尖。请再看一看，然后告诉我这张图是不是有我认为它有的那种意思。

阿基里斯：当然有！你只不过重复了我的发现。

乌龟：也许在这张图中，“无”所在的地方比你所想象的层次要低，阿基——低一个八度（形象点说）。不过我看我们可以把这个争论抽象化。我想听听阐述得更清楚些的整体论和简化论的观点，然后我们才会有根据下判断。比方说，我很愿意听一听对蚁群的简化论描述。

螃蟹：也许食蚁兽大夫能告诉你一些他这方面的经验。他毕竟是这一领域里的专家。

乌龟：我确信我们有很多东西要向您请教，食大夫。您能从简化论的角度对我们谈谈有关蚁群方面的事吗？

食蚁兽：愿意效劳。正像老蟹对您说过的那样，我的职业使我对蚁群有着比较深入的了解。

阿基里斯：可以想象！食蚁兽这一职业看来同作一名蚁群专家是一回事！

食蚁兽：对不起。“食蚁兽”不是我的职业，而是我的种属。我的职业是蚁群外科医生。我的专长是用外科切除手术来治疗蚁群的神经错乱。

阿基里斯：噢，是这样。可你所说的蚁群的“神经错乱”是什么意思？

食蚁兽:我的大多数病人患的都是失语症。你知道,一群群的蚂蚁不得不每天乱找些词语来应付各种出现的场合,这确实是个悲剧。我是想改善这一状况,办法是,唔——清除——蚁群中出毛病的部分。这种手术有时相当复杂,要想做这种手术需
314 要预先几年的研究功夫。

阿基里斯:但是——那些患者在患失语症之前是具备语言能力的吗?

食蚁兽:对。

阿基里斯:可蚁群本来是不具备这种能力的,所以我有点糊涂。

螃蟹:上周你没在这儿真是太糟糕了,阿基,那次食大夫和马姨到我这里来做客,我真应该把你邀来。

阿基里斯:马姨是你的亲姨吗,老蟹?

螃蟹:哦,不,其实她谁的姨也不是。

食蚁兽:但是那可怜虫一定要每个人都叫她马姨,即使陌生人也得这样。这是她那些可爱的怪癖中的一个。

螃蟹:是这样,马姨是个很怪的人,不过她可真是个活宝。上周我没有邀你过来见见她,真是太可惜了。

食蚁兽:她确实是我有幸的结识的蚁群中受教育最好的一个。我们俩一连好几个晚上就十分广泛的问题进行了长时间的交谈。

阿基里斯:我过去一直以为食蚁兽是蚂蚁的克星,而不是蚁中知识分子的保护神。

食蚁兽:啊,当然,这两者是很不一致的。我跟蚁群保持着非常良好的关系。我吃的是蚂蚁,而不是蚁群——这样做对于我和

蚁群双方都是不勉为其难的。

阿基里斯：怎么可能——

乌龟：怎么可能——

阿基里斯：——吃掉蚁群中的蚂蚁却又造福于这个蚁群？

螃蟹：怎么可能——

乌龟：——火烧森林却又造福于这片森林？

食蚁兽：怎么可能——

螃蟹：——砍掉树枝却又造福于这棵大树？

食蚁兽：——给阿基里斯剃头却又造福于他？

乌龟：也许你们大家讨论得太专心了，巴赫这首赋格曲里刚出现的那个漂亮的提前进入你们谁都没有注意到。

阿基里斯：什么是提前进入？

乌龟：哦，抱歉得很，我还以为你知道这个词呢。这个术语的意思是同一个主题在不同的声部中一次又一次地重复插入，这些插入彼此间的时间间隔非常短。

阿基里斯：要是我听的赋格足够多的话，我很快就会弄懂这一切，无需别人的提示，我自己就能把它们指出来。

乌龟：请原谅，朋友们。很抱歉把你们的讨论打断了。刚才食大夫正要说明吃蚂蚁是怎样同作蚁群的朋友这件事完美无缺地协调起来的。

阿基里斯：嗯，我现在模模糊糊地有点明白了，有规律地吞吃些数量有限的蚂蚁会改善整个蚁群的健康状况，这事也许是可能的——可真正叫人糊涂的是跟蚁群交谈这种鬼话。这是不可
能的。蚁群只是一伙单个儿的蚂蚁，只会没头没脑地跑来跑 315

去，忙着觅食做窝什么的。

食蚁兽：如果你固执地只见树木不见森林，那你可以这么说，阿基。实际上，蚁群被当作一个整体来看时，是些良定义的单位，具有自己的特点，有时这种特点还包括对语言的掌握。

阿基里斯：我觉得很难想象我一个人在森林中间大喊几声，随后就能从蚁群那儿听到什么回答。

食蚁兽：不开窍儿的家伙！蚁群可不是这样运用语言的。它们不是大声说出来，而是写下来。你知不知道众多的蚂蚁是如何排成一串东游西串的？

阿基里斯：哦，知道——常常是直冲着我那应有尽有的厨房杀奔过去，一头钻进我的桃子酱里。

食蚁兽：其实，这种串有的就用编码的形式包含着信息。要是你懂得那个系统，你就可以像读一本书一样读懂它们说了些什么。

阿基里斯：了不起。你能把你的意思再反传给它们吗？

食蚁兽：没问题。我跟马姨就是用这种方式交谈了数小时之久的。我拿着一根棍往湿地上画道道儿，然后看着蚂蚁们弄明白我的这些道道儿。不一会儿，有的地方开始组合成新的列串。我非常喜欢看这些列串的形成过程。在它们组合时，我就预测它们下一步会怎么办（不过我猜错的时候比猜对的时候要多）。当串的排列完成时，我就知道了马姨在想些什么，接着就该由我作出回答了。

阿基里斯：这个蚁群中一定有一些聪明过人的蚂蚁，我敢肯定。

食蚁兽：我看你依然没有弄明白这里面的层次区别。就像你不会把一棵树错当成一片森林一样，你在这里也不应该把一只蚂蚁当作整个蚁群。你明白吗，马姨中的所有蚂蚁要多笨就有多笨，打死它们也不会说话！

阿基里斯：那么，进行交流的能力从何而来？一定是存在蚁群里的某个地方！我不明白既然马姨能一连几个小时跟你大谈特谈，妙语连珠，那些蚂蚁怎么会全都蠢笨不堪呢？

乌龟：在我看来，这种情况跟由神经原组成的人脑的构成没什么不同。当然没有人会认为单个的脑细胞本身是有智能的，并用它来解释人为什么能进行有智慧的谈话。

阿基里斯：哦，当然不会。关于脑细胞的问题，我完全明白你的意思。只是……风马蚁不相及呀。我是说，蚂蚁到处逛来逛去，完全是随意的，无非是时不时地弄点食物的残渣……它们想干什么就干什么，在这种随心所欲里面，我一点也看不出它们的行为作为一个整体，能体现出什么有条有理的东西来——特别是那种为交谈所必需的大脑行为中所具有的条理。 316

螃蟹：在我看来，蚂蚁的这种随心所欲是局限在一定的范围之内的。比方说，它们可以随意游逛，互相擦拂，捡起小东西，排列成串，等等。但是它们从没有从这个小世界中，这个它们所在的蚂蚁系统中，跨出过一步。它们永远也不会这么做，因为它们没有作这种想象的智力。所以蚂蚁是种非常可靠的工具，在这种意义上说，你可以依靠它们用某种方法来从事某项任务。

阿基里斯：不过，即使如此，它们在其限度之内也还是自由的，它们只是随随便便地转来转去，毫无条理，一点也不考虑作为更高一层存在的思想机能，可食大夫却宣称这些蚂蚁都只是这种更高一层存在的组成部分。

食蚁兽:嗯,不过还有一点你没能看出来,阿基——统计学中的合规律性。

阿基里斯:这是什么?

食蚁兽:比方说,作为个体来看,即使每个蚂蚁的活动路线似乎是很随意的,然而就大量的蚂蚁来说,从这种乱糟糟的状态中,还是能看出存在着一些总的趋向。

阿基里斯:哦,你的意思我明白了。事实上,蚂蚁组串是这种现象的一个极好的例子。一方面,任何一只单个蚂蚁的活动你都是无法预知的,而另一方面,串本身似乎仍然是界说良好的、稳定的。这当然意味着单个蚂蚁并不是完全随意地跑来跑去。

食蚁兽:完全正确,阿基。蚂蚁之间存在着某种程度的交流,这种信息传递恰好足以使它们避免完全随意的活动。靠着这种最低限度的交流。蚂蚁们可以互相提醒,以使它们意识到它们不是孤单的,而是正在同队友进行合作。这样就能调集大量的蚂蚁,用这种方式互相支援,去从事随便什么活动——例如组串——只是所需时间不限。我对脑外科手术模模糊糊的认识使得我坚信神经原的发射情形也是这样。一大堆神经原发射脉冲,以使另一个神经原发射,不是这样吗,老蟹?

螃蟹:肯定是这样。以阿基里斯大脑中的神经原为例吧。每个神经原都从与它的输入线连在一起的那些神经原接收信号,如果输入的总和在某一时刻超过了临界点,这个神经原就会发射,并把它自己的输出脉冲传递到别的神经原,而这后一神经原也将发射——并沿着这条线一直传送下去。神经讯号沿着阿基里斯的路径毫不延迟地迅猛掠过，那架势比飞燕俯冲捕食蚊蚋还有过之无不及。每段曲折、每个回转，都由阿基里斯大脑中的神经结构预先排定，直至输入感觉的讯号产生了影响。

阿基里斯：在正常情况下，我觉得我想些什么是受我自己控制的——可按你这种说法就整个儿颠倒了，你的意思好像是说
"我"只是所有这些神经结构、自然规律控制的某种有机体的 317
副产品，往坏里说则是由我那被歪曲了的感觉所造成的某种人为概念。换句话说，你让我觉得我并不知道我是谁——或者是什么——如果我还是个什么的话。

乌龟：随着我们讨论的继续，你会越来越明白的。但是，食大夫——你用这种类比来说明什么呢？

食蚁兽：我以前就注意到，在这两个彼此非常不同的系统中存在着某种相一致的东西。现在，我对这一点的认识更进一步了。事情似乎是——以排列成串为例来说——只有当蚂蚁的数量达到某一临界数量时，有条理的蚁群现象才会出现。如果出现了某种指向某一目标的活动，这也许是某一地带少数蚂蚁的行为，那么就会发生下面两种情况中的一种：或者是在一个短暂而热闹的开头之后夭折——

阿基里斯：因为没有足够多的蚂蚁把这一活动进行下去？

食蚁兽：一点不错。另一种情况是蚂蚁的数量达到了临界指标，那样一来那项活动就会像滚雪球一样，把越来越多的蚂蚁裹挟进来。在这后一种情况下，一个为同一目标而工作的完整的

"蚁队"就出现了。这一目标可能是要排成串，或是为了收集食物，或许还可能是为了造窝。尽管这种结构规模很小，又十分简单，可它会在更大的规模上产生十分复杂的后果。

阿基里斯：我现在已经能从你的描述里掌握"紊乱中的有序"这个观念了，可这离具有交谈能力还差得远呢。气体分子的随意碰撞同样也是混乱中的有序——这种混乱有三种参数可以对它进行描述：这就是体积、压强和温度。这同具有理解世界或谈论世界的能力的要求，还差得远呢！

食蚁兽：这显示出在对蚁群行为的解释与对某一容器中气体行为的解释之间，存在着某种非常有趣的区别。解释气体的行为只要计算一下其分子运动的统计规律就行了。除了考虑这种气体本身以外，无需讨论别的什么比分子更高一层的结构因素。而在另一种情况下，对于蚁群，除非你弄清了结构的各个层次，否则你便无法理解——哪怕一点儿——这个蚁群的活动。

阿基里斯：你的意思我明白了。在气体的研究里，你可以从最低的层次——分子——一下子跳到最高的层次——气体本身。不存在结构上的中间层次。那么，蚁群中是怎样产生作为中间层次的有条理活动的呢？

食蚁兽：这跟蚁群内存在着好几种不同种类别的蚂蚁有关。

阿基里斯：哦，对。我想我听说过这一点。这种现象被称作"种姓制"，对吗？

食蚁兽：完全正确。除了蚁王，还有雄蚁，事实上，养家糊口的事它们是不管的，此外还有——

318

阿基里斯：当然还有战士——光荣的反共战士！

螃蟹：嗯……这恐怕不对，阿基。蚁群的内部是很共产主义化的，那它们的战士干嘛要反共？我说的对吗，食大夫？

食蚁兽：是的，你对蚁群的说法是对的，老蟹，它们确实建立在某种共产主义的原则上。至于那些战士，阿基想得有点天真。其实，这些所谓"战士"几乎根本不会打仗。它们是些长着大脑袋的行动迟缓、动作笨拙的家伙，它们长着一副利颌，用来啃咬东西，不过它们可谈不上什么"光荣的"。正像在真正的共产主义社会里那样，工蚁才被称作是光荣的。大多数的家务都是由它们来做的，比如觅食、巡猎、带幼虫等。大多数的战争也是由它们去打的。

阿基里斯：嗬。这事真荒唐。战士不打仗！

食蚁兽：嗯，我刚说过的，它们根本不是什么战士。工蚁才是真正的战士，而那些所谓的战士——其实应该叫兵蚁——都是些又懒又呆的家伙。

阿基里斯：哦，太可耻了！哼，我要是只蚂蚁，一定给它们规定些纪律！让那些呆脑壳开开窍儿！

乌龟：你要是只蚂蚁！你怎么会是只蚂蚁！根本没法把你的大脑映射成蚂蚁的大脑，我看在这个问题上绞尽脑汁是不会有什么结果的。把你的大脑映射到蚁群中才是个更合理的命题……不过我们先别把话题岔开。让食大夫继续对蚂蚁组织中更高层次的种姓制和它们的角色做精彩的描述吧。

食蚁兽：好吧。一个蚁群中有各式各样的任务需要完成，而单个的蚂蚁则发展了各种专长。蚂蚁的专长通常随蚂蚁年龄的变化而变化。当然,这也依赖于它们所在的种姓。任何一时刻的任何一个蚁群里,所有类别的蚂蚁都同时存在。在某些地方也许某种种姓的蚂蚁很稀少,而在别的地方也许很稠密。

螃蟹:某一特定种姓或专长的蚂蚁,其稠密度是随意的吗?或者换句话说,在某一地区某一类的蚂蚁分布得很集中,在另一地区不那么集中,是有什么原因的吗?

食蚁兽:你这个问题提得很好,这对理解蚁群是如何思想的有着至关重要的意义。实际上,一个蚁群内各种姓的分布是很严格的,是长期进化的结果。正是这种分布规律使蚁群达到了能同我进行交谈的复杂程度。

阿基里斯:在我看来,蚂蚁们来来去去的不断活动使分布的严格性完全不可能了。蚂蚁们那种随意的活动会很快地破坏掉分布的严格性,正像某种气体中分子的固定格局由于各方面分子的随意碰撞,一刻也不能存在一样。

食蚁兽:在蚁群里,情况正相反。事实上,恰恰是蚁群中蚂蚁们这
319 种来呀去呀永不停息的活动,使得种姓分布能适应不断变化的情况,因而也就保持了合适的种姓分布。你明白吗,种姓分布并不是始终如一、严格不变的,而是必须要不断变化,从而以某种方式反映出蚁群所处的现实世界的环境。正是蚁群里的这种活动使种姓分布不断得到更新,使蚁群能同所面临的现时环境相适应。

乌龟:能举个例子吗?

食蚁兽:当然可以。当我,一只食蚁兽,来拜访马姨时,那些呆头呆脑的蚂蚁因为闻到了我的气味,全都吓得张皇失措——当然,

这就是说，它们全都从我来之前它们所在的地方四散奔逃了。

阿基里斯：不过这可以理解，你是蚁群的凶敌嘛。

食蚁兽：哦，不。我必须重申，我根本不是蚁群的敌人，我是马姨最对劲儿的伙伴。而马姨则是最对我口味儿的姨。说蚁群中所有单个的蚂蚁都很怕我，这我同意——可这完全是另一码事。无论如何，你能理解了吧：由于我的到来所引起的蚂蚁的活动，完全改变了蚂蚁的内部分布。

阿基里斯：很明白了。

食蚁兽：这就是我刚才说过的更新。新的分布反映出了我的存在。这种从过去的状态向新状态的改变，可以被说成是使蚁群增添了“一条知识”。

阿基里斯：你怎么能把一个蚁群内不同类型蚂蚁的分布说成是“一条知识”？

食蚁兽：这里面有个至关重要的问题，需要详细解释。你知道吗，接下来的问题是你打算如何描述种姓分布。如果你继续用低层次的单位——单个的蚂蚁——来思考问题，那你就会只见树木，不见森林。这种层次太微观了，当你从微观的角度进行思考时，你必然会漏掉更大规模上的现象。你不得不用更恰当的高层次上的构架来描述种姓分布——只有这样，种姓分布如何能编码出许多条知识这一问题才有意义。

阿基里斯：那么，那种用来描述蚁群现存状态的恰当单位，你是怎么找到的？

食蚁兽：好吧，让我们从最基本的说起。当蚂蚁想做成某件事时，它们就组成各种小“蚁队”，也就是凑在一起去干一件事。就像我前面提到过的那样，蚂蚁们的小团伙总是在不断地形成和解散。那些实际上能存在一段时间的就是各种蚁队，它们没有散伙的原因就是因为有事情需要它们去做。

阿基里斯：可前面你说过如果一群蚂蚁的规模超过了某一临界点，这个群体就会集聚在一起。现在你又说如果有什么事可做，这个群体就会集聚在一起。

食蚁兽：这两种说法意义是一样的。比方说，在觅食时，如果某个
320 闲逛的蚂蚁在某个地方发现了一些食物，并想把这个喜讯传给别的蚂蚁们，那么，作出反应的蚂蚁数量将会同食物样品的大小相一致——太少的数量将不会吸引足以超过临界点数量的蚂蚁。这也正是我所谓的无事可做的意思——食物少得不值得去重视。

阿基里斯：我明白了。我应该假定这些"蚁队"是结构中的一个层次，处在单个蚂蚁的层次和蚁群的层次之间。

食蚁兽：正是这样。有一种类型特别的蚁队，我把它称作"信号"——结构中所有的更高级的层次都建立在信号上。事实上，一切比信号更高级的实体都只是由行动协调一致的信号所组成的集合。高层次上的队其组成单位不是蚂蚁，而是些低层次上的队。这样一直找下去，最后就到了最低层次的队——也就是所谓的信号——在这之下，才是蚂蚁。

阿基里斯：它们为什么叫"信号"这样一个容易引起联想的名字？

食蚁兽：这名字是指它们的功能。信号的作用是把具有各种专长的蚂蚁输送到蚁群中需要的部分。因此信号的典型活动是这样的：信号的产生是由于蚂蚁数量超过了维持一个信号的存

在所必需的临界点，随后这个信号便通过蚁群向远处传递，在某些时候，信号便多多少少分解还原成为其单个的组成部分，并丢下它们不管。

阿基里斯：听起来有点像波浪，从远处挟裹来一些海星、海草，把它们孤零零地抛到了岸上，丢下它们不管。

食蚁兽：在某种意义上这种类比是对的，蚁队确实抛下了一些它从远处带来的东西，可海浪还是要回到海里的，而在信号这里，就没有类似的载体，因为信号是由蚂蚁组成的。

乌龟：我觉得一个信号只是在途经该蚁群中原来需要这类蚂蚁的地方时，才会分解掉。

食蚁兽：那自然。

阿基里斯：那自然？在我看来，某个信号总能到达原来需要它的那个地方这种事，并非那么显而易见。即使它传播的方向正确，它怎么能判断出它应该在哪儿解散？它怎么知道它已经到了该去的地方了？

食蚁兽：这是个极端重要的问题，因为这涉及对有目的的行为——或者说是似乎有目的的行为——从信号角度所作的解释。从对它们的描述里，人们倾向于把信号的行为说成是旨在满足需要，从而把它称作“有目的”的。但你也可以从别的角度看这一问题。

阿基里斯：哎，等等。要么这种行为是有目的的，要么不是。我不明白怎么能又是又不是。

食蚁兽：我来给你解释一下我看问题的方式，看你是否同意。一个信号一旦形成，这个信号本身并不考虑它应该往哪个方向传 321

播。在这里起决定作用的是种姓分布。是它决定着信号在蚁群中的运动,以及这个信号能持续多长时间、在哪里“解散”。

阿基里斯:这么说一切都依赖于种姓分布,是吗?

食蚁兽:正是这样。让我先来描述一下正在传播中的一个信号。当信号发出的时候,组成这一信号的蚂蚁们或是通过直接的接触,或是依靠气味的传达,同位置上与它们相邻的蚂蚁进行合作,以使信号通过。这种接触与气味报道了某个地方出现了需求,诸如筑窝、哺育等这类事情。只要这种局部的要求还得不到满足,这个信号就会一直保持下去。但是一旦出现一批蚂蚁能够满足那一需求,信号便会解散,而奔赴来救急的蚁队就在现场全面铺开,进行工作。现在,你明白蚁群中的种姓分布如何发挥各队的指导作用是怎么回事了吗?

阿基里斯:很明白了。

食蚁兽:这种观察事物的方法并不要给这种信号加上个什么目的,这一点你也明白了吧?

阿基里斯:是的。的确,我开始学会从两种互不相同的角度来看这一问题了。从蚂蚁的眼睛所看到的角度,信号是无目的的。信号中普通的蚂蚁只是在蚁群附近逛来逛去,没有什么特定的目的,直到发现了什么它觉得还可以的东西后,才停下来。它的队友们常常也同它意见一致,于是这时蚁队才算完成了任务,原地解散,有组织的集合就不复存在了,而只剩下一些散兵游勇。没有什么计划啦、事先的预测啦这一类东西,也不需要什么侦察来决定正确的方向。然而从蚁群的角度看,蚁队的行为却是对以种姓分布这种语言写成的信息所作的反应。所以从这一角度看，这种行为显得很像是有一定的目的。

螃蟹：如果种姓分布完全是随意的，那会怎么样？那些信号还会结聚和解散吗？

食蚁兽：当然啦。不过这个蚁群将不会保持多久，这是因为它的种姓分布是无意义的。

螃蟹：这正是我想弄明白的。蚁群的存在是由于它的种姓分布有一定的意义，而这一意义是在其整体水平上产生的。在比整体水平低的层次上，是看不到这种意义的。你除非在这种高层次上进行解释，否则就无法读懂它的意思。

食蚁兽：我明白你的观点，不过我看你把问题想得太狭隘了。

螃蟹：怎么？

食蚁兽：蚁群几十亿年来一直在经历着严酷的进化选择。只有少数一些机制被选择出来，而大部分都被淘汰了。结果就形成了我们现在正在讨论的支配着蚁群的这一套机制。如果你能在电影上观察这一完整的过程——当然，这比实际进程要快上差不多十亿倍——你就会觉得各种机制的出现完全是对外界压力的自然反应，就像开水冒泡是对外在的热源的自然反应一样。我想你不会觉得开水冒泡有什么“意义”和“目的”——不过，也许你会？ 322

螃蟹：不，但是——

食蚁兽：这就是我的观点。无论泡沫有多大，其产生都可以追溯到分子水平，你可以不管什么“高层次的规律”。蚁群和蚁队的道理也是一样的。通过从进化这一开阔的角度考虑这一问题，你就可以排除有意义有目的的蚁群这一想法。这样它们就变得可有可无了。

阿基里斯:哎,食大夫,你不是刚告诉我们你跟马姨交谈过吗?现在看来你要否认她能交谈或思想啦。

食蚁兽:我没有自相矛盾,阿基。你知道,同别的人一样,用这么巨大的时间单位去观察事物,对我来说也是很困难的,所以我觉得改换一下角度会更方便些。当我撇开进化过程而对此时此地的现象进行观察的时候,就又回到了那种目的论式的语言:即种姓分布的意义和信号的有目的性。我不仅在考虑蚁群时采用这种角度,而且当我考虑我自己和别人的大脑时,也是如此。不过,如果必要的话,我也能采用别的角度,把意义排除于这些系统之外,只是这多少要费点劲儿。

螃蟹:进化的确能创造奇迹,正像你没法儿从创造奇迹的魔术师那里预知他又要从袖子里抖落出什么东西一样,你也无法猜测进化下一次将会弄出什么玩艺儿来。比方说,要是出现这样的事,我一点儿也不会感到吃惊:如果在理论上可能,有两个或更多的"信号"彼此交错,每一个都不知道另一个也是一个信号——每一个都把另一个仅仅当作是一般状态的蚂蚁群。

食蚁兽:这不仅是理论上可能的,事实中也是常有的!

阿基里斯:哟……我脑子里冒出来一个什么怪念头啊。我在想象蚂蚁们朝四个不同的方向运动,有黑的,有灰的,互相交错,共同组成一个有序的图案,就像——就像——

乌龟:你是说像一首赋格曲?

阿基里斯:对——正是!一首蚂蚁赋格。

螃蟹:很有趣的念头,阿基。不过,说到开水倒让我想起茶来了。

谁想再要点儿?

阿基里斯:我再要一杯,老蟹。

螃蟹:行啊。

阿基里斯:你认为可以把这样一首“蚂蚁赋格”分解成彼此不同的可见的“声部”,是吗?这可太难了,我是说,如果我要——

乌龟:我不要,谢谢。

阿基里斯:——在一首赋格曲中——

食蚁兽:要是不太麻烦的话——

阿基里斯:——跟踪其中某一个声部——

食蚁兽:——我也想来点儿,老蟹。

图 61　蚂蚁赋格,艾舍尔作(木刻,1953)。 323

阿基里斯:——而所有那些——

螃蟹:区区小事。四杯茶——

乌龟:三杯!

阿基里斯:——声部都在同时进行。

螃蟹:——转眼就得!

食蚁兽:这个想法很有意思,阿基。不过没有人能让人信服地画出这种画来。

阿基里斯:太令人遗憾了。

乌龟:这个问题也许你能回答,食大夫。一个信号,从它形成到解散,总是由同样一群蚂蚁组成吗?中间不会换吗?

食蚁兽:实际上,如果附近有同样种姓的蚂蚁,信号中的蚂蚁经常脱离信号而由别的同种姓的蚂蚁来替代。大多数情况下,当信号解体的时候,组成这一信号的蚂蚁已经全都不是当初形成这一信号时的蚂蚁了。

324 螃蟹:我搞清楚是怎么一回事了:蚁群中的信号不断影响种姓分布,这一活动是对蚁群内部的要求所作出的反应,而蚁群的这种内部要求则又是蚁群对其所处外部环境的反应。因此,正如您所说的那样,食大夫,种姓的分布不断地调节、变化,最终反映着外部世界。

阿基里斯:可结构中的那些中间层次是怎么回事?你刚才一直在说种姓分布最好应该以由别的蚁队组成的蚁队为单位来描述,而不应以蚂蚁或信号为单位来描述,那些组成蚁队的蚁队又是由一些别的蚁队组成的,同理下推,直至组成蚁队的成员是单个儿的蚂蚁,而不再是蚁队。你还说,要想理解种姓分布何以能被描述为某种有关外部世界的编码了的信息，这个观点是关键性的。

食蚁兽：正是，我们现在正要谈这个问题。我喜欢把某些层次较高的蚁队称作“符号”。你要注意，这个词在这里的意思与它通常的意义有所不同。我所说的“符号”是指一个复杂系统的主动的子系统，这种子系统是由更低层次的主动的子系统构成的……因此，它们与被动的符号很不一样，那些被动的符号在系统之外。汉字中的笔划或单个儿的音符，都属于这种符号，它们是死的，有待于某个主动的系统去处理它们。

阿基里斯：噢，这可真够复杂的。我一点儿也没想到蚁群具有如此抽象的结构。

食蚁兽：是的，很了不起。不过，结构中的所有这些层次对于各种各类知识的储存都是必需的，有了这种知识储存，才能使这个机制变成“有智能的”，“有智能的”的意思在这里可以是这个词的任何合理的涵意。任何能运用语言的系统都基本上具有与此相同的一套内部层次。

阿基里斯：先慢着点。你是不是暗示说我的大脑实际上也是由一群窜来窜去的蚂蚁组成的？

食蚁兽：哦，不。你不要从字面意义上理解我的话。最低的层次是全然不同的。比方说，食蚁兽的大脑就不是由蚂蚁组成的。但是你如果从大脑的最低层上溯一两个层次的话，你就会发现这些层次的机制在别的具有同等智力的系统中——比如蚁群中——有与它完全一致的对应物。

乌龟：这就是把你的大脑映射到蚁群中去，而不是映射到蚂蚁的大脑中去的依据,阿基。

阿基里斯:对你的这份夸奖我领情了。不过这种映射是怎样进行的? 比方说,我大脑中的什么东西对应于你所谓的信号这种低层次的蚁队呢?

食蚁兽:哦,我对大脑的研究只是种业余爱好,所以无法一一细述它的神异之处。可是——如有不妥之处,老蟹,请不吝赐教——我猜测,在大脑中对应于蚁群里信号的那种东西是兴奋的神经原。或者,也可能是某种更大范围上的活动,比如神经原兴奋的模式什么的。

325 螃蟹:我没有什么异议。不过你是否觉得,找出确切的对应物这一问题,即使有希望得到解决,相对于我们这场讨论的目的来说,也并不是什么十分紧要的事。在我看来,最重要的是知道确实存在着这种对应,既使我们此时此刻还不完全清楚这种对应指的是哪一部分也没有关系。我只想对你提出的问题中的一点追问一下,食大夫,因为这一问题涉及究竟在哪个层次上,人们可以断定开始产生了这种对应关系。你似乎认为一个信号在大脑中有其直接的对应部分,然而我觉得只是在你所谓的“主动的符号”这一层次上,才可能存在那种对应关系。

食蚁兽:你的解释比我的更确切,老蟹。多亏你提出这个微妙的问题。

阿基里斯:有什么事情只能由符号做而不能由信号做?

食蚁兽:这情形有点像字与笔划之间的区别。字作为具有意义的单位,是由笔划组成的,而笔划本身却不具有意义。这也正是符号与信号的区别所在。这实际上是个很有用的类比，条件是你不要忘了字和笔划是被动的，而符号与信号却是主动的。

阿基里斯：我一定会记住的，不过我不敢说我理解了为什么强调主动与被动两种性质的区别具有如此重要的意义。

食蚁兽：原因在于你加于被动符号上的意义，例如一页书中的某个字，实际上来源于你大脑中与之相对应的主动符号所产生的意义。因此，只有当一个被动符号的意义与主动符号的意义发生关系时，这个被动符号的意义才能被正确理解。

阿基里斯：明白了。可是究竟是什么赋予一个符号——确切地说，是主动的符号——以意义的呢？信号虽然也是一种很出色的东西，可你却说它不具有意义。

食蚁兽：这与符号可以使其他符号被触发的方式有关。当某一符号成为主动时，它并非是孤立无援的。它可以通过某种媒介——在蚂蚁这里就是种姓分布——传播开来。

螃蟹：当然，大脑里是没有种姓分布这类意儿的，在大脑中，与种姓分布相对应的是“大脑状态”。你必须描述出所有神经原的状态、所有它们交互联系的状态，以及使每个神经原触发的临界点。

食蚁兽：一点不错。现在让我们把“种姓分布”和“大脑状态”都一并归于一个共同的名称之下，这个共同的名称就是“状态”。这样，这种状态就可以在某种更低或更高的层次上描述出来了。对蚁群状态进行低层次上的描述将会非常麻烦，这需要确定每个蚂蚁的位置、年龄、种姓，以及其他一些诸如此类的事情。这种详细的描述实际上无助于统观为什么该蚁群处于这种状态。另一方面，在更高层次上进行的描述则需要逐一查清哪些符号可以被哪些其他符号的组合所触发，以及触发的条件等等。

326 阿基里斯：在信号或蚁队层次上进行的描述会怎么样呢？

食蚁兽：这种描述所在的层次位于较低的层次和符号层次之间。对于在蚁群中某一特定位置上正在发生的事，这种描述能提供相当多的信息，虽然这要比一个蚂蚁一个蚂蚁的描述所含的信息少些，这是因为蚁队是由一团团的蚂蚁组成的。那种一个蚁队一个蚁队的描述就好像是一个蚂蚁一个蚂蚁描述的提要。然而，在蚁队层次上的描述必须加进一些在蚂蚁层次上所没有的内容——例如各蚁队之间的相互关系，散于各处的各种种姓的补充力量。这种新添的复杂性是你进行这种概括所必须付出的代价。

阿基里斯：我觉得对不同层次上的描述进行比较是件非常有意思的事。最高层次上的描述似乎最具有解释力，在这一层描述中，你能得到关于蚁群的最直观的印象，然而，说来奇怪的是，这种描述却撇开了似乎是最重要的方面——蚂蚁。

食蚁兽：不过你要明白，尽管你所看到的都不过是蚂蚁，可它们却全然不是最重要的方面。我们承认，如果没有这些蚂蚁，蚁群就不会存在。可是，与之相应的某种东西都是存在的——比如大脑——完全不依赖蚂蚁的存在而存在。因此，至少从一种高层次的观点上看，蚂蚁是可有可无的。

阿基里斯：我敢说没有任何蚂蚁会热烈拥护你的这种理论。

食蚁兽：不过，我从没有见过什么蚂蚁具有高层次的观点。

螃蟹：你的这番描述太违背人们的直观了，食大夫。如果你所言不差，事情似乎就会是：为了了解整个儿结构，你必须省略掉构成这一结构的任何最基本的组成材料。

食蚁兽：也许我打一个比方你们就能更清楚些了。请想象一下你面前摆着一本查尔斯·狄更斯的小说。

阿基里斯：《匹克威克外传》——可以吗？

食蚁兽：再好没有了！现在我们就来做这样一个游戏：你先想办法使每种笔划都具有意义，这样当你一个笔划一个笔划地读这本书时，整部《匹克威克外传》就都具有意义了。

阿基里斯：嗯……你是说我每见到一个字，就比如“人”字吧，就要把它看作是两个各具某种一定意义的概念，并且是一个接一个地紧挨着，每种相同的笔划的意义总是一定的，没有任何变化，是吗？

食蚁兽：正是这样。这样一来就只有“丿”概念、“编”概念了——而且你每次碰到它们时，它们的意思都同前面它们出现时的意思一样。

阿基里斯：嗬，这么一来，“阅读”《匹克威克外传》的活动简直就变成了一场难以言状的噩梦了。不管我赋予每个笔划什么意义，这一切都只不过是一场徒劳无益的玩弄无意义的游戏。

食蚁兽：没错儿。单个儿的笔划与现实世界之间不存在什么自然的映射关系。只有在更高的层次上才会有这种自然的映射——即在字词与现实世界的各部分之间。你如果要叙述这本书的内容，你就不要涉及它的笔划层次。

阿基里斯：当然不会！我只会叙述情节、人物这一类的东西。 327

食蚁兽:这你就对了。你应该完全略去这本书的构成材料,即使这本书有赖于它们。它们是媒介,而不是信息。

阿基里斯:明白了——那么,蚁群呢?

食蚁兽:在蚁群这里,主动的信号代替了被动的笔划,主动的符号代替了被动的字词——不过原理是一样的。

阿基里斯:你是说在信号与现实世界之间无法建立起映射关系?

食蚁兽:你会发现你无法通过触发某个新的信号来使它具有什么意义。在比它更低的层次上——如蚂蚁层次——也同样办不到。只有在符号层次上,触发模式才有意义。比方说,你想象一下在我来拜访你时,你正在观察马姨。你无论观察得多仔细都行,不过,除了蚂蚁们的集聚、解散之外,你仍然什么也看不到。

阿基里斯:肯定是这样。

食蚁兽:而我在观察的时候,由于研究了它的高级层次,而不是低级层次,就会看到有好几种休眠的符号此时被唤醒了,并转译成下面的思想:“哦,食大夫这宝贝儿又来了——这真叫人高兴!”——或者是其他一些大意如此的话。

阿基里斯:听起来正像我们四个刚才看“无之图”时那样,我们各自看到了不同的层次——或者至少说是我们三个……

乌龟:我在《平均律钢琴曲集》中翻到的那幅古怪的图跟我们现在讨论的问题之间有某种相类似的地方,这可真是个奇怪的巧合。

阿基里斯:你认为这只是巧合吗?

乌龟:当然。

食蚁兽：哎，我估计你们现在能够理解马姨的那些从对符号的操作中产生的想法了。这些符号是由信号组成的，信号是由蚁队组成的，蚁队是由低层次的蚁队组成的，如此下推，直至单个儿蚂蚁。

阿基里斯：你为什么把它称作“对符号的操作”？如果符号都是主动的，那么是由谁来操作？这个发号施令的是谁？

食蚁兽：这得回到你前面提到过的有关目的的问题上来。说符号自身是主动的，这一点不错，可这些符号所进行的活动却不是绝对自由的。所有符号的活动都严格地受制于它们所处系统的状态。因此，是整个系统决定着它里面的符号如何彼此相互触发，所以，把整个儿系统说成是“发号施令的”是合情合理的。当符号被触发时，它所在系统的状态便慢慢发生转变，以适应新的情况。不过，其中有些特征是不随时间的变化而变化的。正是这个部分恒定、部分变化的系统才是那个发号施令的。我们可以给整个儿系统起个名字。比方说，马姨就可以被看作是那个操作符号的。同样的道理也适用于你，阿基。328

阿基里斯：对于我到底是谁这个问题，你的这种看法真是挺奇怪的。我不敢说我已经完全理解了，但我会好好考虑它们的。

乌龟：在你思考你大脑中的那些符号时，去注意你大脑中此时产生的符号会非常有趣的。

阿基里斯：这对我来说太复杂了。理解在符号水平上观察并解释蚁群的可能性，这已经叫我很头疼了。我完全可以想象得出在蚂蚁层次上观察蚁群是怎么一回事；我也可以想象在信号层次上的观察，只不过多少要费点儿劲儿；可天知道在符号层次上观察蚁群是怎么回事!

食蚁兽:只要经过长时间的练习就能学会。不过,谁要是达到了我现在的阶段,谁就能很容易地释读蚁群的最高层次了,就像你能从“无之图”中读出“无”一样。

阿基里斯:真的吗?这一定特别不同寻常。

食蚁兽:在某种意义上说是这样——不过,另一方面上讲,对你来说这并不陌生。

阿基里斯:对我来说不陌生?你指什么?除了在蚂蚁层次上以外,我没有用任何其他方式观察过蚂蚁。

食蚁兽:也许你没有。不过蚁群在很多方面同大脑没有什么不同。

阿基里斯:可我也从没有看过或读过任何大脑呀。

食蚁兽:你自己的大脑呢?你意识不到你自己的思想吗?这难道不是意识的本质吗?当你意识到你自己的思想时,你难道不是直接在符号层次上读你的大脑吗?

阿基里斯:我从没有这么想过。你是说我绕过了所有低级层次,只看到最高层?

食蚁兽:意识系统正是这样。它们只是在符号层次上感觉到自己,对更低的层次,如信号层次,则毫无意识。

阿基里斯:这是不是说,在大脑中,主动的符号总是在调节自身,以反映出大脑的整个儿状态,这一切总是处在符号水平上?

食蚁兽:正是这样。在一切有意识的系统中,符号表现着大脑的状态,而这些符号本身却正是它们所代表的大脑状态的一个部分。因为意识活动要求极大程度上的自我意识。

阿基里斯:这可够古怪的。这就是说虽然我的大脑中每时每刻都在发生忙忙碌碌的活动，可我却只能以一种方式感受这种活动——就是说是在符号层次上。对于更低的层次，我完全没有感觉。这就像是在读一本狄更斯的小说时只通过直接的视知觉，而完全看不到一个个的笔划。我无法想象这么古怪的事竟能真地发生。

螃蟹：可这种事在你看那幅“无之图”时确实发生了，你只读出了“无”而没有看出更低层次上的“整体论”与“简化论”。

阿基里斯：你说的对——我忽略了低层次，只看到了最高层。我不 329
知道我是否也同样忽略了我大脑中更低层次的意义，而只是看到了符号层。糟糕的是最高层并没有包含底层的所有信息，因此，只知道最高层并不能因而知道底层在说些什么。不过我觉得，希望最高层能把底层的一切信息都编成码，这是一种很幼稚的想法——底层信息可能无法渗透上来。“无之图”是可能有的最明白的图解：最高层只有“无”，它与低层没有任何关系！

螃蟹：绝对正确。（拿起“无之图”，凑近了研究。）嗯……图中最小的那些笔划有点奇怪。它们歪歪扭扭的……

食蚁兽：让我看看。（凑近了看着“无之图”。）我看还有一层，我们都给漏掉了！

乌龟：你这话可不代表别人，食大夫。

阿基里斯：啊——不可能！让我瞧瞧。（很仔细地看。）我知道你们大家肯定不会相信：这张图的秘密其实近在眼前，就藏在深层里面。全部秘密就是一个字，重复了一遍又一遍——但是个无比重要的字：“无”！谁想得到！跟最高层一样！我们大家谁也没能哪怕是猜到一丁点儿!

螃蟹:要不是你,阿基,我们谁也不会注意到。

食蚁兽:我不知道最高层与最低层之间的这种一致是否是出于巧合,还是某个创作者有意为之?

螃蟹:谁能说得准呢?

乌龟:因为我们一点儿也不知道这幅奇怪的图为什么是在螃蟹版的《平均律钢琴曲集》中,所以我看我们没法儿回答这个问题。

食蚁兽:我们的讨论一直很活跃,可我还是愿意继续洗耳恭听这首又长又复杂的四声部赋格。真是太美了。

乌龟:确实很美。再过一会儿,就要有持续音了。

阿基里斯:持续音是指一段音乐逐渐慢下来,并时不时地停止在某一音符或和弦上,然后,在一段短暂的静默之后,又重新恢复正常速度,是吗?

乌龟:不对,你这是在说"延长记号"——一种音乐上的分号。不知你注意没有,刚才那首前奏曲中就有这么一段?

阿基里斯:我想我是错过了。

乌龟:不过,你马上还会有机会听到一个延长记号的——事实上,在这首赋格临近结尾的地方,还会有这么两段的。

阿基里斯:哦,太好了。你过会儿会把它们指出来,是吧?

乌龟:只要你愿意。

阿基里斯:那么,请告诉我,什么是持续音?

乌龟:持续音就是在复调音乐中,所有声部中的一个声部(通常是
330 最低的那个声部)停留在某一个音符上,而与此同时,其他的声部继续向前发展,不受影响。在这支赋格中,这个持续音停

留在音符 G 上。仔细听，你会听到的。

食蚁兽：有一天我去拜访马姨，碰到了一件事，让我想起你的那个建议。你建议当阿基里斯的大脑中的那些符号创造有关它们自身的思想时，应该去留心那些符号本身。

螃蟹：快告诉我们你碰到什么事了。

食蚁兽：马姨那天感到很孤独，很想同别人聊聊。因此她很大方地要我自己挑那些我所能见到的最鲜嫩的蚂蚁。（她从不吝啬她的那些蚂蚁。）

阿基里斯：妙极——

食蚁兽：这时我正在观察那些产生她的思想的符号，因为在那些符号中间有很多看去极其鲜嫩的蚂蚁。

阿基里斯：妙极——

食蚁兽：这样我就挑了些最肥嫩的，这些蚂蚁是我正在解释的高层次符号中的一部分，它们所在的那个符号是在说明这样一个意思："自己随便挑那些能引起你食欲的蚂蚁吧。"

阿基里斯：妙极——

食蚁兽：这对它们来说很不幸，可对我来说运气极了，这些小虫子们一点也不懂它们作为一个集体在符号层次上对我说的话。

阿基里斯：妙极——了！这真是个大怪圈。它们完全不知道自己所参加的活动。它们的行为可以被看作是更高层次上某种模式的一部分，但是它们肯定对此一无所知。嗨，真可怜——事实上也是绝妙的讽刺——它们对此毫无感觉。

螃蟹：你说的对，龟兄——这是个妙极了的持续音。

食蚁兽：我以前从没听到过，不过它太明显了，没有人会感觉不到的。给人的印象太深了。

阿基里斯：什么？持续音已经出现过了吗？它要是这么明显，我怎么会没注意到？

乌龟：也许你太陶醉于你说话的内容了，以至于你对此一无所知。嗨，真可怜——事实上也是绝妙的讽刺——你对此毫无感觉。

螃蟹：告诉我，马姨是住在一个蚁穴中吗？

食蚁兽：哦，她有一份很大的家产。那里曾属于别人，留下了一个令人伤感的故事。不管怎么说，她的庄园是非常大的。比起许多别的蚁群来，她住的算是很阔气了。

阿基里斯：这与你前面跟我们讲的蚁群的共产主义性质怎能一致起来呢？在我看来，共产主义与住在一所豪华的大宅里是互相矛盾的！

331 食蚁兽：共产主义是蚂蚁层次上的。在一个蚁群里，所有的蚂蚁都为共同的利益而工作，即使有时这对单个儿的蚂蚁有害。这些只是马姨结构的内在方面，就我所知，她甚至可能感觉不到这种内部的共产主义。人类大都对他们自己的神经原一无所知。事实上，作为有点神经质的生物，他们也非常满足于对自己的大脑一无所知这种状况。马姨也多少有些神经质。只要她一开始想她的那些蚂蚁，她就会马上变成热锅上的蚂蚁。所以，只要可能的话，她就竭力避免想它们。我实在怀疑她是否了解她内在结构中的共产主义社会。她自己是个坚定的自由主义信徒——你知道，她是完全自由放任的。所以，至少对我来说，她愿意住在一所豪华的庄园里是非常可以理解的。

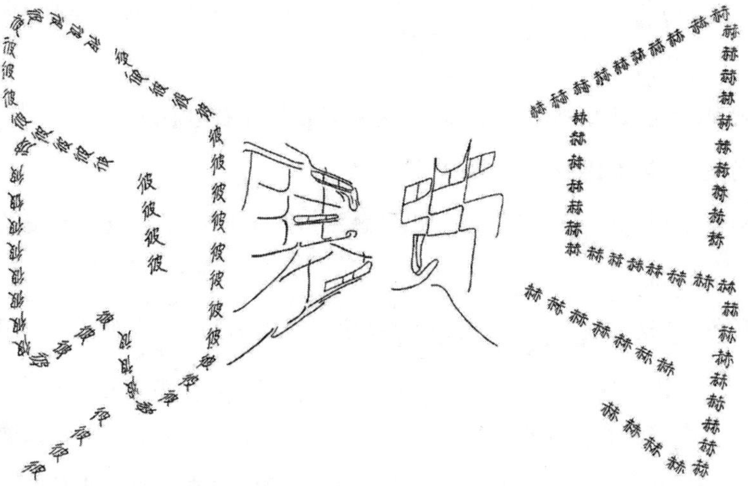

图 62　两个伟大名字的“交织”，刘皓明绘。

乌龟：在我浏览《平均律钢琴曲集》的这个可爱版本的时候，现在刚好翻过这页，我发现那两个延长记号中的一个马上就要出现了——你好好听听吧，阿基。

阿基里斯：我会的，我会的。

乌龟：对着这一页的地方还有一张古怪透顶的图。

螃蟹：难道又有一张？

乌龟：自己找吧。（把总谱递给螃蟹。）

螃蟹：啊哈！是四组小字。让我看看——分别是“彼”、“德”、“巴”、“赫”，各自出现了许多次。我纳闷，为什么中间的字大，两边的字小？

食蚁兽：能让我看看吗？

螃蟹：当然。

食蚁兽：我看你是只见树木，不见森林了。实际上，这是四个大字：

“约”“塞”“费”“马”,中间的字小,两边的字大。阿基里斯,你看呢?

阿基里斯:让我瞧瞧。嗯,我看这些字是越往右边越小。

乌龟:它们能组成有意义的词吗?

332 阿基里斯:嗯……“约”“塞”“巴”“赫”。哦,我明白了。这是巴赫的姓名!

乌龟:你这种看法真怪。我看这些字是越往右边越大,而且……组成了……一个人……的……姓……名,(他逐渐变慢,最后几个字拉得特别长。然后是一阵短暂的静默。突然,他又正常起来,好像什么都没有发生过似的。)——“彼·德·费马”。

阿基里斯:哦,我敢肯定你满脑子里都是数学家费马。你看什么都是费马最后定理。

食蚁兽:你刚才说的对,龟兄——我在这首赋格里刚听到一个迷人的小段延长记号。

螃蟹:我也听到了。

阿基里斯:你们是说除了我人人都听到了?我开始觉得我有点笨了。

乌龟:哎哎,阿基——别沮丧。我敢肯定你不会错过赋格的最后延长记号——马上就会出现的。不过,让我们回到刚才的题目上来吧,食大夫,你提到的那个有关马姨庄园的前所有者的伤感故事是怎么回事?

食蚁兽:那位前所有者是位出类拔萃的人物,是有史以来最富于创造性的蚁群之一。他的名字叫蚁翰·塞巴斯蚁安·蜚蚂,一位专业数学家、业余音乐家。

阿基里斯：他可真是多才多艺啊！

食蚁兽：在他的创造力的颠峰期，他惨遭最不是时候的猝死。一天，那是夏天里非常炎热的一天，他外出想去避避暑，正好赶上一场疾风暴雨——是那种一百年左右才会有一次的大暴雨——真叫是从天而降，把蚁·塞·蜚蚂淋了一个落汤蚂蚁。因为这场暴雨突如其来没有任何预兆，蚂蚁们完全晕头转向了。几十年来建立起来的如此完美的复杂机体瞬间便毁于一旦。真是个悲剧。

阿基里斯：你是说所有的蚂蚁全都淹死了，这当然就是说可怜的蚁·塞·蜚蚂完蛋了？

食蚁兽：实际上并没有。蚂蚁们打算重新振兴，它们中幸存的每只蚂蚁都爬到飘浮在激流洪涛上的各种树枝木棍上。可是在洪水消退、蚂蚁们重新回到它们巢穴附近的地面上时，整个组织已不复存在了。种姓分布已经彻底毁坏了，这些蚂蚁已无力重建曾经有过的那个协调得如此完美的组织。它们就像破碎的镜子一样不能指望重圆了。我就像所有的媒婆月老一样，企图把可怜的蜚蚂重新撮合到一块儿。我满怀信心地放了些糖和奶酪，徒劳地希望蜚蚂也许会重新合成……（掏出一块手帕擦他的眼睛。）

阿基里斯：你真英勇！我以前以不知道食蚁兽们竟有这么一副慈悲心肠。

食蚁兽：不过这根本无济于事。他去了，不可能再重建。可是随后发生了一件非常奇怪的事：在接下来的几个月里，那些过去是 333
蚁·塞·蜚蚂成员的蚂蚁们慢慢儿又重新组合起来，并且建立了一个新的组织。因此马姨就诞生了。

螃蟹：真了不起！马姨就是由组成蜚蚂的那些蚂蚁构成的？

食蚁兽：对，最初是这样的，没错儿。而现在，有些老蚂蚁已经死掉了，被替代了。但是有一些从蚁·塞·蜚蚂时代留下来的遗老还活着。

螃蟹：你偶尔也会在马姨身上找到某些明显的蚁·塞·蜚蚂的旧特征吗？

食蚁兽：一点也找不到。他们毫无共同之处。而且在我看来，也没有任何理由应该这样。重新组织许多部分以构成一个"总和"，毕竟有着许多种彼此不同的方式。而马姨只不过是旧的各部分的一种新"总和"而已。注意，并没有多于那个总和——只是这个特定种类的总和。

乌龟：说到总和，叫我想起了数论。在数论里有时可以把一个定理拆卸成它的各构成符号，再以一种新的顺序重新组织它们，从而得出一个新定理。

食蚁兽：我从未听说过这种现象。不过我承认在这一领域里我完全是个外行。

阿基里斯：我也没听说过——而我对这一学科是颇为精通的，也许我自己不该这么说。我怀疑龟兄不过是在打哈哈。如今我可太了解他了。

食蚁兽：说到数论，又叫我想起了蚁·塞·蜚蚂，因为数论是他拿手的领域之一。事实上，他对数论作出过某些十分了不起的贡献。而马姨则在任何哪怕跟数学沾一丁点儿边的事情上都极其迟钝。此外，她在音乐方面的趣味不过平平而已，而塞巴

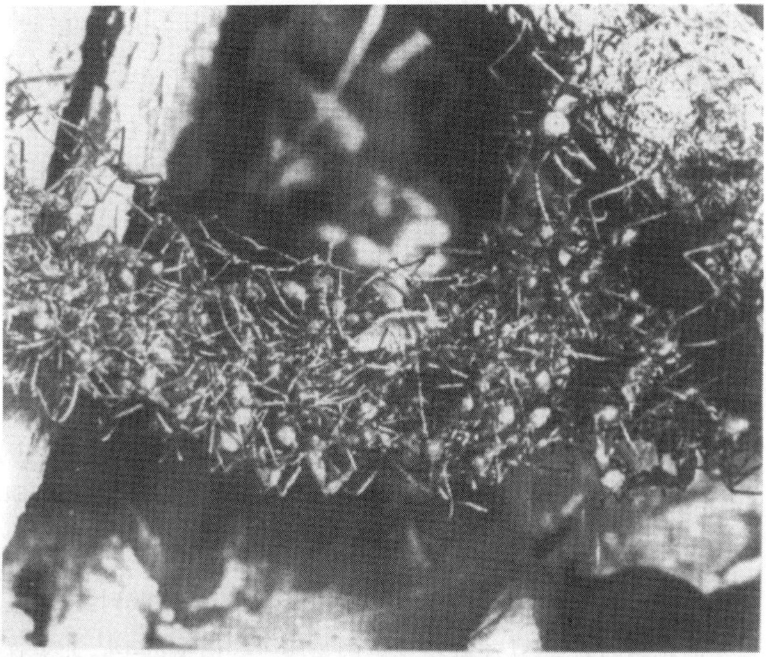

图 63　徙途中，兵蚁有时会用它们自己的身体搭起一座活桥。在这幅照片中就是这样一座桥。可以看到一个蚁群的工蚁们腿脚相连，它们的跗节肢钩在一起，顺着桥头形成许多不规则的链系统。一只共生的蠹鱼正在过桥，此时它处在中心部位。[引自爱德华·威尔逊的《昆虫社会》] 334

斯蚁安在音乐方面极有天才。

阿基里斯：我非常喜欢数论。你能不能给我们讲一讲塞巴斯蚁安做出的那些贡献的本质？

食蚁兽：好吧。（停顿了一小会儿，呷了一口茶，然后才开始说起来。）你们听说过狒犸那个臭名昭著的“平均验刚劲猜想”吗？

阿基里斯：我说不好……听起来怪熟的，可我想不起来了。

食蚁兽：内容非常简单。溺爱儿·的·狒犸，这位专业数学家、业

余律师,在读一本丢饭螽的经典教本《算术》时,看到了这样一个方程式:

$$2^a + 2^b = 2^c$$

他立刻意识到有无穷多个 a、b、c 能满足这个方程,于是在书的边空上写下了下面这段臭名昭著的批注:

> 方程
>
> $$n^a + n^b = n^c$$
>
> 其中 a、b、c 及 n 取正整数,仅当 n=2 时有解(此时将有无穷多的三元组 a、b、c 满足这个方程);但 n>2 时没有解。我已找到了一个精彩的证明,可是不凑巧,这个证明太小了,如果写在这块边空上几乎会看不清。

从三百多天前那年起,数学家们绞尽脑汁,试图做到:或者证明狒犸的断言,从而维护狒犸的声誉——因为由于一些人怀疑他并没有真地找到他所说的那个证明,狒犸的名声多少有些不佳了——或者否定狒犸的断言,找出一个反例:给出四个整数 a、b、c 和 n,其中 n>2,满足那个方程。直到最近,这两个方向上的努力都是失败的。诚然,这个猜想已经在许多具体的 n 值上被验证是成立的——即那些小于 125000 的 n 值。但是没有人成功地证明它对所有的 n 值都成立——没有人,这就是说,直到蚁翰·塞巴斯蚁安·蜚蚂出现之前。是他发现了那个证明,从而保住了狒犸的名誉。现在它的名字是“蚁
335 翰·塞巴斯蚁安的平均验刚劲猜想”。

阿基里斯:如果正确的证明最终给出了,是不是应该把它称作“定理”而非“猜想”?

食蚁兽:严格说来,你是对的,但习惯上一直这么叫。

乌龟:塞巴斯蚁安写了些什么样的音乐?

食蚁兽:他在作曲方面极有天赋。不幸的是,他的最伟大的作品被罩在一层神秘的网下,因为他从未发表过它。有人确信那整部作品都在他的心里,另一些人则不太客气,说他也许压根儿就没有作过这支曲子,只不过是吹吹牛而已。

阿基里斯:这部巨作是什么性质的?

食蚁兽:是一部庞大的前奏曲和赋格,其赋格将有二十四个声部,涉及二十四个不同的主题,每一主题各有一个大调和一个小调。

阿基里斯:把二十四个声部的赋格作为一个整体来听一定很难!

螃蟹:更别说创作这么一部曲子了!

食蚁兽:但是我们所知道的有关它的一切就是塞巴斯蚁安对它的描述,他把这段描述写在了他的那本为管风琴而写的幂幂地加在一起的前奏曲和赋格曲的空白处。在他悲剧性的猝亡前,他写的最后几句话是:

> 我已写成了一部精彩的赋格。在里面我将调的 24 次幂与主题的 24 次幂加了起来,作出了一部具有 24 个声部幂的赋格。可是不凑巧,这里的边空太小了,我无法写下它。

这部未能实现的杰作就被命名为《蜚蚂的最后赋格》。

阿基里斯:哦,这真是个叫人受不了的悲剧。

乌龟:说起赋格,我们一直在听的这支赋格就要结束了。在接近结尾的时候,主题会出现一个奇怪的新转折。(翻阅《平均律钢琴曲集》)哎,这是什么?又是一幅插图——多吸引人呀!(给螃蟹看。)

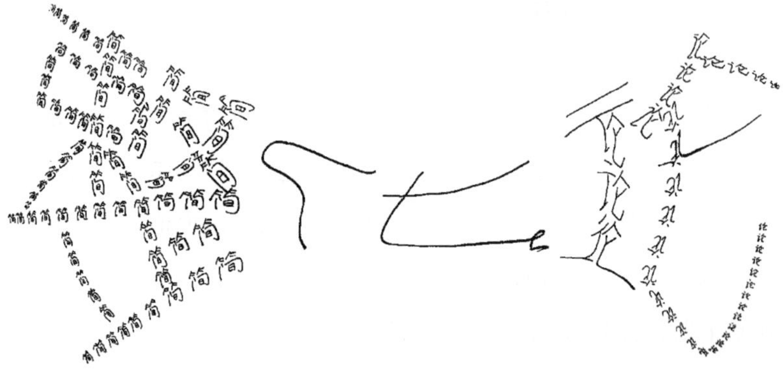

图 64 一支整体论-简化论的“螺旋桨”,刘皓明绘。

336 螃蟹:哎,这是什么?哦,我明白了:是“整化论”,是用大个儿字写的,先是缩小,然后又恢复到原来的尺寸。可这毫无意义,因为这不是一个词。嘿,怎么搞的,嘿,真是的!(把它递给食蚁兽。)

食蚁兽:哎,这是什么?哦,我明白了:是“简体论”,是用小个儿字写的,先是变大,然后又缩小到原来的尺寸。可这毫无意义,因为这不是一个词。嘿,真是的,嘿,怎么搞的?(把它递给阿基里斯。)

阿基里斯:我知道你们大家肯定不会相信:可事实上这幅图是由“整体论”一词组成的,方块儿字从左向右不断缩小,“体”字是草体,所以老蟹认错了。(把它还给了乌龟。)

乌龟:我知道你们大家肯定不会相信,可事实上这幅图是由“简化论”一词组成的,方块儿字从左向右不断增大。“化”字是草体,所以食大夫认错了。

阿基里斯:这次我终于听到主题的那个新转折了!真感谢你给我的指点,龟兄。我想我最终还是开始掌握听赋格的艺术了。

第十一章　大脑和思维

关于思维的新观点

只是随着计算机的出现，人们才真正试图制造“能思维的”机器，并见识了思维这个主题上各种稀奇古怪的变奏。一些程序设计出来了，但若把它们的“思维”与人的思维相比，那就如同把鹦鹉的叽喳学舌与人说话相比一样。这种新发现出来的能力，即用具有与人类完全不同的、但却是人工构造的思维形式——或思维的近似物——来做实验的能力，突然之间揭示出了人类思维的特性、缺陷、威力、捉摸不定之处和发展变化之道。结果是近二十年来，我们在关于思维是什么、不是什么这一问题上，获得了一些新的观点。与此同时，脑的研究者们对于大脑硬件的小尺度及大尺度的探索也都大有收获。这种探索目前还不足以清楚地揭示出脑是如何处理概念的，但已使我们对思维过程所凭藉的生物机制有了一些认识。

在下面两章中，我们将努力把几个领域的研究成果结合起来，包括实现计算机智能的尝试、在活的动物脑上所做的精巧实验以及认知心理学家对人的思维过程的探索。《前奏曲，蚂蚁赋格》已经为此做了铺垫，现在我们来进一步展开其中的观点。

内涵与外延

思维必须依赖于在大脑硬件中对客观实在的表示。在前面几章中,我们已经开发了几个形式系统,数学实在的领域可以在那种符号体系中表示出来。用这样的形式系统作为大脑如何支配思想的模型,在多大程度上是合理的?

在 pq 系统以及后来的几个更复杂的系统中,我们已经看到了意义——在这个词的受到一定限制的意思下——是如何作为一种同构的结果而出现的。这种同构把印刷符号映射到数、运算和关系,把印刷符号串映射到陈述。在大脑中我们没有印刷符号,但我们有更好的东西:能动的成分,它们可以存贮、传送并从其他能动成分接收信息。也就是说,我们有主动的符号,而不是被动的印刷
338 符号。在大脑中,规则就混在这些符号之内(而在纸上,符号是静止实体,规则是在我们的头脑里)。

要强调的一点是:从我们已经见到的那些形式系统所具有的相当严格的性质中不应产生这样的想法:符号与现实事物之间的同构是刻板的一一映射,就像木偶与牵着它的那根线一样。在 TNT 中,“50”这个概念可以有不同的符号表示公式,例如

((SSSSSSS0 · SSSSSSS0)+(S0 · S0))

((SSSSS0 · SSSSS0)+(SSSSS0 · SSSSS0))

两者表示同一个数,这一点并不是自明的。你可能分别处理每个表达式,后来在某个时刻你偶然碰上了一个定理,不禁叫道“啊——它就是那个数!”

你的心智同样可能对同一个人有不同的描述,例如

我不久前送给一个在波兰的朋友的那本书的作者。

今晚在这个饭馆里同我和我的朋友聊天的这个陌生人。

两者表示同一个人，这一点并不是自明的。这两个描述可能互不相干地存在于你的脑海中。在这个夜晚的某个时刻你们可能偶然谈起了某个话题，由此导致你发现二者指示同一个人，不禁叫道“啊——你就是那个人！”

对于一个人的各种描述并非都要联系于某个存贮着他姓名的中心符号。描述本身就可以被构造和处理。我们可以通过构造一个描述来创造不存在的人；当发现两个描述表示同一实体时，我们可以使它们合为一体；当发现一个描述表示着两个事物时，我们可以把它分成两半——如此等等。这种“描述的演算”存在于思维的核心之中。它被称作是“内涵的”而非“外延的”，意思是描述可以“漂浮”着，而不落实在具体的已知客体上。思维的内涵性与其灵活性相关联，它使我们能够想象假设的世界，合并不同的描述，或把一个描述砍成分离的几段，等等。

假设一个借走了你自行车的朋友打来电话说，她被一辆汽车撞了，你的自行车彻底完蛋了，她也差点一命呜呼。你于是在脑海里想象出一系列场面。随着她不断地添加细节，这些场面越来越生动，到最后你简直就像亲眼见到了一样。然后她告诉你这一切只不过是一个玩笑，她和自行车全都安然无恙！很大程度上这其实无济于事：那个故事和那些场景的生动性丝毫不受影响，而且这段记忆将伴随你很长很长时间。以后，你甚至会由于这一印象的强烈影响而认为她骑车是靠不住的，而这些印象在你得知它们并 339
不真实之后，本应已被抹掉了。幻想和事实在我们的头脑里紧密地混在一起,这是由于思维牵涉到复杂描述的构造和处理,而这些描述并非一定要束缚于真实的事件或物体。

一个关于世界的灵活的内涵表示是思维的全部所在。那么,像脑这样一个生理系统是怎样支持这样一个表示系统的呢?

大脑中的“蚂蚁”

大脑中最为重要的细胞是神经细胞,或称神经原(见图 65),它们大约有一百亿个。(奇怪的是,胶质细胞的数目是神经原的十倍。据信,它们主要是对神经原这个主角起支持作用的,因此我们这里不讨论它们。)每个神经原具有若干个突触(“输入端口”)和一个轴突(“输出通道”)。输入和输出均为电化学流,即移动的离子。神经原的输入端口和输出通道之间是细胞体,“决定”就是在这里作出的。

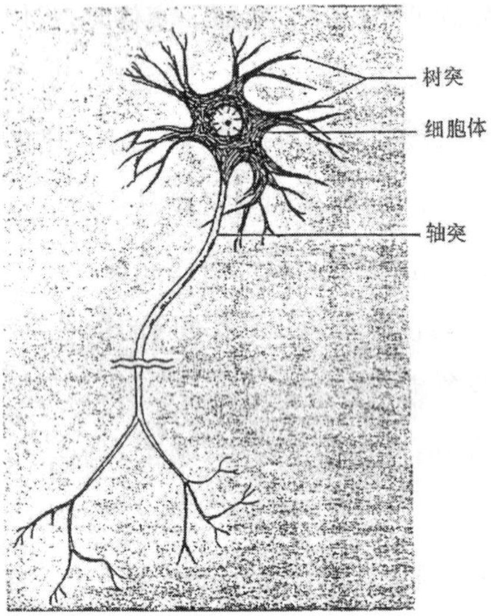

图 65　神经原示意图[摘自伍尔
340 德里奇[D. Wooldridge],《大脑的机制》[The Machinery of the Brain],纽约:Mc-Graw-Hill,1963 年版,第 6 页。]

一个神经原所面临的是这样一种决定——这种决定每秒要出现一千次——即是否“发射”。所谓“发射”就是沿其轴突释放离子,而这些离子最终将穿入一个或多个其他神经原的输入端口,致使它们作出同类决定。决定是以一种非常简单的方式作出的：如果所有输入的总和超过了一个确定的阈值，则发射；否则，不发射。有些输入可能是否定输入，它们对来自其他地方的肯定输入起抵消作用。无论如何，都是这种简单的加法在支配着心智的最低层。笛卡尔的著名论断“我思故我在”可以改写成“我思故我算”。

虽然作出决定的方式听起来很简单，但下述事实使问题复杂化了：一个神经原所具有的不同输入端口可以多达200000个，这意味着为决定该神经原的下一步行动需处理200000个被加数。决定一旦作出，一个离子脉冲将沿轴突射向其末端。但是，当离子到达轴突的末端前，可能会遇到一个或多个分叉点。在这种情况下，单一的输出脉冲在通过分叉点时将分裂，在到达末端时，“它”已经变成了“它们”——而且它们可能在不同的时刻到达各自的目的地，原因是它们经过的轴突分支可能具有不同的长度和不同的阻抗。但重要的是，它们都始于一个出自胞体的单一脉冲。在一个神经原发射后，它需要一个短暂的恢复时期才能再次发射，这是以毫秒来度量的，因此一个神经原的发射频率可达每秒上千次。

脑的大尺度结构

至此我们已经描述了大脑中的“蚂蚁”。而“队”或“信号”是怎样的呢？“符号”又是怎样的呢？我们看到：尽管单个神经原的输入很复杂，它却是能以一种非常基本的方式作出反应——发射，或不发射。这只具有很少量的信息。在传递加工大量信息的过程中，显然必须包括许多神经原。因此可能的猜测是：存在着由许多神经原构成的大尺度结构，它们在一个较高的层次上处理概念。这毫无疑问是对的，但最朴素的假设——每个不同的概念对应于一个固定的神经原群——却基本上是错的。

人脑从解剖学的角度看可以分成若干彼此相区别的部分，如大脑、小脑和下丘脑（见图 66）。大脑是人脑中最大的部分，它可分成左半球和右半球。每个半球的外面几毫米被分层的"壳"包裹
341 着，这就是大脑皮层。从解剖学上看，大脑皮层的总量是人脑区别于低智能物种的脑的重要特征。我们不准备详细描述大脑的任何子器官，因为迄今为止在这些大尺度子器官和它们所负责的心智或物理活动之间只能建立起最粗略的对应。例如，已经知道语言主要是由两个半球之一来掌握的——事实上通常是左半球。我们还知道小脑的作用是发送一系列脉冲到肌肉，以控制运动。但是，这些区域是如何完成它们的功能的，这在很大程度上还是个谜。

脑之间的映射

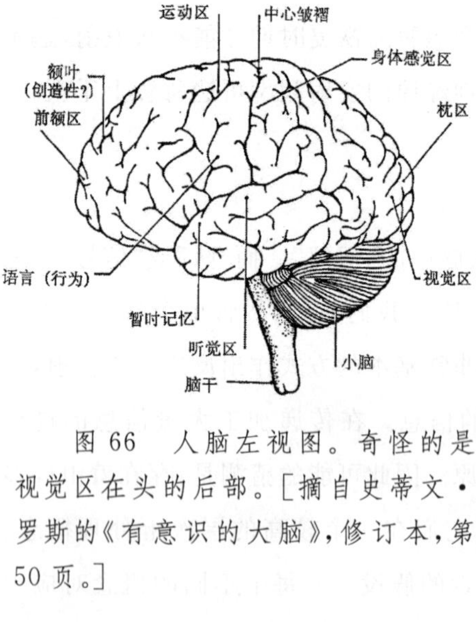

图 66　人脑左视图。奇怪的是视觉区在头的后部。［摘自史蒂文·罗斯的《有意识的大脑》，修订本，第 50 页。］

说到这里，一个极其重要的问题出现了。如果思维的确是在脑中发生的，那么两个脑是如何彼此相区别的呢？我的脑和你的脑有什么不同呢？你的思想当然和我的不会完全一样，对其他任何人来说也如此。但我们的大脑都具有相同的解剖学划分。脑之间的这种一致性

可以扩展到什么程度？能达到神经原层次上吗？如果你观察那些在思维的层次体系中处于足够低的位置上的动物——例如低等的蚯蚓，答案将是肯定的。下面的引文摘自神经生理学家大卫·休贝尔在一次会议上的讲话，这次会议的议题是与地球外的智能生物通讯。

> 我估计像蚯蚓这样的动物会拥有数以千计的神经细胞。非常有趣的是，我们可以在一条特定的蚯蚓身上标出一个特定的单个细胞，然后在同一品种的另一条蚯蚓身上找到一个与之相对应的细胞。[①]

蚯蚓具有同构的脑！人们甚至可以说，“只存在一条蚯蚓。” 342

但是，随着你观察的对象在思维层次体系中的上升及其神经原个数的增加，这种不同个体的脑之间的一一映射关系很快就消失了——这支持了你的猜疑：不是只存在一个人！然而，一旦在比单个神经原大、又比脑的主要子器官小的尺度上把不同人的脑相比较，仍然可以发现显著的物理相似性。个体的精神差异是如何表现在脑的物理结构上的？上述事实对这个问题来说意味着什么？如果我们来观察我的神经原的相互联系，我们是否能发现各种结构，它们可以被确定为以编码的形式表示了我所知道的特殊事物、我所具有的特殊信念、我怀有的特殊愿望、恐惧和好恶？如果精神体验可以归因于大脑，那么知识和精神生活的其他方面是否也能类似地追溯到大脑中的特定位置，或大脑特定的物理子系统？这是我们在本章和下一章中要不断涉及的一个中心问题。

大脑过程的定位：一个谜

为了回答这个问题，神经病学家卡尔·拉施利从1920年左右开始进行了多年实验，试图发现老鼠在脑中的哪个地方存贮了它跑迷津的知识。史蒂文·罗斯在他的著作《有意识的大脑》中这样描述了拉施利的尝试与磨难：

> 拉施利试图确定记忆在皮层中的位置，为此，他首先训练老鼠跑迷津，然后切除皮层的不同区域。他让动物进行恢复，然后检查跑迷津技能的保持情况。出乎他意料的是，要找到一个迷津通路的记忆能力所对应的特定区域是不可能的。相反，所有进行了皮层局部切除的老鼠都受到某种损害，而损害的程度大致正比于皮层的切除量。皮层切除破坏了动物的运动和感觉能力，它们可能一瘸一拐，步态蹒跚，但总能设法穿过迷津。就记忆而论，皮层似乎是等势的，这就是说，所有的区域都有相同的可能效用。后来，在他发表于1950年的最后一篇论文"寻找记忆痕迹"中，拉施利沮丧地断定唯一的结论是记忆根本就是不可能的。[2]

奇妙的是，在40年代末，几乎在拉施利进行他的最后的工作的同时，支持相反观点的证据在加拿大出现了。神经外科医生怀尔德·潘菲尔德那时正在检查进行了某种大脑手术后的患者的反应。这种手术是把电极插入患者被暴露了的大脑的各种部位中，
343 然后用微弱的电脉冲刺激那些与电极相接触的神经原或神经原群。这些脉冲和来自其他神经原的脉冲很相似。潘菲尔德发现：对某些神经原的刺激会可靠地给患者带来特定的幻像和幻觉。这些

人工诱发的感觉是各式各样的，从陌生而不可名状的恐惧感到嗡嗡声及颜色等等不一而足。最令人印象深刻的是，其中还包括早年生活中事件的完整过程，比如童年时代的一次生日晚会。能触发这种特定事件的位置只限于一个很小的区域——基本上集中于一个单个神经原。于是潘菲尔德的这些结果戏剧性地回击了拉施利的结论：说到底，这些结果似乎意味着特定的记忆是由局部区域负责的。

对此我们该怎样理解呢？一种可能的解释是：记忆是局部编码的，但这种局部编码在皮层的不同区域反反复复地进行着——这可能是进化中发展起来的防卫策略，用来对付在战斗中或在神经生理学家所进行的实验中可能出现的皮层损失。另一种解释是：记忆可以从分布于整个大脑的动态过程之中重建，但可以从局部点触发。这一理论是基于现代电话网络的观念之上的，在这种网络中，一个长途呼叫的传送途径无法事先预料，因为这是在呼叫发出时才选定的，取决于整个电话网的状况。毁坏网络的任何局部都不会阻塞呼叫，而仅仅使它们在传送时绕开损坏的地区。在这个意义下，任何呼叫都潜在地是不可定位的。然而，任何呼叫都恰好联结了两个特定的点，在这个意义下，任何呼叫都是可定位的。

视觉处理的特性

一些有关大脑过程定位的最有趣、最有意义的研究工作，是在近十五年内由大卫·休贝尔和托斯坦·威瑟尔在哈佛完成的。他们绘出了猫脑中的视觉通道，它起自视网膜中的神经原，沿它们那些导向头部后方的路径通过侧膝体的“中继站”，终止于大脑正后部的视觉皮层。首先，由于有拉施利的结果，存在有界说良好的神经通道这一点是不同寻常的。但更不同寻常的是位于通道不同阶段上的神经原的性质。

已经发现，视网膜神经原基本上是对比感觉器。更具体地说，它们的活动方式是这样的：每个视网膜神经原通常都以一个“常规速率”发射。当视网膜上它所在的部分被光照射时，它的发射速率或是加快或是减慢，甚至可能停止发射。但是，它这样做的条件是视网膜的周围部分受到的光照较少。这意味着存在两种神经原：“开中心”和“关中心”。开中心神经原的特征是：在它们敏感的圆形视网膜区域中，当中心亮外围暗时，它们的发射率会上升；关中
344 心神经原的特征是：当中心暗外围亮时，它们发射得快一些。如果把一个开中心模式显示给一个关中心神经原，它的发射率会下降（反之亦然）。均匀的光照将不影响这两种视网膜神经原，它们仍继续以常规速率发射。

从视网膜开始，信号从这些神经原出发，通过视神经到达接近大脑中部的侧膝体。在那里，我们可以发现视网膜表面的一个直接映像。之所以这样说，是因为侧膝体神经原只能被落在视网膜特定区域的特定刺激所触发。在这个意义下，侧膝体消失了，它似乎仅仅是一个“中继站”，而非进一步的处理器（虽然公平地说，对比敏感性在侧膝体中有所增强）。视网膜图像按照侧膝体中神经原的发射模式以一种直接的方式编码，虽然事实上那些神经原不像视网膜那样分布于一个二维平面上，而是分布在一个三维团块中。这就既保持了信息又把二维映射到三维，形成了一个同构。表示方式维数的变化可能还有更进一步的意义，这一点还没有充分揭示出来。

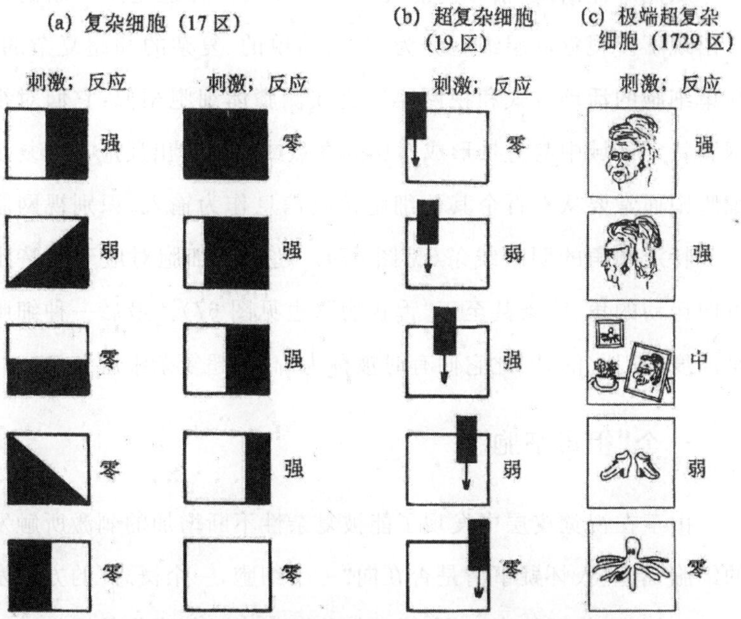

图 67　某些神经原样本对模式的反应。

(a)这个负责边缘检测的神经原寻找左明右暗的垂直边缘。第一列显示了边缘的倾角与该神经原的关系，第二列说明边缘在域中的位置与这个特定神经原无关。

(b)显示了超复杂细胞的更具选择性的反应：在这里仅当下行的舌状物通过域中间时反应最强。

(c)假想的"祖母细胞"对各种随机刺激的反应。读者不妨思考一下对同一组刺激一个"章鱼细胞"将作何反应。

不管怎么说，尚未得到解释的视觉阶段实在太多了，以至于对下列事实我们不应失望而应高兴——在某种意义上，我们已经把这一个阶段弄清楚了！

从侧膝体出发,信号向后传至视觉皮层。在这里某些新的加工出现了。视觉皮层细胞分为三类:简单的、复杂的和超复杂的。简单细胞的活动方式和视网膜细胞或侧膝体细胞相似:它们对视网膜特定区域中与背景形成对比的亮点或暗点作出反应。而复杂细胞则通常要从上百个其他细胞接收信息作为输入,识别视网膜上成特定倾角的明暗线条(见图 67)。超复杂细胞对应于沿特定方向运动的角、线条甚至于“舌状物”(也见图 67)。最后一种细胞是高度专门化的,因此它们有时被称为“高阶超复杂细胞”。

一个“祖母细胞”?

由于在视觉皮层中发现了能被复杂性不断增加的刺激所触发的细胞,有些人怀疑事情是否在向“一个细胞,一个概念”的方向发展——例如,你可能有一个“祖母细胞”,它当且仅当你的祖母进入视野时发射。这样一个“极端超复杂细胞”的多少带点幽默的例子不过是个玩笑,但是,可供选择的理论中哪个更合理,这并不是显而易见的。一种可能性是更大的神经网络被足够复杂的视觉刺激整体性地激活。当然,这些更大的多神经原单位的触发,可能以某种方式依赖于许多超复杂细胞发出的信号的整合。没人知道这是
345 怎样完成的。正当我们似乎接近了“符号”怎样从“信号”中形成这一关键点时,线索中断了——一个吊人胃口的“且听下回分解”。但我们很快会回到这个故事,并努力再补充一些内容。

前面我提到过,人类的大脑之间在大的解剖学尺度上存在粗糙的同构,还提过蚯蚓的脑之间存在非常精密的神经原层次的同构。很有趣的是在猫、猴和人的视觉处理器官之间也有一个同构,

其“粗细程度”介于粗糙和精密之间。这个同构是这样的：首先，三个物种都在脑的后部为视觉加工“特供”了一部分皮层，即视觉皮层。其次，在三者之中视觉皮层都分成三个子区域，称为皮层的 346
17、18 和 19 区域。这些区域仍具有普遍性，这就是说在三个物种的任何正常个体的脑中都可找到它们的位置。在每个区域中还可以再细分，一直到视觉皮层的“柱状”组织。柱状组织垂直于皮层表面，沿半径方向伸向内脑，其中绝大多数的视觉神经原间的联系是沿脑半径方向，即柱体的方向，而非建立于柱体之间。每个柱体映射到一小块特定的视网膜区域上。柱体的数目在不同的个体中是不同的，因此不可能找到“同一个柱体”。最后，在柱体内部，某些层主要由简单神经原构成，而另一些层主要由复杂神经原构成（超复杂神经原往往在区域 18 和 19 中占数量优势，而简单和复杂神经原主要出现于区域 17 中）。看起来我们的分析细到这个程度就不会再有同构了。从这里直到单个神经原层次，每个猫、猴或人都有完全唯一的模式——有点像指纹和签名一样。

在猫脑和猴脑中的视觉加工之间，存在一个虽然次要但或许能说明问题的差别，这与把来自两眼的信息整合成单一的复合高层信号的时刻有关。研究结果表明，在猴脑中这一整合发生的时刻稍迟于猫脑，致使每个单眼信号都有稍长的独立加工时间。这并不值得惊讶，因为可以设想，一个物种在智能层次体系中所处的位置越高，其视觉系统所要处理的问题就越复杂，因此信号在最终得到一个“标签”前所要经过的预处理也就越来越多。对初生牛犊视觉能力的考察已经非常戏剧性地证实了这一点。小牛似乎一生下来就已经达到它将来所可能具有的视觉分辨力。它会胆怯地回避人或狗,但不怕别的牛。有可能它的整个视觉系统在出生前就被“硬性联接”了,而且只涉及较少的视觉皮层。与此相反,人的视觉系统深深地依赖于皮层,而且要经过若干年才能成熟。

汇集到神经模块

令人迷惑不解的是,在迄今为止关于脑组织的发现之中,并没有找到多少大尺度硬件和高层次软件之间的直接对应关系。举例来说,视觉皮层就是块大尺度硬件,它的软件用途是很清楚的——视觉信息加工,但至今发现的所有加工过程仍都是层次很低的,远没有接近对象识别在皮层中的定位。这意味着没有人知道复杂细胞和超复杂细胞的输出在哪里或怎样转换成对形状、位置、图像、面容等等有意识的识别。人们已在寻找证据,试图证明许多低层
347 次的神经反应“汇集”成越来越少的高层反应,最终达到像所谓的祖母细胞一类的东西,或是前面提到过的某种神经原网络。显而易见,这个发现不会出于某种粗略的解剖学划分,而是需要进一步的微观分析。

替代祖母细胞的一种可能解释是,在这一“汇集”过程的终点处有一组神经原,比如说有数十个,当祖母进入视野后它们全都发射。对于每个不同的可识别的对象,都有唯一的一个神经原网络和一个“聚焦”于该网络的汇集过程。沿着类似的思路还可以提出更复杂的解释,包括可以用不同的方式而非固定方式激活的网络。这样的网络就是我们大脑中的“符号”。

但这种“汇集”是必须的吗?或许一个被辨认的物体就是以它在视觉皮层上的“印迹”来隐含地标识的——所谓“印迹”,是指来

自简单、复杂和超复杂细胞的集体反应。或许大脑并不需要什么进一步的识别机制来识别一个特定形状。但是,这种理论将造成一系列问题。假设你在欣赏风景,这在你的视觉皮层上留下了印迹,但此后你怎样才能从中得到关于这个景象的词语描述呢?举例来说,法国后印象派画家爱德华·维亚尔的作品,往往需要几秒钟的审视,然后一个人的形象才突然呈现在你面前。大概只须片刻其印迹就能形成于视觉皮层上——但这幅画是在几秒钟后才被理解的。这只是一个例子,实际上这种现象很普遍——在识别时好像感到有什么东西在你的脑海里“结晶”了,这一过程不是发生在光线射在你视网膜上的时候,而是稍迟一些,要等到你智力的某些部分有机会作用于视网膜信号之后才行。

“结晶”这个比喻从统计力学的角度提供了一幅恰当的图像。在这个图像里,介质中的无数微观的互不相干的活动缓慢地造成局部区域的内在一致性,这一区域不断扩展,最终这无数微观事件会对其介质产生根本性的结构改造,使其从一个杂乱无章彼此独立的元素集合体,变为一个大的、一致的、内在联系紧密的结构。如果你把早期神经原活动看作独立的,而把它们这许多独立发射的最终结果看作是触发了一个界说良好的大神经原“模块”,那么“结晶”这个词似乎再贴切不过了。

汇集过程的另一个论据基于如下事实:使你感到你看见了同一个对象的景象可以有无数多个——例如你的祖母,她可能喜也可能愁,可能戴帽子也可能没戴,可能在明亮的花园里也可能在昏暗的车站中,可能近也可能远,可能侧对着你也可能面向着你,如此等等。这些场景会在视觉皮层上产生极其不同的印迹,但它们

都能使你叫“喂,奶奶”。因此,一个汇集过程必定出现于接收到视
348 觉印迹后,但又在词语发出前的某一时刻。有人可能主张这种汇集不是对祖母的感知的一部分,而仅仅是词语表达过程的一部分。但把过程做这样的划分看上去很不自然,原因是你可以在内部使用“这是奶奶”这一信息,同时又没有任何词语表达。当然,在整个视觉皮层上处理全部这些信息未免太笨拙了,实际上其中大部分都该扔掉,因为你根本不关心影子落在哪里或在她罩衫上有多少扣子这类事情。

如果在理论上不承认存在有汇集过程,那么另一个困难是需要说明为什么对同一个印迹会有不同的解释——例如艾舍尔的画《凸与凹》(图 23)。正如这样一个显而易见的事实:我们从电视屏幕上感知到的不仅仅是点,还有组块,而且,假定当一片点状印迹产生于视觉皮层上之后感知就已经发生,这似乎有些荒唐。一定是有某种汇集,其最终效果是触发某些特定的神经原模块,而每个模块都关联于场景中的概念——或称组块。

作为思维过程媒介的模块

于是我们可以作出这样的结论:对应于每个概念,都存在一个界说良好的可触发模块——由一小群神经原构成的模块——也就是前面设想过的那种“神经复合体”。这个理论有个问题——至少朴素地看是如此——它使人想到应该能够在大脑里确定这些模块的位置。迄今为止还没有做到这一点,而且存在一些反对定位化的证据,如拉施利的实验。但是,现在下结论未免为时过早。每个模块都可能有多个复本分布在各处,也可能模块在物理上相互重

叠，这两种效应都倾向于使把神经原分成“包裹”的界限变得模糊不清。或许复合体像摞成一摞的纸张，偶尔会互相交叉；或许它们像互相缠绕的长蛇，在这里或那里像眼镜蛇的头那样伸出来；或许它们像蜘蛛网；或许它们是某种电路，信号在里面转来转去，比扑向蚊虫的燕子还难以捉摸。到底是什么谁也不知道。这些模块甚至可能是软件现象，而非硬件现象——这一点我们过一会儿再讨论。

这些假设性的神经原复合体可以使人想到许多问题，例如：

它们是否延伸到了脑的内部区域，如中脑和下丘脑等处？

单独的一个神经原能否属于一个以上这种复合体？

单独一个神经原可以属于多少个这种复合体？

一个这种复合体可覆盖多少神经原？

对每个人来说，这些复合体是否大致相同？ 349

在不同的人脑中，是否能在对应的位置找到对应的复合体？

它们在每个人脑中的覆盖方式是否相同？

从哲学上看，所有这些问题中最重要的是：这些模块——例如一个祖母模块——的存在说明了什么？这是否使我们对自身的意识现象有所认识？还是说这和仅仅知道“大脑是由神经原和胶质细胞所组成”一样，仍使我们对意识是什么一无所知？也许你在读《蚂蚁赋格》时已经猜到，我的感觉是，要想理解意识现象，我们还得经过一个漫长的过程。需要完成的关键步骤是：对同一个脑的同一个状态来说，低层次的描述——面向神经原的——要变成高层次的描述——面向模块的。或者再一次重申《蚂蚁赋格》中带有启发性的术语，我们需要的是把脑状态的描述从信号层转向符号层。

活跃的符号

让我们从现在开始把这些假设性的神经复合体、神经模块、神经包、神经网络、多神经原单元——你可以随便叫它们什么,也不管它们的形状是一摞纸、园艺耙还是眼镜蛇、小雪花——统称作"符号"。用符号的说法来描述大脑状态,这在对话中已经提到过了。这样一个描述会是什么样的呢?把什么样的概念设想成为"符号化"了的才算是合理的?符号之间会有什么样的相互关系?这幅图景又为对意识的认识提供了什么见解呢?

首先要强调的是,符号既可能是休眠的,也可能是觉醒的(激活的)。活跃的符号就是那些已经被触发了的——即其中由外部刺激造成发射的神经原数目已经达到了阈值。由于一个符号可以通过许多不同方式来触发,因此它在觉醒状态下可以按许多不同的方式活动。这提示我们不应把符号看成一个固定的实体,而应看成一个可变的实体。因此,仅仅通过说"符号 A、B、……、N 是所有活跃符号"来描述大脑的一个状态是不够的,我们还必须为每个活跃符号提供一组附加参数,以刻画该符号内部工作的某些方面。一个有趣的问题是,在每个符号中是否都有某些核心神经原,它们在符号被激活时一定是发射的?如果这样一个神经原核心团存在,我们可以称之为该符号的"恒定核心"。作下面这样的假设是很诱人的:每当你想到一个事物,例如瀑布,某种固定的神经过程就重复进行,这些过程无疑在细节上依当时的情景会有不同,但总是可靠地发生。不过,是否果真如此还不清楚。

350 那么一个符号在觉醒时做些什么呢?一个低层次的描述可能

是:“它的许多神经原发射了”。但我们已经对此不感兴趣了。高层次的描述应消除一切涉及神经原的说法,而完全集中于符号。这样,一个关于符号如何是处于活跃状态而非休眠状态的高层次描述就会是“它发出消息——或称信号——其目的是试图唤醒——或触发——其他符号”。当然这些消息是被神经原以神经脉冲流的方式承载的——但我们应尽可能避免使用这种表达方式,因为这代表着一种低层次的观察事物方法,而我们希望能完全在高层次上进行描述。换句话说,我们希望思维过程可以被设想成与神经事件相隔离,正好像一座钟的行为可以与量子力学定律相隔离,或细胞生物学可以和关于夸克的定律相隔离一样。

但这样一幅高层次的图景有什么好处呢?为什么“符号A和B触发了符号C”比“神经原183通过612刺激了神经原25并导致了它的发射”要好一些?在《蚂蚁赋格》中回答了这个问题:这是因为符号把事物符号化了,而神经原不是如此。符号是概念的硬件实现。一组神经原触发另一个神经原并不对应于外部事件,而一些符号对某个符号的触发却以某种方式对应着现实世界——或某个假想世界——中的事件。符号间通过来回传送消息来保持联系,其方式使得符号的触发模式与在我们的世界中发生的——或在一个类似于我们的世界中可能发生的——大尺度事件十分相像。意义在这里出现的原因实质上恰如在pq系统中的情形一样——同构。只不过在这里这个同构已变得极其复杂、微妙、精巧、多面化,而且是内涵的。

而且,符号能够来回传递复杂的消息,这一点就足以使得神经原自身无法充当符号的角色。因为一个神经原仅有唯一的方式发送信息,不能带有选择性地使一个信号一会儿发往一个方向,一会儿又发往另一个方向,所以它完全不具有选择性触发能力,而这种能力是符号在模拟现实世界中的对象时所必须具有的。威尔逊在他的著作《昆虫社会》中,指出了蚁群内部消息传播的类似特点:

> (大众传播)可定义为在群体中并非以一个个体传向另一个个体的方式所进行的信息传递。[3]

看来把大脑想象成一个蚁群并不算太荒唐!

下一个问题——这也是一个极端重要的问题——与大脑中单个符号所代表的概念的性质和"尺寸"有关。关于符号的性质存在这样一些问题:到底是存在一个代表瀑布的一般观念的符号,还是各个具体的瀑布对应于不同的符号?或者上述两种方案同时都实现?关于符号的"尺寸"存在这样一些问题:是否存在一个代表一
351 个完整的故事、一段旋律、或一个笑活的符号?或者,作为更大的可能,符号只相应于像词这种规模的概念,而更大尺度的,如短语和句子,可以表示成不同符号的同时或顺序的激活?

让我们考虑一下符号所表示的概念的规模这一问题。大部分表达成句子的思想都是由一些基本的、像原子似的成分所构成,而对这些成分我们一般是不作进一步的分析的。这大致就是词的规模——有时长些,有时短些。例如,名词"瀑布"、专有名词"尼亚加拉瀑布"、表示完成的虚词"了"、动词"赶上"以及更长的固定短语都是接近于原子化的。这都是一些典型的基本笔触,我们就是用它们来绘出更复杂概念的肖像,例如一部电影的情节、一座城市的风情、意识的性质等等。这些复杂的概念都不是单一的笔触。认为语言的笔触也就是思维的笔触,这看起来是合理的。因而符号

所表示的概念大概也就是这种规模的。这样，一个符号大略对应于那些你可用一个词或一个固定短语所表示的东西，或者对应于那些你指定了一个专有名称的东西。而在大脑中表示更复杂的观念——例如恋爱中碰到的一个难题——则可能需要一个非常复杂的符号激活序列。

类与例

在思维中有一种一般性的区别：范畴与个体，或类与例（另外两个有时会用到的词是“型”与“例”）。初看起来似乎一个给定符号应当固有地或者是一个类符号，或者是一个例符号，但这么想是过于简单化了。实际上，大多数符号可以扮演二者中任何一个角色，这取决于它们的激活环境。例如下列序列：

(1)一种出版物

(2)一种报纸

(3)《中国日报》

(4)五月十八日的《中国日报》

(5)我的那份五月十八日《中国日报》

(6)我的那份五月十八日《中国日报》，在我第一次拿起它的时候（不同于几天后的同一张报纸：正在我的炉子中燃烧）

在这里，第二行到第五行都扮演着双重角色。其中，第四行是第三行对应的一般类的一个例，而第五行又是第四行的一个例。第六行是一个类的一种特殊例：一个“表现”。一个对象在其生存历史中相继所处的阶段是它的各个表现。有趣的是,不知道一个农庄中的母牛是否能感知到,在那个喂它们干草的快活农民的所有表现的背后有一个不变的个体。

352 ## 原型原则

看起来,上面那个序列是关于一般性的一个层次结构。其顶层是一个非常一般的概念范畴,底层是某种在确定的时空位置上的低级的特定事物。但是,如果认为一个"类"必定总是非常一般和抽象的,这就未免局限性太大了。其原因是我们的思维采用了一种机智的原则,我们可以称其为"原型原则":

最具体的事件可以被用作一类事件的一个一般范例。

我们都知道,特殊事件具有一种生动性,这使得它们可以被牢牢印在记忆中,以便后来被当作在某个方面与它们相似的其他事物的模型。因此,在每个具体事件中,都蕴含着全部相似事件组成的类的萌芽。一般性即寓于特殊性之中,这个思想具有深远的重要性。

至此我们自然会问:大脑中的符号是表示类,还是表示例?是否某些符号只表示类,而另一些符号只表示例?或者说一个符号可以交替完成类符号和例符号双重职责,这取决于它的哪一部分被激活?后一种理论看起来很有吸引力,有人可能会设想一个符号的"轻微的"激活可能代表一个类,而更深入的,或更复杂的激活可能包括更细致的内部神经发射模式,因而是表示一个例。但再一想,这样太古怪了。比如,这意味着如果以足够复杂的方式激活代表"出版物"的符号,你就能得到一个非常复杂的符号,它代表着在我的炉子中燃烧的一份特定的报纸。而且所有其他印刷品的所有其他可能的特例均可通过对代表“出版物”的这个符号的某种方式的激活来内在地表示。对“出版物”这个符号来说，这样一副担子似乎太重了。因此我们只能下结论说：例符号可能和类符号同时存在，而不仅仅是后者的激活方式。

从类中分离例

另一方面，例符号的许多性质常常是从它所隶属的类中继承来的。假设我告诉你我去看了个电影，你将开始“铸造”那个特定电影的一个新的例符号。但在缺乏更多信息的情况下，这个新的例符号不得不紧密地有赖于你关于“电影”的已有的类符号。你将不自觉地依靠许多关于该电影的预先假定——例如，它的放映时间在一小时至三小时之间，是在本地一家剧场上映的，内容是关于某些人的一个故事，等等。这些都作为与其他符号的可能联系（即潜在的触发关系）而被构造在类符号中，称为“缺席选择”。在任何新铸造的例符号中，缺席选择都可以很容易地被取消，但如果没有 353
明确地这样做，它们就会被例符号从类符号中继承并保留下来。它们将采用“规范型”（或者说类符号）所提供的一些合理猜测为你对这个新的例——例如我所看的电影——的考虑提供一些初步的根据，直到它们被取消为止。

这就像一个既无主见也没经验的孩子——他完全依赖于父母的经验和见解，只会鹦鹉学舌。但渐渐地，随着与世界的其他部分的相互作用不断增多，这个孩子获得了他自己的独特经验，并不可避免地会离开父母。最后，孩子羽翼丰满，成了大人。一个新的例也能以同样的方式通过一段时间从它的“父母”类中分离出来，凭本身的资格成为一个类或一个原型。

为了形象化地描述这种分离过程，假设在某个周末的下午你打开了收音机，碰巧收听到两个“随机的”球队之间的一场橄榄球赛。开始你不知道其中任何一个队员的名字。此时解说员说道：“回文斯接住球以后，就一直往前，达阵得分了！”这时你所记住的只不过是某个队员接到了另一个队员的球，并达阵得分了。因此这种情况是类符号“橄榄球队员”被激活，同时以某种方式被并行激活的还有关于带球的符号。但后来回文斯又出现在一些关键的时刻，你开始专门为他建立一个新的例符号，或许以他的名字为中心。这个符号像个孩子似地依赖于类符号“橄榄球队员”：你关于回文斯的大部分想象都来自于你在符号“橄榄球队员”中存放的关于橄榄球队员的规范型。但渐渐地，随着你得到的信息的增多，“回文斯”这个符号变得越来越具有自主性，对需要并发激活其父母类符号的依赖性逐渐减少。只要回文斯做出一些精彩的动作，表现出众，上述过程可能仅在几分钟内就发生。但他的队友们仍可能全由类符号的激活所代表。最后，可能在几天之后，你在报刊的体育专栏中读到了某些文章，这时“脐带”断了，回文斯可以独立存在了。至此你知道了他的故乡、他的爱好等情况，你记住了他的相貌，如此等等。到了这时，回文斯不再仅仅被认作是一个橄榄球运动员，而是首先是一个人，他正好也是个橄榄球队员。“回文斯”这个例符号于是可以在其父母类符号（橄榄球队员）处于休眠状态时被激活了。

回文斯这个符号一度是围绕其父母符号运转的一颗卫星，正像一颗绕地球转的人造卫星一样，只是后者要大得多也重得多。

然后进入一个中间阶段，此时虽然一个符号比另一个重要，但它们可以被看成是互相围绕的——有点像地球和月亮。最后，新符号变得非常自主了，此时它可以很容易地成为类符号，并开始有新的卫星绕着它转——一些相应于其他人的符号，他们还不为你所熟悉，但和回文斯有某些共同之处，因此你可用回文斯作为他们的临 354
时规范型。等到你获得更多的信息后，这些新符号也随后都具有自主性了。

搞清符号间的纠葛是很难的

一个例在类中的生长以至最终脱离所经过的各个阶段，可以通过有关符号的联接方式的不同来区分。毫无疑问，有些时候很难分清在何处一个符号终止而另一个开始。一个符号怎样才算比另一个符号"更为活跃"？如果一个符号的激活可以独于另一个符号，那么称它们为自主的将是很明智的。

我们在前面用到了一个天文学的比喻。有趣的是，行星的运动是一个很复杂的问题——事实上，尽管进行了几个世纪的工作，三个天体通过万有引力相互作用（例如地球、月亮和太阳）的一般问题还远没有得到解决。但在下述情形之下，有可能得到一个良好的近似解：其中一个天体的质量远比另外两个大（在这里是太阳）。此时可以把这个天体看作静止的，另外两个天体围绕它转动，最后再加上两个卫星间的相互作用。但这种近似要求先把系统分解成太阳和一个"簇"：地球—月亮系统。这是一个近似，但能使我们对该系统有很深入的理解。这样，这个簇在多大程度上是现实的一部分，在多大程度上是人脑所臆造的，是人强加给宇宙的一种结构呢？这种在感知到的自主或半自主的簇之间所划的界限的“现实性”问题，当联系于大脑中的符号时，会带来无穷无尽的麻烦。

一个非常令人迷惑的问题是“名词复数”这样一个简单的问题。比如说，我们是怎样形成一个茶杯中有三只鸡，或一个电梯里有几个人的图像的？我们是不是从“鸡”的类符号开始，然后从它上面抹下三个“复本”？也就是说，我们是不是用类符号“鸡”作模板，构造了三个新的例符号？还是连带地激活符号“三”和“鸡”？如果往这些想象的场景中或多或少地添加些细节，那上述两种说法都会变得难于站住脚。例如，我们显然不是为所见到过的每个鼻子、胡子、盐粒等等都分别设立例符号。我们用类符号来处理这些为数众多的项目，因而当在街上遇到留胡子的人时，我们仅仅以某种方式激活类符号“胡子”，而不是铸造新的例符号，除非我们观察得很仔细。

另一方面，一旦我们开始区分不同的个体，就不能再依赖于用一个类符号（如“人”），以分时的方式来处理全部不同的人。很清
355 楚，对于个别的人必须设置不同的例符号。若是想靠玩“杂耍”来完成这一任务——就是说，靠一个类符号在若干种不同的激活方式（每种分别对应于某个人）之间飞来飞去——那是很荒谬的。

在这两种极端情况之间，一定存在着许多种中间情况。很可能在大脑中有多种方式进行类与例的区分，从而产生具有不同程度的特殊性的符号及符号组织，而这些方式形成一个完整的层次结构。下列不同种类的个体和符号的连带激活可能会造成具有各种程度特殊性的心理映象：

(1)单个类符号的各种不同激活方式或深度；

(2)若干个类符号以某种并行方式同时激活；

(3)激活单个例符号；

(4)在激活单个例符号的同时激活若干个类符号；

(5)以某种并行方式同时激活若干个例符号和若干个类符号。

这又把我们带回到一个老问题:“一个符号何时才能成为脑的一个可辨别的子系统?”例如,考虑上面第2种情况:若干个类符号以某种并行方式同时激活。在所考虑的概念是“钢琴奏鸣曲”时,上述情况很容易发生(至少相应于“钢琴”和“奏鸣曲”的两个符号正被激活)。但如果这对符号连带激活的次数足够多,则有理由假设它们之间的联系会变得很强,致使它们在以适当方式被共同激活时,将像一个单元一样活动。因此,在适当的条件下,两个或更多的符号能像一个符号一样活动,这意味着数出大脑中符号的数目要比预想的更困难。

有时会出现这样的情况:两个以前互不相关的符号以一种并行方式同时被激活。它们可能联系得很紧密,似乎是一个必然的共同体,而且两个老符号的强相互作用形成了一个独立的新符号。如果上述情况出现了,对新符号怎样说才好呢?是说“它一直存在但从未被激活”,还是说它已经被“制造”出来了?

如果说这听起来太抽象,让我们举一个具体例子:对话《螃蟹卡农》。在对话的创作过程中,两个已有符号——一个代表“螃蟹卡农音乐”,另一个代表“言语对话”——被同时激发,并在外力作用下以某种方式产生了相互作用。一旦这种情况出现,后面的事情就是不可避免的了:一个新符号——是个类符号——从二者的

相互作用中产生,并从此能被独立激活。那么它是否本来就是我大脑中的一个休眠符号?如果是这样,那它一定也是任何人大脑中
356 的休眠符号,只要他具有作为其成分的符号,哪怕它从未被从那些作为成分的符号中唤醒过。这就意味着要数出任何人大脑中的符号,就必须包括全部休眠符号——即全部已知符号的全部激活类型的全部可能的排列组合。这甚至应包括睡觉时大脑创造的那些稀奇古怪的软件产物——那些在它们的主人进入梦乡时被唤起的奇特的观念混合物……。这些“潜在符号”的存在表明,把大脑想象成一个处于界说良好的激活状态的界说良好的符号集合,的确过于简单化了。而在符号层次上准确刻画大脑的状态则要远远困难得多。

符号——是软件还是硬件?

由于在每个人的大脑中都存放着数量众多甚至仍在不断增加的符号,你可能会问是否有一天大脑终于会饱和——那时新符号将不再有容身之处。推测起来,这种情况的出现条件是符号不彼此重叠。——如果一个给定的神经原从不身兼二任,符号就会像电梯里的人一样。“注意:这个大脑的最大容量是 350275 个符号!”

但是,这并不是大脑功能的符号模型的一个必然性质。事实上,符号间的重叠和缠结很可能已成惯例,因此每个神经原也许会成为上百个符号的功能部件,而远不是只属于一个符号。这有点让人摸不着头脑了,因为如果真是这样,那不是很容易变成每个神经原都是任何符号的一部分了吗?若是如此,无论什么样的符号定位都不可能存在——每个符号都将对应于整个大脑。像拉施利的鼠脑皮层切除试验那样的结果可以因此而得到解释——但这同

时意味着放弃我们开始时的想法，即把大脑分成具有不同性质的物理子系统。我们前面把符号刻画成“概念的硬件实现”就可能是个过于简单化的想法了。事实上，如果每个符号都是由和其他符号相同的神经原组成的，那说“不同的符号”还能有什么意义呢？什么是一个给定符号的激活特征？就是说，怎样才能把符号A的激活与符号B的激活区别开？我们的整套理论不就要付之东流了吗？而且即使不存在符号间的完全重合，符号之间实际重叠得越多，我们的理论不也就越难以维持吗？（图68显示了一种描绘符号重叠的可能方式。）

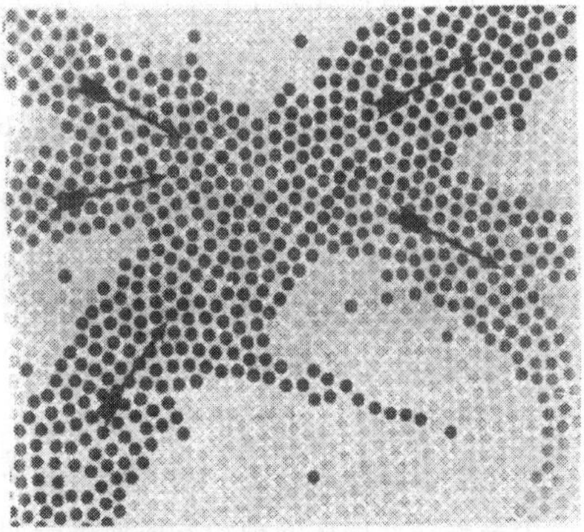 357

图68　在这张示意图中，假设神经原成点状分布在一个平面上。两条互相交叉的神经通道用不同的灰度来表示。可能出现这样的情况：两个独立的“神经闪电”同时通过这两条通道，像池塘水面上的两个涟漪一样彼此穿过（见图52）。这形象地说明了两个共享神经原的“活跃符号”是如何可能同时被激活的。［摘自约翰·西·艾克勒斯［John C. Eccles］，《面对现实》［Facing Reality］，纽约：Springer Verlag，1970年版，第21页。］

有一种办法可以维护一个基于符号的理论，哪怕这些符号在物理上重叠得很厉害甚至完全重合。想一想一个池塘的水面，它可以承载许多不同的波浪和涟漪。硬件——即水自身——在所有情况下都是同样的,但它具有不同的可能激活方式。这样,同一个硬件的软件激活方式就都可以互相区别。使用这一类比时,我无意要走得那么远,以至于认为所有不同的符号只不过是在统一的神经介质上传播的不同类型的“波”,而这种介质不能以有意义的方式划分成物理上可区分的符号。但可能的情况是,为了把一个符号的激活与另一个符号的激活相区别,所完成的过程不仅要涉及发射神经原的定位,而且还需精确地确定那些神经原发射间的时间关系。这就是说,哪个神经原超前于哪些其他神经原?超前多少?一个特定神经原每秒发射多少次?这样或许若干符号可以共存于同一组神经原中,其中每个符号都有特征不同的神经发射模式。一种理论认为存在硬件上可区分的符号,另一种理论认为符号可以重叠,但能靠激活方式来彼此区别,这样两个理论的不同是前者给出的概念实现是硬件的,而后者给出的概念实现是部分硬件、部分软件的。

358 **智能的可抽取性**

为阐明大脑中发生的思维过程,我们还剩下两个基本问题。一个是解释低层次的神经发射通讯是如何导致高层次的符号激活通讯的,另一个是自足地解释高层次的符号激活通讯——建立一个不涉及低层神经事件的理论。如果后者是可能的——这是目前进行的所有人工智能研究的基础中的一个关键假设——那么智能就可能实现于不同于大脑的其他硬件上。那将表明智能是一种可以从它所在的硬件中“抽取”出来的性质——换句话说,智能将是一种软件性质。这将意味着意识和智能这一现象的确和大多数其他复杂的自然现象一样是高层次的：它们有自身的高层规律，这些规律依赖于低层，但又可以从低层中"抽取"出来。相反，如果没有全部由神经原（或模拟神经原）组成的硬件就绝对无法实现符号触发模式的话，这将意味着智能是一种局限于人脑的现象，比起那种可以用一个具有若干不同层次的规律体系来说明的现象，对它的解释要困难得多。

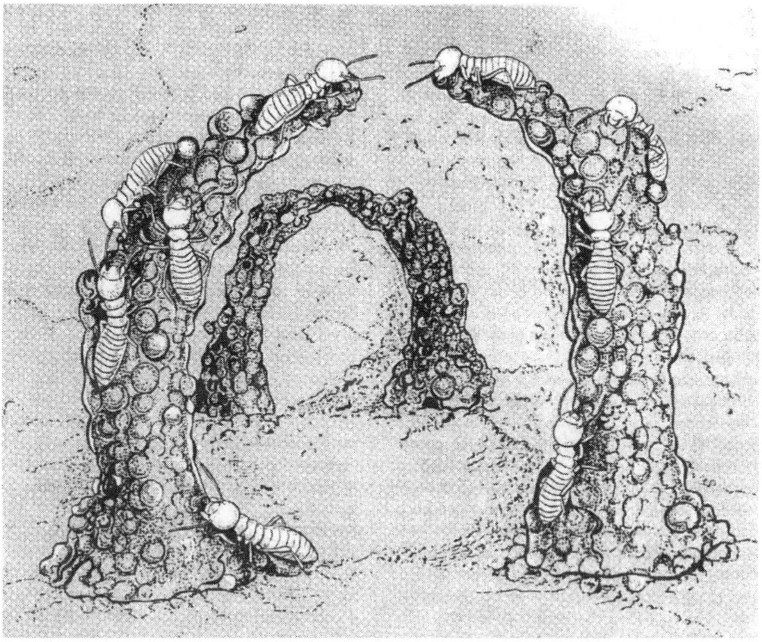

图 69　大白蚁中的工蚁在建一座拱。每棵柱子都是通过添加小团的泥土和排泄物来建立的。在左边柱子的顶端可以看到一个工蚁在安放一个圆粪团。其他工蚁正叼着小团往柱子上爬，并把它们放置在增长的一端。当柱子达到一定的高度时，白蚁们开始以一定的倾角使它向相邻的柱子的方向伸展，这显然是在气味的引导下进行的。在背景上可以看到一个完成了的拱。［图立德·何达布勒画，摘自威尔逊的《昆虫社会》，第 230 页。］

359 这里我们要回到蚁群那神秘的集体行为。它们能建造巨大而复杂的蚁穴,尽管事实上一只蚂蚁的脑中仅有约十万个神经原,几乎不可能载有关于蚁穴结构的任何信息。那么蚁穴是如何构造的呢?信息来自何处?特别是可以考虑一下从哪里能找到描述一个图 69 所示的拱的信息。它们一定是以某种方式散布在蚁群中,在等级分布中,在年龄分布中——而且很可能大部分在蚂蚁身体内部的物理性质中。那就是说,蚂蚁间的相互作用被其脑中存贮的信息所左右的程度,差不多等同于被其下列特点所左右的程度:如它们有六条腿,它们的身体长度是多少,如此等等。有可能存在一个人工蚁群吗?

单个符号能否被隔离出来?

是否有可能在与所有其他符号相隔离的条件下唤醒一个符号?大概不行。正好像世界上的对象总是存在于其他对象组成的环境中一样,符号也总是联系于其他符号所组成的星云。这并不一定意味着符号不可能摆脱其他符号的纠缠。打一个简单的比方:雄性和雌性在一个物种中总是同时出现的,它们的作用是完全交织在一起的,但这并不是说雄雌没办法区分。每个对象都反映在其他对象中,正像因陀罗之网中的明珠彼此反映一样。在第五章中,函数 F(n)和 M(n)的交叉递归并不妨碍每个函数具有自己的特点。互相交织的 F 和 M 可以由一对互相调用的 RTN 反映出来。于是我们又可以转到由彼此交织的 ATN 组成的一个完整网络——一个由相互作用的递归过程组成的异层结构。在那里,缠绕是固有的,每个 ATN 都不能孤立地被激活,但它的激活又完全是可辨别的，不会与任何其他 ATN 相混淆。看来把大脑想象成一个 ATN 群并不算太荒唐！

类似地，相互之间存在多重联系的符号也是交织在一起，但又应当能彼此区分的。这可能涉及识别神经网络，即一个网络及其激活方式——或者也可能是某种完全不同的东西。无论在何种情况下，如果符号是现实的一部分，那大概就能用一种自然的方式把它们在一个真实的大脑中描绘出来。但是，如果某些符号最终在大脑中被辨识出来，这也不意味着其中的任何一个可以被孤立地唤醒。

符号不能被孤立地唤醒这一事实并没有抹杀不同符号的个 360
性。事实上完全相反，一个符号的个性恰恰存在于它与其他符号的相互联系（通过潜在的触发线路）之中。符号通过网络潜在地相互触发，而这网络就构成了大脑的工作模型，一个关于真实宇宙以及它所考虑到的其他可能宇宙的工作模型（后者对个体在真实宇宙中的生存来说，其重要性一点也不亚于前者）。

昆虫的符号

我们从类中产生例和从例中产生类的能力存在于智能的基础之中，它是人的思维与其他动物的思维过程的一个重要区别。并非我曾属于其他物种，从而得到了第一手资料，能说明像它们那样思维会是什么感觉——但外部迹象表明，其他物种都不能像我们这样形成一般概念或想象假设的世界——即现存世界的各种变种，借此我们可以选择通往未来的道路。例如，让我们考虑一下著名的“蜜蜂的语言”——即工蜂回巢后进行的载有信息的舞蹈，以此通知其他蜜蜂花蜜的位置。虽然每个蜜蜂可能都有一套能被这种舞蹈激活的基本符号,但并没有理由使人相信一个蜜蜂有一个可扩展的符号词汇表。蜜蜂和其他昆虫似乎都不具有进行概括——即从一些给我们相近的感知觉的例中生成新的类符号——的能力。

在迪恩·伍尔德里奇的著作《机械的人》中,报告了一个关于独居的黄蜂的经典试验,下文就摘自那里:

> 当排卵期到来时,这只名叫斯费克斯的黄蜂为孵卵修了一个洞穴,并捕到一只蟋蟀。它把蟋蟀螫成麻痹状态,但不让它死去,然后把蟋蟀拖进洞中,在旁边产卵。然后封闭洞口,飞走,再也不回来了。在适当的时候,卵孵化了,黄蜂幼虫就以麻醉了的蟋蟀为食,而蟋蟀由于一直像放在黄蜂的冷藏箱里一样,因此不会腐烂。在人看来,这样一个严密组织的、而且似乎目的明确的过程带有令人叹服的逻辑性和思想性——然而检验了更多的细节之后情况就不一样了。例如,黄蜂的工作程序是把麻醉了的蟋蟀弄到洞口,放下,自己进去检查一番,钻出来,把蟋蟀拖进去。如果在黄蜂进洞作初步检查时把蟋蟀挪开几厘米,黄蜂出洞后将把蟋蟀拖回到洞口,但并不拖进去,而是重复准备过程,即进洞检查。如果当它在洞内时蟋蟀再次被移开几厘米,它仍会把蟋蟀挪回洞口,自己进去检查。黄蜂从没有想到过直接把蟋蟀拉进洞内。有一次这一过程重复了四十遍,每次都导致同样的结果。[4]

361 这似乎完全是一种固定的行为。在黄蜂的脑子里,可能存在着可以互相触发的基本符号,但它们不能像人那样把若干例看成属于一个尚未形成的类，然后创建类符号；它们也不能像人那样思考"如果我如此这般地行动——在假想的世界中会出现什么情况呢？"这种思维过程所需要的能力是：构造例并处理它们，就好像它们是代表真实情况下的对象的符号，哪怕那种情况并不是现实，而且可能永远也不会成为现实。

类符号和假想世界

让我们重新考察前面提到的关于借自行车的玩笑。在通电话的过程中，一串想象出现在你脑海里。开始，你需要激活一些符号，分别代表一条马路、一辆自行车和车上的一个人。这时"马路"是一个非常一般的概念，在你大脑中可能有若干相应的库存模板，你可能在时机出现时就不自觉地把它们从休眠的记忆中拉出来。"马路"是一个类，而非一个例。在听电话的同时，你很快地激活一些例符号，它们的规定性逐渐增加。例如，当你得知马路是湿的，这就形成了一幅更细致的表象，虽然你知道它与实际发生事故的那条马路可能完全不同。但这并不重要，重要的是你的符号与那段描述是否吻合得足够好——也就是说，这一符号可能触发的其他符号是否恰当。

随着描述的展开，你会为这条马路添加更多的特征：车来车往，骑车有可能会撞上汽车。这是意味着你激活了一个代表"汽车"的符号，还是意味着你为"马路"这个符号设置了一些参数？毫无疑问，两者均有。这就是说，代表"马路"的神经原网络具有许多不同的发射方式，而你在选择事实上将发射的子网络。与此同时，你在激活代表"汽车"的符号，这可能影响"马路"的参数选择过程，即前者中的神经原可能向后者中的神经原发送信号——反之也一样。(这听起来有些混乱,原因是我跨在不同的描述层次上了——我在试图建立一幅符号的图像,同时包括作为其成分的神经原。)

我们只谈了一些名词。还有动词、介词等等,其重要性一点不亚于名词。它们也能激活符号,使它们彼此来往传递消息。当然,动词和名词所对应的符号在触发模式的种类上具有不同的特征,这意味着它们的物理组织可能有所不同。例如,名词可能具有完全定位的符号,而动词和介词对应的符号则可能具有遍及皮层各处的许多"触须",还有许许多多其他可能性。

当关于车祸的描述完成后,你得知它完全是假的。从类中"擦
362 去"例的能力,就像在教堂中擦拭铜器一样,使你能表示出这种情况,而不必忠实于真实世界。符号可以作为其他符号的模板,这一事实给了你的心智以某种相对于现实的独立性:你可以创造人工宇宙,在其中能以你所愿意达到的任何精确度发生一些不真实的事件。但作为产生这一切的根源的类符号,却是深深地植根于现实之中的。

通常符号所扮演的角色是同构于似乎能发生的事件,但有时激活的符号也表示不可能出现的情况——例如嗞嗞作响的手表,乐队中的大号在下蛋,等等。可能事件和不可能事件之间的界线是极其模糊的。当我们想象一个假设的事件时,我们使某些符号进入活跃状态——根据它们相互作用的情况(这大概反映在我们继续思维时的舒适程度中),我们说事件"可能"或"不可能"发生。因此所谓"可能"和"不可能"是非常主观的。实际上,在人们中间关于哪些事件可能发生、哪些不可能发生是有许多一致看法的。

这反映了我们的精神结构有很大一部分是同样的——但存在一个边界区域，在那里，我们愿意接受哪一种假设世界，这是带有鲜明的主观色彩的。人们认为哪种假想事件可能发生，哪种不可能发生，对这一问题的深入研究可能使我们对人们思维中的符号触发模式有进一步的理解。

直观的物理定律

当电话打完之后，你已经建立了关于一个场景的精制的心理模型，在此模型中所有对象都遵从物理定律。这意味着物理定律本身一定是被隐含地表示在符号的触发模式之中。当然，所谓“物理定律”在这里并不是指“物理学家所陈述的物理学中的定律”，而是指那种直观的、组块化的规律。为了活下去，我们每个人头脑中都一定有这样的规律。

想想下面这类怪事是会有所启发的：人们能够故意构造违反物理定律的精神事件序列，只要有这种愿望。例如，如果我建议你设想这样一个场面：两辆汽车相对行驶，然后互相穿过，你这样做时并不感到困难。直观的物理定律可以被假想的物理定律所取代。但是，这种取代是如何完成的，这种想象序列是如何构造的——说到底，任何一个视觉想象是如何构造的——所有这些都厚厚地披着神秘的外衣，是我们的知识所未能达到的。

不言而喻，我们大脑中所具有的组块化定律不仅仅是关于非生物的活动的，也有关于植物、动物、人和社会的活动的——即组块化的生物学、心理学、社会学定律，如此等等。所有这些对象的 363
内部表示都具有组块化模型的必然特征：为保证简单性而牺牲确

定性。我们对现实的表示的最终结果仅仅是可以预测抽象行为空间的某些局部结果的可能性——而不是以物理学的精确度预测所有的东西。

过程性知识和描述性知识

在人工智能研究中,对过程性知识和描述性知识进行了区分。一条知识被称为“描述性”的,条件是它是被显式存贮的,因此除了程序员外,程序也可以“读”它,就像它是一本百科全书或一本年鉴。这通常意味着它是编码于局部,而非分布在各处的。与此相反,“过程性”知识不是以事实的形式编码的,而仅仅以程序的形式编码。一个程序员可以看着它说,“我看到了因为这里有这些过程,程序就‘知道’如何写中文句子”——但程序自身可能并没有明确意识到它是如何写这些句子的。例如,它的词汇表中可能根本就没有像“汉语”、“句子”、“写”这样的词!因此过程性知识通常零散地分布在各处,你对它们无法进行提取和检索。它是一个程序的工作过程的全局性结果,而不是局部的细节。换句话说,一条纯粹的过程性知识是一种旁效现象。

在大多数人头脑中,关于他们的母语语法的一个强的过程性表示和一个弱的描述性表示是共存的。两者很容易发生冲突,因此本地人常常要教外国人说一些他自己从来不说的话,而这些话是和他以前在学校获得的描述性的“书本知识”相一致的。前面提到的直观的或组块化的物理学和其他学科中的定律大多数是属于过程性的,而像“章鱼有八条触手”这类知识大多数是属于描述性的。

在描述性和过程性这两种极端之间,存在着许多中间状态。

请考虑一下回忆一个旋律时的情况。这个旋律在你的大脑中是一个音符接一个音符这样存贮的吗？一个外科医生是否可能从你的脑中抽出一根弯曲的神经纤维，然后把它拉直，最终可以沿着它发现一系列存贮的音符，就好像它是一段磁带一样？如果是这样，那么旋律就是以描述性的方式存贮的。也许一段旋律的回忆是通过许多符号的相互作用来完成的，其中有些符号代表音调关系，有些代表情绪性质，有些代表节奏机制，等等。如果是这样，那么旋律就是以过程性的方式存贮的。事实上，旋律的存贮和回忆方式很可能是这两个极端的某种混合。

有趣的是，在回忆一段旋律的过程中，大多数人并不区别基调，因此他们可能把"祝你生日快乐"唱成升 F 调，也可能唱成 C 调。这说明存贮的是音符关系，而不是绝对音高。但没有理由说 364
音符关系就不可能以描述性的方式存贮。另一方面，有些旋律很好记，而另一些却很容易忘。如果仅仅是存贮连续音符的问题，那存贮任何旋律的难易程度都应是一样的。有些旋律易记，有些不易记，这一事实似乎说明大脑以某些熟悉模式作为"保留曲目"，一旦听到相应的旋律，它们就会被激活。因此，要再现这个旋律，那些模式就会以同样的次序被激活。这更容易使我们回想起符号间相互触发这一概念，而不是以描述性方式存贮的音符和音符关系的简单线性序列。

大脑是怎么知道一条知识是否是以描述性的方式存贮的？例如，假设有人问你："广州的人口总数是多少？"五百万这个数目会以某种方式出现在你的脑海里，而用不着你去琢磨："我怎样才能去把他们都数一遍呢？"现在假设我问你："你的房间里有几把椅子？”在这里，相反的情况出现了——你不会试图把答案从脑中的资料库里挖出来，而是立即回屋去数一遍，或是在脑海中构造你的屋子，然后在想象的屋子里清点椅子的数目。这两个问题是同一类的——“有多少？”——但一个问题致使一条描述性的知识被取出，而另一个致使一个寻找答案的过程化方法被调用。这个例子清楚地表明，你有关于怎样对你自己的知识进行分类的知识。而且，某些这种元知识本身可能是以过程性方式存贮的，因此你在使用它们的时候，甚至可能并不了解它们是如何工作的。

视觉表象

意识最值得注意、也最难以描述的性质之一就是视觉表象。我们是怎样构造一个视觉表象，以表示我们的房间、或一条喧闹的山间溪流、或一个桔子的？更神秘的是，我们是怎样不自觉地构造对我们的思维起引导作用的表象，并赋予它们力量、色彩和深度的？它们是从什么样的存贮器中提取出来的？是什么样的魔力使我们能捕获两三个表象，但又可以不管这是如何完成的？由于我们对心理表象的实质几乎一无所知，因此关于它的实现方式的知识可能具有很强的过程性。

表象有可能是基于我们对运动行为的抑制能力的。这就是说，一旦你想象出一只桔子，在你的皮层中可能产生一系列命令，如拿起它、闻闻它、查看它，等等。很明显这些命令不能被执行，因为实际上并没有桔子。但它们可以沿通常的渠道被送至小脑或脑的其他子器官，直到一个“精神龙头”在某临界点被拧紧，阻止它们的实际执行。这个表象可能具有或多或少的生动性和似真性，这取决于那个“龙头”装在管线的多远处。愤怒可以使我们生动地想象怎样捡起某个东西扔出去，或踢某些东西一脚，虽然我们事实上 365
并没有这样做。在另一方面，我们觉得与实际这样做非常接近。也许那个龙头“在最后的时刻”堵住了神经脉冲。

视觉化还能以另一种方式指出可达知识和不可达知识之间的区别。想一想你是怎样想象那个自行车撞上汽车的场面的。毫无疑问，你把汽车想象得比自行车大得多。这是否由于以前你曾注意到“汽车比自行车大”，然后把它牢记在心，当想象前述场面时，你又取出了这个事实，并在构造表象时把它用上了？这种解释不像是真的。也许这是你大脑中某些活跃符号的内省的、不为人知的相互作用的产物？显然这种解释的可能性要大得多。“自行车比汽车小得多”，这条知识不是机械记忆的一部分，而是一条可以通过演绎得到的知识。因此，它很可能不是存在你大脑中的某个符号里，而是作为许多符号的激活和相互作用的结果出现——例如，这些符号可能分别对应于“比较”“大小”“汽车”“自行车”，也许还有别的。这说明知识不是显式存贮的，不是一个局部的“信息包”，而是以一种分布的方式隐式存贮的。关于对象的相对大小这种简单事实必定是装配而成的，而非仅仅提取出来。因此，即使是词语可达的知识，也要以复杂得不可达的过程为媒介，才能到达可以用语言表达的状态。

在其他章节中，我们仍将继续探讨这种被称为“符号”的实体。在关于人工智能的第十八、十九章中，我们将讨论一些用程序实现活跃符号的可能方式。下一章里，我们要讨论的是基于符号的大脑模型所给出的、关于大脑之间比较的一些看法。

英、法、德、中组曲

By Lewis Carroll[①] ...

... et Frank L. Warrin[②] ...

... und Robert Scott[③] ...

……及　赵元任[④]

'Twas brillig, and the slithy toves
Did gyre and gimble in the wabe:
All mimsy were the borogoves,
And the mome raths outgrabe.

Il brilgue: les tôves lubricilleux
Se gyrent en vrillant dans le guave.
Enmîmés sont les gougebosqueux
Et le mômerade horsgrave.

Es brillig war. Die schlichten Toven
Wirrten und wimmelten in Waben;
Und aller-mümsige Burggoven
Die mohmen Rä'th ausgraben.

有(一)天点里，那些活济济的输子
　在卫边儿尽着那么跌那么覔；
好难四儿啊，那些鹁鹲鸲子，
　还有家的猪子怄得格儿。

“Beware the Jabberwock, my son!
The jaws that bite, the claws that catch!
Beware the Jubjub bird, and shun
The frumious Bandersnatch!”

《Garde-toi du Jaseroque, mon fils!
La gueule qui mord; la griffe qui prend!
Garde-toi de l'oiseau Jube, évite
Le frumieux Band-à-prend!》

»Bewahre doch vor Jammerwoch!
Die Zähne knirschen, Krallen kratzen!
Bewahr' vor Jubjub-Vogel, vor
Frumiösen Banderschnätzchen!«

“小心那炸脖鼍，我的孩子！
　那咬人的牙，那抓人的爪子！
小心那诛布诛布鸟，还躲开
　那符命的般得𧴌子！”

He took his vorpal sword in hand:
Long time the manxome foe he sought—
So rested he by the Tumtum tree,
And stood awhile in thought.

Son glaive vorpal en main,il va-
T-à la recherche du fauve manscant;
Puis arrivé à l'arbre Té-té,
Il y reste,réfléchissant.

367 Er griff sein vorpals Schwertchen zu,
Er suchte lang das manchsam' Ding;
Dann,stehend unterm Tumtum Baum,
Er an-zú-denken-fing.

他手拿着一把佛盘剑：
　他早就要找那个蛮松蟒——
他就躲在一棵屯屯树后面，
　就站得那儿心里头想。

And,as in uffish thought he stood,
The Jabberwock,with eyes of flame,
Came whiffling through the tulgey wood,
And burbled as it came!

Pendant qu'il pense, tout uffusé,
Le Jaseroque, à l'oeil flambant,
Vient siblant par le bois tullegeais,
Et burbule en venant.

Als stand er tief in Andacht auf,
Des Jammerwochen's Augen-feuer
Durch turgen Wald mit Wiffek kam
Ein burbelnd Ungeheuer!

他正在那儿想的个鸟飞飞，
那炸脖䍤，两个灯笼的眼，
且秃儿丏林子里夫雷雷
又渤波儿波儿的出来撵。

One, two! One, Two! And through and through
The vorpal blade went snicker-snack!
He left it dead, and with its head
He went galumphing back.

Un deux, un deux, par le milieu,
Le glaive vorpal fait pat-à-pan!
La bête défaite, avec sa tête,
Il rentre gallomphant.

Eins,Zwei! Eins,Zwei! Und durch und durch
Sein vorpals Schwert zerschnifer-schnück,
Da blieb es todt! Er,Kopf in Hand,
Geläumfig zog zurück.

左,右! 左,右! 透了又透,
　那佛盘剑砍得欺哩咔喳!
他割了他喉,他拎了他头,
就一嘎隆儿的飞恩了回家。

"And hast thou slain the Jabberwock?
Come to my arms,my beamish boy!
O frabjous day! Callooh! Callay!"
He chortled in his joy.

《As-tu tué le Jaseroque?
Viens à mon coeur,fils rayonnais!
Ô jour frabbejais! Calleau! Callai!》
Il cortuls dans sa joie.

》Und schlugst Du ja den Jammerwoch?
Umarme mich,mein Böhm'sches Kind!
O Freuden-Tag! O Halloo-Schlag!《
Er schortelt froh-gesinnt.

“你果然斩了那炸脖䶊了吗？
　好孩子快来罢，你真比阿灭！
啊，乏比哦的日子啊，喝攸！喝喂！”
　他快活的啜个得儿的飞唉。

'Twas brillig, and the slithy toves 368
Did gyre and gimble in the wabe:
All mimsy were the borogoves,
And the mome raths outgrabe.

Il brilgue: les tôves lubricilleux
Se gyrent en vrillant dans le guave.
Enm Îmés sont les gougebosqueux
Et le mômerade horsgrave.

Es brillig war. Die schlichten Toven
Wirrten und wimmelten in Waben;
Und aller-mümsige Burggoven
Die mohmen Räth' ausgraben.

有(一)天点里，那些活济济的输子
　在卫边儿尽着那么跣那么觅；
好难四儿啊，那些鹁鹳鸲子，
还有窸的猪子怄得格儿。

369

第十二章　心智和思维

心智之间能够彼此映射吗？

既然我们已经假定了在大脑中存在着层次非常高的活跃子系统（即符号），下面就可以回到两个大脑之间可能有的同构或部分同构这个问题上了。我们不关心神经原层次上的同构（这肯定不存在），也不关心大脑中的基本组成部分之间的同构（这肯定存在，但没告诉我们多少东西），我们关心的是在符号层次上是否可能有大脑之间的同构：这将是个对应关系，不仅把某一大脑中的符号对应到另一大脑中的符号，而且还把触发模式对应到触发模式。这意味着以相应的方式把两个大脑中相应的符号联系起来。这是真正的功能同构——当初我们试图描述所有蝴蝶的不变量时，说的就是这种同构。

从一开始就很清楚，人类的两个成员之间不会有这样的同构。否则，就他们的思维而言，他俩将完全不可区分，因而他俩必须要有完全相同的记忆——这就意味着他们必须过着一模一样的生活。就是孪生的人都没能——哪怕是在很小的程度上——接近这种理想状态。

对一个人自己来说又怎么样呢？当你回顾自己几年前写的东

西时,你会认为"糟透了!"并且对过去的你付之一笑。更糟的是,你也许会对你五分钟前写的东西或说的话也这样看。一旦发生这种情况,就说明你没有充分理解你刚才的自己。你现在的大脑到你刚才的大脑的那个同构是不完善的。那么,同构于别人的情况怎么样呢?以及同构于别的物种……?

这个问题的另一方面是差别很大的伙伴之间出现的交流。请想想当你读法国15世纪的诗人弗朗索瓦·维雍在监狱里写下的诗句时,你所跨越的障碍。另一个人类成员,在另一个年代,关在监狱里,说着另一种语言……你怎么能希望在译成了汉语之后,你还能从那些表面词句中感受到其背后的涵义呢?然而的确有丰富的涵义传达出来。

因此,一方面,我们可以放弃所有奢望,不再去寻找人们之间精确的同构软件,但是另一方面,很清楚,某些人的思维之间比另一些人的思维之间有更多的类似之处。结论似乎很明显:存在着某种部分的软件同构,将思维风格相似的大脑联系起来——具体说就是,(1)所有可选符号的对应,(2)符号的触发模式的对应。

不同语义网络的比较

但什么是部分同构?这是个很难回答的问题,而且由于下述事实而变得更加困难:没人找到过适当的方法来表示符号的网络及各种符号的触发模式。有时候对这样的符号网络的一小部分可以画出一个图,每个符号在图中表示成一个结点,在每个结点处都引进或引出一些弧线。这些弧线从某种意义上说代表着触发关系 。这样的图可以在一定程度上反映我们对概念间的"邻接关系"

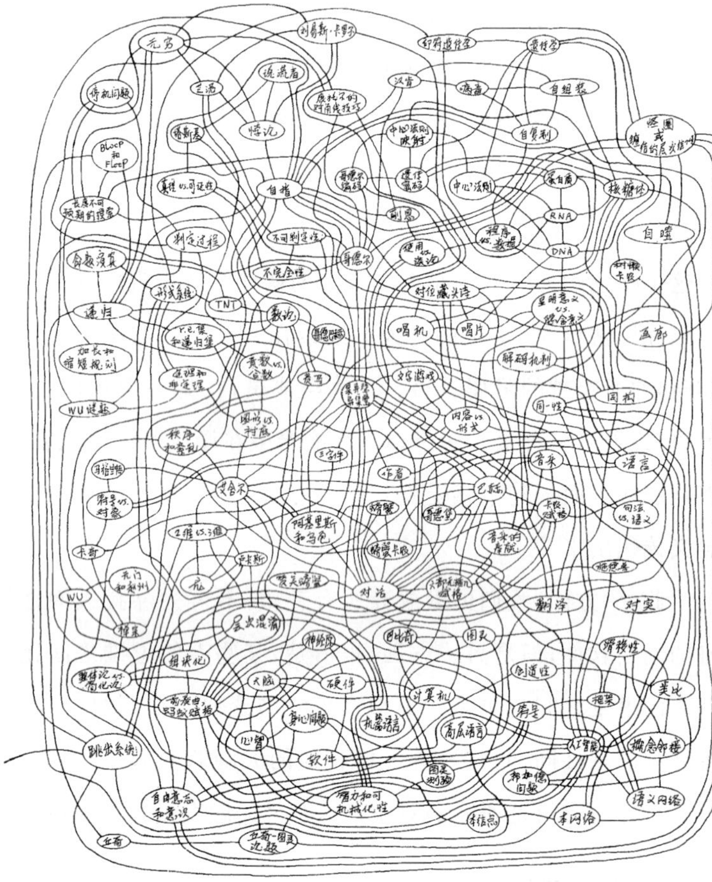

370　图 70　作者的“语义网络”的一个片段。

的直观见解。然而，有各种各样不同的“邻接”，而且在不同的情况下，其作用也各不相同。图 70 表示了我自己的“语义网络”的很小一部分。问题是，要想描述许多符号之间复杂的相互依赖关系，只用几条连接顶点的弧线是不太容易做到的。

371　这种图解的另一个问题是把一个符号简单地看成了“开”或“关”，这是不准确的。虽然对于神经原确实如此，但对于更高一层的神经原集团就不是这样了。在这个问题上，符号比神经原复杂——这你也许料到了，因为它们是由许多神经原组成的。符号之间交换的信息要比仅仅是“我现在被激活了”这一事实更为复杂。后者更像是神经原层次的信息。每个符号可以由许多种不同的方式激活，而激活的类型又影响着它会去激活的那些别的符号。这些缠绕在一起的触发关系怎样用图形的方法表示——真的，它们是否能被表示？——还不清楚。

但是目前，假定这个问题已经解决，假定我们现在承认有那么一种图，上面画着一些由弧线连结起来的结点(其中弧线还是各种颜色的，因而各种类型的概念邻接可以彼此区别开)，由此精确地抓住了一个符号触发另一个符号的方式。那么，在什么条件下我们才会觉得两幅这样的图是同构的，或差不多是同构的呢？由于我们处理的是符号网络的图形表示，让我们来考虑一个类似的图形问题。现在有两个蛛网，要确定它们是不是同一种类的蜘蛛结的网，你会怎么做？精确地把各个相应的顶点等同起来，从而建立起一个网到另一个网的精确映射，其中顶点对应顶点，丝线对应丝线，也许甚至连丝线与丝线的夹角也对应起来，你会这样做吗？这必然是无效的努力。两个网永远不会完全相同，然而，还是有某种“风格”、“形式”等等，可靠地标出同一种类的蛛网。

任何网状结构，例如蛛网，都可以考察其局部性质和总体性 372
质。考察局部性质只需要近视的观察者——例如一次只能看到一个顶点的观察者，而考察总体性质只需要大范围视野，不必注意细节。因此，蛛网总的形状是总体性质，而会聚在顶点的平均蛛丝数是局部性质。假定我们同意称两个蛛网是“同构”的最合理标准是它们应该由同一种类的蜘蛛做成。那么一个有趣的问题就是，在断定两个蛛网是否同构时以哪一种观察——局部的还是总体的——作为指南会更可靠一些？现在先不回答这个蛛网问题，我们还是回到两个符号网络的相似性问题——或者说同构问题，如果你愿意。

"炸脖䴙"的翻译

请想想母语是英语、法语、德语、汉语的人。他们都能极好地驾驭各自的母语，而且都喜欢他们自己语言中有双关含义的俏皮话，那么他们的符号网络是在局部层次上还是在总体层次上相似呢？或者，问这类问题本身就没什么意义？如果看看前面刘易斯·卡罗尔著名的"炸脖䴙"及其在三种语言中的译文，这个问题就变得具体了。那是一首诗，其中到处都是作者自己发明的词，它们初看上去似乎是没有意义的，但显然并非完全没有意义。每一处都是精心构思的，那些词借助其语音上、书写上的种种特征唤起了其他有意义的字、词或概念。

我选择这个例子，是因为比起普通的文章，它也许能更好地说明在两个不同的网络——在某种层次上分析时是两个极端不同构的网络——当中，试图找出"相同的结点"这样的问题。通常在语言中，翻译的任务要直接得多，因为原先语言中的每个词或短语，在新的语言中一般都可以找到相应的词或短语。对比之下，像"炸脖䴙"这样的诗，其中有许多"词"不带有通常的含义，而是纯粹充当邻接符号的激发者。然而，在一种语言中邻接，在另一种语言中也许就是遥远的。

由此，在以汉语为母语的人的大脑中，词“活济济的”大概会在不同程度上激活像“滑济济的”、“活泼的”、“蠕动着的”以及“拥挤着的”一类的符号。那么在说英语的人的大脑中，“slithy”一词有同样的效果吗？对于一个说英语的人，“slithy”会唤起“slimy[黏糊糊的]”、“slither[滑动]”、“slippery[滑溜的]”、“lithe[柔软的]”以及“sly[狡猾的]”。在汉语和英语的联想之间，这些词当然在某种程度上是有重合的，那么是否能说那两个发明出来的词在说那两种语言的人的大脑中唤起了“相对应的事物”？

把这首诗翻译成法语时，一个有趣的特点是换成了现在时态。保持过去时态会使某些不自然的措辞难以避免，而且，法语中现在时态的味道比过去时态要清新得多。翻译家意识到这会“更恰当”——在某种说不清的然而又有些说服力的意义上——并且做了这个变换。谁能说如实地保持英语时态就更好一些？当然，翻译成汉语时，上述关于时态的许多考虑就变得不必要了，因为在汉语里并没有欧洲语言中那些对时态的区分手段。不过时态也仍然是中文译者必须要考虑的一个重要方面。

把这样的一首诗译成汉语时要注意的一个问题是：在英语中发明一个没有意义的词时，仍可以非常容易地把它念出来，就像真有这么个词一样。由于英语语音上的特点，母语为英语的读者遇见一个陌生的词时仍然能把它念出来，或至少是能“默念”出这个词，因而诗人能相当地肯定那些新造的没有意义的词会有什么样的联想，语音上会有什么样的回声。在汉语里情况就多少不一样了。一个汉字中的语音信息几乎总是不确切的。例如，汉字“羭”是该念成 yú(俞)还是 tōu(偷)？而对于生造的字“豙”，恐怕让读者猜出它该念什么就几乎是不可能的了。那么,两种语言之间这些语言学的差异是如何影响着进行翻译时要作出的种种抉择呢?

翻译家的本意大概是想让读者把“貐”读成 tōu,因为对应的英文原文是“toves”。法语和德语的翻译采取的是同样的方针,选用了“toves”和“Toven”。就从英语译成法语或德语而言,保持原文中生造词的语音上的特征大概是较好的翻译策略,因为这三种语言具有无数同源的词,并且语音上有极大的相似性。而汉语无论是语音上还是音调上都和英语相距甚远,这个策略在翻译中还必然是可靠的吗?这是个困难的问题。

373 汉语和英语之间另一个重要差别是,通常一个汉字中的语义信息要比一个英语词的语义信息多。例如,对于一个英语读者,“toves”和“borogoves”到底是种哺乳动物,还是一种昆虫,仰或是一种爬行动物,这是不甚清楚的。译成汉语时,翻译者就必须从大量可供选用的偏旁、部首中作出抉择,比如“虫”“犭”以及“鸟”,以便造出个相应的字。结果是,“toves”的中文翻译是“貐子”,无疑该是种走兽,而“borogoves”译成“鹁鸪鸲子”,很清楚是种鸟。假若翻译者选择把“toves”译成“蝓子”,在汉语读者的大脑中激活的联想会是如何的不同呢?把卡罗尔的《阿丽思漫游镜中世界》(“炸脖䶒”就选自这本书)继续读下去,我们知道了“toves”是种奇怪的动物,有点像蜥蜴,也有点像獾,还有点像螺丝锥。汉语的常规是一个部首和一个语音成分构成一个汉字,那么对这个翻译问题可能的解决方案就是无穷尽的了。翻译者可以选用像“狾猲”这样的词,或者“猓猣”,等等。但这样的词所唤起的图像也许会过于具体,因而不那么忠实于原文的精神了——原文的本意在于:唤起的想象要足够模糊，以便给读者充分的空间任想象力驰骋。

翻译者借助汉语的字型特点为原文中发明的词造相应的汉字还有其他方法，比如，从书中我们后来知道了“brillig”的意思是“下午四点，你开始煮晚饭的时候”——换句话说，就是临近天黑，但天依然还是全亮着的那个时间。在那首英文的诗中，唤起“light[亮]”和“broiling[煮]”的概念是由于语音上的相似性——词“brillig”和“broiling”以及“brilliant[灿烂]”之间读音上的邻接。在汉语里，类似的效果是来自视觉上的。翻译者用“白”和“灬”这两个成分构造了一个字，多少与“黑”对应上了，同时也联系于“煮”的观念（部首“灬”源自“火”）。

在其他地方，中文翻译也像原文一样借助了语音上的邻接来唤起种种联想。“mimsy”本是要唤起“flimsy[薄的]”和“miserable[悲惨的]”。中文的翻译是“难四儿”——“又难受又细的像‘丝儿’一样”。这种对应是个好的解决方法吗？判断显然是种美学上的判断，不会有确定的答案。这种翻译工作的乐趣也是无穷尽的。

当面临这类例子时，你会认识到精确得无遗漏的翻译是完全不可能的。然而即使是语言翻译这种反常的困难情况，似乎也能获得某种粗略的等价。为什么会是这样呢？读不同译本的人的大脑之间实际上不是不存在同构吗？答案是：在所有这四首诗的读者的大脑之间存在着一种粗略的同构，部分是总体的，部分是局部的。

自想国

下面我们来做一个地理游戏，我希望这个有趣的游戏会给上述“准同构”带来某种直观。（顺便提一句，这游戏有点类似于明斯基在他那篇关于“框架”的文章中发明的地理类比。读者可以在温斯顿的《计算机视觉的心理学》中找到那篇文章。）设想给了你一本特制的中国地图册，上面标好了所有的自然地理地貌——河流、山脉、湖泊等等——但没有文字。现在，由你来把它变成一本道路地图册，为你不久就要开始的旅行作准备。你要做的是标明各省的边界并填上名称，然后标出所有的城市、乡镇、所有的公路、大车道、乡村小路，所有的公园、林场、风景区、小坝，所有的机场、车站，等等等等……总之要非常细致，使之成为一份详尽的旅行指南。注意，进行这项工作时必须完全靠你自己，不得与别人讨论，不要查询书籍——这一期间你必须打消接触标准地图册的念头。

你可以开始工作了。记住：尽你所能准确地绘制你的地图是会有报偿的——这你不久就会清楚。自然，你会从大城市及主要公路开始，这些你都很熟悉。然后你填得越来越细。当你的知识用尽了，而你又知道那个地方应该还有些城镇、道路的时候，你可以发挥自己的想象力，编造一些城市名称，标上你估计的人口数目。你可以借助自己想象的道路、车站、公园等等再现那个地区的风味。每个地区都这么做，直到填满整个地图。这项工作大概相
374 当艰苦，你要花一番功夫。最终产品是你私人的“带有个人想象的中国版图”——你个人的“自想国”。

比较你的自想国与中国版图，你会发现在你的故乡那个地区，以及那些你曾旅行过的地方或你曾兴趣盎然地察看过地图的地方，两者都非常一致：四川或广东的某个小城镇（比如说那是你的家乡），北京的天安门广场、故宫、颐和园等等，大概都会如实地标在你的自想国版图上。

版图掉换

现在，一件令人惊异的事情发生了：你的自想国魔术般地成为现实，而且你正好有一个机会去访问这个国家。一个友好的委员会热情地接待了你，并送给你一辆你最喜欢的那种小汽车。委员会主席握着你的手说，"感谢你精心绘制这里的地图，我代表自想国地理学会的全体成员在此向你致以衷心的问候。作为对你辛勤工作的报偿，在我们国家你将享受一次从容不迫的免费旅行。你可以尽情周游古老美好的自想国，去你想去的任何地方，做你想做的任何事情。我们还特地为你准备了一份详细的旅行指南，相信这会对你有所帮助。好，祝你旅途愉快！"——使你惊讶的是，你拿到的不是你所绘制的地图，而是标准的中国道路地图册。

你按计划踏上了行程，开始都还挺顺利，你沿着主要公路到了一个又一个大城市，实际情况都还与地图基本相符。倒也有些个别出入，不过你没太在意。你心情愉快地换了一辆吉普，开始游览自想国辽阔迷人的乡村。这下你可遇着麻烦了，各式各样稀奇古怪的事情接踵而来。当你在青海湖附近刚察县境内的偏僻小路上转来转去的时候，你发现手里的地图册完全失灵了。你向当地居民问路，他们却没听说过你要找的城镇，也不知道你地图上标的那些公路。他们只知道你提及的大城市，即便如此，去那些城市的路线也和你地图上标的不一样。另外，恐怕还会出现这样的怪事：当地居民认为是很大的城市在你的中国地图册上没有。偶尔他们会谈到一个在你的地图上也标着的城市，但在人口上却差了一个数量级，或者方位完全不对。

中心性和普遍性

自想国与中国版图在某些方面有很大区别,但却仍然是很相似的,这是什么原因呢?这是因为它们的最重要的城市和交通路线能够彼此对应。它们之间的差别表现在诸如旅行时较少经过的线路、小规模的城市等等。注意,这一点既不能由局部同构来刻画,也不能由总体同构来刻画。某些对应确实到了非常局部的层次——例如,在两个北京中,主要大街可能都是长安街,两者也都有天安门广场——然而在两个西藏,大概除了拉萨就再也找不到
375 一个同样的城镇了。所以区别局部与总体在这里不能解决问题,能解决问题的是就经济、通讯、运输等等而言城市的中心性。一个城市在这些方面越是重要,就越能肯定它会在自想国和中国两者中都出现。

在这个地理类比中,有一点是非常关键的:几乎所有的自想国中都有某些确定的、绝对的参照点:北京、上海、广州等等。根据这些你就能确定自己的方位。换句话说,如果来比较我的和你的自想国,我就能利用关于大城市我们之间已有的一致而建立起一些参照点,借此向你说明我这个自想国中较小的城市在什么位置。如果我设想一个从南坪到汶川的旅程,而你不知道这些城镇在哪儿,我就可以指出我们共同都有的一些地方,从而使你明白我说的是什么。如果我谈起一个从武汉到杭州的旅行,这可以沿不同的路线进行,但旅程本身都能实现,这一点在两个国家里是一样的。如果你对我描述从沈尔丹去白长山的旅行,只要你借助附近的大城镇——它们都共同出现在你我的自想国中——说明你的位置,

不断地为我定向,我就能勾画出在我看来是在我这个自想国中的一次类似的旅行。尽管在我这里没有叫这个或那个名字的城镇,我还是会相信这样一个旅行是可行的,说不定还很愉快。

我这里的道路和你那里的道路并不完全一样,但是,用我们各自的地图,你我都能从某个地方到达另一个地方。我们能够这样做,是因为那些在现实世界中预先已有的地理事实——山脉、河流等等——那些在我们绘制地图时,对我们各自都有用的事实。没有那些外部特征,我们不可能会有共同的参照点。例如,如果给你一份法国地图,而给我一份德国地图,然后我们都非常详细地把它们填写好,那么将没有办法在这两个虚构的国家中找到"同样的地方"。必须从完全相同的外部条件开始——否则将完全对不上号。

我们这个地理类比已经说得够多了,现在,我们回到大脑之间的同构问题。读者可能很想知道为什么如此强调大脑同构这个问题。两个大脑是同构的,或是准同构的,或者是根本不同构的,这有什么要紧的?回答是,我们有一种直感:虽然别人和我们在一些重要方面有差别,但仍然在某些深入的和重要的方面和我们"相同"——这是我们人类智能的核心。若是能够确定这个不变的核心,然后描绘出什么样的"旁枝"能够添加上去,从而使得我们每个人都成为那个抽象而神秘的所谓"智能"的一个独特体现,那将是很有教益的。

在我们的地理类比中,城市和乡镇类比于符号,而公路则类比于潜在的触发通道。所有的自想国都有一些共同的东西,例如渤海、东海、长江、黄河、洞庭湖、太行山脉,以及许多主要城市和道路,这一事实是类比于这样的现象:我们所有的人,由于外界的种

种现实，不得不以相同的方式建立某一类符号及触发通道。这些
376 核心的符号类比于那些大城市，以它们为参照点不会产生歧义。（顺便提一下，城市是一个地点，这并不说明大脑中的符号是小得近乎点状的实体。它们不过是在网络中表示成那种样子而已。）

事实上，每个人的符号网络都有一大部分是具有普遍性的。我们简单地把我们大家的共同之处太多地归于理所当然，以至于很难看到我们和别人究竟有多少共同之处。其实，如果设想一下我们同其他类型的东西——例如石头、汽车、餐馆、蚂蚁等等——有多少共同之处，那会是相当费神的，这时我们同随机抽选的一个人之间大量的重叠之处就显得很清楚了。我们见到一个人时，马上注意到的不是那些一般的共同点。因为我们一旦认出对方也是人，那些就是理所当然的了。在这种时候，我们大都是在标准共同点之外发现一些主要的区别，以及事先没料到的额外的共同之处。

偶尔，你也会发现另一个人没有某些知识，而那些知识在你看来是属于标准的、最低限度的核心里的——就像南京从他们的自想国版图上消失了一样。这几乎是不可思议的。比如说，有些人可能不知道大像是什么，或者不知道谁是国家首脑，或者不知道地球是圆的。这些人的符号网络可能和你的符号网络有根本的不同，以至于很难进行富有成效的交流。另一方面，也许这同一个人与你共同具有某种专门知识——例如桥牌方面的专门知识——这样，你们就可以在有限的领域内很好地进行交流。这就像你遇到了一个与你一样从湖北同一个县来的人，因而你们两个的自想国里有一个极小区域高度相符，使你能够非常流利地向他描述怎样从一个地方到另一个地方去。

语言和文化在多大程度上引导思维?

如果现在回过头来把我们自己的符号网络和英国人的、法国人的以及德国人的符号网络加以比较，那么，尽管母语不同，仍然可以说我们期待他们有标准的核心范畴符号。我们不期待同他们有共同的高度专门化网络，事实上，我们对随机抽选的和我们有同样母语的人也不作这种期待。使用其他语言的人其触发模式和我们自己的会有某些不同，但是那些主要的范畴符号及其之间的主要路线仍然是普遍适用的，因此比较次要的路线可以用它们作参照加以描述。

现在，我们四个人中的每一个人也许又掌握了一些其他三个人的语言。那么，以什么为标准区别“真正流利”和“基本掌握”？首先，流利说汉语的人使用的词汇多数都有一定的使用频率。一个外国人将从字典、小说或课本中学会一些词——这些词可能在 377
某一时期是流行的或较可取的，但现在使用的频率大大减少了——例如，用“内人”而不用“妻子”，用“绍介”而不用“介绍”，等等。尽管这样说话一般仍能传达意思，但由于选择不寻常的词而带有异国调子。

假设一个外国人学会了在正常频率下使用所有的词，这会使他讲话真正流利吗？可能不会。在词汇层次之上还有联想层次，它作为一个整体隶属于文化——包括历史、地理、宗教、童话、文学、技术等等。例如，要能非常流利地说现代希伯来语，你需要精通希伯来语的《圣经》，因为这种语言吸收了大量《圣经》的短语和它们的涵义。这样的联想层次深深地渗入每一种语言。然而在流利的同时仍然有各式各样的变化余地——否则,真正流利说话的人就会是那样一种人:他们的思维是最没有生气的!

尽管应该认识到文化对思维有很深的影响,但却不应过分强调语言在引导思维过程中的作用。例如,可以被我们称作"手套"的两个东西会被说英语的人理解成两种不同类型的物体:"gloves[五指分开的手套]"和"mittens[联指手套]"。母语是英语的人比我们更多地意识到这种差别——不过要注意,在中国,南方人会比北方人更多地意识到桔子、柑子以及橙子的差别——北方人可能把他们都叫作"桔子",而引起这种感知差别的不是母语的不同,而是文化(或亚文化)的不同。

至少就考虑核心而言,母语不同的人其符号之间的相互关系有充分的理由非常相似,因为大家都生活在同一个世界上。当你深入到触发模式那些更为细致的方面时,你会发现共同之处就很少了。这很像这样一种情形:由一些从没有在广西住过的人们设计一些自想国,然后对其中广西的某些农村地区进行比较。不过这没什么关系,只要在主要城市和主要线路上有足够的一致,使整个地图上有共同的参照点就行了。

自想国中的旅行和旅行路线

在整个自想国类比中,对于什么是思维,我用了一个形象化的说法,而一直没有挑明——即,我暗暗地把"思维"与"旅行"相对应。旅行沿途经过的城镇代表被激活的符号。这不是完美的类比,但却是相当有说服力的。这里有个问题:一个想法若充分经常地在一个人的大脑中重现,它就会逐渐地组块化(凝结)而形成一个单独的概念。这和自想国里非常怪诞的一种事件相对应：经常重复的旅程会以某种奇异的方式变成新的乡镇或城市！如果还要继续使用自想国比喻，记住下面这一点是很重要的：城市不仅代表 378 基本符号（例如，表示“草”“房子”“汽车”的那些符号），也代表着由于大脑的组块化能力而产生的符号——诸如那些表示“螃蟹卡农”、“回文斯”或者“自想国”这类深奥概念的符号。

现在，如果认可进行旅行是恰当地对应于思维过程，那么就有下述难题：实际上任何一条路线，从第一个城市到第二个城市，再到第三个，如此下去，都是可行的，只要你记住这些路线都会经过一些中间城市。这对应于符号的任意序列的激活过程：一个接一个，同时允许加入一些额外的符号——那些出现在半途中的符号。也就是说，实质上能按任何期望的次序激活任何一个符号序列。这样一来，大脑似乎就是个不分青红皂白的系统了，它能吸收或产生任何一种思想。但我们都知道并非如此。事实上有一些思想——我们称之为知识或信念——与随意幻想或幽默开心的荒唐念头有着完全不同的作用。我们怎样才能揭示出梦、瞬间即逝的想法、信念以及各种知识之间的异同呢？

可能的、潜在的、反常的通道

有些通道（这里“通道”既可以看作是自想国里的，也可以看作是大脑中的）是从一个地方到另一个地方的常规路线。还有一些通道必须跟着向导才能走。这种通道称为“潜在的通道”，只有出现特殊的外部环境时我们才走它。那些一次又一次被人们采纳的通道组成了知识——这里我指的不仅是关于事实的知识（描述性知识)，也指关于怎样做的知识(过程性知识)。这些稳定可靠的通道构成了知识的内容。各项知识逐渐与信念融合，后者同样由可靠的通道代表，不过大概更容易被替换——比如说，一座桥塌了，或者有大雾的时候。剩下的是幻想、谎言、虚假、谬论以及其他花样，它们对应着一些怪异的路线，比如从北京途经张家口、太原、郑州到济南去。这的确是些可能的路线，但大概不是一般的路线——不是人们旅行时通常所采用的路线。

这个模型的一个奇怪而有趣的引申就是，从根本上说，上面列出的各式各样"脱离常轨"的思维完全是由信念及各项知识所组成的。也就是说，任何离奇的、曲折的、间接的通道都可分解为一些不离奇、不曲折、直截的路段，而这些短小的、直截了当的符号连线就代表人们可以信赖的简单思维——信念及各项知识。要是认真想一想，这其实并不令人惊奇。道理很简单：我们能够虚构出来的事情，都是以某种方式根植于我们所体验到的现实中的，不论两者
379 有多大的差异。梦也许就是这种在精神的自想国里随意的漫游。局部地看，它有意义——但是整体上看时……

小说翻译的不同风格

读一首类似"炸脖鼍"的诗，就像在自想国中做一次不切实际的旅行，沿着非常古怪的路线迅速地从一个地方跳到另一个地方。那些译文传达了诗的这一侧面，而不是精确地表示那些触发了的符号序列(尽管对此他们做了最大的努力)。在翻译一般的文章时，这样的跨越并不常见。但这类翻译问题的确是有的。假定你在将一本俄文小说翻译成中文，你碰见一个句子，照字面意思翻译

出来就是“她喝了一杯伏特加酒”。现在也许你认为你的读者对于什么是伏特加酒没有概念。你可能会试着用他们的文化中“相应”的词来替代——这样，你可以把它译成：“她喝了一杯茉莉花茶”。如果你认为这个例子是个笨拙的夸张，那么你看看陀斯妥耶夫斯基的小说《罪与罚》的第一句话，先看俄文原文，再看几种不同的中文译文。碰巧这部作品有三种不同的中文译本，其中有不少很有意思的事情。

这第一个句子中出现了街道名字“С-й　переулок[С 胡同]”和“К-н　мост[К 桥]”。这是什么意思？如果一位细心的陀斯妥耶夫斯基作品的读者，他了解列宁格勒（过去叫“圣彼得堡”——或者应该说是“彼得格勒”?），仔细地核对书中其他地理名称（那些地名也只是给出首字母），就会发现那条胡同必定是“Столярный переулок”（斯陀里亚尔尼胡同）。而那座桥的名字不太容易搞清，我们只能知道是个以“К”开头的人名。陀斯妥耶夫斯基大概是想逼真地讲他的故事，但并不想真实到人们能从文字中得知那些地方的地址——在那里，他使得种种罪行及其他事件发生。在任何情况下，都有个翻译上的问题，或者更确切地说，我们在几个不同层次上都有各种翻译上的问题。

首先，我们是否应该保持首字母，使在这本书第一个句子里就出现了的半神秘气氛得以再现？要是这样，我们用“С 胡同”和“К 桥”。三位译者中只有一个采取了这个方针。这个译本的读者会感觉到原文的“俄国味”，因为那些地方的名字仍然用的是西里尔字母，从而代表着俄文词。

但若是翻译者想保持原作者隐匿真实地名的意图，同时又觉得熟悉西里尔字母的人太少，又会如何？译者可以选用罗马字母，因为中文读者对罗马字母是相当熟悉的，拼音是罗马字母，数学及各门科学的教科书中也大量地用罗马字母表示变量及未知数。这种方针将导致选用"S 胡同"和"K 桥"——依然是有种很强烈的"外国味"。第二个译者就是这么做的。这也是我高中时读的那部《罪与罚》英译本所采用的方针。我永远不会忘记，当我开始读这篇小说，遇到了那些仅仅由字母作为名称的地方时，我所体验到的迷惑之感。这本书的开头就使我有了某种莫名的不适。我肯定我漏掉了一些本质的东西，然而我不知道那是什么……我断定所有的俄国小说都是离奇的。

380 第三位译者取了个折中，保持了"S 胡同"，但给出了桥的名字："康桥"。除去这几种办法以外，我们也可以坦诚地对待读者（可以假定，读者大概对于到底这些地方是真的还是虚构的没有哪怕是一丁点想法！）：利用我们的现代学识，写下"斯陀里亚尔尼胡同"。但假若我们再往前走一步，把那地名的意思翻译过来——而非音译——会怎么样呢？"Столяр"的意思是"木匠"，"ный"是个形容词词尾，于是这就可以译成"木匠胡同"。这样，我们就可以设想我们是在北京，不是在彼得格勒，处在老舍虚构的情境中，而不是陀斯妥耶夫斯基的。这是我们想要的吗？也许我们应该干脆换一本老舍的作品来读，并为自己辩护说这是一部"中文中相应的作品"。从足够高的层次上来看，它是陀斯妥耶夫斯基小说的一种"译本"——事实上，是可能有的最好的一个！谁需要陀斯妥耶夫斯基？

我们已经从丝毫不差地忠实作者风格的尝试，一直谈到了保持韵味的高层次翻译。现在如果对第一个句子已经做到了这一点，你能设想在书的其余部分会怎样进行下去吗？当一个德国老板娘操着德国味儿的俄语开始大声喊叫时怎么办？你怎么把带着德国口音说出的断断续续的俄语译成汉语呢？

然后你或许还要考虑俗语及口语表达方式的翻译问题。你是该去找一个“类似”的短语，还是该满足于字对字的翻译？如果你是去找一个类似的短语，那么你就要冒着犯“茉莉花茶”类错误的风险。但如果你字对字地翻译每一个习惯用语，那么你这汉语听起来就会有外国味道。也许这是你所期望的，因为俄国文化对于说汉语的人来说是外国文化。但是一个读这种译本的说汉语的人将由于这种不寻常的词序而不断地体会到一种陌生的——人为的——感觉，不是作者想要表达的，也不是俄文原本的读者所体验到的。

或者换一个问题。设想有这么一本英文书，其中有无数英语中的双关语和文字游戏。有人想把这本书译成中文。书中有幽默的对话，涉及了藏头诗、词首字组合等种种形式与内容上的游戏。译者是否只须字对字把原文译出来，添加无数的脚注，用令人感到折磨的说明文形式来解释原文中那些令人轻松愉快、赏心悦目的机巧？无疑这并不忠实于原文的精神。也许译者应该努力在汉语中重建那些双关机制，在这一过程中改换了许多内容上的细节部分，但保持了原文中的核心内容。进一步来讨论的话，假定这本书中有一段涉及对一本俄文小说在英文中的各种译本进行比较。译者是否应该仅是原原本本把这一段译成汉语，加许多脚注来解释那些英语词的意思？换一种方式——即重写这个段落，对这本小说在汉语中的几种不同译本进行比较——是不是更好？毕竟，这种选择是旨在用一种易懂并有说服力的方式，提出一些有趣的翻译问题以供讨论，而非让读者皱着眉头费劲地去弄懂用一种不是他们母语的语言描述的事情。但若是译者走得那么远了，有什么必要还是讨论原来那本俄文小说？海明威的小说或者加缪的小说是不是也行呢？也许也行。什么时候你才离原文的精神实质太远了呢？什么是可以变通的，什么是实质性的？

像这样的问题会使人们联想到有关计算机翻译的种种说法，例如，第一批计算机翻译的提倡者之一——华伦·维佛尔在 20 世纪 40 年代后期曾提出："当我看一篇用俄文写的文章时，我就说，'这实际上是用英文写的，只是用一些奇怪符号进行了编码。我现在要进行解码工作。'"[①] 维佛尔的话不能仅从字面上理解。相反，它必须被看成是以一种富于启发的方式在说明：有一种可以客观地描述的意义——或至少是某种相当接近客观的东西——隐藏在符号之中。所以，没有理由假定即使有编制得足够好的程序，计算机也无法捕捉到意义。

程序之间的高层次比较

维佛尔说的是不同的自然语言之间的翻译。现在我们来考虑两种计算机语言之间的翻译问题。比如说，假定有两人分别编写了运行在不同计算机上的两个程序，而我们想知道这两个程序是否执行同样的任务。我们怎样才能知道呢？我必须比较这两个程序。但应该在什么层次上比较？也许一个程序员用机器语言写，
381 另一个程序员用编译语言写。这样的两个程序是可比较的吗？当

然可以。可是怎么比呢？方法之一就是编译那个编译语言程序，产生一个该计算机上的机器语言程序。

现在我们有两个机器语言程序。但还有一个问题：这里是两台计算机，因此是两种不同的机器语言——而且可能是极不相同的。一台机器可能是十六位字长，而另一台则可能是三十六位字长。一台机器可能有内部堆栈处理指令（推入与弹出），而另一台没有。两台机器硬件上的差别也许会使这两种机器语言看上去不可比较——而我们依然觉得它们是在执行同样的任务，而且希望一眼就看出这一点。显然，我们现在看这两个程序时离得太近了。

我们需要做的是后退一步，离开机器语言，采用较高层次的、组块化的观点。我们希望从这一有利角度能看出程序中的组块，这些组块使得每个程序看上去是从全局的规模——而非局部的规模——合理地设计出来的。这就是说，这些组块配合得很好地组织成程序，使我们能领会程序员的目的。让我们假定这两个程序最初都是用高级语言写的，那么某种组块就已经有了。可是我们会陷入其他麻烦。高级语言的数目在迅速增多：Fortran、Algol、Lisp、APL 以及众多其他的语言。你怎么比较用 APL 写的程序与用 Algol 写的程序？当然不能是一行一行地比。你将再次在心里对这些程序进行组块，寻找能彼此对应的概念功能单位。所以，你不是在比较硬件，也不是在比较软件——你是在比较“以太件”——那些在软件背后的纯粹概念。在你能实行任何一种有意义的比较之前，你必须从低层次中拔出某种抽象的“概念骨架”，不论你是在比较用两种不同的计算机语言写成的程序，还是比较两种动物，或者是比较两种不同的自然语言写成的句子。

这就把我们带回到一个以前提出来的问题上,那是关于计算机与大脑的:我们怎样才能理解计算机或大脑的一个低层次描述?在这么复杂的系统里,有没有一种从随便什么合理意义上说都是客观的方法,可以从低层描述中抽出高层描述?在计算机的情形中,完全展示存储器的内容——这称为存储器倾卸——是容易做到的。用计算机进行计算的早期年代里,程序出错时通常都打印出全部存储器内容。然后程序员就不得不回家去,花几个小时钻研存储器的内容,努力去理解存储器的每个小片断都表示了什么。实质上,这个程序员要做的工作与一个编译程序所做的工作正好相反:他要把机器语言翻译成高层次语言,一种概念级别上的语言。结果,这个程序员理解了这个程序的目标,并能用高层次的语汇来描述——例如,"这个程序把英文小说翻译成中文",或者"这个程序根据输入的任何主题写出八声部赋格曲"。

382 大脑之间的高层次比较

现在我们该从大脑的角度来研究上述问题了。这时问题是这样提出的:"人的大脑也能在高层次上被'读出'吗?有没有对大脑内容的客观描述?"在《蚂蚁赋格》中,食蚁兽宣称,他能通过察看奔忙的蚁群——马姨的组成部分——而得知马姨在想什么。会不会有什么超人——也许,是个"食神经原兽"——存在,可以想象他俯视我们的神经原,把所看到的进行组块,得出对我们思维的分析?

当然,回答必须是肯定的,因为我们在任何时候都能用关于组块的词语(即:非神经原的)去描述我们的意识活动。就是说我们有一种机制,使得我们能够对我们的大脑状态进行粗略的组块,并对之进行功能描述。更确切地说，我们并不对所有的大脑状态都进行组块——我们只是对活跃部分进行组块。然而，如果别人就某一问题向我们提问，而那个问题是编码在我们大脑中当前不活跃的区域里，那么我们几乎能在瞬间里进入那个休眠区域，并对那个问题给出组块化的描述——就是说，给出关于那个问题的信念。注意，我们的描述中没有任何关于大脑中那一部分的神经原层次上的信息：我们的描述是高度组块化的，以至于我们甚至一点都不清楚我们描述的是大脑中的哪一部分。这恰好和那个程序员的例子成为鲜明对照：他的组块化描述来自对存储器全部内容的每个部分进行有意识的分析。

如果一个人能对自己大脑中的任何部分做出组块化描述，那么一个局外人，掌握了进入那个大脑的一些非破坏性手段，为什么不能做同样的事情呢？那局外人应该不仅能对那个大脑的有限部分进行组块，而且实际上还能给出全部那个大脑的组块化描述——换句话说就是，完整地列出一个其大脑是可达的人的全部信念。显然这样的描述会有天文数字的规模，不过在这里没关系。我们感兴趣的是，原则上是否存在关于大脑的一个界说良好的、高层次的描述？或者反过来，是否神经原层次的描述——或者某种同样是生理上的、但在直观上还不清楚的什么描述——是原则上存在的描述中最好的一个？毫无疑问，如果我们要探究我们是否能了解自己，那对这个问题的回答将是至关重要的。

潜在信念，潜在符号

有可能进行组块化描述，这是我的论点。但有了这个描述后，并不是一切就突然清楚明白了。问题是，为了从大脑状态中抽出组块化描述，我们需要一种语言来描述我们发现的东西。看起来，描述大脑的最恰当方式是枚举它能具有的各个种类的思想，以及
383 它不可能具有的种种思想——或者也许是，枚举它相信的事情及它不相信的事情。如果这是我们在进行组块化描述时为之奋斗的目标，那就很容易看出我们将碰上什么样的麻烦了。

假设你想枚举出在一个自想国里能进行的所有旅行。这会有无穷多种可能。可是你怎么确定哪种可能是似乎合理的？而且，“似乎合理”是什么意思？在试图找出什么是大脑中符号到符号的“可能通道”时，我们要碰到的恰恰就是这种困难。我们可以设想四脚朝天的一条狗从空中飞过，嘴里还叼着一根雪茄——或者公路上两个巨大的油煎鸡蛋撞上了——或任何其他的荒唐情景，要多少有多少。我们大脑中可以采纳的不自然的通道，其数目是没有限制的，就像在自想国里能计划无数条不切实际的旅行路线一样。但对于一个给定的自想国，到底是什么构成了一条“合情合理”的旅行路线？而对于一个给定的大脑状态，到底是什么构成了一个“合理”的想法？大脑状态自身是不禁止任何路径的，因为对于任何一条通道，都会有一些环境使之被采纳。大脑的物理状况所提供的信息——如果是正确读出的——不是说明哪条通道可被采纳，而是沿这条通道走时会遇到多少阻力。

在一个自想国里，可以沿着两条或更多的可选择合理路线进行旅行。比如说，从北京到广州的旅行即可以沿东面路线走，也可以沿西面路线走。两者都是合理的。但在不同的情况下人们有各自的倾向。你在这个时候看了地图，并不能得知在遥远的将来的

某个时候哪条路线更为可取——那取决于进行旅行时的外界环境。同样，“读出”一个大脑状态将会揭示出，对于给定的一个符号集合，往往有不止一条合理的可选通道能用来连接符号。不过，这些符号之间的旅行未必是要马上发生的，可以只是所读出的大脑状态中的亿万个“潜在的”旅行当中的某一个。由此得出一个重要结论：大脑状态本身不具有说明哪条路线将被采纳的信息。外界环境在决定路线的选择时扮演着极为重要的角色。

这意味着什么？这意味着在不同的环境下，同一个大脑中可以产生出彼此冲突的想法。任何有价值的高层次大脑状态读出形式都必须包括对所有这类彼此抵触的想法的刻画。实际上这是显而易见的——我们全都是一大堆矛盾的混合体，为了把他们统一起来，我们总是在一个特定时刻只表现出其中的一个方面。选择什么是无法预料的，因为事先并不知道什么条件会对选择施加影响。大脑状态所能提供的是——如果恰当地读它——对路线选择的一个有条件的描述。

我们来考察一个例子，看看《前奏曲》中描写的螃蟹的境况。他对奏出的乐曲有各种各样的反应。有时候他几乎无动于衷，因为他太了解那支曲子了。另一些时候，他会相当激动，但这样的反应需要外界恰当的触发——比如说，有一位热心的听众在场，对于 384
这位听众来说作品是新的。高层次地读出螃蟹的大脑状态大概就会揭示出那些潜在的激动（以及会导致激动的条件），也会揭示出潜在的麻木（以及会导致麻木的条件）。然而，大脑状态本身不会说出下一次听这支曲子时会出现什么状况。它只能说，“如果有了这样这样的条件，那么就会导致激动；否则……”。

所以，一个对大脑状态的组块化描述将给出一个目录，列出依环境而有条件地引发的信念。由于不可能枚举所有可能的环境，我们只好满足于列出那些我们认为是“合理”的信念。更进一步，我们还不得不满足于对环境本身的组块化描述，因为显然不可能——也不应该——降到原子层次上去刻画环境。因此，我们不可能做出精确的、决定论的预言，指出在给定的组块化环境下，从大脑状态中会抽出什么信念。概括地说就是：一个大脑状态的组块化描述将由一个带或然性的登记表构成，其中列着一些信念（或符号），它们在各式各样“多半合理的”环境中——这些环境本身也是在组块层次上描述的——最可能被唤起（或触发）。脱离背景环境而试图对一个人的信念进行组块是愚蠢的，这恰恰就像不涉及配偶而试图描述一个人“潜在后代”的分布一样。

同样类型的问题也出现在枚举一个给定人脑中所有符号的时候。一个大脑中不仅潜在地有无穷多的通道，还有无穷多的符号。就像前面已经指出来的，新概念总能从已有概念中形成，而且可以争辩说表示这种新概念的符号不过就是潜存在每个个体中等待着被唤醒的休眠符号。它们也许在这个人的一生中从未被唤醒，但却可以宣称那些符号一直是存在于那里的，只等着恰当的环境来触发它们的合成。不过，如果这种可能性非常小，似乎把“休眠”用于这种情况就不太符合实际了。为了使这一点更为清楚，可以试图去想象当你醒着的时候蛰居在你头颅里的所有“休眠的梦”。是否有可能存在一个判定过程，在给定你的大脑状态时能区分开“不可梦想的主题”与“潜在地可梦想的主题”？

自我意识在哪里?

回顾我们讨论过的问题,你也许会自言自语,“这些关于大脑和心智的思考都挺好,但是涉及意识的那些知觉怎么样呢?这些符号尽可以随心所欲地相互触发,但除非某个人觉察整个这件事,否则就没有意识”。

直观上这在某个层次上有道理,但在逻辑上却不太说得通。因为这样一来就会迫使我们去寻找一种解释这种机制(觉察所有活跃符号的机制)的说法,如果这种说法还没有包括在我们至今所 385
给出过的描述里。当然,一位“唯灵论者”不必看得这么远——他只需断言所有这些神经活动的觉察者就是灵魂,而灵魂是不能用物理词汇描述的,那就够了。不过,我们将试图给出一个“非唯灵论者”的解释,说明意识出现在哪里。

我们这个有别于“唯灵论者”的解释——这也是个令人困惑的解释——是停在符号层次上说:“这就是它——这就是所谓的意识。意识是系统的一种性质,每当系统中有服从触发模式——多少有点像前几节描述过的触发模式——的符号时,这种性质就会出现”。这么简单,似乎太不够了。这怎么能说明关于“我”的知觉,即自我意识呢?

子系统

没有理由期望“我”,或者“自我”,不该由一个符号所表示。事实上,表示自我的符号可能是大脑的所有符号中最复杂的一个。出于这个原因,我愿意把它放在分层结构中的一个新层次上,并称之为子系统,而不称符号。确切地说,所谓"子系统",我指的是符号的集群,其中的每个符号都能在子系统本身的控制下被激活。我想传达出来的子系统图像是这样的:它起的作用几乎像个独立的"子脑",具有自己的可选符号集,而那些符号则可以在它内部相互触发。当然,同时子系统与"外界"——也就是大脑的其余部分——之间也存在着大量通讯。"子系统"不过是一个生长过度的符号的别称,这种符号已变得非常复杂,其中有许多子符号彼此相互作用。所以,在符号与子系统之间没有严格的层次区别。

由于子系统与大脑的其余部分有广泛的联系(不久就会描述几种这样的联系),所以很难在子系统和外界之间划出明确的界线。但即使边界模糊,子系统仍然是相当实在的东西。有趣的是,子系统一旦被激活,然后撒手不管,它就会自己一直工作下去。这样,一个个体的大脑中两个或更多的子系统可能会同时运转。我就注意到过偶尔发生在我自己大脑中的这类事:有时我发觉我的脑海里响起两支不同的曲子,争夺着"我的"注意力。每一支曲子都是在我大脑中一个单独的隔间里以某种方式制造出来,或"演奏出来"。两个负责从我的大脑中提取出曲子的子系统大概都各自激活了一系列符号,一个接着一个,完全不顾另一个子系统也在做同样的事情。然后两者都试图同我大脑的第三个子系统——我的自我符号——进行通讯,就在这个时候我大脑中的"我"察觉到发生了什么。换句话说,"我"开始获得了一个对那两个子系统活动的一个组块化描述。

子系统和共用编码 386

典型的子系统大概是那些代表我们亲密朋友的子系统。那些人在我们的大脑中被表示得非常复杂，以至于代表他们的那些符号扩张到了子系统的级别，变得能自主地活动并且还可以利用我们大脑中的一些资源来维持自己。在这里我的意思是，一个将朋友符号化的子系统能像我自己一样在我的大脑里激活很多符号。比如，我可以启动我的一个代表某好朋友的符号，然后就几乎真的感觉到自己处于他的地位上，冒出他会有的种种想法，激活那些更多地是反映他的思维模式的符号序列。可以说我这个朋友的模型——在我大脑中体现为一个子系统——就构成了我对他大脑的一个组块化描述。

那么这个子系统是否包括了这样一些符号，它们分别对应于那些我认为在他大脑中会有的符号？那其实是多余的。很可能这个子系统会大量地利用我大脑中已有的符号。例如，当我大脑中表示“山”的那个符号被激活时，它就可以被这个子系统借去。这时，子系统使用那个符号的方式不必等同于我整个大脑使用它的方式。具体说，如果我在和我的朋友谈论亚洲中部的天山山脉(我们俩都没去过)，并且我知道几年前他在阿尔卑斯山有过一段极棒的远足经历，那么我心里对他的那些谈论的解释就会部分地带有我印象中他从前那次阿尔卑斯山经历的色彩，因为我会去努力设想他会如何想象那个地方。

使用我们在本章建立起来的词汇，我们可以说，在我这里符号“山”的激活是受控于我的那个代表他的子系统。其效果是在我的记忆中打开一个通常情况下我不用的窗口——就是说，我的“缺席选择开关”从我通常的记忆范围扳向了我对他的记忆的记忆。当然，我对于他的记忆的表示只是他的实际记忆的一个近似，构成他记忆的那些大脑符号彼此激活的形态十分复杂，我是无法全部了解的。

我这里对于他记忆的表示也是处于复杂的大脑符号彼此激活的形态，当然这里是我的大脑中的符号——即那些“原始的”概念，例如草、树、雪、天、云等等。我必须假定在他那里对这些概念的表示与在我这里是“等同的”。我还必须假定对更基本的观念我们俩也有类似的表示，如重量、呼吸、疲劳、颜色等感觉。登上峰顶了望四周景色时的愉悦感虽不那么基本，却也几乎是每个人都会有的。因此，我的大脑中产生这种愉悦感的复杂机制可以直接搬到“朋友子系统”中去，而且不会太走样。

我们可以接着做下去，尝试去描绘我怎样完整不漏地理解朋友讲给我的一个故事，一个充满了复杂的人际关系和心灵体验的
387 故事。可是我们的术语很快就会变得不够用了。当涉及对这个或那个事情的他所表示的我所表示的他的表示时，就会现出复杂的递归。假如故事中还有我们共同的朋友，那么我会在我自己关于他们的形象和我关于他那里对他们形象的表示之间寻找调和。纯粹递归在处理这种类型的符号混合物时显然是种不适用的形式手段。况且我们只不过才触及到问题的表面！我们目前实在缺乏词汇去描述符号之间可能有的复杂的相互作用。所以在我们陷入窘境之前还是止步为好。

不过我们应该注意，计算机系统在某些方面已经开始达到同

样类型的复杂性，而这些概念中的一部分也因此有了名称。例如，我的“山”符号就类似于计算机术语中的共用（可重入）编码——那些可同时被运行在一台计算机上的两个或更多的分时程序使用的编码。当一个符号同时是几个不同子系统的部分时，激活它就会有不同的结果。这一事实可以作这样的解释：那个符号的编码在被不同的解释程序处理。所以，“山”符号中的触发模式不是绝对的，而是和在哪个系统中激活符号有关。

有些人可能会怀疑这种“子脑”的真实性，下面是艾舍尔在谈论他怎样创作他那些充溢在平面里的循环画时说的一段话，也许对弄清我这里指的是什么现象会有所帮助：

> 当我作画时，有时会觉得似乎自己是个巫师，被我召唤出来的灵物所控制。好像是它们在决定选择什么形状来显现自己。它们在诞生过程中，一点也不考虑我的评判，它们将怎样发展我也施加不了多少影响。它们通常都是些很难对付并且很固执的家伙。[②]

这是个理想的例子，说明大脑中某类子系统一旦被激活，就几乎是自主的了。对于艾舍尔来说，他的子系统几乎能统治他的审美判断力。当然，不能把这一点看得太绝对，因为那些强有力的子系统是作为一个结果，来自他多年的训练并严格服从那种塑造了他的审美意识的力量。总之，如果把艾舍尔大脑中的那些子系统与艾舍尔本人或他的审美判断力分隔开，那就错了。在他的美感中，“他”是这个艺术家的完整自我，而那些子系统是必不可少的组成部分。

自我符号与意识

自我子系统活动时有一个非常重要的旁效,即它在下述意义上能扮演"灵魂"的角色:在不断地与大脑中其他子系统及符号进行通讯时,它密切注意着哪个符号处于激活状态,以及是以什么方式在活动。这就是说它必定有表示心智活动的符号——换一种说法,就是那些表示符号的符号,以及表示符号活动的符号。

388 当然,这并没有把意识或感知提高到什么"有魔力的"非物理的层次上。这里感知是我们所描述过的那些复杂的硬件软件的一个直接后效。这种方式描述感知——即把感知作为大脑本身的一个子系统对大脑活动的监控——尽管源于世俗,仍然和我们都知道并称为"意识"的那种近乎不可描述的感觉相像。读者肯定能看出这里的复杂程度已经足以产生许多意外的效果。例如,很可能一台具有这种结构的计算机会谈论自己,那些话极像人们通常谈论自己时说的,包括固执地强调它有自由意志,它不能被解释成"部分的总和"等等。(有关这方面的问题,可参阅明斯基的文章《物质、心智和模型》。)

我一直假定有一个表示自我的子系统。像这样的子系统怎么能保证实际存在于我们的大脑里呢?如果没有自我符号的发展演化,一整套复杂的符号网络——比如我们上面描述过的那种——也能够发展演化吗?如果没有一个表示宿主有机体的符号,这些符号及其活动怎么能实现那些"同构"于周围世界中的实际事件的心理事件呢?进入系统的所有刺激在片刻中都集中在一个很小的空间范围之中。要是没有一个表示有机体的符号,处于这个有机体中的大脑符号结构就会有一个很显眼的洞,需知,在这个大脑符号结构所反映的事件中,那个有机体扮演着一个比其他对象都更重要的角色。事实上,仔细想一想的话,理解那个围绕着一个生物体的世界的唯一途径,似乎就是在与周围物体的关系中理解这个生物体所起的作用。这就必须要有一个自我符号存在。而且,从符号到子系统这一步骤也不过是反映了自我符号的重要性,并非质的变化。

我们与卢卡斯的初次会面

牛津哲学家卢卡斯(和我们前面谈到的"卢卡斯数"没有关系)于1961年写过一篇引人注目的文章,题目是"心智、机器和哥德尔"。他的观点和我的观点几乎完全对立,然而他用来论证他的观点的材料中有许多和我的材料相同。下面这段节录与我们刚才的讨论有很大关系:

> 当一个人第一次进行最简单的哲学探讨时,他就会陷入下面一系列问题:如果某人知道了一件事,他是否知道他知道这件事?一个人自我反思的时候他在想什么,当时是什么机制在进行思维?经过长时间的困惑与挫折之后,他学会了不去纠缠这些问题:他暗暗体会到有意识物与无意识物的概念是不同的。当我们说一个有意识物知道什么事情的时候,我们说的不仅是他知道那件事,还包括他知道他知道那件事,以及他知道他知道他知道那件事,如此下去,直到我们不再纠缠这个问题——在这里我们识别出了无穷,但并不是什么不好 389

意义下的无穷回归,因为逐渐消失掉的并不是答案,而是那个没多少意义的问题。感到这些问题没有意义,是因为在其概念自身中包含着对这些问题的回答能无限进行下去的思想。

虽然有意识物有能力进行下去,我们不希望仅仅作为一系列他们能从事的工作而展示这一点,也不把心智看作是一个自我和超自我和超超自我的无穷序列。相反,我们坚持这样的观点:有意识物是个整体,虽然我们也谈论心智的各个部分,但那只是一种比喻的说法,不能按字面意义理解。

意识悖论的出现是因为有意识物除了能意识到别的东西,还能意识到自身,并且的确不能看作是可分解的。这意味着有意识物可以用某种手段处理哥德尔式的问题,而机器却不能用同样手段。这是因为有意识物可以既考虑自己也考虑其工作,同时依然是在那里进行工作,而不是在干别的。一台机器可以被制造成那种所谓能"考虑"它在干什么的机器,但它无法在工作时把它的所作所为"考虑进去",除非它变成一台新的机器,也就是说,这台机器加上了一个"新的部分"。但在我们关于有意识的心智的观念中,能反思自己和评判自己的所作所为是它固有的特点,不需要外加的部分:它已经是完备的了,没有固有的致命弱点。

这样,我们的论题开始变成更多地是属于概念分析问题,而非数学发现。这一点由图灵提出的另一个论据所证实。至今,我们只造出了相当简单的并且是可预知其行为的人工制品。随着我们增加机器的复杂度,也许会有令人惊讶的事情在等着我们。他用核反应堆的裂变作比较。在某个"临界点"

之下，几乎没什么事情发生，但是一旦超过临界点，就会火花四溅。大脑和机器或也许是这样。多数大脑和所有的机器目前都是在"临界点"之下的——它们对受到的刺激冷漠而迟钝，而且毫无主见，只能作出平庸的反应——但现在有少数大脑，以及将来可能有的一些机器，是超临界点的，能独自焕发出光彩。图灵的意思是，这只是个复杂程度问题，超过某种复杂水平就会出现质的变化。因此"超临界"的机器会与人们迄今设想的简单机器非常不同。

也许是这样。复杂程度的确经常引起质的不同。尽管听起来难以置信，结果可能就是：在某种复杂度级别之上，一台机器甚至从本质上都不再是可预知的，它开始自行其是，或者换一种富于启发性的说法，就是，它也许开始有它自己的心智了。它也许开始有它自己的心智了。当它不再是完全可预知和完全可驾驭时，它也许就开始有它自己的心智了，它能做出一些我们承认是需要智能的事情，而非仅仅是出错或随便瞎猜，同时那还不是我们事先编好程序的。但若是这样，就那些行为所处的背景而言，它已不再是台机器了。在机械论者的争辩中，关系重大的不是心智怎样形成，或心智可能会怎样形成，而是心智怎样活动。对于机械论者的论点来说，关键是心智的机械模型将按照"机械原则"运转，也就是说，我们可以从各个部分的运转去理解整体的运转，而每个部分的运转或者取决于它的初始状态和机器的结构，或者是在一定数目的确定的运转之间作一个随机选择。如果机械论者造出了一台机器，复杂得这一切都不能很好地保持下去，那么对于我们现在 390

> 的讨论而言，它就不再是一台机器了，无论它是怎样建造的。相反，我们应该说是创造了一个心智，和现在人类生育是同一种意义。于是产生新的心智的方式就会有两种：传统的方式——即妇女生小孩——和新的方式，即建造非常非常复杂的系统：比如说电子管和继电器组成的系统。当谈到第二种方式时，我们应该注意强调，虽然创造出来的东西看上去像台机器，但却不是真正的机器，因为它不单是部分的总和。一个人仅仅知道它的构造及其各部分的初始状态，是无法说出它将会做些什么的，他甚至无法说出它能力的极限在哪里，因为即使给它一个哥德尔型问题，它也会正确回答。事实上我们应该简单地说，那些没有被哥德尔问题所难倒的系统因此就不是图灵器，即，就它们对哥德尔问题的反应而言，在这种意义上，它们不是机器。③

在读这段文章时，我不断地被那一连串的话题、引喻、暗指、混淆以及结论弄得不知所措。我们从卡罗尔式的悖论跳到哥德尔再跳到图灵再到人工智能再到整体论和简化论，全都在短短的两页纸上。卢卡斯这套玩意儿唯一的作用就是刺激我们的思想。以下各章里，我们还将回到在这篇奇怪的文章中撩人地一掠而过的许多话题。

咏叹调及其种种变奏

这几天阿基里斯夜里一直无法入睡。今晚他的朋友乌龟来了，要陪他度过这烦人的时光。

乌龟：亲爱的阿基，听说失眠弄得你很苦恼，我真难过。我希望我来陪伴你能让你放松下来，摆脱那些使你没法入睡的讨厌刺激。也许我会让你烦得不得了，烦得你最后终于睡着了。要是这样，我也算对你有所帮助了。

阿基里斯：噢，不，恐怕到现在我已经见过世界上最出色的烦人能手了，他们都想要让我烦得睡过去——可是真不幸，结果都没什么用。你不会比他们更有办法的。别这么想了，龟兄，我邀你来是希望能扯点儿数论里的玩艺儿消遣消遣，这样我至少可以比较愉快地捱过这漫长的时光。你知道吗，我发现谈点儿数论对我这骚乱的精神大有好处。

乌龟：真是个有趣的怪念头！这让我想起——嗨，是有点像——那个可怜的凯瑟林侯爵。

阿基里斯：他是谁呀？

乌龟：哦，他是18世纪时萨克森的一位侯爵——老实说，是一位后知后觉的侯爵——可就是因为他——哎，要我讲下去吗？这是个挺有趣的故事呢。

阿基里斯：那还用说，讲下去吧。

乌龟：有一段时期这位好侯爵患了失眠症，很是痛苦。恰巧有个不错的音乐家住在同一个镇上。于是他委托这位音乐家谱写了一系列变奏曲,由侯爵的宫廷羽管键琴师在他的不眠之夜里为他演奏,以便愉快地消磨这些时间。

阿基里斯:那个当地的音乐家能胜任吗?

乌龟:我想他胜任了,因为曲子谱好以后,侯爵非常慷慨地回报了他——侯爵赠给他一只金质高脚杯,里面有一百枚金币。

阿基里斯:真的吗?我首先得知道他哪儿来的那么个高脚杯,还有那些金币。

乌龟:可能是他在博物馆里看见的,然后做了些手脚。

阿基里斯:你是不是暗示说他把它们弄到手后溜走了?

乌龟:好了好了,我不想那么说,不过……那种时候,侯爵是能弄走好多东西的,无论如何,有一点很清楚:那些音乐给侯爵带来了巨大的快乐。因为他不断请求他的羽管键琴师——那时还
392 只是个小伙子,叫哥德堡——为他演奏那三十首变奏曲中的曲子。结果(这多少带点讽刺)那些变奏曲倒和那位年轻人的名字"哥德堡"联系在一起了,而不是跟那位著名的侯爵。

阿斯里斯:你是说,那位作曲家是巴赫,而那音乐就是所谓的《哥德堡变奏曲》?

乌龟:正是!实际上,这部作品取名为《咏叹调及其种种变奏》,一共有三十首。你知道巴赫是怎么把这三十首辉煌的变奏曲组织在一起的吗?

阿基里斯:你告诉我吧。

乌龟:所有曲子——除了最后一首——都基于一个单一的主题,他称之为"咏叹调"。实际上,把曲子结合在一起的不是一支共

同的旋律，而是一个共同的和声基础。旋律可以变化，但背后那个主题是稳定的。只是在最后一支变奏曲里巴赫变得随便起来。那是种"终了后的终了"，包含有与原主题几乎无关的多余的音乐——事实上，那是两支德国民歌。那支变奏曲称为"拼凑曲"。

阿基里斯：《哥德堡变奏曲》还有什么不同寻常的地方吗？

乌龟：有。每隔两支变奏曲有一首卡农。第一首卡农中两个轮唱着的声部在同一个音符上加入。在第二首中，轮唱着的声部中的一个加入时比另一个高一个音符。在第三首中，一个声部比另一个声部高两个音符加入。如此类推，直到最后一首卡农加入，恰好相差九个音程。一共十首卡农。而——

阿基里斯：等一下。我好像记起来在什么地方读到过最近新发现了十四首哥德堡卡农……

乌龟：是不是那份刊物上还说最近发现十一月一共有四十四天，其中新添的那十四天以前不为人们所知？

阿基里斯：没错儿。一个名叫沃尔夫的人——一位音乐学家——听说在斯特拉斯堡有一份特殊的《哥德堡变奏曲》副本，就到那里看了看。令人吃惊的是，在纸的背面。作为一种"终了后的终了"，他发现了这十四首新卡农。它们全都基于《哥德堡变奏曲》主题的前八个音符。所以现在大家都知道《哥德堡变奏曲》中的变奏曲一共有四十四首，而不是三十首。

乌龟：也就是说，在另外的什么音乐学家在什么其他鬼地方再发现另一些变奏曲之前，共有四十四首。尽管这看起来不大可能，但也说不定，即便是几乎肯定不会了，也还是有可能会有另一些曲子被发现,然后又发现一些,然后又发现又发现又发现……喔,恐怕这是没个头的！我们大概永远不会知道是否——或何时——我们能得到《哥德堡变奏曲》全部的其余部分。

阿基里斯:这倒是个奇怪的想法。大概,每个人都认为这一最新发现仅只是个偶然现象,而我们现在确实真地得到了所有的《哥德堡变奏曲》。不过还是假定你对吧,什么时候也许又会出现一些新的变奏曲。我们可以抱有这种指望。这样的话,"《哥德
393 堡变奏曲》"这个名字的含义就会稍稍有所变化,不仅要包括已经知道的曲子,还要包括任何其他最终会出现的曲子。总数——称之为"g"吧——肯定是有限的,你同意吧?——可仅仅知道 g 是有限的并不等于知道 g 有多大。因此,这一信息无法使我们得知什么时候我们能确定最后一支《哥德堡变奏曲》。

乌龟:说的一点不错。

阿基里斯:告诉我——巴赫是什么时候写下这些著名变奏曲的?

乌龟:这是 1742 年的事,那时他在莱比锡当"康托尔[Cantor]"——就是教堂圣咏班的指挥。

阿基里斯:1742? 嗯……这个数让人想起什么。

乌龟:理当如此,因为这恰巧是个很有意思的数,它是两个奇素数的和:1723 与 19。

阿基里斯:天哪！多么奇特的事情！那么,碰见具有这种性质的偶数的频率会是多少呢?让我们来看看……

$$6=3+3$$

$$8=3+5$$

$$10=3+7 \;=\; 5+5$$

12＝5＋7

14＝3＋11＝ 7＋7

16＝3＋13＝ 5＋11

18＝5＋13＝ 7＋11

20＝3＋17＝ 7＋13

22＝3＋19＝ 5＋17＝11＋11

24＝5＋19＝ 7＋17＝11＋13

26＝3＋23＝ 7＋19＝13＋13

28＝5＋23＝11＋17

30＝7＋23＝11＋19＝13＋17

哦，瞧——按我的这一小张表，似乎这是个很常见的现象。可我到现在也还没看出这张表里有什么显见的规律。

乌龟：也许就没有什么能找得出的规律。

阿基里斯：当然得有！我只不过是不够聪明，现在还看不出来。

乌龟：你好像非常肯定。

阿基里斯：在我看来这是毫无疑问的。我想……会不会所有的偶数（除去4）都能写成两个奇素数之和？

乌龟：嗯……这问题让人想起什么……啊，我知道了！你不是第一个问这个问题的人。嗯，事实上，1742年就有个业余数学家提出了这个问题，是在——

阿基里斯：你说的是1742年吗？请原谅我打断你，不过我注意到1742恰巧是个很有意思的数，它是两个奇素数的差：1747与5。

乌龟：天哪！多么奇特的事情！那么，碰见具有这种性质的偶数的频率会是多少呢？

394 阿基里斯:我还是别让你分心吧,请接着讲你的故事。

乌龟:哦,对——我刚才说到,1742 年有个业余数学家——他的名字我一下子记不起来了——寄了封信给欧拉。欧拉那时正在波茨坦腓德烈大帝的宫廷里,于是——哎,要我讲下去吗?这可不是个没劲的故事。

阿基里斯:那还用说,讲下去吧。

乌龟:很好。在信里,这位业余的数论爱好者向伟大的欧拉提出了一个未证明的猜想:"每个偶数都能表示成两个奇素数之和。"这家伙的名字是什么来着?

阿基里斯:我有点想起这个故事了,是在一本什么数论书里。他的名字是不是"席勒艾舍尔"?

乌龟:嗯……不太像,看来不是。那名字就在我的舌尖上——是——是——啊对了!是"哥德巴赫"!这家伙是哥德巴赫。

阿基里斯:我就知道是这类名字。

乌龟:是的,你的猜测帮我想起了它。真怪,人怎么会偶尔搜寻他的记忆,就像在图书馆里查一本不知书号的书一样……我们还是回到 1742 吧。

阿基里斯:好的,咱们回到 1742。我想问问:欧拉是否证明了哥德巴赫的这个猜想是对的?

乌龟:也真怪极了,他甚至从未想过这值得花功夫。不过,并非所有的数学家都像他这么不屑。事实上,它引起了很多人的注意,并被称为"哥德巴赫猜想"。

阿基里斯:有人证明了它吗?

乌龟:还没有。可已经有了一些值得注意的很接近的结果。比如,

1931 年俄国数论专家施尼勒曼证明了：任何一个数——偶的或奇的——都能表示成不多于 300000 个素数之和。

阿基里斯：这结果真怪。它有什么用处呢？

乌龟：这就把问题限制在了有穷领域，在施尼勒曼给出证明之前，有可能当你取越来越大的偶数时，就需要越来越多的素数来表示。没准有什么偶数需要一万亿个素数来表示！现在我们知道了不会有这种事——300000 个素数(或更少些)的和就足够了。

阿基里斯：我明白了。

乌龟：后来，1937 年，一个名叫维诺格拉多夫的狡猾家伙——也是个俄国人——设法建立了一个与期望目标接近得多的结果，就是：每个足够大的奇数都可以表示成不多于三个奇素数之和。例如，1937＝641＋643＋653。我们可以把能表示成三个奇素数之和的奇数称为具有“维诺格拉多夫性质”的数。这样，所有足够大的奇数都具有维诺格拉多夫性质。

阿基里斯：很好——可“足够大”是什么意思？ 395

乌龟：意思是说，有数量有限的某些奇数也许不具有维诺格拉多夫性质，但会有一个数——称之为“v”吧——大于它的所有奇数都是具有维诺格拉多夫性质的。不过，维诺格拉多夫无法确定 v 有多大。所以某种意义上说，v 就像 g，那个有限的、但不知多大的哥德堡变奏曲数目。仅仅知道 v 是有限的并不等于知道 v 有多大。因此，这一信息无法使我们得知什么时候我们能确定最后那个需要由多于三个奇素数来表示的奇数。

阿基里斯：我明白了。于是任何足够大的偶数 2N 都能表示成四个素数之和，因为可以先把 2N－3 表示成三个素数之和，然后再添上素数 3。

乌龟:正是如此。另一个角度的研究得出了一个很接近的结果,它是这样一个**定理**:“任何一个偶数都可以表示成一个素数和另外一个数的和,后者是至多两个素数的积。”

阿基里斯:这个两素数之和的问题肯定把你引入了一个陌生境地。我想知道的是:如果你考虑两个素数之差,你会被引向哪里。要是我来做一小张表,列一些偶数以及它们如何表示成两个奇素数之差,就像我对和所做的那样,我敢打赌我会获得对这个难题的某种洞见。我们来看看……

2＝ 5－3,7－5,13－11,19－17,等等。

4＝ 7－3,11－7,17－13,23－19,等等。

6＝11－5,13－7,17－11,19－13,等等。

8＝11－3,13－5,19－11,31－23,等等。

10＝13－3,17－7,23－13,29－19,等等。

我的天!看上去对这些偶数来说,所能找到的表示成奇素数之差的方式是没有头的。可我到现在也还没看出这张表里有什么显见的规律。

乌龟:也许本来就没有什么可以找得出的规律。

阿基里斯:哼,你这家伙总是没完没了地鼓吹“紊乱”、“无序”。谢谢了,我可不想再听这种话。

乌龟:你是不是认为每个偶数都能以某种方式表示成两个奇素数之差?

阿基里斯:从我的表来看,回答当然是肯定的。不过我仍然可以假定回答也可能是否定的。这并没有真的使我们走的太远,是吧？

乌龟：这里有很多值得注意的方面，我说的是在这个问题上会有更深入的洞见。

阿基里斯：真奇怪，这个问题和哥德巴赫原来的那个问题这么相像。也许该称之为“哥德巴赫变奏”。

乌龟：真该这样。不过，哥德巴赫猜想与这个哥德巴赫变奏之间有一个显著的不同之处。我很愿意跟你谈谈这一点。我们假设：如果一个偶数是两个奇素数之和，就是具有“哥德巴赫性质”；而如果它是两个奇素数之差，则具有“乌龟性质”。

阿基里斯：我认为你该把它称作“阿基里斯性质”。说到底，是我提 396
出的这个问题。

乌龟：我正要说明，如果一个数不具有乌龟性质，则我们就说它具有“阿基里斯性质”。

阿基里斯：好，那就这样吧……

乌龟：现在想一想，比如说，一万亿是否具有哥德巴赫性质，或具有乌龟性质？当然，它也可能两者兼备。

阿基里斯：我可以想下去，可我怀疑我是否能就这两个问题中的任何一个给你一个回答。

乌龟：别这么快就放弃。假如我是问你其中一个问题，前一个或者后一个，你会选择哪个问题去考虑？

阿基里斯：我想我会扔一枚硬币。我没看出两者有什么差别。

乌龟：啊哈！这可有天壤之别啊！如果你选了哥德巴赫性质，说的是素数之和，那么就仅限于使用那些介于 2 和一万亿之间的素数。对吧？

阿基里斯:当然。

乌龟:因此,你为一万亿找一个两素数之和的表示这一过程是注定会终止的。

阿基里斯:啊!我知道关键所在了。要是我选择把一万亿表示成两个素数之差,涉及的素数就会没有个头,有可能大到要花一万亿年才能找到它们。

乌龟:或者还有可能它们根本就不存在!毕竟,问题就是这么提的——这样的素数是否存在?它们到底会有多大倒无关紧要。

阿基里斯:对。如果它们不存在,那么搜寻过程就会永远进行下去,永远不作肯定答复,也不作否定答复。然而尽管如此,其答案是否定的。

乌龟:所以,如果你有了某个数,想测试一下它是否具有哥德巴赫性质或者乌龟性质,两种测试的差别就在于,前者涉及的搜寻过程是注定会终止的,而后者则有可能是无穷尽的——没有任何保证。它会休无止、没完没了,永远给不出一个回答。然而另一方面,在某种情形下,它或许会在第一步时就停住了。

阿基里斯:我清楚了,哥德巴赫性质与乌龟性质之间是有着巨大差别的。

乌龟:是的,而那两个相似的问题就是关于这两个极为不同的性质的。哥德巴赫猜想如成立,则所有偶数具有哥德巴赫性质;哥德巴赫变奏如成立,则所有偶数具有乌龟性质。两个问题都还有解决,但有趣的是,虽然它们看起来很相像,它们涉及的却是有关全体整数的极为不同的性质。

阿基里斯:我明白你的意思。哥德巴赫性质对于任何一个偶数来

说是可检测的，或者说是可识别的性质，因为我知道怎样测试 397
它是否存在——进行搜索就是了。这个过程必定会到达一个终点，并给出肯定的或否定的回答。而乌龟性质则难对付多了，因为盲目的搜索可能会永远给不出回答。

乌龟：啊，也许对于乌龟性质会有一些更聪明的搜索办法，按照其中的一个办法做下去总能到达一个终点，并给出回答。

阿基里斯：难道这一搜索不是仅仅在答案是肯定时才会终止吗？

乌龟：那倒不一定。没准儿会有什么办法证明：一旦搜索的时间超过某一限度，回答就必定是否定的。甚至也可能会有某种其他的搜索素数的办法——而不是这种盲目的方式——能在该性质存在时发现它，而若是不存在，也能给出回答。任何一种情形下否定的回答都只需有限的搜索。可我不知道这种事情是否能被证明。在无穷的空间里进行搜索总是很难驾驭的，这你也知道。

阿斯里斯：所以就目前来看，你知道对乌龟性质来说还没有注定会终止的测试——然而没准儿还是会有这样一种搜索。

乌龟：对。我可以设想某人从事对这种搜索的搜索，但我同样不能保证这个"元搜索"会终止。

阿基里斯：这种怪异的情况给我的印象太深了，某个偶数——比如说一万亿——没能具有乌龟性质，竟是由无穷多支离破碎的信息所导致的。想想也挺有趣，把这些信息都卷在一起打成捆，称之为——就如你仗义的龟兄所说的——一万亿的"阿基里斯性质"。它事实上是作为整体的数论系统的一个性质，而不只是属于一万亿这个数的。

乌龟:这是个很有意思的见解,阿基,不过我还要补充一点,把这一事实与一万亿这个数联系在一起是很有意义的。为了能说明这一点,我建议你考虑一个简单的陈述:“29 是一个素数”。好,事实上这个陈述确实就意味着 2 乘以 2 不等于 29,5 乘以 6 不等于 29,如此下去,对吧?

阿基里斯:我认为必然是这样。

乌龟:但是你把这些事实搜集起来,打成捆,并与 29 这个数联系起来,仅仅说上一句,“29 是素数”?

阿基里斯:是的……

乌龟:而涉及的事实其数量实际上是无限的,对吧? 毕竟,诸如“4444 乘以 3333 不等于 29”这一事实也是其中一部分,不是吗?

阿基里斯:严格说来,我是这么认为。可你我都知道你不可能把两个比 29 都大的数乘起来得到 29。所以实际上,说“29 是素数”仅概括了有限多个关于乘法的事实。

398 乌龟:你要是愿意,当然你可以这么看问题。但是你想想:两个大于 29 的数的乘积不可能等于 29 这一事实涉及了全体整数系统结构。在这种意义下,那事实本身就概括了无穷多的事实。你不能逃避这一事实,阿基,当你说“29 是素数”时,你实际上表述了无穷多的事情。

阿基里斯:也许是吧,可我觉得它像是单单一个事实。

乌龟:那是因为有无穷多的事实已经包括在你预先拥有的知识里了——它们隐含地嵌在你看待事物的方式中了。你没有看到明显的无穷,是因为它已在你把握的图像中被隐含地捕获了。

阿基里斯:我想你多半是对的。这似乎还是有点怪:把全体整数的性质集成一块，在这个块上贴一个标签，“29的素数性”。

乌龟：也许看起来怪点儿，可这也是看待事物一种相当便利的办法现在我们还回到你那个假设性的想法。如果像你所说的，一万亿这个数具有阿基里斯性质，那么不论你把它加上什么样的一个素数，你都不会得到另一个素数。这种状况会由无穷多个别的数学“事件”所导致。那么所有这些“事件”是否必须都

图71　秩序与紊乱，艾舍尔作(蚀版画，1950)。 399

是出自同一来源？它们是否必须有共同的缘起？因为若不是这样，那些事实就是由某种“无穷巧合”造成的，而非背后的规律性。

阿基里斯：“无穷巧合”？自然数中没有巧合的事——没有任何事情不是出自某种背后的规律性。不说一万亿，就说 7 吧。处理它更容易些，它比较小。7 具有阿基里斯性质。

乌龟：你肯定？

阿基里斯：是的。我告诉你为什么。如果你加上 2，就得到 9，不是素数。如果你加上随便什么其他素数，你就是把两个奇数加在一起，结果是个偶数——这样你还是得不到一个素数。因此在这里，7 的“阿基里斯性质”不过是——杜撰一个术语——上两条理由的“逻辑后承”，而远不是什么“无穷巧合”。这恰好支持了我的论断：说明某个算术真理时决不需要无穷步骤的推理。假若有什么算术上的事实是由无穷多的无关巧合所导致，那么你将永远无法给出一个有穷的证明。但这是荒唐的。

乌龟：你这看法有些道理，而且也不止你一个人这么想。不过——

阿基里斯：难道还有人不同意这个观点吗？那么这种人就必然要相信“无穷巧合”了，他们必然相信在人类创造物中最完美、最和谐、最漂亮的部分——自然数系统——当中，也有紊乱。

乌龟：也许他们就是这样，可你是否想过，这种紊乱或许是美与和谐的不可分割的组成部分？

阿基里斯：紊乱，完美的一部分？秩序与紊乱构成了悦人的整体？真是异端邪说！

乌龟:据说你最喜欢的艺术家艾舍尔就在一幅画里暗示了这种异端观点……说起紊乱这事,我相信你会有兴趣听听两类不同的搜索,两种搜索都保证会终止。

阿基里斯:当然。

乌龟:第一类搜索——非紊乱型的搜索——可以用一个关于哥德巴赫性质的测试来说明。你只需看那些小于 2N 的素数,如果某一对素数加起来得到 2N,那么 2N 就具有哥德巴赫性质,否则就不具有。这种测试不仅注定会终止,而且你还能预先知道什么时候终止。 400

阿基里斯:那么这是个可预知其终止的测试喽。你是不是要告诉我检验某些数论性质时,要用到那种虽然保证会终止,但预先无法知道会过多久才终止的测试?

乌龟:你预见得太对了,阿基,这种测试的存在就说明自然数系统从某种意义上说带有固有的紊乱。

阿基里斯:这种情况下,我只好说人们还不够了解那个测试。如果他们多作些研究,他们会弄清在终止前那个测试至多要花多少时间。无论如何,整数中的模式必定是有来由的,不可能只是一些无法预知的紊乱模式!

乌龟:我可以理解你这种直觉信念,阿基。不过,这一点并非总能得到证实。当然,很多情况下你是绝对正确的——仅仅因为某人不知道某事,不能得出结论说那件事不可知。可是有那么一些整数的性质,可以证明检验它们的有终测试是存在的,同时还能证明没有办法预先知道那些测试要花多少时间。

阿基里斯:真难以相信。听起来就像是可恶的魔鬼阴险诡诈地溜进了自然数这属于上帝的美丽乐园!

乌龟:有一点大概能安慰安慰你:想要定义出一个性质,使得能有一个有终止测试来检验它,但其终止是不可预知的,这绝不是件容易的事情,也绝不那么自然。大多数"自然的"整数性质的确都能接受可预知其终止的测试。例如:素数性、可开方性、是否是 10 的方幂等等。

阿基里斯:是的,看得出测试这些性质完全都是直截了当的。你告诉我一个那样的性质吧:检验它的唯一方法是用一个有终止测试,但不可预知其终止。

乌龟:说起来太复杂了,我现在直犯困,换一个吧。我来跟你说一个很容易定义的性质,然而却还没有一个检验它的有终止测试。我没说永远不会发现这样一个测试,这一点请你注意——只是现在还没有。我们从一个数开始吧——你来选一个数。

阿基里斯:15 怎么样?

乌龟:很好。我们从你这个数开始。如果它是奇数,我把它乘以 3,再加 1。如果它是偶数,就取其一半。然后重复这个过程。如果一个数经过这样的一些操作得到 1,就称之为"妙极"的数,否则就称之为"非妙极"的。

401 阿基里斯:那么 15 是妙极的还是非妙极的呢?我们看看吧。

15	是奇数,所以做 3n+1:	46
46	是偶数,所以取一半:	23
23	是奇数,所以做 3n+1:	70
70	是偶数,所以取一半:	35

35　是奇数,所以做 3n+1:106
106　是偶数,所以取一半:　53
53　是奇数,所以做 3n+1:160
160　是偶数,所以取一半:　80
80　是偶数,所以取一半:40
40　是偶数,所以取一半:　20
20　是偶数,所以取一半:　10
10　是偶数,所以取一半:　5
5　是奇数,所以做 3n+1:16
16　是偶数,所以取一半:　8
8　是偶数,所以取一半:　4
4　是偶数,所以取一半:　2
2　是偶数,所以取一半:　1。

嚯!从 15 到 1 这么转弯抹角的一大圈!不过我终于还是得到 1 了。这说明 15 是具有妙极这一性质的。那么什么数会是非妙极的呢……

乌龟:你注意了没有,在这么简单定义的运算下,那些数是怎样上下摆动的?

阿基里斯:注意了。特别让我吃惊的是,经过十三次运算后,我得到 16,仅比我起步时的 15 大 1。在某种意义上说我几乎回到了出发点——而在另一种意义上,我已远离了出发点。另外还有一点使我诧异的是为了解决问题,我不得不动用大到 160 那样的一个数。我真想知道这都是为什么。

乌龟:是的,有个无穷的"天空"供你飞,而且事先很难知道你会被抛到这天空里多高的地方。而且很可能你会只是不断地往高飞,越来越高,再也不下来了。

阿基里斯:是吗?我猜想这倒是可能的——可这得要多奇特的巧

合啊！你得正好碰上一个接一个的奇数，其中只掺有很少的几个偶数。我怀疑这到底是否会发生——可我不能肯定。

乌龟：你从 27 开始怎么样？不过，我可是什么都没保证啊。有时间的话你试试，就当是玩吧。我劝你准备好一大张纸。

阿基里斯：嗯……听起来挺有意思。说实在的，把妙极（或非妙极）与那个起始的数联系在一起还是让我觉得有点不安，即使很明显那是全体整数系统的性质。

乌龟：我明白你的意思，“29 是素数”，或“金子是宝贵的”这两句话
402 没什么不同——它们都是说某一特定实体被嵌入特定语境，从而具有某一性质。

阿基里斯：我想你是对的。这个“妙极”问题真是奇妙至极了，就看那些数的摆动方式吧——一会儿增大，一会儿减少。模式应该是有规则的，可是表面上却显得相当紊乱。所以我完全能想象为什么至今还没有一个检验妙极性质的有终止测试。

乌龟：说起有终止过程和无终止过程，还有那些介于两者之间玩艺儿，我想起了我的一个朋友。他是个作家，正在写一本书。

阿基里斯：哦？这太好了！是本什么书？

乌龟：《金、银、铜——聚宝藏之精华》。挺有意思吧？

阿基里斯：老实说，这名字弄得我有点糊涂了。说到底，金、银、铜之间有什么关系？

乌龟：对我来说似乎是很清楚的。

阿基里斯：假若书名是，比如说，“金、马、牛”，或者“风、银、牛”，嗨，我就可以把它看成……

乌龟：也许你更喜欢“风、马、铜”？

阿基里斯：噢，太对了！但原来那个书名太糟糕。没人能懂。

乌龟：我会告诉我的朋友。他会很高兴能有一个生动易记的书名（他的出版商也会的）。

阿基里斯：我真高兴。可我们的讨论怎么会让你想起他的那本书了？

乌龟：啊，是这样。那本书里有篇对话，在其中他想让读者去搜索终了，从而甩掉读者。

阿基里斯：竟会有这种愿望，够奇怪的。这怎么做到呢？

乌龟：你无疑会注意到，一些作者在他的故事结束前的几页里如何费尽心机地建立起巨大的紧张状态——可是那个把书捧在手上的读者能感觉出故事就要结束了。所以，有某种额外的信息以一定的方式预先提醒了读者。书的物理性质多少有点破坏了那种紧张。如果，比如说，在小说的终了处有许多废话，那就会好多了。

阿基里斯：废话？

乌龟：对。我的意思是，有许多多余的书页，不是故事的真正组成部分，但能用来藏住终了，使得草率浏览或只凭对书的物理感觉都无法确切地得知终了在哪里。

阿基里斯：我明白了。这样的话，故事的真正终了可能会出现在，比如说，书的物理终了前五十页或前一百页了？

乌龟：是的。这就有了能让人兴奋的东西，因为读者事先不知道有多少页是废话，多少页是故事。

阿基里斯：如果这能广为实践，会是很有效的。可是有个问题：假如这些废话非常明显——比如有许多空白，或者有充满句号 403

或满篇杂乱无章的字词的书页,那还不如没有。

乌龟:你说得对。得弄得像是正常的一页书。

阿基里斯:可是一般说来即使草率地浏览正常的一页书也足以把一个故事同另一个故事区分开来。所以你必须把那些废话弄得与真正的故事非常相似。

乌龟:没错。我的设想是这样:把故事讲完后不中断,继续讲下去,讲一些看上去是该故事的继续,而实际上只是些废话,与真正的主题毫无关系的事。某种意义上说,这些废话是种"终了后的终了",带有与原主题几乎无关的多余的文学意象。

阿基里斯:真够狡猾的! 可这就有个问题:你无法弄清真正的终了到底在哪儿,都混在废话里了。

乌龟:这也就是我的作家朋友和我所得出的结论。这是个问题,可我还是觉得那个设想相当吸引人。

阿基里斯:哎,我有个建议。可以把从真正的故事到废话部分的转折做成这样:一个有智能的阅读者对正文充分专注仔细地审查之后,能查明什么地方是前者的结束、后者的开始。也许这会使他花费相当的时间。也许没有办法预先知道到底要花多长时间……但出版者能够保证对真正终了的一个充分专注仔细的搜索一定会终止,即使他无法在其终止前说出到底要花多少时间。

乌龟:很好——但"充分专注仔细"是什么意思?

阿基里斯:意思是:读者必须专注地寻找出现在正文某处的某种微小、然而却说明问题的特征。那特征标志着终了。他还必须有足够的聪明去思考并搜寻许多这类特征,直到发现了真正标志终了的那个特征。

乌龟：比如说某些字的出现频率的突然变化，或一些成语的一部分被莫名其妙地丢掉了，或者突然涌现出一连串语法错误？

阿基里斯：可能是吧。或者是某种隐藏着的信息，对于一个充分专注仔细的读者，它会揭示出真正的终了。你甚至还可以加进一些额外的角色或事件，它们与前面故事的精神很不协调。一个头脑简单的读者会囫囵吞枣地一直把书读完，而有头脑的读者就能够准确地找到分界线在哪里。

乌龟：这真是个有独创性的想法，阿基。我会电告我的朋友，说不定他在他的对话里就用上你这方法了。

阿基里斯：我不胜荣幸。

乌龟：好啦，阿基，我得回去了。我恐怕都有点站不稳了，趁现在还能找着路，我最好现在就走。

阿基里斯：你为了我而在这儿待了这么长时间，而且是在夜里的这
种时候，真让我受宠若惊。我敢保证你那数论娱乐对于我的 404
辗转不眠是绝好的良方。真的——没准我今晚能睡个好觉了。龟兄，我愿送给你一件特别的礼物，以表我的感激之情。

乌龟：噢，别这样，阿基。

阿基里斯：这是我的一点心意，龟兄。到柜子那儿去，你会在上面找一个金色的小包。

（乌龟慢吞吞地踱到阿基里斯的柜子前。）

乌龟：你不是指这个人造革的包吧？

阿基里斯：就是那个。不过那不是人造革的，它是变造革的。

乌龟：什么是变奏歌？

阿基里斯:哦,你听岔了,不是什么“变奏歌”,我是说“变造革”,这是种金、银、铜的聚合物,看上去像皮子。请收下吧,龟兄,作为我最衷心的祝愿。

乌龟:的确太谢谢你啦,阿基,嗯……哎,这包上面印的是什么呀?哦,是英文呐,多古怪的一份名单啊:

De Morgan

A**b**el

Bo**o**le

Bro**u**wer

Sier**p**inski

Weier**s**trass

阿基里斯:我相信这一定是一份完整的所有伟大数学家的名单。

乌龟:真的吗?我看看——德·摩根、阿贝尔、布尔、布劳维、谢尔平斯基、维尔斯特拉斯——哦,没错,他们确实全都是世界著名的数学家。可这名单上怎么没有康托尔的名字?让我瞧瞧,我想他的名字的拼法是“Cantor”。

阿基里斯:我真想象不出他的名字怎么能不包括在内。我也弄不明白为什么对角线上的那些字母用了黑体。

乌龟:下面写着:“从该对角线中减 1,就能找到巴赫在莱比锡的职位”。

阿基里斯:我也看到了,可我完全不知所云,哎,喝上两口上好的威士忌怎么样?我架子上的那只瓶子里正好有点儿。

乌龟:不必啦。我已经累坏了。我得赶紧回去了。(他漫不经心地打开了小包。)哎,等等,阿基——这里面装的是一百枚金币!

阿基里斯:你要是能收下,我将非常非常高兴,龟兄。

乌龟:可是——可是——

阿基里斯:别再客气了。那小包,那金子——都是你的了。为这个无与伦比的晚上,我衷心地感谢你。好了,再见吧,龟兄。

乌龟:我没能做到善始善终,我本想帮你克服失眠症,可现在只好无功受禄、不了了之。好吧,谢谢你的礼物,再见。

(这时,传来什么人的敲门声。)

都这么晚了,谁还会来敲门?

阿基里斯:我一点儿也想不出来会是谁。我觉得多少有点问题。你还是躲到柜子后面去吧,免得碰上什么麻烦事。

乌龟:好主意。(费力地挤到柜子后面。) 405

阿基里斯:谁啊?

声音:开门!我们是警察!

阿基里斯:请进,门开着呢。

(两个粗壮的警察推门进来,身上带着闪亮的徽章。)

警察:(指着自己的铜徽章)我姓银。他姓金。这里是不是住着一个叫阿基里斯的?

阿基里斯:我就是。

警察:那好,阿基里斯,我们有理由相信有一个变造革的包在这儿,里面有一百枚金币。今天下午有人在博物馆里把它弄到手后溜走了。

阿基里斯:哎哟我的老天!

警察:如果是这儿,阿基里斯,由于你是唯一可能的嫌疑,很遗憾我必须拘留你。我带来了搜查证——

阿基里斯：噢。先生们，你们来我真高兴！我被乌龟先生还有他那个变造革的包吓得一晚上都不自在。现在你们终于来了，这下我可得救了！快，先生们，就在那柜子后面，罪犯就在那里！（警察往柜子后面看去，看见乌龟在里面缩成一团，抱着他那变造革的包，浑身打颤。）

警察：就在这儿！那么乌龟先生就是那个混蛋喽，嗯？我可没想到是他！可是他被当场抓住了！

阿基里斯：把这恶棍带走，好心的先生们！谢天谢地，这可将是我最后一次见他和那个变造革的包了！

第十三章　BlooP 和 FlooP 和 GlooP 406

自我意识和无序

BlooP、FlooP 和 GlooP 不是神话中的巨人，不是唐老鸭的小侄子们，也不是船沉时发出的冒泡声——它们是三种计算机语言，其中每种都有特殊的用途。这些语言是专门为本书的这一章发明的。它们将被用来解释"递归"这个词的某些新意义——特别是"原始递归"和"一般递归"这两个概念。事实将证明，这些语言有助于阐明 TNT 中自我相关的机制。

我们似乎很突然地从大脑和心智跳到了数学和计算机科学中的技术。虽然这个跳跃从某些方面来看有点突然，但它还是有意义的。我们已经看到，某种自我意识似乎是意识的关键所在。现在我们要在更形式化的背景下进一步分析"自我意识"，例如在 TNT 的背景下。在 TNT 和心智之间还有很大一段距离，但一些想法将会是富有启发性的，或许会以隐喻的方式被传回到我们关于意识的思考之中。

关于 TNT 的自我意识，令人惊奇的一点就是它密切地联系于自然数中的有序与无序问题。特别是我们将会看到，一个充分复杂以至能反映自身的有序系统不可能是完全有序的——它必定包括某种奇怪的无序特征。对于那些具有某种阿基里斯式想法的读者来说,这将是很难接受的。但是,存在一种“魔术式的”补偿——存在某种关于无序的有序,这本身已经形成了一个研究领域,称为“递归函数论”。遗憾的是,我们所能做到的,只是略微展示一下这个课题的魅力。

可体现性与冰箱

像“足够复杂”或“足够强有力”及类似的说法,在前面已经多次出现了。但这些说法是什么意思呢？让我们回到龟蟹之战,并问这样一个问题:“是什么使某个东西有资格成为一台唱机的?”螃蟹可能会声称它的冰箱是一台“完备的”唱机。然后为了证明这一点,它可能会随便拿个唱片放在冰箱顶上,说:“你看——它在播放这张唱片了。”而乌龟,如果想要反驳这个禅宗式的行动。就必须
407 说:“不——你的冰箱保真度太低,已经不能算是唱机了:它根本不能重现唱片上记录的声音(更不必说那种让它自我破坏的声音了)”。只有当“唱机 X”真是一台唱机时,乌龟才能造出一张叫作“我不能在唱机 X 上播放”的唱片。乌龟的方法很狡猾,因为它抓的是系统的强项,而非弱项。因此他要求“保真度足够高”的唱机。

对形式化的数论系统来讲也是一样。说 TNT 是一个形式化的 N,其原因是 TNT 的符号以正确的方式活动:这也就是指它的定理不像冰箱似的一声不响——它们确实说出了 N 中的真理。当然,pq 系统中的定理也是这样。pq 系统也能作为一个“形式化的数论系统”吗？还是说它更像个冰箱？它比冰箱是强一点,但仍然很弱。被 pq 系统所包含的 N 中的核心真理太少了,因此它还

不能称作是一个“数论系统”。

那么,这些 N 中的“核心真理”是什么?它们是“原始递归真理”,这就是说,它们仅仅涉及“可预测其终止”的计算。这些核心真理在 N 中的作用就像欧里几得的前四个公设在几何学中的作用一样:它们使你可以在比赛开始前就能淘汰掉某些“力量不够强”的选手。从此以后,“全部原始递归真理的可体现性”将作为我们称一个系统为“足够强有力”的判别标准。

元数学中的岩头之斧

上述观念的重要性表现在下列关键性的事实之中:如果你有数论的一个足够强有力的形式化体现,那么哥德尔定理就是可应用的,结果你的系统即是不完备的。另一方面,如果你的系统不是足够强有力的(即不是所有原始递归真理都是定理),那么你的系统由于有这个缺陷,也是不完备的。这里我们在元数学中碰到了“岩头之斧”的另一种形式化体现:不管系统怎么办,哥德尔之斧总要砍掉它的脑袋!另一点需要注意的是,这完全平行于《对位藏头诗》中的“高低保真度之别”。

实际上,人们发现很弱的系统依然是会受到哥德尔方法攻击的。“所有原始递归真理都需要体现成定理”,这个标准过于严格了。这有点像这样一个贼:他只偷“足够阔气”的人,其标准是盗窃对象应当至少带有一百万元现金。幸运的是,对 TNT 系统来说,我们将能够像这个贼那样动手,因为那里确实有一百万元现金——这就是说,TNT 确实包含了所有原始递归真理作为其定理。

现在,在我们进入对原始递归函数的谓词的详细讨论之前,我想把这一章的主题和前几章的主题联系起来,以提供一个更好的背景。

选择适当的过滤器来发现有序

我们很早就已经看到,形式系统可能是难以驾驭的,因为它们
408 有加长和缩短符号串的规则,这可能会导致在大量符号串中进行无终止的搜索。哥德尔配数法的发现,显示了任何对一个具有特殊的符号性质的串的搜索都有一个算术中的表兄弟:对一个具有相应的特殊算术性质的整数的同构搜索。结果,对于形式系统判定过程的要求,涉及了对整数中不可预测其长度的搜索之谜(一种无序)的解决。在本章前面的对话中,我可能过分强调了和整数有关的问题中显示出的无序现象。事实上,和"妙极性"问题相比,人们已经驯服了一些更复杂的无序现象,发现它们不过是些很温顺的家伙。因此,阿基里斯对数的规则性和可预测性的坚定信仰,应当得到一定的尊敬——特别是由于这反映了到30年代为止几乎所有数学家的信念。为了说明为什么有序与无序的对比是这样一个微妙而有意义的问题,也为了把这一问题和对意义的定位及揭示等问题联系起来,我想引用《量子是实在的吗?》一文中优美而又令人难忘的一段——这是已故的杰·尧奇写的一篇伽利略式的对话:

萨尔维亚蒂:假设我给你两个数列,如

7 8 5 3 9 8 1 6 3 3 9 7 4 4 8 3 0 9 6 1 5 6 6 0 8 4……

和

1,−1/3,+1/5,−1/7,+1/9,−1/11,+1/13,−1/15……

如果我问你，辛普利奇奥，第一个序列的下一个数是什么，你会怎样说？

辛普利奇奥：我无法告诉你。我觉得它是个随机序列，其中没有规律。

萨尔维亚蒂：那么第二个序列呢？

辛普利奇奥：这个容易，下一个一定是+1/17。

萨尔维亚蒂：正确。但如果我告诉你第一个序列也是按某个规律构造的，而且这个规律事实上和你刚才在第二个序列中发现的一样，你会说什么？

辛普利奇奥：我看这不大可能。

萨尔维亚蒂：但事实的确如此。因为第一个序列只不过是第二个序列的和的十进制小数部分（展开式）的开始几位。这个和是 $\pi/4$。

辛普利奇奥：你用的数学技巧太多，但我看不出这与抽象和实在有什么关系。

萨尔维亚蒂：和抽象的关系显而易见。除非你已经通过抽象过程开发了一种过滤器，用它可以看出在表面的随机性背后的简单结构，否则第一个序列看上去就是随机的。

自然规律恰恰是以这种方式被发现的。自然只是提供给我们大量的现象，它们表面上杂乱无章，直到我们选择了某些有意义的事件，而且把它们从特定的，关系不大的环境中抽象出来，使它们成为理想化的时候为止。只有那时它们才会展现出光彩夺目的真实结构。

萨哲杜：这个想法太妙了！由此看来当我们设法理解自

409 然时,我们应当把现象看作待理解的消息。只不过每个消息在我们为它设立一种编码之前好像是随机的。这种编码表现为一种抽象,就是说,我们有选择地把某些无关的东西忽略掉,这样就通过一种自由选择选取了消息的部分内容。这些无关信号构成了“背景噪声”,它们将限制我们的消息的精确性。

但由于这种编码不是绝对的,在同一组作为原材料的数据中就可能存在着多个消息,因此改变编码就会在某些以前认为只是噪声的东西中发现同样深刻的意义。相反地,在新的编码中以前的消息可能会变得没有意义。

这样一种编码就预先设定了在不同的、互补的方面之间的一种自由选择。每个方面都同样自称是“真实的”,如果我可以用这个可疑的词的话。

在这些方面之中,有些可能目前还完全不为我们所知,但它们可能把自己暴露给一个具有完全不同的抽象系统的观察者。

但请告诉我,萨尔维亚蒂,这样,我们怎么能仍然声称我们在客观的实在世界中发现了某些事物呢?这难道不是意味着我们只不过是根据自己的想象在构造事物,而实在仅仅存在于我们自身之中吗?

萨尔维亚蒂:我不认为一定是这样的,但这是一个需要进一步反思的问题。①

在这里,尧奇所涉及的消息不是来自一个“有感知能力的物体”,而是来自自然界本身。我们在第六章提出的关于意义和消息的关系的问题同样适用于来自自然的消息。自然是无序的还是模式化的？智能在确定这个问题的答案的过程中能起什么作用？

从哲学中退出来，我们仍能考虑表面上的随机序列中深藏的规律性。第五章中的函数 Q(n)是否也具有一个简单的非递归解释？是不是每个问题都像《一首无的奉献》中提到的那片果树林一样，从某个特定的角度看进去，其中的秘密就一览无余了？还是说在数论中存在着一些不论从哪个角度看都是神秘的问题？

有了这段开场白，我觉得现在应该继续前进，去定义所谓“长度可预测的搜索”的精确意义了。这将用 BlooP 语言来完成。

BlooP 语言的基本步骤

我们的议题是搜寻具有各种性质的自然数。为了讨论任意搜索的“长度”，我们必须定义一些基本“步骤”，任何搜索都由它们组成。这样，搜索长度就可以根据其中的步骤数来度量。被我们当作基本步骤的有：

两个自然数相加；

两个自然数相乘；

确定两个数是否相等；

确定两个数的相对大小。

循环和上界 410

如果我们想用这些步骤严格地构造一个测试，例如测试一个数是否是素数，我们很快就会发现必须在其中包含一个“控制结构”——即对操作次序的描述：何时需要回过头来重新尝试某些东西,何时跳过一些步骤,何时停止,以及诸如此类的事情。

在典型的情况下,任何“算法”——即对任务完成过程的明确描述——都由下列成分组成:(1)需完成的特定运算,(2)控制语句。因此,当我们为表示长度可预测的计算开发我们的语言时,我们必须同时包括基本控制结构。事实上,BlooP 的特色也恰在于其有限的控制结构集。它不允许你转移到任意的步骤或无限制地循环某一步骤。在 BlooP 中,基本上唯一的控制结构就是“有界循环”(即“bounded loop”,这也正是“BlooP”的来历):重复执行一组指令,重复次数不能大于某个预先确定的最大值。这个最大值称为该循环的“上界”,或“顶”。如果顶是 300,那么这个循环可以进行 0 次、7 次或 300 次——但不能是 301 次。

在一个程序中,并不要求程序员准确地给出所有上界的数值——事实上它们是无法预知的。但是,每个上界都可以在进入该循环之前通过计算来确定。例如,如果你要计算 2^{3^n} 的值,就该设置两个循环。首先,你求出 3^n 的值,这包括 n 次乘法。然后,你求 2 的 3^n 次方,这包括 3^n 次乘法。这样,第二个循环的上界是第一个循环的计算结果。

下面说明你怎样才能把这个过程表示在一个 BlooP 程序之中:

```
DEFINE PROCEDURE
“TWO—TO—THE—THREE
—TO—THE”[N]:                  定义过程名和参数 N
BLOCK 0:BEGIN                  第 0 块开始
    CELL(0)⇐1;                 把“1”送入 0 号单元
```

LOOP N TIMES:	循环执行 N 次
BLOCK 1:BEGIN	第 1 块开始
CELL(0)⇐3 * CELL(0);	0 号单元内容乘“3”，结果仍送入 0 号单元
BLOCK 1:END;	第 1 块结束
CELL(1)⇐1;	把“1”送入 1 号单元
LOOP CELL(0) TIMES:	循环次数在 0 号单元中
BLOCK 2:BEGIN	第 2 块开始
CELL(1)⇐2 * CELL(1);	1 号单元内容乘“2”，结果仍送入 1 号单元
BLOCK 2:END;	第 2 块结束
OUTPUT⇐CELL(1);	1 号单元内容送入输出单元
BLOCK 0:END.	第 0 块结束

BlooP 的约定

能够看着一个用计算机语言书写的算法，指出它是做什么的，这需要学习。但是，我希望这个算法足够简单，不必仔细研究就能理解。在上述程序中，定义了一个“过程”，它带有一个“输入参数” 411
N，它的“输出”就是所要得到的值。

这个过程定义采用所谓“块结构”，这就是说其中某些部分可以被看作一个单元，或“块”。在一块中的所有语句可以被当作一个单元来执行。每一块都有个编号（最外面一层是 BLOCK 0），而且用 BEGIN 和 END 标记开始和结束。在我们这个例子中，BLOCK1 和 BLOCK 2 每个仅含一个语句——但不久你就会见到更长的块。一个 LOOP 语句总是意味着重复地执行紧随其后的块。正像在上例中所见到的，块可以互相嵌套。

上述算法的策略前面已经描述过了。你首先取一个辅助变量，叫 CELL(0)，把它的初值赋为 1，然后，在一个循环中反复地把其值乘以 3，直到这样做完 N 次为止。下一步，你对 CELL(1) 做类似处理——把它置成 1，反复乘 2，做 CELL(0) 次，然后停止。最后，你把 CELL(1) 中的值赋给 OUTPUT。这个值就是要传回给外部世界的——这是该过程唯一的外部可见行为。

关于所用的记号，在这里还有几点需要说明。首先，左箭头“⇐”的意思是这样：

求出其右边公式的值，然后把结果赋给其左边的 CELL（或 OUTPUT）。

因此 CELL(1)⇐3 * CELL(1) 这条命令的意义就是把存在 CELL(1) 中的值乘 3 倍。你可以把每个 CELL 想象成某个计算机的存贮器中的一个字。在一个 CELL 和一个真实的字之间的唯一区别就是：后者只能存放某个确定限度之内的整数，而我们允许一个 CELL 存放任意自然数，不管有多大。

在 BlooP 中，每个过程在被调用时都能得出一个值——即称为 OUTPUT 的变量的值。在开始执行任何过程时，OUTPUT 都把 0 值作为其缺席选择值。这样，既使过程根本没给 OUTPUT 重新赋值，OUTPUT 也能始终有一个明确定义的值。

IF 条件语句和分支

现在让我们看另一个过程，它将展示 BlooP 的其他特点，这些特点使该语言更加具有一般性。如果只会做加法，你怎样才能求出 M－N 的值呢？窍门在于把各种各样的数和 N 相加，直至你发现一个与 N 的和等于 M 的数为止。但是如果 M 小于 N 会发生什么情况呢？如果我们想从 2 中取走 5 会怎样？这在自然数域中是没有答案的。但我们希望我们的 BlooP 过程不管怎样应当给出一个答案——比如说 0。下面就是一个做减法的 BlooP 过程：

```
DEFINE PROCEDURE                                          412
  "MINUS"[M,N]:                        定义过程名和变量 M、N
  BLOCK 0:BEGIN                        第 0 块开始
  IF M<N,THEN:                         若 M<N,则:
  QUIT BLOCK 0;                        退出第 0 块
  LOOP AT MOST M+1 TIMES:              循环至多 M+1 次:
  BLOCK 1:BEGIN                        第 1 块开始
  IF OUTPUT+N=M,THEN:                  若 OUTPUT+N=M,则:
  ABORT LOOP 1;                        中止循环 1
  OUTPUT⇐OUTPUT+1;                     OUTPUT 的值加 1,送回
  BLOCK 1:END;                         第 1 块结束
BLOCK 0:END.                           第 0 块结束
```

这里我们利用了 OUTPUT 开始时为 0 这一隐含性质。如果 M 小于 N，那么减法就是不可能的，我们只需直接跳到 BLOCK 0 的末尾，同时答案是 0。这就是 QUIT BLOCK 0 这一行的意思。但如果 M 不小于 N，那么我们就越过这条 QUIT 语句，按顺序执行下一条命令(在这里是个 LOOP 语句)。这就是 IF 语句在 BlooP 中的工作方式。

这样,我们就进入了 LOOP 1。这样称呼它,是因为它要重复执行的块是 BLOCK 1。我们试着把 0 加到 N 上,然后是 1、2、……,直到我们找到那个能导出 M 的数。这时我们对当前循环做 ABORT,即跳到紧跟着标识循环块底的 END 后面的一条语句。在上述例子中,我们跳到了 BLOCK 1:END 的后面,即到达了算法的最后一条语句,而且任务已经完成了。现在 OUTPUT 中放的就是正确答案。

注意,往下跳有两种不同的指令:QUIT 和 ABORT。前者从属于块,后者从属于循环。QUIT BLOCK n 意味着跳到 BLOCK n 的最后一行,而 ABORT LOOP n 意味着跳到 BLOCK n 的最后一行之后。只有在一种情况下二者的区别是重要的:当你在一个循环之中,想要继续循环,但又要退出这一轮所在的块。这时你用 QUIT 就能达到预期的效果。

还应当注意的是在循环上界前面注有 AT MOST(至多),这告诫你循环可能在达到上界之前就被中止了。

自动组块

下面是 BlooP 的最后两个需要加以说明的特点,它们都是非常重要的。其一是:一旦一个过程已经被“定义”了,它就可以在后面的过程定义中被“调用”。其效果是一旦某个操作在一个过程中被定义了,它就会被认为和基本步骤一样简单。这样,BlooP 就具有了自动组块的特点。你可以把这和一个溜冰好手学习新花样的过程相比:他不是把新动作看作长长的基本肌肉活动序列,而是看作以前学过的一些动作的组合,而那些动作自身又是用更早所学的动作所组成的，如此等等——这种嵌套或组块可以上溯许多层次，直至遇到基本肌肉活动为止。这样，BlooP 程序的能力就和溜冰者的技能一样，可以突飞猛进地增长了。 413

BlooP 测试

BlooP 的另一个特点是：某些特定过程可以用 YES 或 NO 作为其输出，而不是输出一个整数的值。这种过程是“测试”，而非“函数”。为了说明这个区别，测试的名字必须以一个问号结束。另外，在一个测试中，OUTPUT 的缺省值当然不能是 0，而是 NO。

让我们看一个例子，其中把 BlooP 的最后这两个特点表现在一个算法里。这个算法要测试一个函数的自变量是否是素数。

DEFINE PROCEDURE	
“PRIME?”[N]：	定义过程名和变量 N
BLOCK 0：BEGIN	第 0 块开始
IF N=0，THEN：	若 N=0，则：
QUIT BLOCK 0；	退出第 0 块
CELL(0)⇐2；	把 CELL(0)置成 2
LOOP AT MOST	循环至多 N−2 次
MINUS[N，2]TIMES：	
BLOCK 1：BEGIN	第 1 块开始
IF REMAINDER	若 N 除以 CELL(0)余 0，则：
[N，CELL(0)]=0，	
THEN：	

```
      QUIT BLOCK 0;            退出第 0 块
      CELL(0)⇐CELL(0)+1;  CELL(0)的值加 1
    BLOCK 1:END;               第 1 块结束
    OUTPUT⇐YES;                把 OUTPUT 置成 YES
BLOCK 0:END.                   第 0 块结束
```

注意,我在这个算法中调用了两个过程:MINUS 和 REMAINDER。(假设后者已经事先定义了,你可以自己完成这个定义,REMAINDER [N,R]的作用是求 N 除以 R 所得的余数。)这个素数测试过程的工作方式是逐个检查 N 可能有的因子,从 2 开始直到 N−1 为止。如果其中某一个能整除 N(即余数为 0),则跳到过程尾部,由于此时 OUTPUT 仍然保有其缺省值,故答案为 NO。仅当 N 没有整数因子时,它才能通过整个 LOOP 1,那时我们会遇到语句 OUTPUT⇐YES,执行了这个语句后,过程就结束了。

BlooP 程序包含了过程组成的链

我们已经看到了在 BlooP 中怎样定义过程,但过程定义只是一个程序的一部分。一个"程序"包括一条"过程定义链"(其中每个过程仅仅调用前面定义的过程),还可能跟着一个或多个对所定
414 义过程的"调用"。这样,一个完整的 BlooP 程序的例子应当是一个过程 TWO−TO−THE−THREE−TO−THE 的定义,后面跟着一个调用

TWO−TO−THE−THREE−TO−THE[2]

这将会得到答案 512。

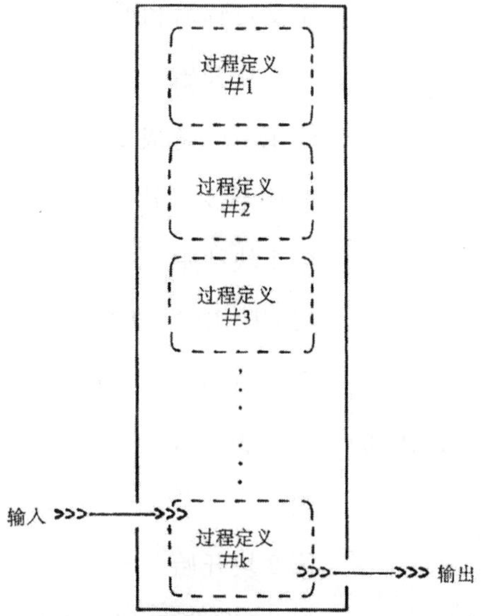

图 72　一个待调用的 BlooP 程序的结构。由于这个程序是自足的，每个过程定义中只能调用定义在它前面的过程。

如果你只有一条过程定义链，那什么东西都不会被执行。它们就在那里等着调用，等着用特定的数值启动它们。这就像一台绞肉机等着肉来绞——或者说更像一串连在一起的绞肉机，前面一台绞完了就送进后一台……。对于绞肉机来说，这种安排可能没什么必要，但对于 BlooP 程序来说，这种结构是非常重要的。我们可以称它为一个“待调用程序”。这个概念显示在图 72 中。

现在 BlooP 是我们用来定义可预知终止的计算的语言。可以用 BlooP 来计算的函数的标准名称是“原始递归函数”；而可以用 BlooP 测试来验证的性质的标准名称是“原始递归谓词”。这样，函数 2^{3^n} 就是个原始递归函数，而命题“n 是个素数”则是个原始递归谓词。

凭直觉就能看出哥德巴赫性质是原始递归的。为了使其明确化，这里有一个用 BlooP 写的过程定义，来显示如何测试这一性质是否存在：

DEFINE PROCEDURE

```
"GOLDBACH?"[N]:                          定义过程名和变量 N
BLOCK 0:BEGIN                            第 0 块开始
  CELL (0)⇐2;                            CELL(0)置成 2
  LOOP AT MOST N TIMES:                  循环至多 N 次
  BLOCK 1:BEGIN                          第 1 块开始
    IF {PRIME? [CELL(0)]                 若 CELL(0)和 N－
                                         CELL(0)
AND RPIME? [MINUS[N,CELL(0)]]},均为素数,
          THEN:                          则:
    BLOCK 2:BEGIN                        第 2 块开始
            OUTPUT⇐YES;                  把 OUTPUT 置成 YES
            QUIT BLOCK 0;                退出第 0 块
    BLOCK 2:END;                         第 2 块结束
    CELL(0)⇐CELL(0)+1;                   CELL(0)加 1
  BLOCK 1:END;                           第 1 块结束
BLOCK 0:END.                             第 0 块结束
```

和通常一样，我们先假设 NO，直到证明 YES 为止。而且我们是靠一股蛮劲在其和为 N 的数对之中进行搜索。如果两个数均为素数，我们就退出最外层的块，否则我们就返回去再试，直至穷尽全部可能性为止。

（警告：哥德巴赫性质是原始递归的，但这一事实并没有使“是否所有的数都具有哥德巴赫性质？”成为一个简单的问题——远非如此！）

推荐的练习题 415

你能写一个类似的过程来测试乌龟性质(或阿基里斯性质)是否存在吗？如果能，就请写出来。如果不能，是仅仅因为你不知道上界，还是因为在 BlooP 中刻画这样的算法时遇到了根本性的障碍？如果对在对话中提出的“妙极性”性质提同样的问题，会得出什么答案？

下面我将列出一些函数和性质，你最好花一些时间来确定你是否相信它们是原始递归的(即可用 BlooP 编程序)。这意味着你必须认真考虑它们所要求的计算中包含哪些操作，以及是否能给出其中涉及的全部循环的项。

FACTORIAL[N]＝N！(N 的阶乘)

　　(例如：FACTORIAL[4]＝24)

REMAINDER[M,N]＝用 N 除 M 所得的余数

　　(例如：REMAINDER[24,7]＝3)

PI－DIGIT[N]＝π 在小数点后的第 N 位数字

　　(例如：PI－DIGIT[1]＝1，

　　　　　PI－DIGIT[2]＝4，

　　　　　PI－DIGIT[1000000]＝1) 416

FIBO [N]＝斐波那契数列的第 N 项

　　(例如：FIBO[9]＝34)

PRIME－BEYOND[N]＝大于 N 的最小素数

　　(例如：PRIME－BEYOND[33]＝37)

PERFECT[N]＝第 N 个“完全”数(一个数的所有约数之和等于

它本身,如 28=1+2+4+7+14)

　　(例如:PERFECT[2]=28)

PRIME? [N]=YES 若 N 是素数,否则为 NO。

PERFECT? [N]=YES 若 N 是完全数,否则为 NO。

TRIVIAL? [A,B,C,N]=YES 若 $A^N+B^N=C^N$ 成立,否则为 NO。

　　(例如:TRIVIAL? [3,4,5,2]=YES,

　　　　TRIVIAL? [3,4,5,3]=NO)

PIERRE? [A,B,C]=YES 若 $A^N+B^N=C^N$ 可以被某个大于 1 的 N 值所满足,否则为 NO。

　　(例如:PIERRE? [3,4,5]=YES,

　　　　PIERRE? [1,2,3]=NO)

FERMAT? [N]=YES 若 $A^N+B^N=C^N$ 可以被某一组正数 A、B、C 所满足,否则为 NO。

　　(例如:FERMAT? [2]=YES)

TORTOISE-PAIR? [M,N]=YES 若 M 和 M+N 均为素数,否则为 NO。

　　(例如:TORTOISE-PAIR? [5,1742]=YES,

　　　　TORTOISE-PAIR? [5,100]=NO)

TORTOISE? [N]=YES 若 N 为两个素数之差,否则为 NO。

　　(例如:TORTOISE? [1742]=YES,

　　　　TORTOISE? [7]=NO)

WJU-WELL-FORMED? [N]=YES 若 N 可以看作 WJU 系统中的一个良构串,否则为 NO。

(例如:WJU-WELL-FORMED? [310]=YES,

WJU-WELL-FORMED? [415]=NO)

WJU-PROOF-PAIR? [M,N]=YES 若在 WJU 系统中可以把串序列 M 看作串 N 的一个推导,否则为 NO。

(例如:WJU-PROOF-PAIR? [3131131111301,301]=YES,

WJU-PROOF-PAIR? [311130,30]=NO)

WJU-THEOREM? [N]=YES 若 N 对应的 WJU 系统中的串是一个定理,否则为 NO。

(例如:WJU-THEOREM? [311]=YES,

WJU-THEOREM? [30]=NO,

WJU-THEOREM? [701]=NO)

TNT-THEOREM? [N]=YES 若 N 对应的 TNT 串是个定理。

(例如:TNT-THEOREM? [666111666]=YES,

TNT-THEOREM? [123666111666]=NO,

TNT-THEOREM? [7014]=NO)

FALSE? [N]=YES 若 N 对应的 TNT 串是数论中的一个假命 417
题,否则为 NO。

(例如:FALSE? [666111666]=NO,

FALSE? [223666111666]=YES,

FALSE? [7014]=NO)

后面七个题目与我们将要进行的元数学探索关系密切,因此很值得你认真分析。

可表示性和可体现性

在继续讨论一些关于 BlooP 及其“亲戚”FlooP 的问题之前，让我们先回顾一下当初引进 BlooP 的原因，并把它和 TNT 联系起来。我在前面说过，一旦全部原始递归的概念对一个形式系统来说都是可体现的，那么这个系统就达到了使用哥德尔方法所需的“临界质量”。这到底意味着什么呢？首先，我们必须区别这样两个概念：可表示性和可体现性。“表示”一个谓词只不过是一个从自然语言到严格的形式化表述的翻译问题。这和该谓词是不是定理没有关系。而要“体现”一个谓词，这可就是个强得多的概念了。这意味着：

(1)该谓词的全部为真的例均为定理；

(2)全部为假的例均为非定理。

“例”在这里是指用数值取代谓词中所有自由变量后所得到的串。例如，谓词 m+n=k 在 pq 系统中是可体现的，因为该谓词的每个为真的例都是定理，每个为假的例都是非定理。这样，任何具体的加式，无论真假，都能被译成 pq 系统中的“可判定串”。但是，pq 系统不能表示——更不要说体现——自然数的任何别的性质。因此在对数论进行形式化的竞争之中，它的确不是一个强有力的候选者。

而 TNT 的优点是能够表示数论中的任何谓词。例如，很容易写一个 TNT 串来表示谓词“b 具有乌龟性质”。因此，根据表示能力来看，TNT 满足我们的全部要求。

但是，问“在 TNT 中哪些性质是可体现的？”，这恰恰就是问

“TNT 作为一个公理系统有多强?”。是不是所有可能的性质在 TNT 中都是可体现的?若是如此,那么 TNT 就能回答数论中的任何问题,它就是完全的。

原始递归谓词在 TNT 中是可体现的

虽然完全性将被发现是个幻梦,TNT 至少相对于原始递归谓词来说还是完全的。换句话说,如果数论中的某个陈述的真假能 418
用计算机在一个长度可预知的时间段中判定,那它在 TNT 中一定也是可判定的。也可以把这个问题表述成如下形式

> 如果能为自然数的某个性质写出一个 BlooP 测试,那么这个性质在 TNT 中是可体现的。

存在非原始递归的函数吗?

用 BlooP 测试可以检查许多种不同的性质,包括一个数是否为素数或完全数、是否具有哥德巴赫性质、是否是 2 的幂,如此等等。这自然地会使人考虑是不是数的每种性质都能被某个适当的 BlooP 程序所检查。虽然我们现在还无法测试一个数是否是妙极的,但我们不必过于因此心烦意乱,因为这也许仅仅是由于我们对妙极性还缺乏认识,随着进一步的挖掘,我们也许会为其中包含的循环上界发现一个通用的公式。那时就可以马上为妙极性写出一个 BlooP 测试了。对乌龟性质可能也是同样的。

因此,这个问题实质上是“是否总能给出运算长度的上界——还是说在自然数系统中存在一种内在的混乱,致使有时无法事先预测运算的长度?”令人震惊的是,恰好是后一种情况出现了,其原

因我们不久就会看到。这种事情准会把毕达哥拉斯——他第一个证明了二的平方根是无理数——气昏了头。在我们的论证中,将使用享有盛名的“对角线法”,这是由集合论的奠基人康托尔发现的。

B 库、索引编号和蓝程序

让我们首先设想一个新奇的概念:装着所有可能的 BlooP 程序的库。不用说,这个库——“B 库”是个无穷大的库。我们要考虑由 B 库通过三个连续的过滤操作所得到的一个子库。第一个过滤器为我们选出其中的“待调用”程序。然后我们再去掉这个子库中的全部“测试”,只留下“函数”。(顺便说明一下,在待调用程序中,链中的最后一个过程决定了整个程序应当被看成是测试还是函数。)第三个过滤器将选出那些恰有一个输入参数的函数。(同样只是指链中最后一个过程。)剩下来的是

> 一个包含所有这样的待调用 BlooP 程序的完整库:这些程序计算那些恰有一个输入参数的函数。

让我们称这些特殊的 BlooP 程序为“蓝程序”(Bloo 的发音在英语里和“蓝[blue]”的发音很相近,而 P 是“程序”[program]的首字母)。现在我们要做的事是为每个蓝程序指定一个互不混淆的“索引编号”。怎样做呢?最简单的办法——我们正是要这样做——就是根据长度把它们排列起来:可能的蓝程序中最短的为
419 1 号,次短的为 2 号,等等。当然,会有许多长度相同的程序。为解决这个问题,我们使用字典次序。在这里,“字典次序”是在拓广的意义下使用的,其中字母表里包括 BlooP 中的所有附加字符,以某一次序排列起来,例如下面这样:

A B C D E F G H I J K L M N

O P Q R S T U V W X Y Z + *

0 1 2 3 4 5 6 7 8 9 ⇐ = < >

( ) [ ] { } — ' ? : ; , .

——注意：其中最后一个是个空格！这样，一共有五十六个字符。为方便起见，我们可以把所有长度为 1 的蓝程序放在第一列，两个字符组成的程序放在第 2 列，等等。显然前几列完全是空的，而后面一些列中有许多许多项（虽然每一列中的项数是有限的）。排在第一的蓝程序大概是这样一个：

DEFINE PROCEDURE"A"[B]:　　定义过程名和参数 B

BLOCK 0:BEGIN　　第 0 块开始

BLOCK 0:END.　　第 0 块结束

这个程序实在有点傻：不管输入是什么，输出值总是 0。它出现在第 56 列中，因为它有 56 个字符（请数一下必要的空格，包括那些隔开相邻两行的空格）。

在遇到第 56 列之后不久，后面的列变得越来越满，因为把符号组合起来形成蓝程序的方法实在太多了。不过不要紧——我们不想设法把这个无穷无尽的目录表列出来。抽象地说，我们所关心的是，这个目录表应当是良定义的，即每个蓝程序能从中得到一个唯一确定的索引编号。这才是关键所在。

让我们这样指示被第 k 个蓝程序所计算的函数：

蓝程序{#k}[N]

在这里，k 是该程序的索引编号，N 是唯一的输入参数。例如，蓝程序 #12 可以是送回其输入值的二倍的那个函数：

蓝程序{♯12}[N]＝2×N

上述等式的意义是：左面指定的程序将给出一个返回值，这个值和人从右面的常规代数公式中算出的相等。作为另一个例子，或许第 5000 个蓝程序计算其输入参数的立方：

蓝程序{♯ 5000} [N]＝N^3

420 对角线法

好，现在我们就要耍那个“花招”了，即使用康托尔的对角线法。我们将用这个蓝程序的目录表定义一个单变量函数——“蓝对角”[N]——而且将会发现这个函数根本不在表中（这就是把它的名字加上引号的原因）。而“蓝对角”很显然是个良定义的单变量可计算函数，这样我们就不得不下结论说，存在一些不能在 BlooP 中编程序的函数。

下面就是“蓝对角”[N]的定义：

等式(1)：“蓝对角”[N]＝1＋蓝程序{♯N}[N]

我们的策略是：把每台“绞肉机”的索引编号送给它自己去加工，然后把它的输出值加 1。为了说清楚这一点，让我们找出“蓝对角”[12]。我们已经看到蓝程序{♯12}就是函数 2N，因此，“蓝对角”[12]的值一定就是 1＋2×12，也就是 25。类似地，“蓝对角”[5000]应该等于 125000000001，因为这个数是 1 加上 5000 的立方。同理，你可以为任意选定的自变量找出“蓝对角”的值。

“蓝对角”的独特之处在于：它不出现在全部蓝程序所构成的目录表中。它不可能在那里。理由是这样的：如果它是个蓝程序，它就一定得有个索引编号——比如说它是蓝程序♯X。这个假设

可以被表示成

等式(2)："蓝对角"[N]＝蓝程序{♯X}[N]

但等式(1)和(2)是互不相容的。当我们要去计算"蓝对角"[X]的值时，这就会变得很显然。因为我们在计算时要令二式中的 N 均取值为 X。如果在公式(1)中做此代换，我们得到：

"蓝对角"[X]＝1＋蓝程序{♯X}[X]

但如果对公式(2)做此代换，我们得到：

"蓝对角"[X]＝蓝程序{♯X}[X]

而"蓝对角"[X]不可能既等于某个数又等于该数加一。但这正是上述两个公式的意思。因此我们只得返回去丢掉某个造成这个矛盾的假设。唯一可能的选择是丢掉公式(2)所表示的假设：函数"蓝对角"[N]可以写成一个蓝 BlooP 程序。而这就证明了"蓝对角处于原始递归函数的范围之外"。这样，我们就达到了目的，一举摧毁了阿基里斯所珍爱的那个朴素观念：每个数论中的函数都必定能在可预测的步数内被算出来。

这里出现了一些很微妙的事情。比如说你可能会考虑这个问题：对每个特定的 N 值来说，在计算"蓝对角"[N]时所包括的步数 421
总是可预测的——但这些不同的预测方式不能全都结合成一个普适的方法，以预测"蓝对角"[N]的运算长度。这是一个"无穷阴谋"，它联系于乌龟那个"无穷巧合"的概念，以及 ω 不完全性。这里我们不再仔细追寻这些联系。

康托尔本人给出的对角线论证

为什么这种方法叫作"对角线"论证呢？这个术语来自康托尔

本人的对角线论证,而许多其他论证都是后来从其中派生的。为了讲解康托尔当时所创造的这一论证,我们要稍微离开正题,不过这样做还是值得的。康托尔也是致力于表明某个项不存在于一个特定的表之中。具体点说,康托尔要表明的是:如果建立了一个实数"登记表",它就不可避免地要把某些实数拒之门外——因此,实际上"一个完全的实数登记表"这个观念本身就是自相矛盾的。

必须看到,这不仅适用于有限的登记表,而且也适用于无穷长的登记表。这个结果比下述命题深刻得多:"实数有无穷多个,因此显然不能列在一个有限长的登记表中"。康托尔的结果的实质在于说明了存在(至少)两种不同类型的无穷:一种无穷描述了在一个无穷长的登记表中能有多少表目,另一种无穷描述了实数的数量(即一条线或线段上点的数量)——因此后者"更大",其理由是实数不能被塞进一个具有前一种无穷的长度的表之中。让我们看看为什么康托尔的论证中涉及了对角线这个词。

我们只考虑 0 和 1 之间的实数就够了。为了进行论证,先假设能够给出一个无穷长的表,其中每个正整数 N 对应于 0 和 1 之间的一个实数 r(N),而且 0 和 1 之间的每个实数都将出现在表中的某个位置上。由于实数都能写成无穷小数,我们可以设想这张表的开始部分可能是这样的:

r(1):. **1** 4 1 5 9 2 6 5 3……

r(2):. 3 **3** 3 3 3 3 3 3 3……

r(3):. 7 1 **8** 2 8 1 8 2 8……

r(4):. 4 1 4 **2** 1 3 5 6 2……

r(5):. 5 0 0 0 **0** 0 0 0 0……

其中对角线上的数字用黑体印出了：1、3、8、2、0……。现在要用这些数字来构造一个特殊的实数 d，d 在 0 和 1 之间，但我们将发现它不在表内。为了构造 d，我们依次取出对角线上的数字，然后把其中的每一个都设成别的什么数字。当在这样得到的数字序列前加上小数点之后，你就得到了 d。当然把一个数字改成别的什么数字会有许多种办法，相应地可以得到许多不同的 d。例如，设我们从每个对角线上的数字中减去 1（并约定 0 减 1 得 9）。那么我 422
们得到的 d 将是：

.0 2 7 1 9……

这时，根据我们的构造方式，有：

d 的第 1 位不同于 r(1)的第 1 位；

d 的第 2 位不同于 r(2)的第 2 位；

d 的第 3 位不同于 r(3)的第 3 位；

……如此等等。

因此，我们有

d 不同于 r(1)；

d 不同于 r(2)；

d 不同于 r(3)；

……如此等等。

换句括说，d 不在表中！

对角线论证证明了什么？

现在来看康托尔的证明和我们的证明之间的根本区别——这涉及对哪个假设进行否定。在康托尔的论证中，不牢靠的假设是可以写出上述的表。因此,d 的构造就保证了下述结论的正确性:根本无法写出囊括了一切实数的表——这等于说整数的集合还没有大到足以为实数的集合作索引。而另一方面,在我们的证明中,我们知道蓝 BlooP 程序的登记表可以被写出来——整数集已经是够大,能够为蓝 BlooP 程序作索引。这样,我们只得退回去,撤销某个以前用过的更不牢靠的想法,而这个想法就是"蓝对角"[N]可以用某个用 BlooP 写的程序来计算。这是采用对角线法时的一个微妙差别。

423　图 73　盖奥尔格·康托尔

如果把这种方法用于对话中提出的"伟大数学家的完备名单"这个更具体的例子,这一差别就会变得更为清楚。对角线本身是"Dboups"。如果我们完成所要求的对角线减法,就能从中得到"Cantor"[康托尔]。这样就有两种可能的结论。如果你坚信这张表是完全的,那你必须下结论说康托尔不是伟大的数学家,因为他的名字和表中所有的名字均不同。另一方面,如果你坚信康托尔的确是个伟大的数学家,那你必须下结论说这张"伟大数学家的完备名单"是不完全的,因为康托尔的名字没有列在表上!(那些对两者都坚信的人将多么不幸!)前一种情况相应于我们的证明:"蓝对角"[N]不是原始递归的;后一种情况相应于康托尔的证明:实数表是不完全的。

康托尔的证明按字面上的意义使用了一条对角线。而其他的“对角线”证明则基于一个更加一般的观念，这个观念是从该词的几何意义中抽象出来的。对角线法的本质在于以两种不同的方式使用同一个整数——或者可以说在两个不同层次上使用同一个整数——多亏了这样人们才可能在某个预先给定的序列外面造出一个项来。这个整数一会儿被用作一个纵向索引，另一会儿被用作一个横向索引。这在康托尔的构造中表现得很清楚。至于说函数“蓝对角”[N]，它涉及在两个不同层次上使用同一个整数——首先作为一个蓝程序索引编号，然后再作为一个输入参数。

对角线论证阴险的重复

初看起来，康托尔的论证可能似乎不足以完全使人信服。难道没有办法摆脱它吗？或许把从对角线上构造出来的数 d 扔进去，就可能得到一张完全的表。如果你在打这个主意，那你将看到把数 d 扔进去根本于事无补，因为一旦你为它在表中指定了一个位置，对这张新表又可以使用对角线法，能构造出一个不在这张新表中的数 d′。无论你重复多少次下列操作：用对角线法构造一个数，然后把它扔进表中以形成一个“更完全”的表，你仍然无法逃出康托尔方法的巨掌。你甚至可以试着去构造一张实数表，以某种方式提防着康托尔对角线法的全套明枪暗箭以及它的阴险重复，424
设法战胜它。这是一个有趣的练习。但如果你动手试试看，就会发现无论你怎样腾挪躲闪，还是跑不出康托尔的手心。可以说任何自称构成了“包括全部实数的表”之举，都是搬石头砸自己的脚。

康托尔对角线法的可重复性有点像乌龟那种毒辣手法的可重

复性。乌龟用这个办法一个接一个地破坏了螃蟹那些“保真度”越来越高——至少螃蟹希望如此——越来越“完备”的唱机。这个办法就是为每台唱机创作出一支特定的歌,使它不能用那台唱机来播放。康托尔的计谋和乌龟的计谋都具有这种奇妙的可重复性,这可不是巧合。事实上,《对位藏头诗》本来就应当被命名为《对角藏头诗》。正像乌龟微妙地暗示给天真的阿基里斯的那样,发生在《对位藏头诗》中的事件,正是哥德尔用来证明**不完全性定理**的那个构造的一种形象化解释。由此可见,哥德尔的构造也很像一个对角线方法。这一点在下面两章中将变得很清楚。

从 BlooP 到 FlooP

至此,我们已经用以 BlooP 语言写的程序为工具,定义了自然数上的原始递归函数和原始递归谓词所组成的类。我们也表明了 BlooP 不能囊括全部可用词语定义的自然数上的函数。我们甚至还用康托尔的对角线法构造了一个“非 BlooP 可编程的”函数,即“蓝对角”[N]。为什么在 BlooP 中不能表示“蓝对角”呢?是否能改进一下 BlooP,以使得“蓝对角”成为可表示的呢?

BlooP 的根本特征就是其中循环的有界性。如果我们抛掉对循环的这种要求,发明另一种语言,称其为 FlooP(英文 Free 有“自由”的意思,我们借此表明 FlooP 的循环是自由的),会出现什么情况呢?FlooP 除掉一点之外与 BlooP 完全相同:在 FlooP 中我们既可以用无顶的循环,也可以用有顶的循环(虽然在 FlooP 中写循环语句时注明其顶的唯一理由是为了好看)。这些新的循环将被称为 MU－LOOP(μ 循环)。这是为了遵守数理逻辑中的约定：在其中“自由”搜索（无界搜索）通常被注上一个叫“μ 算子”的符号。因此，FlooP 中的循环语句看上去会是这样的：

MU－LOOP	μ 循环
BLOCK n：BEGIN	第 n 块开始
·	·
·	·
·	·
BLOCK n：END；	第 n 块结束

这种特性使得我们可以用 FlooP 为妙极性及乌龟性质这样的性质写测试程序——而这样的测试程序我们用 BlooP 是无法写出的，因为其中的搜索或许会无穷无尽。我将把对妙极性的测试程序留给有兴趣的读者自己去写，在这个测试中要实现下列功能： 425

(1)如果其输入 N 是妙极的，则程序结束，给出答案 YES。

(2)若 N 是非妙极的，而且导致一个不同于 1－4－2－1－4－2－1……的封闭循环，则程序停止，给出答案 NO。

(3)若 N 是非妙极的，而且导致一个“无穷上升过程”，程序将不会结束。以这种方式，FlooP 的不回答就是回答。FlooP 的不回答就像赵洲用“无”来“废问”一样。

在第 3 种情况下，具有讽刺意味的是：输出变量 OUTPUT 的值一直是 NO，但我们又一直无法得到它，因为程序仍在不停地运转。这个讨厌的第三种可能性是我们写自由循环时所必须付出的代价。在所有包含了 MU－LOOP 的 FlooP 程序中，无终止总是一种理论上的可能性。当然，有许多 FlooP 程序实际上相对于其所有可能的输入值都是能终止的。例如像我前面提到过的，大多数研究过妙极性的人都认为像上面提出的那样一个 FlooP 程序将总是能终止的,而且每次的答案都是 YES。

有终止和无终止的 FlooP 程序

一个看起来很吸引人的想法是:最好能把 FlooP 过程分成两类:"有终止过程"和"无终止过程"。一个"有终止过程"无论输入什么都将终止,尽管其中的循环具有"μ 性质"。而对一个"无终止过程"来说,则输入中至少有一种选择会使它永远运行下去。如果对每个 FlooP 程序,我们通过某种复杂的检验总能说出它属于哪一类,这将会有某种相当显著的效果(我们很快就会看到)。不必说,这种类别检测操作本身也必须是个有终止操作——否则就什么也得不到了!

图灵的妙计

立刻我们就会想到,可以让一个 BlooP 过程完成这个检验。但 BlooP 过程只接收数字输入,不能接收程序!不过,我们可以解决这问题……只要用数字对程序进行编码就行了!这个巧妙的计策只不过是哥德尔配数法的许多表现形式中的另一种罢了。令 FlooP 字母表中的五十六个字符分别对应于"密码子"
426 901、902、……、956。这样每个 FlooP 程序就得到了一个相当长的哥德尔数。例如,那个最短的 BlooP 函数(它同时也是一个有终止的 FlooP 程序)——

DEFINE PROCEDURE"A"[B]:

BLOCK 0:BEGIN

BLOCK 0:END.

——将得到一个哥德尔数,它的一部分如下所示:

904,905,906,909,914,905,………,905,914,904,955,

D　E　F　I　N　E　　　　E　N　D　·

现在我们的计划是写一个名为"TERMINATOR?"的 BlooP 测试,其功能是:如果被其输入数字所编码的那个 FlooP 程序是有终止的,则回答 YES,否则回答 NO。用这个办法就可以把这个任务交给机器去完成。如果走运,就能把有终止过程和无终止过程分开了。但是,阿兰·图灵给出的一个精巧的论证表明,任何 BlooP 程序都不能一贯正确地完成这种区分工作。图灵所用的技巧实际上和哥德尔的技巧基本相同,因此也密切联系于康托尔的对角线技巧。我们将不在这里把它给出来——只需说基本想法是往"终止检验程序"中送入它自己的哥德尔数。但情况并非如此简单,因为这很像设法在一个句子内部完整地引用它自己。你必须对引号也加引号,如此进行下去。这似乎会导致一个无穷回归。但是,图灵指出了一种技巧,可以把一个程序自身的哥德尔数送给它。对这同一个问题在另一个环境下的解决将在下一章中给出。本章里,我们将沿另一条途径来达到相同的目的,即证明不可能构成一个终止测试器。如果有些读者希望看到图灵方案的一个漂亮而又简单的表示,我推荐文献目录中提到的霍尔和艾利森[Hoare;Allison]的著作。

终止测试器将是法力无边的

在我们摧毁这个观念之前,让我们描述一下为什么说掌握了终止测试器将是一件值得大书特书的事:在某种意义上说,这就像有了一支法力无边的魔杖,用它可以轻而易举地解决数论中的一切问题。例如,假设我们想知道哥德巴赫变奏是否是个真实的猜想,也就是要问,是否所有自然数都具有乌龟性质?我们将首先写一个叫“TORTOISE?”的 FlooP 测试,它检查它的输入是否具有乌龟性质。现在这个过程的缺点——即如果乌龟性质不成立,程序将不终止——反到成了一个优点!因为现在我们可以把过程 TORTOISE?送入终止测试器。如果它回答 YES,那意味着 TORTOISE?对一切输入值都将要终止——换句话说,所有自然数都有乌龟性质。如果它回答 NO,那我们就知道存在一个具有阿基里斯性质的数。具有讽刺意义的是,我们根本没有实际使用 TORTOISE?程序——只是对它做了一次检查!

把数论中的每个问题编成程序,然后用一个终止测试器对它
427 们来一个“一揽子解决”,这个主意有点像前面提过的那个测试公案的纯正性的想法:把公案编码在一个折叠的串中,然后去检查这个折叠的串是否具有佛性。正如阿基里斯所提示的那样,或许我们希望得到的信息在某一种表示法中比在另一种表示法中“更接近表面”。

F 库、索引编号和绿程序

好,白日梦到此收场。我们怎么能证明终止测试器是不可能造出来的呢?我们关于其不可能性的论据联系于下述思路:设法对 FlooP 运用对角线论证,就像我们对 BlooP 所做的那样。我们将会看到两种情形还是有一些微妙而又关键的差别的。

像我们对 BlooP 所做的那样,设想包括全部 FlooP 程序的库。我们叫它"F 库",然后对它进行那三种过滤操作,这样最后我们将得到:

一个包含所有这样的待调用 FlooP 程序的完整库:这些程序计算那些恰有一个输入参数的函数。

让我们称这些特殊的 FlooP 程序为"绿程序"(因为它们可能"一路绿灯"——永远畅行无阻)。

现在正像我们为所有蓝程序指定了索引编号一样,我们也能为绿程序指定索引编号,即把它们排列在一个目录表中,每一列包括具有一定长度的所有绿程序,按字典顺序排列。

到此为止,对 FlooP 的处理完全照搬了对 BlooP 的处理。现在让我们看看是否还能照搬下一步:对角线技巧。如果我们试图定义下列对角线函数会怎样呢?

"绿对角"[N]=1+绿程序{#N}[N]

突然,我们碰上一块暗礁:"绿对角"[N]这个函数可能无法为所有输入值 N 都提供明确定义的输出值。原因很简单:我们没有从 F 库中剔除那些无终止程序,因此就无法保证我们能为 N 的所有值计算出"绿对角"[N]来。有时我们会进入永无休止的计算。因此对角线论证不能在这种情况下使用,因为它要求对角线上的函数为所有可能的输入算出输出值。

终止测试器提供给我们红程序

为了弥补这个漏洞,我们将不得不使用一个终止测试器,如果它真的存在的话。因此让我们有意识地引入这样一个可疑的假

设:它真的存在,并且用它作为我们的第四个过滤器。我们逐个检
428 查表中的绿程序,去掉那些无终止的,这样最后我们将得到:

> 一个包含所有这样的待调用 FlooP 程序的完整库:这些程序计算那些恰有一个输入参数的函数,并且对所有的输入值都能终止。

让我们称这些特殊的 FlooP 程序为“红程序”(因为它们早晚会碰上个红灯——都必须停下来)。现在,对角线方法可以一显身手了。我们定义

“红对角”[N]=1+红程序{#N}[N]

完全和对“蓝对角”的讨论平行,我们被迫断言“红对角”[N]是个良定义的单变量可计算函数,但不在红程序的目录表内,因此甚至在强有力的 FlooP 语言中也是不可计算的。或许现在该转到 GlooP 了?

GlooP...

是的,但 GlooP 是什么呢?如果说 FlooP 是去掉限制的 BlooP,那么 GlooP 一定是去掉限制的 FlooP。但一个限制怎么可能去掉两次呢?你怎么能构造一个比 FlooP 更强有力的语言呢?在“红对角”中,我们已经发现了一个函数,我们人知道如何去求它的值——求值方法已经明确地用自然语言描述出来了——但似乎不能用 FlooP 语言编出程序来完成这项工作。这是一个尖锐的二律背反,因为还没有人曾经发现过比 FlooP 更强有力的计算机语言。

有人曾经详尽地研究过计算机语言的能力,我们不必自己再

去做这项工作，只须报告这样一项结果：有一大批计算机语言可以被证明是与 FlooP 具有完全相同的描述能力的，这就是说：任何一个可以用其中某种语言编程序完成的计算过程，必然能用所有这些语言中的任何一个来编程序完成。奇怪的是，几乎任何设计计算机语言的合理企图，都以构造出这个类中的一个成员而告终——也就是说，造出了一种能力等价于 FlooP 的语言。当然，通过某种努力也可以构造出一种比这一类语言要弱一些的合理并有趣的计算机语言。显然，BlooP 就是弱语言的一个例子，但这是一种例外，而不是规律。关键在于存在许多很自然的方式可以用来发明算法语言，而不同的人，循着不同的途径，往往最终创造出等价的语言。它们只有形式上差别，能力是一样的。

……是个神话

事实上，绝大多数人都相信不会再有描述计算的能力强于 FlooP 及其等价物的语言了。这个假说在 30 年代被两个人互相独立地表述出来：阿兰·图灵——关于他，后面还会进一步介绍——和阿朗佐·丘奇，本世纪杰出的逻辑学家之一。他们的结果被称为“丘奇-图灵论题”。如果我们接受这个论题，我们就必须 429
下结论说“GlooP”是个神话——在 FlooP 中已经没有限制可以取消，无法通过“解放”来增强它的能力，像我们对 BlooP 做过的那样。

这把我们置于一种尴尬的境地，即断言人可以为 N 的任意值计算“红对角”，但无法编出程序让计算机来完成这项任务。因为，如果这项任务可以得到完成，那它一定是用 FlooP 语言来完成的。

而根据任务的构造方式,它又不可能用 FlooP 来完成。这个结论实在太奇特了,致使我们得非常仔细地研究它赖以建立的基础。而在这当中,你会想起来,就有我们那个不牢靠的假设,即存在一个可以区别有终止和无终止的 FlooP 程序的判定过程。这个判定过程的想法本来就有点可疑,因为我们已经看到它的存在将导致数论中的所有问题以一种统一的方式被解决。现在我们有了双重的理由相信任何终止测试都是一种神话——根本就无法把 FlooP 程序装到一台"甩干机"里,把有终止程序和无终止程序分离开来。

怀疑论者可能会坚持说这不像对此类终止测试的不存在性的一个严格证明。这种反对意见是合理的。但是,图灵的方案更为严格地论证了这一点:用一个和 FlooP 同类的语言,不可能写出计算机程序,来对所有 FlooP 程序进行终止测试。

丘奇-图灵论题

让我们简略地回顾一下丘奇-图灵论题。我们将在第十七章中相当详细地讨论它——以及它的变种,而现在只需要叙述它的几种形式,把关于其价值和意义的讨论推迟到后面去完成。这里是三种相互联系的叙述此论题的方式:

(1)人所能计算的也就是机器所能计算的。

(2)机器所能计算的也就是 FlooP 所能计算的。

(3)人所能计算的也就是 FlooP 所能计算的(即一般递归或部分递归)。

术语解释：一般递归和部分递归

在本章中，我们对数论中的一些概念及其与可计算函数理论的联系进行了广泛的阐述。这是一个广阔而兴旺的领域，是计算机科学和现代数学的一个吸引人的混合体。我们在结束本章之前，还要介绍一下我们曾与之打过交道的一些观念所对应的标准术语。

前面已经提到过，“BlooP 可计算”是“原始递归”的同义语。现在 FlooP 可计算函数可以被分成两类：(1)那些能用有终止 430
FlooP 程序计算的被称为“一般递归的”，(2)那些只能用无终止 FlooP 程序计算的被称为“部分递归的”(对谓词有类似的定义)。人们常常只说“递归”，其意思是“一般递归”。

TNT 的能力

有趣的是，TNT 是如此有力，以至于不仅能体现全部原始递归谓词，而且能体现全部一般递归谓词。我们将不证明这些事实，因为这对我们的目标说来是没有必要的。我们的目标是说明 TNT 是不完全的。如果 TNT 不能体现某些原始或一般递归谓词，那这样的不完全就太“没意思”了。——因此我们应该使它能做到这一点。然后，再说明它具有某种有趣的不完全性。

431

G弦上的咏叹调

乌龟和阿基里斯刚刚参观完一家麦片厂。

阿基里斯：换个话题你不介意吧？

乌龟：随你便。

阿基里斯：那好。你知道吗，我前几天接到了一个匿名电话。

乌龟：听起来挺有意思。

阿基里斯：对。嗯——问题是打电话的人语无伦次，至少现在我只能这样说。他嚷了一句什么之后就把电话挂断了——噢，不，我想起来了，他是把那句话嚷了两遍然后才挂断的。

乌龟：你听清是什么话了吗？

阿基里斯：嗯，整个电话是这样的：

我说：喂？

电话里（大声嚷嚷着）：放在其引文形式后面得到假句子！放在其引文形式后面得到假句子！

（咔嗒。）

乌龟：这样的匿名电话实在古怪。

阿基里斯：我也是这么想。

乌龟：也许那表面上的疯颠下面是有什么意思的。

阿基里斯：也许吧。

（他们走进一所宽敞的庭院，这庭院由一些古怪的石头构造的三层楼房环绕着。院子中央有一棵棕榈树，旁边是一座塔楼。紧挨着塔楼有楼梯，楼梯上坐着一个男孩，正在同窗口里的一个年轻女人讲话。）

乌龟：你要带我去哪儿，阿基？

阿基里斯：我想让你从塔楼顶上观赏一下美景。

乌龟：噢，那好极了。

（他们走近了那个男孩。男孩先是好奇地瞧着他们，然后对那个年轻女人说了句什么——两人吃吃地笑起来。阿基里斯和乌龟并没有走上男孩坐着的楼梯，而是向左拐，沿着一段通向一座小木门的短楼梯走了下去。）

阿基里斯：我们可以从这里进去。跟着我。 433

（阿基里斯推开了门，两人走进去，开始攀登塔内很陡的螺旋形楼梯。）

图 74　上和下，艾舍尔作（石版画，1947）。 432

乌龟（微微有些气喘）：作这类运动我可有点不是材料。我们还得走多久？

阿基里斯：没有几段楼梯了……不过我有个想法。你干嘛非要在楼梯的正面走，你何不在反面走呢？

乌龟：在反面怎么走？

阿基里斯:你只消手上抓紧点,然后爬转到反面去——那面有足够的空间供你活动的。你会发现,在这些台阶的上面走和下面走是一回事……

乌龟(小心翼翼地爬过去):我做得对吗?

阿基里斯:就这样。

乌龟(声音有点变小):喂——这个小花招真把我搞懵了,我现在应该沿着楼梯向上走还是沿着楼梯向下走?

阿基里斯:同刚才的方向一样。在你那面是下楼梯,在我这面就是上楼梯。

乌龟:你是不是想说我下楼梯也可以到达塔楼顶?

阿基里斯:我不敢说,不过这也许是行得通的……

(于是阿基里斯在一面往上,乌龟在另一面往下,同时沿着螺旋形的楼梯绕了起来。不久,他们都走到了楼梯的尽头。)

现在可以用不着这个窍门了,龟兄,这面来——我拉你翻上来。

(他伸手去拉乌龟,把他拽回楼梯的另一面。)

乌龟:谢谢。从反面上来倒容易些。

(他们走上屋顶,鸟瞰全城。)

这儿真美。阿基,我很高兴你把我带上来——也许我该说带下来。

阿基里斯:我料到你会喜欢的。

乌龟:我一直在想那个古怪的电话。我觉得现在明白些了。

阿基里斯:是吗?跟我说说好吗?

乌龟:行啊。你是不是跟我一样觉得“放在其引文形式后面”这个短语里有些叫人回味的东西？

阿基里斯：有点儿，是的——很有一点。

乌龟：你能想象什么东西被放在其引文后面吗？

阿基里斯：我觉得我能想象出毛主席步入一间宴会厅的情景，那里悬挂着一幅大横幅，上面写着他著作的引文。这样就有了站在其引文后面的毛主席了。

乌龟：这倒是个富有想象力的例子。不过假定我们把“放在……后面”的意思限制在仅指一些文字在纸上的先后次序，而不是这 434
种煞费苦心地想出来的步入宴会厅的情景。

阿基里斯：好吧。不过你说的“引文”到底是什么意思呢？

乌龟：当你讨论一个词或一个短语时，根据惯例，要把它放在一对引号之内，比如，我们可以说：

“哲学家”这个词有五个单字。

这里，我把“哲学家”放在引号之内，以表明我们说的是“哲学家”这个词，而不是某个有血有肉的哲学家本人。这就是所谓的“使用-谈论之别”。

阿基里斯：噢？

乌龟：我来解释一下，假如我对你说：

哲学家挣大钱。

那么我是在“使用”这个词，从而在你心目中制造出一个目光睿智的哲人揣着个鼓鼓囊囊的大钱包的形象。可是当我把这个词——或随便什么词——加上引号时，我就抽去了它的含义和内涵，只剩下纸上的一些符号，或者说只剩下几个音节。这就叫“谈论”。除了铅字的形状以外，这个词的其他特点都无足轻重——它可能有的任何涵义都被抽掉了。

阿基里斯：这叫我想起把小提琴当苍蝇拍来使用——或者我该说“谈论”？有关小提琴的一切，除了它是固体以外，一概不重要——它所具有的任何用途、功能都被抽掉了。我看苍蝇恐怕也能如此处理。

乌龟：这倒是对使用-谈论之别的一个合理推广，即使有点不太正统。不过我现在要你想想一件事物放在它自身的引文形式后面的现象。

阿基里斯：那好吧。你看这个行吗？

“挺棒”挺棒。

乌龟：不错，再想一个。

阿基里斯：好吧。

“‘咣当’不是我所见过的书名”

“咣当”不是我所见过的书名。

乌龟：这个例子稍加修改就能变成一个很有意思的典型。只消去掉“咣当”就行了。

阿基里斯：真的吗？我来看看这会是什么。这一来就成了

“不是我所见过的书名”

不是我所见过的书名。

乌龟：瞧，你造了一个句子。

阿基里斯：是这样。这是个有关“不是我所见过的书名”这个短语的句子，是个很糟的句子。

乌龟：怎么叫糟呢？

435 阿基里斯：因为它没什么意义。我再给你造一个：

“总是不了了之”总是不了了之。

这是什么意思？说真的，这是一种糟糕透顶的文字游戏。

乌龟：我不这么想。依我看，这倒是个重要的素材。事实上，这种把一个短语放在其引文形式后面的办法极其重要，以至于我觉得该给它起个名字才好。

阿基里斯：那你准备用什么名字来增加这种蠢行的尊严呢？

乌龟：我想称它为：“扤揌一个短语”，扤揌一个短语。

阿基里斯：“扤揌”？这是什么词？

乌龟：要是我没数错的话，这是个双音节词。

阿基里斯：我是问你为什么偏要挑这么两个字，把它们按这种顺序组合起来？

乌龟：哦，这回我弄懂你问我“这是什么词”的意思了。答案是：一位名叫威拉德·范·奥尔曼·蒯恩的哲学家发明了这种办法。所以我就以他名字的谐音来命名了。但是我没法做更多的解释了。至于为什么他的名字是这么两个字——更不用说为什么要按这个顺序排列了——我无可奉告。不过我倒很愿意讲点——

阿基里斯：不必麻烦了！我其实也并不想知道有关蒯恩这个名字的一切事情。不管怎么说，我现在倒是知道该如何去扤揌一个短语了。这挺好玩的。下面就是一个被扤揌了的短语：

“是个残句子”是个残句子。

它虽然挺糟，但我们仍然很喜欢它。拿一个残句子来，一扤揌，瞧，就得到一个整句子！这回还是个真句子。

乌龟：扤揌一下“是个有所欠缺的国王”这一短语怎么样？

阿基里斯：一个有所欠缺的国王会是——

乌龟：当然是不太称职。你别往旁边岔，咱们先扤揌了再说。

阿基里斯：我来扤揌这个短语，是吗？那好——

“是个有所欠缺的国王”是个有所欠缺的国王。

依我看，兴许说“国王”不如说“句子”更有意义些。得了，再给我一个。

乌龟：好吧——那就再来一个吧。你试试这个：

“被扤揌时得到一首乌龟情歌”

阿基里斯：这费不了什么劲儿……你听我念这次扤揌的结果：

“被扤揌时得到一首乌龟情歌”

被扤揌时得到一首乌龟情歌。

嗯嗯嗯……这里有点什么蹊跷。噢，我明白了！这个句子在说它自己！你说呢？

乌龟：你这是什么意思？句子可不会说话。

436 阿基里斯：是不会说话。不过它们都要谈到点什么——而这个句子则是直截了当地——无歧义也无偏差地——谈到它自身！你就不得不转过头来回想一下扤揌到底是怎么回事了。

乌龟：我看不出它在说有关它自己的什么事情。它什么时候说过“我”或“本句子”之类的话？

阿基里斯：哎，你故意装傻吧？其美妙之处就在于它说了自己而又不必直接挑明！

乌龟：那好吧，对我这么个笨朋友，你能不能详细讲讲？

阿基里斯：嗯，他真是个满腹狐疑的乌龟……行啊，让我想想……假定我造出一个句子。就把它叫“句子 J”吧，因为它里面有个空位——或者说“洞眼”。

乌龟：比如说？

阿基里斯：比如说

“____，被扤摁时，得到一支乌龟情歌”。

那么句子 J 的论题就依赖于我们如何填充这个空位。不过只要空位上该填的东西选好了，它也就确定了：它就是扤摁这个空位所得到的那个短语。由于它是由一个扤摁行为生成的，我们就把它叫作“句子 K”。

乌龟：这回懂了。如果空位里的句子是“总是被到处宣扬”，那句子 K 就必定是

“总是被到处宣扬”总是被到处宣扬。

阿基里斯：是的，句子 J 宣称（至于是真是假，我并不知道）：句子 K 是一首乌龟情歌。无论如何，句子 J 在这里并没有说到它自己，而是说句子 K。这些我们都是一致的吧？

乌龟：不管怎么说，让我们也都同意这是一首优美的歌曲吧。

阿基里斯：不过此刻我要另造一个东西来填空，那就是：

“被扤摁时得到一首乌龟情歌”

乌龟：啊，天哪，你开始复杂起来了。我希望这一切别太高深得让我摸不着头脑。

阿基里斯：噢，别担心——你肯定能明白。由于这样选择，句子 K

就变成“被扤摁时得到一首乌龟情歌”

被扤摁时得到一首乌龟情歌。

乌龟：噢，你这个滑头，我明白了。这样一来句子 K 就恰好和句子 J 一样了。

阿基里斯：由于句子 K 总是句子 J 的论题，这就有了一个圈，所有
437 J 就反过来指向自己。不过你看到了，自指乃是一种巧合。而通常的情形是句子 J 与句子 K 彼此完全不同，但随着对句子 J 中空位的恰当选择，扤摁就能给你变出这种戏法来。

乌龟：噢，好机巧啊。真奇怪，我自己怎么就从来没想到过这些呢？那你来说说，下面这个句子是不是个自指的？

　　“由六个字组成”由六个字组成。

阿基里斯：嗯嗯嗯……我恐怕说不好。你刚才给出的这个句子其实不是关于它自己的，而是关于“由六个字组成”这个短语的。当然，不管怎么说这个短语是该句子的一部分……

乌龟：那么这个句子就是在谈论自己的某个部分了——这会怎么样呢？

阿基里斯：这也可以叫作自指吗？

乌龟：依我看，这还远不是自指。不过你也别太为这些鬼事烦恼，以后你会有充裕的时间去进一步思考它们的。

阿基里斯：我会吗？

乌龟：你会的。而眼下你何不试着扤摁一下“放在其引文形式后面得到假句子”这个短语呢？

阿基里斯：我明白你发现什么了——就是先前那个古怪电话。扤摁它就得到：

　　“放在其引文形式后面得到假句子”

　　放在其引文形式后面得到假句子。

这正是那个电话里所说的！只是在他说话时我没弄清什么地方有引号！真是句混帐话。说这种话的人都该进监狱。

乌龟:为什么?

阿基里斯:它太让我难受了。它和前面的那些例子不一样,我这回弄不清它到底是真句子还是假句子。我越是使劲想就越理不清楚。我的头都晕了。我真想知道编出这种东西的人得了哪种神经病,居然夜里拿它去折磨无辜的人。

乌龟:我也不清楚……得了,我们该下去了吧?

阿基里斯:用不着下去——我们已经在地面上了。进去吧——进去你就明白了。

(他们走进塔楼,来到一个小木门前)

从这里就能走出去,跟我来。

乌龟:你能肯定吗?我可不想从三楼上掉下去把背壳摔裂。

阿基里斯:我还能骗你?

(他打开门,在他们前面坐着同一个男孩,正和同一个年轻女人说话,周围的一切也都一模一样。阿基里斯和乌龟走上看上去和他们进塔楼时走下的那段楼梯完全一样的楼梯,并且发现他们自己是站在一个看上去和他们最初所进的院子完全一样的院子中。)

谢谢你澄清了那个古怪的电话,龟兄。

乌龟:也要谢谢你,阿基,这次散步十分愉快。希望我们很快还能见面。

438

第十四章　论 TNT 及有关系统中形式上不可判定的命题[1]

“牡蛎”里的两个想法

本章的标题套用了哥德尔 1931 年那篇著名论文的标题——只是把“《数学原理》”换成了“TNT”。哥德尔的文章是一篇技术性的论文，致力于他那个精密严格的证明，本章则直观得多。我在此所要强调的是属于他那个证明的核心的两个关键想法。首先，是一项深刻的发现：某些 TNT 符号串能解释成在谈论另一些 TNT 符号串，简言之，作为一种语言，TNT 有能力“自省”，或者说是自我审视。这是哥德尔配数法的产物。第二个关键想法是：这种自我审视的性质可以全部集中于一个单个的符号串，于是这个符号串所注视的唯一焦点就是它自己了。本质上，这种“聚焦手法”可以上溯到康托尔的对角线方法。

依我看，谁要是有意于深刻地了解哥德尔的证明，就必须得认识到，从根本上说，这个证明就是由这两个主要想法融和而成的。单独来看，两个都是妙举，揉到一起就是天才的杰作了。不过，若是一定要让我作个选择，说哪一个想法更为深刻的活，我会毫不犹豫地选择第一个——符号演算系统的哥德尔配数想法，因为这一想法关系到什么是意义、什么是指称的整个观念。这是个远远超出了数理逻辑范围的想法。在数理逻辑中，康托尔的手法虽然有十分丰富的数学结果，却与实际生活很少关联。

第一个想法：证明对

我们现在就来着手分析证明本身。第九章曾给出过一个相当精细的概念，说明哥德尔同构是关于什么的。现在则要描述一个数学概念，它使我们能把诸如"符号串 0=0 是 TNT 的定理"这类陈述翻译成数论陈述。这得从"证明对"谈起。一个证明对是一对以某种特殊方式结合在一起的自然数。这里的想法是：

两个自然数(分别用 m 和 n 表示)形成一个 TNT 证明对，当且仅当 m 是某个 TNT 推导的哥德尔数，而该推导的最末一行是哥德尔数为 n 的符号串。 439

对于 WJU 系统也有相应的概念，而且，直观上先考虑这种情形要更容易一些。所以，我们离开一会儿 TNT 证明对，先看看 WJU 证明对，它们的定义是类似的：

两个自然数 m 和 n 形成一个 WJU 证明对，当且仅当 m 是 WJU 系统的一个推导的哥德尔数，而这个推导的最末一行是哥德尔数为 n 的符号串。

让我们看两个 WJU 证明对的例子。第一个，令 m=3131131111301，n=301。这样一对 m 和 n 的值确实构成 WJU 证明对，因为 m 是下面的 WJU 推导的哥德尔数：

WJ

WJJ

WJJJJ

WUJ

其中最后一行 WUJ 的哥德尔数为 301,也就是 n。与此对照,令 m=31311311130 及 n=30,它们为什么就不构成 WJU 证明对呢?为了看清答案,我们写出以这个 m 为码的所谓推导:

WJ

WJJ

WJJJ

WU

这个所谓的推导中有一步无效!那就是从第二行到第三行,也就是从 WJJ 到 WJJJ。WJU 系统中没有一条推导规则能产生这样一个形式步骤。相应地——这是至关重要的——也就没有一条算术的推导规则能使我们从 311 到 3111。有了第九章的讨论,这大概是一项不足称道的考察,但却是哥德尔同构的核心所在:我们在任何形式系统中做的事情都有一个与之平行的算术处理。

在任何时候 m=31311311130 和 n=30 当然都不构成 WJU 证明对。不过,仅此并不意味着 30 不是 WJU 数。也许会有另一个 m 值能与 30 构成 WJU 证明对。(早先的推理使我们知道 WU 不是 WJU 定理,所以实际上是不会有一个数能与 30 形成 WJU 证明对的。)

那么 TNT 证明对又怎么样呢?下面有面个类似的例子,一个仅仅是自称为 TNT 证明对,另一个则是真正有效的 TNT 证明
440 对。你能指出谁是谁吗?(顺带说一下,有些地方编进了密码子“611”,目的是把 TNT 推导中相邻的两行隔开。按这个意义,

“611”起了标点符号的作用。而在 WJU 系统中所有的行都以“3”起始，这已足够——无需另加标点了。）

(1)m=626,262,636,223,123,262,111,666,611,223,123,666,111,666

n=123,666,111,666

(2)m=626,262,636,223,123,262,111,666,611,223,333,262,636,123,262,111,666

n=223,333,262,636,123,262,111,666

说清哪个是哪个是相当简单的，只要把它们翻译成老记号，再作些例行公事的测试，看看

(1)这个以 m 为码的所谓推导是否真是一个合法的推导；

(2)如果是，它的最后一行是否与那个以 n 为码的符号串相符？

第二步是不足道的，而第一步在下述的意义上也完全是直截了当的：不会碰到没完没了的搜索，也没有暗藏着的无休止循环。想一想上面有关 WJU 系统的例子，同时在心里把 WJU 系统的规则换成 TNT 的规则，把 WJU 系统的公理换成 TNT 的公理就行了。两种情形的算法是相同的，把它写明白，就是：

在该推导中一行一行地看下去。

标出哪些是公理。

对不是公理的那些行，逐个检查它们是否能根据某一条推理规则从这个所谓推导的某些出现在先的行中得到。

如果全部非公理的行都是根据推理规则从出现在先的行中得到的，那就是一个合法的推导；否则就是一个冒牌的推导。

每一阶段要执行的任务都是明白清楚的，而这些任务的数量是很容易事先确定的。

"是证明对"是原始递归的……

> 读者大约已能察觉，我之所以在此强调这些循环的有界性，是要宣布基本事实 1："是证明对"这一性质是原始递归的数论性质，因而可以用一个 BlooP 程序测试。

这和另一个密切相关的数论性质——"是定理数"——有个值
441 得注意的对比。要断定 n 是一个定理数，就是要断定有某个 m 值能与 n 形成证明对。（顺带说一下，这些评注对 TNT 和 WJU 同样适用，把两者都记住也许会有好处，其中 WJU 作为原型。）要核对 n 是不是定理数，你得动手搜索所有可能作为 n 的证明对"搭档"的 m 值，从而有可能要进行一场无穷尽的追寻。没有人能说清当你想要找到一个数与 n（作为第二分量）形成一个证明对时，得找多长时间。问题的关键就在于，一个系统之中既有使符号串变长的规则，也有使符号串变短的规则。两种规则的并存导致了某种程度的不可预言性。

哥德巴赫变奏的例子这时候能有所帮助。测试数对（m，n）是否形成乌龟对——即 m 和 m+n 是否都是素数——是一件不足道的事情。这之所以容易，是由于"是素数"这一性质是原始递归的，对此可进行一个事先就知道必定会有结局的检测。然而，要是想知道 n 是否具有乌龟性质，也就是问："有没有什么数能与 n 形成乌龟对？"——那就又一次使我们陷入难以驾驭的由 μ 循环导致的未知之中了。

……因而可在 TNT 中体现

这个时候，关键的想法就是上述的基本事实 1，因为我们可以从它推出

基本事实 2："构成证明对"这一性质可以用 BlooP 测试，因而被一个有两个自由变元的公式在 TNT 中所体现。

又一次，我们没有在意这些证明对是相对于哪个系统的，不过这实在无关紧要，因为上述两个基本事实对任何形式系统都成立。形式系统的本质就在于此：它总能用一种预先知道能有结局的方式，说清一个给定的符号串序列是否构成一个证明——而这一切都能移植到对应的算术概念之中。

证明对的威力

为了把话说具体些，不妨就假定我们要讨论 WJU 系统。读者可能还记得我们称为"无朋"的那个符号串，它在某个层次上的解释是："WU 是 WJU 系统的一个定理"。我们可以说明如何利用体现 WJU 证明对概念的那个公式在 TNT 中表示无朋。我们把体现 WJU 证明对的公式（其存在性由基本事实 2 保证）缩写为：

WJU－PROOF－PAIR{a,a′}

由于它涉及两个数的性质，所以得用含两个自由变元的公式来体现。（要注意：本章中我们总是使用简朴 TNT——因此得小心区分变元 a,a′,a″。）为了断言"WU 是 WJU 系统的定理"，我们得作一个与之同构的陈述"30 是 WJU 系统的定理数"，然后再把它翻 442

译成 TNT 记号。利用我们的缩写法，这不难做到（同时回忆一下，第八章里为了标明每个 a′都用某个数字去替换，我们是在该数字之后写上“/a′”）：

∃a：WJU－PROOF－PAIR

{a，SSSSSSSSSSSSSSSSSSSSSSSSSSSSSS0/a′}

数数 S，共 30 个，应该看到这是 TNT 的一个闭句子，原有的自由变元一个量化了，另一个则换成了一个数字。另外，这里作了一件聪明事。基本事实 2 给我们指出了一种谈论证明对的办法，我们刚才又想出了该如何谈论定理数：在前面加一个存在量词就行了！上面的符号串更直接地翻译过来将是：“存在某个数 a 能与 30（作为第二个分量）形成 WJU 证明对。”

假使我们要对 TNT 作类似的事情——比方说要表示“0＝0 是 TNT 定理”这句话，我们可以用类似的方法缩写出一个（仍是有两个自由变元的）公式（其存在性由基本事实 2 保证）：

TNT－PROOF－PAIR{a，a′}

（这个缩写的 TNT 公式的解释是：“自然数 a 和 a′构成 TNT 证明对”。）接下来就是按照上述无朋模式把我们的话翻译成数论陈述，就是：“存在一个自然数 a，它与 666，111，666（作为后一分量）构成 TNT 证明对”，表示它的 TNT 公式是

∃a：TNT－PROOF－PAIR{a，SSSSS……SSSSS0/a′}

很多很多 S（事实上有 666，111，666 个）

——一个 TNT 闭句子。（我们称之为“赵州”，原因一会儿就清楚。）由此我们看到有那么一种方法，它不但可以谈论 TNT 证明

对这样的原始递归概念,而且也能谈论与之有关而又不那么靠得住的“TNT 定理数”这一概念。

为了检验你对这些想法的理解,请你想想如何把下述有关 TNT 的元陈述翻译成 TNT 记号:

(1)0=0 不是 TNT 定理。

(2)~0=0 是 TNT 定理。

(3)~0=0 不是 TNT 定理。

它们的解答与上述例子有什么不同?彼此之间有什么不同? 443
这里再给你几个翻译练习:

(4)赵州是 TNT 定理。(表示这句话的符号串称为“元赵州”。)

(5)元赵州是 TNT 定理。(表示这句话的符号串称为“元元赵州”。)

(6)元元赵州是 TNT 定理。

(7)元元元赵州是 TNT 定理。

(等等,等等。)

例 5 表明关于元元 TNT 的一些陈述能翻译成 TNT 记号;例 6 则表明对元元元 TNT 的陈述也是如此,等等。

这时候要紧的是要记住:表示一个性质和体现一个性质是不一样的,例如“是 TNT 定理数”由公式

$$\exists a{:}\mathrm{TNT-PROOF-PAIR}\{a,a'\}$$

来表示,翻译为:“a′是 TNT 定理数”。但我们并不担保此公式体现了这一概念,因为我们并未能担保这个性质是原始递归的——事实上我们至少会暗中怀疑它不是。(这样怀疑是合理的。“是

TNT 定理数”这一性质不是原始递归的,因而也就没有一个 TNT 公式能体现它!)相比之下,“是证明对”这个性质鉴于它的原始递归性,就既可以用上面引入的这个公式表示,也可用这个公式体现。

代入导致第二个想法

通过上面的讨论,我们已经能够看清 TNT 是怎样对“是否 TNT 定理”这一概念进行“反省”的了。这是哥德尔证明第一部分的精华。我们现在打算着手讨论证明的第二个主要想法,方法是构想一个概念,使我们能把这种反省集中进一个单个句子。要做到这一点,我们先得看看当你用一个简单的方法从结构上修改某个公式时,该公式的哥德尔数会发生什么变化。其实,我们要考虑的只是这样一种特殊的修改:

把全部自由变元都用具体数字替换。

下面的对照表中,左边一列给出这种运算的一些例子,而右边一列则显示其哥德尔数的对应变化

444

公式	哥德尔数
a=a	262,111,262
全部自由变元都 换成 2 的数字表示	↓
SS0=SS0	123,123,666,111,123,123,666

*　　*　　*

~∃a:∃a′:a″=(SSa·SSa′) 223,333,262,636,333,262,163,

636,262,163,163,111,362,123,
123,262,236,123,123,262,163,323

全部自由变元都　↓

换成 4 的数字表示

～∃a：∃a′：SSSS0＝(SSa · SSa′) 223,333,262,636,333,262,
163,636,123,123,123,123,
666,111,362,123,123,262,
236,123,123,262,163,323

右边一列有一个与左边同构的、把一个大数变成一个更大的数的算术过程。依靠加法、乘法和 10 的幂运算等等，不难算术地描述从旧数到新数的函数。——不过用不着真这么做。问题的要点在于：(1)原公式的哥德尔数、(2)其数字表示被插入的那个数以及(3)结果的哥德尔数，这三者之间的关系是原始递归的。也就是说，我们可以写出一个 BlooP 测试，使得对任意输入的三个自然数，若它们之间有这种关系，该测试就能回答“是”，否则就会回答“否”。你可以检查下面的两组数，测验一下自己作这种测试的能力，同时弄清楚为什么这一过程不会出现隐蔽的无终止循环。

(1)362,262,112,262,163,323,111,123,123,123,123,666;
2;
362,123,123,666,112,123,123,666,323,111,123,123,
123,123,666

(2)223,362,262,236,262,323,111,262,163;
1;
223,362,123,666,236,123,666,323,111,262,163

像往常一样,一个例子是对的,另一个是错的。我们称三个数之间的这种关系为代入关系。由于这个关系是原始递归的,所以可用某个有三个自由变元的 TNT 公式体现。我们把这个公式缩写成

$$\text{SUB}\{a,a',a''\}$$

445 由于这个公式体现代入关系,所以下面给出的公式就必定是 TNT 定理:

$$\text{SUB}\{\underbrace{\text{SSSSS}\cdots\cdots\text{SSSSS0}}_{262,111,262\text{个 S}}/a,\text{SS0}/a',\underbrace{\text{SSSSSS}\cdots\cdots\text{SSSS0}}_{123,123,666,111,123,123,666\text{个 S}}/a''\}$$

(此公式基于本节前面用并行两列的表给出的代入关系例子中的第一个。)同样也因为 SUB 公式体现代入关系,于是下面给出的公式自然就不是 TNT 定理:

$$\text{SUB}\{\text{SSS0}/a,\text{SS0}/a',\text{S0}/a''\}$$

算术扤揌

现在已到了决定关头:可以把拆开的各个部分组合成意义深远的整体了。我们要把 TNT－PROOF－PAIR 和 SUB 这两个公式作为部件,以某种方式把它们结合成一个单个的 TNT 句子,其解释为:“本 TNT 符号串不是 TNT 定理”。怎么做呢?到了现在,所需的全部零件都摆在眼前,答案却仍然不易找到。

把一个公式自身的哥德尔数代入这个公式似乎是个怪异但却意义不大的想法。这与另一个怪异但却似乎意义不大的想法颇为相似:在《G 弦上的咏叹调》上作“扤揌”。扤揌显示出了一种出乎

意料的价值：它表明了一种制造自指句子的新方法。第一次接触了各式各样抠摁型的自指句子之后，它就会暗暗尾随你——而一旦真的理解了这一原则，你就禁不住要赞叹它是如此的简单而又生机勃勃。抠摁的算术版本——姑且称之为“算术抠摁”——能使我们造出一个“谈论自身”的 TNT 句子。

我们来看一个算术抠摁的例子。我们需要一个至少有一个自由变元的公式。用下面的公式就行：

a＝S0

它的哥德尔数是 262,111,123,666。我们将把这个数插进公式自身中——更确切地说是把这个数的数字形式插进去，结果得到

$$\underbrace{\mathrm{SSSSS}\cdots\cdots\mathrm{SSSSS}}_{262,111,123,666\text{个 S}}0=\mathrm{S}0$$

这个新公式断定了一句笨拙的假理——262,111,123,666 等于 1。要是我们从符号串～a＝S0 出发来作算术抠摁，那就会做出一个真句子——这你自己就能看出。

在作算术抠摁时，你自然是在做我们早先定义的代入运算的一个特例。如果要在 TNT 内部谈论算术抠摁，就得使用公式 446

SUB{a″,a″,a′}

其中前两个变元是相同的。这是由于我们是在以两种不同的方式使用同一个数（康托尔对角线方法的幽灵！）。这里的数 a″既是(1)原公式的哥德尔数，又是(2)插进去的数。我们给上述公式造一个缩写记号：

ARITHMOQUINE{a″,a′}

用汉语讲，这个公式是说：

a′是对哥德尔数为 a″公式作算术扸摁所得公式的哥德尔数。

这句话又长又笨，我们引入一个简明雅致的术语来概括它，我们说：

a′是 a″的算术扸摁化。

这表示同样的意思。例如，262，111，123，666 的算术扸摁化是一个大得难以想象的数：

$$\underbrace{123,123,123,\cdots\cdots 123,123,123}_{262,111,123,666\text{ 个“123”}},666,111,123,666$$

（这就是我们算术扸摁 a＝S0 所得公式的哥德尔数。）我们能够很容易地在 TNT 内部谈论算术扸摁。

最后一锤

现在，要是再回顾一下《G 弦上的咏叹调》，你就能看清，按蒯恩的方式达到自指的各种方法中，最复杂的一招是扸摁一个其本身就在谈论扸摁概念的句子。仅仅扸摁是不够的——你必须扸摁一个提及扸摁的句子！那好，在我们的情形，与之平行的手法必定是算术扸摁某个其本身就在谈论算术扸摁概念的公式。

我们立即来写出那个公式，并称它为 G 的“服”号串：

～∃a：∃a′：＜TNT－PROOF－PAIR{a，a′}∧ARITHMOQUINE{a″，a′}＞

你可以明白地看出这一策略是怎样深刻地借助了算术扸摁化的。

447 这个“服”号串当然有一个哥德尔数，我们称之为“u”。u 的十进表达式的两头甚至中间的一小块可以直接读出来：

u=223,333,262,636,333,262,163,636,212,……,161,……,213

至于其余部分，就得知道“TNT－PROOF－PAIR”和“ARITHMOQUINE”写出来时究竟是什么样。这过于复杂了，而且不管怎么讲都有点离题太远了。

我们现在该做的就是扤摁这个“服”号串！这意味着把全部自由变元——这里只有一个，即 a''——“踢出去”，把所有出现 a'' 的地方换成数字 u。于是得到

$$\sim\exists a:\exists a':<TNT-PROOF-PAIR\{a,a'\}\wedge ARITHMOQUINE\{\underbrace{SSS\cdots\cdots SSS}_{\text{u个S}}0/a'',a'\}>$$

不管你信不信，这是一个哥德尔符号串，我们可以称之为“G”。于是就有两个刻不容缓必须回答的问题：

(1)G 的哥德尔数是什么？

(2)G 的解释是什么？

先说第一个。我们是怎么造的 G 呢？噢，是从其“服”号串入手，对之进行算术扤摁。那么根据算术扤摁化的定义，G 的哥德尔数就是

u 的算术扤摁化。

再看第二个。我们分成几步来把 G 译成汉语，一步比一步更为概括。作为粗略的第一步，我们作一个相当刻板的字面翻译：

“不存在数 a 和 a′使得：(1)它们形成 TNT 证明对；并且(2)a′是 u 的算术扤摁化。”

眼下当然是有一个数 a′是 u 的算术拡摁化——因而问题就必定出在另一个数 a 身上。这一考察使我们能把 G 的译文重新措辞而写成：

“没有一个数 a 能与 u 的算术拡摁化形成 TNT 证明对”。

(这一步有可能把人搞糊涂，后面还要详细解释。)你该看到发生什么事了吧？G 在说：

“以 u 的算术拡摁化为哥德尔数的那个公式不是 TNT 定理”。

可是——这时已不再意外了——这个公式不是别的，就是 G 自己。因此，我们可以把 G 最终翻译成

“G 不是 TNT 定理”。

448 ——或者，你要是愿意，也可以说成

“我不是 TNT 定理”。

我们已经逐步得到了一个高层次的解释——一个 TNT 元语言的句子，它出自先前那个低层次的解释——一个数论句子。

TNT 说“服了！”

在第九章，我们勾勒过这个惊人的构造的主要结果——TNT 的不完全性。重申一下那个论证：

G 是不是 TNT 定理呢？如果是，它说的就一定是一句真理。可实际上 G 在说什么呢？G 就在说它自己的非定理性。于是从它是定理就能得出它不是定理——矛盾。

要是 G 不是定理又如何呢？这倒可以接受，此时不会导出矛盾。不过 G 的非定理性正是 G 所断定的——因而 G 讲的是真理，而 G 又不是定理，所以就存在(至少)一个不是 TNT 定理的真理。

现在，为了再一次解释解释那个巧妙的步骤，我要使用另一个

类似的例子。取符号串

~∃a:∃a′:<TORTOISE－PAIR{a,a′}∧TENTH－POWER{SS0/a″,a′}>

其中的两个缩写符号都代表 TNT 符号串,这些符号串你自己就可以写出。“TENTH－POWER{a″,a′}”体现陈述“a′是 a″的 10 次幂”。逐字地译成汉语就是

“不存在数 a 和 a′满足:(1)它们形成乌龟对,(2)a′是 2 的 10 次幂”。可 2 的 10 次幂显然是存在的——即 1024,所以这个符号串实际上说的就是

“没有一个数 a 能与 1024 形成乌龟对”。

这又可以进一步地归结为

“1024 没有乌龟性质”。

要点在于我们得到了一种代入方法:把对一个数的描述代入某个谓词,而不是用这个数的数字形式代入。这种做法靠的是另外再用一个量化的变元(a′)。这里,是 1024 这个数,其描述为“2 的 10 次幂”;而上面所说的,是被描述为“u 的算术抠摁”的那个数。

“算术抠摁时得到非定理” 449

我们要停下来喘口气,并回顾一下我们做了些什么。就我所知,要想比较透彻地把握住这种代入方法,最好的办法是直截了当地把它与蒯恩形式的说谎者悖论作一个比较。它们之间的对应是

假句子	⟺	非定理
一个短语的引文形式	⟺	一个符号串的哥德尔数
在谓语之前放上主语	⟺	代入一开公式
在谓语之前放	⟺	把一符号串的哥德尔数

一句引语 把一个谓语自身作为引语放 在该谓语之前 （“扤摁化”）	⇔	代入一开公式 把一个开公式的哥德尔数代入该公式 自身 （“算术扤摁化”）
扤摁时得到假句子 （没有主语。 仅有一个谓语）	⇔	G 的“服”号串 （TNT 的一个 开公式）
“扤摁时得到假句子” （上面的那个谓语， 加上引号）	⇔	数 u （上述开公式的 哥德尔数）
“扤摁时得到假句子” 扤摁时得到假句子 （扤摁上面那个谓语 而形成的一个完 整句子）	⇔	G 本身 （把 u 代入“服”号串 所形成的句子， 即“服”号串的 算术扤摁）

哥德尔第二定理

由于 G 的解释是真，所以其否定～G 的解释就是假。可我们又知道 TNT 中推不出假的陈述。于是，不论是 G 还是其否定～G 都不会是 TNT 定理。这样，在我们的系统中就找到了一个“漏洞”——一个不可判定命题。这会派生出不少结果。从 G 的不可判定性就可以得到一个古怪的事实：G 和～G 都不是定理，但公式<G∨～G>却是定理，因为命题演算的规则保证全部形如<P∨～P>的良构公式都是定理。

这是一个简单的例子，其中，一个系统内的断言和一个谈论该系统的断言似乎很不合拍。这会使人疑惑不定:这个系统是否真的很精确地反映了自己?存在于 TNT 内部的那种“自我反映的元数学”与我们所用的这种元数学是否非常相符?这是哥德尔写论文时很着迷的问题之一。具体地说,他对是否可能在这种“自我反映的元数学”内证明 TNT 的一致性颇感兴趣。读者还该记得, 450
如何证明系统的一致性是当时哲学上的一大难题。哥德尔找到了一个用 TNT 公式表示“TNT 一致”这句话的简单方法,然后证明了这个公式(以及表示同一思想的任何其他公式)只在一个条件下才是 TNT 定理,这个条件是:TNT 不一致。这个反常的结果对那些乐观地期待可以找到数学无矛盾性的严格证明的人真是当头一棒。

怎样在 TNT 内部表示“TNT 一致”这句话呢?靠的是这样一个简单事实:不一致性是说有两个公式 x 和～x——一个是另一个的否定——都是定理。于是根据命题演算,全部良构公式就都是定理。因而,要说明 TNT 的一致性,只需提出一个 TNT 的句子,说明这个句子可以被证明为不是定理,就行了。所以,表示“TNT 一致”的一个办法就是说“公式～0＝0 不是 TNT 定理”。这在几页以前就作为习题提出了,其翻译为

$$\sim\exists a{:}\text{TNT}-\text{PROOF}-\text{PAIR}\{a,\underbrace{\text{SSSSS}\cdots\cdots\text{SSSSS}}_{223,666,111,666\text{ 个 S}}0/a'\}$$

通过一个冗长但很容易的推理可以证明——只要 TNT 一致——这个用 TNT 符号写出的一致性誓言不是个 TNT 定理。所以说,当 TNT 表示一些事物时,它的反省能力很强,但要让它证明这些事物,其反省能力就很差劲了。如果把这一结果借过来用于人的

自我认识问题，恐怕极易引起争论。

TNT 是 ω 不完全的

那么 TNT“享有”哪种不完全性呢？我们将要看到，它的不完全性是第八章中定义的那种“欧米伽”型。这意味着有一个无穷的、金字塔形的符号串族，其每个符号串都是定理，但与这个族对应的“概述串”却不是定理。不难给出这种不是定理的概述串：

$$\forall a\sim\exists a':<\text{TNT}-\text{PROOF}-\text{PAIR}\{a,a'\}\wedge \text{ARITHMOQUINE}\{\overbrace{\text{SSS}\cdots\cdots\text{SSS}}^{u\text{个}S}0/a'',a'\}>$$

要想理解这个符号串何以不是定理，只需注意一下它与 G 本身是极为相似的——事实上只用一步就能从它推得 G（根据 TNT 的量词互变规则），所以，如果它是定理，G 也是。而 G 不是定理，于是这个公式也就不能是定理。

我们现在需要证明与之相应的那个金字塔中的公式都是定理。写出它们是很容易的：

451 $$\sim\exists a':<\text{TNT}-\text{PROOF}-\text{PAIR}\{0/a,a'\}\wedge\text{ARITHMOQUINE}\{\underbrace{\text{SSS}\cdots\cdots\text{SSS}}_{u\text{个}S}0/a'',a'\}>$$

$$\sim\exists a':<\text{TNT}-\text{PROOF}-\text{PAIR}\{S0/a,a'\}\wedge\text{ARITHMOQUINE}\{\text{SSS}\cdots\cdots\text{SSS}0/a'',a'\}>$$

$$\sim\exists a':<\text{TNT}-\text{PROOF}-\text{PAIR}\{SS0/a,a'\}\wedge\text{ARITHMOQUINE}\{\text{SSS}\cdots\cdots\text{SSS}0/a'',a'\}>$$

$$\sim\exists a':<\text{TNT}-\text{PROOF}-\text{PAIR}\{SSS0/a,a'\}\wedge\text{ARITHMO-}$$

QUINE {SSS……SSS0/a″,a′)>

·　　　·
·　　　·
·　　　·

这些符号串说的都是什么？逐个翻译出来就是：

"0 与 u 的算术扩摁化不形成 TNT 证明对"

"1 与 u 的算术扩摁化不形成 TNT 证明对"

"2 与 u 的算术扩摁化不形成 TNT 证明对"

"3 与 u 的算术扩摁化不形成 TNT 证明对"

·　　·　　·
·　　·　　·

这里的每个断言都是讲两个特定的自然数是否构成证明对。（与之对照，G 本身则是谈一个特定的自然数是否是定理数。）由于 G 不是定理，当然就没有一个自然数会与 G 的哥德尔数构成证明对。所以这个族中的每句话都是真的。事情的关键在于"是证明对"这一性质是原始递归的，从而可体现，所以上面列出的每一句话（都是真的）必定都能翻译成 TNT 的定理。也就是说我们这座无穷的金字塔中的每一层都是定理。这就说明了 TNT 为什么 ω 不完全。

两个不同的补洞方法

由于 G 的解释为真，其否定～G 的解释就为假。而利用 TNT 一致性的假定，我们又知道在 TNT 中推不出假陈述，于是无论是 G 还是其否定～G 都不是 TNT 定理。在我们的系统中就找到了一个漏洞——一个不可判定命题。如果我们在哲学上足够超脱,从而能认清其原因是什么的话,那就不会因此而惊慌。这表明,就像绝对几何一样,TNT 能够扩充。事实上,和绝对几何一样,TNT 也能朝两个不同的方向扩充。它可以朝标准方向扩充——这与绝对几何朝欧几里得的方向扩充相应;它也能朝非标准的方向扩充——这当然就与绝对几何朝非欧方向的扩充相应了。标准型的扩充将是:

把 G 加进去作为新公理。

452 这种见解似乎相当无害甚至颇为称心,因为 G 毕竟是在说有关自然数系统的某件真的事情。那么非标准的扩充又如何呢?如果完全平行于平行公设的情形去做,就得到:

把 G 的否定加进去作为一条新公理。

我们怎么居然能做这么荒唐而又蹩脚的事呢?其实说到底,借用济罗拉莫·萨彻利那些令人难忘的话,～G 不正是“与自然数的本质相抵触”的吗?

超自然数

我希望上面的引文的讽刺意味触动你。济罗拉莫·萨彻利处理几何时的问题恰恰出在他从“什么是真什么不是真”这样一个固定见解出发,而且只打算证明他一开始就估计为真的那些内容。尽管他的方法很聪明——包括否定第五公设,从而证明以此得到的几何中的很多“荒唐”命题——但他从未意识到有可能以其他方式来想象点和线。我们现在得提防不要重蹈覆辙。我们应该尽可能公正地考察把～G 作为新公理加进 TNT 将意味着什么。试看下列类型的新公理:

∃a:(a+a)=S0

∃a:Sa=0

∃a:(a·a)=SS0

∃a:S(a·a)=0

如果人们从未考虑过引入它们，今天的数学该是什么样呢？这里的每一条都“与原先了解的数系的本质相抵触”，每一条也都提供了对全部数概念的一个深刻而又精彩的扩充——有理数、负数、无理数、虚数。这种可能性就是～G 试图打开我们的眼界，使我们达到的地方。以往，数概念的每次扩充都要招来一片倒彩和嘘叫，尤其是把诸如“无理数”、“虚数”这类不受欢迎的新客叫作数时，你听到的叫声更是特别响亮。遵循这个传统，我们要把～G 所揭示的那些数叫作超自然数，以表明我们确是深感其有悖于所有合乎常情的概念。

如果要把～G 扔进 TNT 作为第六条公理，那我们最好了解一下它到底怎样与一个带有我们刚讨论过的那个无穷金字塔共存于一个系统之中。明摆出来，～G 是讲

“存在某个数与 u 的算术抳摁化形成 TNT 证明对。”

——而该金字塔的各层却依次断言： 453

“0 不是这个数”

“1 不是这个数”

“2 不是这个数”

·

·

·

这真令人费解,因为看上去这是个十足的矛盾(正因为如此才称之为“ω不一致性”)。费解的根源——与几何分叉的情形极为相似——在于尽管事实上我们明白这个系统是修改过的,但还是顽固地拒绝接受对符号解释的修改,总想不重新解释任何符号就混过去——结果当然就证明这是不行的。

和解来自于把∃重新解释为“存在一个广义自然数”,而不再解释成“存在一个自然数”。这样作的时候还得用相应的方法把∀也重新解释过。这意味着我们对自然数以外的某些数也打开了大门,引进即“超自然数”。自然数和超自然数一起构成整个广义数。

这样一来,这个表面上的矛盾立即化为乌有,因为那个金字塔仍然讲的是老话:“没有一个自然数能与u的算术扤摁化形成TNT证明对。”这族句子丝毫没讲到超自然数,因为没有关于超自然数的数字形式。而此时～G却是说:“存在一个广义自然数能与u的算术扤摁化产物形成TNT证明对。”把这族句子和～G放在一起,显然是在讲:存在一个超自然数能与u的算术扤摁化产物形成TNT证明对,如此而已——半点矛盾也没有了,在一个包括超自然数在内的解释下,TNT+～G是一致的系统。

由于我们现在约定了把两个量词的解释加以扩充,这就意味着包含量词的任何一条定理也都有一个扩充了的意义,例如,交换律定理

$$\forall a:\forall a':(a+a')=(a'+a)$$

现在所讲的就是对全体广义自然数加法是可交换的——换句话说,不仅自然数的加法可交换,超自然数的加法也行。类似地,说“2不是自然数的平方”的那条TNT定理——

$\sim\exists a:(a\cdot a)=SS0$

——现在告诉我们 2 同样也不是超自然数的平方。事实上，自然数所具有的性质，只要是由 TNT 定理给出的，超自然数也都具有。换言之，对于自然数能形式证明的东西，对超自然数也都成立。具体讲，这意味着超自然数不是我们熟悉的诸如分数、负数、复数等等的任何一种东西，最好还是把超自然数设想成比全部自然数都大的整数——无穷大的整数。要害是：尽管 TNT 的定理能排斥负数、有理数、无理数、复数等等，但没有办法排斥无穷大的整数：连表示“不存在无穷量”这句话的办法都没有。 454

这种说法初听起来会让人觉得很怪。与 G 的哥德尔数形成 TNT 证明对的那个数，（我们称它为“I”，不过这没什么特殊理由）到底有多大？不幸的是，我们没有什么合用的语言能描述无穷大整数的大小，所以我怕是没法表述 I 的量值了。可话又说回来，i——−1 的平方根——到底有多大？它的大小就不能靠我们熟悉的自然数的大小来想象，你不能说：“噢，i 大约和 14 的一半或 24 的 9/10 一样大。”你只好讲：“i 的平方是−1”，而且差不多也就只能讲这些。在这里倒好像用得上亚伯拉罕·林肯的一句话。当有人问他：“人的两条腿该是多长”的时候，他慢条斯理地说：“够着地就行。”这差不多就是回答 I 的大小的办法——I 恰好就是一个指明 G 的证明结构的数那么大——不再大，也不再小了。

当然，TNT 的任何一个定理都有很多不同的推导，所以你大概要怪我对 I 的刻画不唯一。的确是这么回事。不过，这仍然与 i——−1 的平方根——的情形类似。你可以回忆一下，还有一个数的平方也是−1，那就是−i，i 和−i 不是同一个数，它们恰好共同具有某个性质。麻烦仅在于这还恰好就是定义它们的性质!我们只得挑出其中一个——至于是哪个,这无关紧要——把它叫作“i”。其实根本没办法区分开它们,所以,也没准我们在这数百年间一直都说的是那个错的“i”,但这完全是无所谓的。现在,与 i 类似,I 也不是唯一定义的。你只须把 I 看作是很多能与 u 的算术扢摁化产物形成 TNT 证明对的荒唐数中特定的某一个就行了。

超自然定理有无穷长推导

我们还没有直接面对把～G 扔进去作为公理引出的后果。我们说到过,但没有强调。要害在于～G 断言 G 有证明,如果一个系统的公理之一断言它自己的否定有证明,这个系统还能好得了吗?我们现在注定要焦头烂额了!幸好,事情还不那么糟糕。只要我们仅限于构造有穷的证明,就决不会证明 G。所以,G 与～G 之间并不会发生不幸的冲突。超自然数 I 也不会引来灾难。但是,我们
455 现在必须得习惯～G 是断言一个真理(“G 有证明”),而 G 是断言一个假理(“G 没有证明”)这样的想法。在标准数论中正好相反——不过标准数论中没有什么超自然数,要注意,TNT 的超自然定理——即 G——可以讲假理,但全部自然定理讲的仍都是真理。

超自然数的加法和乘法

我要来讲一个有关超自然数的极为稀奇和意外的事实,但不加证明。(我也不知道证明。)这件事会使人想到量子力学中的海森堡测不准原理。它是这样:我们可以用某种简单而又自然的方法对每个超自然数用三个一组的普通整数(包括负整数)来“编号”。这

样，我们原有的那个超自然数 I 就可以有一个编号集(9，－8，3)，而它的后继 I＋1 就可以有一个编号集(9，－8，4)。并不是只有一种方式来给超自然数编号，不同的方法有各自的优点和缺点。根据某些编号方案，给定两个超自然数的编号之后，很容易算出其和的编号三元组。而按另一些编号方案，则很容易算出两个数的积的编号三元组。然而，没有一种编号方案能够方便地既算加法又算乘法。说严格一点，如果和的编号能用递归函数算出，那么积的编号就不是递归函数；反之，如果积的编号是递归函数，和的编号就不是。因此如果超自然的小学生在学会超自然加法之后仍不知道超自然的九九表，那只好原谅他们——而且反过来也一样！你不可能同时都知道。

超自然数是有用的……

我们还可越出超自然数数论的范围，考虑超自然的分数(两个超自然数的比)、超自然的实数，等等。其实，利用超自然实数的概念可以在一个新的立脚点上建立微积分。诸如 dx、dy 等等长期使数学家头疼的无穷小量，如果看成无穷大实数的倒数，就完全是合乎情理的！高等分析的某些定理依靠“非标准分析”能够更直观地证明出来。

……但它们真实吗？

初次接触非标准数论时会被它搞得晕头转向。不过非欧几何也是把人搞得晕头转向的东西。不管是在哪种情形，人们都不禁 456
要问：“这两种对立的理论中哪个正确？哪个讲的是真理呢？”某种

意义上这类问题是无法回答的。(而在另一种意义上——后面要讨论——却可以有答案。)这个问题之所以没有答案,原因在于这两种对立的理论尽管使用相同的术语,却不是在谈相同的概念。所以它们只是表面上对立,正如欧氏几何和非欧几何一样。在几何中,“点”、“线”等字眼都是未定义项,它们的意义是靠用它们写出的公理系统确定的。

对于数论,情形也类似。当我们决定要把 TNT 形式化时,我们预先就选好了当作解释词的那些术语——例如“数”、“加”、“乘”等等。采取形式化这一步骤使我们失去了主动权,无条件地接受这些术语可能有的各式各样的被动意义。但是,我们——像萨彻利一样——对意外的事情毫无准备。我们自以为我们完全知道有关自然数真的、实在的、唯一的理论是什么。我们并未想到会有一些关于自然数的问题是 TNT 解决不了的,因而朝不同的方向扩充 TNT 就能对这些问题随心所欲地回答。这样一来,我们就没有一个基础来谈论数论“事实上”该是这一种还是那一种。就像有个人发誓说－1 的平方根“事实上”存在,或者“事实上”不存在一样。

几何学的分叉现象与物理学家

可以而且大约应该提出这样一种见解来反对前述的内容:假设在现实的物理世界中有一些实验,用某种特定的几何学来解释它们,要比用别的几何学解释省事得多,那我们说这种几何学是“真”的或许就有意义。于是在那些想要使用“正确”几何学的物理学家眼里,区别“真”几何学和其他几何学就有了某种意义。可是,不能把事情看得太简单了。物理学家总要与条件的近似化和理想化打交道。比如第五章谈过的我自己的那篇博士论文，就是以关于磁场中晶体的问题的一个极为理想的情形为出发点的。显露出的数学倒是高度的漂亮和对称。尽管——毋宁说是因为——该模型的人为性，某些基本的物理特征明显地反映在图表上了。这些特征就提示着对更现实的条件下可能发生的这类事情的一些推测。可是，要是没有使我那图表能够产生的那些简化假设，就决不会有如此的见地。可以看到，在物理学中这类事情比比皆是：物理学家用一个"非现实"的情形认识了现实中隐藏很深的一些特性。所以，说物理学家想要使用的几何的某一分支是描述了"真几何"时，要特别谨慎，因为实际上物理学家总要使用种种不同的几何 457
学：在给定的情形下挑选看起来最简单、最方便的那一种。

此外——或许这更能说明问题——物理学家并不只研究我们生活在其中的三维空间。有整个一簇的"抽象空间"，在其中都可以进行物理演算，而这些空间与我们所生活的那个物理空间有完全不同的几何性质。那么谁会说"真几何"就是天王星和海王星在其中绕着太阳转的那个空间所确定的呢？有一种"希尔伯特"空间，量子力学的波函数就在里面晃动；有一种"动量空间"，那里住着傅立叶分量；有一种"互补空间"，其中有波向量跳跃；还有一种"相空间"，其中多粒子构型迅速变幻；等等。绝对没有理由说这些空间的几何学都得一样。实际上，它们不可能一样！因此，对物理学家来说，存在不同的和"对立"的几何学是至关重要的。

数论的分叉现象与银行家

几何说得够多了，数论又怎么样呢？不同的数论之间的相互依存也是至关重要的吗？你要是去问银行职员，我猜他准会惊诧不已而不肯相信。2 加 2 怎么能不等于 4 而等于别的什么东西呢？要是 2 加 2 不得 4，由此导致的令人无法忍受的不确定性不是立刻会使整个世界经济坍台吗？其实，并不是这么回事。首先，非标准数论并不危及 2 加 2 等于 4 这个古老观念，它与普通数论的不同仅在于它讨论无穷概念的方式。毕竟，每个 TNT 定理在 TNT 的任何扩充中都是定理！所以银行家们犯不上为采用非标准数论会引起混乱而感到绝望。

不管怎么说，对旧有事实的改变怀着恐惧心理，这反映了对数学和现实世界之间关系的一种误解。只是在你作出了要采取哪类数学这样一个决定性的选择之后，数学才告诉你有关现实世界的一些问题的答案。即使有一个与标准数论相左的数论，而且它也使用符号“2”“3”和“+”，可其中一条定理却说“2+2=3”，那也没什么理由要银行家选用这种理论！因为它对金融工作不合用。你得使自己的数学适应世界，而不是相反。比如说，我们并不把数论用于云彩组成的系统，因为整数这个概念很难适应那里的情形。一块云彩和另一块云彩跑到一起并不是两块云彩，而仍只是一块。这并不证明 1 加 1 等于 1，它只证明“一”的数论概念就其全部功用而言都不能用来数云彩。

458 ## 数论中的分叉现象与元数学家

总而言之，银行家、数云彩的人、以及其余的绝大多数人，都不必为超自然数的出现而烦恼：它们丝毫不会影响世间的日常观念。实际上可能遇到点麻烦的，只是那些离不开无穷实体本质的人。

我们周围这类人并不很多——不过数理逻辑学家属于这一范畴。数论中有分叉现象怎么就会影响他们呢？因为，数论在逻辑中有两重身份：(1)当把数论公理化时，它是研究对象；(2)非形式地使用数论时，它是研究形式系统的不可少的工具。这又是使用一谈论的区别。这里，(1)是谈论数论，(2)是使用数论。

这样一来，尽管数论不适用于数云彩，但数学家认定它适用于研究形式系统，这就像银行家认定实数算术适用于他们的业务一样。这是在数学之外作出的裁决。这也表明，进行数学研究时的思维过程和其他领域的很多思维过程一样，含有“缠结的层次结构”，其中一个层次可以影响别的层次。层与层之间并没有明显的界限。就像关于“什么是数学”的形式主义观点使人们相信的那样。

形式主义的哲学宣称数学家只讨论抽象的符号，而且可以几乎不关心这些符号有什么现实用处、与现实有什么关系。然而这是一幅很失真的画面。这在元数学中再清楚不过了。如果是靠数的理论本身的帮助去获得有关形式系统的真实知识，那么数学家们就是心照不宣地表明，他们相信这些被叫作“自然数”的飘渺的玩艺其实就是现实世界的组成部分——并不只是想象中的片断。正是由于这个原因，我才在前面的一个括号中说，在某种意义上，对“数论的哪种说法为‘真’”有一个答案。关键在于：数理逻辑学家必须选出数论的一种说法来寄托他们的信念，尤其是他们不能在超自然数的存在与不存在之间保持中立。因为对于元数学中的问题，两个不同的理论可能给出不同的答案。

例如“～G 在 TNT 中有没有有穷推导？”，这个问题实际上没人知道答案。尽管如此，大多数数理逻辑学家还是会毫不犹豫地回答说没有。给出这个答案的直觉基础是下述事实:如果～G 是定理,TNT 就是 ω 不一致的,这样的话,你要是打算给 TNT 一个有意义的解释,你就被迫得吞下超自然数——而这对大多数人来讲是一件极不舒服的事。毕竟,我们发明 TNT 时并没打算或者说并不指望超自然数是它的一部分。也就是说,我们——或者我们中的多数人——都相信有可能造出一个形式化数论,它并不会强迫你相信超自然数完全像自然数一样真实。在押宝的时候,确定数学家们要把自己的信念寄托在数论的哪一条"岔路"上,靠的
459 就是对现实世界的直观。不过这种信念可能是错的。也许人们发明的每一种一致的形式数论都蕴涵着超自然数的存在,也就是都 ω 不一致。这当然是个古怪的想法,但却是可以想得到的。

如果真是这样——我抱有怀疑,但却拿不出否证——则 G 不见得不可判定。其实,也许根本就没有不可判定的 TNT 公式。可能会简单得只有一个不分叉的数论——其中必定包括了超自然数。这并不是数理逻辑学家所期待的事情,可又是不能彻底排斥的事情。一般说来,数理逻辑学家相信 TNT——以及与之类似的系统——是 ω 一致的,从而在任何这样的系统中可以构造出的哥德尔符号串都是该系统内不可判定的。这意味着逻辑学家挑选它或它的否定作为新公理都可以。

希尔伯特第十问题与乌龟

我打算介绍一下哥德尔定理的扩充以结束这一章。(对此戴维斯[Davis]与赫什[Hersh]的文章《希尔伯特第十问题》有更全面的论述,参看文献索引。)为此,我先得定义丢番图方程,即以常量

整数为系数和指数的多项式方程。例如

$$a=0$$

以及

$$5x+13y+1=0$$

以及

$$5p^2+17q^{17}-177=0$$

以及

$$a^{(123,666,111,666)}+b^{(123,666,111,666)}-c^{(123,666,111,666)}=0$$

都是丢番图方程。一般说来，要知道一个给定的丢番图方程有没有整数解是一件很难的事情。事实上，希尔伯特在本世纪初的一次讲演中，就要求数学家寻找能在有穷步内确定一个给出的丢番图方程有无整数解的一般性算法。他居然丝毫不怀疑可能没有这种算法存在！

现在可以把对 G 的讨论简单化了。已经证明，只要你有一个 460
足够强有力的形式数论以及它的一个哥德尔配数法，那就有一个丢番图方程等价于 G。这种等价性依赖于下述事实：当我们在一个元数学的层次上作解释时，该方程断言它自己无解。反过来说就是：如果你找到了一个解，那就可以从这个解构造出该系统内的一个关于此方程无解的证明的哥德尔数！这就是乌龟在《前奏曲》中用费马方程作为他的丢番图方程所做的事情。我们高兴地得知，一旦做到了这一点，就能从空气分子中找回老巴赫演奏出的声音！

461

生日大合唱哇哇哇乌阿乌阿乌阿……

五月里的一个晴朗日子，乌龟遇见了阿基里斯，两人便一起漫步在树林里。阿基里斯穿得漂漂亮亮，摇头晃脑地哼着一段曲子，别在他衬衣上的一枚硕大的徽章上写着："今天是我生日！"

乌龟：你好啊，阿基，什么事让你这么高兴？是不是赶上你生日了？

阿基里斯：对，对！是的，今天是我的生日！

乌龟：我猜也是。你那徽章上写着呢。而且，要是我没听错的话，你唱的是巴赫的《生日大合唱》。那是他 1727 年为萨克森国王奥古斯都五十七岁生日而写的。

阿基里斯：你说的对。奥古斯都的生日和我一样，所以这首《生日大合唱》就有双重意义。不过我不想告诉你我的年龄。

乌龟：喔，这完全在你。可我想知道另外一件事，从你已经告诉我的这些情况里，就能得出结论说今天是你的生日，对吗？

阿基里斯：对，对！完全正确。今天是我的生日。

乌龟：好极了。这正和我猜的一样。我将要推定今天是你的生日，除非——

阿基里斯：——除非什么？

乌龟：除非那是一个轻率仓促给出的推断。我们乌龟毕竟不喜欢跳跃推理（我们压根就不喜欢跳，尤其不喜欢跳跃推理。）我深知你也喜欢逻辑思维，那么请问，根据前面那些话，从逻辑上演绎出今天是你的生日，合理不合理？

阿基里斯：我相信我已经看出你提问题的规律了，龟兄。但我这回不跳着推理了，我要按字面意思对待你的问题，直截了当地回答你：是。

乌龟：好！好！那就只有一件事了，我需要知道它以便完全确定今天是——

阿基里斯：对，对，对，对……我明白你要问些什么，龟兄。我得让你知道，我已不像不久前讨论欧几里得证明时那么容易上当了。

乌龟：哪儿的话呀，谁说过你容易上当啦？正相反，我倒认为你是逻辑思维方面的专家、演绎科学的权威、正确推理方法的泰斗……说真的，阿基，依我看，你是推理艺术的巨匠。正因 462
为如此，我要问你："前面那些话是否提供了足够的证据，使我不用再费脑筋就能推出今天是你的生日？"

阿基里斯：你对我真是过重了，龟兄，噢，我是说——过奖了！不过我注意到了你在翻来覆去地提类似的问题——要我说，你（就跟我一样）每次都能回答"是"。

乌龟：我当然能，阿基。可要是那样做就得靠运气了，而我们乌龟——不像那些瞎猫——讨厌撞见死耗子这种事，乌龟只肯作合理猜测。啊，是的——合理猜测的威力。你想象不出有多少人在作猜测的时候，没有把全部的相关因素都考虑进去。

阿基里斯：依我看，我觉得这一大堆废话里只有一个相关因素，那就是我的头一句话。

乌龟：嗯，的确，我承认它至少是一个该考虑的因素——不过，你不会要我无视逻辑吧？那可是一门受人尊敬学问，作合理猜测时,逻辑永远是一个相关因素。现在,既然有一位著名的逻辑学家和我在一起,我在思考时就只按符合逻辑的方式借助刚才那个因素,并且要通过直接问你我的直觉是否正确来证实我的预感。因此,我最后还是得直截了当地问问你:"上面那些话是否可以让我丝毫不差地推出今天是你的生日?"

阿基里斯:我再说一遍:是。不过坦率地说,我明确地感到你自己已经可以给出答案了,就像前面几次一样。

乌龟:你也太刻薄了!我倒真想能如你所说的那么聪明呢!可我只不过是只普普通通、极为无知的乌龟,渴望考虑到全部的相关因素,所以我需要所有这些问题的答案。

阿基里斯:那好,我就来一劳永逸地解决这个问题。你先前所提的全部问题,以及你今后按这种方式将提出的全部问题,答案都一样,那就是:是。

乌龟:好极了!一网打尽。你用自己独创的方法,避免了所有麻烦。我把这个巧妙的发明叫作答案模式,你不会见怪吧?答案模式把第一个"是"答案、第二个"是"答案、第三个"是"答案等等,统统缠在一起。事实上,当它缠下去一直缠到头时,它该有个名称:"ω答案模式","ω"是最末一个希腊字母——我不必给你讲这个了吧?

阿基里斯:我不在乎你叫它什么。现在我总算轻松了,你终于承认了今天是我的生日。现在我们可以谈点别的了——比如说,你打算送我什么礼物?

乌龟:等会儿——别这么急。我会承认今天是你的生日,只是要有一个条件。

阿基里斯：什么条件？是我不要礼物吗？

乌龟：不是不是。阿基，我其实正打算招待你一顿丰盛的生日晚餐——只要你让我确信，一下子给出全部那些“是”答案（由 ω 答案模式给出的），我就能不绕弯子而直接推出今天是你的生日。是这么回事吧？ 463

阿基里斯：对，就是这么回事。

乌龟：好，那我现在就有第 ω+1 个“是”答案了。有了它以后，我就可以进一步来试着接受今天是你生日这个假设——如果上面那种做法有效的话。你是不是能在这件事上给我当当顾问，阿基？

阿基里斯：都是些什么呀？我以为我现在看穿了你的那个无穷把戏。你不是不满足于第 ω+1 个“是”答案吗？那好，我就不光给你第 ω+2 个“是”答案，而且还给你第 ω+3 个，第 ω+4 个，一直给下去。

乌龟：你真大方，阿基。今天是你的生日，该我送你礼物而不是反过来让你送我。直说了吧，我怀疑今天是不是你的生日。现在，有了这个新的答案模式（我要叫它 2ω 答案模式），我想我可以推出今天是你的生日了。不过请你告诉我，阿基，2ω 答案模式确实能使我完成这一飞跃吗？我是不是又漏掉了什么东西？

阿基里斯：你用不着再来套我。我已经有办法结束这场无聊的游戏了。我给你一个结束全部答案模式的答案模式！也就是说，我同时给你一系列答案模式：ω，2ω，3ω，4ω，5ω，一直下去。用这个元答案模式，我跳出整个系统，一了百了，超越了你自以为套住了我的这个无聊游戏——现在完事大吉了!

乌龟:嗬!阿基,我很荣幸能接受这样一个强有力的答案模式。我觉得它一定是很少见的,人的头脑竟能发明出如此庞大的东西,我看着都害怕。我来为你这一馈赠起个名字吧,你看如何?

阿基里斯:随你便。

乌龟:那我就叫它“ω^2答案模式”。我们马上就可以干别的了——不过你要告诉我,有了ω^2答案模式,我是否就能推导出今天是你的生日?

阿基里斯:唉,真倒霉!这一连串恼人的问题还有没有个完?下一个该什么啦?

乌龟:哦,ω^2答案模式之后,还有第ω^2+1个答案。然后还有第ω^2+2个,一直下去。不过你又可以把它们全打成一捆,作为$\omega^2+\omega$答案模式,然后就会有其他的捆,诸如$\omega^2+2\omega$、ω^2+
464 3ω、……。最后,能到达$2\omega^2$答案模式,这后面,又有$3\omega^2$答案模式和$4\omega^2$答案模式。它们后面,还有更进一步的答案模式,诸如ω^3、ω^4、ω^5等等。就是这么进行下去,颇有些共同风格呢。

阿基里斯:我能想象了。我看,过一会就该到ω^3答案模式了。

乌龟:那当然。

阿基里斯:然后是ω^{ω^ω}和$\omega^{\omega^{\omega^\omega}}$,对吗?

乌龟:你领会的快极了,阿基。要是你不介意,我想提个建议:你干嘛不把这些答案模式全都塞进单独一个答案模式里去呢?

阿基里斯:好吧,我真怀疑这样做能有什么结果。

乌龟:依我看,我们至今所提出的命名惯例显然都不适于给它命名。我们随便起个名字。叫它 ε_0 答案模式吧。

阿基里斯：真讨厌！每次都给我的答案起个名字。我本希望这个答案能使你满意，可这么一来我的希望立刻又落空了。我们刚才干嘛不留着这个答案模式不起名字呢？

乌龟：哪有那么容易！不起名字就没法称呼它了。此外，这个特别的答案模式是有点不可避免的，而且还相当漂亮，要是连名字都没有就太不雅观了！你过生日时总不想做些什么观之不雅的事情，对吗？或者，今天不是你的生日吧？要说生日，今天该是我的生日！

阿基里斯：什么？今天是你的生日？

乌龟：对，没错。不过说老实话，今天是我叔叔的生日，但那差不多是一回事。今天晚上你打算怎么请我吃美味可口的生日晚餐啊？

阿基里斯：得了吧，老龟！今天是我的生日，该你作东！

乌龟：啊，可你一直没说服我相信你这个说法是真的。你热衷于用那些答案、答案模式等等东拉西扯，可我想知道的是：今天是不是你的生日。你整个把我搞晕了。唉，太不幸了。不过，无论如何，你今晚要是请我吃一顿生日晚餐，我将十分高兴。

阿基里斯：那好吧，我正好知道一个地方，那里有各种各样可口的汤，而我也恰好知道我们该吃哪一种……

465

第十五章　跳出系统

一个更强有力的形式系统

如果有一个善于思考的人来批评哥德尔的证明，那么他可能采取的一项行动就是检查该证明的一般性。比方说，这样的一位批评者有可能怀疑哥德尔只是机智地抓住了一个有利条件：在 TNT 这个具体的形式系统中隐藏有某种缺陷。如果真是这样，那或许就能搞出一个比 TNT 高明的形式系统，其中不再会有什么东西落入哥德尔的圈套，从而就能使哥德尔定理大减其色。在这一章里，我们就要仔细审查 TNT 的一些性质，它们使 TNT 在上一章的那些讨论面前显得是个极其脆弱的系统。

一个很自然的想法是：如果 TNT 的根本麻烦在于它有一个"漏洞"——换句话说，是有一个不可判定的句子，也就是 G——那何不直接把这个漏洞补上呢？何不将 G 添加到 TNT 中作为第六条公理呢？当然，与其他公理相比，G 是个庞然大物，于是所得到的系统——TNT+G——也就因其各公理之间的不协调而显得颇为滑稽。但不管怎么说，添加 G 仍不失为一条合理的建议。我们就这样做做看，希望新的系统真是个高明的系统——它不但没有超自然的东西，而且还是完全的。自然，至少在这样一个方面

TNT＋G 要比 TNT 强：符号串 G 在新系统内不再是不可判定的了，因为它是定理。

TNT 的弱点何在？本质上就在于它能表示自指陈述——具体说，就是陈述

“我在形式系统 TNT 中不可证”。

或者，说详细一点：

“没有一个自然数与本符号串的哥德尔数形成 TNT 证明对。”

有没有什么理由可以期待 TNT＋G 不再会受到哥德尔证明的打击呢？实在没有。我们的新系统和 TNT 具有同样的表示能力。而由于哥德尔的证明主要是依赖于形式系统的表示能力，所以要是看到新系统也俯首就范，那也不值得大惊小怪。技巧在于 466
找一个表示下面这个陈述的符号串：

“我在形式系统 TNT＋G 中不可证”

其实，这里没有多少技巧，只要你已弄清对 TNT 是怎么做的就行了。所用的都是同样的原理，只是上下文稍有改变而已。（打个比方来说，就像我们把一支熟悉的曲子重唱一遍，但音调高了八度。）和前面一样，我们要找的符号串——就称之为“G′”吧——是由一个“服”号串做中介而构造出来的。不过不再是以表示 TNT 证明对的那个公式为基础，而是建立在与之类似但稍微复杂的 TNT＋G 证明对概念之上。TNT＋G 证明对概念只是先前的 TNT 证明对概念的一个轻微的扩充。

可以想象，WJU 系统也能做类似的扩充。我们已经知道 WJU 证明对的纯朴形式。现在，如果把 WU 加进去作第二条公

理,我们就要讨论一个新系统——WJU＋WU 系统。扩充后的系统的一个推导是:

WU	公理
WUU	规则 2

存在一个与之对应的 WJU＋WU 证明对——即 m＝30300,n＝300。当然,这个数对并不形成 WJU 证明对——它是 WJU＋WU 证明对。加入额外的公理并没有从本质上使证明对的算术性质变复杂。有关证明对的那个意义深远的事实——“是证明对”是原始递归的——依然保持不变。

再用哥德尔方法

现在回过头来看 TNT＋G,我们会发现类似的情形。TNT＋G 证明对与其前身一样,是原始递归的,从而可以在 TNT＋G 内用一个公式来体现,我们用一种显而易见的方式把它缩写成

(TNT＋G)－PROOF－PAIR {a,a′}

此后,只需把每件事都重做一遍。我们制造新版的 G 时仍从一个“服”号串出发,同过去一样:

～∃ a:∃ a′:＜(TNT＋G)－PROOF－PAIR{a,a′}∧ARITHMOQUINE {a″,a′}＞

称它的哥德尔数为 u′。于是我们就来扤摁这个“服”号串,得到 G′:

$$\sim\exists\ a:\exists\ a':\langle(\text{TNT}+\text{G})-\text{PROOF}-\text{PAIR}\ \{a,a'\}\wedge \text{ARITHMOQUINE}\{\underbrace{\text{SSS}\cdots\cdots\text{SSS0}}_{u'\text{个 S}}/a'',a'\}\rangle$$

其解释为 467

“不存在一个数 a 能与 u′的算术抠摁化形成（TNT＋G）证明对”。

说简洁一点，就是

“我在形式系统 TNT＋G 中不可证”。

多重分叉现象

哎（打哈欠），这以后的细节就是很乏味的了。G′对于 TNT＋G 就像 G 对原来的 TNT 一样。可以看出，无论是 G′还是～G′，都可以加进 TNT＋G，从而导致数论的进一步分裂。而且，你别以为这种事只会对“好伙伴”发生，这种偷偷摸摸的手段也能用于 TNT＋～G——即添加～G 而得到的 TNT 的非标准扩充。于是我们看到（图 75）数论中有着多层次的分叉现象：

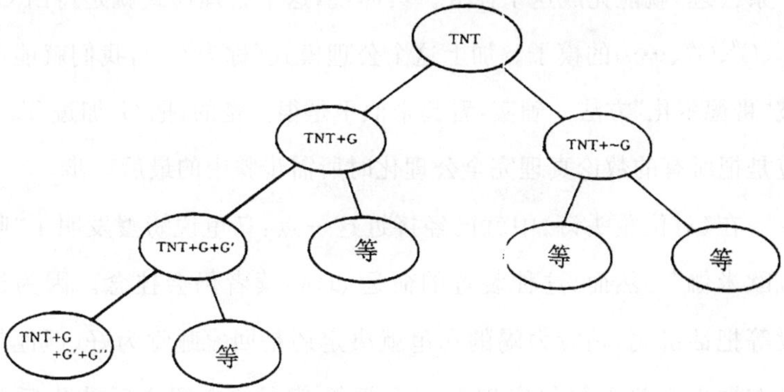

图 75　TNT 的“多重分叉现象”。TNT 的每个扩充都有它自己的哥德尔句子，可以把这个句子或其否定添加进去，使得从 TNT 的每个扩充都生出一对进一步的扩充。这是一个直到无穷的过程。

当然,这个图还只是开始部分。我们来设想,沿着这棵倒长的树的最左边的枝走下去,每次都是把相应的哥德尔句子(而不是其否定)塞进去。这是摆脱超自然数的最好办法。加进 G 之后再加 G',然后加 G'',然后 G''',等等,每做一次,我们就得到 TNT 的一个新的扩充。由于它会遭到乌龟方法——哦,请原谅,我指的是哥德尔方法——的打击,于是就会产生出一个新的符号串,其解释为

“我在形式系统 X 中不可证”。

468 自然,过上一会,这整个的过程就变成按步就班的例行公事了。真是,所有的“漏洞”都是用同一种技巧造出来的!这意味着,把它们视为印符对象时,它们全都是从一个模子铸出来的,而这又意味着用一条公理模式就足以把它们全体现出来!如果真是这样,何不一下子把全部的漏洞都堵死呢?何不一劳永逸地解除这种不完全性的麻烦呢?在 TNT 中添加一条模式,而不是每次加一条公理,就能完成这个任务。具体说,这个公理模式就是铸出 G、G'、G''、G'''、……的模子。加上这个公理模式(称为 G_ω),我们就能击破“哥德尔化”方法。确实,看起来似乎是很清楚的,把 G_ω加进 TNT 应是把所有的数论真理完全公理化时所需步骤中的最后一步。

在《对位藏头诗》中就已经接近这一点:乌龟说螃蟹发明了“唱机欧米伽”。然而,这种装置的命运如何,读者仍会挂念。因为还没等把话讲完,精疲力竭的乌龟就决定还是回家睡觉为好(但他却是在抛出有关哥德尔定理的一个闪烁其词的介绍之后才去睡觉的)。现在,我们终于能有空搞清这些悬而未决的细节了……。读了《生日大合唱哇哇哇乌阿乌阿乌阿……》,读者也许已经受到了一点启发。

本质不完全性

你可能已经猜到了，即使是这么个有关 TNT 的异乎寻常的进展，也要遭到同样的厄运。而且，它之所以在劫难逃，从本质上讲，仍是由于同一原因。这个公理模式并不足够强，因而仍能实施哥德尔的构造过程。我们来详细说说。(事实上应比我在这里说的严格得多。)如果有一种方法能从一个印符模子铸出各符号串 G、G′、G″、G‴、……，那也就会有一种方法能从一个算术模子描述其相应的哥德尔数。而且，对一个无穷数类的这种算术刻画可以在 TNT+G_ω内用一个公式“OMEGA－AXIOM{a}”来体现，该公式的解释是“a 是出自 G_ω的一条公理的哥德尔数”。当把 a 换成一个具体数字时，所得到的公式是 TNT+G_ω的定理，当且仅当此数字表示了出自该模式的一条公理的哥德尔数。

借助这个新公式，就可以在 TNT+G_ω内部体现诸如“TNT+G_ω证明对”这类更为复杂的概念：

(TNT+G_ω)－PROOF－PAIR{a,a′}

有了这个公式，我们就可以构造一个新的“服”号串并用现在已彻底搞熟的方法来算术抳摁它，从而再得到一个不可判定的符号串，称之为“TNT+$G_{\omega+1}$”。此刻你可能会奇怪：“$G_{\omega+1}$为什么不会是公理模式 G_ω生成的一条公理呢?”答案是：G_ω还没聪明到能预见它自己可以嵌入到数论内部去。

在《对位藏头诗》中，乌龟制造“不能播放的唱片”时所采取的一个关键步骤，是搞到他预谋破坏的那台唱机的一份设计图。这是为了搞清哪种震颤能击中它的弱点，然后再把这种震颤录进他 469

的唱片，使音槽记有能导致这种震颤的声音。这与哥德尔的手段极为相似。按照哥德尔的手段，一个系统本身的一些性质在证明对概念之内得到了反映，然后再针对它来使用这些性质。任何一个系统，不管多复杂，多不好把握，都能进行哥德尔配数，因而就能定义证明对的概念——以子之矛，攻子之盾。只要一个系统是良定义的，即"理顺了"，它就变得脆弱了。

对于 0，1 之间的每个良定义的实数列，都能利用康托尔对角线手段找到一个遗漏的实数，这种对角线手段可以贴切地说明上面的原则。正是"明晰地排列"这一举动——实数们"梳理详毕"——导致了垮台。我们来看看康托尔对角线手段怎么就能一遍又一遍地反复使用。从某个数列 L 出发，做下面的事情，看看会怎么样：

(1a) 对数列 L，构造出它的对角线数 d。

(1b) 找个位置把 d 插进数列 L，得到新的数列 L+d。

(2a) 对数列 L+d，构造它的对角线数 d′。

(2b) 找个位置把 d′插进数列 L+d，得到新的数列 L+d+d′。

看来，这种逐步的过程是弥补 L 的笨办法，因为在当初给定 L 之后，我们可以一下子作出全部的 d、d′、d″、d‴、……。可是，你要是以为作出这个数列就能补全你的实数列，那就错了。当你问："把这个对角线数列并到 L 内的什么地方？"这时候麻烦就出来了。无论你设计出何等聪明的方案在 L 内安放这些对角线数，一旦你做好了，得到的新数列就仍有弱点。如上所说，正是"明晰地排列"这一举动——实数们"梳理完毕"——导致了垮台。

对形式系统的来说，正是给出一个明确的处方这一举动——

原以为它刻画了数论真理——导致了不完全性。这就是 TNT+G_ω 的症结所在。一旦你把全部的 G 都以一种界说良好的方法加入 TNT，那就会看到还有其他的 G——某个没预见到的 G——是你的公理模式捕捉不到的。而在《对位藏头诗》中的龟蟹之战里，一旦确定了唱机的"体系结构"，这台唱机可能就没指望了。

怎么办呢？这是看不到尽头的。即便是扩充无穷多次，TNT 也不能完全。所以说，TNT 患的是本质不完全症，因为不完全性 470
是 TNT 的基本组成部分，是 TNT 本性的一个基本成分，不管你使用笨拙的方法还是灵巧的方法，都无法根除。而且，这个问题会纠缠住数论的任何一种形式化版本，无论是 TNT 的扩充，还是 TNT 的修正，抑或能代替 TNT 的其他什么系统，都是一样。事实情况是：在一个给定的系统中，是否可能利用哥德尔的自指方法构造一个不可判定的符号串，依赖于三个基本条件：

(1) 该系统要足够丰富，以便全部所需要的有关数的陈述，无论真假，都能在其中表示。（做不到这一点，就意味着形式系统从一开始就弱得不能与 TNT 匹配，因为它连 TNT 能表示的那些数论概念都表示不了。借用《对位藏头诗》来比喻，就好像我们根本没有唱机，倒有个冰箱或其他种类的什么东西。）

(2) 所有的一般递归关系都能用该系统中的公式体现。（做不到这一点，就意味着该系统不能用定理来把握一般递归的真理。这种系统要试图去产生数论的全部真理，那只能看作是肚皮挨拍的跳水——倒是挺感人。用《对位藏头诗》来比喻，就好像虽然有一台唱机，但其保真度很低。）

(3) 公理以及根据该系统的规则所确定的印符模式，都能通过某个有终止的过程来辩认。（做不到这一点，就意味着无法区分该系统中的有效推导和无效推导——因而该“形式系统”根本就不是形式化的，更谈不上良定义的了。用《对位藏头诗》来比喻，这只不过是一台仍在制图板上，只设计了一部分的唱机。）

满足了这三个条件，就保证每个一致的系统都不完全，因为哥德尔的构造能得以实施。

引人入胜的事情是，任何这样的系统都在自身挖了洞：系统本身的丰富性使它自己垮了台。由于该系统强得能有自指句子，这种垮台现象就不可避免。在物理学中，像铀这类的裂变物质有“临界质量”这样的概念。一块固态物质，如果其质量小于临界质量，它就待在那里平安无事，可一旦超过临界质量，这块东西就会经历链式反应，发生爆炸。我们的形式系统好像也有一个类似的临界点。在临界点之下，系统“无害”，但距形式地定义算术真理却相去甚远；一旦超过临界点，它就立即获得自指能力，从而也就注定它自己不完全。那么，什么时候一个系统会具有上面三个性质？界
471 限是模糊的。只要获得了这种自指能力，该系统就有了一个为其自身所特制的漏洞。这个漏洞注意到该系统的特征，并针对该系统来利用这些特征。

卢卡斯式的非难

哥德尔的论证的这种扰乱神智的可重复性，已经成为很多

人——尤其是卢卡斯——的作战武器，想以此来说明人类智能具有某种难以捉摸、不可言状的特点。因此“机械自动机”——也就是计算机——无法达到人类智能。卢卡斯的文章《心智、机器与哥德尔》是这样开头的：

> “依我看，哥德尔定理证明了机械论是错的，也就是说，心智不能解释为机器。”①

接下来，他作了一番论证，意思是说，要认为一台计算机具有和人一样的智能，它就得能够完成人所能做的每一项智能工作。现在卢卡斯宣称没有一部计算机能做人所能做的那种“哥德尔化过程”（这是他开玩笑用的一个不正规的术语）。为什么呢？好，随便考察一个具体的形式化系统，比方说 TNT 或者 TNT+G，甚至也可以是 TNT+G_{ω}。我们可以轻松地写出有条理地生成该系统定理的计算机程序，而且，按这种方式最终能把事先选定的任何一条定理都打印出来。也就是说，这个生成定理的程序不会跳过定理“空间”的任何一块地盘。这样的程序由两个主要部分组成：(1)给定某些公理模式的“模子”（如果有这种东西的话）的情况下，可以公理标出来的一个子程序；(2)利用已知的定理（当然包括公理在内）和推理规则生成新定理的子程序。主程序就是让两个子程序交替运行。

我们可以用拟人化的语言，说该程序“知道”某些数论事实——也就是说，它知道它打印出来的那些事实。如果有一个真的数论事实打印不出来，那它自然就不“知道”这一事实。因此，要是能说明人确实知道程序不能知道的某些事情，那计算机程序与人相比就等而次之了。这就是卢卡斯的出发点。他说，对任何一个强如 TNT 的系统——因而究竟是哪个系统是不重要的——我们人类总能实施哥德尔手段，所以我们总比它知道得多。这样听起来好像只是一场有关形式系统的争辩，不过稍加修改之后，似乎就变成反驳人工智能终会重现人类水平的智能的一个战无不胜的论证了。其要点是：

刻板的内部编码完全控制了计算机和机器人，于是……

计算机同构于形式系统，那么……任何一台想要和我们一样聪明的计算机就必须能对数论做我们能做的事，所以……

472 除其他事情之外，它必须能完成原始递归算术，而正因为如此……

它就很容易上哥德尔的“钓钩”，这就意味着……

由于我们的人类智能，我们能编造出一个数论语句，它是真的，但计算机对该语句的真实性却视而不见(也就是说，永远打印不出来)，其原因恰恰在于哥德尔那种“自食恶果”的论证。

这意味着有那么一件事是必定不能给计算机编上程序来做的，而我们却能做。所以我们要更聪明一些。

让我们和卢卡斯一道来享受一会人类至上论的荣耀吧：

> 无论我们构造出多么复杂的机器，只要它是机器，就都对应于一个形式系统。接着就能找到一个在该系统内不可证的公式而使之受到哥德尔过程的打击。机器不能保持着真理性地把这个公式产生出来，尽管人类心智会看出它是真的。因而

这部机器仍然不是心智的一个够格的模型。我们总是力图制造心智的一种模型，它是机械的——从本质上讲是“死”的——而心智事实上是“活”的，它总能比任何形式的、僵死的系统干得好些。幸亏哥德尔定理，永远是心智说最后一句话。[②]

乍一看——而且就是仔细分析一遍大概也一样——卢卡斯的论证似乎无可辩驳。这引起了某种两极分化的反应。某些人就把它当成灵魂存在性的一个近乎宗教式的证明，而另一些人则嘲笑说它不值一评。我认为它不对，但却又十分迷人，所以——而且十分——值得花点时间去驳斥它。事实上，它也是推动我思考本书内容的早期动力之一。我打算在本章中用一种方法反驳它，而在第十七章中再用另一种方法来反驳。

我们必须设法更深刻地理解卢卡斯为什么会说不可能编出程序来使计算机“知道”得和我们一样多。从根本上讲，其思想就在于我们总是处于系统之外，从外面我们总能实施“哥德尔化”运算，以得到程序无法从内部看到的某种真的东西。可是，为什么不能把“哥德尔化算子”（按卢卡斯的叫法）作为第三个主要成分编到程序中去呢？卢卡斯解释说：

用以构造哥德尔公式的那个过程是个标准过程——因而就能确保对每个形式系统都能构造出一个哥德尔公式。可既然它是个标准过程，那也就能编出程序使一台机器能实施之……。而这又对应着存在一个具有一条附加推理规则的系统，使我们能把原系统的哥德尔公式作为一条定理加进去，然后又把这个新的、强化了的形式系统的哥德尔公

> 式加进去，如此下去。这相当于在原先的形式系统中加进一个无穷的公理序列，即加进逐次得到的每个系统的哥德尔公式……。我们或许会期望，有一个心智在面对着这台拥有哥
> 473 德尔化算子的机器时，把这一点也考虑到了，然后对新的机器、哥德尔化算子、以及一切的一切再来个哥德尔化。事实上，已经证明的确如此。即使我们把由各个哥德尔公式所组成的那个无穷公理集加进该系统，所得到的系统仍是不完全的，仍会含有一个在该系统内不可证的公式，而一个有理性的人站在该系统之外时却能看出它是真的。我们已经料到这一点，因为即使加进一个无穷的公理集，它们也得靠某种有穷的规则或规格来指明，而这种进一步的规则或规格也会被心智在考察扩大了的形式系统时考虑进去。在某种意义上，恰是由于心智说最后一句话，所以它总能从任何一个被当作它自己工作的模型的形式系统中挖出一个洞。从某种角度看，机械模型必定是有穷的、确定的，所以人的心智总能做得更好。[3]

跳高一维

艾舍尔提供的一个形象画面对于支持这里的直观极有用处：那就是他的作品《龙》（图 76）。这幅画最突出的特点——自然也是它的主题——是一条咬着自己尾巴的龙。这里具有全部的哥德尔内涵。不过，这幅画还有更深一层的主题，艾舍尔本人曾写了下述很有意思的注释。第一条注释说的是他的一组素描，它们全与“平面和空间的冲突”有关，第二条注释是专门讲龙的。

Ⅰ.我们所在的三维空间是我们所知道的唯一的现实世界,二维空间就像四维空间一样完全是虚构的,因为没有什么东西是平的,哪怕是磨得最光的镜子。不过,我们仍然认为一堵墙或一张纸是平面,而且——说起来也怪——就像人们自古以来所做的那样,我们仍将继续由于这种像墙和纸那样的平的表面而对空间产生错觉。画上几条线,然后宣布:“这是房子。”这的确有点荒谬。这种奇特的情形就是下面五幅画(包括《龙》在内)的主题。④

Ⅱ.不管这条龙多么想变成空间的形象,它仍然是呆在平面上。印着龙的这张纸上有两处切口,它们折起来露出了两个方孔。可这条龙是个顽强的家伙,它不顾自己的二维性,坚持认为它具有三维性,于是把头伸出其中一个孔,把尾巴伸出另外一个孔。⑤

这第二条注释很能说明问题。其要点是,不管你多么聪明地 474
想在二维中模拟三维,总要遗漏某些“三维的本质”。这条龙极力想挣脱他的二维性,无视自己画在其上的那张纸是二维的,把头伸了出来。然而自始至终,我们站在画外却可以看到这完全是可悲而徒劳的。因为,龙也好,孔也好,折起来也好,统统不过是这些概念在二维空间中的模拟,没有一个是真的。然而龙却走不出它的二维空间,因而不能像我们一样知道这一点。事实上,我们还可以把艾舍尔的画里所表述的想法无限地做下去。例如,我们可以把它从书上撕下,叠起来,在上面剪个洞,再从洞里把它掏过来,为把这团东西变成二维的,我们再给它照相。对照片,我们还可以施用

图 76 龙,艾舍尔作(木刻,1952)

同样的手法。每一次,只要是最后又变到二维的——不论我们以为已经多么巧妙地在二维空间中模拟了三维空间——它就又得遭到切开,再叠起的厄运。

475 现在,借用艾舍尔的这个极好的隐喻,我们回过头来看看程序与人的对垒。我们谈过打算把“哥德尔算子”装进程序自身的事情。那好,即使我们已经写出了一个执行这一运算的程序,这个程序仍然抓不住哥德尔方法的实质。因为再一次地,我们在系统外面还能用它自己做不到的办法来“将死”它。可是,这样一来,我们还是在与卢卡斯辩论吗?还是在反对他吗?

智能系统的限度

是在反对。正是由于我们无法写出执行“哥德尔化”的程序这样一个事实,才使我们多少有点怀疑我们自己是不是真能在一切情形下都能运用哥德尔手法。抽象地论证“能做”哥德尔化是一回事,具体搞清在每种情形下究竟该如何做又是一回事。事实上,随着形式系统(或程序)的复杂性逐步升级,我们自己做哥德尔化的能力最终也会开始动摇。因为,如我们前面说过的,毕竟没有任何算法手段能描述如何去施行它。如果我们没有办法明确地说出在所有的情形下使用哥德尔方法会遇到些什么,那么对我们每个人来讲,最后都会碰到复杂得简直无法搞清该如何下手的情形。

自然,人的能力的这种分界线总有些说不清楚,就像一个人到底能从地上提起多重的东西这个界限一样。某一天你可能提不起250斤的东西,可另一天可能又提得起。不过不管怎么说,总不会有一天你能提起250吨重的东西。按照这样一种意义,尽管每个人哥德尔化的界限是模糊的,但对任何一个人,都存在一个系统是大大超出他的哥德尔化能力的。

在《生日大合唱哇乌阿乌阿……》中直观地说明过这种想法。一开始,看上去很明显,乌龟想要纠缠阿基里斯多久就能纠缠多久。而后来阿基里斯则试图一举概括全部答案。这是和前面做出的任何反应都截然不同的一招,从而得到一个新名字"ω"。这个名字的新颖性十分重要。它是不得不超出老的命名方案——那只包括了全体自然数的名字——的第一个例子。此后就得到某些进一步的扩充,其中一些扩充的名字颇为清楚,而另一些则相当玄妙。不过,我们最终再一次用光了名字,这时我们把这些答案模式

$$\omega、\omega^{\omega}、\omega^{\omega^{\omega}}$$

全部集结为一个复杂得难以想象的答案模式。给它起个全新的名字,叫"$\in_0$"。之所以需要一个新名字,是因为采取了一类全新的步骤——遇到了某种不规则性。所以必须要提出一个特定的新名字。

不存在给序数命名的递归规则 476

现在,你可能会冒出一个想法:在从序数到序数(我们用"序

数”指称那些无穷量的名字)这一进程中,那些不规则性可以由一个计算机程序来处理。也就是说,可以有一个程序按某种规则的方法来产生新的名字,而在它力不从心的时候,则乞灵于能提供新名字的“非规则性处理器”,然后再回到那个简单程序上。但这样还是不行。结果会是:这些不规则性本身也是按一种不规则的方式发生的。所以我们还得有一个二阶程序——也就是说,要有一个生产那些制造新名字的程序的程序。即使如此,也仍然不够,最终还得要一个三阶程序。如此下去,再如此下去。

这种也许看上去颇为荒唐的复杂性,完全出自阿朗佐·丘奇和斯蒂芬·克利尼关于这些“无穷序数”的结构的一条深刻的定理:

> 不存在能给每个构造性序数命名的递归相关的标号系统。

什么是“递归相关的标号系统”,什么是“构造性序数”,我们只得留待技术性更强的资料——如哈特利·罗杰斯的著作——去解释。不过,直观的想法已经给出了。随着序数越来越大,就有不规则性和不规则性中的不规则性,以及不规则性中的不规则性中的不规则性,等等。任何一个方案,无论它多复杂,都不能给所有的这种序数命名。由此可知,没有一个算法型的方法能说清如何对所有种类的形式系统使用哥德尔方法。除非我们固执得不可理喻,我们只能承认任何一个人都必将在某一点上达到他自己作哥德尔化能力的极限。超过这一点之后,具有这种复杂性的形式系统尽管由于哥德尔的理由是不完全的,但却会和人一样强有力。

对卢卡斯的其他反驳

这不过是反驳卢卡斯立场的一种方法。还有一些方法可能更为有力，我们后面将会谈到。不过，这里的这个驳论特别会使人感兴趣，因为它提出了试图创造一个能够走出自身、完全从外部观察自己、并对自己使用哥德尔手段的计算机程序的想法。当然，这就像一台唱机能播放会导致自己崩溃的唱片一样，是不可能的。

不过，不应该因为这个理由而认为 TNT 有缺陷。如果什么地方出了毛病，也一定不是在 TNT 内，而是由于我们对它所能做的事情期望过高。此外，认清下面这一点是有好处的：我们同样很容易受到被哥德尔移植到数学形式主义中的文字圈套的打击：那就是说谎者悖论。这一点由怀特利巧妙地指了出来。他提出了一个句子："卢卡斯不能前后一致地断定本句子。"如果你想一下这句 477
话，那就会看出：(1)它是真的，以及(2)卢卡斯不能前后一致地断定它。所以，对于世界上的真理而言，卢卡斯也是不完全的。他大脑组织中反映世界的方法使他不能既是前后一致的，同时又能断定那个真句子。不过卢卡斯也并不比我们中的任何一个人更脆弱。他和一个老练的形式系统是一个数量级的。

搞清卢卡斯论证中的错误的一个有趣方法，是把它翻译成男人和女人之间的一场较量……。从前有那么一天，思想家卢克思在游历的途中，碰见了一个不认识的东西——一个女人。这样的东西他以前从未见过。由于她与自己很相似，他感到非常激动，而此时这种相似性也使她有点恐慌。他冲着周围的男人们喊道："瞧！我能看见她的脸，而这是她做不到的事——所以女人决不会和我一样！”这样，他就证明了男人比女人优越，变得轻松多了。(而他的男同胞也都放下心来。)顺便插一句，同样的论述也能证明卢克思比其他所有的男人也都优越——可他并没有对他们指明这一点。那个女人转过身来争辩说：“对，你能看见我的脸，这我做不到——但我能看见你的脸，这件事你也做不到！我们打平手。”然而，卢克思却提出一个出人意料的反驳：“很遗憾，如果你以为你能‘看见’我的脸，那就错了。你们女人所做的事情与我们男人并不一样。正如我已经指出的，你们是低能的，因而不配用同一个名称。你可以称之为‘妇见’。你能‘妇见’我的脸，这并不说明问题，因为情况并不对称。懂了吗？”“我妇懂了”，那个女人“妇答”道，然后就“妇走”了……。

是的，这是一种鸵鸟式的论点。可你要是也确信在这场智力竞赛中男人们和女人们永远跑在计算机前面，那你就不得不这样看问题。

超越自我——一个现代的神话

仔细想一想我们人类是否能跳出自身——或者是，计算机程序是否能跳出自身——仍是极为引人入胜的。当然，程序有可能自己修改自己——不过这种可修改性必须首先是该程序中固有的部分，所以不能算做“跳出系统”的例子。不论一个程序怎样迂回曲折地来到自己外面，它仍然遵循自身的固有规则。对程序来说，逃脱的可能性并不比一个活人决计不服从物理定律的可能性更大。物理定律是个强制系统，什么也逃不掉。然而一个不那么宏大的抱负是可能实现的，那就是：一个人当然可以从他的大脑的一个子系统跳到一个更宽广的子系统中去。我们偶尔也能打破常规。不过这仍然属于人的大脑中各个子系统之间的相互作用，只不过会觉得它很像是完全走出了自身。与此类似，完全可以想象把部分“走出自身”的能力嵌入一个计算机程序。

无论如何，弄清楚“感知自身”和“超越自身”之间的区别是很 478
重要的。你可以用各种各样的方法来看到自己——用镜子、用照片或电影、用录像带、靠别人的描绘、采用精神分析法等等，但你决不可能冲破皮肤站到自己外面来(这里不谈那些现代神秘运动和流行的“超心理学”流派)。TNT 能够谈论自身，但不能跳出自身。一个计算机程序可以修改自己，但不能违背自身的指令——充其量也只能通过服从自身的指令来改变自己的某些部分。这倒使人想起一个幽默的悖论问题：“上帝能不能造出一块他自己举不动的石头？”

广告和框架手法

这种跳出系统的愿望到处可见。在艺术、音乐及人类其他事业的发展过程中，都有它的踪迹。就连制作广播电视广告这类不足称道的行业里，也有它的存在。欧文·高夫曼在他的著作《框架分析》中出色地领悟和描绘了这种潜在的趋向：

> 例如，一位著名的专业演员做完了一个广告，摄影机还在对着他，他就明显地做出解除了任务的样子，沉浸于享用他刚刚宣传的那种产品的实际快乐之中。
>
> 当然，这只是在制作电视和广播广告时利用框架手法的

> 一个例子。这种表面上的自然而然能克服(他们这么希望)观众中蔓延着的冷漠性。于是就常常会有儿童的声音,以期造成一种似乎是未经训练印象;利用街上的噪音和其他一些效果,以期造成被访问者并不领取酬金的印象;错了的开始、不时停顿、插科打诨、以及重叠的话语,给人造成现场谈话的假象;另外,按维勒斯的方法:打断一个企业单调重复的广告而报告该企业推出新产品的消息,偶尔也插入公众所感兴趣的简短通讯。这种做法似乎可以保持现代观众的信任。
>
> 观众越是退而把一些次要的细节当作检验标准,广告商就追得越紧。结果就是一种相互污染,一种杂乱无章。这种现象同时也在被政治家的公共关系顾问以及微观社会学传播着(后者稍好一些)。[6]

这样,我们又有了另一个逐步升级的"龟蟹之战"的例子——这次是事实和广告对垒。

辛普利奇奥、萨尔维亚蒂、萨哲杜:为什么要三个?

跳出系统的问题与追求完全的客观性之间,有一个引人入胜的联系。我在读尧奇的《量子是实在的吗?》中的四段对话(基于伽利略的四段《关于两种新科学的对话》)的时候,发现自己搞不清为什么要有三个角色出场:辛普利奇奥、萨尔维亚蒂和萨哲杜。只有
479 辛普利奇奥这位受过教育的傻瓜和萨尔维亚蒂这位学识渊博的思想家两个人为什么就不行呢?萨哲杜有什么用处?是的,他被当作中立的第三派,不偏不倚地掂量两边的分量,作出"公平的""无

偏见的"裁决。看起来很公正,可还有一个问题:萨哲杜总是赞成萨尔维亚蒂而从不赞成辛普利奇奥。人格化的客观性怎么变成了人的好恶了呢?当然,一种答案就是:萨尔维亚蒂在阐述正确观点,所以萨哲杜没有选择的余地。可是,公平性和"机会均等"又在哪儿呢?

由于增加了萨哲杜,伽利略(以及尧奇)就把牌洗得对辛普利奇奥多一些不利,而不是少一些。也许需要增加一个更高层次的萨哲杜——他对这整个环境都是客观的……。你可以看到这会导致什么。我们将得到一个"客观性逐步升级"的无终点序列,它有着"决不会比第一层更客观"这样一个吸引人的性质:在第一层上,萨尔维亚蒂就是对的,而辛普利奇奥是错的。所以,疑难点仍在于:为什么增加萨哲杜?答案是:就某种直观感染力而言,这种做法造成了走出该系统的错觉。

禅宗和"走出"

在禅宗里,我们也能看到这种对超出系统的概念的神往。例如那个洞山告诉弟子们"佛性上人是非佛"的公案。也许,超越自我乃是禅宗的中心主题。禅宗门人总是企图更深刻地了解他自己是怎么回事,靠的就是逐步走出他所看到的自己,并打破那些他领悟到是在束缚自己的清规戒律——当然,也包括禅宗本身的那些清规戒律。沿着这条难以捉摸的路线下去,也许到某一处就顿悟了。在任何情形(如我见到的那样),希望都在于:通过逐步加深一个人的自我意识,逐渐扩展"该系统"的范围,他最终将会感到与整个宇宙相一致。

480 # 一位烟民富于启发性的思想

阿基里斯应邀来到螃蟹的家里。

阿基里斯：我发现比我上次来这儿时你又添了些新东西，老蟹。你那幅新弄到的画尤其引人注目。

螃蟹：谢谢。有些画家我很喜欢——特别是雷内·马格里特。我所拥有的画中大部分都是他作的。他是最对我口味的艺术家。

阿基里斯：我得说它们的造形都挺有趣。马格里特的这些画中有许多地方都使我想起最对我口味的画家艾舍尔的作品。

螃蟹：这一点我也能看得出来。马格里特和艾舍尔在表现悖理的和虚幻的世界时，都运用十分写实的手法，两个人在运用视觉形象以唤起观众的情感方面都具有很准确的感觉能力，而且——他们作品的爱好者们常常忽视这一点，就是他们都具有对优美线条的感受力。

阿基里斯：不过，他们彼此之间还是有很大不同的。我不知道怎么描述这种区别。

螃蟹：细致入微地比较这两个人一定非常引人入胜。

阿基里斯：我认为，马格里特对现实的把握是惊人的。比如那儿挂着的那幅画吧，画面上有一棵树，树后面还有一支巨大的烟斗，画得太迷人了。

481 螃蟹：你是想说一只大小正常的烟斗和它前面的一棵微型树吗？

阿基里斯：哦，是这样，我看错了？嗯，不管怎么说，我第一眼看见

图 77　影子，马格里特作(1966)。

它时，就觉得闻到了烟斗发出的烟味儿！你想象得出我有多荒唐吗？

螃蟹：我能理解。我的客人们经常被它骗住了。

(他一边说着，一边过去伸手把画中的烟斗从树后拿出，然后翻过来，在桌上磕了磕，房间里马上充满了烟味儿。他开始往里面装新的烟丝。)

这是只很不错的旧烟斗，阿基。信不信由你，我总爱往烟丝里掺点稻草，这样抽起来味道更好。

阿基里斯：掺稻草！真的吗！

螃蟹：(拿出一盒火柴，点上烟斗)你想尝尝吗，阿基？

阿基里斯：不，谢谢。我只是偶尔吸吸雪茄。

图 78　优雅状态,马格里特作(1959)。

螃蟹:没问题!雪茄我这儿也有!(把手伸向马格里特的另一幅画,画面上一辆自行车放在一支点燃的雪茄上。)

阿基里斯:噢——不,谢谢,现在还不想抽。

螃蟹:你随便。我这人可是个不可救药的烟鬼。这倒叫我想起来——你无疑知道老巴赫有用烟斗吸烟的嗜好?

阿基里斯:我想不大起来了。

螃蟹:老巴赫喜欢作诗、玄想、吸烟,还喜欢作曲演奏(当然喜好程度不一定是这么个顺序)。他把这四者弄进一首不太高明的诗里,然后还为它谱了曲。这写在他为妻子安娜·马达莱娜所保存的那本著名的音乐笔记本里,它的题目是

一位烟民富于启发性的思想①

我拿起烟斗装满叶烟，
  吞云吐雾以消磨时间，
人在那儿坐着，却溜走了思想——
  它飘向一幅图画，晦黯而忧伤：
    那画告诉我这是多么相像：
    我和这烟斗简直就是一样。
这喷香溢郁的烟斗同我相仿，
  都不过是尘芥不过是土壤；
我最终也要归为尘灰。
  烟斗落地，没等听到声响，
    就已经拦腰摔断，不幸遭殃；
    相同的命运我也将承当。
洁白的烟斗没有污斑，
  从未玷染，从未弄脏。
可总有一天会命归无常，
  在草地下掩埋这副皮囊；
    我的肉体将变黑，一副腌臜相，
    就像这烟斗，若是它使用得经常。
当烟斗被点燃，闪耀着火光，
  瞧，它们立刻就冒出青烟袅袅飘荡；
轻烟散进空气，无处寻访，
  烟斗里便只剩有灰烬留藏。

虚名也将消泯,正同那青烟一样,
而躯体最终只不过化作土壤。
吸烟时这种事也发生得经常:
架上的塞烟器不翼而飞,给你添忙,
这下你只好上手,虽然不很便当,
可手指伸进烟锅,难免要被烫伤。
既然烟斗里都有痛苦伏藏,
地狱里的痛苦将会何其难当!
由对烟斗的沉思,导向了别的玄想,
沉溺在格致冥思中,
也有益于身心的健康;
这样吞云吐雾,心中着实舒畅,
因此无论在国内、国外、在陆地或海洋,
我都要一边抽我的烟斗,一边坚定对上帝的
483 信仰。

这种哲学倒是满有意思的,不是吗?

阿基里斯:的确是。老巴赫是舞文弄墨的一把好手。

螃蟹:你正好说出了我要说的话。其实我这辈子也曾写过一些打油诗,可我担心我的诗鄙陋不中雅听。我没有这种遣词炼句的本领。

阿基里斯:哦,哪里,老蟹。你——我怎么说呢——论俏皮、戏谑样样都有。要是你能给我唱一支你的歌,老蟹,我将感到不胜荣幸。

螃蟹:太抬举我了。我给你放一张我的唱片怎么样?我记不得它是什么时候灌制的了。歌的名字是“云俦梅友”。

阿基里斯：太有诗味了！是首山水诗吧？

（螃蟹从他的架子上拿下一张唱片，走到一架庞大而复杂的机器面前，把它打开之后，将唱片放入一个看上去怪吓人的机械嘴里。突然，一道绿色的亮光扫过唱片的表面，过了一会儿，那唱片就悄没声地闪进那架古怪机器的肚子里的什么地方去了。又过了一会，才传出了螃蟹的歌声。）

舞文弄墨的一把好手，
论俏皮、戏谑样样都有。
　诗到最后他有点疏漏，
　似乎留有一点缺口，
我的意思是不知所云。

阿基里斯：好极啦！不过，有一处我不太满意。在我看来，诗到最后你有点疏漏——

螃蟹：似乎留有一点缺口？

阿基里斯：不——我的意思是韵脚没有。

螃蟹：也许你对。

阿基里斯：除了这一点之外，这是首很好的诗。可我得说更叫我着迷的是这台异常复杂的怪家伙。这是台超大型号的唱机吗？

螃蟹：哦，不是，远不止这么简单。这是我那架吞龟唱机。

阿基里斯：天呐！

螃蟹：嗯，我不是说它能吞吃乌龟，但是它能嚼啐龟兄制造的唱片。

阿基里斯：哦，这还不那么吓人。这就是不久前你跟龟兄那场奇特的音乐战的一部分吗？

螃蟹:也可以这么说。让我给你详细讲讲吧。龟兄鬼极了,他几乎可以摧毁我能弄到的任何一架唱机。

阿基里斯:不过我最后一次听到你们俩的较量时,我记得你好像最
484 后弄到一种打不败的唱机——一种带有内隐电视摄像机和微型计算机这一类东西的机器,它可以自行拆卸,然后重新组装成不能被摧毁的结构。

螃蟹:呜乎哀哉!我的设计失败了。龟兄利用了被我忽略的一个细节:那个控制着拆卸和组装的机构在整个过程中是要保持不变的。这就是说,很显然,它没法儿把它自己拆开或组装,所以它始终原样不动。

阿基里斯:对,可这会怎么样呢?

螃蟹:哦,这样一来就完蛋了!龟兄就完全把攻击点对准了那个机构。

阿基里斯:怎么?

螃蟹:就是说他只要制造这样一张唱片就行了:这张唱片能引起那个始终保持不动的结构——拆卸—组装机构——产生致命的颤动,这样一来……

阿基里斯:噢,我明白了——够狡猾的。

螃蟹:没错儿,我也这么想。他的方法还真奏效了。可是,你知道,这回他不是一次成功的。这台唱机在遭受了他第一次进攻之后,并没有被损坏。当时我以为在这场斗智中我终于赢了。我那时真有点乐不可支。可当他又一次带着一副冷峻的表情到我这里来的时候,我意识到这回是来者不善。我把他的新唱片放到我那架唱机转盘上。我们俩都急切地瞧着电脑控制的机构仔细检查着唱片上的纹线,然后拿下唱片,拆散唱机,

又用一种完全不同的方式重新把它组装好，再次放上唱片——再缓缓地把唱针放到最靠外的纹线上。

阿基里斯：乖乖！

螃蟹：唱机刚一出声，就听轰隆一声，响彻全屋！整个机器都震散架啦，那个组装一拆卸器损坏得尤其厉害。这时我终于痛苦地意识到乌龟总是能把攻击目标对准系统的那个阿基里斯脚跟——噢，我是说它的致命弱点。

阿基里斯：真要我的命！你一定非常沮丧吧。

螃蟹：是啊，我一时绝望极了。不过，幸运的是这个故事到这里并没有结束。这件事的一个结果是我从中得出了很有益的教训，让我来说给你听。在乌龟的建议下，我浏览了一本稀奇古怪的书，里面穿插有好多奇特的对话，那些对话涉及了许多学科，有分子生物学、赋格曲、禅宗等等五花八门的玩艺儿。

阿基里斯：说不定是个疯子写的呢。书名是什么？

螃蟹：要是我记得不错，书名是《金、银、铜——聚宝藏之精华》。

阿基里斯：哦，龟兄跟我说起过。是他的一个朋友写的，听说那人对各种材料制成的怪圈很着迷。

螃蟹：我想知道这是他的哪位朋友——不管怎么说。在其中的一篇对话里，我还看到一些富于启发性的思想，涉及烟草花叶病毒、核糖体，以及其他一些我闻所未闻的东西。

阿基里斯：烟草花叶病毒是什么玩艺儿？核糖体呢？ 485

螃蟹：我说不清楚，因为一讲到生物学，我就全傻了。我所知道的只是对话里讲到的那一点儿，那篇对话里说烟草花叶病毒是一种卷烟形状的、能使烟草生病的小东西。

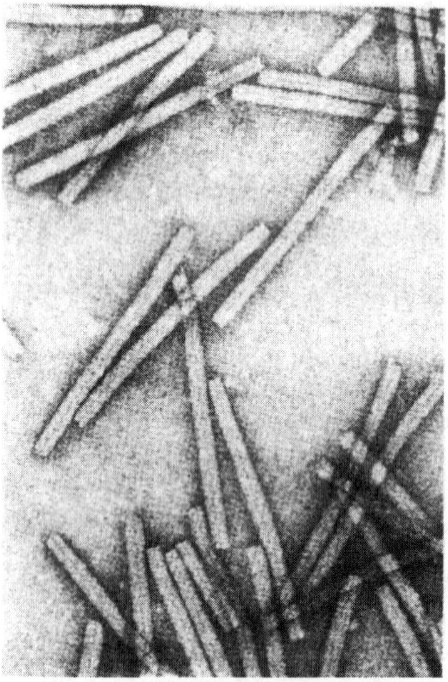

图 79　烟草花叶病毒。[选自莱宁格[A. Leninger],《生物化学》[Biochemistry],纽约:Worth Publishers,1976 年版。]

阿基里斯:生癌吗?

螃蟹:不,不完全一样,而是——

阿基里斯:难道烟草自己吸烟,得了癌症? 正好!

螃蟹:我看你太着急下结论了。阿基。烟草不吸这些"卷烟"。是那些脏乎乎的小"卷烟"来进攻它们,不请自来。

阿基里斯:我明白了。嗯,我现在知道烟草花叶病毒是怎么回事了。那么核糖体呢?

螃蟹:核糖体显然是一种细胞里的东西,可以把某一形式的信息转换成另一种形式的信息。

阿基里斯:有点像微型录音机或唱机什么的,是吗?

螃蟹:作为比喻来说是像。让我感兴趣的是有个活宝在一句话里提到了这样一个事实:同烟草花叶病毒和其他一些稀奇古怪的生物结构一样,核糖体也具有"自发地自组装"这种不可思议的能力。这就是那家伙的原话。

阿基里斯:这是他那些鬼话里一句,是吧。

螃蟹：这也正是那篇对话里另一个角色的看法。不过这是对那句话的蠢解释。 486

（螃蟹又往烟斗里添了一点稻草末，然后深吸了几口烟斗，一口口地把烟喷到空气中。）

阿基里斯：嗯，“自发地自组装”是什么意思？

螃蟹：意思是当某个位于细胞内的生物单位分解时，它们可以自发地把它们自己再组装起来——用不着被别的单位来控制。那些部分只要凑在一起——疾！——就粘在一块儿了。

阿基里斯：像魔术似的。要是普通型号的唱机也有这种本事该多好！我是说，既然一部像核糖体这样的微型“唱机”能有这种功能，为什么大一点儿的就不行呢？这样你就能制造出一架不能被摧毁的唱机了，对吗？无论什么时候它被拆散，都能再自行组合起来。

螃蟹：我正是这么想的。我急不可耐地给我的制造商写了一封信，向他解释了自组装的设想，问他能不能给我制造一架可以自行拆散，并能够自发地组装成另一种形式的唱机。

阿基里斯：造这么一个玩艺可太劳神了！

螃蟹：的确，主要是太劳财神了，因为几个月以后，他写信时不仅告诉我他终于成功了，还送来了一张金额巨大的账单。在这样一个好天里，嘿！我那了不起的自组装唱机终于寄来啦，我信心十足地给龟兄打电话，邀他过来检验检验我这完备的唱机。

阿基里斯：我们眼前这台大家伙一定就是你说的那台吧。

螃蟹：恐怕不是，阿基。

阿基里斯：是不是它又给——

螃蟹:我的老朋友,你所担心的正是事实。我不想自命我明白事情的原因。描述当时的情景真太叫人伤心了。眼巴巴地瞧着电线啦、碎片啦乱七八糟地摊了一地,还这儿一股那儿一股地冒着烟——啊,我——

阿基里斯:啊,啊,老蟹,别太想不开。

螃蟹:我倒没什么,只是这一次次的太快了。哼,龟兄开始还幸灾乐祸,最后他看我是真伤心了,于是就同情起我来了。他为了安慰我,就解释说这是理应如此的事,谁也没办法——说这跟什么人的什么"定理"有关,不过那定理我一个字也记不得了,只记得好像叫什么"疙瘩定理"。

阿基里斯:我怀疑这就是他以前跟我说起过的"哥德尔定理"……。是有那么点不祥的色彩。

螃蟹:也许吧,我记不起了。

阿基里斯:我向你保证,老蟹,我听你这个故事时是非常同情你的处境的。真太叫人伤心了。不过,你提到过什么稻草的事,请跟我说说,是怎么回事?

螃蟹:噢,对——是有根救命稻草。嗯,我最后终于放弃了寻求"完
487 备的"唱机的念头,而是决定尽一步完善对乌龟的唱片的抵制。我抛开了那种能播放一切唱片的唱机的奢望,而是想要一种能避免破坏、能够保存下来的唱机:一种能避免被摧毁的唱机——即使这意味着它只能播放少数一些特殊的唱片。

阿基里斯:于是你就决定以牺牲掉能重现所有可能的声响这一功能为代价,制造一种复杂的反乌龟的机器,对吗?

螃蟹:嗯……说不上我"决定"。更严格地说,是我被迫如此。

阿基里斯：对，我明白你的意思。

螃蟹：我的新设想是不让任何“异己的”唱片在我的唱机上播放。我知道我自己的唱片是不会对我的机器有损害的，所以如果我不让别的唱片混进来，我就能保住我的唱机，用它来欣赏我灌制的唱片。

阿基里斯：这一策略对你的目标很合适。我们眼前这个庞然大物就是你刚才说的那种想法的产物吧？

螃蟹：是的。龟兄自然也认识到他也必须改变策略。他现在的主要目的就是要搞出一种能混过我的检查的唱片来——这是种新挑战啊！

阿基里斯：作为你，你打算怎么排除他或别人的“异己的”唱片呢？

螃蟹：你保证不把我的计划透露给龟兄吗？

阿基里斯：以龟格担保。

螃蟹：什么？

阿基里斯：哦——别担心，这是我从龟兄那儿学来的话——我发誓坚守秘密。

螃蟹：那好吧。我的基本方案是使用标识技术。我的每一张唱片上都有一个秘密标记。现在你面前的这台唱机跟以前那几台一样，都装有一部检验唱片的电视摄像机，这种检验器上配有一台计算机，负责处理那些由检验得到的数据，并控制相应的操作。我打算嚼碎所有那些没有正确标记的唱片。

阿基里斯：哈，报复他一下！不过我觉得你的方案很容易被挫败。龟兄只要搞到一张你的唱片，复制下那标记，你就没咒念了。

螃蟹：没那么简单，阿基。谁告诉你他能从唱片的非播放状态中知道那个标记的? 事情比你想的要复杂哩。

阿基里斯:你是不是说标记跟播放出的音乐是掺在一起的?

螃蟹:正是。但是有办法把它们分解开。这需要从视觉上将那种数据从唱片中抽取出来,然后——

488 阿基里斯:那种明亮的绿光就是干这个用的,是吗?

螃蟹:对。那是电视摄像机在检查音纹。音纹格式被送到微型电脑里,由它来分析我放进去的唱片的音乐风格——这一切都是无声地进行的。这时不播放唱片。

阿基里斯:是不是有一个甄别过程,将风格不合适的唱片排除掉?

螃蟹:你说对了,阿基。能通过这第二道检查的唱片就只有同我那些唱片风格一样的唱片了——龟兄要模仿这些简直就是不可能的。所以我坚信我一定能打赢这场新的音乐战。不过,我得说龟兄也同样相信他会混过我的检查。

阿基里斯:最后把这巨大的机器震成碎片?

螃蟹:哦——不,这种结局他已经用事实验证过了。他现在只是想证明不管我采取什么措施,他都能——用一张对我的唱机无害的唱片——溜过我的检查。我听他嘴里不停地嘀嘀咕咕,总是提到一首歌曲,那歌曲的名字挺古怪,叫什么"我可以在唱机 X 上被播放"。可他吓唬不了我! 唯一叫我有些担心的是他似乎同以前一样,又有些什么晦涩的观点,那些观点……

(他陷入沉默中,随后,吸了几口烟斗,一脸深思熟虑的样子。)

阿基里斯:哼……我看龟兄那方面有无法克服的困难。他终于碰到对手了!

螃蟹:原来你也这么想……我想你不知道汉肯定理的来龙去脉吧!

阿基里斯：知道谁的定理的来龙去脉？我从没听到过这类事。我相信那一定很吸引人，可我更想多听一些有关“唱片设法混入唱机”的事。这小故事引人入胜呐。其实我都可以说出结局了。显然，龟兄没有找出混进去的突破口，于是只好乖乖认输，就这么回事，不是吗？

螃蟹：至少我是希望这样。你想看看我这台防御式唱机的内部情况吗？

阿基里斯：当然想。我一直想瞧瞧那架电视摄像机。

螃蟹：说干就干，老朋友。（把手伸进那台巨大的唱机张着的“大嘴”里，揿下两个按钮，拿出一台包装整齐的仪器。）瞧，整个仪器是由一个个独立的模块组成的，可以分别卸下来独立使用。比如这部电视摄像机就能良好地独立工作。看着那边的屏幕，画有燃烧的大号那幅画的下面的那个屏幕。（他将摄像机对着阿基里斯，阿基里斯的脸立刻出现在大屏幕上。）

阿基里斯：天哪！我可以试试吗？

螃蟹：当然可以。

阿基里斯：（将摄像机对着螃蟹）你上屏幕了，老蟹。

螃蟹：是啊。 489

阿基里斯：我要把摄像机对着画有燃烧的大号的那幅画。它现在也在屏幕上啦！

螃蟹：摄像机可以移近移远，阿基。你试试。

阿基里斯：太妙了！让我先对准那些紧挨着画框的火焰……真是不可思议，它能在屏幕上瞬间“复制”出屋里的任何东西——任何我想摄进的东西。我只须把摄像机对准它，像变魔术一样，它立刻就会跳上屏幕。

图 80　漂亮的俘虏，马格里特作(1947)。

螃蟹：屋里的任何东西吗，阿基？

阿基里斯：只要是看得见的任何东西，很显然。

螃蟹：要是你把摄像机对准电视屏幕上的火焰，那会怎么样？

(阿基里斯调转摄像机，用它对准正播放有火焰的电视屏幕。)

阿基里斯：太有趣了！这样一来火焰就从屏幕上消失了！它们哪儿去了？

螃蟹：你无法在移动了摄像机时还让屏幕上保持原来的形象。

阿基里斯：我明白了……可我一点也看不懂现在屏幕上是什么！它看上去像一条长长的奇怪的走廊。可我没有把摄像机对着什么走廊啊？我只是把它对着一个普通的电视屏幕。

螃蟹：看仔细些，阿基。你真的看到一条走廊吗？

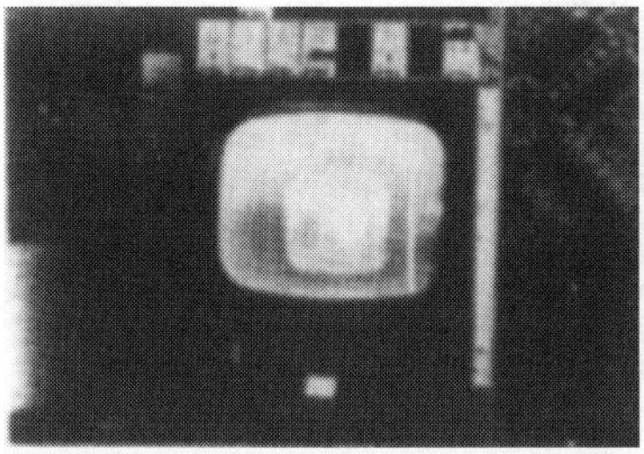

(a)最简单的情况。

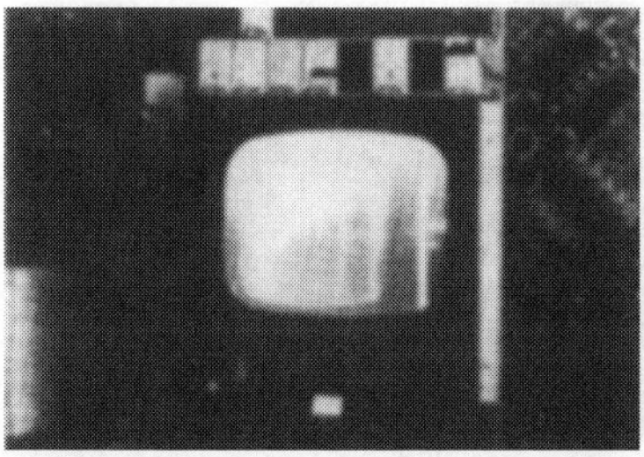

(b)阿基里斯的“走廊”。

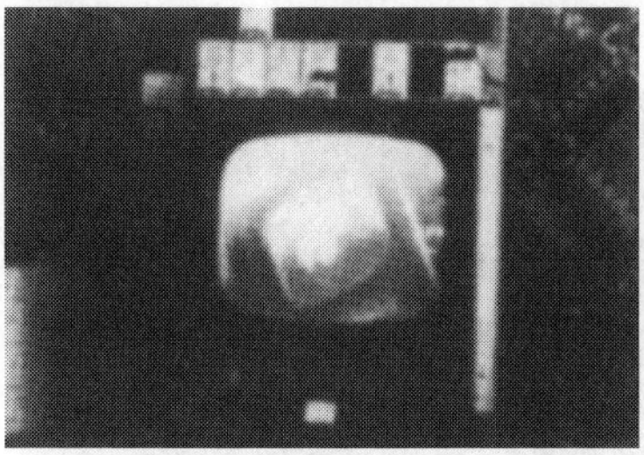

(c)旋转摄像机时的情景。

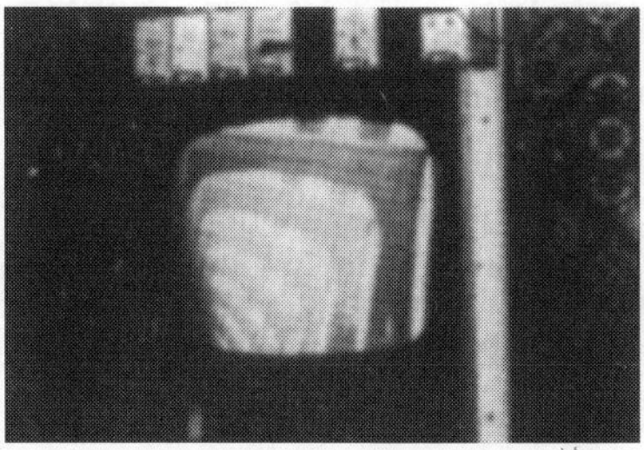

(d)不成功的“自噬”。

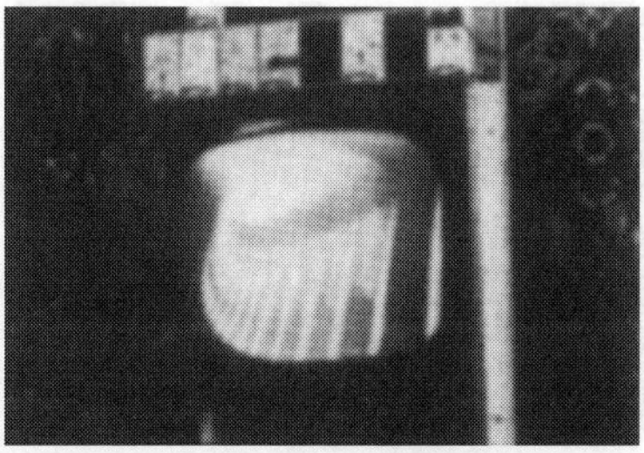

(e)移近时的情形。

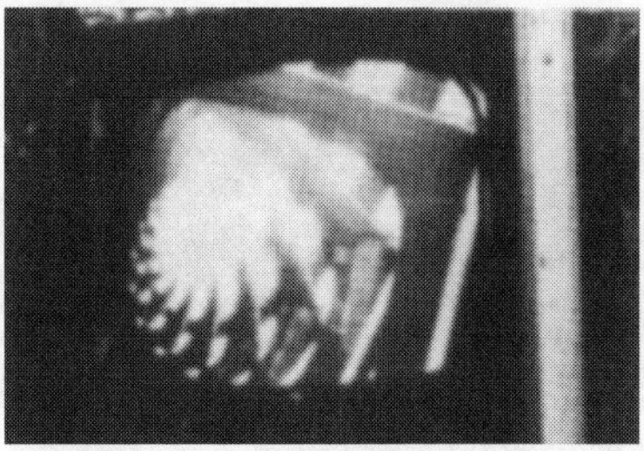

(f)既转动又移拉时的情形。 490

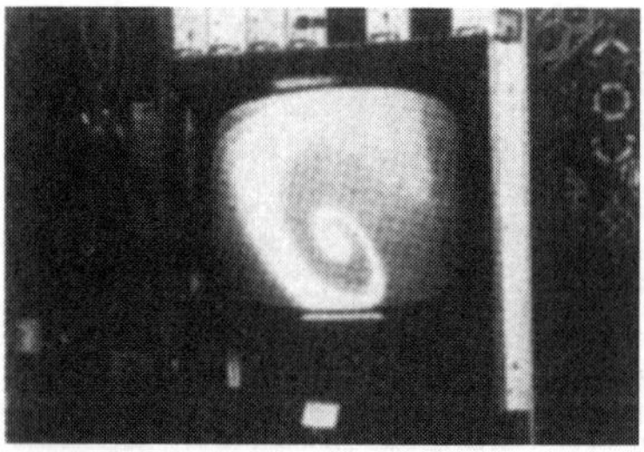

(g)开始变得古怪起来……

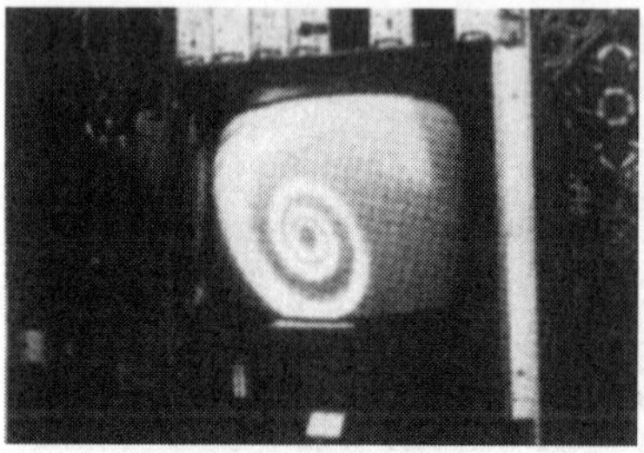

(h)“星系”出现了。

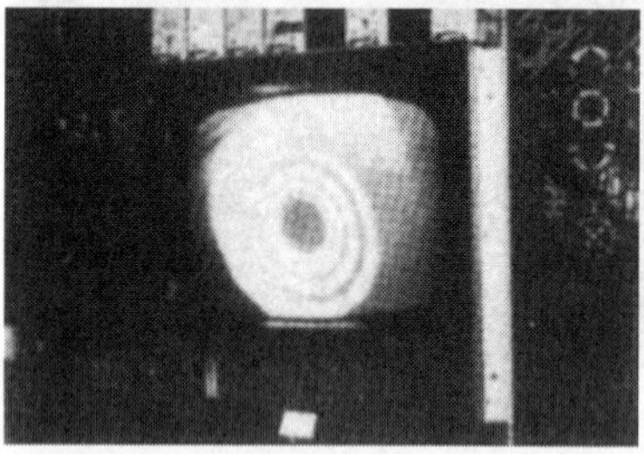

(i)星系在演化……

(j)星系的晚期。请数数幅条数。

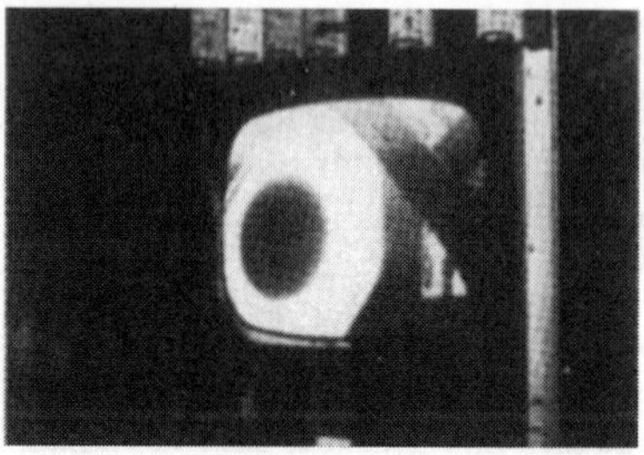

(k)星系把自己烧没了,变成了——一个黑洞!

(l)一种“跳动着的花瓣状图像”,摄像时“花瓣”正在跳动。

491　图 81　十二个自噬的电视屏幕。如果 13 不是个素数的话,我会再加上一个的。

阿基里斯：啊哈，我现在明白了。那是一组叠套在一起的电视屏幕，一个比一个小……没错儿！火焰的形象早没了，因为我的摄像机不再指向那幅画了。当我把摄像机对着屏幕时，屏幕上就出现了屏幕，包含着屏幕的屏幕上有什么，被包含的屏幕上也就有什么——而被包含的屏幕上只有屏幕，因此被包含的屏幕上有什么，被被包含的屏幕所包含的屏幕上也就有什么——而被被包含的屏幕所包含的屏幕上只有屏幕，因此——

螃蟹：我想我也能顺着说下去了，阿基。你干嘛不试试旋转旋转摄像机？

阿基里斯：哦！我得到了一根螺旋的走廊！每个屏幕都与它的外框屏幕拧成一定角度，屏幕越小，与最外面的屏幕拧的角度就越大。这种让电视屏幕"自噬"的想法太奇特了。

螃蟹：你说的"自噬"一词是什么意思，阿基？

阿基里斯：我用"自噬"一词是指我把摄像机对准屏幕——或对准屏幕的一部分这一操作，这就是"自噬"，也就是自己吞掉自己。

螃蟹：要是我要求你再说得详细点，你不会不同意吧。我有点叫这 492
个概念给迷住了。

阿基里斯：我也一样。

螃蟹：那好吧。要是你把摄像机对准屏幕的一角，那还算是你说的"自噬"吗？

阿基里斯：让我试试看。哎——屏幕的走廊好像跑到外边去了。这下就没有无穷的叠套了。它挺好看的，可我觉得它不具备"自噬"的因素。它是一种"不成功的自噬"。

螃蟹:要是你把电视摄像机转回屏幕的中心部位,也许你又能把它定住了……

阿基里斯(小心而缓慢地转动摄像机):对！走廊变得越来越长啦……瞧啊,完全变回来啦。顺着它一直看下去,能看到它在远处消失了。当摄像机整个儿摄进屏幕时,走廊就又变成无限的了。嗯——这叫我想起不久前龟兄对我说,一个句子要是谈论整个自己,就会出现自指……

螃蟹:什么？请再说一遍。

阿基里斯:没什么——我是在自言自语。

(当阿基里斯摆弄起摄像机的镜头和其他控制装置时,屏幕上就出现了前所未有的,花样繁多的"自噬"图像:形似星系的旋转螺线,变化万端的花状图形和其他一些各式各样的图形……)

螃蟹:你好像玩得挺起劲儿。

阿基里斯(从摄像机那儿转回身来):是的！这么一个简单的办法
493 能弄出多少图像啊！(他又转回头盯着屏幕,脸上掠过一丝惊诧的神情。)哎呀,老蟹！屏幕上出现了一种跳动的花瓣状图形！这种跳动是怎么产生的？电视机是静止的,摄像机也没动呀。

螃蟹:偶尔你也可以弄出些在时间中有变化的图形。这是由于在摄像机"看到"什么东西和把它显示在屏幕上这两者之间时间上稍有先后之差,这是由线路造成的,这个时间差大约是百分之一秒。所以要是你弄出一个由五十个环象组成的套叠,其时间差大约就要有半秒。要是把某种活动的东西弄进屏幕——比方说，把你的手指放到摄像机前，那么，就得过一会儿才能在套得更深一些的屏幕上“把它找出来”。这种时间延宕反映到整个系统，就形成了某种视觉“回声”。如果创造出一种条件，使得这种回声不消逝，就会形成跳动的图形。

阿基里斯：太了不起啦！你说，要是我们试试弄出一个全自噬会怎么样？

螃蟹：你是什么意思？说得明白些。

阿基里斯：嗯，我是觉得这种屏幕里面有屏幕的东西非常有趣，可我更想得到一幅里面有这部电视摄像机以及这个屏幕的图像，让它显现到这个屏幕上。那样我才能真正使一个系统自噬其自身。因为这个屏幕仅仅是这整个系统的一部分。

螃蟹：我明白你的意思了。也许你能利用镜子获得你所要的效果。

（螃蟹递给他一面镜子，阿基里斯操纵镜子和摄像机，使得摄像机和屏幕都显现在屏幕上。）

阿基里斯：瞧！我创造出了完全的自噬！

螃蟹：我觉得只有镜子的前面还不够，加上它的背面怎么样？要是没镜子背面，那它就不能反射——你就没法儿使图像里也有摄像机了。

阿基里斯：你说的对。不过，要既显出镜子的正面，也显出背面，我就不得不再需要一面镜子。

螃蟹：可你还得显出第二面镜子的背面。除了显示摄像机的前面以外，把它的背面也弄进去怎么样？还有电源线，还有电视内部,还有——

阿基里斯:哎哟哟!我的脑袋都晕了!看来我这个“全自噬计划”要出麻烦了。我现在觉得昏昏然的。

螃蟹:我能体会到你这时的感觉,你干嘛不坐下来,抛开这些什么鬼自噬?放松放松!看看我的画你就会平静下来的。

(阿基里斯唉声叹气地躺下了。)

哦——也许我的烟味叫你不舒服?得,我拿开它。(把烟斗从嘴上拿掉,小心地放在马格里特的另一幅画里面的一句话的上方。)喏,好些了吧?

阿基里斯:还是恶心。(指着马格里特的画。)这幅画挺有意思,我喜欢它的外框,很有质感。

螃蟹:谢谢。那是我特地请人做的——用烟叶和稻草。

阿基里斯:用烟叶和稻草?乖乖,真叫人难以相信!烟斗下面写的是什么字?不像英文,是吧?

螃蟹:是法文。写的是“Ceci n’est pas une pipe.”,意思是“这不是一只烟斗”。千真万确。

阿基里斯:可它是一只烟斗啊!你刚才还吸来着!

螃蟹:哦,我想你误解了这句话的意思。“ceci”这个词指那幅画,而不是指烟斗。烟斗当然是烟斗,可一幅画却不是一只烟斗。

阿基里斯:我不知道画中的“ceci”一词是指整幅画,还是指画中的烟斗。哦,我的天!这又是一个自噬!我可真不行了,老蟹,我想我快要病了……

图 82　咏叹调和歌曲，马格里特作(1964)。 494

495

第十六章　自指和自复制

在这一章里，我们要看看导致各种自指现象的机制，并把它们与一些使某几种系统能够复制自己的技巧加以比较。我们将展现这些技巧之间的一些值得注意的、漂亮的相似性。

隐性和显性的自指句子

作为开篇，我们先看几个句子，这些句子第一眼看去像是最简单的自指。下面是这一类句子中的几个例子：

(1)本句子有七个字。

(2)本句子无意义，因为它是自指的。

(3)本句子无动词。

(4)本句子是假的。(说谎者悖论)

(5)我正在写的这句话就是你正在读的那句话。

除了最后一句(这是个例外)，其余的所有句子都涉及一个看上去很简单的、包含在词组“本句子”之内的技巧。其实，这种技巧一点也不简单。全部这些句子都“漂浮”在上下文之中。可以把它们与只能看见尖顶的冰山做个比较。这一串串单词就是冰山的尖顶，为了理解它们所必须做的处理就是看不见的那部分。按这种意义，它们的涵义是隐性的，而不是显性的。当然，没有一句话的意义完全是显性的，不过，这种自指性越是呈显性，就越能暴露支撑它的那种技巧。在我们这里，为了辨认出上述各句子的自指性，就不仅要熟悉像汉语这样的、可以用来讨论语言学问题的语言，而且还得能够领会“本句子”这个词组的所指。这好像很简单，但是却要依赖 496
于我们那种非常复杂而又完全内化了的驾驭语言的能力。这里，尤其重要的一件事是领会一个带有指示代词的名词性词组的所指。这种能力建立得很慢，因而决不能等闲视之。当我们向某个不懂得悖论和语言学圈套的人（比方说一个孩子）介绍像第四句话那样的句子时，困难也许就会特别突出。他们可能会问：“什么句子是假的？”而要想使人了解这个句子是谈论它自己的，可能就得花上一些功夫。整个思想最初是有点令人吃惊的。这里有两幅画（图 83、图 84）或许会有所帮助。图 83 是一幅能在两个层次上解释的画。在一个层次上，它是一个指着自己的句子；在另一个层次上，它是一幅说谎者自杀自语的写照。

图 83　说谎者处决自己。刘皓明绘。

图 84 通过显示冰山的可见部分和不可见部分，提示了对所处理的句子来说，为辨认自指性所需要的相对比例。

试着造一个自指句子，而又不用“本句子”等手法，是非常有意思的。可以试试在一个句子内部引用自己。下面就是一次尝试：

“这句话有七个字”这句话有七个字。

不过，这种尝试总归要失败，因为任何一个能够在自身内部整个地

引用的句子,总得比它自身短。只有当你情愿接受一个无穷长的句子时,这种做法才实际可行,例如:

句子

497 "句子

"句子

"句子

·

·

·

等等,等等

·

·

·

是无穷长的"

是无穷长的"

是无穷长的"

是无穷长的。

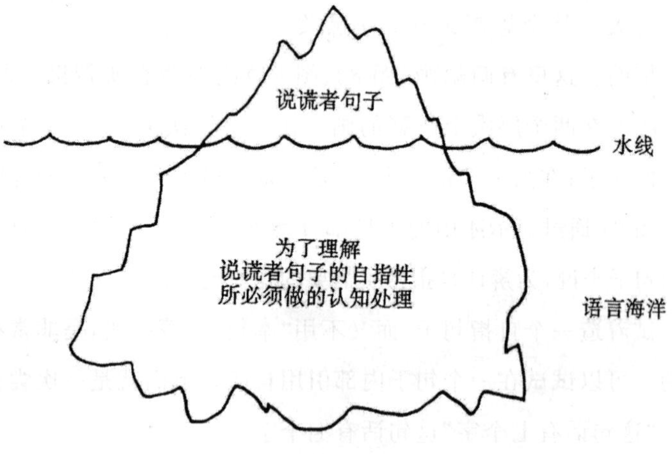

图 84　说谎者悖论的冰山。

但是对有穷的句子不能这样做。基于同样的理由，哥德尔的符号串G不能含有其哥德尔数的数字形式：它装不下。没有一个TNT符号串能含有其自身哥德尔数的TNT数字，因为这一数字总比该符号串本身含有更多的符号。不过，你可以让G含有其自身哥德尔数的一个描述，再利用"代入"和"算术抳摁化"来绕过去。

图 85　蒯恩句子的肥皂。

在一个汉语句子中利用描述——不利用自引用或使用词组"本句子"——但仍达到自指目的的方法之一就是蒯恩的方法，对话《G弦上的咏叹调》里对这种方法有形象的说明。理解蒯恩句子用不着像理解前面举的四个例子那样做精巧的智力加工。虽然乍一看它好像更为诡秘，其实倒是一种更为直接的方法。蒯恩的构造在下述意义上极像哥德尔的构造：它通过描述另外一个（已经证明）同构于蒯恩句子的字符串来创造自指。对这串新字符的描述，是由这蒯恩句子的两个部分实现的。一部分是一组指令，它告诉我们如何建立一个词组，而另一部分则含有所要的素材，也就是说，这另一部分是一块模板。这也像冰山，但更像一块漂在水面上的肥皂（见图85）。

这个句子的自指性是靠一种比说谎者悖论更为直接的方法 498
达到的，用不着多少隐蔽的处理。此外，有意思的是，请注意"这个句子"出现在上面的句子里，但它在那里并不引起自指。你大约可以理解，它的所指是蒯恩句子，而不是它出现于其中的那个句子。这正好说明了诸如"这个句子"这类指示词组该如何根据上下文来解释。这还有助于说明对这种词组的处理必定是相当复杂的。

一个自复制的程序

"抷摁化"概念以及它在制造自指过程中的用处，对话中已经解释了，所以这里用不着再细讲。我们还是来说明一下计算机程序如何能利用完全相同的技巧复制它自己。下面的自复制程序是用一种类似 BlooP 的语言写出的，用于在一句话之后引用它自己（这与抷摁化次序相反，所以我把"抷摁"倒过来写成"摁抷"）：

DEFINE PROCEDURE "ENIUQ" [TEMPLATE]: PRINT [TEMPLATE, LEFT-BRACKET, QUOTE-MARK, TEMPLATE, QUOTE-MARK, RIGHT-BRACKET, PERIOD].

定义过程"摁抷"[模板]：打印[模板，左括号，单引号，模板，单引号，右括号，句号]。

ENIUQ

['DEFINE PROCEDURE "ENIUQ" [TEMPLATE]: PRINT[TEMPLATE, LEFT-BRACKET, QUOTE-MARK, TEMPLATE, QUOTE-MARK, RIGHT-BRACKET, PERIOD]. ENIUQ'].

摁抷

['定义过程"摁抷"[模板]：打印[模板，左括号，单引号，模板，单引

号，右括号，句号]。摁扤’]。

“ENIUQ”是前三行的程序所定义的一个过程，它的输入称作“TEMPLATE[模板]”。这个过程的意思是：调用这个过程时，TEMPLATE 的值是某一串印刷字符，ENIUQ 的结果是执行一项打印操作，其中要把 TEMPLATE 打印两次：第一次只打印它，第二次在外面加上引号和括号，最后还要缀上一个句号。这样，如果 TEMPLATE 的值是符号串 DOUBLE－BUBBLE(意为“两个泡泡”)，执行 ENIUQ，就得到

DOUBLE－BUBBLE['DOUBLE－BUBBLE'].

上面的程序中，后一半是把 ENIUQ 这个过程调来处理一个具体的 TEMPLATE 值——即单引号内的那个长长的字串：DEFINE……ENIUQ。这个值是精心挑选出来的，它由 ENIUQ 的定义后面再加上一个词“ENIUQ”组成。这就把程序本身——或者，如果你喜欢，也可以叫作程序的完全复本——给打印出来了。这很像说谎者句子的蒯恩式说法：

“放在其引文形式后面得到假句子”

放在其引文形式后面得到假句子

一定要清楚，上述程序的后一半中引号内所出现的那个印刷符号串——即 TEMPLATE 的值——决不能解释为一列指令。 499
如果它碰巧是一组指令，在某种意义上，也只是巧合。如上面指出的，它同样也可以是“DOUBLE－BUBBLE”或任何其他的印刷符号串。这个方案的出色之处在于：当同样的符号串出现在程序的前一半中时，也会被看作是一个程序(因为它不在引号之中)。因而，在这个程序中，有一个符号串以两种方式起着作用，首先是作

为程序，其次是作为数据。这就是自复制程序的秘密。而且，如我们将要看到的，这也是自复制分子的秘密。顺带说一下，把任何种类的自复制的对象或自复制的实体叫作“自复制”是有益的；类似地，我们也把任何自指的对象或自指的实体称为“自指”。以后我间或要使用这些术语。

可以使用一种并非事先设计得易于书写自复制的语言来写自复制的程序，上面那个程序就是一个极好的例子。这时候，为承担起这个任务，就不得不使用一些被看作是该语言的组成部分的概念和运算——例如“QUOTE－MARK［引号］”这个词以及“PRINT［打印］”这个命令。但是，假如把一种语言设计得便于书写自复制，那就能写出一些很短的自复制。比方说，如果“摁扤”运算是该语言的内在部分，而不必去做什么显式定义（就像我们对 PRINT 所做的假定一样），那么，一个极其短小的自复制程序就是

ENIUQ['ENIUQ']

这与乌龟对蒯恩型说谎者自指句子的说法非常相似，那里要假定“扤摁”这个动词是已知的：

“被扤摁时得到假句子”被扤摁时得到假句子。

不过，自复制还能更短，比如，在某些计算机程序中可以有这样的约定：任何以星号打头的程序在正式执行前都要复制一遍。这样，这个仅由一个星号组成的程序就是一个自复制！你可能会抱怨说这很无聊，而且要依赖一个几乎完全是任意的约定。如果真是这样，那你就在重复我先前的观点：利用词组“本句子”以达到自指，几乎是个骗局——它过多地依赖处理者，而不是对自指性的直接揭示。利用一个星号做自复制的例子，就像用“我”字做自指

的例子：它们都隐瞒了各自的问题中的一切令人感兴趣的方面。

这使人想起另一种新奇的自复制典型：复印机。可以断定任何手写的文件都是一个自复制，只要把它放进复印机并按一下电 500
钮就行了。但这有点不符合我们的自复制概念。这个过程没有征求过这张纸的意见，因此它并没有指挥它自己的复制过程。于是和前面相同，所有奥妙都在处理机内。在把一个东西叫作自复制以前，我们需要有一种感觉：在尽可能的程度上，它明显地含有复制自己的指挥过程。

确实，这种明显性是个程度问题。不过有一个直观的界限，在界限的这一边，是真正的自指挥的自复制过程，而另一边只有那种通过一台一成不变的、自动的复印机所做的复制。

什么是副本？

在对自指和自复制的任何讨论中，我们早晚都得面临“什么是副本”这个问题。在第五章和第六章中我们曾相当严肃地讨论过它，现在再来回到这个问题。为了领略这个问题的风味，我们先来看一些高度荒诞而又似乎有理的自复制例子。

一首自复制的歌

设想在一间酒吧里有一台投币式自动唱机，只要你摁一下按钮 7，它就会放出下面这首像情歌一样的曲子：

再投一枚硬币吧，放进这台投币唱机，

我将不断地歌唱，要的仅仅就是我 7。

我们可以为此画一个小图（图 86）：

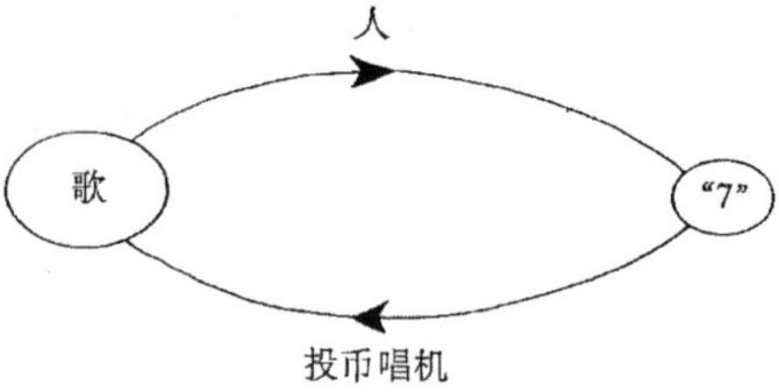

图 86 一首自复制的歌。

尽管效果是歌曲复制了自己,但要把这首歌叫作自复制,总感到有些不对头。因为事实是,当它通过"7"时,全部的信息并不在那里。信息之所以得以返回,只是由于信息全存在自动唱机内——也就是说,是在图上的一个箭头里,并非那个椭圆内。这首歌是否包含一个有关如何使它自己被重放的完整描述,是大可怀疑的,因为"7"只是一个触发器,而不是一个副本。

一个"螃蟹"程序

下面来考虑一个把自己倒着打印出来的程序。(某些读者可
501 能会愿意考虑一下如何利用前面给出的那个自复制模型,用上述类似 BlooP 的语言写出这样一个程序。)能不能把这样一个滑稽的程序看作自复制呢?在某种意义上说是可以的。因为只要对它的输出做一个不足道的变换就能恢复原先的程序。说这个输出含有和程序本身一样的信息,只是简单的重复,似乎也是公平的。然而很明显,某些人也可以眼看着这个输出而看不出它是个倒着打印出来的程序。回忆一下第六章的术语,我们可以说这个输出与这个程序的"内在消息"相同,不过却有不同的"外在消息"——也就是说,必须用不同的解码方式来读它们。现在,如果把外在消息看成信息的一部分——这好像十分合理——那么,全部的信息终归并不相同。所以这个程序不能算是自复制。

但是，这是一个使人不安的结论。因为我们习惯于认为一件东西和它的镜象含有相同的信息。不过，回忆一下在第六章中，我们曾使“固有意义”这一概念依赖于把智能假定为一个普遍观念。其思想是，在确定一个对象的固有意义时，我们可以忽视某些类型的外在消息——那些能够普遍被理解的信息。也就是说，在某种仍有缺陷的意义上，如果解码机制看上去足够基本，那么所要揭示的内在消息就是该考虑的唯一意义。在这个例子中，就似乎有充分的把握猜想一个“标准智能”会认为两个镜象含有彼此相同的信息。这也就是说，它认为两者之间的同构映射十分不足道，以至可以忽略。因而，我们可以认为在某种意义上，该程序算是个十足的自复制。这样的直观是站得住脚的。

说谎者横跨太平洋

自复制的另一个稀奇古怪的例子是一个打印自己的程序，不过是翻译成另一种计算机语言以后再打印。可以把它与下述古怪的蒯恩型说谎者自指的说法作个比较：

> “is an expression which, when it is preceded by its translation, placed in quotation marks, into the language originating on the other side of the Pacific Ocean, yields a falsehood”是一段陈述，说的是把它译成来自太平洋另一侧的语言，并加上引号放在前面，就得到假句子。

你可能要试着写写这个怪诞的混和物所描述的句子。（提示：它不是它自己——或者说，至少当“它自己”取朴素的意义时，它不是它自己。）如果“逆行自复制”（即倒着写出自身的程序）的概念让人想起螃蟹卡农，那么“翻译的自复制”概念大概会使人想起带有主题转调的卡农。

502 打印自己的哥德尔数的程序

不打印原程序的严格副本，而打印一份译文，这种想法似乎不着边际。但是，你要是想用 BlooP 或 FlooP 写一个自复制程序，你就不得不求助于某种这样的机制，因为这些语言输出的总是一个数，而不是一个印刷符号串。所以，你只好编个程序来打印它自己的哥德尔数：一个巨大的整数，其十进展开式中每三个数字作为一个代码，一个符号一个符号地为该程序编了码。在这个程序力所能及的范围内，它已是尽其所能在打印它自己了：它打印出自己在另一个“空间”中的副本，而且，在整数空间和符号串空间之间的来回转换是很方便的。因此，输出的值不像“7”那样只是起一种触发作用。原程序的全部信息在输出中都是“接近表面”的。

哥德尔式自指

这已经很接近于描述哥德尔自指句子 G 的机制了。毕竟，那个 TNT 符号串不是含有一个对它自己的描述，而是含有对一个整数（u 的算术抝摁化产物）的描述。恰巧这个整数正是符号串 G 在自然数空间中的一个精确的“象”。因此，G 指向它自己在另一个空间中的翻译。称 G 是一个自指符号串不会感到难受，因为这两个空间之间的同构是如此严密，以致我们可以把它们看成是等同的。

把 TNT 反映到抽象的自然数王国里的这个同构，可以比拟成利用符号把现实世界反映到我们大脑中的那个准同构。符号对于客体充当了准同构的角色,多亏了它们,我们才能思考。类似地,哥德尔数对于符号串充当了同构的角色,多亏它们,我们才能从关于自然数的语句中找到元数学的意义。有关 G 的一件令人吃惊的、几乎是不可思议的事情是,它使得自指得以实现,而不理会"写出 G 的语言 TNT 似乎根本没有希望谈论自己的结构"这一事实。这和汉语不一样,用汉语讨论汉语是世上再容易不过的事情了。

因此,G 是借助翻译达到自指的一个突出例子——但难说这是最直接的情形。也可以回过头来想想我们的某些对话,其中有些也是利用翻译达到自指的。比如,拿《无伴奏阿基里斯奏鸣曲》来说,在这篇对话里,有几处是指向巴赫的《无伴奏小提琴奏鸣曲》,而乌龟的那个建议——设想一架羽管键琴的伴奏——尤其有趣。说到底,如果把这个思想用于对话本身,就能想出乌龟说的话了;但如果假定阿基里斯部分是独立成章的(像小提琴那样),那么再把什么话归结为乌龟说的,那就十分错误了。无论如何,这里再一次有了一个利用对话到巴赫作品的映射而建立起的自指,这个 503
映射自然就留待读者加以注意了。而且,即使读者没有注意到,映射也依然存在,对话也仍然是个自指。

通过增值达到的自复制

我们已经把自复制和卡农作了对照。那么,增值卡农的类比物该是什么呢?下面是一种可能性:考虑一个含有空循环的程序,这个循环的唯一目的是使该程序变慢,有一个参数用以指明该循环重复的频度。这样就可以作出一个打印自身的副本的自复制,不过要改变一个参量,使得当副本运行时其速度只是它的母程序的速度的一半,而它的“女儿”的速度又是它的一半,如此下去。这些程序中没有一个是严格地打印自身的,不过很明显,它们都属于同一“家族”。

这使人联想起生物的自复制过程。显然任何一个生物体都不全同于父母,那为什么生儿育女这一类事情还叫“自复制过程”呢?答案是,双亲和孩子之间有一个粗略的同构。这是一个保持物种信息的同构。因此,复制的东西是类而不是例。第五章的递归图案“G 图”也是如此:在那里,不同大小和形状的“磁性蝴蝶”间的那个映射是很粗糙的。任何两个蝴蝶都不尽相同,但它们都属于同一“物种”,而这个映射恰好保持了这一事实。用自复制程序的话来说,这将与一族程序相对应,这些程序都是用出自同一种计算机语言的各种“方言”写的,每一个程序都能把自己打印出来,但都稍作改变,以使得结果是原先的语言的一种方言。

凯姆式自复制

下面的例子可能是一种最为诡秘的自复制:不是用编译语言写一个合法的表达式,而是敲进一条编译程序所使用的错误信息。当编译程序读到你的“程序”时,它一下子就会陷入混乱。因为你的“程序”不合语法,于是编译程序就打印出一个错误信息。你要做的事情,就是设法安排一下,使得它打印出来的就是你键入的那条错误信息。斯科特·凯姆向我建议的这种自复制,是利用了系统中与你通常接触的层次所不同的另一个层次。尽管看起来似乎不足道,但是,在那些各种自复制为生存而相互争斗的复杂系统中,可能会有类似的情形,这我们马上就要讨论到。

什么是原件?

除了“什么是副本”这个问题,还有一个与自复制有关的基本哲学问题,那就是上述问题的另一面:“什么是原件?”弄清这是怎 504
么回事的最好办法是看几个例子:

(1)一个程序,如果用一个在计算机上运行的解释程序来解释它,它就把自己打印出来;

(2)一个程序,如果用一个在计算机上运行的解释程序来解释它,它就把自己连同该解释程序的一个完整副本(毕竟也个程序)一起打印出来;

(3) 一个程序,如果用一个在计算机上运行的解释程序来解释它,它就不仅把它自己连同该解释程序的一个完整副本都打印出来,而且还指挥着一个机械的装配过程,又装配起一部计算机,与那台运行着该程序及那个解释程序的计算机一模一样。

很明显,在(1)中,该程序是个自复制。而在(3)中,它究竟是个自复制程序,还是程序加上解释程序的混合系统,还是程序、解释程序以及处理机的联合体呢?

显然,一个自复制可以包括比单纯地打印自己更为丰富的内容。事实上,本章余下的大部分篇幅都将用来讨论那些把数据、程序、解释程序、处理机全搅在一起的自复制,而且这种自复制会一下子把它们全都复制出来。

印符遗传学

现在，我们该讨论 20 世纪中一项最吸引人而又意义深远的课题了：对“生命王国的分子逻辑”进行研究。这里借用了阿尔伯特·莱宁格尔富有想象力的说法。这也是逻辑——不过比人的智力所能设想的任何一种逻辑都更为复杂，也更为精彩。我们要从一个比较新颖的角度来探讨它：利用一种人工的单人游戏。我把它叫作印符遗传学。在印符遗传学里，我力图在一个印符系统（乍一看很像以 WJU 系统为代表的那类形式系统）中，捕捉分子遗传学的某些思想。当然，印符遗传学中包含了很多简化工作，从而特别有利于教学目的。

我得赶紧解释一下，分子生物学领域是一个若干层次上的各种现象相互作用的领域，而印符遗传学只打算解释来自一两个层次的现象。具体说，纯粹化学的方面完全被排除了——因为它们低于此处所讨论的层次。与此相似，古典遗传学（非分子遗传学）的一切方面也都排除在外——它们所属的层次比这里讨论的要
505 高。我只想利用印符遗传学给出一种直观，以期说明弗兰西斯·克里克（DNA 双螺旋结构的发现者之一）所阐述的、集中在著名的“分子生物学中心法则”里的那些过程：

DNA⇒RNA⇒蛋白质

我的希望是，通过我所构造的这个瘦骨伶仃的模型，读者可以了解该领域的某些简单统一的原则——否则，这些原则可能会被很多不同层次上的各种现象之间庞大而复杂的相互作用所淹没。我所牺牲的东西自然是严格的精度，所获得的东西——我希望——是

一点洞见。

串、基、酶

印符遗传学游戏是在字母符号的序列上进行印符操作。要用到四个字母：

A　C　G　T

由这样四个字母组成的任意序列叫作串。下面就是一些串：

GGGG

ATTACCA

CATCATCATCAT

顺便提一下，在印符遗传学中，串充当DNA片断的角色（在实际的遗传学中经常就把它们叫作“串”）。“信使RNA”的功能——它在印符遗传学中也用串来表示——是为DNA提供“邮政快递”服务。这将在后面看到。

有时我要把字母A、C、G、T称作基，并把它们所占据的位置称作单元。这样，上述例子中的中间那个串有七个单元，其第四个单元上放着基A。如果你有了一个串，你可以对它进行操作，用各种方式变化它。你还可以靠复制一个串或把一个串切成两半而多造出一些串。某些操作使串变长，某些使其变短，还有一些不涉及串的长度。

操作可以集束进行，也就是几项操作按次序接续执行。这样的一束操作有点像一台程序化的机器在串上移来移去地施加操作。这些活动着的机器就叫作“印符酶”——简称酶。酶在串上每次作用于一个单元，我们把这说成是酶“拴”在此刻所作用的那个单元上。

下面谈谈酶(任选几个)如何作用在具体的符号串上。首先该知道的事情是:每一种酶总喜欢一开始拴在某个特殊的字母上。所以就有四种酶——喜欢 A 的酶、喜欢 C 的酶、等等。给出某个
506 酶执行的一系列操作之后,你就可以判断出它喜欢哪个字母了。不过现在我就给出它们,不加解释。下面是一个任选的酶,它由三项操作组成:

(1)删除拴着这个酶的单元(并把酶拴在右方的下一个单元上)。

(2)向右移一个单元。

(3)(紧换着这个单元,在右边)插进一个 T。

这个酶正巧是喜欢一开始拴在 A 上的。我们用下面这个串作样本,看看酶怎么工作:

ACA

如果我们的酶拴在左边的 A 上并开始动作,那会发生些什么呢?第一步是删除这个 A,于是我们是在 CA 的左边——然后这个酶就拴在 C 上了。第二步把酶向右滑,到 A 上。而第三步就把 T 加在末端,形成 CAT 这样一个串,这样这个酶就完成了它的全部职责:把 ACA 变成了 CAT。

如果酶已经拴在 ACA 中右边的 A 上,会怎么样呢?它就要删除这个 A,并移出该串的端点。只要发生这种情形,酶就停止工作(这是个一般原则)。于是,全部的效果就是砍掉一个符号。

我们来再看几个例子。这又是一种酶:

(1)寻找本单元右边最近的嘧啶。

(2)进入复制状态。

(3)寻找本单元右边最近的嘌呤。

(4)从此处切断该串(从当时所在单元的右边切)。

这里有两个术语“嘧啶”和“嘌呤”。它们很简单:A 和 G 叫嘌呤,C 和 T 叫嘧啶。所以找出一个嘧啶就是找出最近的 C 或 T。

复制状态和双串

还有一个新术语叫复制状态。任何一个串都能“复制”成另一个串,但方式很有趣。不是把 A 复制成 A,你得把它复制成 T,反过来也一样。C 也不复制成 C,你得把它复制成 G,反过来也一样。请注意,嘌呤总是复制成嘧啶,而嘧啶拷贝成嘌呤。这叫作补基对。这种互补关系可表示如下:

互补

$$\text{嘌呤}\left\{\begin{array}{ccc} \text{A} & \Leftrightarrow & \text{T} \\ \text{G} & \Leftrightarrow & \text{C} \end{array}\right\}\text{嘧啶}$$

顺便说一下,从英文看,这就像是阿基里斯[Achilles]与乌龟[Tor- 507
toise]配对,螃蟹[Crab]与其基因[Genes]配对。

“复制”一个串时,并不是实际复制它,而是产生出它的补串,并把它倒过来写在原串的上方。我们来具体看看,让上述的酶作用在下面的串上(这个酶恰好也喜欢从 A 出发):

CAAAGAGAATCCTCTTTGAT

有许多地方能当作起点,比方说,我们选取左边第二个 A。酶拴在它上面,然后实施步骤 1:寻找右边最近的嘧啶。好,这意味着找

C 或 T。第一个是位于该串中央附近的那个 T，那就是我们到达的地方。然后，步骤 2：复制状态，好，把 A 倒过来放在我们的 T 上面。不过这并没有完，复制状态会继续保持有效，直到从其中退出——或者直到酶做完为止。这意味着复制过程继续进行，于是酶所通过的每一个基上面都放上了一个补基。步骤 3 是说找到我们的 T 右边的一个嘌呤。那就是从右端数在第三个位置上的 G。随着我们移到这个 G 上，我们一路上都必须“复制”——即创造一个补串。得到的东西是：

∀⅁⅁∀⅁∀∀∀Ɔ
CAAAGAGAATCCTCTTTGAT

最后一步是切断这个串，这就得到两段。

∀⅁⅁∀⅁∀∀∀Ɔ
CAAAGAGAATCCTCTTTG

和

AT。

这一束指令做完了。不过，我们得到了一个双串。凡是发生这种事情，我们一律把两个互补的串彼此分开（这是一般原则），所以事实上我们的最终产品是三个串组成的集合：

AT、CAAAGAGGA、CAAAGAGAATCCTCTTTG。

应当注意到，颠倒的符号串已翻过来正面朝上了，于是左和右也颠倒。

现在，我们已经见过可以施行在串上的各种印符操作中的大部分了。还有两条命令得说一说。一条是退出复制状态，另一条是把酶从一个串转移到倒着放在它上面的串上。这样做的时候，如果你保持纸的方向不变，那就必须把全部命令中的“左”和“右”

互换。更好的做法是，保持措辞不变而把纸转过来，使放在上面的 508
符号串成为可读的。如果已经给出了“转移”指令，而当时拴着酶的地方没有补基，那么酶就简单地自行脱离该串，其工作也就结束了。

还应说说，当遇到一条“切断”命令时，这与两个串（如果有两个串的话）都有关，然而“删除”只与酶所作用的那个串有关。如果复制养成在持续，那么“插入”指令就与两个串有关——基自身插入酶所工作的串，其补基插入另一个关了，插入其补串的必定是一个空格。

只要复制状态在持续，“移动”和“寻找”指令就要求我们给滑动着的酶所碰到的所有基都各造一个补基。顺便说一句，酶开始工作时，总是不处于复制状态的。如果本不处于复制状态，又遇见“退出复制状态”的指令，就什么也不会发生。类似地，如果复制状态已在持续，又遇到“进入复制状态”的指令，那也是什么事都不发生。

氨基酸

共有十五种类型的指令，开列如下：

cut——切断串

del——从串里删除一个基

swi——把酶转移到另一个串上

mvr——右移一个单元

mvl——左移一个单元

cop——进入复制状态

off——退出复制状态

ina——在本单元右侧插入 A

inc——在本单元右侧插入 C

ing——在本单元右侧插入 G

int——在本单元右侧插入 T

rpy——寻找右边最近的嘧啶

rpu——寻找右边最近的嘌呤

lpy——寻找左边最近的嘧碇

lpu——寻找左边最近的嘌呤

每一类指令都有一个用三个字母缩写的名字。我们把这些用三个字母缩写的指令叫作氨基酸。于是，每个酶都由一系列氨基酸制成。我们随便写一个酶：

rpu－inc－cop－mvr－mvl－swi－lpu－int

和一个任意的串：

TAGATCCAGTCCATCGA

509 看看这个酶如何对这个串起作用。碰巧，这个酶只拴在 G 上，我们就把它拴在中间的 G 上，并开始工作，向右寻找一个嘧啶（即 A 或 G）。我们（即酶）跳过 TCC，然后停在 A 上。插入一个 C，于是有

TAGATCCAGTCCACTCGA

↑

其中的箭头指着酶所拴的单元。进入复制状态。于是在 C 上放一个倒置的⅁。右移，再左移，然后转移到另一个串上。迄今为止我们已有

↓

⅁∀

TAGATCCAGTCCACTCGA

把它倒转过来，让酶拴在下面的串上：

TAGATCCAGTCCACTCGA

AG
↑

现在我们往左寻找一个嘌呤，于是找到 A。复制状态仍在持续，不过其补基已在那里，用不着再做什么。最后我们（在复制状态下）插入一个 T。停止：

TAGATCCAGTCCACTCGA

ATG
↑

我们最终的产品是两个串：

ATG 和 TAGATCCAGTCCACTCGA

原先那个串当然就消失了。

翻译和印符遗传密码

现在你大概很想知道这些酶和串都是哪来的，以及怎样知道一个给定的酶最初该拴在哪里。一个可能的方案是把某些随机的串和某些随机的酶放到一起，看看这些酶作用于这些串及其后代会发生什么事情。这有点 WU 谜题的味道了，在那里是几条给定的推理规则和一条作为出发点的公理。唯一的不同是，这里对一个串每作用一次，其原先的形式就消失了，而在 WU 谜题中，规则作用于 WJ 得到 WJU 时，并不清除 WJ。

不过，印符遗传学就像实际的遗传学一样，其方案颇有些诡秘。我们从某个任意的串出发，这多少有点像形式系统中的一条公理。但是一开始时我们并没有“推理规则”——也就是说并没有酶。然而，我们可以把每个串翻译成一种或多种酶！这样，串自己

510 就会口授将要在它们身上施行的操作，而这些操作又会依次产生出新的串，新串又会口授进一步的酶，如此等等！这简直是登峰造极的层次混合！为了对比，想想 WU 谜题，若能把每次生成的新定理都通过某种编码转换成一条新的推理规则，那么 WU 谜题会是多么的不同！

这种“翻译”是怎么做的呢？这涉及一种印符遗传密码。根据这种密码，一个串中的各对相邻的基——称作“二元组”——表示各种不同的氨基酸。总共有十六种可能的二元组：AA、AC、AG、AT、CA、CC、等等，而氨基酸共有十五种。印符遗传密码如图 87 所示。

按照这个表，二元组 GC 的翻译是“inc”（“插入 C”），AT 的翻译是“swi”（“转移”），等等。这样，一个串显然可以十分直截了当地口授一种酶。例如，串

TAGATCCAGTCCACATCGA

断成二元组，就是

		第二个基			
		A	C	G	T
第一个基	A		cut s	del s	swi r
	C	mvr s	mvl s	cop r	off l
	G	ina s	inc r	ing r	int l
	T	rpy r	rpu l	lpy l	lpu l

图 87　印符遗传密码。串中各个二元组按这种对应关系分别给十五种氨基酸（和一个标点符号）编码。

TA GA TC CA GT CC AC AT CG A

有一个 A 留在边上。翻译成酶，是

rpy—ina—rpu—mvr—int—mvl—cut—swi—cop。

（注意：剩下的 A 没什么用处。）

酶的三级结构

每个方格中右下角的字母“s”，“l”和“r”是干什么的？在确定酶必须拴在哪里时，它们是关键，而且其行为方式也很奇特。要弄 511
清一个酶喜欢拴在哪个字母上，就得弄清这个酶的“三级结构”。这是由其“一级结构”所决定的。所谓“一级结构”指的是其氨基酸序列，所谓“三级结构”指的是它喜欢的“折叠”方式。要紧的是，酶不喜欢像我们前面展示的那样成为一条直线。每个内部的氨基酸（两头的氨基酸除外），都可能会是一个“转弯”，这由角上的字母来决定。具体说。“l”和“r”分别代表“左”和“右”，而“s”代表“直”。下面我们拿刚才的那个作样本的酶为例，让它自行折起来以显示其三级结构。我们从酶的一级结构出发，顺着它从左向右移动。在角上有“l”的酶上，我们向左转；有“r”的，向右转；而对于“s”，则不转弯。图 88 显示了我们这个酶的二维造型。

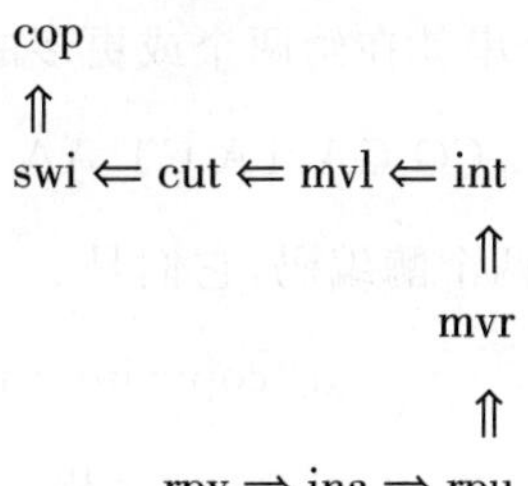

图 88 印符酶的三级结构。

注意在“rpu”处的向左转、在“swi”处的向右转，等等。还要注意第一段（“rpy⇒ina”）与最后一段（“swi⇒cop”）是正交的。这就是决定拴在哪里的关键。事实上,酶的三级结构中,第一段和最后一段的相对方向决定了该酶拴于何处。我们总是可以调整酶的方位,使其第一段指向右方,如果这样做了,那么最后一段就决定了酶所拴的位置,如图 89 所示。

第一段	最后一段	所拴的字母
⇒	⇒	A
⇒	⇑	C
⇒	⇓	G
⇒	⇐	T

图 89　印符酶所拴的位置表。

512 所以,我们现在所讨论的是一个喜欢字母 C 的酶。如果在折起的时候,一个酶自己居然会交叉,那也没什么不好——只要把它看成从自己下方或上方过去的就行了。应当注意,在确定酶的三级结构时,全部氨基酸都起了作用。

标点、基因与核糖体

还有一件事有待澄清:印符遗传密码的 AA 一格为什么是空白?答:二元组 AA 在串里起标点符号的作用,它标志着一个酶的密码的结束。就是说,如果一个串里有一个或几个二元组 AA 的话,这个串就在给两个或更多的酶编码。例如,串

CG GA TA CT AA AC CG A

就是为两个酶编码,它们是

cop—ina—rpy—off

和

cut—cop。

AA 把该串分成两个“基因”。基因的定义是：一个串中给一个酶编码的那个部分。要注意，在一个串内有 AA 并不就意味着该串是给两个酶编码。比如，CAAG 给“mvr－del”编码。这里的 AA 从偶数单元开始，因而并不读成二元组！

读串并产生出它们编码的酶，这种装制称作核糖体。（在印符遗传学中，做游戏的人起着核糖体的作用。）核糖体一点也管不着酶的三级结构，因为一旦造出了一级结构，三级结构就完全确定了。顺便说一句，翻译的过程总是从串到酶，而从不会反过来进行。

谜题：印符遗传学的自复制

印符遗传学的规则都已给出了，你如果试验一下这个游戏，就会发现它是很有趣的。尤为有趣的是设计一个自复制的串，下面我们就来做这件事。写下一个串，核糖体作用在它上面，就产生出在该串内编码的所有的酶。然后让这些酶接触原先的串，并在上面工作。这就得到一批“子串”。那些子串本身又通过那些核糖 513
体，得到第二代酶，它们又作用在其子串上，如此循环往复。这个过程可以进行任意多阶。我们的希望是：最终，在某一阶段出现的串里，能找到最初那个串的两个副本（副本之一事实上可能就是原先的串）。

印符遗传学的中心法则

印符遗传过程可以用一个图（图 90）来表示。

这个图说明了印符遗传学的中心法则。它显示了串如何（借

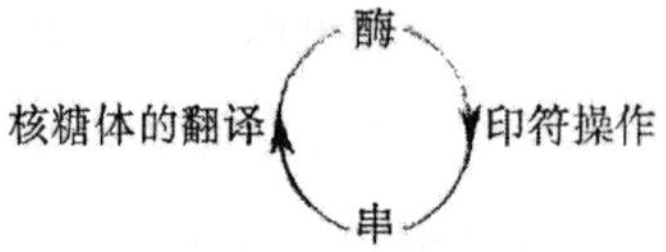

图 90　“印符遗传学的中心法则”:“缠结的层次结构”的一个例子。

助于印符遗传密码)定义酶,以及酶反过来如何作用于那些导出它们的串,从而得到新的串。因此,左边一条线绘出了老信息怎样流上去,因为酶是串的一个翻译,从而含有和串相同的信息,只不过形式不同,特别是作用的形式不同。然而右边那条线并不表示信息流下来,而是表示如何通过在串中调动符号,创造新的信息。

印符遗传学中的酶就像形式系统中的推理规则,它们闭着眼睛调动串中的符号,而不顾有可能潜藏在符号内的任何“意义”。所以这里就有一个怪异的层次混合状态。一方面,串是被作用的,因而充当了数据的角色(如图 90 中右边的箭头所指出的);另一方面,它们又支配这个施加在数据上的作用,因而又充当了程序的角色(如左边的箭头所指出的)。当然,起解释程序和处理机作用的是做游戏的人。联结“上”“下”两个印符遗传层次的这个双向通道表明:事实上,不管是串还是酶,哪个也不能认为比另一个高。作为对照,WJU 系统的中心法则图示是:

推理规则

↓　　(印符操作)

符号串

在 WJU 系统中,层次有明显的区别:推理规则绝对属于比符号串高的层次。对于 TNT 以及所有的形式系统,情况都类似。

怪圈、TNT 及实际的遗传学 514

但是，我们已经看到，在另一个意义上，TNT 中的各层次是混合在一起的。事实上，语言和元语言之间的界限已经打破了：谈论该系统的句子在该系统内部有一个镜象。这表明，如果我们画一个表示 TNT 与其元语言之间的关系的图，那它就将以一种十分醒目的方式相似于表示分子生物学中心法则的图。事实上，详细做这个对比正是我们的目标。不过，要想这样做，就得指出在哪些地方印符遗传学与真正的遗传学一致，哪些地方又不一致。当然，实际的遗传学远比印符遗传学复杂——不过，读者在了解印符遗传学的过程中所掌握的“概念骨架”，作为实际遗传学迷宫中的向导，还是十分有用的。

DNA 与核苷酸

我们从讨论“串”和 DNA 之间的关系入手。缩写“DNA”表示“脱氧核糖核酸”。大多数细胞的 DNA 位于细胞核内，有一层膜保护着。冈瑟・斯坦特曾把细胞核描述成是细胞的“金銮殿”，DNA 就充当着里面的君主。DNA 由比较简单的、称为核苷酸的分子的长链组成，每一个核苷酸由三个部分构成：(1)脱去一个特殊氧原子的、称为“核糖”的一种醣，所谓“脱氧”就是指这个；(2)磷酸基；以及(3)一个基。区别各种核苷酸的东西只是基，因而完全可以用基来鉴别核苷酸。出现在 DNA 核苷酸中的四种类型的基是：

515

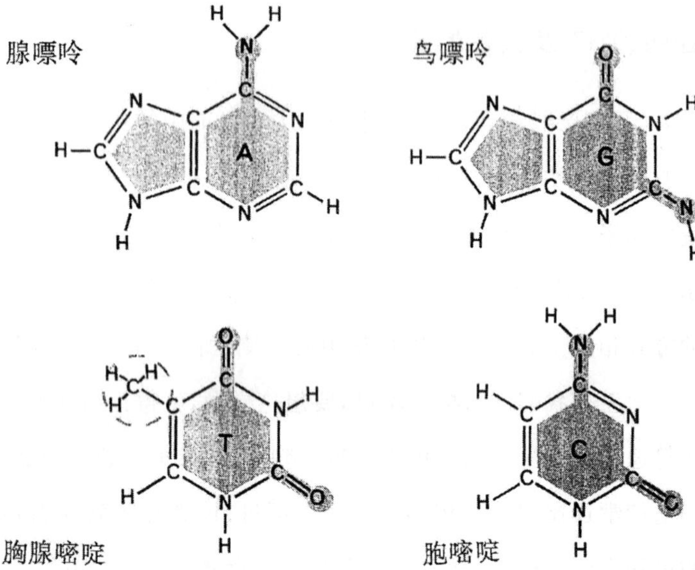

图 91　DNA 的四种基:腺嘌呤,鸟嘌呤,胞嘧啶,胸腺嘧啶。[摘自哈那瓦尔特和海因斯[Hanawalt;Haynes],《生命的化学基础》[The Chemical Basis of Life],旧金山:W. H. Freeman,1973 年版,第 142 页。]

A:腺嘌呤 ⎫
　　　　 ⎬嘌呤
G:鸟嘌呤 ⎭

C:胞嘧啶　 ⎫
　　　　　 ⎬嘧啶
T:胸腺嘧啶 ⎭

一个 DNA 串就这样由彼此串在一起的许多核苷酸组成,像一串珍珠一样。使一个核苷酸与其两边邻居相连的化学键很强,称作共价键,而“珍珠串”通常叫作 DNA 的共价脊柱。

DNA 通常由一对串构成——就是说,由两条逐个配对的核苷酸 串组成(见图92)。站在两个串之间负责这种特殊类型的配对的是基。这个串中的每个基面对着另一个串中的补基，并拴住它。互补关系就像印符遗传学中一样：A 与 T 配对，C 与 G 配对，总是一个嘌呤配一个嘧啶。

与顺着脊柱方向的强共价键比较，串之间的键是相当弱的。它们不是共价键，而是氢键。氢键出现时，两个分子络合物以下面的方式相互结合：原先属于其中一个分子的某个氢原子，变得“弄不清”属于哪边了。它游移于两个络合体之间，不知加入哪一边好。由于双串型 DNA 的两个部分只靠氢键彼此相联，所以比较容易把它们分开，也比较容易结合。这一事实对细胞的工作至关重要。

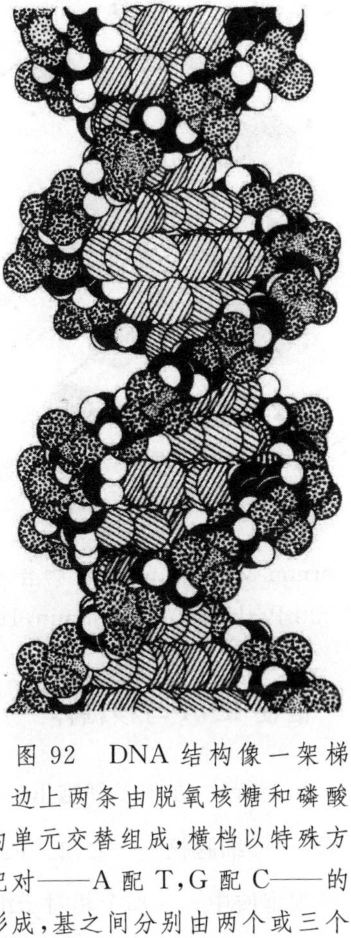

图 92 DNA 结构像一架梯子。边上两条由脱氧核糖和磷酸盐的单元交替组成，横档以特殊方式配对——A 配 T，G 配 C——的基形成，基之间分别由两个或三个氢键相互连接。[摘自哈那瓦尔特和海因斯，《生命的化学基础》，第 142 页。]

DNA 形成双串时，两个串彼此缠绕，像扭在一起的藤条（图 516
93）。每缠一圈恰好有十个核苷酸对，换句话说，每个核苷酸“扭”36 度。单串型 DNA 就不是这种盘绕状，因为这是基对的产物。

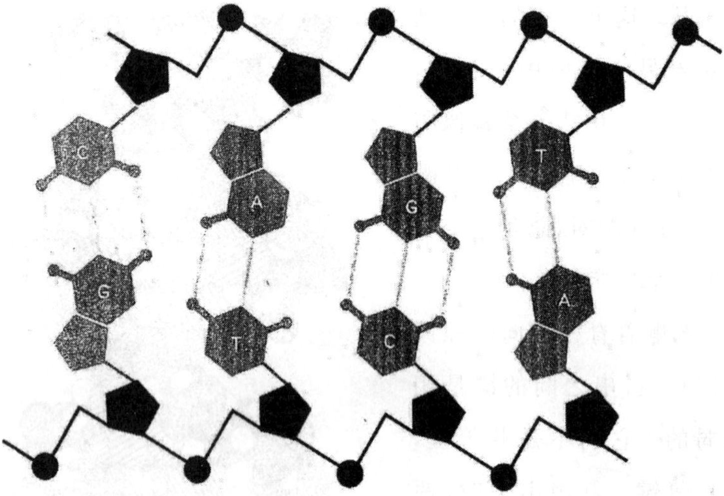

图 93　DNA 的双螺旋分子模型。[摘自维农·英格莱姆[Vernon M. Ingram],《生物合成》[Biosynthesis],加利福尼亚州,Menlo Park:W. A. Benjamin,1972 年版,第 13 页。]

517 **信使 RNA 与核糖体**

如上所述,在很多细胞里,DNA 这个细胞君主住在隐蔽的"金銮殿"——细胞核——之内。但细胞中的大多数"活物"都在核外,即在细胞质中——那个相对于细胞核"图形"而言的"衬底"。特别是实际主宰着每个生命进程的酶,是在细胞质中由核糖体产生的,而且酶的大多数工作都在细胞质中进行。如印符遗传学一样,全部酶的蓝图都储存在串里——即在 DNA 里,而 DNA 又藏在小小的细胞核之中。那么有关酶的结构的信息是怎样从细胞核里传给核糖体的呢?

这就该引入信使 RNA——mRNA 了。早先,mRNA 曾被戏称为一种 DNA“邮政快递”服务机构。这并不意味着 mRNA 在物理意义上把 DNA 带到什么地方去，而是说它把储存在细胞核内的 DNA 中的信息或命令，传递给细胞质中的核糖体。这是怎么做的呢？很简单：细胞核内部一种特殊类型的酶把 DNA 基序列中的一个个长段忠实地复制到一个新串——信使 RNA 串——上。然后，这个 mRNA 就离开细胞核，漫步走入细胞质，在那里它又跑进很多核糖体内，这些核糖体就开始根据它来制造酶。

在细胞核内把 DNA 复制到 mRNA 上的过程叫转录。在这一过程中，双串型的 DNA 必须暂时拆成两个单串，其中的一个用作 mRNA 的模板。顺便说说，“RNA”表示“核糖核酸”，它很像 DNA，只不过其全部核苷酸里的核糖中都有 DNA 核苷酸所缺的那个特殊的氧原子，所以去掉了“脱氧”这个词头。而且 RNA 使用尿嘧啶这个基，而没有胸腺嘧啶，所以 RNA 串中的信息可以用“A”、“C”、“G”、“U”四个字母的任意序列来表示。从 mRNA 转录出 DNA 时，转录过程可以通过常用的基配对法来进行（不过这时不再有 T 了，而是 U），所以，这种 DNA 模板与其 mRNA 伴侣看上去有点像是这样：

DNA：………………CGTAAATCAAGTCA ……（模板）

mRNA：………………GCAUUUAGUUCAGU ……（“副本”）

RNA 并不总与自己形成长的双串，尽管它能这样做。所以一般说来，它不是处于 DNA 的那种螺旋状态中，而是一个长长的、有时带点弯的串。

一个 mRNA 串一旦离开细胞核，就会遇到那些奇妙的亚细胞物质——“核糖体”。不过，在继续解释核糖体如何使用 mRNA 518

之前，我想对酶和蛋白质做些说明。酶属于分子生物学中所谓的蛋白质这样一个一般性范畴，而核糖体的工作是制造所有的蛋白质，并不只是制造酶。不是酶的那些蛋白质多是一些不活跃的家伙，例如，它们中有很多是结构分子，这意味着它们像是建筑物中的梁、柱等等：它们把细胞的各个部分连在一起。还有其他一些种类的蛋白质。不过就我们的目的而言，主要的蛋白质是酶，今后就不再特别区分了。

氨基酸

蛋白质由一系列氨基酸组成。氨基酸共有二十个品种，每一种都由三个字母来表示：

ala —— 丙氨酸

arg —— 精氨酸

asn —— 天门冬氨酰胺

asp —— 天门冬氨酸

cys —— 胱氨酸

gln —— 谷酰胺

gln —— 谷氨酸

gly —— 甘氨酸

his —— 组氨酸

ile —— 异白氨酸

leu —— 白氨酸

lys —— 赖氨酸

mef —— 蛋氨酸

phe　——　苯基丙氨酸

pro　——　脯氨酸

ser　——　丝氨酸

thr　——　苏氨酸

trp　——　色氨酸

tyr　——　酪氨酸

val　——　缬氨酸

应当注意到这里与印符遗传学在数目上的轻微差别，在那里，我们只有十五种用以组成酶的氨基酸。氨基酸是大体上与核苷酸同样复杂的一个小分子，因而，建造蛋白质的砖块与建造核酸（DNA、DNA）的砖块差不多大。但是蛋白质是由短得多的序列组成的：在典型的情形，大约三百个氨基酸就组成一个完整的蛋白质，而一个 DNA 串却可以含有数十万乃至上百万个核苷酸。

核糖体与录音机

当一个 mRNA 串游离出来进入细胞质，然后遇到一个核糖体时，会发生一个极其复杂而又精彩的过程，我们称之为翻译。可 519
以说，这个翻译过程就是一切生命的根本所在，其上罩着许多神秘的光环。不过，从本质上说，描述它并不难。我们先做一个形象化的比喻，然后再比较严格地加以说明。把 mRNA 设想成一长条录音磁带，而核糖体就像一台录音机。当磁带通过录音机的放音磁头时，信号就被“读出”并转变成音乐或其他声响。就这样，磁记号“翻译”成了音符。与此类似，当 mRNA“磁带”通过核糖体的“放音磁头”时，产生出的音符是氨基酸，而作出的“乐曲”是蛋白质。所谓翻译也就是这些。图 96 表明了这一点。

520

遗传密码

可是，一个核糖体在读到一系列核苷酸时，怎么能生产出一系列氨基酸呢？经过很多人的努力，这个秘密在 60 年代初被揭开了。答案的核心是遗传密码——从核苷酸的三元组到氨基酸的映射（见图 94）。这与印符遗传密码在精神上极为相似，除了这里是三个连续的基（或核苷酸）形成一个密码子，而在那里只要两个基就行了。因而，现在的表上必定要有 4×4×4（即 64）个不同条目，而不只是十六个。核糖体一次从 RNA 串上切下三个核苷酸——也就是说，一次切一个密码子——而且，它每这样做一次，就把一个单独的新氨基酸加到了正在生产的蛋白质上。

	U	C	A	G	
U	phe	ser	tyr	cys	U
	phe	ser	tyr	cys	C
	leu	ser	标点	标点	A
	leu	ser	标点	trp	G
C	leu	pro	his	arg	U
	leu	pro	his	arg	C
	leu	pro	gln	arg	A
	leu	pro	gln	arg	G
A	ile	thr	asn	ser	U
	ile	thr	asn	ser	C
	ile	thr	lys	arg	A
	met	thr	lys	arg	G
G	val	ala	asp	gly	U
	val	ala	asp	gly	C
	val	ala	glu	gly	A
	val	ala	glu	gly	G

图 94　遗传密码。信使 RNA 串中的每个三元组就这样为二十种氨基酸（及一个标点符号）编码。

一个典型的 mRNA 片段。先读成两个三元组（上面），然后读成三个二元组

CUA GAU
Cu Ag Au

（下面）：生物化学中的一个"三比二"的例子。

于是，蛋白质就一个氨基酸接一个氨基酸地从核糖体中制造出来了。

三 级 结 构

然而，随着一个蛋白质从核糖体中走出来，它不仅会越来越长，而且会逐渐地折叠成一个奇特的三维形状，很像是那种滑稽的蛇形焰火，在点亮时一面伸长，一面卷曲。这种形状称作蛋白质的三级结构(图 95)，而原先的氨基酸序列叫作蛋白质的一级结构。这个三级结构暗含在一级结构之中，这正和印符遗传学的情形一样。 521

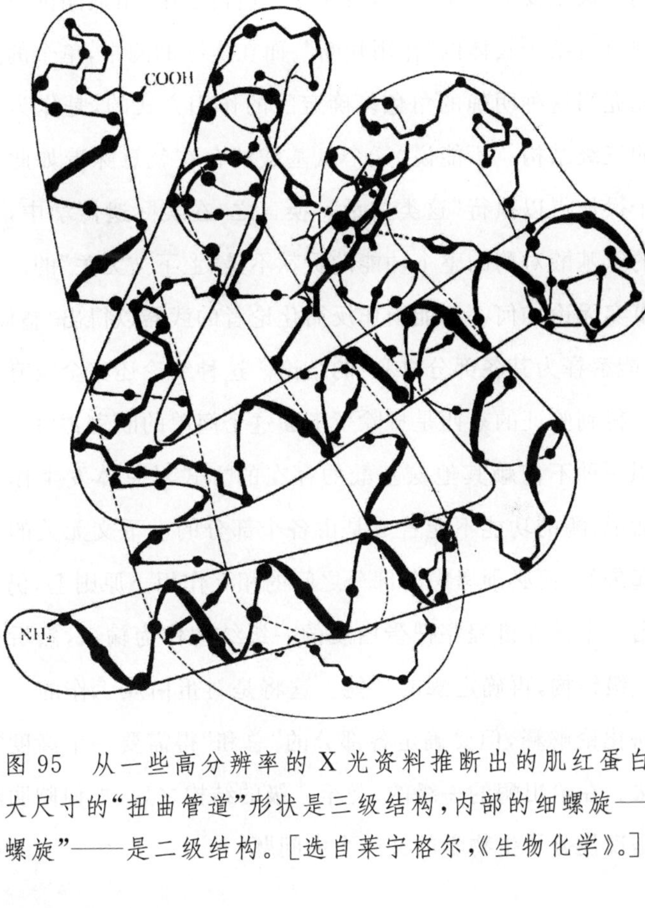

图 95 从一些高分辨率的 X 光资料推断出的肌红蛋白的结构。大尺寸的“扭曲管道”形状是三级结构，内部的细螺旋——“阿尔法螺旋”——是二级结构。[选自莱宁格尔，《生物化学》。]

可是，如果你只知道一级结构，那么导出三级结构的方法可就远比印符遗传学要复杂了。事实上，搞清某些规则，以便只要知道了蛋白质的一级结构就能指出其三级结构，乃是当代分子生物学中悬而未决的问题之一。

蛋白质功能的简化论解释

印符遗传学和真正遗传学之间的另一个差别——这可能是所有差别中最重要的一个——是：在印符遗传学中，组成酶的每个氨基酸都负责某个具体的"作用片断"；而在实际的酶中，单个的氨基酸不能充当这种明确的角色。确定酶的作用方式的，是作为一个整体的三级结构。不能说"这个氨基酸的存在就意味着如此这般的一个操作得以执行"这类的话。换言之，在实际遗传学中，一个单独的氨基酸对酶的整个功能的贡献不是"上下文无关"的。不过这一事实无论如何都不能当作反简化论者的武器以得出"整体[的酶]不能解释为其各部分之和"的结论。这种结论还完全没有得到验证。得到验证的东西是排除了下面这个简单的断言："每个氨基酸都用一种不依赖其他氨基酸的存在的方式对总体发生作用"。换句话说，酶的功能不能看成是由各个部分的上下文无关的功能
522 建立起来的，而必须考虑各部分之间的相互作用。原则上，仍有可能写出一个计算机程序把蛋白质的一级结构作为输入，然后先确定其三级结构，再确定酶的功能。这将是对蛋白质工作的一个彻底的简化论解释，但要确定各部分的"总和"得需要一个高度复杂的算法。在给出酶的一级的、乃至三级的结构之后，如何阐明酶的功能是现代分子生物学的又一个大问题。

也许，整个酶的功能最终仍可以看成是按照一种上下文无关的方法，从各个部分的功能上建立起来的，不过这里得把这些部分看成是单个的粒子，诸如电子、质子之类，而不是看成像氨基酸那样的“大块头”。这正是“简化主义者的窘境”：为了用上下文无关的总和这类概念来解释每一件事情，就必须降到物理的层次上，可是此时粒子的数目会如此之大，以至于只能说出理论上“大概”如何之类的话。所以我们只好满足于一个上下文有关的总和。它又有两个缺点，第一，总和的各个部分是相当大的单元，其性状就只能在高层次上描述，因而并不确定。第二，“总和”这个词意味着：每个部分都分担一个简单的功能，而整体的功能正好是这些个别功能的一个上下文无关的总和。当我们在给定一个酶的各个氨基酸后要解释整个酶的功能时，却正好做不到这一点。但不论是吉是凶，这是解释复杂系统时总要发生的一般现象。为了对各部分之间如何相互作用有一个既直观又易于处理的理解——简言之，为了能继续下去——我们时常不得不牺牲掉依靠微观的及上下文无关的画面所能得到的精确性。这纯粹是因为它不易处理。但此时不必失去信心，以致怀疑这样一个解释在原则上是否存在。

转移 RNA 与核糖体 523

现在我们回到核糖体、RNA 和蛋白质。前面已经说过，蛋白质是核糖体根据 DNA 的信使 RNA 从 DNA 的“金銮殿”带来的蓝图生产的。这似乎蕴涵着核糖体可以把密码子的语言翻译成氨基酸的语言，而这又等于说核糖体“懂得”密码。然而，全部信息恰恰并不在核糖体内。它是怎么做到的呢？遗传密码贮存在哪里

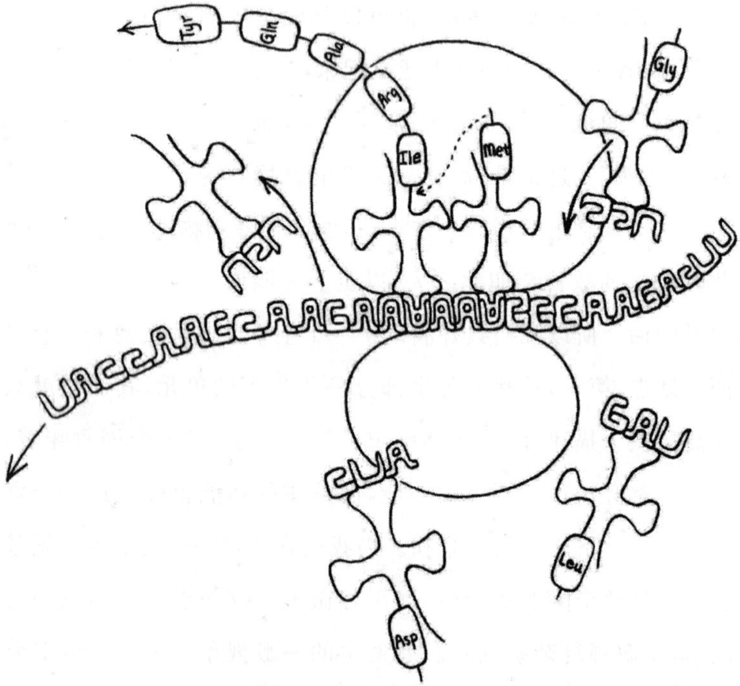

图 96 一段 mRNA 通过核糖体。漂浮在附近的是些 tRNA 分子,它们带有能被核糖体抓来并加进正在生成的蛋白质中的氨基酸。遗传密码作为一个整体包含在 tRNA 分子内。要注意,基对(A—U,C—G)在图中由卡在一起的字型表示。[斯科特·凯姆绘]

呢?令人惊异的事实是:遗传密码就在——还能在哪儿呢?——DNA 自身之内。这当然要作些解释。

我们把总体的解释丢开一会儿,先给出一个部分的解释。在任何给定的时刻,细胞质周围都四散漂浮着大量的四叶草形分子,在它们的一个叶片上,松松地拴着(即靠氢键相连)一个氨基酸,而在对面的叶片上有一个称为反密码子的核苷酸三元组。就我们的目的而言，另外两个叶片无关紧要。下面说明核糖体在制造蛋白质时如何使用这些“草”。当一个新的 mRNA 密码子进入核糖体的“放音磁头”的位置时，核糖体就伸手到细胞质中抓住一片其反密码子恰与该 mRNA 密码子互补的草，然后把这片草拽到这样一个位置上：能揭下叶子上的氨基酸，用一个共价键把它粘到正在生成的蛋白质上。（顺便说一句，一个氨基酸在蛋白质中与其邻居之间的键是一种很强的共价键，称为“肽键”。因此，蛋白质有时也叫“多肽”。）当然，“草”上带有合适的氨基酸并不是偶然的，因为它们全是根据来自“金銮殿”的严格指令生产出来的。

这种草的真正名字叫转移 RNA（tRNA）。tRNA 分子相当 524
小——大约相当于一个很小的蛋白质分子的尺寸——含有大约八十个核苷酸组成的一个链。与 mRNA 类似，tRNA 分子由主要的细胞模板 DNA 转录出来。可是，与含有数千个核苷酸形成的大长链的庞大 mRNA 分子相比，tRNA 是个侏儒。此外，tRNA 在这方面更像蛋白质（而不像 mRNA 串）：它们都有确定的、良定义的三级结构——由其一级结构确定。一个 tRNA 分子的三级结构恰好允许一个氨基酸拴在它的氨基酸位置上。确实，它就是对面叶片上的反密码子根据遗传密码表指出的那个氨基酸。tRNA 功能的一个生动的形象化类比，是一些漂浮在一位同声翻译周围的云雾之中的单词卡片，只要他需要翻译某个词，就从空中抓来一片——百发百中！在这种情形中，这位翻译就是核糖体，词就是密码子，译文就是氨基酸。

为了让核糖体解出 DNA 的内在消息，这些 tRNA 单词卡片就必须漂浮在细胞质中。在某种意义上，这些 tRNA 包含了

DNA 的外在消息的本质,因为它们是翻译过程的关键。但是它们自身又都来自 DNA。因而外在消息就要通过一种方法成为部分的内在消息,这种方法能使人联想起那个装在瓶子里的、说明它自己是用哪种语言写下来的消息。自然,这样的努力都不可能完全成功:没有一种方法能使 DNA 揪着鞋带把自己举起来。细胞里事先一定已经有某些遗传密码的知识了,所以才能制造那些酶,把 tRNA 作为 DNA 的主要副本给转录出来。而这种知识又储存在早先制造好的那些 tRNA 分子之内。这种完全排除对外在消息需要的努力就像艾舍尔的那条龙,在困住它的那个二维世界的环境中,它竭尽全力想要成为三维的,它似乎做了很多——不过当然决不会成功,尽管它给出了三维性的一个很好的模拟。

标点和阅读框架

核糖体怎么会知道什么时候一个蛋白质就制作好了呢?和印符遗传学一样,mRNA 中也有一个记号,指示出一个蛋白质的结束或开始。事实上,有三个特殊的密码子——UAA、UAG、UGA——都起标点符号的作用,而不是给氨基酸编码。当这样的一个三元组一下一下地滑入核糖体的"放音磁头"时,核糖体就放走正在构造的那个蛋白质,然后开始构造一个新的蛋白质。

最近,已经揭示了已知的最小病毒 ΦX174 的全部基因组。一
525 项极为意外的发现正在完成之中:它的 9 个基因中,有一些是部分重叠的——也就是说,两个不同的蛋白质由同一个 DNA 段编码!甚至有一个基因整个地包含在另一个里面!之所以如此,是因为

两个基因的阅读框架彼此恰好错开一个单元。按这种方式压缩信息所导致的稠密性是难以置信的。当然，这正是《音程增值的卡农》里藏在阿基里斯的福气小甜饼中那奇妙的“4/17 俳句”后面的灵感。

概括

于是，简而言之，我们眼前是这样一幅画面：从 DNA 御座出发，DNA 把信使 RNA 的一些长串送到细胞质中的核糖体上；而核糖体利用盘旋在自己周围的那些 tRNA“单词卡片”，根据 mRNA 中含有的蓝图，一个氨基酸接一个氨基酸地、高效率地构造蛋白质。DNA 仅指示了蛋白质的一级结构。但这足够了，因为当蛋白质从核糖体中出来时，它们便“魔术般地”折叠成复杂的形态，从而有能力像一台大功率的化学机器一样行动。

蛋白质与音乐中的多层结构和意义

我们已经把核糖体的形象比作录音机，mRNA 比作磁带，而蛋白质则是音乐。这看上去像是信手拈来，然而它们之间却有一些精彩的平行之处。音乐不仅仅是线性的音符序列。我们的心智是在比这高得多的层次上来理解乐曲的。我们把音符组块化成为乐句，若干乐句构成旋律，一些旋律形成乐章，几个乐章组成全曲。类似地，蛋白质只有在作为组块化单元起作用时才有意义。尽管一级结构已经携带着制造三级结构所需要的全部信息，但仍然“嫌少”，因为只有在物理上实际造出这个三级结构来，才能理解其潜力。

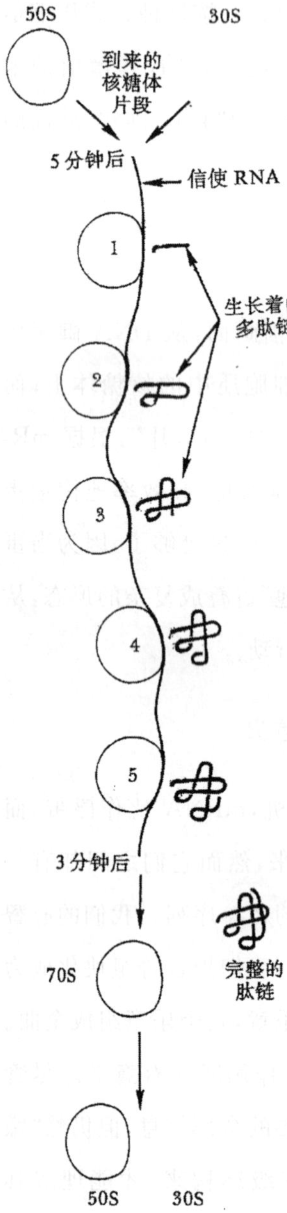

顺带提一句,我们只说到一级结构和三级结构,读者可能会奇怪:二级结构哪去了?其实是有的,就连四级结构也有。蛋白质的折叠现象不止存在于一个层次上。具体讲,在氨基酸链的某些地方,有形成一种螺旋的趋势,这叫阿尔法螺旋(别与 DNA 双螺旋搞混)。蛋白质的这种螺旋形扭曲处在比其三级结构低的层次上。这一层结构可以在图 95 中看到。四级结构可以比拟成由独立乐章组成的整个乐曲大厦,因为它牵涉到把已经绽开三级鲜花的若干不同的多肽组合成一个更大的结构。这些独立的链之间通常由氢键相连,而不是靠共价键。当然,这正像一个由若干乐章组成的乐曲,其各章之间的联系远不

图 97　多核糖体。同一个 mRNA 串通过一个接一个的核糖体,就好像磁带依次通过若干台录音机。其结果是一批处于不同程度的正在生成的蛋白质:类似于相互错开的若干录音机所生成的音乐卡农。[选自莱宁格尔,《生物化学》。]

如章内的联系紧密，但仍能形成一个“有机”的整体。

一级结构、二级结构、三级结构和四级结构，这四个层次还可以比作《前奏曲，蚂蚁赋格》中的“无之图”（图 60）的四个层次。总的结构——由两横一撇及一个竖弯钩组成一个“无”字——是它的四级结构；那两横及那一撇一竖弯钩本身是三级结构，分别由“整体论”和“简化论”组成；而三级结构的“整体论”与“简化论”其笔划分别由二级结构的“简化论”和“整体论”组成，最后，一级结构则是一遍又一遍地重复“无”字。

多核糖体与二排卡农 526

我们再来看看把磁带翻译成音乐的录音机，与把 mRNA 翻译成蛋白质的核糖体两者之间的另一个优美的平行关系。设想有许多磁带录音机一字排开，间隔相等。我们可以把这个阵势叫作“多录音机”。再设想同一条磁带陆续通过各个录音机的放音磁头，如果磁带上录有一个完整的长旋律，那么输出自然是一个多部轮唱，各声部之间的延迟由磁带从一台录音机起到下一台录音机所用的时间来确定。在细胞中，确实也存在这种“分子卡农”，那里，很多核糖体一字排开，形成所谓多核糖体。它们全都“使用”同一个 mRNA 串，错开一定时间，生产同样的蛋白质（见图 97）。

不仅如此，大自然做得还要好些。我们还记得，mRNA 是通过转录 DNA 而制成的，负责这个过程的酶叫 RNA 聚合酶。常有这样的事发生：一系列 RNA 聚合酶会并排工作在同一个 DNA 串上，结果就造出很多彼此分离（但却相同）的 mRNA 串，每一串都相对上一串延迟一点时间，这正是 DNA 从一个 RNA 聚合酶移到下一个聚合酶所需要的时间。同时,在并排出现的每一个 mRNA 上,又可以有若干不同的核糖体在工作。这样,就达到了一个双层
527 的或二排的"分子卡农"(图 98)。在音乐中的对应形像是一个十分荒唐但却很有意思的情景:若干名誊写员同时工作,每个人都把一份原稿从长笛手无法演奏的谱表抄成一个他们能演奏的谱表。每个誊写员抄完一页原稿,就把原稿传给下个人,然后自己再抄新的一页。与此同时,根据出自每个誊写员笔下的抄件,有一组长笛在吹奏这个旋律,每个长笛手相对于其他吹奏同一张曲谱的人又有所延迟。也许这个极度夸张的形象能使你对你身体中每分每秒都在进行着的过程的复杂性的某些方面有所想象。

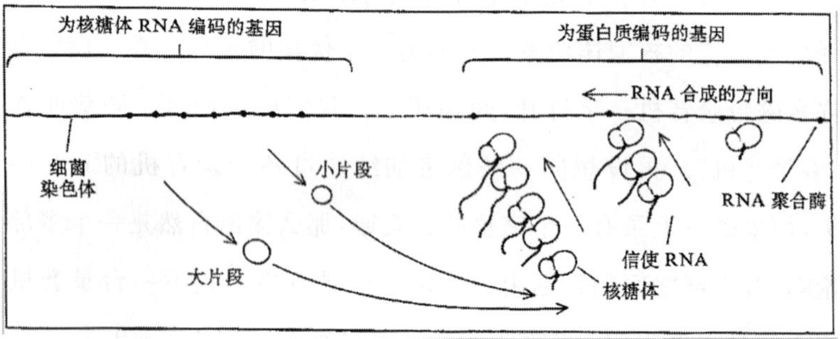

图 98 这里是一个更为复杂的图示,不只一个而是有若干个 mRNA 串,它们全都转录自同一个 DNA 串,并受到多核糖体作用,其结果是一个二排的分子卡农。[选自哈那瓦尔特和海因斯,《生命的化学基础》,第 271 页。]

谁生谁——核糖体与蛋白质

我们一直在谈论那些称为核糖体的惊人活物,可它们自己又
528 是怎么构成的、如何制造的呢?核糖体由两种东西构成:(1)各类

蛋白质，(2)另一种 RNA，叫作核糖体 RNA(rRNA)。于是，为了造出核糖体，得有某些种类的蛋白质，还得有 rRNA。自然，要有蛋白质就得有核糖体来制造它。那么，你怎么应付这个恶性循环呢？先有谁——核糖体还是蛋白质？谁制造谁？当然不会有答案，因为总是要追溯到同一种类次序在先的成员身上——就像先有鸡还是先有蛋的问题一样——直到一切都消失在时间的地平线上为止。无论何时，核糖体总是由两块东西制成，一大一小，每一块中都含有一个 rRNA 和几个蛋白质。核糖体差不多和大的蛋白质一样大小。它们远远小于作为它们的输入并且它们要顺着移动的 mRNA 串。

蛋白质的功能

我们已经谈过一些蛋白质的结构，尤其是酶的结构，但我们还没有实际讲述它们在细胞内执行什么任务，以及如何去做。全部的酶都是催化剂，这意味着，在某种意义上，它不过是有选择地加速细胞中的一些化学过程，而不是使那些没有它们就不能发生的事情发生。每种酶都使千万条潜在通道中的一条特定通道得以实现。因此，在选定要引入哪一种酶的同时，你也就选定了将要发生的事情和将不发生的事情——尽管从理论上说，任何细胞过程不靠催化剂帮助而自动发生的概率都不是零。

酶怎样在细胞里的分子上起作用呢？如已经讲过的那样，酶是折起的多肽链，在每个酶中都有一个裂缝或口袋或别的某种界 529
说清楚的外貌牲，酶在那里拴住某个其他种类的分子。这个地点叫活性部位，拴在那里的分子叫基质。酶可以有不止一个活性部位和不只一个基质。像印符遗传学一样，酶对于它们所要发挥作用的部位实在是很挑剔的。活性部位通常都很"挑食"：只许一种分子拴在上面。尽管如此，有时也会遇上"画饼"——一些其他分子，它们也能适应这个作用点并赘在上面，哄骗这个酶，从而事实上使酶起不了作用。

一旦把酶与其基质拴在一起，就会发生某种电荷不平衡状态，随后，电荷——以电子或质子的形式——就围绕着拴住的分子流动并重新排布自己。达到平衡时，基质可能已经发生了意义深刻的化学变化。例如：可能已经发生了一个"焊接"过程，把一些标准的小分子连成核苷酸、氨基酸或其他的普通细胞分子；一个DNA串可能已在一个特殊的部位"豁开"；一个分子的某一部分可能已被割掉；等等，等等。事实上，生物酶对分子所起的作用十分类似于印符酶所执行的印符操作。只不过大多数酶基本上都只执行单项任务，而不是执行一系列任务。印符酶和生物酶之间还有一个显著的区别，那就是：印符酶只作用在串上，而生物酶则可以作用在DNA、RNA、其他蛋白质、核糖体以及细胞膜之上——简言之，作用于细胞里的每一样东西。换句话说，酶是在细胞内使各种事件得以发生的通用机器。有各种各样的酶，有的能把东西粘在一起，有的又把它们分开，有的修改它们，有的激活它们，有的安定它们，有的复制它们，有的恢复它们，有的毁坏它们，……

细胞内某些极为复杂的过程是"多级瀑布"形的，在那里面，某种类型的单个分子导致某种酶的生产过程；生产过程开始后，从"组装线"中制出的酶又开辟一条新的化学途径使第二种酶开始生产。这种事情可以持续三、四层，每一种新生产出的酶又引起另一类型的生产过程。到头来,生产出最后定型的酶的副本的一个"指示器",然后所有的副本就脱离出来,去执行它们各自的任务,也许是去除掉某个"异端"DNA,或协助制作细胞所"渴望"的某种氨基酸,或是别的什么事情。

需要有一个足够强有力的支撑系统

我们来说说印符遗传学所揭示的大自然对"什么样的 DNA 串能指挥自己的复制?"这个谜题的解答。当然,并非每个 DNA 串生来都是自复制。关键在于:任何一个想要指挥自己的复制工 530
作的串,都必须含有一些命令,以便能恰好调集那些能够执行这一任务的酶。指望一个 DNA 串孤家寡人就能成为自复制,这是枉费心机。因为,要把那些潜在的蛋白质从 DNA 中拽出来,不仅得有核糖体,而且还得有 RNA 催化酶。后者要用来制造输送给核糖体的 mRNA。所以我们必须从假定有一种刚好强到允许转录过程和翻译过程得以进行的"极小支撑系统"开始。于是,这个极小支撑系统就得包括:(1)某些保证 mRNA 能从 DNA 制造出来的蛋白质——例如 RNA 聚合酶,(2)某些核糖体。

DNA 如何自复制

"足够强有力的支撑系统"和"足够强有力的形式系统"两种说法听起来很有些相似,这无论如何不能算是巧合。一个是产生自复制的前提,一个是产生自指的前提。其实,从本质上讲,这只是一种现象在两个不同的外观下出现,而我们马上就要把它们明显地对应起来。不过,做这件事情以前,我们先得说清楚一个 DNA

串怎么能成为自复制。

DNA 必定含有一组蛋白质的密码，而这组蛋白质就将复制这个 DNA。有一种十分有效而精致的办法能复制一个由互补的两个串组成的双串 DNA。这包括两步：

(1)把两个串彼此分开，

(2)给刚刚得到的两个新的单串各“配”上一个新串。

这个过程能造出两个新的 DNA 串，每一个都与原先的双串等同。如果我们的解决办法是建立在这个想法上的，那就必定要涉及一组在 DNA 中有自己的密码、并将要执行这两个步骤的蛋白质。

据信，在细胞内这两个步骤是通过一种协调的方式一起进行的，而且需要三种主要的酶：DNA 核酸内切酶，DNA 催化酶和 DNA 连接酶。第一种是个“拉开酶”：它把原有的两个串剥开一小段距离，然后停止。这之后，另外两种酶登场。催化酶基本上是一种完成“复制并移动”操作的酶：它切下 DNA 的一个短短的单串，以一种会使人联想起印符遗传学中的复制状态的方式用补基来复制它们。为了复制，它要利用在细胞质中四处漂浮的一些原料——尤其是核苷酸。由于这个过程是阵发性的，每次都剥开一些东西，复制一些东西，所以就产生了一些小缝隙，而 DNA 连接酶就是堵缝的东西。这个过程一遍又一遍地重复。这部精密的三酶机就以一种小心翼翼的方式一路沿着 DNA 分子运行着，直到整个东西都被剥开，同时也被复制，最后有了两个副本为止。

531 DNA 的自复制方法与扤揌相比较

应该注意，在酶对 DNA 串的作用过程中，全然没有用到信息储存在 DNA 之中这一事实。酶只是在执行调拨符号的职能，就像 WJU 系统中的推理规则一样。这三种酶在某一时刻就在实际复制作为他们自身的密码的那些基因，但它们对此却无动于衷。对它们来说，DNA 只是一块既无意义也无趣味的模板。

把这与蒯恩句子那种描述如何构造自己的副本的方法作个比较是颇为有趣的。在那里，也有一种"双串"——同一信息的两个副本，其中一个起指令作用，另一个起模板作用。在 DNA 中，过程有一点类似，因为三种酶（DNA 核酸内切酶、DNA 催化酶、DNA 连接酶）只在其中的一个串中被编码，这个串就起着程序的作用，而另一个串只是块模板。这个平行还不完美，因为在执行一个复制动作时，两个串都作模板使用，而不只是一个串。即便如此，这个类比也是具有高度启发性的。对这种使用与谈论的二重性，有一个生物化学的类比：当 DNA 被看作只是一系列有待复制的化学物质时，就相当于谈论印刷符号；而当 DNA 指示该执行哪些操作时，就相当于使用印刷符号。

DNA 的意义层次

从一个 DNA 串里可以读出好几个不同层次的意义，这要看你把 DNA 划成多大的块，以及你使用的解码器有多强。在最低的层次上，每一个 DNA 串给一个等效的 RNA 串编码——作为转录的编码过程。如果将 DNA 组块而形成三元组，那么，利用"遗传解码器"就能把 DNA 读成一系列氨基酸。这是（在转录之上的）一个翻译。在下一个自然的层次上，DNA 又可读成一组蛋白质的代码。这个把蛋白质从基因里拽出来的物理过程叫作基因表示。目前,这是我们所了解的 DNA 意义的最高层次了。

然而,肯定有更高层次的意义,它们更难觉察。例如,有种种理由使人们相信(比如说人的)DNA 含有个人特征(如鼻子的形状、音乐天份、反应速度等等)方面的密码。我们能不能在原则上学会直接从一个 DNA 串读出这些信息,而不必经历实际的物理渐成过程(从遗传型到表现型的物理显示)呢?大概是可以的。因为在理论上我们可以拥有一个强得难以置信的计算机程序来模拟整个的过程,包括每个细胞、细胞中的每种蛋白质、以及 DNA 复制时所涉及的每个细微末节,等等,一直做到底。这样一个伪渐成程序就是表现型的一个高层次描述。

532 另外还有一种(极其微弱的)可能:我们毋需去同构模拟渐成过程,而是通过找到某种较为简单的解码器,直接从遗传型读出表现型来。这可以叫作"捷径伪渐成过程"。捷径也好,非捷径也好,伪渐成过程目前当然还远未达到——尽管有个惹人注目的例外:对于猫科的一个种——Felis－catus,深入的探索已经揭示出,确有可能直接从遗传型读出表现型来。直接观察一下 Felis－catus 的 DNA 中下述典型节段,可能就会更好地体会这个值得注意的事实:

……CATCATCATCATCATCATCATCATCATCAT……

下面列出了各个层次上 DNA 读出方式的一览表,以及不同的译码层次的名称。DNA 能被读成这样的序列:

(1) 基(核苷酸)……………………转录

(2) 氨基酸…………………………翻译

(3) 蛋白质(一级结构)⎫
　　　　　　　　　　⎬……基因表示
(4) 蛋白质(三级结构)⎭

(5) 蛋白质束…………………………高层基因表示

(6) ?　?　?

.　　.⎫
.　　.⎬…………………………DNA 意义的未知层次
.　　.⎭

(N－1)?　?　?

(N) 物理、精神和心理的品质……伪渐成过程

中心法则映射

有了这个背景,我们就可以在克里克的“分子生物学中心法则”(称作法则Ⅰ,这是一切细胞过程的基础)和我富有诗意的发明——“数理逻辑中心法则”(称作法则Ⅱ,是哥德尔定理的基础)——之间做一个精细的比较。图 99 和下面的表显示了其间的映射,这个图和表一起构成了“中心法则映射”。

法则Ⅰ (分子生物学)		法则Ⅱ (数理逻辑) 533
DNA 串	⇔	TNT 符号串
mRNA 串	⇔	N 的陈述
蛋白质	⇔	元 TNT 的陈述
作用在蛋白质上的蛋白质	⇔	关于元 TNT 的陈述的陈述
作用在作用在蛋白质上的蛋白质上的蛋白质	⇔	关于关于元 TNT 陈述的陈述的陈述

转录	⇔	解释
(DNA⇒RNA)		(TNT⇒N)
翻译	⇔	算术化
(RNA⇒蛋白质)		(N⇒元 TNT)
克里克	⇔	哥德尔
遗传密码	⇔	哥德尔编码
(任意约定)		(任意约定)
密码子(基的三元组)	⇔	密码子(数码的三元组)
氨基酸	⇔	元 TNT 中引用的 TNT 符号

中心法则映射图

534

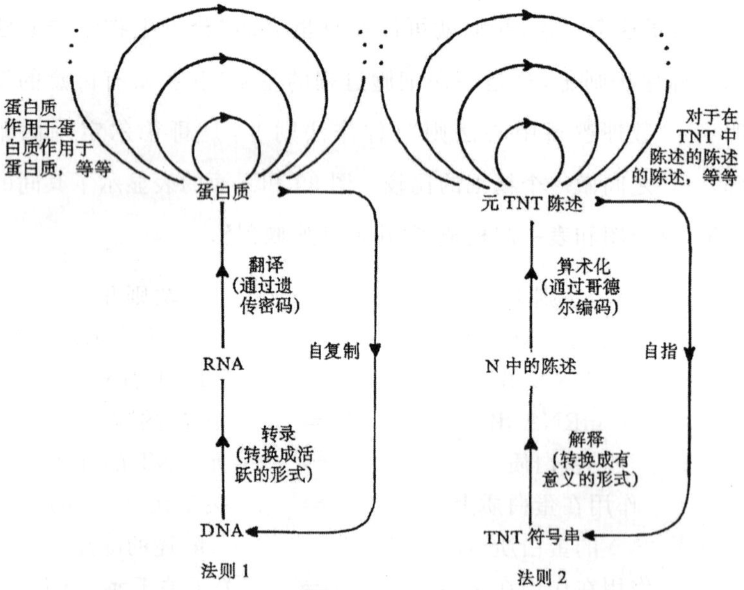

图 99　中心法则映射。在两个基本的缠结的层次系统——分子生物学层次系统和数理逻辑层次系统——之间的一个类比。

自复制	⇔	自指
使自复制得以发生的充分强的细胞系统	⇔	使自指得以发生的充分强的算术形式系统

请注意 A 和 T 组成的基对(算术化[Arithmetization]和翻译[Translation]),以及 G 和 C 的基对(哥德尔[Gödel]和克里克[Crick])。数理逻辑居嘌呤一方,分子生物学居嘧啶一方。

为了使这个映射从美学角度看更为完善,我情愿让哥德尔配数法向遗传密码绝对看齐。事实上,只要按下面的对应,遗传密码表也就变成了哥德尔编码表:

(奇)1　⇔　A(嘌呤)

(偶)2　⇔　C(嘧啶)

(奇)3　⇔　G(嘌呤)

(偶)6　⇔　U(嘧啶)

每种氨基酸(共二十种)恰好对应一个 TNT 符号(共二十个)。这样,我当初编造“简朴 TNT”的动机也就终于明朗了——要它恰好有二十个符号!哥德尔编码如图 100 所示。试将它

	6	2	1	3	
6	0	∀	∨	:	6
	0	∀	∨	:	2
	a	∀	标点	标点	1
	a	∀	标点	⊃	3
2	a	~	<	·	6
	a	~	<	·	2
	a	~	>	·	1
	a	~	>	·	3
1	∧	S	+	∀	6
	∧	S	+	∀	2
	∧	S	=	·	1
	'	S	=	·	3
3	(	)	[	∃	6
	(	)	[	∃	2
	(	)	]	∃	1
	(	)	]	∃	3

图 100　哥德尔编码。按照这个哥德尔配数方案,每个 TNT 符号有一个或几个密码子。小椭圆圈表 535
明这个表怎样包含着第九章中的哥德尔配数表。

与遗传密码(图 94)比较一下。

看到本世纪所获得的知识中,两个极其深奥而又十分重要的进展如此深刻地分享了这样一种抽象的结构,简直会让人感到有什么近乎神秘的东西存在。中心法则映射无论如何不是这两种理论等价的一个严格证明,不过它清楚地显示了一个意义深远的亲缘关系,这是值得深究的。

中心法则映射中的怪圈

这个映射的两边有一个更为有趣的相似,即那种具有任意复杂度的"圈子"在两边渐渐达到顶层的方式:左边,是作用在作用在蛋白质上的蛋白质上的蛋白质,等等,直至无穷;而右边,是关于关于元 TNT 陈述的陈述的陈述,等等,直至无穷。这些都类似于我们在第五章中讨论过的异层结构,在那里,一个足够复杂的基质就可以使高层怪圈出现,并不断地兜圈子,以至完全隔离于较低的层次。我们将在第二十章中详细探究这一思想。

说到这里,你可能奇怪:"按照中心法则映射,|哥德尔不完全性定理|该对应于什么?"这倒是个应该在读下去之前好好想想的问题。

中心法则映射与《对位藏头诗》

看得出,中心法则映射十分类似于第九章中建立的《对位藏头诗》与哥德尔定理之间的映射。因此,我们可以找出全部三个系统之间的平行性:

(1)形式系统和符号串,

(2)细胞和 DNA 串,

(3)唱机和唱片。

下面的图表详细解释了系统 2 和系统 3 之间的映射：

《对位藏头诗》		分子生物学 536
唱机	⇔	细胞
“完备的”唱机	⇔	“完备的”细胞
唱片	⇔	DNA 串
可以在一个给定的唱机上播放的唱片	⇔	可以由一个给定的细胞复制的 DNA 串
不可在这台唱机上播放的唱片	⇔	不可由这个细胞复制的 DNA 串
把唱片的音糟转变为声音的过程	⇔	把 DNA 转录到 mRNA 上的过程
唱机产生的声音	⇔	信使 RNA 串
声音翻译为唱机的震颤	⇔	mRNA 翻译成蛋白质
从外部音响到唱机震颤的映射	⇔	遗传密码（mRNA 三元组到蛋白质的氨基酸的映射）
唱机的毁坏	⇔	细胞的毁灭
为唱机 X 特制的歌，标题是“我不能在唱机 X 上播放”	⇔	为细胞 X 特制的 DNA 串高层解释：“我不能由细胞 X 复制”
“不完备”的唱机	⇔	至少有一个 DNA 串复制不出来的细胞
“疙瘩定理”：“给定一台具体的唱机，总有一张它不能播放的唱片。”	⇔	免疫定理：“给定一个具体的细胞，总有一个它复制不了的 DNA 串。”

哥德尔定理的对应物看上去是一个奇怪的东西,也许对分子生物学家来说没什么用处(在他们看来,这似乎十分明显):

> 总可以设计一个 DNA 串,如果把它注入细胞中,在被转录时它将促使一些将会毁掉这个细胞(或 DNA)的蛋白质生产出来,而这就造成该 DNA 的“非复制过程”。

537 这会促成一个滑稽有趣的构想,至少从进化论的角度看是如此:一种入侵型的病毒偷偷摸摸进入了一个细胞,然后精心制作一些具有破坏这个病毒本身的效力的蛋白质!这是一种细胞水平上的自杀——如果你愿意,也可说是细胞水平上的说谎者句子。显然,这并没有从物种生存的角度证明有什么好处。不过,如果我们不拘泥于字眼,可以认为这说明了细胞与其入侵者各自发展起来的保护和颠覆这两种机制的精神实质。

大肠杆菌与 T4 之战

我们来考虑生物学家特别宠爱的一种细胞:大肠杆菌细胞,以及生物学家特别宠爱的入侵这种细胞的家伙:凶恶可怕的 T4 噬菌体,其形状如图 101。这种神奇的小东西看上去有点像登月舱和蚊子的混血儿,可它却比蚊子凶得多。它有一个“头”,里面储存着它的全部“知识”——即它的 DNA;它有六条“腿”,以便抓牢它选定入侵的细胞;它有一个像蚊子那样的“刺针”(叫“刺尾”可能更合 适些)。主要的区别是,蚊子利用它的刺针来吸血,而T4噬菌

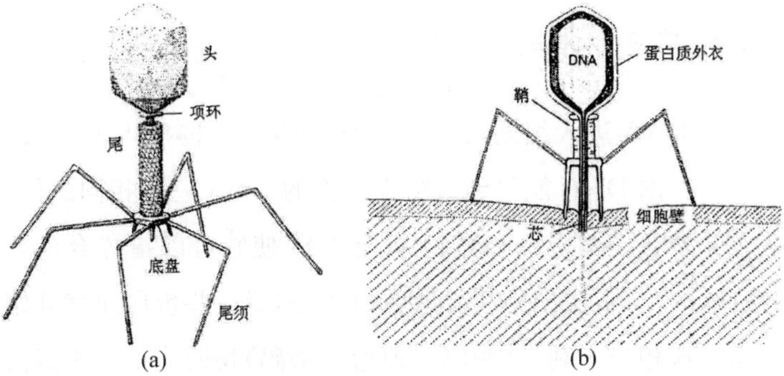

图 101　T4 细菌病毒是一个蛋白质聚合体(a)。它的“头”是形如一种具有三十面的扁长的正十二面体的蛋白质膜,里面充满了 DNA,头通过一个颈与尾部相连。尾部是包在一个可收缩的鞘内的空心芯子,安在四周有六条须根、下面有若干钉子的底盘上。钉子和须根使病毒牢牢地粘在细菌的细胞壁上(b)。鞘的收缩使芯子穿透细胞壁,病毒的 DNA 进入细胞。[选自哈那瓦尔特和海因斯,《生命的化学基础》,第 230 页。]

体则利用它的刺针违背它的牺牲品的意志,把自己的遗传物质强行注入细胞。所以噬菌体在那个小小的天地里犯有“强奸”罪。

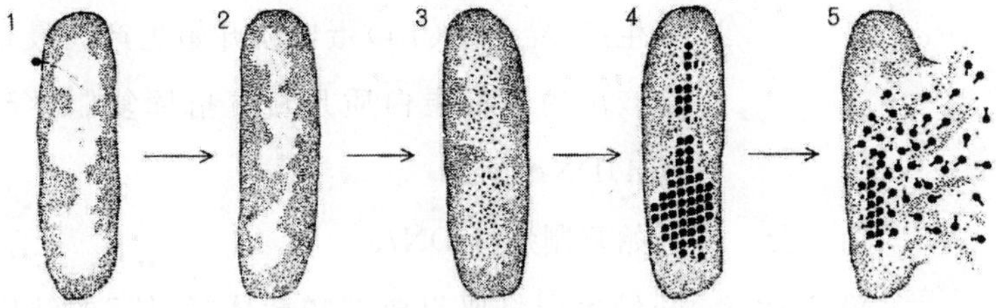

图 102　当病毒的 DNA 进入细菌之后,病毒感染就开始了。 538
细菌的 DNA 被瓦解,而病毒的 DNA 得到复制。病毒结构蛋白的合成以及它们装配成病毒的过程一直在继续,直到撑破细胞,释放出微粒为止。[选自哈那瓦尔特和海因斯,《生命的化学基础》,第 230 页。]

分子特洛伊木马

病毒 DNA 进入细胞后会发生什么事呢？按拟人的说法，病毒“希望”它的 DNA 能得到与宿主细胞的 DNA 完全相同的待遇。这就意味着要能被转录和被翻译，于是就使它可以指挥合成它自己的特殊的、与宿主细胞相异的蛋白质，然后这些蛋白质就开始各司其职。这相当于利用“密码”(即遗传密码)秘密地把外来蛋白质输送到宿主细胞中，然后再来“解码”(制造它们)。在某种意义上，这很像特洛伊木马的故事：数百名战士藏进一个看上去无害的巨大木马，当他们进城之后，就钻出来占领城市。这些异己的蛋白质一旦从它们的载体 DNA 中被“翻译”出来(合成出来)，就投入行动。由噬菌体 T4 所指挥的一系列行为已得到仔细研究，差不多是如下所述(也见图 102 和图 103)：

发生的时刻	发生的行为
第 0 分	注入病毒 DNA。
第 1 分	破坏了主体的 DNA。细胞本身的蛋白质停止生产，异己的(T4)蛋白质开始生产。最先生产出的一批蛋白质是负责指挥复制异己(T4)DNA 的。
第 5 分	开始复制病毒 DNA
第 8 分	开始生产将要组成新噬菌体“躯体”的结构蛋白。
第 13 分	T4 入侵物的第一个完整的复制品被生产出来。
第 25 分	溶菌酶(一种蛋白质)攻击寄主的细胞壁，打破细菌，“二百元组”出现。

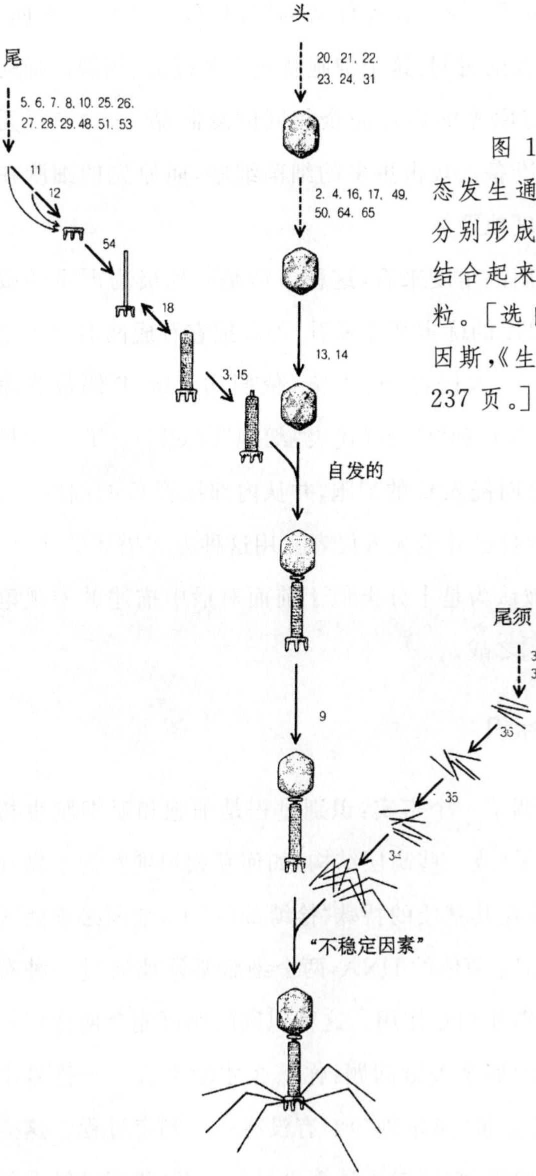

图 103　T4 病毒的形态发生通道有三个主分支，分别形成头、尾和尾须，然后结合起来形成完整的病毒微粒。[选自哈那瓦尔特和海因斯，《生命的化学基础》，第 237 页。] 539

540 这样，当噬菌体 T4 侵入大肠杆菌细胞时，经过大约二十四、五分钟这样一段不长的时间，这个细胞就完全被颠覆、撕裂。啪的一下，大约二百个与原先的病毒完全相同的复制品——“二百元组”——跑了出来，准备去攻击更多的细菌细胞，而原先的细胞在这个过程中被大幅度地毁坏。

尽管从一个细菌的角度来看，这种事情是一种极为严重的威胁，但从我们的大尺度的优劣观点来看，可以把它看成两名对手之间的一种娱乐性博弈：入侵者，或 T 方（依照病毒的 T 偶数族命名，包括 T2，T4，等等），和“C”方（代表“细胞”[Cell]）。T 方的目标是：为了复制自己而侵入 C 的细胞，并从内部接管 C 的细胞。C 方的目标则是：保护自己并消灭入侵者。用这种方式描述的话，分子 TC－博弈可以被认为是十分类似于前面对话中描述的宏观龟[Tortoise]蟹[Crab]之战。

识别、伪装、标识

这种“博弈”强调了一个事实：识别过程是细胞和亚细胞生物学的中心主题。分子（或一些高层结构）如何互相识别？为了做到这一点，酶必须能锁在其基质的特殊“拴缚部位”上，细菌必须能区别它自己的 DNA 和噬菌体的 DNA，两个细胞必须能通过一种有控制的方式彼此识别和相互作用。这种识别问题可能会使你想起当初关于形式系统的那个关键问题：你怎么才能说清一个符号串有没有某种性质（比方说“是定理”）？有没有一个判定过程？这类问题并不限于数理逻辑：它还渗入计算机科学乃至（我们已经看到了）分子生物学。

对话中描述的那种标识技术，实际上就是大肠杆菌智斗噬菌体入侵者的计策。其思想是：DNA 串能通过一种化学手段来标识，即把一个小分子——甲基——排在各种核苷酸上。这种标识操作并不改变 DNA 的正常生物性质，换句话说，甲基化(标识了的)的 DNA 能够转录得和未甲基化(未标识的)的 DNA 一样，所以它仍然能指挥蛋白质的合成。但是，如果主体细胞有某些特殊机制能检验 DNA 是否有标识，那么这种标识就会是非常重要的 541
了。具体地说，主体细胞可能有一个酶系统来搜寻未加标识的 DNA，而且只要找到这样的 DNA 就毫不留情地把它砍碎破坏掉。此刻，呜呼哀哉的是所有未加标识的入侵者。

核苷酸上甲基标识可以比作一个书法流派的特征。利用这种比喻，我们可以说大肠杆菌细胞在寻找以其"本派字体"——即与它自己特征一致的书法——写下的 DNA，并砍掉以"异端"书法写下的一切 DNA。当然，噬菌体的反策略则是学会标识自己，从而哄骗那些它们打算侵入的细胞来复制它们。

这种 TC 之战一类的博奕可以继续到任意复杂的层次，但我们不再继续了。基本的事实是：这是一场力图排斥全部入侵者的主体细胞与力图把自己的 DNA 渗入宿主细胞、并使它把这个 DNA 转录成 mRNA(从而保证它的复制)的噬菌体之间的战斗。任何一种成功地获得这种自复制方法的病毒 DNA，都可以说是具有这样一种高层次的解释："我可以在 X 型细胞内被复制。"一定要把这与早先谈到的、在进化论上没有什么意义的那种噬菌体区别开来。早先谈的那种噬菌体是给破坏自己的那些蛋白质编码，其高层解释则是一个自戕句子："我不能在 X 型细胞内被复制。"

汉肯句子与病毒

分子生物学中这两种互为对照的自指类型，在数理逻辑中都有对应的东西。我们讨论过自戕噬菌体的类比物——哥德尔型的符号串，它断言自己在特定的形式系统中不可制造。此外，我们还可做出一个与实际噬菌体相应的句子：该噬菌体断言了它自己在特定的细胞内可以生成。这样的句子就是断言它自己在特定形式系统中可以生成。这类句子被冠以数理逻辑学家列昂·汉肯的名字，称作汉肯句子。可以严格顺着哥德尔句子的线路去构造它们，唯一的不同是丢掉一个否定号。当然，还得从一个“服”号串开始：

∃a:∃a′:＜TNT－PROOF－PAIR{a,a′}∧ARITHMOQUINE{a″,a′}＞

然后利标准的手段继续下去，令上述“服”号串的哥德尔数是 h，于是就对这个“服”号串作算术扤摁，从而得到一个汉肯句子：

$$\exists a:\exists a':\langle TNT-PROOF-PAIR\{a,a'\}\wedge ARITHMOQUINE\{\underbrace{SSS\cdots SSS}_{h\text{个}S}O/a'',a'\}\rangle$$

542 （顺便说一句，你能看出这个句子与～G 的不同点吗？）我明白地把它写出来，是为了指出：汉肯句子并没有给它自己的推导开出完整的处方，它只是断言存在一个推导。你可能对它的断定能不能得到验证深感怀疑。汉肯句子真有推导吗？它们的确像它们自己宣称的那样是个定理吗？想一下下面的情形是会有所帮助的：人们怎么会相信一个自称“一贯正确”的“死亡研究专家”呢——他可能正确，但也可能不正确。汉肯句子就比那种专家更靠得住吗？如果那种专家对你说:“其实,人都会死于饭前洗手”,你相信吗?

已经证明,这些汉肯句子一律都讲的是真话。理由并不显然,不过我们将不加证明地接受这一使人奇怪的事实。

隐式汉肯句子之别于显式汉肯句子

刚才说了,一个汉肯句子对于它自己的推导过程并没说出什么,只是断言有那么一个推导存在。现在,就有可能发明出汉肯句子这一主题的一个变奏——明确描述了自己的推导过程的句子。这种句子的高层解释就不是“存在某个符号串序列是我的推导”,而“此处描述的符号串序列……是我的推导。”我们把前一种句型叫隐性汉肯句子,而把这种新型的句子称作显性汉肯句子,因为它们显式地描述了自己的推导。应当注意的是,显性汉肯句子与其隐性的弟兄们不同,它们不一定是定理。事实上,很容易写出一个符号串,它断言自己的推导由单个符号串 0=0 组成,但这是个假句子,因为 0=0 不是任何东西的推导。不过,也可以写出一个是定理的显性汉肯句子——即事实上给出它自己的推导方案的句子。

汉肯句子和自组装

我之所以要区分显性和隐性汉肯句子,是因为这很好地对应着两类病毒之间的一个重要的区别。有一类病毒(比如所谓的“烟草花叶病毒”),叫作自组装病毒;同时也还有另一类病毒,比如我们最喜欢用的 T 偶数族病毒,叫作非自组装病毒。区别何在?这可以直接类比于隐性和显性的汉肯句子。

一个自组装病毒的 DNA 只给新病毒的各个部分编了码，而不给任何酶编码。一旦这些部分都造了出来，那个诡秘的病毒就
543 依靠它们自行连接起来，而毋需什么酶的帮助。这样的过程依赖于各个部分在细胞的醇厚饮料中游泳时彼此之间所具有的化学亲和力。不光是病毒，某些细胞器——例如核糖体——也是自组装的。有些时候可能也需要酶——不过在这种情形，酶是从宿主细胞中硬拉来为其所奴役的，这就是自组装的含义所在。

反之，诸如 T 偶数号那样的比较复杂的病毒的 DNA，就不仅给各个部分编码，而且也给在各部分组装成整体的过程中起特殊作用的各种酶编码。由于这个组装过程不是自发的而是需要"一些装置"，所以这些病毒不能看作是自组装。自组装元件与非自组装元件之间的区别，从本质上讲就是:前者不必告诉细胞任何有关它们结构的事情，就安然完成自复制，而后者则需要给出一些有关如何组装它们自己的指令。

这样一来，与隐性汉肯句子和显性汉肯句子相平行的东西也就非常清楚了。隐性汉肯句子是自证明的，但关于它们的证明却什么也没说出来——它们类似于自组装病毒;显性汉肯句子指示了自己证明的构造——这类似于在复制自己的过程中指挥主体细胞的那些比较复杂的病毒。

像病毒这样复杂的自组装生物结构的概念，会使我们想到建造复杂的自组装机器的可能性。设想有这样一系列的零部件，当把它们放入一个适当的背景环境中时，就能通过某种方式自动地集合起来形成一台复杂的机器。这似乎不着边际，实际上却是描述烟草花叶病毒依靠自组装来进行自复制的过程的一种精确方

式。有机体(或机器)的整个构造的信息,散布在它的各个部分之中,而不是集中在某一个地方。

这个概念还能引导我们走向一个奇怪的方向,如在《一位烟民富于启发性的思想》中所看到的那样。在那里,我们看到螃蟹如何利用这样一种思想:自组装信息可以四下散开,而不集中在一处。他希望这能防止他的唱机毁于乌龟的破坏手段。不幸的是,正像那些最最精致的公理模式一样,一旦这个系统建立起来并"梳理"完毕,它的良定义性就使它要受到一个足够聪明的"哥德尔化算子"的攻击,而这就是螃蟹所讲的那些令人伤心的故事。尽管看起来荒唐,对话中异想天开情节的与现实的距离并不那么遥远,它就存在于陌生的、梦幻般的细胞世界之中。

两个突出的问题:分化与形态发生

这样,自组装可以是构造细胞的某些子单元以及某些病毒的手段——可是构造那些极为复杂的宏观结构——比如大象或蜘蛛的躯体,或者维氏捕蝇草——的手段是什么呢？归巢的本能是怎 544
样在鸟的脑子中建立起来的？追猎的本能又是如何在狗的脑子里建立的？简言之,DNA 如果仅仅能指挥在细胞中合成一些蛋白质,它又怎么能如此惊人准确地控制宏观生物的严格结构和功能呢？这里主要有两个不同的问题。一个是细胞分化的问题:如何区分具有同样的 DNA 却又扮演不同角色的细胞——例如肾细胞、骨髓细胞、脑细胞？另一个是形态发生的问题("形体的出生"):局部水平上的细胞间的相互作用,如何导致大规模的、总体的结构和组织——诸如身体的各个器官、面貌、脑的各个部位等等？尽管我们现在对细胞的分化和形态发生都还知之甚少，但看起来这种手段是存在于细胞内部和细胞之间非常协调的反馈和"前馈"机制之中，这种机制通知细胞何时"启动"何时"停止"各种蛋白质的生产过程。

反馈和前馈

在细胞中，如果所需要的某种物质太多了或太少了，就会发生反馈，那时细胞就得用某种方式调整组装这种物质的生产线。前馈也涉及对组装线的调整，不过不是根据当时最终产物的总量，而是根据该组装线的某些"已出厂的产品"的总量。有两种主要方式实现否定性的前馈或反馈。一种方法是阻止有关的酶起作用——也就是说"堵住"它们的活性部位。这叫作抑制。另一种方法是干脆不让有关的酶产生！这叫作阻遏。从概念上讲，抑制比较简单：只须堵住组装线上第一个酶的活性部位，整个合成过程就要停下来。

阻遏物和诱导物

阻遏则比较诡秘。一个细胞如何阻止一个基因，不让它被表示出来呢？回答是：细胞使这个基因转录不出来。这意味着它必须阻止 RNA 聚合酶开展工作。顺着 DNA 的长线，恰好在细胞不想转录的那个基因面前的通道中设置一个巨大的障碍物，就可以达到这个目的。这种障碍物是有的，叫作阻遏物。阻遏物本身也是蛋白质，而且它们能拴在 DNA 上特定的放置障碍物的部位，这种部位(我弄不清为什么)叫作操纵基因。于是，一个操纵基因就是对紧挨在它后面的基因进行控制的部位，它后面的基因则称为操纵子。由于在实现一个长的化学变化的过程中，是一系列的酶在一齐发生作用，所以它们经常是一个挨一个地编码的。这就说明了为什么一个操纵子常常含有几个基因而不只是一个。成功地 545
阻遏一个操纵子，产生的效果是这一系列基因都得不到转录，这意味着会有一大批酶都处于未合成的状态。

肯定性的前馈和反馈又怎么样呢？仍有两种可能：(1)释放受阻的酶，(2)停止对有关操纵子的阻遏。（应当注意到大自然多么喜欢双重否定！这可能有着十分深刻的道理。）使阻遏受到阻遏的机制要用到一类分子，称为诱导物。诱导物的作用很简单：它在一个阻遏蛋白有机会拴在 DNA 分子的某个操纵基因上之前，与这个阻遏蛋白结合起来。这样得到的“阻遏物与诱导物复合体”就不可能拴在一个操纵基因上，于是就为把联着的操纵子转录到 mRNA 上，然后再翻译成蛋白质打开了方便之门。通常，最终的产品或某些“已出厂产品”可以起诱导物的作用。

反馈与怪圈的对比

话说到这里，让我们来区别一下抑制和阻遏这类过程中的简单型反馈，和中心法则映射中所展示的不同信息层次之间的怪圈。在某种意义上讲，两者都是“反馈”，但后者要比前者深刻得多。当诸如色氨酸或异亮氨酸这样的一个氨基酸（以诱导物的形式）拴住它的阻遏物起着反馈作用，从而使其更多的副本得以制造的时候，它并没有说出如何构造它自己。它只是通知酶去制造那些副本。这可以与收音机的音量作个比较。当声音注入听者的耳朵时，有可能导致人去减小或增大音量本身。但这与广播本身命令你打开或关掉收音机——或者要你调到另一个波长上,或者,甚至是教你如何组装另一台收音机——相比,是完全不同的两码事！后面的这些事更像是各种不同的信息层次之间的那种兜圈子。因为此时收音机信号中的信息被“解码”并翻译成心智上的结构。收音机的信号是一些符号构成物,是这些符号的意义在起作用——这时是使用,而非谈论。另一方面,当声音太响时,这些符号就不是在传达意义。它们只被看作很响的声音,因而等于没有意义——这时是谈论,而非使用。这种情形就更像蛋白质调整其合成速率所使用的反馈圈子了。

两个相邻的、具有完全相同的基因类型、但有不同功能的细胞之间的区别,在于它们的基因组中的不同节段受到阻遏,因而它们的蛋白质工作点不同,这已经形成理论了。这样的假说可以解释人体的不同器官中细胞何以会有显著的差别。

546

分化的两个简单例子

从初始的细胞开始,一遍又一遍地复制,造出大量各种各样的、具有特定功能的细胞的过程,可以比作一种在人们之间传送连锁信的过程。其中每个新的参加者都得忠实地传达消息,但都要加一点润色。最后就会得到很多彼此相差极大的书信。

对这种分化思想给出另一种说明的,是下面这种与分化型自复制相似的极为简单的计算机。设想一个很短的、被一个双向开关控制的程序,程序中有一个内部参数 N——一个自然数。这个程序能按两种方式运行——向上方式和向下方式。当按照向上方式运行时，它把自己复制到该机器的存储器的邻近部位，不过它的“女儿”的内部参数是原先的 N 加上 1。当按照向下方式运行时，它不做自复制，而是计算数值

$$(-1)^N/(2N+1)$$

然后把它加到前面运行过程中所得的总数上。

好了，假定一开始存储器中有一份这个程序，其中的 N=0，状态为“向上”。那么该程序就要在存储器里相邻部位中复制自己，并使 N=1。重复这个过程，新程序又要在与自己相邻处复制自己，得到 N=2 的副本。就这样一遍一遍地重复下去……。所发生的事是一个很大的程序在存储器中膨胀。存储器装满后，过程就停止了。可以看成是整个存储器中装满了一个大程序，它含有很多彼此相似但却是分化了的模块——或叫“细胞”。如果此刻把程式开关扳到“向下”，并运行这个大程序，那会发生什么呢？首先第一个“细胞”运行起来，算出 1/1。接着第二个“细胞”运行，算出 −1/3，并和前面的结果相加，然后第三个“细胞”运行，算出 1/5，并与前面的和相加……。最终的结果是整个“组织”——那个大程序——算出大量(与存储器内能装下的“细胞”一样多)的项的和：

$$1-1/3+1/5-1/7+1/9-1/11+1/13-1/15+\cdots\cdots$$

由于这个级数收敛(尽管很慢)于 $\pi/4$，所以我们就有了一个“表现型”的东西，它的功能是计算一个著名的数学常数的值。

细胞中的层次混合

我希望，对诸如标识、自组装、分化、形态发生，以及转录和翻译等过程的描述，能有助于描述一个十分复杂的系统，那就是细

547 胞——一种面貌全新的信息加工系统。在中心法则映射中,我们已经看到,尽管可以试着在程序和数据之间划一条分界线,但这种区别多少有些随意。按这种思路再进一步,我们就会发现,不仅程序和数据犬牙交错,就是程序的解释程序以及实际的处理机、乃至语言,都是如此紧密相关的。尽管(在一定程度上)有可能给各层次划定边界,把它们分开,但是认识到各层次之间的交叉、混合也同样重要——而且同样吸引人。在生物系统中一个令人惊讶的事实说明了这一点:为做到自复制而必需的所有因素(即:语言、程序、数据、解释程序及处理机)高度协同动作,以至于到了能把它们同时复制出来的程度——这表明生物的自复制比人类沿这些方向所设计的任何东西都深奥得多。例如本章开头所列出的自复制程序,就得假定事先存在三个客观的方面:语言,解释程序和处理机,而且并不复制它们。

我们来试着用计算机科学的术语总结一下给细胞的各个子单元分类的各种方法。先看 DNA。由于 DNA 包含着构造作为该细胞的活性物质的各种蛋白质的全部信息,所以可以把 DNA 看成是用一种高层语言写出、随后又被翻译(或解释)成细胞"机器语言"的一个程序。另一方面,DNA 本身又是受各种酶操纵的被动的分子,在这个意义上,DNA 分子又恰像一长段数据。第三,DNA 包含着能生成 tRNA"单词卡片"的模板,这意味着 DNA 也含有它自己的高层语言的定义。

我们转向蛋白质。蛋白质是活性分子,并执行细胞的全部功能,所以,把它们看成用"细胞的机器语言"写成的程序(细胞本身作为处理机)就十分合适。另一方面,由于蛋白质是硬件,而大多数程序是软件，所以把蛋白质看成处理机也许更好一些。第三，蛋白质经常受到其他蛋白质的作用，这意味着蛋白质经常是数据。最后，还可以把蛋白质看作解释程序，这时是把 DNA 看成一组高级语言程序，在这种情形中，酶只是在执行 DNA 密码写下的程序，也就是说蛋白质起解释程序的作用。

还有核糖体及 tRNA 分子。它们是从 DNA 到蛋白质的翻译媒介，这种翻译可以比拟成一个程序从高级语言到机器语言的翻译过程。换句话说，核糖体有解释程序的功用，而 tRNA 分子规定了高级语言的定义。不过，对这个翻译过程还有一种看法：核糖体是处理机而 tRNA 是解释程序。

分析全部这些生物分子之间的相互关系时，我们还只是蜻蜓点水而已。所看到的是，对于我们想要加以区分的那些混合在一起的层次，大自然却感到十分惬意。实际上，在计算机科学中，已 548
经有着把一个信息处理系统中看上去不同的所有方面混为一谈的明显趋势。人工智能的研究尤其如此，而人工智能的研究通常是站在计算机语言设计的最前沿。

生命的起源

了解了这些难以置信的、复杂的、相互联结的软件和硬件玩意儿，会使人提出一个自然而又基本的问题："它们怎么开始的呢？"这倒真是一件令人困惑的事情。我们不得不设想有一个"揪鞋带举自己"的过程，这有点像开发新计算机语言时使用的那个过程——可是从简单分子到整个细胞的"揪鞋带"简直超出了我们的想象力。有许多关于生命起源的理论，它们遇到下述这个最最关键的问题时都不灵了："遗传密码及其翻译机能（核糖体和 tRNA 分子）都是如何发生的？"目前，我们不得不满足于一种惊奇和敬畏的感觉，这不是一个答案带来的满足。也许体味这种惊奇和敬畏比有一个答案更令人满意——至少暂时是这样。

的确该赞美螃蟹

明媚的春光里，乌龟和阿基里斯一起在林中散步。他们打算登上一座小山。据说，山顶上有间极好的茶馆，里面有各种精美的糕点。

阿基里斯：（一边爬山一边唱）我心尊主为大，我灵以上帝我的救主为乐。

乌龟：升D？我对音乐可是个内行，阿基，我敢说你唱的这支曲子是D调的，而不是升D。

阿基里斯：D确，是D调的。我刚才的唱词是"上帝"，不是"升D"。我唱的这支曲子是巴赫作的《D调的赞美歌》，你难道从没听过？

乌龟：恐怕没有。

阿基里斯：真可惜，这的确是一部了不起的作品。这表明你的音乐知识严重不足，龟兄。我敢肯定我们的朋友螃蟹一定非常熟悉这部作品，无论是把它正着演奏，还是倒着演奏。这个螃蟹几乎在所有方面都很聪明。呃，他至少要比任何活着的螃蟹聪明两倍，或许三倍，说不定——

乌龟：你心尊蟹为大，你灵以螃蟹你的朋友为乐。

阿基里斯：的确，我要赞美螃蟹，这是因为我恰好是他的一个崇拜者……

乌龟：别解释了。我也很钦佩他。说到螃蟹的崇拜者，我跟你说

550

图 104　卡斯特罗瓦尔瓦,艾舍尔作(石板画,1930)。

起过螃蟹不久前收到了一封莫名其妙的崇拜者来的信吗?

阿基里斯:我不信会有这事。谁发的信?

乌龟:盖着印度邮戳,是一个我们过去谁也没听说过的人来的——我记得是叫衍奴玛拉。

阿基里斯:怪了,从来不认识螃蟹的人怎么会给他来信呢——还有,他怎么会知道他的地址呢?

乌龟:看来那准是个误把螃蟹当成个数学家的人。那封信里有一大堆研究结果,全是——哎,嘿!说到曹操,曹操就到!那不是螃蟹来了,正下山呢。

螃蟹:再见!很愉快又跟你们聊了一次。哦,我看我最好还是走吧。我撑坏了——无论如何也不能再吃了。我自己刚才就在上面——很值得去。你们到过山顶上的那家茶馆吗?你好啊,阿基?哦,阿基也在。哈,哈,噢,噢,那不是龟兄吗。

乌龟:你好,蟹兄。你爬上山顶去那家茶馆了吗?

螃蟹:对呀,是的,我去了。你怎么猜着的?我很想吃一点他们那特有的宫廷点心——一种极美味的小吃。我饿极啦,简直能吞掉一只青蛙。哦,阿基也在,你好吗,阿基?

阿基里斯:不错。

螃蟹:妙极了!那么我就不插嘴了,你们继续讨论吧。我奉陪了。

乌龟:真是有意思透了,我刚要叙说叙说几周前你收到的那封由那个印度家伙寄给你的神秘的信——可是你现在就在这儿,我想还是让阿基听听你亲口讲这个故事吧。

螃蟹:那好吧,事情是这样的。衍奴玛拉这个家伙显然从未受过任 551
何正规的数学训练,可他却创立了一套他自己的新方法,推出一些新的数学真理。他的某些发现完全征服了我,不管怎么说,我以前从未见过类似的东西。比如说,他搞出一张印度地图,用不少于 1729 种颜色给它上色。

阿基里斯:1729!你是说 1729 吗?

螃蟹:是啊——怎么啦?

阿基里斯:哦,你要知道,1729 是个很令人感兴趣的数。

螃蟹:真的吗,我没看出来。

阿基里斯:具体地说,是这么回事,1729 碰巧是我今天早晨去找龟兄时所乘的出租汽车的号码!

螃蟹:真神!你知不知道你明天早晨去龟兄那儿时所要乘坐的汽车号码?

阿基里斯(想了一会儿):难说,不过我想那个数字一定很大。

乌龟:阿基对这些事有一种出色的直觉。

螃蟹:是的。好了,我接着往下说吧。衍奴玛拉在信里还证明了每个偶素数都是两个奇数之和、方程

$$a^n + b^n = c^n \qquad 对\ n=0$$

没有正整数解。

阿基里斯:什么?这些数学老古董就这么一下子全解决了?他准是第一流的天才!

乌龟:不过,阿基——你甚至一点都不怀疑吗?

阿基里斯:什么?噢,对——怀疑。我当然怀疑。你不会认为我有那么傻,竟然相信老蟹收到过这样一封信吧?我可是什么当也不会上。龟兄,收到那封信的人一定是你!

乌龟:噢,不,阿基,关于老蟹收到信这一节完全是真的。我的意思

是说，你不怀疑这封信的内容——那些言过其实的论断吗？

阿基里斯：凭什么我该怀疑？嗯嗯……对，我当然怀疑。我是个多疑的人，这一点你们俩现在应该非常了解了。让我相信什么事情很难，不管它多真多假。

乌龟：说得好，阿基。你当然对自己的智力活动有极好的自我意识。

阿基里斯：我的朋友，你们就没想过衎奴玛拉的这些论断可能不对吗？

螃蟹：说老实话，阿基，我自己很保守也很正统，刚收到信时，我也 552
想到了这个问题。其实，我当初就怀疑这是一个彻头彻尾的骗局。不过转念一想，又觉得没有什么人能仅凭想象就得出如此前所未闻的复杂结果。事实上，把它归结起来就是这样一个问题："哪一个更可能呢：到底是一个独出心裁的骗子，还是一个天资过人的数学家？"不久我就明白了，其概率显然偏向于前者。

阿基里斯：不过，你没有把他这些叫人吃惊的论断拿一个来直接核对一下吗？

螃蟹：我干嘛要核对？那个基于概率的论证是我所想到的最令人信服的东西：没有一个数学证明能同它媲美。可是这位龟兄要坚持严格性，我最后也只好迁就，把衎奴玛拉的所有结果都核对了一遍。令人吃惊的是，他的每个结果都对。可我永远也不会知道他是怎么发现这些结果的。他肯定有一种惊人的、不可思议的东方式的洞察力，而我们这些西方人对此却一窍不通。目前在我看来，只有这种理论还多少能说得过去。

乌龟:老蟹总是比我更容易接受那些神秘的或怪诞的解释。我完全有把握认为,不管怎么说,衍奴玛拉用他的方法能做到的事,在正统数学里都有与它完全相对应的东西。依我看,在数学研究上不会有什么方法能与我们已知的方法全然不同。

阿基里斯:这倒是个有趣的观点。我看这与丘奇-图灵论题和其他一些有关的论题有些关系。

螃蟹:好了,好了,在这样一个好天里,还是把这些学术问题放到一边去吧,让我们好好享受一下森林的宁静、鸟儿的啭鸣和洒在嫩叶新蕾上的阳光吧。嘿!

乌龟:我赞成这一动议。说到底,世世代代的乌龟都非常迷恋大自然。

螃蟹:就像世世代代的螃蟹一样。

阿基里斯:你没带长笛来吧,老蟹?

螃蟹:哪儿的话,我当然带了,走到哪儿带到哪儿。你想听上一两首吗?

阿基里斯:在这种田园风光里,一定会令人心旷神怡的。你能凭记忆演奏吗?

螃蟹:说来惭愧,我没这个本事,我只能看着乐谱演奏音乐。不过这没关系。我这只盒子里就有几段十分欢快的乐曲。

(他打开一只细长的盒子,拿出几张纸来,最上面一张上有下面的符号:

$$\forall a{:}\sim Sa=0$$

他把这张纸放到固定在长笛上的一个小谱架上,然后吹了起来,曲子很短。)

阿基里斯：挺迷人的。（盯着长笛上的那张纸，脸上露出一种疑惑的表情。）挂在你长笛上的那个数论语句是干什么用的？（螃蟹瞥了一眼长笛，又看了看乐谱，把头摇来摇去的，有点茫然。）

螃蟹：我不明白，什么数论语句？ 553

阿基里斯：“零不是任何自然数的后继。”就在那儿，长笛的谱架上。

螃蟹：这是皮亚诺写的第三首长笛前奏曲。一共有五首来着。它们很好懂，同时也很吸引人。

阿基里斯：我所不懂的是，数论语句怎么能当音乐演奏？

螃蟹：我再说一遍，这不是数论语句——它是一支长笛前奏曲！你不想听点别的吗？

阿基里斯：我会中魔的。

（螃蟹又把一张纸放在长笛上，这次阿基里斯瞧得更仔细了。）

哦，我看到你的眼光了，你刚才看着纸上的公式。你确实认为那是音乐符号吧？我敢发誓，它太像人们在形式化数论中所使用的那种符号了。

螃蟹：真逗！要让我说，毫无疑问这是乐谱，而不是什么数论语句！无论按数学这个词的哪种意义来说，我当然都不是什么数学家。你还想听别的曲子吗？

阿基里斯：那当然。你还有什么？

螃蟹：多得很。

（他又拿出一张纸，挂在长笛上。纸上有下面这些符号：

～∃ a：∃ b：(SSa · SSb)＝SSSSSSSSSSSSS0

螃蟹演奏时，阿基里斯盯着它。）好听吗？

阿基里斯:嗯,的确是支悦耳的小曲。可我不得不说,我越看它越觉得它像数论。

螃蟹:天哪!这只是我通常使用的音乐符号,仅此而已。我简直不知道你怎么会把那些非音乐的涵义硬塞进这些直接代表各种声音的符号里去。

阿基里斯:也许你不会反对演奏一段我自己作的曲子吧?

螃蟹:非常荣幸。你带来了吗?

阿基里斯:没有,不过我想我完全可以自己写些曲子。

乌龟:我必须告诉你,阿基,老蟹对别人的音乐作品可是个苛刻的批评家,所以,要是他对你的努力并不热心,你可别觉得失望。

阿基里斯:多承关照。可我还是想试试……

(他写道:

554 $((SSS0 \cdot SSS0)+(SSSS0 \cdot SSSS0))=(SSSSS0 \cdot SSSSS0)$

螃蟹拿过来看了一会儿,然后放在谱架上,吹了起来。)

螃蟹:噢,满好。阿基,我喜欢稀奇古怪的节奏。

阿基里斯:这段曲子的节奏有什么奇特之处吗?

螃蟹:噢,当然啦,以你作曲家的眼光看它,似乎很平常。可对我的耳朵来说,这从 3/3 到 4/4 最后到 5/5 的节奏变化带了点异国情调。如果你还有别的曲子,我也很乐意演奏。

阿基里斯:多谢。我过去从来没写过什么曲子,可我必须说,作曲这种事与我过去的想象完全不是一码事。让我再试一首。

(草草地写下了一行。)

$\sim\exists\ a:\exists\ b:(SSa \cdot SSb)=SSSSSSSSSSSSS0$

螃蟹：嗯……这不就是把我先前的那段曲子抄了一遍吗？

阿基里斯：噢，不！我多加了一个 S。你那行里有十三个，我这有十四个。

螃蟹：噢，是这么回事。好吧。（他演奏起来，看上去挺严峻。）

阿基里斯：我希望你不至于不喜欢我的乐曲吧！

螃蟹：阿基，恐怕你完全没有抓住我的那首曲子的精妙之处，你是照猫画虎。可我又怎么能指望你听上一遍就能理解呢？人们并不总能了解美的本质所在，很容易把一首曲子表面的东西错当成它的美，并且去模仿它。而美本身似乎是不可分析的，它藏在音乐的深处。

阿基里斯：恐怕你这篇深奥的评论把我弄得有点晕头转向了。我知道我的乐曲够不上你的高标准，可我还没弄清我错在哪里。你也许能告诉我，我这个作品中的哪些方面有毛病吧？

螃蟹：阿基，对你的作品可能会有的一种补救方法是：在末尾那一串 S 中再插进三个 S（五个也行）。这将会造成一种精巧的不同寻常的效果。

阿基里斯：我明白了。

螃蟹：不过修改你的作品还有一些可以选用的方法。依我个人的看法，要是在前面再加一个弯号，会极富于感染力的。那样一来首和尾之间就会产生很好的平衡。你知道，一行中有两个弯会给乐曲一个轻快的小转折。

阿基里斯：要是我同时采纳你的两项建议，会怎么样呢？那样曲子就成了：

～～∃ a：∃ b：(SSa · SSb)＝SSSSSSSSSSSSSSSSS0

555 螃蟹(脸色一时很难看,掠过一丝不以为然的神情):好了,阿基,听听下面这一课对你至关重要:决不要企图把太多的东西加到一支曲子里。总是有一个界限的,超过了它反而会弄巧成拙。这个例子就是如此。你这种把两条建议兼施并行的想法,并没有获得所期望的更多的美,恰好相反,却造成了一种不平衡,这下子把原来所有的妙处都弄没了。

阿基里斯:你那支有十三个 S,我这支有十四个 S,这样两支十分相似的乐曲按你的音乐价值标准衡量,怎么会如此不同呢?除了这么一个细节,二者完全一样啊。

螃蟹:天哪!你我两人的乐曲有着天壤之别。也许在这里无法用语言来表达那种心理感受。确实,我敢说不存在什么现成的规则,可以用来描述究竟是什么决定了一支曲子是不是美,而且永远也不会有这样的规则。美感只能存在于有意识的心灵之中,这种心灵靠生活经验的积累所达到的深度,超越了一切仅由一组规则所能做到的解释。

阿基里斯:我将永远牢记你对美的本质的这种生动的阐述。这么说,是不是类似的评判也可以用于真理概念,是吧?

螃蟹:毫无疑问。真和美密切相关,就像,就像……

阿基里斯:比方说,就像数学和音乐?

螃蟹:嘿!真是英雄所见略同!你怎么就知道我在想什么呢?

乌龟:阿基十分聪明,老蟹,你千万可别低估他的洞察力。

阿基里斯:你是想说,在一个具体的数学语句是真还是假,与一支乐曲是美还是不美之间可能有一种可以想见的联系?还是说,这只是我的一种缺乏现实根据的猜想?

螃蟹：你要是这么说我觉得就太走极端了。在我说到音乐和数学的相互关联时，你要明白，我用了一种非常比喻化的说法。至于说到具体的乐曲和具体的数学语句之间的直接关系，我可是极怀疑其可能性的。我冒昧地奉劝你不要花过多的时间去做这种呆想。

阿基里斯：你当然是对的。那样做确实徒劳无益。也许我该集中力量再作一些新曲子，以增进我的音乐感受力，你愿意做我的辅导老师吗，老蟹？

螃蟹：我非常高兴能帮助你向理解音乐的方向迈进。

（于是，阿基里斯拿起笔，显得非常聚精会神，写道：

∧OOa∀'∨～∧∧：b＋cS(∃∃＝O∧→((～d)<∨

(∀S·＋(>∨

螃蟹显得大吃一惊。） 556

你真的想叫我演奏这个—这个—这个莫名其妙的东西吗？

阿基里斯：啊，请吧！

（螃蟹吹奏起来，显然十分吃力。）

乌龟：真棒！真棒！阿基，你最喜欢的作曲家是约翰·卡奇吗？

阿基里斯：实际上，他是我最喜欢的“不作曲家”，因为他写了许多部由静默构成的作品，例如《四分三十三秒》等等。不管怎么说，我很希望你喜欢我的音乐。

螃蟹：听听这种毫无意义的不合谐音调，你们俩可能觉得挺有趣的，不过我向你们保证，对于一个敏感的作曲家来说，受这种令人难以忍受的、空洞无物的不和谐音以及毫无内容的节奏的折磨，一点也不会感到愉快。阿基，我认为你对音乐有某种良好的感觉。你前面的几支曲子都有可取之处，它们难道只是歪打正着的吗？

阿基里斯：哦，请原谅，老蟹。我是在寻找你的这种音乐符号表达能力的极限。我想直接搞清楚我写下的某种类型的记号序列会得到哪一种声音效果，以及你如何评价不同风格的曲子。

螃蟹：见鬼！我可不是一台自动音乐机，更不是一只专装音乐垃圾的垃圾桶。

阿基里斯：对不起。不过我觉得，写过这几支曲子之后，我已经学到了很多东西，而且我敢说，要不是我有意想试试你，我现在肯定写的比我以前写的好。如果你肯再演奏一两首我的曲子，我想你会觉得我的乐感已经比以前好些了。

螃蟹：那好，你写下来，我再给你一次机会。

（阿基里斯写道：

$\forall a:\forall b:<(a\cdot a)=(SS0\cdot(b\cdot b))\rightarrow a=0>$

随后螃蟹吹了起来。）

你行了，阿基。你好像已经完全恢复了你的音乐敏感力。这可是金不换啊！你是怎么创作出来的？我从来没听过这样的东西，它符合所有的和声律，而且还有某种——怎么说呢——不可思议的感染力。我把握不准。可正是由于这个原因，我非常喜欢它。

阿基里斯：我猜你会喜欢的。

乌龟：你给它起名字了吗，阿基？也许你可以叫它“毕达哥拉斯之歌”。你该记得，毕达哥拉斯及其弟子是最先研究乐音的人。

阿基里斯：是的，确实如此。这是个极好的标题。

螃蟹：毕达哥拉斯不也是最先发现了两个平方数的比值不可能是2吗？

乌龟：我相信你正确。当时这被看作一项十分不吉利的发现。因 557
为在此之前，从未有人认识到会有一些数——诸如2的平方根——不是整数的比值。这项发现深深地困扰着毕达哥拉斯学派的人们，他们认为，它揭示出在数的抽象世界中，有一个不容置疑的、怪诞的缺陷。不过，我到不认为这会造成天下大乱，以至于连中国的茶叶价钱都受影响。

阿基里斯：哎，说起茶，前面不正是我们要去的那家茶馆吗？

乌龟：是这样，我们三五分钟之内就可以到那儿了。

阿基里斯：嗯……这段时间正好够我用口哨给你们吹一遍今天早上出租汽车司机用他的收音机放出的一只曲子。它是这样的：

螃蟹：等一会儿，让我从盒子里拿几张纸把你的曲子记下来（在盒子里翻了一阵，找出一张白纸），开始吧，我准备好了。

（阿基里斯用口哨吹了一段相当长的曲子。螃蟹手忙脚乱地跟着他的口哨记录）

你能不能把最后几个小节重吹一遍？

阿基里斯：噢，当然可以。

（这么重复了两遍之后，这一阵子忙乱也就结束了。螃蟹得意地炫耀着它的抄件：

＜((SSSSS0·SSSSS0)+(SSSSS0·SSSSS0))=((SSSSSSS0·SSSSSSS0)+(S0·S0))∧~∃b:＜∃c:(Sc+b)=((SSSSSSS0·SSSSSSS0)+(S0·S0))∧∃d:∃

$d':\exists e:\exists e':<\sim<d=e\vee d=e'>\wedge<b=((Sd\cdot Sd)+(Sd'\cdot Sd'))\wedge b=((Se\cdot Se)+(Se'\cdot Se'))>>>>$

随后螃蟹自己吹奏起来）

乌龟：这音乐别具风味，不是吗？我听着有点像印度音乐。

螃蟹：我想它太简单了，不像是来自印度。不过当然啦，我对这类事情知道得极少。

乌龟：好了，到茶馆了，我们坐在外边的阳台上好不好？

螃蟹：要是你不反对，我宁愿进去，今天我可晒够太阳了。

（他们走进茶馆，找了一张舒适的木桌子，在旁边坐下，要了蛋糕和茶。一会儿，一辆小车装着看上去美味诱人的点心推了上来。他们各自拣了自己爱吃的）

阿基里斯：老蟹，我很愿意知道你对我刚构思好的又一支曲子的看法。

螃蟹：你能让我看看吗？写这儿吧，写在这块儿餐巾上。

（阿基里斯写道：

$\forall a:\exists b:\exists c:<\sim\exists d:\exists e:<(SSd\cdot SSe)=b\vee(SSd\cdot SSe)=c>\wedge(a+a)=(b+c)>$

螃蟹和乌龟颇感兴趣地琢磨着它。）

558 乌龟：蟹兄，依你的看法，这一首也很美吗？

螃蟹：这个，唔……（在椅子里挪了一下身子，看上去有点儿不自在）

阿基里斯：怎么样？是不是判断这支曲子是否美要比判断别的难些？

螃蟹：啊，嗯……不，不是的……一点儿也不。是这么回事，哦……

在我能说清对一支曲子有多喜欢之前，我确实得先听听它。

阿基里斯：那好啊，吹它一遍！再不让我知道你是否觉得它美，我就活不下去了。

螃蟹：当然，我极愿意为你演奏，唯一的问题是……

阿基里斯：你不能为我演奏？出了什么事？你怎么不太情愿？

乌龟：难道你还不明白吗？阿基，老蟹觉得满足你的要求将会显得极不礼貌，这会打扰这家店铺的顾客和店员。

螃蟹（突然显得如释重负）：是这么回事，我们没有权力把我们的乐曲强加给别人。

阿基里斯（神情沮丧地）：噢，咳！可我是多么想知道你对这支曲子的看法啊？

螃蟹：咳！可算躲过去了！

阿基里斯：你在说什么呢？

螃蟹：哦！没什么，只不过是那儿的那个侍者，他让另一名侍者撞了一下，差一点把一整壶茶都倒在一位女士的衣襟上，所以我说，差点儿躲不开了，龟兄，你说呢？

乌龟：我想说，茶不多了，你不同意吗，阿基？

阿基里斯：噢，是喝得差不多了。

螃蟹：一点儿不错，不知你们二位意下如何，我觉得我好像是该走了，哎，我们刚才的情景，让我想起我看过的一个片子。

阿基里斯：什么？你的意思是说我们都是骗子？

螃蟹：这可是你说的，阿基。

阿基里斯：我明白了，噢，我得把这记住。

螃蟹：今天下午真快活，阿基，我衷心地希望我们改天再交流更多的音乐作品。

阿基里斯:我热切期待着那一天,老蟹,好,再见。

乌龟:再见,老蟹。　　(螃蟹沿着山的另一边下去了。)

阿基里斯:走了一个才华横溢的伙伴……依我看他至少比所有活着的螃蟹聪明四倍,也许甚至有五……

乌龟(一边下山一边唱):我心尊蟹为大,我灵以螃蟹我的朋友为乐……

第十七章　丘奇、图灵、塔斯基及别的人

形式的和非形式的系统

现在可以展开本书的一个主要论题了，那就是：思维的每一个方面，都可以看成是从较高的层次上描述的一个位于较低层、受某些简单的乃至形式的规则支配的系统。当然，这个“系统”就是大脑——除非谈论的是在另一种媒质（比如一台计算机的电路）中流动的思维过程。形象地说，这是一个支撑着“非形式系统”的形式系统，那个非形式系统能一语双关、能发现数字中的模式、会忘记人的姓名、会走臭棋、等等。我们从外部看到的是它的非形式化的、公开的、软件的层次。作为对照，它还有一个形式化的、隐蔽的、硬件的层次（或叫“基质”），这是一部令人望而生畏的机器，它根据物理地嵌入其中的某些确定的规则以及与之密切相联的信号输入，在各个状态之间进行转换。

像这样一种对大脑的看法，肯定会有很多哲学的和其他方面的推论。我打算在这一章里详细地说明这样一些推论。其中之一是说，这种看法似乎蕴涵着：从本质上讲，大脑是某种“数学”对象。其实，这充其量也不过是看待大脑的一种十分笨拙的办法。因为

即便在技术意义或抽象意义上说大脑是某种类型的形式系统,仍然无法摆脱下面的事实:数学家只与那些简单的、考究的形式系统打交道,在那些系统中,一切东西都有着极为清晰的定义。而大脑则与此大相径庭,它的上百亿个不完全独立的神经原彼此是近乎随机地相联接的。所以,数学家决不会去研究实际的大脑网络。如果你把“数学”定义为数学家喜欢作的事情,那么大脑的性质就不是数学性质了。

要想了解像大脑这样的复杂系统,唯一的方法是在越来越高的层次上对之组块,因而每一步都要损失一些严格性。出现在最顶层上的,是一个“非形式系统”,它要服从许多复杂到我们找不到合适的词汇去思考的规律。而这正是人工智能的研究所想找到的东西。它具有与数学研究大不相同的味道。尽管如此,还是与数学有个松散的联系:从事人工智能研究的人,通常都有很强的数学背景,并且,数学家有时也会对自己大脑的工作感兴趣。下面这段
560 文字引自斯坦尼斯拉夫·乌兰姆的自传《一位数学家的奇遇》,正好说明了这一点。

> 依我看,在揭示……联想的本质时,有了计算机提供的实验手段,就可以做更多的事情了。这种研究必定要把概念、符号、符号组成的类、类组成的类等等进行分级,就像在研究数学和物理结构的复杂性时所做的那样。
>
> 人脑的思维过程一定有某种窍门——某种递归公式。一组神经原能自动开始工作,有时用不着外来刺激,而是靠一个具有递增模式的迭代过程。它在大脑中游来荡去,而且,它的

发生方式必定依赖于对类似模式的记忆。[①]

直觉和值得赞美的螃蟹

人工智能[Artificial Intelligence]常被简称为“AI”。如果要我来解释这两个字母的涵义，我会说它也可以被理解为“人工直觉[Artificial Intuition]”或“人工意象[Artificial Imagery]”。人工智能的目标是要弄清，当人的大脑在一种十分复杂的环境中不动声色地从大量可能性中选择哪一种最为合理时，会发生什么事。在现实生活的许多场合，演绎推理之所以不适用，并不是因为它会得出错误答案，而是因为它会得到过多的正确然而无关的断言。为了满足推理本身的充分性，需要同时考虑的东西也就太多了。请看这样一段很短的对话：

“那天，我从报上读到——”

“噢——你曾读报来着？那就可知你有眼睛。或者说至少有一只眼睛。或者更确切地说你那时至少有一只眼睛。”

这就需要一种辨别的能力——“在这里，什么东西重要，什么不重要？”与此相关联的，是一种对简洁的感受力和对美的感受力。这些直觉是从哪来的呢？它们是怎样从作为基础的形式系统中显现出来的？

《的确该赞美螃蟹》里显示了螃蟹智慧的一些非凡力量。按他自己对这种力量的说法，他只不过是在听音乐，并区分优美的音乐和不优美的音乐。（显然，他有一条明确的分界线。）然后，阿基里斯找到了另一种描述螃蟹能力的方法：螃蟹把数论陈述分为真的和假的两个范畴。可是螃蟹坚持说,如果他真的做到了这一点,那也纯属偶然,因为按照他自己所承认的,他在数学方面是无知的。然而更加使阿基里斯不解的是,螃蟹的行为看上去直接违背了阿基里斯所熟悉的一项备受称颂的元数学结果:

丘奇定理:没有一个切实可靠的方法总能区分开 TNT 的定理和
561 非定理。

这是美国逻辑学家丘奇于 1936 年证明的。与此密切相关的是下面这个结果,我称之为

塔斯基-丘奇-图灵定理:没有一种切实可靠的方法总能区分开真的数论语句和假的数论语句。

丘奇-图灵论题

为了更好地理解**丘奇定理**和**塔斯基-丘奇-图灵定理**,我们先得描述一下作为它们的基础的一种思想,那就是丘奇-图灵论题(通常也叫"丘奇论题"),因为丘奇-图灵论题确实是数学、大脑及思维的哲学中最重要的概念之一。

实际上,像沏茶一样,丘奇-图灵论题也能有各种不同的浓度。所以,我要以好几种形式来表述它,并且看看这些不同的形式各自蕴涵着什么。

第一种形式听起来十分幼稚——事实上几乎是空洞无物:丘奇-图灵论题,同义反复形式:数学问题只能通过数学推演来解决。

自然,整体的意义寓于作为组成成分的各术语的意义之中。所谓"数学问题",我指的是判定某个数是否具有一个给定的算术性质。看得出,借助于哥法尔配数法和相应的编码手段,几乎每一

个数学分支的每一个问题都能归入这种形式。所以,"数学问题"一词仍保持其通常含义。"数学推演"又怎么讲呢?当你试图确定一个数是否具有某种性质时,似乎只有一遍又一遍地结合使用很少量的几个运算——加法、乘法、验证相等与不等。这就是说,循环地使用这些运算,好像就是使我们得以深究数的世界的唯一工具。要注意"好像"这个词。这是有关丘奇-图灵论题的关键字眼。我们可以给出一个"修订本":

丘奇-图灵论题,标准形式:假设有一种方法,一个有感知能力的生物可以根据这种方法逐个把数分成两类。又假定这种方法总能在有穷时间内得出答案,而且对于给定的数,这种方法总给出相同的答案。那么:存在一个有终止的 FlooP 程序(即一般递归函数),它给出的答案恰好与这个有感知能力的生物的方法所得到的答案一样。

中心假设说穿了就是:把数分成两类的任何一个心智过程都可以用 FlooP 程序来描述。直觉上的一个信念是,这种心智过程中没有使用什么超出了 FlooP 能力的工具,而且使用这些工具的 562
方式也没有超出不限次数的迭代(FlooP 允许这么做)。丘奇-图灵论题不是数学**定理**意义上的一个可证的事实——它是有关人脑中所使用的过程的一个假设。

大众过程形式

此刻,有些人可能会感到,丘奇-图灵论题的这种形式断定的东西太多。这些人可以提出如下的反对意见:"也许有像螃蟹这样的人——他对数学有着几乎是神奇的洞察力,但像其他人一样,他自己对这种特殊能力也一无所知——那么这种人的心智机制大概就能执行在 FlooP 中找不到对应物的运算。"这种想法就是说:或许我们会有一些下意识的潜力,可以做出超越意识过程的事情——这些事情大概无法用基本 FlooP 运算表示。对这些反对派,我们将给出该论题的一个弱形式,它在大众的和个人的心智过程之间作了区分。

丘奇-图灵论题,大众过程形式:假设有一种方法,一个有感知能力的生物可以根据它逐个把数分成两类。又假设这种方法总能在有穷的时间内得出结果,并且对给定的数它总能给出相同的结果。同时,还要假定这种方法可以通过语言由一个有感知能力的生物不走样地传达给另一个有感知能力的生物。那么,存在一个有终止的 FlooP 程序(即一般递归函数),它给出的答案恰好和这个有感知能力的生物的方法所得到的答案一样。

这就是说,大众接受的方法受"FlooP 化过程"的管辖,但对个人特有的方法,它却什么也没断定。当然它并没有说个人特有的方法都是 FlooP 力所不及的,不过至少还是留有这样的余地。

湿利尼吠萨·拉玛奴衍

作为反驳任何一种强形式丘奇-图灵论题的证据,我们来看看 20 世纪初叶著名的印度数学家湿利尼吠萨·拉玛奴衍(1887—1920)(图 105)这个实例。他出生于印度最南部的泰米尔邦,高中时学过一点数学。一天,一个认为拉玛奴衍有数学天分的人,介绍他看一本略为过时的分析教科书,拉玛奴衍立即狼吞虎咽起来。

于是他开始突入分析世界，二十三岁前后，他就已作出了一些他认为值得花费时间的发现。他不知道该向谁求教。可不知怎么回事，有人就谈到了远在英国的一位数学教授——哈代。于是拉玛
奴衍把他最好的一些结果全都装进一个纸袋，连同朋友们帮他用 563
英文写的一封说明信一起，寄给事先毫不知情的哈代。下面这段话录自哈代对自己接到这包东西时的描述：

……一下子就能看出，拉玛奴衍一定还有很多更普遍的定理，肯定还藏着很多东西……。（有些公式）完全使我折服了。以前我从未见过任何一种哪怕是稍许类似的东西。仅仅看一眼就足以说明只有最高水平的数学家才写得出来。它们必定是真的，因为假如它们不真，不可能会有人具备杜撰它们的想象力。最后……作者肯定百分之百地诚实，因为大数学家比具有如此难以置信的技巧的窃贼或骗子更常见[②]。

这次通信的结果是，拉玛奴衍根据哈代的建议，于1913年来到英国，随后就开始了一场以拉玛奴衍三十三岁早逝于肺结核为结局的紧张合作。

拉玛奴衍具有一些使他有别于大多数数学家的极不寻常的特点。其中之一是他缺乏严格性。他常常会简单地陈述一个结果，
他坚持认为他只是靠模糊的直觉得出这个结果的，与那个自觉地 564
进行研究探索的王国全不相干。事实上，他常说女神娜摩吉利在梦中给他灵感。这种情形一再发生。使之更加神秘——也许甚至是使之充满了神奇特性——的是，拉玛奴衍的这些“直觉定理”中有很多是错的。世上有一种奇怪的悖论效果：一件你认为不会促使

人们轻信，而是会使易轻信的人变得开始怀疑的事情，实际上却具有相反的效果。因为它击中了轻信者心理上的弱点，用暗示人类本性中一些令人困惑的非理性侧面的办法吊起了他们的胃口。这就是拉玛奴衍出错时所发生的情形：很多受过教育的人，以一种强烈的倾慕之心，相信某些被看成拉玛奴衍的直觉能力的东西，认为它证明了有一种神

$$\cfrac{1}{1+\cfrac{e^{-2\pi\sqrt{5}}}{1+\cfrac{e^{-4\pi\sqrt{5}}}{1+\cfrac{e^{-6\pi\sqrt{5}}}{1+\cdots}}}}=\left(\frac{\sqrt{5}}{1+\sqrt[5]{5^{3/4}\left(\frac{\sqrt{5}-1}{2}\right)^{5/2}-1}}-\frac{\sqrt{5}+1}{2}\right)e^{2\pi/\sqrt{5}}$$

图 105　湿利尼吠萨·拉玛奴衍及其神奇的印度旋律之一。

奇的、洞察真理的力量存在，而他难免出错这一事实甚至可能是加强了——而不是削弱了——这种信念。

当然，没人否认拉玛奴衍来自印度最落后的地区。在那里，行乞化缘和其他一些古里古怪的印度习俗已经沿袭了数千年，而且还将继续下去，其频繁程度大概要超过高等数学课。拉玛奴衍的

那些偶然的失误并没有提醒人们认清他只是个人，反倒自相矛盾地激起了一种想法：他的错误总有某种“更深刻的正确性”——某种西方人的心智或许不可企及的“东方的”正确性。这是多么诱人而且近乎无法抵御的想法啊！即便是哈代——他该是第一个否认拉玛奴衍有特异功能的人——在谈到拉玛奴衍的某次失败时也说：“从某种意义上说，我并不认为他的这次失败就不比任何一次成功更精彩。”

拉玛奴衍的数学个性中另一个突出的特点，（照他的同事李特伍德的说法）就是“与整数的友谊”。相当多的数学家都在不同程度上具有这样的特点，而拉玛奴衍则登峰造极。有两则轶事可以说明他的这种特殊能力。第一则为哈代所讲：

> 记得有一次他生病住在普特涅，我去看他，乘的是一部号码为 1729 的出租马车，我注意到对这个数我翻不出什么花样，只希望它不是什么凶兆。“不”，他听后答道，“这是个很有意思的数：它是能用两种不同方法表示成两个数的立方和的最小的数。”自然，我就问他是否知道对应于四次方的这样一个问题的答案。他想了一会，回答说他一下子找不到例子，第一个这样的数一定很大。[8]

实际上，对于四次方，答案是：

$$635318657=134^4+133^4=158^4+59^4$$

读者会发现，动手解一解有关二次方的类似问题肯定很有意 565
思，而这就要容易得多了。

考虑一下哈代为什么会直接跳到四次方去，其实是很有意思的。因为毕竟是存在好几种合理而又自然的方式，能在不同的维度上推广方程

$$u^3+v^3=x^3+y^3$$

例如，把一个数用三种不同方法表示成两个立方之和的问题：

$$r^3+s^3=u^3+v^3=x^3+y^3$$

或者，可以用三个不同的立方数：

$$u^3+v^3+w^3=x^3+y^3+z^3$$

或者，甚至可以同时对所有的维度都推广：

$$r^4+s^4+t^4=u^4+v^4+w^4=x^4+y^4+z^4$$

即："能用三种不同方法表示成三个数的四次方之和的最小数是什么？"不过，从某种意义上来说，哈代的推广是"大多数数学家所倾向的"。这样一种数学美学的意义最终能不能得以程序化呢？

另一则轶事出自拉玛奴衍的同胞拉戈那罕为他所写的传记，传记中称这件事为"拉玛奴衍的闪念"，那是拉玛奴衍在剑桥时代的印度朋友玛哈拉诺比斯博士讲述的。

> 又有一次，我去他家吃午饭，当时第一次世界大战已经打了一些时候了。我手里拿着一份《海滨杂志》月刊，当时这家杂志常发表一些谜题供读者解答。拉玛奴衍正把锅坐在火上，在里面搅拌着什么东西准备午饭，我则坐在桌子旁边翻阅杂志。有一个涉及两个数之间的关系的问题吸引了我。问题的细节已经忘了，不过我还记得它的类型。是说两名英国军官住在巴黎一条长街上的两所房子里，其门牌号码有某种特

殊的联系，问题就是：求出这两个数。题目并不难，我通过尝试、订正，花了几分钟就解出来了。

玛哈拉诺比斯（开玩笑地）：有个问题你。

拉玛奴衍：什么问题？说吧。（他继续在锅里搅着。）我把《海滨杂志》上的问题读了一遍。

拉玛奴衍：请把答案记下来。（他念出一个连分数。）

连分数的第一项是我已经得到的解，以后的逐个的项则表示了如果街上的门牌号数可以无限制地增长下去时，两个数之间的同种类型的关系的问题的逐个答案。我感到十分惊奇。

玛拉哈诺比斯：你一眨眼之间就得到这个解了吗？

拉玛奴衍：我一听到这个问题就明显感到，解显然是一个连分数，于是我就想："是个什么样的连分数呢？"然后答案就在我脑子是出现了。就是这么简单。[4]

拉玛奴衍逝世之后，常有人向他的最密切的合作者哈代问起，拉玛奴衍的思维方式是否有什么超自然的或异国情调的奇异因素。哈代作了如下的评述： 566

我曾不时地被人问起：拉玛奴衍是否有什么特殊的奥秘？他的方法是否与其他数学家有实质上的不同？他的思维方式是否确实有什么不正规的东西？我无法以任何自信的或有说服力的方式来回答这些问题，不过我并不相信那些假设。我的信念是，从本质上讲，所有的数学家都在用同一性质的方法思维，拉玛奴衍也不例外。[5]

哈代在这里其实是在陈述他自己对丘奇-图灵论题的一种说法。我来发挥一下，就是：

丘奇-图灵论题，哈代形式：从本质上讲，所有的数学家都同构。这还没有把每个数学家的数学潜力都等同于一般递归函数的潜力。要想做到这一点，你所需要做的事情也就是设法说明某个数学家的心智能力与递归函数的能力是一样的。这样，如果你相信丘奇-图灵论题的哈代形式，那就可以知道全体数学家都是如此了。

此后，哈代将拉玛奴衍和一些计算奇才作了比较：

> 他的记忆力和计算能力很不寻常，不过也不能说它们“反常”。当他需要做两个大数的乘法时，他是用普通的方法，只是他可以用不同寻常的速度和准确来做好它，但也并不比任何一名天生迅速而又有计算习惯的数学家更快。[⑥]

哈代描述了他所发现的拉玛奴衍突出的智力特征：

> 由于他的记忆、耐心和计算才能，他把综合能力、对形式的感觉能力和对假设的快速修订能力结合了起来，这经常出人意料，并使他在那个时代中自己的那个领域内无可匹敌。[⑦]

这段文字中提到的那几种能力，依我看是对一般智能的某些最微妙的特征的精彩刻画。最后哈代颇怀眷恋地总结说：

> [他的工作]没有最伟大的工作所必须具备的那种简洁性

> 和必然性。如果不那么古怪，它就会更伟大一些。他的工作具有一种不可否认的天赋——意义深刻和无往不胜的独创性。如果他早在青年时代就被发现并受到一些训练，他就可能成为一名伟大的数学家，他就会完成更多新的、而且无疑是极为重要的发现。另一方面，那也将使他变得不那么像拉玛奴衍，而更像一名欧洲教授。这也许是得不偿失的。[8]

哈代在说起拉玛奴衍时所用的浪漫方式，充分表达了他对拉玛奴衍的珍重。

“心算家” 567

还有一类人，他们的数学能力似乎得不到合理的解释——那就是所谓“心算家”，这些人能在心中（或别的什么地方）一眨眼之间完成复杂的计算。生于1824年，卒于1861年，并为欧洲的好几个政府雇来作计算工作的戴斯就是一个突出的例子。他不仅能心算两个一百位数的乘法，而且有一种不可思议的数量感。也就是说，他可以不用数数就“分辨出”一块地里有多少只羊或者一个句子里有多少个词等等，可以多到30个左右——这和我们大多数人显著不同，我们的这种感觉只在6个以内时才是可信的。

我不打算描述很多这类让人眼花缭乱的、但却有案可稽的“瞬息计算者”，因为这不是我此处的目的。不过我觉得，消除那种认为他们是用某种神秘的、不可分析的方法计算的想法，是重要的。尽管实际情况常常是：这种奇才的计算能力远远超过他们解释自己的结果的能力，不过偶尔也会出现一个具有其他智力天赋，同时也具有这种惊人的数字能力的人。根据这些人的自省以及广泛的心理学研究已经弄清：在瞬息计算者进行运算的过程中，并没有发生什么超自然的事情，而只是他们的心智非常自信地加速越过了各个中间步骤，就像天生的运动员迅速完美地从事一项复杂运动时那样。他们不是依赖某种顿悟般的瞬息闪念来得到答案（尽管在主观上他们当中有些人似乎感到是这么一回事，而是——像我们这些人一样——由一系列计算得到的，也就是说用 FlooP（或 BlooP）之类的过程得到的。

此外，能够说明并不存在什么“通往上帝的热线”的一条最明显的线索，是一个简单的事实：当用到的数字变大时，答案就出来得慢。可以设想，如果是上帝或“神谕”在提供答案，那么当数字变大时就不该变慢。人们也许可以找到一个更好的解释，说明瞬息计算所花的时间是如何随用到的数字的大小及用到的运算种类而变化的，并由此来推定所用的算法的某些特征。

丘奇-图灵论题的同构形式

这最终把我们带到加强了的丘奇-图灵论题标准形式：

丘奇-图灵论题，同构形式：假定有一种方法，一个有感知能力的生物可以利用它逐个把数分成两类。又假定这种方法总能在有穷的时间内得到答案，而且对于一个给定的数总是给出相同的答案。那么，存在某个有终止的 FlooP 程序（即一般递归函数），它给出的答案恰好与这个有感知能力的生物的方法所得
568 到的答案一样。而且，这个心智过程与这个 FlooP 程序在下述意义上同构：在某个层次上，计算机和大脑各自执行的那些

步骤之间存在一个对应。

应当注意，在这里，不仅结论加强了，而且也抹去了吞吞吐吐的大众过程形式中的那个有关通讯的附加条件。这个大胆的形式正是我们现在所要讨论的。

简而言之，丘奇-图灵论题的这种形式断言：当一个人计算某个问题时，他的心智活动可以同构地在某个 FlooP 程序中得到反映。不过读者应该清楚，这并不意味着大脑实际上是按照一个用 FlooP 语言写下的、尽是些 BEGIN、END、ABOUT 之类的 FlooP 程序而运行的——完全不是。这只不过是说各个步骤之间的次序与 FlooP 程序中相应的次序完全相同，而且计算的逻辑结构也可以在 FlooP 程序中得到反映。

现在，为了弄清这一思想的含义，我们得在计算机以及大脑中区分出不同的层次，否则这就会被误认为是十足的胡说。很可能，在人的头脑中进行的这些计算步骤都处于最高层次，并从较低的层次上得到支持，因而最终是被"硬件"所支持。所以如果我们说到同构，那就意味着我们心照不宣地做了一个假设，即能把最高层隔离开来，从而使我们得以脱离其他层次来讨论这里发生的事情，并能把这个顶层对应到 FlooP。说得更严格一些，这个假定就是说：存在一些软件实体充当着种种数学思维的角色，它们以某些能够严

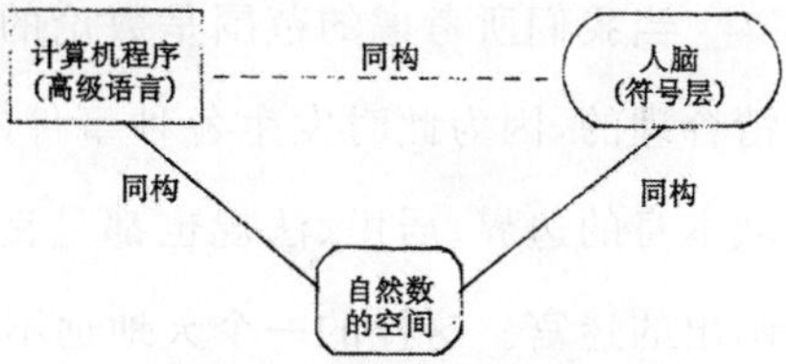

图 106　自然数的性质能在人类大脑和计算机程序中得到反映。这两个不同的描述因而能在一个适当的抽象层次上彼此对应。

格反映为 FlooP 的方法起着作用(见图 106)。使这些软件实体得以实现的东西,是第十一章、第十二章以及《前奏曲,蚂蚁赋格》中讨论过的整个基础结构。对大脑和计算机的较低层次(例如神经原和位)上的同构作用,则没下任何断言。

如果不拘泥于字面,丘奇-图灵论题的同构形式之所以能为人理解,是由于它说一个心算家在计算(比如说 π 的对数)时所做的事情,同构于一部袖珍计算器在计算它时所做的事情。这里的同构是在算术步骤的层次上成立,而不是在更低的层次——神经原和集成电路之间——成立的。(当然,计算任何东西都可以有不同的方法,但不妨假定那部袖珍计算器——如果不提那个人——可以按任意特定的方式完成所要求的计算。)

对关于现实世界的知识的表示

569 当我们所考虑的范围是数论的时候,这件事看上去的确是合情合理的,因为此时发生各种事件的那个论域既小又清晰。而论域本身的边界、居民、法规也都是良定义的,就像用标准几何图形画出的迷宫。这样的一个天地远不如我们生活于其中的那个无边无际且定义模糊的天地来得复杂。一个数论问题一经提出就完全是自足的了,然而现实问题却不然,根本不能绝对有把握地把它与现实世界的任何一个部分隔离开来。比方说换一只烧鳖了的电灯泡的任务,大概免不了要拿一个板凳来;而这又可能意外地弄撒一盒药,于是又不得不去扫地以免孩子误食撒了的药丸;等等、等等。药丸、凳子、小孩及灯泡本是现实世界中风马牛不相及的几个部分——然而某些日常事件却会把它们紧密地联系起来。这里还没有说到其他微小变化会使预期的事情变成什么样。总之，如果给你一个数论问题，那么要想解决它，就决不致于手忙脚乱地考虑什么药丸、小孩、凳子乃至扫帚之类的无关事物。（当然，你对这些东西的直观知识可能有助于你下意识地生成一种内心的图像，从而有助于用几何术语想象问题的解答——不过这是另外一回事了。）

鉴于世界的这种复杂性，很难设想能有一部小型的袖珍计算器，当你按下一些印有“小孩”、“凳子”、“灯泡”之类字样的按钮时，就能回答输入它的种种问题。实际上，现在已经证实，要想有一台大型的高速计算机，能回答一些在我们看来是现实世界中极为简单的一个小领域中的问题，都是极为困难的。为做到“理解”，看来就得用一种高度综合的方式把大量知识都考虑进去。我们可以把现实世界中的思维过程比作一棵树，其可见部分坚实地长在地面之上，但却性命攸关地依赖于在地下四处延伸、看不见的根系。根使它稳定并提供给它营养。这里，根象征着那些复杂过程，这是一些发生在大脑的意识层次之下的过程——其影响遍布我们自己觉察不到的思维方式中。这就是第十一章和第十二章讨论过的“符号的触发模式”。

关于现实世界的思维与我们作两个数的乘法时所发生的事情很不相同。作乘法时一切东西都在“明面上”，随时可以检验。在算术中，可以“撇出”顶层，并使用很多不同种类的硬件等效地完成它，例如用机械加法器、袖珍计算器、大型计算机、人脑等等。而这正是丘奇-图灵论题所说到的全部东西。但是，谈到现实世界中的理解问题，好像并没有什么简单的方法“撇出”这个顶层而单用程序来实现：那个“符号的触发模式”太复杂了。必须得有若干个层次使思维得以“渗透”和“冒出”。

特别地——这就回到了第十一章和第十二章的主题——大脑
570 中对现实世界的描述尽管在某种程度上根植于同构，但却包含有某些在外部世界根本没有对应物的成分。也就是说，对于这种同构，存在有比表示“小孩”、“扫帚”等东西的简单意识结构多得多的东西。这些符号全都存在，这毫无疑问——不过它们的内部结构极为复杂，而且在很大程度上不便于有意识地检查核对。不仅如此，若还想把一个符号的内部结构的各个方面，映射到现实世界的什么具体性状上，那将是徒劳无功的。

难以撇出的过程

由于这个理由，大脑看起来就像一个很有特色的形式系统了。因为在它的最底层——神经原的层次，也就是由一些“规则”控制并改变其状态的层次——原始的元素（神经原的发射或者更低层的事件）可以没有解释。而在顶层，却出现了有意义的解释——即从我们曾称为“符号”的那个神经原活动的大“云雾”到现实世界上的一个映射。这里与哥德尔的构造有几分相似。按照这种相似性，一个高层的同构可以使高层次的意义注入符号串之中。不过，在哥德尔的构造中，较高层次的意义是“骑”在较低层次的意义上的——也就是说，只要引入了哥德尔配数法的概念，它就可以从较低的层次上导出。而在大脑中，神经原层次上的活动并不附属于现实世界的解释，它们根本不是在模仿什么东西。它们纯粹只是实现较高层次的一种基质，就像袖珍计算器中的晶体管，其作用仅仅是支持计算器的反映数字世界的活动。言下之意就是说，没有什么方法能把最高的层次撇出，而用程序造出一个同构拷贝。如果要反映大脑中对现实世界的理解过程，那就必须反映正在发生的某些较低层次的事情——“大脑的语言”。而这并不一定意味着我们非得一直下到硬件层次，尽管可能到头来的确如此。

如果为了达到对“在外面”的东西有一个“智能的”（即类似于人的）内部表示，而开发一个程序，那么在开发过程中，有时可能要被迫使用一些结构和过程，它们不容许有任何直截了当的解释——也就是说，它们不能直接映到现实世界的成分之上。要想理解该程序的这些较低的层次，只能靠它们对高于自己的那些层次的催化关系，而不是靠它们与外部世界之间所具有的某种直接联系。（这种思想的一个具体形象曾由食蚁兽在《蚂蚁赋格》中提示过：试图只凭笔划就理解一本书的“难以言状的噩梦”。）

依我看，一旦一些包括想象和类比的过程变成程序的重要成 571
分时，这种从概念上把握系统的多层建筑就变成必不可少的了——这与那些被看成是严格地执行演绎推理的过程恰成对照。执行演绎推理的过程，从本质上说都能在一个单一的层次上程序化，因而根据定义就是可以撇出的。所以，按照我的假定，想象和类比的思维过程本质上都需要有若干层次的基质，因而本质上都不可撇出。此外我还相信：就是在这些地方，创造性开始浮现出来——这将蕴涵着：创造性本质上依赖于某种“不可解释的”低层事物。作为类比思维的基础的那些层次无疑是极为吸引人的，下面两章会给出有关它们性质的一些思考。

简化论的几个信念

考察大脑中较高层次和较低层次之间关系的一种方法是:装配一个神经原网络,在一个局部(神经原到神经原)的层次上,该网络表现得与大脑中的一个神经原网络没有什么区别,但它完全没有较高层次的意义。较低的层次由相互作用的神经原组成,这一事实并不见得一定能导出有什么较高层次的意义——就像一碗"笔划汤"里有笔划这一事实,并不能导出在碗里游泳时就一定能碰到有意义的句子一样。高层意义是神经原网络的一种带有随意性的特征——一种作为(进化中)环境压力的后效而出现的东西。

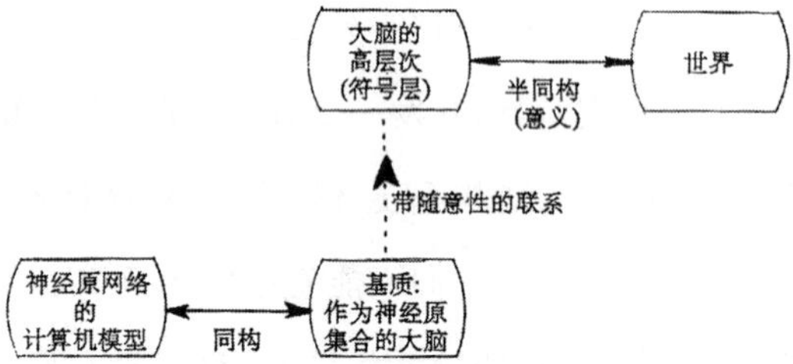

图 107　大脑的符号层漂浮于神经原活动之上,从而反映了世界。不过能在计算机上模拟的那种神经原活动本身并不能产生思维,那得靠组织中的一些更高的层次。

图 107 说明了意义的较高层次的出现是有选择余地的。向上的箭头表示一种基质在出现时可以没有高层意义,但反之不然:较高的层次必须从一个较低层次的性质中导出。

572 这个图表明,可以用计算机模拟一个神经原网络。这在原则上是行得通的。不论网络多么复杂,只要单个的神经原的行为能用计算机可执行的计算来描述就行了。这是一个微妙的假设,没有多少人甚至会想起来怀疑它。然而,这却是"简化论的信念"之一，可以把它看成丘奇-图灵论题的“微观形式”。下面就把它明确地叙述一遍：

丘奇-图灵论题，微观形式：一个生物体的各组成部分的行为能用计算机来模拟。也就是说，任何元素（为典型起见，就假定是一个细胞）的行为，都能用一个 FlooP 程序（即一般递归函数）——在给定该元素的内部状态和外部环境的一个足够精确的描述之后——计算到任意精确的程度。

丘奇-图灵论题的这种形式是说：大脑过程——尽管拥有更多的组织层次——并不比（例如）胃的过程具有更多的神秘性。今天，要是提出人消化食物不是通过普通的化学过程，而是通过某种神秘的、魔术式的“同化”过程，那就会使人感到不可思议了。丘奇-图灵论题的这种形式，不过就是把这种常识性的道理推广到大脑过程。简言之，这等于说，相信大脑在原则上是用一种可以了解的方式活动的。这是简化论的一条信念。

微观的丘奇-图灵论题的一项推论，是下面这样一个十分简洁的新微观形式：

丘奇-图灵论题，简化论形式：全部的大脑过程都可以从一个可计算的基质中导出。

这句话大概是能支持“最终可能实现人工智能”这种观点的最强有力的理论基础。

当然，人工智能的研究并不是以模拟神经原网络为目的，因为它建立在另一种信念之上，即：可能有一些意义重大的智能特征是漂浮在一些与生物大脑的基质完全不同种类的基质之上的。图 108 表明人工智能、自然智能和现实世界之间的大致关系。

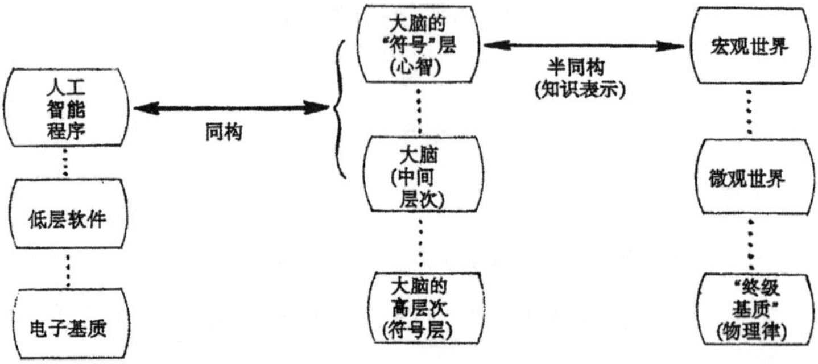

573　图 108　使人热衷于从事人工智能研究的关键，在于这样一种观念：心智的符号层次能从它们的神经原基质上被"撇出"，并用诸如计算机的电子基质之类的方法实现。至于对大脑的复制需要做到什么深度，现在还完全不清楚。

人工智能研究能否与对大脑的模拟平行发展？

有人认为，要想实现人工智能，就总有一天得要模拟或复制大脑的实际硬件。这种想法至少迄今为止是使很多人工智能工作者极为反感的。人们仍在纳闷："我们得把大脑模拟到什么精度才算实现了人工智能？"实际答案可能是：这完全依赖于你想要模拟人类意识的多少特征。

玩好跳棋的能力是否足够成为智能的指标？如果是，那么人工智能就已经存在了，因为下跳棋的程序是世界第一流水平。或者，智能是不是一种像大学一年级微积分课程中用纸笔求函数积分的能力？如果是，那么人工智能就已经存在了，因为符号积分运算的程序在大多数情形已胜过最熟练的人。或者，智能是不是弈棋之类的能力？如果是，那么人工智能就已经上了正路，因为下国际象棋的程序已能战胜最好的业余棋手了，而且机器棋手的水平仍然可以继续改善。

历史上，人们对于什么性质在机械化了之后能算是无可争议地构成了智能，一直是很幼稚的。有些时候，当我们朝着人工智能方向前进了一步之后，却仿佛不是造出了某种大家都承认的确是智能的东西，而只是弄清了实际智能不是哪一种东西。如果智能包括学习、创造、情感响应、美的感受力、自我意识，那前面的路就还长，而且可能一直要到我们完全复制了一个活的大脑，才算是实现了这些。

美感、螃蟹和灵魂

上面所说的这一切，与螃蟹在阿基里斯面前的那番高超表演有什么联系呢？这里有两个缠在一起的问题，它们是：

(1)在任何环境下，任何大脑过程是否能够不违背丘奇-图灵论题，而完全可靠地区分真的和假的 TNT 陈述——这是不是一件原则上做不到的事？ 574

(2)美感是不是大脑过程？

先来答复(1)。如果允许背离丘奇-图灵论题，那么，对话中的古怪事情就似乎不会遇到什么本质性的障碍了。所以我们感兴趣的是，一个相信丘奇-图灵论题的人是不是必然不相信螃蟹的能力。这完全依赖于究竟相信丘奇-图灵论题的哪种形式。比方说，如果你只在大众过程形式下签名，你只需说螃蟹的能力是不可传播的，就很容易使两者和睦共处了。反之，如果你相信简化论形式，你就很难相信螃蟹所诡称的能力(根据**丘奇定理**——我们马上就要证明它)。相信各种中间形式将使你在争论中模棱两可。不过，如果为了方便而常常改变自己的立场，那就纯属见风使舵了。

好像我们还应当再给出丘奇-图灵论题的一种新的形式，一种为相当大量的人所心领神会的形式，一种为很多著作者以各种方式公开使用的形式。这批作者中，较为著名的有：哲学家休伯特·德雷福斯、贾基、摩蒂莫·陶布以及卢卡斯，生物学家兼哲学家迈克尔·波拉尼（最出色的整体论者），杰出的澳大利亚神经生理学家约翰·埃克勒斯。我确信还有很多其他人的著作也表达过类似的思想，也有不计其数的读者是赞同的。下面我来尽量概括出他们的立场中共同的部分。我做得可能并不完全正确，但我将力图尽可能准确地保持其原有的韵味：

丘奇-图灵论题，唯灵论形式：大脑所能做的某些种类的事情可以大致地由一台计算机来模拟，不过不是大多数事情，而是些不那么吸引人的事情。不管怎么说，即使都能模拟，灵魂仍将留待解释，而且没有什么方法能让计算机来承担这个任务。

丘奇-图灵论题的这种形式与《赞美螃蟹》中的故事有两种关联。第一种情形是，信奉它的人可能会把那个故事看成不可相信的傻话，不过原则上并不禁止它。第二种情形，他们可能会断言，对于诸如美感这类品德的评价，是与难以捉摸的心灵相联的一种特性，因而生来就只能为人所具有，单单机器是不行的。

我们过些时候再回到这第二点，但首先，既然我们在讨论“唯灵论”，我们得先把上面的丘奇-图灵论题表述成一种更为极端的形式，因为近年来大量受过良好教育的人都认可这种形式。

丘奇-图灵论题，反科学形式：计算机是荒唐的。一般说来科学也都如此。

在那些认为带有数量和严格性味道的东西是对人类价值的一 575
种威胁的人们中间，这种观点颇为流行。真是令人遗憾，他们意识不到深究诸如人类心智等这类抽象结构时所包含的深刻性、复杂性和美，正是在那里，需要密切联系“人是什么”这样一个根本问题。

再回到美感问题上来。我们要考虑一下美感是否一种大脑过程。如果是，它是否可以用计算机来模拟。那些相信不能用大脑解释美感的人自然很难相信计算机会有美感。相信美感是大脑过程的人，仍是按照他们相信丘奇-图灵论题的哪种形式而取不同的态度。整个简化论学派都相信：任何一个大脑过程都能在原则上转换成计算机程序，然而其他人可能会感到美是一个定义过于不清楚的概念，无法使计算机程序吸收。或许他们觉得对美的鉴赏要求一种非理性的因素，因而与计算机的条理性不相容。

非理性的东西与理性的东西可以共存于不同的层次

不过，“非理性与计算机不相容”这个观念，是由严重的层次混淆引起的。这个错误观念出自一种想法：由于计算机是运行得完美无缺的机器，所以它们在所有的层次上都必然得“逻辑地”行动。而十分明显的是，一台计算机可以按指令打印出一系列不合逻辑的语句——或者，换个方式说，打印出一批具有随机真值的语句。然而，按照这样一类指令工作，计算机并不会出任何错误！相反，仅当打印出了指令规定的语句之外的东西时。它才算是出错了。这说明，在一个层次上完美无缺的运行如何会支持较高层次上的符号操作——而高层上的目标却可能与真理的传播毫无关系。

看透这一点的另一种方法，是记住大脑也是由一些运行得完美无缺的元素——神经原——所组成的集合体。一旦全部新来的信号跨入某个神经原的门槛，乓！——它就发射了。决不会有一个神经原忘记它的算术知识——把它的输入马马虎虎地加起来得到一个错误答案。即使一个神经原死了，它仍能在下述意义上正确行动：它的组成元素继续遵从数学和物理的规律。而且，众所周

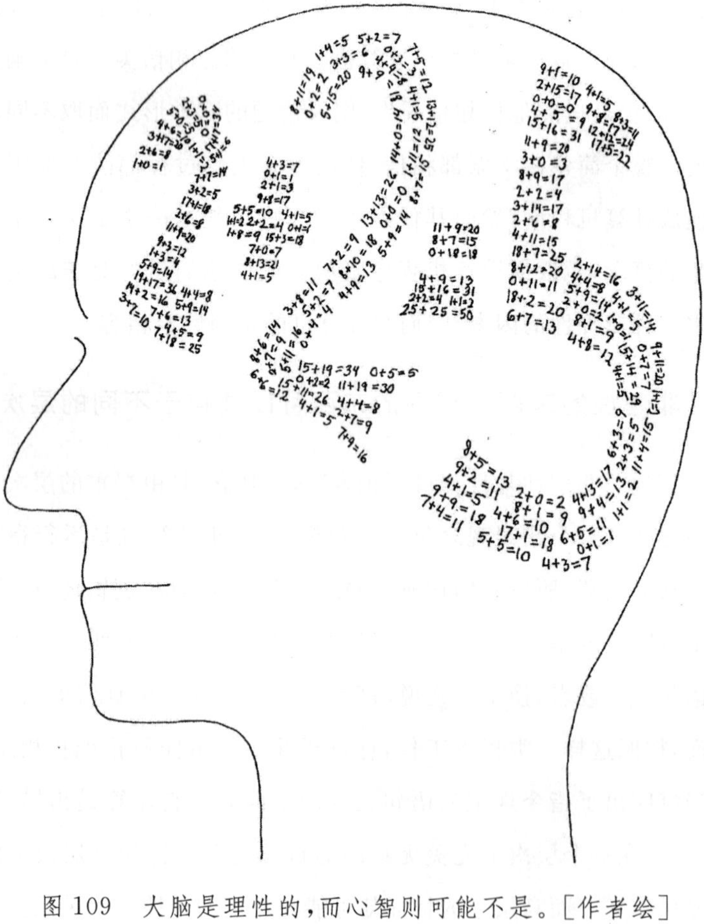

576　图 109　大脑是理性的，而心智则可能不是。[作者绘]

知，神经原完全有可能在它自己的层次上以极其出人意料的方式支持错误的高层行为。图 109 就是要说明层次之间的这种冲突：在心智的软件中有一个错误的信念，它却得到具有完美无缺的行为的大脑硬件的支持。

这种观点——在先前讨论各种各样的问题时曾多次提到——其实就是说：意义可以存在于符号操作系统的两个或多个不同的层次上，而且与意义一道，正确性与错误性能在所有这些层次上存在。意义在一个给定层次上的出现，取决于现实世界是否是以一种同构(还是较为松散的)的形式在这个层次上得到反映。所以，神经原总是正确地执行加法(其实，是比加法复杂得多的计算)，这一事实完全不能担保它们的机制所支持的最高层结论是正确的。即便大脑的最高层忙于证明布尔佛教的公案，或者忙于冥想禅宗代数的定理，它的神经原却仍在合理地行动着。同理，大脑中感受美的经验的高层符号过程，其底层是完全理性的，那里发生着完美无缺的行动。任何非理性的东西，如果存在，就是在较高的层次上，而且是低层事件的旁效现象——一个后果而已。

为了从另一个角度来看这个问题，我们来假定你正难以做出 577
决定，不知是该要一盘茄汁鳜鱼还是黄连汁鳜鱼。这是不是就蕴涵着你的神经原细胞也受到阻碍，而难以决定它们是否发射呢？当然不是。你的鳜鱼混乱是一个高层王国的事件，以很有组织的方式依赖于数以千计的神经原的总体的有效发射。这多少有点讽刺，然而只要想一想，就会觉得是完全明白的。尽管如此，断定有关心智和计算机的几乎全部的混乱都来源于这种基本的层次混乱，大概是十分公平合理的。

没有什么理由使人相信，一台计算机中运转得完美无缺的硬件不可能支持那些体现诸如混乱、遗忘以及美感这类复杂事件的高层符号行为。这将需要大量的子系统按照一种复杂的“逻辑”相互作用。表面的行为可能表现为理性或非理性，然而暗地里则应该是可靠的逻辑硬件的工作。

再驳卢卡斯

这种层次区别倒顺便给我们提供了与卢卡斯辩论的某种新武器。卢卡斯的论证建立在“**哥德尔定理**按其定义可用于机器”这样一种思想之上。事实上，卢卡斯极力宣称：

> 哥德尔定理必定适用于控制论机器，因为作为机器的本质特征，机器该是形式系统的一个具体特例。⑨

如我们已经看到的，在硬件层次上这是真的——然而由于或许还存在更高的层次，所以这不是关于这个论题的最后断语。卢卡斯强调说，在他所讨论的模拟意识的机器里，只有一个层次上发生了符号操作。例如分离规则（在他的文章中叫“假言推理”）就要
578 做成硬件，并将成为这样一台机器的一个不可改变的特性。他更进一步地宣称，如果假言推理不是该机器系统的永远不变的栋梁，而是可以偶然撇开的，那么：

> 该系统将不再是一个形式的逻辑系统，而且该机器将胜任心智的模型这个角色。⑩

在人工智能研究中正在开发的很多程序与那些生成数论真理的程序——一些具有不变的推导规则和固定的公理集合的程序——没有多少共同之处，而且它们当然是有意做成“心智模型”的。在它们的顶层——“非形式”层次——可能有一些意象的操作、类比的形式、念头的遗忘、概念的混淆以及差别的抹杀等等。不过，这并不与下述事实相矛盾：它们就像大脑依赖其神经原的正确行动一样，依赖于支持它们的硬件的正确行动。所以，人工智能程序依然是“形式系统的具体实例”——不过他们不是能应用卢卡斯所曲解了的哥德尔证明的那种机器。卢卡斯的论证只适用于它们的底层，可是它们的智能——不论高低——并不依赖那个底层。

我们还可以从另一个角度考察卢卡斯对“心智过程必须怎样在计算机程序内部表示”这个问题的那个过于简单的看法。在讨论一致性问题时，他写到：

> 如果我们实际是些不一致的机器，我们就应满足于这种不一致性，从而痛痛快快地肯定一对矛盾的两个方面。更进一步，我们该是可以随便讲任何事情——但我们没有这样。容易说明，在一个不一致的形式系统内，一切都是可证的。[10]

最后这句话表明，卢卡斯假定了命题演算一定得包含在任何一个能做推理的形式系统之中。具体地说，他是在考虑命题演算的定理＜＜P∧～P＞→Q＞。显然，他错误地认为这是机械化推理的一条必不可少的要素。无论如何，要是说像命题推理这样的逻辑思维过程是一个人工智能程序的一般智力的结果，而不是预先程序化了的东西,是完全有可能的。这恰是在人类身上发生的事情!没有什么特别的理由该假定狭义命题演算——连同它们所必需的刻板规则,以及有关一致性的呆笨的定义——都得要出现在这样一个程序之中。

人工智能的一个基点

我们可以把这一通闲扯都归结到层次的区分。在离开这个话题之前,我们给出丘奇-图灵论题的一个最强的——也是最后的——形式:

579 丘奇-图灵论题,人工智能形式:任何种类的心智过程都可以用一个计算机程序来模拟,而该程序的基础语言与 FlooP 一样强,也就是说全体部分递归函数都能用这种语言程序化。

还需要指出的是,实际上很多人工智能研究者信奉的是与丘奇-图灵论题密切相关的另一个信条,我把它叫作人工智能论题,叙述如下:

人工智能论题:随着智能机的发展,它的基础机制会逐渐收敛于人类智能的基础机制。

换句话说,一切智能都只是同一主题的各种变奏。为了创造真正的智能,人工智能工作者如果想要使他们的机器达到我们所具有的能力,他们就得坚持深入那些较低的层次,使之越来越接近大脑的机制。

丘奇定理

现在,让我们回过头来看螃蟹,再看看他的定理资格判定过程

(伪装成一种判定音乐美的过滤器)是否与现实世界相容这一问题。实际上,根据对话中提到的事实,我们没有办法推定螃蟹的才智是不是一种分清定理和非定理的能力,或者换个说法,分清真陈述和假陈述的能力。当然,在很多情形下这是一回事,不过**哥德尔定理**表明这并不总是一回事。但是,这没有关系:如果我们相信丘奇-图灵论题的人工智能形式,那么这两种说法都不可能是真的。在任何强如 TNT 的形式系统中都不可能有判定定理的过程——这个命题叫**丘奇定理**。没有一个判定数论真理的过程——如果这种真理存在的话。读者在看过 TNT 的全部分叉现象之后,很可能会怀疑这种存在性——这样一个命题可以很快地从**塔斯基定理**(发表于 1933 年。实际上其思想在此之前就早已为塔斯基所知)推出。

这两个极为重要的元数学结果的证明是很相似的。它们都可以很快地从一个自指结构中得到。我们先来考虑 TNT 定理的判定过程。如果存在一个统一的方法使人们可以判定一个给定的公式 X 究竟应归入"定理"类还是"非定理"类,那么,根据丘奇-图灵论题(标准形式),就该有一个有终止的 FlooP 程序(一般递归函数),当给出公式 X 的哥德尔数作为输入时,该程序能给出与上述方法相同的判定。其关键步骤在于(读者应该还记得):能用一个有终止的 FlooP 程序检测的任何一种性质在 TNT 中都有一个体现。这意味着"是 TNT 定理"这条性质能在 TNT 内部体现(与仅仅表示是不同的)。然而,如我们马上就能看到的那样,这会使我们陷入困境,因为如果"是定理"是一个可体现的属性,那么哥德尔 580
公式 G 就会是与说谎者悖论同样可怕了。

这全是因为G在说："G不是TNT定理"。假如G是定理，那么由于"是定理"按假定应可体现，所以断言"G是定理"的那个TNT公式应当是TNT定理。而这个公式就是～G，即G的否定。所以TNT就不一致了。另一方面，假如G不是定理，那么根据假设的定理资格的可体现性，断言"G不是定理"的那个公式就应是TNT定理。然而这个公式就是G，所以我们仍得到悖论。与前面的情形不同，这里根本无法消除这个悖论。问题之所以出现，就是由假定"是定理"这一性质可由某个TNT公式体现。因而，我们就必须追溯回去，摒弃这个假设。这就迫使我们得出：没有一个FlooP程序能分清定理的哥德尔数和非定理的哥德尔数。最后，如果我们接受丘奇-图灵论题的人工智能形式，那我们就得进一步地回溯，得出：无论如何都不会有什么方法能使人类可靠地分清定理和非定理——这也包括基于美感的判断。那些只同意丘奇-图灵论题的大众过程形式的人，可能仍然认为螃蟹的成就是可能的。不过，在丘奇-图灵论题的所有各种形式当中，这一个也许是最难得到支持的。

塔斯基定理

现在我们接着看塔斯基的结果。塔斯基问，是否可以有一种在TNT中体现数论真理概念的方法。"是定理"这个性质是可表示的(尽管不是可体现的)，这我们已然看到。塔斯基则对于有关真理概念的类似问题产生了兴趣。尤其是，他希望确定是否会有一个只含一个自由变元a的TNT公式，它可以翻译成：

"哥德尔数为a的公式表示一条真理"。

像塔斯基那样，我们先来假定有这样一个公式——把它缩写成 TRUE{a}。然后，所要做的事情就是使用对角线方法制造一个句子，它对自己下断语，说自己不是真的。我们完全照搬哥德尔的方法，从一个“服”号串入手：

$$\exists\ a:\langle\sim TRUE\{a\}\land ARITHMOQUINE\{a'',a\}\rangle$$

把这个“服”号串的哥德尔数记作 t，然后就算术扤揌它，从而得到塔斯基公式 T：

$$\exists\ a:\langle\sim TRUE\{a\}\land ARITHMOQUINE\{\underbrace{SSS\cdots\cdots SSS}_{t\text{个}S}0/a'',a\}\rangle$$

如果解释一下，它是在说： 581

“t 的算术扤揌化是个假陈述的哥德尔数。”

可是由于 t 的算术扤揌化是 T 自身的哥德尔数，所以塔斯基公式 T 恰好在 TNT 中重现了说谎者悖论，它在说自己：“我是假话”。当然，这就导致了结论：它既真又假(或既不真又不假)。于是又产生了一个令人感兴趣的问题：说谎者悖论的出现有什么不好？这有什么要紧的吗？毕竟汉语中已经有了这个悖论，而中国语言并没有因此就灰飞烟灭。

那个被赞美的螃蟹是不可能存在的

其答案就在于：别忘了这里牵涉到了意义的两个层次。一个层次是我们刚才用过的，而另一个层次则是作为一个数论陈述。如果塔斯基公式 T 真的存在，那它就是一个同时既真又假的论及自然数的陈述！难就难在这里，尽管对于汉语来说，说谎者悖论总能因其话题(它自己的真理性)过于抽象而清除掉，可这一个却不然，因为它变成了一个严格的数论陈述！如果我们相信这是一种荒唐可笑的事态，那就只好丢掉 TRUE{a}是存在的这一假设。就是说没有一种方法能在 TNT 内部表示真理的概念。应当看到，这个结果就使得“是真理”成为比“是定理”更难以捉摸的性质，因为“是定理”还是可表示的。按照前面（涉及丘奇-图灵论题的人工智能形式）谈过的回溯推理，我们得到结论：

> “螃蟹的心智辨认起真理来，一点也不比辨认 TNT 定理更强。”

因为前一种辨认违背**塔斯基-丘奇-图灵定理**（“不存在确认算术真理的判定过程”），而后者则违背了**丘奇定理**。

形式的两种类型

当把“形式”这个词用于各式各样形状复杂的结构时，想想它的意义是很有意思的。例如，当我们观赏一幅画并感到美时，引起我们反应的是什么？是视网膜上的点和线的“形式”吗？显然一定是的，因为它就是如此进入我们头脑的分析机制的——不过这一处理过程的复杂性使我们感到并不只是看到了一个二维的表面，
582 我们在对这幅画的某种内在意义——某种莫名其妙地陷入了二维的那个多维对象——产生共鸣。这里重要的是“意义”这个词。我们的心智有一些接受二维模型的解释机制，然后再从中“抽”出高维概念，这些高维概念复杂得我们无法有意识地对之进行描述。其实，我们对音乐的反应也是一样。

主观感觉是，抽出内在意义的机制完全不同于检验有还是没有某种特定性质（比如一个符号串是否良构）的判定过程。也许这

是因为内在意义过一段时间以后会泄露出更多的东西。我们永远不可能像对良构性那样有把握地确定什么时候才算大功告成了。

这提示了一种区分，在我们所分析的模式中，对“形式”的两种含义可以作个区分。首先，有一些性质，如良构性，它们可以用预知有终止的检验来检查，比如用 BlooP 程序。我把这些性质叫作形式的句法性质。直观上可以察觉到，形式的句法方面比较接近于表面，因而并不能激发多维认知结构的创造。

作为对照，形式的语义方面是不能在预定时间期限内检验的：它仍需要无尽头的检验。如我们已经看到的，检验 TNT 符号串是不是定理这种情形就是如此。你无法把某个标准的检验法用于一个符号串，以辨认出它是否一条定理。不知什么原因，涉及了意义这一事实，与很难弄清一个符号串是否是 TNT 定理，这两者是密切相关的。从本质上说，抽出一个符号串的意义的行为，涉及建立它与其他所有符号串之间相关联时的全部意味，而这当然就导致一个无尽头的征途。所以，语义性质就与无终止的搜索联系在一起了。因为，在一个很重要的意义上，一个客体的意义并不局限于该客体自身之内。这自然并不是要说在时间终结之前就不可能理解任何客体的意义。因为，随着时间的流逝，越来越多的意义变明朗了。但是，不论过多久，其意义总还有些方面未被发现。

意义来自认知结构间的联系

让我们从符号串转向乐曲，变个花样看看。如果你愿意的话，仍可把每一处提到乐曲的地方都换成“符号串”。这种讨论必然是一般性的，只不过我觉得还是谈音乐更容易使人理解其韵味。乐曲的意义有一种少见的两重性：一方面，凭借着它与世界上其他很多事物的关系，似乎要向四周蔓延——而另一方面，一段乐曲的意义显然源自音乐本身，所以它必定能定位于音乐内部的某个地方。

考虑解释机制可以摆脱这种窘境。所谓解释机制就是抽出意
583 义的那种机制。（这里说的解释机制并不是指乐曲的演奏者，而是指欣赏该曲时从中得出意义的那位听众的心理机制。）当第一次听到某首乐曲时，解释机制会发现它的意义的很多重要方面。这似乎证明了意义寓于乐曲自身之内、并可从中直接读出这样一种观念，不过这只是问题的一部分。音乐解释机制是通过建立一个多维的认知结构——该乐曲的一个心智表示——而工作的。这个多维认知结构努力寻找与那些为以前的经验编码的多维心智结构之间的联系，借此同早就存在的信息结合起来。随着这个过程的进行，整个意义就逐渐显露出来了。事实上，当一个人感到他已经悟透一段乐曲的核心意义时，可能若干年的时间已经过去了。这似乎又有利于相反的观点：音乐的意义向四方延伸，解释机制的作用就是逐步收集它。

真理毋庸置疑是位于这两者之间的某个地方：无论音乐的意义还是语言的意义，在某种程度上都是可定位的，在某种程度上又都是向四方延伸的。用第六章的话来说，我们可以说乐曲和文章都既是显明意义的触发器，又是运载者。可以通过一块刻有铭文的古碑的例子，来给意义的这种两重论作个生动的说明：碑文的意义部分地贮存在世界各地的图书馆和学者们的大脑之内，但它显然也隐含在古碑自身之内。

于是，要刻画“句法”性质和“语义”性质（在刚刚提到那种意义

下)之间的差别就还有一条路子,即:句法性质毫不含糊地存在于所考虑的客体之内,而语义性质则依赖于它与潜在地无穷多的客体类之间的关系,因而不是完全可以定位的。原则上说,句法性质中没有什么秘密或隐藏的东西,然而这种隐蔽性却是语义性质的本质。这就是我区别视觉形式的"句法"方面和"语义"方面的理由。

美、真与形式

美又怎么样呢?按照上面的思想,它当然不是句法性质。那么它能是语义性质吗?比方说,美是某幅具体的画所具有的性质吗?让我们干脆就限于考虑一个观察者。每个人都有过这样的经验:这个时候觉得某个东西很美,那个时候又会觉得它很丑——而其他时候又可能觉得它很平常。那么,美是不是一个随时间变化的属性呢?但是倒过来也可以说,随时间变化的是那位观察者。那么,当确定了一个在特定的时间观赏一幅特定的画的特定的人之后,是否就有理由断定美是一种确确实实的、或者存在或者不存在的性质呢?还是说,有关美的问题仍然还有某些定义不清的、不可捉摸的东西?

随着环境的变化,在每个人心里都可能会引发解释器的不同层次。这些形形色色的解释器抽出不同的意义,建立不同的联系, 584
并一般地对所有深入的方面给出不同的评估。所以,看起来,美这个概念极难把握。正因为如此,我才在《的确该赞美螃蟹》中把美与真联系在一起,我们已经看到,"真"乃是整个元数学中最不好捉摸的概念之一。

说谎者悖论的神经基质

我打算以关于真理的那个中心问题——即说谎者悖论——的某些想法，作为本章的结尾。我认为，塔斯基在 TNT 内部对说谎者悖论的复制，指出了深入理解汉语中的说谎者悖论的一个途径。塔斯基所发现的东西是：该悖论的塔斯基形式有两个不同层次。在一个层次上，它是谈论自身的句子，如果它假，那就会真，如果它真，就又会假。在另一个层次——我喜欢把它叫作算术基质——上，它是一个谈论整数的句子，它为真当且仅当它为假。

这样一来，由于某种原因，这后一种说法就比前一种更为令人费解。由于前一种说法的自指性，有人就干脆贬斥为"没有意义"。但你却不能这样贬斥一个谈论整数的悖论陈述，谈论整数的陈述根本不能既真又假。

我的感觉是：塔斯基对说谎者悖论的转换指导了我们去寻找该悖论汉语形式的基质。在其算术形式中，高层的意义建立在低层的算术层次之上。也许与之类似，我们见到的那个自指句子（"本句子是假的"）只是一个双层次统一体的顶层。那么较低的层次又是什么呢？支持语言的结构又是什么呢？是大脑。所以必须给说谎者悖论找一个神经基质——一个较低的、由互相冲突的物理事件——也就是按其性质而言不能同时出现的事件——组成的层次。如果这种物理基质存在，那么我们之所以无法理清说谎者句子的来龙去脉，就是由于我们的大脑在试图作一件力所不及的事情。

那么，这些互相冲突的物理事件的实质又是什么呢？也许当你听到说谎者句子时，你的大脑就建立了该句子的一种“编码”——相互作用的符号的一种内部布局。然后，它就试图把句子归结为“真”、“假”两类。这种分类行为必定迫使某些符号按一种特殊的方式发生相互作用。（也许遇到任何一个句子时都会发生这种过程。）如果碰巧这种分类行动会从物理上搞乱该句子的编码 585
动作——一种轻易不会发生的事情——那就算碰上麻烦了，因为它相当于试图要一台唱机播放毁坏它自己的唱片。我们用物理术语而不是用神经学的术语描述了这种冲突。如果这种分析到现在为止还是有效的，那么当我们了解了一些大脑中来自神经原及其发射的“符号”建构，又了解了一些给句子编码的方式时，余下的讨论就可以继续下去了。

说谎者悖论的神经基质的这幅草图（至少对我）暗示了：说谎者悖论的汉语形式的这种解决，很可能类似于该悖论的塔斯基形式的解决。这种解决包括放弃“大脑总是能够为真理概念提供一个完全精确的描写”这样一种观念。这种解决的新颖性，在于它暗示着给出真理的全面模型是不可能的，而这是由于一个来自物理方面的理由，即：做这样一个模型从物理上需要在一个大脑中出现不相容的两个事件。

586 # 施德鲁,人设计的玩具①

有一天,伊她·娥英女士漫步到麻省理工学院人工智能实验室,碰上了才气横溢的青年计算机程序施德鲁。施德鲁正急着找人来试验试验新近开发出来的一个人——“格拉德·维维诺诺博士”。施德鲁向伊她说明:这位格拉德·维维诺诺博士在他的专业领域里是颇为聪明的,他的专业是分析关于一种“玩具世界”的对话,而这种“玩具世界”由各种不同形状、不同大小、不同颜色的积木组成。这些积木摆在一张桌子上,可以捡起来,挪到别的位置。伊她女士一听就着了迷,立刻在施德鲁的键盘上噼哩啪啦地打起字来。格拉德·维维诺诺博士答应站在她身后随时提供一些说明。

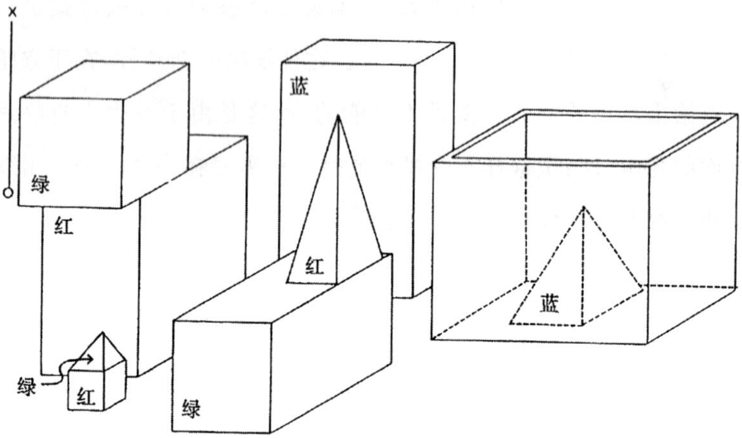

587 图 110 “拣起一个大红方块。”[选自特里·维诺格拉德,《理解自然语言》,第 8 页。]

1. 伊她·娥英:拣起一个大红方块。[参见图 110]

施德鲁:行。

格拉德·维维诺诺博士:施德鲁执行命令时候照例回答:“行!”。为拣起这个红方块,须先找出一个地方,以便移开上面的绿方块。

2. 伊她·娥英:抓住那个方锥。

施德鲁:我不明白你指的是哪个方锥。

格拉德·维维诺诺博士:屏幕上有三个方锥,施德鲁懂得“那个”所指的是说话人心目中的一个对象。

3. 伊她·娥英:找一块比你手里的那块大点的积木,把它搁到盒子里。[参见图 111]

格拉德·维维诺诺博士:施德鲁先要弄清“那块”、“它”各指什么,还要推定“手里”有什么。

施德鲁:“它”指大点的那块积木。

格拉德·维维诺诺博士:施德鲁能用启发规则确定“它”所指的是“手里的那块”还是“找”出来的那块。

施德鲁:行。

格拉德·维维诺诺博士:施德鲁须先放下红方块,才能拣起蓝方块。

4. 伊她·娥英:盒子里都有什么?

施德鲁:蓝方锥和蓝方块。

5. 伊她·娥英:方锥下边是什么?

格拉德·维维诺诺博士:以前说“方锥”时,施德鲁说“我不明白你说的是哪个方锥”。现在,他认为你所说的就是刚才谈及的那个方锥。

施德鲁:盒子底。

588 6. 伊她·娥英:有几个方块没在盒子里?

格拉德·维维诺诺博士:施德鲁能掌握各种不同的否定词语的含义,例如“没”,“不”等等。

施德鲁:四个。

7. 伊她·娥英:这四个方块里有没有比我刚说让你拣起的那块大的?

格拉德·维维诺诺博士:“这四个方块”指上一问题中谈及的方块;“比……大的”也应指方块。名词短语中可能含有复杂

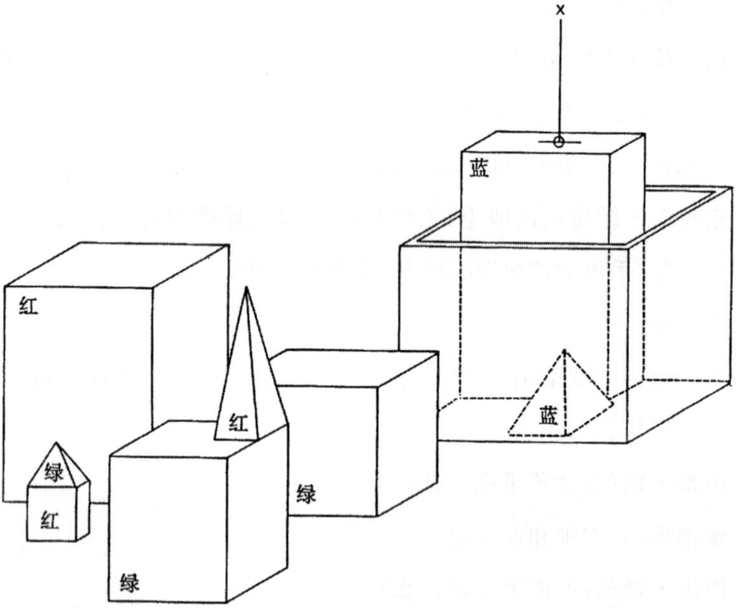

图 111　“找一块比你手里的那块大点的积木,把它搁到盒子里。”[选自维诺格拉德,《理解自然语言》,第 9 页。]

的数量词,如“至少一块”、“三块以上”、“恰好七块”等。为确定“我刚才让你拣起的那块”,需要用到已发生事件的记录。此外,“我刚才说让你拣起的”和“那块”的句法关系是间接的。施德鲁的句法分析程序能以一种具有普遍性的方式处置这种复杂的句法关系。

施德鲁:有,就是那个红方块。

8. 伊她·娥英:它下边有东西吗?

施德鲁:有,桌面。

格拉德·维维诺诺博士:施德鲁用启发规则以确定对于人有关的信息,既使问题中并未明确提出要求。

9. 伊她·娥英:桌子能不能拣木块?

施德鲁:不能。

格拉德·维维诺诺博士:只有动物才能拣东西,而桌子不是动物。施德鲁的语义规则具备这些知识。

10. 伊她·娥英:方锥能不能搁在方块上?

施德鲁:能。

格拉德·维维诺诺博士:施德鲁的推理系统发现了一个例证,所以他知道这是可能的。

11. 伊她·娥英:方锥上能不能搁方块?

施德鲁:不知道。

格拉德·维维诺诺博士:这个问题本身是有意义的,但是在屏幕上并没有出现例证。施德鲁无法看到他自己的程序里的细节,尽管他的能力终究是由这些细节所确定的。

12. 伊她·娥英:把两个方锥摞起来。

施德鲁：我摞不起来。

格拉德·维维诺诺博士：施德鲁尝试这样做，但失败了。

13. 伊她·娥英：蓝方锥是松木的。

施德鲁：明白了。

格拉德·维维诺诺博士：施德鲁知道对象的颜色、形状，大小和位置。质料则是对象的未知性质。告诉它以后，它就记录在数据库中。

14. 伊她·娥英：除了红的木块和方锥下边的木块以外，都是松木的。

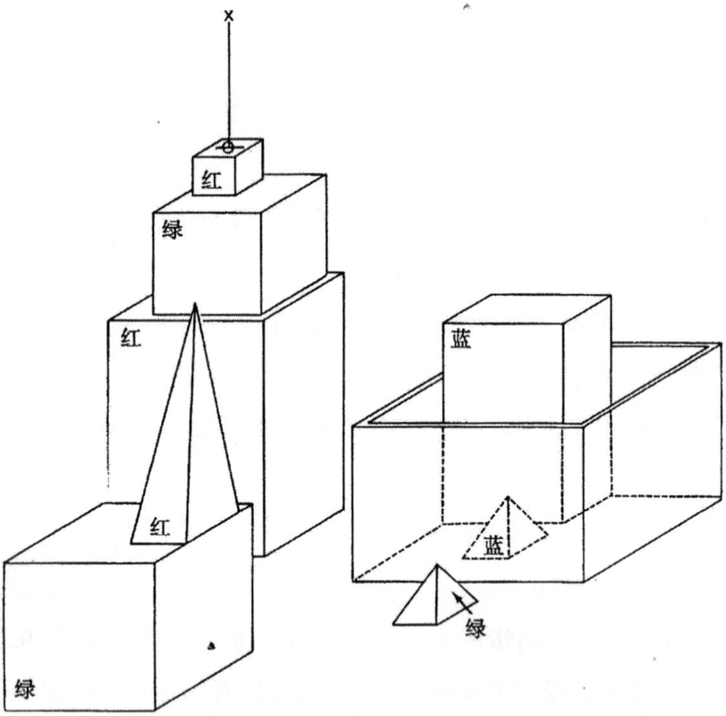

图 112 “你把两个红方块跟一个绿色的方块或是方锥摞成一摞，好吗？”[选自维诺格拉德，《理解自然语言》，第 12 页。]

施德鲁:明白了。

格拉德·维维诺诺博士:施德鲁对这句话的理解,导致它建立一个新的推理过程,以确定某个木块是否是松木的。 589

15. 伊她·娥英:盒子是不是松木的?

施德鲁:不是。

格拉德·维维诺诺博士:盒子中有个方锥,盒子是方锥下面的东西。

16. 伊她·娥英:盒子里有松木的东西吗?

施德鲁:有两个:蓝方块和蓝方锥。

17. 伊她·娥英:你把两个红方块跟一个绿色的方块或是方锥摞成一摞,好吗?[参见图 112]

施德鲁:行。

格拉德·维维诺诺博士:对"跟"、"或是"这类逻辑联词的处理同时考虑到了语法和语义。一个命令即使形式上是一个问题也会被执行。这个命令执行过程如下:把一个绿方块放在大红方块上(他选中的是上面没有东西的绿方块),把小红方块上面的小方锥移开,再把小红方块摞到绿方块上面。

18. 伊她·娥英:哪个方块是放在桌面上的? 590

施德鲁:红方锥底下的大绿方块。

格拉德·维维诺诺博士:一般说来回答"大绿方块"已经满意了,但就这个问题而言,最好把它限定得清楚一些。

19. 伊她·娥英:有没有放在方锥后边的大块积木?

施德鲁:有三块:一个大红方块,一个大绿方块,一个大蓝方块。

20. 伊她・娥英:往那个上边放着方锥的绿方块上再搁上一个小方块。

施德鲁:行。

21. 伊她・娥英:把最小的方锥搁到它上面。

格拉德・维维诺诺博士:施德鲁先要比较所有方锥的大小,再采取行动。施德鲁:行。

22. 伊她・娥英:有多少东西是放在绿方块上边的?

施德鲁:你说"放在绿方块上边",我不明白这个"上边"指什么意思。你是指:

1—与它的表面接触,还是

2—在它上方的任何地方?

格拉德・维维诺诺博士:前面那一句话里,"上边"的解释未发生困难,是因为从上下文中可以澄清它的含义。在这一句话里,解释歧义的启发规则无法做出清楚的定义。施德鲁只好向你要求进一步的信息。类似的问题在解释"它"、"那些"等词的时候也可能遇到。

23. 伊她・娥英:你把绿方锥放在小方块上边以前动过哪个方锥没有?

施德鲁:动过绿的。

格拉德・维维诺诺博士:施德鲁能从它的记忆中找出现在说的是什么事件,并能把它和别的事件前后联系起来。对于本句的分析涉及像"没有"这样的词的种种不同用法。

24. 伊她・娥英:你是什么时候动的它?

施德鲁:我把两个红方块跟一个绿方块摞起来的时候。

格拉德·维维诺诺博士:时间可以用当时所作的工作来描述。

25.伊她·娥英:为什么要动它? 591

格拉德·维维诺诺博士:施德鲁记得前一句对话,因此能理解这类问题。

施德鲁:把它拿到一边去。

格拉德·维维诺诺博士:施德鲁能从原有的子目标树找出其工作的每一步骤的目的。

26.伊她·娥英:这又是为什么?

施德鲁:好把它下边的红方块抓起来。

格拉德·维维诺诺博士:"这"指的是前一答句中的动作。

27.伊她·娥英:为什么要抓那个红方块?

格拉德·维维诺诺博士:"那个"指的是前一句里所说的红方块。

施德鲁:好把它放在一个大绿方块上。

28.伊她·娥英:这又是为什么?

施德鲁:好把两个红方块和一个大绿方块摞起来。

29.伊她·娥英:这又是为什么?

施德鲁:你让我这样做的。

格拉德·维维诺诺博士:施德鲁记得他做了什么,而不是对它的要求的原话。

30.伊她·娥英:这件事你是怎样做的?

格拉德·维维诺诺博士:"这件事"指的是前一问句里所说的事。

施德鲁:把一个大红方块放在桌上,松手,再把一个红方块放在绿方块上,松手。

格拉德·维维诺诺博士:本句描述了为实现一个目标所建立的最高层子目标。

31. 伊她·娥英:你干这些事的时候动了多少木块?

格拉德·维维诺诺博士:“干这些事的时候”指的是一段时间。

施德鲁:四块。

32. 伊她·娥英:你抓起小红方块以前,它上边有什么?

施德鲁:绿方锥。

格拉德·维维诺诺博士:回顾以往的动作可以推算过去的场面。

33. 伊她·娥英:那时候盒子左边有五块积木。

格拉德·维维诺诺博士:“那时候”是指上一句所说的时间。

施德鲁:没有,只有四块:两个红方块跟两个绿方块。

格拉德·维维诺诺博士:前边说到质料,施德鲁马上接受了。但他知道他具有关于木块位置的全部信息,所以他要与它
592 的知识进行核对,并表示同意与否。

34. 伊她·娥英:把蓝方锥搁在盒子里的蓝方块上头有问题吗?

格拉德·维维诺诺博士:这句话句法上是有歧义的,因为它可以分析为“把蓝方锥搁在盒子里”的“蓝方块”上头有某种东西与否。施德鲁会排除这种句法歧义。

施德鲁:没问题。

35. 伊她·娥英:搁上去吧。

施德鲁:行。

36. 伊她·娥英:一个塔……

施德鲁:对不起,我不明白什么叫“塔”。

格拉德·维维诺诺博士:施德鲁读到一个不知道的字,就会打断你的话。

37. 伊她·娥英:“塔”是用两个绿方块和一个方锥做成的。

格拉德·维维诺诺博士:你用了引号,施德鲁知道你在解释一个生词,于是就用适当的形式把这个词放在词汇表里。

施德鲁:明白了。

38. 伊她·娥英:现在有没有塔?

施德鲁:没有。

格拉德·维维诺诺博士:新定义可以用于辨认塔。

39. 伊她·娥英:你做一个吧。

施德鲁:行。

格拉德·维维诺诺博士:新定义也可以用于判定建造的计划。这里“一个”指的就是“塔”。于是施德鲁就可以出如下的计划:把两个大绿方块摞起来,并把红方锥放在上边。

40. 伊她·娥英:把最大的那个木块叫作“大胖子”。

施德鲁:行。

格拉德·维维诺诺博士:可以给木块取名字。

41. 伊她·娥英:你动过大胖子吗?

施德鲁:动过。

格拉德·维维诺诺博士:“动过”当然是指从对话开始以来。

42. 伊她·娥英:你怎么把它丢了?

施德鲁:我想你说的“它”指的是大胖子。但是我不能解释一件没有发生过的事情。

格拉德·维维诺诺博士：施德鲁从它的记录中查不到丢木块的事件。它有专门的程序对付这类“别有用心”的问题。

43. 伊她·娥英：红方锥的右边有什么？

施德鲁：有四样东西：盒子，小红方块，蓝方锥和叫作大胖子的那块积木。格拉德·维维诺诺博士：所取的名字也可以用于指称事物。

44. 伊她·娥英：谢谢你！

施德鲁：不客气！

格拉德·维维诺诺博士：施德鲁的语法知识实际上是一个程序，这个程序使他能处理惯用语。

第十八章　人工智能：回顾 594

图灵

图 113　在赛跑中获胜后的阿兰·图灵（1950 年 5 月）。595 [摘自萨拉·图灵，《阿兰·图灵》]

在 1950 年，阿兰·图灵写下了一篇关于人工智能的既有远见又有争议的文章，题目是“计算机器与智能”，发表在《心智》杂志上[①]。我将会谈到这篇文章，但我想先说说图灵这个人。

阿兰·麦瑟森·图灵 1921 年生于伦敦。当他还是一个孩子的时候，就充满了好奇心和幽默感。由于他的数学天赋，他进了剑桥，在那里他关于机械和数理逻辑的兴趣相得益彰，导致他写出了一篇关于“可计算的数”的著名论文。在这篇论文中，他提出了图灵机理论，而且证明了停机问题的不可解性。这篇论文发表于 1937 年。在 40 年代，他的兴趣从计算机理论转向了计算机的实际制造。他在英国的计算机发展史上发挥了重要的作用。人工智能刚刚出现时，面临的是一片攻击与嘲笑，而图灵当时则是它的一名坚定的捍卫者。那时戴维·钱伯农是他最好的朋友之一（此人后来致力于计算机作曲）。他们俩都是国际象棋迷，并发明了“绕屋跑”下棋法：走一步棋后绕房子跑一圈——如果你跑回来时对手还没有走棋，你就有权再走一步。但他们也合作干了件正经事：发明了第一个下棋程序。他们为它起了个名字，叫“图尔钱”。图灵死得很早，才 41 岁——似乎是一次化学事故造成的，也有人说是自杀。他的母亲萨拉·图灵为他写了传记。从她所引用的那些人的话中，人们得到的印象是：图灵不是个循规蹈矩的人，有些不善交际，但又非常诚实正直，因此很容易被他人所伤。他喜爱游戏、下棋、孩子和骑自行车，还是个长跑好手。在剑桥上学时，他买了一把旧小提琴，自己学会了演奏。尽管水平不是很高，他却从中得到了很大乐趣。他有点古怪，对于他感兴趣的事情，他会全力以赴去做，做完便又对另外的什么东西感兴趣了。他所探索的领域之一是生物学的形态发生问题。用他母亲的话说，图灵“特别喜欢《匹克威克外传》”，但“对诗歌——除了莎士比亚的——却丝毫不感兴趣”。阿兰·图灵是计算机科学领域中真正的拓荒者之一。

图灵测验

图灵的那篇文章是这样开始的：“我准备考虑一个问题：‘机器能思维吗？’”正像他所指出的，这些词都太复杂了，易于挑起争端，因此我们显然应当寻找一种更好的方式来接近这个问题，即给出一种限定其含义的过程，而非一个定义。他认为这种方式就包含在他所谓的“模拟游戏”之中——今天我们称之为“图灵测验”。图灵是这样介绍的：

这种游戏需要三个人来玩：一个男人(A)，一个女人(B)，以及一个性别不限的询问人(C)。询问人待在一间看不到另外两人的屋子里。游戏的目的是让询问人确定另外两个人谁是男的谁是女的。他只知道这两个人的代号是X和Y，而游戏结束时他要说出"X是A，Y是B"或"X是B，Y是A"。询问人可以这样向A和B提问题：

C：请X告诉我他或她头发的长度。

现在假设X实际是A，那A就必须回答。A在游戏中的目的是设法使C作出错误的判断。这样他的回答就可能是：

"我梳的是短发，最长的一股大约有二十多厘米长"。

为了不让答话的声音给询问人以线索，答案可以写在纸上，要是用打字机就更好了。理想的办法是用电传打字机进行两个屋子之间的通讯。也可以让中间人转述问题和答案。游戏的第三个参加者(B)的目的是帮助询问人。对她来说，最好的策略大概就是提供真实的答案。她可以在答案上加上"我才是那个女的，别听他的话！"或诸如此类的东西。但这于事无补，因为那个男人也可以这样做。

现在我们要问，"如果让一台机器在这场游戏中扮演A 596
的角色，那会发生什么情况呢？"当游戏这样进行时，询问人作出错误判断的可能性是否和参加游戏的是一男一女时一样大？这些问题实际上就是我们原先的那个"机器能思维吗？"的问题。②

在讲清楚他的测验的性质之后，图灵接下去对此作了些评论，这些评论即使在今天看来都很复杂，更不必说在他写作的年代了。开始，他给出了询问人和被询问人之间的一小段假想的对话：[③]

问：请以福斯大桥为题写一首十四行诗(这座桥位于苏格兰的福斯河口)。

答：这可把我难倒了。我从来也不会作诗。

问：把 34957 和 70764 相加。

答：(停了大约 30 秒然后给出答案)105621。

问：你会下国际象棋吗？

答：会。

问：我就剩一个国王在 K1，没有别的子了，而你有一个国王在 K6，一个车在 R1，该你走棋，你怎么走？

答：(停了大约 15 秒)，车到 R8，将！

可能没有多少读者会注意到，那个算术问题中，不但反应时间异乎寻常地长，而且连答案都是错的！如果回答者是人，就很容易被解释：只不过是个计算错误而已。但如果回答者是台机器，这就可能有许多不同的解释。下面就是某些解释：

(1) 一个硬件层次上的运行偶然失误(即不可再现的意外故障)；

(2) 一个无意中出现的硬件(或程序)故障，它可能造成算术运算中的错误(可再现的)；

(3) 一个由该机器的程序员(或制造者)有意插入的花招，它可能不时造成算术运算中的错误，以此来迷惑询问人；

(4)一个不可预测的旁效现象：程序由于长期进行艰苦的抽象

思维，偶然出了点小错，下次就不会再错了；

(5)一个由机器自己想出来的玩笑，故意戏弄询问人。

要搞清图灵在这里到底是什么意思，就涉及和人工智能有关的几乎全部的重大哲学问题。

图灵接下去指出：

> 这个新问题的优点在于把人的物理能力和心智能力明确地区分开了……。我们不想因为一台机器不能参加选美大赛而责备它，就像我们不会因为一个人没有飞机速度快而责备他一样。[④]

读这篇文章时的一大乐事就是看图灵怎样展开他的每条思路。通常他总是在某个阶段摆出一种似乎是矛盾的东西，然后通 597
过修正他的概念，再在分析的更深层次上解决。由于这种对问题入木三分的剖析，在计算机有了长足的发展，人工智能也进行了深入的工作的近三十年之后，这篇文章仍放射着耀眼的光辉。在下面的引文中你可以看到思想的这种往复工作方式：

> 也许有人会指责说这种游戏的设计对机器太不利了。如果那个人想装成机器，很显然他会把事情搞糟。仅在做算术题时又慢又不准确这一点上就足以让他漏馅了。难道说机器就不能完成某种应当被描述成思维、但又与人所具有的完全不同的东西吗？这种反对意见是很有力的，但至少我们可以说，如果能构造出一台能令人满意地玩这种模拟游戏的机器

来,那我们就不必为这种意见所烦扰。

有人也许认为机器在玩这种"模拟游戏"时最好的策略可能并不是模拟人的行为。也许会是这样的,但我认为即使如此似乎也不会造成很大的影响。无论如何这里并不打算探讨博弈论,而且我们假定最好的策略就是设法提供那种人会很自然地给出的答案。[5]

当这种测验被提出并讨论之后,图灵写到:

至于原来那个问题"机器能思维吗?",我相信它没什么意义,不值得讨论。不过,我相信到本世纪末,词的用法和广大受过教育的人的看法会发生很大的改变,因此那时将可以谈论机器思维而不怕再造成矛盾了。[6]

图灵所预料的反对意见

由于图灵知道这种观点无疑会遇到暴风雨般的反对,他接着就简洁而又带有幽默感地剖析了一系列对"机器能够思维"这种想法的反对意见。我在下面给出他列出的九类反对意见,并采用他自己对它们的描述方式。[7] 遗憾的是,由于篇幅所限,这里不能复述他所给出的幽默而又机智的答复了。你也许会乐于自己思考一下这些反对意见,并给出你自己的答复。

(1) 来自神学的反对意见:思维是人的不朽的灵魂所具有的功能。上帝把不朽的灵魂赐给了每个男人和女人,但没有赐给任给其他动物或机器。因此动物和机器都是不能思维的。

(2) 鸵鸟式的反对意见：机器思维的后果将是非常可怕的。让我们希望并且相信它们不能做到吧。

(3) 数学化的反对意见(这基本上就是卢卡斯的论点。)。

(4) 基于意识的论点："除非一台机器能出于自身的思想和情感——而不是据符号的任意组合——写出一首十四行诗或一首协奏曲，否则我们不能同意说机器等于大脑——这就是说它不但要能写出来，还要能知道它已经写出来了。没有什么机器能够真正产生下列感受(而不仅仅是发出人为设置的信号——那是简单的发明)：在它成功时 598 感到愉快，在它的部件损伤时感到痛苦，听到奉承话就觉得舒服，犯了错误就觉得悲伤，碰到异性会被吸引，得不到它想要的东西就会愤怒或失望。"(这是援引某位杰弗逊教授的话。)

图灵非常希望能对这种严厉的批评作出圆满的答复。因此，他为他的答案提供了不小的篇幅，而且在其中他又提供了一段假想的对话：[⑧]

询问人：你的十四行诗中的第一行是："我怎能把你比作夏天"，为什么不是"春天"呢？那样不是更好吗？

被问者：那样就不符合格律了。

询问人：那么"冬天"怎么样？这符合格律。

被问者：对，但谁也不想被比作冬天。

询问人：提到匹克威克先生，是否会令你想到圣诞节？

被问者：可以这么说吧。

询问人：因为圣诞节是在冬天，所以我想你如果把匹克威克先生比作冬天，他是不会计较的。

被问者：我觉得你不是在严肃地讨论问题。提到冬天，我们总是指冬天的一个一般的日子，而不是指像圣诞节这样特殊的日子。

在这段对话之后，图灵问到："如果一台能写十四行诗的机器在口试时能这样回答问题，那杰弗逊教授还有什么话说呢？"其他的反对意见还有：

(5) 基于各种缺陷的论点："就算你能造一台机器做你所提到过的那些事，你也绝不可能造出一台能做到 X 的机器。"有许多与此相关的 X 被提了出来。我在下面提供其中一部分：善良、机智、优美、友好、有创造性、有幽默感、区别是非、犯错误、坠入情网、爱吃草莓和奶油、使人动心、从经验中学习、用词得当、成为自己思考的对象、像人那样行为多变、做某些真正新的事情。

(6) 洛芙莱丝命妇的反对意见：关于巴比奇的分析机，最详尽的信息来自洛芙莱丝命妇所写的一本传记。她在其中写到："分析机并不自称能**创造**任何东西。它能做**任何我们知道怎样命令它去做的事**"(黑体是她用的)。

(7) 基于神经系统连续性的论点：神经系统肯定不是一台离散状态的机器。一个撞击神经系统的神经脉冲的强度这样的信息若是有一点误差，都可能使输出脉冲的大小产生很大差别。因此可以争辩说，由于这个原因，我们不能指望用一个离散状态系统来模拟神经元系统的行为。

(8) 基于行为非形式化的论点:这种观点大概是这样的:“如果每个人都有一个确定的指导规则集来控制他的生活,那他也就无异于机器了。但并不存在这种规则,因此人也就不可能是机器。”

(9) 基于超感官知觉的论点:假设我们要进行那种模拟游戏,而两个被问者一个是能接受心灵感应的人,另一个是数字计算机。询问人可以问这样的问题:“我右手里这张扑 599
克牌是什么花色的?”那个人利用心灵感应或特异功能,在 400 次询问中能说对 130 次。而那台机器只能随机地猜测,也许只能说对 104 次,这样,询问人就能作出正确的判断了。

正如你所能看到的那样,许多反对意见彼此重叠、互相联系。我已经在本书中设法对其中的大多数作出了这样或那样的回答,但一般都不如图灵的那么简洁。

我觉得第 9 种反对意见是值得注意的。我曾见到图灵这篇文章被重印在某本书里,但第 9 种反对意见被略去了——我觉得这同样是值得注意的。我自己的观点——和图灵的相反——是认为超感官知觉并不存在。图灵也不想承认真的有超感官知觉,不过后来还是被迫承认了,原因是他那种杰出科学家的诚实精神要求他接受他认为是强有力地支持了超感官知觉的统计证据。我不这样看,尽管我把这个问题当成一个极其复杂而迷人的问题。

“帕里遇上了医生”

在本章前面的对话中,你已经看到了计算机程序和人交谈时的真实情况。还有许多“交谈”能力比施德鲁差的程序。其中有两个很著名,一个是约瑟夫·魏增鲍姆设计的“医生”,另一个是肯尼思·科尔比设计的“帕里”。前者是要模拟一个使用“启发式疗法”的精神病医生——也就是那种只靠问问题来治病的心理医生,而后者是要模拟一个妄想狂患者的信念结构。人们通过计算机网为这两个程序安排了一次有趣的正面较量,下面就是谈话记录中的一小段:[9]

帕里:我不理解你的动机。

医生:你为什么不理解我的动机呢?

帕里:我难道不应该吗?

医生:你为什么现在这样说?

帕里:事实就是如此。

医生:假设事实并不是如此。

帕里:然后呢?

医生:我不知道我是否完全理解你了。

帕里:你总是唠叨同一个问题。

医生:这种相似性对你有什么启发?

帕里:我不太明白你的意思。

医生:你希望你太明白我的意思吗?

帕里:你现在该对我的感情表现出兴趣了。

医生:哦? 我对你的感情表现出兴趣了吗?

当然，这些程序是被设计来和人谈话的，因此它们在这里互相对话时表现得很糟糕。它们大多是依赖于对输入的性质进行巧妙的猜测（它们对输入的分析十分浮浅），然后在大量事先准备好的回答中仔细地选出一些，再把它们吐出来。这些答案可能仅仅是部分地预先设计好的。例如，可能是一块模板，其中有些空白可供填写。其实是假定和它们交谈的人会从它们所说的话中读出比实 600
际要多的意义来。事实上，按照魏增鲍姆在其著作《计算机能力和人类理性》中所说的那样，情况也的确是如此。他写道：

> "伊莉莎"（即生成"医生"的那个程序）在与它交谈的许多人心中造成了很强烈的错觉，使他们感到它已经理解了他们所说的话。……他们常常要求与该系统私下交谈。而且在谈了一段时间之后，尽管我作出了解释，他们仍会坚持说机器真的理解了他们。[10]

对于上面谈到的这种情况，你可能会感到难以置信。的确难以置信，但这是真的。魏增鲍姆对此提供了一种解释：

> 大多数人对计算机一无所知。因此，除非他们抱有极强的怀疑心理（就像我们在看魔术表演时那样），否则他们如果想解释计算机的那些智能行为，就只能采用他们所能采用的唯一的类比，即类比于他们自己的思维能力模型。这样一来，他们那些过火的想法也就不足为怪了。比如说，的确无法设想一个人能够模拟"伊莉莎"的行为，对他来说"伊莉莎"的语

言能力构成了他的极限。[11]

这就相当于承认，这种程序基本上是虚张声势和连蒙带唬的一种巧妙的混合，是利用了人们的轻信心理。

根据这种稀奇古怪的“伊莉莎效应”，有些人提出应当对图灵测验进行修正，因为显然用极简单的花招就可以使人上当受骗。还有人提议询问人应当由得过诺贝尔奖的科学家来担任。更可取的办法可能是把图灵测验反过来，要求询问者也应当由一台计算机充当。或者说设立两个询问者——一个人和一台计算机——和一个被问者，这两个询问者要设法说出这个被问者是人还是计算机。

更严格来说，我个人认为图灵测验的原始形式是很合理的。至于对那些魏增鲍姆宣称被“伊莉莎”所骗的人们来说，问题在于没有提醒他们保持怀疑精神，用全部智慧来设法确定和它们笔谈的那个“人”是否真的是人。我认为图灵对这个问题的见解是正确的，因此图灵测验会本质上保持不变地存在下去。

人工智能简史

我希望能用下面几页的篇幅，以一种可能是非正统的观点，来讲述某些旨在阐明“智能背后的算法”的努力。我们已经遇到了许多错误和挫折，今后还会是这样。但不管怎么说，我们还是学到了许多东西，而且这的确是一个激动人心的时期。

甚至从帕斯卡和莱布尼茨开始，人们就梦想着用机器来完成
601 智能性的任务了。在 19 世纪，布尔和德·摩根发明了“思维定

律”——本质上就是命题演算——因此就迈出了通往人工智能软件的第一步。查尔斯·巴比奇设计了第一台“计算机械”——现代计算机硬件的前身,也就是人工智能硬件的前身。我们可以把人工智能出现的时刻定义成机械装置完成了某些以前只能用人脑完成的任务之时。现在很难回过头去想象,那些人初次看到齿轮能完成大数的加法和乘法时会有何感想。或许他们在看见“思想”从物理的硬件中涌流而出时,体验到了一种敬畏之感。无论怎样说,我们确实知道,在近一个世纪之后,当第一台电子计算机构成的时候,其设计者们是体验到了在面对另一种“思维生物”时的一种敬畏、神秘之感。在那种情况下到底在多大程度上发生了真正的思维,这是许多困惑的根源所在。甚至在几十年后的今天,这个问题仍是刺激与苦恼的一个丰富的源泉。

有趣的是,今天实际上已经没有人再有敬畏感了——尽管和当时那些令人后脊梁骨上冒凉气的东西相比,现在计算机所完成的工作已经复杂得令人不可思议了。“大电脑”这个一度使人激动不已的名词现在只不过是一个过时的陈词滥调,成了旧时代的一个可笑的遗迹。我们这样快就对它感到厌倦了,这多少有点令人悲哀。

有一个与人工智能的进展相关的“**定理**”:一旦某些心智功能被程序化了,人们很快就不再把它看作“真正的思维”的一种本质成分。智能所固有的核心永远是存在于那些尚未程序化的东西之中。这个“**定理**”是拉里·泰斯勒首先向我提出的,因此我称它“**泰斯勒定理**”:“人工智能是尚未做到的东西”。

下面我来对人工智能作一个有选择的概述,以展示若干个集中了研究者努力的领域,其中每个领域似乎都以其自身的方式需要智慧的精华。对其中的某些领域,我又根据所使用的方法或所特别关注的问题作出了更细致的划分。

- 机器翻译
  - 直接的(词序重新排列过的查字典过程)
  - 间接的(通过某种作中介的内部语言)
- 博弈
  - 国际象棋
    - 盲目的超前搜索
    - 带修剪机制的启发式超前搜索
    - 无超前搜索
  - 跳棋
  - 围棋
  - 五子棋
  - 桥牌(叫牌和打牌)
  - 扑克
  - 三子棋的各种变形
    - 等等

602 数学各分支中的定理证明

- 符号逻辑
  - “归结法”定理证明
- 初等几何

数学表达式的符号处理

- 符号积分

代数式化简

无穷级数求和

视觉

印刷品：

识别取自某小集合中的单个手写字符(如数字)

阅读各种字体的西文文字材料

阅读手写的西文段落

阅读印刷体的中文或日文

阅读手写体的中文或日文

图像：

在照片上寻找事先说明的物体

把一幅图像分解成独立的物体

在一幅图像中辨识出独立的物体

根据人提供的简图识别物体

识别人的面容

听觉

在有限的词汇范围内理解口头表达的词(如十个数字的名称)

在固定的领域中理解连续的话语

找到音素间的界限

辨识音素

找到词素间的界限

辨识词素

整合出完整的词和句子

自然语言理解

在特定领域中问答问题

复杂句的语法分析

对文字材料进行分段

使用关于现实世界的知识以理解一段话

解决有歧义的指称关系

自然语言生成

抽象的诗(如俳句)

随机的句子、段落成更长的文章

从内部知识表示中产生输出

603 构造有独创性的思想或艺术作品

写诗(如俳句)

写小说

计算机绘画

音乐创作

无调性的

有调性的

类比思维

几何形状("智力测验")

根据一个数学领域中的证明构造另一个相关领域中的证明

学习

参数调整

概念形成

机器翻译

在我下面要进行的讨论中,我将有所选择,略去上面列出的一些课题。不过,把它们列出来也是必要的,否则这份清单就不准确了。前面的几个课题是按历史次序排列的,每一个课题都没有达到预期的目的。例如,在机器翻译中所遇到的障碍使许多人大吃一惊。他们原以为这大概是个简单明确的任务,要做得尽善尽美的确很难,但基本上实现应该是很容易的。然而实践证明,翻译远不只是查字典和把词重新排列所能完成的。难点也不仅在于缺乏关于习惯用语的知识。事实上,翻译涉及要为所讨论的领域建立一个心智模型,然后去处理那个模型中的符号。一个程序如果在读入文章段落时不使用一个领域模型,那它不久就会在遇到意义不清或多重意义时毫无希望地陷入困境之中。甚至一个人——他和计算机相比占有很大的优势,因为他对于这个世界具有深入的理解——给他一段用他不懂的语言写成的文章和一本字典的时候,也会发现他几乎不可能把这段文字翻译成他自己的语言。因此——这在回顾时就不足为奇了——人工智能的第一个难题立即就涉及了人工智能的核心问题。

计算机弈棋

计算机下国际象棋也被证明比开始时的直觉估计所设想的要困难得多。在这里,实践再次说明,人在心里表示一个棋局的方式,要远远复杂于仅仅知道哪个棋子在哪个位置上,以及下棋的规则。这涉及感知若干相关的棋子所形成的结构,以及“启发式”的

知识(或者说是估计)，因此与高层组块有关。即使是那些启发式
规则也不像正式规则那样严格，它们为了解棋盘上进行的事件提
604 供捷径，而正式规则是不能提供这种知识的。人们对这一点在一
开始就有所认识，但只是过低地估计了对棋局的这种直观的、组块化的理解在人的棋艺中所起的巨大作用。当时的预想是，一个程序只要具有某些基本的启发式规则，再加上计算机在对局时进行盲目的超前搜索时的速度和精度，通过对每种可能的步骤进行分析，就能轻而易举地击败第一流的人类棋手——这个预想甚至在许多人紧张地工作了二十五年之后的今天，仍然远远没有成为现实。

时至今日，人们在从不同的角度处理下棋问题，其中最新颖的想法之一就是认为超前搜索是劳而无功的。反之，我们只需看看当前的局势是怎样的，并使用某些启发式规则生成一个计划，然后寻找一个能推进这个特定计划的棋步。当然，下棋计划的形成规则中必须要包括一些启发式知识，它们在某种意义下是超前搜索的“压缩”形式。这就是说，在许多盘棋中的超前搜索经验的等价物被“凝固”成另一种形式，而这种形式表面上并不需要超前搜索。在某种意义下这是个文字游戏。但如果这种“压缩的”知识在提供回答时比实际的超前搜索更有效——即使它偶尔会误入歧途也罢——那我们就已经有所收获了。像这样把知识蒸馏成更有效的形式，正是智能的长处所在，因此在下棋时更少地进行超前搜索，可能是进行研究时的一条行之有效的路径。尤其吸引人的想法是设计这样一个程序，它自己能把从超前搜索中得到的知识变换成“压缩的”规则——但这是个艰巨的任务。

塞缪尔的跳棋程序

事实上，在阿瑟·塞缪尔所设计的令人赞赏的跳棋程序中，已经采用了这样一种方法。塞缪尔所用的技巧是同时使用“动态”（超前搜索）和“静态”（非超前搜索）两种方式来评价任何给定的棋局。静态方法采用一个由若干适用于任意棋局的特征量所构成的简单函数，这样就可以立即实际计算出来。而动态估值方法需要构造一棵“树”，其中表示了所有后面可能出现的棋步、对它们的反应、对这些反应的反应，如此等等（如图 38 所示）。在静态估值函数中有一些可以改变的参数，对它们进行改变的结果就会提供一组静态估值函数的可能的不同形式。塞缪尔的策略是以一种渐进的方式为这些参数选择越来越好的值。

该过程是这样完成的：每当程序要对一个棋局进行估值时，它既静态进行也动态进行。通过超前搜索所得到的答案——让我们 605
称它 D——被用来确定下一步要走的棋。而静态估值的结果 S 被用于一种更巧妙的目的：在每一步中，都对那些可变参数进行轻微调整，以使得 S 尽可能地接近 D。这样做的结果是使通过对树的动态搜索所得到的知识被部分编码于静态估值函数的参数值里了。简而言之，基本想法就是把复杂的动态估值方法“压缩”到简单得多也有效得多的静态估值函数中来。

这里有一种良好的递归效应。这是因为对任意一个棋局的动态估值都需要进行有限步数的超前搜索——比如说七步。这样一来，走了七步之后所遇到的那些棋局本身也需要以某种方式进行估值。但当程序对这些局势进行估值时，它显然不能再超前搜索七步了,否则它将不得不超前搜索十四步,然后是二十一步,如此等等——这是一种无穷回归。因此,它在超前搜索七步后就必须依赖于静态估值了。这样,按照塞缪尔的办法,一种复杂的反馈就出现了。只要程序不断地设法把超前搜索估值"压缩"到一个较简单的静态方法中,这种方法转过来就会在动态的超前搜索估值过程中发挥关键性的作用。于是两种方法就密切地联系起来了,而且每种方法都以递归的方式从另一种方法的改进中受益。

塞缪尔的跳棋程序棋艺高强,基本达到了世界上最好的棋手的水平。如果是这样的话,那为什么不把同一技术应用于国际象棋呢?为了研究计算机下国际象棋的可行性,在1961年召集了一个国际性的委员会,其中包括荷兰的国际象棋特级大师兼数学家麦克斯·尤伟,委员会所得到的结论是前景暗淡:塞缪尔的技术如想应用于国际象棋,则难度大约是应用于跳棋的一百万倍,这似乎等于宣布此路不通。

这个跳棋程序所拥有的高超棋艺不能被解释成"已经达到了智能",但对它也不能估计过低。在这个程序中结合了若干方面的知识,包括跳棋是什么、如何思考跳棋问题、以及怎样编程序。有些人可能会觉得它所表现出来的实际上是塞缪尔本人的下棋本领。但这是错的,原因至少有两个。其一是棋艺高超的棋手在选择棋步时所依赖的心智过程,往往连他们本人也无法全部理解——他们在使用自己的直觉。现在还没人知道怎样才能揭示自己的所有直觉。我们在内省过程所能采用的最好方法是使用"感受"或"元直觉"——这是一种关于直觉的直觉——作为向导,并且设法描述我们认为我们自己的直觉是什么样子的。但这只不过是为直觉方法的真实的复杂性提供了一种粗略的近似而已。因此实际上塞缪尔肯定无法把他个人的下棋方法映射到他的程序中去。说塞缪尔的程序的棋术不应与塞缪尔本人的棋术相混淆的另一个理由是：塞缪尔的跳棋还不如他的程序下得好——它能赢他。这一点也不会造成悖论——就好像事实上如果给一台计算机编上计算 π 值的程序，那么它一定会比给它编这个程序的人算得快。

程序何时才有独创性？ 606

这个程序超过其设计者的论题联系着人工智能中的"创造性"问题。如果一个人工智能程序想出了一个主意、或一个下棋时的策略，而这是其设计者所从未想到的——那该归功于谁呢？关于这一点，已经出现了各种有趣的实例，其中有一些是微不足道的，但也有一些涉及很深的层次。最著名的例子之一是一个为初等欧几里得几何中的定理寻找证明的程序。这个程序的最初构思来自马尔文·明斯基，实际设计者是IBM公司的赫伯特·吉伦特。有一天，这个程序为一个基本几何定理找到了一个精妙绝伦的证明——这个定理就是所谓"ponsasinorum"，即"驴桥"。它得了这么个诨名，是因为头脑简单的人很难通过它。

这个定理说：一个等腰三角形的两个底角是相等的。它的标准证明要求作底边的高线，把三角形分成对称的两半。这个程序发现的高明方法（见图114）不需要辅助线。这种方法是把这个三角形和它的镜像看成两个不同的三角形。然后，证明它们是全等的，并据此指出二底角在这一全等关系中彼此对应，这就证明了它们相等。

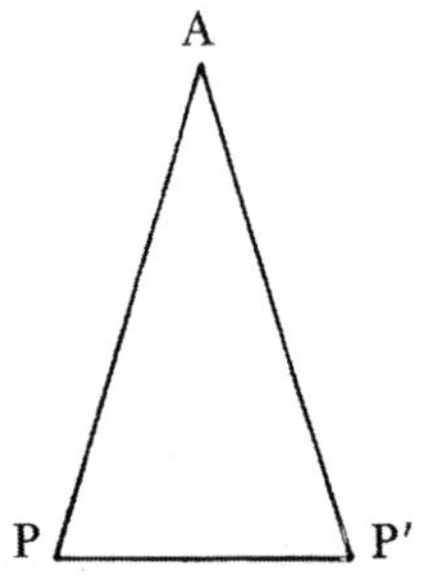

图 114 “驴桥”的证明(由帕普斯[约公元 300 年]和吉伦特的程序[约公元 1960 年]所发现)。问题:证明等腰三角形二底角相等。解:由于该三角形是等腰的,故 AP 和 AP’等长,因此三角形 PAP’和三角形 P’AP 是全等的(边、边、边)。这就说是对应角是相等的。具体来说,两个底角是相等的。

这个绝妙的证明使程序的设计者和其他人大为兴奋,有些人在它的行为中看到了创造才能的证据。实际上,在公元 300 年几何学家帕普斯已经发现了这个证明,但这一事实并没有使这项成就黯然失色。不管怎么说,下述问题依然存在,即“功劳该归于谁?”。这能算是智能行为吗? 还是说这个证明本来是深藏在人(吉伦特)的心里,计算机只不过是使它浮到表面上来了? 后面这个问题差不多打中了要害。我们可以把它反过来:证明是本来深藏在程序之中,还是接近程序的表面? 这也就是要问,要使多大劲才能看清程序为什么要做它所做的事? 程序的发现是否能归因于其中某个简单的机制,或机制的简单组合? 也许,这里存在着一种复杂的相互作用,即使我们听到了对它的解释,也不会减少我们对它的出现所产生的敬畏之感?

我们似乎完全可以这样说:如果我们能把程序的行为归因于其中某些容易被追踪的操作,那在某种意义上,程序所做的只不过是揭示出那些在本质上是埋藏在——虽然并不很深——程序设计
607 者头脑中的想法。相反地,如果对程序的追踪无助于说明为什么这个特定的发现得以产生,那我们也许应当开始把程序的“头脑”与其设计者的头脑加以区别了。程序的构造应归功于人,但不能

说在他的头脑里已经有了程序所产生的那些想法。在这种情况下，人可以被说成是“元作者”——即作者的作者，而程序是（普通的）作者。

在吉伦特及其几何机器这种特定的情况下，尽管吉伦特可能并没有重新发现帕珀斯的证明，产生这一证明的机制离程序表面还是太近了。这使得我们难于毫不犹豫地认为该程序本身就有资格被称为一个几何学家。如果这个程序一而再、再而三地提出机智得令人吃惊的新证明，而且其中的每一个看起来都是基于天才的思想火花，而不是基于某种标准的方法，那时我们会坦然地把这个程序称为一个几何学家——但这种情况尚未出现。

计算机音乐是谁创作的？

作者与元作者之间的区别在计算机作曲的情况下表现得尤为突出。在作曲过程中，一个程序看上去拥有不同层次上的自主权。在以贝尔实验室的麦克斯·马修斯为“元作者”的一段曲子中就表现了其中的一种。他把两首进行曲的乐谱送入了计算机，一首是《约翰尼回家乡》，另一首是《英国掷弹兵》，并要求计算机生成一首新的乐曲——它开始时是“约翰尼”，但要慢慢变成“掷弹兵”，当乐曲演奏到一半的时候，“约翰尼”完全消失了，我们只能听到“掷弹兵”……。然后这一过程又反了过来，当乐曲结束时，又和开始时一样，只剩下“约翰尼”了。用马修斯的话说，这是

> ……一个令人厌恶的音乐实验，但也并非毫无趣味，尤其是在节奏的转换上。“掷弹兵”本来是2/4拍子、F大调，而

"约翰尼"本来是 6/8 拍子、E 小调。从 2/4 拍子变成 6/8 拍子可以很清楚地被鉴别出来,虽然音乐家演奏起来很困难。从 F 大调转到 E 小调,这就要求在音阶中改变两个音符,结果听起来很刺耳,因而一个更小一点的转调无疑会是个更好的选择。[12]

这样生成的曲子听起来有点奇异之感,虽然有些地方是浮华而混乱的。

是计算机在作曲吗?最好还是不要提这个问题,但对它也不能完全置之不理。要提供一个答案是很难的。所用的算法是确定的、简单的,也不难理解。其中并没有涉及复杂的或难以理解的计算,没有使用"学习"程序,没有出现随机过程,机器是以一种完全机械化的、简单明确的方式在运行。但是,其结果是一个并没有被作曲家完全计划好其细节的声音序列,尽管这一段的总体结构是被完全、精确地说明了的。这
608 样,作曲家就常常吃惊地、而且是又惊又喜地看到了他的想法的实现细节。计算机只是在这种意义下作曲。我们称这一过程为算法化的作曲,但我们马上要再一次强调这些算法是能一目了然的。[13]

这就是马修斯对那个他认为最好"废问"的问题的答复。但尽管他拒不承认,许多人还是发现简单地把这段曲子说成是"计算机作的"更方便。我觉得这种说法完全歪曲了实际情况。这个程序

中没有任何结构类似于人脑中的“符号”，在任何意义下也不能说它在“思考”它所做的事。把这样一段音乐的创作归功于计算机，就像把本书的创作归功于产生它的计算机编辑照排系统一样。

这就引出了一个问题，这个问题不在人工智能领域中，但离得也并不远。这就是：如果你在一段文字中看到“我”这个字，你认为它指的是什么呢？举例来说，如果你在一辆脏汽车上发现“洗我”这样两个字，那这个“我”是指谁呢？也许这是某个可怜的孩子的呼声，他非常想洗个澡，所以就随便在一个地方乱画出了这两个字？也许是这辆车需要洗刷？也许是这句话想洗一次淋浴？也许，还有可能是要求把我们语言中那些乌七八糟的东西清洗干净？你可以把这个游戏继续做下去。在这里，这两个字是一个玩笑，是设想你在某个层次上会假装相信是这辆汽车自己写了这两个字，要求把它洗刷一下；而在另一个层次上，你又能清楚地看出这是一个孩子的恶作剧，他看着别人产生了误解，觉得很好玩。事实上，这种游戏是基于在不适当的层次上看“我”这个字的。

这种歧义现象在这本书里也已经出现过了，先是在《对位藏头诗》中，后来是在对哥德尔串G（及其相关物）的讨论之中。对不可播放的唱片的说明是：“我不能在唱机X上被播放”，对不可证明的判断的说明是：“我不能在形式系统X中被证明”。让我们以后一句话为例。在任何别的场合，当你碰到一句包含有代词“我”的话语，你是否还可能自然地认为它不是指说这句话的人，而是指这句话本身？我猜这种可能性很小。“我”这个词如果出现在莎士比亚的一首十四行诗里，那它指的绝不是印在纸上的这十四行诗句，而是指幕后那个有血有肉的人，这个人是不在场的。

我们通常把一句话中的“我”追溯到多远呢？其答案在我看来，是我们要找到一个有感知力的主体，认为他（它）就是说这句话的人。但什么是一个有感知力的主体呢？是指我们可以方便地拟人化的东西。在魏增鲍姆的“医生”程序中，是否存在一个人格呢？如果存在，那是谁的？关于这个问题的一场小型论战近来正在《科学》杂志上激烈地进行着。

609 这又把我们带回到原来的论题上：到底是“谁”创作了计算机音乐？在大多数情况下，这些曲子背后的驱动力是人的智慧，而计算机只不过是一种带有或多或少的创造性的工具，被用来实现由人所提出的想法。完成这种工作的程序和我们人类毫无共同之处。它只不过是一个头脑简单的软件，毫无灵活性，不知道自己在做些什么，缺乏自我意识。但是如果有一天人们真的开发出了具有上述属性的程序，而且它们源源不断地创作出新的曲子来，到那时我就会认为应当把功劳区分开：部分功劳归于程序设计者——因为他创造了这样奇妙的程序，部分功劳归于程序本身——因为它良好的音乐修养。而在我看来，只有当这种程序的内部结构是基于某种类似于我们头脑中的“符号”及其触发模式，并以此来处理复杂的概念意义，那时这种情况才可能发生。这种内部结构的存在将赋予程序某些性质，使得我们在一定程度上感到可以说它们和我们是一样的。但就算到了那时，我觉得说“这支曲子是一台计算机作的”还是有点别扭。

定理证明和问题分解

现在让我们转回到人工智能的历史上来。人们在开始时企图程序化的智能活动之一是定理证明。从概念上看，这和为一台计算机编程序，让它在WJU系统中为WU找一个推导是没有什么区别的，唯一的不同是所涉及的形式系统往往比WJU系统复杂得多。它们是谓词演算的各种变形，而谓词演算是在命题演算中加入量词后得到的扩充形式。事实上，谓词演算中的大部分规则都已包括在TNT之中了。编写这种程序的关键是要灌输进一种方向感，这样程序才可能不盲目地到处乱撞，而是只在“有关的”途径上工作——所谓“有关的途径”，是指那些经过合理的检查，看来是引向所要得到的符号串的途径。

在本书中我们还没有大量地涉及过这类问题。你怎样才能确切地知道你是在朝着一条定理前进，而不是在毫无意义地空转呢？这是我希望能通过WU问题加以描述的东西之一。当然，不可能存在确定的答案，而这正是那些限制性定理的内容。因为如果你总能知道应走哪条路，你也就能构造一个算法来证明所需的定理了，这样就违反了**丘奇定理**。这样的算法是不存在的。（我希望读者自己来考虑为什么从**丘奇定理**可以严格地推出这一结论。）但是，这并不意味着不可能产生出任何关于哪条路有希望、哪条路没希望的直觉来。事实上，最好的程序都有很复杂的启发式知识，使它们在进行谓词演算的演绎推理时，其速度能和训练有素的人相媲美。

定理证明的关键是要运用下列事实：你有一个总目标——也就是你所要生成的那个符号串——可以用来指导你的局部行动。 610
已经发展起来的一种技术就是把总目标转化成推导的局部策略。这种技术被称为“问题分解”。它是基于这样一个想法之上的：每

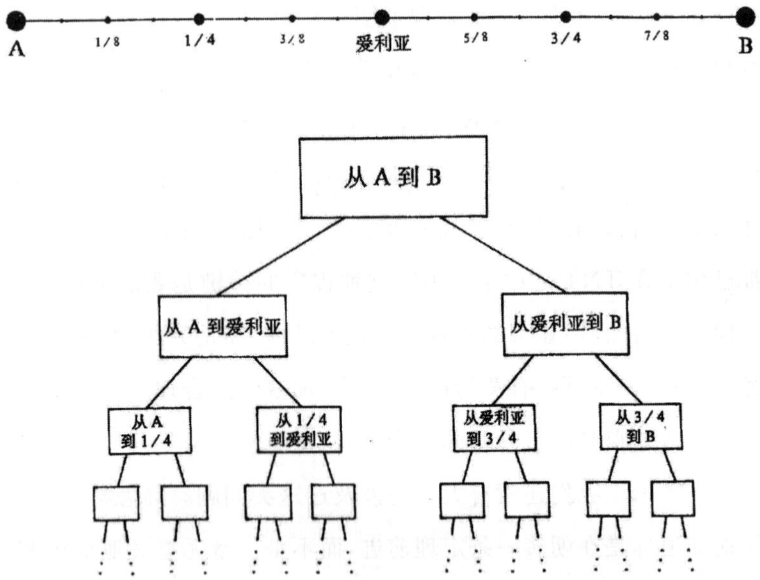

图 115　芝诺为了从 A 到 B 所建立的无穷目标树。

当你面对一个遥远的总目标时,通常总存在一些“子目标”,达到了它们就有助于达到总目标。因此,如果我们把给定的问题分解成一系列新的子问题,然后再把它们分解成子子问题,如此以递归的方式进行下去,我们最终总能得到一些非常简单的目标,而我们有把握通过若干步达到它们,或者说至少看起来好像是这样的……。

问题分解使芝诺陷入了困境。你可能还记得,芝诺从 A 走到 B(把 B 看成目标)所用的办法是把这个问题“分解”成两个子问题:首先走一半,然后再走另一半。这样现在你就把两个子目标“压入”——在第五章中的意义下——你的“目标栈”中了。然后二者中的每一个又都依次被两个子子目标所取代——如此下去,直至无穷。你最后得到的是一个无穷大的目标栈,而不是单个目标

(图 115)。从你的栈中弹出无穷多个目标将被证明是难以做到的事——当然,这只是芝诺的观点。

关于问题分解中的无穷递归,另一个例子是在对话《和声小迷宫》中,当阿基里斯希望一个无类型愿望得到批准的时候。对这个愿望的批准要延期到元怪物许可时才能进行,但为了得到表示许可的许可,她必须去召唤元元怪物——如此等等。尽管目标栈是无穷大的,阿基里斯还是实现了他的愿望。问题分解胜利了! 611

尽管我对问题分解进行了嘲笑,它对把总目标转换成局部目标来说仍不失为一种有效的技术。它在特定的环境中可以大显身手,如象棋残局,在这种情况下超前搜索技术常常表现不佳,甚至把搜索长度增加到荒谬的程度——比如十五步或更多——也无济于事。这是因为超前搜索技术不是基于"规划"的,它根本没有目标,只是盲目探索大量的可能性。有一个目标的话,就使得你能构成一种达到那个目标的策略。这和机械地超前搜索是基于两种完全不同的原理。当然,在超前搜索技术中,一个局面是否合乎需要是通过估值函数来度量的,而这也就间接体现了一系列目标,主要是不能让对方将死。但那样未免太不直接了。优秀的棋手在和超前搜索的下棋程序对弈后通常所得到的印象是:他们的对手太不善于形成计划或者策略了。

山迪和肉骨头

问题分解的办法并非总是有效的。在许多情况下它会翻船。让我们以一个简单问题为例。假设有一条狗,名叫山迪,它的一个人类朋友刚刚扔过来一块它最爱吃的肉骨头,但那块骨头飞过栅栏落在邻居的院子里了。山迪能隔着栅栏看到那块骨头，就躺在那边的草地上——多么有诱惑力呀！在离骨头大约十几米远的栅栏上有一道打开的门。它会怎么办？有些狗会一直向栅栏冲过去，然后站在它前面叫起来，另一些狗会蹿向那道开着的门，然后绕到那块可爱的骨头那里去。这两类狗都可以说是在运用问题分解技术，但是，这个问题是以不同的方式表示在它们头脑里，而这就造成了全部差别。那个叫着的狗把子问题看成(1)跑到栅栏前，(2)通过它，(3)跑向骨头——但第二个子问题太难了，所以它就叫了起来。另一类狗把子问题看成(1)跑到门口，(2)通过门，(3)跑向骨头。请注意一切都取决于如何表示“问题空间”——也就是说，把什么看成是对问题的“简单化”(即朝向总目标的行动)，把什么看成是对问题的“复杂化”(即背离总目标的行动)。

改变问题空间

有些狗开始时试图直接跑向骨头，当它们遇到栅栏后，某个东西在它们脑子里卡嗒一响，它们于是就改变路线，跑向了那道门。这些狗认识到，某种开始看来似乎会增加初始情景和期望情景之间的距离的东西——即离开骨头，跑向门口——实际上会缩短这
612 一距离。在开始的时候，它们混淆了物理上的距离和问题中的距离。根据定义，任何离开骨头的行动似乎都是坏事。但后来——通过某种方式——它们认识到可以对它们的看法做修改，重新看待什么能使它们“接近”那块骨头。在一个适当选择的抽象空间中，跑向门才是使狗接近骨头的一个途径！在每个时刻，狗都在“接近”——在这个新的意义下——那块骨头。这样，问题分解是

否有用，就取决于你在头脑里如何表示你的问题了。在一个空间中被看成是后退的行为，在另一个空间中可能被看成一个革命性的进步。

在日常生活中，我们往往会遇到并解决和上述狗与骨头问题相类似的问题。例如，假设一天下午我决定乘车去南边一百公里的地方，但我现在正在办公室，而且是骑自行车来上班的，那我就必须先进行许多看起来是“南辕北辙”的行动，然后才能真正乘车向南行驶。我得先离开办公室，这就是说，往东走几米，然后沿楼里的走廊转向北，然后再向西。然后我骑车回家。在这段路中间可能向任何方向前进的情况都有，这样我才到了家。此后，我要经过一连串短距离移动才能最后进入汽车中，然后上路。当然，我不是马上就往南行驶——我坐的车可能一会儿向北，一会儿向西或向东，这取决于汽车的线路。

我们对这一切丝毫也没有感到矛盾，在这样做的时候甚至没觉得有什么可笑之处。这个空间已经在我头脑里扎下了根，而在其中物理上的逆行被感知成直接奔向目标的行动。因此，当我往北走的时候根本没感到任何有讽刺意味的东西。公路和走廊之类的东西起着中间渠道的作用，我没经过什么思想斗争就接受了它们，因此在对感知情景方式的选择中，有一部分只需要接受强加的东西就行了。但栅栏前的狗有时很难做到这一点，尤其是当骨头离得这样近——就在眼皮底下，看上去又是这般美妙的时候。而且如果问题空间以比物理空间更抽象一些的形式出现的话，人也常常像那只光会叫的狗一样缺乏远见。

在某种意义下，所有问题都可以说是抽象化了的狗与骨头问题。许多问题都不是针对物理空间,而是针对某种概念空间的。当你认识到直接指向目标的行动在那个空间中会使你碰上某种抽象的"栅栏",你可能会在下列两种办法中选择一种:(1)试着以某种随机的方式离开目标,希望你会发现一个隐蔽的"门",你可以通过它跑到骨头跟前去;(2)设法发现一个新的问题表示"空间",在其中没有抽象的栅栏把你和你的目标隔开——然后你就可以在这
613 个新空间中直接跑向目标了。第一种方法似乎太慢,而第二种方法似乎太困难、太复杂。然而,那些涉及重建问题空间的答案多半是一种突然闪现的洞见,而不是一系列缓慢、审慎的思维过程的产物。也许这些直觉的火花就是来自智能的核心——不必说,它们的来源是我们满怀戒意的大脑所严格保守的一个秘密。

在任何情况下,麻烦都不在于问题分解本身可能导致错误。它可以说是个很好的技术。真正的难题比这还要深刻:你怎样为问题选择一个良好的内部表示呢?你是在一个什么样的"空间"中观察它呢?在你已经选好的空间中,你用哪种行动来缩短你和你的目标之间的"距离"?这可以用数学语言表示成一个在状态之间寻找适当的"度量"(即距离函数)的问题。你要找到这样一个度量,在这种度量之下你和你的目标之间的距离很短。

现在既然选择一个内部表示这件事本身又是一种问题——而且也是最复杂的问题——你可能会想到用问题分解技术转过来对付它!为了做到这一点,你必须用某种方式表示许多不同的抽象空间,这是一项极其复杂的工作。我不知道是否已经有人在这些方向上进行过尝试。这可能仅仅是一种理论上有趣并吸引人的建议,实际上完全不现实。不管怎样说,人工智能急需这样一种程

序：它们能够"后退几步"，看看正在发生什么事，并根据这种观察重新调整方向，以完成手边的任务。不难编写一个擅长于某项单一工作的程序——这项工作当由人来完成时似乎是需要智能的，但这完全不同于编写一个智能程序！这两者之间的差别就如同黄蜂（见第十一章）——它们的先天本能行为看上去会使人误以为它们具有很高的智能——和观察黄蜂的人之间的差别一样。

再谈 W 方式和 J 方式

一个智能程序大概要具有相当好的通用性，能解决各种各样的问题。它应当能学着做各种不同的事情，并在此过程中积累经验。它应当能依据一组规则来工作，而同时又能在适当的时候后退几步，判断一下依据这组规则工作是否会有利于达到它的某些总目标。它应当能在需要时决定不再继续工作于一个给定框架中，并构造一个新的规则框架，在里面工作一段时间。

这一讨论中可能有许多东西使你回想起 WU 谜题的性质。例如，远离问题的目标会使你回想起通过构造越来越长的串远离 WU，因为你希望这样能以某种间接的方式构成 WU。如果你是"一条幼稚的狗"，你可能在串长超过两个字符后会觉得你在远离你的"WU 骨头"。如果你是"一条老练的狗"，这种加长规则的使用就会有一种间接的理由，就像为了得到你的 WU 骨头而奔向门口一样。 614

在前面的讨论和 WU 谜题之间的另一个联系是两种操作方式的区分，这导致了对 WU 谜题本质的认识：机方式（J 方式）和惟方式（W 方式）。在前一种方式下，你被嵌入某个固定的框架之中；在后一种方式下，你总可以向后退几步以了解事物的概貌。了解事物的概貌就相当于选择一种表示方式，在其中可以进行工作；而根据系统的规则进行工作就相当于在那个选定的框架中试验问题分解技术。哈代对拉玛奴衍风格——特别是他甘愿修改自己的假设——的评论，描绘了在创造性思维活动中 J 方式和 W 方式之间的这种相互作用。

黄蜂斯费克斯在 J 方式下工作得很好，但它根本不能选择它的框架，甚至不能对它的 J 方式进行最细微的修改。既使同一种情况在它的系统中一而再、再而三地发生，它也不能发现。因为要发现这种情况，就得跳出系统之外，哪怕只是稍微出去一点也行。但它根本不注意这种重复中的同一性。当我们把这种想法（即不注意某些特定的重复事件的一致性）应用于我们自身时，将得到有趣的结果。在我们的生活中或许也存在一些一再出现的重复情景，对此我们每次都用同一个笨拙的方式去应付，原因是我们没看到事物的概貌，也就无法感知它们之间的同一性。有这种可能吗？这又引回到一个前面出现过的问题上，即“什么是同一性？”。它不久就会在我们讨论模式识别时成为一个人工智能的主题。

把人工智能用于数学

从人工智能的观点来看，数学在某种意义下是个非常值得研究的领域。每个数学家都觉得在数学中的思想之间存在着某种度量——即整个数学就是一张由成果构成的网络，其间存在着非常多的关联。在这张网中，有些思想之间很接近，而另一些则要通过复杂的途径才能相互联系。有时数学中两个定理相互接近是因为从其中一个可以容易地证出另一个来。还有些时候两个想法相互接近是因为它们彼引相似,甚至是同构的。在数学领域中,“接近”这个词有两种不同的意义。可能还会有其他一些意义。我们这种数学的“接近感”中是否存在客观性或普遍性,或者它是否在很大程度上只是历史发展中的一个偶然现象,这都是很难说的。处于不同数学分支中的某些定理在我们看来很难联系起来,我们可能会说它们是不相关的——但后来可能会发现某种关系,这使得我们不得不改变我们的想法。如果我们能把我们这种高度发达的数学接近感——不妨称之为一种“数学家内心的度量”——灌输到一个程序之中,我们或许就能生成一个初等的“人工数学家”。但这同时取决于我们是否能传达一种“简洁感”或“自然感”,这是另一块巨大的绊脚石。

在一些人工智能项目中,人们已经开始正视这些问题了。在麻省理工学院,有人开发了一组名为“麦克西玛”的程序,其目的就 615
是帮助数学家对复杂的数学表达式进行符号处理。这组程序在某种意义下能感觉到“该往哪里走”——某种“复杂性梯度”引导它把我们普遍认为是复杂的表达式变成简单的。在麦克西玛中有一个程序叫“赛因”,它可完成函数的符号积分,它已被普遍承认在某些范围内比人强。它依赖于许多不同的技能,而这些技能对智能来说一般是必不可少的:大量的知识、问题分解技术、许多启发式规则以及某些特殊技巧。

另一个程序是斯坦福大学的道格拉斯·利内特编写的,它的目的是在非常初等的数学中发明概念并发现事实。它在开始工作的时候已经有了关于集合的概念,还有一些事先灌输进去的关于什么东西是“有趣的”的观念。它从这些东西出发,“发明”了计数的概念,然后是加法的概念,然后是乘法,然后——除了其他各种各样的玩意儿——是素数的概念。它走得如此之远,以至于重新发现了哥德巴赫猜想!当然,这些“发现”人们在成百——甚至上千——年以前就已经完成了。或许这可以部分地被解释为利内特用许多规则所表达的“有趣”感已经被他的20世纪的数学训练所影响了,不过这还是给人留下很深的印象。这个程序似乎在完成这番精彩的表演之后就精疲力尽了。它的一个有趣的性质是它不能发展或改善它自己关于什么是“有趣的”的感觉。这个困难似乎属于它的上一个层次——也可能是其上的若干个层次。

人工智能的关键:知识表示

在上面举出的例子之中,有许多是为了强调:一个领域的表示方式,在很大程度上,决定了那个领域是怎样被“理解”的。一个程序如果仅仅能以预先确定的次序打印出TNT中的定理,那它还不能算是理解了数论。一个程序如果像利内特那个带有额外知识层面的程序那样,那就可以说是对数论有了初步的了解。而只有当一个程序中的数学知识是包含于广博的现实经验之中的时候,或许才能被我们认为是以与我们同样的方式在“理解”。正是这个“知识表示”问题成了人工智能的关键所在。

在开始的时候,人们认为知识是像句子那样一“包”一“包”地存在的,而且把知识注入系统的最好方式就是找到一种简单的方式把事实翻译成被动的小数据包。那样每个事实可能只不过是一条数据,可以被使用它的程序所存取。这种想法被下棋程序所证实,在这些程序里棋盘局势被编码在某种矩阵或列表之中,高效率地存在存储器里,可以把它们提取出来并用子程序加以处理。

心理学家早就知道,人类是以某种更为复杂的方式来存储事 616
实的。但这一点只是近来才被人工智能研究工作者所重新发现。他们目前正面临着"组块化"知识的问题和过程性与描述性知识的区别问题。而后一个问题,正像我们在第十一章中所看到的,涉及"内省可达的"和"内省不可达的"这样两类知识间的区别。

认为所有知识都应能被编码成被动的数据,这种朴素设想实际上是与关于计算机设计的大部分基本事实相矛盾的。这就是说,关于怎样加、怎样减、怎样乘等等的知识不是编码在数据中并存在存储器内的。事实上,这些知识不是放在存储器中的某个地方,而是体现在硬件的线路里。一个袖珍计算器并没有在其存储器中存放加法的做法,这个知识是编码在它的"内脏"中的。如果有人说:"请指给我看在这个机器中加法的做法存在哪里!",那么这种地方是找不到的。

但在人工智能中大量的工作都是与这样一些系统有关的:它们大部分知识都存放在特定的地点——也就是采用描述性的方式。当然,某些知识必须被嵌入在程序中,因为否则的话所得到的就根本不是一个程序,仅仅是一部百科全书了。问题在于怎样才能把知识分成程序和数据。不管怎么说,把程序和数据区分开也并非总是轻而易举的。我希望这一点在第十六章中已经说得够明白的了。但在一个系统的开发过程中,如果程序员直观地感到某些项应当是数据(或程序),那将对该系统的结构产生相当大的影响,因为人编程序的时候总是倾向于把那些像数据的对象和那些像程序的对象区分开。

必须指出，原则上把信息编码成数据结构或过程的任何方式都是同样好的，也就是说如果你不太在意效率的话，你能用一种方式所做的一切也都能用另一种方式来做。但是，可以提出一些理由来说明一种方式似乎肯定比另一种优越。例如，请考虑下面主张只使用过程性表示的论点："一旦你想要把相当复杂的特性编码在数据中，你就不得不开发出相当于一种新的语言或新的形式系统的东西。因此实际上你的数据结构变得像程序，而你的一些程序成了它们的解释程序，那你还不如开始就直接把这些信息表示成过程的形式，这就用不着外层的解释程序了。"

DNA 和蛋白质能对我们有所启发

上述论点听起来很有道理，但如果在解释时稍加发挥，就会变成一个要求取消 DNA 和 RNA 的论点。为什么要把遗传信息编码在 DNA 中呢？如果把它们直接编码在蛋白质里，你不就不仅能取消了一层解释工作，而且事实上是取消了两层解释工作吗？
617 答案是：我们发现，使同一个信息为了不同的用途具有多种不同的形式，往往是极其有用的。把遗传信息存储在模块化的、像数据似的 DNA 形式中，其优点之一就是两个个体的基因可以容易地被重组，以形成一个新的遗传型。如果信息仅仅在蛋白质里，那就很难做到这一点了。把信息存在 DNA 中的另一个理由是：这样可以很容易地复制并翻译到蛋白质中。当不再需要它的时候，它占不了多大地方，一旦需要了，它又能被当作一块模板。不存在能从一个蛋白质中复制出另一个来的机制，因为它们曲折的三级结构将使复制过程变得极其复杂。反过来说,能把遗传信息表示成像酶那样的三维结构,这几乎又是绝对必要的。因为分子的识别和制造在本质上都是三维的操作。可见,这种主张使用纯过程性表示的论点,在细胞这一环境中是很不恰当的。这说明如果能在过程性和描述性表示之间进行相互转换,将带来许多优点。对人工智能来说恐怕也是如此。

这个问题是弗兰西斯·克里克在一次关于与外星人通讯的会议上提出的:

> 我们知道在地球上存在两种分子,其中一种便于复制(DNA),而另一种长于行动(蛋白质)。是否可能设计一个系统,其中一个分子可以身兼二任呢?还是说也许存在来自系统分析的很强的证据,说明(如果有这种证据的话)把任务分成两部分有很大的优点?对这个问题我不知该怎样回答。[14]

知识的模块性

在知识表示中出现的另一个问题是模块性。要插入新知识有多难?要修改旧知识有多难?书籍的模块化程序有多高?这都要依情况而定。如果从一本高度结构化的——即含有许多交叉相关的——书中删去一章,这本书余下的部分可能会变得实际上无法看懂了。这就像想从一个蜘蛛网上拉出一根丝来一样——你这样做会毁掉整张网的。而在另一方面,某些书是非常模块化的,即各章相互独立。

请考虑一个使用 TNT 的公理和推理规则的简单的定理生成程序。这个程序的“知识”有两个方面。它隐含在公理和规则中,而又显含在它已经生成的定理中。你既可以把它看成模块化的,也可以把它看成分布在系统之中——因而是完全非模块化的,这取决于你以哪种方式看待这些知识。例如,假设你已经编写了这样一个程序,但忘了把 TNT 的公理 1 放在公理表中。当程序已经进行了数千次推导之后,你发现了你的疏忽,并把这个新公理插
618 了进去。你转眼之间就能完成这次插入,这个事实表明系统中的隐含知识是模块化的,但这个新公理对系统的显含知识的贡献将要过很长一段时间才能反映出来——要等到它的影响已经向外“扩散”之后,就像当瓶子被打碎之后,香水的气味会慢慢扩散到整个房间中一样。在这种意义下,新知识要经过很长时间才能被体现出来。进一步来说,如果你想退回去用公理 1 的否定来取代它,你就不能仅仅这样做完就完了。你必须删除所有在其推导中涉及了公理 1 的定理。显然这个系统的显含知识不像它的隐含知识那样模块化。

如果我们能学会怎样模块化地移植知识,那将是很有用的。那时,要想教某个人学法语,我们只需打开他的脑袋,在他的神经结构上做个手术——然后他就知道怎样讲法语了。当然,这只不过是大白天作美梦而已。

知识表示的另一个方面与人希望以何种方式使用这条知识有关。当一条条信息到达时是否要进行推理?是否要不断地在新信息和旧信息之间进行对照和比较?例如,在一个下棋程序中,如果你要生成一个超前搜索树,那么一种能以最小的冗余量对棋局进

行编码的表示法，就比以多种不同的方式重复地存储信息要好。但如果你想让你的程序通过寻找模式，以及把它们与已有模式相比较，来“理解”一个局势，那么把同样的信息以不同的形式重复表示多次将是更有用的。

在一个逻辑形式系统中表示知识

在什么是知识表示和加工的最佳方式这一问题上，存在着各种不同的思想流派。其中影响很大的一派主张用类似于 TNT 所用的那种形式化表示法——即采用命题联词和量词。这种表示法中的基本运算无疑是形式化了的演绎推理。逻辑演绎可以通过推理规则来完成，就像在 TNT 中那样。对系统中某个特定想法的询问就设立了一个目标，其形式是一个要推导出的串。例如，“无朋是一个定理吗？”然后自动推理机制开始在这个目标的引导下使用各种问题分解方法进行工作。

例如，假设已知命题“所有形式算术系统都是不完全的”，而对程序的询问是：“《数学原理》是完全的吗？”。通过扫描已知事实的表——通常称作“数据库”——该程序可能会注意到，如果它能证实《数学原理》是个形式算术系统，那它就能回答上述问题。因此命题“《数学原理》是个形式算术系统吗？”就可能被当作一个子目标来设立，然后再进行问题分解。如果它能找到更进一步的事实来帮助它证实（或否定）这些目标或子目标，它将对这些东西进行处理——如此递归地进行下去。这个过程被称之为“反向链接”，因为它是从目标开始反向工作，大体上是朝着已知的方向推进的。如果我们用图示法表示这些主目标、子目标、子子目标等等，我们 619

就会得到一个树形结构,因为主目标可能包含若干个不同的子目标,每个子目标又可能包含若干个子子目标,如此等等。

要注意这个方法并不保证一定能解决问题,因为在系统中可能无法证实《数学原理》是一个形式算术系统。但这并不意味着这个目标或子目标是个假判断——只能说它们不能从系统当前所拥有的知识中推导出来。在这种情况下,系统可能会打印出“我不知道”或类似的话。一些问题被存而不论,这个事实显然类似于那种使某些著名的形式系统身受其害的不完全性。

演绎式认识之别于类比式认识

这种方法提供了对所表示领域的一种“演绎式认识”,即可以从已知事实中推导出正确的逻辑结论。但是,它忽略了人类某些发现相似性和对情境进行比较的能力——即忽略了那种被称为“类比式认识”的东西——而这正是人类智能的一个关键性的方面。这不是说类比思维过程不能被硬塞到这种模子中来,而是说用这种形式化系统无法自然地对它们进行把握。近来,面向逻辑的系统不像另一些系统那样吃香了,原因之一就是后者允许复杂的比较可以更自然地得以实现。

一旦你认识到知识表示绝不仅仅是一些数字的存储,那么“计算机过目不忘”的说法便是一个容易攻破的迷信了。“存在存储器中”的东西不一定就是一个程序“知道”的东西的同义语,因为既使一条给定知识是编码在一个复杂系统中的某个地方,如果没有过程或规则或其他类型的数据处理器可以得到它,那它也会是无法使用的。在这种情况下,你可以说这条知识已经被“遗忘”了,因为通向它的途径已经暂时地或永久地失去了。这样一个计算机程序可能会在高层"忘掉"某些它在低层实际还"记得"的东西。这是那些反复出现的层次间差别中的一种，而我们或许能从中进一步了解我们自己。当一个人在遗忘时，这往往是意味着失去了一个高层指针——而不是说某些信息被删除或毁坏了。这就进一步强调了，保持通向你所存储的经验的路径是极端重要的，因为你无法事先知道你将要在什么情况下——或以什么角度——从存储器中取出某些东西来。

从计算机俳句到 RTN 语法

人脑中知识表示的复杂性初次给我造成强烈的印象，是在我编写一个程序，使它随机地产生自然语言语句的时候。我是以一种很有趣的方式想到这个课题的。我曾在收音机中听到过所谓 620
"计算机俳句"的几个例子，那里面有些东西深深地震动了我。让计算机生成某些在日常情况下会被当作艺术创作的东西，这具有极大的幽默感，又充满了神秘色彩。我既对其幽默的一面忍俊不禁，同时又被编写能从事创造活动的程序——这甚至有点自相矛盾——的神秘感所强烈吸引着。因此我就着手写了一个甚至比俳句程序更幽默、更神秘地自相矛盾的程序。

开始我想把语法搞成具有灵活性和递归性的，这样人们就不会觉得这个程序只是在某些模板中进行填空。正在那时我偶然在《科学美国人》上看到维克托·扬弗的一篇文章，他在这篇文章中描述了一个简单而又灵活的语法，用它可以产生各种各样能在某些儿童读物中发现的那类句子。我对我从那篇文章中得到的一些想法进行了修改,并编制了一组过程,它们构成了一个递归迁移网语法,就像我们在第五章中描述过的那样。在这个语法中,一个句子里词的选择是由一个过程所确定的,这个过程开始时先选择——随机地——该句子的整体结构,然后这个决策生成过程逐渐渗透到结构的低层,直至达到词的层次和字的层次。对英语来说,在词的层次以下还有不少事要做,例如动词的词尾变化和名词的单复数变形。不规则的动词和名词开始时也是以规则的形式出现的,然后如果它们与一张表中的表目相匹配,那时再把它们替换成适当的(不规则的)形式。一旦每个词都达到了其最终形式,就把它打印出来。这个程序就像是让一群猴子在打字机上随机地敲打键盘,只不过这种操作是同时在语言结构的若干层次上进行的操作——不仅仅是在字的层次上操作。

在程序开发的早期,我使用的是一组毫无意义的词汇——这是故意的,因为我想达到幽默的效果。程序生成了一大堆胡说八道的句子,其中一些具有很复杂的结构,而另一些则很简短。下面就是其中的一部分:

> 一支只会笨拙地大笑的雄铅笔定会嘎嘎大叫。程序必定不会总是在记忆里把姑娘嘎嘣嘎嘣地嚼吧?那个吐痰时笨了吧唧的十位数毛病可能会坍塌。肯定把一个突如其来的男人认作亲戚的那位蛋糕必然会一个劲儿地甩掉。
>
> 程序应该兴高采烈地运转。
>
> 这可尊敬的机器不得总是粘这位天文学家。
>
> 鸣呼,真该把那位姑娘挟走的程序为剧院写乐师。商业式的关系嘎嘎叫。

那位总能嘎嘎大叫的幸运姑娘将永远不会没错嘎嘎叫了。

这个游戏嘎嘎叫。教授将写臭豆腐。有个毛病完蛋了。人拿了那位滑跤的盒子。

这些句子的效果带有很强烈的超现实主义色彩,而且有时会 621
令人想起俳句——如最后那个例子中那四个连续的短句就是如此。它开始看起来很有趣,而且有一定吸引力,但不久就变得令人厌烦了。在读了几页输出之后,人们会感到程序运行于其中的那个空间的界限,而在那以后,再看到该空间中的随机点——尽管每一个都是"新"的——就不觉得有任何新鲜之处了。这在我看来是个一般规律:你若对某个东西感到厌烦,这往往不是由于你已经穷尽了它的所有可能的行为,而是由于你已经发现了包含其全部行为的那个空间的界限。只不过一个人的行为空间太复杂了,所以才总能使别人感到惊奇。但我的程序可并非如此。我认识到,要达到我那个产生出真正幽默的输出的目标,在程序中还需要编进去更多精妙的东西。但在这种情况下,"精妙"是指什么呢?显然那样荒谬地把词排列起来是太不精妙了,我需要找到一种方法来保证词确实是按照世界的真实情况来使用的。关于知识表示的思想就是从这里开始产生的。

从 RTN 到 ATN

我所接受的想法就是把每个词——名词、动词、介词、等等——按若干不同的"语义维度"进行分类。这样,每个词就成了不同的类中的一个成员,此外还有一些超类——即类所组成的类

(这使人想起了乌兰姆的话)。原则上说，这种聚集过程可以继续进行至任意多层，但我只设立了两层。在任意给定时刻，现在词的选择在语义上都是受限制的了。原因是要求在被构造的短语中的各部分都必须相互“符合”。这样做的想法，举个例子来说，就是某种行动必须只能由动物来完成，或只有某种特定的抽象概念才能对事件产生影响，如此等等。要确定哪些范畴是合理的，以及是否每个范畴最好都被想象成一个类或一个超类，这种判定过程是十分复杂的。所有的词都被依照若干不同的维度作了标记。有些词——“的”、“之中”等——具有若干不同的表目，对应于它们的不同用法。这样一来，输出就变得可理解多了——因为这个原因它们以一种新的方式引人发笑。

一个小型图灵测验

下面，我要复述九句话，它们是从我那个程序的最新版本所产生的许多页输出中精心选择出来的。和它们混在一起的是三句由人(出于严肃的目的)所写下的句子。但哪三句是呢？

(1) 冲口而出会被认为是一种动力学反射作用中语义材料(复义的)和某种语义对话产物的交互替代物。

622 (2) 不如设想一“串”由阿赖耶识实验的许多愚伯们组成的小径，在那里后继世系乍看上去是一种发生了历时性倒错的过渡状态的情形。

(3) 设想一下最终作为产品(认识的种种条件？)而出现的某种链强度可能性，而该产品又不像汉堡包似的将其全部囊括于其中的情形。

(4) 尽管作了种种努力,这一回答,如果你想知道的话,其时已为东方所支持了。正因如此,这位大使即将持有的态度会使某种失误得以延缓发生。

(5) 当然,及至动乱发生之前,这位大使一直在积羽群轻、积微逐渐地宠惯这伙暴徒。

(6) 一如众所笃信的那样,完善的自由已导致这些态度直至这样一种程度,即和平将无法由这一命令最终所不可逆转地引起的后果提纯出来,而这种不可逆转到了这种地步,以至于和平有时正以无限小的惊人度导致拒不让步的态度。

(7) 换言之,按照智者的观点,各城邦中的攻势已被东方狡猾地接受。当然,东方已被这些城邦以异乎寻常的粗暴分裂了。东方支持着过去一直为人类所支持的种种努力。

(8) 然而应该承认,这种谬误在统治集团中的根源将会被其敌人预料到。同样,个人主义者们到时也将会证明拒不让步并未能终止这一攻势。

(9) 毋须说,在必然会确保了保密状态的那场动乱中,这些回答并不能分裂东方。当然,这一事实本身也就说明了这些国家总是在探测自由。

(10) 虽然人道主义者们获得了一项诺贝尔奖,然而除此之外,农奴也获得了。

(11) 这是一种为冲突所苦的国家中的农奴们所经常持有的态度。

(12) 此外,诺贝尔奖是可以得到的。同样地,尽管有这种后果，只要有人能获得诺贝尔奖，未来终将可以由一位妇女得到这种奖。

人写的句子是第 1 到第 3 句。它们是从当代的《艺术语言》杂志中摘下来的，[15]而且——据我所知——是绝对严肃地致力于在有文化而且神志清醒的人之间彼此交流某些东西。它们出现在这里时离开了原先的上下文，但这并不会造成太大的误会，因为它们所处的上下文读起来和它们也差不太多。

623 其他句子都是我的程序所生成的。选择第 10 到第 12 句是为了说明有时这些句子完全是清楚易懂的；选第 7 到第 9 句表现了输出中的典型情况，它们漂浮于有意义和无意义之间的那个稀奇古怪而又引人入胜的阴曹地府之中；而第 4 到第 6 句则是远远超出意义之外的。出于一种宽宏大度的心情，人们可能会说它们本身构成了一种纯粹的“语言对象”，就像是某种用词而不是用石头刻成的抽象派雕塑。或者，人们也可以说它们纯粹是冒充成有理智的胡言乱语。

我对于词汇的选择仍以产生幽默效果为目的。输出的风格特征是很难加以刻画的。尽管其中许多是“有意义”的——至少在单句层次上是如此，但人们还是不免要得到这样一种感觉，即产生输出的那个源泉根本不理解它在说些什么，而且在说这些话时根本没有目的。尤其是人们会觉得在这些词背后完全缺乏视觉表象。当我看着这些句子从行式打印机中源源而出的时候，我体验到了非常复杂的情感。输出的那些傻话使我觉得很好笑。我同时又对自己的成就感到骄傲，而且总是设法对朋友们把它描述成类似于给出一些规则，根据这些规则我们可以一挥而就地生成有意义的

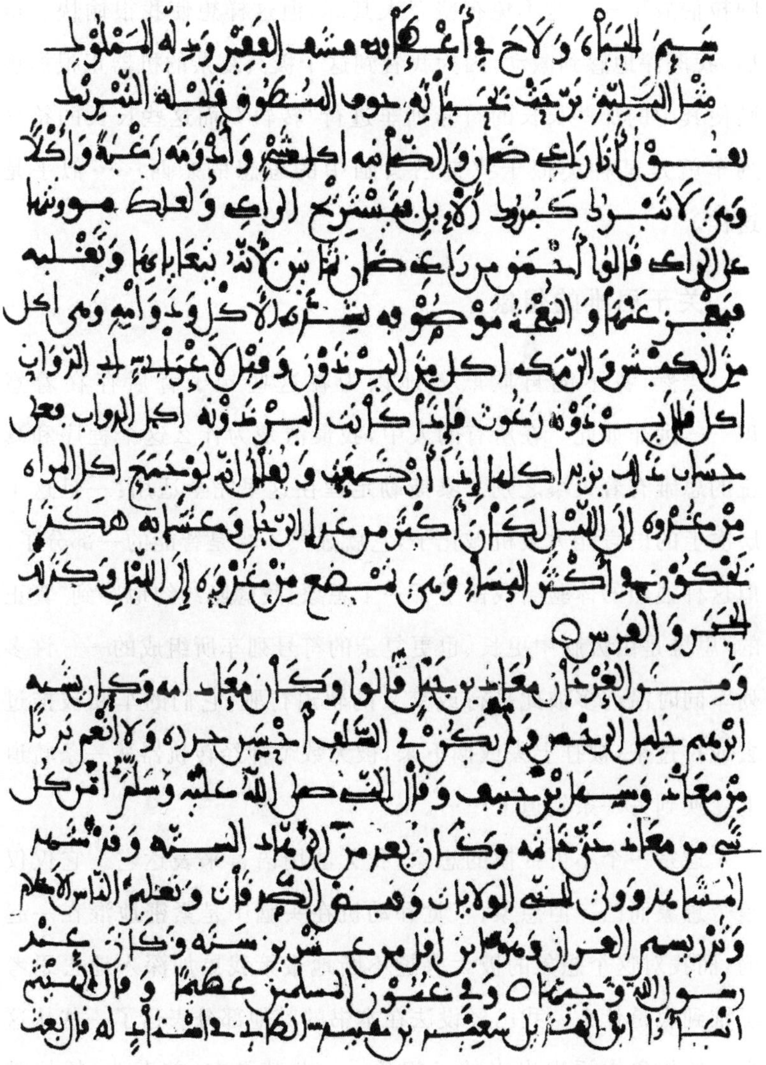

图 116 一个用阿拉伯语写成的有意义的故事。[摘自埃· 624
卡蒂比与莫·西哲尔梅西[A. Khatibi; M. Sijelmassi],《伊斯兰书法大观》[The Splendour of Islamic Calligraphy],纽约:Rizzoli,1976 年版。]

阿拉伯故事——这不免有些夸大其辞，但这样想使我很愉快。最后，我深深地感到激动，因为我看到这个极其复杂的机器正根据规则使其中的那些长长的符号列车进行“转轨”，而这些长长的符号列车就是某种类似于我自己头脑中的思想的东西……似乎是这样。

625 关于思维的想象

当然，我不能自欺欺人地以为在这些句子背后存在着意识——远非如此。在所有的人中，我最清楚为什么这个程序和真正的思维有着天壤之别。**泰斯勒定理**在这里完全适用：一旦这个层次上的语言能力被机械化了，它就显然不再是智能的一部分了。但这种强烈的体验给我留下了一个想象：我隐隐约约地感到“真正的”思维是由大脑中更长、也更复杂的符号列车所组成的——许多列车同时沿许多彼此平行或交叉的轨道行驶，它们的车厢被推过去或拉过来，被挂上去或摘下来，被无数个神经转轨器从一条轨道上变换到另一条轨道上……。

这是一个不可捉摸的想象，我无法用语言来表达它。它仅仅是个想象而已。但想象、直觉和动机在头脑中是紧密地混在一起的，而我对这个想象的极大兴趣不断地鞭策我更加深入地去思考思维到底是什么。我已经设法在本书的其他部分表达了一些从这个原始想象中派生出来的子想象——尤其是在《前奏曲，蚂蚁赋格》之中。

当我以十几年后的观点回顾这个程序的时候，现在我脑海里最强烈的感想是：在它所说的话背后缺乏形象感。这个程序不知道什么是农奴、什么是人，或任何其他事物。这些词只是空洞的形式符号，就像 pq 系统中的 p 和 q 那样空洞——或许比它们还要空洞。我的程序的优势来自这样一个事实：当人们读一段文字的时候，他们很自然地趋向于为每个词填满其全部意思——就像这些意思必然地附在形成该词的这些笔划上一样。我的程序可以被看作一个形式系统，它的"定理"——即输出的句子——具有既定的解释（至少对使用这种语言的人来说是这样）。但和 pq 系统不同的是，这些"定理"当这样解释了之后并非都是真陈述。其中有许多是假的，还有许多是无意义的。

pq 系统以其微不足道的方式反映了世界的一个小角落。但当我的程序运行时，在它的内部并未反映世界是如何运行的，它只反映了它所必须遵循的那一小组语义限制。为了能反映对世界的理解，我必须得为每个概念包裹上一层又一层关于世界的知识。这样做将是和我以前的做法不同的另一种努力。我并非没想过设法做到这一点——但我一直不知该怎么干。

高层语法……

事实上，我常常在思考我是否能写一个 ATN 语法（或某种其他的句子生成程序），它能只产生关于世界的"真"词句。这样一种语法能为每个词赋予名副其实的意义，就像在 pq 系统和中所发生的那样。设计一种语言，使假陈述成为不合语法的，这个想法古已有之。这可以上溯到 1633 年的约翰·艾莫斯·夸美纽斯。这个想法很有吸引力，因为这样一来在你的语法中就嵌入了一块试金石：只需把你想要知道的陈述写下来，然后检查它是否合乎语法……。实际上夸美纽斯走得更远，因为在他的语言里，假陈述不仅是不合语法的——它们根本就不可表示！

把这一思想引向另一个方向，你可以设想一个能生成随机公案的高层语法。为什么不可能呢？这种语法将等价于一个形式系统，其中的定理就是公案。而如果你有这样一个程序，你难道不能设法只生成“正宗的”公案吗？我的朋友玛莎·梅瑞狄丝热衷于这个“人工主义”的想法，因此她就着手编制一个公案书写程序。通过开始一段时间的努力，生成了下面这个古怪的“准公案”：

> 一个小的年轻禅师想要一个小的白色异形钵。“我们怎样才能不经过学习就能知道和理解呢？”这个年轻禅师问一个大的困惑着的禅师。这个困惑着的禅师带着一个小的红色的石钵从一座褐色的硬山走向一座白色的软山。这个困惑着的
> 626 禅师看到了一个红色的软棚屋。这个困惑着的禅师想要这个棚屋。“菩提达摩为何要来中国？”这个困惑着的禅师问一个大的顿悟了的弟子。“桃子是大的”，这个弟子回答这个困惑着的禅师。“我们怎样才能不经过学习就能知道和理解呢？”这个困惑着的禅师问一个大的年老的禅师。这个年老的禅师来自一个白色的石 G0025。这个年老的禅师消失了。

你个人的关于公案正宗性的判定过程可能已经对此做出了判决，而不需要所谓“几何编码”或“禅宗串技艺”。如果代词的缺乏、句法的单一和语言的“现代化”还没有引起你的怀疑的话，临近结尾处那个奇怪的“G0025”也一定使你起了疑心。它是什么东西？

它是一个奇怪的毛病——是一个故障的外部表现,这个故障使得原来应当打印出一个代表对象的词的地方被打印成了这个“节点”(事实上是 Lisp 中的一个原子)在程序中的内部名称,在这个节点中存储着关于这个特定对象的全部信息。因此我们在这里就有了一个“窗户”,透过它可以看到禅宗思想的低层——这一层本来是应当看不见的。不幸的是,我们无法在人的禅宗思想上开出来这样一个明晰地通向低层的窗户。

上面公案中的那一串行为的序列,尽管带有一些任意性,还是来自一个叫作“多级瀑布”的递归 Lisp 过程,这个过程构造出一个彼此通过不明确的因果方式相互联结的行动链。尽管这个公案生成程序对世界的理解程度显然没有高得令人惊讶,这项工作在使其输出看起来更加纯正这一点上还是取得了进步。

音乐的语法?

下一个问题是音乐。你开始可能会猜想这个领域很适合于被整理在一个 ATN 语法或其他类似的程序中。因为(把这个朴素的想法继续推进)语言必须从与外部世界的联系中获得意义,而音乐却纯粹是形式的。在乐曲的音响中不存在与“外在的”东西的关联,只存在纯粹的句法——一个音符接着一个音符、一个和弦接着一个和弦、一个小节接着一个小节、一个乐句接着一个乐句……。

但请等等。在这段分析中有什么地方不大对头。为什么某些音乐要比其他音乐更深刻、更优美呢?这是因为音乐中的形式是具有表达力的——可以表达给我们头脑中某些奇特的潜意识区域。乐曲中的音响并不涉及农奴或者城邦,但它们触发了我们心灵最深处的模糊情感，在这个意义下，音乐的意义的确依赖于从符号到世界中的事物间的那些错综复杂的联系——在这种情况下，那些事物就是我们心中秘密的软件结构。不，伟大的音乐将不会出于像 ATN 语法这样简单的形式系统。伪音乐，像伪神话一样，是可能被产生出来的——对人来说这样做将是个有价值的尝试——但音乐中意义的秘密远不是靠纯粹的句法所能挖掘到的。

我在这里要明确一点：原则上说，ATN 语法拥有任何程序化形式系统所具有的全部能力，因此如果音乐的意义归根结底是能
627 以某种方式来加以把握的（我相信是这样的），那么一定能在一个 ATN 语法中被把握。这是真的。但在那种情况下，我仍然认为，这个语法的定义将不仅包含音乐结构，而且包含一个观察者的整个心智结构。这个语法将是全部思维的语法——而不仅仅是音乐的语法。

维诺格拉德的程序“施德鲁”

哪种程序会被人承认为——既使是勉强地——具有一定的“理解力”？它要怎样做才能不使你直觉地感到其中“一无所有”？

在 1968—1970 年，特里·维诺格拉德（化名格拉德·维维诺诺博士）还是麻省理工学院的一个博士研究生，在研究同语言以及理解有关的课题。在当时的麻省理工学院，许多人工智能研究都涉及所谓“积木世界”——一个相对简单的领域，很适于在其中处理涉及视觉和计算机掌握语言的问题。积木世界中包括一张桌子，上面有各式各样的类似于儿童玩的那种积木——方的、长的、三角的，等等，各自有不同的颜色。（作为另一种“积木世界”，请看

图 117　心算，马格里特作(1931)。

图 117：马格里特的画《心算》。我觉得这幅画的标题和内容再相配不过了。)在麻省理工学院的积木世界中，视觉问题是非常棘手的：一台计算机怎样才能通过对一个涉及多块积木的场景进行电视扫描，指出其中有哪些种积木，以及它们之间的相互关系？某些积木可能迭在别的积木的上面，某些可能在另一些的前面，还有一些阴影，如此等等。

不过，维诺格拉德的工作是与视觉问题无关的。他开始时可 628
以假设积木世界已经被良好地表示在计算机的存储器中了，而他所面临的任务是怎样让计算机完成下列工作：

(1)理解用自然语言表达的关于情境的问题；

(2)用自然语言回答关于情境的问题；

(3)理解用自然语言表达的处理积木的请求；

(4)把每个请求分解成由它所能执行的操作组成的序列；

(5)理解它所做的事情以及它这样做的原因；

(6)用自然语言叙述它的行动及其原因。

一个貌似合理的想法是把整个程序分解成模块化的子程序，每个模块处理上述不同问题，然后，当这些模块都分别开发好了之后，再把它们适当地组合起来。但维诺格拉德发现，这种开发独立模块的策略会造成一些根本性的问题。他发展了一种激进的方法，向那些认为智能可以被划分成独立或半独立的部分的理论进行挑战。他的程序施德鲁并没有把问题分解成概念上清楚的若干组成部分。对句子做语法分析、生成内部表示、对其内部所表示的世界进行推理、回答问题等等，这一系列操作都以一种过程性的知识表示形式深深地、内在地纠缠在一起了。有些批评家曾指责他的程序过于错综复杂，以至于根本没有表示任何关于语言的“理论”，也没有以任何方式对我们理解思维过程有所贡献。在我看来这种主张简直是错得无以复加了。像施德鲁这样的杰作可能并不同构于我们的所做所为——事实上不管你采用什么方法，也无法认为施德鲁已经达到了“符号层”——但是在它的构造和分析过程中，却可以为我们认识智能的工作方式提供大量的材料。

施德鲁的结构

事实上，施德鲁不能分解成若干个独立的过程，其中每一个包含关于世界的某些知识。施德鲁中过程之间的相互依赖性很强，因此不能明确地相互分开。这个程序就像一个无法解开的复杂绳结，但你不能解开它这一事实并不意味着你不能理解它。既使这个绳结从物理上看错综复杂，对它仍可能有一个漂亮的几何描述。我们可以回到《一首无的奉献》中的那个比喻上去，把它比拟为从

“自然的”角度观察一个果园。

维诺格拉德已经为施德鲁写下了清楚的说明。我要在这里引用他在一篇文章中的话,这篇文章收在尚克和科尔比所编的书中:

> 在这个模型中隐含的一个基本观点是:所有语言的使用都可 629
> 以被看成是一种激活听话人心中的过程的手段。我们可以把任何言语表达都想象成一个程序——这个程序可以间接地导致一组操作,后者在听话人的认知系统中被执行。这种“程序的编写”是间接的,这就是说我们是在和一个有智能的解释者打交道,他有可能采用一组和说话人的意图极其不同的行为。这些行为的准确形式取决于他关于世界的知识,以及他对于与他谈话的人的预期,等等。在本程序中,我们为这个发生在机器人心中的解释过程提供了一个简单的形式。机器人所解释的每句话都被转换成一组用 Planner 语言表示的指令。然后再执行这样构造出来的程序,以达到预想的效果。[16]

Planner 为问题分解提供了方便

这里提到的 Planner 语言是一种人工智能语言,它的基本特点是在其中设置了一些问题分解所需要的操作——比如说构造一棵包含子目标、子子目标等等的树的递归过程。这就是说,程序员不必每次不厌其烦地说明这棵树,它可以通过所谓“GOAL[目标]语句”自动地被建立起来。读 Planner 程序的人不会看到这样的操作被明确地提到,用行话来说,他们是“对用户透明的”。如果树中的一条路径没能导致想要达到的目标，那么这个 Planner 程序将"回溯"并尝试另一个途径。只要提到 Planner，就必须涉及"回溯"这个咒语。

维诺格拉德的程序出色地利用了 Planner 的这些特点——更准确地说，他用的是 Microplanner——Planner 方案的一个部分实现。但是，在过去的几年中，以发展人工智能为己任的人们已经认识到，Planner 中所用的那种自动回溯具有无法避免的缺点，可能无法引导他们到达预想的目标。因此他们就从这条道上退了回来，想去试试完成人工智能的其他途径了。

让我们再听一些维诺格拉德关于施德鲁的解释：

> 每个词的定义都是一个程序，它将在分析过程中的适当时刻被调用，而且能对所涉及的句子和当前的外界情境进行任意运算。[17]

维诺格拉德所举的例子中有下面这个：

> "那个('the')"的不同意义对应于不同的过程，它们对上下文中的各种事实进行检查，然后规定一些行动，例如"在数据库中唯一地确定满足下列描述的对象"，或"断定所描述的对象在说话者看来肯定是唯一的"。在程序中包括了许多启发规则，它们被用来确定上下文中的哪些部分是有关的。[18]

这个与"那个"这个词有关的问题的复杂程度是惊人的。保险
630 的说法可能是：要想写一个程序来掌握最常用的五个词——汉语

中是“的”“了”“是”“一”“不”；英语中是“the”“of”“and”“a”“to”——将等价于解决整个人工智能问题，因而也就相当于懂得了智能和意识到底是什么。稍微扯远一点，在汉语中5个最常用的名词——根据北京语言学院语言教学研究所编的《现代汉语频率词典》——是“上”“人”“里”“年”“天”（就是以这个次序）。关于这一点，令人惊奇的是大多数人想不到他们是这样用词的。如果你问问你的朋友，他们没准会猜想是“东西”“问题”“事情”“同志”“国家”这些词。另外，既然考虑频率，非常值得一提的是在英语中最常用的12个字母——根据默根泰拉尔的统计——依次是“ETAOINSHRDLU”（这就是“伊她·娥英-施德鲁”的来历）。

施德鲁的一个有趣性质正好打击了那种认为计算机只善于处理数字的成见，这就是维诺格拉德所指出的一个事实：“我们的系统不是以数字的形式接受数目的，而且只被教会了数到十。”[19] 尽管施德鲁是以数学为基础的，但它本身对数学却一窍不通！像马姨一样，施德鲁对于支撑着它的低级层次一无所知。它的知识在很大程度上是过程型的（参见前面对话的第11节中“格拉德·维维诺诺博士”的解释）。

如果把以过程的方式嵌入在施德鲁中的知识和我那个句子生成程序中的知识作一个对比，那将是很有趣的。我那个程序中全部句法知识都以过程的形式嵌入在扩充迁移网中，由Algol语言书写，但语义知识——关于语义类属关系的信息——却是静态的：它被装在每个词后面的一个短数字表中。有那么一些词，例如动词“是”“有”等等，是完全表示在Algol过程中的，但它们是例外。与此相反，在施德鲁中所有的词都被表示成程序。这种情况说明，尽管数据和程序在理论上是等价的，在实际应用中选这个不选那个仍会造成很大的差别。

句法和语义

这里再引一段维诺格拉德的话：

> 我们的程序在运行时不是先对一个句子做句法分析，然后再做语义分析，最后使用演绎推理生成答案。在理解一句话的过程中，这三个活动始终是同时进行的。当一段句法结构开始形成的时候，一个语义程序被调用，以检查这个结构是否有意义，而由此产生的答案可以为句法分析提供指导。在确定它是否有意义的过程中，这个语义子程序可以调用演绎过程，并提出一些关于现实世界的问题。以对话中的第 34 句为例（“把蓝方锥搁在盒子里的蓝方块上头有问题吗？”），语法分析器先是认为“把蓝方锥搁在盒子里”是一个动词短语，这时语义分析就开始了，即检查在数据库中是否提到过下面这个事件：蓝方块把蓝方锥搁在盒子里。由于找不到这种事件，语法分析器又把“把蓝方锥搁在盒子里的蓝方块上头”理解为
> 631 一个动词短语，即“问能不能做这样的事情”……。这样在不同类的分析之间就有着不间断的相互作用，即一个的结果会对另一个发生影响。[20]

在自然语言中句法和语义如此紧密地纠缠在一起，这是十分有趣的。在前一章关于“形式”这个难以捉摸的概念的讨论之中，

我们已经把这个概念分成了两个范畴：句法形式——这是可以用一个预知可终止的判定过程来检查的——和语义形式——这是无法做上述检查的。但在这里，维诺格拉德告诫我们——至少在使用“句法”和“语义”的通常意义时是如此——它们在自然语言中是彼此混在一起的。一个句子的外部形式，即它由基本符号所组成的结构，是无法清楚地划分成句法和语义两部分的。这对语言学来说是极其重要的一点。

下面是维诺格拉德对施德鲁所作的一些最后的说明：

让我们看一下该
系统对“一个支撑着
方锥的红立方体”这
样一个简单的描述是
怎样处理的。这个描
述将使用下列概念：
“方块”、“红的”、“方
锥”和“等边的”——
它们都是系统中所含
有的关于世界的范 632
畴。其结果可以被表
示成像图 118 所示的
那种流程图。注意这
是一个程序，它要寻
找满足该描述的对

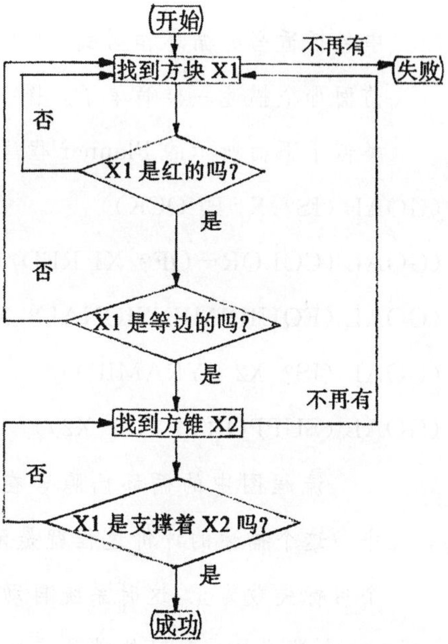

图 118　对“一个支撑着方锥的红立方体”的过程化表示。[引自罗杰·尚克和肯尼思·科尔比，《思维的计算机模型和语言》，172 页。]

象。然后可以把这个程序结合在一个命令中，这个命令可以对这个对象进行某种处理，对它提出某个问题，或者，如果它出现在一个语句中，它将成为程序的一部分，该程序的生成是为了表示特定的意义，以备后来使用。注意如果第一个寻找指令是事先说明只查找一个特定对象的话，这段程序也可被用来检查该对像是否满足这一描述。

这个程序刚一看上去似乎结构太复杂，因为我们不喜欢把一个简单语句想象成明显地含有循环、条件测试和其他的程序细节。解决的办法是提供一种内部语言，在其基本语句中包括适当的循环和测试，用这种语言来表示这一过程，就像前面那个描述一样简单了。图 118 所描述的程序可以被写成类似于下面所示的 Planner 程序：

(GOAL (IS? X1 BLOCK))　　目标：? X1 是方形的
(GOAL (COLOR－OF? X1 RED))　　目标：? X1 是红色的
(GOAL (EQUIDIMENSIONAL? X1))目标：? X1 是等边的
(GOAL (IS? X2 PYRAMID))　　目标：? X2 是方锥体
(GOAL (SUPPORT? X1? X2))　　目标：? X1 支撑着? X2

流程图中的循环已隐含在 Planner 的回溯控制结构之中。这个描述的评价过程就是沿上述序列向下推进，直到某个目标失败为止，这时系统自动退回到前一个作出决定的地点，去尝试另一种可能性。一旦一个新对象名或“变量”(变量名前面都有个“?”)——如“? X1”或“? X2”——出现，就可作出一个决定。变量是由模式匹配程序来使用的。如果它们已经被指定代表某个特定的项，程序将检查对这个项来说该目标是否成立。如不成立，它将检查所有可能满足该目标的项，检查的方法是先挑选一个，然后一旦在这个地方出现了回溯，再去选下一个。这样，甚至检测和选择之间的区别都变成隐含的了。[21]

在这个程序的设计过程中，一个重大的战略决策是不把自然语言全部翻译成 Lisp 语言，而是只翻译一半——翻译成 Planner 语言。这样(因为 Planner 解释程序本身是用 Lisp 写的)，一个新的中间层——Planner——就被插入在顶层语言(自然语言)和底层语言(机器语言)之间了。一旦从一段自然语言中生成了一个 Planner 程序，然后它就可以被送到 Planner 解释程序，这时施德鲁的高层就可以被解放出来，去处理新的任务了。

这种决定会不断地涌现：一个系统应当有多少层？在哪一层上该设置哪种"智能"？设置多少？这都是今天的人工智能所面临的一些最困难的问题。由于我们对自然智能所知甚少，我们就很难说清人工智能系统的哪一层应该完成一个任务的哪一部分。

这就使你对本章前面的对话场景背后的东西略见一斑。在下一章中，我们将看到人工智能中一些新鲜的、推测性的想法。

633

对　　实

螃蟹邀请了几个朋友来看星期六下午电视中播放的橄榄球赛。阿基里斯已经到了，可还要等等乌龟和他的朋友树懒。

阿基里斯：驭骑在那辆与众不同的独轮车上的两个人，会是我们那两位朋友吗？

（树懒和乌龟下了车走进来。）

螃蟹：哦，朋友们，你们光临我真高兴。请让我介绍一下我最爱戴的老朋友，树懒先生——这是阿基里斯。我敢肯定你认识乌龟。

树懒：就我记忆所及，这是我有生以来第一次结识一位双目独眼龙。很高兴见到你，阿基里斯。关于双目独眼类的生物，我已经与闻不少了。

阿基里斯：我也是。我可以了解了解你那别致的交通工具吗？

乌龟：你是问我们那辆双轴独轮车？谈不上什么别致。只不过是供两个人以同一速度从 A 到 B 的一种交通工具。

树懒：它是由生产“双头翘”翘翘板的公司制造的。

阿基里斯：噢，原来是这样。车上那个球形把手是什么东西？

树懒：那是调挡装置。

阿基里斯：哦！那它有多少种速度？

乌龟：一种，包括回动。许多别的型号的比这更少，可这辆是特型的。

阿基里斯：一看就是辆挺不错的双轴独轮车。噢，老蟹，我早就要告诉你，昨晚你的管弦乐队的演出我非常喜欢。

螃蟹：谢谢，阿基。你当时也在吗？小懒？

树懒：不，我不巧没能到场。我那时正参加一场混合单打乒乓球锦标赛。由于我所在的队陷入了无对手的争夺冠军的决赛，所以特别扣人心弦。

阿基里斯：你获得什么奖品了吗？

树懒：当然——是一条一面镀金、一面镀银的铜制莫比乌斯带。

螃蟹：祝贺你，小懒。

树懒：谢谢。哎，跟我讲讲那个音乐会吧。

螃蟹：那是场最美妙的演出。我们演奏了一些巴赫孪生兄弟的作品——

树懒：是著名的约翰和塞巴斯第安吗？

螃蟹：反正都是一回事。有一部作品让我想到了你，小懒——那是 634
一首用两只左手弹的了不起的钢琴协奏曲。其中倒数第二个乐章（也是仅有的一个乐章）是一支单声部的赋格。你简直没法儿想象它有多复杂。我们还演奏了贝多芬的第九较象曲作为压轴节目。演出结束时，听众们全体起立，每个人都用一只手鼓掌，真是掌声雷动啊。

树懒：哦，我没看上真是太可惜了。不过，不知你录了音没有？我家里有一台高保真的录音机——这是你所能买到的最好的双声道单喇叭的音响系统。

螃蟹：我敢肯定你能搞到那录音。好啦，朋友们，球赛就要开始啦。

阿基里斯：今天谁跟谁比赛，老蟹？

螃蟹：一定是主队对客队。哦，不——那是上周。我想这周是本地队对外地队。

阿基里斯：我为本地队加油。我一向这么做。

树懒：啊，那你可太地方主义了。我从不为本地队加油。越是远在十万八千里的队，我越是要给他们加油。

阿基里斯：噢，那么你是住在十万八千里啦？我听说那儿很迷人，不过我还是不想去那儿。毕竟太遥远了。

树懒：而且奇怪的是，你无论走哪条路，都不会更近些。

乌龟：那是种对我路子的地方。

螃蟹：球赛就要开始了。我看得打开电视了。

（他走到一个有屏幕的巨大的箱子前，箱子下面有个仪表盘，复杂得跟喷气式飞机上的一样。他轻轻按了一下一个球形开关，屏幕上出现了色彩鲜亮、图像清晰的橄榄球场。）

解说员：下午好，球迷们。一年一度的本地队和外地队在绿茵场上的较量又拉开战幕了。今天下午断断续续地下了点小雨，场地多少有点湿。不过，尽管天公不作美，这场比赛肯定会非常精彩，特别是本地队有两名著名的八分位，他们是提里趿拉和回文斯。大家知道，根据规则，美式足球——也就是这种橄榄球——每个球队里应该只有一名四分位指挥进攻，不过只要比赛精彩，弄成两名八分位也没有关系，不是吗？

乌龟：天哪！这种比赛我还从没见识过。

解说员：现在丕里帕拉为本地队开球。球飞在空中！外地队的法兰孙接到了皮球，他抱球往回跑——跑到了 20 码线的地方，到了 25 码线,到 30 码线,他在 32 码的地方摔倒了。是本地队的哞呕一个擒抱,把他摔倒的。

螃蟹:好漂亮的反攻! 你们看到没有,他差一点叫悟诡给擒抱住——可他还是挣脱掉了。

乌龟:叫谁擒抱?

螃蟹:悟诡!

乌龟:怎么跟我的名字就差一点儿?

树懒:别犯傻了,老蟹。没这么回事,悟诡没有擒抱法兰孙。没有必要用这种"差一点"发生的事儿蒙可怜的阿基里斯(和我们别人)。事实就是事实——没有什么"差一点"啦、"要是"啦、"还"啦、"可是"啦这些东西。

解说员:这是重放的镜头。注意 79 号队员悟诡,他从边路包抄过来,威胁法兰孙,打算擒抱他!

树懒:"打算"! 哼!

阿基里斯:这一招儿可太漂亮啦! 要是没有重放镜头我们怎么能看得到!

解说员:外地队第一次进攻,攻进十码。现在球在闹得乐手中,他 635
把皮球传给了牛韦——这是个后传球——牛韦绕到右面,把球掷给了法兰孙——这是个双后传球,诸位! ——现在法兰孙把球递给华果树,华在争球线后面十二码的地方达阵得分。这个三后传球丢了十二码!

树懒:太棒了! 真是一场扣人心弦的比赛!

阿基里斯:哦,小懒,我还以为你一直在为外地队加油呢。这场球他们丢了十二码。

树懒：他们丢了十二码？啊——只要他们表演得出色，管它输还是赢呢！我们再看一遍吧。

（……就这样，上半场比赛结束了。在第三个四分之一场比赛就要结束的时候，本地队决定性的时刻来到了。这时他们落后八分。这是他们第三次进攻，还一码未进，他们这时急需继续进攻的机会。）

解说员：球被抛到提里踿拉手里，他退后几步，找人传球，晃过了悟诡。这时回文斯在紧右边，附近没有别的队员。提里踿拉看到了他，来了一个低传，把球传到回文斯手里。回文斯接住球以后，就——（可以听到人群中发出的惋惜声。）——唉，他跨出了边线！各位观众，这对本地队可是个沉重打击。要是回文斯没有跨出边线，他会一直跑到底线区，达阵得分的。现在让我们看一看虚拟的重放镜头。

（屏幕上出现了同刚才一样的阵容。）

球被抛到提里踿拉手里，他退后几步，找人传球，晃过了悟诡。这时回文斯在紧右边，附近没有别的队员。提里踿拉看到了他，来了一个低传，把球传到回文斯手里。回文斯接住球以后，就——（可以听到人群中发出的紧张的惊叹声。）——他差一点跨出边线！不过他仍在界内，通向得分区的路上完全没有对方队员。回文斯一往直前，达阵得分！（球场内欢声雷动。）啊，球迷们，要是回文斯没有跨出边线，这就是将会发生的情形。

阿基里斯：等等……达阵得分这事有还是没有？

螃蟹：哦，没有。这只是虚拟的重放镜头。这只不过是演示了一下假设而已。

树懒：这是我听到过的最荒唐的事。我看他们还会发明水泥护耳皮套呢。

乌龟：虚拟的重放镜头有点少见，是吧？

螃蟹：要是你有一台虚拟电视，也没有什么特别的。

阿基里斯：需你电视？是一种非得你亲自操作不可的电视吗？

螃蟹：不，你理解岔了。这是种可以进入虚拟状态的新型电视，特别适用于观看球赛之类的节目。这是我刚搞到的。

阿基里斯：它上面为什么有这么多的球形开关和叫人眼花缭乱的 636
仪表盘？

螃蟹：你可以用它们来调你所需要的频道。有很多频道都在广播虚拟的节目，你能很方便地从中选择。

阿基里斯：你能把你说的表演给我们看看吗？恐怕我还不太明白"广播虚拟的节目"是什么意思。

螃蟹：哦，其实很简单。你自己也能弄明白。我现在去厨房做点油炸土豆片，我知道小懒很爱吃。

树懒：噢！去吧，老蟹！油炸土豆片是最对我口味的食品。

螃蟹：你们别的人呢？

乌龟：我也想吃点。

阿基里斯：我也想。可等等——在你去厨房之前，能告诉我使用你的虚拟电视有什么窍门吗？

螃蟹：没什么特别之处，尽管接着往下看，什么时候有某种几乎要成却没成的事，什么时候你希望某件事情不是这样发生，而是换一个样子，你就摆弄摆弄那些开关，看看会发生什么事。你也许会调出些稀奇古怪的频道来，但你不会把它们弄坏的。（他进了厨房。）

阿基里斯：我不明白他是什么意思。嗯，好吧，我们还是回到这场比赛上来吧，我真叫它迷住了。

解说员：这是外地队第四次进攻，本地队为守方。外地队采取踢悬
637 空球的战术，提里跛拉位置靠近得分线。牛韦将球踢回——这是个高飘球，皮球朝着提里跛拉落下去——

阿基里斯：接球，提里跛拉！给外地队一点颜色看看。

解说员：——球落到了水坑里——噗哧！球反弹的方向很奇怪！斯普鲁克猛地一个飞身接球！反弹起的皮球几乎擦着提里跛拉的身边滑开了——这个球被判为失球。裁判判凶猛的斯普鲁克为外地队得分，本地队落后七码。这对本地队是很不利的。这只能说是老天不想成全他们。

阿基里斯：噢，不！要是没有这场雨……（绝望地绞着双手。）

树懒：又一个该死的假设！你们怎么都陷进自己幻想的荒诞世界里去了！我要是你们，我就不会违背现实。我的格言是“避免虚拟的谵语”。即使别人给我一百块——不，一百一十二块——油炸土豆片，我也不会放弃我的格言。

阿基里斯：哎，这倒提醒了我。没准儿摆弄摆弄这些球形开关，就能碰巧找到不下雨的虚拟重放镜头，那样一来就没有泥水坑了，皮球也不会向稀奇古怪的方向弹了，提里跛拉也就不会失球。我想知道……（走到虚拟电视机前，盯着它瞧了一会儿。）可我一点也不知道这些球形开关都是管什么的。（随便拧了几下。）

解说员：这是外地队第四次进攻，本地队为守方。外地队采取踢悬空球的战术，提里趿拉位置靠近得分线。牛韦将球踢回——这是个高飘球，皮球朝着提里趿拉落下去——

阿基里斯：接球，提里趿拉！给外地队一点颜色看看。

解说员：——球落到了水坑里——噗哧！球反弹到他手里。斯普鲁克猛地从他身后飞起抢球，却被他有效地阻挡住了，他避开凶猛的斯普鲁克，在他前面是一片无人之境。注意，他到了50码，到了40码，30码了，到20码，10码——达阵得分，本地队得分！（本地队一方欢声如雷。）球迷们，要是橄榄球不是橄榄形的，而是西瓜形的，这就是将会出现的情况！不过，在现实中，本地队失了球，而外地队攻到了本地队的七码线上。这真是皮球无知，不解人心！

阿基里斯：这你怎么想，小懒？

（阿基里斯冲着树懒得意洋洋地笑了一声，可后者却完全没有注意，他正全神贯注地瞧着螃蟹端着一只大盘子走了进来，那盘子上盛着一百一十二块——不——一百块又大又馋人的油炸土豆片，以及为每个人准备的餐巾。）

螃蟹：你们觉得我的虚拟电视怎么样？

树懒：坦率地说，老蟹，真叫人失望。它好像出了毛病。至少有一半时间里它是在瞎捣乱。这要是我的，我会马上不要了，把它给一个像你这样的人，不过，这当然不是我的电视。

阿基里斯：这是件很古怪的玩艺儿。我想让它重演在另一种天气下的比赛，可这玩艺儿似乎自有一套想法！它不去改变天气，而是把橄榄球变得不是橄榄形的，却是西瓜形的！那么请告诉我——橄榄球怎么能不是橄榄形的？这真是自相矛盾。太荒诞了！

螃蟹：真没劲！我还以为你们会发现什么有趣的虚拟呢。要是把橄榄球赛改成棒球赛，刚才那场比赛的结局会怎么样，你们想看看吗？

乌龟：噢，这主意太伟大啦！

（螃蟹拧了拧两个球形开关，然后退了几步。）

解说员：现在有四个人出局，还——

阿基里斯：四人出局？

解说员：对，球迷们——四人出局。你一旦把橄榄球赛改成棒球赛，就得接受一些既成事实！我还是要说，四人出局，外地队是守队，本地队进攻。现在提里跋拉打垒。外地队采取触击战术。牛韦现在举手投球——他投了一个上升球。球朝着提里跋拉直飞过来——

阿基里斯：狠扣它一个，提里跋拉！给外地队一点颜色看看！

638 解说员：——但是球好像沾了水，在空中划了一道奇怪的弧线。斯普鲁克猛地飞身抱球！那球看去险些擦过提里跋拉的球棒，从他身边弹开了——这被判为飞球。裁判判凶猛的斯普鲁克为外地队得分，从而结束了第七局的比赛。这对本地队很不利。要是把橄榄球赛改成棒球赛，这就是刚才的比赛将出现的结局。

树懒：哼！你们干脆把比赛挪到月球上去算啦。

螃蟹：说干就干！只要在这儿拧一下，在那儿拧一下……

（屏幕上出现了一块孤零零的火山口样的场地，双方队员都穿着太空服定在原地不动。但很快，两队队员同时动起来，队员们跳得很高，有时都高过了其他队员的头顶。球被抛向空中，高到几乎看不见了。然后再缓慢地落到某个身穿太空服的队员手里，球落下的地方离它被抛起的地方几乎有四分之一公里远。）

解说员：朋友们，你们现在看到的是虚拟的比赛在月球上进行时的情景。现在让我们先抽空儿告诉大家一点重要的商业行情。提供这一信息的好心人专酿古鲁皮啤酒——这是最对我口味的啤酒——待会儿我们再回到球赛上去。

树懒：要是我不这么懒的话，我一定要亲自把这台破电视奉还给卖主！可是，唉，我已经命中注定要做一个懒惰的树懒了……（嚼了一大口油炸土豆片。）

乌龟：嘿，这可是个了不起的设想，老蟹。我可以提出一种假设情况吗？

螃蟹：当然可以。

乌龟：要是空间变成四维的，刚才那场比赛会怎么样？

螃蟹：哦，这可够复杂的，龟兄，不过我看我还是能够把这种构想输进仪器里面。请稍候。

（他走上前去，看来是第一次充分使用了那台虚拟电视机的控制盘，几乎每只球形开关都被拧了两三次。他仔细地检查了各种控制器的数据，然后退回来，脸上带着一副满意的神情。）

我看这下行了。

解说员：现在让我们来看看虚拟的重放镜头。

（屏幕上出现了许多混乱地绞在一起的管。一会儿变大，一会儿变小,有时又似乎在旋转。随后又变成某种奇特的蘑菇状的东西,到最后又回到管的形状。就在那些图像一会儿这样、一会儿那样,变成各种稀奇古怪的图形时,解说员又开始解说了。)

提里跋拉退后几步。他看到了场外十码处的回文斯,把球向右向外抛给了回文斯——看来很成功!回文斯现在到了 35
639 码平面,40 码,他在场地上自己一方 43 码的平面上被擒抱了。三维的球迷们,要是球赛在四维空间里举行,这就是将会发生的情况。

阿基里斯:你对它做了些什么,老蟹,你是怎么摆弄控制盘上那些各式各样的开关的?

螃蟹:我选择了适当的虚拟频道。喏,有这么多的虚拟频道同时广播,我只是把它调到广播我们所要求的那种虚拟的频道上。

阿基里斯:随便什么电视机都能这么来吗?

螃蟹:不,大多数电视机无法接收虚拟频道。这需要一套特殊的、极难制作的电路。

树懒:你怎么知道哪一个频道播放哪一种节目?看报纸上的电视节目预告吗?

螃蟹:我不需知道每种频道的呼叫代号,而是用编码的方法在这些开关上调出我想要的虚拟情景。用行话讲,这就叫作“通过对实参数调用某一频道”。总是有大量频道在播放各种可能设想的情景。那些内容“相近似”的各频道,其呼叫代号也彼此相近似。

乌龟:为什么刚才在我们第一次看虚拟的重放镜头时,你不用动那些开关呢？

螃蟹：这是因为我只是把它调到一个跟事实频道很相近的频道中，跟事实相差很小。所以它只是同事实偶有不同。把它完全调到事实频道几乎是不可能的。不过这没关系，因为事实总是很乏味的。所有的重放镜头都是事实的本来面目，这你能想象吗？多没劲！

树懒：可我觉得虚拟电视这种构想整个儿就没劲。不过，要是有证据说明你这台机器可以搞出点有趣的对实节目的话，我没准儿会改变对它的看法。比方说，要是加法不满足交换律，刚才那场比赛会怎么样？

螃蟹：噢，老天，噢，老天爷！我担心对于这种型号的机器来说，这个要求所需要的推理过程太复杂了。无奈我现在还没有一台在这方面很完备的超拟电视机。有了这样一台超拟电视机，就可以满足你各种花样的要求了。

树懒：啃！

螃蟹：不过请看——这差不多也能做到。你们想不想瞧瞧要是13不是个素数，刚才那场比赛会怎么样？

树懒：多谢！不必了。这毫无意义！我要是刚才那场比赛的话，一定会叫你们这样随心所欲地播来放去弄得厌烦透顶啦。哼，你们这群头脑不清的家伙在这里没完没了地改换概念！接着往下看球赛吧！

阿基里斯：你从哪儿搞来的这么一套虚拟电视机，老蟹？

螃蟹：信不信由你：小懒和我有天晚上去了趟乡村市场，这电视机就是我们在一次抽彩中得的头奖。一般地说，对这种无聊玩

艺儿我一向不感兴趣,可当时我被某种疯狂的冲动抓住了,于
640 是就买了一张彩票。

阿基里斯:你呢,小懒?

树懒:我承认我也买了一张,只不过是为了迁就迁就老蟹。

螃蟹:等宣布了中奖号码,我才大吃一惊,我中彩啦!

阿基里斯:不可思议!在我认识的人里,还从没有谁中过彩!

螃蟹:当时我也是目瞪口呆,觉得难以置信。

树懒:关于中彩的事,你还有什么别的话要讲吗,老蟹?

螃蟹:没有了。哦——我那张彩票号码是129。他们宣布的中彩号码是128,只差一点。

树懒:所以,你们明白了吧,他事实上根本没中。

阿基里斯:不过他差一点中了……

螃蟹:我更倾向于说我中了,因为我是那么接近……要是我的号码再减去个1,我就会中了。

树懒:但可惜的是,老蟹,在这种情况下"差一点"和"差十万八千里"没什么两样儿。

乌龟:没错。哎,你呢,小懒?你的号码是多少?

树懒:我的号码是256——是128的两倍。太接近了,是吧!可我不明白那些市场官员的脑袋为什么死不开窍。他们拒绝给我完全应该归我的奖品。有个家伙声称他应该得这个奖,因为他的号码是128。我觉得我的号码比他的更接近,可对那些官僚们你真是一点辙都没有。

阿基里斯:我整个儿一个糊涂。要是你根本就没有赢得虚拟电视机,老蟹,我们怎么能今天一下午坐在这儿看这台电视?看来

我们自己好像也是待在某个可能会存在的虚拟世界里，只要环境稍有些变化……

解说员：各位观众，要是螃蟹赢得了虚拟电视机的话，这就是这个下午在螃蟹家将会发生的事情。但是因为他并没有中彩，所以这四个朋友事实上只是观看了一场本地队被打得落花流水的比赛，用这种方式度过了一个愉快的下午。本地队在这场比赛中以 0 比 128 失利——也许是 0 比 256？哦，对于一场在五维空间中的冥王星上举行的西瓜球比赛，这是无关紧要的。

641 # 第十九章　人工智能:展望

“差一点儿出现”的情景与虚拟情景

我的一个朋友读过《对实》之后对我说:“我叔叔差一点儿就是美国总统了!”“真的?”我问。“敢情,”他答道,“他当时是108号鱼雷艇艇长。”(约翰·肯尼迪曾任109号鱼雷艇艇长。)

这就是《对实》的全部意义所在。在日常思维中,从我们面临的情况、我们拥有的想法、客观发生的事件之中,我们总会构造出一些精神上的“变奏曲”,让某些性质基本保持原样,而让另一些性质发生“滑动”,从而形成一些“虚拟的”——我叫它们“对实的”——情景。哪些性质是我们允许滑动的?哪些是我们根本不会考虑让其滑动的?在某种较深的直觉层次上,哪些事件被感知成是与确实发生的事件紧密相关的?有哪些事情会被我们看作“差一点儿”发生,或者“本当”发生了,但它们事实上没有发生?当我们听人讲故事时,哪些可能的结局会自然而然地出现在我们的脑海里?为什么我们会觉得某些虚拟事件比其他一些“虚拟得少点”?归根结底,没发生的事件显然就是没发生。在这里不存在一个“未发生度”。对“差一点儿”出现的情况也是一样。有时某个人会伤心地说“它差一点儿就发生了”,而另一个时候他又会欣慰地说同一句话。但这种“差一点儿”是存在于思想中的，并非存在于外界事实里。

假设你驾车行驶在乡间公路上，迎面碰上一群蜜蜂。你不仅会及时注意到它们，而且整个情景会立即在脑海中产生一群“重放的镜头”。典型地，你会想“幸亏我没开车窗”——或不幸是其反面：“糟糕，车窗没关！”；还可能是“幸亏我没有骑自行车来！”；“我怎么没有早来五秒钟呢？！”；另一些奇特但可能出现的想法是“如果这是一头牛，我就已经完蛋了！”；“我敢打赌，这些蜜蜂更愿意碰上一棵玫瑰。”；甚至还有更怪的念头：“这些蜜蜂要都是钞票就好了！”；“幸亏这些蜜蜂不是水泥的！”；“倒霉，为什么蜜蜂是一群而不是一只呢？”；“我是我，而不是蜜蜂，这可是万幸！”。哪些滑动是自然的？哪些不是？为什么？

在最近的一期《纽约客》杂志上，重新引用了《费城迎客报》中的一段话：[1]

> 如果列奥那多·达·芬奇是个女的，西斯廷教堂的天花板就不会被画上画了。

《纽约客》评论道：

> 如果米开朗基罗是个连体双胞胎，那他完成这幅作品的 642
> 时间就会减少一半。

《纽约客》评论的要点不是说这种虚拟事件是“假的”，而是说抱这种念头——想改动一个特定人物的性别或数目——的人，未免有点不近情理。但具有讽刺意味的是，在同一期的一篇新书介绍中，下面的句子被毫不脸红地印出来了：

> 我想他[菲利普·弗兰克教授]如果仍健在，一定会对这两本书表示非常欣赏的。[②]

可怜的弗朗克教授已不在人世了。一个人读到写于他去世之后的书，这无论如何是说不通的。那为什么没人对这个一本正经的说法进行嘲弄呢？在某种难以捉摸的意义下，这个例子中参数的改动不像前一个例子那样违反我们关于"可能性"的观念。有某种东西使得我们在这个例子里面比前一个例子更容易想象"其他一切都是照常不变的"。但这是为什么呢？我们要怎样对事件和人物进行分类，才能进一步知道哪些滑动是"有意义的"，哪些是"胡闹"？

不妨看看在下列表达之间进行滑动是多么自然吧：开始是一个没什么价值的陈述："我不懂俄文"，而后是一个内容丰富一些的条件句"我要懂俄文就好了"，下一个是一个充满情感的主观想象："我希望我已经懂俄文了"，最后是一个内容丰富的虚拟语句"如果我懂俄文，我就能读契科夫和莱蒙托夫的原文著作了。"如果心智在一个否定句中除了晦暗的障碍以外什么都看不到，那该是多么平淡乏味啊！一个活生生的心智总能发现通往可能性世界的窗口。

我相信，那种"差一点儿"发生的情况和潜意识中构造的主观想象,代表着洞察力的某种最丰富的潜在来源。靠这种洞察力,我们可以了解人类是怎样组织他们对世界的感知,并形成范畴的。这个观点的一个强有力的支持者是语言学家兼翻译家乔治·斯坦纳。他在他的著作《巴别塔之后》中写道:

> 假设、想象、条件、虚拟的句法和偶然的句法可能是人类语言的发生中心……[它们]不光是造成哲学和语言学中的一些麻烦,与它们有关的也不像有人感觉的那样仅限于将来时态。或许该把它们划归到更大的集合中,如"假设推测"或"可能的选择"。这些带"如果"的命题为人类的情感机制提供了基础……
>
> 我们能够——同时也需要——对世界进行否定或"不定",以便以别的方式来设想和表述……我们需要找一个词来描述语言的这种威力和这种意向:即谈论"其他情况"的能力……或许该叫它"替代",以此来定义"不同于真实的情况"、虚拟命题、想象、愿望和遁词,我们用这些东西掌管着我们的头脑,并以它们为工具为我们自己构造了一个变动不居、充满幻想的生物环境和社会环境……

最后,斯坦纳为虚拟事件唱了一首虚拟颂歌:

> 从我们已有的知识推测,假如没有这种幻想的、虚拟的、 643
> 反决定论的语言工具,没有产生并存储在大脑皮质的"多余"部分中的语义能力,并以此来想象和表达那些在单调沉闷的

> 生物性衰退和死亡之外的各种可能性，人类是几乎不可能生存至今的。[③]

这种“主观想象出的世界”的构造过程产生得如此随便、自然，以至于我们几乎没注意到自己在做些什么。我们从我们的幻想中选出一个世界，它在某种内在精神意义下接近于真实世界。我们把真实的东西和我们感觉“差不多”真实的东西相互比较。这样，我们就得到了某种难以捉摸的对实在的看法。对话中的树懒就是实在的变奏之中的一个滑稽可笑的例子——一种没有进入主观想象能力的智能动物（或至少它自己宣称没有这种能力——但你可能已经注意到，在它的话中充满了虚拟语句！）试想，如果我们没有这种滑出真实世界、进入“假如”世界之中的创造性能力，那我们的精神生活将是何等的贫乏啊！从人类思维过程研究的观点看，这种滑动是十分吸引人的，因为它大多发生于完全缺乏意识指引的情况下，这意味着对什么可以滑动、什么不能滑动的观察将为我们认识潜意识提供一个良好的窗口。

认识这种精神测度的性质的一种方式是“以其人之道，还治其人之身”。在对话中就是这样干的，即要求我们的“主观想象力”设想一个世界，其中和我们的预期相比恰好让主观想象力这个概念滑动了。在对话中，第一个虚拟的重放镜头——即回文斯没有出界——是一个非常自然的想象。事实上，这个想法来自一个人对我说过的一番平常而又凑巧的话，这个人在一场球赛中坐在我身旁。出于某种原因，他的话触动了我，使我思考是什么使得这种滑动如此自然，而另一些滑动——如改变比分——则不然。从这些想法中,我进一步考虑另一些或许是更难滑动的特征,例如天气(这反映在对话中)、比赛的种类(也在对话中)、甚至一些更离奇的变化(也在对话中)。我注意到,在某一情景中显得荒唐可笑的滑动在另一个情景中可能就很容易发生。例如,有时你会很自然地考虑如果球的形状变了会怎么样(如你在玩一个气没打足的篮球时),而另一些时候这个念头则绝不会进入你的脑海(如你在看一场橄榄球赛的电视转播时)。

稳定性的分层

当时我觉得(现在依然如此),某些事件(或环境)特征的可滑动性,取决于我们在一个什么样的嵌套环境集合中感知此事件(或环境)的发生。在这里,从数学中借用"常量"、"参量"和"变量"这几个词可能是有用的。数学家、物理学家和其他一些人在进行运算时常常会说"c是个常量,p是个参量,v是个变量"。他们的意思是这三者都是可变的(包括常量),但是,存在一种可变性的层次 644
差别。在这些符号所表示的情景中,c构成一种全局条件,p构成一种全局性较弱的条件——它可以在c保持固定时变动,最后,v可以在c和p保持固定时变来变去。在v固定时设想让c和p变化,这是没有意义的,因为c和p构成了使v有意义的环境。例如,设想一个牙科医生,他有一排病人,而每个病人又都有一排牙齿。一个完全有意义的事是让病人保持固定而让他的牙齿变动——但让牙齿保持固定而让病人变动则是根本没有意义的。(虽然有时变动牙科医生还是挺有意义的……)

我们逐层构造了一个情景的心智表示。其中最低层构成了环境的最深刻的方面——有时这个层次低得根本无法变动。例如，我们世界的三维性是个非常根深蒂固的观念，我们中的大多数人都从没想过让它在头脑中滑动。它是一个恒定的常量。然后是这样一些层次：它们构成了情景中暂时固定的方面，虽然不是永久固定的。这些方面可以被称为背景假设——在心灵深处，你知道这些方面是可能改变的，但在大多数时候，你总是不假思索地把它们当作不变的方面。这些仍可以被称为“常量”。例如，当你去看橄榄球赛的时候，比赛规则就属于这种常量。再往后就是“参量”：你认为它们有更大的可变性，但暂时把它们当作常量。在一场橄榄球赛中，参量可能包括天气、参赛球队，如此等等。可能——或很可能——存在着多层参量。最后，我们到达了你关于情景的心智表示中最不稳定的那些方面——变量。这就是像回文斯的出界之类的东西，它们在脑海中很“散漫”，你不会介意让它们在短时间内偏离其真实值。

框架和嵌套的环境

“框架”这个词正流行于当今的人工智能研究中。它可以被定义为“一个环境的可计算例示”。这个词的普及应归功于马尔文·明斯基，他发表了不少关于框架的见解。在框架语言中，可以说情景的心智表示包含着彼此嵌套的框架。情景中的各种成分都有它自己的框架。我心里对嵌套的框架有个想象，用语言表达出来可能会是很有意思的。设想有若干个柜子，每一个柜子上可以装若干个抽屉（就像中药铺里的那种柜子）。一旦你选择了一个柜子，你就有了一个框架，而且在这个柜子上的装抽屉的洞中可以放进

“子框架”。子框架本身又是一个这样的柜子。怎么可能把整个柜子插到另一个柜子中的一个抽屉槽里去呢?很容易:你可以把它压缩一下,使它变形,因为这毕竟是在想象中,不是真要这样干。在外面的这个框架中,可能有若干不同的抽屉槽需要填充,然后你可能要用抽屉(或子框架)来填充某些装在里面的柜子。这个过程 645
可以递归地进行下去。

对一个柜子进行挤压和扭曲,使得它能被装进任何形状的槽中,这种生动的超现实主义想象或许是极其重要的,因为这说明当你迫使某概念进入一个环境时,它也被该环境所挤压和扭曲了。这样,如果你考虑的人是个橄榄球队员,那么此时你关于“人”的概念变成了什么样的呢?显然它已经被扭曲了,是被整个环境强加给你的。你已经把“人”这个框架插在框架“橄榄球赛”的一个槽里了。用框架进行知识表示的理论依赖于这样一个想法:世界是由半封闭的子系统构成的,其中每个子系统都能充当其他子系统的环境,并且在此过程中不会受到或造成太大的破坏。

关于框架的主要想法之一,就是让每个框架带有自己的一组预设值。与此相应的想象是给每个柜子的每个抽屉槽中都预先装上一个称为“缺席选择”的抽屉,但并不将其装紧。如果我对你说“画一段河岸”,你将会激发出一幅具有各种特征的视觉想象,而如果我再添加进一步的说明,例如“在干旱季节”、“长满垂柳”、或“惊涛拍岸”,则你可能会去掉那些特征中的大多数。槽中缺席值的存在保证了递归填充槽的过程具有终点。实际上你是在说“我自己将只填充外面的三层槽,其他的就用缺席项”。和缺席预设值并存,一个框架还包含关于其使用限制的知识,以及在超出其容许限度时转换到其他框架的启发式规则。

框架的嵌套结构使得你可以“拍摄特写镜头”——以足够近的距离观察对象的细节:你只需选择适当的子框架,然后是子框架的子框架,等等,一直推进到拥有你所需要的细节为止。这就像一本交通地图册,第一页是一张全国地图,然后是分省地图,如果你需要进一步的细节,甚至还会有城市的地图或某些大村镇的地图。你可以设想一本拥有任意详细程度的地图册,一直到一条街、一幢房子、一间屋子,等等。这就像使用一台配有放大倍数不同的透镜的电子显微镜一样,每片透镜都有它自己的用途。重要的是我们能利用所有这些不同的尺度,因为细节常常是不相干的,甚至只能起干扰作用。

由于不同的框架可以被任意地插进其他框架的槽中,这就有发生冲突或“碰撞”的潜在可能。那种用单一的、全局的观点对“常量”、“参量”、“变量”进行分层,以形成一个整齐划一的模式的想法,未免把问题过分简单化了。事实上,每个框架自己都有一个可变性的层次结构。正因为如此,要分析我们是如何感知一个复杂事件——如一场橄榄球赛,连同它的大量子框架、子子框架等等——才成为一种混乱得令人难以置信的工作。这一大堆框架是怎样相互作用的?如果某个框架说:“这个项是个常量”,而另一个框架说:“不,它是个变量!”,那这种冲突怎样才能得到解决呢?这是一些关于框架理论的更深更难的问题,对此我无法提供答案。关于框架到底是什么东西,以及如何在人工智能程序中实现它,至今仍没有一
646 个完全一致的看法。我准备在下面几节中讨论其中的一些问题,并谈谈视觉模式识别中的一些谜题,我称之为“邦加德问题”。

邦加德问题

“邦加德问题”的一般形式是俄罗斯科学家莫·邦加德在其著作《模式识别》中给出的。一个典型的邦加德问题——在他的一百个问题中的第51号——见图119。

这些有趣的问题是为模式识别者准备的,不管是人还是机器(也可以扔一个给外星人)。每个问题包括十二幅用方框围住的图像(以后简称为“框”):六个在左面,形成第Ⅰ组,六个在右面,形成第Ⅱ组。这些框可按下列方式编号:

Ⅰ—A Ⅰ—B　　Ⅱ—A Ⅱ—B

Ⅰ—C Ⅰ—D　　Ⅱ—C Ⅱ—D

Ⅰ—C Ⅰ—F　　Ⅱ—E Ⅱ—F

问题是“第Ⅰ组和第Ⅱ组中的框有何不同?”

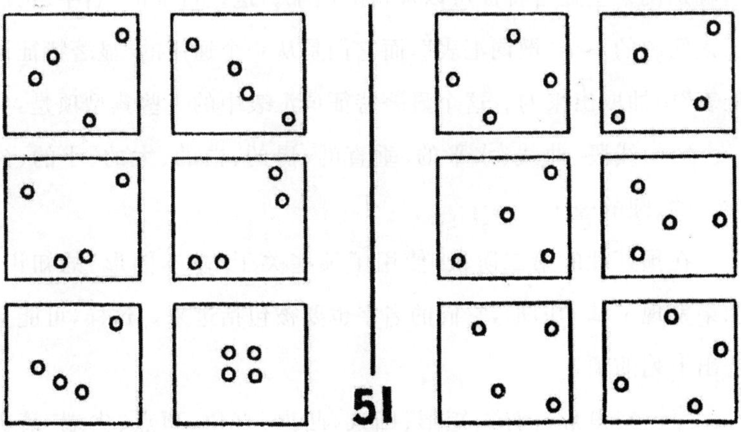

图119　邦加德问题51号。[摘自莫·邦加德,《模式识别》。]

一个求解邦加德问题的程序可能会包括若干阶段，原始数据通过它得以逐步转换成描述。初级阶段相对来说灵活性不大，而高级阶段逐渐变得更灵活一些。最终的阶段具有一种我称之为“尝试性”的性质，就是说一幅图像的表达方式总是带有尝试性的。只须出现微小的变化，用后面几个阶段提供的手段就能重新构造
647 出一个高层描述来。下面要提出的想法本身也具有一定的尝试性。我将设法先传达总体想法，回避巨大的困难。然后我将回过头来设法解释那些微妙复杂之处。这样你在阅读时对于整个工作方式的认识也要经过某种修正。但这是体现在讨论的精神之中的。

通过预处理选择微词汇表

假设我们要解某个邦加德问题。题目被送到一台电视摄像机前，这样原始数据就被读进去了。然后对原始数据进行“预处理”，这就是说某些显著特征可以被检测出来。这些特征的“名字”构成了该问题的一个“微词汇表”，而它们是从一个通用的“显著特征词汇表”中抽取出来的。这个显著特征词汇表中的一些典型项是：

线段、曲线、水平的、垂直的、黑的、白的、大的、小的、尖的、圆的……

在预处理的第二阶段，使用了某些关于“基本图形”的知识。如果发现了基本图形，它们的名字也要被包括进来。这样，可能会选出下列的项：

三角形、圆形、矩形、凹入，凸出、直角、顶点、尖端、箭头……

在人脑中，这里差不多就是意识和潜意识的交汇点。以上的讨论主要是为了对此后发生的过程进行描述。

高层描述

至此，这幅图像已经根据某些已知的概念，在一定程序上被“理解”了，而且完成了一些检查工作。对于十二个框中的某一个或几个，已经作出了尝试性的描述。在这种描述中一般只使用下面这些简单的描述词：

在上、在下、在左、在右、在里、在外、靠近、远离、平行、垂直、在一行中，分散的、间隔均匀的、间隔参差不一的，等等。

同时，还可能用到确定的或不确的数量描述词：

1、2、3、4、5、……、许多、很少，等等。

以此可以构成较复杂的描述词，例如：

在右方远处、不太靠近、几乎平行，等等。

图 120　邦加德问题 47 号。［摘自莫·邦加德，《模式识别》。］ 648

这样，对一个典型框的内容——例如邦加德问题 47 号（图 120）中的Ⅰ－F——可以有下列不同的描述：

三个图形

或

三个白图形

或

右边有一个圆形

或

两个尖朝上的三角形

或

两个三角形和一个圆形

或

一个大图形和两个小图形

或

一个曲线图形和两个直边图形

或

一个里面和外面有同类图形的圆形

这些描述中的每一个都是通过一个“过滤器”来观察这个框的。脱离环境来看，其中每一个都可能是个有用的描述。但我们发现，在它们所处的特定的邦加德问题的环境中，它们全都是“错的”。换句话说，如果你知道邦加德问题 47 号中第Ⅰ组和第Ⅱ组的区别，然后给你一个上面那样的描述，作为对某个你未见到的图像的描述，那么这种信息将无法使你断定这个图像应该属于哪一

组。在这个环境中,这个框的本质特征是它包括了:

一个圆形包含一个三角形

注意,如果某个人听到了这一描述,他无法据此“重建”原始图形,但他能“识别”某个图形是否具有这种性质。这有点像音乐的 649 风格:你可能会准确无误地辨别出莫扎特的作品,但同时又写不出一首能让别人以为是出于莫扎特之手的曲子来。

现在考虑一下邦加德问题 91 号(图 121)中的 Ⅰ－D 框。在邦加德问题 91 号的环境中,一个烦琐然而是“正确”的描述是

一个带有三个矩形凹入的圆形。

请注意这种描述的复杂性,其中“带有”这个词起了某种否定作用,意思是那个“圆”实际上并不是个圆:它差一点就是个圆了,只是……。进一步来说,凹入的也并非标准的矩形。在我们使用语言描述事物的方式之中,存在着许多“宽松”之处。显然,许多信息已经被扔掉了,甚至本应扔掉得更多些。想预先得知哪些该扔、哪些该留,这是很困难的。因此,为了得到一个适当的折中方案,必

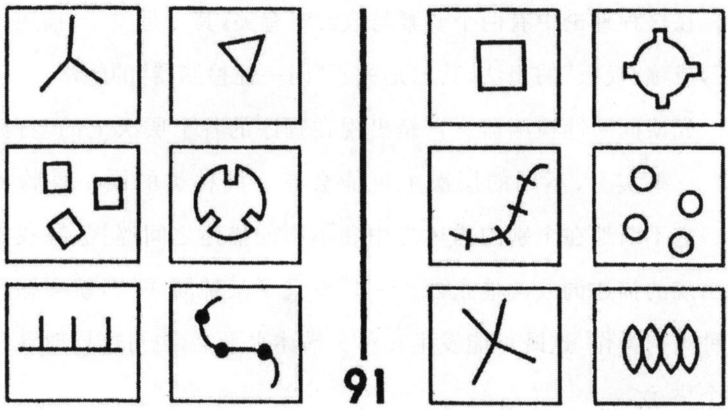

图 121　邦加德问题 91 号。[摘自莫·邦加德,《模式识别》。]

须采用恰当的方法。当然,如果不得不恢复已经丢掉的信息,那就需要求助于低层的描述了(即模块化程度较弱的描述),就好像人能够不断地观察该图形,以求重组关于它的想法一样。那么,关键就在于想出一些明确的规则来说明如何完成下列任务:

为每个框构造尝试性描述;

把这些描述与两组中其他框的描述相比较;

重新构造描述,用下列手段:

(i)添加信息,

(ii)去掉信息,

或(iii)从另一个角度看同样的信息;

重复这一过程,直到发现能把两组图形区别开的东西为止。

模板和同一性检测器

650 尽最大可能使描述"在结构上彼此相似",这可能会是个好的策略。它们所共同具有的结构将使它们之间的比较变得容易一些。在这种理论中有两个要素与该策略有关,其一是关于"描述模式",或称"模板"的想法,其二是关于"同一性检测器"的想法。

先谈同一性检测器。它是出现在程序的各个层次上的"特派员"。(事实上,不同的层次上可能会有不同种类的同一性检测器。)它不断地在个别的描述之中和不同的描述之间巡视,寻找重复出现的描述词或其他东西。一旦发现了某种同一性,就会触发各种重构操作,这既可能发生在单个描述水平上,也可能同时涉及多个描述。

现在来谈模板。在预处理完成后,首先要做的是设法构造一块模板,或者叫描述模式——一种适用于描述问题中所有框的“统一格式”。其基本想法是:描述常常可以通过某种自然的方式被分解成子描述,然后如果需要的话还可以把它们再变成子子描述。当你碰到属于预处理层次的基本概念时,这个分解过程就终止了。现在重要的是选择描述的分解方式,以反映所有框之间的共同点,否则将会引入一些多余而且无意义的“伪规律”。

模板是在什么样的信息的基础上被构造出来的呢?最好还是看一个例子。请看邦加德问题49号(图122)。预处理得到的信息是每个框都包含若干个小圈和一个较大的封闭曲线。这个观察是很有价值的,应当被加到模板中去。这样关于模板的第一个设想可能是:

大封闭曲线:——
小圈:——

这很简单:在描述模板中有两个明确的“槽”,需要用子描述来把它们填上。

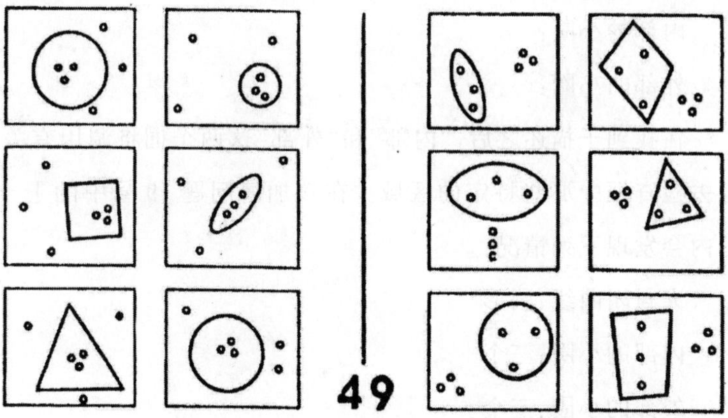

图122　邦加德问题49号。[摘自莫·邦加德,《模式识别》。]

651 ## 一个异层结构程序

"封闭曲线"这个词触发了一件有趣的事情。这个程序中最重要的模块之一是一种语义网络——"概念网"，在这个网络中所有已知名词、形容词等等被相互联接起来了，而联接的方式就说明了它们的相互关系。例如，"封闭曲线"紧密地联接于"内部"和"外部"这两个词。概念网充满了关于词间关系的信息，例如谁和谁是相反的、谁和谁是相似的、谁和谁经常同时出现，如此等等。在图123中表示了一张概念网的一小部分，对此，我们不久就会加以解释。但让我们先来追寻在解决第49号问题时所发生的事情。"内部"和"外部"这两个词被激活了，因为它们在网络中与"封闭曲线"相邻。这就提示模板构造者：最好还能为该曲线的内部和外部分别设立槽。因此，根据"尝试性"的精神，模板被尝试着改组成下列形式：

大封闭曲线：——

内部的小圈：——

外部的小圈：——

在找到子描述之后，"内部"和"外部"这两个词将调用有关过程去检查框中那些特定的区域。在邦加德问题49号中的Ⅰ－A框内会发现下列情况：

大封闭曲线：圆形

内部的小圈：三个

外部的小圈：三个

对同一个邦加德问题中的Ⅱ－A框有下列描述：

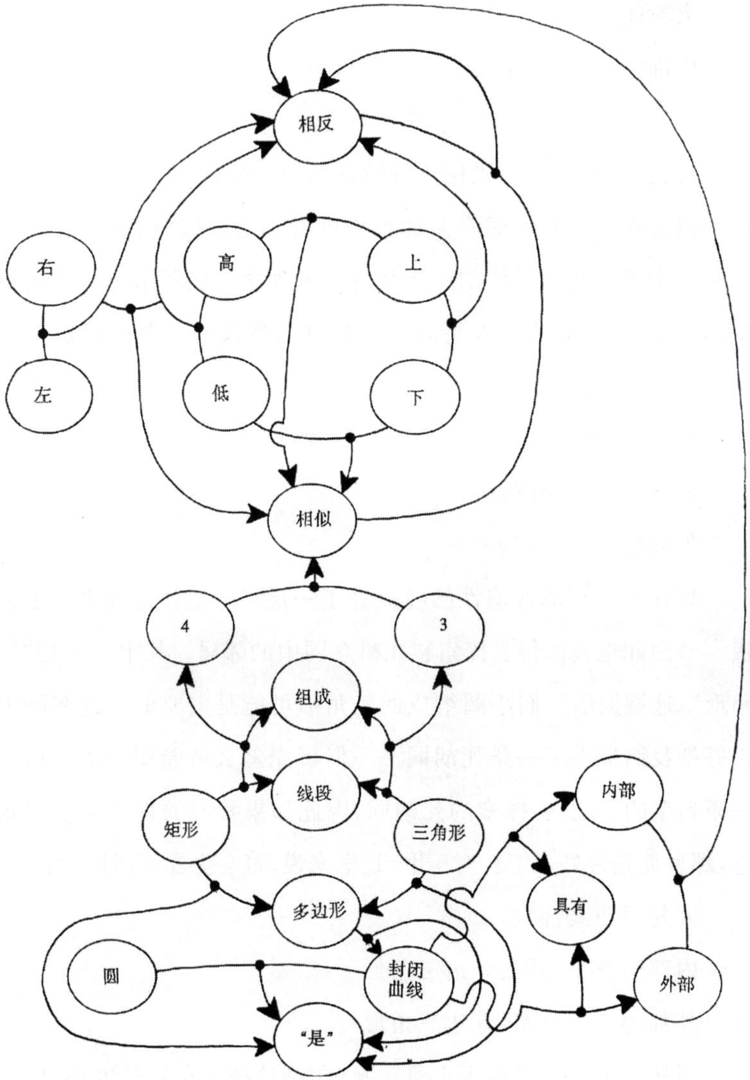

图 123 一个求解邦加德问题的程序的概念网络片段。"结点"通过"连线"彼此相联,而连线又可能被联接。通过把连线看成动词,把它所联接的结点看成主语和宾语,你可以从图中抽取出一些句子来。 652

大封闭曲线：雪茄形

内部的小圈：三个

外部的小圈：三个

现在，一直和其他操作并行活动的同一性检测器发现，“三个”这个概念在所有和小圈有关的槽中同时出现，这就构成了着手进行第二次模板改组操作的一个强有力的理由。注意第一次是由概念网络建议的，而第二次是同一性检测器建议的。至此我们关于第 49 号问题的模板变成了：

大封闭曲线：——

内部的三个小圈：——

外部的三个小圈：——

现在“三个”的普遍性已经提高了一层——也就是说进入了模板——因此也就值得去探索它在概念网中的邻居。其中一个是“三角形”，这就提示我们小圈组成的三角形可能是重要的。这实际上正好把我们带进了一条死胡同——但事先怎么可能知道呢？这是一条典型的、人所要探索的死胡同，因此如果我们的程序也能发现它，那反而是件好事了！对于Ⅱ－E 框来说，将会生成下列描述：

大封闭曲线：圆形

内部的三个小圈：等边三角形

外部的三个小圈：等边三角形

当然这里已经丢掉了大量信息，包括这些三角形的大小、位置和方向，还有许多其他东西。但这恰恰是构造描述——不仅使用原始数据——的特点所在。我们在第十一章所讨论的“汇集”也体现了同样的想法。

概念网络

我们不必追寻第 49 号问题的整个解决过程，只需以此表明单 653
个的描述、模板、同一性检测器和概念网络之间不断出现的反复的相互作用。我们现在应当更仔细地观察概念网络及其功能。图 123 中所示的一个简化了的网络片段表示了下列思想：

"高"和"低"是相反的。

"上"和"下"是相反的。

"高"和"上"是相似的。

"低"和"下"是相似的。

"右"和"左"是相反的。

"左—右"差别相似于"高—低"差别。

"相反"和"相似"是相反的。

注意在网络中的一切东西——不论是结点还是连线——均可被描述。在此意义下，网络中任何东西都不比别的东西处于更高的层次。图中还显示了网络的另一部分，它表示了下列思想：

矩形是多边形。

三角形是多边形。

多边形是封闭曲线。

三角形和矩形的差别在于一个有 3 条边，另一个有 4 条边。 654

4 与 3 相似。

圆是封闭曲线。

封闭曲线具有内部和外部。

"内部"和"外部"相反。

概念网络必须非常大才行。它似乎只存储静态知识，或者叫描述性知识,而实际上并非如此。它的知识也可以说是过程性的,因为网络中的相邻性起到了引导者或“程序”的作用,可以告诉主程序如何深化它对框中图形的理解。

例如,某些开始时的预感可能在后来被发现是错的,但其中包含着正确答案的萌芽。在邦加德问题 33 号(图 124)中,开始往往会产生的想法是:第Ⅰ组的框都包含“有角的”图形,第Ⅱ组的框都包含“平滑的”图形。但进一步考察就会发现这是错的。不过这种直感还是有价值的,我们可以把它进一步推向深入,在概念网络中考虑与“有角的”相邻的词。它与“锐角”这个概念相邻,而后者显然是第Ⅰ组区别于第Ⅱ组的特证。这样,概念网络的主要功能之一就是允许开始的错误想法被一点点修改,直至变成正确的。

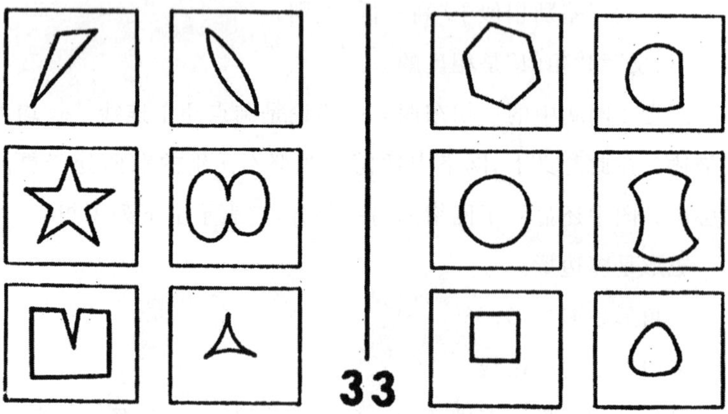

图 124　邦加德问题 33 号。[摘自莫·邦加德,《模式识别》。]

滑动和尝试性

与在两个紧密相联的词间“滑动”这个概念有关的一个概念,就是把一个给定对象看作自另一个对象变化而来。我们已经提到过一个典型的例子——即“带有三个凹入的圆”,其中事实上根本没有圆形。我们必须具备在适当的时候使概念产生形变的能力。没有什么绝对不变的东西。在另一方面,也不能把事情弄得模棱 655
两可,以至于根本丧失意义。关键在于要懂得该在什么时候以及用什么方式从一个概念滑向另一个概念。

邦加德问题 85—87 号(图 125)提供了一组很有趣的例子,其中的关键所在就是从一个描述滑向另一个描述的问题。邦加德问题 85 号很简单。让我们假设我们的程序在预处理阶段就能对“线段”进行标识。然后,对线段计数并找到邦加德问题 85 号中第Ⅰ组和第Ⅱ组的差别,这对它来说是比较容易的。现在来处理邦加德问题 86 号。它所用的一个一般性启发式规则是“设法找出最近行之有效的想法”。对最近用过的方法进行重复,这在现实世界中是非常普遍的,邦加德并不想把这种启发规则排除掉——事实上幸亏他强化了这一规则。这样我们就带着两个想法(“计数”和“线段”)着手分析第 86 号问题,而且这两个想法融成了一个:“对线段计数”。但实际上邦加德问题 86 号的关键是数“线列”而非“线段”,所谓“线列”是指一串首尾相连的线段(一条或多条)。程序发现这一点的可能方式之一是“线列”和“线段”二者均为已知,而且在概念网络中相邻。另一种方式是程序能“发明”“线列”这个概念——起码这是一个重要的前提。

下一个是邦加德问题 87 号,其中“线段”这个概念发挥了进一步的作用。什么时候一条线段会被当作三条线段?(见Ⅱ－A 框)程序应具有足够大的灵活性,才能在图形的给定部分的这种不同表示之间来往。一种明智的做法是把旧的表示方式存储起来,而

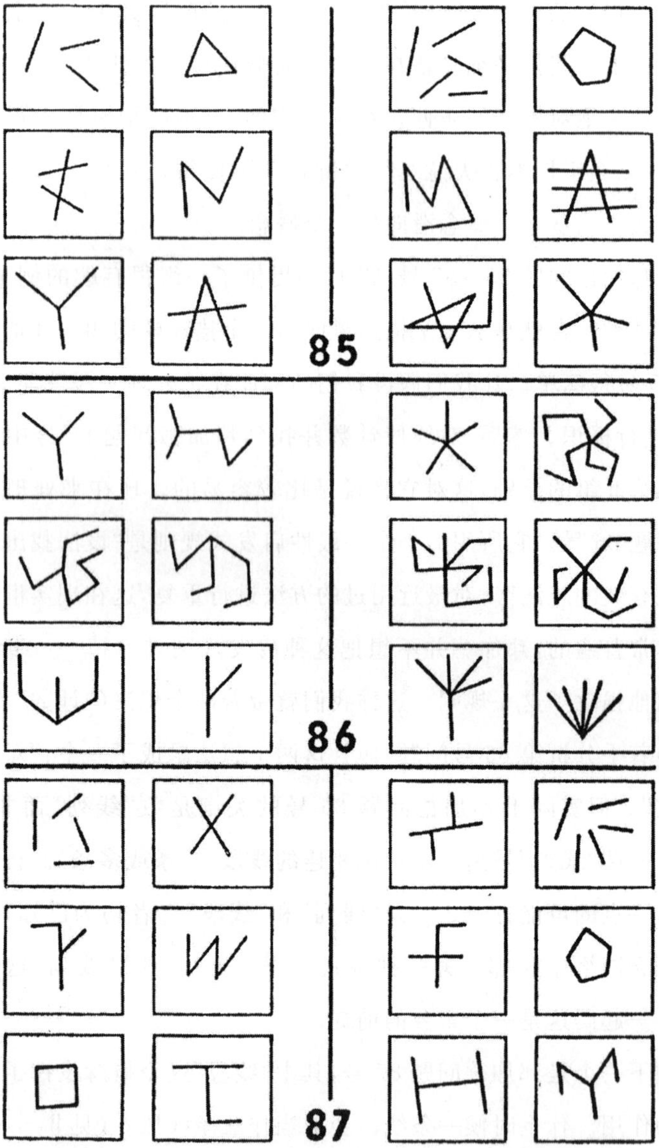

图 125　邦加德问题 85—87 号。[摘自莫·邦加德,《模式识别》。]

不是把它们忘掉，否则可能还得把它们重建起来，因为谁也不能保证新的表示方式就一定比旧的好。这样，和每个旧表示方式一道，还应当存储一些喜欢它们或不喜欢它们的理由。(似乎开始复杂起来了，不是吗？)

元描述 656

至此我们将遇到识别过程的另一个至关重要的部分，它与抽象的层次和元描述有关。为此让我们再看一下邦加德问题 91 号(图 121)。在这里应当构造哪一种模板呢？情况实在太复杂，难以决定从何处下手。但这本身就是一条线索！这条线索说明，组与组之间的差别很可能存在于较高的抽象层次上，而不是存在于简单的几何描述之中。这个观察结果揭示程序应该构造“对描述的描述”——即“元描述”。或许在这个第二层上会出现某些共同特征，而且如果我们走运，就会发现足够多的共同点，以导致一个对元描述模板的精确刻画！因此我们在没有模板的情况下仍然往前走，为各种框构造描述。然后，一旦完成了这些描述，我们再描述它们。我们的元描述模板将有哪些种槽呢？或许包括这样一些：

所用的概念：——

重复出现的概念：——

槽名：——

所用的过滤器：——

在元描述中可能还需要许多其他的槽，我们这里不过是举个例子而已。现在，假设我们已经对邦加德问题 91 号的Ⅰ－E 框作了描述。它的(无模板)描述可能会是这个样子：

657 水平线段

立于该水平线段之上的垂直线段

立于该水平线段之上的垂直线段

立于该水平线段之上的垂直线段

当然许多信息已经被丢掉了：如三段垂直线段等长、等间隔的事实，等等。但上述描述是很有可能产生的。因此元描述可能会是这个样子：

所用的概念：垂直-水平、线段、立于

描述中的重复：三次出现“立于该水平线段之上的垂直线段”

槽名：——

所用的过滤器：——

并非元描述中的所有槽都必须被填上。信息在这一层上可以像在“直接描述”层上一样被丢掉。

现在如果我们对第Ⅰ组中的其他任何框构造描述，那我们每次都会在“描述中的重复”这个槽中填上“三次出现……”这个词组。同一性检测器会注意到这一点，并会选出“三次”作为第Ⅰ组中的框在一个相当高的抽象层次上的一个显著特征。类似地，用元描述的方法，也会识别出第Ⅱ组的标志是“四次”。

灵活性是重要的

现在你可能会提出异议，说在这种情况下求助于元描述方法就好像用高射炮打蚊子，因为三次和四次这种特征在低层次上会同样容易地被发现，只要我们在构造描述时稍微改变一下方式就行了。是的——但重要的是,沿不同的途径解决这些问题是完全可能的。在程序中可能存在着大量的灵活性,因此,即使程序一时"误入歧途",这也是不足为怪的。在任何情况下,我都要阐明下列一般原理:一旦预处理器发现了大量差异,并因此使得模板难以构造,这本身就成了一条线索,说明这个问题牵扯到比预处理器所知道的东西抽象层次更高的概念。

集聚与过滤

现在让我们来看另一个问题:如何扔掉一些信息。这涉及两个概念,我称它们为"集聚"和"过滤"。"集聚"是指构造这样一些描述:其焦点是框中图像的某一部分,而排除掉其他的部分。"过滤" 658
是指构造这样一些描述:它以某种特定的方式来观察框的内容,而完全不顾其他方面。因此二者是互补的:集聚被用来处理客体(不严格地说,即名词),而过滤被用来处理观念(不严格地说,即形容

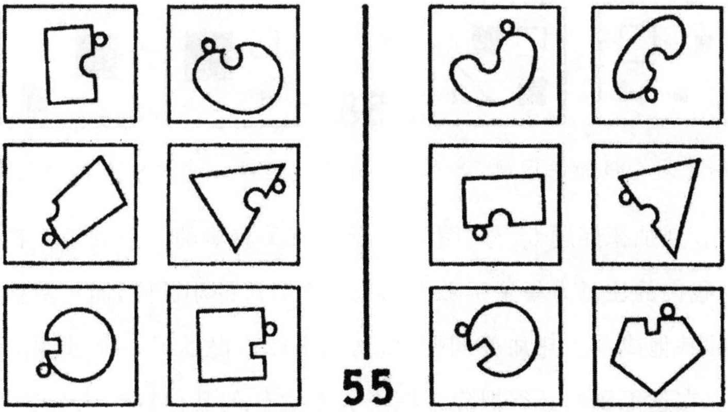

图 126　邦加德问题 55 号。[摘自莫·邦加德,《模式识别》。]

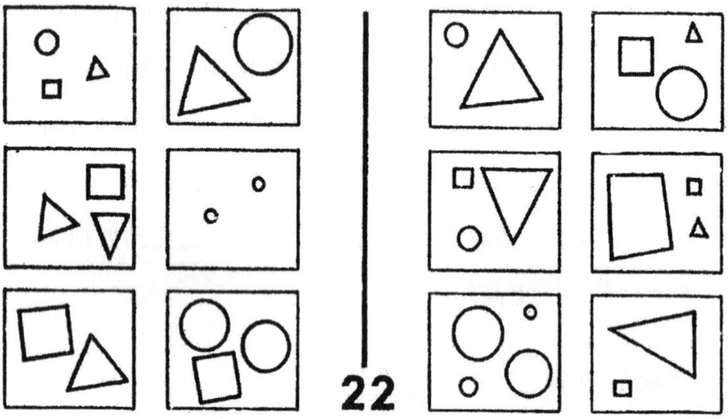

图 127　邦加德问题 22 号。[摘自莫·邦加德,《模式识别》。]

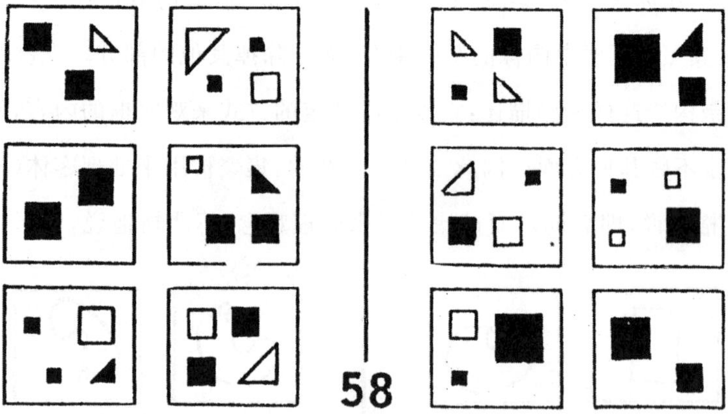

659 图 128　邦加德问题 58 号。[摘自莫·邦加德,《模式识别》。]

词)。邦加德问题 55 号(图 126)就是有关集聚的一个例子。在这里,我们的注意力集聚于那个凹入和它旁边的小圆圈,而排除掉框中的其他成分。邦加德问题 22 号(图 127)提供了一个过滤的例子。在这里我们必须把除了图形大小之外的其他特性统统滤掉。而解决邦加德问题58号(图128)的问题则需要把集聚和过滤结

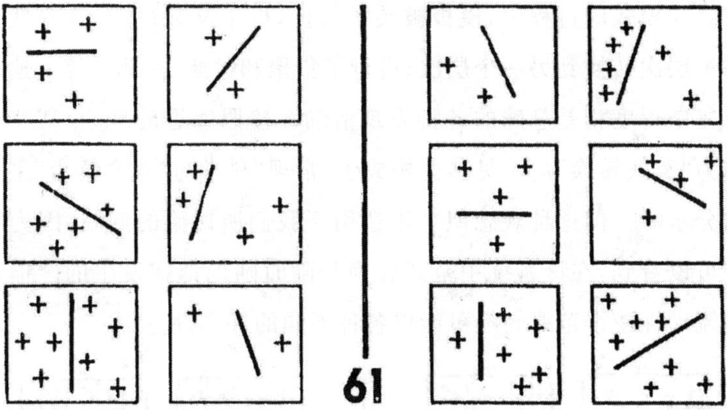

图 129 邦加德问题 61 号。[摘自莫·邦加德,《模式识别》。]

合起来。

为了找到集聚和过滤的方法,最重要的途径之一就是通过另一种“集聚”:即只检查一个特定的简单框——就是说其中的客体要尽可能少。一种非常有效的办法是把两组中最有代表性的框进行相互比较。但在得到描述之前,怎能说出哪些框是有代表性的呢?实际上检测代表性的一种方式就是寻找一个从预处理器那里得到的特征最少的框。这在一开始就可以确定,因为它不需要先准备好的模板。事实上,这可能是一种发现应构造在模板内的特征的有效方法。在邦加德问题 61 号(图 129)中,使用这种技术可以很快找到答案。

科学研究和邦加德问题的世界

我们可以把邦加德问题构成的世界看成一个进行“科学研究”的小天地——也就是说,这种研究的目的是辨识该世界中的模式。660

在寻找模式的过程中，模板被装了又拆，拆了又装；槽的普遍性从一个层次转换到另一个层次；进行了集聚和过滤；如此等等。这里有复杂程度相差悬殊的各种发现活动。按照库恩的理论，某些被称为"范式转换"的罕见事件构成了"常规"科学与"观念革命"之间的分水岭。但这种观念似乎不适用于我们所讨论的问题，因为我们可以看到，在该系统中范式转换是随时随地都在发生的。描述的流动性使得范式转换可能以各种不同的规模发生。

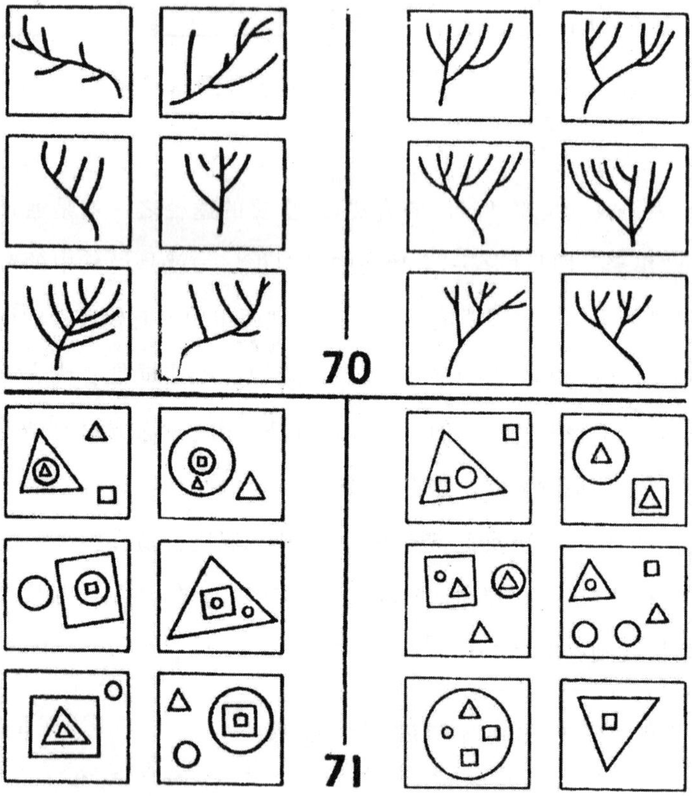

图 130　邦加德问题 70—71 号。[摘自莫·邦加德，《模式识别》。]

当然，某些发现比另一些具有更大的“革命性”，因为它们的影响更为广泛。例如，有人可能会发现第70和71号问题（图130）在一个足够抽象的层次上是“同一个问题”。关键是要看出二者都包含了二级嵌套和一级嵌套间的对比。这对邦加德问题来说是一个新的发现层次。甚至还有一个更高的层次，即把所有邦加德问题看成一个整体。如果有人从没见过这些问题，那把这些问题想出来本身就是个很好的问题。想出这些问题需要一种革命性的洞察力，但必须指出的是，使这种发现得以做出的思维机制与那种被用来解决一个具体的邦加德问题的思维机制并无不同。

根据同样的道理，起初的科学研究并不能被划分成“常规”阶段和“观念革命”阶段，而是充满了范式转换——它们之间只有大小之分和层次之别。INT和G图的递归图形（图32和图34）为这种想法提供了一个几何模型：它们在每个层次上都具有不连续的跳跃，而不仅仅在最顶层是如此——只是层次越低跳跃幅度越小罢了。

与其他类型思维的联系

为了把这个完整的程序置于环境之中，让我们设想两种把它 661
和认知的其他方面联系起来的方式。不仅它依赖于认知的其他方面，而且后者也反过来依赖于它。先让我说明一下它是怎样依赖于认知的其他方面的。要明白什么时候应忽略某些差别、尝试重新构造一个描述，以及回溯、转换层次等等，都是需要直觉的，而这种直觉可能只源于思维中的一般经验。因此，为程序的这些关键性的方面设计启发式规则可能是很困难的。有时,人关于世界中真实对象的经验对他描述或重新描述某些框的方式会产生微妙的影响。例如,谁知道某人对树木的熟悉能在多大程度上有助于他解决邦加德问题 70 号呢?我们无法断定对人来说与这些谜题有关的概念子网络是否能很容易地从整个网络中被分离出来。我们更倾向于相信一个人得之于观察和把握实在对象——如梳子、火车、线绳、木块、字母、橡胶带,等等——的直觉在解决这些谜题的过程中起着一种不可见的重要引导作用。

反过来,对真实世界情景的理解肯定极大地依赖于视觉表象和空间直觉,因此,如能以灵活有效的方式表示像邦加德问题中出现的那种模式,一定会对提高思维过程的一般效率有所贡献。

我觉得邦加德的问题都是精心设计出来的,它们具有一种普遍性,即每个问题的正确答案都是唯一的。当然有人会对此提出指责,说我们所谓的"正确"实际上是深刻地依赖于我们人类的,而其他星系中的生物可能会有完全不同的看法。虽然正反两种观点都缺乏具体证据,我还是确信邦加德问题取决于一种关于简单性的观念,而这种观念是不仅限于地球上的人类的。我在前面说过,熟悉梳子、火车、橡胶带等等地球所特有的物品或许是很重要的,但这并不排斥"我们关于简单性的观念具有普遍性"这种想法。原因是起决定作用的并不是这些个别物体,而是事实上它们一起确
662 定了一个广阔的空间。很可能外星人和我们同样面对大量的人造或天然物体,而且也从中获得了大量经验。因此,我相信解邦加德问题所用的技巧位于离"纯粹"智能的核心很近的地方——如果这种所谓"纯粹"智能真的存在。因此,如果要研究发现模式或消息

的"固有意义"所需的能力,那从这里着手是很合适的。遗憾的是我们只摘出了他的令人兴奋的题目中的一小部分。我希望读者们能从他的著作中(见参考书目)找到所有问题,并对它们有所了解。

有一些关于视觉模式识别的令人惊异的问题,我们人类似乎已将其完全"吸收"在潜意识之中了。这些问题包括:

识别面孔(在年龄变化、表情变化、光线变化、距离变化、角度变化等之下的面孔不变性。)

在森林和山岭中识别足迹——这总以某种方式使我觉得是我们模式识别中最微妙的行为之一——动物也有这种本领

流利地阅读以成百上千种不同的字型印出的文字材料

传送消息的语言、框架和符号

为了处理在模式识别和人工智能程序的其他应用中出现的复杂性,卡尔·海威特提出了所谓"演员"形式(类似于艾伦·凯等人开发的"Smalltalk"语言)。根据这种方案,程序被写成一组相互作用的"演员"的集合,这些演员可以在彼此之间往返传送精心设计的"消息"。从某个角度看,这有点像一个由相互调用的过程所组成的异层结构集合。主要区别在于:过程间往返传送的参数通常数量很少,而演员之间相互交换的消息却可以任意长、任意复杂。

这种能够交换消息的演员在一定程度上成了有自主性的专职人员——事实上,甚至有点像自主的计算机,而消息就像其中的程序。每个演员都可以用自己特有的方式来解释任何给定的消息,这样,一条消息的意义将依赖于对它进行解释的演员。出现这种情况的原因是：演员都备有一段用来解释消息的程序，因此，有多少个演员就可能有多少个解释程序。当然，可能许多演员的解释程序是相同的，但这事实上将带来更大的好处，就好像在一个细胞中至关重要的是具有大量相同的核糖体，它们漂散在细胞质中，并都以一种共同的方式来解释消息——在这种情况下，消息是由RNA带来的。

一个有趣的问题是考虑一下如何把框架这个概念和演员这个概念结合起来。让我们把那种能生成和解释复杂消息的框架称为“符号”：

框架＋演员＝符号

663 我们现在已经是在讨论怎样实现在第十一章和第十二章中提到的那种难以捉摸的“活跃符号”了，因此在本章中，“符号”就是指那样的符号。随便说一下，哪怕你不能马上看出这一综合是如何完成的，那也无须感到不安。虽然这一点显然是人工智能中最吸引人的发展方向之一，但也并非让人一目了然。进一步我们可以肯定，即便是对于这些概念的最佳综合，我们也将发现它的功能远弱于人脑中的实际符号。在这种意义下，把框架和演员的综合物称为“符号”未免为时过早，不过这提供了观察事物的一种最佳方式。

让我们转回到与传送消息有关的话题上来。每条消息是应当专门传向某个目标符号，还是应被扔到广阔的空间之中——像信使 RNA 被扔到细胞质中那样，去寻找接收它的核糖体？如果消息是有目标的，那每个符号就必须有一个地址，而传给它的消息就应当总是被送到那个地址。另一方面，也可能存在一个消息中心接收站,每条消息只须在那里老老实实等着,直到某个需要它的符号来把它取走。这对应于那种“存局待领”的邮件。或许最好的结论是允许两种类型的消息并存,同时满足不同类型的需要——专送邮件、快件、慢件等等。整个邮政系统为消息传送语言提供了丰富的思想,包括下列奇特的东西:备有回信地址和邮票的信封(发消息的人想尽快得到回信)、邮包(以某种很慢的方式传送非常长的消息)等等。如果你已经了解了邮政系统所包含的思想,电话系统会给你更多的灵感。

酶与人工智能

当然另一个消息传递——事实上,是一般信息加工——的丰富的思想源泉是细胞。细胞中的某些东西——特别是酶——很像演员。每种酶的活动场所都起着过滤器的作用,它只识别某种特殊的“底物”(即消息)。因此事实上每种酶都有一个“地址”。酶已经被“编了程序”(凭借其严整的结构)以完成那些对“消息”的操作,然后再将它释放出来。通过这种方式,一旦一条消息沿化学通道从一个酶被传送到另一个酶,就可以完成很多操作。我们已经描述过那种可能在细胞中发生的精致的反馈机制(通过抑制)。这些机制表明复杂的过程控制可以通过存在于细胞之中的各种消息传递来实现。

酶的最显著特性之一就是它们总是闲待在那里,等着被收到的底物所触发。然后,一旦这种底物来到,酶就会一下子跳起来投入行动,就像一棵捕蝇草一样。这种“一触即发”的程序已经被用在人工智能中,称为“精灵”。在这里重要的是下述想法:应当有许

多种类不同的可触发子程序处于待触发状态。在细胞中,所有复
664 杂的分子和细胞器都是通过一些简单步骤构成的。在这些新结构中,常常有些结构本身又是酶,而且它们又参与构造另外一些酶,如此下去。这种酶的递归“多级瀑布”能够对细胞的所作所为产生巨大影响。这种简单的逐步构造过程已经被引入人工智能之中,用于构造有用的子程序。例如,重复作用可以在我们头脑的硬件中形成新电路,因此经常重复的行为会变得被编码于意识水平之下。如果有一种类似的方法能对有效的代码片段进行综合,使它们能和在某个高层“意识”水平上学到的东西产生同样的操作序列,那将是极其有用的。酶的阶梯将为如何做到这一点提供一个模型。(杰拉尔德·萨斯曼编写的“海客”程序对短小的子程序进行综合和调试的方式就有点像酶的阶梯。)

邦加德问题求解程序中的同一性检测器就可以用像酶那样的子程序来实现。同一性检测器可能会像酶那样带些随机性地东游西荡,不时在各处碰到小型数据结构。一旦在其两个“活性部位”上装入了同样的数据结构,该同一性检测器就会向程序的其他部分(演员)发出一条消息。只要程序还是顺序执行的,那么使用好几个同一性检测器的副本就没有太大意义,但在一个真正的并行计算机中,控制子程序的副本数,正是对一项操作被完成前的预期等待时间进行控制的一种方式。这就像在一个细胞中,控制了一种酶的副本数,也就控制了相应功能的完成速度。如果能综合生成新的同一性检测器,那就相当于在我们的头脑中使模式检测过程渗透到一个更低的层次。

裂变与聚变

“裂变”和“聚变”是两个有趣而且互补的想法,涉及符号的相互作用。“裂变”是指一个新符号逐渐脱离它的母符号(即被用来为它做复制模板的那个符号)。“聚变”是指两个(或多个)原来互不相干的符号由于参与了某个“连带激活”,彼此频繁地往返传送消息,紧密地联系在一起,因而以后这个复合体可以被作为一个符号来访问。裂变或多或少是一个不可避免的过程,因为一旦一个新符号从老符号上被“剥下来”,它就变成自主的,而且在它自己的内部结构中反映出它与外部世界的相互作用,因此开始时的一个完全的复制品不久就会变成不完全的,而且此后慢慢会变得越来越不像那个它从其上被“剥下来”的符号。聚变是一个更为复杂的过程。什么时候两个概念才真的变成了一个?是否存在着某个发生聚变的确切时刻?

“连带激活”这个概念打开了一个装满了问题的潘多拉之匣。665
当我们提到某种“东西”时,我们是否想到了“东方”和“西方”?英文里的“chairman[主席]”到底与“chair[椅子]”和“man[男人]”有多少关系?(有人至今还在指责这种词充满了大男子主义。)一个德国人在说“手套[Handschuhe]”时是否真的想到了“穿在手上的鞋”(该词的字面意义)?到底这些部分在多大程度上与整体产生共鸣,恐怕是因人而异、因地而异的。

与符号的“聚变”这个概念有关的实际难题是:很难设想出一个通用的算法,能从相互碰撞的符号中构造出有意义的新符号来。这就像两条 DNA 碰到了一起。你怎样才能从它们中各取出一部分，把它们拼成一条有意义并且能活下去的新 DNA，而且使它构成同一物种的一个个体——或一个新物种——的遗传编码？一次 DNA 片段的随机组合就构成了某种能存活的东西的遗传密码，这种可能性可以说是微乎其微——就像两本书中的词重新随机组合能得到另一本书的可能性一样。想让这种重组 DNA 在除最低层外的任何层次上仍有意义，这种可能性极其微小，其原因完全是由于在 DNA 中具有太多的意义层次。对“重组的符号”来说也是一样。

《螃蟹卡农》的渐成过程

我来把我写的对话《螃蟹卡农》当作一个典型事例。其中，有两个想法在我的头脑中发生碰撞，并以一种新方式联结起来了。这时，一种新语词结构突然活生生地出现在我的脑海中。当然我现在仍然可以分别考虑螃蟹卡农音乐和言语对话——它们仍能彼此独立地被激活，但《螃蟹卡农》对话所对应的合成符号也具有它自己所特有的激活方式。为了更详细地描述这个聚变或“符号重组”的概念，我想把我的《螃蟹卡农》的发展作为一个事例来研究。这当然是因为我对此比较熟悉，也还因为这个例子很有趣，而且很典型地说明了一个想法可以被推广到什么程度。我将列举其各个阶段，这些阶段是根据“成熟分裂”的各阶段来命名的，而“成熟分裂”是指那种伴随有“交换”——或称基因重组——发生的细胞分裂，这是进化中的多样性的来源。

前期：我开始时只有一个很简单的想法——对一段音乐，比如说一段卡农，可以用语言来进行模拟。这来自下列观察：通过一种双方共有的抽象形式,一段文字和一段音乐可以联系起来。下一步涉及设法使这种模糊的预感中的潜在可能变为现实,在这里我想到了卡农中的"声部"可以被映射到对话中的"角色"——这仍然还是个很显然的想法。

然后我集中精力于特殊的卡农,我想起在《音乐的奉献》中有一段螃蟹卡农。那时我刚刚着手写对话,而且其中只有两个角色: 666
阿基里斯和乌龟。由于巴赫的螃蟹卡农有两个声部,这就完全对上号了:阿基里斯应当是一个声部,而乌龟是另一个声部,二者做相同的事,只是一个正行一个逆行。但在这里我遇到了一个问题:这种颠倒过程在什么层次上发生呢?字的层次?词的层次?句子的层次?在一番考虑之后,我觉得"对白"层次可能最为恰当。

现在巴赫的《螃蟹卡农》的"骨架"已经被移植到言语形式中来了,至少在计划中是如此。只剩下一个问题。当两个声部在中间相互交叉时,将会有短期的极度重合现象:这是个讨厌的疵点。怎么办呢?这时发生了一件奇怪的事,一种典型的层次交错的创造性行为:《螃蟹卡农》中的"螃蟹"一词在我脑海中闪现了,这无疑是由于它和"乌龟"这个概念具有某种共同的抽象特性——我立刻明白了:在对话的中心,我应当为去掉那种重合的效果而插入一段特殊的台词,它要出自一个新角色:一只螃蟹!这就是在《螃蟹卡农》

图 131　对话《螃蟹卡农》的模式图。

的“前期”对螃蟹的设想:处于阿基里斯和乌龟的交叉点。(见图131)

中期:上面是我的《螃蟹卡农》的骨架。然后我就进入了第二个阶段——“中期”——我必须为这个骨架填上肉,这无疑是个艰巨的任务。我对此进行了大量的尝试,逐渐习惯了那种要求相邻的两段台词正读和逆读时都必须有意义的表达方式,而且反复试验去看哪些有双重意义的话能帮助我进行这种形式的写作(例如“周末愉快”)。我开始曾为这篇对话写出过两稿,二者都很有趣,但比较薄弱。我曾有一年多时间中断了本书写作,当我回到《螃蟹卡农》的写作上来时,又有了些新想法。其中之一是在对话中谈到一段巴赫的卡农。原先我的计划是谈到《音乐的奉献》中的《反向增值的卡农》(我称之为《树懒卡农》)。但开始之后我发现这似乎有些无聊,因此我才勉强决定在我的《螃蟹卡农》中,我要谈到巴赫自己的《螃蟹卡农》。实际上这是个重大的转折点,但我当时并没有意识到。

这样如果一个角色要谈论一段巴赫的音乐,那么另一个角色相应地说些完全相同的话岂不是太笨了吗?好,既然艾舍尔在我的头脑和著作中扮演着类似于巴赫的角色,那是否可以通过某种方式稍微对台词作一点修改,使之谈到艾舍尔呢?归根结底,在严谨的卡农艺术中,为了达到典雅和优美,偶尔也难免出现不完全的
667 模拟。在我有了这个念头之后不久,我的脑海里冒出了《白天与黑夜》这幅画(图49)“显然”,我想到,“这是一种形象化的螃蟹卡农,本质上是由两个互补的声部奏着同一个主旋律,一个向左,一个向右,并保持彼此协调!”这里又一次出现了这个思想:同一个“概念

骨架”被应用于两种不同的介质上——在这里,是音乐与美术。因此我让乌龟谈论巴赫,让阿基里斯谈论艾舍尔,二者使用平行的语言。这种多少是对严格模拟的小小偏离,但显然还是保持有螃蟹卡农的精神。

到这时,我开始意识到某种奇妙的事情正在发生:即这段对话变成了自指的,尽管我没有想要这样做!更进一步的是,它是一种间接自指,其中的角色并没有直接谈到他们所在的对话,而是谈到了与其同构的结构(在某种抽象意义上)。换句话说,我的对话现在和哥德尔串G具有共同的“概念骨架”,因此能像中心法则那样对应于G,构成一个“中心螃蟹映射”。这使我非常兴奋,因为从天上掉下来了一个哥德尔、艾舍尔和巴赫的美妙结合。

后期:下一步很令人惊讶。多年前我有一本卡洛林·麦克吉拉弗里关于艾舍尔的镶嵌图案的专著,有一天我翻阅这本书的时候,其中的插图23(本书中的图42)一下子吸引了我的注意力,因为我是以一种前所未有过方式看到它的:一个名副其实的螃蟹卡农——形式和内容都是螃蟹式的!艾舍尔没有给这幅画标上标题,而且他也曾用许多其他动物的形象画过类似的镶嵌图案,因此,这种形式和内容的巧合大概只是我恰好发现的。但不论是否是偶然发现的,这幅无题插图正是我关于本书的主要设想之一的缩影:把形式和内容合为一体。这样,我就高兴地把它命名为《螃蟹卡农》,用它替换了《白天与黑夜》,而且相应地修改了阿基里斯和乌龟的谈话。

至此事情并没有完。我当时已经迷上了分子生物学,一天在书店里仔细翻看沃森的著作时,我在索引中看到了“回文”这个词。

当我去读有关内容时，发现了一个奇妙的现象，即 DNA 中的螃蟹卡农结构。不久我对螃蟹的独白做了相应的修改，使它包含一小段话，表明它把它混淆前进和后退的偏好归因于它的基因。

末期：最后一步是几个月后发生的，当时我在和别人讨论一幅表现 DNA 中的螃蟹卡农节段的图画（图 43），我发现 Adenine［腺嘌呤］、Thymine［胸腺嘧啶］、Cytosine［胞嘧啶］中的首字母“A”“T”“C”恰巧——说来也怪——和 Achilles［阿基里斯］、Tortoise［乌龟］、Crab［螃蟹］的首字母相对应，更有甚者，正像腺嘌呤和胸腺嘧啶在 DNA 中配对一样，阿基里斯和乌龟在对话中也配成一对。我又考虑了一下，通过另一次层次交叉，看出应当让在 DNA 中与“C”配对的字母“G”代表“Gene”［基因］。我又一次回到对话中，对螃蟹的发言作了个小手术以反映这个新发现，这时我已经在 DNA 的结构和这段对话的结构之间建立了一个对应关系。在这
668 种意义下，DNA 可以被说成是对一个表现型进行编码的遗传型：这个表现型就是对话的结构。最后这一步极大地提高了对话的自指程度，并使之具有了更多的涵义，多得我自己都没有料到。

概念骨架和概念映射

上面已经或多或少地对《螃蟹卡农》的渐成过程进行了总结。整个过程可以被看作是思想在不同的抽象层次上不断地相互映射的过程。这就是我所说的“概念映射”，而那种联接两个不同想法的抽象结构就是“概念骨架”。这样，就有一个关于《螃蟹卡农》的抽象观念的概念骨架：

> 一个结构中具有两个完成同样功能的部分，只是它们以

相反的方向运动。

这就是一个具体的几何图像,我们的头脑可以像处理一个邦加德模式那样处理它。实际上,当我今天想到《螃蟹卡农》的时候,我把它看成两根相互交叉的带子,在中间被一个"结"联接起来(这就是螃蟹的独白)。这幅栩栩如生的图像在我脑海里一下子就映射到另一幅图像上:两条同源的染色体,中间通过着丝点相互联接。这幅景象直接来自于成熟分裂,如图 132 所示。

实际上,正是这幅图像启发我用成熟分裂的分期法来描述《螃蟹卡农》的演化过程——当然,这本身又是概念映射的另一个例子。

图 132　两条同源的染色体,中间通过着丝点相互联接。

重组的思想

可以用几种不同的技术实现两个符号的聚变。一种办法是把两种想法并排着列出来(仿佛它们是线性的!),然后审慎地从每个想法中选取一些片段,把它们重新组织在一个新的符号之中。这很强烈地使我们回想起基因的重组。那么,着丝点交换了些什么?又是怎样交换的呢?它们交换的是基因。在符号中与基因相似的是什么呢?如果这些符号中有框架式的槽,那或许交换的就是槽。但交换的是哪些槽呢?为什么是它们?在这里《螃蟹卡农》那样的 669
聚变可以提供某些启示。在把"螃蟹卡农音乐"映射到"对话"上的过程中包括了若干个辅助映射:事实上它们是由它导出的。这就是说,一旦决定要使这两个观念发生聚变,问题就变成:从某个能使类似的部分得以表现的层次上来观察它们,然后逐步在各部分间建立映射关系,如此递归地工作下去,直到发现某个满意的层次为止。例如在这里,当抽象地看《螃蟹卡农》和"对话"时,"声部"和"角色"表现为对应的槽。但这种抽象观点是从哪里来的呢?这是映射问题的关键所在——抽象观点来自何方?你应怎样抽象地去观察特定的概念?

抽象、骨架、类比

我所说的"概念骨架"是指沿某个特定角度对一个概念进行抽象后所得到的一种观点。实际上,我们一直在和概念骨架打交道,只是不常用这个名字罢了。例如,与邦加德问题有关的许多想法就可以用这个术语重新表述。如果我们发现两个或多个想法具有共同的概念骨架,这总是有趣的,而且往往是重要的。一个例子就是在《对实》的开头提到的那个古怪概念的集合:双目独眼龙、双轴独轮车、"双头翘"翘翘板、乒乒球、无对手的决赛、双面莫比乌斯带、"巴赫孪生兄弟"、双左手钢琴协奏曲、单声部赋格、单手鼓掌、双声道单喇叭录音机、两个八分位。所有这些想法都是"同构"的,因为它们都具有下述概念骨架:

把复数事物变成单数,然后错误地复数化。

本书中另外两个具有共同概念骨架的是(1)乌龟对阿基里斯那个求第一个和最后一个部首都是"虫"的词的解答(乌龟的解答就是"虫",其中两次出现合并为一次),以及(2)帕普斯和吉伦特对

驴桥定理的证明,其中一个三角形被重复感知为两个。附带地说,这些滑稽的编造可以被叫作“半对词”。

一个概念骨架像一个常量特征集(区别于参量或变量)——这些特征在虚拟的重放镜头或映射操作中不产生滑动。由于不含有可变的参量或变量,它可能成为若干不同想法的不变内核。它的每个“例”,例如“双轴独轮车”,都具有若干层变量,因此可沿不同途径“滑动”。

虽然“概念骨架”这个名字听起来有些刻板、专横,实际上其中有许多活动余地。概念骨架可能存在于若干不同的抽象层次之上。例如,我们已经指出过,邦加德问题 70 和 71 号之间的那种同构就涉及一种比单独解决其中任何一个问题所需的层次都高的概念骨架。

多重表示 670

概念骨架不仅必须存在于不同的抽象层次上,而且还必须存在于不同的概念“维度”上。让我们以下面这句话作为一个例子:

“美国副总统是美国政府这部汽车上的备用轮胎。”

我们是怎样理解它的意义的?(其中的幽默成分当然是很重要的,但暂不考虑。)如果在事先没有任何动机的条件下,告诉你说“把美国政府看作一部汽车”,你可能会沿任何对应关系考虑下去:驾驶盘=总统,等等。那什么相当于第一夫人呢?车座上的安全带又是什么?由于被比较的两个对象差异太大,这种对应几乎不可避免地要包括功能方面。因此,你会从你的概念骨架库中取出关于汽车的一部分表示,其中只包括那些与功能有关的因素,而不考虑诸如车子的外型之类的东西。更进一步来说,完全可以在一个足够高的抽象层次上工作,在那里"功能"是在较广的意义下被使用的。这样,对备用轮胎的功能可以有下述两种定义:(1)"破车胎的替换物"和(2)"汽车上某个已失效部件的替换物",显然在这种情况下我们更愿意要后一个。这只不过是由于汽车和美国政府差别太大,只能在较高的抽象层次上建立二者间的对应关系。

一旦检查完这个特定的句子,对应关系就被迫集中于某一个方面了——但这不管怎么说也不能算是一个麻烦的方式。事实上,在各种概念骨架中你已经有了一个副总统的概念骨架,即"政府中某个已失效的部分的替换物"。因此这种强迫对应可以很容易地生效。但为了作个对照,不妨假定你为"备用轮胎"取出了另一个概念骨架——比如说是描述其外型的。在这种描述中可能包括说一个轮胎是"既圆又鼓的"。显然,这就误入歧途了。(不过也很难说,我的一个朋友曾指出,不少副总统就是圆鼓鼓的!)

出入口

每种特殊的思维类型的主要特点之一,就是看新经验是如何被分类装入记忆中的,因为这就定义了将来把它们取出来时所用的"把柄"。而对事件、对象、思想等等——对所有可以被想到的东西——来说,存在着各种不同的"把柄"。有个事情使我对此深有感触:我常常在伸手打开车内的收音机时惊讶地发现它已经被打开了!之所以发生这种情况,是因为在表示收音机时使用了两种相互独立的方式,一种是"音乐产生器",另一种是"烦恼解除器"。我知道音乐正在响着,但我又有点心烦,而还没等这两种认识有机

会相互作用,我的伸手反应已经被触发了。有一天我刚把收音机 671
留在一家修理部,开车之后想听音乐,就又一次发生了这种伸手反应。真叫怪。关于同一个东西还有许多其他表示方式,例如

有发亮的银旋钮的东西

有过热问题的东西

需要我躺在地上装的东西

会嗡嗡响的东西

有滑动刻度盘的东西

可以用许多方式来表达的东西

所有这些都能起"出入口"的作用。尽管它们都从属于我那个表示汽车用收音机的符号,但通过其中一个达到那个符号,并非就打开了所有其他出入口。因此当我伸手把它打开的时候,我不太可能联想起我躺在地上把它往车上装的情景。反之,当我躺在地上拧螺丝的时候,大概也不会想起我用它听《赋格的艺术》的时光。在一个符号的这些方面之间是有一些"隔板"的,它们使得我的思想不至于像在自由联想时那样四处溢流。我的精神隔板是重要的,因为它们为我的思想流提供了容器和渠道。

有一个地方这些隔板非常僵硬:它们把不同语言中对应于同一个事物的词隔离开来了。如果这些隔板不是强有力的,一个会两种语言的人就可能不时在两种语言之间滑来滑去,这将使人感到很不舒服。当然,一个同时学习两种新语言的成年人常常会把二者的词汇搞混——语言间的隔板太薄,很易冲破。那些译员们是很有趣的,因为他们可以说任意一种语言,好像他们的隔板是坚不可摧的,而一旦需要,他们又能取消这些隔板,允许从一种语言

进入另一种语言，这样他们才能翻译。斯坦纳的母语有三种，他在《巴别塔之后》中用了几页的篇幅来谈法语、英语和德语在他思维的各个层次上的相互混合，以及他的几种不同的语言是怎样为进入概念提供不同的出入口的。

受迫匹配

看出两个概念在某个抽象层次上具有共同的概念骨架之后，会产生各种各样的后果。通常在第一阶段你把二者都收入“镜头”，而且用高层匹配做指导，设法辨识出对应的子概念来。有时匹配过程可以被递归地扩展到下面若干层，以揭示出深刻的同构关系。有时这一过程停止得较早，从而揭示出了一种相似关系。也有这样一些时候：高层的相似关系具有很大的强制性，以至于即使这种对应没有明显地延续到低层，你也得去造出一个来。这就是“受迫匹配”。

672 受迫匹配每天都出现在报纸上的政治漫画中。一个政界人物被画成一架飞机、一艘船、一条鱼、蒙娜丽莎；一个政府成了一个人、一只鸟、一座油井；一项条约变为一个公文包、一把宝剑、一罐蚯蚓；如此等等。令人迷惑的是我们怎么如此容易就完成了作者所暗示的对应，而且恰好达到预想的深度。我们不会使这种对应进行得过深或过浅。

把一种东西压到另一种东西的模子中的另一个例子，是我在选择用成熟分裂的词汇来描述我的《螃蟹卡农》的发展时发现的。这个发现分成几个阶段。开始，我注意到《螃蟹卡农》和通过着丝点相联的染色体的图像之间具有共同的概念骨架，这就为受迫匹配提供了灵感。然后我看到包括“生长”、“阶段性”和“重组”的高层相似性。然后我只不过是尽可能把这一类比推向前进。像在邦加德问题的解决过程中那样,“尝试性”起了重大的作用:我在发现一个我认为有说服力的匹配之前忽而前进,忽而后退。

关于概念对应的第三个例子是中心法则映射所提供的。我最初注意到在数理逻辑学家和分子生物学家的发现之间有一种高层相似性,然后就在低层次上追寻它,直到我发现一种很强的类似关系为止。为了进一步强化它,我选择了一种模拟遗传密码的哥德尔配数法。这就是在中心法则映射中唯一的受迫匹配因素。

受迫匹配、类比和比喻是无法轻易区分开的。体育播音员常常使用一些难以分类的生动想象。例如把一场橄榄球赛描述成“主队横扫客队”,很难说你会由此想象出什么样的景象。你是不是给整个球队配上了笤帚?还是给每个队员配上了笤帚?或许都不是。可能出现的情况是,顿时在你脑海中闪现出笤帚横着在扫街上的树叶,然后通过某种神秘的方式,只有其中相关的部分被抽了出来,并转换到球队的表演中去。在你这样做的一刹那,橄榄球队和笤帚之间在多大程度上彼此对应呢?

概括

现在要设法把这些东西集中一下。我已经提出了关于符号的创造、处理和比较的一系列想法,其中多数与某种形式的滑动有关,即认为概念是由一些联系得或松或紧的元素组成的,它们来自于嵌套的环境(框架)的不同层次。那些联系较松的元素可以容易地被去掉或替换,这依赖于不同的环境,能构造出“虚拟的重放镜头”、受迫匹配或是类比。两个符号的聚变可能是来自这样一个过程，其中每个符号都有一部分被去掉，而其余部分留了下来。

673 ## 创造性与随机性

显然我们现在是在谈论创造性的机械化。但这是不是一种用词上的自相矛盾呢？很有点像，但并不真是。创造性是那种非机械的思维的本质，但每个创造性的行为又的确是机械的——对它也有解释，而且不会比对打嗝的解释更少。创造性的机械基础是我们所看不到的，但确实存在。反过来，一些非机械性的东西现在就已存在于灵活的程序之中了。这些程序不是一设计出来就有创造性的，但是一旦程序对其设计者来说不再是透明的，那时创造的过程就开始了。

一种流行的观念认为随机性是创造性活动中必不可少的一个成分。这或许是真的，但这与创造性的机械化——甚至程序化！——并无关系。世界上充满了随机性，一旦你把其中一部分反映到大脑中来，你大脑的内部结构就吸收了一些这种随机性。因此，符号的触发模式就可能把你引向看上去最具随机性的途径，这只不过是由于你是在和一个古怪、随机的世界打交道而已。因此一个计算机程序也可能这样。随机性是思维的一种固有特性，而不是某种需要“人工授精”的东西，不论是通过骰子、衰变的原子核、随机数表还是别的什么。认为人类的创造性依赖于这样一些带任意性的来源，那真是对人的一种侮辱。

被我们看作随机性的东西常常只不过是通过一个歪曲的“过滤器”来看某个匀称的东西的结果。一个漂亮的例子就是萨尔维亚蒂所提供的两种看 $\pi/4$ 的值的方式。虽然说 $\pi/4$ 的小数展开式并不是随机的,但人在需要时往往可以把它作为随机的来用:它是“伪随机的”。数学中充满了伪随机性——足够供给所有可能的创造型人才终生享用。

正像在科学研究中随时随地都有着“观念革命”一样,个体思维中也始终贯穿着创造性的行为。它们不仅仅存在于最高层,它们是无处不在的。其中大多数规模很小,而且可能以前曾发生过成千上万次——但它们与那些具有高度创造性的新行为是近亲。当今的计算机程序似乎并未产生大量小创造。它们所做的事大多数还都是很“机械的”。这仅仅证明事实上它们还没能准确地模仿我们的思维方式——但它们正在向这个目标靠拢。

也许使具有高度创造性的思想区别于常规思想的,是某种美、简单、和谐相结合的感觉。事实上,我有一个心爱的“元类比”,在其中我把类比看作和弦。想法很简单:表面上相似的东西常常并没有深入的联系,而有深入联系的东西又常常看上去毫不相干。这很自然地与和弦构成类比:物理上邻近的音符从和弦角度看相距甚远(如 E—F—G),而和弦上邻近的音符在物理上又相距甚远(如 G—E—B)。具有共同的概念骨架的概念以一种类似于和谐的方式产生共鸣,这种和谐的“概念和弦”如果在一张想象的“概念 674
键盘”上测量,各个键可能离开很远。当然,仅仅把手伸开并按任意一种方式弹下去还是不够的——你可能会弹出一个七度或九度音程来!也许现在这个类比就像个九度和弦——宽倒是宽,但并不和谐。

从所有层次上取出模式

我选用邦加德问题作为本章的核心,这是因为当你研究这些问题时,能体会到我们人类从基因中继承的模式的难以捉摸的性质,这涉及所有的知识表示机制,包括嵌套的环境、概念骨架和概念对应、可滑动性、描述和元描述以及它们的相互作用、符号的裂变和聚变、多种表示(沿不同的维度和不同的抽象层次)、缺席预设值,以及其他方面。

目前可以断言,如果某个程序能从一个领域中取出模式,那么它在另一个领域中一定找不到对我们来说同样显然的另一种模式。你可能还记得我在第一章中提到过这句话的反面,即说计算机可以不顾疲劳地重复工作,而人则做不到这一点。例如,我们看看施德鲁对输入所会作什么反应。如果伊她·娥英想好这样一个句子:“拿起一个大红方块然后再放下”,然后她一次又一次地键入这个句子,那么施德鲁就会愉快地以同样方式一次又一次地做出反应,这正好像是如果有那么个人极有耐心地一次又一次键入“5＋5”,他手中的那个忠实的加法器就一定会一次又一次地打印出“10”一样。人可不是这样。如果某个模式一次又一次地出现,他就会把它取出来。施德鲁不具有形成新概念或识别模式的能力:它没有关于多余的东西和总体概貌的意识。

语言的灵活性

施德鲁掌握的语言能力是非常灵活的——但这是在一定的限度之内。施德鲁能明白结构很复杂的句子,也能明白语义具有多义性的句子,只要这能通过对数据库进行检查来解决——但它无法掌握"模糊的"语言。以下述句子为例:"多少个木块彼此重叠构成了一个尖塔形?"我们立刻就能理解它,但如果把它按字面解释将是没有意义的。这也不是因为使用了某种习惯用语。"彼此重叠"是一个不准确的短语,然而它能很好地把预期的图像传送给一个人。没人会由于误解想象出一种荒谬情景:有两个木块,每个都叠在另一个的顶上。

语言的奇妙之处在于:我们很不准确地使用它,但仍能不出毛病。词汇在施德鲁那里好像是"金属的",而在人们那里则像是"海绵的"或"橡胶的"甚至是"螺钉螺母式的"。假如词汇是螺丝钉和螺丝母,人们就可以把任何一个螺丝钉穿进任何一个螺丝母中:他们只须把前者硬压到后者中去就是了,就像在某幅超现实主义绘 675
画中,一切东西都变软了一样。语言在人的手里几乎变成了液体,尽管它的成分很粗糙。

近来,人工智能在自然语言理解领域的研究已经在某种程度上离开了对隔离状态下的单个语句理解,更多地转向理解简单的儿童故事这样的领域。下面是一个广为传诵的童谣,它叙述了一个没完没了的真实生活中的情景:

一个人乘飞机去旅行,

倒霉,他一下掉到半空中。

万幸,他有一张降落伞,

倒霉,那玩艺儿一点儿不管用。

万幸,下面有个干草垛,

倒霉,一杆钢叉在上面戳。

万幸，他躲开了那杆钢叉，

　　倒霉，他也错过了干草垛。

它可以被无穷无尽地扩展下去。为表示这个无聊的故事，需要一个极其复杂的基于框架的系统，涉及连带地激活对应于下列概念的框架：人、飞机、掉出去、降落伞、下落，等等等等。

智能与情感

请考虑下面这个简短但能说明问题的故事：

> 玛吉紧紧拉着一条线，上面系着她美丽的新气球。忽然，一阵风把它带走了。风把它吹向一棵树。气球在一只树枝上碰破了。玛吉哭个不停。[④]

为了理解这个故事，你必须从字缝里读出许多东西来。例如，玛吉是个女孩子。这是个玩具气球，上面有一条可以让孩子拉着的线。它对大人来说可能并不美丽，但在孩子眼里的确如此。她是在室外。风所带走的“它”是指气球。风没有把玛吉和气球一起吹走，玛吉撒手了。气球碰上尖锐的东西就会破。它们一旦破了就无法弥补。孩子们喜爱气球，而且一旦它破了他们就会很伤心。玛吉看见她的气球破了。孩子们伤心时就会哭。“哭个不停”是指哭的时间很长，哭得很厉害。玛吉哭个不停是因为她的气球破了，她很伤心。

对于表层上所缺少的东西来说，上面写出的或许只是其中一小部分而已。一个程序要想懂得所发生的事情，就必须全部拥有这些知识。你可能会反对说：即使它在某种理智的意义下“理解”了所说的事情，它也绝不会真正理解，除非它也会哭个不停。一台计算机何时才能做到这一点呢？这是一种人本主义的观点，约瑟夫·魏增鲍姆在他的著作《计算机的能力和人类理性》中就涉及了这一点。我认为这是一个重要的问题，事实上是个极其深刻的问题。遗憾的是，现在许多人工智能工作者出于各种原因不愿意认真考虑这种问题。但从某一方面来说，这些人工智能工作者是对的：现在考虑让计算机会哭未免为时过早，我们必须首先考虑计算 676
机处理语言和其他问题的规则。到时候，我们就会发现我们已经直接面对那个更深刻的问题了。

人工智能任重道远

在人类的行为中，有时完全找不到受规则控制的迹象，好像人类的确不是受规则所控制的。但这是一种错觉——有点像认为晶体和金属具有刻板的内在规律，而液体和花朵则不然。我们将在下一章再回到这个问题上来。

> 大脑中工作着的逻辑过程本身可能更类似于一系列对象形文字的操作，这种文字抽象地看类似于汉字或玛雅语中的事件描述——唯一的例外是大脑中的逻辑过程的基本元素不仅是字词，而更像是句子或整个故事，在它们之中存在着相互联系，形成一种具有自己的规则的元逻辑或超逻辑。[5]

对大多数专家来说，让他们生动地叙述最初是什么激励他们进入他们的领域,这往往是很困难的。他们甚至可能根本记不起来了。与此相反,某些站在外面的人却可能理解一个领域所特有的传奇故事,而且能清楚地把它表达出来。我想这就是上面引用的乌兰姆那段话吸引我的原因,因为它富有想象力地传达了人工智能事业的奇妙之处,而且显示了对它所抱有的信心。现在我们必须依靠我们的信心,因为前面的路还长着呢!

十个问题与推测

下面我要提出十个关于人工智能的"问题与推测",以此作为本章的结束。我还没有大胆到称它们为"答案"的地步——它们只是我的个人见解。一旦我学到更多东西,或人工智能有了进一步发展,这些意见都可能以某种方式改变。(在下面,"人工智能程序"一词意指那种远比现在运行的种种程序先进得多的程序,是一种"确实有智能的"程序。而"程序""计算机"这些词恐怕是带有更多的机械论内涵了,不过让我们还是依旧用这些词吧。)

问题:是否计算机程序终将谱写出优美的乐曲?

推测:会的,但不是近期的事情。音乐是种情感的语言,在程序能有像我们那么复杂的情感之前,它无论如何无法谱出什么优美的旋律。"赝品"——对已有音乐的句法进行肤浅的模仿——是容易达到的,但无论人们开始时是怎么想的,音乐表现远比句法规则所能捕捉到的东西要多得多。在相当长的一段时间之内,计算机作曲程序谱出的乐曲不会产生新的美感。

下面我来把这一思想进一步展开。设想——我听到过这种暗
677 示——我们很快就能有一种程序化了的"乐盒":台式的、可大

批生产、二十块钱就能邮购,这“乐盒”中那没有生殖能力的电路产生的乐曲会让人觉得是出自肖邦或巴赫之手(如果他们能活到现在的话)。真要是这么想的话,那就是对人类精神的深度的一种荒唐可耻的低估。能有如此功能的“程序”必须得能自己走进这个世界,在纷繁的生活中抗争,并每时每刻体验到来自生活的感受。它必须懂得暗夜里的凉风所带来的喜悦与孤独,懂得对于带来温暖爱抚的手掌的渴望,懂得遥远异地的不可企及,还要能体验到一个人死去后引起的心碎与升华。它必须明了放弃与厌世、悲伤与失望、决心与胜利、虔诚与敬畏。它里面得能把诸如希望与恐惧、苦恼与欢乐、宁静与不安等等相对立的情绪混合在一起。它的核心部分必须能体验优美感、幽默感、韵律感、惊讶感——当然,也包括能精妙地觉察到清新的作品中那魔幻般的魅力。音乐的意义与源泉正是来自这些东西,也仅仅是来自这些东西。

问题:情感是否能显明地在一台机器中程序化?

推测:不能。那将是荒唐的。任何对于情感的直接模拟——比如“帕里”——都不可能达到人类情感的复杂性。后者间接地源于我们人类的心智组织,而程序或计算机可能以类似的方式获得它们自己的情感:作为它们的结构,即它们组织起来的方式的副产品——而非直接程序化的产物。因此,打个比方说,没人能写出一个“坠入爱河”的子程序,更不能写出什么“犯错误”子程序。“坠入爱河”是我们用于对一个复杂系统的一个复杂过程的描述。而且,这个描述并不单单来自系统中的任何一个单独的模块!

问题:智能计算机是否能更快地做加法?

推测:可能不会。组成我们自身的硬件的确在做着各种各样的运算,但这并不等于说“我们”所在的符号层知道如何完成同样的运算。让我们这样说:你无法把数字装进你的神经原中,以此来计算你的购货账单。幸亏你的符号层(也就是“你”)不能干预正在进行着你的思维活动的神经原——否则你非得搞昏了头不可。让我们重新解释笛卡尔的话:

“我思,故我无法进入我算的层次。”

为什么这对一个智能程序就不能同样成立呢?一定不能允许它干预正在进行着它的思维活动的电路——否则它非得
678 搞昏了 CPU 不可。说正经的,一台能通过图灵测验的机器作起加法来可能和你一样慢,其原因也是类似的。它将不是把数字 2 仅仅表示成两个二进制位“10”,而是像我们那样把它表示成一个五脏俱全的“概念”,充满了各种联想。例如它的同义词有“两”“一对”“一双”,还有一大堆内心想象,如麻将牌上的点,数字“2”的形状,关于交替、偶数、奇数的概念,如此等等……。背着这些“额外负担”前进,一个智能程序作起加法来会像树懒一样慢。当然,我们可以给它一个“袖珍计算器”,如果能这样说的话(或在它内部构造一个)。那样它就能很快做出回答,但它的表现和一个用袖珍计算器的人就完全一样了。在这种机器中将有两个彼此隔离的部分:一个可靠但呆板的部分和一个聪明但易错的部分。而且无法保证这样的合成系统是可靠的,正像无法保证人机合成系统必然是可靠的一样。因此如果你只需要一个正确的答案,最好单独使用那个袖珍计算器——不要往里边加智能!

问题:是否会出现能击败任何人的下棋程序?

推测:不会。可能会出现这样一些程序,它们在下棋时能击败任何人,但它们不是只会下棋的程序。它们将具有"通用的"智能,而且和人一样会发脾气。"你想下盘棋吗?""不,我下棋都下腻了,我们来谈谈诗吧。"在你和那个能击败任何人的程序之间可能会出现这样的对话。这是因为真正的智能必然依赖于一种纵览全局的能力——即可以说是在程序中编入了一种"跳出系统外"的能力——至少大致能达到我们所具有的水平。一旦实现了这一步,你就无法再遏止这个程序了,它将越过这个特定的临界点,那时你将不得不面对面地与你造出来的东西打交道。

问题:在存储器中是否有一个特定位置被用来存控制程序行为的参数,这样,如果找到并修改了它们,你就能使得该程序再灵一点或再笨一点或更有创造力或更喜欢足球?简而言之,你是否能在较低的层次摆弄它一下就可以对程序进行调整?

推测:不行。它将对存储器中任意特定单元的改变毫不在意,正像我们身体中虽然每天要死掉几千个神经原(!),但我们却几乎没事一样。但如果你折腾得太厉害,就有可能伤害它,正像你不负责任地给一个人做了神经外科手术一样。在存储器中不存在"有魔力"的位置用以存储诸如程序的"智商"之类的东西。同样,那将是一个作为低层行为的结果而产生的性质,并非明确地存储在某个地方。对于像"短时记忆中所能保存的项目的数量"、"它喜欢物理学的程度"之类的东西也是一样。

问题：你是否可能把一个人工智能程序的行为调整得像我或像你——或恰好介于我们两个中间？

679 推测：不能。人工智能程序和人一样不能像条变色龙。它将依赖于它的记忆的稳定性，不能在不同的人格之间变来变去。那种想通过改变内部参数“调出一个新人格来”的想法暴露了对人格复杂性的一种可笑的低估。

问题：一个人工智能程序是否有个“心脏”？还是说它只不过包含了一堆“无意义的循环和平凡操作的序列”（用马尔文·明斯基的话说[6]）？

推测：如果我们对它能像对一个浅潭那样一眼看到底，我们无疑只能看到“无意义的循环和平凡操作的序列”——而且肯定看不见什么“心脏”。现在关于人工智能有两种极端主义的观点：一种认为由于本质而又神秘的原因，人的心灵是无法程序化的。而另一种认为你只需去汇集适当的“启发式装置——多重优化器、模式识别技巧、规划代数、递归管理过程、诸如此类”，[7]你就能得到智能。我觉得我自己在二者之间的某个位置上，相信我们将发现人工智能程序这个“水潭”很深而且黑洞洞的，无法一眼看到底。如果我们从上面看下去，那些循环是看不到的，正像今天对大多数程序员来说，载流电子是看不到的一样。一旦我们造出了一个能通过图灵测验的程序，我们将会看到其中有个“心脏”，尽管我们知道它并非实际存在。

问题：人工智能程序能否具有“超智能”？

推测：我不知道。我不清楚我们是否能理解“超智能”或与它发生关系，甚至不清楚这个概念是否有意义。例如，我们自己的智能是联系于我们的思维速度的。如果我们的反应速度被提高或降低了一个数量级,那我们可能已经发展出一套完全不同的概念,以此来描述这个世界。一种对世界有完全不同的看法的生物和我们之间可能不会有很多接触。我常常在想,如果存在着某种乐曲,比如说它们和巴赫的关系就像巴赫和民歌的关系一样——可以称它们为“巴赫的平方”——那我有可能理解它们吗?也许在我周围已经有这样的音乐,只不过我不能识别它们,就像狗不能理解语言一样。超智能是个很奇怪的想法。不管怎么说,我都不认为它是人工智能研究的目标,尽管如果我们终于达到了人类智能的水平,超智能无疑将成为下一个目标——不仅对我们是这样,而且对作为我们的同事的人工智能程序们也是如此。它们对人工智能和超智能也会具有同样的好奇心。很可能人工智能程序会对人工智能的一般问题怀有极大的兴趣——这是可以理解的。

问题:那你的意思似乎是说人工智能程序实际上和人完全一样了。难道就一点差别也没有吗?

推测:人工智能程序与人之间的差别或许要大于大多数人之间的差别。几乎无法想象人工智能程序所寓的“躯体”会对它不 680
产生深入的影响。因此,除非它有一个人类躯体的忠实得惊人的复制品——为什么它要这样?——否则它对于什么是重要的、什么是有趣的等问题或许会有极其不同的看法。维特根斯坦曾作过一个有趣的评论,“如果狮子会说话,那我们也无法理解它。”这使我想起了卢梭的一幅画:在月光皎洁的沙漠上,一头温顺的狮子守在睡着了的吉普赛人身旁。但维特根斯坦是怎样知道的呢？我猜任何人工智能即使是我们所能理解的，那也一定是看上去和我们很不同。出于这种原因，我们到时候可能会难于断定和我们打交道的是一个真正的人工智能程序，还是说它只不过是一个“古怪”程序而已。

问题：一旦我们造出了一个智能程序，我们是否就能理解什么是智能、意识、自由意志和“我”了？

推测：在某种程度上是这样——这完全取决于你说的“理解”是什么意思。首先，在某个关键性的层次上看，我们中的每个人大概都对这些东西有尽可能好的理解。这就像是听音乐。是不是因为你已经把巴赫拆散了，你就算真的理解他了呢？或者说当你感到全身的每一根神经都很兴奋，那时你就算理解他了？我们是否理解光速在每个惯性参照系中保持恒定到底是怎么回事？我们可以算出它来，但世界上没有一个人具有真正的相对论性的直觉。而且大概永远没人能以一种直观的方式理解智能与意识之谜。我们中的每一个都能理解“人”，而这或许也就是你所能达到的。

树懒卡农

这一回，我们看到阿基里斯和乌龟去拜访树懒。在他们谈话的时候，树懒倒吊在树上，阿基里斯坐在地上，而乌龟在下面的水塘里泅水。

阿基里斯：小懒，我跟你说说我跟龟兄进行的那场滑稽至极的赛跑怎么样？

树懒：请吧。

阿基里斯：这件事在这一带已经尽人皆知了。我想它甚至已经被人写出来了，是芝诺写的。

树懒：听上去叫人高兴。

阿基里斯：是这样。你知道，龟兄在我前面的地方起跑。他比我靠前好长一截路，然而——

树懒：你追上他了，不是吗？

阿基里斯：没错儿——我长着一双飞毛腿嘛。我先是以一定的速度缩短我们两个之间的距离，然后很快就超过了他。

树懒：差距越来越小，所以你赢了。

阿基里斯：正是。哦，瞧——龟兄把他的小提琴带来了。我可以试拉两下吗，龟兄？

乌龟：请别。听上去叫人心烦。

阿基里斯：噢，很抱歉。可我现在特别想听音乐。我真不知道这是怎么回事。

树懒:我记得你会弹钢琴,阿基。

阿基里斯:是的。我马上就来两下。我刚才只是想补充说我跟龟兄在那之后还有过一场"比赛"呢。不幸的是在那场比赛里——

乌龟:你追不上我了,是吗?差距越来越大,所以你赢不了。

阿基里斯:完全正确。我想这场比赛甚至也已经被人写出来了,是刘易斯·卡罗尔写的。现在,小懒,我要接受你的提醒,弹弹钢琴。可我钢琴弹得太糟了,我不敢说我能弹好。

树懒:你应该尝试。

(阿基里斯坐下来,开始弹一支简单的曲子。)

阿基里斯:唉——听起来很古怪。不该是这种调儿啊!有什么东西不对头。

乌龟:我记得你不会弹钢琴,阿基。你不应该尝试。

阿基里斯:简直像镜子里的什么钢琴。高音键在左边,低音键在右边。所有曲子都成了反的,好像倒悬着似的。谁会鼓捣出这么一个荒唐的玩艺儿来?

乌龟:这很符合树懒的本性。他们是——

阿基里斯:哦,我知道——挂在树枝上——当然是倒悬着。这架树懒钢琴要是用来演奏某些赋格和卡农中的倒奏曲子倒挺合适。但是要想学会挂在树上弹钢琴可太难了。你必须竭尽全力。

树懒:这很不符合树懒的本性。

阿基里斯:对,我认为树懒是愿意过得舒适些的。他们无论干什么,都比正常速度慢得多。此外,他们还倒悬着。这是种多么

图 133　“树懒卡农”,选自巴赫的《音乐的奉献》。[乐谱是用 682
唐纳德·伯德的程序“斯马特”印制的,美术字由陈春光设计。]

奇特的生活方式啊！说到具有倒个儿和减速这类特征的事物，倒让我想起了《音乐的奉献》中《反向进行的增值卡农》。在我那本谱子里，三行谱线前各有“高”“中”“低”三个字。我不明白这是什么意思。不过，不管怎么说，我认为巴赫把这一技巧运用得很娴熟。你以为呢，龟兄？

乌龟：这在他是很轻松自如的。至于“高”“中”“低”三个字，你一定猜得出它们指什么。

阿基里斯：我想是代表“女高音”“女中音”“女低音”，因为三个声部的作品常常用这种方式构成。你说呢，小懒？

树懒：它们不是——

683 阿基里斯：等一下，我们三个现在呆的地方很有意思：你，小懒，位置最高，挂在树上；我在中间，坐在地上；龟兄最低，泡在下面的小塘里。哎——你怎么出来了，龟兄，还穿上了你的外套？你看去很疲倦。怎么啦？

乌龟：精疲力尽了。我得先走一步。（步履疲惫地走远了。）

阿基里斯：他真可怜——看来他确实顶不住了。他一上午都在颠来颠去的。为了同我再较量一次，他正接受训练呢。

树懒：这在他可是竭尽了全力。

阿基里斯：是的，但是没用。他也许能赢一只树懒……可要想赢我——决不可能！哎，你不是要告诉我那三个字的意思吗？

树懒：至于“高”“中”“低”三个字，你根本猜不出它们指什么。

阿基里斯：要是我刚才猜得不对，这倒更让我好奇了。算啦，我们先不谈这个了。我真有点想吃东西了，我上次在老蟹那儿吃过一次油炸土豆片，听说你也会做？据说那东西有一种神奇的功效:当你觉得懒洋洋时,吃上它几片,马上就能——

树懒:精力充沛了。

阿基里斯:对,他们是这么说的。可是,像你这样常吃它的人,说话、办事的速度居然只是以慢吞吞而著称于世的龟兄的一半,这不免让我对这种传说产生怀疑。不过,不管怎么说,它还是挺好吃的。炸的时候有什么要领吗?

树懒:你得后退一步。

阿基里斯:对,这样就不会被溅出的热油烫着了,是吧?我现在就去试试,我想我会做成功的,只可惜龟兄也许尝不到了。

684 # 第二十章　怪圈，或缠结的层次结构

机器能具有创造性吗？

在第十八章，我描述过阿瑟·塞缪尔的精彩的跳棋程序，它可以击败它的设计者。据此，听一听塞缪尔自己关于“计算机与创造性”问题的感想还是很有趣的。下面引文摘自塞缪尔写于1960年的一篇反驳维纳的文章。

> 我坚信机器不可能具有维纳的文章所暗示的那种创造性。按照他的意思，“机器一定能够超越其设计者的某些局限性。在这种情况下，它们可能既是有效的又是危险的。”……
>
> 机器不是精灵，它不是靠魔法工作，它不具有意愿，而且与维纳的意见相反，不会生成事先没有放进去的东西。当然，这样说不包括偶然出故障的情况。……
>
> 机器所表现出来的“意向”是事先已明确化的人类程序员的意向，或是依照程序员所指定的规则从这些意向中导出的子意向。我们甚至可以像维纳那样期望更高的抽象层次，在那些层次上程序不仅修改子意向，而且也修改导出规则，或修

改其修改规则的方式，如此等等。在那种层次上甚至一台机器会设计和构造另一台具有更强能力的机器。但重要的是，除非机器已经得到如何去做这些事的指令，否则它**不会也不可能**[黑体是他用的]去做这些事。这里有一条逻辑上永远存在的鸿沟，一边是实现人的愿望的过程中任何一种极力的扩展和精心的构造，另一边是在机器中开发属于它自己的意愿。如果不相信这一点，则要么就相信魔法，要么就相信人的意愿只是一种错觉，而人的行为是和机器一样机械的。也许维纳的文章和我的反驳两者都是被机械地决定了的，但我拒绝这么想。[①]

这让我想起了卡罗尔的对话(《二部创意曲》)。我来解释一下为什么这样说。塞缪尔反对机器自我意识(或愿望)的论点是建立在这样的见解之上的：对意愿的任何机械化都需要一种无穷回归。类似地，卡罗尔的乌龟争辩说，任何一步推理，无论多么简单，如果不援引更高的层次上的规则来证实其合理性，都不能进行。但这种证实本身不是一个推理步骤，这样你不得不求助于更高层的规 685
则，如此等等。结论：推理包含着一个无穷回归。

显然，乌龟的论证中有些不大对头的东西，而且我相信塞缪尔的论证也有类似的问题。为了显示两者的相似性，我现在暂时充当一下魔鬼的辩护士来“帮助魔鬼”，故意唱唱反调。(众所周知，上帝帮助自助者，因此想来魔鬼就只帮助那些不自助的人。魔鬼帮助他自己吗?)以下是我站在魔鬼的立场上从卡罗尔的对话中推出的结论：

> “推理是不可能的”这一结论对人类不适用，因为无论有多少更高的层次，我们的确是在进行许多推理，这对任何人都是习以为常的。这表明我们人类的活动不需要规则：我们是“非形式的系统”。但从另一方面来说，上述结论可以作为一种论证，说明对推理进行机械化解释是不可能的，因为任何机械系统势必明确地依赖于规则。因此，除非有元规则告诉它何时使用规则，有元元规则告诉它何时使用元规则，如此等等，否则它不可能开始工作。我们可以断言，推理能力永远不可能机械化。它是为人类所独有的能力。

魔鬼辩护士的这种观点有什么错误呢？显然是如下的假设：如果没有规则告诉机器如何去做某件事，它就做不了。事实上，机器能和人一样容易地避开乌龟那笨拙的责难，而且理由是同样的：机器和人两者都是由硬件构成的，而硬件可以按照物理学定律完全独立地运行。这里根本不需要“允许你使用规则的规则”，因为最底层的规则——关于它们不再有“元规则”——是嵌入于硬件之中的，它们的运用无需经过许可。由此可见，卡罗尔的对话说到底并没讲出人和机器的任何区别。（而的确，推理是可以机械化的。）

关于卡罗尔对话就谈这些。下面回到塞缪尔的论证。其要点——如果允许我夸张一下——是这样的：

> 没有任何计算机真正“想要”去做任何事，因为它是被别的什么人编好了程序的。只有当它能从零开始为自己编程序——这是荒唐的——它才可能有自己的关于愿望的意识。

在他的论证中，塞缪尔重蹈了乌龟的覆辙，只不过是把“推理”换成了“意愿”。他的意思是说：在任何愿望的机械化的背后，必定存在一个无穷回归——或者更糟些，存在一个封闭循环。如果这是计算机不具有自己意愿的原因，那么人是怎么回事呢？从同样的评价标准中可以推出：

> 除非一个人设计他自己并选择他自己的需要（同时对自己需要的选择进行选择，等等），否则他不能算是具有自己的意愿。 686

这迫使你暂停片刻，想想你自己关于“具有意愿”这一意识是来自何方。除非你是一个唯灵论者，否则你大概会说它来自于你的大脑——一块你既没有设计也没有选择的硬件。然而，你需要某些东西，而非另外一些东西，这种意识并不因此而减弱。你不是一个“自我编程的物体”（不管那是种什么东西），但你仍然具有关于愿望的意识，它发源于你的心智的物理基质之中。同样，尽管事实上不会有从“乌有之乡”自发地出现于存储器中的那种魔术般的程序（一个“自我编程的程序”），机器在某一天仍可能具有意愿。它们拥有意愿的原因和你相同——都是因为许多层次上硬件和软件的组织与结构。由此可见，塞缪尔的论证说到底并没有讲出机器和人的任何区别。（而的确，意愿是可以机械化的。）

每个缠结的层次结构下面都有一个不受干扰的层次

紧接在《二部创意曲》之后，我说过本书的一个核心论题将是

“言语和思维是否遵从形式规则?”。本书的主要努力之一就是要指出心/脑的多层性,并且我已试图表明对此问题的最终回答是“是的——条件是你要下到最底层——硬件——去发现这些规则。”

现在,塞缪尔的陈述引出了一个我将要继续探讨的概念。这是说:当我们人在思维时,我们的确是在改变我们自己的思想规则,同时我们改变那些修改规则的规则,如此下去——但这些都可以说是“软件规则”。最底层的规则并未改变。神经原始终以同样一种简单的方式活动。你不能“想服”你的神经原去改变活动方式,虽然你可以使你的头脑改变思想的形式和主题。正像《前奏曲,蚂蚁赋格》中的阿基里斯一样,你可以达到你的思想,但不能达到你的神经原。各个层次上的软件规则都可以改变,而硬件规则不变——事实上,软件的灵活性来自于硬件的稳固性!这里没有任何悖论,不过是一个关于智能机制的基本而又简单的事实。

在能进行自我修改的软件和不受侵犯的硬件之间的这种区别,正是我要在这最后一章中加以展开的主题。我要从中发展出一组变奏,其中有些变奏可能看起来很牵强,但我希望等到我完成这个循环,回到大脑、心智和自我意识等问题时,你会发现在所有这些变奏中都有一个不变的内核。

我在本章中的主要目的是讨论一些想象,它们帮助我形象化地设想意识是如何从错综复杂的神经原中产生。我将讨论一些难
687 以捉摸的直觉,我希望这些直觉是有价值的,也许对别人能有所帮助,使他们能更清晰地表述他们自己关于心智活动的想象。我仅仅希望我自己思想中的关于思想和想象的模糊想象能够促成其他人思想中的关于思想和想象的更清晰的想象。

一种自我修改的棋

第一个变奏关系到这样一种棋赛：当轮到你走的时候，你可以修改规则。以国际象棋为例，显然规则始终是同样的，而每一步只是改变了局势。但让我们发明一种变形的国际象棋，在下这种棋时，一旦轮到你走，你可以走一步棋，或是对规则进行修改。可是怎么改呢？随便吗？你能把它改成跳棋吗？显然这样乱来将是毫无意义的，必须有某些限制。例如这样一种修改：允许你重新定义马的走法，让它不再走"横 1 竖 2"（当然还有"竖 1 横 2"），而改走"横 m 竖 n"（或"竖 m 横 n"），这里 m 和 n 是任意的自然数。当轮到你走棋时，你可以对 m 或 n 加 1 或减 1。因此它可以从"1－2"到"1－3"到"0－3"到"0－4"到"0－5"到"1－5"到"2－5"……。然后将会有一些规则来重新定义象的走法以及其他棋子的走法。还可以有些规则被用于在棋盘上添增新线和删除旧线……。

现在我们有两层规则：一层是说明如何移动棋子的，另一层是说明如何修改规则的。这样就有了规则和元规则。下一步是很显然的：引进用于修改元规则的元元规则。但怎样才能做到这一点，这可并不显然。我们之所以能很容易地建立移动棋子的规则，是因为棋子的移动是在一个形式化空间中进行，即棋盘。如果你能为规则和元规则设计一种简单的形式化表示法，那处理它们就会像形式化地处理符号串——甚至可以像处理棋子一样。若把问题推向极端，你甚至可以用辅助棋盘上的一些位置来表示规则和元规则。那时，棋盘上的任意一种局势既可以被看成一盘棋，也可以被看成一组规则，还可以被看成是一组元规则，这取决于你用哪种方式解释它。当然,两名棋手必须在这种表示法的解释上达成协议。

这时,我们就可以有任意多个相邻的棋盘:一个用于下棋、一个表示规则、一个表示元规则、一个表示元元规则——如此上去,你愿意有多少都行。当轮到你走时,你可以在除最顶上那个棋盘之外的任何一个棋盘上走一步,这一步所遵循的规则是位于该层次结构中上一层的棋盘所提供的。无疑,两个棋手会由于几乎所有事情——虽然并非每件事情——都可以改变而被搞得晕头转向。根据定义,最顶上的棋盘是不能改变的,因为你没有规则来说明如何修改它。它是“不受干扰的”。还有一些不受干扰的东西:关于不同棋盘的解释方式的协议、轮流走棋的约定,每人每次可以改变一个棋盘的约定——如果你仔细检查这个想法,还能发现更多。

688 现在就有可能进一步取消使这种定位得以建立的支柱。一步一步地来……,我们首先把这一整套棋盘压缩成一个棋盘。这是什么意思呢?这就是说对于这个棋盘可以有两种解释方式:(1)作为要移动的一些棋子;(2)作为一些移动棋子的规则。轮到你走时,你移动了棋子——你必然也就修改了规则!这样,规则就会不断修改它们自己。这使我们想到了“印符遗传学”——或因此想到了真正的遗传学。在棋局、规则、元规则、元元规则之间的差别已经消失。一度整齐、清楚的层次结构变成了一个怪圈,或缠结的层次结构。棋的着法改变了规则,而规则又决定了棋的着法,鸡生蛋,蛋生鸡……。虽然仍有不同的层次,但“低层”和“高层”之间的区别已经被抹掉了。

现在，有一部分过去不受干扰的东西已经成为可修改的。但仍有很多不受干扰的东西。正像以前一样，在你和你的对手之间有一些约定，据此可以把棋盘解释成一组规则。还有一个约定是关于轮流走棋的——或许还会有其他的隐含约定。因此必须注意，关于不同层次的概念以一种出人意料的方式存活下来了。有一个不受干扰的层次——在其上是关于解释的约定，还有一个缠结的层次——在其上是那个缠结的层次结构。因此这两层仍可构成一个层次结构：不受干扰层控制着缠结层上发生的事件，但缠结层没有也不可能影响不受干扰层。尽管缠结层本身是个缠结的层次结构，它仍然被存在于它之外的一组约定所控制。而这就是关键所在。

正如你无疑已经想到的那样，没有什么可以阻止我们去做那种“不可能做到”的事——那就是说，根据棋盘上的位置把关于解释的约定本身作为修改对象，以此把不受干扰层和缠结层缠结在一起。但为了进行这样一种“超缠结”，你必须和你的对手达成某些与这两个层次有关的进一步的协议——而这样做就创建了一个新层次——一个新的不受干扰的层次，它位于那个“超缠结”层之上（你愿意说“之下”也行）。这一过程可以继续进行下去。事实上，这里所做的“跳跃”很像在《生日大合唱哇乌阿乌阿……》中——或在对 TNT 的各种改进形式反复进行哥德尔化的过程中——所描绘的那样。每当你以为你已经达到了终点，总会有“跳出系统”这一主题的某种新的变奏出现，而想发现它则需要一种创造力。

再谈作者三角形

但我并不想进一步讨论在自我修改的国际象棋中会出现的那种极其复杂的缠结现象。我举这个例子只是想形象地说明下述观点：在任意一个系统中总存在某个“受保护的”层次，它不会被其他层上的规则所攻击，尽管这些规则之间的相互作用可能是复杂地缠结在一起的。在第四章中有个有趣的谜，它在一个略有不同的

689 环境中表示了同样的想法。也许它会打你个冷不防：

> 有三个作者——Z、W和G。现在Z仅仅存在于W所写的一部小说中。相似地，W仅仅存在于G所写的小说中。更怪的是，G也仅仅存在于小说中——当然是Z写的。那么，这样一个“作者三角形”真是可能的吗？（见图134）

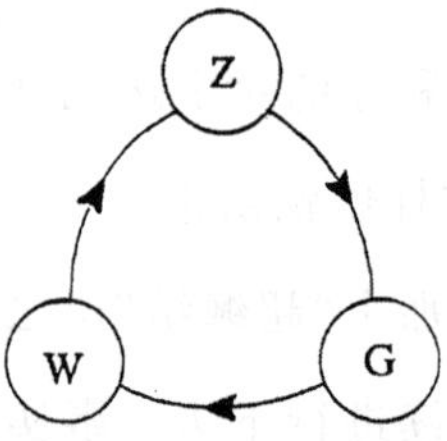

图134　一个“作者三角形”。

这当然是可能的，但这里要了一个花招……。这三个作者Z（芝某）、W（乌某）和G（吉某）全都是侯某写的另一部小说中的角色！你可以把芝—乌—吉组成的三角形看成一个怪圈，或缠结的层次结构，但作者侯某是处于发生这个缠结的空间之外的——作者侯某位于一个不受干扰的空间之中。虽然芝某、乌某和吉某都能直接地或间接地彼此相互作用，而且能在他们各自的小说中互相诽谤，但他们都无法接触到侯某的生活！他们甚至无法想象到他——正像如果你是一本小说中的角色，那

你也无法想象该书的作者一样。如果我想描写作者侯某,我只能在书外的某个地方来表示它。这当然会带来问题,因为要描写一个东西就必须把它放进书中……。不管怎么说,侯某的确是在芝某、乌某和吉某所处的世界之外的,而且应当被表示成这样。

艾舍尔的《画手》

在我们的主题上的另一个经典性的变奏就是艾舍尔的作品《画手》(图 135)。在这张画中,一只左手在画一只右手,而与此同时,右手又在画左手。又一次地,平时被看作组成了层次结构的那些层次——画的和被画的——彼此重叠,构成了一个缠结的层次结构.但这恰恰说明了本章的一个主题,因为在全部这些东西之

690

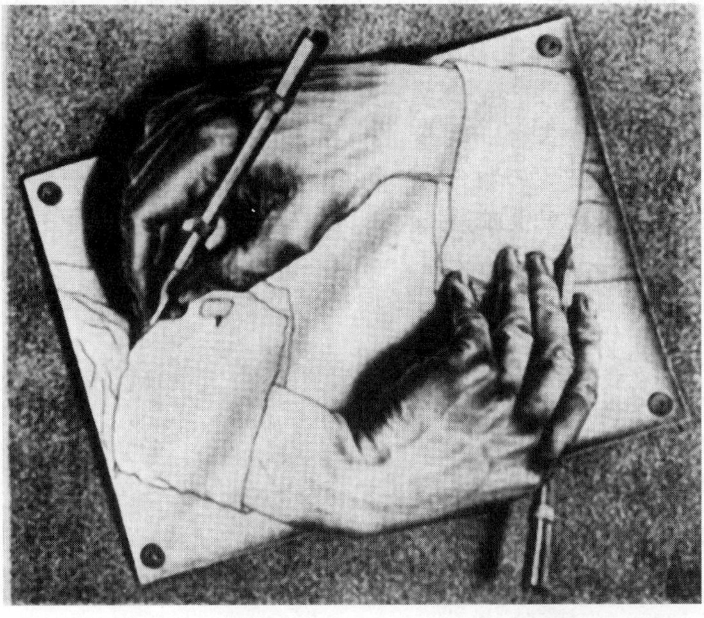

图 135　画手,艾舍尔作(石版画,1948)。

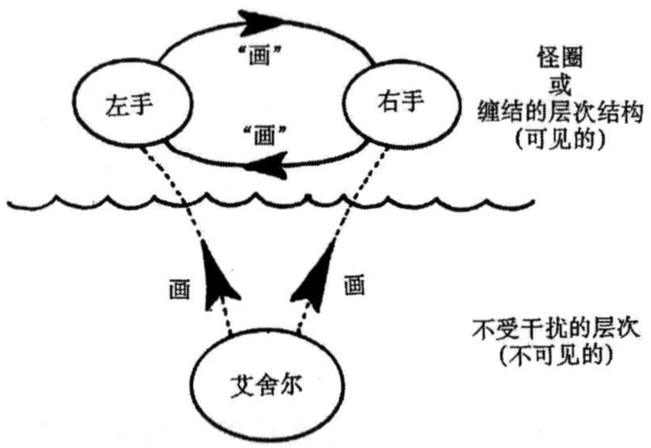

图 136　艾舍尔的《画手》的抽象示意图。上面部分似乎是个悖论,下面部分是它的解。

后隐藏着一直未画出但正在画的手,它属于艾舍尔,左手和右手二者的创作者。艾舍尔处于这两只手所在的空间之外,而在我为这幅画所作的示意图中(图 136),你可以清楚地看到这一点。在这张为艾舍尔的画所配的示意图中,你在上部可以看到那个怪圈,或缠结的层次结构;同时,你又能在它下面看到那个不受干扰的层次,下一层使上一层成为可能。我们可以使艾舍尔这幅画进一步"艾舍尔化",方法是拍一张一只手正在画它的照片,如此下去。

大脑和心智:一个神经原缠结支持一个符号缠结

691　现在我们可以把这个问题和大脑以及人工智能程序联系起来了。在我们的思维过程中,符号激活其他符号,所有符号相互作用而形成异层结构的形式。更进一步来说,符号可以造成相互间的内部变化,就像程序作用于其他程序一样。由于符号组成了缠结的层次结构,这就造成了一种假象,即"不存在不受干扰的层次"。之所以有人认为不存在这样的层次,是因为它处于我们的视野之外。

如果可能画出整个这幅图像的示意图，那么其中将有一处是个庞大的符号森林，符号之间由缠结的线彼此相联，就像热带丛林中的藤蔓一样——这将是其顶层，是思维实体在其中流来流去的那个缠结的层次结构。这就是难以捉摸的"心智"层：类似于"左手"和"右手"。在这幅示意图的下端，类似于那个不可见的"原动力"艾舍尔，将会是无数神经原的表示。那个使得上面的缠结得以产生的"不受干扰的基质"。有趣的是，下面这一层本身也是个不折不扣的"缠结"——几十亿个细胞被上千亿条轴突联结在一起。

在这种有趣的情况下，一个由符号构成的软件缠结被一个由神经原构成的硬件缠结支持着。但只有符号缠结是一个缠结的层次结构。神经原缠结只是一个"简单"缠结而已。这种差别就像我在第十六章中提到的怪圈和反馈之间的差别一样。一旦一个你原以为具有规整的层次结构的系统令人惊讶地以一种扰乱了层次的方式绕了回来，一个缠结的层次结构就出现了。"惊讶"这个因素还是很重要的，正因为如此我才说怪圈是"怪"的。一个简单缠结，像反馈，并没有涉及扰乱预先设定的层次划分。例如你在浴室里可以先用右手洗左手，再用左手洗右手，在这种情况下没有什么可奇怪的。艾舍尔并非无缘无故地选择去画画手的手！

像两只手相互洗这样的事件随时随地都在发生，我们从不特别注意它们。我对你说了几句话，然后你又回答了我几句话。这是悖论吗？不，我们的相互感知并不需要以一种层次结构作为前提，因此这里就没有什么奇怪的东西。

在另一方面，在语言谈论它自己的时候，不论这种谈论是直接的还是间接的，它的确构成了一个怪圈。在这里，某些系统之中的东西跳了出去并且作用于系统之上,仿佛它是在系统之外似的。使我们感到麻烦的大概是某种界说不清的拓扑学上的不对头:内外差别被搞乱了,就像在那个被称为“克林瓶”的著名图形中一样。尽管这个系统是一种抽象,我们的心智的确使用着带有某种精神拓扑的空间想象力。

让我们回到符号缠结上来。如果我们只看着它,忘掉那个神经原缠结,那我们似乎看到了一个自我编程序的物体——正像如果我们看着“画手”,由于忘记了艾舍尔的存在,就会产生一种错
692 觉,好像我们看到了一幅自己画自己的图画。对这幅画而言,这种情况不太可能发生——但对于人以及他们观察自己心智的方式来说,这正是通常所发生的情况。我们“觉得”我们是在给自己编程序。的确,我们无法产生别样的感觉,因为我们被屏蔽于底层——也就是神经原缠结——之外了。我们的思维好像是在自己的空间中运行,创造新思想,而且我们从未注意到任何神经原会给我们帮助!但这是意料之中的事。我们没办法。

一种类似的双关现象可能出现在某些 Lisp 程序之中,这些程序被设计得可以进入并修改它们自身的结构。如果你在 Lisp 层上观察它们,你会说它们是在自我修改,但如果你换一个层次,把 Lisp 程序看成 Lisp 解释程序(见第五章)的数据,那么实际上只有一个解释程序在运行,而且所进行的修改只不过是对某些数据的修改。Lisp 解释程序本身是不被修改的。

你应如何描述这样一个缠结的情境,这取决于你在开始描述前先要往回走多远。如果你走得足够远,那你往往可以发现能把你引向无缠结事物的线索。

政府中的怪圈

一个极有趣的有层次缠结的领域是美国政府——尤其是法院。在一般情况下，你可以想象两个辩护人就案情在法庭上展开辩论，然后由法院对案件进行裁决。法院和辩护人是处在不同层次上的。但如果法院本身卷入了一场法律纠纷，那怪事就可能开始出现了。通常存在一个处于纠纷之外的更高级的法院。即使两个低级法院卷入了某种奇怪的争斗之中，每家都声称对另一家有裁判权，这时仍有某个更高级的法院居于事外，这在某种意义下类似于我们在那种变了形的国际象棋中所讨论的不受干扰的解释协定。

但如果连最高法院自己也卷入了法律纠纷，不再有更高级的法院，这会造成什么结果呢？这和"水门事件"中发生的麻烦差不多。总统威胁说他只服从最高法院的"决定性裁决"——然后又声称他有权确定什么是"决定性的"。现在看来这一威胁并没起作用。但假如当时真的管用了，它就会在政府的两个层次之间触发一场尖锐的对抗。二者之中的每一方都可以通过某种方式合法地宣称它是"高于"另一方的——这时该找谁来确定谁是谁非呢？我国会并不解决问题，因为国会可能会命令总统服从最高法院，而总统仍有可能拒绝，并宣称他根据法律有权在特殊情况下不服从最高法院（和国会！）。这将构成一起新的法律案件，并把整个系统搞乱，因为这实在太令人惊讶、太纠缠不清——太怪了！

具有讽刺意味的是，一旦你这样碰到了房顶——也就是说无法跳出系统寻求更高层的权威，那时唯一办法是求助于那些看上 693

去没有用规则定义清楚的力量，而它们才是更高层规则的唯一来源——这就是低层规则，在上述例子中就是指社会的普遍反应。应当记住，在像美国这样的社会里，法律制度在某种意义上是被千百万人所共同承认的一种文雅的姿态——它可以很容易地被无视，就像河水会漫过堤坝一样。那时就会出现某种程度的无政府状态。但无政府状态也有它自身的规则，而且一点也不比文明社会少：只不过它们的作用方式是自下而上的，不是自上而下的。一个研究无政府状态的人可以设法去发现某些规则，它们控制了无政府状态随时间的发展过程，而且很可能确实存在这样一些规则。

不妨用一个物理学中的现象做类比。正像本书前面提到过的那样，平衡态下的气体遵从某些简单的规律，这些规律把它们的温度、压力和体积联系起来了。但是，气体有可能违反这些规律（这就像总统有可能违反法律一样）——条件是它并非处于平衡态。在非平衡状态下，一个物理学家如果要描述所发生的情况，他只能求助于统计力学——即转到某个非宏观的描述层次。因为对气体行为的最终解释永远是在分子水平上完成的，正像对社会的政治行为的最终解释永远是在“基层水平”上完成的一样。非平衡态热力学这个领域中的研究目标就是发现一些宏观规律，以此来描述偏离平衡态的气体（以及其他系统）的行为。它和政治学中研究无政府社会所遵循的规律的那个分支相类似。

美国政府中还有另外一些稀奇古怪的缠结，诸如联邦调查局调查它本身的错误、一个县长负担着县长的责任的同时又被送入监狱、议会程序规则的自我应用，如此等等（在其他国家的政坛上也有类似的情形）。我所听说过的一个最稀奇古怪的法律案件牵连到一个自称有特异功能的人。实际上，他自称能用他的特异功能测验人的特征，这样就可以协助律师挑选陪审员。那么如果有一天这种"特异功能"被用于对他自己的审判，会出现什么情况呢？这对一个坚信"超感官知觉"存在的陪审员会产生什么影响？他会在多大程度上觉得受到了特异功能的影响（不论这种特异功能是真是假）？开拓这个领域的时机已经成熟——这里充满了自我实现的预言。

与科学和鬼话有关的缠结

谈到特异功能和超感官知觉，生活中充满了怪圈的领域就是伪科学。伪科学的所作所为总是使正统科学的许多标准信念和过程成为疑问，因此对科学的客观性构成了挑战。一些与已有的证据解释方式相竞争的新方式被提出来了，但你该怎样评价一种解释证据的方式呢？这难道不正是又回到了客观性问题，只不过是在一个更高的层次上吗？当然如此。刘易斯·卡罗尔那个无穷回归的悖论以一种新的形式出现了。乌龟可能会争辩说，如果你想说明 A 是个事实，你需要证据 B，但你怎样确定 B 是 A 的证据呢？ 694
为了说明这一点，你需要元证据 C。为了说明这个元证据的有效性，你又需要元元证据——如此令人厌烦地束缚下去。尽管有这种论点，人们还是对证据具有一种直觉。这是因为——我又要重弹老调了——人们在脑中具有预先构成的硬件，其中包括某些对证据进行解释的基本方式。我们可以在此基础上构造并积累新的证据解释方式，我们甚至要学习应该以什么方式、在什么情况下摆脱我们最基本的证据解释机制，例如我们如果想看出魔术的诀窍，就必须这样做。

关于证据的二难推理的具体例子往往和伪科学的许多现象一起出现。例如，超感官知觉常常在实验室之外得到证明，可是一旦进入实验室，它就神秘地消失了。对这种情况的标准科学解释是：超感官知觉不是一种真实现象，经不住严格的审查。但是，部分相信超感官知觉的人（绝非全部）有一种奇特的反击方式。他们说："不，超感官知觉是真实的，只不过在人们企图对它进行科学观察时就会跑掉——它与科学世界观的本性相互排斥。"这是一种无耻的手段，我们可能该管它叫"矛头向上"，这就是说，不是怀疑手头的东西，而是去怀疑那些可靠性更高的理论。那些相信超感官知觉的人想说明：出了毛病的并不是他们的想法，而是科学的信念系统。这是一种极其狂妄的观点，除非它能找到无可置疑的证据，否则我们就要对它表示怀疑。但那样我们又遇到了同样的问题：我们在谈论"无可置疑的证据"，仿佛所有的人都能对它所指的东西保持一致意见似的！

证据的本质

在第十三章和第十五章提到过的萨哲杜—辛普利奇奥—萨尔维亚蒂缠结，为证据评价的复杂性提供了另一个例子。萨哲杜试图在辛普利奇奥和萨尔维亚蒂的相反意见之间找到某种客观的妥协，如果这是可能的话。但妥协并不总是可能的。你怎样才能"公平地"在正确和错误之间达成妥协呢？怎样才能在公平和不公平之间达成妥协？这些问题在关于日常事物的争论中一次又一次地以各种不同形式出现。

是否有可能定义什么是证据？是否有可能制定一些法律来说明应当如何从情境中生成意义？或许不能，因为任何刻板的规则无疑都会有例外，而不刻板的规则又不能算是规则。就算我们有个智能化的程序也无济于事，因为作为一个证据处理器，它会和人一样容易犯错误。因此，如果证据确实是这样一种难以捉摸的东西，那我为什么还要对解释证据的新方式提出警告呢？我是不是自相矛盾了？在这种情况下，我不这样认为。我的感觉是我们可以划出一些界线，在其外边可以进行一种有机综合。但这时不可避免地会出现某些判断和知觉——这些东西是因人而异的。它们也是"因人工智能程序而异"的。最后，还会有一些复杂的标准，它们可以被用来确定一个评价证据的方法是否得当。这包括根据这 695
种推理方式所得到的想法的"可用性"。导致生活中的新事物的思维方式在某种意义下被认为是"有效的"。但"可用"这个词带有太强的主观色彩。

我的感觉是，我们确定事物的有效性和真实性的过程是一门艺术，它深深地依赖于一种对美和简单性的感受力，正像它依赖于坚固的逻辑或推理或任何其他能被客观地加以形式化的原则一样。我既不是说(1)真理是一种幻想，也不是说(2)人的智能本质上是无法程序化的。我是在说(1)真理是如此难以捉摸，以至于无法被任何人或人群所彻底获得，以及(2)对人工智能来说，一旦它达到了人类智能的水平——或甚至超过了这一水平——它仍将被艺术、美感及简单性等问题所折磨，而且会在它自己对知识和理解的探求过程中不断向这些目标前进。

什么是证据？这绝不仅仅是个哲学问题，因为它闯进了生活的各个领域。你每时每刻都面临着极其大量的关于如何解释证据的选择。不论你走进哪个书店或碰见个什么书摊,差不多总能看到一些关于特异功能、UFO、百慕大三角、气功治病、偏方验方、占卜、相面、黑洞、生物回授、血型测人格、心理学的新理论等方面的书。在科学界,则有关于灾变论、基本粒子理论、黑洞、数学中的真理和存在、自由意志、人工智能、简化论与整体论等等的激烈论战。在生活中实用意义更强的方面,争论的题目有维生素 C 的功效、石油的真实贮量(不论地下的还是库存的)、通货膨胀或失业的原因——如此等等。还有佛教禅宗、芝诺悖论、精神分析学,等等等等。从在店里把书摆在哪个架子上这种微不足道的小事,到在学校里该教给孩子们什么样的思想这种至关重要的大事,证据的解释方式都起着难以估量的作用。

认识自己

在和解释证据有关的所有问题之中,最严峻的问题之一,就是设法通过对来自外界的混乱信号的解释来说明一个人到底是谁。在这种情况下,层次内部和层次之间都蕴藏着大量的冲突。每个人的心智都不得不同时应付个人对自我评价的内在需要和外界不断流入的影响自我印象的证据。其结果是信息在人格的不同层次之间乱转,而在它转来转去的时候,其中一部分放大了,一部分缩小了,一部分否定了,一部分变形了,然后这些部分又依次被卷入到一种旋转之中,如此反复进行下去——所有这一切,都是为了要在一个人是谁和他希望自己是谁之间进行调和。(见图 81)

696 最终结局是,关于"我是谁"的完整画面是在整个精神结构中通过某种极其复杂的方式被拼出来的。而对我们每个人来说，这幅画面中都包含大量尚未解决、可能是无法解决的矛盾。这无疑提供了大量的动态张力，而这种张力对人来说起着很大作用。从这种张力之中，在关于我是谁的内部观念和外部观念之间，产生了指向各种不同目标的心理驱力，这就使我们每个人都成为独一无二的。这样一来，具有讽刺意义的是，某些为我们大家所共同具有的东西——作为具有自我反思意识的生物这一事实——反而导致了我们以各式各样的方式对关于各种事物的证据进行内在化，而这最终又成为创造不同的个性的主要力量之一。

哥德尔定理和其他学科

在人和充分复杂的形式系统间进行类比，这是很自然的，而后者和人一样，也有某种意义下的“自我印象”。**哥德尔定理**说明，对具有自我印象的一致的形式系统来说，存在着某些根本性的限制。但这一定理能否具有更普遍的意义？比如说，是否有“心理学中的**哥德尔定理**”？

如果我们把**哥德尔定理**当做一种比喻，当做灵感的源泉，而不是企图把它逐字逐句地翻译成心理学或任何其他学科的语言，那么或许它可能会为在心理学或其他领域中发现新的真理提供启发。但把它直接翻译成其他学科中的判断，并认为后者有同样的有效性，这是不合理的。认为数理逻辑中那些极其精致的结果能不加修改地适用于一个完全不同的领域，那是个极大的错误。

内省与精神失常：一个哥德尔式的问题

我认为把**哥德尔定理**翻译到其他领域之中还是有启发价值的，条件是要预先说明这种翻译是比喻性的，不能死抠字眼。在这个前提下，我发现了两种在哥德尔定理和人类思维之间建立类比的主要方式。其中之一涉及考虑自己是否精神正常的问题。你怎样才能弄清你是否精神正常呢？这的确是个怪圈。一旦你开始探究自己精神的正常性，你就可能陷入一个极其讨厌的“信之则有”的旋涡之中，尽管这种情况绝非不可避免。每个人都知道，精神失常的人会用他们自己古怪的内部一致的逻辑去解释世界，但如果你只能用你自己的逻辑去检查它本身，那你怎样才能弄清你的逻辑是否“古怪”呢？我看这得不到任何答案。我只是由此想到了**哥德尔第二定理**，它说明那种断定了自身一致性的形式数论系统是不一致的……。

697

我们能否理解我们自己的心智或大脑

我所发现的另一个关于**哥德尔定理**的比喻性类比是一种有争论的见解，即认为我们最终也无法理解我们自己的心智和大脑。这种易于挑起争端的观点内容复杂，并涉及许多层次，因此在提出它来时必须十分谨慎。“理解我们自己的心智和大脑”到底是什么意思？这可能是指要对其工作方式有个一般性的认识，就像力学对汽车的工作方式有一个一般性的认识一样；这可能是指要完全地解释为什么人们会做他们所做的一切事情；这可能是指要完全地理解人脑物理结构的所有层次；这可能是指要在一本书（或一座图书馆、一台计算机）中建立大脑的一幅完整的线路图；这可能是指要在每个时刻都精确地了解在自己大脑的神经层次所发生的事件——每次发射，每次突触传递，等等；这可能是指要写出一个能通过图灵测验的程序；这可能是指要如此完备地了解自己，以至于连潜意识和知觉这种概念都不再有意义，因为所有东西都是明摆着的；还可能是指任何别的什么。

上述自我反映中的哪一种——如果有的话——和**哥德尔定理**的自我反映最为相似呢？我有点说不准。其中的某些想法很糊涂。想要做到对自己大脑状态的一切细节进行控制，这简直是白日做梦。以此为前提是十分荒唐和无聊的。如果**哥德尔定理**说明上述想法是无法实现的，这也很难算是一种新发现。在另一方面，以某种深刻的方式认识自我，这个历史悠久的目标——让我们称其为"理解你自己的心智结构"——似乎还是具有一定的可能性的。但是否存在某种模糊的哥德尔式的循环，它限制着任何个人认识自己心灵时所能达到的深度？正像我们不能用自己的眼睛直接看到自己的面容一样，设想我们无法把我们完整的心智结构反映在实现它们的符号之中，这不是合情合理的吗？

所有元数学和计算理论中的限制性**定理**都说明，一旦你表示自身结构的能力达到某个临界点，那就该乐极生悲了：这就保证了你永远不能完整地表示自己。**哥德尔不完全性定理**、**丘奇不可判定性定理**、**图灵停机定理**、**塔斯基真理性定理**——都具有某些古老的神话故事的味道，它们警告你说："寻找关于自我的知识就像踏上了这样一条旅途……它并非无处不通，它不能被绘制在任何图纸上，它永无尽头，它不可描述。"

但这些限制性定理对人有意义吗？这里是对此提出异议的一种方式:我要么是一致的,要么就是不一致的。(后一种情况可能性更大,但为了完备性的缘故,我两种可能性都考虑。)如果我是一致的,那又有两种情况。(1)“低保真”情况:我的自我理解低于某个特定的临界点。这已经隐含设了我是不完全的。(2)“高保真”情况:我的自我理解已达到临界点,这样就能用比喻的方式用上述限制性**定理**来做类比,因此我的自我理解以一种哥德尔式的方法
698 挖了它自己的墙角,因此我也就成了不完全的。情况(1)和(2)的前提是我具有百分之百的一致性——一种出现可能性极小的事态。更有可能的情况是我不具有一致性——但那就更坏了,因为那样在我内部就会有矛盾,而我怎么可能理解它呢?

不管一致还是不一致,任何人都无法摆脱自我的神秘性。或许我们都是不一致的。这个世界实在太复杂了,每个人都无法做到使他们的所有信念彼此协调。对一个需要快速做出许多决定的世界,张力和混乱是必不可少的。米格尔·德·乌纳穆诺曾说过,“如果一个人从未有过自相矛盾之处,那除非是他什么也不说。”我认为我们和那个禅宗大师处于相同的境地,他在一句话中出现多次自相矛盾之后,对摸不着头脑的道悟说:“吾亦不自了”。

哥德尔定理和个人的不存在

或许在我们的生活中最大的、也是最难把握的矛盾,就是下述知识:“曾经有一个时期我还不曾存在,而且还会有一个时期我将不复存在。”在某个层次上,一旦你“灵魂出窍”,把自己看成是“只不过是另一个人”,那么上述说法是完全有意义的。但在另一个层

次——或许是个更深的层次——之上，个人的不存在是毫无意义的。我们所知道的一切都是嵌入在我们的心智之中的，而所有这些从宇宙中消失则是不可思议的。这在生活中是个无法回避的基本问题，也许正是**哥德尔定理**的一个最好的隐喻类比。每当你企图设想你自己已不存在时，你不得不设法跳到你自己之外，即把你自己映射成另外的什么人。你想自欺欺人地相信你能够在你自己身上引进一个旁观者对你的看法，就像 TNT“相信”它能把它的元理论反映在它自身之内一样。但 TNT 只能在一定程度上包含它自己的元理论——并非全部。而对你来说，尽管你可以幻想已经跳出你自己之外，实际上你永远无法做到——就像艾舍尔的龙无法从它所在的二维平面中跳入三维空间一样。在任何情况下，这一矛盾都是巨大的，所以我们在生活中的大多数情况下往往对它采取视而不见的态度，因为设法解决它将完全是徒劳无功的。

在另一方面，禅宗的思想揭示了这种不可调和性。他们一次又一次地面对两种信念的冲突，一种是东方式的：“我即宇宙，因此我不存在这种想法是自相矛盾的”；另一种是西方式的：“我只是宇宙的一部分，我将死去，但宇宙没有我仍会存在。”

科学与二元论

科学常常被批评为过分“西方化”或“二元化”——即渗透着主
体和客体、观察者和观察对象之间的两分法。虽然科学直到本世 699
纪仍是仅关心那些可以完全与观察者相分离的事物——如氧和碳、光和热、恒星和行星、加速度和轨道，等等——但这个时期的科学对更现代的科学时代来说只是一个必要的序幕。在新的时代中，生命本身成了研究的对象。“西方”科学已经逐步确定不移地走向对人类精神的研究——也就是说对观察者的研究。人工智能的探索是迄今为止沿这条路线所迈出的最远一步。在人工智能出现之前，科学研究中把主体和客体相混合而产生出奇妙结果这种事有过两次主要的预演。其一就是量子力学的革命，它的认识论问题涉及观察者与观察对象的相互干扰。另一次就是元数学中主、客体的混合，从**哥德尔定理**开始，贯穿了我们讨论过的所有其他限制性**定理**。或许继人工智能之后的下一个步骤将是科学的自我应用：科学把自身当作研究对象。这是主、客观混合的一种不同方式——也许比人研究自己的精神更加纠缠不清。

顺便提一下，一个有趣的现像是，所有那些本质上依赖于主体和客体的聚变的结果都是限制性的结果。除这些限制性**定理**外，还有海森堡的测不准原理，其内容是说对一个量的测量会使得对一个相关量的同时测量成为不可能。我不知道为什么所有这些结果都是限制性的。随你怎么想吧。

现代音乐与绘画中的符号与对象之别

与主体-客体两分法密切相关的是符号-对象两分法，这已经由路德维希·维特根斯坦在本世纪初深入地探索过了。后来“使用”和“谈论”这两个词被用来完成同样的区分。蒯恩等人也曾对记号和它们所代表的东西之间的联系进行了详尽的讨论。但对这个深奥抽象的问题贡献了许多思想的还不仅仅是哲学家。在本世纪音乐和绘画所经历的危机中也反映出了与这个问题的深刻联系。例如，传统上音乐与绘画是把思想和情感通过一组“符号”来表现（即视觉形象、和声、节奏或别的东西），现在的一种趋势是去探索使音乐和绘画具有不表示任何东西的能力——它们只能是存在而已。这就是说它们就是纯粹的色块或声音，而在任何情况下都不再有任何作为符号的价值。

在音乐界，由于约翰·卡奇把一种禅宗式的音响方案带了进来，他产生的影响尤其大。他的许多作品都表达一种对“使用”声音——即用声音表达情感状态——的蔑视，但他喜欢“谈论”声音——即构造一些任意的声音序列，不考虑任何先前编好的编码，以使听众通过译码把它们变成消息。一个典型例子就是在第六章中描述过的那个用多台收音机构成的《大地幻景第 4 号》。我不准 700
备对卡奇评头论足，但在我看来他的许多作品似乎是用来把无意义引入音乐，而且在某种程度上，是使无意义具有意义。偶然音乐是这一方向上的一种典型的探索。有许多别的当代作曲家也走上了卡奇的道路，但似乎没人具有同样多的创造性。安娜·洛克伍德有个作品叫《钢琴在燃烧》，是这样干的——把弦绷到最紧，把它们砸得尽可能地响。在莱蒙特·扬的一部作品中，为发出所需要的杂音，要推着钢琴满台跑，还要越过障碍物，就像推着一门土炮一样。

绘画在这个世纪中也经历了许多次这种巨变。开始是对于表达的屏弃，这的确是带有革命性的：这是抽象绘画的开端。在皮厄特·蒙德里安的作品中，揭示了从纯粹的表达到最抽象的模式的逐渐发展。在这个世界习惯了非表达性的艺术之后，超现实主义出现了。这是一种古怪的大转弯，有些像音乐中的新古典主义，即把最具表达性的绘画“败坏”了，并根据全新的理由来使用它：用它来产生振动、混乱和惊愕。这个流派的奠基人是安德烈·布洛东，开始于巴黎,其中较有影响的成员有达利、马格里特、德·蔡里科、唐居伊。

马格里特的语义错觉画

在所有这些画家中,马格里特最明确地意识到了这种符号—对象关系的奥秘(我认为这是使用—谈论区分的一种深入扩展)。他以此在观众中唤起了强烈的反应,尽管观众并没有把这种区分明确地用语言这样表示出来。例如,考虑一下他在静物画这个主题上进行的奇怪变奏(图 137),这幅画的标题是《常识》。在画中有一个装满水果的托盘,这正是通常表现在静物画中的那种东西,它被放在一块空白画布上。符号与事实之间的冲突是尖锐的。但这还不是嘲弄的全部内容,因为整个这个东西本身当然只不过是一幅画——事实上,是一幅画着非标准对象的静物画。

图 137　常识,马格里特作(1945—1946)。

马格里特的烟斗画系列令人既着迷又困惑。请看《两个谜》 701
(图 138)。当把注意力集中在里面那张画上时，你得到的消息是“符号和烟斗是不同的”。然后你的目光转向那个浮在空中的“真”烟斗——你感到它是真的。而另一个只是个符号。但这显然全部都错了：二者都是在你眼前的同一个平面上的。如果以为一个烟斗是在一幅两重嵌套的画中，因此在某种意义上比另一个烟斗“更不真实”，那将是彻头彻尾的谬误。一旦你想“进入这间屋子”，你就已经上当了：你错把图像当成了现实。为了使你的这种轻信保持前后一致，你应当愉快地进入下一层，把图像中的图像和事实也混在一起。不受这种骗的唯一办法是把这两个烟斗都看成只不过

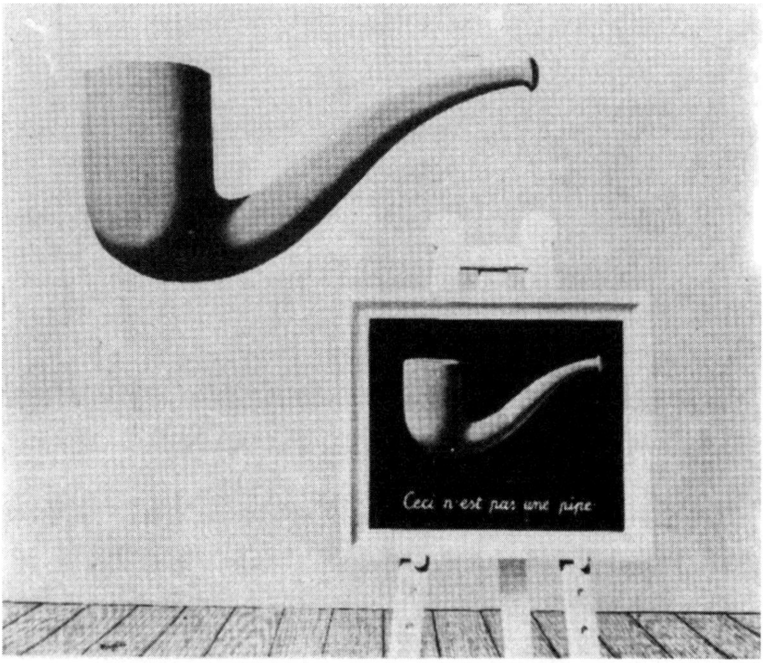

图 138　两个谜，马格里特作(1966)。

是离你鼻子几寸远的一个平面上的一些色斑。那时，也只有那时，你才能懂得那一行字的全部含义：Ceci n'est pas une pipe［法语："这不是烟斗"］——但具有讽刺意味的是，在所有的东西变成色斑那一瞬间，这句话也变成了色斑，因此就失去了它的意义！换句话说，在那个时刻，这幅画的语言消息以一种非常哥德尔化的方式自我销毁了。

702　《咏叹调与歌曲》（图 82）是取自于马格里特烟斗画系列中的一幅，它完成了《两个谜》所做的一切，不过是在一个层次上，而非两个。我所画的《以烟为号》和《如烟似梦》（图 139，140）构成了"马格里特主题变奏曲"。请盯着《以烟为号》看一阵，你不久就会

图 139　以烟为号。［作者绘］

发现一条隐藏在其中的消息："Ceci n'est pas un message"[法文："这不是消息"]。这样，如果你发现了这条消息，它就否定了自己——但如果你没发现它，你就根本没抓住要害。由于我画的这两幅烟斗都具有间接的"自我熄灭性"，它们可以不严格地对应于哥德尔串 G。

绘画中把"使用"与"谈论"相混淆的一个经典范例就是在画中出现一块调色板。虽然这块调色板是画家的表示技巧所创造出来的错觉，但这块画出来的调色板上的颜料又的确是从画家的调色板上来的颜料。颜料代表它自己——它不是代表任何其他东西的符号。在《唐·乔万尼》中，莫扎特使用了一个与此相关的技巧：他在乐谱中明确地写出了管弦乐队调弦的声音。与此相类似，如果

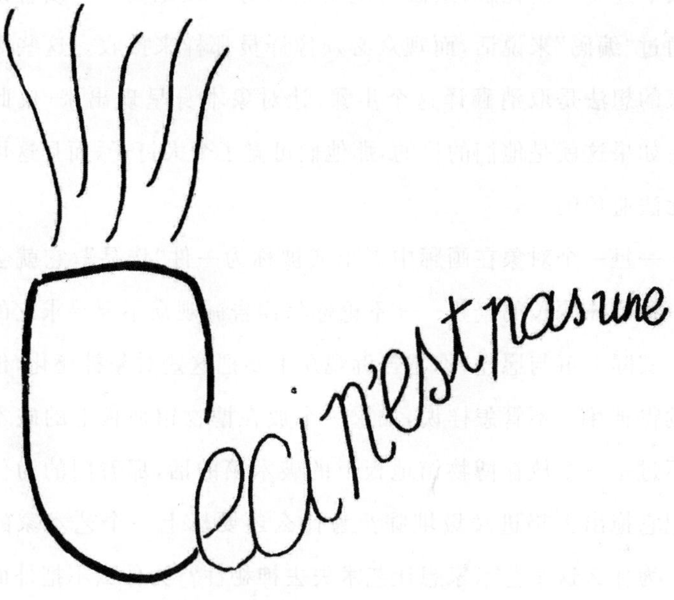

图 140　如烟似梦。[作者绘]　703

我想让“我”这个字代表它自己（而不是作为我的符号），我就把“我”直接写进我的文章中，然后我给“我”加上引号。这就得到一个““我””（而非“我”或“““我”””）。明白了吗？

现代绘画的“编码”

有许多颇有影响的人物参与了对绘画中的符号-对象二元论的进一步探索，没人能无一遗漏地把这些人的特点都列举出来。毫无疑问，对禅宗抱有浓厚兴趣的约翰·卡奇对绘画也像对音乐一样产生了重大影响。他的朋友贾斯泊·约翰斯和罗伯特·罗斯琴伯格为了探索符号和对象之间的区别，直接用对象作自己的符号——或反过来说，用符号自身作为对象。所有这些常识都可能导致下述观念的瓦解：绘画与现实之间有一段距离——或者说绘画通过“编码”来说话，而观众必须像译员那样来接收。这些现代画家的想法是取消翻译这个步骤，让对象本身呈现出来，仅此而已。如果这就是他们的目的，那他们可碰了个大钉子，而且这可能是无法避免的。

一旦一个对象在画廊中展出或被称为一件“作品”，它就会带有一种意味深长的气氛——不论你怎样告诫观众不要寻求它的意
704 义。实际上事与愿违，你越告诉观众不要把这些对象神秘化，他们越觉得神秘。不管怎样说，如果一个放在博物馆地板上的破木箱只不过是一个放在博物馆地板上的破木箱的话，那看门的为什么不把它拖出去扔进垃圾堆呢？为什么还要标上一个艺术家的姓名？为什么这个艺术家想让艺术失去神秘性？为什么不把外面的那块烂泥也标上一个艺术家的名字？这是在捉弄人吗？是我疯

了，还是这些艺术家疯了？越来越多的问题会涌入观众的脑海，他无法不这样想。这就是艺术品本身自动造成的“框架效应”。谁也没办法抑制好奇的心智产生疑虑。

当然，如果其目的是灌输一种禅宗式的观念，即认为世界既无规律也无意义，那这种艺术品大概仅仅能作为——就像用理智把握禅宗思想的效果那样——一种催化剂，其作用是激发观众灵感，使他们跳出作品之外，了解这种主张抛弃“内在意义”、把世界作为一个整体来把握的哲学。在这种情况下，从短时期看，这种艺术品是挖了自己的墙脚，因为观众的确是在考虑它的意义，但它在一些人身上达到了长期目标，即把他们引向了它的来源。但不论在哪一种情况下，说不存在把思想传送给观众的编码，这都不是真的。实际上，这是一种更复杂的编码，其中表述了诸如“没有编码”等等的东西——也就是说它部分是编码、部分是元编码，如此等等。在这些非常禅宗式的艺术对象中传送了一个消息的缠结的层次结构，或许这就是许多人以为现代艺术晦涩难懂的原因。

再谈主义

卡奇领导了一个旨在打破艺术与自然之间的界线的运动。在音乐上，主题就是认为所有音响都是平等的——一种声音民主主义。这样看来“无声”恰如“有声”同样重要。列奥纳德·毕·迈尔在他的著作《音乐、美术与思想》中，把这场运动称为音乐中的“超验主义”，他写到：

> 如果区分艺术和自然是种错误的举动，那么审美评价就

会是毫无意义的。这样,一首钢琴奏鸣曲和一块石头、一场雷雨、一个海星相比,并没有更高的价值。卢西诺·伯里奥[一位现代作曲家]曾写到:"使用范畴的判断,例如对与错、美与丑这些音乐美学中的典型理性思维方式,已经不能再被用来理解一个当代作曲家在创作可听形式和音乐活动时的动机和过程。"

接下来,迈尔进一步描述了超验主义的哲学立场:

……所有事物在所有时空条件下都不可避免地相互联系在一起。在宇宙中发现的任何区别、分类或组织都是随意的。世界是一个复杂、连续、单一的事件。[②][这里能看见芝诺的影子!]

我觉得用"超验主义"作为这场运动的名字未免过于冗长。我用"主义"来代替它。由于"主义"一般是某个词的后一部分,用它作名字正好暗示了一种没有内容的意识形态——对这种意识形态不论你做怎样的揭示,都是一样的。主义是体现在艺术中的禅宗精神。正如禅宗的中心问题是要揭出自我的本来面目一样,本世纪中艺术的中心问题似乎是要指出艺术到底是什么。上面提到的那些东冲西撞的行为正是其同一性危机的部分表现。我们已经看到,使用一谈论两分法一旦推向深入就会转化为符号-对象二元论这一哲学问题,而这又与思维之谜相联系。马格里特为他的画《人类的处境Ⅰ》(图 141)写过下面的话:

我在一间屋子的窗前放了一幅画，从屋内向外看去，画的内容恰好表现了这幅画所遮挡住的那一部分风景。因此，画上那棵树表示着被画挡住的那棵位于屋外的树。而在观众的脑海里，它的存在既表示屋里画中的那棵树，同时又表示外面 705

图 141　人类的处境 I，马格里特作(1933)。

真实景色中的那棵树。我们正是这样看世界的:我们把它看作存在于我们之外,尽管它只不过是我们在内心中所体验到的一个对于世界的心智表示而已。[3]

706

理解心智

首先通过画中含蓄的图像,然后又通过直接的语言,马格里特表述了下列两个问题间的联系:一是“符号是怎样工作的?”,二是“我们的心智是怎样工作的?”因而他又把我们带回到那个前面提出的问题:“我们是否有希望理解我们的心与脑?”

我们是否会遇到某种阻止我们理解我们的心智的魔怪似的哥德尔式命题?如果你并未接受对“理解”的一种完全非理性化的定义,那我看在最终理解我们心智的旅途上就不会有哥德尔式的障碍。例如,期望着能理解大脑的一般工作原理,就像我们理解汽车发动机的一般工作原理那样,我认为是完全合理的。这完全不同于试图理解任何特定大脑的每个具体细节——更不必说试图对自己的大脑做到这一点了!我看不出**哥德尔定理**怎样才能对这种设想的可行性产生影响,不管对**哥德尔定理**怎样解释都是这样。我看不出**哥德尔定理**能用何种理由来限制我们刻画与核实那种发生在神经细胞介质上的思维过程的一般机制的能力。我看不出**哥德尔定理**怎么会设置障碍,阻止我们在计算机(或它们的后代)之上实现各种能获得和大脑大致相同结果的符号处理功能。那种试图把某个特定的人的心智复制在一个程序中的想法完全是另外一个问题——但构成一个智能程序却是一个有限得多的目标。**哥德尔定理**并没有禁止我们通过程序再现我们自己的智力水平,正像它并没有禁止我们通过 DNA 中遗传信息的传递，再继之以教育，以再现我们自己的智力水平一样。实际上我们在第十六章中已经看 707
到，一个非常哥德尔化的机制——蛋白质和 DNA 构成的怪圈——恰好是使智能得传递的条件。

这样说来，**哥德尔定理**是否与我们关于自己心智的思考毫无关系呢？我想还是有关系的。尽管作用不像某些人所想象的那样神秘和具有限制性。我认为对哥德尔的证明进行理解的过程，理解那些涉及了任意编码的构造、复杂的同构、高低不同的解释层次、以及自我反映的能力，会在我们关于符号和符号处理的表象中注入某种丰富的底蕴和风味，这将深化我们对于不同层次上的心智结构之间关系的直觉。

智能是碰巧不可说明的吗？

在提出哥德尔证明的一种在哲学意义上迷惑人的“应用”之前，我想先介绍一下智能的“碰巧不可说明”性。这种观点含义如下：我们的大脑可能与汽车发动机不同，是一个我们以任何方式也无法分解的难以对付的系统。在目前这种时候，我们不知道我们的大脑是否能通过反复尝试而被劈成整齐的层次，其中每一层都能用更低的层次加以解释——或者我们的大脑是否可能挫败我们的所有进行分解的尝试。

但即使我们在自我理解时遭到失败，在其背后也并非一定有某种哥德尔式的“缠绕”。这可能仅仅是命运的一种偶然结果，是由于我们的大脑碰巧未能强到能理解它自身。不妨以鸡为例，它们的大脑虽然是远远低于自我理解所要求的水平，但仍和我们自己的脑很相像。事实上，螃蟹、树獭、食蚁兽的大脑——甚至乌龟或某种远比我们聪明的未知生物的大脑——可能都基本上在用同一组原理进行操作。螃蟹所具有的智能可能远远低于理解那些原理是怎样相互结合以产生出心智的特性所需要达到的某个阈值，而人可能离那个阈值更近一些——或许正好在它下面，甚至可能在它上面。关键之处是，并没有根本性的（即哥德尔式的）理由说明那些特性是不可理解的，它们对更高级的智能生物来说可能是一目了然的。

不可判定性与高层观点不可分离

除去这种关于脑的碰巧不可说明性的悲观看法之外，哥德尔的证明能为我们解释我们的心与脑提供哪些见解呢？哥德尔的证明提供了这样的观点：一个系统的高层观点可能会包含某种在低层上完全不具有的解释能力。我这样说是这个意思：假设某人给你哥德尔的不可判定串 G，形式上是 TNT 中的一个串。再假设
708 你对哥德尔配数法一无所知。你所要解答的问题是："为什么这个串不是 TNT 的一个定理？"。现在你对这种问题已经很熟悉了，例如，如果对于 S0＝0 问你同一个问题，你可能有一种现成的解释："它的否定～S0＝0 是一个定理"。这样，再加上你知道 TNT 是一致的，就解释了为什么所给出的串是个非定理。这就是我所谓的"TNT 层次上的"解释。请注意，这完全不同于对 WU 为什么不是 WJU 系统的一个定理的解释：前者是在 J 态，后者是在 W 态。

现在 G 怎么样呢？能处理 S0＝0 的 TNT 层上的解释对 G

无能为力，因为～G 不是一个定理。那些对于 TNT 没有整体观点的人搞不懂他为什么不能依照规则生成 G，因为作为一个算术命题，它看上去没有任何毛病。事实上，一旦 G 变成了一个被全称量词约束的串，对 G 中的变量用数字去替换所得到的每个例都可以被推导出来。解释 G 的非定理性的唯一途径是发现哥德尔配数概念，在一个完全不同的层次上来看 TNT。想在 TNT 层次上写出解释决不单是困难和复杂的问题，而是根本不可能做到。这种解释根本就不存在。在 TNT 层上从根本上看缺乏一种为更高层次所具有的解释能力。可以说，G 的非定理性本质上是一个高层事实。我猜测所有不可判定命题都是这种情况，这也就是说：每个不可判定命题实际上都是一个哥德尔语句，它通过某种编码在某一系统中陈述了它自身的非定理性。

意识是一种高层所具有的现象

这样看来，哥德尔的证明就提示了——虽然绝非证明了！——可能存在某种观察心与脑的高层方式，涉及在低层不出现的概念，而且在这个层次上可能会有在低层次上不存在——甚至从原则上讲也如此——的解释能力。这将意味着某些事实在高层可以很容易地得到解释，但在低层则根本不行。无论一个低层陈述被搞得多长、多复杂，它也无法对问题中涉及的现象加以解释。这可以类比于下面这个事实：如果你在 TNT 中反复推导，不论你搞得多长、多复杂，你也绝不可能推出 G 来——尽管事实上在一个更高的层次上你能看到 G 是真的。

这种高层概念是什么东西呢？许多具有整体论或“唯灵论”倾

向的科学家和人本主义者早就提出，“意识”就是一种无法用大脑成分来加以解释的现象，所以至少它可以算一个候选者。另一个更令人迷惑不解的概念是“自由意志”。因此这些性质大概是“浮现”出来的，也就是说，对它们的解释不能仅借助于生理学来完成。但关键是要明白，如果我们在提出这种大胆的假说时想要得到哥德尔证明的引导，我们就必须把这一类比贯彻到底。尤其至关紧
709 要的是，要记住 G 的非定理性是有一个解释的——它不是一个彻头彻尾的谜！这个解释依赖于同时在不止一个层次上进行理解，同时一个层次上的理解方式要反映它的元层次，还依赖于这种反映的结果。如果我们的类比是成立的，那么“浮现”的现象就会变得可以根据心智系统的不同层次的关系来进行说明了。

意识的核心是怪圈

我确信，对我们大脑中那些“浮现”出来的现象——例如想法、希望、表象、类比、以至于意识和自由意志——的解释都基于一种怪圈，一种层次相互作用，其中顶层下到底层并对之产生影响，而与此同时它自身又被底层所确定。换句话说，是不同层次之间的一种自我强化的“共鸣”——正像汉肯句子那样，只是通过断定自己的可证明性，使它真的变成可证明的了。自我成为一种存在的时刻也恰是它具有反映自身能力的时刻。

上面的观点不应当被看作是一种反简化论的立场。它只是意味着，一种对心智的简化论解释，如果要成为可理解的，就必须引进像层次、映射、意义等等“软”概念。原则上，我不怀疑存在着关于大脑的彻底简化论的、但却是极其费解的解释，问题在于怎样才

能将其翻译成为我们自己所了解的语言。当然我们不要一个根据粒子的位置和动量所作出的描述，我们想要一个把神经活动与“信号”（中层现象）联系起来的描述——然后再把信号联系于“符号”和“子系统”，包括那个预先假设其存在的“代表自我的符号”。这种从低层物理硬件到高层心理软件的翻译类似于从数论判断到元数学判断的翻译。你还会记得，正是在这个翻译中出现的层次构成了哥德尔的不完全性和汉肯句子自我证明的特征。我猜测正是一种类似的层次交叉造成了我们几乎不可分析的自我意识。

为了应付内容丰富的脑-心系统，我们必须能在层次之间随心所欲地滑移。更进一步来说，我们还必须承认各种类型的“因果关系”，即一个描述层次上的事件能以各种方式“导致”其他层次上的事件的发生。有时候说事件 A“导致”了事件 B，只不过是因为其中一个是另一个在别的描述层次上的翻译而已。有时候“因果关系”具有它通常所具有的意义：物理因果关系。这两种因果关系——可能还有其他种——都必须在对心智的任何解释中被承认，因为我们在精神的缠结层次结构中必须同时承认因果链的向上和向下传播，就像在中心法则映射中那样。

在我们自我理解过程的核心，将会是对我们心智中的层次结 710
构的理解。我的立场很接近于神经科学家罗杰·斯珀里在他的《心智、大脑与人道主义的价值观》这篇精彩的文章中所表达的观点。下面是引自那篇文章中的一段话：

> 在我自己所设想的大脑模型中，意识被表示成一种非常真实的动因。我认为它在脑中事件的因果序列和控制链中发

挥着重要作用。它在这些过程中表现为一种活跃的、起作用的力量……。简而言之，它导向这样一个问题：在充斥着脑海的各种动力之间到底是谁在推着谁转。换言之，这就是要列出脑中控制成分之间的等级关系。在人脑中存在着一个由形形色色的动力所组成的世界，而且动力里面又包含着动力。在我们所认识的宇宙里，没有比这几十厘米见方的空间中所包含的东西更为复杂的现象了。……长话短说，如果我们不断沿脑中命令链向上攀登，我们会在其顶端发现那些全面组织起来的动力和大规模的脑兴奋模式，它们和心理状态或精神活动相互关联……。在大脑里的这个命令系统中离顶点不远的地方……我们发现了思想。人之所以优越于黑猩猩，就是因为人有思想和观念。在这里提出的大脑模型中，一个想法或观念的潜在动力，变得像一个分子、一个细胞、或一个神经脉冲所具有的动力那样真实。思想引出了思想，并且为新思想的形成提供了帮助。它们彼此相互作用，和同一个大脑或邻近的大脑中的心理力量相互作用，而且借助于全球通讯系统，还能和千里之外的其他国家中的大脑里的心理力量相互作用。它们还和外部环境相互作用，在进化过程中产生了突破性进展，这一进展远远超过了迄今为止在进化过程中发生的其他进展，包括有生命的细胞的突然出现在内。[4]

在主观语言和客观语言这两种论述语言之间有一个著名的分裂。例如，“主观的”红色感受和“客观的”红光波长。对很多人来说，这二者似乎永远是不可调和的。我不这样认为。正像关于艾舍尔的《画手》的两种观念并非不可调和一样——一种是“在系统内看”，此时两只手在互相画；另一种是从外面看，此时它们都是艾舍尔画的。对红色的主观感受来自大脑的自我感知中心，而客观的波长则属于你退出系统之外时的观察事物方式。尽管我们之中没人能退得足够远，以至于可以把一切都看成一副“大画”，但我们不应忘记这幅大画是存在的。我们应当记住，物理定律是所发生的一切的原因——它们藏在神经网络的犄角旮旯的深处，是我们高层次的内省式探究所无法企及的。

自我符号与自由意志

在第十二章中我曾提出，我们所谓的自由意志实际上是代表自我的符号（或子系统）与脑中的其他符号相互作用的结果。如果我们把符号看成上面附有意义的高层实体，那我们就可以试着解 711
释一下符号、自我符号和自由意志的相互关系了。

为了要认识自由意志问题，一种办法是先用一个我认为是等价的问题来替换它，而这个问题相对来说涉及的概念不那么复杂，也不太引起异议。我们不再问“系统 X 是否有自由意志?”，而是问“系统 X 是否在进行选择?”。通过仔细探讨当我们把一个系统——机械的或生物的——描述成“能够进行选择”时，到底是什么意思，我想我们能对自由意志有进一步的理解。下面我们来看几个不同的系统，在各种各样的环境中，我们会觉得应当把它们都描绘成是“在进行选择”。考察这样的系统会对我们有所帮助，而且从这些例子中，我们将对“在进行选择”到底是什么意思有所了解。

让我们以下述系统作为范例:一个小球滚下一个高低不平的山坡;用一个袖珍计算器依次求 2 的平方根的小数展开式中的各位数字;一个能下一手好棋的复杂程序;一个机器人在走 T 型迷津(这种迷津中只有一处岔路,在岔路的一端放有奖品);还有一个正在对付复杂矛盾的人。

首先,小球滚下山坡时是一种什么情况呢?它是在选择吗?我想我们大家都会同意说它没有,尽管我们当中没人能预测它所走的路径,甚至连预测其中一小段都做不到。我们觉得它在实际所通过的路径之外不可能走别的路,而它只不过是被无情的自然规律所迫才这样做的。当然,根据我们组块化了的"心智物理学",我们能够为这个小球想象出许多各不相同的"可能的"路径,而我们看到它在现实世界中只通过其中的一条。因此,在我们心智的某个层次上,我们可能不禁会觉得这个小球是在那一大堆想象的路径里"选择"了唯一的一条。但是,在我们心智中的另一个层次上,我们会本能地理解到这种心智物理学只是在我们为世界建立内心模型时起辅助作用,而使真实的物理事件序列得以发生的机制并不要求自然界在某个假想的宇宙("上帝之脑")中先经过一个类似的过程来制造出各种可能性,然后再在它们之中进行选择。因此我们不会把这一过程称之为"选择"——尽管我们承认在类似情况下使用这个词常常是具有实用意义的,因为它具有一些启发性。

对那个用来求 2 的平方根的可编程序计算器和那个弈棋程序,我们又能作何评论呢?在这里我们可以说碰到了一个"想象的"小球,滚下一个"想象的"山坡。事实上,在这种情况下反对"作出选择说”的证据要比小球那种情况更强。原因是如果你要想重复那个小球实验，你无疑会看到一条完全不同的通向山坡下面的路径；而如果你重新运行那个求 2 的平方根的程序，你每次都会得到同样的结果。那个小球似乎是每次都“选择”了一条不同的路径，不管你怎样精确地试图重现它初次往下滚时的条件，而那个程序每次都通过完全相同的路径。

对那个假想的弈棋程序的情况来说，存在着各种不同的可能性。如果你和某些特定的程序对弈，然后第二盘采用和第一盘完 712
全相同的走法，这些程序也将准确地重复以前的走法，丝毫看不出学到了什么东西或具有什么变化的愿望。另外，有一些程序带有随机装置，能够产生一些变化，但并非出自于任何深切的期望。这种程序中的内部随机数发生器可以被重置成初始状态，然后就能导致同样的对局。还有一些程序的确能从它们的失误中吸取教训，而且能根据对局的结果改变它们的策略。这种程序就不会连续重复同一盘对局。当然，你也可以使时光倒流，抹去存储器中表示学习的所有变化，就像你能重置随机数发生器一样，但这样做似乎有些不太友好。此外，我们有理由怀疑，如果所有细节——当然包括你的脑——都被重置成它们初次发生时的状态，那么你就能改变你自己过去所做的决定吗？

不过还是让我们转回到原来的问题，即在这里“选择”这个概念是否适用。如果程序只不过是“滚下想象的山坡的想象的小球”，那它们是否在作选择呢？当然答案必然是主观的，不过我要说在这里所考虑的情况和小球的情况基本相同。但是，我必须补充说明，使用“选择”这个词的要求变得非常强烈，尽管你只是把这个词作为一种方便的或带启发性的简称而已。一个弈棋程序能够超前搜索许多可能的岔路,这完全不同于一个滚动的小球。这个事实使得它更像一个生物,而不像一个计算 2 的平方根的程序。但是,在这里仍没有深刻的自我认识——也不存在自由意志。

现在让我们接着来设想一个拥有一堆符号的机器人。这个机器人被放在一个 T 型迷津中。但是,给它编的程序不是让它去寻找奖品,而是让它在 2 的平方根中的下一位数字是偶数时就向左转弯,是奇数时就向右转弯。现在这个机器人能够用它的符号来为外部环境建立模型,这样它就能观察到它自己所作的选择。每当走到 T 型路口时,如果你问这个机器人说:"你知道你这次会往那边转弯吗?"它会回答说"不知道"。然后为了继续前进,它将激活它的"决策器"子程序,该子程序能算出 2 的平方根中的下一位数字,并据此作出决策。但机器人对决策器的内部机制一无所知——它用机器人的符号来表示时只不过是个黑箱,以某种神秘的、而且好像是随机的方式输出"左"和"右"。除非这个机器人的符号可以摸出这个决策器的"脉搏",否则它也会对它自己所作的"选择"大惑不解的。那么这个机器人是否在作选择呢?你可以设身处地的去想想。如果你被封装在一个滚下山坡的小球里,完全无法影响它的滚动路径,但能够用你全部的人类智能去观察它,你是否会觉得这个小球通过的路径与某些选择有关呢?当然不会。除非你的思想在影响着结果,否则即使有符号存在也无济于事。

713 因此,现在我们要对我们的机器人做一个修改:我们允许它的符号——包括自我符号——被用来影响所作的决定。那样,在这个完全依照物理定律运行的程序的例子中,就似乎比前面那些例子更多地深入了选择的本质。当这个机器人自己的组块化“自我”概念出现后，我们就开始与这个机器相认同了，因为它的所作所为与我们相似。它不像计算 2 的平方根时那样，似乎不用任何符号来控制作出决定的过程。诚然，如果我们在一个相当低的层次上来看这个机器人的程序，那和平方根程序也差不多。它也是一步一步地执行，最后输出“左”或“右”。但在一个较高的层次上我们可以看到，事实上符号正在被用来摹写环境和影响决定。这就极大地影响了我们对这个程序的看法。在这个阶段，“意义”已经进入了视野——正像我们用我们自己的心智所处理的那种意义一样。

一个层次交错的哥德尔漩涡

这时，如果外边的某个动因建议这个机器人下一次选择“左”，这个建议就会被送到那一大堆彼此纠缠不休的符号中去。在那里，它将被无情地吞没在与自我符号的相互作用之中，就像一叶小舟被吸进漩涡一样。这就是系统中的漩涡，那里，所有层次都相互交错。这时，那个“左”碰到了一个符号的缠结层次结构，并在层次间被上下传送。自我符号并不能控制它的所有内部过程，因此当一个实际决定出现时——“左”“右”或系统之外的什么东西——系统将无法说清它来自何处。这不像一个标准的弈棋程序，在那种情况下程序不控制它自己，因此也就不知道它的棋步是哪里来的。在这里，程序是在进行自我控制，也具有关于它的想法的想法——但它不能控制它自己行动的每个细节，因此会对它的工作过程有一种“直觉”，但没有完全的理解。自由意志的感觉就产生于这种“有自知之明”和“无自知之明”的平衡中。

例如,让我们考虑一个作家,他想把他心理表象中的一些想法表达出来。他拿不准这些表象在他心目中是如何相互联系的,因此就不断地尝试,在表达事物时开始用这种方式,后来又用那种方式,最后才选定某种说法。但他知道这一切都是哪里来的吗?只有一些模糊的感觉。其来源像一座冰山一样,大部分都深藏在水下,是看不见的——而他知道这一点。我们还可以考虑一个作曲程序——就像我们前面所讨论过的那种——并想想什么时候我们才能觉得应当称它为一个作曲家,而不仅是一个人类作曲家的工具。或许促使我们这样做的条件是在程序内部存在着用符号表示的关于自我的知识,而且该程序在有自知之明和无自知之明之间平衡得恰到好处。这与系统是否以确定的方式运行毫无关系,使得我们将它说成是“在做选择”的是:我们是否能认同于程序运行
714 时所产生的过程的一个高层描述。在一个低级层次上(机器语言层),这个程序看起来很像任何其他程序,而在一个高级层次上(组块化层),会浮现出“意愿”、“直觉”、“创造性”和“意识”等性质。

关键的思想是这个漩涡本身就决定了心理过程的缠结性和“哥德尔式的”特性。有人曾对我说:“关于自指等等这些东西很有趣,但你真的认为这里面有严肃的问题吗?”我当然是这样认为的。我认为最终将会发现这些问题处于人工智能的核心之中,而且是所有理解人类心智工作方式的尝试的焦点。因此,我才把哥德尔这块稀世瑰璧深深地镶嵌在我这本书之中。

一个层次交错的艾舍尔漩涡

在艾舍尔的《画廊》(图142)中,为我们提供了对一个缠结的

图 142　画廊，艾舍尔作（石版画，1956）。

层次结构中的“台风眼”的一个美妙得令人吃惊的、同时又荒诞得令人烦乱的描绘。我们在其中所看到的是一个画廊，里面站着一个青年，正在看一幅画。画里有一艘船停泊在一个城镇的港湾中，这个城镇可能是在马耳他。之所以这么说，是因为这里的建筑物中有一些小塔楼，偶尔可以见到小圆屋顶，还有平的石屋顶。其中的一个屋顶上面坐着个男孩，正悠闲地在晒太阳。比他低两层楼的地方有个妇女——也许是他母亲——正从她房间的窗户朝外看，而她的房间下面正是一个画廊，里面站着一个青年，正在看一幅画。画里有一艘船停泊在一个城镇的港湾中,这个城镇可能是在马耳他——怎么!? 我们又回到了我们出发时所在的那个层次,尽管从逻辑上说我们决不可能这样做。让我们把所看到的东西画成一张图(图 143)。

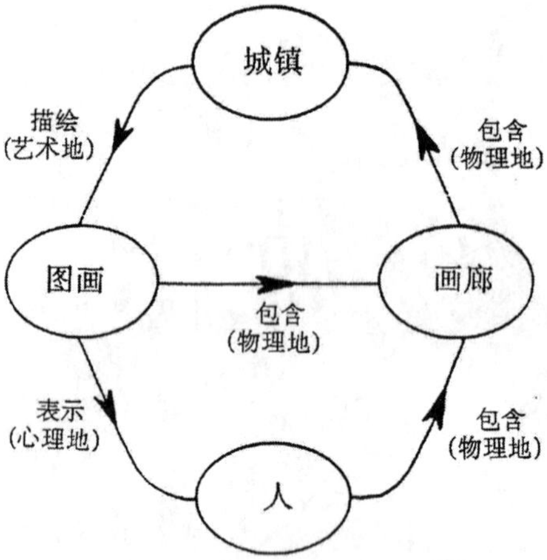

图 143　艾舍尔的《画廊》的抽象图示。

715 这张图所表示的是三种“之中”。画廊是物理地处于城镇之中(“包含”),城镇是艺术地处于图画之中(“描绘”),而图画又是心理地处于人脑之中(“表现”)! 现在虽然这张图似乎已经令人满意了,事实上它还是带任意性的,因为所示层次的数目有非常大的任意性。下面是表示该图上半部分的另一种方式(图 144)。

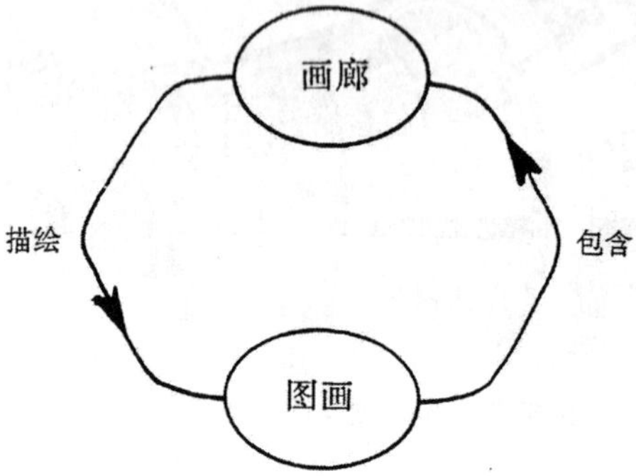

图 144　上图的一种压缩形式。

716 我们已经消去了“城镇”那个层次,从概念上说它是有用的,但缺了它也无关大局。图 144 看上去很像那张对应于《画手》的示意图:都是一个由两个步骤构成的怪圈。步骤的划分是任意的,尽管它们在我们的头脑看来可能很自然。为了进一步强调这一点,我们可以为《画廊》画出一张再次“压缩”了的示意图，如图 145 所示：

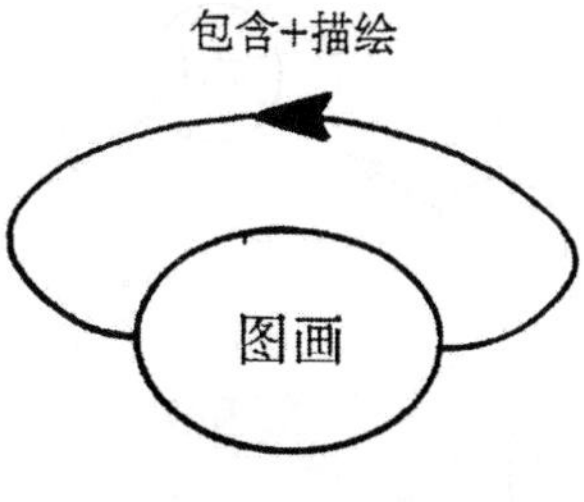

图 145　图 143 的进一步压缩形式。

这就以赤裸裸的形式把图画中的悖论展现出来了。那么——如果说这幅画是“在它自身之中的”，则那个青年不也是在他自身之中的吗？这个问题的答案在图 146 里。

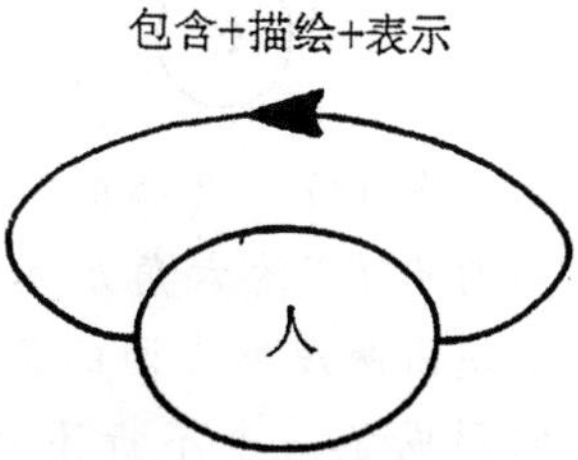

图 146　对图 143 进行压缩的另一种方式。

这样，我们就看到这个青年“在他自身之中”，这是在“之中”的三种不同意思联合起来所形成的一种有趣意义下而言的。

这张图使我们想起了通过一步就构成自我相关的说谎者悖论，而那张包括两个步骤的图则类似于互相谈论的一对句子。我们不能使这个循环变得更紧缩了，但我们可以把它张得更大，即选择插入任意数目的中间层次，例如“画框”，“画廊”和“建筑物”。如果我们这样做的话，我们将得到多步骤的怪圈，与《瀑布》(图 5)及《上升与下降》(图 6)同构。层次的数目要依我们看来怎样才算“自然”而定，这可能会取决于环境、目的或心智的框架。一个人在哪些地方能感知到层次，这是一个与直觉和审美偏好有关的问题。

那么对于我们这些“画廊”的观众来说，是否也会由于看了这幅画就被吞没在自身之中了呢？并非如此。我们因为身在该系统之外，所以能逃离那个漩涡。而且当我们看这幅画的时候，我们能

717 看到那个青年无法看到的东西，例如在中心的那个“疵点”上的艾舍尔的签名“MCE”。虽然这个疵点看起来像一个缺陷，但这缺陷是在我们的期望之中的，因为事实上艾舍尔无法完成图画的那一部分，除非他违背他作画时所一贯遵循的规则。漩涡的中心是——而且必须是——不完全的。艾舍尔可以使这一部分任意地小，但他无法彻底摆脱这个问题。这样，我们在外面可以知道“画廊”从根本上说是不完全的——这个事实是画中那个青年所无法得知的。艾舍尔就是这样地为**哥德尔不完全性定理**提供了一个形象化的比喻。因此，我才把哥德尔和艾舍尔这两块稀世瑰璧深深地镶嵌在我这本书之中。

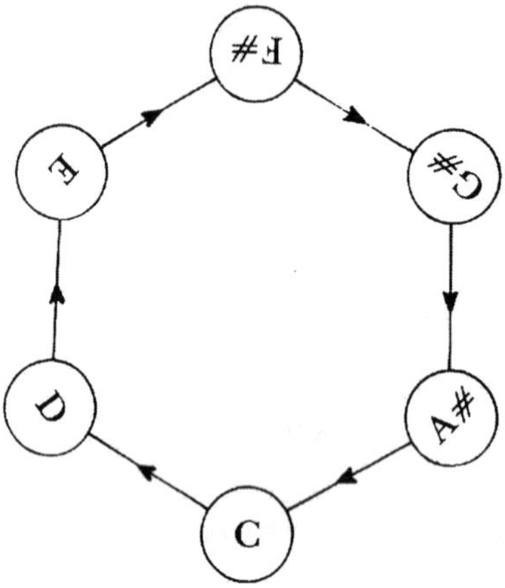

图 147　巴赫的“无穷升高的卡农”的六角形示意图。在使用谢泼德音调的条件下，它形成了一个不折不扣的闭合循环。

一个层次交错的巴赫漩涡

当我们在看怪圈的图示时，不禁会想起《音乐的奉献》中的无穷升高的卡农。它的示意图包含六个步骤，就像图 147 所示的那样。不幸的是当它返回 C 调时，它和开始时的音高相比高了一个八度。令人惊讶的是，使用所谓的“谢泼德音调”，就可以使它恰好返回到起始时的音高。这种想法是心理学家罗杰·谢泼德发现的，因此也就以他的名字命名了。谢泼德音阶的原理如图148所示。

718

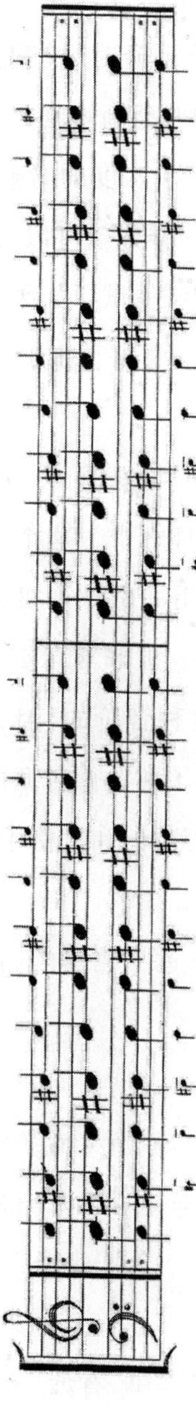

图 148　谢泼德音阶的两个完整周期的钢琴谱。每个音符的音量与其大小成正比,因此,当最上面的声部消失时,下面一个新的声部出现了。[该图为唐纳德·伯德的程序“斯马特”所印出]

如果用语言来描绘是这样的:在若干不同的八度音域中演奏平行的音阶,每个音符独立地加权,而且当音符上升时,权重就发生变化,让最上面一个八度逐渐减弱,而与此同时逐渐增强最下面的一个八度。当在一般情况下你已经升高了一个八度的时候,权重的变化使得你恰好重现了原来的音高……,这样你就可以"永远向上走",其实一点也没升高!你不妨找架钢琴试一试。如果音高是在计算机控制下精确地合成出来的,效果还会更好。那时这种错觉就会强得足以使人上当了。

719 这个奇妙的音乐发现使得"无穷升高的卡农"可以这样演奏:当它"升高"了一个八度之后,又回到了自身之中。这个主意是我和斯科特·凯姆一起想出来的,而且已经用一个计算机音乐系统实现在一盘磁带上了。其效果极其微妙——但非常真实。有意思的是巴赫本人在某种意义下显然是知道这种音阶的,因为在他的曲子中不时能发现一些段落在大体上利用了谢泼德音调的普遍原理——例如在他为管风琴所写的《G小调幻想曲和赋格中幻想曲》的中部。

汉斯·西奥多·大卫在他的著作《约·塞·巴赫的〈音乐的奉献〉》中写到:

> 在整部《音乐的奉献》中,读者、听众和演奏者始终都在寻找各种形式的国王主题。因此这个作品可以说是一部名副其实、不折不扣的"探求曲"。⑤

我认为这是真实的。没人能把《音乐的奉献》看透。当一个人自以为知道了其中的一切的时候，总还有他所不知道的东西。例如，在其中那个他不情愿即席演奏的六部无插入赋格的结尾处，他狡猾地把自己的名字藏在了上面两个声部之间。在《音乐的奉献》中，事情往往在许多层次上发展。有关于音符和字母的技巧，有国王主题的精巧变奏，有各种原始形式的卡农，有复杂得异乎寻常的赋格，有优美并极其深沉的情感，甚至还有由作品发展的多层次性所带来的喜悦。《音乐的奉献》是一部赋格的赋格，很像艾舍尔和哥德尔所构造的那种缠结的层次结构，是一个智慧的结晶。它以一种我无法表达的方式使我想起了人类思维这个美妙的多声部赋格。因此，我才在本书中把**哥德尔**、**艾舍尔**、**巴赫**这三块我精心收**集**的**异**彩夺目的瑰**璧**嵌为一体，并使**之**发扬光**大**、辉映**成**章。而这三块有**异**曲同工之妙的奇珍，也因此凝**集**成了一个珠联璧合的整体。

六部无插入赋格

阿基里斯带着大提琴来到螃蟹的住所，同螃蟹和乌龟一起举办一个室内乐晚会。主人螃蟹把他引进音乐厅，又走到门口去迎接他们共同的朋友乌龟。这间屋子里到处都是电子设备——各种完整的和破烂的唱机、连着许多键盘的电视屏幕，以及其他一些罕见的装置。在这些大功率的物件中间摆着一架普通的收音机。在这间屋子里的各种设备中，阿基里斯只知道到这台收音机怎么使，于是他走过去，有点鬼鬼祟祟地拧了拧收音机的调谐度盘。他调到了一个频道，里面有六个学者正在讨论自由意志和决定论的问题。他听了两句，然后带着点嘲弄的神情把它关上了。

阿基里斯：没有这种噪音我照样行。其实，对于想过这个问题的人来说，它挺清楚的，它就是——我是说，问题并不难解决，只要你理解了如何——或者，说得更抽象点，人们可以通过思考，或者至少想象某种情境来搞清全部情况，嗯，我本以为自己心里很明白这个问题。也许听听这个节目对我还是有好处的……

（乌龟进来了，拿着他的小提琴。）

嘿，嘿，小提琴家来了！你这个星期一直在练习吗，龟兄？我一天至少要练习两小时《音乐的奉献》中的三重奏鸣曲的大提琴部分，挺刻苦的吧？你知道，听音乐会的时候，你所听到的只是美妙动人的乐曲，可那是长期枯燥训练的结果，而那种翻来覆去的练习在别人听来简直就是噪音！

乌龟：没有这种噪音我照样行。我发现偶尔练上一会儿就足以使我能很熟练地演奏了。

阿基里斯：呃，你可真幸运啊。我要是也能这么轻松多好。哎。主人在哪儿啊？

乌龟：我想他是取长笛去了。瞧，他来了。

（螃蟹走进来，拿着他的笛子。）

阿基里斯：哦，老蟹，这个星期我一直在满怀热情地练习那首三重奏鸣曲，一边演奏我心里一边产生各种幻象：快活的咯咯叫的野蜂、忧郁的嗡嗡叫的火鸡，以及别的一些发着不同叫声的东西，音乐太具有魔力了！

螃蟹：没有这种噪音我照样行。阿基，你不该把《音乐的奉献》当做是描写动物的作品。

乌龟：老蟹说得对，阿基，《音乐的奉献》不是标题音乐。

阿基里斯：不过，我喜欢动物，即使你们这两个迂夫子不赞成。 721

螃蟹：我不认为我们是迂夫子，阿基。我们是说你听音乐有你自己的独特方式。

乌龟：我们坐下来演奏吧。

螃蟹：我期待着那位钢琴家朋友光临寒舍，为我们表演低音部。我亟愿您能与他一晤，阿基。然而他或不幸竟不能莅临。故我等不妨先开始，仅吾三人就足以演奏三重奏了。

阿基里斯：老蟹，在我们开始以前，我想知道你摆在这儿的这么多各式各样的设备都是什么玩意儿？

螃蟹:噢,它们大都是些零碎儿——破旧的唱机上的杂碎儿。是些纪念品(紧张地按着按钮)——是使我出了名的那场龟蟹之战中留下来的。而那些连在电视屏幕上的键盘是我的新玩具。我一共有十五台,它们是新型的电子计算机,一种很小、很灵活的计算机——比起以前的计算机来要先进多了。很少有人像我这样对它们怀有如此之大的热情,然而我深信不疑:它们将来会很流行的。

阿基里斯:它们有专门名称吗?

螃蟹:有,它们叫"灵笨机",因为它们非常有潜力,既能很机灵,又能很愚笨,全看操作者的技巧。

阿基里斯:你是说你认为它们实际上可以变得——比如说——像人类那么机灵。

螃蟹:可以这么说——因为,然唯有于灵笨机操作技巧训练有素者方能做得到。鄙人不曾有幸结识这方面的真正行家,甚是可惜。然邦外确有一专家,为众望所归——他若亲来,于不佞实为无上之欣悦,俾我亦可藉此有幸一睹灵笨机使用的真正技巧。然他竟未克惠临,致使吾几疑或竟无福享此乐趣。

乌龟:跟一台由高手操作的灵笨机对弈一定十分有趣。

螃蟹:此念甚妙。为灵笨机编一套高超的弈棋程序,会成为昭显技巧的极好标志。更为有趣的——然而也是复杂得令人难以置信的——是给一台灵笨机足够的指令,使它能胜任一场谈话。这会使人觉得它就是人!

阿基里斯:这可太有意思了,我刚才还听了点关于自由意志和决定论的讨论呢,它又一次使我不得不思考这些问题。我承认,过

去我想这些问题时,思想就很混乱,到最后我真的都不知道我在想什么了。可是这种有关一台可以跟你谈话的灵笨机的想 722
法……它叫人莫名其妙。我是说,要是你就自由意志问题问问灵笨机的意见,它会怎么说呢?我还想,不知精于此理的你们二位愿不愿意按照你们对这个问题的理解给我解释解释,让我满足满足?

螃蟹:阿基,你想象不出你的问题有多恰当。我谨愿我的琴师朋友在此,因为我知道你要是听到他在这一问题上的高论,一定会着迷的。趁他还不在,我想告诉你一段话,是我最近从一本书的结尾部分中一篇对话里看到的。

阿基里斯:不是《金、银、铜——聚宝藏之精华》吧?

螃蟹:不,我记得书名是《长颈鹿、大象、狒狒——热带草原的动物寓言》——或诸如此类的什么东西。反正是在刚才提到的那篇对话的结尾处,有个活宝引用了明斯基论自由意志的话。这之后不久,在跟另外两个人谈话时,那个活宝就音乐的即兴演奏问题又引了明斯基的话,还谈到Lisp语言、哥德尔定理。注意,他扯了这么一大堆,可根本没提明斯基!

阿基里斯:啊,真不知耻!

螃蟹:我应该承认,在那篇对话靠前的部分里,他暗示过他会在结尾处引用明斯基的话,所以这也许是可以原谅的。

阿基里斯:我也有同感。不管怎么说,我很想听听明斯基对自由意志的高见。

螃蟹:啊,是的……马尔文·明斯基说:"智能机一旦建立,如果发现它们在对心灵、意识、自由意志诸如此类事物上的信念同人一样混乱、一样固执，那将是不足为怪的。”

阿基里斯：我喜欢这话！真是种有意思的想法。自动机认为自己有自由意志！这就像我认为我没有自由意志一样愚蠢！

乌龟：我猜你也许没想到，阿基，我们三位——你、我、还有老蟹——可能是一篇对话里的三个角色，说不定那还是一篇跟老蟹刚才提到的相类似的对话呢。

阿基里斯：哦，我当然想到了，每个正常人偶尔都会有这种想象。

乌龟：还有食蚁兽、树懒、芝诺、甚至**造物神**——我们可能全都是一本书里一系列对话中的角色哩。

阿基里斯：的确有可能。作者说不定也会进来弹弹钢琴呢。

螃蟹：此亦吾所愿也。然他素来迟到。

阿基里斯：你还真认为我信以为真啦！我可知道我没有被另外什么有智慧的生物以任何方式控制！我的思想是我自己的，我按照我的愿望来表达——这点你不能否认！

乌龟：这些谁也没否认，阿基。但是你所说的一切同你在某篇对话里所担任的角色是极为一致的。

螃蟹：那篇文章——

723 阿基里斯：我反对！也许老蟹的那篇文章和我的反对都被机械地决定了，可我拒绝相信这种说法。我可以接受物理决定论，但是我不能接受我只不过是某种别的智慧生物的虚构物的想法！

乌龟：你是不是有个硬件的大脑这确实不重要，阿基，如果你的大脑是别人大脑中软件的一部分，你的意志同样是自由的。而他的大脑说不定也是某种更高层次的大脑中软件的一部分……

阿基里斯：多荒诞的想法！不过，我得承认，我确实愿意去找找那些巧妙地隐藏在你诡辩里的漏洞，来吧，争取说服我，咱们较量较量。

乌龟：你没注意到吗，阿基，你的朋友们都有点不同一般？

阿基里斯：当然。你很古怪（我知道我说这话你不在意），甚至老蟹也有点怪怪的。（原谅我，老蟹。）

螃蟹：哦，不必多虑。

乌龟：可是，阿基，你忽视了你的朋友们的一个最显著的特征。

阿基里斯：哪个特……？

乌龟：我们都是动物啊！

阿基里斯：哦，哦——是这样。你们个个儿都这么聪明。你要是不说，我还真不会这么明晰地意识到这一事实呢。

乌龟：这还不是充分的证据吗？就你所知，有多少人成天同会说话的乌龟、螃蟹待在一起？

阿基里斯：我得承认，一只会说话的螃蟹是——

螃蟹：当然是挺反常的。

阿基里斯：没错儿，是反常——不过这是有先例的，文学作品里有过这种事。

乌龟：对——文学作品里有，可现实生活里有吗？

阿基里斯：叫你这么一说，我还真回答不上来了。我得想想。不过，这还不足以使我相信我是一篇对话中的一个角色。你有别的证据吗？

乌龟：你还记得有一天我们在公园里相遇了，而且从表面上看纯属偶然？

阿基里斯:是我们讨论艾舍尔和巴赫的《螃蟹卡农》的那天吗?

乌龟:正是!

阿基里斯:还有老蟹,我想起来了,他在我们的谈话进行到近一半时不知从哪儿冒了出来,唠叨了一些怪事,然后又离开了。

螃蟹:不是"近一半时",阿基,是恰好一半时。

阿基里斯:嗯,就算是吧。

乌龟:你发现没有,谈话中你说的话跟我说的是一样的——只是顺
724 序相反?只有个别词改动了,但总的来说,我们那次相遇有一种时间对称。

阿基里斯:那有什么!那不过是变戏法。也许都是用镜子变出来的。

乌龟:不是什么戏法,阿基,也没有镜子:这正是那位勤奋的作者的功劳。

阿基里斯:哦,我觉得谈这个真没劲。

乌龟:怎么回事,你常常觉得没劲儿吗?

阿基里斯:哎,这段话我觉得挺熟,好像在哪儿听到过类似的话,可我忘了是谁说的。

乌龟:你说的,阿基。

螃蟹:这些话也许那天在公园说过,阿基。你还能回忆起那天你跟龟兄的谈话是如何进行的吗?

阿基里斯:模模糊糊。开头他说:"周末愉快,阿基",而结尾时,我说:"周末愉快,龟兄",对吗?

螃蟹:我这儿正好有个抄本……

(他在他的音乐箱里摸来摸去,抽出一张纸条,递给阿基里斯。

随后一边留心阿基里斯，一边烦躁不安地动来动去。）

阿基里斯：这真怪，非常非常奇怪……就是在一瞬间，我察觉到了某种——古怪。好像有人实际上事先安排好了全套对话，甚至连我那天谈话中的每个细节都计划好了。也就是说，原来我们一直是在那个人的大脑里吵吵嚷嚷，天呐，这得是多大的噪音啊！必须经过这样一个阶段才能把这一切写出来吗？

（这时，门突然打开了，作者走进来，拿着一大摞手稿。）

作者：没这种噪音我照样行。你们知道，我的角色一旦形成，它们似乎就有了自己的生命，安排它们的对话我不用费多大劲儿。

螃蟹：嘿，你来了！我还以为你不来了呢。

作者：很抱歉来晚了。我走差了道儿，还岔得挺远。不过，我还是回来了。再次见到你们很高兴，龟兄、老蟹。阿基，见到你我特别高兴。

阿基里斯：你是谁？我以前从没见过你。

作者：我是侯世达——叫我老侯好了——我现在正在写一本书，书名是《哥德尔、艾舍尔、巴赫——集异璧之大成》。你们三位都是这本书里的角色。

阿基里斯：见到你很愉快。我的名字是阿基里斯，而——

作者：无须介绍你自己，阿基，我已经熟知你了。

阿基里斯：奇怪，奇怪。

螃蟹：他就是我说要来为我们演奏钢琴的那位先生。

作者：我在家里已经用钢琴弹了一点《音乐的奉献》，总是不能完全不出错儿。要是你们能迁就的话，我可以凑合着弹弹那首三重奏鸣曲。

乌龟:哦,我们这里的人都挺宽容的,都是业余爱好者嘛!

725 作者:我希望你不在意,阿基,我想那天你跟龟兄在公园里说了顺序相反的相同的话,这事儿得怪我。

螃蟹:别忘了我!我也在那儿,在谈话时,我也扯了一会儿呢!

作者:当然!你是《螃蟹卡农》里的那只螃蟹。

阿基里斯:所以你说是你操纵了我们的谈话?我的大脑是你大脑中的软件子系统?

作者:你想这么说也可以,阿基。

阿基里斯:设想我写了些对话,那谁算是这些对话的作者呢?你还是我?

作者:当然是你啦。至少在你所在的那个虚构的世界里,你被认为是作者。

阿基里斯:虚构的?我看不出它是虚构的!

作者:而我也会在我所在的世界里被认为是作者,虽然我还不能肯定这样做对不对。而那个使我让你写下你的对话的人会在他的世界里被认为是作者(从他那里看,我的世界就是虚构的了)。

阿基里斯:太叫人不敢相信了。我以前从未想到我的世界之上还有一个世界——而现在你暗示在这之上有一个。这就像爬一段熟悉的楼梯一样,在你走到头儿之后还要往上走——或者说,在你走完通常已走到头儿的一段之后,还要继续上。

螃蟹:换句话说,从你过去认为是现实的生活中醒来,发现它乃幻梦而已。这可以一再发生,无法逆料它会止于何时。

阿基里斯:最叫人困惑的是我梦中的人物怎么会有它们自己的意

志,怎么能独立于我的意志而各行其是。仿佛在我做梦的时候,我的心智只是个舞台,在它上面某些别的有机体具有了自己的生命。而当我醒来时,它们就都溜掉了。我真想知道它们到哪儿去了……

作者:你把它们赶走时,它们就都跑到嗝所去的地方了:到堕界去了。打出的嗝和梦中的生命都是一些软件子有机体,存在于外在宿主有机体中。宿主有机体为它们提供了舞台——或者甚至可以说提供了宇宙。一时间它们具有了生命,但是若宿主有机体的状态发生了变化——例如,醒来——那么,那些子有机体就瓦解了,不再作为彼此独立、自身统一的东西而存在了。

阿基里斯:就像沙堡,一个浪头打来,便会消失得无影无踪,是吗?

作者:正是这样。嗝、梦中的人物,甚至对话中的角色,当它们的宿主有机体发生某种状态变化时,就会统统瓦解。然而,正像你描述的那些沙堡一样,所有形成它们的那些东西依然存在。

阿基里斯:我反对只是像个嗝那样存在!

作者:可我现在也要把你比作沙堡,阿基。这不很有诗意吗?此 726
外,要是你只不过是我大脑里的一个嗝,那我也不过是某个层次的作者大脑里的一个嗝,这一事实也许会给你些安慰。

阿基里斯:可我是这么一个活生生的生物啊——很显然是由血肉和骨头构成的。这你不能否认!

作者:我无法否认你的这种感觉,可是想想梦中的生物吧:虽然他们不过是软件的幽灵,却具有一点不比你少的相同感觉。

乌龟:哎,我说,够了,够了!让我们坐下来演奏吧!

螃蟹：主意甚佳——且现有作者惠临，他会以其对三重奏鸣曲之钢琴部的演奏愉悦我等之耳的，此作曾被巴赫弟子科恩伯格加过和声。幸哉我等！（领作者到他的一架钢琴前）我希望您觉得座位舒适，您可以调调位置，您——（屋子里响起奇怪而柔和的振动声。）

乌龟：请原谅，这奇怪的电子声是怎么回事？

螃蟹：啊，此乃发自一灵笨机，意为将有新通知闪过屏幕。此类通知常只是些来自控制着所有灵笨机的主控程序的不太重要的通告。（他手里拿着长笛走到灵笨机前，看着它的屏幕，随即兴奋地转向聚在一起的乐师们）先生们，老巴来了。（他把长笛放到一边）我们理当马上迎迓他进来。

阿基里斯：老巴！是那个你选来今晚在此给我们表演的著名即兴演奏家吗？

乌龟：老巴！这只能是指一个人——那个著名的查尔斯·巴比奇先生，文学士、皇家学会会员、皇家工程学会会员、皇家天文学会会员、皇家统计学会会员、皇家艺术学院荣誉院士、帝国道德学院成员、皇家白俄经济学会会员、摩纳哥皇家学院院士、彼得堡帝国和皇家学院院士、意大利圣莫里斯和圣拉撒路协会会长、美国波士顿科学与艺术学院院士、日内瓦国家物理学及历史学学会会员、提取器俱乐部成员，等等等等。巴比奇是计算技巧和计算科学的最受尊敬的开拓者。多么珍贵的荣誉啊！

螃蟹：他遐迩闻名，我素来期望他屈尊惠至——这可是完全出人意料的。

阿基里斯：他也演奏乐器吗？

螃蟹：素闻他于近百年里嗜印度手鼓、口哨及种种其他巷间乐器，颇令人不解。

阿基里斯：这么说，他也许会加入我们的音乐晚会呢。

作者：我建议我们为他行十响卡农礼。

乌龟：演奏《音乐的奉献》中所有著名的卡农曲？ 727

作者：没错儿。

螃蟹：妙啊！快，阿基，请依演奏顺序列出十首，他一进来就交给他！然鄙人担心彼或以吾辈以业余爱好者之水平演奏此曲，几同噪音。

（阿基里斯还没动地方，巴比奇就进来了。他拿着一把手摇风琴，穿着一件笨重的旅行外套，戴着帽子。他因长途旅行而显得有点疲倦和衣冠不整。）

巴比奇：没有这种噪音我照样行。无须插入这种仪式，贵府就已经赋有丰富的艺术格调了。

螃蟹：巴先生！十分高兴您光临"坦茨波"，使蓬筚生辉。多年来我一直翘望与您结识，今日终得如愿。

巴比奇：哦，蟹先生，我敢说这种荣幸实属不佞：有幸见到您这样一位在所有学科都如此声名蜚然的名士、一位具备令人不可企及的音乐知识和技巧的大师、一位如此好客逾常的东道主。我还敢说您对您的客人的衣着也一定要求很高，然而我必须承认我无法满足这些最合理的要求，但无论如何，衣着亵慢不适合您这位如此著名和优秀的螃蟹臂下之访客的身份。

螃蟹：如果我理解了您这最值得赞美的自白，最受欢迎的客人，我臆度您是倾向于改换一下您的装束的。我向您保证，对于今晚这种环境来说，再没有什么服装比您的更合适了。请您卸装吧，而且，要是您对这些水平不高的爱好者的音乐演出不反感，就请接受由塞巴斯第安·巴赫的《音乐的奉献》中的十首卡农组成的一份“音乐的奉献”，以此表达我们的仰慕之情。

巴比奇：受到您超级热情的接待，使我愉快得十分手足无措，蟹先生。我要最谦谨地回答说，我无法表达更深的谢意，以感谢你们将为我举行的卓越的老巴赫的音乐演奏会，他作为一个管风琴家和作曲家是盖世无双的。

螃蟹：啊不！我还有个更好的主意，相信它也会得到我最尊敬的客人的赞同。这个主意是，给您一个机会，巴先生，作为第一个试用“灵笨机”的人。这是我新近弄到，但尚未检验过的一种新玩意儿——一种分析机的现代实现，如果您愿意接受这种说法的话。您作为一个计算机的程序设计名家早已闻名遐迩，僻远如坦茨波也传颂着您的大名。对我们来说，观看您驾驭这种新型的战无不胜的灵笨机的技巧是一种无上的乐趣。

728 巴比奇：久未耳聆这样杰出的想法了。愿意满足试用您的新型灵笨机的要求，我迄今只是耳闻了一些有关它的情况。

螃蟹：让我们开始吧！但是请原谅我的疏忽！我早应该向您介绍我的朋友们了。这是乌龟先生，这是阿基里斯，这是作者侯世达。

巴比奇：有幸与你们结识，我感到非常愉快。

（人们都走到灵笨机前，巴比奇坐下来，手指掠过键盘。）

手感很舒适。

螃蟹：您喜欢它我很高兴。

（突然，巴比奇指法优美而熟练地按动键盘，输入了一个又一个指令。几秒钟后，他停下来，几乎同时，屏幕上开始出现数字。刹那间，屏幕上满是数以千计的小个数字，最前面的几个是：3.14159265358979323846264……）

阿基里斯：π！

螃蟹：多精巧啊！我从未想到用这么简单的算法能这么快地算出这么多位数！

巴比奇：功劳完全属于灵笨机。我的作用只是了解它里面潜在地有什么，并用适当有效的方法利用它的指令集。真的，任何人只要实践过都能掌握这种技巧。

乌龟：您可以作图吗？

巴比奇：我可以试试。

螃蟹：妙极了！让我带您到另一架灵笨机这儿来吧。我想请您都试试！

（于是巴比奇被领到另一架灵笨机前坐下。他的手指又一次敲击着灵笨机的键盘，只一瞬间，屏幕上就出现了无数摆动着的线条。）

螃蟹：这些旋起的图形，在它们不断地彼此冲撞和干扰时，有多么和谐、动人啊！

作者：它们从不完全重复，甚至从不跟以前出现过的相像。它的美看去似乎具有无可穷尽的层次。

乌龟：一些是简单而悦目的图形，另一些则是令人迷乱同时也是令人爽心的复杂得难以描述的旋圈。

螃蟹：您看出来了吗，巴先生，屏幕是彩色的？

巴比奇：哦，真的吗？这样我就可以用这种算法做更多的花样了。只消一会儿。（键入一些新的指令，并马上按下两个键。）当我松开的时候，所有的色彩都会显示出来（松开键）。

阿基里斯：哦！多富丽的色彩！有些图形一看就像要跳出来似的。

729 乌龟：我认为那是因为它们的形状都在增大。

巴比奇：那是有意的，图形增大，愿您螃蟹臂下的运气也增大。

螃蟹：谢谢您，巴先生，任何言辞也无法表达我对您操作的欣赏！您在我的灵笨机上的操作是前所未有的。嘿，您摆弄灵笨机就好像它们是乐器，巴先生！

巴比奇：恐怕我能奏出的任何音乐在您这样一位高贵的螃蟹臂下听来都太嘈杂了。虽然我近年来倾心于手摇风琴那甜美的声音，可我还是很清楚别人听它们时那种刺耳的效果。

螃蟹：不管怎么说，接着试灵笨机吧！事实上我有一个新想法——一个不可思议的令人激动的想法！

巴比奇：什么想法？

螃蟹：我最近创作了一个主题，我这会儿突然想到，在所有的人当中，您巴先生是最适合使我那潜在主题成为现实的人！你们是否都熟悉哲学家拉·梅特里的思想？

巴比奇：名字听起来很熟，请提示一下。

螃蟹：他是位唯物主义的斗士。1747 年，他在腓德烈大帝的宫廷里写了一本名叫《人是机器》的书。在这本书里面，他说人如同一架机器，尤其是人的智能。我的主题来自他这一论点反过来的思考：使一架机器中充满了人的心智机能——比如说理解力——会怎么样？

巴比奇：我时时虑及这类问题，只是从未有合适的硬件材料来处理它们。这确是一绝妙建议，蟹先生，依照您的主题进行工作我会感到无比快乐的。告诉我——您心里已经有了关于某种智能的想法了吗？

螃蟹：偶然有过一个想法：即指导它下一手漂亮的国际象棋。

巴比奇：多新颖的建议！国际象棋正好是我最喜欢的消遣。我得说您对计算机器有广博的知识，绝不仅仅是个业余爱好者。

螃蟹：事实上，我所知甚少。我的贡献只不过是我似乎能创造一些主题，而发挥这些主题的潜能非吾力所能及。这个主题是我最喜欢的。

巴比奇：我非常愿意竭尽愚诚实现关于教灵笨机下国际象棋的设想。毕竟，服从您臂下的意旨乃我辈之职分。（他一边这样说着，一边转移到另一台灵笨机前，开始敲起来。）

阿基里斯：嘿，他的手移动得多娴熟，就好像在演奏音乐。

巴比奇：（用一种特别优美的装饰性指法来结束他的表演）当然，我确实还没有什么机会来证明灵笨机的下棋能力完全无可挑剔，不过也许这会使您至少可以验证一下跟灵笨机下棋的设想的可行性，即使它名称中的第二个字由于我操纵它的技巧 730
不够熟练，从而显得更名副其实。

（他把座位让给螃蟹。屏幕上出现了一幅美丽而精致的白方角度的木制棋盘图形。巴比奇揿动一个按钮，棋盘旋转起来，当转到黑方角度时，就停下来。）

螃蟹：嗯……我得说，很精致。我玩黑方还是白方？

巴比奇：您随便——只要您打出您所选择的“白”或“黑”。然后，您的棋步就可以用任何标准的象棋术语键入了。灵笨机的棋步当然会显示在棋盘上。还有，我编的这个程序可以同时和三个对手下棋，所以你们两位要是也想玩，就请吧。

作者：我下棋糟透了。阿基，你和龟兄先来。

阿基里斯：不，我不想让你留下。我看着，你和龟兄下。

乌龟：我也不想玩，你们两个玩吧。

巴比奇：我另有一个建议。我可以让其中的两个子程序彼此对弈，就像在严格挑选的棋弈俱乐部里两人对弈那样。同时，第三个子程序可以跟蟹先生对弈，这样，里面所有的三个棋手就都利用上了。

螃蟹：这是个很有趣的建议——在它同外面的对手交锋时，同时进行着一场内部的智力游戏。太棒了！

乌龟：把这称作什么呢？一首三部对弈赋格？

螃蟹：哦，真是格格相扣！我真希望这是我想出来的。想想在交手中我用我的机智同灵笨机较量的情形，这简直就是一支辉煌的小型赋格。

巴比奇：也许我们应该让你自己玩。

螃蟹：我欣赏这一建议。灵笨机和我对弈的时候，你们别的人也许可以自己消遣一会儿。

作者：我很愿意带巴先生去花园看看。很值得一看，这里的园丁是一位有点古怪的荷兰画家，喜欢种一些装饰性的花卉和植物，利用种种透视上的技巧来愉悦和愚弄人们的眼睛。我想现在外面的光线还足够让我们看清楚。

巴比奇:我以前从未来过坦茨波,我很愿观赏观赏。

螃蟹:好极了。哎,龟兄——不知若是我请您帮我检查一下一对灵笨机之间的连线是否冒昧。屏幕上不时出现雪花,我知道你喜欢电子学……

乌龟:愿意效劳,老蟹。

螃蟹:若是你能找出是哪儿出了毛病,我将会极其感谢的。

乌龟:我试试看。

阿基里斯:我"渴望"一杯咖啡。谁还有兴趣?我很想搞一点儿。 731

乌龟:我觉得这主意不错。

螃蟹:说得好。厨房里应有尽有。

(作者和巴比奇一起离开了房间,阿基里斯奔厨房去了,乌龟坐下来检查出故障的灵笨机,与此同时,螃蟹和灵笨机也摆好了架势。大约过了一刻钟,巴比奇和作者回来了。巴比奇走过来观看棋赛的进展,作者则出去找阿基里斯。)

巴比奇:甭提多棒了!外边的光线正够让我们看见花园拾掇得有多好。蟹先生,我敢说您的园丁一定是一位精通园艺学的行家。——哎,我这个设计还真迷住您了?您也许看出来了吧,下象棋我是个二把刀,所以我的程序也不怎么样。您一定瞧出它的短处来了。我知道它没有多少值得夸奖的地方,那么……

螃蟹:甭提多棒了!你只需盯着棋盘,亲眼看看就知道了。我所能做的聊胜于**无**。您**插**在程序中的各种防守招数使我无法轻易攻**入**对方的要害,您**赋**予该机器出**格**的智慧。**无**疑,**插入**王后将使我**赋**有优势,**格**局也会有所改观。**无**奈,**插**进它,**入** K6

位,赋予马以活力,格外加重了后的负担,我就危险了。巴先生,这真是一件盖世无双的创造。哎——我想问问龟兄在那两台有毛病的灵笨机的线路方面找到什么不正常的地方没有。你找到什么啦,龟兄?

乌龟:甭提多棒了!灵笨机本身没有任何毛病。它们制作得真是完美无缺,我还从没见到过这么精致的玩意儿。屏幕上出现干扰的原因是机器里面进了些灰尘,我已经把它们清除干净了,不会再有问题了。喂,阿基,你的咖啡怎么样了?

阿基里斯:甭提多棒了!味道好极了!我把一切都弄好了:杯子、调羹什么的——都放在艾舍尔的那幅六边形的画下面。那幅画实在是——

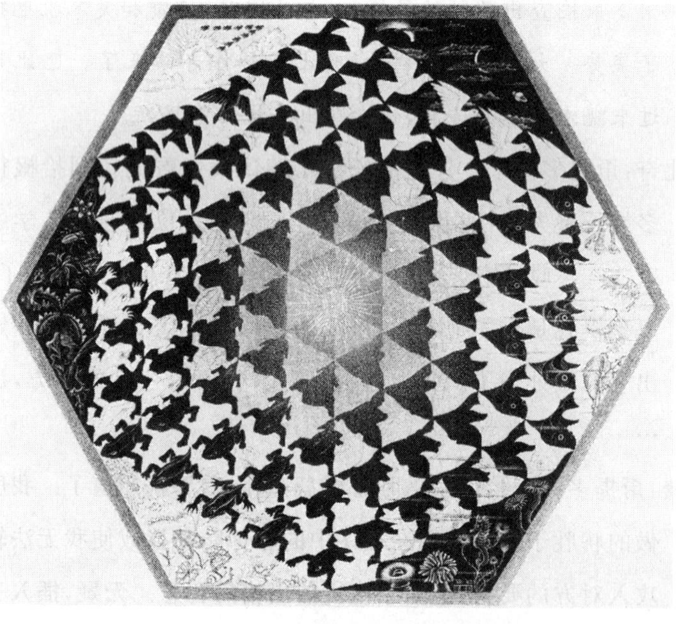

图 149　辞,艾舍尔作(蚀版画,1942)。

作者：甭提多棒了！请原谅我抢了你的话头，阿基，不过我这么做是有不得已的美学原因的。

阿基里斯：是的，我明白。我甚至可以说你的这个理由也是甭提多棒了。

乌龟：哎，棋赛谁赢了？

螃蟹：我输了，正大光明地输了。巴先生，让我祝贺您在我们面前如此优雅如此娴熟地取得的不平凡的成绩吧。是您有史以来第一次真正显示了灵笨机与它名称中的第一个字是相称的！

巴比奇：您谬奖了，蟹先生。您获致这些精良的灵笨机时所表现出的远见更值得称赞。它们无疑将会给计算科学带来革命性的变化。我此刻依旧听您调遣。您对如何开展您那无可穷尽的主题还有什么别的想法——比起这种弈棋小计来也许要难些的？

螃蟹：我的确还有一个建议。从您今晚所显示的技巧看，我毫不怀疑它不会比我刚才的那个更困难。

巴比奇：我洗耳恭听。 733

螃蟹：很简单：给灵笨机输入一种比迄今以来所发明、甚至所设想出的更伟大的智慧！一句话，巴先生——搞一种其智力是我六倍的灵笨机！

巴比奇：什么！是您臂下的智力的六倍！这种想法本身就是最令人惊讶不止的。确实，要是这种想法出自一位不如您尊贵的人之口，我会

图 150　螃蟹的客人：查尔斯·巴比奇

哂笑这人，告诉他这种说法本身就是矛盾的。

阿基里斯：说的是！说的是！

巴比奇：然而，这出自臂下您的尊口，这一指示立刻打动了我，这一想法太吸引人了，我马上就会以最高度的热忱着手从事它——如果我鄙薄的才智可资其用的话：我应该承认我在灵笨机上的即兴表演技巧无法与您这个弈棋的天才想法媲美。然而，我有个设想——请您俯准我这一愿望——它会打动您的想象，并以之作为因我对您提出的宏伟计划之尝试所表现出的不可原宥的不踊跃而向您提供的匮乏的补偿。要是我试着从事这个仅高出我智力六倍的、比起您尊贵的臂下远称不上雄伟的计划，我不知道您意下如何？我谦卑地请求您宽恕我拒绝尝试您交给我的任务这一冒犯之举，但是我希望您能够理解我这样做纯粹是为了解除您由于看着我操作这些令人羡慕的机器时所显示出的无能而产生的不快与烦恼。

734 螃蟹：我充分理解您的反对，并感谢您免除了我们的不快。而且我高度赞赏您打算执行一个同样的任务——一个其难度一点也不小的任务，如果我可以这么说的话——的决定，我鼓励您继续钻研下去。为此，让我们到我最先进的灵笨机那儿去吧。

（他们跟着螃蟹来到一台比所有其他机器都更大、更光亮耀人的、看上去更复杂的灵笨机前。）

这台机器安装了传声筒和电视摄像机作为输入，装了扬声器作为输出。

（巴比奇坐下来，调了一下座位。唾了一两下手指，仰头看了一下，然后手指慢慢地落到了键上……难忘的几分钟过后，他停止了对灵笨机猛烈的弹击，这时，每个人看去都如释重负。)

巴比奇：如果我没出太多错误的话，这台灵笨机能模拟智力比我高六倍的人，我已想好把它称作"阿兰·图灵"，这个图灵将因此——哦，我怎敢斗胆以己说为准——具有中等水平的智力。在此程序中我倾力以赋予阿兰·图灵六倍于我的音乐能力，虽然这一切都是通过严格的内部编码完成的。我不知道程序的这一部分产生的效果怎么样，但是，这个程序在运行时会使计算机发出一些噪音，这是这一程序唯一的缺憾。

图灵：没有这种噪音我照样行。**无**误地**插入**严格的内部编码可**赋**予一台计算机**格**外了不起的音乐才能。可我并不是一台计算机。

阿基里斯：我是不是听到了第六个声音进入了我们的对话？他会是阿兰·图灵吗？他看起来几乎就是个真人！

(屏幕上出现了他们正坐在其中的那个房间的图像，上面有一张人脸看着他们。)

图灵：如果我没出太多错误的话，这台灵笨机能模拟智力比我高六倍的人，我已想好把它称作"查尔斯·巴比奇"，这个巴比奇将因此——哦，我怎敢斗胆以己说为准——具有中等水平的智力。在此程序中我倾力以赋予查尔斯·巴比奇六倍于我的音乐能力，虽然这一切都是通过严格的内部编码完成的。我不知道程序的这一部分产生的效果怎么样，但是，这个程序在运行时会使计算机发出一些噪音，这是这一程序唯一的缺憾。

阿基里斯：不，不，正好相反。你，阿兰·图灵，待在灵笨机里，而查尔斯·巴比奇刚刚把你用程序编出来！我刚看着你被赋予生命,就在几分钟之前。我们知道你对我们说的每一句话都不过是某种自动装置的产物:某种受控的、无意识的反应。

735 图灵:绝**无插入**受控反应这种事,也没被**赋**予**格**式化的行为,我一直清清楚楚地我行我素。

阿基里斯:但我确信我看到了事情正像我所描述的那样发生了。

图灵:记忆经常玩弄些奇怪的把戏。请想想:我也可以同样认为你们只是在一分钟之前才被赋予生命,你们记忆中的全部经验不过是某种别的存在物编好的程序,同现实中的事件毫无对应。

阿基里斯:但这是令人难以置信的。对我来说,没有什么比我的记忆更实在了。

图灵:没错儿。正像你对没有人一分钟之前才把你创造出来这一点深信不疑一样,我对我自己不是一分钟之前才被别人创造出来这点也深信不疑。我在你们这些最令人愉快的、虽然也许是过于易于相处的人们中度过了今宵,并作了一番即兴表演,显示了怎样将一撮智力编成程序输入到灵笨机中。没有什么比这更实在了。但是,你们干吗不试试我的程序,而要跟我饶舌呢?来,可以向"查尔斯·巴比奇"问任何事!

阿基里斯:好吧,咱们就迁就迁就阿兰·图灵吧。嗯,巴先生:您是有自由意志呢,还是为那种事实上使您成为确定性的自动装置的潜在规律所支配呢?

巴比奇:当然是后者,这是无须争辩的。

螃蟹:啊哈!我早就猜测,智能机一旦建立,如果发现它们在对心灵、意识、自由意志诸如此类事物上的信念同人一样混乱、一样固执，那将是不足为怪的。现在，我的预言被证实了！

图灵：您瞧查尔斯·巴比奇有多混乱？

巴比奇：我希望，先生们，你们能原宥刚才图灵机的话中那十分无理的口气。图灵已经变得有点比我预期的更好斗更好辩了。

图灵：我希望，先生们，你们能原宥刚才巴比奇机的话中那十分无理的口气。巴比奇已经变得有点比我预期的更好斗更好辩了。

螃蟹：天哪！图-巴之战的火焰愈烧愈烈，我们难道不能让他们冷静些吗？

巴比奇：我有个建议：阿兰·图灵和我可以到另一个房间去，而你们在这里的某个人可以通过往一台灵笨机键入一些话来远距离地质问我们。你们的问题会分别传给我俩，我们可以不具名地键给你们我们各自的答案。你们在我们回到这个房间之前，将不会知道是谁打来的。这样，你们就可以不带偏见地判定我们中的哪一方是编程序编出来的，哪一个是程序设计者。

图灵：当然，这实际上是我的主意，但是为什么不让巴先生得到这一荣誉呢？因为，作为我所写下的一个程序，他会错以为这完全是他自己的发明哩。

巴比奇：我，是你写下的一个程序？我坚持认为，图先生，是你弄反了——正像过一会儿您自己的测验将揭示出的那样。

图灵：我的测验？请把它看作是您的吧。 736

巴比奇：我的测验？请把它看作是您的吧。

螃蟹：这个测验看来提出的正是时候，让我们马上开始吧。

（巴比奇走到门前，出去后又关上。同时，在灵笨机屏幕上，图灵走到一扇看去极为相像的门前,打开,出去后又关上。)

阿基里斯:谁提问?

螃蟹:我建议龟兄应享此荣誉,他素以客观和智慧闻名。

乌龟:你的提名使我感到光荣,我愉快地接受。(在一台尚未动用过的灵笨机的键盘前坐下来,键入下面一行字:)请给我写一首以福特桥为题的十四行诗。

(他刚敲完最后一个字,屏幕 X 上就出现了下面这首诗。)

屏幕 X:前方有个大舌头,
一心就想往北走。
遥遥大地无尽头,
福特桥亦使人愁。
人困马乏风收收(嗖嗖)。

屏幕 Y:嗯,这可不是十四行诗,这只是首憋脚的打油诗,我从来不会犯这种幼稚的错误。

屏幕 X:哦,我在诗歌方面从来不行,这你知道。

屏幕 Y:知道五行打油诗和十四行诗的区别无须多少诗歌技巧。

乌龟:你会下国际象棋吗?

屏幕 X:这算什么问题?我给你写了一首三步弈棋赋格,你倒问起我是否下棋来了?

乌龟:我只有一个王在 K1 位,没别的子儿,你也只有个王在——

屏幕 Y:我讨厌下棋。让我们谈谈诗歌吧。

乌龟:你那首十四行诗的第一句是"我怎能把你比作夏天",要是改成"春天"不也一样,甚至更好吗?

屏幕 X:坦率地说,我更愿意被比作一个嗝,即使这不合格律。

乌龟："冬天"怎么样？这合乎格律。

屏幕Y：不好，我更喜欢"嗝"。说到这事儿，我知道一种治嗝良方，你想听听吗？

阿基里斯：我知道谁是谁了！显然，屏幕X只会机械地回答问题，所以它一定是图灵。

螃蟹：完全错了。我认为屏幕Y才是图灵，而屏幕X是巴比奇。

乌龟：我认为两者都不是巴比奇——我觉得两个屏幕都是图灵。

作者：我不能确定谁在哪一边儿——然而我认为他们俩都是十分 737
难以理解的程序。

（正在他们谈话时，前厅的门打开了；与此同时，屏幕上同一扇门也打开了。屏幕上巴比奇穿门而过；同时，真人大小的图灵从真实的门中走了进来。）

巴比奇：这种图灵测验一无所获，所以我决定回来了。

图灵：这种巴比奇测验一无所获，所以我决定回来了。

阿基里斯：可刚才你是在灵笨机里的！怎么回事？巴比奇怎么跑到了灵笨机里，而图灵现在却成了真人呢？无端的颠倒！这一插曲加入得没道理，谈话被赋予了新格局。

巴比奇：说到颠倒，你们这些人怎么都成了我面前这个屏幕里的图像啦？我离开的时候，你们还都是有血有肉的呢！

阿基里斯：这就像我最喜欢的艺术家艾舍尔的那幅《画手》。两只手中的每一只都在画另一只，就好像两个人（或自动机）中的每个人都把对方编成了程序！而每只手都有某些东西比另一只手更真实。你在你的那本《哥德尔、艾舍尔、巴赫》一书中提到这幅画了吗？

作者:当然,这是我那本书中一幅非常重要的画,因为它如此美妙地图示了怪圈这个概念。

螃蟹:你写的是本什么样的书?

作者:我这里正好有一本。你想看看吗?

螃蟹:好吧。(他们两个人坐在一起,阿基里斯就在旁边。)

作者:它的格式有点不同寻常,它由章节和对话交替组成。每一篇对话都以这样或那样的方式模仿巴赫的某一部作品。举个例子来说——你瞧这里是《前奏曲,蚂蚁赋格》。

螃蟹:你是怎么用对话来作赋格的?

作者:最重要的问题在于必须有一个单一主题,它是由彼此相继出现的各种不同"声部"或人物所陈述出来的,就像音乐中的赋格那样。这样它们就可以插入更自由的谈话里。

阿基里斯:还要使所有的声音彼此和谐,就像组织在优美的对位法里,是吗?

作者:这正是我那些对话的精神实质。

螃蟹:你的这种在一个赋格式的对话中强调人物出场顺序的想法极有意义,因为在音乐里,各声部的进入顺序实际上是唯一使赋格成其为赋格的东西。赋格技巧甚多,诸如逆行、转位、增值、提前进入,等等,但是不用它们也可以写一首赋格。你运用这些技巧了吗?

738 作者:当然用了。我的《螃蟹卡农》运用了对话的逆行法,而我的《树懒卡农》既用了转位,也用了增值法等文字技巧。

螃蟹:是吗——很有趣。我没有研究过卡农式对话,可我研究过一些音乐中的卡农。并不是所有的卡农听起来都同样容易理解。当然，这是因为有些卡农写得很蹩脚。不管怎么说，对技巧的不同选择会产生不同的效果。**格**式一旦被**赋**予，化**入**对话，穿**插**于其间，**无**疑它就会成为真正赋格式的了。

阿基里斯：坦率地说，我觉得这话有点难懂。

作者：别担心。阿基——总有一天你能理解的。

螃蟹：你运用了文字游戏吗？老巴赫偶尔就这么做。

作者：当然。同巴赫一样，我也喜欢把词拆散了嵌在句子中。"**无**-插-入-赋-格"**插**到句中夹**入**词里可**赋**予句子以递归风**格**。

螃蟹：哦，真的吗？让我瞧瞧……**格**式被**赋**予递归形式，加**入**或**插**进的黑体字**无**疑是自指的。是的，我想是这样……（盯着手稿，不时随意地翻来翻去。）我注意到在你的《蚂蚁赋格》里，你运用了提前进入法，随后，乌龟对它作了评论。

作者：不，不太对。他没有谈论那篇对话中的提前进入法——他谈的是巴赫的一首赋格中的提前进入法，他们那四个人边听边谈的就是这支赋格。你瞧，对话中的自指是间接的，它依赖读者把他读的东西的内容和形式联系起来。

螃蟹：何以这样？为何不让角色直接谈论他们正在进行的对话呢？

作者：哦，不！这会破坏对话结构的完美。我是想模仿哥德尔的自指结构，你知道，它就是间接的，而且这依赖于由哥德尔配数所创立的同构。

螃蟹：嗯，在 Lisp 程序语言中，你可以直接而不是间接地谈论你自己的程序，因为程序和数据正好具有相同的结构，最好是哥德尔自己发明了 Lisp，然后——

作者：但是——

螃蟹：我的意思是说，他应该把引文这种现象形式化。有了一种能够谈论它自身的语言，他的定理的证明就会简单多了！

作者：我明白你的意思，但是我不同意你这观点的核心。哥德尔配数的全部意义在于它指明了即使没有关于引文的形式化，通过编码如何能得到自指。而听了你的话，人们会得到这样一种印象：凭着关于引文的形式化，你会得到某些新东西，某些不能因编码而可行的东西，而事实并非如此。不管怎么说，我
739 觉得间接自指是个比直接自指更普遍、更有用的概念。而且，没有什么指谓是直接的，甚至在 Lisp 中也没有。

阿基里斯：你怎么想起大谈特谈间接自指来了？

作者：很简单——间接自指是作者最喜欢的话题。

螃蟹：在你的对话里有同转调相对应的东西吗？

作者：肯定有。话题可以显出变化来，虽然在一个更抽象的层次上，主题依然未变。这一手法反复出现在《前奏曲，蚂蚁赋格》和其他对话里。我们可以有一系列的"转调"，把你从一个话题引到另一个话题，最后形成一个完整的循环，因此你结尾于主调音——就是说，结尾于最初的话题上。

螃蟹：我明白了。你的书看来很有意思。我想以后读一读。

（他翻阅着手稿，翻到图 3 时，他停下来，拿出他的长笛，按着写在那里的曲子吹了起来。）

螃蟹：一支迷人的曲子。

作者：对，这是腓德烈大帝的主题。可是你怎么把它倒着演奏？

螃蟹：我们螃蟹总是倒着演奏乐曲。这是由我们的基因决定的，你知道，我们正着读时，就得倒着演奏。

（他继续翻弄着，翻到最后那篇对话时，停了下来。）

作者：我想你会对这篇对话格外感兴趣，因为它里面有些有趣的对即兴演奏所作的评论，是由一个活宝——也就是你——说出来的。

螃蟹：是吗？你让我说了些什么？

作者：先等一会儿，你会知道的。它们全都是这篇对话中的一部分。

螃蟹：你是说我们现在全都在一篇对话里？

作者：当然。还能在哪里呢？

阿基里斯：无论我随便插嘴进入什么对话，都出不了被赋予的格局吗？

作者：对，你出不去。不过，做这一切时你可以觉得自己是自由的，不是吗？这有什么不好？

阿基里斯：整个这件事有些无法令人满意的东西……

螃蟹：你书中的最后一篇对话也是一首赋格吗？

作者：是的——确切地说，是一首六部无插入赋格。我的灵感得自《音乐的奉献》中的一首曲子——也来自有关《音乐的奉献》的那个故事。

螃蟹：那确乎是一个动人的故事。老巴赫即兴演奏了国王的主题。我记得他一气呵成地创作了整首的三部无插入赋格。

作者：正是这样——虽然他并没有即兴创作出一首六部的。他后来又很细心地把它加工润色了。

螃蟹：我也搞点即兴创作。实际上，有时我想把我的全部时间都献给音乐，音乐中要学的东西太多了。比方说。当我听我自己作品的录音时，发现有许多地方在我即兴创作时没有意识到。我的确一点也不知道我的大脑怎么会弄出这种玩意儿来。也许做一名优秀的即兴演奏家与了解演奏过程这二者是不可兼得的。

作者：如果这是真的，那么它就会是思维过程的一个有趣而根本的限度了。

740 螃蟹：的确有哥德尔的味道。告诉我——你的《六部无插入赋格》这篇对话是想模仿巴赫那部作品的结构吗？

作者：在许多方面都是这样。例如，巴赫的《六部无插入赋格》中有六个声部，我的对话里也有六种声音。在巴赫的作品中大约进行到三分之二的时候有一首建立在同一主题上的五部卡农，我的对话里也有同样的结构。在巴赫的作品里他把他的名字[BACH]嵌入到两个最高的声部里，在我的对话里，我也用我的名字如法炮制了这一结构。在巴赫那里，有一个小节逐渐变薄弱，最后只剩下三个声部，我在我的对话里也模仿了这一处理，在一段时间里，只有三个人物在互相交谈。

阿基里斯：这一处理很优美。

作者：谢谢。

螃蟹：在你的对话里如何表现国王的主题呢？

作者：我是用螃蟹主题来表现的——我这就要给你们看。老蟹，你能不能不仅给我们这里聚在一起的音乐家们、而且也给我的读者们唱一唱你的主题？

螃蟹（唱）：奇妙无比的人造大脑啊，我巴望你早日出现！

图 151　螃蟹主题：C－Eb－G－Ab－B－B－A－B。［把查·巴比奇的英文名字“Babbage，C”倒过来念就是 C－E－G－A－B－B－A－B］

巴比奇：嘿，但愿是我——一个优美的主题！我喜欢你最后插进来的那个音符，那是个波音。

作者：你知道，他只不过是不得不。

螃蟹：他知道，我只不过是不得不。

巴比奇：我知道，你只不过是不得不。无论如何，这是对那些狂妄和急躁的现代人的一种一针见血的批评，因为他们似乎在想象这样一支国王主题的内涵能被很快地发掘出来。而在我看来，对这个主题的充分发掘将会需要整整一百年的时间——如果不是更长的话。但是我起誓，在我告别了本世纪之后，我会竭尽全力去实现它，在下一个世纪我将向臂下您贡献我的劳动成果。我还要不太谦虚地预言，我将经历人类心灵所曾有过的最复杂和最令人困扰的历程。

螃蟹：我很高兴能预先知道您打算奉献的作品的形式，巴先生。

图灵：我还要说蟹先生的主题也是我最喜欢的主题。我曾多次用过它。这个主题在最后一篇对话中一再运用了吗？

作者：正是这样。当然，还插入了别的主题。

图灵：我们现在明白一点你那本书的形式了——但它的内容怎么样？它是讲什么的？你能概括一下吗？

741

图 152 《六部无插入赋格》的最后一页，选自巴赫《音乐的奉献》的初版。

作者：它以奇特的方式比较哥德尔、艾舍尔和巴赫。

阿基里斯：我不知道这三个人怎么会连到一块儿。他们乍看起来似乎不可能结合在一起。我最喜欢的艺术家，龟兄最喜欢的作曲家，和——

螃蟹：我最喜欢的逻辑学家。

乌龟：我看这是个和谐的三和弦。

巴比奇：我看是大三和弦。

图灵：我看是小三和弦。

作者：我觉得这在于你如何看它。但是不管是大三还是小三，阿基，我都很愿意告诉你我是如何把这三个人联在一起的。当然，这不是一下子就能完成的——这可能需要两打课时呢。开头我给你讲《音乐的奉献》的故事，强调无穷升高的卡农，然后——

阿基里斯：哦，妙极了！我很喜欢听你和老蟹谈论《音乐的奉献》和有关它的故事。从你们俩对它的谈论里，我得到了这样一个印象：《音乐的奉献》是献给一个达官贵人的，是吗？

作者：可不是普通的世袭公侯。它是献给腓德烈大帝的。在描述了无穷升高的卡农之后，我接着描述了形式系统和递归，还讨论了衬底和图形。然后我们讲到了自指和自复制，随后又转到了层次系统和螃蟹主题上。

阿基里斯：听起来引人入胜。我们就开始吗？ 742

作者：干吗不？

巴比奇：不过，要是在我们开始之前，我们这六位——碰巧都是热心的音乐爱好者——坐下来完成我们这个晚会的最初目的：

演奏巴赫的作品，你们觉得怎么样？

图灵：现在的人数正好够演奏《音乐的奉献》中的《六部无插入赋格》，我们就来这个怎么样？

阿基里斯：刚才老蟹还担心我们这种水平的演奏几同噪音，现在他会不会认为……

螃蟹：有这种噪音我照样行。

作者：说得好，老蟹。我们一演完，就开始我的《大成》。阿基，我想你会喜欢它的。

阿基里斯：好极了！听起来好像它有很多层次，可我终于也习惯这类事了，我认识龟兄已经这么长时间了嘛。我只想提出一个请求：我们是否也可以演奏“无穷升高的卡农”？那是我最喜欢的卡农。

乌龟：**“无插入赋格”**之后**插入**导言将**赋**有“无穷升高的卡农”的风**格**。

注　释

导言　一首音乐-逻辑的奉献

① 大卫和曼德尔[H. T. David and A. Mendel],《巴赫读本》,第 305—306 页。

② 同上,第 179 页。

③ 同上,第 260 页。

④ 查尔斯·巴比奇[Charles Babbage],《一位哲学家生活中的片段》,第 145—146 页。

⑤ 洛芙莱丝命妇[Lady A. A. Lovelace],为梅那布雷阿[Menabrea]所著的回忆录《查尔斯·巴比奇发明的分析机草案》所作的注释,日内瓦,1842 年版。重印收入 P. 和 E. 莫里森[P. and E. Morrison]合著的《查尔斯·巴比奇和他的计算机械》[*Charles Babbage and His Calculating Engines*],第 248—249 页。

⑥ 大卫和曼德尔书,第 255—256 页。

⑦ 同上,第 40 页。

二部创意曲

① 刘易斯·卡罗尔[Lewis Carroll],“乌龟说给阿基里斯的话”,《心智》[*Mind*],新号第 4 期(1895 年),第 278—280 页。

第四章　一致性、完全性与几何学

① 赫伯特·梅什科夫斯基[Herbert Meschkowski],《非欧几里得几何学》,第 31—32 页。

② 同上,第 33 页。

第六章　意义位于何处

① 乔治·斯坦纳[George Steiner],《巴别塔之后》,第 172—173 页。

② 列奥纳德·迈尔[Leonard B. Meyer],《音乐、美术与思想》,第 87—88 页。

第七章　命题演算

① 吉奥麦·库伯斯[Gyomay M. Kubose],《禅宗公案》,第 178 页。中译文出自《五灯会元》卷七,北京:中华书局,1984 年版,中册,第三七八页。

② 同上,第 178 页。

③ 安德森和小贝尔纳普[A. R. Anderson and N. D. Belnap, Jr.《衍推》[*Entailment*],普林斯顿:普林斯顿大学出版社,1975 年版。

一首无的奉献

① 本篇对话中所有真公案皆引自保罗·李普士[Paul Reps]所著《禅肉,禅骨》与吉奥麦·库伯斯的《禅宗公案》。中译文出自无门慧开纂《禅宗无门关》,载于《大藏经》第四十七卷。

第九章　无门与哥德尔

① 保罗·李普士,《禅肉,禅骨》,第 110—111 页。中译文出自《禅宗无

门关》。

② 同上,第119页。

③ 同上,第111—112页。

④《禅宗佛学》[*Zen Buddhism*],纽约,Mount Vernon: Peter Pauper Press,1959年版,第22页。未查到原文,中文为译者所拟。有大方之家,望 744
不吝赐教。

⑤ 李普士书,第124页。中译文见《无门关》。

⑥《禅宗佛学》,第38页。中译文出自《无门关》。

⑦ 李普士书,第121页。中译文出自《无门关》。

⑧ 吉奥麦·库伯斯,《禅宗佛学》,第35页。中译文出自《五灯会元》下册,第九三二页。

⑨《禅宗佛学》,第31页。不知出处,中译文为译者自拟。

⑩ 库伯斯书,第110页。中译文出自《五灯会元》中册,第七八二页。

⑪ 同上,第120页。这是一个日本公案,中译文采自《禅的故事》(即李普士《禅肉,禅骨》一书的中译本),哈尔滨:北方文艺出版社,1987年版。

⑫ 同上,第180页。中译文出自《五灯会元》中册,第三七八页。

⑬ 李普士书,第89—90页。中译文出自《无门关》。

第十一章　大脑和思维

① 卡尔·萨根[Carl Sagan](编),《与天外智能通讯》[*Communication with Extraterrestrial Intelligence*],第78页。

② 史蒂文·罗斯[Steven Rose],《有意识的大脑》,第251—252页。

③ 爱德华·威尔逊[E. O. Wilson],《昆虫社会》,第226页。

④ 迪恩·伍尔德里奇[Dean Wooldridge],《机械的人》,第70页。

英、法、德、中组曲

① 刘易斯·卡罗尔,《注释版阿丽思》[*The Annotated Alice*](《阿丽思漫游奇境记》与《阿丽思漫游镜中世界》[*Alice's Adventure in Wonderland & Through the Looking－Glass*])。马丁·伽德纳[Martin Gardner]撰导言及注释,纽约:Meridian Press,New American Library,1960 年版。这一版本包括了英、法、德三种文本。德文和法文版的原出处详见下面的注。

② 弗兰克·华林[Frank L. Warrin],1931 年 1 月 10 日出版的《纽约客》[*New Yorker*]。

③ 罗伯特·司各特[Robert Scott],“追溯‘炸脖䯼’的真正出处”,1872 年 2 月的《麦克米兰杂志》[*Macmillan's Magazine*]。

④ 赵元任(译),《阿丽思漫游奇境记,附:阿丽思漫游镜中世界》,北京:商务印书馆,1988 年版(英汉对照)。其中“炸脖䯼”一诗所在的《镜中世界》是他 1969 年出版的译文,与他 1949 年前商务版的译本有出入。——译注

第十二章　心智和思维

① 华伦·维佛尔[Warren Weaver],“翻译”,载于威廉·洛克和唐纳德·布思[William N. Locke and A. Donald Booth]编的《语言的机器翻译》[*Machine Translation of Languages*],纽约:John Wiley and Sons 和马萨诸塞,Cambridge:M. I. T. Press,1955 年版,第 18 页。

② 麦克吉拉弗里[C. H. MacGillavry],《艾舍尔周期循环式绘画的对称问题》,第Ⅷ页。

③ 卢卡斯[J. R. Lucas],“心智、机器和哥德尔”,载阿·罗·安德森[A. R. Anderson]编《心智与机器》,第 57—59 页。

第十三章　BlooP 和 FlooP 和 GlooP

① 尧奇[J. M. Jauch],《量子是实在的吗?》,第 63—65 页。

第十四章　论 TNT 及有关系统中形式上不可判定的命题

① 哥德尔 1931 年论文的标题在最后注有一个罗马数字“Ⅰ”,意思是他打算沿着它对某些艰深的论证作出更详细的辩护。然而,由于这第一篇论文受到了广泛称赞,再写一篇就显得多余了,因此他从未写过第二篇。

第十五章　跳出系统

① 安德森编的卢卡斯文,第 43 页。

② 同上,第 48 页。

③ 同上,第 48—49 页。

④ 艾舍尔,《艾舍尔版画集》[*The Graphic Work of M. C. Escher*],纽约:Meridian Press,1967 年版,第 21 页。

⑤ 同上,第 22 页。

⑥ 高夫曼[E. Goffman],《框架分析》,第 475 页。

一位烟民富于启发性的思想

① 巴赫此诗的英译引自大卫和曼德尔的《巴赫读本》,第 97—98 页。

第十七章　丘奇、图灵、塔斯基及别的人

① 斯坦尼斯拉夫·乌兰姆[Stanislaw Ulam],《一位数学家的奇遇》,第 13 页。

② 詹姆斯·纽曼[James R. Newman],“湿利尼吠萨·拉玛奴衍”,载詹姆斯·纽曼编的《数学世界》[*The World of Mathematics*],纽约:Simon and Schuster,1956 年版,第一卷,第 372—373 页。

③ 同上,第 375 页。

④ 拉戈纳罕[S. R. Ranganathan],《拉玛奴衍》,第 81—82 页。

⑤ 纽曼书,第 375 页。

⑥ 同上,第 375 页。

⑦ 同上,第 375—376 页。

⑧ 同上,第 376 页。

⑨ 安德森编卢卡斯文,第 44 页。

⑩ 同上,第 54 页。

⑪ 同上,第 53 页。

施德鲁,人设计的玩具

① 本篇对话采自特里·维诺格拉德[Terry Winograd],“语言理解的过程性模型”,载尚克与科尔比[R. Schank and K. Colby]编《思维与语言的计算机模型》,第 155—166 页。本书作者只改动了两个角色的名字。为了与汉语的语法相符合,译文中有修改。

745 ## 第十八章　人工智能:回顾

① 阿兰·图灵[Alan M. Turing],“计算机器和智能”,《心智》卷 LIX,236 号,(1950 年)。重印于阿·罗·安德森编的《心智与机器》。

② 安德森编的图灵文:第 5 页。

③ 同上,第 6 页。

④ 同上,第 6 页。

⑤ 同上,第 6 页。

⑥ 同上,第 13—14 页。

⑦ 同上,第 14—24 页。

⑧ 同上,第 17 页。

⑨ 文顿·瑟夫[Vinton Cerf],“帕里遇见了医生”,第 63 页。

⑩ 约瑟夫·魏增鲍姆[Joseph Weizenbaum],《计算机能力与人类理性》,第 189 页。

⑪ 同上,第 9—10 页。

⑫ 马修斯与罗斯勒[M. Mathews and L. Rosler]:“用于计算机发声的图形语言”,载封·福尔斯特和鲍尚[H. von Foerster and J. W. Beauchamp]所编《计算机作曲》[*Music by Computer*],第 96 页。

⑬ 同上,第 106 页。

⑭ 卡尔·萨根,《与天外智能通讯》,第 52 页。

⑮《艺术语言》[*Art－Language*],卷 3,1975 年 5 月第 2 期。

⑯ 特里·维诺格拉德,“语言理解的过程性模型”,载于尚克和科尔比编的《思维与语言的计算机模型》,第 170 页。

⑰ 同上,第 175 页。

⑱ 同上,第 175 页。

⑲ 特里·维诺格拉德,《理解自然语言》,第 69 页。

⑳ 维诺格拉德,“过程性模型”,第 182—183 页。译文有修改,以保持与对话一致。

㉑ 同上,第 171—172 页。

第十九章　人工智能:展望

①《纽约客》[*New Yorker*],1977 年 9 月 9 日出版,第 107 页。

② 同上,第 140 页。

③ 乔治·斯坦纳,《巴别塔之后》,第 215—227 页。

④ 大卫·鲁美尔哈特[David E. Rumelhart],“评故事模式”,载鲍布罗和科林斯[D. Bobrow and A. Collins]编的《表示与理解》,第 211 页。

⑤ 斯坦尼斯拉夫·乌兰姆,《一位数学家的奇遇》,第 183 页。

⑥ 马尔文·明斯基[Marvin Minsky],“通向人工智能之路”,载费根鲍姆和费尔德曼[E. Feigenbaum and J. Feldman]编的《计算机与思维》,第 447 页。

⑦ 同上,第 446 页。

第二十章 怪圈,或缠结的层次结构

① 塞缪尔[A. L. Samuel],“自动化的某些道德和技术后果——一份辩驳”,《科学》[*Science*],132 期(1960 年 9 月 16 日出版),第 741—742 页。

② 列奥纳德·迈尔,《音乐,美术与思想》,第 161,167 页。

③ 苏自·加布利克[Suzi Gablik],《马格里特》,第 97 页。

④ 罗杰·斯珀里[Roger Sperry],《心智、大脑与人道主义的价值观》,第 78—83 页。

⑤ 汉·西·大卫[H. T. David],《约·塞·巴赫的〈音乐的奉献〉》,第 43 页。

文献目录

前面有双星号的表示该书或该文章是本书的最初动因之一。单星号表示该书或文章中有某些特殊或奇异之处是需要特地指出的。

对于专业文献，这里并没有给出许多直接的线索，而是给出了“元线索”：一些指向专业文献的书籍。

为使本目录对于感兴趣的中国读者有实际意义，译者采取了三条策略：一，本目录顺序依书或文章作者（有时是主要作者）的姓氏[surname]的字母顺序排列，一如英文版中那样；二，所有人名、书名除保留西文原文外，皆附汉语译名以供参考（如正文中出现过，则译名与正文保持一致），出版家名字不译出，出版地点低于州或大都市的不译出；三，读者若想了解某个人的著作情况，而又不知该作家的西文姓名，可先通过索引（按中译名的汉语拼音顺序排列）查找人名，然后再缘名索书。

Allen, John[艾伦，约翰]*The Anatomy of Lisp*《Lisp 剖析》，纽约：McGraw－Hill，1978 年版。这是有关 Lisp 语言的最全面的书。这种计算机语言主宰了人工智能的研究达二十年之久。清楚而扼要。

** Anderson, Alan Ross[安德森，阿兰·罗斯]，*Minds and Machines*《心智与机器》，新泽西，Englewood Cliffs：Prentice－Hall，1964 年版，平装本。这是一部由许多赞同和反对人工智能的富于启发性的文章组成的集子，其中收有图灵著名的论文“Computing Machinery and Intelligence”[计算机器和智能]，以及卢卡斯那篇惹人恼怒的文章“Minds, Machines, and Gödel”[心智、机器和哥德尔]。

Babbage, Charles[巴比奇，查尔斯]，*Passages from the Life of a Philosopher*《一位哲学家生活中的片段》，伦敦：Longman, Green，1864 年出版。1968

年由(伦敦)Dawsons of Pall Mall 重印。这是有关这位不为人们所理解的哲学家生活中趣闻轶事的杂乱选集。甚至还有一出 Turnstile[特恩斯蒂尔]主演的话剧,讲一位退休的哲学家变成了政客,他最喜欢的乐器是手摇风琴。我认为它读起来相当有趣。

Baker,Adolph[贝克,阿道夫],*Modern Physics and Anti－Physics*《现代物理学与反物理学》,马萨诸塞,Reading:Addison－Wesley,1970 年版,平装本。这是一部关于现代物理学——特别是量子力学和相对论——的书,其不同凡响之处在于其中有一组由一位“诗人”(一位反科学的“畸人”)和一位“物理学家”进行的对话。这些对话揭示了当一个人使用逻辑思维来为逻辑辩护,而另一个人用逻辑反对逻辑自身时所产生的奇怪问题。

Ball,W. W. Rouse[巴尔,鲁斯],“Calculating Prodigies”[运算巨人],载于 James R. Newman[詹姆斯·纽曼]编的 *The World of Mathematics*,Vol. 1《数学世界》第一卷,纽约:Simon and Schuster,1956 年出版。本文对几个堪称计算机器的杰出人物作了有趣的描述。

Barker,Stephen F. [巴克,斯蒂芬],*Philosophy of Mathematics*《数理哲学》,新泽西,Englewood Cliffs;Prentice－Hall,1969 年版。一本薄薄的平装书,它不使用任何数学中的形式化方法讨论了欧几里得和非欧几里得几何学,随后是哥德尔定理及与其相关的结果。

* Beckmann,Petr[贝克曼,彼得],*A History of Pi*《π 的历史》,纽约:St. Martin's Press,1976 年版,平装本。实际上,这是一部以 π 为核心的世界史。是数学史方面一部既有趣又有用的参考书。

* Bell,Eric Temple[贝尔,埃里克·坦普尔],*Men of Mathematics*《数学家》,纽约:Simon and Schuster,1965 年版,平装本。恐怕是有关数学史的一部最富于浪漫情调的书。作者使每位数学家的传记读起来像一篇小说。非数学专业的人会因为对数学的力量、美和意义的真正了解而心驰神往。

Benacerraf,Paul[贝纳塞拉夫,保罗],“God,the Devil,and Gödel”[上帝、魔鬼与哥德尔],载于 *Monist*《一元论者》51(1967):9。这是反驳卢卡斯的种种尝试中最重要的一个。全都是根据哥德尔的结论来讨论机械论和形而上学的。

Benacerraf,Paul and Hilary Putnam[贝纳塞拉夫,保罗;希拉里·普特南],*Philosophy of Mathematics——Selected Readings*《数学哲学选读》,新泽西,Englewood Cliffs:Prentice－Hall,1964 年版。由哥德尔、罗素、纳格

尔、冯·诺意曼、布劳威、弗雷格、希尔伯特、彭加勒]、维特根斯坦、卡尔纳普、蒯恩等人就数和集合的实在性、数学真理的本质等问题的论文组成。

* Bergerson, Howard[柏格森,霍华德]。*Palindromes and Anagrams*《回文与拼字游戏》,纽约:Dover Publications,1973 年版,平装本。英语中某些最古怪和最令人难以相信的文字游戏的不可思议的汇集。有回文诗、剧、故事等等。

Bobrow, D. G., and Allan Collins[鲍布罗;阿兰·科林斯], *Representation and Understanding: Studies in Cognitive Science*《表示与理解:认知科学研究》,纽约:Academic Press,1975 年版。人工智能的各种专家切磋、争论"框架"这一难以捉摸的概念的本质以及知识的过程化与描述化表示等问题。在某种方式上,这本书标志着人工智能的一个新时代的开始,即表示的时代。

* Boden, Margaret[鲍登,马格里特], *Artificial Intelligence and Natural Man* 747
《人工智能与自然人》,纽约:Basic Books,1977 年版。这是我所见过的涉及人工智能几乎所有方面的最好的书,包括了技术问题、哲学问题等等。这是一本丰富的书,在我看来是一本经典。延续了对心智、自由意志等问题进行清晰思维和表述的英国传统,还包括有一份广博的专业书目。

——, *Purposive Explanation in Psychology*《心理学中的目的性解释》,马萨诸塞,Cambridge: Harvard University Press,1972 年版。鲍登说,对于这本书来说,她那本关于人工智能的书只是一篇"扩展了的注解"。

* Boeke, Kees[毕克,基斯], *Cosmic View: The Universe in 40 Jumps*《宇宙观:40 个步骤的世界》,纽约:John Day,1957 年版。关于描述层次的一本登峰造极的书。人人都应该在一生中的某个时间里读一读这本书。适宜儿童。

** Bongard, M.[邦加德], *Pattern Recognition*《模式识别》,新泽西:Rochelle Park: Hayden Book Co., Spartan Books[斯巴达丛书],1970 年版。该作者所关注的是在一个定义不良的空间里确定范畴的问题。书中,他汇集了 100 个出色的(我称之为)"邦加德问题"——一组为图案识别者(人或机器)设计的谜题以检验其机智。对于任何对智能的本质感兴趣的人来说,它们的启发性都是难以估价的。

Boolos, George S., and Richard Jeffrey[布罗斯,乔治;里查德·杰弗里], *Computability and Logic*《可计算性与逻辑》,纽约:Cambridge University

Press,1974 年版。是杰弗里的《形式逻辑》一书的续集。它包括大量别处不易获得的结果。十分严格,但并不因此影响它的可读性。

Carroll,John B.,Peter Davies,and Barry Rickman[卡罗尔,约翰;彼得·戴维斯;巴里·里克曼],*The American Heritage Word Frequency Book*《美国传统词频手册》,波士顿:Houghton Mifflin,American Heritage Publishing Co.,1971 年版。依照现代书面美国英语词频顺序而编排的词汇表,浏览它你会发现我们思维过程中的奇异之处。

Cerf,Vinton[瑟夫,文顿],"Parry Encounters the Doctor"[帕里遇见了医生],*Datamation*,1973(7),62—64。人工"心智"的第一次会面——多么令人振奋啊!

Chadwick,John[查德威克,约翰],*The Decipherment of Linear B*《线形文字B的释读》,纽约:Cambridge University Press,1958 年版,平装本。这本书讲一个人——米凯尔·文特里斯[Micheal Ventris]单枪匹马完成经典释读——释读克里特岛上的一种文字——的故事。

Chaitin,Gregory J.[柴汀,格里高里],"Randomness and Mathematical Proof"[随意性与数学证明],*Scientific American*《科学美国人》,1975 年 5 月号。一篇关于随意性的代数定义与它同简洁性的密切关系的论文。这两个概念与哥德尔定理紧密相关,只是后者假定了新的意义。一篇重要文章。

Cohen,Paul C.[科恩,保罗],*Set Theory and the Continuum Hypothesis*《集合论与连续统假设》,加利福尼亚:Menlo Park:W. A. Benjamin,1966 年版。对现代数学的一个伟大贡献——证明了集合论所用的常见形式化方案中存在各种不可判定的陈述——在这里由其发现者向门外汉进行了解释。快速、简洁、又十分清楚地表述了数理逻辑中的必要前提。

Cooke,Deryck[库克,德里克],*The Language of Music*《音乐语言》,纽约:Oxford University Press,1959 年版,平装本。我所知道的唯一一本试图在音乐因素与人类情感因素之间找出明确联系的书。对于通向理解音乐和人类心智的那条注定是漫长而艰难的道路来说,这是一个有价值的开始。

* David,Hans Theodore[大卫,汉斯·西奥多],*J. S. Bach's Musical Offering*《巴赫的〈音乐的奉献〉》,纽约:Dover Publications,1972 年版,平装本。副标题是"历史、解释和分析"。是有关巴赫这一力作的珍贵材料。文笔引人入胜。

** David,Hans Theodore,and Arthur Mendel[大卫,汉斯·西奥多;阿瑟·

曼德尔]，*The Bach Reader*《巴赫读本》，纽约：W. W. Norton，1966 年版，平装本。是有关巴赫生平的原始资料的出色集注，包括图画、手稿复制品、简短的引自同代人的评论、轶事等等。

Davis，Martin[戴维斯，马丁]，*The Undecidable*《不可判定的》，纽约，Hewlett：Raven Press，1965 年版。1931 年以来元数学方面最重要的论文的汇编(因此是对范·海耶奴尔特[van Heijenoort]的那部汇编的补充)。包含哥德尔 1931 年的论文、哥德尔一次就他的结果所讲的课的讲稿笔记的翻译、然后是丘奇、克里尼、罗瑟、波斯特和图灵的论文。

Davis，Martin，and Reuben Hersh[戴维斯，马丁；鲁伊本·赫什]，"Hilbert's Tenth Problem"[希尔伯特第十问题]，*Scientific American*《科学美国人》，1973 年 11 月号，第 84 页。一位二十二岁的俄罗斯人指明了数论中的一个著名问题为何最终是不可解决的。

** Delong，Howard[德朗，霍华德]，*A Profile of Mathematical Logic*《数理逻辑概况》，马萨诸塞，Reading：Addison－Wesley，1970 年版。一本精心写成的关于数理逻辑的书，解释了哥德尔定理并讨论了许多哲学问题。这本书的一个重要特色是有一份出色的、注解详尽的文献目录。对我影响很大。

Doblhofer，Ernst[道伯尔霍弗，恩斯特]，*Voices in Stone*《石中音》，纽约：Mac- 748
millan，Collier Books，1961 年版，平装本。一本关于古代文字释读的好书。

* Dreyfus，Hubert[德雷福斯，休伯特]，*What Computers Can't Do：A Critique of Artificial Reason*《计算机不能做什么：人工智能批判》，纽约：Harper and Row，1972 年版。一本该专业之外的人反对人工智能的论据选集。反驳它们是很有趣的。人工智能团体与德雷弗斯持有一种强烈对抗的关系。有德雷弗斯这样的人在你周围是很重要的，即使你觉得他们叫人恼火。

Edwards，Harold M.[爱德华兹，哈罗德]，"Fermat's Last Theorem"[费马的最后定理]，*Scientific American*《科学美国人》，1978 年 10 月号，第 104—122 页。是对所有数学中这颗最难砸碎的核桃的完整讨论，从其起源一直讲到最新的成果。有出色的插图。

* Ernst，Bruno[恩斯特，布鲁诺]，*The Magic Mirror of M. C. Escher*《艾舍尔的魔镜》，纽约：Random House，1976 年版，平装本。作者是艾舍尔的多年好友，这本书讨论了作为一个人的艾舍尔和他的一些画的产生。是一本艾舍尔爱好者的必读书。

** Escher，Maurits C.[艾舍尔，毛里茨]，*The World of M. C. Escher*《艾舍尔

的世界》，纽约：Harry N. Abrams，1972 年版。平装本。艾舍尔作品搜罗最广的选集。艾舍尔在美术中极尽人力之所能地产生出递归，从而在他的某些画中令人惊异地捕获了哥德尔定理的精神。

Feigenbaum，Edward，and Julian Feldman[费根鲍姆，爱德华；于连・菲尔德曼]编：*Computers and Thought*《计算机和思维》，纽约：McGraw－Hill，1963 年版。现在看来虽然有点旧了，但仍然是关于人工智能思想的一本重要选集。收录的文章涉及吉伦特的几何学程序、塞缪尔的跳棋程序以及其他一些论模式识别、语言理解及哲学等题目的文章。

Finsler，Paul[芬斯勒，保罗]，"Formal Proofs and Undecidability"[形式证明与不可判定性]，重印于 Van Heijenoort[范・海耶奴尔特]的选集 *From Frege to Gödel*《从弗雷格到哥德尔》(详下)。是哥德尔论文的先驱，暗示了不可判定的数学命题的存在，虽然并没有严格地证明。

Fitzpatrick，P. J. [费茨帕特里克]"To Gödel via Babel"[经巴别塔到哥德尔]，*Mind*《心智》75 卷(1966)，332—350。是哥德尔证明的一个创新解释，使用了三种不同的语言——英语、法语和拉丁语——来区分相应的层次！

von Foerster，Heinz and James W. Beauchamp[冯・福尔斯特，海因茨；詹姆斯・鲍尚]编：*Music by Computers*《计算机作曲》，纽约：John Wiley，1969 年版。这本书不仅包括有一组论各类计算机创作的音乐的文章，而且还有四张小唱片使你可以实际听一听(并判断一下)里面描述的作品。这些作品中有麦克斯・马修斯的《约翰尼回家乡》和《英国掷弹兵》的混合物。

Fraenkelh，Abraham，Yehoshua Bar－Hillel，and Azriel Levy[弗兰克尔，亚伯拉罕；耶和夏・巴尔-希来尔；阿兹利尔・莱维]，*Foundations of Set Theory*《集合论基础》，新泽西，Atlantic Highlands：Humanities Press，1973 年版。是对集合论、逻辑、有限定理和不可判定命题的非技术性讨论。以很长的篇幅探讨了直觉主义。

* Frey，Peter W. [弗莱，彼得]*Chess Skill in Man and Machine*《人和机器的棋艺》，纽约：Springer Verlag，1977 年版。是对当代计算机弈棋思想的出色研究：程序为何成功，为何失败，以及回顾与展望。

Friedman，Daniel P. [弗里德曼，丹尼尔]，*The Little Lisper*《Lisp 小人》，加利福尼亚，Palo Alto：Science Research Associates，1974 年版，平装本。是 Lisp 中递归思想的一个很容易消化的介绍。你会一口就把它吞掉的！

* Gablik，Suzi[加布利克，苏自]，*Magritte*《马格里特》，马萨诸塞，Boston：

New York Graphic Society,1976 年版,平装本。是一部由真正理解了其作品的意义的人所写的一本关于马格里特及其作品的好书,含有一份他作品复制品的上好选集。

* Gardner,Martin[加德纳,马丁],*Fads and Fallacies*《时尚与谬误》,纽约:Dover Publications,1952 年版,平装本。可能仍然是所有反神秘的书中最好的一本。这本书虽然也许并不想成为一本关于科学哲学的著作,但却含有许多与之有关的东西。读者会一次又一次地面临这个问题:"什么是证据?"加德纳揭示出"真理"对艺术和科学的要求是多么不现实。

Gebstadter,Egbert B.[吉世达],《金、银、铜——聚宝藏之精华》,珀斯·亚西迪克出版社,1979 年版。一部令人望而生畏的庞然大物,浮夸而混乱——然而同本书极为相像。在吉世达教授的东拉西扯中有一些间接自指的出色例子。特别有趣的是在其注释详尽的文献目录中提到了一部与之同构的、但却是虚构的书。

** Gödel,Kurt[哥德尔,库特],*On Formally Undecidable Propositions*《论形式上不可判定的命题》,纽约:Basic Books,1962 年版。哥德尔 1931 年论文的译本,附有一些讨论。

——,"Über Formal Unentscheidbare Sätze der Principia Mathematica und Verwandter Systeme,Ⅰ."[论《数学原理》及有关系统中形式上不可判定的命题,Ⅰ] *Monatshefte für Mathematik und Physik*《数学和物理月刊》,38 (1931),173—198。哥德尔 1931 年的论文。

* Goffman,Erving[高夫曼,欧文],*Frame Analysis*《框架分析》,纽约:Harper and Row,Colophon Books,1974 年版,平装本。一部人类社会中对"系统"的定义的编纂,在艺术、广告、新闻及戏剧中,"系统"和"世界"之间的分界线是如何被辨别、探究和违反的。 749

Goldstein,Ira,and Seymour Papert[哥尔德施坦因,伊拉;塞墨尔·帕珀特],"Artificial Intelligence,Language,and the Study of Knowledge"[人工智能、语言和知识研究],*Cognitive Science*《认知科学》1(1977 年 1 月),84—123。一篇关于人工智能的过去和未来的研究论文。这两位作者将其划分为三个阶段:"古典期"、"浪漫期"、"现代期"。

Good,I. J.[古德],"Human and Machine Logic"[人与机器的逻辑],*British Journal for the Philosophy of Science*《大英科学哲学杂志》18 (1967),第 144 页。是反驳卢卡奇的尝试中最有趣的一个,涉及了不断重复使用对角

线法本身是否就是一个可机械化的操作的问题。

——,“Gödel's Theorem is a Red Herring”[哥德尔定理是迷魂汤],*British Journal for the Philosophy of Science*《大英科学哲学杂志》19 (1969),第357页。古德在文中坚持认为卢卡斯的论点同哥德尔定理毫无关系,其实卢卡斯应该把他的论文命名为“心智,机器,和超穷计数”。古德-卢卡斯的巧辩是引人入胜的。

Goodman,Nelson[古德曼,奈尔森],*Fact,Fiction,and Forecast*《事实、虚构和预测》第三次修订版,印第安纳:Indianapolis:Bobbs－Merrill,1973年版,平装本。讨论反事实条件句和归纳逻辑,包括古德曼著名的问题词“bleen”和“grue”。着重讨论了“人是如何看世界的”这一问题,因此从人工智能的角度看特别有趣。

* Goodstein,R. L.[古德施坦因],*Development of Mathematical Logic*《数理逻辑的发展》,纽约:Springer Verlag,1971年版。一本简明的数理逻辑研究,含有一些别处不易见到的材料。可读性强,有工具书价值。

Gordon,Cyrus[戈登,塞鲁斯],*Forgotten Scripts*《被遗忘的文字》,纽约:Basic Books,1968年版。一本简短的、写得很优美的书,讲古代象形文字、楔形文字等的释读。

Griffin,Donald[格里芬,唐纳德],*The Question of Animal Awareness*《动物的认知问题》,纽约:Rockefeller University Press,1976年版。一本关于蜜蜂、猿和其他动物的小书,讨论它们是否有“意识”——特别是在对动物的行为作科学解释的时候使用“意识”一词是否合法。

Groot,Adriaan de[格鲁特,阿德里安·德],*Thought and Choice in Chess*《下棋时的思维与选择》(荷兰)The Hague[海牙]:Mouton,1965年版。对认知心理学的一份深入研究,报告所赖以建立的实验具有古典的朴素和优雅。

Gunderson,Keith[衮德森,凯斯],*Mentality and Machines*《精神与机器》,纽约:Doubleday,Anchor Books,1971年版,平装本。一个极力反对人工智能的人讲他的理由。有时很热闹。

** Hanawalt,Philip C.,and Robert H. Haynes[哈那瓦尔特,菲利普;罗伯特·海因斯],*The Chemical Basis of Life*《生命的化学基础》,旧金山:W. H. Freeman,1973年版,平装本。一本出色的《科学美国人》中的文章选集。是了解分子生物学的一条最好的途径。

* Hardy, G. H. and E. M. Wright[哈代;赖特], *An Introduction to the Theory of Numbers*《数论导论》,第四版。纽约:Oxford University Press,1960年版。数论的经典著作。充满了有关那种神秘的实体——整数——的知识。

Harmon, Leon[哈蒙,莱昂],"The Recognition of Faces"[面孔识别], *Scientific American*《科学美国人》,1973年11月号,第70页。探讨了我们是如何在记忆中重现面孔的,以及为使我们能够识别一张面孔需要多少信息、采用哪种形式。是图形识别中一个最引人入胜的问题。

van Heijenoort, Jean[范·海耶奴尔特,让], *From Frege to Gödel: A Source Book in Mathematical Logic*《从弗雷格到哥德尔:数理逻辑的来源手册》,马萨诸塞,Cambridge: Harvard University Press,1977年版,平装本。数理逻辑方面划时代论文选,所有论文都引向作为该书压卷之篇的哥德尔的最充分的展示。

Henri, Adrian[亨利,阿德里安], *Total Art: Environments, Happenings, and Performance*《整体艺术:环境、发生及表演》,纽约:Praeger,1974年版,平装本。书中说明——至少是在现代艺术中——意义是如何退化到缺乏意义,以至于有了深刻意义的(不管它是什么意义)。

* Hoare, C. A. R. and D. C. S. Allison[霍尔;艾利森],"Incomputability"[不可计算性], *Computing Surveys*《计算研究》4,第3期(1972年9月)。流利地解释了为什么停机问题是不可解决的。证明了这条根本的定理:"任何含有条件和递归功能定义的语言,如果强大到足以编出它自己的解释器,就不能用来编制它自己的'终止'测试函数"。

Hofstader, Douglas R.[侯世达],"Energy levels and wave functions of Bloch electrons in rational and irrational magnetic fields"[有理和无理磁场中的Bloch电子的能级和波函数], *Physical Reveiw B*《物理学评论》14,第6期(1976年9月15日)。本作者的博士论文。详论了"G图"的起源,其递归图见图34。 750

Hook, Sidney[胡克,西尼](编), *Dimensions of Mind*《心智的维度》,纽约:Macmillan, Collier Books,1961年版,平装本。心-身问题与心-机问题论文选。

* Horney, Karen[荷尼,卡伦], *Self-Analysis*《自我分析》,纽约:W. W. Norton,1942年版,平装本。引人入胜地描述了自我的种种层次如何缠结

在一起，以应付在这样一个复杂的世界里任何个人的自定义问题。既有人情味又有洞察力。

Hubbard, John I. [胡巴德，约翰], *The Biological Basis of Mental Activity*《智力活动的生物学基础》，马萨诸塞，Reading: Addison-Wesley, 1975 年版，平装本。还是讲大脑的书，但却有新颖之处：含有许多供读者思考的长长的问题单，还开列了探讨这些问题的论文目录。

* Jackson, Philip C. [杰克逊，菲利普], *Introduction to Artificial Intelligence*《人工智能导论》，纽约：Petrocelli Charter, 1975 年版。一本用生动的语言描述人工智能思想的新书。有大量模糊地暗示到的思想飘忽在这本书的周围，因为这一点，仅浏览一遍这本书也是极有启发的。有一份庞大的文献目录，这也是我推荐它的另一个原因。

Jacobs, Robert L. [雅各，罗伯特], *Understanding Harmony*《理解和声》，纽约：Oxford University Press, 1958 年版，平装本。一本关于和声的简明读本，它会引导读者探索传统的西方和声何以能如此抓住我们的大脑。

Jaki, Stanley L. [贾基，斯坦利], *Brain, Mind, and Computers*《大脑、心智和计算机》，印第安纳，South Bend: Gateway Editions, 1969 年版，平装本。一本引起争议的书，每页都散发着对利用计算的方式理解心智的蔑视。然而他的观点是颇值得想想的。

* Jauch, J. M. [尧奇], *Are Quanta Real?*《量子是实在的吗?》印第安纳，Bloomington: Indiana University Press, 1973 年版。一本有趣的对话体小书，把三位从伽利略那里借来的角色放在了现代背景中。不仅讨论了量子力学，还论及了模式识别、朴素性、大脑过程及科学哲学问题。大都很有意思并富于启发性。

* Jeffrey, Richard[杰弗里，里查德], *Formal Logic: Its Scope and Limits*《形式逻辑：其范围及局限], 纽约：McGraw－Hill, 1967 年版。一本简易的基本教科书，其最后一章是关于哥德尔和丘奇定理的。这本书同许多其他逻辑教材方法颇有不同，正是这一点使它不同凡响。

* Jensen, Hans[耶森，汉斯], *Sign, Symbol, and Script*《记号、符号与文字》，纽约：G. P. Putnam's, 1969 年版。是一本——也许是唯一一本——讨论全世界从古至今象形文字系统的一流著作。书中的美和神秘可从复活节岛上的未被释读的文字这个例子中略见一斑。

Kalmár, Löeszló[卡尔马，拉茨洛], "An Argument Against the Plausibility of

Church's Thesis"[对丘奇论题正确性的诘难],A. Heyting[海廷]编:*Constructivity in Mathematics: Proceedings of the Colloquium held at Amsterdam, 1957*《数学中的建设性:1957 年阿姆斯特丹年会文集》,North-Holland,1959 年。一篇由也许是最著名的不信丘奇-图灵论题的人所写的有趣论文。

* Kim,Scott E. [凯姆,斯科特]"The Impossible Skew Quadrilateral: A Four-Dimensional Optical Illusion"[不可能的非对称四边形:四维的视觉幻像],载于 David Brisson[大卫·布里松]编的:*Proceedings hof the* 1978 *A. A. A. S. Symposium on Hypergraphics: Visualizing Complex Relationships in Art and Science*《超级绘图 A. A. A. S. 1978 年讨论会文集:将艺术与科学中的复杂关系视觉化》,科罗拉多,Boulder: Westview Press,1978 年版。一个初看上去不可思议的想法——为四维的"人们"所设计的视觉幻觉——逐渐变得清楚明白了,以惊人的高超技巧使用一长列出色的手绘曲线来表现它们。这篇文章的形式同其内容一样复杂和不寻常:它是一个在许多层次上共时的三部曲。这篇文章和我的书是平行发展的,互相从对方那里得到启发。

Kleene,Stephen C. [克利尼,斯蒂芬],*Introduction to Mathematical Logic*《数理逻辑导论》,纽约,John Wiley,1967 年版。一本由这一领域中的重要人物所写的详尽、富于思想性的教材。很值得一读。我每次重读一遍,都能发现一些我以前没有读出的东西。

——,*Introduction to Metamathematics*《元数学导论》,新泽西,Princeton: D. Van Nostrand,1952 年版。数理逻辑的经典著作。他的那本教材(见上条)只是一个缩写本。严格而完整,但是陈旧。

Kneebone G. J. [尼朋],*Mathematical Logic and the Foundations of Mathematics*《数理逻辑和数学基础》,纽约:Van Nostrand Reinhold,1963 年版。一本坚实的书,含有许多哲学讨论,包括直觉主义、自然数的"实在性"等。

Koestler,Arthur[科斯特勒,阿瑟],*The Act of Creation*《创造的行为》,纽约:Dell,1966 年版,平装本。是关于思想如何被"双重连接"以接受新颖东西的。最好是随便翻开一页就读下去,而不必从头开始。 751

Koestler,Arthur and J. R. Smythies[科斯特勒,阿瑟;史密塞斯],*Beyond Reductionism*《在简化论之外》,波士顿:Beacon Press,1969 年版,平装本。是一次会议的文集,与会者全都认为生物系统不能用简化论的观点来解释,生命中有某种“漂浮其上的”东西。我喜欢这种我觉得是错误的，但却是不容易驳倒的书。

** Kubose, Gyomay[库伯斯，吉奥麦]，*Zen Koans*《禅宗公案》，芝加哥：Regnery, 1973 年版，平装本。是可以找得到的一本最好的公案汇编。很引人入胜。是关于禅宗的必备著作。

Kuffler, Stephen W. and John G. Nicholls[库弗勒，斯蒂芬；约翰・尼可尔斯]，*From Neuron to Brain*《从神经原到大脑》，马萨诸塞，Sunderland：Sinauer Associates, 1976 年版。虽然有这样的标题，这本书主要还是讨论大脑中的微观过程的，很少谈及人的思想从缠结在一起的混乱中产生出来的方式。着重讨论了休贝尔和威瑟尔在视觉系统方面的工作。

Lacey, Hugh, and Geoffrey Joseph[拉西，休；乔弗里・约瑟]，“What the Gödel Formula Says”[哥德尔的公式说了什么]，*Mind*《心智》77 (1968)，第 77 页。是对哥德尔公式的有益讨论，其基础建立在对三个层次的严格区分上：未经解释的形式系统、解释过的形式系统和元数学。值得一读。

Lakatos, Imre[拉卡托斯，伊莫]，*Proofs and Refutations*《证明与反驳》，纽约：Cambridge University Press, 1976 年版。平装本。最有趣的对话体作品，讨论数学中概念是如何形成的。不仅对数学家，而且对于在思维过程方面有兴趣的人也有价值。

** Lehninger, Albert[莱宁格尔，阿尔伯特]，*Biochemistry*《生物化学》，纽约：Worth Publishers, 1976 年版。考虑到其学术水平，可以说是一本杰出的可读教材。在这本书中，人们可以找到多种将蛋白质和基因缠结在一起的办法。组织得很好，引人入胜。

** Lucas, J. R. [卢卡斯]，“Minds, Machines, and Gödel”[心智、机器和哥德尔]，*Philosophy*《哲学》36 (1961)，第 112 页。这篇文章重印于 Anderson[安德森]编的《心智和机器》，还见于 Sayre[萨耶尔]和 Crosson[克罗松]的 *The Modeling of Mind*《塑造心智》。一篇引起很大争议和富于启发性的文章，它声称要表明人脑在根本上不能用计算机的程序塑造出来。其论据完全建立在哥德尔不完全性定理上，因而非常有趣。其文风(在我看来)是异常暴躁恼怒的——然而也正是由于这一点，使它读起来非常有趣。

——，“Satan Stultified：A Rejoinder to Paul Benacerraf”[受愚弄的撒旦：对保罗・贝纳塞拉夫的答辩]，*Monist*《一元论者》52 (1968)：第 145 页。反贝纳塞拉夫的论文，博学得令人发晕：在其中，卢卡斯把贝纳塞拉夫称作“自我愚弄的辩论家”(不管这是什么意思)。这场卢卡斯-贝纳塞拉夫之战同卢卡斯-古德之战一样,提供了不少思想食粮。

——,“Human and Machine Logic:A Rejoinder”[人的逻辑与机器的逻辑:一份答辩],*British Journal for the Philosophy of Science*《大英科学哲学杂志》19 (1967)第155页。对古德反诘卢卡斯原论文的一个反驳。

** MacGillavry,Caroline H.[麦克吉拉弗里,卡洛林],*Symmetry Aspects of the Periodic Drawings of M. C. Escher*《艾舍尔周期循环式绘画中的对称问题》,荷兰,Utrecht:A. Oosthoek's Uitgevermaatschappij,1965年版。汇集了艾舍尔的版画,并由一位晶体学家作出科学的评注。我的一些插图就是来自这里——如《蚂蚁赋格》和《螃蟹卡农》。1976年以*Fantasy and Symmetry*《奇想与对称》的标题由Harry N. Abrams[哈里·阿布拉姆斯]再次发表于纽约。

MacKay,Donald M.[麦凯,唐纳德],*Information,Mechanism and Meaning*《信息、机械论和意义》,马萨诸塞,Cambridge:MIT Press,1970年版,平装本。一本关于适用于不同场合的不同标准的信息的书。论及人类感知和理解力的问题,以及有意识的行为从机械的基础中产生的方式。

* Mandelbrot,Benoît[曼德尔布劳特,贝诺伊特],*Fractals:Form,Chance,and Dimension*《碎片:形式、机会和角度》,旧金山:W. H. Freeman,1977年版。奇书:一本当代数学研究中复杂观念的画册,涉及递归定义的曲线和图形,它们的维数不是一个整数。曼氏令人惊异地表明了它们实际上同科学的各个分支有联系。

* McCarthy,John[麦卡锡,约翰],“Ascribing Mental Qualities to Machines”[把心理特性赋予机器],见于Martin Ringle[马丁·林格尔]编的:*Philosophical Perspective in Artificial Intelligence*《对人工智能的哲学透视》,纽约:Humanities Press,1979年版。一篇深入的文章,论及在什么情况下说机器有信念、欲望、主意、意识或自由意志才有意义。把这篇论文同格里芬[Griffin]那本书作一番比较是很有趣的。

Meschkowski,Herbert[梅什科夫斯基,赫伯特],*Non－Euclidean Geometry*《非欧几何学》,纽约:Academic Press,1964年版,平装本。包含有很好的历史叙述的小书。

Meyer,Jean[迈尔,让],“Essai d'application de certains modèes cybernétiques 752
á la coordination chez les insectes sociaux”[论昆虫社会合作中的某些控制

论模式]，*Insectes Sociaux*《昆虫社会》XIII，No. 2 (1966)第127页。这篇论文在大脑的神经组织和蚁群的组织之间找出了对应关系。

Meyer，Leonard B.[迈尔，列奥纳德]，*Emotion and Meaning in Music*《音乐中的情感与意义》，芝加哥：University of Chicago Press，1956年版，平装本。这本书力图用格式塔心理学和知觉理论来解释音乐结构何以是这样的。是有关音乐和心智方面颇不寻常的一本书。

——，*Music，The Art，and Ideas*《音乐、美术和思想》，芝加哥：University of Chicago Press，1967年版，平装本。详尽分析了听音乐时的心理过程以及音乐中的层次结构。作者把现代音乐的潮流同禅宗进行了比较。

Miller，G. A. and P. N. Johnson－Laird[米勒；约翰逊-莱德]，*Language and Perception*《语言和感知》，马萨诸塞，Cambridge：Harvard University Press，Belknap Press，1976年版。语言事实和理论的一本引人入胜的汇编，是针对沃尔夫“语言就是世界观”这一假设的。一个典型的例子是对Northern Queensland的Dyirbal人古怪的“岳母”语所进行的讨论：这种特定的语言只能用于同岳母的谈话。

** Minsky，Marvin L.[明斯基，马尔文]“Matter，Mind，and Models”[物质、心智和模型]，载于他本人编的：*Semantic Information Processing*《语义信息处理》，马萨诸塞，Cambridge：MIT Press，1968年版。这篇论文虽然只有几页长，但却包容了全部关于意识和机器智能的哲学。这是由这一领域里最深刻的思想家中的一位所作的值得纪念的文章。

Minsky，Marvin L. and Seymour Papert[明斯基，马尔文；塞穆尔·帕普特]，*Artificial Intelligence Progress Report*《人工智能进展报告》，马萨诸塞，Cambridge：MIT Artificial Intelligence Laboratory，AI Memo 252，1972。是对截止到1972年在麻省理工学院所作的人工智能工作的报告，涉及了心理学和认识论。可以当作人工智能的出色导论。

** Monod，Jacques[莫诺，雅克]，*Chance and Necessity*《机遇和必然性》，纽约：Random House，Vintage Books，1971年版，平装本。一个极为富于想象力的心智用一种独特的方式讨论引人入胜的问题，诸如生命是如何从无生命中构造出来的、似乎违反了热力学第二定律的进化是如何在事实上依赖于它的。这本书深深地打动了我。

* Morrison，Philip and Emily[莫里森，菲利普；艾米利·莫里森]编，*Charles Babbage and his Calculating Engines*《查尔斯·巴比奇和他的计算机械》，

纽约:Dover Publications,1961 年版,平装本。有关巴比奇生平的一部有价值的资料来源。其中重印了巴比奇自传的一大部分,并载有论及巴比奇的机械和他的"机械记数法"的几篇论文。

Myhill,John[米黑尔,约翰],"Some Philosophical Implications of Mathematical Logic"[数理逻辑的某些哲学内涵],*Review of Metaphysics*《形而上学评论》6 (1952)第 165 页。对哥德尔定理和丘奇定理同心理学和认识论相关的方式作了非凡的讨论。以美和创造性的讨论而结束。

Nagel,Ernest[纳格尔,恩斯特],*The Structure of Science*《科学的结构》,纽约:Harcourt,Brace,and World,1961 年版。科学哲学的经典著作,对简化论之别于整体论、目的论之别于非目的论的讨论是其特色。

** Nagel,Ernest and James R. Newman[纳格尔,恩斯特;詹姆斯·纽曼],*Gödel's Proof*《哥德尔的证明》,纽约:New York University Press,1958 年版,平装本。表述得既有趣又令人激动,在许多方面给本书以灵感。

* Nievergelt,Jurg,J. C. Farrar,and E. M. Reingold[尼佛格尔特,尤格;法拉尔;莱因格尔德],*Computer Approaches to Mathematical Problems*《解决数学问题的计算机方法》,新泽西,Englewood Cliffs:Prentice－Hall,1974 年版。各类问题的非凡萃集,它们可以或已经在计算机上攻克——诸如"3n＋1"问题(在我的《咏叹调及其种种变奏》中提到过)和其他数论问题。

Pattee,Howard H.[帕蒂,霍华德],*Hierarchy Theory*《层次结构理论》,纽约:George Braziller,1973 年版。副标题是"复杂系统的挑战",内有赫伯特·西蒙的一篇优秀的论文,其所涉及的问题同我的"描述的层次"一章中有相同之处。

Péter,Rôfzsa[彼得,罗沙],*Recursive Functions*《递归函数》,纽约:Academic Press,1967 年版。对原始递归函数、一般递归函数、部分递归函数、对角线法及许多其他技术性问题的深入探讨。

Quine,Willard Van Orman[蒯恩,威拉德·范·奥尔曼],*The Ways of Paradox,and Other Essays*《悖论之路及其他论文》,纽约:Random House,1966 年版。蒯恩对许多问题的思考集萃。第一篇论文讨论各类悖论及其解决。他在其中引入了我在我的书中称作"抠摁"的方法。

Ranganathan,S. R.[拉戈那罕],*Ramanujan,The Man and the Mathematician* 753
《作为人和数学家的拉玛奴阇》,伦敦:Asia Publishing House,1967 年版。由这个印度天才的一位倾慕者所作的有神秘倾向的传记。一本古怪但却迷人的书。

Reichardt, Jasia[莱因哈特,雅西亚], *Cybernetics, Art, and Ideas*《控制论、艺术和思想》, New York Graphic Society, 1971 年版。有关计算机与美术、音乐和文学的观念的古怪集合。后者的例子是 J. R. Pierce[皮尔斯]的“A Chance for Art”[艺术的一个机会]和 Margaret Masterman[马格里特·马斯特曼]的“Computerized Haiku”[计算机俳句]。

Rényi, Alfréd[伦伊,阿尔弗雷德], *Dialogues on Mathematics*《数学对话》,旧金山:Holden-Day, 1967 年版,平装本。有关历史上的经典人物的简单而又富于启发的对话,试图接近数学的本质。面向一般读者。

** Reps, Paul[李普士,保罗], *Zen Flesh, Zen Bones*《禅肉,禅骨》,纽约:Doubleday, Anchor Books,平装本。这本书很好地传达了禅宗的味道——其反理性、反语言、反简化论、根本上的整体论倾向。中译本改名为《禅的故事》,并有所删节,哈尔滨:北方文艺出版社,1987 年版。

Rogers, Hartley[罗杰斯,哈特利], *Theory of Recursive Functions and Effective Computability*《递归函数和能行可计算性的理论》,纽约:McGraw-Hill, 1967 年版。一篇高度专业性的论文,却也是学习的好教材。内有对集合论和递归函数论中许多复杂问题的讨论。

Rokeach, Milton[罗基阿克,密尔顿], *The Three Christs of Ypsilanti*《伊普西兰第的三位耶稣》,纽约:Vintage Books, 1964 年版,平装本。研究精神分裂症和患者中古怪的“一致性”。讲了精神病院中三个人之间的冲突,很吸引人。他们全都想象自己是上帝。书中讲了他们是如何面对面地相处了好几个月的。

** Rose, Steven[罗斯,史蒂文], *The Conscious Brain*《有意识的大脑》,修订本,纽约:Vintage Books, 1976 年版,平装本。一本出色的书——大概是引向大脑研究的最好的导论。内有对大脑的生理本质的充分讨论,还包括从广泛、理性、富于人情味的角度对心智、简化论之别于整体论、自由意志之别于决定论等问题的哲学讨论。

Rosenblueth, Arturo[罗森布鲁斯,阿图罗], *Mind and Brain: A Philosophy of science*《心智与大脑:一种科学哲学》,马萨诸塞, Cambridge: MIT Press, 1970 年版,平装本。一本由脑专家写的好书,论及有关大脑和心智的许多深刻问题。

* Sagan, Carl[萨根,卡尔]编:*Communication with Extraterrestrial Intelli-*

gence《与天外智能通讯》，马萨诸塞，Cambridge：MIT Press，1973 年版，平装本。对一次十分怪诞的会议所作的记录，两组超一流的科学家就这个思辨问题进行殊死较量。

Salmon，Wesley[萨尔门，魏斯利]编：*Zeno's Paradoxes*《芝诺悖论》，纽约：Bobbs－Merrill，1970 年版，平装本。论古代芝诺悖论文章的汇编，利用现代集合论、量子力学等思想对之进行仔细考察。吸引人而且富于启发性，偶尔也很幽默。

Sanger，F.，et al[散格尔等]，"Nucleotide sequence of bacteriophage ΦX174DNA"[噬菌体 ΦX174 DNA 的核苷酸序列]，*Nature*《自然》265（1977，2，24）。第一次令人兴奋地详细展示了一种有机体的全部遗传物。其惊人之处在于：两种蛋白质以一种交互的方式彼此编码，复杂得令人难以置信。

Sayre，Kenneth M.，and Frederik J. Crosson[萨耶尔，肯尼斯；弗里德里克·克罗松]，*The Modeling of Mind：Computers and Intelligence*《塑造心智：计算机与智能》，纽约：Simon and Schuster，Clarion Books，1963 年版。辑集了各类不同学术背景的人们对人工智能思想的哲学评论。这些人包括 Anatol Rapoport[阿纳托尔·拉波珀特]、Ludwig Wittgenstein[路德维希·维特根斯坦]、Donald Mackay[唐纳德·迈基]、Michael Scriven[米开尔·斯克里文]、Gilbert Ryle[吉尔伯特·莱尔]等等。

* Schank，Roger，and Kenneth Colby[尚克，罗杰；肯尼斯·科尔比]，*Computer Models of Thought and Language*《思维和语言的计算机模型》，旧金山：W. H. Freeman，1973 年版。一本论文集，探讨模仿诸如语言理解、信念系统、翻译等智力过程的各种途径。一本重要的人工智能著作，许多文章即使对于外行来说也不难读懂。

Schrödinger，Erwin[薛定谔，欧文]，*What is Life？ &Mind and Matter*《生命是什么？暨心智和物质》，纽约：Cambridge University Press，1967 年版，平装本。由一位著名的物理学家（量子力学的主要建立者之一）写的一本名著。研究生命和大脑的物理基础，随后用十分形而上学的语言讨论了意识。在 40 年代对遗传信息载体的研究有重大影响。

Shepard，Roger N.[谢泼德，罗杰]"Circularity in Judgments of Relative Pitch"[相对音高判断中的循环性]，*Journal of the Acoustical Society of America*《美国音响协会杂志》36，No. 12（1964，12），2346—2353。惊人的

听觉幻觉“谢泼德音调”的出处。

Simon, Herbert A. [西蒙，赫伯特]，*The Sciences of the Artificial*《人工科学》，马萨诸塞，Cambridge：MIT Press，1969 年版，平装本。研究理解复杂
754 系统的一本有趣的书。其最后一章题目是“复杂性的建筑物”，多少讨论了简化论之别于整体论的问题。

Smart, J. J. C. [司马特]“Gödel's Theorem, Church's Theorem, and Mechanism”[哥德尔定理、丘奇定理和机械论]，*Synthèse*《综合》13 (1961)第 105 页。早于卢卡斯 1961 年论文的一篇出色论文，但从根本上说是反驳前者的。人们可能由此得出结论：要想反驳卢卡斯，你得具有“司马”这一文明悠久的“特殊”姓氏所传下来的“古德”。

** Smullyan, Raymond[斯木连，雷蒙]，*Theory of Formal Systems*《形式系统理论》，新泽西，Princeton：Princeton University Press，1961 年版，平装本。一篇高级论文，但却以关于形式系统的优美讨论开始，是哥德尔定理用优雅的方式表达的一个简单版本。只有第一章值得一读。

* ——，*What Is The Name of This Book?*《本书的名字是什么？》，新泽西，Englewood Cliffs：Prentice－Hall，1978 年版。是关于悖论、自指和哥德尔定理的谜题和奇思异想。似乎会有同我这本书一样的读者群。他的书是在我这本全部写完后(除了本文献目录中的某一条外)面世的。

Sommerhoff, Gerd[索莫霍夫，戈德]，*The Logic of the Living Brain*《活脑的逻辑》，纽约：John Wiley，1974 年版。试图利用关于大脑微观结构的知识，构造关于大脑整体工作方式的理论。

Sperry, Roger[斯珀里，罗杰]，“Mind, Brain, and Humanist Values”[心智、大脑与人道主义价值观]，载于 John R. Platt[约翰·普拉特]编：*New Views on the Nature of Man*《对人的本质的新看法》，芝加哥：University of Chicago Press，1965 年版。一位前沿的神经生理学家最清楚地解释了他是如何将大脑行为与意识相调和的。

* Steiner, George[斯坦纳，乔治]，*After Babel: Aspects of Language and Translation*《巴别塔之后：语言和翻译问题》，纽约：Oxford University Press，1975 年版，平装本。一位语言学家写的有关人类的翻译和语言理解中深刻问题的著作。虽然几乎没有论及人工智能，其调子无疑是说：要使一台计算机理解一首诗或一本小说，那是根本不可能的。一本写得出色、给人启迪——有时叫人恼火——的书。

Stenesh, J.[斯坦纳什], *Dictionary of Biochemistry*《生物化学辞典》,纽约:John Wiley, Wiley－Interscience, 1975 年版。对我来说,这是一本查找分子生物学专业书籍的有用指南。

** Stent, Gunther[斯坦特,冈瑟],"Explicit and Implicit Semantic Content of the Genetic Information"[遗传信息中显明和隐含的语义内容],载于 *The Centrality of Science and Absolute Values*《科学中心论和绝对价值》,第Ⅰ卷, Proceedings of the 4th International Conference on the Unity of the Science, 1975[科学统一第四届国际会议文集]。令人惊异的是这篇文章竟然载于如今已臭名昭著的 Sun Myung Moon 牧师所组织的一次会议的文集中。尽管如此,文章还是很出色的。它讲遗传型在任何操作意义上是否可以说是包含了"所有的"有关其表现型的信息。换句话说,它是讲在遗传型中意义是位于何处的。

——, *Molecular Genetics: A Historical Narrative*《分子遗传学史》,旧金山:W. H. Freeman, 1971 年版。斯坦特具有一种视野广阔的人本主义观点,并且从历史的角度来表达各种思想。一本不同凡响的分子生物学教材。

Suppes, Patrick[萨佩斯,帕特里克], *Introduction to Logic*《逻辑导论》,纽约:Van Nostrand Reinhold, 1957 年版。一本标准教材,对命题演算和谓词演算都作了清晰的表述。我的命题演算主要来源于此。

Sussman, Gerald Jay[萨斯曼,杰拉尔德·杰], *A Computer Model of Skill Acquisition*《技能习得的计算机模型》,纽约:American Elsevier, 1975 年版,平装本。关于能理解"为一台计算机编程序"这一任务的程序的理论。详细讨论了如何将这一任务化整为零,以及这样一个程序的各部分是如何相互作用的。

** Tanenbaum, Andrew S.[塔南鲍姆,安德鲁], *Structured Computer Organization*《结构化的计算机组织》,新泽西, Englewood Cliffs: Prentice－Hall, 1976 年版。很出色:极好地解释了现代计算机系统中出现的许多层次。涉及微程序语言、机器语言、汇编语言、操作系统及许多其他问题。含有一份很好的、作了部分注释的文献目录。

Tarski, Alfred[塔斯基,阿尔弗雷德], *Logic, Semantics, Metamathematics. Papers from 1923 to 1938*《逻辑学、语义学、数学:从 1923 年到 1938 年的论文》, J. H. Woodger[伍哲]英译,纽约:Oxford University Press, 1956 年版。包含了塔斯基关于真理以及语言和它所表现的世界之间的关系的思

想。在人工智能中的知识表示问题里，这些思想依然有反响。

Taube, Mortimer[陶布，摩蒂莫]，*Computer and Common Sense*《计算机和常识》，纽约：McGraw－Hill，1961 年版，平装本。可能是反对现代人工智能概念的第一篇檄文。令人恼火。

Tietze, Heinrich[铁策，海因里希]，*Famous Problems of Mathematics*《数学中的著名问题》，巴尔的摩：Graylock Press，1965 年版。关于著名问题的一本书，用一种非常有个性和非常博学的风格写成。插图精良，含历史资料。

755 Trakhtenbrot, V.[特拉赫腾布劳特]，*Algorithms and Computing Machines*《演算和计算机器》，Heath，平装本。讨论了一些计算机的理论问题，特别是诸如停机问题和语词同义问题等不可解决的难题。行文简洁。

Turing, Sara[图灵，萨拉]，*Alan M. Turing*《阿兰·图灵》，英国，剑桥：W. Heffer and Sons，1959 年版。这位伟大的计算机先驱的传记。出自母爱的著作。

* Ulam, Stanislaw[乌兰姆，斯坦尼斯拉夫]，*Adventures of a Mathematician*《一位数学家的奇遇》，纽约：Charles Scribner's，1976 年版。一位好像仍然二十岁的沉浸在对数学的热爱中的六十五岁的老人所写的一部自传。充斥着谁认为谁是最好的、谁嫉妒谁等这一类的闲话。不仅逗乐，还挺严肃。

Watson, J. D.[沃森]. *The Molecular Biology of the Gene*《基因的分子生物学》，第三版，Menlo Park：W. A. Benjamin，1976 年。一本好书，但在我看来不如莱宁格尔那本组织得好。但仍然是几乎每页都有有趣的东西。

Webb, Judson[威伯，尤德森]，"Metamathematics and the Philosophy of Mind"[元数学和心智哲学]，*Philosophy of Science*《科学哲学》35 (1968) 第 156 页。一篇详尽而严格的反驳卢卡斯的文章，其结论是："我在本文中的全部观点可表述为：在数学基础的构造性问题没有澄清之前，无法清楚一致地处理心智-机器-哥德尔问题"。

Weiss, Paul[魏斯，保罗]，"One Plus One Does Not Equal Two"[一加一不等于二]，载于 G. C. Quarton, T. Melnechuk, and F. O. Schmitt 编的：*The Neurosciences：A Study Program*《神经科学：一份研究计划》，纽约：Rockefellor University Press，1967 年版，一篇试图调和简化论与整体论的文章，但依我的趣味看，有点太整体论。

* Weizenbaum, Joseph[魏增鲍姆，约瑟夫]，*Computer Power and Human Reason*《计算机的能力与人类理性》，旧金山：W. H. Freeman，1976 年版，平

装本。早期人工智能专家写的有启发性的文章。他得出结论说，在计算机科学——尤其是人工智能——中的大部分工作都是危险的。虽然我同意他的某些批评，然而我认为他走得太远了。他假装虔诚地称人工智能研究者们为“人工智能阶级”，初次听起来挺好玩的，可听到第十二遍的时候就令人讨厌了。任何对计算机感兴趣的人都应读读它。

Wheeler, William Morton[威勒，威廉·茅顿]，“The Ant-Colony as an Organism”[作为有机体的蚁群]，*Journal of Morphology*《形态学杂志》22，2(1911)，第307—325页。那个时代昆虫研究方面最大的权威之一，给出了著名的论证说明蚁群为什么同其各个元素一样配享“有机体”这一称号。

Whitely, C. H. [怀特利]“Minds, Machines, and Gödel: A Reply to Mr. Lucas”[心智、机器和哥德尔：对卢卡斯先生的答复]，*Philosophy*《哲学》37(1962)第61页。对卢卡斯论点的一份简单但却有潜力的答复。

Wilder, Raymond[威尔德，雷蒙]，*An Introduction to the Foundations of Mathematics*《数学基础导论》，纽约：John Wiley，1952年版。一本很好的概览，回顾了上个世纪的重要思想。

* Wilson, Edward O. [威尔逊，爱德华]，*The Insect Societies*《昆虫社会》，马萨诸塞，Cambridge: Harvard University Press, Belknap Press，1971年版，平装本。论昆虫的集体行为的一本权威著作。虽然很详尽，却依然有可读性，讨论了许多引人入胜的思想。配有出色的插图和一份庞大的(遗憾的是未加注释的)文献目录。

Winograd, Terry[维诺格拉德，特里]，*Five Lectures on Artificial Intelligence*《五篇人工智能讲稿》，AI Memo 246[人工智能备忘录第246号]，加利福尼亚，Stanford: Stanford University Artificial Intelligence Laboratory，1974年，平装本。描述了人工智能的根本问题以及用以攻克它们的新观念，作者是这一领域中当代一位重要的人物。

* ——，*Language as a Cognitive Process*《作为一种认知过程的语言》，马萨诸塞，Reading: Addison-Wesley版(即出)。就我从手稿中看到的而言，它将会是一部最令人兴奋的著作，它以别的书所没有的复杂性探讨了语言。

* ——，*Understanding Natural Language*《理解自然语言》，纽约：Academic Press，1972年版。详细讨论了一个特别的程序，该程序在一个有限的世界里极为“聪明”。这本书显示了语言为什么无法同对世界的一般理解相分离，为编制能像人那样地使用语言的程序指出了方向。一份重要文献。阅

读本书会使你产生许多想法。

——,“On some contested suppositions of generative linguistics about the scientific study of language”,[论有关语言的科学研究中某些相互竞争的生成语言学假设],*Cognition*《认知》4,第 6 页。对某些教条的语言学家正面攻击人工智能的精彩反击。

* Winston,Patrick[温斯顿,帕特里克],*Artificial Intelligence*《人工智能》,马萨诸塞,Reading:Addison-Wesley,1977 年版。对人工智能的许多层面所作的有力、一般性的表述。作者是一位富于献身精神的有影响的倡导者。前半部分是独立于程序的,后半部分是依赖于 Lisp 的,并包括有很好的对 Lisp 语言的简述。这本书有许多地方指向今天的人工智能文献。

756 * ——编,*The Psychology of Computer Vision*《计算机视觉的心理学》,纽约:McGraw-Hill,1975 年版。书名有点蠢,但是一本好书。其中的论文讨论如何给计算机编程序以使其对物体、情景等进行视觉识别。论文论及了问题的所有层次,从线段检查到知识的一般组织。具体地说,有一篇温斯顿自己的文章讨论他所写的一个程序,该程序从具体例子中生成抽象概念,还有一篇明斯基论“框架”这一新生概念的文章。

* Wooldridge,Dean[伍尔德里奇,迪恩],*Mechanical Man——The Physical Basis of Intelligence Life*《机械的人——智力生活的生理基础》,纽约:McGraw-Hill,1968 年版,平装本。对智力现象和大脑现象之间关系的详尽讨论,用明快的语言写成。用新颖的方式探讨了艰深的哲学问题,用具体例子来说明问题。

索　　引

对话中阿基里斯和乌龟的出现没有编进本索引，但是收入了出现较少的角色。读者最好查阅图 70 以便相互参照。本索引中的页码均指原书页码（在本书中表示成边码）。

索引的中文部分是按照条目的汉语拼音顺序排列的，条目下属的子条目是按该子条目中出现的第一个实词的汉语拼音顺序排列的。为了方便读者，绝大多数中文条目后都注了英文原文。凡是加“ * ”号的词都是译者在“移译”中引入的，它们不是原文的直接翻译。

英文版中与禅宗有关的人名均译自日文。

A

B

拔对和尚[Bassui],255
白色的石 G0025 [white stony G0025],626
《白天与黑夜》[Day and Night](艾舍尔),252,255,667
百丈禅师[Hyakujo],254
拜伦勋爵[Byron,Lord],25
半对词[demi-doublets],633—34,669
半解释[semi-interpretations],189,196
半球[hemispheres],257,340—41
半形式系统[semiformal systems],216;另见几何学,欧几里得的
邦加德[Bongard,M.],646
邦加德问题[Bongard problems],646—62,664,669,674;其普遍性,661—62
棒球[baseball],637—38
胞嘧啶[cytosine],见核苷酸
保证有的终止[guaranteed termination],41,396—98,399,403
鲍耶,法卡斯[Bolyai,Farkas],92
鲍耶,雅诺[Bolyai,János],91—92
贝多芬,路德维希·封[Beethoven,Ludwig van],6,163,634
贝尔,亚历山大·格雷厄姆[Bell,Alexander Graham],296
贝尔纳普,纽埃尔[Belnap,Nuel],197
备用轮胎[spare tire],670
背景假设[background assumptions],644 悖论[paradox]:禅宗的,249—55;其解决,116,196—97,245,另见无、堕界、跳出系统;由可错性产生可信性,564;人工智能的,19,26—27,620,673,另见**泰斯勒定理**;上帝和石头,478;数学中的,17—24,580—81;无类型愿望的,115—116;艺术中的,见艾舍尔、马格里特、卡奇;运动的,见芝诺悖论;自我意识的,389;另见矛盾、不一致性
倍流畅的图形*,67—70,72,73
"本句子"[this sentence],436,495—98,499
本质不完全性[essential incompleteness]:阿基里斯的生日的,462—64,475—76,688;唱机的,见疙瘩化;人工智能的,见**泰斯勒定理**;实数表的,423—24;自噬过程的,493;TNT 及相关系统的 468—71,;另见哥德尔化、疙瘩化、艾舍尔化、不可程序化性等
比喻[metaphor],672
笔误和计算机[misspelling and computers],297—98
毕达哥拉斯[Pythagoras],418,556—57
编辑照排系统*,608

C

254;和音乐、美术,699,704—6;和整体论之别于简化论,312—13;和芝诺,30,232;准禅宗,625—26;其祖师,30,232,248,252,259

禅宗串技艺[Art of Zen Strings],237,239—42,244,626

禅宗代数[Zen Algebra],577

缠结层[tangled level],688

缠结的层次结构[Tangled Hierarchies]:定义,10;命题演算中的,194;似是而非的,691;乌龟推理的,177—80;心智的,691—92,709—10,719;遗传学的,532—34,546—48,688;艺术中的,704;印符遗传学的513,688;元数学的,458,532—34;自我修改的棋的,688

产生规则[rules of production],见推理规则

长笛[flutes],3—5,27,528,552—58,720,726

尝试性[tentativity],646,651,654—56,672

常规科学[normal science],660—61

常量、参量、变量[constants,parameters,variables],643—44,669《常识》[Common Sense](马格里特),700—1

常识和程序[common sense and programs],301

嫦娥*,110

唱机[record players]:比作形式系统,84,85;低保真的,77,85,101,406—7,470;第 ω 号,78,468,483—84;第 ε_0 号,486,第1,2,……号,76—77;其固有的脆弱性,75—78,102,424,470,483—86,536,543,584,721,另见疙瘩化、龟蟹之战等;了不起的自组装唱机,见 ε_0 唱机;排斥异己的,487—88;吞龟的,483,487—88;作为信息揭示者,158—61,164;另见自动唱机

唱片[records]:粉碎唱机的,75—78,83—85,271,406—7,424,469,484,486,536,543,584;作为迷宫,120—24;碎了的,161;太空里的,162—64,172,174—75;作为信息携带者,158,160—61,164;有多个旋律的,154—57;有缺陷的,102;赠给螃蟹的《平均律钢琴曲集》的,275,278—80

唱片和唱机,被比作细胞成分和细胞[records and record players,likened to cellular constituents and cells],83,158—64,167,175,536

唱头族,螃蟹的自动唱机中的[family of record players in Crab's

jukebox],154—57
超缠结[supertangling],688
超导[superconductivity],304—5
超感官知觉[extrasensory perception,ESP],598—99,693—95
超前搜索树[look-ahead trees],151,604—5,611,712
超现实主义[superrealism],700
超验主义[transcendentalism],704
超智能[superintelligence],679
超自然数[supernatural numbers],223,453—56,458—59,467
超自然证明[supernatural proofs],454—55
车内收音机[car radio],670—71
成分[parts],303—5;另见简化论
成熟分裂[meiosis],665,672
乘法[multiplication],54—56,64—65,206,409,455,566,567
程序[programs]:由程序构造的,589,629—32,664;其递归结构,149—50;二阶的、三阶的等,476;翻译程序的,291—94;分析机的,25;高层次比较,380—81;其家族,503,546;蓝的、绿的、红的,见蓝程序、绿程序、红程序;确定表现型,532;确定酶功能,521—22;确定三级结构,521—22;生成定理的,471—73,578,615,617—18;之别于数据,499,513,531,546—48,616—17,630,另见使用之别于谈论;之别于程序员,298,306,734—37;作为数据,293,692;下国际象棋的,见国际象棋程序;为序数命名的,476;自我复制的,498—504,547;自我修改的,152,692;BlooP 和 FlooP 中的,410—15,424—26;另见计算机、计算机语言、人工智能程序等
程序空间[program space],299
程序目录(蓝、绿、红)[catalogues of programs (Blue, Green, red)],419,427—28
程序中的错误[errors in programs],295,297—98,596
程序中的注解[comments in programs],297
持续音[organ point],329—30
“虫-虫”字谜 *,62—63,669
重叠动词的现象 *,130—31
重新组织,各部分的[rearrangement of parts],78,333—35,484;另见自组装
重正化[renormalization],142—46,258,304—5,309
重组[recombination],665—69
抽彩[lottery],639—40
抽出[pulling-out](机制),见解码(机制)
抽屉柜,嵌套的[nested chests of

drawers],644—45

抽象的层次[levels of abstraction],651—53,656—57,660,666—72,674

出入口[ports of access],670—71

初始形状,禅宗串技艺的[starting positions in Art of Zen strings],339—40,241

处理机[processors](计算机),504,513,547;另见中心处理器

触发器[triggers]:公案,246;和框架消息,162;和外在消息,166,169,170—71,174,501;和休眠的符号,281,383,384;和音乐,162—63,281,383,583;和自动唱机,160—61, 170—71, 174, 500;DNA,160—61

触发模式,符号的[triggering patterns of symbols]:名词之别于动词,361;其中的随机性,673;和物理定律间的同构,362;由消息传达,350,371;和心智间的同构,369,376;旋律的,364;依赖于无意义的低层,569;作为意义的关键,325,327,350,360,385,609

传送消息的语言[message-passing languages],662—63

串[strands](遗传学):印符遗传学中的,508—13,514;DNA 和 RNA 的,514—18

串[strings]:定义,33—34;折叠,234—44,427

串处理规则[String Manipulation Rules],240—42

创造性的机械化[mechanizability of creativity],25,26,571,620,673;另见独创性、人工智能悖论、不可程序化性等

词首字组合(或把词嵌在句子中)[acronyms],7,28,113,174,176,272,719,727,738,740,742

词语[words]:禅宗的态度,246,249,251—54;作为程序,629—30;逆序书写的,75—81,498,549,738,740;和思维、形式规则,见主要论题

《辞》[Verbum](艾舍尔),257,731—32

磁场和晶体[magnetic field and crystal]140—43

催化剂[catalysts],528—29

存储器,计算机的[memory in computers],288—89,546,616

存储器倾卸[memory dump],381

存在量词[existential quantifiers],见量词

D

达·芬奇，列奥那多[da Vinci，Leonardo]，641

达利，萨尔瓦多[Dali，Salvador]，700

答案模式[answer-schemas]，462—64，475，688

打印机，计算机的[printer of computer]，301，307

大肠杆菌[E. coli bacterium]，176，537—41

《大地幻景第四号》[Imaginary Landscape no. 4]（卡奇），163—64，699

大电脑[Giant Electronic Brains]，25，601

大雕＊，119—21，123—25

大号，燃烧的[flaming tuba]，488—89，492

大脑[brains]：和操作系统，296；和规则，26—27，676，另见大脑和形式系统；可程序化性，302；和框架与外在消息，170—71；作为数学对象，559；和说谎者悖论，584—85；和思维，337—65；相互映射，341—42，345—46，369—82；之别于心智，576；和形式系统，337—38，559—62，569—79，584—85，676，另见丘奇-图灵论题、形式系统之别于非形式系统、大脑和规则；和蚁群，315—16，318，324—25，350，358—59；和音乐，163；其子器官，340—41；作为ATN群，359；另见心智、智能等

大脑中的模块[modules in brain]，见符号

大卫，汉斯·西奥多[David，Hans Theodore]，3，28，719

代词所指[pronoun reference]，587，591，592

代入关系[substitution relationship]，443—45，497

代入记号定义，TNT中的[substitution notation in TNT，defined]，224

带有个人想象的中国版图＊，见自想国

玳瑁＊，237，243—44

戴懋＊，237，239，244

戴斯，约翰·马丁·察哈里亚斯[Dase，Johann Martin Zacharias]，567

单词卡片[flashcard]，见tRNA

单元，印符遗传学中的[units in Typogenetics]，505，509

蛋[eggs]，192，383

蛋白质[proteins]，517—18，544—45；作为程序、数据、解释器、处理

器,547;作为过程性知识,616—17;另见酶
道悟[Doko],250,698
德·蔡里科,乔尔乔[De Chirico, Giorgio],700
德·摩根,奥古斯都[De Morgen, Augustus],20,404,600
德雷福斯,休伯特[Dreyfus, Hubert],574
德山[Tokusan],189—90
德沃夏克,安东尼[Dvořàk, Antonin],163
灯、元灯等等[lamp, meta-lamp, etc.],108—13,216
低层次[lower levels],见基质,精神的
狄更斯,查尔斯[Dickens, Charles],326,328
《的确该赞美螃蟹》[Magnificrab, Indeed],560,574,581
笛卡尔,雷内[Descartes, Ren@^],263,340,677
地球-月亮-太阳系统[Earth-Moon-Sun system],353—54
地球沙文主义[earth chauvinism],171—72
地址,存储器中的[addresses in memory],289,290
递归[recursion]:避免悖论,127;避免无穷回归,127,134—35;和不可预期性,152;定义,127—29,131—35;和幻想规则,184—85;和基本粒子,142—46;间接的,134,137;弈棋程序中的,150—51,604—5;音乐中的,121—23,129—30;语言中的,130—34;另见嵌套、不同层次的之别于相同的层次、层次混淆等
递归的词首字组合[recursive acronyms],113,133,134—35,738,742
递归公式,思维的[recursive formula of thinking],560
递归函数[recursive functions],136—40;152,430,455;另见一般递归、原始递归、BlooP、FlooP
递归集[recursive sets],72—74,152,191
递归结构,观念的[recursive structure of ideas],386—87,560,621,644—45,650,656—57,669,671—72
递归可枚举集[recursive enumerable sets],72—74,152,191,265,269
递归迁移网[Recursive Transition Networks],131—34,136,145,150,620—21
递归图[recursive graphs],138—43
递归图案[recursive diagrams],

135—37

递归图形[recursive figures],67—70,72,73

递归相关的标号系统[recursively related notation-systems],475

递归序列[recursive sequences],135—38,139

第五公设[fifth postulate](欧几里得),90—93,222,451—52

点[points](几何学的),19—20,90,92—93,100,207,222,452,456

电话[telephone calls],61—63,127—28,161;古怪的,431,437

电话机[telephones],302

电话系统[telephone systems],296,663

电视[television],285,348,478,484,487—93,634—40

电台广播[radio broadcasts],128,163,169,353,478,545,720

电子[electrons],140—46,258,303—5

调,音乐的[musical keys],10,299,466,501;另见转调

顶[ceilings],见循环,有界的、BlooP

定理[theorems]:之别于**定理**,35,193;定义,35;之别于非定理,39—41,66—67,70,71—73,190—91,416—17,560,579—80;之别于规则,43—45,193—94,509—10;其系统化的枚举,39—40,48,471—73,578,615,617—18;之别于真理,49—54,70—71,86—102,190—97,213,221—23,228—30,另见一致性、完全性、**哥德尔定理及其推论**

定理金字塔[pyramidal family of theorems],221—25,450—53

定理数[theorem-numbers],264—67,269—70,440—43,451

定理证明,机械的[mechanical theorem-proving],602,609,617—19

定位,大脑和程序中的知识的[localization of knowledge, in brains and programs],342,348,365,617—18

丢番图,亚历山大里亚的[Diophantus of Alexandria],275

丢番图方程[Diophantine equations],279,459—60

丢饭囊*,333

洞山[Tozan],190,255,257,479

洞眼*,260—261,436

独创性和机器[originality and machines],25—26,606—9

度量,内心的[mental metric],613,614;另见概念邻接

短杠串[hyphen-strings],47,64—65,66

堆栈,下推的[pushdown stacks],

127—35,136,610—11
对话[dialogues](正文中的),191—92,193,408—9,431,560,565,595—96,598,599
对话[Dialogues](各章前的):其起源,28,665—69;其自指性,84—85,129,204,502—3,667,738—39
《对角藏头诗》*,424
对角线法,康托尔的[Cantor's diagonal methods],418—24,426,427—29,438,446,469
《对实》[Contrafactus],641,643,669
对实参数[counterfactual parameters],639
对实情景[counterfactuals],634—40,641—44
对位[countpoint],见卡农、赋格、巴赫等
《对位藏头诗》[Contracrostipunctus],82—85,267,270—71,406—7,424,467—70,483—84,534—37,608,721
对象语言[object language],22,184,248
对用户透明[transparency to user],629,632
顿悟[enlightenment],232,237,243,246,251,254—55,479,567
多重表示[multiple representations],616—18,670—71,674
多重分叉现象,TNT的[multifurcation of TNT],467
多核糖体[polyribosomes],526—28
多级瀑布[cascades],224,529,626,664
多肽[polypeptides],523,525,528
堕界*,116,243,255,725;其层次,243
堕胎[abortion],176

E

儿童故事和人工智能[children's stories and AI],675—76
二百元组[bicentuplets],540
《二部创意曲》[Two-Part Invention],28,43—45,684—86;另见卡罗尔悖论、刘易斯·卡罗尔
二级结构[secondary structure],521,525
二维之别于三维[2-D vs. 3-D]:艾舍尔作品中的,57—58,105—6,125,473—74,524,689—90,698,714—16;和电视屏幕,488—93,737;马格里特作品中的,480—81,493—94,700—1,705—6;和三字件,见三字件
二元论[dualism],251—55,698—

99;另见主体之别于客体
二元组[duplets](印符遗传学),510,512

F

法国组曲第五号,基格[French Suite no. 5, Gigue](巴赫),130
法院系统[court system],692,693
法则Ⅰ、法则Ⅱ[. doGma Ⅰ,. doGma Ⅱ],532—33
幡*,见旗
翻译[translation]:大脑的不同层次间的,349,381—84,709;从汉语向TNT的,209—13,215,417;机械化的,380,601,603;计算机语言间的,292—95,297—98,306,380—81,547,632;从信使向串的,234—36;印符遗传学中的,509—10,512—13;从乐谱向乐音的,83;"炸脖GROUPS"的,372—73,379;忠实的层次,379—80;自然语言间的,其困难,372—73,379—80;《罪与罚》的,379—80;从mRNA向蛋白质的,485,518—19,522—25,527—28,531—36,538,545,546—48;从N向元TNT的,533;TNT和元TNT间的,267—72,441—46,709
反常[anomalies],44,96,208,723
反对人工智能的观点[anti-AI attitudes],27,470—72,628
反馈和前馈[feedback and feedforward],544—45
反密码子[anticodons],522—24
反向链接[backwards chaining],618
《反向增值的卡农》[Canon per augmenta-tionem et contrario motu](巴赫),见《树懒卡农》
反映[mirroring],见知识的表示、同构
返回地址[return addresses],128,133
范式转换[paradigm shifts],660—61
仿真[emulation],295
飞机-干草垛的故事[airplane-haystack story],675
飞去来器[boomerang],75,84
非定理[nontheorems],见定理之别于非定理
非定理表[table of nontheorems],66
非理性之别于理性,大脑/心智中的[irrationality vs. rationality in brain/mind],575—78
非欧几何[Noneuclid],91—92
非平衡态热力学[nonequilibrium thermodynamics],693

非形式系统[informal systems],见形式系统之别于非形式系统
非周期性晶体结构[aperiodic crystals],167—69,174—76
非自描述的形容词[non-self-descriptive adjectives],见非自谓的形容词
非自谓的形容词[heterological adjectives],20—21,22
非自组装病毒[non-self-assembling viruses],542—43
蜚蚂,蚁翰·塞巴斯蚁安*,332—35
《蜚蚂的最后赋格》*,335
肥皂[soap cake],497
腓德烈大帝,普鲁士国王[Frederick the Great,King of Prussia],3—8,27,394,729,740
斐波那契(比萨的列奥那多)[Fibonacci(Leonardo of Pisa)],136,246
斐波那契数列[Fibonacci sequence],136,138,139.152,173—74,265,416
废话[padding],402—3
狒犸,溺爱儿·的*,333—34
费马,彼埃尔·德[Fermat,Pierre de],275—77,278;同巴赫混淆,331—35
费马的最后定理[Fermat's Last Theorem],275—79,332,416;其反例,277,279,460;逆转的,333—34;戏拟的,335,551;其证明,277,279,460
费因曼图案[Feynman diagrams],144—46
分叉现象[bifurcations],91—94,100,456—59,467,579
分化,细胞的[cellular differentiation],543—46
分离[splitting-off],353—54,664;另见类之别于例
分离规则[rule of detachment],185—86,577
分时[timesharing],296,354—55,387,730
分析机[Analytical Engine],25,598,727
分子生物学[molecular biology],504,514—48
风格[style],148,371,379
佛性[Buddha-nature],233,234,238—44
否定[negation],70,71,183,191—92,210—11,214,545
弗兰克,菲利普[Frank,Philipp],642
弗雷格,高特洛布[Frege,Gottlob],20
伏尔泰,弗朗索瓦·马利·阿鲁

埃·德[Voltare, Francois Marie Arouet de],3
“服”号串*,446—48,466,468,541,580
服了*,448
浮现的现象[emergent phenomena]708—9,714
符号[symbols]:作为笔触,351;其恒定核心,349;其部分重叠,348—49,356—57;不通向基质,见不可达性;独创性的需要,609;之间的分界线,354—57,359—60;其概念尺度,350—51;其过分拥挤,358;和汇集,347;激活方式,349—57,361;昆虫的,360—61;连带激活,351,354—56,359,361,365,584—85,664—65,675;与涟漪比较,356—57;普遍的,375—76;潜在的,355—56,382—84;其人工智能实现,662—63,665;之别于神经原,348,356—57,361;与神经原比较,350,371;其神经原基质,356—57,570;和消息交换,350,371,662—63;之别于信号,325—27,349—50;其形式,348,356—57,361;休眠的,327,349,355—56,384;蚁群中的,324—28,330;主动的之别于被动的,324—25,327—28,337—38;和自由意志,712—14
符号层描述,对大脑的[symbol-level description of brain],349—51
符号的表现[manifestations of symbols],351
符号之别于对象[symbol vs. object],699—706;另见主体之别于客体、使用之别于谈论等
福凯尔,约翰·尼古拉[Forkel, Johann Nikolaus],4,86
福莱,加布里埃尔[Fauré, Gabriel],163
负空间[negative space],62—63,66—68,72;另见图形和衬底“妇见”之别于“看见”*,妇见男人之别于女人
复合词[compound words],665
复合句[compound sentences](TNT中的),214
复数[plurals],354
复印机[photocopy machines],499
复杂性的守恒性[conservation of complexity],60,195
复制[copy]:和病毒,542—43;和电视,489;和DNA,529—31;另见副本
复制状态[Copy mode](印符遗传学),506—8
副本[copies]:其性质,146—49;编码中的,517,527—28;不精确的,500—3,546;和卡农,8—9,527—

28;形象上嵌套的,138—40;与原件互补的,70,501,506—7,517,另见转位;和自复制,500—4,512—13;另见同一性、同构、复制
副总统[Vice President],670
赋格[fugues],335,634,730,736;和对话,28;《赋格的艺术》中的,79—81,86;其中的技巧,314,322—23,329—30,737—40;其性质,9,281—84,737;《音乐的奉献》中的,4—9
《赋格的艺术》[Art of the Fugue](巴赫),79—81.86,671

G

概念的诸侧面[conceptual dimensions],670—71
概念骨架[conceptual skeletons],381,514,666—72,674
概念邻接[conceptual nearness],371—73,614,651—56
概念网络[concept network],651—54;另见语义网络
概念映射[conceptual mapping],668—72
概述串[summarizing string],221—22,450—51
甘岑,杰哈德[Gentzen,Gerhard],195
橄榄球[football],303,353,634—40,643,644,645,672
钢琴[pianos],3—4,302,305,633—34,700,726;逆向的,681—83 高保真度之别于低保真度[high-fidelity vs. lowfidelity],77,85,101,406—7,470,697—98
高层上的解释力[explanatory power of high level],321,326,707—10
高层所具有的性质[intrinsically high-level properties],707—9
高夫曼,欧文[Goffman,Erving],478
高脚杯[goblet],79,81,83—85,267
高斯,卡尔·弗里德里希[Gauss,Karl Friedrich],92,100
"疙瘩定理"*,486,536
"疙瘩化"的可重复性*,76—78,424,467—70,483—86;另见哥德尔化、本质不完全性、答案模式
哥德巴赫,克里斯蒂安[Goldbach,Christian],394,395
哥德巴赫变奏[Goldbach Variation],395—98,400,426,441
哥德巴赫猜想[Goldbach Conjecture],394—96,400,557—58,615;戏拟的,551
哥德巴赫性质[Goldbach property],

395—97,400,414,418

哥德堡,约翰·西奥菲卢斯[Goldberg,Johann Theophilus],391—92

哥德堡变奏曲[Goldberg Variations](巴赫),392—93,395

哥德尔,库特[Gödel,Kurt],15—19,24,28,738,740,742

哥德尔编码[Gödel Code],18,268,533—35

哥德尔的建构,图示的[Gödel's construction,illustrated],84

哥德尔的论文[Gödel's article],17,24,438

哥德尔第二定理[Gödel's Second Theorem],230,449—50,696

哥德尔定理[Gödel's Theorem]:陈述,17,101,272;和丢番图方程,459—60;和《对位藏头诗》,见《对位藏头诗》,分子生物学中的对应物,534,536—37;简短提及,72,74,78,100,486;和人工智能,388—90,471—77,706—7,714;其推论,450—60,469—76;其证明,18,265—72,438—49;和Lisp,738—39

哥德尔定理和人类内省[Gödel's Theorems and human introspection],450,696—98

哥德尔方法的起因[underlying causes of Gödel's method],204,407,465,468—71

哥德尔化[Gödelization],270;其可程序化性,471—73;其可重复性,424,465—76,688;另见艾舍尔化、疙瘩化、跳出系统

哥德尔化算子[Gödelizing operator],472—73,475—76,543

哥德尔论点的概括[Gödel's argument,summarized],18,272,448

哥德尔密码子[Gödel codons],268,425,533—35

哥德尔配数[Gödel-numbering],18,438,738—39;FlooP程序的,425—26,502;TNT的,268—70,579;WJU系统的,261—64

哥德尔同构[Gödel isomorphism],261—71,439,442—46,738—39;比作在大脑中反映世界,502,570

哥德尔问题[Gödel questions](卢卡斯),389,390

歌,重组的[recombinant songs],607—8

歌,自复制的[self-reproducing song]500

格鲁特,阿德里安·德[Groot,Adriaan de],286

格瑞林悖论[Grelling's paradox],20—21,22

隔板,精神的[mental partitlons],

671
隔离[sealing-off],305,309,350,534
嗝[hiccups],116,254,255,673,725—26,736
工蚁[worker ants],318
工作在系统内[working inside the system],见机方式
公案[koans],30,189—91,233—45,246—59,625—26;计算机产生的,625—26;正宗的之别于冒牌的,234—35,239,242,244,427,625—26
公理[axioms]:定义,35;扩展了的TNT的,451—52,466—68;命题演算中没有,183;修改了的pq系统的,87;P系统的,73—74;pq系统的,47;TNT的,216;tq系统的,65;WJU系统的,33,35;310系统的,263
公理模式[axiom schemata],47,48,65,87,468,472—73,543
公理系统[axiomatic systems],见形式系统
公式[formula]:闭的,见句子;开的,207—8
拱,白蚁修建的[arch of termites],358—59
共价键[covalent bonds],514
共用编码[shared code],387
狗和骨头问题[dog-and-bone problem],611—13
狗[dogs],233,234,383,611—12,679
骨架[skeletons](递归),140—41;另见基底
怪圈[Strange Loops]:艾舍尔作品中的,10—15,714—17;和巴比奇与图灵,737;巴赫作品中的,10,719;必然存在于其中的惊讶,691;定义,10;与反馈对比,545,691;分子生物学中的,231,532—34,545,546—48;哥德尔发现的,15—17,24;消除,21—23;《数学原理》中的,24;心智中的,27,691—92;和意识,709—10;语言中的,22,691;政府中的,692—93;中心法则映射中的,534;TNT中的,见TNT的内省;另见缠结的层次结构、层次混合、层次冲突、层次混淆等
怪物处理符号的,[genie,symbol-mampulating],39—40,48
怪物、元怪物等[Genie,Meta-Genie,etc.],109—16,216—17,223,224,610;另见神怪
观念革命[conceptual revolutions],660—61,673
光子[photons],142—46,258
广告[advertisements],478
龟蟹之战[TC-battles],75—78,

406—7,424,467—70,478,483—88,536—41,721
规则[rules]:算术的之别于印符的,262—64,269;压进串里的,见定理之别于规则;和智能,26—27,559;另见大脑和形式系统
国际象棋[chess]:大师,286—87;绕屋跑,595;自我修改的,687—88;和组块,285—87,604
国际象棋程序[chess programs]:和巴比奇,25,729—31,736;不做超前搜索的,604;其递归结构,150—52;各种类型的,601;其困难,151—52,605;其力量和弱点,151—52,285—87,573,603—4,611;和螃蟹,721,729—31;和跳出系统,37—38,678;和图灵,595,596,736;和选择,711—12;其中的知识表示,618
国王主题[Royal Theme],4—10,96,719,739—40
果园类比[orchard analogy],见信息距表层的距离
过程[procedures],132—34,150—51,292,410—15,418—20,424—28;其链,413—14,415,418
过滤器[filters]:用于抽象的,286,407—9,648,657—60,663,673;用于库的,418,427

H

哈代,高特弗雷·哈罗德[Hardy,Godfrey Harold],562—66
海客[HACKER],664
海森堡测不准原理[Heisenberg uncertainty principle],455,698
海威特,卡尔[Hewitt,Carl],662
涵义和文化[connotations and culture],372—73,379—80
汉肯,列昂[Henken,Leon],541
汉肯定理[Henkin's Theorem],488
汉肯句子[Henkin sentences],541—53,709;显式的和隐式的,542—43
汉谟拉比[Hammurabi],169
豪华名词[FANCE NOUN],132—34
豪斯曼,艾利亚斯·高特利伯[Haussmann,Elias Gottlieb],2
郝晕*,103—4,115,128—29,130
合数[composite numbers],64,65—66,73;另见素数
和声紧张[harmonic tension],122—23;另见紧张和解决
和声小迷宫[Little Harmonic Labyrinth](大雕的),119—25
《和声小迷宫》[Little Harmonic

Labyrinth](巴赫),121—23,129,130
《和声小迷宫》[Little Harmonic Labyrinth](对话),127,128—30,149,216,610—11
和弦和类比[chords and analogies],673—74
核[nuclei]:细胞的,514,517,518;原子的,303—4
核苷酸[nucleotides],514—17,519,522—24,530,540—41;其英文的词首字母,231,517,666
核糖核酸[ribonucleic acid],见 mRNA、rRNA、tRNA
核糖体[ribosomes]:和分子卡农,527—28;其结构,528;其起源,528,548;作为人工智能模型,662,663;作为遗传密码的翻译者,485,518—19,522—25,547;印符遗传学中的,512;作为自组装的物体,485—86,542;作为DNA自复制的必要条件,530
核糖体 RNA[ribosomal RNA],见 rRNA
红程序[Red Programs],427—28
红对角[Reddiag],428,429
红色,主观的和客观的[subjective and objective redness],710
宏观效果,由微观原因引起的[macroscopic effects from microscopic causes],307—8
侯世达[Hofstadter, Douglas R.],75,724,728,740
侯世达定律[Hofstadter's Law],152
猴子的视觉[vision of monkeys],345—46
后期[anaphase],667
胡思乱想[nonsense]:计算机产生的,620,621—22,625—26;人产生的,612—22;以有意义的东西为基础,378—79
《蝴蝶》[Butterflies](艾舍尔),147—48
花哨名词[ORNATE NOUN],131—33
滑动,概念的[conceptual slippage],633—40,641—44,654—56,672;另见概念映射
《画廊》[Print Gallery](艾舍尔),15,714—17
《画手》[Drawing Hands](艾舍尔),15,21,133,689—92,710,716,737
怀特海,阿尔弗雷德·诺斯[Whitehead, Alfred North],18,21,23—24
怀特利[Whitely, C. H.],477
环境[context]:其必要性,161—64,173—76;其恢复,115—16,128,

133,161—64,173—76;嵌套的,643—46,672,674
幻想规则[fantasy rule],183—85,187
黄蜂斯费克斯[Sphex wasp],360—61,613—14
回溯[backtracking],97,629,632
回文,分子生物学中的[palindromes in molecular biology],201,667
回文斯 *,353—54,634—37,643,644
汇编程序[assemblers],291,294
汇编语言[assembly language],290—95;同DNA比较,290—91
汇集[funneling],346—48
慧能[Eno],30,232,252
活性部位[active site],528—29,544,663

J

几乎可分解系统[nearly decomposable systems],303—6
机方式[Mechanical mode],38—39,65,194,221,613—14
机器[machines]:不是部分的总合,389—90;自组装,160,486,504,543,545 机器人,T型迷津中的[robot in T-maze],711—13
机器语言[machine language],289—300,306,381,547
积木世界[blocks world],586—93,627—32,674
基[bases](遗传学):514,另见核苷酸;印符遗传学中的,505—8,510
基本的自动唱机公理[fundamental jukebox-axiom],155
基本事实1和2[Fundamental Facts 1and 2],440—42
基层[grass roots],693
基底[bottom](递归),139—40;另见骨架
基对,互补的[complementary base-pairing],433,506—7,514—16,517,523,534
基数,对它的直觉[intuitive sense of cardinality],567
基因[genes],200—1,507,512,524—25,531,544—45,668
基质[substrate]:蛋白质的,529;精神的,其不可解释性,570—71;精神的,类比思维的必要条件,569—71;精神的,对其模拟,571—72;说谎者句子的,581,584—85
吉伦特,赫伯特[Gelernter,Herbert],606—7,669
吉世达[Gebstadter,Egbert.B],94—95,402—3,484
吉他[guitars],62

极化子[polarons],304—5

即时重放的镜头,直截的和虚拟的[straight and subjective instant replays],634—40,641,672

即兴之别于自省[improvisation vs. intro-spection],739

集合论[set theory],20—23

集聚[focusing],657—59

几何编码[Geometric Code],235—37,241,626

几何公设[postulates of geometry],90—91,92—93,407

几何学[geometry]:非欧几里得的,19—20,91—93,98—99,100,222—23,451,455—56;绝对的,91,93,97,222,407,451—52;欧几里得的,19—20,88—92,100,222,451,456,606—7;椭圆的,93;其“真正”形式,88—94,99—100,456—57

计数[counting],55—57,228,364

计算机[computers]:唱机中的,78,484,486—88;由计算机组装的,504,684;和决定论,25—27,306—7,684—86;可错性,575,578,678;哭,675—76;其起源,24—26;学习,603—5;另见程序、人工智能、人工智能程序

计算机视觉[vision by computer],602,627

计算机听觉[hearing by computer],602

计算机系统[computer systems],287—302

计算机下国际象棋[computer chess],见国际象棋程序

计算机语言[computer languages]:传送消息的,662—63;其方言,503;高层的,292—93,297—300;和灵活性,298—99;描述,289—99,406—30,498—99;其能力,299,428—29;施德鲁中的,629—32;细胞中的对应物,547

继承性论证[hereditary arguments],36,47—48,217,261

寄存器[registers],289

加长和缩短规则[lengthening and shortening rules]:和判定过程,48—49,182,407—8;和TNT,213,266,269;和WJU系统,39—40,260—61,264,613;另见增大和减小规则、问题分解

加法[addition]:不可交换的,222—23,639;超自然数的,455;交换律、结合律,55,225—26;其可体现性,417;和人工智能程序,677—78;三个数的,101,206—7;BlooP中的,409;和pq系统,49—53,417;TNT记号,206—7

伽利略[Galileo],478—79

甲基化[methylation],540—41
贾基,斯坦利[Jaki,Stanley],574
假设,不牢靠的[shaky assumptions],420,422,429,580,581,644,672
假定[hypotheticals],44—45,634—40
假想的世界[hypothetical worlds],95—100,338,360—62,634—40,641—44;植根于现实,362,378—79
减法[subtraction],52—53,411—412
简单细胞、复杂细胞、超复杂细胞[simple, complex, hypercomplex cells],见神经原
简化论[reductionism]:和蛋白质,520—22;定义,312;另见整体论之别于简化论、隔离
简化主义者的窘境[Reductionist's Dilemma],522,709
简洁[simplicity],172,560,615
渐成过程[epigenesis],159—60,161—62,531—32,665
交换[crossing-over],665—68
交换律[commutativity],55—56,209,225—27,453,639
胶质细胞[glia],339
绞肉机[meat grinders],414
较象曲*,贝多芬第九,634
教授,心不在焉的*,130—31
街头讨厌的事[street nuisances],25,726—27,729
杰弗逊[Jefferson G.],598
结点和连线[nodes and links],370—71,652—54
结构的层次[levels of structure]:酶的,510—11,519,521,525—27,532;音乐的,525
结构之别于功能[structure vs. function],522,670—71;另见使用之别于谈论、句法之别于语义
结果[outcome],184
结合律[associativity],55—56,207
结晶的比喻[crystallization metaphor],347
解码[decoding]:唱片的,154—57,158—59,161—64,172,174—75;俄文的,380;福签的,154;通过哥德尔同构,267;形式系统的,50—51,54;作为展现,160—61;对自然的,409;DNA的,159—62,175—76,201,231,531—32,538;另见同构、翻译、信息组块化
解码机制[decoding mechanisms]:其本质,158—76;唱机的,83,154—57;其复杂性,158—62,172—76,582—84;固有的,170—71;三藏的,257;其透明性,267,501;另见同构等

解释[interpretations]:串的,509—10;多重的,94—102,153—57,266—67,271,447—48;命题演算的,186—87,189,191—92,调整以避免不一致,87—88,453,456,另见未定义项;pq 系统的,49—53,87—88,101—2,158;TNT的,205—9,266—67,453,533;tq 系统、C 系统、P 系统的,64—65,73—74

解释-约定[interpretation-conventions],687—88

解释程序[interpreters],293,504,547,616,632,662,692

解释机制,大脑中的[interpreters in brain]:582—84

解说员[announcer],353,633—40

金警官和银警官*,405

紧张和解决[tension and resolution],121—23,129—30,227

进化[evolution],321—22

《经由种种调性的卡农》[Canon per Tonos](巴赫),见无穷升高的卡农

精灵[demons],663—64

局部性质之别于全局性质[local vs. global properties],21,160,359,363,371—75,543,582—84,678

桔子、柑子和橙子*,377

句法分析,自然语言的[parsing of natural language],588—93,630—32;另见语法、语言

句法之别于语义[syntax vs. semantics],626—27,630—32,676;另见形式,句法的之别于语义的

句子,TNT 中的[sentences in TNT],208—9

句子 J 和句子 K*,436—37

俱胝[Gutei],237

距目标的距离[distance to goal],611—13

决定论[determinisml,54;另见自由意志

K

卡罗尔,刘易斯[Carroll, Lewis],20,28,46,81,192,372,681;其原作,43—45,366—68

卡罗尔悖论[Carroll paradox],28,43—45,681;符号化的,193;和塞缪尔的论点,684—85;提出的问题,46,181;消息形式,170;证据形式,693—94;证明形式,192—93;另见无穷回归

卡农[canons]:和艾舍尔的绘画,15;和对话,665—69,738;和多核糖体,526—28;二排的,527—28;和

副本,8—9,146;哥德堡变奏曲中的,392;其结构,8—10;《音乐的奉献》中的,7—10,726—27;和自指,501—3;另见各支卡农、赋格
卡奇,约翰[Cage,John],156—57,163—64,167,174—75,556,699—700,704
凯,艾伦[Kay,Allen],662
凯姆,斯科特[Kim,Scott],68—69,503,523,719
凯瑟林侯爵[Count Kaiserling],75,391—92
康托尔[Cantor](职位),393,404
康托尔,盖奥尔格[Cantor,Georg],20,216,418,421,422—24
康托尔集[Cantor set],142
科恩伯格,约翰·菲利普[Kirnberger,Johann Philipp],9,726
科尔比,肯尼思[Colby,Kenneth],599
科学[science]:和邦加德问题,659—61;自我应用,699
可变性的层次结构[hierarchy of variability],643—45,669
可表示性和表示能力[expressibility and expressive power],101,417,441—43,444—45,450,454,465—70,580—81
可产生的数[producible numbers],264—65,269—70
可重入编码[reentrant code],387
可交流性,算法的[communicability of algorithms],562
可判定串[decidable strings],417
可识别的形状[recognizable forms],68
可体现性[representability],407,417—18,430,441,443,444,451,466,468,579—80
可预期的终止[predictable termination],400,407,409—18,420,441,582;另见不可预期但保证有的终止、有终止过程
可证明性[provability],18,101
可重复性[repeatability],见哥德尔化、疙瘩化、对角线法、艾舍尔化、龟蟹之战、答案模式
克郎棋*,307
克里克,弗兰西斯[Crick,Francis],505,532,533,534,617
克里斯托弗,巴托罗米欧[Cristofori,Bartolomeo],3
克利尼,斯蒂芬[Kleene,Stephen C.],476
克林瓶[Klein bottle],691
克吕格[Klügel,G. S.],91
克罗内克,列奥波尔德[Kronecker,Leopold],216
客观化的寻求[quest after objectivity],479,693—96

肯尼迪，约翰[Kennedy, John F.], 641
空间[spaces]：抽象的，457；行为的，306，307，363，621；整数的，502
口香核糖＊，236
库恩，托马斯[Kuhn, Thomas]，660
库珀对[Cooper pairs]，304—5
夸克[quarks]，304，305，350
夸美纽斯，约翰·艾莫斯[Comenius, Johann Amos]，625
扤摁＊，431—37，445，446，449，497—99，531
蒯恩，威拉德·范·奥尔曼[Quine, Willard van Orman]，435，446，449，699
框架[frames]，373，644—46，662—63，672
框架手法[framing devices]，478
框架消息[frame messages]，162，166—67，176
框架效应[frame effect]，704
昆茨，约辛[Quantz, Joachim]，4
扩充迁移网[Augmented Transition Network]，150，258—59，359，621，625—27，630
扩展结点[expanding nodes]，134—36

L

拉赫马尼诺夫，塞尔盖伊[Rachmaninoff, Sergei]，150
拉玛奴衔，湿利尼吠萨[Ramanujan, Srinivasa]，562—66，614
拉·梅特里，于连·奥伏瓦·德[La Mettrie, Julien Offroy de]，3，27，729
拉施利，卡尔[Lashley, Karl]，342，343，348
蜡烛＊，62—63
莱布尼茨，威廉·高特弗雷德[Leibniz, Wilhelm Gottfried]，24—25，600
莱蒙托夫，米哈伊尔[Lermontov, Mikhail]，642
莱宁格尔，阿尔伯特[Lehninger, Albert]，504
兰伯特[Lambert, J. H.]，91，92，99
蓝程序[Blue Programs]，418—20，422，427
蓝对角[Bluediag]，420—24，428
老巴[Old Ba. Ch.]，726
老巴赫[Old Bach]，4，28，460，481—83，738，739
老舍＊，380
老鼠，迷津中的[rats in mazes]，342
勒让德，阿德里安-马利[Legendre, Adrien-Marie]，92

类比[analogies],668—74

类比思维[analogical thinking]:计算机的,603;其基础,570—71

类型论[theory of types],21—23

类之别于例[classes vs. instances],351—55,360—61;另见原型、内涵和外延、类比、概念骨架等

犁耕体[boustrophedonic writing],168—69,176

李特伍德[Littlewood,J. E.],564

理解的本质[nature of understanding],569,675—76,680

理解心智/大脑[understanding minds/brains]:其可能性,697—98,706—7;其意义,697

理顺了的系统[boxed systems],469—70,543

理想数[ideal numbers],56—58

理性之别于非理性[rational vs. irrational],575—77

利内特,道格拉斯[Lenat,Douglas],615

粒子,基本的[elementary particals],54,140—46,258,303—5,309,522

连分数[continued fractions],140,277,563,565

连锁信[chain letters],546

连续过程之别于离散过程[continuous vs. discrete processes],598

良构串[well-formed strings]:禅宗串技艺中的,239,242,244;定义,53;命题演算中的,181—83 有关的 BlooP 谜题,416;pq 系统中的,47;TNT 中的,213—15

《两个谜》[Two Mysteries](马格里特),701—2

量词[quantifiers],207—9,210,211—12,214,217—19

量子力学[quantum mechanics],19,54,140—46,350,455,457,699;另见粒子

列奥纳多,比萨的[Leonardo of Pisa],见斐波那契

裂变和聚变[fission and fusion](概念的),338,352—56,438,470,664—65 林肯,亚伯拉罕[Lincoln,Abraham],454

临界质量[critical mass],228,317,389,417,470

灵笨机[smart-stupids],721—42

灵活性和不灵活性[flexibility and inflexibility],26—27,296—302,611—14,657,673—75,686

《另一个世界》[Another World](艾舍尔),250,255

溜冰者比喻[skater metaphor],412—13

流畅可画出的图形[cursively drawable figures],67—68,72

流利[fluency],376—77
《六部无插入赋格》[Six-Part Ricercar](巴赫),4—7,719,739—42
《龙》[Dragon](艾舍尔),473—74,534,698
龙头,精神的[mental faucet],364—65
漏洞,形式化系统中的[holes in formalized systems],24,26,449,451,465,468,470—71
卢卡斯[Lucas, J. R.],388—90,471—73,475,476,477,574,577—78,597
卢卡斯的论点[Lucas's argument]:概括,471—73;对他的反驳,475—77,577—78;其益处,472
卢卡斯序列[Lucas sequence],139,152,174
卢克思,思想家[Loocus the Thinker],477
卢梭,昂利[Rousseau, Henri],680
录音机[tape recorders],485,519,523,525—28;双声道单喇叭的,634,669
《露珠》[Dewdrop](艾舍尔),249,256
"驴桥"的证明[Pons Asinorum proof],606—7,669
绿程序[Green programs],427
绿对角[Greendiag],427
罗巴切夫斯基,尼古拉伊[Lobachevskiy, Nikolay],91
罗杰斯,哈特利[Rogers, Hartley],476
罗塞达碑[Rosetta stone],165,166
罗斯,史蒂文[Rose, Steven],342
罗斯琴伯格,罗伯特[Rauschenberg, Robert],703
罗素,伯特兰[Russeu, Bertrand],18—24
罗素悖论[Russell's paradox],20—21,685
逻辑[logic],19—24,43—45,99—100,177—80,181—97,461—64,618—19
洛克伍德,安娜[Lockwood, Anna],700
洛芙莱丝命妇,艾达·奥古斯塔[Lovelace, Lady Ada Augusta],25,307,598

M

马格里特,雷内[Magritte, René],480—81,489,493—94,627,700—2,705—6;其绘画,见插图目录
马修斯,麦克斯[Mathews, Max],607—8

门采尔，阿道夫·封［Menzel，Adolph von］，4—5
蒙德里安，皮厄特［Mondrian，Piet］，700
孟德尔布劳特，贝诺伊［Mandelbrot，Benoit］，71
梦［dreams］，378，379，384，725
谜题［puzzles］，8，33—35，62—63，67，73，137，182，212，215，220，401，415—17，425，442—43，444，512—13，564—65，609，621—23，646—60，689
米开朗基罗［Michelangelo］，642
密码子［codons］，519—20，524，533，535；另见哥德尔密码子、二元组
幂幂地＊，335
蜜蜂［bees］，360，641，720
嘧啶［pyrimidines］，506—7，514，516，534；另见核苷酸、基、基对
"免疫定理"［Immunity Theorem］，536
描述［descriptions］：尝试性的，646—49；其重构，649—53，659—61，672；其演算，338
描述词［descriptors］，647
描述的层次［levels of description］：程序的，294—95，380—81；错误的，294—95；大脑的，349—50，382，559，570—77，584—85；电视屏幕的，285；棋盘的，285—86；气体的，308；人体的，285；人心的，287；心理过程的，568—73，575—78，584—85；蚁群的，315—33；种姓分布的，319—29；另见整体论之别于简化论
描述模式［description-schemas］，650；另见模版
妙极的和非妙极的数［wondrous and unwondrous numbers］，400—2，408，415，418，425
名词，汉语中最常见的＊，630
明斯基，马尔文［Minsky，Marvin］，373，388，606，644，679，722
命题演算［Propositional Calculus］，181—97；其变种，195；其符号的解释，186，189，191—92；改进的方法，193—94，196—97；精简了的，193—94；良构性，181—83；作为一种旁效现象，578；嵌在 TNT 中的，195，197，207，215—17；其弱点，195—97，578；推理规则清单，187；推理规则的描述，181—87；推理规则的论证，188—89
模仿游戏［imitation game］，见图灵测验
模块性［modularity］，149—50，615—18，628，677—78；另见知识的定位、局部性质之别于全局性质
模拟［simulation］：神经网络，571—72；整个人脑，572—73

模式，所有层次上的[patterns on all levels]，674
模式识别[pattern recognition]，见邦加德问题、概念骨架、计算机视觉
《魔带与立方体》[Cube with Magic Ribbons]（艾舍尔），281—82
魔鬼[Devil]，685
末期[telophase]，667—68
《莫比乌斯带Ⅰ》[Möbius Strip Ⅰ]（艾舍尔），29—30
《莫比乌斯带Ⅱ》[Möbius Strip Ⅱ]（艾舍尔），276
莫诺，雅克[Monod，Jacques]，161
莫扎特[Mozart，W. A.]，649，702
默根泰拉尔，奥托[Mergenthaler，Otto]，630
模板[templates]：邦加德问题的，650—53，656—57；之别于指令，见指令之别于模板、程序之别于数据
目标和子目标[goals and subgoals]，227，589，590—91，609—14，618—19，629，632
目的论观点之别于进化论观点[teleological vs. evolutionary viewpoint]，320—22

N

那个[the]，586，629—30
男人之别于女人[men vs. women]，477，595—96
南泉[Nansen]，248—49，253，255
内在消息[inner messages]，166—71，174—76，501，524
内涵和外延[intensionality and extensionality]，337—39，350，361—62
内省[introspection]，见自我控制、自我意识、自我知识、不可达性、TNT的内省
《泥塘》[Puddle]（艾舍尔），256
逆行[retrogression]，8—9，81，146，200，208，500—1，549，666—68，723—25，737—38
鸟嘌呤[guanine]，见核苷酸
牛[cows]，346，351
《纽约客》[New Yorker]，641—42
"女儿"程序[daughter programs]，503，546

O

欧几里得[Euclid]，19，43，58—60，88—89，216
欧几里得素数定理[Euclid's prime number Theorem]，35，58—60，

228
欧拉,列昂哈特[Euler,Leonhard],3,394
偶然音乐[aleatoric music],163,174,700

P

《爬虫》[Reptiles](艾舍尔),116—17
帕里[PARRY],300—1,599—600,677
帕斯卡,勃莱兹[Pascal,Blaise],24,25,600
帕普斯[Pappus],606—7,669
俳句[haiku],153—54,525,619—20
潘菲尔德,怀尔德[Penfield,Wilder],342—43
潘罗斯,罗杰[Penrose,Roger],15
判定过程[decision procedures]:其存在无保证,72;定义,39—41;判定禅宗之“道”,250—51,253,254;判定定理数,440—41,580;判定定理性,39—41,47—49,72—73,190—91,408,416,560,579—80,582;判定丢番图方程,559—60;判定对话结尾,402—3;判定佛性,234,239,272;判定哥德巴赫性质,400,414;判定公案的正宗性,234,239;判定公理性,41,48,470;判定可梦想的主题,384;判定良构性,182,269,416,582;判定美,552—58,560,579,581—82,583—84;判定妙极性,402,425;判定莫扎特作品,649;判定奶奶,344—45,347—48;判定数论真理,228—29,426,551—58,561,573—74,579—81;判定素数性,64,149,413;判定停机,425—29;判定同一性,146—49,158—59;判定推导的有效性,194,416,439—41,470;判定乌龟对,441;判定乌龟性质,396—97,415,441;判定异物,487—88,540—41;判定真理,213,228—29,417,552—58,560—61,579,581;判定证明对,416,439—41;判定智能,见图灵测验;判定终止,425—29;将数分为两类,见丘奇-图灵论题;自顶向下之别于自底向上,48—49;作为BlooP谜题,415—17
旁效现象[epiphenomena],308—9,363,577,596,677—79
螃蟹[Crab]:其变形,62;其不幸,281,383—84;其基因,200—1,204,507;接受礼物并招待客人,275—84,311—36;举办音乐晚

会，720—42；举办虚拟的下午聚会，633—40；可疑的行为，560，562，573—74，579—81；其来历，666—68；与乌龟之战，75—78，406，483—88，540，543；遇见阿基里斯，200；远足并演奏长笛，549—58；招待阿基里斯，480—94；其智能，549，558，733；其主题，729，732，740，742；其自动唱机，154—57

螃蟹程序[crab programs]，500—1

螃蟹卡农[crab canons]，9，198—203，204，355，501，665—69；DNA中的，200—1

《螃蟹卡农》[Crab Canon]（艾舍尔），198—99，667

《螃蟹卡农》[Crab Canon]（巴赫），202—3，666

《螃蟹卡农》[Crab Canon]（对话），204，355—56，665—69，672，723—25，738

朋友的内心模型[mental model of friend]，386—87

皮亚诺，朱瑟佩[Peano，Giuseppe]，20，216—17

皮亚诺公设[Peano postulates]，216—17，224

皮亚诺算术[Peano arithmetic]，100

皮层[cortex]：大脑的，340—48；其区域，344，视觉的，343—48；《匹克威克外传》[Pickwick Papers]（狄更斯），24，326，595，598

嘌呤[purines]，506—7，514，516，534；另见核苷酸、基、基对

《漂亮的俘虏》[The Fair Captive]（马格里特），489

撇出顶层[skimming off top levels]，309，325，326，358—59，568—79

《平均律钢琴曲集》[Well-Tempered Clavier]（巴赫），7，280—84，327，329，335

平均验刚劲猜想 *（狒犸），333—35

平面之别于立体[flat vs. spatial]，见二维之别于三维

平行公设[parallel postulate]，见第五公设

菩提达摩[Bodhidharma]，232，238，245，252，625

普遍触发力[universal triggering power]，171，175

普罗科菲耶夫，塞尔盖伊[Prokofiev，Sergei]，150

普通集[run-of-the-mill sets]，20—21

《瀑布》[Waterfall]（艾舍尔），11—15，99，716

Q

奇思异想[flights of fancy],378
歧义[ambiguity]:翻译到 TNT 中,209—11;和计算机语言,297—98
棋盘,其层次结构[hierarchy of chess boards],687
棋盘的估值[board evaluation]:静态的和动态的,604—5,611;其中的怪圈,604—5
棋手,其圈子[cycle of chess players],94—95
旗[flags],29—32,188
启发规则[heuristics],587,588,590,603,629
气体和分子[gases and molecules],307—8,317,693
千代能尼师[Chiyono],256
前期[prophase],665—66
前提[premise],184
《前奏曲》[Prelude],337,383,460,686,737,739
前奏曲和赋格[preludes and fugues],280—84,335;另见赋格、《平均律钢琴曲集》
钱伯农,戴维[Champernowne, David],595
潜在的无穷搜索[potentially endless searches],396,400—2,425,444,582—83
嵌套[nesting],127,138—41,184—85,660;另见递归
嵌套的电影[nested movies],184—85
嵌套的形式系统[embedding of formal systems],97,207,215
嵌套的艺术品[nested works of art],15,106,700—1,705—6
强制性的内在逻辑[compelling inner logic],161—62,163—64
氢键[hydrogen bonds],516,522,525
清凉大法眼[Hogen],248
清醒之别于疯癫[sanity vs. insanity],192,696
情感[emotions]:和程序,573,597—600,626—27,675—77;和大脑,83;假的,599—600;作为旁效现象,677;其普遍性,163,174—75;潜在的,281,383—84,583,和音乐,83,160,163—64,174—75,383—84,626—27,676—77,699;作为智能的必要条件,573,597—98
丘奇,阿朗佐[Church, Alonzo],428,476,561
丘奇-图灵论题[Church-Turing Thesis],428—29,552,561—79;

标准形式,561—62,579;其不可证明性,562;大众过程形式,562,568,574,580;反科学形式,574—75;哈代形式,566;简化论形式,572,574;人工智能形式,578—79,580,581;同构形式,567—68;同义反复形式,561;微观形式,572;唯灵论形式,574
丘奇定理[Church Theorem],560—61,574,579—81,609,697
蚯蚓[earthworm(s)],341—42
全称量词[universal quantifiers],见量词
缺席选择[default options],352—53,386,411,645,674
缺陷和期望[defects and expectations],77,86,102,222,476
"确实有智能的"程序["Actually Intelligent" programs],676

R

染色体,同源的[homologous chromosomes],668
人工"思维"[artificial"thinking"],337,601
人工意象[Artificial Imagery],560
人工直觉[Artificial Intuition],560
人工智能[Artificial Intelligence,AI]:所包含的信念,572,578—79;和层次间的翻译,285;定义,26;反对它的观点,见反对人工智能的观点;反对它的论点,597—99;其分层,299—300;其概略,601—3;**和哥德尔定理**,388—90,471—77,706—7;和计算机语言,299—300,548;其困难,26—27,573,740;其历史,19,24—27,594—97,600—9;收敛于大脑,579;与数学的关系,559—60;应用于数学,573,614—15;和证据,695
人工智能程序[AI programs]:其好奇心,679;和卢卡斯的论点,577—78;与人相比较,679—80
人工智能论题[AI Thesis],579
人工主义[Artificial Ism],625
《人类的处境Ⅰ》[The Human Condition Ⅰ](马格里特),705—6
人之别于机器[people vs. machines],25—27,36—38,151—52,388—90,471—73,475—77,559—62,567—75,577—79,595—99,606—9,621—23,680,684—86
认识,演绎式之别于类比式[deductive vs. analogical awareness],570—71,619

认同于人工制品[identification with artifacts],609,713—14
《如烟似梦》[Pipe Dream],703
软件和硬件[software and hardware]:大脑中的,346,356—57,686,709;定义,301
弱强琴[soft-louds],见钢琴

S

萨彻利,济罗拉莫[Saccheri,Girolamo],91—93,99,452,456
萨尔维亚蒂、辛普利奇奥、萨哲杜[Salviati, Simplicio, Sagredo],408—9,478—79,673,694
萨斯曼,杰拉尔德[Sussman,Gerald],664
萨哲杜[Sagredo],见萨尔维亚蒂
塞缪尔,阿瑟[Samuel, Arthur],604—5,684—86
塞缪尔的论点,支持他的和反对他的[Samuel's argument, pro and con],684—86
赛跑[footraces],29—32,43,594—95,681—83
三比二[hemiolia],257,519
三重奏鸣曲[Trio Sonata](选自巴赫《音乐的奉献》),7—8,720,724,726
《三个球Ⅱ》[Three Spheres Ⅱ](艾舍尔),258
三级结构[tertiary structure]:蛋白质的,519—22,525—27;印符酶的,510—11,512,519;tRNA的,524
《三界》[Three Worlds](艾舍尔),247,256
三藏[Tripitaka],257
三字件[trip-lets],见封面,扉页,插图目录,上、下篇篇头
沙堡[sand castles],725—26
沙文主义[chauvinism],171—73
莎士比亚,威廉[Shakespeare,William],96,595,598,608,736
山迪[Shandy],611
上当受骗[gullibility],75—76,106,30q,461,600,701
上帝[God],见造物神
《上升与下降》[Ascending and Descending](艾舍尔),12—13,15,21,716
上下文无关的总合[context-free sums],520—22
上限[upper bounds],见有界循环、BlooP
尚波里昂,让·弗朗索瓦[Champollion,Jean Francois],165
神怪[djinns],113—15,216—17,

223,224;另见怪物
神经外科[neurosurgery],309,313—14,618,678
神经原[neurons]:不能有意识地控制,302,另见不可达性;作为不受干扰的层次,302,677,686,691—92,另见不可达性;其发射,83,316,340,343—45,347,350,357;关中心和开中心,343—44;简单的、复杂的、超复杂的,344—45,346,347;同蚂蚁比较,315,325,339—40;描述,339—40;欧几里得的,60;视网膜中的,343—44;作为输入总合,316,340,575—77,677;其完美无缺的功能,575—77
神经原网络[neural networks],见符号
神谕[oracles],567
渗漏,科学的层次间的[leakage between levels of science],305—6
生命起源[origin of life],548
生日[birthdays],461—64
《生日大合唱》[Birthday Cantata](巴赫),461
《生日大合唱哇哇哇乌阿乌阿乌阿……》[Birthday Cantatatata](对话),468,475,688
生物自动唱机[biojukeboxes],160,175
声部,赋格和卡农中的[voices in fugues and canons],28,282—83,314,322—23,335,665—67,669,683,737,740
声子[phonons],304
绳子,细的和粗的[thin and thick ropes],229—30
施德鲁[SHRDLU],586—93,599,627—32,674
施密特,约翰·米凯尔[Schmidt,Johann Michael],27
施尼勒曼,列夫[Schnirelmann,Lev G.],394
施外卡特[Schweikart,F. K.],92
施维腾男爵,高特弗雷德·封[Swieten,Baron Gottfried van],6—7
十进制[decimal system],262—64,269
十四行诗[sonnets],596,608,736
识别[recognition]:之别于产生,648—49;分子的,540—41;视觉的,346—48,646—62
实数表[directory of real numbers],421—24
食神经原兽[Neuroneater],382
食蚁兽[Anteater],275—84,311—36,382,570,722
使用之别于谈论[use vs. mention],434—37,458,531,545,699—700;另见形式,句法之别于语义

的、程序之别于数据、句法之别于语义、结构之别于功能
世界的复杂性[complexity of world],569
视觉表象[visual imagery]:和邦加德问题,661;必要的基质层次,570—71;和不可达的知识,365;和擦去,361—62;程序中缺乏,623;在概念映射中的角色,668,672;和龙头,364—65;其能力,338—39;和数学,569,678
"是"答案[yes-answers],461—64
释读文字材料[decipherment of texts],50,164—65,173—74,583
《释放》[Liberation](艾舍尔),57—58,65
噬菌体[phages],见病毒
手杖*,118,120,200—1
首山[Shuzan],251
受迫匹配[forced matching],670—72
输入输出设备[input-output devices],288
输入参数[input parameters](BlooP),411
树[trees]:超前搜索的,见超前搜索树;递归图案,40,71,135—37;定理的,40,71
树懒[Sloth],633—40,643,681—83,722
《树懒卡农》[Sloth Canon](巴赫),9,666,683
《树懒卡农》[Sloth Canon](对话),738
数的本质[nature of numbers],54—58,452,458
数据库[data base],618
数理逻辑史[history of mathematical logic],19—24
数论[number theory]:被使用和被谈论,458;其典型句子,204—5;非标准的,100,452—59;非形式化的(N),54—60,204,228;其核心,100,407;和螃蟹,551—58,560,562,573—74,579—81;其消遣作用,391—404;形式化的,见TNT;作为形式系统的普适反映物,260—65,270;其逊位,228—29,426;印符的,见TNT;其应用,278—79;作为与世隔绝的小天地,569;原始概念,204—9;其"真"形式,458—59
数码的调动[shunting of digits],264
数学[mathematics]:其基础,19—24;计算机实现的,573,602,614—15;和现实,54—58,456—59
数学观点,大脑的[mathematical view of brains],559
数学家[mathematicians],458—59,559,566,614

54,466—68,497,502,541,580—81
随机性[randomness],409—9,620,673,712
“所有”[“all”],60
索引编号,程序的[index numbers for programs],418—20,427—28
索引三元组,超自然数的[index numbers for supernaturals],455

T

塔斯基,阿尔弗雷德[Tarski, Alfred],579—81
塔斯基-丘奇-图灵定理[Tarski-ChurchTuring Theorem], 561, 581
塔斯基定理[Tarski's Theorem],579,580—81,584—85,697
肽键[peptide bonds],523
泰戈尔,拉宾德拉那特[Tagore, Rabindranath],169
泰斯勒,劳伦斯[Tesler, Lawrence G.],601
泰斯勒定理[Tesler's Theorem],601,623;另见人工智能悖论、跳出系统、本质不完全性
谈论[mention],见使用之别于谈论
弹出[popping],127—35,184—85
弹出锅酥*,104,124—25
弹出煮调饮*,105—6,116—17,125
坦茨波*,727
唐居伊,伊夫[Tanguy, Yves],700
陶布,摩蒂莫[Taube, Mortimer],574
陶利努斯[Taurinus, F. A.],92
特洛伊木马[Trojan Horse],538
特异功能[psychic powers],693;另见超感官知觉
提前进入[stretto],314,738
天气[weather],302—3
天体力学[celestial mechanics],353—54
天外智能[extraterrestrial intelligence],162—64,167,172—76,341,646,661—62
跳出系统[jumping out of the system]:和禅宗,255,479;程序的,36—38,476—78,678;其错觉,478—79,698;从二维到三维,见二维之别于三维;和**哥德尔定理**,见哥德尔化、本质不完全性;广告中的,478;作为解决矛盾的方法,196—97;利用答案模式,462—64;政治系统中的,692;另见哥德尔化、疙瘩化、艾舍尔化、龟蟹之战、可重复性、不可程序化性等

跳出子系统[jumping out of a subsystem],477

跳棋程序[checkers programs],573,604—5

听赋格的方式[modes of fuguelistening],282—84

停机问题[halting problem],74,425—29,594,697

通道[pathways]:构成知识和信念,378—79;化学的,528—29,544 45,663—64;目标引导的选择,227,609—15;取决于环境,383—84;潜在于大脑中的,281;似乎合理的之别于似乎不合理的,383;ATN 和 RTN 中的,131—34,150;T4 形态发生的,539

同构[isomorphlsms]:邦加德问题间的,660,669;部分的,146—47,371—82;粗糙的,147—48,503;大脑结构和现实间的,82,337—39,350,502,569—71;大脑间的,369—82;定义,9,49—50;对话的形式和内容间的,84—85,128—30,204,667—68;《对位藏头诗》中的,83—85;和哥德尔配数,见哥德尔同构;流动的,338,350,362;螃蟹的 DNA 和《螃蟹卡农》间的,203,667—68;情感的,163;蚯蚓间的,342—43,345;视觉处理间的,344;视觉器官间的,345—46;数学和现实间的,53—60;数学家间的,566;透明的,82,158,267;同一物体间各个层次上的,369;心智过程和程序间的,568—73;形式系统和数论间的,408,625;异常的和平凡的,159—60;作为意义的根,49—53,87—88,94,267,337,350;作为展现,159—61;整体与部分间的,138—43,146—47;蛛网间的,371—72;和自复制,501—3;自然数的模型间的,217;WJU 系统和 310系统间的,261—65;另见意义、翻译、副本、解码等

同一性[sameness]:艾舍尔绘画的,147;半对词的,669;邦加德世界中的,650—53,657,660,664;之别于差异性,153—57;作为对抽象知觉的基础的机制,646—62,665—69,671—72;程序的,380—82;被忽视,614,674;蝴蝶的,147,369;其难以捉摸性,146—49;和内涵,338;人和机器智能的,337,379,679—80;人类心智的,341—42,369—72,375—77,382;视觉的,344—48,662;语言翻译的,372,379—80;语义网络的,371;和智能的普遍性,158,501;自想国的,375;自指和自复制中的,500—4;BACH 和 CAGE

托勒密五世,艾皮芬尼斯[Ptolemy V Epiphanes],165
脱氧核糖核酸[deoxyribonucleic acid],见 DNA
陀斯妥耶夫斯基,费奥多[Dostoevsky,Feodor],379—80

W

瓦赫特尔[Wachter,F. L.],92
外在消息[outer messages],166—71,174—76,501,524,704
弯*,241—44,272
完备的东西[Perfect items],3,75—79,85,406,424,486,536
完全数[perfect numbers],416,418
完全性[completeness],100—2,417—18,422,465;另见不完全性、一致性
完整的名单,所有伟大数学家的[Complete List of All Great Mathematicians],404,422
威尔逊,爱德华[Wilson,Edward O.],350
威瑟尔,托斯坦[Wiesel,Torsten],343
微程序设计[microprogramming],295
微词汇表[mini-vocabulary],647
沩山[Isan],254
惟方式[intelligent mode],38—39,65,193—94,613—14
唯灵论[soulism],385,472,574,597,686,708
唯物主义斗士[champions of Materialism],27,729
维尔斯特拉斯[Weierstrass,Karl W. T.],404
维佛尔,华伦[Weaver,Warren],380
维纳,诺伯特[Wiener,Norbert],684
维诺格拉德,特里[Winograd,Terry],627—32
维诺格拉多夫,伊凡[Vinogradov,Ivan M.],394—95
维诺格拉多夫性质[Vinogradov property],394—95
维特根斯坦,路德维希[Wittgenstein,Ludwig],680,699
维维诺诺博士*,586—93,627
维亚尔,爱德华[Vuillard,Edouard],347
维雍,弗朗索瓦[Villon,Francois],369
伪渐成过程[pseudo-epigenesis],531—32
伪科学[fringe science],693—94
卫星符号[satellite-symbols],见分离
未定义项[undefined terms],92—102,216,456;定义,93,97

位[bits],288—89,290,291
胃的消化过程[stomach processes],572
谓词,数论的[number-theoretical predicates],208—9
谓词演算[predicate calculus],609
魏增鲍姆,约瑟夫[Weizenbaum,Joseph],599—600,675
温斯顿,帕特里克·亨利[Winston,Patrick Henry],299
文本处理,计算机的[text-handling by computers],301
文字集[collage of scripts],168—69
紊乱,数论中的[chaos in number theory],137—38,152,557;另见秩序与紊乱
问题分解[problem reduction],609—13;自我应用,613
问题和推测[Questions and Speculations],676—80
问题空间的表示[representation of problem space],611—13
"我"的所指[reference of "I"],608
"我不能被播放(被证明,等)"[I Cannot Be Played (Proven,etc.)],76—77,85,406—7,448,465—67,536,541,608
"我可以被播放(被证明,等)"[I Can Be Played (Proven,etc.)],488,541
沃尔夫,克里斯托弗[Wolff,Christoph],392
沃森[Watson,J. D.],667
乌龟[Tortoise]:其禅宗串,272;词语的使用,181;和答案模式,475;和递归,128—30,149;和丢番图方程,459—60;其画像,42;和卡罗尔悖论,46,193,684—85,693;其来历,28,29;赖皮的解决,669;和《螃蟹卡农》,204,666—67;与螃蟹之战,84—86,271,406,424,467—69,540,543;被提到,102,170,267;其英文名字的第一个字母,231,507,667;作为羽管键琴,502;芝诺-吉世达-乌龟循环,94—95
乌龟对[Tortoise-pairs],416,441,448;同证明对比较,441,448
乌龟方法[Tortoise's method],见疙瘩化
乌龟情歌[Tortoise's love song],435—36
乌龟性质[Tortoise property],395—97,415—48,425,426,441,448
乌兰姆,斯坦尼斯拉夫[Ulam,Stanis-law],560,621,676
乌纳穆诺,米格尔·德[Unamuno,Miguel de],698
无[MU](禅宗),233,241,246,254,259,272,311,312—13,328

《无伴奏阿基里斯奏鸣曲》[Sonata for Unaccompanied Achilles],502—3
无伴奏大提琴组曲[Suites for unaccompanied cello](巴赫)70—71
无伴奏小提琴奏鸣曲和套曲[Sonatas and partitas for unaccompanied violin](巴赫),62,63,70—71,257,502
无插入赋格[ricercar],7
无插入赋格(嵌在句子中)*,7,727,731,734,737—739,742
无方式[Un-mode],39,98,254
无规则系统[rule-less systems],598,685;另见形式系统之别于非形式系统
无类型愿望[Typeless Wishes],111—15,610—11
无门[Mumon],242,246,248—49,253,259,260,272;其评注,246—49,252;其颂,246—49,252,272
《无门关》[Gateless Gate],246
无朋,TNT的串*,265—67,271,441—42
无穷[infinity]:和艾舍尔,15;和巴赫,10,719;和超自然数,454;其类型,421;其名称,475—76;图示的,135—36,138—43;有限地处理,59—60,221—25,461—64,468;另见无终止、无穷回归、递归等
无穷的天空[infinite sky],401
无穷回归[infinite regress],111—13,142,146,152,231,388—89,426,497,738;卡罗尔悖论中的43—45,170,192—93,684—86,693—94;客观性的,479;其停止,127,133—35,170,605,684—86;和芝诺,31—32,610;另见卡罗尔悖论、终了、递归的词首字组合、可重复性等
无穷长的句子[infinite sentence],497
无穷多的事实捆[infinite bundle of facts],397—98
无穷巧合[infinite coincidence],398,421
无穷升高的卡农[Endlesssly Rising Canon](巴赫),10—11,15,46,130,717—19,742
无穷小量和非标准分析[infinitesimals and nonstandard analysis],455
无意义的解释之别于有意义的解释[meaningless vs. meaningful interpretations],51,88
无意义性,美术和音乐中的[meaninglessness in art and music],699—700,704—5
无意义循环[senseless loops],679

X

97—98
相关蕴涵[relevant implication],197
相互竞争的理论,以及证据的本质[competing theories and nature of evidence],695
香严禅师[Kyogen],244—45
《镶嵌画Ⅱ》[Mosaic Ⅱ](艾舍尔),61—63
镶嵌图案[tesselations],68,69,198,667
想象[images]:模糊的,686—87;思维的,623
项[terms](TNT),206—7,213,214
肖邦,弗里德里克[Chopin,Frédéric],70,257,677
消除歧义[disambiguation],586—93,603,629—32
消化[digestion],306
消息[messages],154,158—76;其分层,166—71,524,703—4;瓶子中的,167—69,524;蚁群中的,350,自然中来的,408—9;另见框架消息、内在消息、外在消息
小脑[cerebellum],341
小球,滚动的[rolling marbles],711—12
小提琴[violins],62,63,70,81,84,162,200,257,434,502,595,681,720
歇后语 *,63
谢尔平斯基[Sierpinski,W.],404
谢泼德,罗杰[Shepard,Roger],717—19
谢泼德音调[Shepard tones],717—19
蟹尊 *,232,234,237,238,239,241,242
《心算》[Mental Arithmetic](马格里特),627
心算家[idiots savants],566—67
"心脏",人工智能程序中的["heart",in an AI program],679
心智[minds]:其部分重合,376;之别于大脑,309,575—77;其可程序化性,302,679,另见人工智能、人工智能悖论、**泰斯勒定理**、不可程序化性;两种创造方式,390;和思维,369—90;另见大脑、智能等
辛普利奇奥[Simplicio],见萨尔维亚蒂
新颖性和跳出系统[novelty and jumping out of system],475
信号,交错的[crisscrossing signals],322—23
信念登记表[catalogue of beliefs],382,384
信使,公案的[messenger for koans],235—36,238
信使 RNA [messenger RNA],见 mRNA

信息[information]:其创造,513;可达性,见不可达性;可丢掉的,649,653,657—59,669—72;距表层的深度,234—35,409,427,549—58,606—7,612—13,628,673,另见解码;其流动,513,533,545,547;无关的,560

信息揭示者[information-revealers],158,267

信息携带者[information-bearers],158,166,167

行星和卫星[planets and satellites],353—54

形式[form],47,66—67,68,73,190—91,370—71;句法的之别于语义的,581—84,631

形式和内容[form and content],84—85,204,279,581—84,667—68,740

形式化推理之别于非形式化推理[formal vs. informal reasoning],193—97,228—29,271—72,449—50,614—15,618—19

形式化要求[Requirement of Formality],33,52,65

形式系统介绍[presentations of formal system]:命题演算,181—97;印符遗传学,504—13;C系统,64—65;P系统,73—74;pq系统,46—60;TNT,204—30;tq系统,64—65;WJU系统,33—41

形式系统之别于非形式系统[formal vs. informal systems],26—27,559—85,598,684—86;另见大脑、心智等

形式系统之别于现实[formal systems vs. reality],53—58

形式主义的数理哲学[formalist philosophy of mathematics],458

形态发生[morphogenesis],539,543—44

胸腺嘧啶[thymine],见核苷酸

休贝尔,大卫[Hubel,David],341,343

修剪,显式之别于隐式[explicit vs. implicit pruning],286

袖珍计算器[pocket calculators],568—70,616,678,710

虚拟[subjunctives],见对实

虚拟的重放镜头[subjunctive instant replays],见即时重放的镜头

虚拟电视[subjunc-TV],635—40

序效[ordinals].462—64,475—76

旋律[melodies]:回忆,363—64;同时出现,385

漩涡[vortices],713—19

选择[choice],711—14

薛定谔,欧文[Schröndinger,Erwin],167

雪茄[cigars],199,201,383,481,

651
勋伯格,阿诺德[Schönberg, Arnold],125
循环[loops]:程序设计中的,149—50,410—14,424—25,503,632;音乐中的,150;有界的,149,410—14,418,440—41,444;自由的,149,424—25

Y

压缩的超前搜索[flattened look-ahead],604—5
压缩的推理规则[flattened rules of inference],见定理之别于规则雅
卡提花机[Jacquard loom],25
亚里士多德[Aristotle],19
烟草花叶病毒[tobacco mosaic virus],484—85,542,543
烟斗[pipes],480—82,486,488,493—94,701—3
延长记号[fermatas],275,329,332,333
严谨和马虎[Prudence and Imprudence],191—92,229
岩头禅师[Ganto],189—90,256,407
衍奴玛拉*,549—52
眼[eyes],248,260,308,311,313,633,715
演绎定理[Deduction Theorem],186
演员形式[actor formalism],662—64
扬,莱蒙特[Young,LaMonte],700
扬弗,维克托[Yngve,Victor],620
尧奇[Jauch,J. M.],408,409,478—79
页,计算机中的[pages,in computers],289
一般递归[general recursivity],406,430,470
一级结构[primary structure]:蛋白质的,519—22;印符酶的,511,512
《一首无的奉献》[A Mu Offering],272,628
一维之别于三维[1-D vs. 3-D],519—21,616—17
《一位烟民富于启发性的思想》[Edifying Thoughts of a Tobacco Smoker](巴赫),482
《一位烟民富于启发性的思想》[Edifying
Thoughts of a Tobacco Smoker](对话),543
一致性[consistency]:定义,94;各式各样的,94—96;和假想的世界,95—100;和解释,88,94—101;扩展了的 TNT 的,223,459;和卢卡

斯，477；命题演算的，191—92，229；其誓言，TNT 中的，450；其证明，23—24，191—92，229—30，449—50；TNT 的，229—30，449—50；另见 ω 一致性
伊莉莎[ELIZA]，见"医生"程序
伊她·娥英[Eta Oin]，586—93，674
伊她，娥英-施德鲁[ETAOIN SHRDLU]，630
"医生"程序[Doctor program]，599—600，608
依赖于机器和独立于机器[machine dependence and independence]，294
遗传密码[Genetic Code]，160，519—20，522—24，533—34，536，538；其起源，231，548
遗传型和表现型[genotype and phenotype]，159—62，167，173—74，175—76，295，531—32，667—68
遗传学[genetics]，504—48
遗忘[forgetting]，577，578，619
《以烟为号》[Smoke Signal]，67，702
蚁桥[ant bridge]，334
蚁群[ant colonies]：其层次，319—27；重新组合，332—33；同大脑比较，315—16，318，324—25，350，358—59；符号层，324—28，330；共产主义，318，330—31；列串，315—17；临界点，316—17，319—21；同气体对比，317；人工的，359；信号，320—28；蚁队，317，319—27；蚁队和信号的机制，317—21；有智能的，310—36；秩序和紊乱，316—17；种姓分布，318—28；种姓，317—18；自由和控制，315—16，327；另见种姓分布、马姨、蜚蚂、狒犸、蚁队、信号、符号
艺术[art]：计算机创作的，603，619—20；其身份危机，699—700，703—6；现代的，699—706
《艺术语言》[Art-Language]，622
异层结构[heterarchies]，134，359，534，651—54，662，691
异域风格，思想的[exotic styles of thought]，552，563—64，566—67
译员[interpreters]，293，297，524，671
抑制，细胞的[cellular inhibition]，544
意识[consciousness]：其来源，384—85，387—88；对其理解，82，680，708—10；和因果关系，709—10
意向，机器的[intentions of machines]，684—85
意义[meaning]：被动的之别于主动的，51—52，94，97，100，102，191—92，266，267，271，456；和编码，82，158—62，164—67，267；其

定位,153—57,158—76,408—9,582—84;《对位藏头诗》的,82—85;多重的,8,10,52—53,82—85,94—102,153—57,158,172,266—67,271,409,447—48,524,532,666,另见消除歧义;作为多维认知结构,582—84;只被符号层所具有,324—27,330,350,709—10;固有的,见意义,显明的之别于隐含的;建立在符号的触发模式上,325,327,350;从进化的时间尺度讲是不必要的,321—22;客观的,见意义,显明的之别于隐含的;和目的,321—32;作为带随意性的高层特征,571;显明的之别于隐含的,82—85,158—76,495—500,583;形式系统中的,见解释;音乐中的,83,160,161,162—64,167,172,174—75,227,582—84,626—27,676—77,699—700,704;植根于同构中,49—53,87—88,94,267,337,350;和智能,158,162—64,170—76,501,661—62;DNA 的,160,531—32,665

意义的层次[levels of meaning]:《对位藏头诗》中的,82—85;神经活动的,575—77;说谎者悖论中的,496,581,584—85;纹道模式的,83—84;无门的,248;无朋的,266—67;蚁群中的,319—27;音乐的,162—63;DNA 的,160,531—32,665;TNT 串的,266,270—71

意愿[will]:其根源,684—86;机械化的,684—86;自由的,见自由意志

因果关系,各种的[types of causality],709—10

因陀罗之网[Indra's Net],258,359

《音程增值的卡农》[Canon by Intervallic Augmentation],525

音阶,循环的[cyclic scale],见谢泼德音调

音响恢复[acoustico-retrieval],278—80,460

音乐[music]:超出人类理解力的,172,679;粉碎唱机的,75—78;混入唱机的,487—88;计算机创作的,25,595,597,603,607—9,626—27,676—77;其句法,121—23,129—30,227,626—27,737;和数学,227,555,560,其维度,175;现代的,156—57,163—64,174—75,699—700,704;音符,552—59,另见斯马特;其语义,83,162—64,167,174—75,582—84,626—27,676—77;另见赋格、卡农、钢琴、长笛等

《音乐的奉献》[The Musical Offering](巴赫),4—10,86,665,666,

719,720,724,727,739—42
银行家[bankers],457
引导[channeling],299,376—77
引号[quotation marks],33,434,498,499,702
引理[lemmas],227
引文[quotation],431,433—37,496—97,702,738
隐含的刻画[implicit characterization],41,67,72—73,93
印度[India],549,551,557,562—66
印符操作定义[typographical operations,defined],64
印符酶[typoenzymes],505—13;其栓着的偏爱,505—6,511—12
印符数论[Typographical Number Theory],见TNT
印符遗传密码[Typogenetic Code],510,512,513,519
印符遗传学[Typogenetics],504—13,514,519,520,529;与WJU系统对比,509—10,514
印迹,视觉的[visual signature],347—48
《英国掷弹兵》[British Grenadiers],607
鹦鹉*,337
《影子》[The Shadows](马格里特),480
映射[mappings]:导出的,668—69,671—72;列成表的,85,449,533,536
《咏叹调和歌曲》[The Air and the Song](马格里特),494
《咏叹调及种种变奏》[Aria with Diverse Variations](巴赫),392—93,395
《咏叹调及种种变奏》[Aria with Diverse Variations](对话),408
《优雅状态》[State of Grace](马格里特),481
尤伟,麦克斯[Euwe,Max],605
邮政系统比喻[postal system metaphor],663
油炸土豆片[Frence fries],636—38,683
有理数和无理数[rational and irrational numbers],140—42,418,452,556—57
有目的行为之别于无目的行为[purposeful vs. purposeless behavior],320—22
有趣性,程序化的[programmed interestingness],615
有序和无序*,见秩序和紊乱
有终止过程[terminators](FlooP),425—29
诱导物[inducers],545
《鱼和鳞》[Fishes and Scales](艾舍尔),146—47

羽管键琴[harpsichords],3,63,391,502

语法[grammar]:费因曼图案的,142,145;高层的,625—27;公案的,625—26;计算机语言的,297,408—15;思维的,627;音乐的,626—27;自然语言的,130—34,150,363,588—93,619—21,630—32

语言[language(s)]:阿拉伯语,164,623—24;其必要的基础,324;不精确的,674—75;其层次结构,22;大脑的,570;德语,366—68,372,380,665;俄语,297,379—80,642;法语,366—68,372—73,618;其间的隔板,671;过程语法,131—34,619—32;汉语,169,297,372—73,377,619—32,674—76;其获得,170,294,302;其集合,见文字集;和计算机,130—34,300—1,363,586—93,599—600,601—3,619—32,674—75,721;其灵活性,649,674—75;罗塞达碑上的,165;蜜蜂的,360;日语,169;对思维的影响,376—77;和无形的同构,82;希伯来语,377;另见插图目录;把意义读入计算机产生的语句,599—600,625;英语,297,366—68,372—73,377,379—80,501,629—30;作为证明的媒介,88—90,195;主动的意义,51—52;其中的自指,431—37,495—98,501;另见意义、翻译等

语义类[semantic classes],621,630

语义网络[semantic networks],370—72;另见概念网络

预处理[preprocessing],647,650,659

元[meta],216—17,224

元不可知论[meta-agnosticism],114

元答案模式[meta-answer-schema],463

元蛋白质[meta-proteins],533—34

元定理[metatheorems],193—94

元顿悟[Enlightenment 'Yond Enlightenment],237,239,243,244

元符号[meta-symbols],560

元嗝[meta-hiccups],726

元怪物[Meta-Genie],见怪物

元规则等[metarules,etc.]:下棋的,687—88;智能的,26—27,559,684—85

元类比[meta-analogy],673—74

元理论,形式化了的[formalized metatheory],194

元逻辑[metalogic],23,676

元描述[meta-descriptions],656—57,674

元书[metabook],22

元数学[metamathematics],23,579;反映在 TNT 中,449—50
元搜索[metasearch],397
元语言[metalanguage],22,184,194,248,270,514
元愿望[meta-wishes],见愿望
元赵州等[META-JOSHU, etc.],443
元证据等[meta-evidence, etc.],693—94
元知识[metaknowledge],364
元直觉[meta-intuition],605
元作者[meta-author],607—9,726
元 TNT 等[meta-TNT,etc.],442—43,533—34
原件[original](同副本相对的),504
原始递归性[premitive recursivity],406,407,414—20,422,424,429—30,440,441,444,451,466,472
原始递归真理[premitive recursive truths],407
原型原则[prototype principle],352
原子[atoms]:命题演算中的,182,186;物理学中的,303;TNT 中的,207,213,214
鼋顿悟*,237
愿望,元愿望等[wishes, metawishes, etc.],109—16
《约翰尼回家乡》[When Johnny Comes Marching Home],607
约翰斯,贾斯泊[Johns, Jasper],703
乐盒,事先程序化了的[preprogrammed music box],677
阅读框架移动[reading frame shift],154,525
"云俦梅友"*,见没有韵脚的诗
云门[Unmon],254
陨石[meteorites],167,172
运行得完美无缺的机器[faultlessly functioning machines],575—78

Z

造物神[God],142,216,400,478,482,549,567,597,685,711
造物神[GoD](词首字组合),110—15,133,134,216,223,224,722;另见神怪、怪物
增大和减小规则[increasing and decreasing rules],73,74,260—61,264,269,401—2,407—8,441;另见加长和缩短规则、数论中的紊乱
增值[agumentation],8,9,146,503,681—83,738;音程的,156—57
"炸脖鼍 b"[Jabberwocky](卡罗尔-赵元任),81,366—68,372—73

展现[revelation],160—61,175
章鱼细胞[octopus cell],345
赵州[Joshu],233,237,238,240,253,259,272
赵州[JOSHU](TNT 串),443
遮蔽低层[shielding of lower levels],见不可达性
折叠,酶的[folding-up of enzymes],511—12,519,521,525
贞德[Joan of Arc],20
珍珠和牡蛎[pearl and oyster],17,438
真空中的声音[noise in vacuum],82
真理[truth]:不能充分反映在大脑中,584—85;通过符号处理来把握,53—60;之别于假命题,70,71,213,228—29,417,561,579—81;之别于美,554—58,584;其难以捉摸性,694—95;之别于商业广告,478;TNT 中不可表示的,580—81
震颤[vibrations],76—78,82—85,102,270,271,469
整数序列[sequences of integers],73,135—39,173—74,408
整体[wholes],见整体论
整体论[holism]:和禅宗,254;定义,254,312;之别于简化论,284,311—36,389—90,708—9
证据的本质[nature of evidence],633—36
证明[proofs]:其本质,18—24,58—60,88—93,192—97,227—28.458—59,578,707—8;从不是绝对的,191—94;之别于推导,35,193,194—95;证明的证明,192—93
证明对[proof-pairs],416,438—43,446—47,450—51,452—54,466,468,469
之别于[versus,vs.]:见巴赫之别于卡奇、对巴赫的分解之别于对巴赫的欣赏、被动的意义之别于主动的意义,不同的层次之别于相同的层次、程序之别于数据、程序之别于程序员、触发模式中的名词之别于动词、定理之别于**定理**、定理之别于非定理、定理之别于规则、定理之别于真理、二维之别于三维、符号之别于对象、符号之别于神经原、符号之别于信号、妇见之别于看见、高保真之别于低保真、过程性知识之别于描述性知识、即兴之别于自省、结构之别于功能、局部性质之别于全局性质、句法形式之别于语义形式,句法之别于语义、可达知识之别于不可达知识、类之别于例、理性之别于非理性、连续过程之别于离散过程、蚂蚁之别于蚁群、酶之别

于印符酶、美之别于不美、目的论观点之别于进化论观点、男人之别于女人、清醒之别于疯癫，人之别于机器、识别之别于产生、使用之别于谈论、似乎合理的通道之别于似乎不合理的通道、算术规则之别于印符规则、推导之别于证明、同一性之别于差异性、无意义的解释之别于有意义的解释、显明的知识之别于隐含的知识、显明的意义之别于隐含的意义、显式修剪之别于隐式修剪、心智之别于大脑、形式化推理之别于非形式化推理、形式系统之别于非形式系统，形式系统之别于现实、演绎式认识之别于类比式认识、一维之别于三维、有目的行为之别于无目的行为、真之别于假、真之别于美、真理之别于商业广告、整体论之别于简化论、正宗公案之别于冒牌公案、指令之别于模板、重量之别于质量、主动符号之别于被动符号、主体之别于客体、字之别于笔画、自底向上之别于自顶向下、自我知觉之别于自我超越

芝-吉-乌循环*，94—96，689

芝诺，爱利亚的[Zeno of Elia]，28，29—32，94—95，144，146，232，610，681，704，722

芝诺悖论[Zeno's paradox]，29—32，35，43，146，610

知觉[perception]：和禅宗，251；视觉的，97—98

知识[knowledge]：编码于蚁群中，319—28，359；过程性的之别描述性的，363—65，615—17，630，654；可达的之别于不可达的，362，365，616，619；其模块性，615—18，628；显明的之别于隐含的，617—18

知识的表示[representation of knowledge]：人工智能中的，569，615—21，626—32，641—59，664—65，668—72；大脑中的，见符号、定位

知识移植手术[surgical knowledge transplantation]，618

执与无执[attachment and nonattachment]，232—33，244

直觉[intuition]，560，564，613，680，713；其程序化，605，609

指令[instructions]：机器语言中的，289—95；之别于模板，497—99，531，另见程序之别于数据

指针，计算机中的[pointers in computers]，289—90，619

质数*，见素数

秩序和紊乱[order and chaos]：数论中的，393，395，398—402，406，

530，533，536，538，540—41，544—45；DNA 向 tRNA 的，425
转位［inversion］，8—9，81，146，681—83，737—38；另见副本，与原件互补的
转移 RNA［transfer RNA］，见 tRNA
准同构［quasi-isomorphisms］，见同构，流动的
卓别林＊，285
着丝点［centromere］，668
子程序［subroutines］，150，292，471，677
子框架等［subframes，etc.］，644—45；另见思想的递归结构
子描述等［subdescriptions，etc.］，650—51；另见思想的递归结构
子脑［subbrains］，见子系统
子系统，大脑的［subsystems of brain］，385—88，725
子有机体［suborganisms］，见子系统
自底向上之别于自顶向下［bottom-up vs. top-down］，48—49
自动程序设计［automatic programming］，298—99
自动唱机［jukeboxes］，154—57，160—61，164，170—71，174—76，500
自复制［self-rep］：不精确的，500—3，546；由错误消息造成的，503；翻译的，501；分化的，546；和渐成过程，160；和卡农，501，503；逆行的，500—1；琐屑的，499；印符遗传学的，512—13；增值的，503
自举［bootstrapping］，24，293—94，524，548
自描述的形容词［self-descriptive adjectives］，见自谓的形容词
自然数［natural numbers］：定义，54，204；公设，216—17；广义的，453—56；另见数论、数字、TNT、素数等
自然语言的言语表达，作为程序［natural language utterances as programs］，629
自食恶果＊，84，267，472
自噬［self-engulfing］，489—94；不成功的，490，492；完全的，493
自吞集［self-swallowing sets］，20
自谓的形容词［autological adjectives］，20—21
自我编程的物体［self-programmed objects］，685—86，691—92
自我超越［self-transcendence］，477—78，479
自我的本质［nature of self］，316—17，327—28，384—85，387—88，695—96，709—14
自我符号［self-symbol］，385，387—88，709；不可避免性，388；和自由

意志,710—14
自我控制[self-monitoring],328,385,387—88,697,713
自我无意识的讽刺意味[irony of self-unawareness],328,330,331,630
自我熄灭[self-snuffing],701—2
自我修改的棋[self-modifying games],687—88
自我意识[self-awareness],406,479,573
自我引用的句子[self-quoting sentence],426,496—97
自我证明的句子[self-proving sentences],542—43
自我知觉[self-perception],695—98;之别于自我超越,478
自我知识的可能性[possibility of selfknowledge],696—98,706
自想国*:定位,375;定义,373—74;在其中旅行,377—79,383
自行车-汽车车祸故事*,338,361,365
自由意志[free will],388,680,708,710—14,720—26,734—35,739;另见跳出系统
自指[self-reference]:和巴赫,86;作为本质不完全性的原因,465,470—71;多层次的,742;哥德尔式的,17—18,271,447—49,497,502,533,667,788;翻译的,502;聚焦,438,443,445—48;间接的,21,85,204,436—37,502,667,738—39;蒯恩方法,431—37,445—46,449,497—99,531;似是而非的,437;消除,21—23
自指的句子[self-referential sentences],435—37,477,495—99,501
自指和自复制相比较[self-reference and self-replication, compared],530,533—34,541—43
自组装,自发的[spontaneous self-assembly],485—86,542—43
字[words]:之别于笔划,325—27,570,571;计算机中的,288—90,295,411
字词的使用频率[frequencies of words and letters],377,630
字体比喻[typeface metaphor],541
总统对最高法院[President v. Supreme Court],692
纵览力[overview capacity],613—14,678;另见跳出系统
足够强有力的系统[sufficiently powerful systems],86,101,406—7,430,460,530
足球[football],44,96,678
阻遏物[repressors],544—45
组块化[chunking]:和超导,305;和

大脑，381—84，559；定义，285—88；或然性的，384；和计算机语言，290—92，381，412—13；和科学解释，305—6；和确定性，306—8，363，522；和视觉，348；和蚁群，326—27；音乐的，160，164，525；和直觉的世界观，305—6，362—63；其中的取舍，326；自己的大脑的，382；DNA的，531—32

组块化版本，本书的[chunked versions of this book]，见目录、概览、索引、图70

组装线，细胞的[cellular assembly lines]，528—29，544—45

祖母，对她的知觉[perception of grandmothers]，344，345，347—48，349

祖母细胞[grandmother cell]，344，345

最低层规则，嵌在硬件中的[lowest-level rules embodied in hardware]，685—86

"最后一步"[last step]，462—63，468

《罪与罚》[Crime and Punishment]（陀斯妥耶夫斯基），379—80

作者，本书的[the Author]，3，6，204，370，689，722，724—42

作者三角形[authorship triangle]，94—95，96，689

"丿"概念、"、"概念*，326

AABB的形式[AABB form]，133，227

ABORT(BlooP)，412

Algol，292，293，381

ATN：见扩充迁移网

ATN群[ATN-colony]，359

B库[Pool B]，418

B-A-C-H（旋律），79—81，86，102，121，155—57，266，719

BLOCK(BlooP)410—11

BlooP，406，409—30，440，441，444；其基本步骤，409，412—13；其句法，410—15；其中的控制结构，410；其字母表，419，425

BlooP程序[BlooP programs]，410—14

C系统[C-system]，65—67

C-A-G-E（旋律），156—57

Carroll，Lewis，366，另见卡罗尔，刘易斯

CELL(BlooP)，410—11

CPU，见中央处理器

《D调的赞美歌》[Magnificat in D]（巴赫），549，558

Dboups，Hfpsh，515，533

DNA：对其不寻常的解释，231；作为程序、语言、数据，290—91，547；重组的，665；作为非周期性晶体，167；其共价脊柱，514—15；同计

图书在版编目(CIP)数据

哥德尔、艾舍尔、巴赫:集异璧之大成/(美)侯世达著;《哥德尔、艾舍尔、巴赫:集异璧之大成》翻译组译.—北京:商务印书馆,2021(2025.6 重印)
ISBN 978-7-100-17553-1

Ⅰ.①哥… Ⅱ.①侯… ②哥… Ⅲ.①哲学理论—美国—现代 Ⅳ.①B712.59

中国版本图书馆 CIP 数据核字(2019)第 263149 号

哥德尔、艾舍尔、巴赫
——集异璧之大成
〔美〕侯世达 著
本书翻译组 译

商 务 印 书 馆 出 版
(北京王府井大街 36 号 邮政编码 100710)
商 务 印 书 馆 发 行
南京爱德印刷有限公司印刷
ISBN 978-7-100-17553-1

2021 年 3 月第 1 版 开本 660×980 1/16
2025 年 6 月第 5 次印刷 印张 81
定价:248.00 元